SOCIOLOGIA

W827s   Witt, Jon.
          Sociologia / Jon Witt ; tradução: Roberto Cataldo
        Costa ; revisão técnica: Marli Ferreira de Souza. – 3. ed. –
        Porto Alegre : AMGH, 2016.
          xvi, 464 p. : il. ; 28 cm.

          ISBN 978-85-8055-531-8

          1. Sociologia. I. Título.

                                                        CDU 316

Catalogação na publicação: Poliana Sanchez de Araujo – CRB 10/2094

JON WITT

SOCIOLOGIA
3ª Edição

Tradução
Roberto Cataldo Costa

Revisão técnica
Marli Ferreira de Souza
Mestre em Educação: Estado e Sociedade
pela Universidade de São Paulo (USP)

AMGH Editora Ltda.
2016

Obra originalmente publicada sob o título *SOC 2013*, 3rd Edition
ISBN 0078026741 / 9780078026744

Original edition copyright © 2013, McGraw-Hill Global Education Holdings, LLC, New York, New York 10121. All rights reserved.

Portuguese language translation copyright © 2016, AMGH Editora Ltda., a Grupo A Educação S.A. company. All right reserved.

Gerente editorial: *Letícia Bispo de Lima*

Colaboraram nesta edição:

Editora: *Priscila Zigunovas*

Assistente editorial: *Paola Araújo de Oliveira*

Capa: *Maurício Pamplona*

Imagem de capa: *William87/iStock/Thinkstock, Multiethnic group of friends at park*

Preparação de originais: *Luana Janini Peixoto Newmann*

Leitura final: *Daiana Klanovicz de Araújo* e *Cristine Henderson Severo*

Editoração: *Techbooks*

Reservados todos os direitos de publicação, em língua portuguesa, à
AMGH EDITORA LTDA., uma parceria entre GRUPO A EDUCAÇÃO S.A. e McGRAW-HILL EDUCATION
Av. Jerônimo de Ornelas, 670 – Santana
90040-340 – Porto Alegre – RS
Fone: (51) 3027-7000   Fax: (51) 3027-7070

Unidade São Paulo
Av. Embaixador Macedo Soares, 10.735 – Pavilhão 5 – Cond. Espace Center
Vila Anastácio – 05095-035 – São Paulo – SP
Fone: (11) 3665-1100   Fax: (11) 3667-1333

SAC 0800 703-3444 – www.grupoa.com.br

É proibida a duplicação ou reprodução deste volume, no todo ou em parte, sob quaisquer formas ou por quaisquer meios (eletrônico, mecânico, gravação, fotocópia, distribuição na Web e outros), sem permissão expressa da Editora.

IMPRESSO NO BRASIL
PRINTED IN BRAZIL

Nome: Jon Witt (embora minha mãe me chame de Jonathan)

Educação: Eu me formei na Trinity College, em Deerfield, IL, e fiz doutorado na Loyola University, em Chicago.

Ocupações: Sociólogo, pai e passeador de cachorro.

Hobbies: Eu gosto de ler, escrever e andar de bicicleta, e sou viciado no meu iPhone e no meu iPad.

Ambição de infância: Ser gráfico, como o meu pai, até decidir ser professor, como a minha mãe.

Família: Lori e eu estamos casados há 28 anos e temos duas filhas, Emily, de 18 anos, e Eleanor, de 16.

Acabei de ler: Moby Dick, de Herman Melville. Estava na minha lista de livros para ler.

Filme favorito: Meu favorito mais recente é A partida – um filme japonês sobre um jovem agente funerário.

Música favorita: Cowboy You, do The Milkweeds

Última realização: Este livro!

Citação: Pode haver campos da ciência sociológica que vão muito além da mente média e, com razão, são deixados para o especialista culto, mas isso não é motivo para não aprendermos o suficiente sobre a natureza e os hábitos da sociedade, a fim de garantir uma vida mais proveitosa e agradável.
— Charlotte Perkins Gilman, *Human Work*, 1904

Meu Blog: www.soc101.com, ou siga o SOC no Twitter @soc101

O QUE HÁ DE NOVO

O capítulo sobre *Política e Economia* foi completamente revisto para incluir a crise econômica global e suas consequências sociais, como o movimento *Occupy Wall Street*. Há uma nova análise do modelo de democracia representativa e como essa estrutura influencia o que acontece nos Estados Unidos.

> Uma nova seção com indicações de filmes dá aos alunos a oportunidade de pensar sobre temas políticos e econômicos por meio do cinema.

> Um novo Sociologia Popular examina a história por trás de *Moneyball: o homem que mudou o jogo* e a ideia de que ir contra a visão convencional pode resultar em sucesso.

> Uma nova história de abertura no Capítulo 4 examina a "fala de bebê" como um fenômeno cultural universal, apesar de os distintos sons e as relações entre eles variarem em diferentes culturas.

> Uma discussão mais profunda sobre controle social examina a nossa tendência a respeitar normas sociais básicas e as circunstâncias sob as quais o poder dentro de uma sociedade pode se tornar opressivo. Um novo Sociologia Popular "Apocalipse Zumbi" examina a rapidez com que a ordem social se desfaria caso os zumbis tomassem conta da sociedade.

> Uma nova discussão sobre estratificação social examina as origens das classes e o impacto que os indivíduos podem ter na determinação da sua própria posição social.

> Há uma discussão mais profunda sobre a mudança social resultante dos protestos da Primavera Árabe.

> Estatísticas e dados foram atualizados em todo o livro.

> As definições fundamentais foram reformuladas para ser mais acessíveis e mais fáceis de ser lembradas.

Sociologia

Sumário resumido

1 A Imaginação Sociológica 2
É um mundo completamente novo

2 Pesquisa Sociológica 24
De senso comum à ciência

3 Cultura 46
O que suas palavras dizem sobre você

4 Socialização 70
"Porque eu disse que é assim..."

5 Estrutura e Interação Social 100
Seis estágios da interação social

6 Desvio 128
Quem decide?

7 Famílias 152
10 questões que casais deveriam responder (ou desejar terem respondido) antes de casar

8 Educação e Religião 178
O que você sempre quis saber sobre seitas, mas tinha medo de perguntar

9 Governo e Economia 208
Quem realmente tem o poder?

10 Classe Social 236
Seu guia para ascender e cair

11 Desigualdade Global 264
Você conseguiria viver com alguns reais por dia?

12 Gênero e Sexualidade 290
Além do masculino e feminino

13 Raça e Etnia 316
Ainda existe divisão das cores?

14 População, Saúde, Meio Ambiente 348
Pessoas X mundo: Dá para os dois serem felizes e saudáveis?

15 Transformação Social 380
Sociologia é um verbo

Sumário

1 > A Imaginação Sociológica 2

O QUE É SOCIOLOGIA? 4
A imaginação sociológica 4
O hambúrguer como milagre 5
Definindo sociologia 6
Estudo sistemático 6
O indivíduo 6
Sociedade 7
As consequências da diferença 8
Sociologia e as ciências sociais 9
Sociologia e senso comum 10

O QUE É TEORIA SOCIOLÓGICA? 10
Formulando teorias sociológicas 10
Testando teorias sociológicas 11
Aplicação das teorias sociológicas 12

O DESENVOLVIMENTO DA SOCIOLOGIA 13
Como a ordem social é mantida? 13
Como o poder e a desigualdade influenciam os resultados? 14
Como a interação influencia nosso mundo? 14
Como a participação em grupos define as oportunidades? 15
Como os sociólogos devem responder? 15

TRÊS PERSPECTIVAS SOCIOLÓGICAS 16

PRATICANDO SOCIOLOGIA 18
Sociologia pessoal 18
Sociologia acadêmica 18
Sociologia aplicada 19
Sociologia clínica 20

DESENVOLVENDO UMA IMAGINAÇÃO SOCIOLÓGICA 20

2 > Pesquisa Sociológica 24

ETAPAS DO PROCESSO DE PESQUISA 26
Definição do problema 26
Revisão da literatura 27
Formulação da hipótese 27
Coleta e análise dos dados 30
Seleção da amostra 30
Garantia de validade e confiabilidade 30
Elaboração da conclusão 31
Sustentação das hipóteses 31
Controle de outros fatores 31
Em resumo: o processo de pesquisa 32

PRINCIPAIS DESENHOS DE PESQUISA 32
Surveys 32
Questões importantes no desenho de surveys 33
Tipos de survey 34
Pesquisas quantitativas e qualitativas 34
Observação 35
Experimentos 36
Uso de fontes existentes 37

ÉTICA EM PESQUISA 40
Confidencialidade 40
Financiamento da pesquisa 41
Neutralidade de valor 42
Metodologia feminista 42

3 > Cultura 46

CULTURA E SOCIEDADE 48

CRIANDO CULTURA 49
Universais culturais 49
Inovação 51
Difusão e globalização 52

ELEMENTOS DA CULTURA 53
  Cultura material e tecnologia 53
  Linguagem 54
    Hipótese de Sapir-Whorf 55
    Comunicação não verbal 57
  Valores 57
  Normas 59
    Tipos de normas 59
    Aceitação das normas 60
  Sanções 61

VARIAÇÃO CULTURAL 62
  Ideologia dominante 62
  Aspectos da variação cultural 62
    Subculturas 63
    Contraculturas 64
    Choque cultural 64
  Atitudes diante da variação cultural 65
    Etnocentrismo 65
    Relativismo cultural 66

4 > Socialização 70

O PAPEL DA SOCIALIZAÇÃO 72
  Ambiente social:
  o impacto do isolamento 73
    Isolamento extremo na infância 73
    Estudos com primatas 74
  A influência da hereditariedade 74

O *SELF* E A SOCIALIZAÇÃO 75
  Abordagens sociológicas ao *self* 76
    Cooley: o self-espelho 76
    Mead: etapas do self 76
    *Goffman: apresentação do **self*** 78
  Abordagens psicológicas ao *self* 79

AGENTES DE SOCIALIZAÇÃO 80
  Família 80
    Variação intercultural 81
    A influência de raça e gênero 81
      Escola 82
        Grupos de pares 83

  Meios de comunicação de massa e tecnologia 85
  Local de trabalho 87
  Religião e Estado 87

A SOCIALIZAÇÃO AO LONGO DA VIDA 88
  O desenvolvimento na vida 89
  Socialização antecipatória e ressocialização 89
  Transições de papel durante a vida 91

ENVELHECIMENTO E SOCIEDADE 91
  Ajustando-se à aposentadoria 92

PERSPECTIVAS SOBRE O ENVELHECIMENTO 93
  Teoria do desligamento 93
  Teoria da atividade 94
  Velhismo e discriminação 95
  A morte e o morrer 96

5 > Estrutura e Interação Social 100

INTERAÇÃO SOCIAL 102
  Self e sociedade 102
  Construção social da realidade 102

ELEMENTOS DA ESTRUTURA SOCIAL 103
  Status 103
    Status *atribuído e adquirido* 104
    Status *dominante* 104
  Papéis sociais 105
    Conflito de papéis 105
    Tensão entre papéis 106

Saída do papel   106
Grupos   107
   Grupos primários e secundários   108
   Endogrupos e exogrupos   108
   Grupos de referência   110
   Coalizões   110
Redes sociais   110
Mundos virtuais   112
Instituições sociais   113

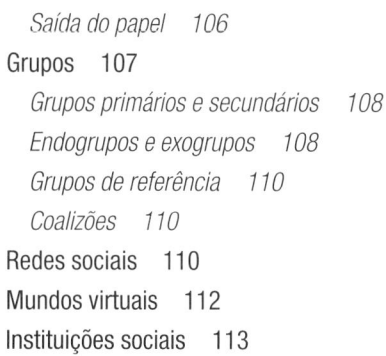

BUROCRACIA   115

Características de uma burocracia   115
   Divisão do trabalho   116
   Hierarquia de autoridade   117
   Regras e regulamentos escritos   117
   Impessoalidade   117
   Emprego com base em qualificações técnicas   117
A burocratização como estilo de vida   118
   A propagação da burocratização   118
   Da burocracia à oligarquia   119
Burocracia e cultura organizacional   119

ESTRUTURA SOCIAL EM PERSPECTIVA GLOBAL   120

Gemeinschaft e *Gesellschaft*   120
Solidariedade mecânica e orgânica   121
Tecnologia e sociedade   121
   Sociedades pré-industriais   122
   Sociedades industriais   122
   Sociedades pós-industriais   122
Vida pós-moderna   123
   Histórias   123
   Imagens   123
   Escolhas   123
   Redes   124

6 > Desvio   128

CONTROLE SOCIAL   130

Conformidade e obediência   130
Controle social formal e informal   132
Direito e sociedade   134

DESVIO   135

Qual comportamento é desviante?   135
Desvio e estigma social   136

CRIME   137

Relatórios oficiais sobre criminalidade   137
   Tendências da criminalidade   138
   Surveys com vítimas   138
Crimes do colarinho branco   139
Crimes sem vítimas   140
Crime organizado   140
Crime internacional   141
   Crime transnacional   141
   Índices internacionais de criminalidade   141

PERSPECTIVAS SOCIOLÓGICAS SOBRE DESVIO E CRIME 142

   Ordem social, desvio e crime 142
      Teoria do desvio de Durkheim 142
      Teoria do desvio de Merton 143
   Interação interpessoal e contexto local 144
      Transmissão cultural 144
      Teoria da desorganização social 145
      Teoria da rotulagem 145
   Poder e desigualdade 146
      Raça e classe 146
      Gênero 148

7 > Famílias 152

VISÃO GLOBAL DA FAMÍLIA 154

   Substância: o que uma família é 155
      Padrões de parentesco 155
      Tipos de família 156
      Tipos de casamento 156
   Funções: o que as famílias fazem 158
   Padrões de autoridade: quem manda? 159

CASAMENTO E FAMÍLIA 160

   Namoro e escolha de parceiros 161
   Variações na vida familiar e em relacionamentos íntimos 163
      Diferenças de classe social 163
      Diferenças raciais e étnicas 163
   Padrões de criação de filhos 164
      Parentalidade e avosidade 164
      Adoção 165
      Famílias com duas fontes de renda 165
      Famílias monoparentais 166
      Famílias acolhedoras 166

ESTILOS DE VIDA DIVERSIFICADOS   167
- Coabitação   168
- Ficar solteiro   169
- Não ter filhos   170
- Relações homossexuais   170

DIVÓRCIO   171
- Tendências estatísticas em relação ao divórcio   171
- Fatores associados ao divórcio   172
- O impacto do divórcio nos filhos   173

8 > Educação e Religião   178

EDUCAÇÃO EM SOCIEDADE   180

PERSPECTIVAS SOCIOLÓGICAS SOBRE A EDUCAÇÃO   181
- Educação e ordem social   181
  - *Transmitir cultura   181*
  - *Promover a integração social   182*
  - *Estabelecer formação e controle social   182*
  - *Estimular a inovação cultural   183*
  - *Educar as crianças   183*
- Educação e desigualdade   183
  - *O currículo oculto   185*
  - *Expectativa do professor   185*
  - *Conferindo status   186*
  - *Credencialismo   187*
  - *Gênero   188*
  - *Desigualdade e oportunidade   188*

AS ESCOLAS COMO ORGANIZAÇÕES FORMAIS   188
- A burocratização das escolas   189
- O ensino como profissão   190
- Subculturas estudantis   190
- Universidades comunitárias   191
- Ensino em casa   192

DEFINIÇÃO DE RELIGIÃO   192
- Substância: o que a religião é   193
- Função: o que as religiões fazem   193

COMPONENTES DA RELIGIÃO   194
- Crenças   194
- Rituais   195
- Experiência   196
- Comunidade   196
  - *Ecclesiae   196*
  - *Denominações   197*
  - *Seitas   197*
  - *Cultos ou novos movimentos religiosos   198*

RELIGIÕES MUNDIAIS   199

PERSPECTIVAS SOCIOLÓGICAS SOBRE RELIGIÃO   201
- Integração   201
- Transformação social   202
  - *A tese weberiana   202*
  - *Teologia da libertação   203*
- Controle social   204
  - *Marx sobre religião   204*
  - *Gênero e religião   205*

9 > Governo e Economia   208

MUDANÇA ECONÔMICA   210
Industrialização   210
Desindustrialização   211
A grande recessão   212
As mudanças no perfil
da força de trabalho   213
Poder   214
Tipos de autoridade   214
Autoridade tradicional   215
Autoridade carismática   215
Autoridade jurídico-racional   216

SISTEMAS ECONÔMICOS   216
Capitalismo   216
Socialismo   217
A economia mista   218
A economia informal   219

SISTEMAS POLÍTICOS   220
Monarquia   220
Oligarquia   220
Ditadura e totalitarismo   221
Democracia   221

A ESTRUTURA DE PODER   223
Modelos de elite do poder   223
O modelo de Mills   224
O modelo de Domhoff   225
O modelo pluralista   226

A PARTICIPAÇÃO POLÍTICA NOS ESTADOS UNIDOS 226

    Participação dos eleitores 227

    Gênero e raça na política 227

GUERRA E PAZ 229

    Guerra 229

    Terrorismo 231

    Paz 232

10 > Classe Social 236

COMPREENDENDO A ESTRATIFICAÇÃO 238

    Sistemas de estratificação 238

        Escravidão 239

        Castas 239

        Estamentos 240

        Classes sociais 240

    Mobilidade social 241

        Sistemas de estratificação abertos versus *fechados* 241

        Tipos de mobilidade social 242

PERSPECTIVAS SOCIOLÓGICAS SOBRE ESTRATIFICAÇÃO 242

    Marx sobre classe 242

    Weber sobre poder 244

    Bourdieu sobre cultura 245

    Recursos materiais, sociais e culturais 246

CLASSE SOCIAL NOS ESTADOS UNIDOS 247

    Capital cultural 247

    Status e prestígio 248

        Prestígio profissional 248

        Status *socioeconômico* 249

    Renda e riqueza 249

        Renda 250

        Riqueza 251

        Lutas de classe média 252

    Pobreza 252

        Definindo a pobreza 253

        Quem são os pobres? 254

    Mobilidade social 256

        Mobilidade ocupacional 256

        Renda e riqueza 257

        Educação 257

        Raça e etnia 258

        Gênero 258

CHANCES NA VIDA 259

11 > Desigualdade Global 264

O FOSSO GLOBAL 266

PERSPECTIVAS SOBRE A ESTRATIFICAÇÃO GLOBAL 268

    O surgimento da modernização 268

    O legado do colonialismo 269

    O crescimento das corporações multinacionais 271

        Modernização 272

        Dependência 272

A ESTRATIFICAÇÃO NO MUNDO 274

    Renda e riqueza 274

    Pobreza 277

    Mobilidade social 278

        Mobilidade intergeracional entre países 279

        Diferenças de gênero e mobilidade 279

A estratificação social no México 280
   A economia do México 280
   Relações raciais no México: a hierarquia da cor 280
   O status da mulher no México 281
   As terras de fronteira 282
   Emigração para os Estados Unidos 282

DIREITOS HUMANOS UNIVERSAIS 283
   Definindo os direitos humanos 283
   Princípio e prática 285
   Ativismo dos direitos humanos 285

12 > Gênero e Sexualidade 290

A CONSTRUÇÃO SOCIAL DE GÊNERO 292
   Sexo e gênero 292
   Socialização em papéis de gênero 293
      Demonstrações de gênero 294
      Papéis de gênero das mulheres 295
      Papéis de gênero dos homens 296
   O gênero em diferentes culturas 297
   Reimaginando sexo e gênero 297

TRABALHANDO PARA A MUDANÇA: OS MOVIMENTOS DAS MULHERES 299
   A primeira onda 299
   A segunda onda 300
   A terceira onda 301

A CONSTRUÇÃO SOCIAL DA SEXUALIDADE 302
   Sexualidade e identidade 302
   Sexualidade em ação 304

GÊNERO E DESIGUALDADE 307
   Sexismo e discriminação 308
   Mulheres nos Estados Unidos 308
      Participação na força de trabalho 308
      Renda 309
      Casa e trabalho 310
      Política 310
      Violência contra as mulheres 311
   Mulheres no mundo 312

13 > Raça e Etnia 316

GRUPOS RACIAIS E ÉTNICOS 318
   Raça 318
      Construção social da raça 319
      Múltiplas identidades 321
   Etnia 321

PRECONCEITO E DISCRIMINAÇÃO 323
   Preconceito 323
   Discriminação 324
      Comportamento discriminatório 324
      O teto de vidro 325
      Perfil racial 325
   Os privilégios dos dominantes 326
   Discriminação institucional 327

PERSPECTIVAS SOCIOLÓGICAS SOBRE RAÇA E ETNIA 329
   Ordem social e desigualdade 329
   A hipótese do contato 330

Padrões de relações intergrupais 330
   Genocídio 330
   Expulsão 331
   Amalgamação 331
   Assimilação 331
   Segregação 332
   Pluralismo 332

RAÇA E ETNIA NOS ESTADOS UNIDOS 333
   Grupos raciais 333
      Afro-americanos 333
      Nativo-americanos 335
      Asiático-americanos 336
      Árabe-americanos 339
   Grupos étnicos 339
      Hispânicos 339
      Judeus americanos 341
      Brancos étnicos 342

IMIGRAÇÃO 342
   Tendências da imigração 342
   Políticas de imigração 344

14 > População, Saúde, Meio Ambiente 348

POPULAÇÃO 350
   Nascimento 350
   Morte 351
   Migração 352
   Transição demográfica 353
      Fase 1: Sociedade pré-industrial 354
      Fase 2: Sociedade industrial inicial 355
      Fase 3: Sociedade industrial tardia 355
      Fase 4: Sociedade pós-industrial 355

PERSPECTIVAS SOCIOLÓGICAS SOBRE SAÚDE E DOENÇA 356
   Cultura, sociedade e saúde 356
   Doença e ordem social 357
   Poder, recursos e saúde 358
      A medicalização da sociedade 358
      Desigualdades em cuidados de saúde 358
      Rotulagem e poder 359
   Negociando curas 360

EPIDEMIOLOGIA SOCIAL 361
   Classe social 362
   Raça e etnia 363
   Gênero 364
   Idade 365

SAÚDE NOS ESTADOS UNIDOS 366
   Uma visão histórica 366
   O papel do governo 366
   Medicina complementar e alternativa 367

PERSPECTIVAS SOCIOLÓGICAS SOBRE MEIO AMBIENTE 369
   Ecologia humana 369
   Poder, recursos e meio ambiente 370
   Justiça ambiental 371

PROBLEMAS AMBIENTAIS 372
   Poluição do ar 373
   Poluição da água 373
   Mudança climática global 374
   A resposta global 376

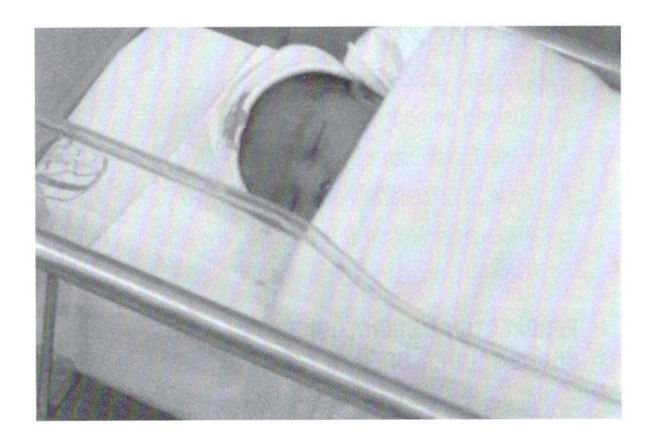

15 > Transformação Social   380

TRANSFORMAÇÃO SOCIAL GLOBAL   382

PERSPECTIVAS SOCIOLÓGICAS SOBRE A TRANSFORMAÇÃO SOCIAL   383
- A evolução das sociedades   384
- Equilíbrio e ordem social   384
- Recursos, poder e transformação   386

A TECNOLOGIA E O FUTURO   387
- Tecnologia de informática   388
- Privacidade e censura em uma aldeia global   389
- Biotecnologia e o *pool* genético   390
- Resistência à tecnologia   392

MOVIMENTOS SOCIAIS   393
- Privação relativa   394
- Mobilização de recursos   394
- Gênero e movimentos sociais   395
- Novos movimentos sociais   396
- A comunicação e a globalização dos movimentos sociais   397

A SOCIOLOGIA É UM VERBO   397
- Sociologia pessoal   398
- Sociologia pública: ferramentas para a transformação   398
- Praticando a sociologia   399

Glossário   405

Referências   414

Créditos   446

Índice onomástico   449

Índice   455

SOCIOLOGIA

1

A IMAGINAÇÃO

O QUE ESTÁ POR VIR

- 4 O que é sociologia?
- 10 O que é teoria sociológica?
- 13 O desenvolvimento da sociologia
- 16 Três perspectivas sociológicas
- 18 Praticando sociologia
- 20 Desenvolvendo uma imaginação sociológica

O INDIVÍDUO E A SOCIEDADE

Em 1º de maio de 2011, Osama bin Laden foi morto a tiros por forças dos Estados Unidos em Abbottabad, no Paquistão. Ao dar essa notícia ao mundo, o presidente Barack Obama afirmou: "Foi feita justiça". Enquanto ele ainda falava, multidões em júbilo começavam a se reunir em frente à Casa Branca, no chamado Marco Zero, em Nova York, e em muitos outros lugares do país. As pessoas celebravam cantando o hino norte-americano, recitando o juramento à bandeira e gritando "USA! USA!".

Para muitos, a morte de Bin Laden propiciou uma sensação de encerramento de um capítulo que começou com os ataques de 11 de setembro de 2001, os quais mataram cerca de 3 mil pessoas. Bin Laden tinha escapado às autoridades por quase dez anos. Agora ele já não existia, e as pessoas manifestavam esperanças de que sua morte pudesse representar um novo começo. No dia seguinte, por exemplo, a correspondente da CNN Carol Costello comentou: "Os norte-americanos estão unidos novamente [...]. A morte de Osama bin Laden nos aproximou de uma forma que não experimentávamos desde os tempos do 11 de setembro". Naquele mesmo dia, em um jantar de parlamentares dos dois partidos, o presidente Obama expressou uma "fervorosa esperança" de que poderíamos "aproveitar um pouco daquela união e um pouco daquele orgulho". Para muitos, então, o efeito da morte de Bin Laden foi aproximar as pessoas, mesmo diante das diferenças.

Outros observavam o mesmo incidente e tiravam conclusões diferentes. O governo paquistanês criticou o ataque como "uma ação unilateral não autorizada" que violara a soberania nacional do Paquistão. Os seguidores de Bin Laden viram seu assassinato como parte de uma guerra mais ampla contra suas próprias crenças mais profundas e o consideravam como um mártir que lutou por seus princípios até o fim. Na outra extremidade do espectro estavam os que não tinham muita certeza de como responder. Uma das frases de busca mais comum na internet nas primeiras horas após o ataque foi "Quem era Osama bin Laden?". De acordo com funcionários da Yahoo, 66% das pessoas que digitaram essa frase tinham entre 13 e 17 anos e, portanto, provavelmente, eram jovens demais para se lembrar de alguma coisa sobre o 11 de setembro de 2001.

Como esse evento único pode suscitar tantas respostas diferentes? Essa variação indica uma premissa sociológica básica sobre a importância de nosso lugar na sociedade: a forma como pensamos, aquilo que fazemos e até mesmo o que sentimos são influenciados pelas posições que ocupamos na sociedade. Neste capítulo e ao longo deste livro, procuraremos entender melhor as implicações dessa afirmação.

À medida que você for LENDO

>>
- O que é sociologia?
- Como os sociólogos olham o mundo?
- Como se pode praticar a sociologia?

>>O que é sociologia?

Nós precisamos uns dos outros. Talvez gostemos de pensar que podemos fazer as coisas por conta própria, mas nosso individualismo é possível graças à nossa interdependência. Louvamos a medalhista de ouro olímpica por sua habilidade impressionante, seu treinamento dedicado e sua obstinada determinação. No entanto, se sua mãe não a levasse à piscina todos os dias, se o funcionário do prédio não acordasse às 4 da manhã para que a piscina estivesse aberta, se as mulheres que trabalham durante a noite não se certificassem de que o vestiário estava limpo e seguro, e tantos outros que desaparecem nos bastidores nesses momentos de glória, ela nunca teria tido a chance de brilhar.

As pessoas das quais dependemos costumam ser desconhecidas e invisíveis para nós. Mesmo que nunca venhamos a encontrá-los, contamos com agricultores, caminhoneiros, secretários, balconistas, guardas, engenheiros de *software*, cientistas, trabalhadores de linha de montagem, professores, policiais, inventores, políticos, diretores de empresas e tantos outros. No entanto, na maioria das vezes, consideramos suas contribuições como algo natural, sem apreciar plenamente o grau em que eles tornam nossa vida possível. Os sociólogos procuram revelar toda a extensão da nossa interdependência. A **sociologia** é definida como o estudo sistemático da relação entre o indivíduo e a sociedade e das consequências da diferença. A seguir, examinaremos os vários componentes dessa definição em detalhes, mas em sua essência está a conexão íntima entre o indivíduo e a sociedade.

sociologia Estudo sistemático da relação entre o indivíduo e a sociedade e das consequências da diferença.

imaginação sociológica Consciência da relação entre quem somos como indivíduos e as forças sociais que moldam nossas vidas.

Por meio da sociologia, podemos fazer e responder perguntas sobre nossa interdependência. Com quem vamos nos conectar? Como podemos organizar essas conexões? O que fica no caminho? Quem se beneficia? Sentado em uma sala de aula, trabalhando em um escritório ou em uma fábrica, ou fazendo exercícios em uma academia, as nossas opções são influenciadas pelas posições que ocupamos. Como indivíduos, fazemos escolhas, mas não podemos separar nossas preferências individuais da influência de pais, colegas de trabalho, amigos, inimigos, meios de comunicação e muito mais, nem de nosso acesso a recursos como dinheiro, redes sociais e conhecimento. Influenciamos o mundo que nos rodeia e por ele somos influenciados. A sociologia estuda essas influências.

A IMAGINAÇÃO SOCIOLÓGICA

A sociologia nos ajuda a ver nosso lugar no mundo de novas formas. Em um esforço para descrever como podemos fazer isso, o sociólogo norte-americano C. Wright Mills (1959) criou um conceito chamado de **imaginação sociológica**, uma consciência da relação entre quem somos como indivíduos e as forças sociais que moldam nossas vidas. Mills descreveu a imaginação sociológica como nossa capacidade de ver a interação entre história e biografia. Com "história" ele não quis dizer apenas a época em que vivemos, mas também nossas posições na sociedade e os recursos a que temos acesso. O termo "biografia" engloba nossa experiência pessoal, nossas ações e nossos pensamentos e as escolhas que fazemos. Nas palavras de Mills, "nem a vida de um indivíduo, nem a história da sociedade podem ser entendidas sem entender a ambas" (p. 3). Como indivíduos, nós agimos, mas o fazemos dentro do contexto e dos limites da sociedade.

A imaginação sociológica envolve nosso reconhecimento da importância de nossa posição social. Em outras palavras, ela nos permite ver de que forma fatores como idade, gênero, raça, etnia, classe e grau de instrução definem nossas preferências, percepções e oportunidades. Uma maneira de obter uma visão sobre nós mesmos e nossos mundos sociais é imaginar como nossas práticas podem parecer a alguém de fora do nosso meio. Vejamos os eventos esportivos, por exemplo. Nos Estados Unidos, milhares de fãs abarrotam estádios para torcer por bem treinados jogadores de futebol americano. Em Bali, na Indonésia, dezenas de espectadores reúnem-se em torno de um ringue para aplaudir galos bem treinados que participam de rinhas. Em ambos os casos, os espectadores torcem por seus favoritos e podem apostar no resultado, mas o que é considerado um evento esportivo normal em uma parte do mundo é considerado incomum em outra.

Uma maneira de desenvolver nossa imaginação sociológica, de acordo com Mills (1959), é a distinção entre transtornos privados e questões públicas. Os **transtornos privados** são problemas que enfrentamos em nossas relações imediatas com indivíduos específicos em nossas vidas pessoais. Nesses casos, culpamos a nós mesmos ou a pessoas próximas por nossas dificuldades. Muitas vezes, porém, pessoas que estão em situações semelhantes enfrentam os mesmos problemas. Nesses casos, a verdadeira causa de nossos problemas pode muito bem estar fora das nossas circunstâncias particulares. **Questões públicas** são problemas que enfrentamos como consequência das posições que ocupamos dentro da estrutura social mais ampla. Os transtornos privados são problemas pessoais e as questões públicas são problemas sociais.

O desemprego é um exemplo clássico da relação entre transtornos privados e questões públicas. A experiência de perder um emprego é vivida como um problema privado por indivíduos e pelas famílias envolvidas. Ela afeta o bem-estar psicológico e ainda é associada ao aumento da probabilidade de divórcio e suicídio. Contudo, os níveis de desemprego aumentam e diminuem dependendo do que está acontecendo na economia como um todo. Levando-se em conta as forças sociais – em outras palavras, tratando o desemprego como uma questão pública – é possível que indivíduos, empresas e governos diagnostiquem de forma mais eficaz o problema e desenvolvam soluções adequadas. Usada dessa forma, a imaginação sociológica é uma ferramenta de empoderamento.

> **PENSAMENTO** SOCIOLÓGICO
> Quando alguém diz que algo "soa como um problema pessoal", o que a pessoa quer dizer, geralmente? Como podemos responder de forma diferente às pessoas que perderam o emprego, divorciaram-se ou abandonaram o ensino médio, se considerarmos esses eventos como questões públicas? O que mais poderíamos aprender com isso?

transtornos privados Problemas que enfrentamos em nossas relações imediatas com indivíduos específicos em nossas vidas pessoais.

questões públicas Problemas que enfrentamos como consequência das posições que ocupamos dentro da estrutura social mais ampla.

O HAMBÚRGUER COMO MILAGRE

O uso da imaginação sociológica nos ajuda a entender melhor nossa interdependência. Por exemplo, muitas pessoas partem do pressuposto de que seria fácil atender às suas próprias necessidades se precisassem, e estão ávidas para se estabelecer por conta própria e provar que podem. Contudo, suponha que você tivesse que fazer algo aparentemente tão simples como produzir um hambúrguer e tivesse que fazê-lo sem depender de quaisquer conhecimentos, habilidades, ferramentas ou recursos obtidos de qualquer outra pessoa. Sem uma rede interdependente de pessoas que executam inúmeras pequenas tarefas que damos como certas, teríamos muitas dificuldades para atender nossas necessidades mais básicas. Um hambúrguer pode servir como um símbolo das habilidades e dos conhecimentos compartilhados da nossa sociedade.

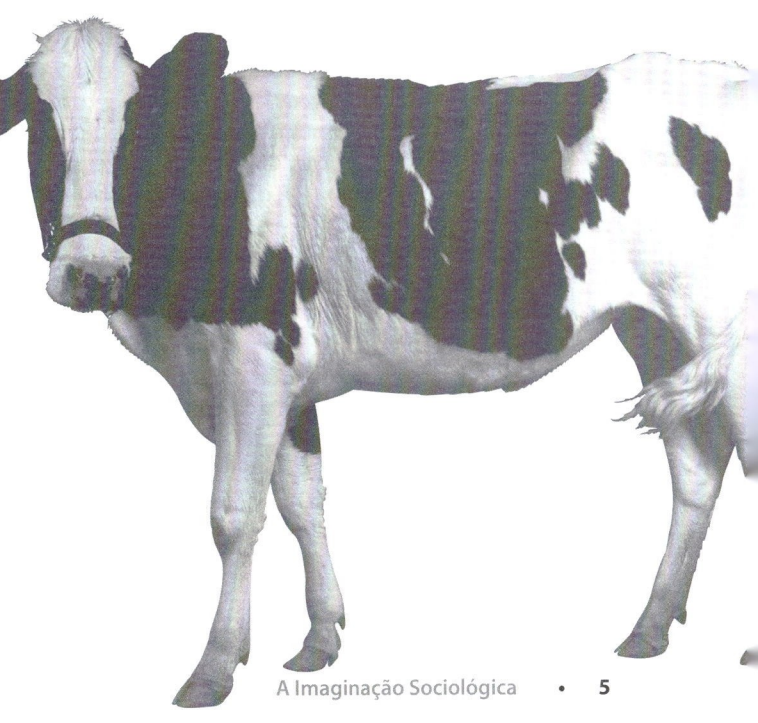

---

5 Filmes sobre A IMAGINAÇÃO SOCIOLÓGICA

Idiocracia
Um homem viaja mil anos no futuro, para encontrar os Estados Unidos superpovoados e emburrecidos.

Filhos da esperança
Uma visão distópica da sociedade, na qual os seres humanos não podem mais se reproduzir.

Harry Potter e a pedra filosofal
Um órfão de 11 anos é apresentado a uma nova sociedade de bruxos.

Fish Tank
Uma adolescente volátil tenta escapar de sua vida caótica em um conjunto habitacional britânico.

Um estranho no ninho
Um presidiário vigarista enviado a uma instituição mental enfrenta a enfermeira Ratched.

Quão difícil pode ser fazer um hambúrguer do zero? Considerando-se os ingredientes, que parecem bastante simples, existem várias maneiras de proceder. Comecemos com o próprio hambúrguer. Primeiro, você precisa encontrar uma vaca.

Qual pode ser a dificuldade? Bom, você não pode comprar uma vaca de um fazendeiro, pois isso significa contar com os recursos de outros. Pela mesma razão, não pode ir à zona rural (chegar lá já pode representar certo desafio) e roubar uma vaca de uma fazenda (que implica um fazendeiro, o que significa dependência de outra pessoa). Então, você precisa encontrar uma vaca selvagem.

Supondo que encontre uma vaca selvagem, você terá que matá-la. Talvez você possa bater nela com uma rocha grande ou assustá-la para que caia de um penhasco. Em seguida, precisa abatê-la, mas o couro da vaca é duro. Imagine o que é preciso para produzir uma faca de metal (encontrar minério, fundir, forjar, temperar e assim por diante). Talvez uma pedra afiada sirva. Supondo que consiga produzir uma ferramenta de corte, agora você tem um pedaço de carne de vaca crua. Considerando-se que o que buscamos é um hambúrguer (embora você possa estar disposto a se contentar com um bife, a essas alturas), você precisa moer a carne. Você poderia usar algumas rochas para pulverizar a carne e fazer uma espécie de pasta, embora um moedor de carne funcionasse melhor, se não fosse tão difícil de construir. Em qualquer dos casos, você finalmente tem um hambúrguer cru.

Agora, precisa cozinhá-lo. Como vai fazer isso? Onde vai conseguir fogo? Talvez você pudesse friccionar duas pedras na esperança de produzir uma faísca, ou esfregar dois gravetos. Se pudesse receber ajuda de uma fonte externa, uma opção seria conferir como o personagem de Tom Hanks fez isso no filme *O náufrago* – mas não pode. Talvez o jeito mais fácil fosse esperar um pouco até que um raio atacasse uma árvore próxima. Seja como for que você faça, depois que começar o fogo, ainda terá que preparar a carne. Não há frigideiras disponíveis, de forma que ou você faz uma ou talvez cozinhe naquela pedra tão útil que usou para matar a vaca. Ou pode simplesmente colocar a carne em uma vara que cortou e desbastou com a faca que você fez (ou era uma pedra "afiada"?) e assá-la sobre o fogo.

Supondo que consiga, você tem agora um hambúrguer cozido. Contudo, é claro, ainda não terminou. Há ainda muitos outros passos que precisam ser concluídos. Você precisa assar um pão, o que implica descobrir como gerar farinha, água, sal, óleo, açúcar, fermento e um forno. E o que dizer de condimentos como ketchup, mostarda, picles e cebola? E se, no fim de tudo isso, você decidir fazer um *cheeseburger*? Esperamos que tenha ordenhado a vaca primeiro.

Fazer algo que parece tão simples, que nós consideramos natural, que se pode obter por alguns reais no McDonald's, acaba por ser bem complicado. O conhecimento e a habilidade para adquirir e preparar todos os ingredientes de um hambúrguer estão fora da capacidade da maioria dos indivíduos. No entanto, quando comemos um hambúrguer, não pensamos em nada disso. Pensando bem, quando se aplica a imaginação sociológica, um hambúrguer é um milagre. É milagroso, não em um sentido sobrenatural, mas como um símbolo apontando para a complexidade e a naturalidade surpreendentes da nossa interdependência humana e para o conhecimento que compartilhamos coletivamente, mesmo sem perceber. Claro, isso se aplica não apenas a hambúrgueres, mas a praticamente qualquer produto que usemos. Poderia ser um hambúrguer vegetariano, um livro, uma mesa, uma camisa, um carro, uma casa ou um computador. Olhe ao seu redor e tente imaginar como seria fazer, por conta própria, todas as coisas que já produzimos como seres humanos. O conhecimento e a habilidade que esses produtos representam são espantosos. Felizmente, nossa interdependência significa que não temos que depender apenas de nossos próprios conhecimentos e habilidades para nossa sobrevivência.

> A função da sociologia, como de todas as ciências, é revelar o que está oculto.
>
> Pierre Bourdieu

DEFININDO SOCIOLOGIA

Uma análise mais detalhada dos quatro componentes principais da definição de sociologia nos ajudará a entender melhor as bases sobre as quais está construída a imaginação sociológica.

Estudo sistemático Os sociólogos estão envolvidos com o mundo, coletando dados empíricos por meio de pesquisa sistemática. Trabalhar com esses dados significa que os sociólogos tiram suas conclusões sobre a sociedade com base em experiências ou observações em vez de crenças ou da autoridade dos outros. Se quiserem entender o impacto da televisão sobre a comunidade ou o fenômeno das bebedeiras nos *campi* universitários, terão que coletar dados de pessoas envolvidas nessas atividades e basear suas conclusões nessas informações.

Historicamente, a pesquisa sociológica tem envolvido abordagens quantitativas e qualitativas à coleta de dados. As abordagens quantitativas enfatizam a quantificação das coisas e sua análise matemática ou estatística. A maneira mais comum de se coletar esse tipo de dado é por *surveys*. As abordagens qualitativas, por sua vez, concentram-se em ouvir e observar as pessoas e em lhes permitir interpretar o que está acontecendo em suas próprias vidas. A maneira mais comum de se coletar esse tipo de dado é por meio da observação participante, na qual o pesquisador interage com aqueles que estuda. Na prática, os sociólogos costumam recorrer a ambas as técnicas ao fazerem suas pesquisas. Investigaremos essas técnicas de pesquisa, em conjunto com outras, em mais detalhe no Capítulo 2.

O indivíduo Embora a sociologia seja mais associada ao estudo de grupos, não existe grupo separado dos indivíduos que o compõem. Como indivíduos, estamos constantemente escolhendo a próxima coisa que faremos. Na maior parte do tempo, seguimos diretrizes de comportamento que aprendemos com outras pessoas, mas temos capacidade de rejeitar essas orientações a qualquer momento.

Um termo que os sociólogos às vezes usam para descrever essa capacidade é **agência**, ou seja, a liberdade que os indivíduos têm de fazer escolhas e agir. No esporte profissional dos Estados Unidos, por exemplo, usamos o termo "agente livre" para descrever um jogador que pode negociar com qualquer equipe que desejar. Nós também temos essa liberdade. Poderíamos optar por não ir à aula, não ir trabalhar, não sair da cama de manhã, não obedecer sinais de trânsito, não responder quando falam conosco, não ler a frase seguinte neste livro e assim por diante.

Como nosso eu existe em uma relação interativa com o seu ambiente, agimos dentro do contexto de nossas relações. O mesmo aplica-se àquele agente livre do esporte. Apesar de poder escolher qualquer equipe para receber um pagamento alto, ele está limitado a escolher dentro dos limites da liga profissional. Nossas escolhas também são limitadas por nossas posições. Tendo acesso a vários recursos, escolhemos entre um conjunto de opções, com o conhecimento de vários resultados possíveis. Geralmente, seguimos "caminhos de menor resistência" – as ações e as crenças aceitas e esperadas – mas a escolha de continuar a segui-los ou não é nossa, a cada segundo de nossas vidas (Johnson, 1997).

Sociedade O estudo da sociedade está no centro da sociologia. Passaremos a maior parte deste livro descrevendo vários aspectos da sociedade, mas podemos começar a pensar nela como nosso ambiente social. A sociedade consiste em padrões persistentes de relações e redes sociais nas quais atuamos. A estrutura social que ela proporciona é análoga a um edifício: a planta de um prédio incentiva e desincentiva diferentes atividades em diferentes peças (como cozinhas, quartos e banheiros), e muitas das operações mais essenciais de um prédio (como aquecimento e ar condicionado) são invisíveis para nós em sua maior parte. Da mesma forma, a estrutura de nossas *instituições* – um termo que os sociólogos usam para descrever al-

"Na verdade, Lou, acho que foi mais do que apenas eu estar no lugar certo, na hora certa. Acho que foi eu ser da raça certa, da religião certa, do sexo certo, do grupo socioeconômico certo, ter o sotaque certo, vestir as roupas certas, ir às escolas certas..."

© The New Yorker Collection 1992 Warren Miller, de cartoonbank.com. Todos os direitos reservados.

> **agência** A liberdade que os indivíduos têm de fazer escolhas e agir.

guns dos principais componentes da estrutura social, incluindo economia, família, educação, governo e religião – define aquilo que se espera de nós. Por exemplo, as opções disponíveis a nós no contexto da família moderna, como ir em busca de nossa própria educação e nossa carreira, são muito diferentes das obrigações que enfrentaríamos em contextos familiares mais tradicionais. Inseridos nas instituições estão os grupos, os subgrupos e o *status* que ocupamos. Examinaremos os detalhes dessas instituições nos capítulos seguintes, mas é útil lembrar que construímos cultura e nos envolvemos em interação social no contexto da sociedade.

As consequências da diferença A parte final da definição de sociologia envolve as consequências da diferença. A sociologia faz mais do que simplesmente descrever nossa estrutura, nossa cultura e nossa interação; ela também analisa a forma como os recursos econômicos, sociais e culturais são distribuídos e as implicações desses padrões em termos das oportunidades e dos obstáculos que eles criam para indivíduos e grupos. Desde a fundação da sociologia, os sociólogos têm se preocupado com o impacto que nossa posição social tem sobre nossas oportunidades ou a falta delas.

Os sociólogos observaram, por exemplo, que o tsunami de 2004 no Oceano Índico atingiu homens e mulheres da Indonésia de modo diferente. Quando as ondas chegaram, seguindo padrões culturais tradicionais, mães e avós estavam em casa com as crianças, e os homens estavam trabalhando fora, onde tinham maior probabilidade de ficar sabendo do desastre iminente. Além disso, a maioria dos homens sabia nadar, uma habilidade de sobrevivência que as mulheres nessas sociedades tradicionais geralmente não aprendem. Como resultado disso, muito mais homens do que mulheres sobreviveram à catástrofe – cerca de dez homens para cada mulher. Em uma típica aldeia indonésia, 97 de 1.300 pessoas sobreviveram, das quais apenas quatro eram mulheres. O impacto desse desequilíbrio de gênero será sentido por algum tempo, dado o papel fundamental das mulheres como cuidadoras de crianças e idosos (BBC, 2005).

A análise do poder social merece atenção especial, pois define a forma como pensamos e agimos. O fato simples é que aqueles que têm acesso e controle sobre recursos materiais, sociais e culturais valorizados têm disponíveis opções diferentes daqueles que não dispõem desse acesso e desse controle. Uma

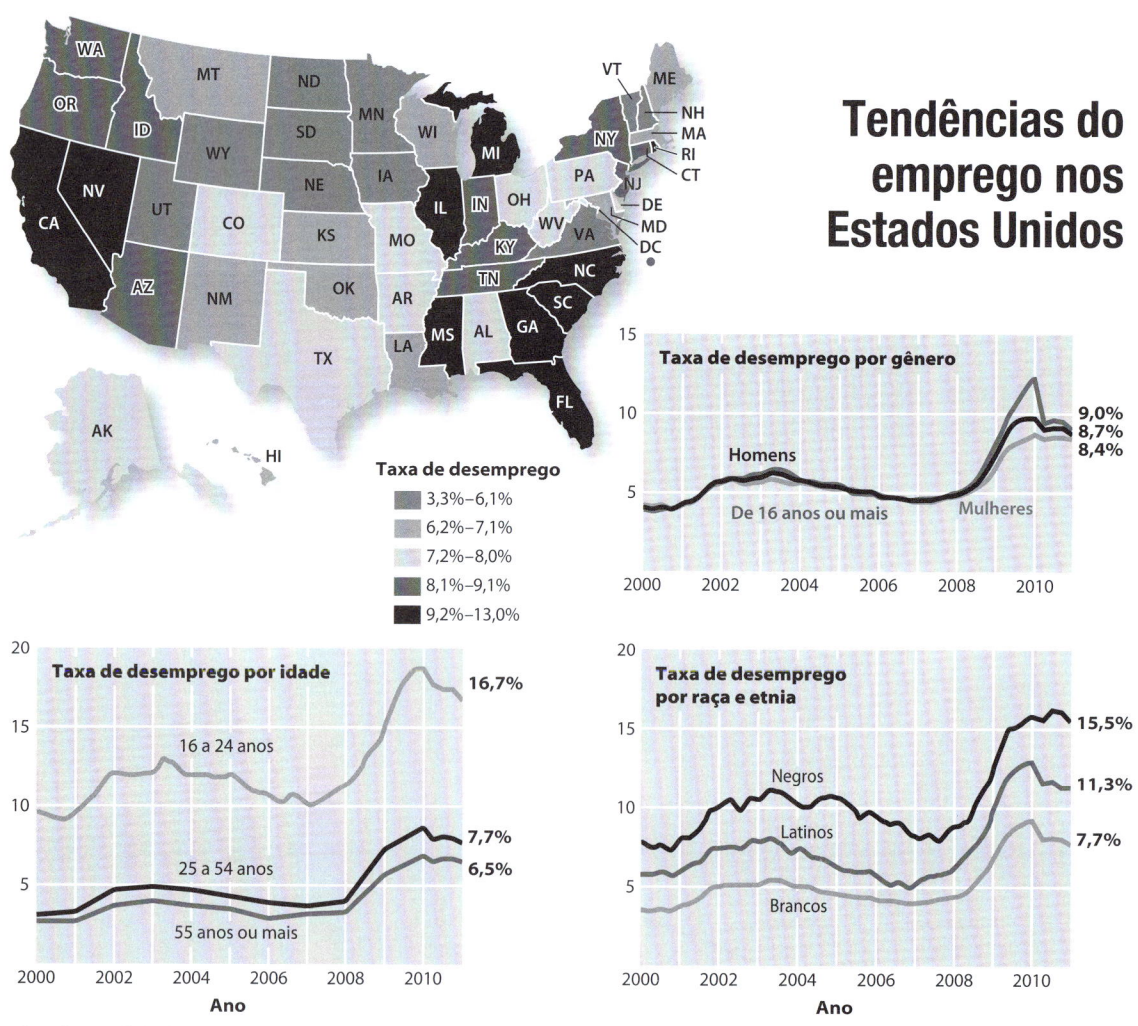

Tendências do emprego nos Estados Unidos

Taxa de desemprego
- 3,3%–6,1%
- 6,2%–7,1%
- 7,2%–8,0%
- 8,1%–9,1%
- 9,2%–13,0%

Taxa de desemprego por gênero
- Homens: 9,0%
- Mulheres: 8,7%
- De 16 anos ou mais: 8,4%

Taxa de desemprego por idade
- 16 a 24 anos: 16,7%
- 25 a 54 anos: 7,7%
- 55 anos ou mais: 6,5%

Taxa de desemprego por raça e etnia
- Negros: 15,5%
- Latinos: 11,3%
- Brancos: 7,7%

Fonte: Bureau of Labor Statistics, 2012a.

Observação: a taxa de desemprego inclui pessoas de 16 anos ou mais, que estejam disponíveis para o trabalho, mas não tenham emprego, e que tenham procurado trabalho ativamente dentro das quatro semanas anteriores.

das principais tarefas da sociologia é investigar e revelar níveis de **desigualdade social** – uma condição na qual membros da sociedade têm quantidades diferentes de riqueza, prestígio ou poder. É por isso que a definição de sociologia chama atenção para as consequências da diferença.

Combinados, esses quatro aspectos da sociologia nos ajudam a entender as coisas que influenciam nossas crenças e ações. Aceitar e lidar com a realidade de que nossas escolhas são limitadas pelas posições que ocupamos pode parecer deprimente, mas a sociologia, na verdade, nos capacita, proporcionando um quadro mais completo dos mundos em que vivemos. O sociólogo francês Pierre Bourdieu (1998a) explica da seguinte forma: "A sociologia ensina como os grupos funcionam e como fazer uso das leis que regem seu funcionamento, de modo a tentar contorná-las" (p. 57). Apenas entendendo o quanto nossos pensamentos e ações são definidos por nossa posição social é que temos liberdade de fazer escolhas mais eficazes para mudar a nós mesmos e nossos mundos.

SOCIOLOGIA E AS CIÊNCIAS SOCIAIS

A sociologia é uma ciência? O termo **ciência** refere-se ao conjunto de conhecimentos obtido por métodos com base na observação sistemática. Assim como outras disciplinas científicas, a sociologia envolve o estudo organizado e sistemático de fenômenos (nesse caso, o comportamento humano) com o objetivo de entendê-los melhor. Todos os cientistas, quer estudem cogumelos, quer estudem assassinos, tentam coletar informações precisas por meio de métodos de estudo que sejam o mais objetivos possível. Eles usam o registro cuidadoso de observações e a acumulação de dados.

É claro, há uma grande diferença entre a sociologia e a física, e entre a psicologia e a astronomia. Por essa razão, as ciências costumam ser divididas em naturais e sociais. **Ciência natural** é o estudo das características físicas da natureza e das formas como elas interagem e mudam. Astronomia, biologia, química, geologia e física são ciências naturais. **Ciência social** é o estudo das características sociais dos seres humanos e das formas como elas interagem e mudam. As ciências sociais incluem a sociologia, a antropologia, a economia, a história, a psicologia e a ciência política.

Essas disciplinas das ciências sociais têm um foco comum no comportamento social das pessoas, mas cada uma tem uma orientação específica. Os antropólogos geralmente estudam culturas passadas e sociedades pré-industriais que continuam existindo até hoje, bem como as origens dos seres humanos. Os economistas exploram as maneiras pelas quais as pessoas produzem e trocam bens e serviços, em conjunto com dinheiro e outros recursos. Os historiadores preocupam-se com os povos e os acontecimentos do passado, e com sua importância atual para nós. Os psicólogos investigam a personalidade e o comportamento individual. Os cientistas políticos estudam as relações internacionais, o funcionamento do governo e o exercício do poder e da autoridade. Os sociólogos, como já vimos, estudam a influência que a sociedade tem sobre as atitudes e o comportamento das pessoas e as formas pelas quais as pessoas interagem e definem os contornos da sociedade.

Examinaremos a forma como diferentes ciências sociais podem estudar o impacto da crise econômica mundial que começou no final de 2008. Os historiadores comparariam os acontecimentos recentes com aqueles que ocorreram em crises anteriores, como a Grande Depressão da década de 1930. Os economistas fariam pesquisas sobre o impacto financeiro da crise atual sobre indivíduos, nações e o mundo como um todo. Os psicólogos estudariam o comportamento e as reações dos indivíduos para avaliar o trauma emocional que essa crise causa. E os cientistas políticos estudariam as posturas assumidas pelos líderes políticos e as respostas de seus governos à crise.

> **desigualdade social** Condição na qual membros da sociedade têm quantidades diferentes de riqueza, prestígio ou poder.
>
> **ciência** Conjunto de conhecimentos obtido por métodos com base na observação sistemática.
>
> **ciência natural** Estudo das características físicas da natureza e das formas como elas interagem e mudam.
>
> **ciência social** Estudo das características sociais dos seres humanos e das formas como elas interagem e mudam.

Que abordagem os sociólogos assumiriam? Seguindo a orientação de Mills, eles iriam analisar a crise econômica como uma questão pública. Isso implica a coleta de dados sobre como a crise afetou as pessoas de formas diferentes dependendo das posições sociais que ocupam. Como demonstram o mapa e os gráficos da página 8, a localização geográfica de uma pessoa, sua idade, seu gênero, sua raça e sua etnia influenciam sua probabilidade de enfrentar o desemprego. O desemprego era mais provável no Sudeste e no Oeste do que no Centro-oeste dos Estados Unidos. A taxa para os jovens era, e continua a ser, substancialmente mais alta do que para os mais velhos. Os homens experimentaram um aumento mais significativo no desemprego do que as mulheres. As taxas para afro-americanos e latinos foram e são significativamente maiores do que para brancos. A sociologia nos ensina que nossa posição social é importante. Entender como diferentes grupos são afetados ajuda quem toma decisões políticas a escolher quais ações devem ser tomadas para enfrentar a crise. Uma solução única ou universal para esse tipo de problema tem poucas chances de ser eficaz no tratamento das diferentes necessidades dos vários grupos.

A pesquisa sociológica mostra que a escolha de um parceiro para casamento é muito influenciada por expectativas da sociedade.

Os sociólogos assumiriam uma abordagem semelhante ao estudar episódios de extrema violência. Em janeiro de 2010, a deputada norte-americana Gabrielle Giffords reunia-se com eleitores em um supermercado perto de Tucson, no Arizona, quando um homem armado se aproximou e começou a atirar. Dezoito pessoas foram atingidas. Seis foram mortas, incluindo uma menina de nove anos. Giffords levou um tiro à queima-roupa na cabeça, mas sobreviveu. Observadores tiveram dificuldades para descrever os eventos e situá-los em algum contexto social. Para os sociólogos em particular, eventos como esses levantam inúmeras questões, incluindo o papel dos meios de comunicação ao relatar eventos noticiosos, as políticas de controle de armas, as preocupações sobre gênero, a adequação do sistema de saúde mental do país e os estereótipos e estigmas aplicados a pessoas que sofrem de doença mental (Force, 2011; Glassner, 2010; Sharp, 2011).

SOCIOLOGIA E SENSO COMUM

Todos praticamos alguma forma de imaginação sociológica de vez em quando, avaliando o equilíbrio entre o indivíduo e a sociedade. Assim sendo, qual é a diferença entre a sociologia e o senso comum – o conhecimento que obtemos a partir de nossas experiências e conversas, do que lemos, do que vemos na televisão e assim por diante? O conhecimento de senso comum, embora às vezes seja preciso, nem sempre é confiável, pois se baseia em crenças comuns em vez da análise sistemática dos fatos.

Ao contrário da noção comum de que as mulheres tendem a ser tagarelas em comparação com os homens, por exemplo, pesquisadores descobriram uma diferença pequena entre os sexos em termos de sua loquacidade. Ao longo de um período de cinco anos, eles colocaram microfones discretos em 396 estudantes universitários em vários cenários, em *campi* no México e nos Estados Unidos. Eles concluíram que tanto homens quanto mulheres falavam cerca de 16 mil palavras por dia (Mehl et al., 2007).

teoria Conjunto de enunciados que procura explicar problemas, ações ou comportamentos.

Da mesma forma, o "senso comum" nos diz que, nos Estados Unidos de hoje, os casamentos de militares são mais propensos a terminar em separação ou divórcio do que no passado, devido à tensão das longas missões no Iraque e no Afeganistão. No entanto, um estudo divulgado em 2007 não mostra qualquer aumento significativo na taxa de divórcio entre os soldados norte-americanos ao longo da última década. Na verdade, a taxa de dissolução conjugal entre membros das forças armadas é comparável à das famílias de não militares. Curiosamente, esse não é o primeiro estudo a refutar a noção generalizada de que o serviço militar prejudica o vínculo conjugal. Duas gerações antes, durante a Guerra do Vietnã, os pesquisadores chegaram à mesma conclusão (Call e Teachman, 1991; Karney e Crown, 2007).

Assim como outros cientistas sociais, os sociólogos não aceitam algo como verdade só porque "todo mundo sabe". Às vezes, as conclusões dos sociólogos podem parecer de senso comum porque eles lidam com aspectos conhecidos da vida cotidiana. A diferença é que essas conclusões foram testadas por pesquisadores, analisadas em relação a outros dados e avaliadas à luz do que os sociólogos conhecem como teoria sociológica.

>>O que é teoria sociológica?

A sociologia, como todas as ciências, envolve uma conversa entre teoria e pesquisa. Coletamos dados por meio de pesquisa sistemática e procuramos descrever e explicar aquilo que encontramos usando teorias. As teorias representam nossas tentativas de contar as histórias de nossas vidas, mas fazem isso de uma forma particular. Inicialmente, podem ser gerais e vagas, mas, ao longo do tempo, ao se tornarem mais plenamente informadas pela pesquisa, são modificadas e refinadas até chegarem a descrições mais integrais e mais precisas das razões para as formas como pensamos e agimos. Examinamos as teorias aqui, antes de tratar dos métodos no Capítulo 2.

FORMULANDO TEORIAS SOCIOLÓGICAS

Por que as pessoas cometem suicídio? A resposta de Émile Durkheim a essa pergunta, mais de cem anos atrás, ajudou a estabelecer a sociologia como disciplina. Entre as tradicionais respostas de senso comum que Durkheim rejeitou estavam as noções de que as pessoas herdam o desejo de se matar ou de que as manchas solares levam as pessoas a tirarem suas próprias vidas. Suspeitando de que as teorias psicológicas ou biológicas existentes que apontavam a depressão ou o desequilíbrio químico como fatores causais fossem insuficientes, e acreditando que existiam forças sociais influenciando a probabilidade de um indivíduo cometer suicídio, ele partiu para testar sua teoria.

Durkheim desenvolveu uma teoria que oferecia uma explicação geral do comportamento suicida. Podemos pensar em teorias como tentativas de explicar acontecimentos, forças, materiais, ideias ou comportamentos de uma forma abrangente. Na sociologia, uma **teoria** é um conjunto de enunciados que procura explicar problemas, ações ou comportamentos. Uma teoria eficaz pode ter poder tanto explicativo quanto preditivo, ou seja, pode nos ajudar a enxergar as relações entre fenômenos aparentemente isolados, bem como a entender de que forma um tipo de mudança em um ambiente leva a outras mudanças.

Durkheim teorizou que as pessoas cometem suicídio porque não possuem as conexões e as obrigações sociais que as impediriam de realizar o mais derradeiro e mais individualista de todos os atos. Sua hipótese era a seguinte: "O suicídio varia de forma inversamente proporcional ao grau de integração dos grupos sociais dos quais o indivíduo faz parte" ([1897] 1951:209). Inicialmente, ele escolheu a filiação religiosa como um indicador de integração social, argumentando que os protestantes são socialmente menos integrados do que os católicos. Ele afirmou que o catolicismo é uma fé tradicional, com um sistema hierárquico de autoridade no qual a variação na crença (sobre temas como controle de natalidade, aborto, padres casados e mulheres sacerdotes) não depende do indivíduo. O protestantismo, ao contrário, coloca a Bíblia nas mãos dos crentes para que interpretem. As numerosas divisões encontradas entre os protestantes ocorreram como consequência de indivíduos que escolheram interpretar as questões de fé com base em sua própria compreensão da palavra de Deus. Enquanto existe apenas uma Igreja Católica Romana, o protestantismo inclui a Batista, a Metodista, a Reformada, a Episcopal, a Presbiteriana e muitas outras igrejas denominacionais e não denominacionais. Esses contextos contrastantes definiram o grau em que os indivíduos eram integrados à comunidade religiosa, levando Durkheim a prever que os protestantes seriam mais propensos a cometer suicídio do que os católicos.

TESTANDO TEORIAS SOCIOLÓGICAS

Para testar sua teoria, Durkheim coletou dados de diferentes países, para ver se as taxas de suicídio variavam. Observando a França, a Inglaterra e a Dinamarca, ele descobriu que a Inglaterra tinha 67 suicídios informados por milhão de habitantes, a França tinha 135 por milhão, e a Dinamarca, 277 por milhão. Durkheim concluiu que a taxa de suicídio comparativamente elevada da Dinamarca se devia ao fato de se tratar de um país mais protestante do que a França ou a Inglaterra. Em outras palavras, era a composição social dessas nações o que definia suas taxas de suicídio.

PENSAMENTO SOCIOLÓGICO

Se Durkheim está correto e o nível de integração social influencia a probabilidade de suicídio, por que as taxas variam de acordo com os grupos listados na figura Taxas de Suicídio nos Estados Unidos? Por que a taxa dos homens é quase quatro vezes maior do que a das mulheres? Por que a taxa dos brancos não hispânicos é maior do que a de qualquer outro grupo racial/étnico? Por que a taxa dos homens brancos não hispânicos é tão alta (22,9) e a das mulheres negras não hispânicas, tão baixa (1,7)? Por que existe um pico de suicídios na meia-idade? O que os cinco estados com maior taxa e os cinco estados com menor taxa poderiam ter em comum? O que esses padrões podem sugerir sobre a integração social das pessoas nessas categorias?

Taxas de suicídio nos Estados Unidos

Taxa de suicídio por gênero
- 19,0 Homens
- 4,9 Mulheres

Taxa de suicídio por idade
- 10,1 15–24
- 12,9 25–34
- 15,8 35–44
- 18,7 45–54
- 16,2 55–64
- 13,9 65–74
- 16,2 75–84
- 14,9 85+

Taxa de suicídio por raça/etnia
- 14,1 Brancos não hispânicos
- 11,7 Índios norte-americanos ou nativos do Alasca
- 5,8 Asiáticos ou oriundos das Ilhas do Pacífico
- 5,6 Hispânicos de todas as raças
- 5,4 Negros não hispânicos

Mortes por suicídio por 100.000 habitantes
- 6,8–10,3
- 10,4–12,1
- 12,2–13,1
- 13,2–15,4
- 15,5–24,2

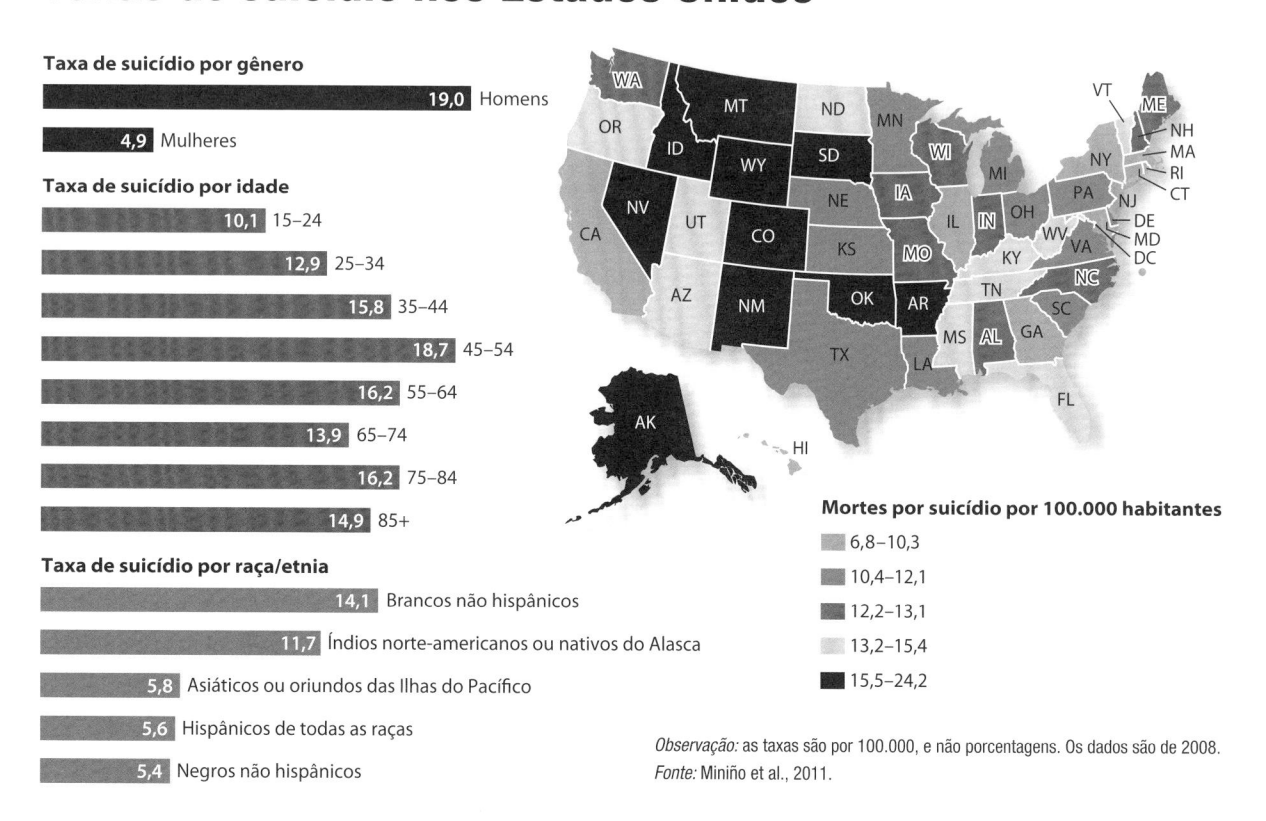

Observação: as taxas são por 100.000, e não porcentagens. Os dados são de 2008.
Fonte: Miniño et al., 2011.

Uma pesquisa mais recente, concentrada em taxas individuais em vez de nacionais, continua encontrando essa mesma relação.

Ao ampliar sua análise para observar outros indicadores de integração social, Durkheim continuou a obter resultados que confirmavam sua teoria básica: os solteiros tinham taxas muito mais elevadas de suicídio do que as pessoas casadas, e as pessoas sem filhos eram mais propensas a tirar as próprias vidas do que as que tinham filhos. Além disso, as taxas eram mais altas em tempos de instabilidade e recessão econômica do que em tempos de prosperidade. Durkheim concluiu que sua teoria era correta: a taxa de suicídio de uma sociedade reflete o grau em que as pessoas estão ou não integradas à vida em grupo na sociedade. Durkheim apresentou seus resultados em sua obra referencial *Suicídio*, publicada em 1897.

APLICAÇÃO DAS TEORIAS SOCIOLÓGICAS

Embutido na teoria de Durkheim está o pressuposto de que encontramos sentido para a vida por meio de nossas interconexões com outras pessoas. Quanto mais interconectados e interdependentes nos sentirmos, menos provável será que nos matemos. Tentando resumir o significado de nosso vínculo com a sociedade, Durkheim o expressou da seguinte forma: "O indivíduo, por si só, não é um fim suficiente para sua atividade. Ele é muito pouco [...]. Quando, portanto, não temos qualquer outro objetivo além de nós mesmos, não podemos evitar a ideia de que nossos esforços vão finalmente acabar em nada [...]. Sob essas condições, perder-se-ia a coragem de viver, isto é, de agir e lutar" ([1897] 1951:210). Os seres humanos são, em seu próprio fundamento, seres sociais. De acordo com Durkheim, não podemos considerar o que significa ser um indivíduo de forma desvinculada de nossa posição na sociedade. Essa dimensão social do comportamento individual é o que Durkheim quer que a sociologia explore, aprofunde e explique.

A obra de Durkheim sobre suicídio é um caso clássico de teoria sociológica em funcionamento. Ele teorizou que as forças sociais moldam as ações individuais, e testou essa teoria, investigando o suicídio como uma dessas escolhas individuais – talvez a mais individual de todas – e demonstrando que a probabilidade de uma pessoa cometer suicídio varia segundo sua participação em grupos. A análise dos dados mais recentes (ver figura na página 11) mostra que as taxas de suicídio continuam a variar com base na posição social. Durkheim concluiu que, se as forças sociais atuam nesse exemplo mais extremo de escolha individual, elas também definem todas as outras escolhas individuais. Ele argumentou que, se as forças sociais têm tanto poder em nossas vidas, deveria haver uma disciplina dedicada ao estudo delas. Como resultado, Durkheim fundou o primeiro departamento de sociologia da Europa, na Universidade de Bordeaux, em 1895.

GLOBALIZANDO

O que torna um país feliz?

Olhando o lado positivo da vida, as taxas de felicidade também podem variar de país para país. Os cinco países que pontuam mais alto no Índice de Felicidade são Costa Rica, Dinamarca, Islândia, Suíça e Finlândia. Os cinco que pontuam mais baixo são Togo, Tanzânia, Burundi, Benin e Zimbábue. O Brasil fica em 19º lugar entre 149 nações (Veenhoven, 2012). O pesquisador Stefan Klein (2006) sugere que as sociedades que se caracterizam por um forte sentido de solidariedade social, participação cívica ativa, compromisso com a igualdade social e autonomia individual suficiente tendem a ser mais felizes.

>>O desenvolvimento da sociologia

Dada a complexidade da vida humana, os sociólogos desenvolveram uma ampla gama de teorias em que descrevem e explicam a diversidade do comportamento social. Às vezes, suas teorias podem ser grandiosas em escopo, procurando abranger o "quadro geral"; outras vezes, podem ser mais pessoais, íntimas e imediatas. Apesar de passarmos a maior parte do resto deste livro investigando as percepções que as teorias sociológicas proporcionam, aqui vamos abordar brevemente apenas cinco perguntas frequentes que os sociólogos fazem. Essas perguntas representam portas importantes que eles abriram para dar mais ferramentas à imaginação sociológica. As perguntas são as seguintes: Como a ordem social é mantida? Como o poder e a desigualdade influenciam os resultados? Como a interação influencia nosso mundo? Como a participação em grupos (principalmente de classe, raça e gênero) define as oportunidades? Como os sociólogos devem responder?

COMO A ORDEM SOCIAL É MANTIDA?

A disciplina da sociologia cresceu em meio a grande convulsão social. O advento da Revolução Industrial e da urbanização no início do século XIX levou a mudanças nos padrões de governo, pensamento, trabalho e vida cotidiana. A aristocracia estava em declínio, enquanto a democracia se disseminava; as pessoas estavam deixando de contar principalmente com explicações religiosas e passando a outras, mais científicas, e o mundo da aldeia e da propriedade rural rapidamente dava lugar à vida na cidade e na fábrica. Foi nesse contexto que o sociólogo e filósofo francês Auguste Comte (1798-1857), na esperança de imitar o que os cientistas naturais faziam com a natureza, procurou estabelecer uma ciência da sociedade que revelasse as "leis básicas da sociedade". Comte acreditava que conhecer essas leis nos ajudaria a entender dois princípios fundamentais que ele chamava de "estática social" – os princípios pelos quais as sociedades se mantêm unidas e a ordem é mantida – e "dinâmica social" – os fatores que levam à mudança e definem a natureza e a direção dessa mudança. Os sociólogos, então, usariam seu conhecimento dessas leis para ajudar a nos levar ao bem da sociedade, equilibrando as necessidades de ordem social com a mudança social positiva. Para dar um nome a essa nova disciplina, Comte criou o termo *sociologia*, que significa, literalmente, "o estudo dos processos de companheirismo" (Abercrombie, Hill e Turner, 2006:367).

Estudiosos anglófonos conheceram as obras de Comte, em grande parte, por meio de traduções feitas pela socióloga inglesa Harriet Martineau (1802-1876). Procurando sistematizar a pesquisa essencial para uma ciência da sociedade, Martineau ([1838] 1989) escreveu o primeiro livro sobre métodos sociológicos. Ela também foi uma teórica pioneira, introduzindo a importância da desigualdade e do poder na disciplina. Seu livro *A sociedade na América* ([1837] 1962) examina a religião, a política, a criação de filhos e a imigração na jovem nação, dando especial atenção às diferenças de classe social e a fatores como gênero e raça. Segundo a visão de Martineau ([1837] 1962), intelectuais e estudiosos não deveriam simplesmente apresentar observações das condições sociais; eles deveriam agir a partir de suas convicções, de uma maneira que beneficiasse a sociedade. Martineau falou a favor dos direitos das mulheres, da emancipação dos escravos e da tolerância religiosa.

Esses dois temas – ordem social e desigualdade social – moldaram os caminhos teóricos e de pesquisa que os sociólogos tomaram desde esse início. Nos primórdios da teoria sociológica, eles encontraram seu pleno desenvolvimento nas obras de Émile Durkheim e Karl Marx, respectivamente. Como veremos ao longo deste livro, essas continuam sendo as preocupações centrais dos sociólogos.

Émile Durkheim (1858-1917) enfatizou a importância da ordem social. Como vimos em sua análise do suicídio, ele via a sociedade como uma força real e externa existente acima do nível do indivíduo e exercendo sua influência sobre o comportamento individual. Durkheim estava particularmente preocupado com o que acontece quando a influência da sociedade declina, resultando no enfraquecimento da integração social. Ele teorizou que um aumento na divisão do trabalho, uma característica definidora das sociedades modernas, fez os indivíduos compartilharem menos experiências, ideias e valores. À medida que se tornaram muito mais especializados em suas tarefas, os trabalhadores corriam mais riscos do que foi chamado por Durkheim de **anomia** – a perda de direção sentida

> **anomia** Perda de direção sentida em uma sociedade em que o controle social do comportamento individual se tornou ineficaz.

SOCIOLOGIA POPULAR

Harriet Martineau ([1838] 1989) argumentou que se poderia aprender muito sobre uma cultura analisando ideias, imagens e temas refletidos em suas canções populares. Ela escreveu: "As canções de qualquer país devem ser sempre a parte mais conhecida e verdadeiramente popular de sua poesia [...]. Elas também apresentam os sentimentos mais predominantes sobre temas do maior interesse popular. Se não fosse assim, não teriam sido canções populares". O que se pode aprender sobre a cultura dos Estados Unidos com base na análise das letras das dez músicas mais ouvidas no momento? Quais temas, ideias, imagens e expectativas são predominantes? (As listas estão disponíveis no "The Billboard Hot 100" ou www.top10songs.com.)

em uma sociedade em que o controle social do comportamento individual se tornou ineficaz. A anomia aumenta a probabilidade de solidão, isolamento e desespero. Inspirado pela visão de Comte, Durkheim procurou estabelecer a sociologia como uma ciência para estudar esses processos.

COMO O PODER E A DESIGUALDADE INFLUENCIAM OS RESULTADOS?

Karl Marx (1818-1883) tinha uma abordagem diferente. Ele enfatizava o papel que o poder e o controle sobre os recursos cumprem no modo como a ordem social é estabelecida e mantida. Marx via nossa capacidade criativa para transformar matérias-primas em produtos – por exemplo, pegar argila e fazer um pote ou cortar uma árvore e fazer uma escrivaninha – como o fator central a diferenciar seres humanos de outros animais (cujo comportamento é regido por seus instintos). Para Marx, a história humana é o desdobramento progressivo da criatividade humana na forma de novas tecnologias, por meio das quais estabelecemos nossa relação com o mundo natural e entre nós mesmos. Infelizmente, durante a maior parte da história humana, não tínhamos tecnologia para fornecer bens materiais suficientes (como alimentos, roupas e abrigo) que atendessem às necessidades de todos, de modo que nem todas as pessoas tinham o bastante.

Assim, para Marx, a desigualdade social é determinada pela propriedade de recursos materiais essenciais ou pela ausência dela. A classe dominante é definida por sua propriedade e seu controle sobre os meios de produção – as ferramentas e os recursos necessários para que essa transformação aconteça. Os membros da classe trabalhadora, por outro lado, possuem apenas sua capacidade de transformar matérias-primas em produtos, o que requer o acesso aos meios de produção controlados pela classe dominante. Enquanto Durkheim estava preocupado com a anomia, Marx estava preocupado com a alienação, como ele chamava a perda de controle sobre nossa capacidade humana criativa para produzir, nossa separação dos produtos que fazemos e o isolamento em relação a nossos colegas de trabalho. Em um capítulo posterior, examinaremos em mais detalhe a obra de Marx no que se refere ao capitalismo como sistema econômico. A influência dele sobre a teoria sociológica, no entanto, vai além da classe social, abrangendo uma análise de outras formas de desigualdade – por exemplo, o modo como gênero, raça, etnia, nacionalidade e idade influenciam as oportunidades individuais.

Émile Durkheim

Buscando ampliar ainda mais a teoria sociológica, Max Weber (1864-1920) apresentou uma teoria mais geral do poder, que estava menos ligada ao capitalismo e à propriedade dos meios de produção. Weber argumentou que, embora a classe social e seu controle sobre os recursos materiais pudessem determinar quem tem poder na maioria dos casos, estas não são as únicas bases possíveis do poder. Outras fontes que ele identificou incluem o *status* social, em que as pessoas se submetem a outras por respeito à posição social ou ao prestígio destas, e os recursos organizacionais, em que os membros de um grupo ganham poder mediante sua capacidade de se organizar para atingir algum objetivo específico, maximizando os recursos que lhes são disponíveis. Weber argumentou que esses recursos sociais adquirem seu poder na disposição das pessoas para obedecer à autoridade de outra, o que, por sua vez, baseia-se na percepção que elas têm sobre a legitimidade do direito que essa outra pessoa tem de governar.

COMO A INTERAÇÃO INFLUENCIA NOSSO MUNDO?

Grande parte do trabalho de Durkheim, Marx e Weber envolve a **macrossociologia**, que se concentra em fenômenos de grande escala ou em civilizações inteiras. Essa abordagem de cima para baixo centra-se na sociedade como um todo e em como as forças sociais amplas moldam nossas vidas. Uma escola posterior de sociólogos afastou-se dessa abordagem em favor da **microssociologia**, que salienta o estudo de pequenos grupos e a análise de nossas experiências e interações cotidianas. Essa abordagem de baixo para cima enfatiza a importância da percepção, da forma como vemos os outros e

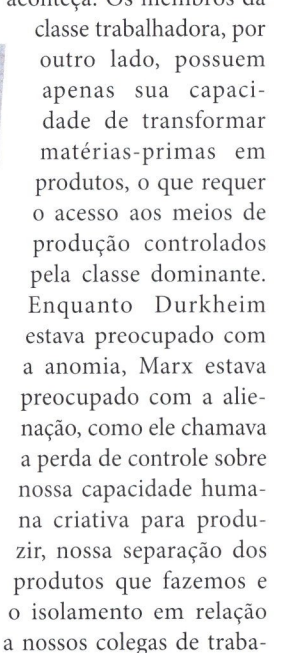

Karl Marx

Max Weber

como eles nos veem. O sociólogo Erving Goffman (1922-1982) popularizou um método conhecido como *abordagem dramatúrgica* (ver Capítulo 4), que compara a vida cotidiana ao contexto do teatro e do palco, e vê as pessoas como atores. Assim como os atores de teatro projetam determinadas imagens a uma audiência, todos nós procuramos apresentar características específicas de nossa personalidade aos outros, mesmo ao escondermos determinadas qualidades. Assim, em uma aula, podemos sentir a necessidade de projetar uma imagem séria; em uma festa, queremos parecer descontraídos e simpáticos. Segundo essa abordagem, os sociólogos devem analisar nossa experiência vivida em nível cotidiano, em que nossas ações criam, sustentam e modificam nossa compreensão da própria realidade.

COMO A PARTICIPAÇÃO EM GRUPOS DEFINE AS OPORTUNIDADES?

Com o tempo, os sociólogos passaram a entender e apreciar mais completamente as consequências que a associação grupal, sobretudo de classe, raça e sexo, tem nas oportunidades.

O sociólogo negro W. E. B. Du Bois (1868-1963) combinou uma ênfase na análise da experiência cotidiana vivida com o compromisso de investigar o poder e a desigualdade com base na raça. Ele criticava aqueles que confiavam no senso comum ou em investigações demasiado breves, argumentando que um pesquisador tem que ser mais do que apenas um "sociólogo de janela de carro", pois a verdadeira compreensão exige mais do que "as poucas horas de lazer de uma viagem de férias para desvendar o emaranhado de séculos" (Du Bois [1903] 1994:94). Por meio de pesquisa engajada e sustentada sobre a vida dos afro-americanos, ele documentou a condição relativamente baixa deles na Filadélfia e em Atlanta. Sua pesquisa revelou os processos sociais que contribuíam para a manutenção da separação racial, que iam além das diferenças materiais e incluíam a separação social, à qual ele se referia como a "linha da cor".

Da mesma forma, estudos feministas ampliaram nossa compreensão do comportamento social ao estender a análise para além do ponto de vista masculino que dominava a sociologia clássica. Um dos primeiros exemplos dessa perspectiva pode ser visto na vida e na obra de Ida Wells-Barnett (1862-1931). Dando continuidade a uma tradição iniciada com Martineau, Wells-Barnett argumentava que as sociedades podem ser julgadas se observando se os princípios em que elas afirmam crer correspondem a suas ações. Wells-Barnett descobriu que, quando se tratava dos princípios de igualdade e de oportunidades para mulheres e afro-americanos, os Estados Unidos tinham problemas. Sendo assim, parte da tarefa do sociólogo é trazer à luz essas incoerências que, de outra forma, poderiam passar despercebidas. Wells-Barnett procurou fazer isso em suas publicações pioneiras, na década de 1890, sobre a prática do linchamento de afro-americanos, bem como em sua defesa dos direitos das mulheres, em especial a luta pelo direito delas a votar. Assim como teóricas feministas que a sucederam, Wells-Barnett usou sua análise da sociedade como um meio de resistir à opressão. Especificamente, ela pesquisou o que significava ser afro-americano, mulher e mulher negra nos Estados Unidos (Wells-Barnett [1928] 1970).

COMO OS SOCIÓLOGOS DEVEM RESPONDER?

Ao longo da história da sociologia, um tema recorrente tem sido a ideia de que a teoria e a pesquisa sociológicas devem contribuir para uma transformação social positiva. No início do século XX, muitos sociólogos importantes nos Estados Unidos se consideravam reformadores sociais dedicados a estudar de forma sistemática uma sociedade corrupta e, em seguida, melhorá-la. Eles estavam verdadeiramente preocupados com a vida dos imigrantes nas crescentes cidades do país,

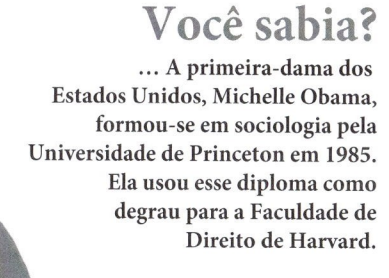

> **macrossociologia** Pesquisa sociológica que se concentra em fenômenos de grande escala ou em civilizações inteiras.
>
> **microssociologia** Pesquisa sociológica que salienta o estudo de pequenos grupos e a análise de nossas experiências e interações cotidianas.

Você sabia?

... Segundo o Teorema de Thomas, estabelecido pelos sociólogos W. I. Thomas e Dorothy Swaine Thomas, "se os homens definem situações como reais, elas são reais em suas consequências" (Thomas e Thomas, 1928:571-572). Em outras palavras, nossas percepções sobre o que é real determinam mais sobre como agimos do que a própria realidade.

Você sabia?

... A primeira-dama dos Estados Unidos, Michelle Obama, formou-se em sociologia pela Universidade de Princeton em 1985. Ela usou esse diploma como degrau para a Faculdade de Direito de Harvard.

independentemente de esses imigrantes virem da Europa ou do sul rural dos Estados Unidos. Em particular, as primeiras sociólogas muitas vezes tiveram um papel ativo em áreas urbanas pobres, como líderes de centros comunitários conhecidos como *settlement houses*, ou casas de assentamento. Por exemplo, Jane Addams (1860-1935), um dos primeiros membros da American Sociological Society, cofundou o famoso assentamento de Chicago, a Hull House, que oferecia programas sociais, educacionais e culturais a imigrantes recentes. Addams e outras sociólogas pioneiras geralmente combinavam investigação intelectual, trabalho social e ativismo político – tudo com o objetivo de auxiliar os mais desfavorecidos e criar uma sociedade mais igualitária. Trabalhando com Ida Wells-Barnett, Addams conseguiu impedir a segregação racial nas escolas públicas de Chicago, e seus esforços para estabelecer um sistema judicial juvenil e um sindicato de mulheres refletem o enfoque prático de seu trabalho (Addams, 1910, 1930; Lengermann e Niebrugge-Brantley, 1998).

Esse compromisso com a transformação social positiva não era exclusivo de Addams e suas colegas. Desde o início até hoje, os sociólogos reconhecem a obrigação de ir além da explicação de como funciona o mundo e se empenhar ativamente em fazer dele um lugar melhor. O sociólogo francês Pierre Bourdieu disse: "Eu passei a acreditar que aqueles que têm a sorte de conseguir dedicar suas vidas ao estudo do mundo social não podem ficar de lado, neutros e indiferentes às lutas nas quais o futuro do mundo está em jogo" (1998a:11). Para alguns, isso significou liberar os resultados de suas pesquisas ao público para que se possam tomar decisões mais informadas; para outros, significou um engajamento ativo na definição de políticas sociais ou em ajudar na vida dos demais. Por exemplo, Durkheim, que considerava uma cidadania educada essencial para o êxito democrático, usou sua nomeação para o Departamento de Ciências da Educação e Sociologia na Sorbonne, em Paris, com suas conexões e seus compromissos políticos, para influenciar a política e a prática educacionais francesas. Du Bois foi cofundador da National Association for the Advancement of Colored People, mais conhecida como NAACP. Na verdade, um dos principais motivos pelos quais os estudantes escolhem uma faculdade de sociologia é querer fazer a diferença, e a sociologia oferece um caminho para fazer exatamente isso.

Jane Addams

perspectiva funcionalista Abordagem sociológica que enfatiza como as partes de uma sociedade são estruturadas para manter a estabilidade.

Sociologia pessoal

Viciado em sociologia

Quando cursei a disciplina de Introdução à sociologia na faculdade, levei muito tempo para entender a imaginação sociológica. Ainda lembro de me sentir sufocado por todos os conceitos, fatos e números. Com o tempo, à medida que estudamos o impacto da mídia e o poder daquilo que herdamos, as coisas começaram a se encaixar; cursei outra disciplina e fiquei viciado. Quando você começar seu estudo da sociologia, meu conselho é que mantenha o foco na forma como nossas escolhas individuais são moldadas por nossas posições sociais e nosso acesso a recursos. De que forma nossas circunstâncias influenciam o modo como entendemos a nós mesmos e aos outros? Espero que depois de encontrar a sociologia você obtenha um novo modo de ver, equipado para agir de maneiras novas e mais bem informadas.

>>Três perspectivas sociológicas

As respostas às cinco perguntas que os sociólogos fazem nos dão uma ideia do mosaico de teorias sociológicas que se desenvolveram ao longo do tempo, à medida que os sociólogos examinavam a complexidade do comportamento humano. Alguns teóricos tratam da sociedade como um todo, enquanto outros se concentram em interações individuais. Alguns se preocupam particularmente com a desigualdade; outros se concentram na manutenção da coesão social. Algumas abordagens parecem coincidir; outras parecem estar em desacordo entre si. Entretanto, independentemente de sua posição, todos os teóricos têm um compromisso comum de nos fornecer uma maior compreensão das razões por trás das formas como pensamos e agimos. Cada teoria, seja ampla ou restrita, oferece uma maneira de olhar que nos permite perceber coisas que, de outra forma, poderíamos deixar de enxergar.

Para simplificar a rica variedade de teorias sociológicas (principalmente para alguém novo na sociologia), os sociólogos classificaram várias teorias em três grandes perspectivas ou abordagens teóricas: funcionalista, do conflito e interacionista. Cada perspectiva oferece um conjunto diferente de lentes, focando nossa atenção de forma ligeiramente diferente. Ou, dito de outra maneira, é como três pessoas diferentes em pé na borda de um círculo, olhando para a mesma coisa, mas cada uma vendo a partir de um ponto de vista diferente, capaz de reconhecer coisas que as outras talvez nem vejam.

De acordo com a **perspectiva funcionalista**, a sociedade é como um organismo vivo, com suas várias partes trabalhando em conjunto (ou funcionando) para o bem do todo. Os funcionalistas postulam que a sociedade e suas partes são estruturadas para proporcionar a ordem social e manter a esta-

Três perspectivas sociológicas

	Funcionalista	Do conflito	Interacionista
Visão sobre a sociedade	Estável, bem integrada	Caracterizada por tensão e luta entre grupos	Ativa para influenciar e afetar a interação social cotidiana
Nível de análise enfatizado	Macro	Macro	Micro, como forma de entender os fenômenos macro, mais amplos
Conceitos fundamentais	Integração social Instituições Anomia	Desigualdade Capitalismo Estratificação	Símbolos Comunicação não verbal Interação cara a cara
Visão sobre o indivíduo	As pessoas são socializadas para cumprir funções na sociedade	As pessoas são moldadas por poder, coerção e autoridade	As pessoas manipulam símbolos e criam seus mundos sociais por meio de interação
Visão sobre a ordem social	Mantida por meio de cooperação e consenso	Mantida por meio de força e coerção	Mantida por visões compartilhadas do comportamento cotidiano
Visão sobre a transformação social	Previsível, de reforço	A mudança acontece o tempo todo e pode ter consequências positivas	Refletida nas posições sociais das pessoas e em suas comunicações com as outras
Exemplo	Punições públicas reforçam a ordem social	As leis reforçam as posições de quem está no poder	As pessoas respeitam as leis e as desobedecem com base em sua experiência anterior
Defensores	Émile Durkheim Talcott Parsons Robert Merton	Karl Marx W. E. B. Du Bois Ida Wells-Barnett	George Herbert Mead Charles Horton Cooley Erving Goffman

bilidade. Aspectos da sociedade que pareçam disfuncionais, aparentemente contribuindo para uma diminuição na ordem ou na integração social, definharão ao longo do tempo ou realmente contribuirão com alguns benefícios ocultos que os pesquisadores buscam revelar.

A pesquisa de Durkheim sobre a ordem social e seus desafios, principalmente no seio das sociedades modernas, é um exemplo clássico da perspectiva funcionalista. Durkheim pressupunha que, ao longo do tempo, a sociedade progrediria em direção a uma maior ordem à medida que lidasse com ameaças ou desafios aparentes.

Enquanto a perspectiva funcionalista enfatiza o consenso e a cooperação, a **perspectiva do conflito** concentra-se no poder e na alocação de recursos valorizados na sociedade. Segundo os teóricos do conflito, a ordem social não pode ser plenamente compreendida sem uma análise de como o *status quo* é estabelecido e mantido por aqueles que controlam recursos fundamentais. Esses recursos incluem os materiais (como dinheiro, terra e propriedade), os sociais (como relações familiares, redes sociais e prestígio) e os culturais (como educação, crenças, conhecimento e preferência). A estrutura social existente ajuda a preservar os privilégios de alguns grupos e a manter os outros em posições inferiores. A obra de Marx sobre desigualdade, classe social e alienação é um exemplo clássico da perspectiva do conflito.

Por fim, enquanto os teóricos funcionalistas e do conflito analisam padrões de comportamento amplos, abrangendo toda a sociedade, os teóricos que assumem a **perspectiva interacionista** generalizam a partir de formas cotidianas de interação social, a fim de explicar a sociedade como um todo. Para os interacionistas, a sociedade é o produto de nossas interações cotidianas (com pais, amigos, professores ou estranhos) pelas quais estabelecemos sentidos compartilhados e, assim, construímos ordem. Por ser dependente dessa construção permanente, a sociedade é fluida e está sujeita a mudanças. A abordagem dramatúrgica de Goffman é um exemplo da perspectiva interacionista.

> **perspectiva do conflito** Abordagem sociológica que pressupõe que o comportamento social é mais bem compreendido em termos da tensão entre grupos pelo poder ou pela alocação de recursos, incluindo moradia, dinheiro, acesso a serviços e representação política.
>
> **perspectiva interacionista** Abordagem sociológica que generaliza a partir de formas cotidianas de interação social, a fim de explicar a sociedade como um todo.

O modelo das três perspectivas tem a vantagem de nos fornecer ganchos conceituais que nos permitem recordar algumas das principais preocupações e questões levantadas pelos sociólogos. A desvantagem, no entanto, é que dá a ilusão de que essas três categorias são distintas, com formas de olhar o mundo fundamentalmente diferentes e incompatíveis. Na

> **PENSAMENTO SOCIOLÓGICO**
>
> Até que ponto sua decisão de fazer faculdade foi impulsionada por um desejo de se encaixar e de contribuir para a sociedade? Como o acesso a recursos pode ter definido suas decisões sobre fazer faculdade? Quais indivíduos específicos influenciaram sua decisão e como eles fizeram isso?

prática, a pesquisa enraizada em uma perspectiva quase que inevitavelmente se serve ou trata de ideias das outras duas.

>>Praticando sociologia

Uma das perguntas que os alunos costumam fazer com frequência sobre a sociologia é: "O que posso fazer com ela?". Essa pergunta muitas vezes vem de estudantes que realmente gostam de sociologia e podem querer se aprofundar nela, mas não têm certeza sobre para onde ela leva. A boa notícia é que há muitas maneiras em que as pessoas podem praticar sociologia.

SOCIOLOGIA PESSOAL

Não precisamos nos tornar sociólogos profissionais para praticar o que aprendemos. A imaginação sociológica pode ajudar todos nós a compreender melhor nossas crenças e ações e a fazer escolhas mais bem informadas. Todos podemos praticar **sociologia pessoal**, reconhecendo o impacto de nossa posição individual sobre quem somos e como pensamos e agimos. Ao fazê-lo, também somos chamados a assumir a responsabilidade pelos efeitos que nossas ações têm sobre os outros. Por exemplo, com base em conhecimentos adquiridos a partir da teoria e da pesquisa sociológicas, podemos assistir ao noticiário e perguntar quais interesses estão sendo representados. Quando andamos pelo centro comercial, podemos observar como as pessoas mostram seu *status* social e como são tratadas segundo ele. Quando vamos a uma entrevista de emprego, podemos respeitar as normas de conduta, em grande parte tácitas, que regulam a interação e influenciam nossa probabilidade de êxito. A sociologia pessoal nos empodera, permitindo-nos ver coisas que antes eram invisíveis e agir a partir dessas visões.

sociologia pessoal Processo de reconhecer o impacto de nossa posição individual sobre quem somos e como pensamos e agimos, e de assumir a responsabilidade pelos efeitos que nossas ações têm sobre os outros.

SOCIOLOGIA ACADÊMICA

Muitos estudantes optam por levar sua formação em sociologia mais longe, e o número de estudantes universitários norte-americanos que se formaram em sociologia tem aumentado (ver figura a seguir). A American Sociological Association (ASA) realizou uma pesquisa com recém-formados em sociologia e descobriu que as principais razões para a escolha desse curso são: os estudantes acharam os conceitos sociológicos interessantes; gostaram especialmente da disciplina inicial; a sociologia os ajudou a compreender a relação entre forças sociais e relações individuais; eles queriam fazer diferença no mundo, e ela os ajudou a se entenderem melhor (American Sociological Association, 2006a, 2006b). Como parte de sua formação em sociologia, os formados na área cultivam uma série de habilidades, como o desenvolvimento de argumentos baseados em evidências, a avaliação de métodos de pesquisa, a escrita de um relatório de pesquisa que

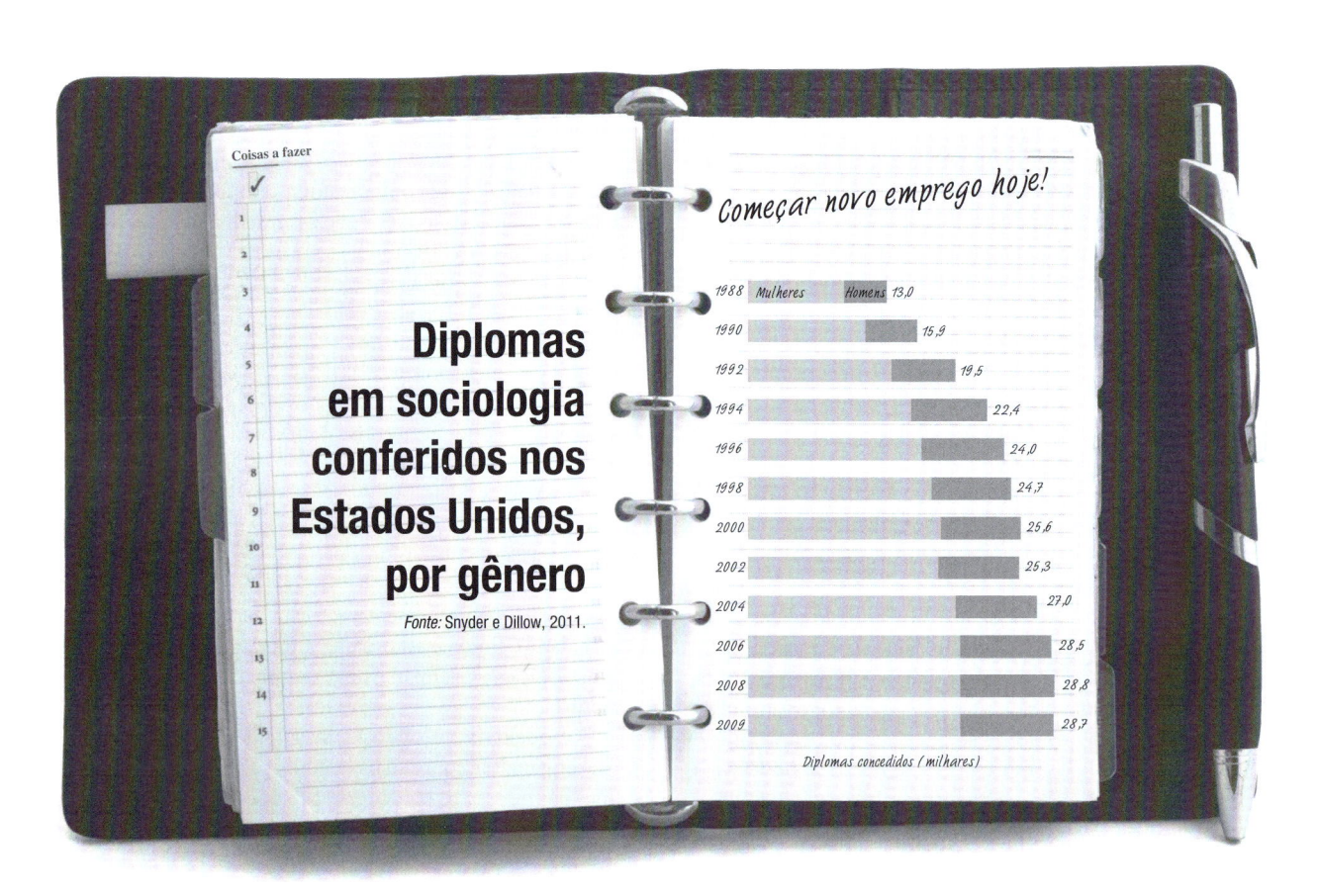

Diplomas em sociologia conferidos nos Estados Unidos, por gênero

Fonte: Snyder e Dillow, 2011.

Começar novo emprego hoje!

Ano	Mulheres	Homens
1988		13,0
1990		15,9
1992		19,5
1994		22,4
1996		24,0
1998		24,7
2000		25,6
2002		25,3
2004		27,0
2006		28,5
2008		28,8
2009		28,7

Diplomas concedidos (milhares)

possa ser entendido por quem não é sociólogo e a utilização de recursos de informática, incluindo *software* estatístico, para organizar e analisar os dados e identificar as questões éticas em pesquisa. Os formados em sociologia que mais tarde usam essas habilidades em seus trabalhos expressam os níveis mais altos de satisfação no emprego (Spalter-Roth e Van Vooren, 2008a, 2008b).

Os empregos que os graduados em sociologia encontram logo após se formarem, de acordo com o estudo da ASA, estão em uma série de campos. A categoria profissional mais comum é a de serviços sociais. Entre os exemplos de emprego estão assistente social para crianças abusadas e negligenciadas, coordenador de verbas para vítimas do furacão Katrina, gerente de organização sem fins lucrativos, gestor de caso para indivíduos soropositivos e defensor de crianças. Os pesquisadores também descobriram que os graduados estavam empregados em várias outras posições, incluindo professor, bibliotecário, assistente jurídico, especialista em imigração, gerente de escritório, gestor de qualidade, perito criminal, policial, oficial de justiça, consultor de *marketing*, assistente de pesquisa, avaliador de programas, estatístico e editor (Spalter-Roth e Van Vooren, 2008a).

De acordo com o estudo da ASA, dos formados em sociologia que fizeram pós-graduação, apenas cerca de um quarto a fez em sociologia. A maioria usou sua faculdade de sociologia como trampolim para pós-graduação em serviço social, educação, direito, psicologia, engenharia e administração de empresas (Spalter-Roth e Van Vooren, 2009:9). No geral, 51,9% dos formados concluíram uma pós-graduação em quatro anos de educação superior. Daqueles que fizeram pós-graduação em sociologia, a maioria se matriculou em algum tipo de programa de sociologia aplicada (Spalter-Roth e Van Vooren, 2010).

> **PENSAMENTO** SOCIOLÓGICO
> Até onde os indivíduos são responsáveis por melhorar as coisas para a sociedade?

SOCIOLOGIA APLICADA

A **sociologia aplicada** é o uso da disciplina de sociologia com a intenção específica de produzir aplicações práticas para comportamento humano e organizações. Muitas vezes, o objetivo desse trabalho é contribuir para a solução de um problema social. Por exemplo, nos últimos 40 anos, oito presidentes dos Estados Unidos criaram comissões para se aprofundar nas principais preocupações da sociedade no país. Os sociólogos são convidados frequentemente a aplicar seus conhecimentos ao estudo de questões como violência, pornografia, criminalidade, imigração e população.

sociologia aplicada Uso da disciplina de sociologia com a intenção específica de produzir aplicações práticas para comportamento humano e organizações.

Um exemplo de sociologia aplicada envolve o crescente interesse nas formas em que problemas sociais reconhecidos nacionalmente se manifestam em nível local. O sociólogo Greg Scott e colaboradores procuraram entender melhor a relação entre o uso de drogas ilícitas e a propagação de HIV/aids. O estudo usou 14 pesquisadores de universidades e agências de saúde pública, auxiliados por 15 alunos de graduação e 16 de pós-graduação. Combinando vários métodos, entre eles entrevistas e observação, com documentação em foto e vídeo, esses pesquisadores descobriram que, entre todos os usuários de drogas, a transmissão de HIV/aids é maior entre os usuários de metanfetamina cristal. Os usuários de metanfetamina também são mais propensos a se envolver em comportamentos sexuais de risco e

Onde eles estão agora?

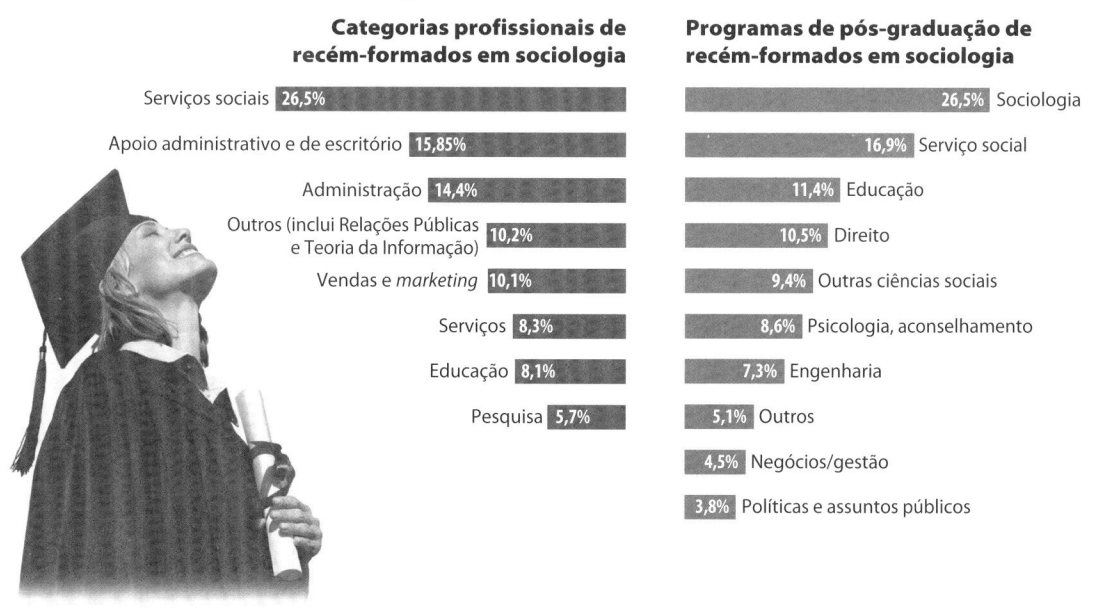

Categorias profissionais de recém-formados em sociologia

- Serviços sociais: 26,5%
- Apoio administrativo e de escritório: 15,85%
- Administração: 14,4%
- Outros (inclui Relações Públicas e Teoria da Informação): 10,2%
- Vendas e *marketing*: 10,1%
- Serviços: 8,3%
- Educação: 8,1%
- Pesquisa: 5,7%

Programas de pós-graduação de recém-formados em sociologia

- Sociologia: 26,5%
- Serviço social: 16,9%
- Educação: 11,4%
- Direito: 10,5%
- Outras ciências sociais: 9,4%
- Psicologia, aconselhamento: 8,6%
- Engenharia: 7,3%
- Outros: 5,1%
- Negócios/gestão: 4,5%
- Políticas e assuntos públicos: 3,8%

Observação: Porcentagem com base em formados de sociologia que fazem pós-graduação 18 meses após a formatura.
Fonte: Spalter-Roth e Van Vooren, 2009.

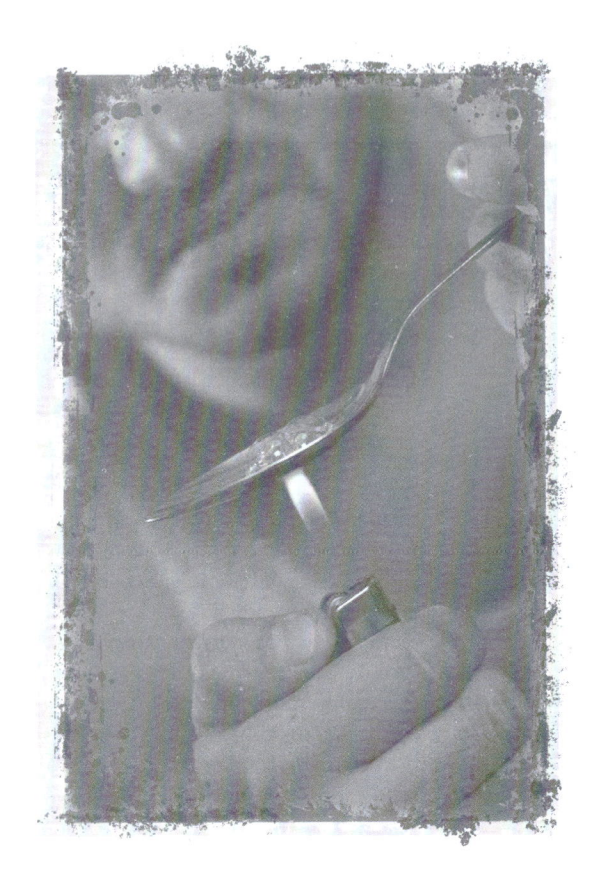

a ter parceiros que fazem isso. Felizmente, de todos os usuários de drogas, os que usam metanfetamina são os mais estreitamente ligados a programas de tratamento, o que permite que recebam formação e tratamento de seus serviços de saúde para o abuso de substâncias. Seus casos, trazidos à luz por Scott e sua equipe, destacam a necessidade de as autoridades de saúde pública identificarem outros indivíduos que se envolvem em comportamento sexual de alto risco e colocá-los em programas de tratamento adequados (G. Scott, 2005).

SOCIOLOGIA CLÍNICA

A crescente popularidade da sociologia aplicada levou à ascensão da especialidade da sociologia clínica. Enquanto a sociologia aplicada pode significar simplesmente avaliar as questões sociais, a **sociologia clínica** é dedicada a facilitar a mudança ao modificar organizações (como na terapia de família) ou reestruturar as instituições sociais (como na reorganização de um centro de saúde). Louis Wirth (1931) escreveu sobre sociologia clínica mais de 75 anos atrás, mas a expressão, em si, só se tornou popular nos últimos anos. A Association for Applied Clinical Sociology foi fundada em 1978 para promover a aplicação do conhecimento sociológico em intervenções para a transformação individual e social. Esse grupo profissional desenvolveu um procedimento para o licenciamento de sociólogos clínicos – assim como os fisioterapeutas e os psicólogos têm suas licenças.

sociologia clínica Uso da disciplina de sociologia com a intenção específica de modificar organizações ou reestruturar instituições sociais.

globalização Integração mundial de políticas de governo, culturas, movimentos sociais e mercados financeiros por meio do comércio e da troca de ideias.

Os sociólogos aplicados geralmente deixam que outros ajam a partir das avaliações que eles fizeram, mas os sociólogos clínicos assumem responsabilidade direta pela execução e consideram as pessoas com quem trabalham como seus clientes. Essa especialidade tem se tornado cada vez mais atrativa para estudantes de pós-graduação em sociologia, pois oferece uma oportunidade de aplicar o aprendizado intelectual de maneiras práticas. Um mercado de trabalho competitivo no mundo acadêmico tornou atrativos esses caminhos profissionais alternativos.

Independentemente do nível em que se faz, praticar sociologia tem a ver com muito mais do que uma carreira; é um modo de olhar o mundo ao nosso redor e entender sua complexidade e suas interconexões de uma maneira nova. Tem a ver com compreender os outros a partir da perspectiva deles, e até mesmo compreender a nós mesmos pelos olhos deles. É uma forma de avaliar a exatidão das afirmações e refinar nosso conhecimento sobre por que pensamos como pensamos e agimos como agimos. A sociologia é algo que se faz, é um modo de vida.

>>Desenvolvendo uma imaginação sociológica

Embora a expressão tenha se tornado uma espécie de clichê, o mundo realmente é pequeno, no final das contas. Eventos sociais, culturais, políticos e econômicos em todo o mundo – incluindo coisas como a crise financeira global e a morte de Osama bin Laden – têm um efeito profundo sobre a forma como pensamos e o que fazemos. O processo de **globalização** – a integração mundial das políticas de governo, das culturas, dos movimentos sociais e dos mercados financeiros por meio do comércio e da troca de ideias – não dá sinais de parar. A imaginação sociológica nos apresenta as ferramentas necessárias para responder a esses desafios.

Campi de faculdades e universidades costumam proporcionar um microcosmo dessa tendência. Estudantes, professores, funcionários e administradores com valores, visões políticas, costumes, experiências e expectativas radicalmente diferentes são reunidos, vindos de todo o mundo, em um espaço relativamente limitado. Para que as interações resultantes sejam significativas, positivas e respeitosas, temos de buscar formas de entender melhor os fatores que as definem. Conflitos com colegas de quarto, colegas de classe e professores muitas vezes são tratados como choques de personalidade e outros atributos individuais, mas não podem ser plenamente compreendidos ou tratados sem entender o modo como nossas origens sociais moldaram a forma como pensamos, agimos e sentimos. Para cada um de nós, as posições sociais que ocupamos influenciam as oportunidades e os obstáculos que enfrentamos. Temos de aprender a enxergar as implicações dessa realidade, tanto para nós mesmos quanto para os outros. Esse autoconhecimento requer uma apreciação mais completa da intersecção entre história e biografia na vida de todos nós.

O desenvolvimento da imaginação sociológica nos permite fazer escolhas mais informadas sobre os caminhos a seguir. Ao abrir os olhos para padrões e práticas que muitas vezes nos são invisíveis, a sociologia nos empodera para agirmos de forma mais eficaz. Além disso, facilita que assumamos responsabilidades pelas consequências de nossas ações. Praticar a imaginação sociológica permite que nos perguntemos em que tipo de mundo queremos viver e comecemos a dar os passos necessários para fazer desse mundo desejado uma realidade.

PENSAMENTO SOCIOLÓGICO

Considere os obstáculos à interação transcultural nos *campi* universitários. Por que as pessoas podem não estar dispostas a interagir com outras que tenham práticas culturais diferentes? Como isso pode perpetuar a desigualdade?

envolva-se!

Pesquise! A American Sociological Association (ASA) é uma organização "dedicada a promover a sociologia como disciplina científica e profissão que serve ao bem público". Visite o *site* asanet.org para mais informações sobre especialização em sociologia e sobre as opções profissionais para quem se forma em sociologia.

PARA REVISÃO

I. O que é sociologia?
- A sociologia é uma maneira de olhar que une teoria e pesquisa para investigar a relação entre o indivíduo e a sociedade e o impacto que a distribuição desigual dos recursos tem sobre as oportunidades.

II. Como os sociólogos olham o mundo?
- Os sociólogos desenvolveram teorias para fornecer janelas para nossas vidas, incluindo três perspectivas principais: a funcionalista (enfatizando a ordem social), a do conflito (com foco na desigualdade) e a interacionista (destacando o significado de nossos relacionamentos e interações cotidianos).

III. Como se pode praticar sociologia?
- A sociologia pode fornecer um caminho para uma carreira em um contexto relacionado, seja aplicado, clínico ou acadêmico. Contudo, mais do que isso, podemos praticar sociologia em nossa vida cotidiana, usando a imaginação sociológica para entender melhor a nós mesmos e aos outros.

Visões **SOCIOLÓGICAS** sobre imaginação sociológica

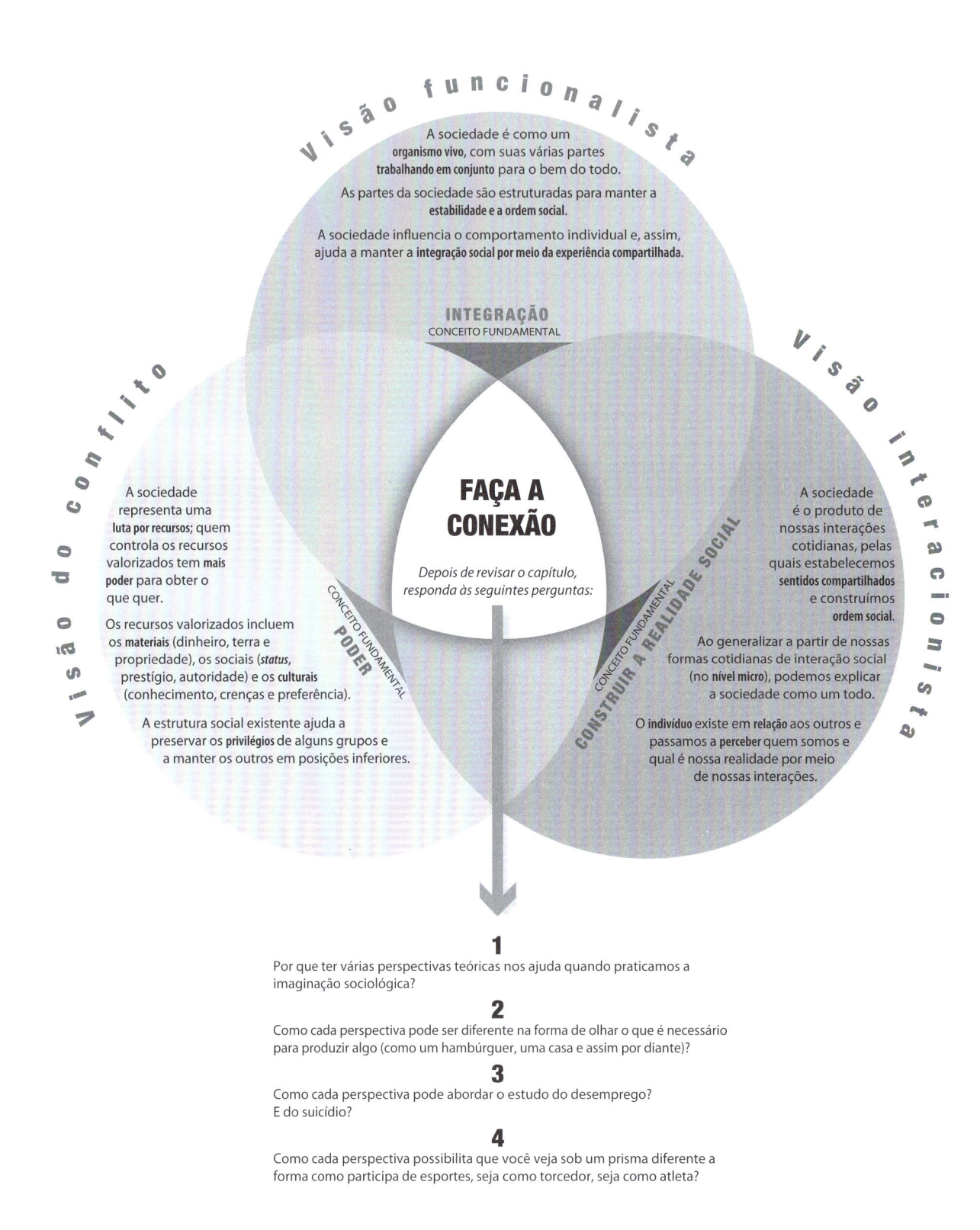

Visão funcionalista

A sociedade é como um **organismo vivo**, com suas várias partes **trabalhando em conjunto** para o bem do todo.

As partes da sociedade são estruturadas para manter a **estabilidade e a ordem social**.

A sociedade influencia o comportamento individual e, assim, ajuda a manter a **integração social por meio da experiência compartilhada**.

INTEGRAÇÃO
CONCEITO FUNDAMENTAL

Visão do conflito

A sociedade representa uma **luta por recursos**; quem controla os recursos valorizados tem **mais poder** para obter o que quer.

Os recursos valorizados incluem os **materiais** (dinheiro, terra e propriedade), os sociais (*status*, prestígio, autoridade) e os **culturais** (conhecimento, crenças e preferência).

A estrutura social existente ajuda a preservar os **privilégios** de alguns grupos e a manter os outros em posições inferiores.

CONCEITO FUNDAMENTAL
PODER

Visão interacionista

A sociedade é o produto de nossas interações cotidianas, pelas quais estabelecemos **sentidos compartilhados** e construímos **ordem social**.

Ao generalizar a partir de nossas formas cotidianas de interação social (no **nível micro**), podemos explicar a sociedade como um todo.

O **indivíduo** existe em **relação** aos outros e passamos a **perceber** quem somos e qual é nossa realidade por meio de nossas interações.

CONCEITO FUNDAMENTAL
CONSTRUIR A REALIDADE SOCIAL

FAÇA A CONEXÃO

Depois de revisar o capítulo, responda às seguintes perguntas:

1
Por que ter várias perspectivas teóricas nos ajuda quando praticamos a imaginação sociológica?

2
Como cada perspectiva pode ser diferente na forma de olhar o que é necessário para produzir algo (como um hambúrguer, uma casa e assim por diante)?

3
Como cada perspectiva pode abordar o estudo do desemprego? E do suicídio?

4
Como cada perspectiva possibilita que você veja sob um prisma diferente a forma como participa de esportes, seja como torcedor, seja como atleta?

Pop Quiz

1. **A sociologia**
   a. é a análise das motivações individuais e lutas internas.
   b. está relacionada com a previsão do que determinados indivíduos fazem ou deixam de fazer.
   c. é o estudo sistemático da relação entre indivíduo e sociedade e das consequências da diferença.
   d. é a integração de políticas de governo, culturas, movimentos sociais e mercados financeiros por meio do comércio e da troca de ideias.

2. **De acordo com C. Wright Mills, a imaginação sociológica tem como foco a intersecção entre**
   a. ciências naturais e ciências sociais.
   b. poder e acesso a recursos.
   c. teoria e pesquisa.
   d. história e biografia.

3. **Qual é a lição sociológica básica que aprendemos tomando o hambúrguer como exemplo de milagre?**
   a. Consideramos nossa interdependência e o conhecimento que compartilhamos coletivamente como naturais
   b. Um indivíduo poderia facilmente sobreviver por conta própria, sem a ajuda de outros
   c. A tecnologia moderna torna difícil atendermos às nossas necessidades individuais
   d. A interdependência não é mais necessária, pois podemos atender às nossas necessidades por meio da tecnologia moderna

4. **Em suas tentativas de descrever a relação entre sociologia e senso comum, os sociólogos argumentam que**
   a. o senso comum fornece respostas testadas pelo tempo, que são confiáveis na maioria das vezes, ao passo que os fatos sociológicos mudam o tempo todo.
   b. a sociologia depende da análise sistemática por meio de pesquisa, enquanto o senso comum não depende.
   c. a sociologia não pode avaliar nem testar a veracidade das afirmações do senso comum.
   d. não há qualquer diferença significativa entre os dois.

5. **A pesquisa de Émile Durkheim sobre o suicídio concluiu que**
   a. os católicos tinham taxas de suicídio muito mais elevadas do que os protestantes.
   b. quanto mais uma pessoa for integrada socialmente, menos provável que ela cometa suicídio.
   c. os casados são mais propensos a tirar suas próprias vidas do que os solteiros.
   d. o suicídio é um ato solitário, sem relação com a vida do grupo.

6. **Karl Marx argumentou que, para compreender a ordem social, deve-se incluir a análise da**
   a. anomia.
   b. propriedade dos meios de produção.
   c. imaginação sociológica.
   d. microssociologia.

7. **Qual sociólogo deu uma grande contribuição à sociedade com seus estudos em profundidade da vida urbana, incluindo tanto negros quanto brancos?**
   a. W. E. B. Du Bois
   b. Émile Durkheim
   c. Auguste Comte
   d. Erving Goffman

8. **Qual é o termo sociológico para a perda de direção em uma sociedade em que o controle social do comportamento individual se tornou ineficaz?**
   a. Suicídio
   b. Alienação
   c. Anomia
   d. Agência

9. **Pensar na sociedade como um organismo vivo em que cada parte contribui para sua sobrevivência é uma reflexão de qual perspectiva teórica?**
   a. Funcionalista
   b. Do conflito
   c. Marxista
   d. Interacionista

10. **A carreira que tem a intenção específica de modificar relações sociais ou reestruturar organizações é conhecida como**
    a. sociologia dramatúrgica.
    b. sociologia aplicada.
    c. sociologia acadêmica.
    d. sociologia clínica.

1. (c); 2. (d); 3. (a); 4. (b); 5. (b); 6. (b); 7. (a); 8. (c); 9. (a); 10. (d).

2
PESQUISA
SOCIOLÓGICA

O QUE ESTÁ POR VIR

26 Etapas do processo de pesquisa
32 Principais desenhos de pesquisa
40 Ética em pesquisa

FAZENDO PERGUNTAS E ENCONTRANDO RESPOSTAS

Parte da diversão da sociologia está em fazer perguntas e encontrar respostas, e os sociólogos Patricia e Peter Adler parecem ter se divertido mais do que a maioria. Sua busca por compreender nossa vida social os levou a passar longos períodos com atletas universitários, traficantes, crianças em idade escolar, trabalhadores de *resorts* no Havaí, estudantes de pós-graduação, automutiladores, entre outros. Em cada estudo, seu compromisso sociológico subjacente permaneceu o mesmo: responder às seguintes perguntas: "por que pensamos da forma como pensamos?" e "por que agimos da forma como agimos?".

Para entender melhor a indústria do turismo, por exemplo, os Adlers passaram oito anos coletando informações em cinco hotéis havaianos, estudando os funcionários e as empresas nos mínimos detalhes (Adler e Adler, 2004). Isso lhes permitiu compreender melhor o roteiro das experiências turísticas (incluindo o colar havaiano que é oferecido no momento da chegada) e a importância de raça, etnia e classe social quando se trata de acesso a recursos (incluindo os tipos de empregos disponíveis para os novos imigrantes, como filipinos, samoanos e vietnamitas).

Da mesma forma, em seu esforço para entender melhor a automutilação, incluindo cortes, queimaduras, marcas, mordidas e ossos quebrados, os Adlers (2011) analisaram mais de 30 mil *sites*, mensagens, bate-papos e interações na internet, e realizaram entrevistas longas e emocionalmente intensas com mais de cem automutiladores durante um período de dez anos, tornando-se amigos de muitos deles. "Em vez de nos mantermos estritamente distanciados dos nossos sujeitos", eles escreveram, "nos envolvemos em suas vidas, ajudando-os e dando voz às suas experiências e crenças" (2007:542). Eles descobriram que, para muitos, a automutilação era uma estratégia de enfrentamento, uma forma de autoterapia e um meio para o empoderamento.

Em outros estudos, eles descobriram que os atletas universitários vão para universidades importantes em termos de esporte com a melhor das intenções. Eles querem ser bons alunos, mas acabam se desgastando com as obrigações de ser atleta, e conformam-se com um desempenho acadêmico inferior (Adler e Adler, 1985).

Como acontece com toda a boa investigação sociológica, esses estudos procuram contar nossas histórias e nos ajudar a entender a nós mesmos à luz da nossa interdependência. Sociólogos como os Adlers coletam nossas histórias sistematicamente pela investigação e as entendem com teoria.

À medida que você for LENDO

>>
- Quais são os passos dos sociólogos quando pretendem responder por que as pessoas pensam e agem de determinada maneira?
- Quais técnicas os sociólogos usam para coletar dados?
- Quais preocupações éticas os sociólogos devem levar em consideração durante a realização da pesquisa?

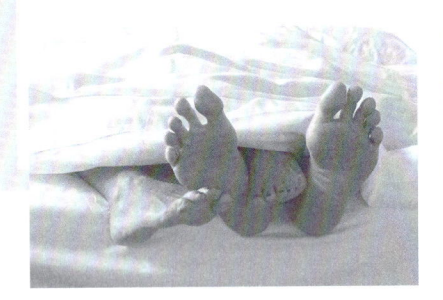

>>Etapas do processo de pesquisa

A sociologia, em sua essência, representa uma conversa entre teoria e pesquisa. Os sociólogos procuram descrever e explicar os padrões e as práticas de nossas vidas pela investigação sistemática do que fazemos e por que o fazemos. Se quisermos conhecer as razões dos pensamentos e das ações das pessoas, precisamos saber mais sobre como elas realmente pensam e agem. Precisamos observá-las, fazer perguntas, participar de suas vidas ou, de outras formas, compreender suas experiências a partir da perspectiva delas. Não podemos nos sentar em uma poltrona e ficar dando palpites.

A sociologia herda esse compromisso, em parte, das primeiras tentativas de alguns sociólogos de emular o método científico usado em investigações sobre o mundo natural. O **método científico** é uma série sistemática e organizada de passos que garante a máxima objetividade e constância ao se pesquisar um problema. Embora nem todos os sociólogos atuais vinculem a tarefa da sociologia tão fortemente ao modelo das ciências naturais, continua havendo um compromisso de entender o mundo por meio de um envolvimento com esse mundo.

método científico Série sistemática e organizada de passos que garante objetividade e constância máximas ao se pesquisar um problema.

A realização de pesquisas sociológicas pelo princípio do método científico exige a adesão a uma série de passos concebidos para garantir a precisão dos resultados. Os sociólogos e outros pesquisadores seguem cinco passos básicos do método científico: (1) definição do problema, (2) revisão da literatura, (3) formulação da hipótese, (4) escolha do projeto de pesquisa e, em seguida, coleta e análise dos dados, e (5) elaboração da conclusão (ver figura à direita). Para melhor entender o processo, acompanharemos um exemplo sobre a relação entre educação e renda do início ao fim.

O método científico

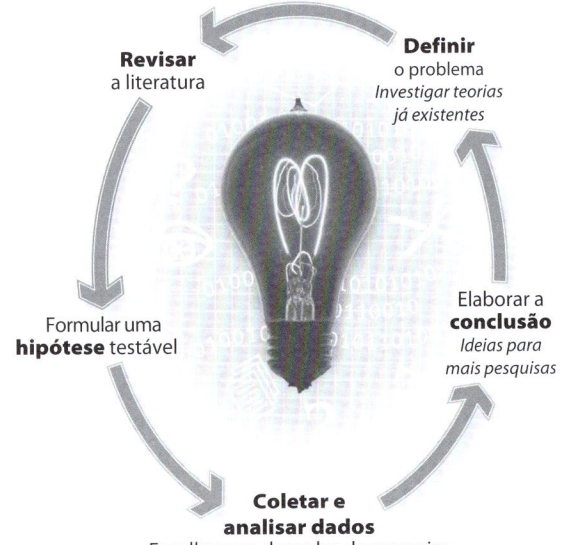

- **Definir** o problema — Investigar teorias já existentes
- **Revisar** a literatura
- Formular uma **hipótese** testável
- **Coletar e analisar dados** — Escolher um desenho de pesquisa — Survey • Observação • Experimento • Fontes existentes
- Elaborar a **conclusão** — Ideias para mais pesquisas

DEFINIÇÃO DO PROBLEMA

Fazer faculdade "compensa"? Muitas pessoas fazem grandes sacrifícios e trabalham muito para conseguir um diploma universitário. Os pais fazem empréstimos para pagar os estudos de seus filhos. Os estudantes têm empregos de meio expediente ou até trabalham em tempo integral enquanto assistem a aulas à noite ou no fim de semana. Será que compensa? Esse diploma dá retorno monetário suficiente?

O primeiro passo em qualquer projeto de pesquisa é declarar o mais claramente possível o que você espera investigar, ou seja, definir o problema. Normalmente, isso significa identificar de modo explícito os conceitos sobre os quais estamos interessados em aprender mais e a relação que suspeitamos existir entre esses conceitos. Isso é necessário para que ocorra a conversa entre teoria e pesquisa.

A teoria cumpre um papel central em nossa definição do problema. As teorias representam nossas explicações mais informadas sobre o que acontece e por quê. Quando nos deparamos com algo que ainda não entendemos, as teorias podem orientar nossa investigação ao sugerirem possíveis caminhos de pesquisa. Por exemplo, como vimos no Capítulo 1, Émile Durkheim teorizou que a integração social influencia a ação individual. Ele foi testar essa teoria realizando pesquisas sobre o suicídio, como um exemplo da escolha individual mais extrema de todas. Por meio da pesquisa, avaliamos e refinamos nossas teorias, de modo que nossas explicações e descrições sociológicas do mundo sejam mais completas e mais ricas, refletindo de forma mais precisa tanto a simplicidade quanto a complexidade do comportamento humano.

Em nosso exemplo atual, estamos interessados em saber como a educação afeta a posição econômica de uma pessoa. Existem várias teorias sociológicas concorrentes sobre essa relação. Uma abordagem, que decorre do paradigma funcionalista, pressupõe que, para realizar seu pleno potencial, a sociedade precisa que as pessoas reservem um tempo suficiente para desenvolver suas habilidades. Isso leva à suposição de que as pessoas que fizerem os sacrifícios necessários para desenvolver essas habilidades serão recompensadas por isso (Davis e Moore, 1945). Outra teoria, dentro da tradição do conflito, sugere que, em vez de premiar quem tem habilidades, a educação reforça o sistema vigente de desigualdade ao proporcionar a ilusão da oportunidade. Segundo essa teoria, as pessoas mais ou menos acabam na mesma posição econômica em que começaram sua jornada educacional (Bowles e Gintis, 1976). A teoria com a qual começamos moldará o tipo de dados que coletaremos. Examinaremos ambas as teorias em um capítulo posterior, mas, para os propósitos do nosso exemplo, vamos nos concentrar na primeira.

Muitas vezes, os conceitos em nossas teorias são abstratos demais para serem observados. Para avaliar essas teorias, os pesquisadores das ciências sociais desenvolvem uma definição operacional de cada conceito a ser estudado. Uma **definição operacional** transforma um conceito abstrato em indicadores observáveis e mensuráveis. Por exemplo, um sociólogo interessado em estudar o *status* pode usar a participação em clubes sociais exclusivos como definição operacional de *status*. Alguém que estude a religiosidade pode considerar a frequência de participação de uma pessoa em cultos religiosos ou a quantidade de oração ou meditação como sua definição operacional do quanto essa pessoa é religiosa. Em nosso exemplo, precisamos de definições operacionais para educação e ganhos. Embora o grau de instrução de uma pessoa possa significar mais do que apenas seus anos de escolaridade concluídos, convencionou-se operacionalizá-lo assim. Da mesma forma, também usaremos a abordagem comum de operacionalização de ganhos como o total que uma pessoa recebeu no ano anterior.

REVISÃO DA LITERATURA

A próxima fase da pesquisa envolve uma revisão da literatura, ou seja, investigar pesquisas anteriores realizadas por sociólogos e outros sobre os conceitos que desejamos estudar. Analisando como outros autores estudaram esses conceitos, os pesquisadores podem refinar o problema em estudo, esclarecer possíveis técnicas de coleta de dados e eliminar ou reduzir os erros evitáveis.

> **definição operacional** Transformação de um conceito abstrato em indicadores observáveis e mensuráveis.
>
> **variável** Traço ou característica mensurável sujeita a mudanças em diferentes condições.
>
> **hipótese** Enunciado testável sobre a relação entre duas ou mais variáveis.

Um excelente material para começar esse tipo de pesquisa são as muitas revistas sociológicas que publicam artigos regularmente, nos quais os sociólogos documentam cuidadosamente suas conclusões. (Consulte a figura "Encontrar informações" na página 28, para mais dicas úteis.)

No nosso exemplo, seria preciso buscar pesquisas existentes sobre a relação entre educação e renda. Nessa literatura, encontraríamos evidências significativas de que as duas coisas estão ligadas. Também saberíamos que outros fatores, além dos anos de escolaridade, influenciam o potencial de ganhos. Por exemplo, a categoria profissional de uma pessoa (como encanador, operário de fábrica, secretário ou professor) pode definir sua renda de uma forma diferente do que apenas com base no nível educacional. Também concluiríamos que outros fatores relacionados à origem, como classe, gênero e raça, afetam a renda. Por exemplo, filhos de pais ricos têm maior probabilidade de ir para a faculdade do que os de origem modesta; por isso, podemos considerar a possibilidade de que esses mesmos pais possam, mais tarde, ajudar seus filhos a garantir empregos mais bem remunerados (Walpole, 2007). Isso pode nos levar a cogitar a inclusão de outros conceitos em nossa definição do problema.

FORMULAÇÃO DA HIPÓTESE

Após definir o problema em um diálogo com teorias existentes e o refinar revisando pesquisas anteriores, podemos identificar as variáveis que queremos estudar e indicar nossas expectativas sobre as relações entre elas. Uma **variável** é um traço ou uma característica mensurável que está sujeita a mudanças em diferentes condições. Renda, religião, ocupação e gênero podem servir como variáveis de um estudo. Uma **hipótese** é um enunciado testável sobre a relação entre duas ou mais variáveis.

> *Sem teoria, somos cegos – não conseguimos ver o mundo.*
>
> Michael Burawoy

Encontrar informações

Comece com o material que você já tem, incluindo textos e outros.

Consulte fontes na internet como Wikipédia; elas podem ser úteis para se começar, mas sempre confira as afirmações em uma fonte ou organização confiável.

Use jornais.

Pesquise usando índices eletrônicos de publicações para encontrar artigos relacionados.

Use o catálogo da biblioteca.

Examine documentos de governos (incluindo o Censo Brasileiro).

Contate pessoas, organizações e agências relacionadas a seu tema.

Consulte seu professor, monitor ou bibliotecário.

---

lógica causal Há uma relação entre as variáveis, na qual a mudança em uma causa mudanças na outra.

variável independente Variável, em uma relação causal, que gera ou influencia mudanças em uma segunda variável.

variável dependente Variável, em uma relação causal, que está sujeita à influência de outra variável.

Uma hipótese é mais do que apenas um palpite informado. Ela representa uma tentativa explícita de indicar o que achamos que está acontecendo e por quê. Ela pressupõe que exista **lógica causal** em atuação, ou seja, que haja uma relação entre as variáveis, na qual a mudança em uma traz mudanças na outra. Durkheim, por exemplo, formulou a hipótese de uma relação de causa e efeito entre filiação religiosa e taxas de suicídio. No nosso exemplo, a hipótese é de que mais educação leva a mais renda.

Nas hipóteses, a variável causal que gera mudanças é chamada de **variável independente**. A variável que é afetada é conhecida como **variável dependente**, pois a mudança nela depende da influência da variável independente. Em outras palavras, o pesquisador acredita que a variável independente prediga ou provoque alterações na variável dependente. Por exemplo, um pesquisador em sociologia pode prever que a disponibilidade de moradia acessível (a variável independente, muitas vezes chamada de x em equações) afeta o nível de falta de moradia em uma comunidade (a variável dependente, normalmente representada como y em equações).

Poderíamos juntar essas peças para gerar um enunciado genérico sobre a hipótese: o conhecimento da variável independente (x) nos permite explicar ou prever melhor o valor ou a posição da variável dependente (y). Poderíamos, então, situar as variáveis que estamos interessados em estudar, como aquelas na figura "Lógica

Você sabia?

... as agências do governo dos Estados Unidos publicam regularmente relatórios sobre renda, educação, pobreza e saúde.* Segundo o Departamento de Educação, 87,1% das pessoas de 25 anos ou mais receberam seu diploma do ensino médio ou equivalente, e 29,9% têm pelo menos um curso superior. Segundo o Census Bureau, a renda mediana para trabalhadores em tempo integral, o ano inteiro, de 25 a 64 anos, foi de 43.990 dólares.

Fonte: Snyder e Dillow, 2011: Tabela 8; U.S. Census Bureau, 2011f.

---

* N. de R. T.: No Brasil, o principal provedor de dados e informações é o Instituto Brasileiro de Geografia e Estatística (IBGE).

> **PENSAMENTO** SOCIOLÓGICO
>
> Até que ponto você acha que cada uma das variáveis independentes listadas na figura "Lógica Causal" contribuiria para explicar o desempenho acadêmico? Que outras variáveis independentes você acha que ajudariam a explicar esse desempenho?

Lógica causal

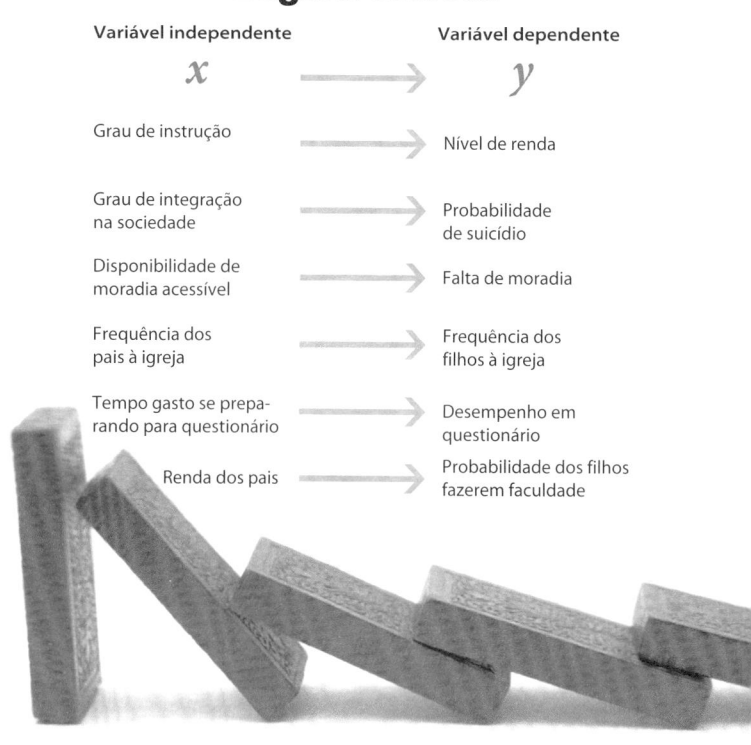

Variável independente x		Variável dependente y
Grau de instrução	→	Nível de renda
Grau de integração na sociedade	→	Probabilidade de suicídio
Disponibilidade de moradia acessível	→	Falta de moradia
Frequência dos pais à igreja	→	Frequência dos filhos à igreja
Tempo gasto se preparando para questionário	→	Desempenho em questionário
Renda dos pais	→	Probabilidade dos filhos fazerem faculdade

Causal", à direita, neste enunciado, para apresentar claramente a natureza das relações que esperamos encontrar entre as variáveis que desejamos estudar.

No nosso exemplo, a hipótese sugere que saber quantos anos de escolaridade uma pessoa concluiu nos permitirá predizer melhor quanto dinheiro ela vai ganhar. Nossa variável independente é o nível de educação, e a variável dependente, a renda. Além disso, esperamos que a relação seja positiva, isto é, quanto mais a pessoa estudar, mais dinheiro vai ganhar. Em uma relação negativa, quando a variável independente sobe, a dependente desce, e vice-versa.

Devemos observar que, só porque duas variáveis parecem covariar, não significa que a mudança em uma faça mudar a outra. Essa covariância é conhecida como **correlação**, que é uma relação entre duas variáveis na qual a mudança em uma coincide com a mudança na outra. A relação aparente pode ser devida ao acaso ou à influência de outros fatores. É tarefa do pesquisador demonstrar – baseando-se em dados, raciocínio lógico e teoria – que a correlação também é causal. Estatísticas não bastam.

Tomemos, por exemplo, o efeito que o divórcio tem sobre o bem-estar das crianças. Estudos mostraram que as duas variáveis estão correlacionadas – filhos de divórcio exibem efeitos nefastos no longo prazo – mas essa relação é causal? Antes de chegar a uma conclusão, devemos considerar outros fatores. Talvez os resultados negativos para os filhos se devam aos níveis de conflito parental, e não ao divórcio em si, nem à natureza da relação entre pais e filhos ou a fatores contextuais, como o desemprego ou a mobilidade geográfica (Bhrolcháin, 2001; Sun e Li, 2008). Nas palavras do sociólogo Pierre Bourdieu, "nada se explicou ao se estabelecer a existência de uma correlação entre uma variável 'independente' e uma variável 'dependente'" (1984:18). Correlação não é igual a causação.

> **correlação** A relação entre duas variáveis na qual a mudança em uma coincide com a mudança na outra.

Correlação

EU ACHAVA QUE CORRELAÇÃO ACARRETARIA CAUSAÇÃO.	*AÍ FIZ UMA AULA DE ESTATÍSTICA. AGORA EU NÃO ACHO.*	*PARECE QUE A AULA AJUDOU.* *BOM, PODE SER.*

Fonte: http://xkcd.com/552/.

COLETA E ANÁLISE DOS DADOS

Para avaliar suas hipóteses, os sociólogos, como todos os cientistas, coletam dados. Há várias maneiras, conhecidas como desenhos de pesquisa, usadas para isso, incluindo *surveys*, observação, experimentos e uso de dados existentes. Como o desenho escolhido é muito importante no processo de pesquisa, aprofundaremos a análise sobre cada um desses desenhos mais adiante neste capítulo. Por agora, vamos nos concentrar em algumas questões centrais que os pesquisadores devem abordar, independentemente de qual desenho de pesquisa eles escolherem.

Seleção da amostra Muitas vezes, principalmente no caso de grandes projetos de pesquisa, os sociólogos não podem realizar um censo, ou seja, não podem coletar informações de toda a população que estão interessados em estudar. Nesses casos, eles fazem uma **amostra** – uma seleção a partir de uma população maior, que é estatisticamente representativa dessa população. Para garantir que uma amostra seja representativa, os sociólogos costumam usar uma **amostra aleatória**, na qual todos os membros de toda a população que está sendo estudada têm a mesma chance de ser selecionados. Assim, se os pesquisadores quiserem examinar as opiniões de pessoas listadas em um registro municipal (um livro que, ao contrário da lista telefônica, traz todos os domicílios de uma comunidade), talvez usem um computador para selecionar aleatoriamente os nomes do registro. Fazer isso elimina a possibilidade de que algum viés ou conveniência afete negativamente quem é incluído.

Quando realizada corretamente, essa amostragem permite aos pesquisadores estimar estatisticamente quais as probabilidades de seus resultados serem representativos. O mesmo não pode ser dito da maioria das pesquisas pela internet, como no Facebook, no Yahoo ou em páginas de notícias, pois esse tipo geralmente não faz controle de quem responde, dependendo apenas de quem entra e decide participar. Embora essas pesquisas possam ser interessantes, divertidas ou provocativas, não há maneira de saber se são representativas.

Para melhor entender a relação entre educação e renda, pode-se recorrer a pesquisas coletadas pelo National Opinion Research Center (NORC) ou pelo U.S. Census Bureau. Essas duas organizações são fontes inestimáveis de dados para sociólogos. O NORC já administrou a Pesquisa Social Geral 28 vezes desde 1972. Nesse levantamento nacional, administrado em inglês e espanhol, uma amostra representativa da população adulta é entrevistada em profundidade sobre diversos tópicos, incluindo renda e educação. Geralmente são feitas as mesmas perguntas ao longo de vários anos, permitindo a análise de como as respostas mudam com o tempo. No Brasil, esse tipo de levantamento é feito pelo Instituto Brasileiro de Geografia e Estatística (IBGE).

Embora o Census Bureau seja mais conhecido pelo censo que realiza a cada dez anos, de toda a população dos Estados Unidos (mais recentemente, em 2010), os pesquisadores também coletam regularmente dados usando amostras representativas da população do país. Isso lhes dá atualizações mais frequentes e lhes permite coletar informações mais detalhadas sobre um número maior de variáveis do que é possível no censo decenal. Por exemplo, no que diz respeito às nossas variáveis de interesse, eles publicam um relatório anual sobre renda, pobreza e cobertura de saúde nos Estados Unidos todos os outonos (DeNavas-Walt, Proctor e Smith, 2011).

Garantia de validade e confiabilidade Para ter confiança em suas conclusões, e seguindo o método científico, os sociólogos vão em busca de resultados de pesquisa que sejam válidos e confiáveis. A **validade** é o grau em que uma medida ou escala reflete verdadeiramente o fenômeno em estudo. No nosso exemplo, uma medida válida de renda representaria

amostra Seleção a partir de uma população maior, que é estatisticamente representativa dessa população.

amostra aleatória Amostra na qual todos os membros de toda a população que está sendo estudada têm a mesma chance de ser selecionados.

validade Grau em que uma medida ou escala reflete verdadeiramente o fenômeno em estudo.

> **Você sabia?**
> ... Um caso clássico de erro de amostragem ocorreu quando pesquisadores da *Literary Digest* declararam que Alf Landon derrotaria o presidente Franklin Roosevelt em 1936. Eles previram que Landon teria 55% dos votos, mas ele teve apenas 37%. Embora tenha entrevistado 2 milhões de pessoas, a *Digest* as selecionou a partir de guias telefônicos e registros de automóveis. Com o país em meio à Grande Depressão, telefones e carros eram luxos que muitas pessoas não podiam pagar. Como resultado, a pesquisa sub-representou as pessoas mais pobres, que estavam mais inclinadas a apoiar Roosevelt (Squirel, 1988).

precisamente a quantidade de dinheiro que uma pessoa ganhou em determinado ano. Se a pergunta não for elaborada de forma clara, alguns indivíduos podem interpretá-la como se perguntasse sobre o salário decorrente de um emprego, outros podem acrescentar receitas de outras fontes, como investimentos, e outros, ainda, podem informar a renda familiar, incluindo ganhos de um filho ou um cônjuge. Estudos mostram que, embora a renda possa ser um assunto delicado, as pessoas respondem com precisão quando se faz a pergunta clara e inequívoca sobre o quanto ganharam.

A **confiabilidade** significa até onde uma medida produz resultados constantes. O uso do mesmo instrumento de coleta de dados, das mesmas pessoas, em circunstâncias semelhantes deve fornecer os mesmos resultados. Por exemplo, se você der às pessoas o mesmo questionário sobre renda e educação em dois momentos diferentes, a menos que alguma coisa significativa tenha mudado entre as duas vezes, as respostas devem ser aproximadamente iguais.

ELABORAÇÃO DA CONCLUSÃO

Após terem coletado os dados e analisado os resultados, os sociólogos tiram conclusões sobre o que descobriram. Eles usam as informações que coletaram para melhor explicar as razões de nossas ações e pensamentos. Os resultados da pesquisa informam nossas teorias, o que ajuda a gerar novas perguntas, e todo o ciclo começa novamente com uma nova definição do problema.

Sustentação das hipóteses Como se pode ver no gráfico a seguir, os dados do Censo dos Estados Unidos sustentam nossa hipótese com relação à educação e à renda: as pessoas com mais escolaridade formal ganham mais dinheiro do que aquelas que estudam menos. Observando, inicialmente, as duas categorias superiores de renda, vemos que 47% das que

> **PENSAMENTO** SOCIOLÓGICO
>
> Embora a educação cumpra um papel importante na explicação da renda, algumas pessoas com escolaridade mínima têm renda alta e algumas com diplomas avançados ganham relativamente pouco. Que outros fatores sociais você acha que podem ajudar a explicar a renda de uma pessoa? Que efeitos o gênero, a raça, a etnia, a religião, a idade e a origem social de uma pessoa têm sobre a renda?

têm diploma universitário, em comparação com 16% das que não têm, ganham 60 mil dólares por ano ou mais. Examinando as duas categorias inferiores de renda, observamos que 26% das pessoas com graus de instrução mais elevados, comparadas com 59% das que só têm um diploma do ensino médio, ganham menos de 40 mil dólares por ano. Quando se trata de renda, a escolaridade é importante.

confiabilidade Até onde uma medida produz resultados constantes.

variável de controle Fator que é mantido constante para testar o impacto relativo de uma variável independente.

É claro que isso não se aplica a todos os indivíduos. Como podemos ver no gráfico, ter diploma universitário não garante renda elevada – 15% das pessoas com curso superior ganham menos de 20 mil dólares por ano. Exceções à regra podem ser empresários bem-sucedidos que não têm educação formal ou pessoas com doutorado que optam por trabalhar para uma instituição sem fins lucrativos que paga pouco. Sociologicamente, essas duas informações – de que a educação influencia renda e de que a relação não é perfeita – são interessantes. Para entender por que essa variação existe, seria preciso considerar os possíveis efeitos que outras variáveis têm sobre a renda.

Estudos sociológicos nem sempre geram dados que sustentem a hipótese original. Em muitos casos, os resultados refutam a hipótese, e os pesquisadores devem reformular suas conclusões. Isso costuma levar a mais pesquisas, nas quais os sociólogos reexaminam sua teoria e seus métodos, fazendo as alterações necessárias em seu desenho de pesquisa.

Controle de outros fatores Dada a complexidade do comportamento humano, raramente basta estudar apenas uma variável independente e uma dependente. Embora essas análises possam nos dar ideias, também precisamos considerar outros fatores causais que possam influenciar a variável dependente. Uma maneira de fazê-lo é introduzir uma **variável de controle**, que é um fator que o pesquisador mantém constante para testar o impacto relativo de uma variável independente. Por exemplo, se os pesquisadores quiserem explicar os índices de criminalidade em um bairro como variável dependente, eles podem trabalhar com a taxa de pobreza do bairro como variável independente. É provável, no entanto, que outros fatores influenciem as taxas de criminalidade, de modo que eles poderiam acrescentar a familiaridade – o ní-

Impacto de um diploma universitário sobre a renda

Ensino médio ou menos / **Curso universitário ou mais**

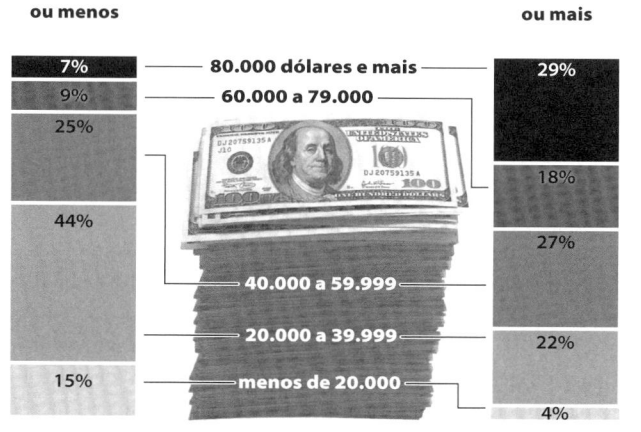

Faixa de renda	Ensino médio ou menos	Curso universitário ou mais
80.000 dólares e mais	7%	29%
60.000 a 79.000	9%	18%
40.000 a 59.999	25%	27%
20.000 a 39.999	44%	22%
menos de 20.000	15%	4%

Observação: os dados incluem pessoas de 25 a 64 anos, trabalhando em tempo integral, durante todo o ano. A categoria com ensino médio inclui aqueles com estudo superior incompleto.
Fonte: U.S. Census Bureau, 2011f: Tabela PINC-03, parte 28.

> **PENSAMENTO** SOCIOLÓGICO
>
> Mantendo a educação como nossa variável independente, que outras variáveis dependentes podemos estudar para ver o impacto da educação sobre a sociedade? O que esperamos obter da educação, individual e coletivamente?

vel em que os vizinhos se conhecem e interagem regularmente entre si – como variável de controle. Eles constatariam que os bairros com alto nível de familiaridade têm índices de criminalidade mais baixos do que aqueles com baixo nível de familiaridade. A introdução da variável de controle nos permite ver que parte da variação das taxas de criminalidade do bairro que inicialmente se supôs ser resultado da pobreza se deve, na verdade, à influência da variável de controle.

desenho de pesquisa Plano ou método detalhado para a obtenção científica de dados.

survey Estudo, geralmente na forma de entrevista ou questionário, que dá aos pesquisadores informações sobre como as pessoas pensam e agem.

Observando nossas variáveis, não podemos considerar apenas o efeito que a educação tem sobre a renda, mas também devemos investigar o papel que outras variáveis podem cumprir. Uma possibilidade é que "quem você conhece" seja tão importante quanto "o que você conhece". Para estudar essa relação, podemos ver como os antecedentes familiares ou as conexões na rede social de uma pessoa influenciam a renda. Nos próximos capítulos, examinaremos esses outros fatores relacionados à origem que ajudam a explicar diferenças de renda, incluindo gênero, raça, etnia e classe social.

EM RESUMO: O PROCESSO DE PESQUISA

Começamos com uma pergunta geral sobre a relação entre educação e renda. Seguindo os passos do processo de pesquisa – definição do problema, revisão da literatura, formulação da hipótese, coleta e análise dos dados e elaboração da conclusão – conseguimos mostrar que a educação compensa, sim. Uma das maneiras em que podemos verificar a validade de nossas conclusões é compartilhá-las com sociólogos, formuladores de políticas e outros em um fórum público, na forma de uma apresentação em uma conferência profissional ou um artigo em uma revista acadêmica arbitrada. Ao expormos o que fizemos, como o fizemos e o que concluímos, outros podem servir como uma verificação útil para nos certificarmos de que não deixamos escapar nada e que procedemos de modo adequado.

A pesquisa é de natureza cíclica. No final do processo, os pesquisadores quase sempre concluem que têm mais perguntas que gostariam de investigar e ideias para novas pesquisas, e a maioria dos trabalhos de pesquisa inclui uma seção específica sobre como poderão definir o problema e fazer a pesquisa da próxima vez. Ao longo do caminho, os pesquisadores podem ter descoberto novos conceitos que devem levar em consideração, maneiras melhores de fazer as perguntas para obter as informações de que necessitam, indivíduos ou grupos que deveriam incluir no estudo ou uma série de outras possibilidades. No final, os estudos que os pesquisadores produzem passam a fazer parte da revisão da literatura do próximo projeto, seja deles ou de outra pessoa.

>>Principais desenhos de pesquisa

Como vimos, os sociólogos trabalham na coleta e no entendimento das histórias de nossas vidas de várias maneiras. Às vezes, eles querem contar nossa história coletiva maior; outras vezes, querem contar as histórias de indivíduos e grupos que costumam ficar de fora dessas grandes narrações. Há diferentes desenhos de pesquisa disponíveis para contar esses diferentes tipos de histórias. Por exemplo, grandes pesquisas nacionais nos permitem ter uma ideia da impressão do país no que diz respeito a questões como política ou religião, e as estatísticas podem dar uma noção sobre onde estamos nessas questões, uns em relação aos outros. Para explorar as histórias menores de indivíduos e grupos, os pesquisadores podem empregar métodos como a observação, que enfatizam a interação mais direta e pessoal com seus sujeitos.

Os sociólogos contam com quatro tipos principais de desenhos de pesquisa quando refletem sobre como coletar os dados. Um **desenho de pesquisa** é um plano ou método detalhado para a obtenção científica de dados. Muitas vezes, a escolha de desenhos de pesquisa baseia-se nas teorias e hipóteses com as quais o pesquisador começa (Denzin, 2009; Merton, 1948). A escolha requer criatividade e engenhosidade, pois influencia diretamente o custo do projeto e o tempo necessário para coletar os dados (Vogt, Gardner e Haeffele, 2012). Como observado anteriormente, os desenhos de pesquisa que os sociólogos usam regularmente para gerar dados incluem pesquisas, observação, experimentos e uso de fontes existentes.

SURVEYS

Quase todos já respondemos a *surveys* de um tipo ou de outro. Podem ter nos perguntado que tipo de detergente usamos, em que candidato presidencial pretendemos votar ou qual é nosso programa de televisão favorito. Uma **survey** é um estudo, geralmente na forma de entrevista ou questionário, que dá aos pesquisadores informações sobre como as pessoas pensam e agem. As *surveys* tornam-se particularmente comuns em época de eleição, na forma de pesquisas de intenção de voto. Entre as principais organizações de pesquisa norte-americanas estão Gallup, SurveyUSA, ABC/Washington Post e Rasmussen. Todas essas empresas procuram usar técnicas cuidadosas para garantir a precisão de seus resultados. No Brasil, há institutos de pesquisa como Ibope, Datafolha e Vox Populi.

Os índices de aprovação do presidente Obama

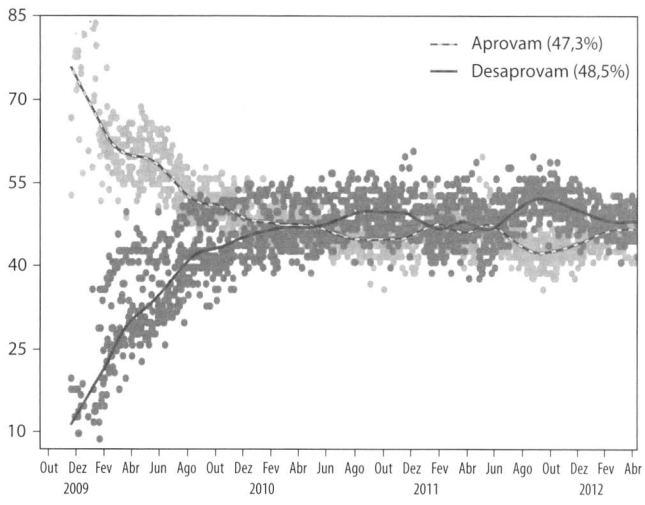

Porcentagem de aprovação

--- Aprovam (47,3%)
— Desaprovam (48,5%)

Cada ponto representa uma única pesquisa realizada por um grande instituto.
Fonte: www.pollkatz.homestead.com.

Questões importantes no desenho de *surveys* Como indicado anteriormente, uma *survey* deve ser baseada em amostragem precisa e representativa para realmente refletir uma ampla gama da população. Podemos ser céticos em relação à ideia de que informações sobre apenas algumas centenas de pessoas possam fornecer um retrato exato de como pensam mais de 300 milhões, mas as *surveys* bem-feitas conseguem fazer exatamente isso. Quando se trata de pesquisas de intenção de voto presidencial, por exemplo, podem-se comparar os resultados dessas pesquisas eleitorais com os resultados reais. Em um estudo sobre a precisão histórica de pesquisas eleitorais presidenciais, o cientista político Michael W. Traugott (2005) relata que as pesquisas de 1956 a 2004 tiveram, em média, uma precisão de 2% em relação ao resultado, como também foi o caso em 2008 (Panagopoulos, 2009). Também se pode ter uma noção da precisão das pesquisas observando as "pesquisas das pesquisas", que combinam vários resultados em um único relatório ou gráfico para uma visão melhor do padrão que as pesquisas demonstram coletivamente (ver gráfico acima). Embora os pesquisadores nem sempre consigam "acertar" (p. ex., a previsão de que Dewey derrotaria Truman nas eleições presidenciais de 1948), na maioria das vezes eles acertam, e com incrível precisão.

GLOBALIZANDO

Pesquisa no exterior

Os pesquisadores podem coletar informações mesmo em circunstâncias difíceis. Mesmo que o governo de Obama tenha aumentado a guerra no Afeganistão contra os talibãs em 2009, foram feitas pesquisas sobre as atitudes das pessoas da região. No final de 2009, os pesquisadores descobriram que 79% dos afegãos consideravam que o Talibã tinha uma influência negativa, embora os residentes do sul, reduto do Talibã, tenham sido um pouco menos negativos. Ao mesmo tempo, 45% aprovaram a liderança dos Estados Unidos no Afeganistão, comparados com 50% no início do ano (Ray e Srinivasan, 2010a, 2010b).

Além de desenvolverem amostras representativas, os sociólogos devem ter muito cuidado com a formulação de perguntas. Uma pergunta de *survey* eficaz deve ser simples e clara o suficiente para que as pessoas entendam. Também deve ser específica o suficiente para que os estudiosos não tenham problemas de interpretação dos resultados. Perguntas abertas ("O que você acha da programação da televisão educativa?") devem ser cuidadosamente formuladas para solicitar o tipo de informação desejada. As *surveys* podem ser fontes indispensáveis de informação, mas somente se a amostragem for feita corretamente, e as perguntas forem redigidas com precisão e sem viés.

Estudos também mostraram que as características do entrevistador influenciam os dados das *surveys*. Por exemplo, as entrevistadoras tendem a receber respostas mais feministas de indivíduos do sexo feminino do que pesquisadores homens, e entrevistadores afro-americanos tendem a receber respostas mais detalhadas sobre questões relacionadas a raça de indivíduos negros do que entrevistadores brancos. O possível impacto de gênero e raça indica novamente o cuidado que a investigação social exige (Chun et al., 2011; Davis e Silver, 2003).

> **entrevista** Questionamento frente a frente ou por telefone de um respondente, no qual o pesquisador obtém as informações desejadas.
>
> **questionário** Formulário impresso, escrito ou digitalizado, usado para obter informações de um respondente.
>
> **pesquisa quantitativa** Pesquisa que coleta e relata dados principalmente em forma numérica.
>
> **média** Número calculado somando-se diversos valores e, em seguida, dividindo-os pelo número de valores.
>
> **mediana** Ponto médio ou número que divide uma série de valores em dois grupos de igual número de valores.

Tipos de *survey* Existem duas formas principais de *survey*: a **entrevista**, na qual o pesquisador obtém informações por meio de questionamento frente a frente ou por telefone, e o **questionário**, no qual o pesquisador usa um formulário impresso, escrito ou digitalizado, para obter informações de um respondente. Cada forma tem suas vantagens. O entrevistador pode obter uma taxa de resposta mais elevada porque as pessoas acham que é mais difícil recusar um pedido pessoal para uma entrevista do que jogar fora um questionário escrito. Além disso, um entrevistador habilidoso pode ir além de perguntas escritas e sondar os sentimentos e as razões subjacentes de um sujeito. Por sua vez, os questionários têm a vantagem de apresentar custo mais baixo, principalmente em amostras grandes. De qualquer maneira, podemos aprender coisas incríveis com as *surveys*.

Por que, por exemplo, as pessoas fazem sexo? Essa é uma pergunta simples, mas raramente investigada cientificamente até pouco tempo atrás, apesar de sua importância para a saúde pública, o aconselhamento conjugal e a criminologia. Em um estudo exploratório publicado em 2007, pesquisadores entrevistaram cerca de 2 mil alunos de graduação da Universidade do Texas, em Austin. Eles começaram a fase 1 da pesquisa pedindo a cerca de 400 estudantes em diversos cursos de psicologia para que respondessem à seguinte pergunta: "Por favor, liste todas as razões em que consiga pensar para que você, ou alguém que você conheça, tenha tido relações sexuais no passado". As explicações foram muito diversas, desde "eu estava bêbado(a)" até "eu queria me sentir mais perto de Deus".

Na fase 2 da pesquisa, a equipe pediu à outra amostra de 1.500 alunos para avaliar a importância de cada uma das 287 razões apontadas pelo primeiro grupo. Quase todas as razões foram consideradas como a mais importante por pelo menos alguns respondentes. Embora tenha havido algumas diferenças de gênero nas respostas, houve um consenso significativo entre homens e mulheres nos principais motivos (ver tabela abaixo). Com base nos resultados globais, os pesquisadores identificaram quatro categorias principais de razões pelas quais as pessoas fazem sexo: Física (prazer, redução do estresse), Atingir objetivos (*status* social, vingança), Emocional (amor, compromisso) e Insegurança (aumentar a autoestima, dever/pressão) (Meston e Buss, 2007, 2009). Depois de analisarem os resultados do estudo, os críticos argumentaram que a amostra dos pesquisadores não era suficientemente representativa para permitir generalizar as conclusões para a população como um todo. Os pesquisadores reconheceram isso desde o início, tendo elaborado o projeto como pesquisa exploratória. Desde então, realizaram uma pesquisa com uma amostra mais representativa, e suas conclusões foram, em grande parte, as mesmas (Melby, 2007).

Pesquisas quantitativas e qualitativas Na maioria das vezes, as *surveys* representam um exemplo de **pesquisa quantitativa**, que coleta e relata dados principalmente em forma numérica. A análise desses dados depende de estatísticas, das simples às complexas, que fornecem resumos básicos descrevendo como são as variáveis e como estão relacionadas. As estatísticas descritivas básicas, como as porcentagens, provavelmente são conhecidas. A **média** é um número calculado somando-se diversos valores e, em seguida, dividindo-os pelo número de valores. A **mediana**, ou ponto médio, é o número que divide uma série de valores em dois grupos de igual número de valores. A mediana é mais usada quando há valores extremos que distorcem a média. A **moda** é o valor único mais comum em uma série e raramente é utilizada em pesquisas sociológicas. A média, a mediana e a moda buscam fornecer uma única pontuação que seja representativa ou propicie um resumo de toda a distribuição das pontuações. Quando se trata de analisar as relações entre variáveis, os pesquisadores geralmente dependem de programas de computador para lidar com a análise mais complexa dos dados quantitativos.

Embora possa fazer uso de grandes amostras, a pesquisa quantitativa não consegue oferecer grande profundidade sobre um tema. É por isso que os pesquisadores também fazem uso da **pesquisa qualitativa**, que trabalha com o que eles

Principais razões pelas quais homens e mulheres tiveram relações sexuais

Homem	Razão	Mulher
1	Eu me sentia atraído(a) pela pessoa	1
2	É bom	3
3	Eu queria sentir prazer físico	2
4	É divertido	8
5	Eu queria demonstrar meu afeto pela pessoa	4
6	Eu estava excitado sexualmente e queria me aliviar	6
7	Eu estava com "tesão"	7
8	Eu queria expressar meu amor pela pessoa	5
9	Eu queria chegar ao orgasmo	14
10	Eu queria dar prazer a meu(minha) parceiro(a)	11
17	Eu me dei conta de que estava apaixonado(a)	9
13	Foi "no calor do momento"	10

Fonte: Meston e Buss, 2007:506.

> A pesquisa é curiosidade formalizada.
> É cutucar e espiar com um propósito.
>
> Zora Neale Hurston

veem em contextos de campo e naturais, muitas vezes com foco em pequenos grupos e comunidades, em vez de grandes grupos ou países inteiros. Aqui, também, os sociólogos dependem de computadores para auxiliar sua análise. Muitos programas de computador permitem que os pesquisadores não apenas registrem observações, mas identifiquem temas, conceitos ou preocupações comuns expressos em entrevistas. A forma mais comum de pesquisa qualitativa é a observação.

OBSERVAÇÃO

Investigadores que coletam informações por meio da participação direta e/ou assistindo de perto um grupo ou comunidade estão fazendo **observação**. Esse método permite que os sociólogos analisem comportamentos e comunidades com maior profundidade do que é possível usando outros métodos. Embora a observação possa parecer um método relativamente informal em comparação com as *surveys*, os pesquisadores têm o cuidado de fazer anotações detalhadas enquanto observam seus sujeitos.

Uma forma de pesquisa qualitativa cada vez mais usada hoje em sociologia é a **etnografia**, o estudo de todo um ambiente social por meio da observação sistemática ampliada. Geralmente, a ênfase está em como os próprios sujeitos veem sua vida social em algum contexto. Em alguns casos, o sociólogo realmente entra para o grupo durante um tempo, para ter uma ideia exata de como ele funciona. Essa abordagem é chamada de *observação participante*.

No final da década de 1930, em um exemplo clássico de pesquisa com observação participante, o sociólogo William F. Whyte mudou-se para um bairro italiano de baixa renda em Boston. Por quase quatro anos, ele foi membro do círculo social dos "garotos da esquina", que ele descreveu em seu clássico livro *Sociedade de esquina*. Whyte revelou sua identidade a esses homens e participava de suas conversas, do boliche e de outras atividades de lazer. Seu objetivo era obter um maior conhecimento sobre a comunidade que eles tinham estabelecido. À medida que ouvia Doc, líder do grupo, Whyte ([1943] 1981:303) "aprendeu as respostas a perguntas que nunca teria tido a sensatez de fazer se tivesse obtido suas informações unicamente com base em entrevistas". O trabalho de Whyte foi especialmente valioso, já que, na época, o mundo acadêmico tinha pouco conhecimento direto dos pobres e tendia a obter informações nos registros de órgãos de assistência social, hospitais e tribunais (P. Adler, Adler e Johnson, 1992).

O desafio inicial que Whyte enfrentou – e que cada observador participante encontra – foi ser aceito em um grupo desconhecido. Não é algo simples para um sociólogo com

> **moda** Valor único mais comum em uma série.
>
> **pesquisa qualitativa** Pesquisa que trabalha com o que se vê em contextos de campo e naturais, mais do que em dados estatísticos.
>
> **observação** Técnica de pesquisa em que o observador coleta informações por meio de participação direta e/ou assistindo de perto um grupo ou comunidade.
>
> **etnografia** Estudo de todo um ambiente social por meio da observação sistemática ampliada.

formação universitária ganhar a confiança de um culto religioso, de uma gangue de jovens, de uma comunidade pobre nos Apalaches ou de um círculo de moradores de rua marginalizados. Isso exige do observador uma grande dose de paciência e uma personalidade do tipo que aceita e não ameaça.

A pesquisa com observação apresenta outros desafios complexos para os investigadores. Os sociólogos devem ser capazes de compreender totalmente o que estão observando. Em certo sentido, então, os pesquisadores devem aprender a ver o mundo como o grupo o vê, para compreender totalmente os eventos que ocorrem ao seu redor.

> **PENSAMENTO** SOCIOLÓGICO
> Sobre qual grupo ou ambiente social (como um grupo religioso, uma organização política, uma irmandade/fraternidade, um laboratório ou um escritório) você pode querer saber mais por meio de observação participante em profundidade? Como você procederia para fazer contato? Como conquistaria a confiança dos membros?

Isso levanta uma questão delicada. Para que a pesquisa seja bem-sucedida, o observador não pode permitir que ligações próximas nem amizades que inevitavelmente se desenvolvem influenciem o comportamento dos sujeitos ou as conclusões do estudo. Anson Shupe e David Bromley (1980), dois sociólogos que usaram a observação participante, compararam esse desafio a andar em uma corda bamba. Mesmo enquanto se esforça para conquistar a aceitação do grupo em estudo, o observador participante *tem que* manter certo grau de desapego.

Em 2006, a questão do distanciamento tornou-se controversa para cientistas sociais "infiltrados" com os militares dos Estados Unidos no Afeganistão e no Iraque. Entre outros estudos, os pesquisadores participaram da criação do *Human Terrain System*, do Exército, uma iniciativa de 4 milhões de dólares para identificar costumes, estruturas de parentesco e conflitos sociais internos nos dois países. A intenção era dar aos líderes militares informações que pudessem ajudá-los a tomar decisões melhores. Embora a ideia de estudiosos cooperando de alguma forma com soldados pareça inadequada a muitos pesquisadores das ciências sociais, outros contra-argumentavam que a informação que desenvolviam ajudaria os militares a evitarem a violência desnecessária e poderia até facilitar a retirada das tropas da região (Forte, 2011; Glenn, 2007; Gonzalez, 2008).

experimento Situação criada artificialmente, permitindo que um pesquisador manipule variáveis.

grupo experimental Sujeitos de um experimento que são expostos a uma variável independente introduzida por um pesquisador.

grupo de controle Sujeitos de um experimento que não são expostos a uma variável independente por um pesquisador.

efeito Hawthorne Influência involuntária que os observadores dos experimentos podem ter sobre seus sujeitos.

EXPERIMENTOS

Quando querem estudar uma possível relação de causa e efeito, os cientistas realizam um **experimento** – uma situação criada artificialmente, que permite que um pesquisador manipule variáveis. Os pesquisadores controlam cuidadosamente o contexto experimental para medir até onde as variáveis independentes causam mudanças na variável dependente em estudo. Embora os experimentos possam se mostrar perspicazes, os sociólogos tendem a não usá-los com tanta frequência quanto os outros desenhos de pesquisa, pois costumam estar mais interessados em compreender as respostas naturais das pessoas, e há questões éticas envolvidas na manipulação dessas respostas.

Em um experimento clássico, os pesquisadores começam dividindo os sujeitos com características semelhantes em dois grupos para ver o impacto de uma variável independente. A seguir, o **grupo experimental** é exposto a uma variável independente, enquanto o **grupo de controle** não é. Assim, se os cientistas estivessem testando um novo tipo de antibiótico, iriam administrar o fármaco a um grupo experimental, mas não a um grupo controle.

Uma das desvantagens dos experimentos, assim como na pesquisa com observação, é que a presença de um cientista social ou outro observador pode afetar o comportamento das pessoas que estão sendo estudadas. O reconhecimento desse fenômeno surgiu de um experimento realizado nas décadas de 1920 e 1930 na fábrica de Hawthorne da Western Electric Company, perto de Chicago. Um grupo de pesquisadores se propôs a determinar uma forma de melhorar a produtividade dos trabalhadores na fábrica. Os pesquisadores manipularam

Sociologia pessoal

Perguntas & respostas

Alguma vez você já se perguntou "no que eles estavam pensando"? Talvez seja a música de que as pessoas gostam, as roupas que vestem, a faculdade que escolhem, o trabalho que assumem, a pessoa que namoram, a religião que praticam ou o candidato que apoiam. Embora não possa dar respostas específicas sobre por que determinados indivíduos pensam e agem de determinada maneira, a sociologia oferece uma visão sobre os fatores sociais que influenciam nossas escolhas. Imagine que você tivesse a chance de responder a alguma pergunta específica, como as apresentadas anteriormente. Qual você escolheria? Quais variáveis dependentes e independentes você poderia identificar? Qual seria sua hipótese? Qual desenho de pesquisa escolheria? O que torna a sociologia divertida é que podemos fazer perguntas e encontrar respostas.

> **PENSAMENTO** SOCIOLÓGICO
> Imagine que você seja um pesquisador interessado no efeito que os jogos de computador ou de console têm sobre as notas de um estudante universitário. Como pode proceder para criar um experimento que meça esse efeito?

variáveis como iluminação e jornadas de trabalho para ver o impacto que as mudanças teriam sobre o quanto os trabalhadores produzem. Para sua surpresa, eles descobriram que cada passo que davam parecia aumentar a produção. Mesmo medidas que pareciam ter probabilidade de gerar o efeito oposto, como a redução da quantidade de iluminação na fábrica a níveis semelhantes ao luar, levaram a mais produtividade (Mayo, 1933).

Por que os funcionários da fábrica trabalharam mais, mesmo sob condições menos favoráveis? Os pesquisadores concluíram inicialmente que os trabalhadores modificavam seu comportamento porque sabiam que estavam sendo estudados. Eles responderam positivamente à novidade de serem sujeitos de um experimento e ao fato de que os pesquisadores estavam interessados neles. Desde aquela época, os sociólogos usam a expressão **efeito Hawthorne** para descrever a influência involuntária que os observadores dos experimentos podem ter sobre seus sujeitos, embora estudos posteriores tenham mostrado que a situação lá era mais complexa (Brannigan e Zwerman, 2001). Isso mostra as dificuldades que os experimentos apresentam ao se tentar entender como as pessoas se comportam nos ambientes de suas vidas reais.

Por vezes, os sociólogos tentam se aproximar das condições experimentais em campo. A socióloga Devah Pager (2003) desenvolveu um experimento para avaliar o impacto de uma ficha criminal sobre as oportunidades de emprego dos indivíduos. Ela enviou quatro jovens bem-vestidos e com boa instrução para procurar um emprego em nível iniciante em Milwaukee, Wisconsin.

Todos eram estudantes universitários de 23 anos, mas se apresentaram como egressos do ensino médio com históricos de trabalho semelhantes. Dois dos homens eram negros e dois eram brancos. Um candidato negro e um candidato branco disseram ter cumprido 18 meses na prisão por um crime – posse de cocaína com intenção de distribuir.

As experiências dos quatro homens com 350 empregadores potenciais foram muito diferentes. O candidato branco com uma suposta ficha prisional recebeu apenas metade dos retornos por telefone do que o outro candidato branco – 17% comparados com 34% (ver gráfico acima). Contudo, por mais dramático que tenha sido o efeito de sua ficha criminal, o efeito de sua raça foi mais significativo. Apesar de seu histórico de prisão, ele recebeu um número um pouco maior de telefonemas do que o candidato negro sem antecedentes criminais (17% comparados com 14%). Para avaliar a validade de suas conclusões, Pager e colaboradores realizaram, mais tarde, um experimento semelhante em Nova York, e os resultados foram os mesmos (Pager, Western e Bonikowski, 2009; Pager, Western e Sugie, 2009). Quando se trata de conseguir um emprego, a raça é importante.

Privilégio dos brancos na hora de procurar emprego

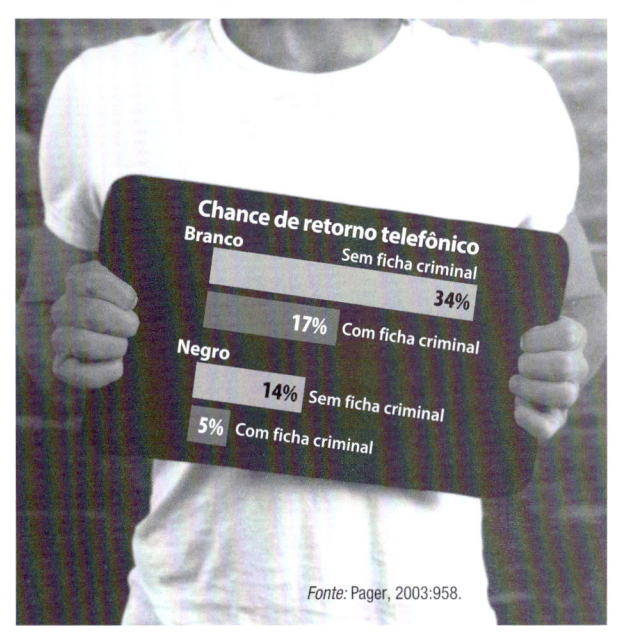

Chance de retorno telefônico
- Branco, sem ficha criminal: 34%
- Branco, com ficha criminal: 17%
- Negro, sem ficha criminal: 14%
- Negro, com ficha criminal: 5%

Fonte: Pager, 2003:958.

análise secundária Várias técnicas de pesquisa que fazem uso de informações e dados coletados previamente e acessíveis ao público.

USO DE FONTES EXISTENTES

Os sociólogos não precisam necessariamente coletar novos dados para realizar pesquisas. A expressão **análise secundária** refere-se a várias técnicas de pesquisa que fazem uso de

O que há em um simples nome?

Número de bebês (milhares)

Bebês de nome John — Classificação em popularidade entre todos os nomes de meninos naquele ano
- 1880: #1
- 1900: #1
- 1920: #2
- 1940: #3
- 1960: #3
- 1980: #9
- 2000: #16
- 2010: #26

Bebês de nome Juan
- 1880: #225
- 1900: #200
- 1920: #195
- 1940: #173
- 1960: #134
- 1980: #65
- 2000: #52
- 2010: #75

Bebês de nome Mary — Classificação em popularidade entre todos os nomes de meninas naquele ano
- 1880: #1
- 1900: #1
- 1920: #1
- 1940: #1
- 1960: #1
- 1980: #2
- 2000: #15
- 2010: #35 ... #39 #50 #109

Bebês de nome Maria
- 1880: #137
- 1900: #152
- 1920: #144
- 1940: #143
- 1960: #122
- #118 #86 #70 #49
- #35 #48 #47 #43 #86

Fonte: Baby Name Wizard, 2011.

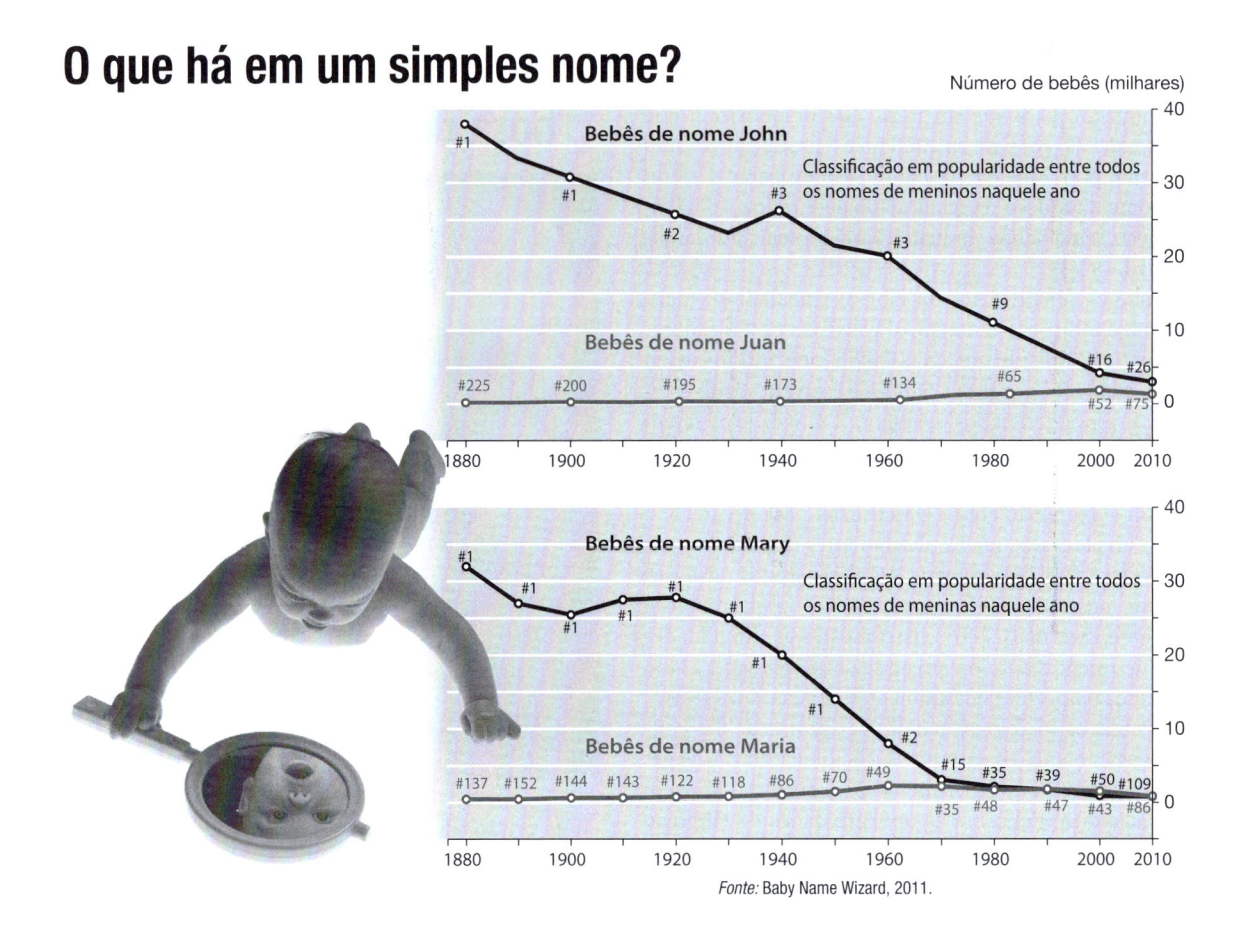

informações e dados coletados previamente e acessíveis ao público. Como indicado anteriormente, o U.S. Census Bureau oferece um tesouro em termos desse tipo de dados.

A cada dez anos, conforme exigido pela Constituição dos Estados Unidos, o Bureau tenta coletar informações de cada domicílio nos Estados Unidos. Em 2010, a taxa de resposta inicial que o órgão recebeu do formulário do censo enviado pelo correio foi de 72%. Depois de realizar contatos de porta em porta, foi possível reunir informações de 99,62% das moradias do país. Coletar dados nessa escala apresenta custo muito alto e é muito demorado, por isso as informações que o censo fornece são extremamente valiosas para os pesquisadores. Uma dificuldade, como é o caso de toda a análise secundária, é que os pesquisadores não têm controle sobre as perguntas que são feitas. Assim, as conclusões que eles podem tirar são limitadas pelos dados disponíveis.

Mesmo que não tenha sido explicitamente realizada com as perguntas de pesquisa que sociólogos têm em mente, essa análise de dados pode ser extremamente frutífera. Por exemplo, todos os anos, a Social Security Administration recebe milhares de registros de bebês recém-nascidos. Usando esses dados, podemos reconhecer mudanças nas tendências culturais da população. Como mostra a figura "O Que Há em um Simples Nome?", a popularidade dos nomes John e Mary de-

Os principais desenhos de pesquisa

Método	Exemplos	Vantagens	Limitações
Survey	Questionários Entrevistas	Fornece informações sobre questões específicas	Pode apresentar alto custo e ser demorada
Observação	Etnografia	Fornece informações detalhadas sobre grupos ou organizações específicas	Envolve meses, quando não anos, de coleta de dados, o que demanda muita mão de obra
Experimento	Manipulação deliberada do comportamento social das pessoas	Fornece medidas diretas do comportamento das pessoas	Tem limitações éticas com relação ao nível em que as pessoas podem ser manipuladas
Fontes existentes/ análise secundária	Análise de dados do censo ou de saúde Análises de filmes ou comerciais de TV	Compensam em termos de custo; não reativas	Limitadas a dados coletados para algum outro propósito

---

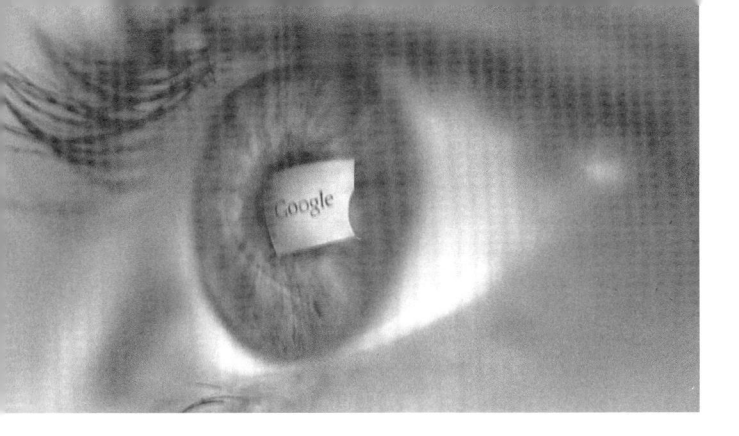

PENSAMENTO SOCIOLÓGICO

O NameVoyager, em www.babynamewizard.com, é um aplicativo que permite que você digite qualquer nome para identificar o quanto ele foi comum ao longo do tempo. Acesse a página e digite vários nomes para ver como eles mudaram. Considerando alguns dos nomes específicos que você experimentou, quais os fatores que podem ter contribuído para a ascensão e a queda deles? O quão comum é seu primeiro nome? Como e por que sua frequência mudou ao longo do tempo?

---

clinou significativamente – ambos eram número um – enquanto os nomes Juan e Maria se tornaram mais comuns (Baby Name Wizard, 2011). Essas mudanças refletem a crescente influência da população de origem latino-americana nos Estados Unidos.

Os dados de outra fonte confirmam essa mudança. A análise dos dados divulgados pelo U.S. Census Bureau acompanhando os sobrenomes das pessoas em 2007 revelou que, embora Smith continuasse sendo o sobrenome mais comum nos Estados Unidos, García e Rodriguez entraram para os dez mais comuns. O anúncio marcou a primeira vez na história do país em que um nome não anglo estava entre os nomes mais comuns. Essas mudanças nos nomes refletem uma mudança geral na população do país, de uma nação composta principalmente de descendentes de europeus para uma mais globalmente diversificada – uma tendência que os sociólogos consideram que continuará (Baby Name Wizard, 2010; Levitt e Dubner, 2005; Word et al., 2007).

Parte do apelo da análise secundária para os sociólogos é que ela é não reativa, ou seja, fazer esse tipo de estudo não influencia os resultados encontrados. Por exemplo, a análise estatística de Émile Durkheim sobre os dados existentes acerca do suicídio não aumentou nem diminuiu a autodestruição humana. Os pesquisadores, então, podem evitar o efeito Hawthorne usando a análise secundária. No entanto, há um problema inerente: o pesquisador que se baseia em dados coletados por outra pessoa pode não encontrar exatamente aquilo de que precisa. Os cientistas sociais que estão estudando a violência familiar podem usar estatísticas da polícia e dos órgãos de assistência social em casos de abuso de cônjuges e abuso de crianças, mas, como nem todos os incidentes são relatados, os órgãos governamentais não têm dados precisos sobre todos os casos de abuso.

A análise secundária também nos permite estudar os contextos sociais, presentes e passados, por meio de uma análise cuidadosa dos documentos culturais, econômicos e políticos, incluindo jornais, revistas, gravações de rádio e televisão, internet, roteiros, diários, músicas, folclore e documentos jurídicos. Ao examinar essas fontes, os pesquisadores usam uma técnica conhecida como **análise de conteúdo** – a codificação sistemática e o registro objetivo de dados, orientados por determinada lógica.

Usando a análise de conteúdo, Erving Goffman (1979) realizou uma exploração pioneira do modo como as propagandas retratam as mulheres. Os anúncios que estudou geralmente mostravam as mulheres subordinadas ou dependentes dos outros, ou recebendo instruções de homens. As mulheres faziam carícias e gestos comoventes mais do que os homens. Mesmo quando apresentadas em papéis de liderança, as mulheres tinham mais chances de ser mostradas fazendo poses sedutoras ou olhando para o horizonte. A análise de conteúdo de Jeanne Kilbourne sobre anúncios demonstra que as mulheres continuam a ser retratadas como objetos. Ela descobriu que a mensagem básica dos anunciantes é que as mulheres devem gastar seu tempo, sua energia e seu dinheiro tentando atingir a imagem idealizada e retocada da beleza feminina, só alcançada com a ajuda do Photoshop. Ela cita a supermodelo Cindy Crawford dizendo: "Eu gostaria de ser parecida com a Cindy Crawford" (Kilbourne, 2010).

> **análise de conteúdo** Codificação sistemática e registro objetivo de dados, orientados por determinada lógica.

Os pesquisadores também usaram a análise de conteúdo para investigar as representações de problemas de saúde pública na mídia. Por exemplo, Sargent e Heatherton (2009) analisaram os 25 principais filmes para cada ano de 1990 a 2007, e constataram que o número médio de ocorrências de fumo diminuiu de 3,5 para 0,23 por filme. Eles comparam isso com os níveis decrescentes do tabagismo nos alunos do 9º ano de ensino fundamental nos Estados Unidos, uma média de 1,3% por ano a partir de 1996. Dada a complexidade dos possíveis fatores, eles não podem garantir uma relação causal direta entre os dois dados, apesar de apontarem para outras pesquisas que demonstram que a exposição ao cigarro nos filmes afeta as taxas de tabagismo entre jovens (National Cancer Institute, 2008).

Preocupações com a obesidade infantil levaram os pesquisadores a analisar propagandas veiculadas durante a programação televisiva infantil de sábado em canais abertos e a cabo. Por exemplo, em uma análise de mais de 1.200 anúncios, Stitt e Kunkel (2008) constataram que os anúncios de alimen-

Temas importantes em comerciais de televisão de produtos alimentares para crianças

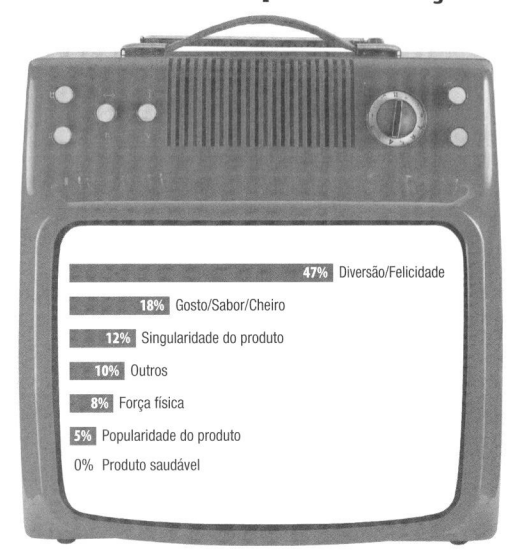

- 47% Diversão/Felicidade
- 18% Gosto/Sabor/Cheiro
- 12% Singularidade do produto
- 10% Outros
- 8% Força física
- 5% Popularidade do produto
- 0% Produto saudável

Fonte: Stitt e Kunkel, 2008.

tos perfaziam quase metade do tempo dos comerciais, uma média de 11 propagandas de comida por hora. Nove em cada 10 desses anúncios eram de produtos alimentares com alto teor calórico e poucos nutrientes, como lanches açucarados, cereais açucarados e *fast-food*. Os pesquisadores também descobriram que a estratégia mais comum usada para convencer os espectadores a experimentarem o produto era associá-lo a diversão ou felicidade.

código de ética Normas de comportamento aceitável desenvolvidas por e para os membros de uma profissão.

Outros pesquisadores encontraram uma diferença crescente na forma como homens e mulheres usam linguagem sexualmente explícita. Por exemplo, uma análise das letras dos 100 maiores sucessos da revista *Billboard* indica que, desde 1958, artistas do sexo masculino têm aumentado o uso desse tipo de linguagem, enquanto artistas do sexo feminino o diminuíram (Dukes et al., 2003). Em todos esses casos, a análise de conteúdo nos permite uma melhor compreensão de nossas práticas culturais.

>>Ética em pesquisa

Um bioquímico não pode injetar uma droga em um ser humano a menos que a droga tenha sido exaustivamente testada e o sujeito tenha concordado com a injeção. Do contrário seria antiético e ilegal. Os sociólogos também devem respeitar certas normas específicas na realização de pesquisas, chamadas de **código de ética**. Nos Estados Unidos, a sociedade profissional da disciplina, a American Sociological Association (ASA), publicou pela primeira vez seu *Código de Ética* em 1971 e o revisou mais recentemente em 1997. Ele apresenta os seguintes princípios básicos:

- Manter a objetividade e a integridade em pesquisa.
- Respeitar o direito do sujeito à privacidade e à dignidade.
- Proteger os sujeitos de danos pessoais.
- Preservar a confidencialidade.
- Buscar obter consentimento informado quando os dados forem coletados de participantes da pesquisa ou quando o comportamento ocorrer em um contexto privado.
- Reconhecer colaboradores e assistentes da pesquisa.
- Divulgar todas as fontes de apoio financeiro.

Considerando-se que a maioria das pesquisas sociológicas usa pessoas como fontes de informação – como respondentes de perguntas em *surveys*, sujeitos de observação ou participantes em experimentos – esses princípios são importantes.

CONFIDENCIALIDADE

Em todos os casos, os sociólogos precisam ter certeza de que não estão invadindo a privacidade de seus sujeitos. Em geral, eles o fazem assegurando o anonimato dos sujeitos ou dando garantias de confidencialidade em relação às informações pessoais. Além disso, propostas de pesquisas que envolvam seres humanos estão agora sujeitas à supervisão de um conselho revisor, cujos membros procuram assegurar que a pesquisa não coloque os sujeitos em um nível de risco além do razoável. Se necessário, o conselho poderá pedir que os pesquisadores revejam seus projetos de pesquisa em conformidade com o *Código de Ética*.

Esses princípios e procedimentos básicos podem parecer claros quando se fala de forma abstrata, mas podem ser difíceis de cumprir na prática. Por exemplo, um sociólogo que esteja fazendo uma pesquisa com observação participante deve sempre

A análise de conteúdo das letras de músicas populares mostra que, ao longo dos últimos 50 anos, as principais artistas do sexo feminino, como Beyoncé Knowles, usaram menos palavras sexualmente explícitas, ao passo que os artistas homens, como Jay-Z, usaram mais.

SOCIOLOGIA POPULAR

Muitas vezes, tomamos decisões com base no senso comum, mas isso pode resultar em erros. A análise de dados revela padrões subjacentes que poderíamos não perceber, o que nos permite tomar decisões mais eficazes. No filme *Moneyball*, e no livro no qual é baseado, Michael Lewis (2003) conta a história do "gerente" Billy Beane, cuja equipe do Oakland A's carecia do dinheiro para pagar jogadores caríssimos. Beane vai contra a sabedoria convencional do beisebol e usa análises estatísticas para tomar decisões sobre a melhor forma de marcas pontos; ao trazer à tona padrões não óbvios, ele transforma a equipe em vencedora.

proteger a confidencialidade dos sujeitos? E se eles forem membros de um grupo envolvido em atividades antiéticas ou ilegais? E se o sociólogo estiver entrevistando ativistas políticos e for questionado por autoridades governamentais sobre a pesquisa?

Assim como os jornalistas, os sociólogos ocasionalmente encontram-se diante do dilema ético de revelar ou não suas fontes às autoridades policiais. Em maio de 1993, o sociólogo Rik Scarce foi preso por desacato ao tribunal por se recusar a dizer a um júri federal o que sabia – ou mesmo se sabia alguma coisa – sobre um ataque, em 1991, de ativistas dos direitos dos animais ao laboratório de pesquisa de uma universidade. Na época, Scarce estava fazendo uma pesquisa para um livro sobre manifestantes ambientais e conhecia pelo menos um dos suspeitos da invasão. Embora tenha sido repreendido por um juiz federal, Scarce ganhou o respeito de colegas de cela na prisão, que o consideraram como um homem que "não entrega ninguém" (Monaghan, 2012; Scarce, 2005).

A ASA, em defesa do princípio da confidencialidade, apoiou a posição de Scarce quando ele recorreu da sentença. Ele manteve o silêncio. Por fim, o juiz determinou que nada se ganharia deixando-o mais tempo na prisão, e Scarce foi libertado depois de passar 159 dias na cadeia. A Suprema Corte dos Estados Unidos recusou-se, finalmente, a ouvir o caso de Scarce na apelação. Essa recusa do tribunal a considerar seu caso levou Scarce (1994, 1995, 2005) a argumentar que é necessário haver legislação federal para esclarecer o direito de estudiosos e profissionais de imprensa a preservar a confidencialidade daqueles que entrevistam.

> **PENSAMENTO** SOCIOLÓGICO
> Os pesquisadores às vezes devem enganar os sujeitos, com o objetivo de obter respostas genuínas, mesmo que isso possa resultar em danos emocionais a essas pessoas?

FINANCIAMENTO DA PESQUISA

Outra preocupação do *Código de Ética* da ASA é a possibilidade de que as fontes de financiamento venham a influenciar resultados de pesquisa. Aceitar verbas de uma organização privada ou mesmo de uma agência do governo que possa se beneficiar dos resultados de um estudo pode colidir com o primeiro princípio da ASA, o de manter a objetividade e a integridade na pesquisa. Portanto, todas as fontes de financiamento devem ser divulgadas.

Um exemplo é o patrocínio da Exxon Corporation a pesquisas sobre veredictos do júri. Em 24 de março de 1989, o petroleiro *Valdez*, da Exxon, bateu contra um recife ao longo da costa do Alasca, derramando mais de 11 milhões de galões de petróleo no canal Príncipe William. Até o vazamento da plataforma Deepwater Horizon, no Golfo do México, em 2010, o desastre do *Valdez* era considerado o pior vazamento de petróleo do mundo em termos de impacto ambiental. Em 1994, um tribunal federal ordenou que a Exxon pagasse 5,3 bilhões de dólares em danos pelo acidente. A empresa recorreu da sentença e começou a abordar juristas, sociólogos e psicólogos que pudessem estar dispostos a estudar deliberações do júri. O objetivo da empresa era conseguir apoio acadêmico à alegação de seus advogados de que as indenizações decididas nesses casos resultam de deliberações equivocadas e não impedem futuros incidentes.

Alguns estudiosos têm questionado a aceitação de verbas nessas circunstâncias, mesmo se a fonte for divulgada. Os estudiosos que aceitaram o apoio da Exxon negam que ela tenha influenciado seu trabalho ou mudado suas conclusões. Até o momento, a empresa já gastou mais de 1 milhão de dólares em pesquisa, e pelo menos uma compilação de estudos em sintonia com o ponto de vista da empresa foi publicada. Como exigem as considerações éticas, os estudiosos que realizaram os estudos divulgaram o papel cumprido pela Exxon no financiamento da pesquisa. Em 2006, com base nesses estudos, os advogados da Exxon conseguiram persuadir um tribunal de apelações a reduzir a indenização a ser paga pela corporação, de 5,3 para 2,5 bilhões de dólares (Freudenburg, 2005; Liptak, 2008a, 2008b). Em 2008, o valor foi reduzido ainda mais, para 508 milhões de dólares, embora, em 2009, o Nono Tribunal de Apelações dos Estados Unidos tenha ordenado que a Exxon pagasse mais 500 milhões de dólares em indenizações, custas judiciais e juros.

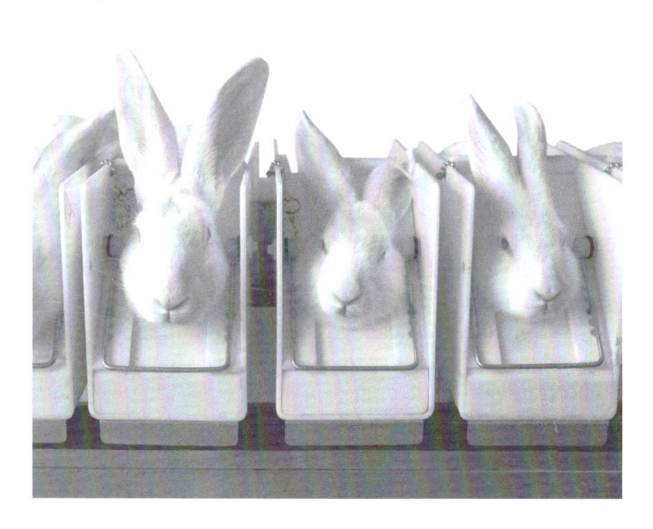

NEUTRALIDADE DE VALOR

As considerações éticas dos sociólogos não estão apenas nos métodos que eles usam e no financiamento que aceitam, mas também na maneira como interpretam seus resultados. Max Weber ([1904] 1949) reconheceu que os valores pessoais influenciariam os temas que os sociólogos escolhem pesquisar. Na opinião dele, isso era perfeitamente aceitável, mas ele argumentou que os pesquisadores não deveriam permitir que seus sentimentos pessoais influenciassem a interpretação dos dados. Na expressão de Weber, os sociólogos devem praticar **neutralidade de valor** em suas pesquisas.

> O maior obstáculo à descoberta não é a ignorância, é a ilusão do conhecimento.
>
> Daniel Boorstin

> **PENSAMENTO** SOCIOLÓGICO
>
> Até que ponto é possível manter a neutralidade de valor quando se estuda um grupo social com o qual se pode discordar (como supremacistas brancos ou abusadores de crianças condenados)? Por que os sociólogos optariam por estudar esses grupos?

Como parte dessa neutralidade, os pesquisadores têm a obrigação ética de aceitar os resultados da pesquisa, mesmo quando os dados forem contrários a seus pontos de vista pessoais, a explicações com base em teorias ou a crenças amplamente aceitas. Por exemplo, Émile Durkheim questionou concepções em que muita gente acreditava quando relatou que as forças sociais (e não sobrenaturais) são um fator importante no suicídio.

Alguns sociólogos acreditam que essa neutralidade seja impossível. Eles temem que a insistência de Weber em uma sociologia livre de valores possa levar o público a aceitar as conclusões sociológicas sem explorar os preconceitos dos pesquisadores. Outros sugeriram que os sociólogos podem usar a objetividade como justificativa para permanecer acríticos em relação a instituições e centros de poder existentes (Gouldner, 1970). Apesar do trabalho pioneiro de W. E. B. Du Bois e Jane Addams, por exemplo, os sociólogos ainda precisam ser lembrados de que a disciplina muitas vezes deixa de levar em consideração de modo adequado o comportamento social de todas as pessoas.

neutralidade de valor Expressão de Max Weber para a objetividade dos sociólogos na interpretação dos dados.

Os sociólogos não devem se concentrar apenas nos membros da maioria, mas também devem buscar as histórias daqueles que muitas vezes são invisíveis devido à relativa falta de poder e recursos. Na verdade, os sociólogos têm aprendido muito sobre a sociedade ao ouvir as vozes daqueles que são excluídos de fontes tradicionais de poder e a quem é negado o acesso a recursos valiosos. Em seu livro *The death of white sociology* (1973), Joyce Ladner chamou a atenção para a tendência de sociólogos tradicionais a investigar a vida dos afro-americanos apenas no contexto dos problemas sociais. Da mesma forma, a socióloga feminista Shulamit Reinharz (1992) afirmou que a pesquisa sociológica não só deve incluir a pesquisa de sociólogos que não são tradicionais, mas também deve ser aberta a usar pesquisas de não sociólogos, que possam proporcionar mais profundidade e compreensão da vida social. A questão da neutralidade de valor não significa que os sociólogos não possam ter opiniões, e sim que eles devem trabalhar para superar quaisquer preconceitos, mesmo que não intencionais, que possam trazer para sua análise da pesquisa.

METODOLOGIA FEMINISTA

Embora os pesquisadores devam ser objetivos, sua orientação teórica necessariamente influencia as perguntas que eles fazem, ou, igualmente importante, as perguntas que eles deixam de fazer. Como suas contribuições geraram muitas linhas novas de pesquisa, os sociólogos que utilizaram a perspectiva feminista tiveram, talvez, mais impacto sobre a atual geração de pesquisadores sociais. Até os anos de 1960, por exemplo, os pesquisadores frequentemente estudavam trabalho e família separadamente, como se fossem duas instituições distintas. Teóricas feministas, no entanto, rejeitam a noção de que essas esferas sejam separadas. Elas foram os primeiros sociólogos a ver o trabalho doméstico como trabalho de verdade e investigar as lutas que as pessoas enfrentam para equilibrar as exigências do trabalho e da família (Hochschild, 1989; Lopata, 1971).

5 Filmes sobre PESQUISA SOCIOLÓGICA

Kinsey
O pai da pesquisa sexual moderna emprega estudos de casos individuais.

Obrigado por fumar
Uma sátira sobre a indústria do tabaco, mostrando como as estatísticas podem mentir.

Supersize Me
Um repórter investiga a indústria do fast-food nos Estados Unidos comendo no McDonald's por um mês.

49 Up
Documentário que acompanha 14 crianças à medida que as vidas delas avançam dos 7 aos 49 anos.

Zeitgeist: Moving Forward
Documentário defendendo uma transição da economia atual para uma nova economia com base em recursos.

Teóricas feministas também chamaram a atenção para a tendência dos pesquisadores a ignorar as mulheres nos estudos sociológicos. Durante a maior parte da história da sociologia, os pesquisadores realizaram estudos com indivíduos do sexo masculino ou grupos e organizações lideradas por homens, e depois generalizaram seus resultados para todas as pessoas. Por muitas décadas, por exemplo, estudos etnográficos da vida urbana dirigiram seu foco a esquinas, bares de bairro e pistas de boliche – lugares onde os homens normalmente se reuniam. Embora os pesquisadores tenham obtido informações valiosas dessa maneira, eles não formaram uma impressão verdadeira da vida da cidade, pois negligenciaram as áreas onde as mulheres tinham probabilidade de se reunir, como áreas de recreação infantil, mercearias e a frente de estabelecimentos comerciais. Essas são as arenas onde a perspectiva feminista se concentra.

As estudiosas feministas também contribuíram para uma maior consciência global dentro da sociologia. Para as teóricas feministas, a tradicional distinção entre países industrializados e países em desenvolvimento não leva em consideração a estreita relação entre esses dois mundos supostamente separados. As teóricas feministas pediram mais pesquisas sobre o papel especial das mulheres imigrantes na manutenção de suas casas, sobre o uso das trabalhadoras domésticas de nações menos desenvolvidas pelas famílias dos países industrializados e sobre o tráfico global de trabalhadoras sexuais (Cheng, 2003; K. Cooper et al., 2007).

Por fim, as pesquisadoras feministas tendem a envolver e consultar seus sujeitos mais do que outros pesquisadores, contribuindo para um aumento significativo na pesquisa mais qualitativa e participativa. Elas também são mais orientadas a buscar mudanças, elevar a consciência pública e influenciar as políticas públicas, o que representa um retorno às raízes da sociologia (Harding, 2003; Naples, 2003; Sprague, 2005).

Os sociólogos devem se envolver com o mundo. Embora existam inúmeras maneiras de eles fazerem isso, antes de tudo, esse envolvimento vem com a pesquisa. Como vimos ao longo deste capítulo, não basta que os sociólogos se sentem e teorizem, ou mesmo que levantem hipóteses para as razões de nossas ideias e ações. É preciso sair, coletar dados e usá-los para informar nossas interpretações e explicações sobre o comportamento humano. Tendo feito isso, somos responsáveis por esse conhecimento, mesmo que isso signifique simplesmente compartilhá-lo com outros sociólogos por meio de apresentações em conferências e artigos em publicações, ou trabalhar ativamente por mudanças sociais positivas.

> **envolva-se!**
>
> Investigue! Saiba mais sobre o que os sociólogos estão descobrindo. A revista *Context* apresenta uma "abordagem instigante sobre a vida moderna em nossas comunidades", incluindo artigos principais, resumos acessíveis dos últimos resultados de pesquisa em ciências sociais, artigos de opinião de sociólogos e muito mais. Ela está disponível em contexts.org (em inglês).

PARA REVISÃO

I. Quais os passos dos sociólogos quando pretendem responder por que as pessoas pensam e agem de determinada maneira?
- Eles precisam definir o problema, revisar a literatura existente, formular uma hipótese, coletar e analisar os dados, e elaborar uma conclusão.

II. Quais técnicas os sociólogos usam para coletar dados?
- Entre os desenhos de pesquisa usados para coletar dados estão *surveys*, observação, experimentos e uso de fontes existentes.

III. Quais preocupações éticas os sociólogos devem levar em consideração durante a realização da pesquisa?
- Eles têm a responsabilidade de seguir o *Código de Ética* da ASA, principalmente respeitar a confidencialidade, revelar o financiamento da pesquisa, manter a neutralidade de valor e, acima de tudo, tratar seus sujeitos com respeito.

Visões **SOCIOLÓGICAS** sobre pesquisa sociológica

Visão funcionalista

A pesquisa sociológica busca entender melhor como as várias partes da sociedade se **encaixam** para criar a ordem social e a estabilidade.

Os pesquisadores concentram-se em **consenso e cooperação** e na escala grande (ou **macro**), olhando a sociedade de cima para baixo.

A pesquisa também pode ajudar a determinar se as facetas de nossa sociedade estão **funcionando** como se pretende. Por exemplo, mais educação compensa na forma de mais renda?

ESTABILIDADE, CONSENSO, COOPERAÇÃO
CONCEITO FUNDAMENTAL

Visão do conflito

A pesquisa sociológica tenta entender melhor como o **poder** opera e como os **recursos** são distribuídos e controlados.

O foco da pesquisa tende a estar na escala grande (ou **macro**), olhando a sociedade de cima para baixo.

As perguntas fundamentais por trás da pesquisa incluem: Quem se beneficia? Como o *status quo* mantém os **privilégios** para uns e nega oportunidades a outros? Como o **acesso** a recursos define os resultados?

DESIGUALDADE, ESTRATIFICAÇÃO, INTERESSES
CONCEITO FUNDAMENTAL

Visão interacionista

A pesquisa sociológica busca entender melhor como construímos sentido e estabelecemos ordem por meio de **interações cotidianas** com outras pessoas.

O foco da pesquisa está na escala pequena (ou **micro**), olhando a construção da sociedade de baixo para cima.

Os pesquisadores têm maior probabilidade de usar a **observação participante**, pois ela proporciona uma janela às experiências cotidianas das pessoas.

PAPÉIS, SÍMBOLOS, RÓTULOS
CONCEITO FUNDAMENTAL

FAÇA A CONEXÃO

Depois de revisar o capítulo, responda às seguintes perguntas:

1
Qual perspectiva Patricia Adler e Peter Adler parecem favorecer na pesquisa que fazem?

2
De que forma a perspectiva de um pesquisador pode influenciar o desenho de pesquisa que ele escolhe? Dê um exemplo para cada perspectiva.

3
Como cada perspectiva pode interpretar as conclusões de Devah Paher em suas experiências sobre raça e procura de emprego?

4
Como cada perspectiva pode estudar a relação entre educação e renda de um modo um pouco diferente?

Pop Quiz

1. **O primeiro passo em qualquer projeto de pesquisa sociológica é**
   a. coletar dados.
   b. definir o problema.
   c. fazer revisão das pesquisas anteriores.
   d. formular uma hipótese.

2. **Uma explicação para um conceito abstrato que seja específica o suficiente a ponto de permitir que o pesquisador faça medições desse conceito é uma**
   a. hipótese.
   b. correlação.
   c. definição operacional.
   d. variável.

3. **Na pesquisa sociológica e científica, uma hipótese**
   a. é um palpite informado.
   b. é um enunciado testável sobre a relação entre duas ou mais variáveis.
   c. insiste em que a ciência só pode lidar com entidades observáveis conhecidas diretamente pela experiência.
   d. garante que as pessoas que estão sendo estudadas sejam representativas da população como um todo.

4. **A variável que a hipótese diz provocar ou influenciar a outra é chamada de**
   a. variável dependente.
   b. variável hipotética.
   c. variável de correlação.
   d. variável independente.

5. **O grau em que uma medida ou escala reflete verdadeiramente o fenômeno em estudo é conhecido como**
   a. confiabilidade.
   b. amostragem.
   c. validade.
   d. controle.

6. **Qual técnica de pesquisa os sociólogos usam para garantir que os dados sejam estatisticamente representativos da população a ser estudada?**
   a. Amostragem
   b. Experimentos
   c. Correlação
   d. Variáveis de controle

7. **A etnografia é um exemplo de qual tipo de projeto de pesquisa?**
   a. *Survey*
   b. Observação
   c. Experimentos
   d. Uso dos recursos existentes

8. **Na década de 1930, William F. Whyte mudou-se para um bairro italiano de baixa renda, em Boston. Por quase quatro anos, ele participou do círculo social dos "garotos da esquina", que ele descreve em *Sociedade de esquina*. Seu objetivo era obter mais conhecimento sobre a comunidade estabelecida por esses homens. Que tipo de técnica de pesquisa Whyte usou?**
   a. Experimento
   b. *Survey*
   c. Análise secundária
   d. Observação participante

9. **A influência involuntária que os observadores dos experimentos podem ter sobre seus sujeitos é conhecida como**
   a. efeito de correlação.
   b. confidencialidade.
   c. validade.
   d. efeito Hawthorne.

10. **Segundo Max Weber, os pesquisadores não devem permitir que seus sentimentos pessoais influenciem a interpretação dos dados. Ele chamou isso de**
    a. código de ética.
    b. análise de conteúdo.
    c. neutralidade de valor.
    d. análise secundária.

1. (b); 2. (c); 3. (b); 4. (d); 5. (c); 6. (a); 7. (b); 8. (d); 9. (d); 10. (c).

3

CULTURA

O QUE ESTÁ POR VIR

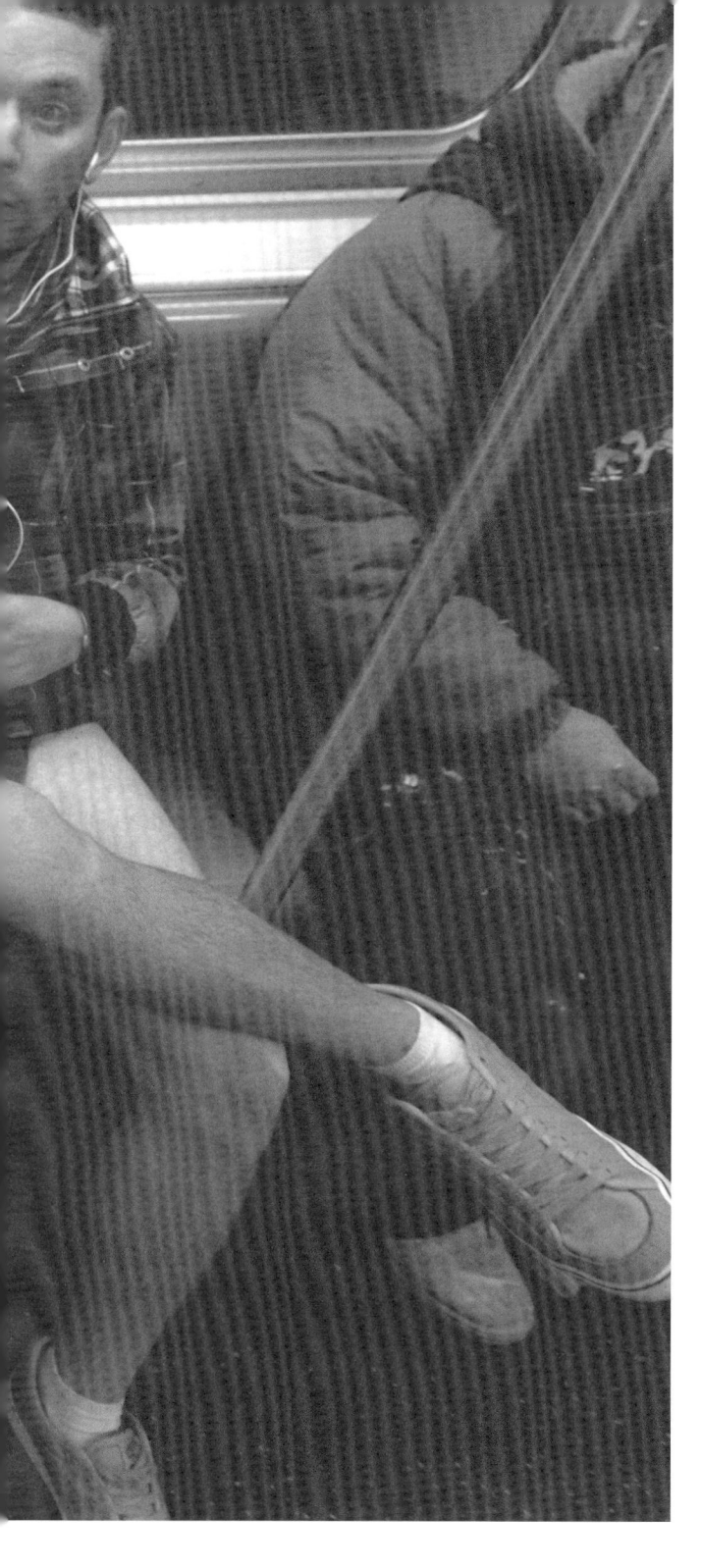

48 Cultura e sociedade
49 Criando cultura
53 Elementos da cultura
62 Variação cultural

ROMPENDO REGRAS E REDUZINDO BARREIRAS

No dia 8 de janeiro de 2012, Charlie Todd andou de metrô em Nova York. Ele não usava calças. Charlie não estava sozinho. Na verdade, ele foi acompanhado por cerca de 4 mil outros passageiros sem calças em Nova York naquele dia. Eles se reuniram em seis locais da cidade, embarcaram em vários trens e dirigiram-se a um encontro na Union Station. Eles se dividiram entre muitos vagões do metrô, interagiram o mínimo possível uns com os outros, e agiram da forma mais normal que conseguiram. O evento fazia parte do *No Pants Subway Ride*, agora anual, coordenado pelo *Improv Everywhere*, autodescrito como um "coletivo destinado a pregar peças, que provoca cenas de caos e alegria em lugares públicos", fundado por Charlie Todd em 2001.

O *Improv Everywhere* já patrocinou mais de cem missões, algumas das quais podem ser conhecidas porque seus vídeos se transformaram em virais. O evento *No Pants* começou em 2002, com apenas sete participantes, e foi crescendo a cada ano. O décimo aniversário foi em 2012, com mais de 5 mil participantes em 59 cidades de 27 países, incluindo, pela primeira vez, Istambul, na Turquia, e Bangalore, na Índia. Em 2008, mais de 200 participantes ("agentes") concentraram-se na Grand Central Station e ao, mesmo tempo, ficaram parados onde estavam sem se mexer por cinco minutos. Logo após, eles retomaram o que estavam fazendo, como se nada tivesse acontecido. Em 2009, eles escolheram aleatoriamente recém-casados que saíam do cartório e lhes deram uma recepção de casamento completa, incluindo uma festa com trajes formais, bolo, um brinde, presentes e dança. Em 2010, várias centenas de agentes, formalmente trajando *smokings* e vestidos de baile, foram à praia de Coney Island, onde deitaram ao sol, brincaram e jogaram, e tomaram banho de mar. Em 2011, eles encenaram um musical espontâneo ao interromper uma conferência de tecnologia e cantar uma canção que celebrava as alegrias da onipresente conectividade da internet. (Vídeos dessa e de muitas outras missões estão disponíveis em ImprovEverywhere.com.)

As cenas que o *Improv Everywhere* cria ajudam a revelar as regras de comportamento que consideramos naturais. Em nossas vidas cotidianas, seguimos rotinas que são praticamente invisíveis a nós, e esperamos que os outros façam o mesmo. Quando as pessoas fazem as coisas de maneira diferente, tendemos a nos sentir desconfortáveis, pois isso rompe nosso sentido de ordem. Uma das melhores partes dos vídeos do *Improv Everywhere* é ver como as pessoas reagem. A confusão e o nervosismo iniciais costumam ser seguidos de sorrisos, quando as pessoas percebem que estão assistindo a uma *performance*. Queremos e precisamos que as ações dos outros sejam previsíveis, por isso criamos regras formais e informais para orientar nossos comportamentos. Essas regras são um componente importante da cultura.

À medida que você for LENDO >>

- Por que os seres humanos criam cultura?
- Em que consiste a cultura?
- De que forma a cultura possibilita e restringe?

>>Cultura e sociedade

Nós precisamos de cultura. Como seres humanos, não temos os instintos complexos com que outras espécies nascem e que lhes permitem sobreviver. Ao contrário dos pássaros, por exemplo, nossos genes não nos fornecem o conhecimento para construir ninhos (ou casas) por conta própria, e podemos escolher se queremos procurar climas mais quentes para o inverno ou mais frios, no verão. Como nossas ações não são estritamente determinadas por esses instintos, temos de construir seu equivalente para atender a necessidades humanas como alimento, vestimenta, abrigo e uma série de outras. A **cultura** consiste em tudo o que nós, seres humanos, criamos ao estabelecer nossas relações com a natureza e com os outros. Ela inclui linguagem, conhecimento, criações materiais e regras de comportamento. Em outras palavras, ela engloba tudo o que dizemos, sabemos, produzimos e fazemos em nossos esforços para sobreviver e prosperar.

A cultura faz a mediação entre os indivíduos e o mundo externo. Ao mesmo tempo em que experimentamos o mundo natural por meio de nossos sentidos – audição, visão, tato, olfato e paladar – dependemos da cultura para interpretar essas sensações. Nossas retinas podem enviar imagens visuais ao cérebro, mas o reconhecimento de padrões é possibilitado pela cultura. Por exemplo, talvez não consigamos ver uma imagem em uma ilusão de óptica até que alguém nos cutuque a "olhar para ela dessa forma". Nada mudou na imagem física, mas nossa perspectiva sobre ela, com a ajuda de outros, sim.

cultura Tudo o que nós, seres humanos, criamos ao estabelecer nossas relações com a natureza e com os outros.

Não percebemos a natureza diretamente; percebemos o mundo ao nosso redor pelas lentes da cultura.

A cultura compartilhada também nos permite trabalhar juntos. Ela nos fornece um *kit* de ferramentas contendo hábitos, habilidades e estilos semelhantes (Swidler, 1986). Ela simplifica as interações do dia a dia ao nos permitir dar como certo que os outros vão entender o que queremos dizer, tor-

Você vê a mulher velha ou a jovem nesta imagem?

PENSAMENTO SOCIOLÓGICO

Às vezes, podemos ver algo repetidas vezes e ainda assim não reconhecer padrões, até que alguém os aponte (como a seta no logotipo da FedEx). O que isso pode nos dizer sobre a importância das autoridades para o reconhecimento?

ações que consideram naturais estão deslocadas e são inadequadas.

As preferências culturais variam entre diferentes sociedades. Métodos de ensino, cerimônias de casamento, doutrinas religiosas e outros aspectos da cultura são aprendidos e transmitidos pela interação humana dentro de sociedades específicas. Na Índia, os pais estão acostumados a arranjar casamentos para seus filhos; no Brasil, eles normalmente deixam as decisões conjugais para os filhos. Quem morou a vida inteira no Cairo considera natural falar árabe; quem morou em Buenos Aires se sente da mesma forma com relação ao espanhol.

nando possível que alcancemos nossos objetivos. Por exemplo, quando dizemos "Olá!", esperamos uma resposta semelhante. Se compramos uma TV de tela plana ou uma passagem de avião, esperamos que o funcionário da loja aceite um cartão de crédito em vez de exigir grandes somas de dinheiro. Quando aparecemos para o primeiro dia de aula, supomos que os alunos vão se sentar às suas mesas e o professor terá seu lugar lá na frente da sala. A cultura facilita a interação social.

Por precisarmos da cultura para interagir e sobreviver é que a preservamos e passamos a outros. Nós a preservamos na forma de livros, arte, gravações de vídeo e outros meios de expressão. Nós a transmitimos nas famílias, pelos meios de comunicação de massa, entre pares e, mais formalmente, na escola, investindo quantidades substanciais de recursos para isso. Se não transmitíssemos socialmente a cultura dessa maneira, cada geração teria que começar do zero, reinventando não apenas a roda, mas todos os outros elementos culturais também.

Apesar de estabelecermos uma relação com o mundo externo por meio da cultura, a sociedade proporciona o contexto em que essas relações se desenvolvem. A **sociedade** consiste na estrutura de relações em que a cultura é criada e compartilhada por intermédio de padrões regularizados de interação social. A forma como estruturamos a sociedade restringe o tipo de cultura que construímos. Algumas maneiras de pensar, agir e produzir são mais aceitáveis, ao passo que outras maneiras podem nem ser reconhecidas como possíveis. As pessoas muitas vezes confrontam essa realidade quando viajam ao exterior e descobrem que as ideias e as

— **PENSAMENTO** SOCIOLÓGICO —
De que forma o contexto social influencia o modo como nos relacionamos com os outros? Se você estivesse conversando sobre o andamento de seus estudos, de que modo poderia responder de maneira diferente em casa com seus pais, em um dormitório universitário com os amigos ou no trabalho com os colegas?

>>Criando cultura

Por não sermos rigidamente determinados por nossos genes, nós, seres humanos, demonstramos ao longo da história a capacidade inovadora para criar artefatos culturais surpreendentes. Os exemplos incluem as pinturas rupestres de Lascaux, na França, os poemas de Langston Hughes, os romances de Toni Morrison e filmes como *A lista de Schindler*. Agora consideramos natural o que antes parecia impossível, desde viagens aéreas até a clonagem de células, passando por transplantes de órgãos e acesso contínuo à internet sem fio. Podemos espiar os lugares mais distantes do universo ou analisar nossos sentimentos mais íntimos. Em todos esses aspectos, nossa criatividade cultural nos torna muito diferentes das outras espécies do reino animal.

sociedade Estrutura de relações dentro da qual a cultura é criada e compartilhada por meio de padrões regularizados de interação social.

UNIVERSAIS CULTURAIS

Considerando-se que temos certa liberdade para construir cultura de muitas formas, uma das primeiras perguntas sociológicas foi se existem aspectos da cultura que sejam com-

Você sabia?

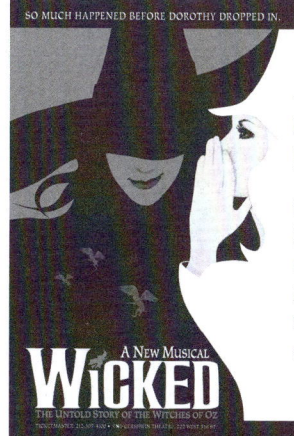

... Marc Platt, produtor da peça da Broadway *Wicked* e de muitos filmes, incluindo *Legalmente loira*, *O casamento de Rachel* e *Drive*, formou-se em sociologia.

Cultura • 49

Os alimentos que as pessoas comem e os costumes em torno de comer e prepará-los refletem sua cultura, bem como sua situação econômica.

partilhados por todas as pessoas. Alguns sociólogos, como Comte, procuraram descobrir se existem leis fundamentais da sociedade equivalentes às leis da natureza. Esses padrões foram chamados de **universais culturais** – práticas e crenças comuns compartilhadas por todas as sociedades. O antropólogo George Murdock (1945) comparou resultados dos estudos sobre centenas de culturas e concluiu que, embora haja denominadores comuns compartilhados por todas elas, a forma como as culturas abordam cada um deles varia significativamente. Em sua lista de 70 categorias estavam esportes atléticos, organização comunitária, dança, divisão do trabalho, folclore, ritos fúnebres, habitação, tabus do incesto, casamento, nomes pessoais, direitos de propriedade, ritual religioso, restrições sexuais e comércio.

universal cultural Prática ou crença comum, compartilhada por todas as sociedades.

O debate sobre a existência de universais culturais gerais levanta uma questão importante: nossas ações são definidas pela biologia ou somos livres para construir a cultura da forma que escolhermos? Historicamente, esse debate entre natureza e criação foi colocado em termos excludentes, nos quais "natureza" significa que os genes que herdamos determinam nossos rumos, como se nossos destinos estivessem programados por um código de computador sobre o qual temos controle limitado. Por outro lado, "criação" significa que nosso destino é moldado principalmente pelas influências sociais e psicológicas de outros (principalmente os pais) ao nosso redor; a natureza humana é maleável, e nos tornamos o que somos nos contextos das sociedades que criamos. Com o tempo, a maioria dos pesquisadores percebeu que esse argumento "preto no branco" é insuficiente ou errôneo, pois a relação entre as duas forças é mais fluida, sendo mais bem representada por tons de cinza.

sociobiologia Estudo sistemático de como a biologia afeta o comportamento social humano.

Embora os pesquisadores estejam cada vez mais chegando à conclusão de que essa dicotomia entre natureza e criação é demasiado simplista, continua havendo diferenças significativas. A **sociobiologia** é uma disciplina que dá ênfase central ao estudo de como a biologia afeta o comportamento social humano. Por exemplo, os sociobiólogos veem o desenvolvimento dos universais culturais como um produto de nossa evolução biológica. Eles argumentam que as explicações para nossos pensamentos e ações como espécie devem levar em consideração, em última análise, nossa composição genética. Por outro lado, embora a maioria dos sociólogos concorde que a biologia influencia nosso comportamento social, o grau de variação dentro das sociedades e entre elas sugere que as teorias sociobiológicas têm seus limites como forma de explicar o comportamento humano complexo. Por exemplo, uma sociedade pode não permitir o casamento entre primos de primeiro grau, enquanto outra o incentiva.

A expressão de universais culturais não apenas varia de uma sociedade para outra, mas também pode mudar dramaticamente ao longo do tempo. Por exemplo, no século XIX, pensava-se que, biologicamente falando, as mulheres não eram capazes de ter êxito em faculdades porque seus cérebros eram muito pequenos e seus órgãos reprodutivos as tornavam muito emocionais. Com o tempo, aprendemos que esses pressupostos são falsos – as mulheres agora representam quase 60% das pessoas formadas em faculdades, mas, em determinado momento, essas afirmações eram aceitas como "naturais" e, portanto, resistentes à mudança. Afirmações semelhantes, de base biológica, já foram usadas no passado para justificar a desigualdade (alegações que acabaram por se revelar cientificamente falsas), levando muitos sociólogos a questionarem as explicações biológicas para o comportamento humano (Lucal, 2010). Uma das lições que aprendemos sobre a cultura em toda a história da humanidade é que a variedade e a mudança são a norma.

Mais recentemente, pesquisadores das ciências naturais e da sociologia têm buscado uma compreensão nuançada da relação entre biologia e cultura. Na comunidade científica,

GLOBALIZANDO

O sucesso na vida é determinado por forças fora de nosso controle

País	% que discorda	% que concorda
Estados Unidos	36	62
Grã-Bretanha	41	55
Espanha	50	47
França	57	43
Alemanha	72	27

Fonte: Pew Research Center, 2011d.

Como o gráfico mostra, as percepções de pessoas nos Estados Unidos diferem daquelas da pessoas na Europa Ocidental. Como parte do projeto global Attitude, pesquisadores do Pew Research Center (2011d) encontraram diferenças significantes em valores culturais associados a diferentes assuntos, incluindo crença em Deus, o papel do Estado, o uso de força militar e presunção de superioridade cultural.

tem havido apoio cada vez maior à coevolução gene-cultura, em que cada uma delas influencia a outra ao longo do desenvolvimento humano. A partir dessa perspectiva, o que os indivíduos acabam se tornando não é simplesmente uma questão de eles herdarem um conjunto de "genes maus" ou "genes bons". Em vez disso, os pesquisadores afirmam que existe uma relação de interdependência entre genes e ambiente. A forma como os genes se expressam (se são ou não acionados, em outras palavras) pode depender de nossos contextos naturais, sociais e culturais. Dessa perspectiva, os genes são sensíveis a fatores ambientais e não desencadeiam inevitavelmente respostas predeterminadas em momentos predeterminados (Rutter, 2010; Rutter, Moffitt e Caspi, 2006; Shenk, 2010). Em busca de um entendimento mais informado dessa interação, a American Sociological Association estabeleceu uma nova seção chamada de "Evolução, biologia e sociedade", em 2005 (Machalek e Martin, 2010).

> **inovação** Processo de introdução de uma nova ideia ou objeto em uma cultura por meio de descoberta ou invenção.

INOVAÇÃO

Os seres humanos têm liberdade e capacidade para criar coisas novas. Um ninho de sabiá do ano de 2013 se parece muito com um de 2003 ou 1013, pois os tordos agem a partir de um instinto de construção de ninhos, e as moradas dos seres humanos variam muito. Podemos viver em uma caverna, um castelo, uma casa de barro, uma oca, um edifício alto, uma mansão exagerada ou um quarto de dormitório. Essa variação é possível porque somos livres para inovar. A **inovação** – o processo de introdução de uma nova ideia ou objeto em uma cultura – interessa aos sociólogos porque pode ter um efeito cascata em toda a sociedade.

— PENSAMENTO SOCIOLÓGICO **—**

Cada vez mais, a comunicação de massa, as grandes empresas e o consumismo combinam-se para espalhar preferências culturais específicas em todo o mundo. Quais são as consequências dessa difusão para as culturas locais?

Cultura • 51

Há duas formas principais de inovação: descoberta e invenção. A **descoberta** envolve tornar conhecida ou compartilhar a existência de um aspecto da realidade. A identificação da molécula de DNA e o avistamento de uma nova lua de Saturno são atos de descoberta. Um fator significativo no processo de descoberta é o compartilhamento de novos conhecimentos com os outros. Por outro lado, uma **invenção** acontece quando itens culturais existentes são combinados em uma forma que não existia antes. O arco e flecha, o automóvel e a televisão são exemplos de invenções, assim como os conceitos abstratos, por exemplo, o protestantismo e a democracia.

descoberta Processo de tornar conhecida ou compartilhar a existência de um aspecto da realidade.

invenção Combinação de itens culturais existentes em uma forma que não existia antes.

DIFUSÃO E GLOBALIZAÇÃO

Cada vez mais expressões e práticas culturais estão atravessando as fronteiras nacionais e influenciando as tradições e os costumes das sociedades expostas a elas. Os sociólogos usam o termo **difusão** para se referir ao processo pelo qual alguns aspectos da cultura se espalham de grupo a grupo ou de uma sociedade a outra. Historicamente, a difusão ocorreu normalmente por uma variedade de meios, incluindo exploração, guerra, conquista militar e trabalho missionário. Hoje, as fronteiras das sociedades que antes eram relativamente fechadas devido às restrições de transporte e comunicação se tornaram mais permeáveis, com o intercâmbio cultural ocorrendo mais rapidamente. Pelos meios de comunicação, pela internet, pela imigração e pelo turismo, nos deparamos regularmente com pessoas, crenças, práticas e artefatos de outras culturas.

difusão Processo pelo qual um item cultural se espalha de grupo a grupo ou de uma sociedade a outra.

A inovação cultural tem consequências globais no mundo de hoje. Imagine entrar em uma Starbucks, com seu conhecido logotipo verde, e pedir um café com leite descafeinado e uma rosquinha de canela. Só que essa Starbucks está localizada no coração da Cidade Proibida de Beijing, em frente ao Palácio da Pureza Celestial, a antiga residência dos imperadores chineses. A primeira Starbucks na China foi inaugurada em 1999. Na primavera de 2012, havia 550 lojas e planos para mais de 1.500 até 2015. O sucesso da Starbucks em um país em que tomar café ainda é uma novidade (a maioria dos chineses bebe chá) tem sido impressionante. Na verdade, para muitos, tomar café tornou-se um símbolo de *status*, indicando sucesso da classe média (Burkitt, 2011; Christian, 2009; Rein, 2012).

O surgimento da Starbucks na China demonstra o impacto cultural da globalização. A expansão da empresa afeta não só os padrões de consumo de café, mas também o comércio internacional de grãos de café, que são colhidos principalmente em países em desenvolvimento. Nossa cultura consumista suporta um preço de varejo entre três e cinco dólares por uma xícara de café de alta qualidade. Mesmo que os preços do café tenham atingido máximos históricos, milhões de agricultores em todo o mundo mal conseguem ganhar a vida. No mundo todo, a crescente demanda por café, chá, chocolate, frutas e outros recursos naturais está

Uso do celular nos Estados Unidos

- 2011: 322,9 milhões de assinantes
- 2005: 207,9
- 2000: 109,5
- 1995: 33,8
- 1990: 5,3
- 1985: 0,3

= 7 milhões de assinantes

A tecnologia nos possibilita manter contato com quase qualquer um em qualquer lugar, como demonstram estes números sobre a explosão no número de assinantes de telefonia celular desde 1985.

Fonte: CTIA, 2011.

---

pressionando o meio ambiente, já que agricultores pobres nos países em desenvolvimento cada vez mais cortam florestas para ampliar seus campos (Herman, 2010). No momento em que as pessoas na Ásia começaram a beber café, as pessoas na América do Norte descobriram a culinária japonesa conhecida como sushi.

A difusão costuma ter seu preço. Na prática, a globalização levou à dominação cultural dos países em desenvolvimento pelos mais ricos. Nesses encontros, as pessoas dos países desenvolvidos muitas vezes escolhem as práticas culturais que consideram intrigantes ou exóticas, enquanto os habitantes de países em desenvolvimento costumam perder seus valores tradicionais e começam a se identificar com a cultura das nações dominantes. Eles podem descartar ou negligenciar sua língua e suas roupas nativas, tentando imitar os ícones de entretenimento e de moda do mercado de massa. Dessa forma, a cultura popular ocidental representa uma ameaça às culturas nativas. Da mesma forma, os críticos de Walt Disney já chamaram sua obra de "talvez o principal exemplo do imperialismo cultural dos Estados Unidos, suplantando os mitos das culturas nativas com os seus próprios" (Gabler, 2006). Então, algo se ganha e algo se perde com a difusão, e muitas vezes são as sociedades mais pobres que sacrificam mais de sua cultura.

>>Elementos da cultura

Para melhor entender como a cultura funciona, é útil fazer a distinção entre suas diferentes formas. O sociólogo William F. Ogburn (1922) propôs um clássico modelo duplo de cultura. Ele fez uma divisão entre cultura material e imaterial. A **cultura material** diz respeito aos aspectos físicos ou tecnológicos de nossas vidas cotidianas, incluindo alimentos, casas, fábricas e matérias-primas. A cultura **imaterial** refere-se a modos de usar objetos e a costumes, ideias, expressões, crenças, conhecimentos, filosofias, governos e padrões de comunicação. Embora essa divisão simples seja útil, o conceito de cultura imaterial é tão abrangente que vamos decompô-lo aqui em quatro componentes principais: linguagem, valores, normas e sanções.

cultura material Aspectos físicos ou tecnológicos de nossas vidas cotidianas.

cultura imaterial Modos de usar objetos, bem como costumes, ideias, expressões, crenças, conhecimentos, filosofias, governos e padrões de comunicação.

CULTURA MATERIAL E TECNOLOGIA

É fácil subestimar o grau em que o mundo no qual vivemos é construído pelos seres humanos. Mesmo para aqueles de nós que vivem perto da natureza, a cultura material está em toda parte. Ela inclui as roupas que vestimos, os livros que lemos, as cadeiras em que nos sentamos, os tapetes sobre os quais caminhamos, as luzes que usamos, os prédios que habitamos, os carros que dirigimos, as estradas em que dirigimos e muito mais. Mesmo as coisas que parecem naturais, como quintais ou parques, são construções humanas.

PENSAMENTO SOCIOLÓGICO

Os norte-americanos enviaram uma média de 6 bilhões de mensagens de celular por dia em 2011, o equivalente a 19,5 mensagens por dia, por pessoa. Como o envio frequente de mensagens e a redução das conversas podem afetar a natureza das nossas relações, tanto positiva quanto negativamente?

SOCIOLOGIA POPULAR

Cultura, tecnologia e super-heróis

Alguns super-heróis (Super-Homem e os X-Men) já nascem assim, mas outros ganham seus poderes à moda antiga; eles os inventam. Personagens como Homem de Ferro e Batman têm apelo a nós, em parte, porque dependem de inovação humana para ter sua força e sua resistência. A tecnologia os torna mais rápidos do que uma bala ou mais poderosos do que uma locomotiva. Até que ponto a tecnologia nos fornece poderes sobre-humanos?

O termo mais comum que usamos para nos referir à cultura material é tecnologia. A **tecnologia** é uma forma de cultura na qual nós, seres humanos, modificamos o ambiente natural para atender a nossos desejos e necessidades. É o meio pelo qual estabelecemos nossa relação com o mundo natural, o que nos permite prover a comida, as roupas e o abrigo necessários para nossa sobrevivência. Ela inclui não apenas os itens de alta tecnologia, como computadores, carros e telefones celulares, mas também os itens de baixa tecnologia, incluindo colheres, papel e giz.

A tecnologia potencializa nossas capacidades humanas, dando-nos força, velocidade e até mesmo o poder de voar. A máquina a vapor, por exemplo, representou um ponto fundamental durante a Revolução Industrial. Ela nos deu força e resistência – a capacidade de levantar e mover objetos extremamente pesados e de fazer isso ao longo de períodos prolongados – sem precedentes na história. Ela tornou prática a mineração de carvão moderna, deu ao maquinário industrial a energia necessária para as fábricas iniciais e alimentou os primeiros tratores e locomotivas, preparando o terreno para a moderna mobilidade global (Rosen, 2010).

O que é sociologicamente importante sobre a cultura material é o papel que ela desempenha, assim como todas as formas de cultura, em conectar os indivíduos entre si e com o ambiente externo. Os avanços na tecnologia, principalmente quando se trata das revoluções em comunicação e transporte, ligaram mais indivíduos em uma rede global do que jamais tinha sido possível. Os telefones celulares, por exemplo, permitem que fiquemos em contato com amigos e familiares de quase qualquer lugar, e os *laptops* e iPads nos permitem levar conosco o local de trabalho para onde quer que viajemos.

Às vezes, a mudança tecnológica ultrapassa nossa capacidade de interpretar e compreender o impacto dessas mudanças. Por chegar ao centro de nossa percepção da realidade, a cultura imaterial costuma ser mais resistente à mudança do que a cultura material. Ogburn (1922) introduziu a expressão **defasagem cultural** para se referir ao período de adaptação no qual a cultura imaterial está lutando para se adaptar às novas condições da cultura material. Por exemplo, a ética da internet – sobretudo questões relativas à privacidade e à censura – ainda não alcançou a explosão no uso da internet e da tecnologia.

LINGUAGEM

Tratando da cultura imaterial, começamos com a linguagem, o tijolo mais básico em sua construção. A **linguagem** é um sistema de símbolos compartilhados que inclui a fala, caracteres escritos, números, símbolos e gestos e expressões não verbais. Ela fornece a base de uma cultura comum, pois facilita a interação cotidiana com os outros, tornando possível a ação coletiva. Cerca de 7 mil línguas são faladas no mundo hoje. Destas, cerca de 43% são consideradas sob ameaça de extinção. Há 324 línguas com menos de 50 falantes, e 230 línguas foram extintas desde 1950 (UNESCO, 2010).

A linguagem é de natureza fundamentalmente social. Não há significados inerentes nos sons que fazemos ao falar nem no alfabeto escrito que usamos. Em vez disso, as palavras recebem de nós seus significados. Chegamos ao acordo de que determinados sons ou formas signifi-

---

tecnologia Forma de cultura na qual os seres humanos modificam o ambiente natural para atender a seus desejos e necessidades.

defasagem cultural Período de adaptação em que a cultura imaterial ainda está se esforçando para se adaptar às novas condições materiais.

linguagem Sistema de símbolos compartilhados, que inclui fala, caracteres escritos, números, símbolos e gestos e expressões não verbais.

cam determinadas coisas, e depois agimos com base nesses significados compartilhados. O que mais importa é nossa percepção comum, em vez do som ou da imagem reais que usamos. Poderíamos, por exemplo, ensinar a um cão significados errados de comandos (*busca* significaria *fica*, *rola* significaria *sacode*, e assim por diante). O cão nunca saberia a diferença, mas nós riríamos, porque suas respostas iriam colidir com nossas expectativas. Na verdade, quando começamos a aprender uma nova língua, estamos à mercê daqueles que nos ensinam. Confiamos na autoridade dessas pessoas, e a única maneira de testar nossa fluência é por meio de interações com outros falantes, pois a linguagem é socialmente construída e permite mudanças. Criamos novas palavras e modificamos as que já existem, principalmente em nossa cultura mundial moderna, em que a inovação é interminável. Os dicionários são modificados regularmente, em um esforço para tentar se manter atualizados. Em 2011, o *Merriam-Webster Collegiate Dictionary* acrescentou mais de 150 palavras novas, incluindo *tweet*, *social media*, *bromance* e *cougar*.*

Alguns linguistas, incluindo amadores, aproveitaram a natureza socialmente construída da língua na esperança de criar línguas inteiramente novas a partir do zero, com motivações diferentes (Okrent, 2009). Alguns, inspirados na revolução científica e horrorizados com as ineficiências e as irregularidades das línguas existentes, inventaram novas línguas, nos séculos XVII e XVIII (como a *Escrita Comum* de Francis Lodwick ou a *Língua Filosófica* de John Wilkins), na esperança de proporcionar um sistema lógico de comunicação em que as relações entre os conceitos fossem racionais e tudo se encaixasse em um todo coerente. Eles não queriam que palavras fossem sons arbitrários que atribuímos às coisas, esperando, em vez disso, mapear a essência das coisas por meio da linguagem. Mesmo que eles tenham conseguido criar sistemas coerentes, as línguas criadas por eles eram difíceis de usar e não conseguiram obter ampla aceitação.

Durante o século XX, outros inventores de línguas, movidos, em parte, pelo desejo de dar conta da globalização e pelo aumento do contato entre culturas, combinaram vários aspectos de línguas existentes. Seu objetivo era criar uma língua aceita universalmente que transcendesse as diferenças nacionais e étnicas. Em vez de se concentrarem na pureza de representação, esses inventores enfatizavam a comunicação pragmática. A língua de maior sucesso desse tipo foi o esperanto, que continua a ser usada até hoje. Ela foi criada originalmente por Ludwik Zamenhof em 1887 e, literalmente, significa "aquele que tem esperança". Era a esperança de Zamenhof de que sua língua híbrida não só facilitasse o comércio e a comunicação internacionais, mas também contribuísse para a paz mundial pela redução das diferenças culturais que nos separam.

---

* N. de R. T.: *Bromance* (do inglês *brothers* + *romance*): amizade afetuosa entre dois homens heterossexuais. *Cougar* (*puma*, em tradução literal): mulher mais velha que prefere manter relações superficiais e estritamente sexuais com homens mais jovens.

Apesar do relativo sucesso do esperanto, nenhuma dessas línguas inventadas teve ampla adoção. Parte do que essas tentativas parecem deixar escapar é que a linguagem é um empreendimento de comunidade, construído ao longo de gerações de experiências compartilhadas que levaram a um entendimento comum sobre como o mundo funciona. Embora seja tecnicamente possível criar uma língua do zero, isso reduz a importância dessas experiências na definição de quem somos. Como disse a linguista Arika Okrent, em sua história das línguas inventadas, "[As línguas] são os repositórios de nossas próprias identidades [...]. [O esperanto, como outras línguas inventadas,] pede que nos afastemos do que torna nossos idiomas pessoais e únicos, e escolhamos outro que é genérico e universal. Ele nos pede para abrir mão do que nos distingue do resto do mundo por algo que faz todos no mundo serem a mesma coisa" (Okrent, 2009:112). O nível de sucesso que o esperanto conseguiu se deveu à criação de uma comunidade de participantes compartilhados que estão comprometidos em manter a língua viva.

Dado que diferentes grupos compartilham diferentes línguas, a capacidade de falar outros idiomas é fundamental para as relações interculturais. Durante todo o período da Guerra Fria, começando na década de 1950 e continuando até os anos de 1970, o governo dos Estados Unidos incentivou o estudo do russo, montando escolas de línguas especiais para diplomatas, agentes de inteligência e assessores militares. E, após os ataques terroristas de 11 de setembro de 2001, o país reconheceu o quanto tinha poucos tradutores qualificados para o árabe e outras línguas faladas nos países muçulmanos. O idioma rapidamente tornou-se fundamental não só para rastrear terroristas em potencial, mas também para a construção de pontes diplomáticas com os países muçulmanos dispostos a ajudar na guerra contra o terrorismo (Furman, Goldberg e Lusin, 2007; Taha, 2007).

Hipótese de Sapir-Whorf A língua faz mais do que simplesmente descrever a realidade; ela também molda o que vemos. Por exemplo, os índios *slave* do norte do Canadá, que vivem em um clima gélido, têm 14 termos para descrever gelo, incluindo oito tipos de "gelo sólido" e outros termos para "gelo emendado", "gelo rachado" e "gelo flutuante" (Basso, 1972). A maioria das pessoas que vivem em climas mais amenos não tem essas distinções verbais e, portanto, está menos inclinada a notar diferentes tipos de gelo.

Os linguistas Edward Sapir e Benjamin Whorf estudaram a relação entre língua e percepção. No que veio a ser conhecido como **hipótese de Sapir-Whorf**, eles concluíram que a língua que uma pessoa usa molda sua percepção da realidade e, portanto, seus pensamentos e ações. Com base em sua pesquisa, eles argumentaram que, como as pessoas só podem conceituar o mundo por meio da língua, esta *precede* o pensamento. Assim, os símbolos na forma de palavras e a gramática de nossa língua organi-

> **hipótese de Sapir-Whorf** Ideia de que a linguagem que uma pessoa usa molda sua percepção da realidade e, portanto, seus pensamentos e ações.

SOCIOLOGIA POPULAR

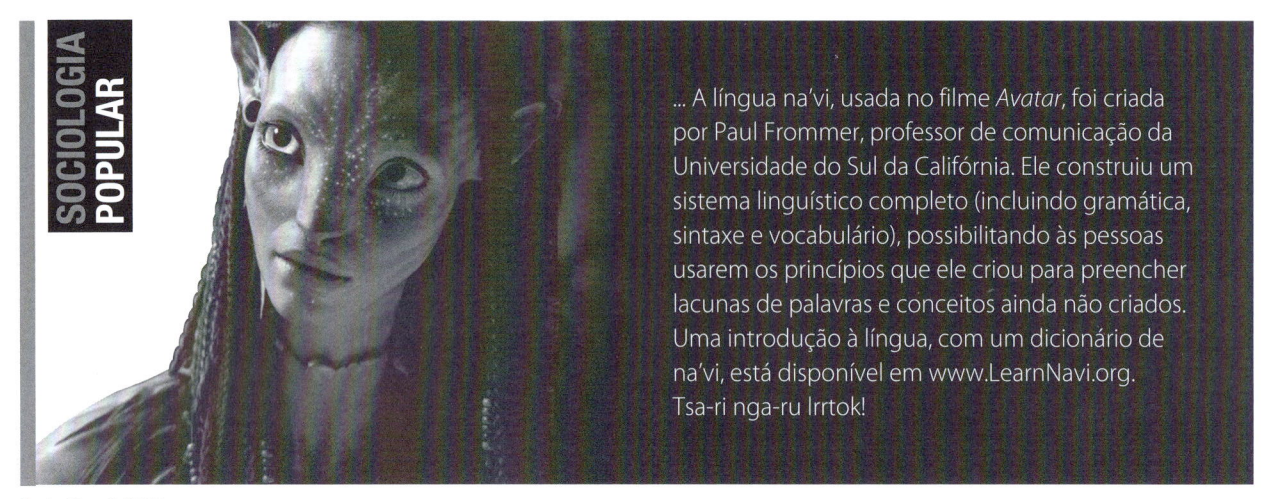

... A língua na'vi, usada no filme *Avatar*, foi criada por Paul Frommer, professor de comunicação da Universidade do Sul da Califórnia. Ele construiu um sistema linguístico completo (incluindo gramática, sintaxe e vocabulário), possibilitando às pessoas usarem os princípios que ele criou para preencher lacunas de palavras e conceitos ainda não criados. Uma introdução à língua, com um dicionário de na'vi, está disponível em www.LearnNavi.org. Tsa-ri nga-ru Irrtok!

Fonte: Okrent, 2010.

zam o mundo para nós. A hipótese de Sapir-Whorf também sustenta que a língua não é um dado adquirido; pelo contrário, ela é culturalmente determinada e incentiva uma interpretação distinta da realidade, direcionando nossa atenção a certos fenômenos (Sedivy, 2012; Skerrett, 2010).

Em um sentido literal, a língua pode colorir a forma como vemos o mundo. Berlin e Kay (1991) observaram que os seres humanos possuem a capacidade física de distinguir milhões de cores, mas as línguas diferem no número de cores que reconhecem. Por exemplo, o idioma inglês distingue entre amarelo e laranja, mas algumas outras línguas, não. Na língua dugum dani, das Terras Altas Ocidentais da Nova Guiné, há apenas dois termos básicos para cores – *modla* para "branco" e *mili* para "preto". Em comparação, há 11 termos básicos em inglês. Russo e húngaro, porém, têm 12 termos para cores. Os russos têm os termos azul-claro e azul-escuro, enquanto os húngaros têm termos para dois tons de vermelho diferentes (Roberson, Davies e Davidoff, 2000; Wierzbicka, 2008).

As feministas têm observado que a linguagem de gênero pode refletir – embora, por si só, não determine – a aceitação tradicional de homens e mulheres em certas profissões. Cada vez que usamos um termo como *carteiros*, *professores* ou *bombeiros*, estamos sugerindo (principalmente para crianças pequenas) que essas profissões só podem ser ocupadas por homens. No entanto, muitas mulheres trabalham como *carteiras*, *professoras* e *bombeiras*, fato que está sendo cada vez mais reconhecido e legitimado pelo uso dessa linguagem não sexista (Eckert e McConnell-Ginet, 2003; McConnell-Ginet, 2011).

A linguista Suzette Haden Elgin chegou a inventar uma nova língua que dá voz à experiência das mulheres (Elgin, 1984). Ela argumentou que "as línguas humanas existentes são inadequadas para expressar as percepções das mulheres", o que leva à percepção inadequada de questões centrais na vida delas (Elgin, 1988). Com base em sua experiência na língua navajo (*diné bizaad*), ela criou o láadan como um teste da hipótese de Sapir-Whorf. Ela argumentava que o uso do láadan abriria novas dimensões da realidade que não são facilmente acessíveis por meio de línguas como o inglês. Há aulas de láadan para iniciantes disponíveis em www.LáadanLanguage.org.

O idioma também pode transmitir estereótipos relacionados à raça. Procure os significados do adjetivo *black* em dicionários publicados nos Estados Unidos e você vai encontrar "*dismal, gloomy or forbidding, destitute of moral light or goodness, atrocious, evil, threatening, clouded with anger*" (triste, sombrio ou medonho, destituído de luz moral ou bondade, atroz, malévolo, ameaçador, cego de raiva). Por outro lado, os dicionários listam *pure* e *innocent* (puro e inocente) entre os significados do adjetivo *white*. Por meio desses padrões de linguagem, a cultura do país reforça associações positivas com o termo (e cor da pele) branco e associações negativas com *negro*. É surpreendente, então, que uma lista destinada a evitar que pessoas trabalhem em uma profissão seja chamada de "lista negra" e uma mentira que nós consideramos aceitável seja chamada de "mentira branca"? Esses exemplos demonstram que a língua pode moldar a forma como enxergamos, sentimos gostos, cheiramos, tocamos e ouvimos (Henderson, 2003; Moore, 1976; Reitman, 2006).

> **PENSAMENTO** SOCIOLÓGICO
>
> Quais são algumas gírias que usamos para nos referir a homens e mulheres? Que imagens esses termos transmitem sobre o que significa ser homem ou mulher?

Comunicação não verbal É claro que nos comunicamos usando mais do que apenas palavras. Se você não gosta da maneira como uma reunião está evoluindo, pode de repente se jogar para trás na cadeira, cruzar os braços e abaixar os cantos da boca. Quando vê uma amiga em lágrimas, pode lhe dar um abraço. Depois de ganhar um jogo importante, você pode abraçar seus companheiros de equipe. Esses são exemplos de **comunicação não verbal**, do uso de gestos, expressões faciais e outras imagens visuais para se comunicar. Nós não nascemos com essas expressões; nós as aprendemos, assim como aprendemos outras formas de linguagem com pessoas que compartilham nossa cultura. Aprendemos como demonstrar – e reconhecer – felicidade, tristeza, prazer, vergonha, angústia e outros estados emocionais (Burgoon, Guerrero e Floyd, 2010).

Assim como outras formas de linguagem, a comunicação verbal não é igual em todas as culturas. Por exemplo, pessoas de culturas distintas diferem no grau em que tocam outras durante interações sociais normais. Mesmo os viajantes experientes às vezes são pegos de surpresa por essas diferenças. Na Arábia Saudita, um homem de meia-idade pode querer dar as mãos a um sócio depois de fechar um negócio. O gesto, que seria surpresa para a maioria dos brasileiros, é considerado um elogio nessa cultura. O significado de sinais de mão é outra forma de comunicação não verbal que pode variar de uma cultura para outra. Por exemplo, na Austrália e no Iraque, o sinal de positivo com o polegar levantado é considerado rude (Koerner, 2003; Lefevre, 2011).

VALORES

Embora cada um de nós tenha seu próprio conjunto pessoal de padrões – que pode incluir cuidar de pessoas, fazer exercícios ou praticar empreendedorismo – também compartilhamos um conjunto geral de crenças como membros de uma sociedade. Os **valores** são essas concepções coletivas sobre o que é considerado bom, desejável e adequado ou ruim, indesejável e impróprio em uma cultura. Os valores podem ser específicos, como honrar os próprios pais e possuir uma casa, ou podem ser mais gerais, como saúde, amor e democracia. Mesmo o individualismo representa um valor coletivo. Como aponta o ensaísta americano Richard Rodriguez, "o individualismo dos Estados Unidos é um valor derivado da comunidade, não sendo uma verdadeira expressão de individualidade. O adolescente persiste em se rebelar contra seus pais, contra a tradição ou o costume porque é blindado [...] pela cultura do país, em relação ao conhecimento de que herdou sua rebeldia de antepassados mortos e de pais vivos" (2002:130). É claro que nem todos os membros de uma sociedade concordam uniformemente em termos de valores. Debates e cartazes políticos raivosos, que promovem causas conflitantes, nos dizem muito a esse respeito.

> **comunicação não verbal** Uso de gestos, expressões faciais e outras imagens visuais para se comunicar.
>
> **valor** Concepção coletiva do que é considerado bom, desejável e adequado – ou ruim, indesejável e impróprio – em uma cultura.

Os valores de uma cultura podem mudar, mas a maioria permanece relativamente estável durante todo o tempo de vida de uma pessoa. Socialmente compartilhados, os valores sentidos intensamente são uma parte fundamental da vida dos indivíduos. O sociólogo Robin Williams (1970) apresentou uma lista de valores básicos dos Estados Unidos, que incluem liberdade, igualdade, democracia, moralidade, conformidade, progresso, humanitarismo e conforto material. Obviamente, nem todos os 313 milhões de pessoas do país concordam com todos esses valores, mas a lista serve como ponto de partida para definir o caráter nacional dos Estados Unidos.

> **PENSAMENTO** SOCIOLÓGICO
>
> Examine a lista de valores básicos de Williams. Você acha que a maioria das pessoas valoriza essas coisas? Como podem alguns valores, como a liberdade e a conformidade, entrar em conflito? Como se resolvem esses conflitos?

Nas culturas árabes, os homens, às vezes, dão as mãos como sinal de afeto e amizade.

Objetivos de vida de calouros universitários nos Estados Unidos

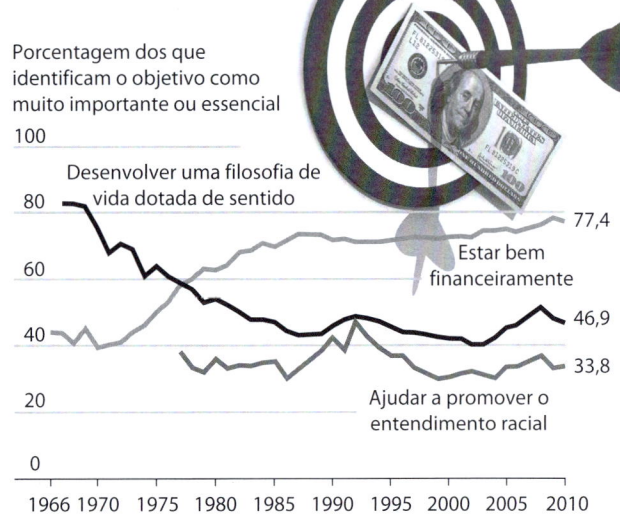

Porcentagem dos que identificam o objetivo como muito importante ou essencial

- Desenvolver uma filosofia de vida dotada de sentido
- Estar bem financeiramente — 77,4
- 46,9
- Ajudar a promover o entendimento racial — 33,8

1966 1970 1975 1980 1985 1990 1995 2000 2005 2010

Fonte: Pryor et al., 2007, 2011.

Nas últimas décadas, estudiosos têm feito grandes esforços para comparar valores em diferentes nações, mesmo reconhecendo os desafios de se interpretarem conceitos de valor de forma semelhante em todas as culturas. O psicólogo social Shalom Schwartz avaliou valores em mais de 60 países. Em todo o mundo, alguns deles são amplamente compartilhados, incluindo a benevolência, que é definida como "perdão e lealdade". Em contraste, o poder, definido como "controle ou domínio sobre pessoas e recursos", é um valor endossado com muito menos frequência (Davidov, Schmidt e Schwartz, 2008; Pew Research Center, 2011d).

A cada ano, mais de 200 mil estudantes universitários de primeiro ano em aproximadamente 270 faculdades dos Estados Unidos preenchem um questionário perguntando quais valores são mais importantes para eles. Em função de sua cobertura, conteúdo e alcance, essa pesquisa é uma espécie de barômetro dos valores do país. O valor principal da turma de calouros de 1966, o ano em que a pesquisa foi realizada pela primeira vez, foi "desenvolver uma filosofia de vida dotada de sentido", com 80% dos novos alunos identificando-o como essencial ou muito importante. Em contrapartida, apenas 44% escolheram "estar bem financeiramente". Desde aquela época, a posição relativa desses dois valores se inverteu (ver gráfico acima). Entre a turma de calouros de 2011, por exemplo, 79,6% identificaram "estar bem de vida" como um valor importante em comparação com 46,8% que escolheram "desenvolver uma filosofia de vida dotada de sentido" (Pryor et al., 2011).

Os pesquisadores também estudaram outros valores de família e de comunidade entre os alunos do primeiro ano. O segundo valor mais bem avaliado identificado pela turma de 2011 foi "criar uma família", com 73%. Esse valor se manteve aproximadamente no mesmo nível nos últimos 40 anos (Pryor et al., 2007). Em 2011, os estudantes também se comprometeram a "ajudar a outros que estivessem em dificuldade" (70%), embora apenas 30% tenham selecionado "participar de um programa de ação comunitária" como algo essencial ou muito importante. A proporção dos que identificaram "ajudar a promover o entendimento racial" caiu ligeiramente em relação ao ano anterior, para 33,5%. Como esses números demonstram, os valores de um país não são necessariamente imutáveis.

Por colocar em questão a honestidade como valor compartilhado, "colar" em provas e trabalhos é uma preocupação significativa em *campi* universitários. Professores que usam sistemas informatizados que podem identificar o plágio, como o sistema de busca do Google ou o TurnItIn.com, descobriram que muitos dos trabalhos que os alunos apresentam são plagiados, no todo ou em parte. Ao serem questionados sobre honestidade acadêmica, 34% dos alunos do ensino médio admitiram ter copiado um documento da internet para um trabalho de aula, 59% disseram que colaram em uma prova e 81% tinham copiado a lição de casa de alguém, tudo no último ano. Ao se perguntar se mentir ou colar não compensa porque prejudicam seu caráter, 84% concordaram ou concordaram muito (Josephson Institute of Ethics, 2011). Talvez colar tenha se tornado parte da cultura dos estudantes, mesmo que esteja em desacordo com os valores predominantes na escola.

Às vezes, os valores mudam em reação a eventos históricos. Os norte-americanos sempre valorizaram seu direito à privacidade e jamais gostaram de invasões do governo em suas vidas pessoais. Após os ataques terroristas de 11 de setembro de 2001, no entanto, muitos cidadãos pediram mais proteção contra a ameaça do terrorismo. Em resposta, o Governo Federal ampliou seus poderes de vigilância e aumentou sua capacidade de monitorar o comportamento das pessoas, sem aprovação da justiça. Em 2001, logo após os ataques, o Congresso aprovou a Lei Patriótica dos Estados Unidos, que autoriza o FBI a acessar históricos médicos, de biblioteca, estudantis e telefônicos dos indivíduos sem informá-los nem obter um mandado de busca.

NORMAS

Enquanto os valores expressam nossas crenças fundamentais, as normas fornecem orientação para sabermos como agir: "lavar as mãos antes do jantar", "não matar", "respeitar os mais velhos". Todas as sociedades têm formas de incentivar e fazer cumprir o que consideram comportamentos adequados, ao mesmo tempo em que desincentivam e punem o que consideram comportamentos inadequados. As **normas** são os padrões de comportamento estabelecidos que uma sociedade mantém. No entanto, elas são mais do que apenas as regras sobre as quais pensamos e que conhecemos – nós passamos a incorporá-las como parte de nossas ações cotidianas.

Para se tornar significativa, uma norma deve ser amplamente compartilhada e compreendida. Por exemplo, em salas de cinema, geralmente espera-se que as pessoas fiquem quietas enquanto o filme é exibido. Claro que o contexto é importante e a aplicação dessa norma pode variar, dependendo do filme e do tipo de público específico. As pessoas que estão assistindo um filme artístico sério terão maior probabilidade de insistir na norma do silêncio do que as que estão assistindo a uma comédia pastelão ou um filme de terror.

Tipos de normas Os sociólogos distinguem entre as normas de duas maneiras. Em primeiro lugar, elas são classificadas por sua importância relativa para a sociedade. Quando apresentadas dessa forma, são conhecidas como costumes e tradições. Os **costumes** são normas que regem o comportamento cotidiano. Eles têm um papel importante como orientações gerais sobre como agir dentro de uma cultura. Essas normas são menos rígidas em sua aplicação, e sua violação gera relativamente pouca preocupação. As **tradições** são normas consideradas altamente necessárias para o bem-estar de uma sociedade, geralmente porque encarnam os princípios mais valorizados. Cada sociedade exige obediência a suas tradições, e a violação pode levar a penas severas. Assim, os Estados Unidos têm fortes tradições contra assassinato, traição e abuso infantil, que foram institucionalizadas em normas formais.

> **norma** Padrão de comportamento estabelecido que é mantido por uma sociedade.
>
> **costumes** Normas que regem o comportamento cotidiano, cuja violação gera relativamente pouca preocupação.
>
> **tradições** Normas consideradas altamente necessárias para o bem-estar de uma sociedade.
>
> **norma formal** Norma que geralmente é escrita e que especifica punições rigorosas para os infratores.
>
> **leis** Normas formais impostas pelo Estado.
>
> **norma informal** Norma geralmente entendida, mas não registrada com precisão.

O vestuário é um exemplo da diferença entre os dois tipos. Por exemplo, a moda é um costume, e há ampla liberdade no que se pode usar. Mas o que dizer de não usar qualquer roupa em público? Para a maioria de nós, na maior parte do tempo (exceto, talvez, nos dias de *No Pants Subway Ride*), isso significaria cruzar a fronteira e entrar no território das tradições, e se pode esperar uma resposta forte e rápida se o fizermos. No entanto, até mesmo isso pode estar passando por uma mudança; nos últimos anos, o setor de férias com nudismo vem crescendo (Higgins, 2008).

As normas também são classificadas como formais ou informais. As **normas formais** geralmente são escritas e especificam punições rigorosas para os infratores. Nos Estados Unidos, por exemplo, há normas na forma de leis, que são muito precisas na definição do comportamento adequado e inadequado. O sociólogo Donald Black (1995) definiu a lei como "controle social governamental", ou seja, as leis são normas formais impostas pelo Estado. Contudo, as leis são apenas um exemplo das normas formais. Os requisitos para a faculdade e as regras de um jogo de cartas também são considerados normas formais.

Por outro lado, as **normas informais** geralmente são compreendidas, mas não são registradas com precisão. Seguimos regras não ditas, em grande parte, para todos os tipos de

---

5 Filmes sobre A CULTURA NORTE-AMERICANA

Foi apenas um sonho
Um olhar sobre os papéis de isolamento social e de gênero nos Estados Unidos dos anos de 1950.

O primeiro mentiroso
Como seria a sociedade se nós nunca mentíssemos?

Garota fantástica
Uma desajustada encontra seu lugar em uma equipe do Texas Roller Derby.

The Greatest Movie Ever Sold
Morgan Spurlock tenta financiar um filme exclusivamente com colocação de produtos.

Good Hair
Documentário de Chris Rock sobre a cultura do cabelo na comunidade negra.

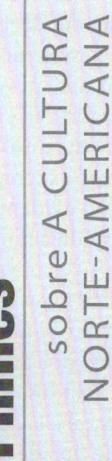

interações cotidianas, tais como a forma de andar em um elevador, como passar por alguém em uma calçada, e como se comportar em uma sala de aula da faculdade. As pessoas costumam esperar que todos conheçam essas normas.

> **PENSAMENTO** SOCIOLÓGICO
>
> O *No Pants Subway Ride*, do *Improv Everywhere*, chama as pessoas a fazer algo fora de sua zona de conforto. Quais fatores podem influenciar a decisão de alguém de participar? O que seria necessário para fazer você participar?

Em muitas sociedades do mundo, as normas reforçam padrões de dominação masculina. Por exemplo, vários costumes revelam a posição hierárquica dos homens acima das mulheres dentro das regiões tradicionais budistas do Sudeste Asiático. Nas cabines com cama dos trens, as mulheres não dormem nos beliches de cima, acima dos homens. Os hospitais que abrigam homens no primeiro andar não colocam pacientes do sexo feminino no segundo. Mesmo em varais, os costumes do Sudeste Asiático ditam a dominação masculina; as roupas das mulheres são penduradas abaixo das dos homens (Bulle, 1987).

Aceitação das normas As pessoas não seguem as normas, sejam costumes ou tradições, em todas as situações. Em alguns casos, elas podem escapar de uma norma por saber que ela é pouco aplicada. Por exemplo, é ilegal que os adolescentes brasileiros ingiram bebidas alcoólicas, mas é comum os menores de idade beberem em todo o país. Na verdade, o alcoolismo na adolescência é um grave problema social.

Em alguns casos, o comportamento que parece violar normas coletivas da sociedade pode representar a adesão às normas de determinado grupo. Adolescentes que bebem geralmente estão seguindo os padrões de seu grupo de colegas ao violarem as normas que condenam a ingestão de bebidas por menores. Da mesma forma, os executivos que usam técnicas contábeis obscuras podem estar respondendo a uma cultura corporativa que exige a maximização dos lucros a qualquer custo, o que inclui enganar investidores e agências reguladoras do governo.

As normas são violadas em alguns casos porque uma delas entra em conflito com outra. Por exemplo, suponhamos que você more em um edifício e, uma noite, ouve os gritos da mulher no apartamento ao lado, que está sendo espancada pelo marido. Se você decidir intervir batendo na porta deles ou chamando a polícia, estará violando a norma que manda cuidar de sua própria vida e, ao mesmo tempo, seguindo a que manda ajudar uma vítima de violência doméstica.

Mesmo se não estiverem em conflito, todas as normas têm suas exceções. A mesma ação, em circunstâncias diferentes, pode fazer uma pessoa ser vista como heroína ou vilã. Por exemplo, gravar secretamente conversas telefônicas costuma ser considerado não apenas invasivo, mas ilegal, mas pode ser feito com uma ordem judicial para obter provas válidas em um julgamento criminal. Elogiaríamos um agente do governo que usasse esses métodos para condenar uma pessoa do crime organizado. Na cultura norte-americana, é tolerado matar outro ser humano em legítima defesa, e recompensado quando se mata na guerra, como ficou evidente nos Estados Unidos nas celebrações que se seguiram à morte de Osama bin Laden.

A aceitação de normas está sujeita a alterações à medida que as condições políticas, econômicas e sociais de uma cultura são transformadas. Até a década de 1960, por exemplo, as normas formais em grande parte dos Estados Unidos proibiam o casamento de pessoas de grupos raciais diferentes, mas ao longo do último meio século esse tipo de proibição legal foi posto de lado. O processo de mudança pode ser visto hoje na crescente aceitação de pais e mães solteiros e no apoio cada vez maior ao casamento entre pessoas do mesmo sexo.

Dia de romper uma norma

- Usar roupas formais em um contexto informal.
- Comer com o utensílio errado, ou sem nenhum.
- Responder a amigos e parentes da mesma forma que ao chefe ou ao professor.
- Fazer longas pausas na fala ao conversar com alguém.
- Ficar um pouco próximo ou distante demais de alguém ao conversar.
- Ficar de frente para o fundo do elevador, em vez de entrar e se virar.

As normas nos fornecem regras que orientam nosso comportamento cotidiano. Tudo o que precisamos fazer é pisar fora das linhas, mesmo um pouquinho, para ver a influência que elas têm sobre nossas vidas. Esses são alguns exemplos de como as pessoas violam as normas. Como você se sentiria violando qualquer uma dessas normas? Como os outros poderiam reagir a você?

> Os estranhos em uma nova cultura só veem o que conhecem.
>
> Anônimo

Quando as circunstâncias exigem a violação repentina de antigas normas culturais, a mudança pode incomodar toda uma população. No Iraque, onde o costume muçulmano proíbe estritamente que estranhos toquem em homens e, principalmente, em mulheres, a guerra que começou em 2003 trouxe inúmeras violações diárias da norma. Em frente a mesquitas, repartições públicas e outras instalações que possam ser alvo de terroristas, os visitantes devem ser revistados e ter bolsas examinadas por forças de segurança do Iraque. Para reduzir o desconforto causado pelo procedimento, as mulheres são revistadas por guardas do sexo feminino e os homens, por guardas masculinos. Apesar dessa concessão e do fato de que muitos iraquianos admitem ou mesmo insistem na necessidade dessas medidas, as pessoas ainda se retraem diante da invasão de sua privacidade. Em reação às revistas, as mulheres iraquianas já começaram a limitar o conteúdo das sacolas que transportam ou simplesmente as deixam em casa (Rubin, 2003).

Uma mulher soldado dos Estados Unidos revista mulheres iraquianas.

As normas informais muitas vezes não são faladas e são tidas como certas, mas nós ainda contamos com princípios aprendidos para decidir como devemos (e como esperamos que os outros devam) proceder, como esta charge demonstra com humor.

SANÇÕES

Quando as normas são violadas, geralmente podemos esperar uma resposta que vise recolocar nosso comportamento na linha. Se um treinador de basquete manda um sexto jogador entrar na quadra, contamos com o árbitro para marcar uma infração. Se um candidato se apresenta para uma entrevista de trabalho formal usando bermuda e camiseta, pode prever que não haverá oferta de emprego. Se estacionamos sem colocar dinheiro no parquímetro, devemos esperar uma multa. Cada um desses casos resulta em algum tipo de repercussão negativa de nossa incapacidade de cumprir as normas esperadas.

As **sanções** são penalidades e recompensas à conduta relacionada a uma norma social. Elas incluem respostas tanto negativas quanto positivas ao comportamento, e sua finalidade é influenciar o comportamento futuro. Aderir às normas pode levar a sanções positivas, como um aumento salarial, uma medalha, uma palavra de gratidão ou um tapinha nas costas. As sanções negativas podem ser multas, ameaças, prisão e olhares de desprezo. Dessa forma, as sanções funcionam para impor a ordem que as normas representam. Na maioria das vezes, nem sequer precisamos de outros para sancionar nossos atos. Tendo internalizado as normas da sociedade, nos policiamos, usando motivações internas como a culpa ou a autossatisfação para regular nosso próprio comportamento.

sanção Penalidade ou recompensa por conduta relacionada a uma norma social.

Como vimos no caso da *No Pants Subway Ride*, as normas proporcionam ordem, mas elas mudam, e a mudança pode resultar em confusão. Como disse o cientista social

5 Filmes sobre CULTURAS MUNDIAIS

Cidade de Deus
Crianças jovens crescendo nas favelas do Rio de Janeiro.

Ajami
Um conjunto de histórias que acontecem em um bairro muçulmano/cristão de Tel Aviv.

Caramelo
Uma comédia acompanhando as vidas de cinco mulheres que trabalham em um salão de beleza de Beirute.

Persépolis
Um filme de animação sobre crescer, ambientado durante a Revolução Iraniana.

4 meses, 3 semanas e 2 dias
A história de duas jovens que vivem na Romênia comunista.

Cultura • 61

Gustave Le Bon em 1895, "a civilização é impossível sem tradições, e o progresso, impossível sem a destruição dessas tradições. A dificuldade – e é uma dificuldade imensa – está em encontrar um equilíbrio adequado entre estabilidade e variabilidade". Em um mundo de normas, estamos constantemente enfrentando essa tensão: obedecer ou não obedecer.

>>Variação cultural

Juntos, os elementos da cultura nos dão coerência e ordem sociais. A cultura nos esclarece o que consideramos bom e mau, certo e errado, dando-nos uma direção. Isso não quer dizer, porém, que haja um acordo universal sobre valores e normas ou que a cultura trabalhe em nome de todos para o bem maior. A cultura ajuda a unificar e dar sentido, mas também serve aos interesses de alguns indivíduos e grupos em detrimento de outros. Algumas pessoas se beneficiam de normas e valores existentes, enquanto outras têm negadas oportunidades ou o acesso aos recursos, simplesmente em função das posições que ocupam – posições que definimos culturalmente como inferiores.

ideologia dominante Conjunto de crenças e práticas culturais que legitima os poderosos interesses sociais, econômicos e políticos existentes.

As greves e os boicotes agrícolas nas décadas de 1960 e 1970 nos Estados Unidos alertaram o país para a situação econômica difícil dos trabalhadores migrantes.

IDEOLOGIA DOMINANTE

Uma das maneiras que a cultura pode funcionar para manter os privilégios de certos grupos é pelo estabelecimento de uma **ideologia dominante** – o conjunto de crenças e práticas culturais que legitima os poderosos interesses sociais, econômicos e políticos existentes. A ideologia dominante ajuda a explicar e justificar quem recebe o quê e por quê, de uma maneira que sustenta e preserva o *status quo*. Ideias dominantes podem até silenciar outras expressões, mostrando-as como ameaças à ordem existente. Esse conceito foi proposto pela primeira vez pelo marxista húngaro Georg Lukács (1923) e pelo marxista italiano Antonio Gramsci (1929), mas só conquistou um público nos Estados Unidos no início da década de 1970. Na visão de Karl Marx, uma sociedade capitalista tem uma ideologia dominante que serve aos interesses da classe dominante.

Os grupos e as instituições mais poderosos de uma sociedade controlam a riqueza e a propriedade. Armados com uma ideologia dominante, eles também podem moldar crenças sobre a realidade por meio da religião, da educação e da mídia. Ao fazê-lo, podem influenciar o que passamos a aceitar como verdade. Por exemplo, as feministas argumentam que, se todas as instituições mais importantes da sociedade enviassem a mensagem de que as mulheres devem ser subservientes aos homens, essa ideologia dominante iria ajudar a controlá-las e subordiná-las.

Uma das limitações da tese da ideologia dominante é que, em alguns países, não é fácil identificar uma "cultura principal" única, que inclua tudo. Além disso, como vimos nas pesquisas sobre os valores dos jovens, podem ocorrer mudanças significativas nos valores culturais. No entanto, não há como negar que certas expressões de valores têm maior influência do que outras, mesmo em uma sociedade tão complexa como a dos Estados Unidos. Por exemplo, o valor da concorrência de mercado – a pedra angular de qualquer economia capitalista – continua poderoso, e, muitas vezes, olha-se com desprezo para aqueles que suspeita-se serem preguiçosos.

ASPECTOS DA VARIAÇÃO CULTURAL

Embora as sociedades possam ser definidas, em parte, pela cultura que seus habitantes compartilham, a cultura varia entre sociedades e dentro de cada uma delas. As tribos *inuit* no norte do Canadá, vestidas de peles e se alimentando de gordura de baleia, têm pouco em comum com os agricultores no Sudeste Asiático, que se vestem para o calor e subsistem principalmente com o que plantam em seus arrozais. As culturas adaptam-se para atender a conjuntos específicos de circunstâncias, tais como clima, nível de tecnologia, população e geografia. Essa adaptação a diferentes condições se mostra nas diferenças de todos os elementos da cultura, incluindo língua, valores, normas e sanções. Assim, apesar da presença de universais culturais, como namoro e religião, há uma grande diversidade entre as muitas culturas do mundo. Além disso, mesmo dentro de uma única nação, certos segmentos da população desenvolvem padrões culturais diferentes dos padrões da sociedade dominante. A variação cultural, como descrevem os sociólogos, tem muitas formas.

Subculturas Participantes de rodeios, moradores de uma comunidade de aposentados, trabalhadores de uma plataforma de petróleo no mar – todos são exemplos do que os sociólogos chamam de subculturas. Uma **subcultura** é um segmento da sociedade que compartilha um padrão distinto de costumes, tradições e valores, que difere do padrão da sociedade em geral. Em certo sentido, uma subcultura pode ser considerada como uma cultura que existe dentro de outra, mais ampla e dominante. A existência de diversas subculturas é característica das sociedades complexas.

> **PENSAMENTO** SOCIOLÓGICO
>
> Quais subculturas são comuns em *campi* de faculdades e universidades? Que indicadores as tornam reconhecíveis? Por que essas subculturas têm maior probabilidades de se formar lá?

Os membros de uma subcultura participam da cultura dominante, ao mesmo tempo em que têm formas únicas e diferenciadas de comportamento. Frequentemente, uma subcultura irá desenvolver sua própria gíria, conhecida como **jargão** – linguagem especializada que a distingue da sociedade mais ampla. Por exemplo, nas décadas de 1940 e 1950, trabalhadores do saneamento em Nova York desenvolveram um jargão bem-humorado, usado até hoje, para descrever os aspectos sujos e fedorentos de seu trabalho. Eles se chamavam de *g-men* (um termo mais aplicado a agentes do governo), uma barcaça ou chata transportando lixo é conhecida como um *honey boat*, e o lixo jogado de uma janela de andares superiores é chamado de *airmail*. Cunhagens mais recentes incluem *disco rice* e *urban whitefish*. Os Administradores do Departamento de Saneamento praticam um humor mais reservado do que os que trabalham nos caminhões. Quando enviam um *honey boat* a New Jersey, não estão despejando lixo da cidade, eles o estão *exportando*. Os formuladores de políticas do departamento também inventaram algumas expressões novas para descrever a atitude dos nova-iorquinos diante da construção de novas instalações sanitárias; *banana* (não construir absolutamente nada, em nenhum lugar, perto de ninguém) e *nope* (*not on planet earth*) (Urbina, 2004).

Esse jargão permite aos membros da subcultura entender palavras com significados especiais e estabelece padrões de comunicação que os de fora não podem compreender. Ao fazê-lo, deixa clara a fronteira entre "nós" e "eles", e reforça uma identidade compartilhada. Vemos algo semelhante nas palavras e siglas consideradas normais no mundo das mensagens instantâneas e mensagens de texto. Lá, as abreviaturas chegam com muita velocidade, desde as bastante conhecidas, como *lol* (*laughing out loud*, ou "gargalhando"), *brb* (*be right back*, ou "já volto") e *g2g* (*got to go*, ou "tenho que ir"), às mais obscuras, como *1337* (que significa "elite" e se refere à linguagem simbólica ou *leet-speak*) ou *pwned* (termo da *leet* que significa "derrotado").

> **subcultura** Segmento da sociedade que compartilha um padrão distinto de tradições, costumes e valores que difere do padrão da sociedade em geral.
>
> **jargão** Linguagem especializada, usada por membros de um grupo ou subcultura.

Na Índia, uma nova subcultura desenvolveu-se entre os empregados de *call centers* internacionais estabelecidos pelas multinacionais. Para atender a clientes nos Estados Unidos e na Europa, jovens homens e mulheres que trabalham nesses locais têm que ser fluentes em inglês. Contudo, as empresas que os empregam exigem mais do que a proficiência em uma língua estrangeira; elas esperam que seus funcionários indianos adotem valores e hábitos de trabalho ocidentais, incluindo o ritmo extenuante que os trabalhadores norte-americanos consideram normal. Em troca, as empresas oferecem regalias como jantares e bailes em estilo ocidental e bens de consumo cobiçados. Ironicamente, elas só permitem que os funcionários tirem dias de folga em feriados dos Estados Unidos, como o dia do trabalho e o dia de ação de graças, e não em feriados indianos como o Diwali, o festival hindu das luzes. Enquanto a maioria das famílias indianas está em casa comemorando, os funcionários dos *call centers* veem principalmente uns aos outros. Quando eles têm um dia de folga, ninguém mais está livre para conviver com eles. Como resultado, esses funcionários têm formado uma subcultura coesa, com base em muito trabalho e em uma preferência por bens de luxo e atividades de lazer ocidentais. Cada vez mais, eles são objeto de crítica por parte de compatriotas que têm um estilo de vida indiano mais convencional, centrado em tradições de família e feriados (Kalita, 2006).

Contraculturas Às vezes, pode-se desenvolver uma subcultura que busca se constituir como alternativa à cultura dominante. Quando se opõe visível e deliberadamente a determinados aspectos da cultura geral, a subcultura é conhecida como uma **contracultura**. As contraculturas normalmente prosperam entre os jovens, que têm investimento mínimo na cultura existente.

contracultura Subcultura que se opõe deliberadamente a certos aspectos da cultura geral.

A década de 1960, hoje caracterizada com frequência pela frase "sexo, drogas e *rock'n'roll*", é um caso clássico de contracultura ampla. Em grande parte jovens, os membros dessa contracultura não se sentiam entusiasmados por uma sociedade que acreditavam ser muito materialista e tecnológica. Entre eles, estavam muitos radicais políticos e *hippies* que haviam se retirado das instituições sociais dominantes, mas seus membros eram muitos e diversificados. Em seus escritos, discursos e canções, os jovens expressaram as visões, as esperanças e os sonhos que tinham para uma nova sociedade. Como se viu na pesquisa com estudantes universitários calouros em 1966, esses homens e mulheres jovens rejeitavam a pressão para acumular carros mais caros, casas maiores e uma infindável variedade de bens materiais. Em vez disso, expressavam o desejo de viver em uma cultura com base em valores mais humanistas, como o compartilhamento, o amor e a coexistência com o meio ambiente. Como força política, trabalharam pela paz – opondo-se ao envolvimento dos Estados Unidos na guerra no Vietnã e incentivando a resistência a convocações militares – bem como pela igualdade racial e de gênero (Anderson, 2007; Gitlin, 1993).

Na esteira dos ataques de 11 de setembro de 2001, pessoas em todos os Estados Unidos tomaram conhecimento da existência de grupos de terroristas que operavam como uma contracultura dentro de seu próprio país. Muitos países tiveram que lidar com grupos contraculturais internos – muitas vezes enraizados em antigas diferenças nacionais, étnicas ou políticas – cujos membros discordam muito dos valores e das normas da cultura dominante. A maioria dos casos não resulta em violência, mas, em alguns, como na Irlanda do Norte e em Israel, os grupos têm usado atentados, incluindo os suicidas, para declarar sua posição, de forma simbólica e real, procurando chamar a atenção para sua situação e acabar com a repressão que sofrem (Juergensmeyer, 2003). Na Irlanda do Norte, em Israel, nos territórios palestinos e em outras partes do mundo, muitas gerações viveram nesse tipo de circunstâncias. Contudo, as células terroristas não são necessariamente alimentadas apenas por indivíduos de fora. Frequentemente, as pessoas decepcionam-se com as políticas de seu próprio país, e algumas tomam medidas muito violentas (Juergensmeyer, 2003).

Choque cultural Hoje somos cada vez mais propensos a entrar em contato com culturas diferentes das nossas e até mesmo a penetrar nelas. Por exemplo, tornou-se mais comum os alunos estudarem no exterior. Embora possam ter sessões de orientação antes de viajar, quando chegam ao país, eles costumam ter dificuldade de se ajustar porque muitas das pequenas coisas que consideram naturais, que eles quase não notavam antes, já não se aplicam. Qualquer pessoa que se sinta desorientada, insegura, deslocada ou até mesmo com medo ao se deparar com práticas culturais diferentes pode estar experimentando o **choque cultural**. Por exemplo, um brasileiro que visite certas áreas no Camboja e queira carne para o jantar pode ficar pasmo ao saber que uma especialidade local é a carne de rato. Da mesma forma, alguém de uma cultura islâmica rígida pode se chocar ao ver pela primeira vez os estilos de vestimenta comparativamente provocantes e as demonstrações abertas de afeto que são comuns no Brasil e em outras culturas ocidentais.

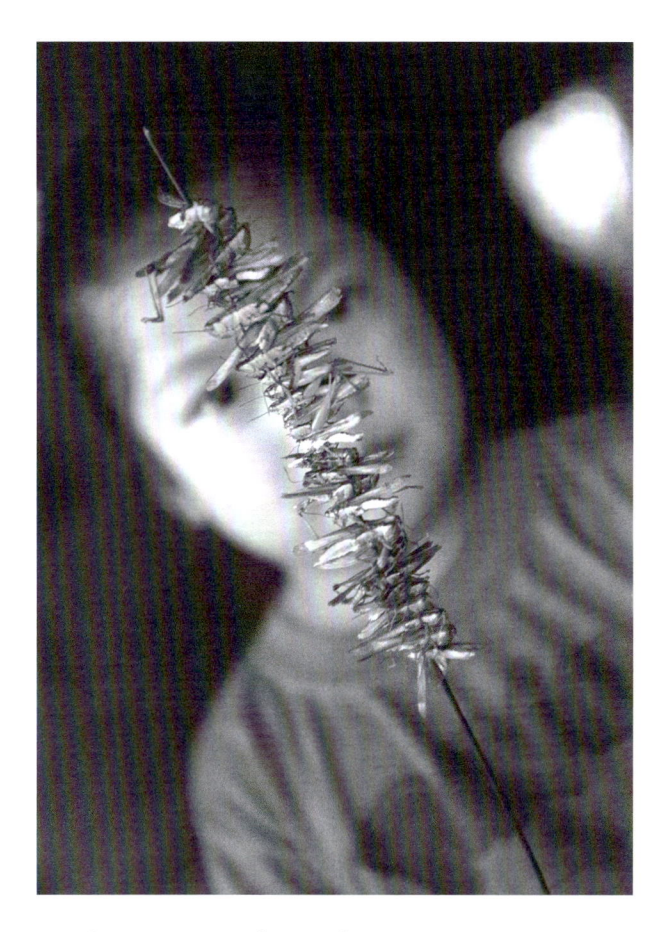

sado. Por isso, também é mais provável que tenhamos dificuldades com o que pensamos sobre as crenças, os valores e as práticas dos outros. Quando ouvimos pessoas falando sobre a "nossa" cultura *versus* a cultura "deles", muitas vezes nos deparamos com declarações que refletem a atitude de que a "nossa" é a melhor. Termos como *subdesenvolvido*, *atrasado* e *primitivo* podem ser usados para nos referirmos a outras sociedades. Aquilo em que "nós" acreditamos é religião; aquilo em que "eles" acreditam é superstição e mitologia.

> **choque cultural** Sentimentos de desorientação, incerteza e até mesmo medo que as pessoas experimentam quando se deparam com práticas culturais desconhecidas.
>
> **etnocentrismo** Tendência a pressupor que a própria cultura e o próprio modo de vida representam o que é normal ou são superiores a todos os outros.

É tentador avaliar as práticas de outras culturas com base em nossas próprias perspectivas. O sociólogo William Graham Sumner (1906) cunhou o termo **etnocentrismo** para se referir à tendência que alguém tem de pressupor que sua própria cultura e seu modo de vida representam o que é normal ou que são superiores a todos os outros. A pessoa etnocêntrica vê seu próprio grupo como o centro ou ponto definidor da cultura, vendo todas as outras culturas como desvios daquilo que é "normal". Assim, os ocidentais que consideram o gado como fonte de alimento podem olhar com superioridade a religião e a cultura hindus, que veem a vaca como sagrada. Pessoas de uma cultura podem descartar como impensáveis as práticas de escolha do parceiro ou de criação de filhos de outra.

Curiosamente, depois de voltar para casa, os alunos que estudaram no exterior podem vivenciar uma espécie de choque cultural reverso. O tempo que passaram longe os transformou, muitas vezes de formas que eles não perceberam, e descobrem que não conseguem escorregar facilmente de volta às antigas rotinas que aqueles que permaneceram em casa esperam deles. O choque cultural nos revela o poder da cultura e o quanto a tratamos como algo natural. As regras que seguimos são tão arraigadas que mal notamos que as estávamos seguindo até que elas já não estejam lá para oferecer a estrutura e a ordem que consideramos como dadas.

> Você nunca entende realmente uma pessoa até considerar as coisas do ponto de vista dela... até entrar na pele dela e andar por aí nessa pele.
>
> Harper Lee, *To Kill a Mockingbird*

Todos nós, de alguma forma, consideramos naturais as práticas culturais de nossa sociedade. Como resultado, pode ser surpreendente e até mesmo perturbador perceber que outras culturas não seguem nosso modo de vida. O fato é que os costumes que nos parecem estranhos são considerados normais e adequados em outras culturas, que podem considerar nossos próprios costumes e tradições muito estranhos.

ATITUDES DIANTE DA VARIAÇÃO CULTURAL

Etnocentrismo Atualmente, é mais provável que encontremos pessoas de toda uma gama de origens culturais do que no pas-

Juízos de valor etnocêntricos complicaram os esforços dos Estados Unidos pela reforma democrática do governo iraquiano. Antes da guerra de 2003 no Iraque, os planejadores norte-americanos tinham pressuposto que os iraquianos se adaptariam a uma nova forma de governo, da mesma forma que os alemães e os japoneses se adaptaram depois da Segunda Guerra Mundial. Contudo, na cultura iraquiana, ao contrário das culturas alemã e japonesa, a lealdade à família e ao clã ampliado vem antes do patriotismo e do bem comum. Em um país em que quase metade de todas as pessoas, mesmo nas cidades, casa-se com um primo em primeiro ou segundo grau, os cidadãos têm predisposição a favorecer seus próprios parentes nas relações comerciais e governamentais. Por que confiar em um estranho de fora da família? O que os ocidentais criticam como nepotismo, na verdade, é uma prática aceitável, e mesmo admirável, para os iraquianos (J. Tierney, 2003).

Uma das razões pelas quais o etnocentrismo se desenvolve é que ele contribui para um sentimento de solidariedade ao promover o orgulho de grupo. Denegrir outras nações e culturas pode melhorar nossos próprios sentimentos patrióticos e a crença em nosso modo de vida. No entanto, esse tipo de estabilidade social é estabelecido à custa de outras pessoas. Uma das consequências negativas dos juízos de valor etnocêntricos é que eles servem para desvalorizar grupos e negar a igualdade de oportunidades.

É claro que o etnocentrismo não se limita aos cidadãos de determinado país. Por exemplo, ao visitarem os Estados Unidos, pessoas de muitas culturas africanas ficam surpresas com a falta de respeito das crianças norte-americanas em relação a seus pais. As pessoas da Índia podem sentir repulsa pela prática de morar na mesma casa com cães e gatos. Muitos fundamentalistas islâmicos no mundo árabe e na Ásia consideram os Estados Unidos corruptos, decadentes e condenados à destruição. Todas essas pessoas podem se sentir confortadas por ser de culturas que, em sua opinião, são superiores à norte-americana (Juergensmeyer, 2003).

Relativismo cultural Enquanto etnocentrismo significa avaliar culturas estrangeiras usando a cultura conhecida pelo observador como padrão de comportamento correto, o **relativismo cultural** significa ver o comportamento das pessoas a partir da perspectiva da cultura delas próprias. Essa visão dá prioridade à compreensão de outras culturas, em vez de desconsiderá-las como "estranhas" ou "exóticas". Ao contrário dos etnocentristas, os relativistas culturais procuram empregar o tipo de neutralidade de valor que Max Weber considerava tão importante.

relativismo cultural Enxergar o comportamento das pessoas a partir da perspectiva da cultura delas.

O relativismo cultural salienta que diferentes contextos sociais dão origem a diferentes normas e valores. Assim, devemos examinar práticas como a poligamia, as touradas e a monarquia dentro dos contextos específicos das culturas em que se encontram. Relativismo cultural não é a mesma coisa que relativismo moral, o qual implica não haver padrões normativos máximos e, portanto, não sugere que devamos aceitar, sem questionar, cada variação cultural. Contudo, ele requer um esforço sério e imparcial para avaliar normas, valores e costumes à luz da cultura específica sendo observada.

Praticar a imaginação sociológica exige que sejamos mais plenamente conscientes da cultura que nós, como seres humanos, criamos para nós mesmos, e que estejamos mais sintonizados com as variedades de cultura que outras pessoas estabeleceram para si. A cultura molda nossos comportamentos cotidianos o tempo todo, e nós fazemos escolhas a partir das ferramentas que ela oferece. Na maior parte, não temos conhecimento do grau em que estamos imersos em um mundo construído por nós mesmos. Seja na capacidade de ler um livro, fazer uma refeição ou abraçar um estranho na rua, é por meio da cultura que estabelecemos nossa relação com o mundo externo e uns com os outros.

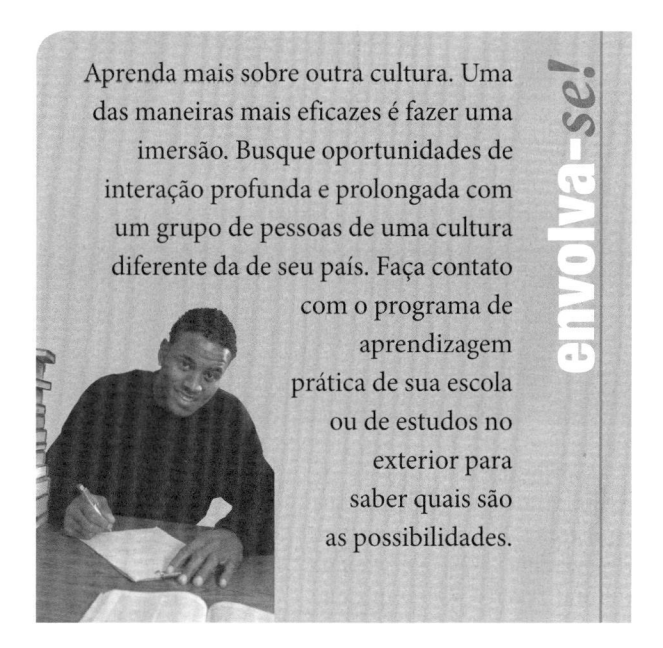

> Aprenda mais sobre outra cultura. Uma das maneiras mais eficazes é fazer uma imersão. Busque oportunidades de interação profunda e prolongada com um grupo de pessoas de uma cultura diferente da de seu país. Faça contato com o programa de aprendizagem prática de sua escola ou de estudos no exterior para saber quais são as possibilidades.
>
> **envolva-se!**

PARA REVISÃO

I. Por que os seres humanos criam cultura?
   - Os seres humanos não têm os instintos complexos presentes em outros animais, e, portanto, devem construir um relacionamento com a natureza e entre si. Fazemos isso pela construção da cultura compartilhada.

II. Em que consiste a cultura?
   - A cultura pode ser dividida em duas categorias. A primeira é a cultura material, que consiste na modificação do ambiente físico e inclui a tecnologia. A segunda é a cultura imaterial, que consiste em um número de componentes, incluindo língua, valores, normas e sanções.

III. De que forma a cultura possibilita e restringe?
   - Embora a cultura nos proporcione o conhecimento, as regras e os artefatos de que precisamos para sobreviver, ela também limita nossas opções. As palavras nos permitem ver e as ferramentas nos permitem fazer coisas, mas ambas são concebidas para fins específicos e nos protegem de possibilidades alternativas. Além disso, com o etnocentrismo, nos isolamos em relação a novas possibilidades vindas de diferentes culturas.

Visões **SOCIOLÓGICAS** sobre cultura

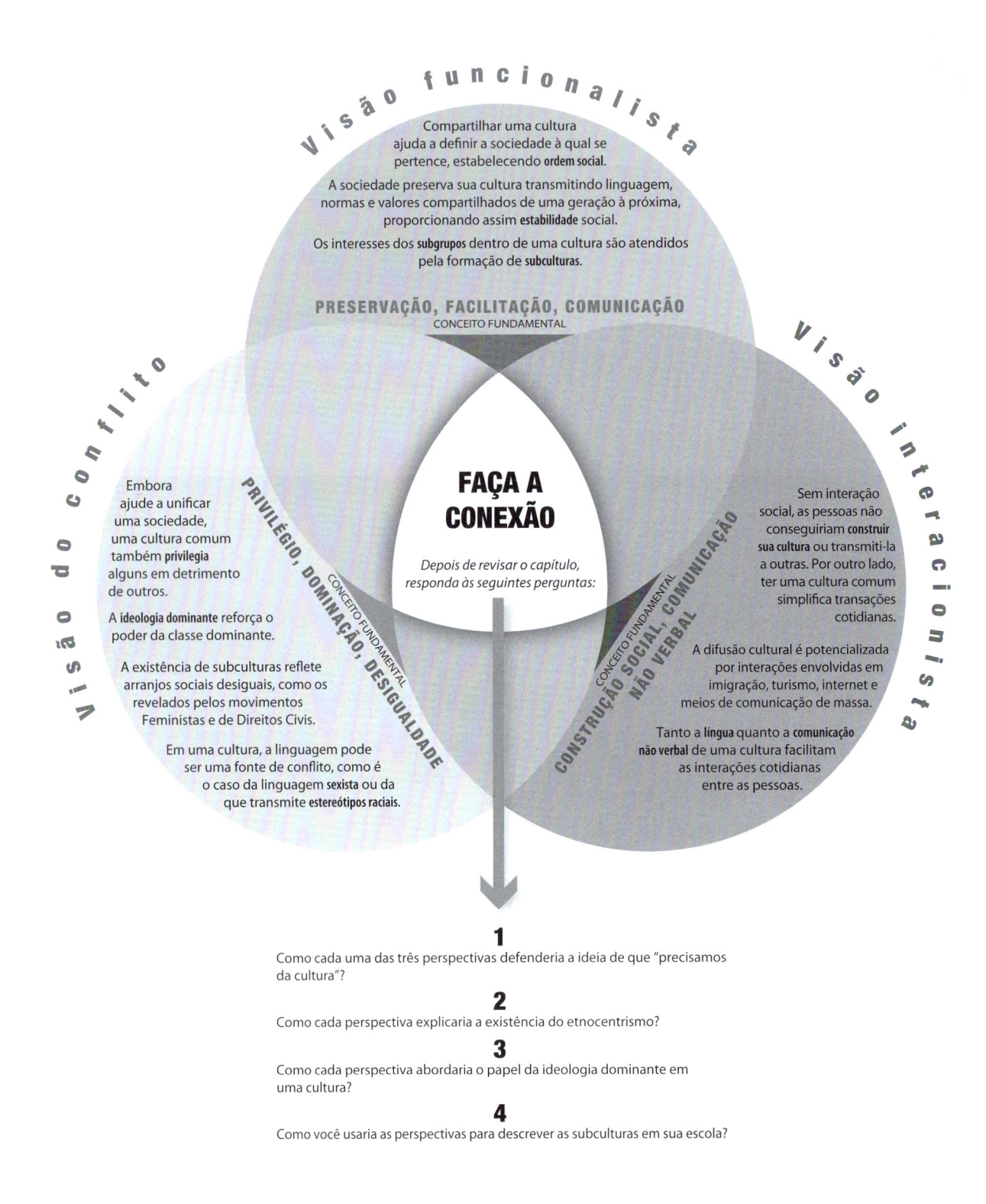

Visão funcionalista

Compartilhar uma cultura ajuda a definir a sociedade à qual se pertence, estabelecendo **ordem social**.

A sociedade preserva sua cultura transmitindo linguagem, normas e valores compartilhados de uma geração à próxima, proporcionando assim **estabilidade** social.

Os interesses dos **subgrupos** dentro de uma cultura são atendidos pela formação de **subculturas**.

PRESERVAÇÃO, FACILITAÇÃO, COMUNICAÇÃO
CONCEITO FUNDAMENTAL

Visão do conflito

Embora ajude a unificar uma sociedade, uma cultura comum também **privilegia** alguns em detrimento de outros.

A **ideologia dominante** reforça o poder da classe dominante.

A existência de subculturas reflete arranjos sociais desiguais, como os revelados pelos movimentos Feministas e de Direitos Civis.

Em uma cultura, a linguagem pode ser uma fonte de conflito, como é o caso da linguagem **sexista** ou da que transmite **estereótipos raciais**.

PRIVILÉGIO, DOMINAÇÃO, DESIGUALDADE
CONCEITO FUNDAMENTAL

Visão interacionista

Sem interação social, as pessoas não conseguiriam **construir sua cultura** ou transmiti-la a outras. Por outro lado, ter uma cultura comum simplifica transações cotidianas.

A difusão cultural é potencializada por interações envolvidas em imigração, turismo, internet e meios de comunicação de massa.

Tanto a **língua** quanto a **comunicação não verbal** de uma cultura facilitam as interações cotidianas entre as pessoas.

CONSTRUÇÃO SOCIAL, COMUNICAÇÃO NÃO VERBAL
CONCEITO FUNDAMENTAL

FAÇA A CONEXÃO

Depois de revisar o capítulo, responda às seguintes perguntas:

1
Como cada uma das três perspectivas defenderia a ideia de que "precisamos da cultura"?

2
Como cada perspectiva explicaria a existência do etnocentrismo?

3
Como cada perspectiva abordaria o papel da ideologia dominante em uma cultura?

4
Como você usaria as perspectivas para descrever as subculturas em sua escola?

Pop Quiz

1. **O que os sociólogos chamam de estrutura das relações, dentro da qual uma cultura é criada e compartilhada por meio de padrões regularizados de interação social?**
   a. Normas
   b. Difusão
   c. Globalização
   d. Sociedade

2. **A necessidade que as pessoas têm de comida, abrigo e roupas é um exemplo do que George Murdock chamou de**
   a. normas.
   b. costumes.
   c. universais culturais.
   d. práticas culturais.

3. **O que é uma invenção?**
   a. Introdução de uma ideia ou objeto novos em uma cultura
   b. Combinação de itens culturais existentes de uma forma que não existia antes
   c. Ato de tornar conhecida ou compartilhar a existência de um aspecto da realidade
   d. Aspectos físicos ou tecnológicos de nossas vidas cotidianas

4. **Que termo os sociólogos usam para se referir ao processo pelo qual um item cultural se espalha de grupo para grupo ou de sociedade para sociedade?**
   a. Difusão
   b. Globalização
   c. Inovação
   d. Relativismo cultural

5. **Qual das seguintes afirmações é verdadeira de acordo com a hipótese de Sapir-Whorf?**
   a. A língua simplesmente descreve a realidade
   b. A língua legitima interesses sociais, econômicos e políticos existentes
   c. A língua molda nossa percepção da realidade
   d. A formação da língua é limitada por universais culturais

6. **Os valores representam _____ compartilhada/s, ao passo que as normas fornecem diretrizes para _____ compartilhado/a/s.**
   a. regras; ideias
   b. crenças; comportamentos
   c. linguagem; tecnologias
   d. ações; conhecimento

7. **Que tipo de norma é considerado altamente necessário para o bem-estar de uma sociedade, muitas vezes por incorporar os princípios mais valorizados por um povo?**
   a. Normas formais
   b. Normas informais
   c. Costumes
   d. Tradições

8. **Qual dos seguintes termos descreve o conjunto de crenças e práticas culturais que ajudam a preservar os interesses sociais, econômicos e políticos poderosos?**
   a. Tradições
   b. Ideologia dominante
   c. Consenso
   d. Valores

9. **Os grupos terroristas são exemplos de**
   a. universais culturais.
   b. subculturas.
   c. contraculturas.
   d. ideologias dominantes.

10. **Qual o termo usado quando se busca entender outra cultura a partir da perspectiva dela, em vez de rejeitá-la como "estranha" ou "exótica"?**
    a. Etnocentrismo
    b. Choque cultural
    c. Relativismo cultural
    d. Valor cultural

1. (d); 2. (c); 3. (b); 4. (a); 5. (c); 6. (b); 7. (c); 8. (b); 9. (c); 10. (c).

4

SOCIALIZAÇÃO

O QUE ESTÁ POR VIR

72 O papel da socialização
75 O *self* e a socialização
80 Agentes de socialização
88 A socialização ao longo da vida
91 Envelhecimento e sociedade
93 Perspectivas sobre o envelhecimento

APRENDENDO A LINGUAGEM

Os bebês são ímãs de cultura. Como seres humanos somos extremamente vulneráveis ao nascer, mas, em seguida, elementos da cultura começam a grudar na gente. Imagine como deve ser o mundo pelos olhos de um recém-nascido. Sem idioma para dar nomes às coisas, sem crenças para lhes dar sentido, sem normas para saber o que fazer, sem habilidades para usar ferramentas ou utensílios, como poderíamos sobreviver? Lentamente, ao interagirmos com os outros, interiorizamos o que precisamos saber.

Um dos elementos mais básicos da cultura é a língua, e nós começamos a ensiná-la aos bebês imediatamente. Começamos a fazer isso usando fala de bebê. Os pesquisadores costumam se referir a esse estilo cantante de falar como "maternalês". Ele se caracteriza por um tom mais alto e mais variado, sons vogais mais longos e fala mais lenta. Os bebês preferem esse tipo de fala até terem cerca de oito meses de idade. Esse falar fornece importantes componentes para o que mais tarde se tornará a língua nativa de uma criança. Na verdade, perder essa exposição devido à privação social pode ter um impacto devastador na aquisição da linguagem (Soderstrom, 2007).

Mesmo que a fala de bebê seja quase um universal cultural, a frequência dos sons, incluindo vogais e consoantes, e as relações entre eles variam de cultura para cultura. Um bebê em um ambiente anglófono ouve combinações diferentes das de um bebê em um contexto onde se fale sueco ou japonês. Essa variação fornece a base para crianças que aprendem as particularidades de sua língua nativa. Por exemplo, o inglês tem dez sons vogais, enquanto o sueco tem 16 e o japonês, cinco. A fala de bebê nesses diferentes contextos também varia, abrindo algumas vias linguísticas enquanto fecha outras. Nas palavras da linguista Patricia Kuhl (2004), "a aprendizagem precoce promove a aprendizagem futura que esteja em conformidade e se baseie nos padrões já aprendidos, mas limita a aprendizagem futura de padrões que não estejam em conformidade com os já aprendidos" (p. 832).

Os bebês podem parecer especialmente bonitinhos quando começam a fazer experimentos com sons, imitando o que ouvem, mesmo antes de conhecerem qualquer palavra. Isso ficou evidente quando um vídeo de gêmeos se provocando se tornou viral. No vídeo, disponível em TwinMamaRama.com, as duas crianças de 17 meses "falavam" uma com a outra, dizendo pouco mais do que "da, da, da". Contudo, o faziam com expressões, com gestos das mãos, alternando a vez de cada uma, e dando risadas nos momentos que pareciam ser os certos. Eles conheciam o som da língua – haviam aprendido isso por meio de interações com parentes, amigos e outros – e era só uma questão de tempo até também aprenderem as palavras que os acompanham.

À medida que você for LENDO >>

- Como nos tornamos quem somos?
- Quem molda nossa socialização?
- Como nosso desenvolvimento muda ao longo do tempo?

>>O papel da socialização

Como espécie, os seres humanos não estão totalmente formados quando nascem. Nos primeiros anos de nossas vidas, dependemos de outros para sobreviver. Eles cuidam das necessidades físicas que ainda não somos capazes de atender por conta própria, mas, como vimos com a linguagem, também nos prepararam para o futuro, ensinando-nos a falar, pensar, comportar-nos e criar. Temos que interiorizar a cultura que foi criada por quem veio antes de nós, e pais, professores, amigos e outros nos possibilitam fazê-lo. Os sociólogos chamam essa formação de **socialização**, o processo, que dura a vida toda, pelo qual as pessoas aprendem as atitudes, os valores e os comportamentos adequados aos membros de determinada cultura. Embora a biologia seja importante na formação de quem nós nos tornamos, os sociólogos afirmam que a língua que falamos, os valores em que acreditamos e as regras que seguimos têm menos a ver com nosso DNA do que com o contexto cultural de onde saímos.

socialização Processo, que dura a vida toda, pelo qual as pessoas aprendem as atitudes, os valores e os comportamentos adequados aos membros de determinada cultura.

PENSAMENTO SOCIOLÓGICO

Quais são as habilidades que você aprendeu antes dos dois anos de idade e que agora considera naturais? Com quem as aprendeu? Em que contextos?

AMBIENTE SOCIAL: O IMPACTO DO ISOLAMENTO

A socialização que acontece quando temos pouca idade é importante na definição de quem nos tornamos. Vemos seu poder quando examinamos casos em que essa interação é limitada ou negada. Por exemplo, estudos de crianças que sofreram isolamento extremo na infância e pesquisas sobre primatas aos quais se nega cuidados sugerem o quanto precisamos dessa interação.

Isolamento extremo na infância

Crianças que foram isoladas ou muito negligenciadas (às vezes chamadas de *crianças ferais*, para sugerir que voltaram a um estado selvagem ou indomado) normalmente têm dificuldade de se recuperar da perda da socialização da primeira infância. Um caso famoso foi o de Isabelle, que foi descoberta e resgatada em Ohio, em 1938. Isabelle tinha sido escondida do mundo quando nasceu e recebera contato humano mínimo a partir desse momento. Quando foi resgatada, aos seis anos, ela não sabia falar. Tinha medo extremo de estranhos, reagindo quase como um animal selvagem quando se deparava com uma pessoa desconhecida. Em testes sobre desenvolvimento educacional, ela teve resultados de bebê (Davis, 1940, 1947).

Outro caso foi Genie, uma menina de 14 anos descoberta por autoridades da Califórnia em 1970. Genie havia sido mantida em isolamento desde que tinha 20 meses. Durante esse tempo, nenhum membro da família tinha falado com ela, nem ela pode ouvir coisa alguma além de xingamentos. Como não havia televisão ou rádio em sua casa, ela nunca tinha ouvido os sons da fala humana normal. Um ano após o início de terapia ampla, a gramática de Genie assemelhava-se à de um típico bebê de 18 meses. Embora tenha tido mais avanços com a continuação da terapia, ela nunca alcançou capacidade de linguagem completa. Hoje, Genie, com cerca de 50 anos, mora em uma instituição para adultos com deficiência de desenvolvimento na Califórnia (Curtiss, 1977; James, 2008; Rymer, 1993).

Embora esses casos individuais de isolamento quase total sejam relativamente raros, crianças criadas em circunstâncias de extrema negligência também enfrentam desafios difíceis para o desenvolvimento. Por exemplo, antigamente, em muitos orfanatos romenos, os bebês ficavam no berço de 18 a 20 horas por dia, agarrados nas mamadeiras e recebendo poucos cuidados dos adultos. Essa atenção mínima continuava durante os primeiros cinco anos

Dez casos modernos de crianças ferais

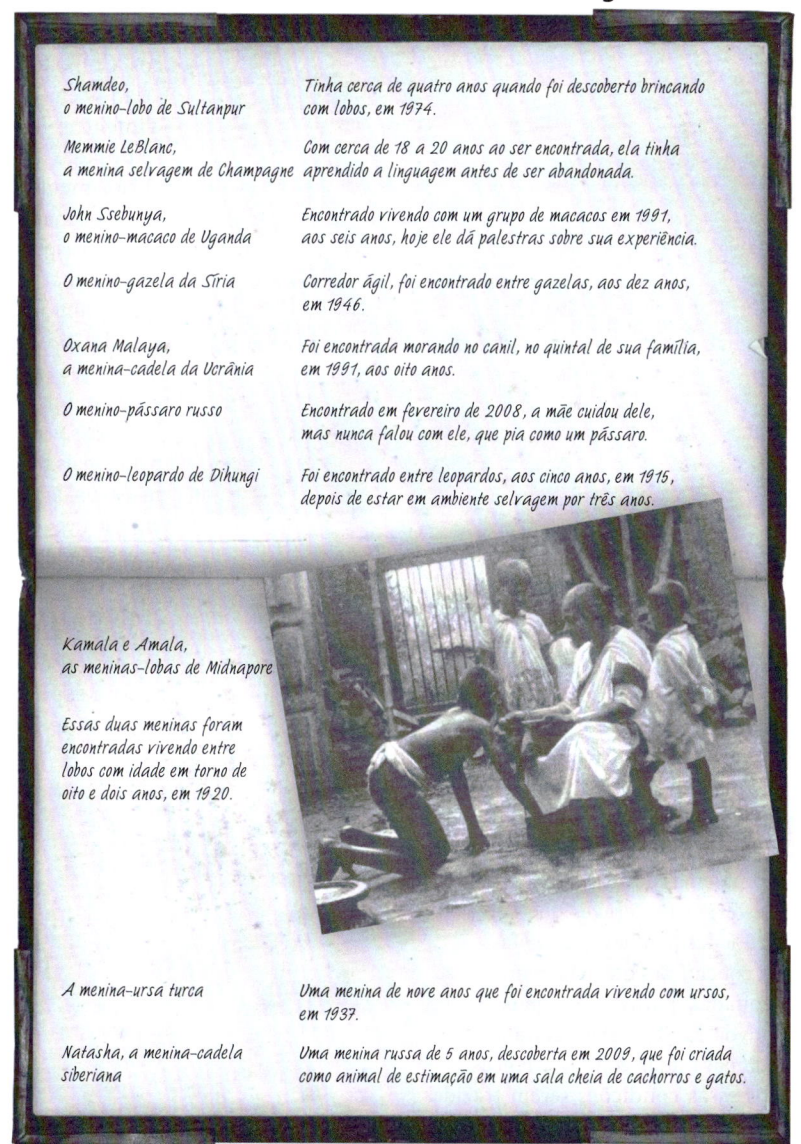

Shamdeo, o menino-lobo de Sultanpur	Tinha cerca de quatro anos quando foi descoberto brincando com lobos, em 1974.
Memmie LeBlanc, a menina selvagem de Champagne	Com cerca de 18 a 20 anos ao ser encontrada, ela tinha aprendido a linguagem antes de ser abandonada.
John Ssebunya, o menino-macaco de Uganda	Encontrado vivendo com um grupo de macacos em 1991, aos seis anos, hoje ele dá palestras sobre sua experiência.
O menino-gazela da Síria	Corredor ágil, foi encontrado entre gazelas, aos dez anos, em 1946.
Oxana Malaya, a menina-cadela da Ucrânia	Foi encontrada morando no canil, no quintal de sua família, em 1991, aos oito anos.
O menino-pássaro russo	Encontrado em fevereiro de 2008, a mãe cuidou dele, mas nunca falou com ele, que pia como um pássaro.
O menino-leopardo de Dihungi	Foi encontrado entre leopardos, aos cinco anos, em 1915, depois de estar em ambiente selvagem por três anos.
Kamala e Amala, as meninas-lobas de Midnapore	Essas duas meninas foram encontradas vivendo entre lobos com idade em torno de oito e dois anos, em 1920.
A menina-ursa turca	Uma menina de nove anos que foi encontrada vivendo com ursos, em 1937.
Natasha, a menina-cadela siberiana	Uma menina russa de 5 anos, descoberta em 2009, que foi criada como animal de estimação em uma sala cheia de cachorros e gatos.

Fonte: www.feralchildren.com.

Uma "mãe artificial" coberta de pano, do tipo usado por Harry Harlow.

de suas vidas. Muitos deles tinham medo do contato humano e eram propensos a comportamentos antissociais imprevisíveis.

Essa situação só veio à tona quando famílias da América do Norte e da Europa começaram a adotar milhares dessas crianças, na década de 1990. Os problemas de adaptação muitas vezes eram tão graves que cerca de 20% das famílias que adotaram concluíram que não eram adequadas para serem pais adotivos. Muitas delas pediram ajuda para lidar com as crianças. Após essas condições serem trazidas à tona por trabalhadores humanitários internacionais, o governo romeno fez esforços para introduzir os jovens carentes à interação social e aos consequentes sentimentos de vínculo, que eles nunca tinham experimentado antes (Groza, Ryan e Thomas, 2008; Ionescu, 2005; Craig Smith, 2006a).

Casos de isolamento extremo demonstram a importância das primeiras experiências de socialização para as crianças. Hoje sabemos que não é suficiente atender apenas às necessidades físicas de um bebê; os pais também devem se preocupar com o desenvolvimento social das crianças. Se os pais não incentivarem os filhos a ter amigos – mesmo em bebês – essas crianças não terão as interações sociais com os pares que são fundamentais para o crescimento emocional.

Estudos com primatas Nossa necessidade de socialização precoce é reforçada por estudos com animais criados em isolamento. Apesar de que nunca realizaríamos esses experimentos em bebês humanos, o psicólogo Harry Harlow (1971) fez testes com macacos rhesus que haviam sido criados longe das mães e do contato com outros macacos. Como foi o caso de Isabelle e Genie, os macacos rhesus criados em isolamento tinham medo e se assustavam facilmente. Eles não acasalavam, e as fêmeas, que foram inseminadas artificialmente, tornaram-se mães abusivas. O isolamento primitivo teve efeitos nocivos de longo prazo sobre os macacos.

Um aspecto criativo das experiências de Harlow foi o uso de "mães artificiais". Em um desses experimentos, Harlow apresentou macacos criados em isolamento com duas mães substitutas – uma réplica coberta de pano e um modelo de metal, que tinha a capacidade de oferecer leite. Todos os macacos iam para a mãe de metal em busca do leite que dá vida, mas passavam muito mais tempo agarrados ao modelo de pano, mais parecido com uma mãe. Aparentemente, os bebês macacos desenvolveram vínculos sociais maiores com base em sua necessidade de calor, conforto e intimidade do que na necessidade de alimentos.

A INFLUÊNCIA DA HEREDITARIEDADE

Os pesquisadores que defendem um papel mais importante para explicações biológicas sobre nosso comportamento apontam pesquisas diferentes para sustentar sua posição – estudos com gêmeos, principalmente gêmeos idênticos criados separados um do outro. Oskar Stohr e Jack Yufe, gêmeos idênticos separados pouco depois do parto, foram criados em diferentes continentes e em contextos culturais muito distintos. Oskar foi criado como católico rígido por sua avó materna, na região tchecoslovaca dos Sudetos. Como membro do movimento Juventude Hitlerista na Alemanha nazista, ele aprendeu a odiar os judeus. Seu irmão, Jack, por sua vez, foi criado em Trinidad pelo pai judeu dos gêmeos. Jack foi para a um kibutz israelense (um assentamento coletivo) aos 17 anos e, mais tarde, serviu no exército de Israel. Quando os gêmeos foram reunidos na meia-idade, no entanto, surgiram algumas semelhanças surpreendentes. Ambos usavam óculos de aro de metal e tinham bigode. Ambos gostavam de alimentos picantes e de licores doces, eram distraídos, davam descarga antes de usar o vaso sanitário, guardavam atílios nos pulsos e molhavam torradas com manteiga no café (Holden, 1980).

Nesses casos, é tentador se concentrar quase que exclusivamente nessas semelhanças peculiares, mas os gêmeos também diferiam em muitos aspectos importantes. Por exemplo, Jack era viciado em trabalho e Oskar gostava de atividades de lazer. Enquanto Oskar era um homem tradicional, dominador em relação às mulheres, Jack era um liberal político, aceitando muito mais o feminismo. Por fim, Jack era extremamente orgulhoso de ser judeu, mas Oskar nunca mencionou sua herança judaica. Oskar e Jack são ótimos exemplos da interação entre hereditariedade e ambiente (Holden, 1987).

Para entender melhor a interação entre natureza e criação, desde 1983 o *Minnesota Twin Family Study* vem acompanhando pares de gêmeos idênticos criados separadamente para determinar quais semelhanças, se houver, eles apresentam em traços de personalidade, comportamento e inteligência. Os resultados disponíveis dos estudos com gêmeos indicam que tanto fatores genéticos quanto experiências de socialização têm influência no desenvolvimento humano. Certas características – como temperamento, padrões de voz, tiques nervosos e tendências à liderança ou à dominação – parecem ser surpreendentemente semelhantes, mesmo em gêmeos criados separados, sugerindo que essas qualidades podem estar ligadas à hereditariedade. No entanto, gêmeos idênticos criados separados diferem muito mais em suas atitudes, valores, escolha de companheiros, necessidade de intimidade, conforto e assistência, e até mesmo em hábitos relativos à bebida. Essas qualidades, ao que parece, são influenciadas por fatores ambientais.

Os pesquisadores também ficaram impressionados com os resultados semelhantes em testes de inteligência de gêmeos criados separadamente em ambientes sociais *mais ou menos semelhantes*. A maioria dos gêmeos idênticos registra pontuações ainda mais próximas do que seria de esperar se a mesma pessoa fizesse um teste duas vezes. No entanto, gêmeos idênticos criados em contextos sociais profundamente diferentes têm resultados bastante distintos em testes de inteligência – uma descoberta que sustenta a importância da socialização no desenvolvimento humano (Joseph, 2004; McGue e Bouchard, 1998; Minnesota Center for Twin and Family Research, 2012).

Você sabia?

. . . A taxa de natalidade de gêmeos aumentou 70% desde 1980 e a taxa de natalidade de trigêmeos ou mais aumentou 400% de 1980 a 1998 (embora tenha diminuído desde então). Os avanços tecnológicos, tanto na fertilização *in vitro* quanto na transferência de embriões, são a principal causa desses aumentos, proporcionando mais casos para os pesquisadores investigarem na tentativa de entender melhor a interação entre natureza e criação.

> Não importa o que alguém nasce, mas o que ele vem a ser.
>
> J. K. Rowling

Os resultados de estudos com gêmeos sugerem que o debate sobre natureza e criação deve continuar. Como sociólogos, não podemos descartar a importância da biologia na formação do comportamento humano, mas parece que, apesar de algumas tendências gerais de comportamento poderem ser moldadas por nossos genes, sua manifestação depende de socialização e contexto cultural. Por exemplo, podemos herdar tendências a temperamentos, mas as formas como expressamos raiva (ou outras emoções) dependem de nosso ambiente (Shenk, 2010).

>>O *self* e a socialização

No centro desse debate sobre natureza e criação está a pergunta: "Quem sou eu?". Em ambas as abordagens, a suposição implícita é a de que somos moldados por fatores fora de nosso controle. Sociologicamente falando, no entanto, não somos apenas recipientes passivos de forças externas. Como indivíduos, estamos envolvidos em uma dança contínua com o mundo. Escolhemos o que pensar e como agir, mas o fazemos dentro dos limites dos recursos culturais a que temos acesso.

ABORDAGENS SOCIOLÓGICAS AO SELF

Chegamos a ser o que somos no contexto de nossas relações com os outros. O *self* é nosso sentido de quem somos, distintos de outros e moldados pela combinação única de nossas interações sociais. Não é uma entidade estática, e sim se desenvolve e muda à medida que procuramos dar sentido às nossas experiências de vida. Sociólogos e psicólogos manifestaram interesse em como o indivíduo se desenvolve e modifica seu sentido de *self* como resultado da interação social.

self Nosso sentido de quem somos, distintos dos outros e moldados pela combinação única de nossas interações sociais.

Cooley: o *self*-espelho Segundo o sociólogo norte-americano Charles Horton Cooley (1864-1929), nos tornamos nosso *self* por meio de nossas interações com os outros. Usamos as respostas deles ao que dizemos e fazemos como um espelho que molda nossa compreensão de nosso *self*. Cooley usou a expressão ***self*-espelho** para descrever sua teoria de que nos tornamos quem somos com base em como achamos que os outros nos veem.

self-espelho Teoria de que nos tornamos quem somos com base em como achamos que os outros nos veem.

eu *Self* atuante que existe em relação ao mim.

mim *Self* socializado que planeja ações e julga desempenhos com base nas normas que aprendemos dos outros.

Nossa compreensão de nosso *self*, de acordo com Cooley, envolve um cálculo complexo, no qual lemos e reagimos constantemente. Esse processo de autodesenvolvimento tem três fases. Em primeiro lugar, imaginamos como os outros nos veem – parentes, amigos e até mesmo estranhos na rua. Em segundo lugar, imaginamos como os outros avaliam o que pensamos que eles veem – inteligente, atraente, tímido ou estranho. Por fim, definimos nosso *self* como resultado dessas suposições – "Eu sou esperto" ou "eu sou bonito" (Cooley, 1902). Esse processo é permanente e acontece durante cada uma de nossas interações. Segundo Cooley, nos tornamos o que somos não com base em como os outros realmente nos veem, e nem em como eles nos julgam, e sim em como pensamos que eles vão nos julgar com base no que achamos que eles percebem.

No modelo de Cooley, nosso sentido de *self* resulta de nossa "imaginação" sobre como os outros nos veem. Como nunca sabemos realmente o que os outros pensam, podemos desenvolver identidades próprias, com base em percepções muitas vezes *incorretas* sobre como os outros nos veem. Imagine que você está em um primeiro encontro ou em uma entrevista de emprego. Todos os sinais que recebe ao longo da interação são positivos, e a pessoa com quem você está se encontrando ou seu entrevistador sorri, ri e balança a cabeça em todos os momentos certos. Você vai para casa se sentindo feliz, confiante de que as coisas correram muito bem. Contudo, a pessoa nunca retorna seu telefonema, ou a oferta do emprego esperada nunca chega. Você passa de um sentimento de euforia e confiança a decepção, dúvida e recriminação, perguntando-se o que há de errado com você, sem nunca saber de verdade o que eles realmente pensavam a seu respeito. No mundo de Cooley, aquilo que somos depende muito de nossas interpretações das interações que temos com os outros.

Mead: etapas do *self* George Herbert Mead (1863-1931), outro sociólogo norte-americano, procurou ampliar a teoria de Cooley de que nos tornamos nosso *self* pela interação com os outros. Mead procurou principalmente esclarecer a relação entre nosso *self* e nosso ambiente. Ele argumentou que existem dois componentes principais do *self*: "**eu**" e "**mim**". O eu é nosso *self* atuante. É a parte de nós que anda, lê, canta, sorri, fala e realiza qualquer outra ação que possamos empreender. O mim é nosso *self* socializado, que se baseia em toda a nossa formação e nossa experiência anteriores para planejar nossas ações e, em seguida, usa esses padrões para julgar posteriormente nosso desempenho.

> **PENSAMENTO** SOCIOLÓGICO
> Em que sinais você se baseia para saber se as coisas estão indo bem em um primeiro encontro? E em uma entrevista de emprego? Até que ponto você acha que é possível falsear esses sinais?

Para Mead, o *self* representa uma interação contínua entre nosso *self* socializado e nosso *self* atuante. O mim planeja. O eu atua. O mim julga. Por exemplo, em uma discussão em sala de aula, nosso mim pode ter algo a dizer, mas teme que as palavras não saiam muito bem, o que poderia causar constrangimentos. Assim, nosso eu fica calado, e nosso mim dá um chute em nosso *self* depois, quando alguém diz exatamente o que planejávamos dizer e recebe elogios da professora por tê-lo dito.

Em todas as nossas interações, contamos com um ciclo de realimentação no qual coletamos informações, depois as processamos e usamos para guiar nossa reação. Em alguns aspectos, essa relação não é diferente da técnica à qual os professores de matemática recorrem quando usam a estratégia de solução com base em palpite e verificação para certos tipos de problemas matemáticos. Nessa abordagem, tenta-se uma solução para ver se funciona e, se isso não acontecer, tenta-se de novo. A cada tentativa sucessiva, você usa as informações que obteve para dar palpites mais informados e, ao fazê-lo, encontrar o caminho apropriado para a solução correta. Da mesma forma, em nossas interações com os outros, os caminhos de ação apropriada surgem com o tempo. Tornamo-nos mais confiantes de que certas respostas são apropriadas, facilitando nossas decisões sobre como agir no futuro, adquirindo mais autoconfiança.

Ao desenvolver nosso sentido de quem somos e do que é apropriado, contamos com as interações que temos com nossos pais, amigos, colegas de trabalho, treinadores e professores. Mead usou a expressão **outros significativos** para descrever os indivíduos específicos com quem interagimos, que são mais importantes para o desenvolvimento de nosso *self*. Com o passar do tempo, porém, começamos a ver que as posições que esses outros significativos ocupam fazem parte de uma rede social maior. Mead (1934, 1964a, 1964b) descreveu esse entendimento como um processo de autodesenvolvimento em três etapas: preparatória, do brinquedo e do jogo.

Etapa preparatória Durante a *etapa preparatória*, que vai até cerca de três anos de idade, as crianças simplesmente imitam as pessoas ao seu redor, principalmente membros da família com quem interagem continuamente. Assim, uma criança pequena bate em um pedaço de madeira quando um dos pais está fazendo trabalhos de carpintaria ou tenta atirar uma bola se um irmão mais velho estiver fazendo isso nas proximidades. Essa imitação é em grande parte irracional – simples repetição das ações dos outros.

À medida que crescem, as crianças começam a perceber que atribuímos sentidos a nossas ações, e se tornam mais hábeis no uso de símbolos para se comunicar com os outros. Os **símbolos** são os gestos, os objetos e as palavras que formam a base da comunicação humana. Ao interagir com parentes e amigos, bem como assistindo a desenhos animados na televisão e olhando livros ilustrados, as crianças na etapa preparatória começam a desenvolver habilidades de interação que irão utilizar ao longo de suas vidas. Elas aprendem que podem usar símbolos para conseguir o que querem, como dizer por favor e obrigado, ou talvez fazer uma cena no corredor de doces do supermercado.

Etapa do brinquedo À medida que desenvolvem habilidades para se comunicar por meio de símbolos, as crianças vão ficando mais conscientes das relações sociais das quais esses símbolos decorrem. Durante a *etapa do brinquedo*, a partir da idade de 3 a 5 anos, elas começam a fingir ser outras pessoas: médico, pai, super-herói ou professor. Esse tipo de brinquedo não precisa fazer muito sentido ou ser particularmente coerente aos adultos, e as crianças, principalmente quando são pequenas, conseguem entrar e sair de vários personagens com facilidade. Para Mead, brincar de faz de conta é mais do que apenas diversão, é uma parte crítica de nosso autodesenvolvimento.

> *O self e os outros não existem como fatos mutuamente excludentes.*
>
> Charles Horton Cooley

outro significativo Indivíduo que é muito importante no desenvolvimento do *self*, como pai ou mãe, amigo ou professor.

símbolo Gesto, objeto ou palavra que forma a base da comunicação humana.

interpretação Processo de assumir mentalmente a perspectiva de outra pessoa e responder a partir desse ponto de vista imaginado.

Na verdade, Mead observou que um aspecto importante da etapa do brinquedo é a interpretação. A **interpretação** é o processo de assumir mentalmente a perspectiva de outra pessoa e responder a partir desse ponto de vista imaginado. Por esse processo, uma criança pequena internaliza as *performances* de outras pessoas e aprende gradualmente, por exemplo, quando é melhor pedir favores a um dos pais. Se o pai ou a mãe costuma chegar do trabalho de mau humor, a criança pode esperar até depois do jantar, quando eles estão mais descontraídos e acessíveis.

Etapa do jogo Na terceira etapa de Mead, a *etapa do jogo*, a criança de cerca de 6 a 9 anos já não apenas desempenha um papel, mas agora começa a considerar várias tarefas e relações ao mesmo tempo. Nesse ponto do desenvolvimento, as crianças compreendem não só suas próprias posições sociais, mas também as dos outros ao seu redor. A transição do brinquedo ao jogo fica clara quando se ensina as crianças a praticar esportes de equipe, como beisebol ou futebol. Quando pequenas, muitas vezes você vai ver um grupo de crianças correndo atrás da bola ou subindo o campo ao mesmo tempo. Elas ainda têm de aprender que pessoas diferentes

Socialização

jogam em posições diferentes, e que serão mais bem-sucedidas como equipe se todo mundo jogar na posição que lhe foi designada. Quando fazem isso, elas podem ter certeza de que alguém estará jogando na zaga para que possam ir ao ataque ou que o goleiro vai estar lá para defender se a bola cair atrás delas. Este mapa de quem deveria estar onde e de quem deve fazer o quê serve como uma espécie de planta para a sociedade, e internalizá-lo representa a etapa final de desenvolvimento no modelo de Mead.

Mead usa o termo **outro generalizado** para se referir às atitudes, aos pontos de vista e às expectativas da sociedade como um todo que uma criança leva em consideração em seu comportamento. Simplificando, esse conceito sugere que, ao agir, um indivíduo leva em conta as posições relativas, as contribuições e as expectativas para todo um grupo de pessoas. Por exemplo, uma criança não vai agir com cortesia apenas para agradar a um dos pais. Em vez disso, a criança passa a compreender que a cortesia é um valor social generalizado endossado por pais, professores e líderes religiosos.

outro generalizado Atitudes, pontos de vista e expectativas da sociedade como um todo que uma criança leva em consideração em seu comportamento.

abordagem dramatúrgica Visão da interação social na qual as pessoas são vistas como atores em um palco, buscando fazer uma apresentação bem-sucedida.

Nessa etapa, as crianças começam a ver que realmente há algo como um jogo acontecendo, com uma lógica subjacente e regras e expectativas compartilhadas pelos vários jogadores. Elas podem conhecer a diretora do colégio, a professora Sanchez, como outro significativo, mas também ver que o cargo de diretora existe independentemente da professora Sanchez e que traz consigo certas expectativas que têm sentido no contexto de uma escola na qual outras posições são professor, servente, auxiliar e aluno. E se as pessoas que vêm a ocupar as várias posições no jogo deixam de fazer a sua parte, a coisa toda desmorona.

Goffman: apresentação do *self* Essa ideia de que todos temos que desempenhar nossos papéis como parte de algo maior levou o sociólogo canadense Erving Goffman a estudar nossas interações sociais cotidianas usando a **abordagem dramatúrgica**, que estuda a interação como se fôssemos todos atores em um palco, buscando fazer uma boa apresentação. Ele foi inspirado, em parte, pela citação de William Shakespeare: "O mundo inteiro é um palco, e todos os homens e mulheres, meros atores. Eles têm suas saídas e suas entradas, e um homem em seu tempo desempenha muitos papéis". À medida que desempenhamos nosso papel, diz Goffman, cada um de nós procura transmitir impressões de quem somos aos outros, e esses outros estão fazendo o mesmo conosco.

Com base nessa analogia, Goffman chama nossa atenção para vários aspectos do desempenho, cuja análise nos permite entender melhor o que faz de um espetáculo um sucesso. As apresentações acontecem em um palco. O palco frontal, onde encenamos para nosso público, inclui cenários e adereços adequados, e pode envolver outros membros do elenco com quem trabalhamos como equipe. Em grande parte, seguimos roteiros e, embora se permita alguma improvisação, um exagero pode ameaçar a credibilidade do personagem que estamos tentando retratar. Os bastidores são onde nos preparamos, inclusive vestindo figurinos e reunindo adereços adequados, de modo a tornar nosso desempenho verossímil.

> **PENSAMENTO** SOCIOLÓGICO
> Imagine que ir à aula seja como atuar em uma peça de teatro. Quem são os atores principais? Quais são algumas de suas principais falas? Que adereços as pessoas usam para ser convincentes? Como a apresentação pode ser arruinada e que passos podem ser dados para salvar o espetáculo?

Em última análise, a plateia é que vai julgar o quanto nos saímos bem. Seja em nosso personagem de estudantes, atendentes de restaurante ou mesmo amantes, todos sabemos que temos um papel a desempenhar e que, se não dissermos as frases certas ou usarmos os adereços corretos, o show desaba, o que prejudica nosso sentido de *self*.

Aprendemos cedo na vida a direcionar nossa apresentação de nosso *self* para criar aparências distintas e satisfazer determinados públicos. Goffman (1959) referiu-se a essa alteração da apresentação do *self* como **gestão de impressões**. Para manter uma imagem adequada e evitar o constrangimento público, nos envolvemos em um **trabalho de figuração**. Costumamos iniciar algum tipo de comportamento de proteção quando estamos nos sentindo confusos ou rejeitados. Em resposta a uma rejeição em um bar de solteiros, uma pessoa pode se comportar de modo a se proteger, dizendo: "Não tem ninguém interessante em todo este grupo". Ou, se tiramos uma nota baixa em uma prova, podemos dizer a um amigo que também tirou: "Esse professor é incompetente". Sentimos a necessidade de manter uma imagem adequada de nós mesmos se quisermos continuar a interação social.

Em algumas culturas, as pessoas envolvem-se em enganações sofisticadas para evitar se expor a críticas. No Japão, por exemplo, onde os empregos que duram a vida toda até recentemente eram a norma, "homens da empresa" demitidos durante uma recessão econômica grave podem fingir estar empregados, levantando de manhã como de costume, vestindo terno e gravata, e indo até o bairro comercial. Contudo, em vez de irem para o escritório, eles se reúnem em locais como a Biblioteca Hibiya, em Tóquio, onde passam o tempo lendo antes de voltar para casa na hora de sempre. Muitos desses homens estão tentando proteger os membros da família, que ficariam com vergonha se os vizinhos descobrissem que a pessoa que sustenta a família está desempregada. Outros também estão enganando suas esposas e parentes (French, 2000).

Para Goffman, Mead e Cooley, nosso *self* é fundamentalmente social. Cada encontro que temos oferece oportunidades para autoavaliação. Mesmo que possa parecer relativamente fixo ao longo do tempo, nosso sentido de *self* está sempre sujeito a revisão ao entrarmos e sairmos de relações com os outros. Uma interação ou experiência nova costuma ser tudo de que precisamos para questionar as coisas que consideramos naturais, levando a novos entendimentos de quem realmente somos.

ABORDAGENS PSICOLÓGICAS AO *SELF*

Os psicólogos têm compartilhado o interesse de Cooley, Mead e outros sociólogos no desenvolvimento do *self*. Os primeiros trabalhos em psicologia, como o de Sigmund Freud (1856-1939), destacaram o papel das pulsões inatas – entre elas, a pulsão para a gratificação sexual – no direcionamento do comportamento humano. Psicólogos posteriores, como Jean Piaget, enfatizaram as etapas pelas quais os seres humanos passam à medida que seu *self* se desenvolve.

> **gestão de impressões** Alteração da apresentação do *self* para criar aparências distintas e satisfazer determinados públicos.
>
> **trabalho de figuração** Esforços que as pessoas fazem para manter uma imagem adequada e evitar constrangimento público.
>
> **teoria cognitiva do desenvolvimento** Teoria de que as crianças avançam por quatro etapas de desenvolvimento.

Assim como Cooley e Mead, Freud acreditava que o *self* é um produto social e que aspectos da personalidade da pessoa são influenciados por outras pessoas (principalmente os pais). No entanto, diferentemente de Cooley e Mead, Freud sugeriu que o *self* tem componentes que trabalham em oposição. Segundo Freud, temos um instinto natural que busca o prazer sem limites, mas isso está em desacordo com nossas necessidades sociais de ordem e restrição. Ao interagirmos com os outros, aprendemos as expectativas da sociedade e, em seguida, escolhemos o comportamento mais adequado à nossa própria cultura.

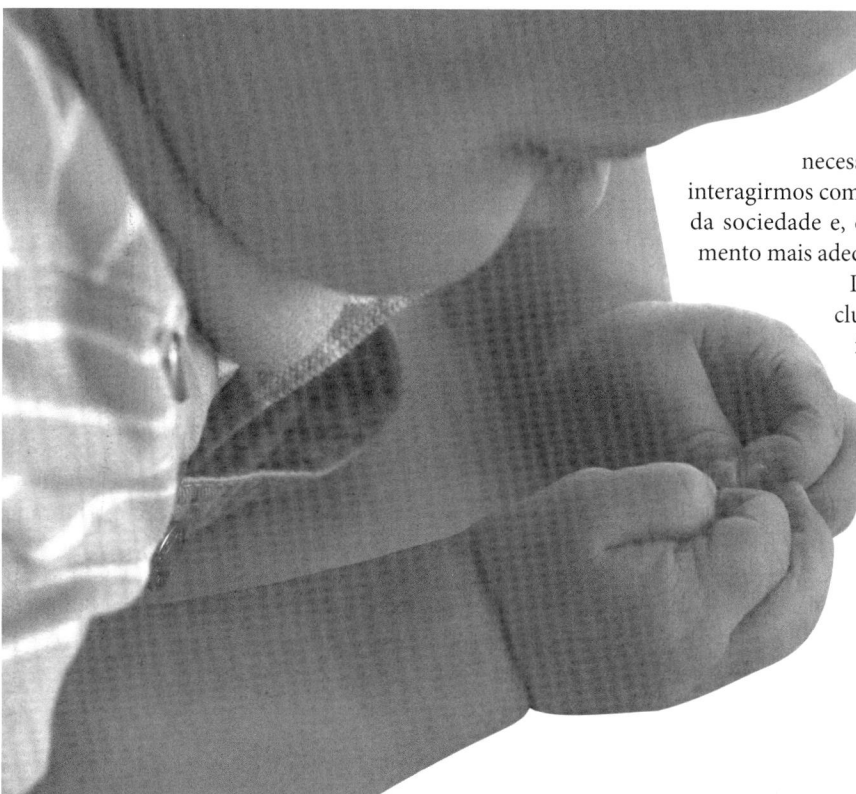

Durante sua pesquisa com crianças, incluindo recém-nascidos, o psicólogo infantil suíço Jean Piaget (1896-1980) ressaltou a importância das interações sociais no desenvolvimento de um sentido de *self*. Em sua conhecida **teoria cognitiva do desenvolvimento**, Piaget (1954) identificou quatro etapas no desenvolvimento dos processos de pensamento da criança. Na etapa inicial, ou *sensório-motora*, as crianças pequenas usam os sentidos para fazer descobertas. Por exemplo, ao tocar, elas descobrem que suas mãos, na verdade, fazem parte delas. Durante a segunda etapa, *pré-operacional*, as crianças começam a usar palavras e símbolos para distinguir objetos e ideias. O marco da terceira etapa, *concreta operacional*, é que as crianças realizam um pensamento mais lógico. Por exemplo, elas aprendem que, mesmo quando é moldado na forma de uma cobra, um pedaço disforme de argila ainda é a mesma argila. Por fim, na quarta etapa, *formal operacional*, os adolescentes tornam-se capazes de ter pensamento abstrato sofisticado e de lidar com ideias e valores de uma maneira lógica.

Piaget sugeriu que o desenvolvimento moral se torna uma parte importante da socialização quando as crianças desenvolvem a capacidade de pensar de forma mais abstrata. Quando elas aprendem as regras de um jogo, como amarelinha ou jogos de tabuleiro, estão aprendendo a obedecer normas sociais. As crianças que têm menos de 8 anos apresentam um nível bastante básico de moralidade: regras são regras, e o conceito de "circunstâncias atenuantes" não existe. Ao amadurecerem, as crianças tornam-se capazes de uma maior autonomia e começam a experimentar dilemas e dúvidas morais com relação a o que constitui um comportamento adequado.

Segundo Piaget, a interação social é a chave para o desenvolvimento. Ao ficarem mais velhas, as crianças prestam cada vez mais atenção à forma como as outras pessoas pensam e por que elas agem de determinada maneira. A fim de desenvolver uma personalidade distinta, cada um de nós precisa de oportunidades para interagir com os outros. Como vimos anteriormente, Isabelle e Genie foram privadas da oportunidade de interações sociais normais, e as consequências foram graves (Kitchener, 1991).

>>Agentes de socialização

As pessoas com quem nos relacionamos influenciam a forma como pensamos sobre nós mesmos e como nos representamos às outras pessoas, e as posições que elas ocupam determinam o tipo de influência que têm. Parentes, amigos, escolas, colegas, meios de comunicação, o local de trabalho, a religião e o Estado estão entre os agentes de socialização que desempenham os papéis mais poderosos na formação do *self*.

FAMÍLIA

A família é o mais importante agente de socialização, principalmente para as crianças. Podemos ver o poder da socialização familiar entre os *amish*. Crianças de comunidades *amish* são criadas de forma altamente estruturada e disciplinada, mas não estão imunes às tentações representadas por seus pares no mundo não *amish*. Durante um período de descoberta, chamado de *rumspringa*, um termo que significa "correr por aí", os jovens *amish* assistem a festas com dança, nas quais tabus como beber, fumar e dirigir carros costumam ser violados. Os pais geralmente reagem olhando para o outro lado, às vezes literalmente, e fingindo não perceber. Eles permanecem com a certeza de que, depois de uma vida inteira de socialização *amish*, seus filhos quase sempre retornam a seu estilo de vida tradicional. Uma pesquisa mostra que apenas cerca de 20% dos jovens *amish* deixam a comunidade, e a maioria deles entra para um dos grupos menonitas que são apenas um pouco mais modernos. Raramente um adulto batizado vai embora (Schachtman, 2006; Zellner e Schaefer, 2006).

Embora os *amish* representem o que parece ser um caso extremo, a verdade é que todas as famílias têm um papel importante na formação de seus filhos. Embora os grupos de pares e os meios de comunicação nos influenciem, pesquisas mostram que o papel da família na socialização de uma criança é muito grande (McDowell e Parke, 2009). Como vimos com a conversa e a linguagem de bebês, o processo de aprendizagem que dura toda a vida começa logo após o nascimento. Por conseguirem ouvir, ver, cheirar e sentir gostos, e poderem sentir calor, frio e dor, os recém-nascidos estão constantemente se preparando para o mundo à sua volta. Os seres humanos, principalmente os parentes, constituem uma parte importante de seu ambiente social. As pessoas atendem às necessidades do bebê o alimentando, limpando, carregando e confortando. No contexto das famílias, aprendemos a falar, andar, alimentar-nos, ir ao banheiro e assim por diante – habilidades básicas que consideramos naturais, mas que aprendemos graças a nossas famílias.

Variação intercultural Como observaram Cooley e Mead, o desenvolvimento do *self* é um aspecto fundamental dos primeiros anos de vida de uma pessoa. Contudo, a forma como as crianças desenvolvem esse sentido de *self* pode variar de uma sociedade para outra. Por exemplo, a maioria dos pais no Brasil não manda filhos de 6 anos à escola sem acompanhamento, mas é assim no Japão, onde os pais pressionam os filhos a irem à escola sozinhos muito cedo. Em cidades como Tóquio, alunos do 1º ano têm que aprender a lidar com ônibus, metrôs e longas caminhadas. Para garantir a segurança deles, os pais estabelecem cuidadosamente as regras: nunca falar com estranhos; falar com um funcionário da estação se você desceu na parada errada do metrô; esperar até o fim da linha, e depois telefonar, se perder a parada; subir pela escada e não pela escada rolante; não pegar no sono. Alguns pais dão às crianças telefones celulares ou bips. Uma mãe reconhece que se preocupa, "mas, depois dos seis anos, as crianças devem começar a ser independentes da mãe. Se você ainda está levando seu filho para a escola após o primeiro mês, todo mundo olha engraçado para você" (Tolbert, 2000:17).

As estruturas familiares também se reproduzem por meio da socialização. Nos contextos da família, as crianças aprendem expectativas com relação a casamento, maternidade e paternidade. Elas observam seus pais expressarem afeto, lidarem com as finanças, brigarem, reclamarem dos sogros e assim por diante. Sua aprendizagem representa um processo informal de socialização antecipatória na qual elas desenvolvem um modelo experimental sobre como é estar casado e ser pai ou mãe.

A influência de raça e gênero Nos Estados Unidos, o desenvolvimento social inclui a exposição a pressupostos culturais sobre gênero e raça. Pais afro-americanos, por exemplo, aprenderam que crianças a partir dos dois anos já podem absorver mensagens negativas sobre os negros em livros infantis, brinquedos e programas de televisão – a maioria dos quais é voltada principalmente a consumidores brancos. Ao mesmo tempo, as crianças afro-americanas são expostas com mais frequência do que as outras à cultura de gangues dos jovens de bairros pobres. Como a maioria dos negros, mesmo aqueles que são de classe média, mora perto de bairros muito pobres, seus filhos são suscetíveis a essas influências, apesar dos fortes valores familiares de seus pais (Benhorin e McMahon, 2008; Kliewar e Sullivan, 2009; Pattillo, 2005).

A expressão **papéis de gênero** refere-se a expectativas com relação a comportamento, atitudes e atividades adequados a homens e mulheres. Por exemplo, tradicionalmente pensamos na "dureza" como uma característica masculina e desejável somente em homens, enquanto vemos a "ternura" como feminina. Como veremos no Capítulo 12, outras culturas não atribuem necessariamente essas qualidades a cada sexo da mesma forma que a nossa. Sendo os principais agentes da socialização na infância, os pais desempenham um papel central na orientação dos filhos em relação a esses papéis de gênero considerados apropriadas em uma sociedade.

papéis de gênero Expectativas com relação a comportamento, atitudes e atividades adequados a homens e mulheres.

Outros adultos, irmãos mais velhos, meios de comunicação e instituições religiosas e educacionais também têm uma influência visível na socialização de uma criança com relação a normas femininas e masculinas. Uma cultura ou subcultura pode exigir que um sexo ou outro assuma a responsabilidade básica pela socialização das crianças, pelo sustento econômico da família ou pela liderança religiosa ou intelectual. Em algumas sociedades, as meninas são socializadas principalmente por suas mães, e os meninos, por seus pais – um acordo que pode impedir que elas aprendam habilidades fundamentais de sobrevivência. No sul da Ásia, por exemplo, os pais ensinam os filhos a nadar para prepará-los para uma vida de pescador; as meninas geralmente não aprendem a nadar. Quando o tsunami mortal atingiu a costa do sul da Ásia, em 2004, o número de homens que sobreviveram foi muito maior do que o de mulheres.

Entretanto, enquanto consideramos o papel da família na socialização, é preciso lembrar que as crianças não são simplesmente robôs sem atuação. Elas não cumprem um papel passivo em sua socialização. Como indica o "eu" de Mead, elas fazem escolhas, às vezes para decepção de seus pais, e, ao fazê-lo, são participantes ativos em sua autocriação. Por meio das escolhas que fazem, elas influenciam e modificam as famílias, escolas e comunidades das quais fazem parte.

ESCOLA

Na escola, costumamos ir além dos limites mais protegidos de nossa família e aprendemos a nos tornar membros dos grupos sociais mais amplos aos quais pertencemos. As escolas nos ensinam o conhecimento tido como básico na sociedade – não apenas habilidades mais gerais básicas, como leitura, escrita e aritmética, mas também conhecimento cultural compartilhado, como o hino nacional, os heróis da história e os pilares do bom caráter. Assim como a família, as escolas têm um mandato explícito para socializar as pessoas e, principalmente, as crianças – em relação a normas e valores da cultura do país onde se encontram.

As escolas ensinam às crianças os valores e os costumes da sociedade em geral, pois essa cultura compartilhada proporciona a cola que nos mantém juntos como sociedade. Se não transmitíssemos nosso conhecimento e nossas habilidades de uma geração para a próxima, a sociedade entraria em colapso. O conhecimento que adquirimos lá, no entanto, vai além do currículo oficial e inclui as lições mais informais que aprendemos nas brincadeiras de rua. Realmente aprendemos os fatos e as figuras da história, ciência, leitura, matemática e muito mais, mas também aprendemos a nos defender quando nossos pais ou professores não estão por perto para olhar por nós ou para nos salvar.

Além de proporcionarem ordem social, as escolas abrem portas para nós como indivíduos. Temos contato com novas formas de pensar e agir que nos permitem fazer novas escolhas acerca de nosso futuro. Embora isso possa incluir a formação para carreiras que nos permitam "ir além", também envolve o contato com novas culturas, ideias, práticas e possibilidades. Pode até nos levar a um futuro inesperado, como uma carreira em sociologia!

Embora proporcionem ordem social e oportunidade individual, as escolas também podem reforçar a desigualdade existente pelas formas como os alunos são socializados. Como observaram os economistas Samuel Bowles e Herbert

Gintis (1976), as escolas produzem alunos ensináveis, que se tornam trabalhadores administráveis. Eles argumentam que as escolas têm menos a ver com a transmissão de conteúdo acadêmico do que com socializar os alunos sobre as atitudes e os comportamentos adequados no local de trabalho. Elas ensinam esses alunos a trabalhar por recompensas, trabalhar em equipe, cumprir os prazos, assumir a responsabilidade por uma tarefa ou produto de trabalho, seguir instruções e assim por diante. Os alunos que internalizam essas habilidades são mais bem recompensados com oportunidades no local de trabalho, enquanto os outros ficam para trás.

Esses resultados diferenciados são agravados pelo fato de que as posições que ocupamos quando entramos na escola definem onde vamos acabar. Por exemplo, o ensino superior no Brasil é caro, apesar da existência de faculdades e universidades públicas e programas de ajuda financeira. Os estudantes de origem rica, portanto, têm uma vantagem em termos de acesso às universidades e à formação profissional. Ao mesmo tempo, os jovens menos abastados podem nunca receber a preparação que os qualifique para os empregos mais bem remunerados e mais prestigiados.

GRUPOS DE PARES

As famílias e as escolas nos moldam, mas, se você perguntar a qualquer pessoa de 13 anos quem é mais importante na vida dela, a resposta provavelmente será "os amigos". À medida que as crianças crescem, a família torna-se um pouco menos importante no desenvolvimento social. Em seu lugar, os membros do grupo de pares assumem cada vez mais o papel do outro significativo de Mead. Dentro do grupo de pares, os jovens associam-se a outros que têm aproximadamente a mesma idade e, muitas vezes, *status* social semelhante (Giordano, 2003).

SOCIOLOGIA POPULAR

Na série de TV *Glee*, o casal mais "popular" da escola é exposto quando se revela que Quinn, a chefe das animadoras de torcida, está grávida e entra para o *Glee Club* com seu namorado, o zagueiro-astro do time de futebol americano. O respeito de outros, que eles tinham como certo, desaparece rapidamente. Em uma reunião com o orientador escolar, Quinn expressa o poder que as percepções das pessoas podem ter em nossas vidas. "*Status* é como moeda; quando sua conta no banco está cheia, você pode fazer quase qualquer coisa e não acontece nada. Mas agora, nós somos como ativos tóxicos."

No contexto dos grupos de pares, muitas vezes se desenvolve uma hierarquia. Os sociólogos Patricia e Peter Adler realizaram uma observação participante em escolas de ensino fundamental para investigar como funciona a popularidade da quarta à sexta série. Eles descobriram que, mesmo tão cedo, uma hierarquia é estabelecida desde a "turma popular", na parte superior, que inclui os "meninos e meninas bacanas", até o que eles chamam de "isolados sociais", na parte inferior, a quem os outros às vezes chamam de "CDFs" ou "*nerds*" (Adler e Adler, 1996). As crianças entendem a mensagem sobre onde se encaixam e como devem se comportar.

"Popularidade" no ensino médio

O que torna as meninas do ensino médio "populares"?

Segundo universitárias		Segundo universitários
1	Notas/inteligência	2
2	Prática de esportes	3
3	Sociabilidade geral	4
4	Atratividade física	1
	"Popularidade" com os garotos	5
5	Roupas	

O que torna os meninos do ensino médio "populares"?

Segundo universitárias		Segundo universitários
1	Prática de esportes	1
2	Notas/inteligência	2
	"Popularidade" com as garotas	3
3	Sociabilidade geral	4
4	Atratividade física	
5	Clubes/liderança na escola	
	Carro	5

Observação: Perguntou-se a alunos das universidades a seguir de que forma os adolescentes em suas escolas do ensino médio obtinham prestígio diante de seus pares: Cornell University, Louisiana State University, Southeastern Louisiana University, State University of New York em Albany, State University of New York em Stony Brook, University of Georgia e University of New Hampshire.
Fonte: Suitor et al., 2001:445.

Em outra pesquisa, os Adlers também concluíram que a popularidade reforça os estereótipos de gênero. Ter popularidade como menino é ser atlético, resistente e não muito bom aluno; ser popular como menina é ser atraente, ser capaz de manipular os outros usando habilidades sociais e vir de uma família rica o suficiente para permitir comprar as coisas bacanas mais recentes (Adler, Kless e Adler, 1992). Em uma pesquisa semelhante, estudantes universitários foram convidados a refletir sobre o que fazia com que as pessoas tivessem popularidade na escola. Os pesquisadores concluíram que estudantes do sexo masculino e feminino apontaram muitos dos mesmos caminhos de popularidade, tais como atratividade física, participação em esportes e notas/inteligência, mas lhes atribuíram ordens de importância diferentes. Nem homens nem mulheres apontaram atividade sexual, uso de drogas ou uso de álcool como um dos cinco melhores caminhos, mas os universitários homens tinham muito mais probabilidade do que as universitárias de mencionar esses comportamentos como um meio de se tornar popular quando eram mais jovens (Suitor et al., 2001). Outros pesquisadores descobriram que ser considerado popular no início do ensino médio aumenta a probabilidade do uso de tabaco e de se envolver em atividade sexual posteriormente na escola (Mayeux, Sandstrom e Cillessen, 2008).

Embora valorizemos a importância de as crianças se estabelecerem como indivíduos, a ironia é que a cultura de pares não é individualista. As crianças, principalmente os adolescentes, andam em grupos e olham, falam e agem da mesma forma (com frequência, em nome do individualismo). É claro que, embora muitas vezes os pais recomendem que os filhos não cedam à pressão dos pares, eles realmente não querem dizer isso. O que eles querem dizer é não ceder ao *tipo errado* de pressão dos pares. Eles adoram essa pressão se isso tornar seus filhos "bons meninos" ou, melhor ainda, se a forma de pressão social à qual eles cedem for a pressão dos pais.

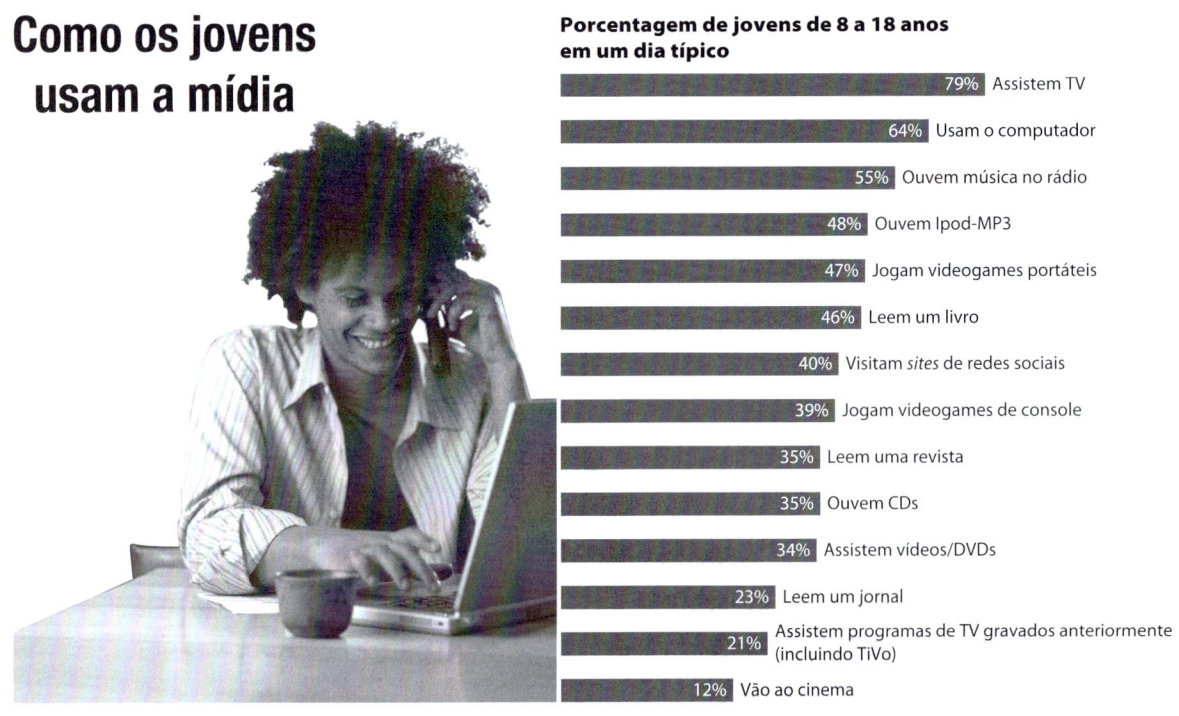

Você sabia?

Fonte: Nielsen, 2012a.

... As pessoas nos Estados Unidos em média assistem 32 horas e 33 minutos de televisão por semana e passam 4 horas e 7 minutos por semana usando a internet em um computador.

Como os jovens usam a mídia

Porcentagem de jovens de 8 a 18 anos em um dia típico

- 79% Assistem TV
- 64% Usam o computador
- 55% Ouvem música no rádio
- 48% Ouvem Ipod-MP3
- 47% Jogam videogames portáteis
- 46% Leem um livro
- 40% Visitam *sites* de redes sociais
- 39% Jogam videogames de console
- 35% Leem uma revista
- 35% Ouvem CDs
- 34% Assistem vídeos/DVDs
- 23% Leem um jornal
- 21% Assistem programas de TV gravados anteriormente (incluindo TiVo)
- 12% Vão ao cinema

Fonte: Rideout et al., 2010:44–45.

MEIOS DE COMUNICAÇÃO DE MASSA E TECNOLOGIA

Nos últimos 80 anos, mais ou menos, as inovações da mídia – rádio, cinema, música gravada, televisão e internet – tornaram-se importantes agentes de socialização. Uma pesquisa nos Estados Unidos indica que 71% das crianças norte-americanas têm uma televisão no quarto, e 70% de todos os jovens de idades entre 8 e 18 anos usam a internet todos os dias (Rideout, Foehr e Roberts, 2010; Wartella et al., 2009). Estamos passando cada vez mais de nosso tempo interagindo com a tecnologia, o que tem um impacto inevitável sobre nossas interações uns com os outros. Somando-se os totais de televisão, rádio, mídia impressa, telefones, computadores, filmes e música, e levando em consideração o hábito de fazer várias tarefas ao mesmo tempo, os norte-americanos consomem o equivalente a 11,8 horas de informação por dia fora do trabalho (Bohn e Short, 2010).

Os programas de televisão e até mesmo os comerciais podem apresentar aos jovens estilos de vida e culturas desconhecidos. Na Faixa de Gaza dominada pelos palestinos, por exemplo, o Hamas – um grupo mais conhecido por suas campanhas de atentados suicidas – lançou um programa de televisão destinado a familiarizar as crianças com a posição palestina sobre os territórios em disputa. Entre palestras sobre locais reverenciados, como Nablus e a mesquita de Al Aksa, o apresentador do programa, conhecido como Tio Hazim, atende no ar telefonemas de telespectadores e conversa com personagens animais, que lembram os da *Vila Sésamo*. Projetado para um público infantil, o programa omite qualquer menção à violência e ao conflito armado na busca dos objetivos do Hamas (Craig Smith, 2006b). Em outra rede palestina, um programa alternativo chamado *Shara's Simsim* é filiado à franquia oficial *Vila Sésamo* e promove seus valores fundamentais de otimismo e tolerância (Shapiro, 2009).

As novas tecnologias estão mudando a forma como interagimos com a família, os amigos e até mesmo estranhos. Por *e-mail*, telefone celular, mensagem de texto e mensagens instantâneas, podemos manter ligações próximas, quase constantes, com parentes e amigos que estejam perto ou longe. Serviços como Facebook e Twitter podem ampliar nossos mundos, possibilitando-nos estabelecer e ampliar redes de "amigos" conhecidos e desconhecidos (Hampton, Sessions, Her e Rainie, 2009). Contudo, as novas tecnologias também podem levar a interagirmos principalmente com pessoas mais parecidas conosco. A cientista social Sherry Turkle (2011) afirma que essas tecnologias prejudicam até mesmo nossos relacionamentos mais íntimos, que exigem tempo concentrado das pessoas juntas para florescer. Na mesma linha, Nicholas Carr (2010) sugere que a internet está nos tornando superficiais,

---

PENSAMENTO SOCIOLÓGICO

Entre proprietários de *tablets* e *smartphones*, 57% verificam *e-mail* enquanto assistem à TV e 44% visitam *sites* de redes sociais. Eles também fazem *download* de aplicativos, conferem resultados esportivos, procuram informações relacionadas ao programa a que estão assistindo e muito mais (Nielsen, 2012b). Quais são os possíveis efeitos, tanto positivos quanto negativos, desse comportamento multitarefas?

Telefones e celulares por país
(taxas por 100 pessoas)*

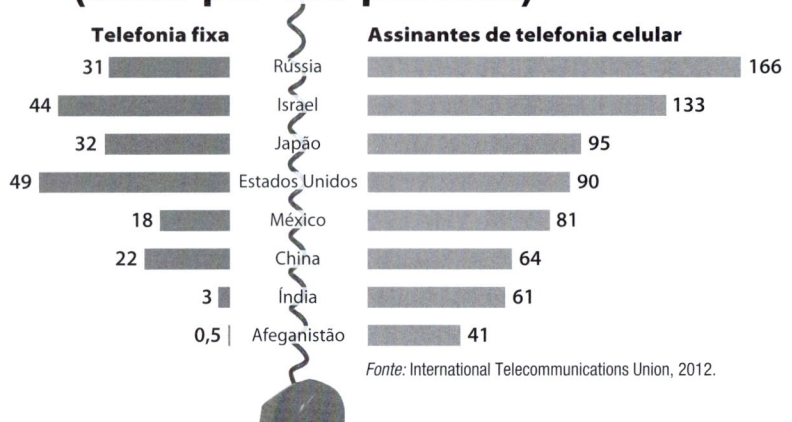

Telefonia fixa	País	Assinantes de telefonia celular
31	Rússia	166
44	Israel	133
32	Japão	95
49	Estados Unidos	90
18	México	81
22	China	64
3	Índia	61
0,5	Afeganistão	41

Fonte: International Telecommunications Union, 2012.

argumentando que, embora tenhamos acesso a mais informações, não estamos suficientemente atentos às ideias ou uns aos outros.

Em todo o mundo, incluindo a África e outras regiões em desenvolvimento, as pessoas têm sido socializadas para usar novas tecnologias de comunicação. Por exemplo, não faz muito tempo, se Zadhe Iyombe quisesse falar com sua mãe, tinha que fazer uma viagem de oito dias da capital, Kinshasa (na República Democrática do Congo), subindo o rio Congo de barco até o povoado rural onde nasceu. Agora, ele e sua mãe têm acesso a um telefone celular e enviam mensagens de texto um ao outro diariamente. E Iyombe e sua mãe não são atípicos. Embora os celulares não apresentem baixo custo, 3,2 bilhões de proprietários em países em desenvolvimento passaram a considerá-los uma necessidade. Hoje, há mais de duas vezes a quantidade de celulares nos países em desenvolvimento do que nas nações industriais – a primeira vez na história em que os países em desenvolvimento ultrapassaram o mundo desenvolvido na adoção de uma tecnologia de telecomunicações (International Telecommunications Union, 2010; K. Sullivan, 2006).

O acesso aos meios de comunicação também pode aumentar a coesão social ao apresentar uma visão comum, mais ou menos padronizada, da cultura pela comunicação de massa. O sociólogo Robert Park (1922) estudou como os jornais ajudavam quem imigrava aos Estados Unidos a se ajustar ao ambiente, mudando seus hábitos costumeiros e lhes ensinando os valores e os pontos de vista das pessoas de seu novo país de residência. Inquestionavelmente, os meios de comunicação de massa desempenham um papel importante em proporcionar uma experiência coletiva aos membros da sociedade. Pense em como os meios de comunicação reúnem membros de uma comunidade ou mesmo de uma nação ao transmitirem eventos e cerimônias importantes (como inaugurações, entrevistas coletivas, desfiles, funerais de estado e os Jogos Olímpicos) e ao cobrirem desastres.

A quais meios de comunicação as pessoas recor-

Você sabia?

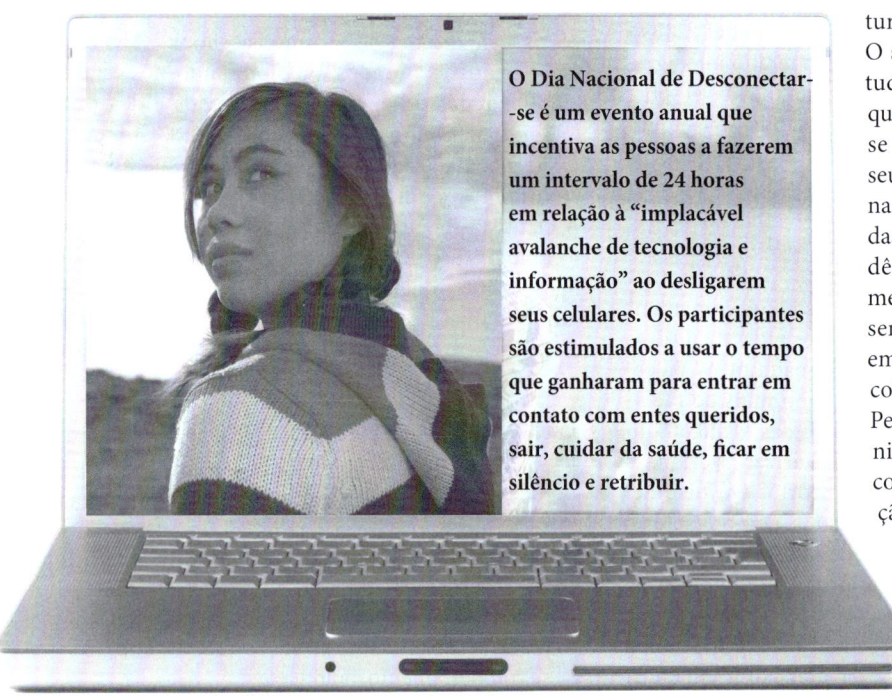

O Dia Nacional de Desconectar-se é um evento anual que incentiva as pessoas a fazerem um intervalo de 24 horas em relação à "implacável avalanche de tecnologia e informação" ao desligarem seus celulares. Os participantes são estimulados a usar o tempo que ganharam para entrar em contato com entes queridos, sair, cuidar da saúde, ficar em silêncio e retribuir.

---

* N. de R.T.: No Brasil, a taxa de assinantes de telefonia fixa é de 22,4 a cada 100 pessoas, e de telefonia celular, 135,3, segundo a International Telecommunications Union.

Sistemas de cuidado de crianças em idade pré-escolar

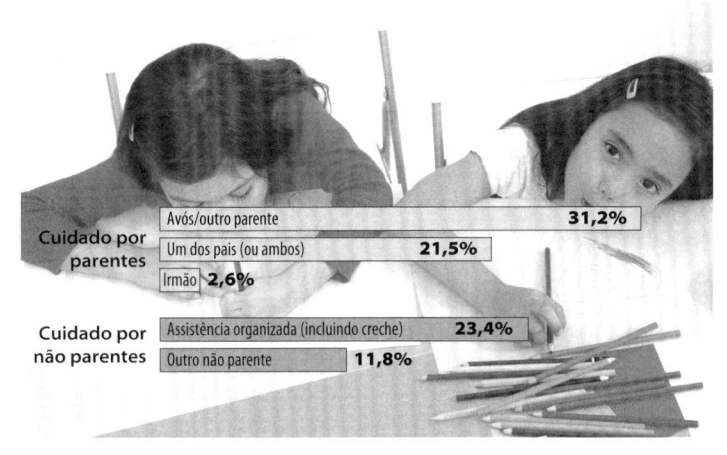

Cuidado por parentes
- Avós/outro parente: 31,2%
- Um dos pais (ou ambos): 21,5%
- Irmão: 2,6%

Cuidado por não parentes
- Assistência organizada (incluindo creche): 23,4%
- Outro não parente: 11,8%

Observação: Cuidado organizado inclui creche, *Head Start* (programa do governo dos Estados Unidos), pré-escola e escola.
Fonte: U.S. Census Bureau, 2011g: Tabela 1B.

reram depois dos ataques terroristas de 11 de setembro de 2001? A televisão e o telefone foram a principal mídia pela qual as pessoas nos Estados Unidos estabeleceram vínculos, mas a internet também desempenhou um papel de destaque. Cerca da metade de todos os usuários da internet – mais de 53 milhões de pessoas – recebeu algum tipo de notícia sobre os ataques pela rede. Quase três quartos dos usuários se comunicaram por *e-mail* para demonstrar seu patriotismo, discutir os acontecimentos com suas famílias ou se reconectar com velhos amigos. Mais de um terço leu ou postou material em fóruns na rede. Somente nos primeiros 30 dias, a Biblioteca do Congresso coletou de um *site* mais de meio milhão de páginas tendo a ver com os ataques terroristas. Como observou o diretor da biblioteca, "a internet se tornou, para muitos, o espaço comunitário, um lugar onde eles podem se unir e conversar" (D. L. Miller e Darlington, 2002; Mirapaul, 2001:E2; Rainie, 2001).

LOCAL DE TRABALHO

Aprender a se comportar adequadamente em uma ocupação é um aspecto fundamental da socialização humana. Nos Estados Unidos, trabalhar em tempo integral confirma *status* de adulto, indica que a pessoa já saiu da adolescência. Em certo sentido, a socialização em uma ocupação pode representar tanto uma dura realidade ("Eu tenho que trabalhar para comprar comida e pagar o aluguel") quanto a realização de uma ambição ("Eu sempre quis ser piloto de avião") (W. Moore, 1968:862; Simmons, 2009).

Antes, nossa vida profissional começava com o fim de nossa educação formal, mas não é necessariamente assim. Mais e mais jovens trabalham hoje, e não apenas para um pai ou parente. Os adolescentes geralmente procuram emprego para ganhar dinheiro e gastar no dia a dia; 80% dos alunos do último ano do ensino médio dizem que pouco ou nada do que eles ganham vai para despesas da família. Esses adolescentes raramente consideram seu emprego como uma forma de explorar interesses vocacionais ou receber treinamento prático (Hirschman e Voloshin, 2007).

Alguns observadores acreditam que o crescente grupo de adolescentes que estão trabalhando mais cedo e por mais horas considera o local de trabalho um agente de socialização quase tão importante quanto a escola. Na verdade, vários educadores queixam-se de que o tempo gasto no trabalho está afetando negativamente o desempenho escolar dos alunos. O nível de emprego na adolescência nos Estados Unidos é o mais alto entre os países industrializados, o que pode ser uma razão para os estudantes do ensino médio do país estarem atrás de outros países em testes internacionais de desempenho.

A socialização no local de trabalho muda quando se trata de uma passagem mais permanente de um trabalho exercido depois da escola para o emprego em tempo integral. A socialização ocupacional pode ser mais intensa durante a transição da escola para o trabalho, mas continua ao longo da história profissional da pessoa. Os avanços tecnológicos e a reorganização empresarial poderão alterar os requisitos do cargo e demandar nova formação. De acordo com o Bureau of Labor Statistics (2008b), apenas entre as idades de 18 e 42 anos, a pessoa média tem 11 empregos diferentes. Não podemos mais supor que teremos um emprego por toda a vida; sendo assim, por opção ou por necessidade, devemos estar abertos à socialização ocupacional permanente.

RELIGIÃO E ESTADO

Cada vez mais, os cientistas sociais estão reconhecendo a importância crescente do governo ("o Estado") e o papel permanente da religião como agentes de socialização. Tradicionalmente, os membros da família eram os principais cuidadores na cultura dos Estados Unidos, mas, no século XX, a função

Aldeia de Leh, escolares na Índia.

Nos Estados Unidos, apesar de muitos jovens de 18 anos optarem por não votar, a participação na eleição presidencial de 2008 foi a maior em décadas, causando longas filas em algumas seções eleitorais.

protetora da família foi sendo constantemente transferida para entidades externas, como escolas públicas, hospitais, clínicas de saúde mental e creches, muitas das quais são dirigidas pelo Estado. Historicamente, grupos religiosos também prestavam esse cuidado e essa proteção. Apesar das previsões sociológicas iniciais de que a religião deixaria de cumprir um papel importante na sociedade moderna, esses grupos continuam a desempenhar um papel significativo na formação da identidade e na vida coletiva (Warner, 2005).

rito de passagem Ritual que marca a transição simbólica de uma posição social a outra, dramatizando e validando mudanças no *status* da pessoa.

Crianças em idade pré-escolar, particularmente, muitas vezes são cuidadas por alguém que não é um de seus pais. Noventa e um por cento das mães empregadas dependem de outras pessoas para cuidar de seus filhos, e 37% das não empregadas têm sistemas de cuidado regulares. Mais de um terço das crianças menores de cinco anos é atendido por não parentes em escolas maternais, programas *Head Start*, creches e outros prestadores de serviços desse tipo. As crianças dessa idade também têm maior probabilidade de ser cuidadas diariamente pelos avós do que pelos pais (U.S. Census Bureau, 2011g: Tabela 1B).

Tanto o governo quanto as religiões organizadas atuam para proporcionar referências que marquem transições significativas durante a vida. Por exemplo, as organizações religiosas continuam a celebrar eventos rituais significativos, como batismo, *bismillah*, ou *bar/bat mitzvah*, que costumam reunir todos os membros de uma família, mesmo que eles nunca se encontrem por qualquer outro motivo. Regulamentos do governo estipulam as idades em que uma pessoa pode dirigir um carro, ingerir bebidas alcoólicas, votar em eleições, casar--se sem autorização dos pais, fazer horas extras no trabalho e se aposentar. Embora esses regulamentos não constituam rígidos ritos de passagem – nos Estados Unidos, a maioria dos jovens de 18 anos opta por não votar, e a maioria das pessoas escolhe sua idade de aposentadoria sem referência aos ditames do governo – eles simbolizam, sim, o fato de que mudamos para uma etapa diferente de nossa vida, com expectativas distintas sobre nosso comportamento.

>>A socialização ao longo da vida

Os adolescentes do povo *kota*, do Congo, na África, pintam-se de azul. Garotas cubano-americanas fazem um retiro religioso de um dia inteiro antes de dançar a noite toda. Esses são dois **ritos de passagem** – rituais que marcam a transição simbólica de uma posição social a outra, dramatizando e validando mudanças no *status* de uma pessoa.

No rito Kota, o azul – a cor da morte – simboliza a morte da infância e a passagem para a vida adulta. Para as meninas adolescentes na comunidade cubano-americana de

A pintura corporal é um ritual que marca a passagem para a puberdade em algumas culturas.

> **PENSAMENTO** SOCIOLÓGICO
>
> O governo deve cumprir um papel mais importante na socialização das crianças por meio de financiamento da educação pública para todas as crianças a partir dos dois anos?

Marcos na transição para a idade adulta

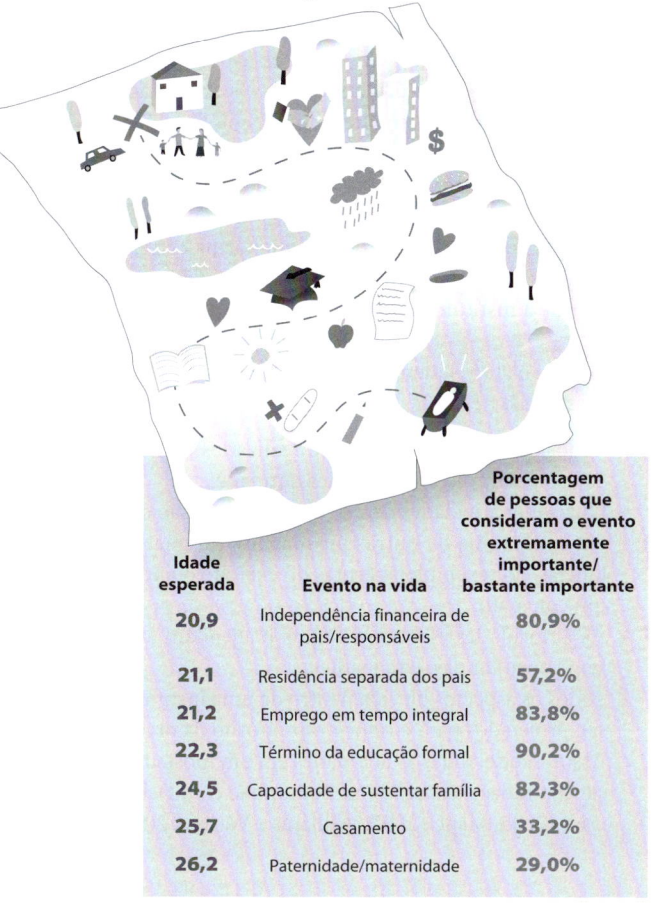

Idade esperada	Evento na vida	Porcentagem de pessoas que consideram o evento extremamente importante/ bastante importante
20,9	Independência financeira de pais/responsáveis	80,9%
21,1	Residência separada dos pais	57,2%
21,2	Emprego em tempo integral	83,8%
22,3	Término da educação formal	90,2%
24,5	Capacidade de sustentar família	82,3%
25,7	Casamento	33,2%
26,2	Paternidade/maternidade	29,0%

Fonte: T. Smith, 2004.

Miami, a cerimônia da *quinceañera* comemorando a aquisição de feminilidade aos 15 anos sustenta uma rede de organizadores de festas, fornecedores, estilistas de vestidos e do concurso de beleza *Miss Quinceañera Latina*. Durante milhares de anos, as mães egípcias deram boas-vindas ao mundo a seus bebês recém-nascidos na cerimônia *Soboa*, pisando sete vezes sobre o bebê de sete dias. E os estudantes da Academia Naval comemoram sua formatura lançando seus chapéus para cima.

O DESENVOLVIMENTO NA VIDA

Essas cerimônias específicas marcam etapas do desenvolvimento ao longo da vida. Elas indicam que o processo de socialização continua durante todas as etapas do ciclo vital. Na verdade, alguns pesquisadores optaram por tratar a socialização como um processo que dura a vida toda. Os sociólogos e outros cientistas sociais que assumem essa **abordagem da trajetória de vida** examinam de perto os fatores sociais, incluindo gênero e renda, que influenciam as pessoas ao longo da vida, desde o nascimento até a morte. Eles reconhecem que as mudanças biológicas ajudam a moldar o comportamento humano, mas não o ditam.

Na transição da infância à idade adulta, podemos identificar certas referências que marcam a passagem de uma fase da vida à próxima. Esses marcos variam de uma sociedade a outra, e até mesmo entre gerações. Nos Estados Unidos, de acordo com uma pesquisa nacional, a conclusão da escolaridade formal chegou ao topo, com 90% das pessoas identificando-a como um importante rito de passagem. Em média, os norte-americanos esperam que esse marco seja atingido até o 23º aniversário da pessoa. Outros grandes eventos ao longo da vida, como se casar ou ter filhos, devem vir três ou quatro anos mais tarde. Curiosamente, a importância dessas referências diminuiu, com apenas cerca de um terço dos entrevistados identificando o casamento e menos de um terço identificando ter filhos como marcos importantes que representam a idade adulta (Furstenberg, 2010; T. Smith, 2004).

Um resultado desses passos escalonados em direção à independência é que, nos Estados Unidos, ao contrário de algumas outras sociedades, não existe linha divisória clara entre a adolescência e a idade adulta. Hoje, o número de anos entre a infância e a idade adulta cresceu, e poucos jovens terminam a escola, casam-se e saem de casa mais ou menos na mesma idade, estabelecendo claramente sua transição para a vida adulta. O termo *youthhood* foi cunhado para descrever a situação ambígua prolongada que os jovens entre 20 e 30 anos vivenciam (Côté, 2000).

> **abordagem da trajetória de vida** Orientação de pesquisa em que sociólogos e outros cientistas sociais examinam de perto os fatores sociais que influenciam as pessoas ao longo da vida, desde o nascimento até a morte.
>
> **socialização antecipatória** Processos de socialização nos quais uma pessoa "ensaia" para futuras posições, ocupações e relações sociais.

SOCIALIZAÇÃO ANTECIPATÓRIA E RESSOCIALIZAÇÃO

Em nossa jornada ao longo da nossa vida, procuramos nos preparar para o que está por vir e nos adaptar às mudanças, se necessário. Para nos prepararmos, passamos pela **socialização antecipatória**, ou seja, processos de socialização nos quais uma pessoa "ensaia" para futuras posições, ocupações e relações sociais. Uma cultura pode funcionar de forma mais eficiente e sem problemas se os membros se familiarizarem com as normas, os valores e os comportamentos associados a uma posição social antes de realmente assumirem esse *status*. A preparação para muitos aspectos da vida adulta começa com a socialização antecipatória na infância e na adolescência e continua por toda a vida, enquanto nos preparamos para novas responsabilidades (Levine e Hoffner, 2006).

> **— PENSAMENTO** SOCIOLÓGICO —
>
> Quais são alguns dos marcadores da *youthhood*, a situação ambígua prolongada que os jovens entre 20 e 30 anos vivenciam? Quando ela começa? Quando termina? Até que ponto você se sente um adulto (independentemente de sua idade)? Quais características de nossa sociedade contribuem para a ambiguidade em nossa passagem para a vida adulta?

Estudantes do ensino médio vivenciam um pouco de socialização antecipatória quando se preparam para a faculdade. Eles começam a imaginar como vai ser a vida universitária e que tipo de pessoa serão ao chegar lá. Eles podem buscar informações de amigos e familiares para ter uma melhor noção do que esperar, mas, cada vez mais, também contam com *sites* de *campi* e postagens no Facebook. Para ajudar nesse processo e atrair mais estudantes, as universidades norte-americanas estão investindo mais tempo e dinheiro em *sites* nos quais os alunos podem fazer passeios "virtuais" pelo *campus*, ouvir *podcasts* e assistir a vídeos de tudo, desde o hino da faculdade até uma aula de zoologia de demonstração.

Ocasionalmente, assumir uma nova posição social ou ocupacional requer que *desaprendamos* uma orientação estabelecida. A **ressocialização** é o processo de descartar velhos padrões de comportamento e aceitar novos, como parte de uma transição de vida. Muitas vezes, a ressocialização resulta de esforços explícitos para transformar um indivíduo, como acontece em reformatórios, grupos de terapia, prisões, ambientes de conversão religiosa e campos de doutrinação política. O processo de ressocialização geralmente envolve um estresse considerável para o indivíduo – muito mais do que a socialização em geral ou mesmo a socialização antecipatória (Hart, Miller e Johnson, 2003).

ressocialização Processo de descartar velhos padrões de comportamento e aceitar novos, como parte de uma transição de vida.

instituição total Instituição que regula todos os aspectos da vida de uma pessoa sob uma autoridade única, como a prisão, as forças armadas, um hospital psiquiátrico ou um convento.

A ressocialização é particularmente eficaz quando ocorre dentro de uma instituição total. Erving Goffman (1961) cunhou a expressão **instituição total** para se referir a uma instituição que regula todos os aspectos da vida de uma pessoa sob uma autoridade única. Os exemplos podem ser extremos ou nem tanto, desde uma colônia de férias ou um internato até a prisão, os serviços militares, um hospital psiquiátrico ou um convento. Por estar geralmente isolada do resto da sociedade, a instituição total atende a todas as necessidades de seus membros. Em sua forma extrema, suas exigências são tão elaboradas e suas atividades, tão abrangentes, que a instituição total representa uma sociedade em miniatura.

Goffman (1961) identificou vários traços comuns de instituições totais:

- Todos os aspectos da vida são realizados no mesmo lugar, sob controle de uma única entidade.
- Quaisquer atividades dentro da instituição são realizadas em companhia de outras pessoas nas mesmas circunstâncias, por exemplo, recrutas do exército ou novatas em um convento.
- As autoridades elaboram regras e agendam atividades sem consultar os participantes.
- Todos os aspectos da vida dentro de uma instituição total são projetados para cumprir o propósito da organização. Assim sendo, todas as atividades em um mosteiro podem ser centradas na oração e na comunhão com Deus (Malacrida, 2005; Mapel, 2007; Williams e Warren, 2009).

A vida na prisão é altamente regulada, até mesmo o tempo de recreação.

> **PENSAMENTO** SOCIOLÓGICO
> Até que ponto uma colônia de férias, um cruzeiro ou mesmo a vida em uma faculdade em regime de internato é semelhante a uma instituição total? Em que aspectos ela é diferente?

As pessoas muitas vezes perdem sua individualidade dentro das instituições totais. Por exemplo, uma pessoa que vai para a prisão pode sofrer a humilhação de uma **cerimônia de degradação** ao ser despojada de roupas, jóias e outros pertences pessoais. A partir daquele momento, rotinas diárias programadas permitem pouca ou nenhuma iniciativa pessoal. O indivíduo torna-se secundário e bastante invisível no meio social dominante (Garfinkel, 1956).

TRANSIÇÕES DE PAPEL DURANTE A VIDA

Como vimos, uma das fases de transição fundamentais que atravessamos ocorre quando entramos no mundo adulto, talvez saindo da casa dos pais, iniciando uma carreira ou nos casando. À medida que envelhecemos, entramos na transição da meia-idade, que normalmente começa por volta dos 40 anos. Homens e mulheres muitas vezes experimentam um período estressante de autoavaliação, comumente conhecido como **crise da meia-idade**, no qual percebem que não alcançaram as metas e as ambições básicas, e podem achar que têm pouco tempo para fazer isso. Esse conflito entre esperanças e resultados provoca tensão. Para agravar esses estresses, que frequentemente são associados com a carreira ou o parceiro da pessoa, há a crescente responsabilidade pelo cuidado de duas gerações de uma só vez (Mortimer e Shanahan, 2006; Wethington, 2000).

Na década de 1990, os cientistas sociais começaram a se concentrar na **geração-sanduíche** – adultos que tentam simultaneamente atender às necessidades conflitantes de seus pais e de seus filhos. Os cuidados que eles proporcionam vão em duas direções: aos filhos, que mesmo como jovens adultos ainda podem exigir um apoio e uma orientação significativos, e aos pais idosos, com saúde e problemas econômicos que podem exigir intervenção dos filhos adultos.

Assim como o papel de cuidar dos filhos, o de cuidar de pais idosos recai desproporcionalmente sobre as mulheres. No geral, elas fornecem 60% dos cuidados que seus pais recebem, e ainda mais quando as exigências do papel ficam mais intensas e demandam mais tempo. Cada vez mais, mulheres de meia-idade e mais jovens estão se encontrando na "pista da filha", quando seu tempo e sua atenção são desviados pelas necessidades de suas mães e seus pais em processo de envelhecimento (Gross, 2005; Taylor et al., 2009).

> **cerimônia de degradação** Aspecto do processo de socialização em algumas instituições totais, no qual as pessoas são submetidas a rituais humilhantes.
>
> **crise da meia-idade** Período estressante de autoavaliação que começa em torno dos 40 anos.
>
> **geração-sanduíche** A geração de adultos que tentam atender às necessidades conflitantes de seus pais e de seus filhos ao mesmo tempo.

>>Envelhecimento e sociedade

Devido aos avanços em áreas como saúde, nutrição e condições de trabalho, a expectativa de vida tem aumentado significativamente em muitos países. Alguém que nasceu em 1900 nos Estados Unidos tinha uma expectativa de vida média de 47 anos, mas os bebês nascidos em 2007 no país podem esperar viver até os 75 anos, se forem meninos, e até os 80 anos, se forem meninas (National Center for Health Statistics, 2011: Tabela 22). Globalmente, a expectativa de vida nos países mais desenvolvidos é de 78 anos, contra 59 anos nos países menos desenvolvidos (Population Reference Bureau, 2011:10).

A forma como as sociedades lidam com sua população de idosos varia significativamente entre culturas. Uma sociedade pode tratar as pessoas mais velhas com reverência, enquanto outra as vê como improdutivas e "difíceis". Os *sherpas* – um povo budista de língua tibetana do Nepal – vivem em uma cultura que idealiza a velhice. Quase todos os membros idosos da cultura *sherpa* (imagem acima) são donos de suas casas, e a maioria está em condição física relativamente boa. Normalmente, os *sherpas* mais velhos valorizam sua independência e preferem não viver com os filhos. Entre os *fulani* da África, no entanto, homens e mulheres

---

5 Filmes sobre SOCIALIZAÇÃO

Educação
Uma estudante britânica de classe média e sua família são seduzidas por um homem mais velho e esperto.

Bully
A verdadeira história dos custos trágicos da intimidação em grupo entre pares.

Children underground
Documentário sobre crianças sobreviventes nos sistemas de metrô da Romênia.

Encurralados
Um jovem professor no Brooklyn luta dentro e fora da sala de aula.

Dia de treinamento
Um dia na vida de um oficial de narcóticos novato na polícia de Los Angeles.

GLOBALIZANDO

Envelhecimento no mundo*

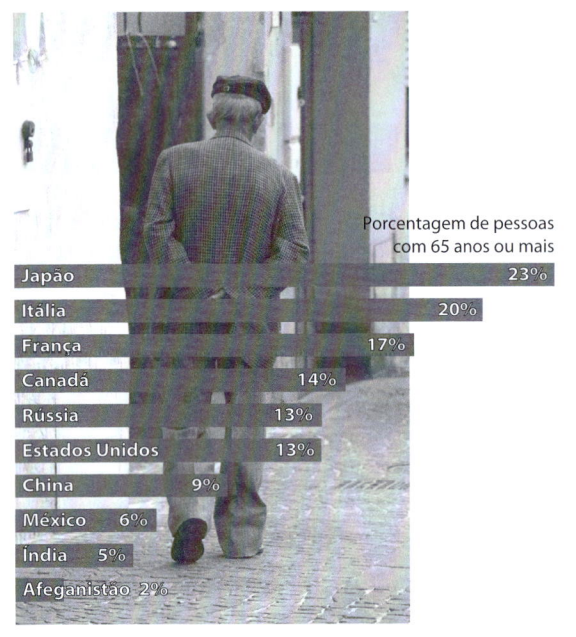

Porcentagem de pessoas com 65 anos ou mais

- Japão: 23%
- Itália: 20%
- França: 17%
- Canadá: 14%
- Rússia: 13%
- Estados Unidos: 13%
- China: 9%
- México: 6%
- Índia: 5%
- Afeganistão: 2%

Fonte: Population Reference Bureau, 2011.

---

mais velhos mudam-se para o limite da propriedade da família. Como é ali que as pessoas são enterradas, os idosos dormem sobre suas próprias sepulturas, pois são vistos socialmente como já mortos (Goldstein e Beall, 1981; Stenning, 1958; Tonkinson, 1978).

Compreensivelmente, todas as sociedades têm algum sistema de estratificação por idade que associa determinados papéis sociais a períodos distintos na vida. Parte dessa diferenciação etária parece inevitável; faria pouco sentido enviar crianças pequenas para a guerra ou esperar que cidadãos mais velhos dessem conta de tarefas fisicamente exigentes, como a estiva nos portos.

Nos Estados Unidos, a proporção da população que tinha 65 anos ou mais cresceu de 4,1% em 1900 para 13,0% em 2010, e deverá subir para cerca de 20% até 2050 (Howden e Meyer, 2011). Essas taxas variam de acordo com a raça e a etnia. Em 2010, 16,1% dos brancos não hispânicos tinham mais de 65 anos, em comparação com 8,6% dos afro-americanos, 9,2% dos asiático-americanos e 5,7% dos hispânicos. Em parte, essas diferenças refletem a expectativa de vida mais curta destes últimos grupos. Elas também decorrem de padrões de imigração entre os asiáticos e os hispânicos, que tendem a ser jovens quando entram no país (U.S. Census Bureau, 2011h: Tabela 12).

O padrão de envelhecimento nos Estados Unidos também varia por estado. Enquanto a Flórida lidera o país, com 17,3% de sua população acima de 65 anos, o Alasca tem a menor taxa do país, de 7,7%. Em 2010, os cinco principais estados com maior proporção de pessoas idosas eram Flórida, West Virginia, Maine, Pensilvânia e Iowa (Howden e Meyer, 2011). Como resultado dessas tendências, o desenvolvimento de comunidades de aposentados, em conjunto com vários outros confortos voltados aos idosos, é particularmente comum nesses estados.

AJUSTANDO-SE À APOSENTADORIA

Fazer a transição à aposentadoria pode ser um processo difícil. Aposentar-se é um rito de passagem que normalmente marca a transição de participação ativa no mercado de trabalho em tempo integral. Eventos simbólicos estão associados a esse rito de passagem, como presentes de aposentadoria, festa de despedida e momentos especiais no último dia no emprego. O próprio período anterior à aposentadoria pode ser emocionalmente carregado, principalmente quando se espera que o aposentado treine seu sucessor (Reitzes e Mutran, 2004).

O gerontologista Robert Atchley (1976) identificou várias fases da experiência da aposentadoria:

- *Pré-aposentadoria*, um período de socialização antecipatória enquanto a pessoa se prepara para a aposentadoria.
- *Fase de aproximação*, quando a pessoa estabelece uma data específica para a saída do emprego.
- *Fase de lua de mel*, um período muitas vezes de euforia, em que a pessoa exerce atividades para as quais nunca tinha tempo antes.

Crescimento real e projetado da população idosa dos Estados Unidos

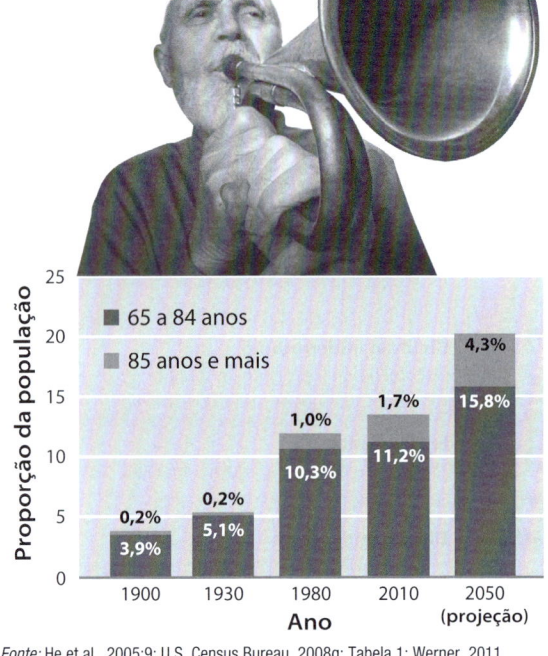

Ano	65 a 84 anos	85 anos e mais
1900	3,9%	0,2%
1930	5,1%	0,2%
1980	10,3%	1,0%
2010	11,2%	1,7%
2050 (projeção)	15,8%	4,3%

Fonte: He et al., 2005:9; U.S. Census Bureau, 2008g: Tabela 1; Werner, 2011.

---

* N de R.T.: No mesmo ano, a porcentagem de brasileiros com 65 anos ou mais era de 7%.

"Tenho boas notícias, querido: os 70 são os novos 50."
© The New Yorker Collection 2000 Victoria Roberts de cartoonbank.com. Todos os direitos reservados.

- *Fase do desencanto*, em que os aposentados têm um sentimento de decepção ou até mesmo depressão ao lidar com suas novas vidas, que podem incluir doença ou pobreza.
- *Fase da reorientação*, quando se desenvolve uma visão mais realista de alternativas de aposentadoria.
- *Fase da estabilidade*, em que a pessoa aprendeu a lidar com a vida após a aposentadoria de forma razoável e confortável.
- *Fase da finalização*, que começa quando a pessoa já não pode se envolver em atividades básicas do dia a dia, como cuidar de si e realizar tarefas domésticas.

Portanto, a aposentadoria não é uma transição única, e sim uma série de ajustes que variam de uma pessoa para outra. A duração e o momento de cada fase serão diferentes para cada indivíduo, dependendo de fatores como situação financeira e de saúde. Na verdade, uma pessoa não passará necessariamente por todas as fases identificadas por Atchley. Por exemplo, pessoas que são forçadas a se aposentar ou que enfrentam dificuldades financeiras podem nunca vivenciar uma fase de lua de mel. E muitos aposentados continuam a fazer parte da força de trabalho remunerada no Brasil, muitas vezes trabalhando para complementar suas aposentadorias, seja porque querem ou porque precisam.

>>Perspectivas sobre o envelhecimento

Envelhecer é um aspecto importante da socialização ao longo da vida. Os problemas específicos dos idosos tornaram-se o foco de um campo especializado de investigação e pesquisa conhecido como **gerontologia** – o estudo dos aspectos sociológicos e psicológicos do envelhecimento e dos problemas dos idosos. Ele se originou em 1930, à medida que um número cada vez maior de cientistas sociais se conscientizava da difícil situação do idoso.

Os gerontologistas trabalham muito com os princípios e as teorias sociológicas para explicar os efeitos do envelhecimento sobre o indivíduo e a sociedade. Eles também recorrem à psicologia, à antropologia, à educação física, à terapia e à medicina em seu estudo do processo de envelhecimento. Três perspectivas sobre o envelhecimento – a teoria do desligamento, a teoria da atividade e a discriminação etária – surgem desses estudos.

> **PENSAMENTO** SOCIOLÓGICO
> Que idade você considera como ficar "velho"? Que fatores influenciam nossa concepção do que é considerado velho?

TEORIA DO DESLIGAMENTO

Depois de estudar idosos com boa saúde e em circunstâncias econômicas relativamente confortáveis, Elaine Cumming e William Henry (1961) apresentaram sua **teoria do desligamento**, que sugere implicitamente que a sociedade e o indivíduo que envelhece cortam mutuamente muitos de seus relacionamentos. Destacando a importância da ordem social na sociedade, a teoria do desligamento enfatiza que a passagem dos papéis sociais de uma geração a outra garante a estabilidade social.

De acordo com essa teoria, a aproximação da morte obriga as pessoas a abrir mão da maior parte de seus papéis sociais – incluindo os de trabalhador, voluntário, cônjuge, entusiasta de *hobbies* e até mesmo de leitor. A seguir, os membros mais jovens da sociedade assumem essas funções. A pessoa que envelhece se retiraria para um estado cada vez maior de inatividade enquanto se prepara para a morte. Ao mesmo tempo, a sociedade se "retiraria" do idoso ao segregá-lo em termos residenciais (em casas de repouso e comunidades), educacionais (em programas destinados exclusivamente aos idosos) e recreativos (em centros para idosos). Implícita na teoria do desligamento está a

> **gerontologia** Estudo dos aspectos sociológicos e psicológicos do envelhecimento e dos problemas dos idosos.
>
> **teoria do desligamento** Teoria do envelhecimento que sugere que a sociedade e o indivíduo que envelhece cortam mutuamente muitos de seus relacionamentos.

visão de que a sociedade deve ajudar os idosos a se retirar de seus papéis sociais habituais.

Desde que foi descrita pela primeira vez, há mais de cinco décadas, a teoria do desligamento tem gerado considerável polêmica. Alguns gerontólogos opõem-se à sugestão de que as pessoas mais velhas querem ser ignoradas e postas de lado, e ainda mais à ideia de que elas devem ser incentivadas a se retirar de papéis sociais significativos. Os críticos dessa teoria insistem que a sociedade obriga o idoso a fazer uma retirada involuntária e dolorosa da força de trabalho remunerada e das relações sociais significativas. Em vez de buscarem voluntariamente se desligar, os trabalhadores mais velhos se veem forçados a sair de seus empregos – em muitos casos, até mesmo antes de terem direito a benefícios máximos de aposentadoria (Boaz, 1987).

TEORIA DA ATIVIDADE

Até que ponto é importante para pessoas mais velhas continuar envolvidas ativamente, seja no trabalho ou em outras atividades? Em 1995, um trágico desastre em Chicago mostrou que essa pode ser uma questão de vida ou morte. Uma intensa onda de calor que durou mais de uma semana, com um índice de calor superior a 46 graus em dois dias consecutivos, resultou em 733 mortes relacionadas ao calor. Cerca de três quartos dos falecidos tinham 65 anos ou mais. A análise posterior mostrou que os idosos que moravam sozinhos tiveram maior risco de morrer, o que sugere que as redes de apoio para os idosos literalmente ajudam a salvar vidas. Hispânicos e asiático-americanos mais velhos tiveram taxas de mortalidade mais baixas na onda de calor do que outros grupos raciais e étnicos. Suas redes sociais mais fortes provavelmente resultaram em um contato mais regular com membros da família e amigos (Klinenberg, 2002; Schaefer, 1998a).

teoria da atividade Teoria do envelhecimento que sugere que os idosos que permanecem ativos e socialmente envolvidos terão uma melhor qualidade de vida.

5 Filmes sobre ENVELHECIMENTO

Gran Torino
Um veterano viúvo enfrenta a violência de gangues em seu bairro.

Up
Um velho ranzinza e um menino embarcam em uma aventura incomum.

Ensina-me a viver
Harold e Maude não são o casal que se costuma imaginar.

Coração louco
A vida leva um cantor de música country por caminhos que ele nunca imaginara.

Antes de partir
Dois homens enfrentam a morte eliminando itens de sua lista de coisas por fazer.

Muitas vezes considerada como o oposto da teoria do desligamento, a **teoria da atividade** sugere que os idosos que permanecem ativos e socialmente envolvidos terão uma melhor qualidade de vida. Os defensores dessa perspectiva reconhecem que uma pessoa de 70 anos pode não ter a capacidade ou o desejo de cumprir diversos papéis sociais que teve aos 40 anos, mas afirmam que os idosos têm essencialmente a mesma necessidade de interação social de qualquer outro grupo.

A melhoria da saúde dos mais velhos – às vezes negligenciada por cientistas sociais – fortaleceu os argumentos dos teóricos da atividade. Problemas de saúde e doenças crônicas não são o flagelo dos idosos que já foram. A recente ênfase na manutenção da forma física, a disponibilidade de melhor assistência médica e maior controle de doenças infecciosas e a redução no número de acidentes vasculares cerebrais e ataques cardíacos fatais se combinaram para reduzir os traumas do envelhecer.

Várias pesquisas médicas também apontam para a importância de se manter socialmente envolvido. Entre aqueles que têm redução de suas capacidades mentais em momentos posteriores da vida, a deterioração é mais rápida nas pessoas que se retiram das relações e das atividades sociais. Felizmente, os idosos estão encontrando novas maneiras de permanecer socialmente envolvidos, como fica claro no uso cada vez maior que fazem da internet, principalmente para manter contato com parentes e amigos (Taylor et al., 2009; Williams et al., 2010).

SOCIOLOGIA POPULAR

Em 2002, a Comissão Especial do Senado norte-americano sobre Envelhecimento convocou um grupo para tratar da forma como a mídia retratava as pessoas mais velhas, e criticou essa mídia e executivos de *marketing* por bombardearem o público com imagens negativas dos idosos. Em quantos personagens de programas importantes de TV hoje você consegue pensar que tenham mais de 65 anos? Como isso se compara com o número de personagens com menos de 30 anos em que você consegue pensar?

Crescentes taxas de participação dos idosos na força de trabalho

Mudança percentual nas taxas de participação na força de trabalho desde 1994

- 65 a 69 anos: Homem 28%, Mulher 43,6%
- 70 a 74 anos: Homem 34,2%, Mulher 60,9%
- 75 anos e mais: Homem 11,6%, Mulher 37,1%

Fonte: Gendell, 2008:47.

É certo que muitas atividades abertas aos idosos implicam trabalho não remunerado pelo qual adultos mais jovens poderiam receber salários. Trabalhadores idosos não remunerados incluem voluntários em hospitais (em comparação a auxiliares e enfermeiros pagos), motoristas de instituições de caridade, como a Cruz Vermelha (em comparação a motoristas profissionais), tutores (em contraste com os professores) e artesãos para bazares de caridade (em comparação a carpinteiros e costureiras). No entanto, algumas empresas têm dado início a programas para contratar aposentados em tempo integral ou em meio expediente.

O envolvimento continuado na força de trabalho vem crescendo. Em 2009, 26% das pessoas com idades entre 65 e 74 anos trabalhavam em tempo integral ou em meio expediente. Daquelas que se consideram aposentadas, mas continuam a trabalhar, quase 70% dizem que o fazem principalmente porque querem, não porque precisam disso por motivos financeiros. Na verdade, o percentual das que optam por trabalhar depois do que se convencionou considerar como idade da aposentadoria continua a aumentar, mesmo entre os mais velhos na população (Gendell, 2008; Taylor et al., 2009:91). Embora muitas continuem a trabalhar até uma idade avançada para o envolvimento social, aquelas que precisam fazer isso por razões financeiras muitas vezes concluem que sua experiência na força de trabalho é um desafio.

VELHISMO E DISCRIMINAÇÃO

O médico Robert Butler (1990) passou a se preocupar há 30 anos, quando soube que um conjunto habitacional perto de sua casa, na região metropolitana de Washington, barrava idosos. Butler cunhou o termo **velhismo** para se referir ao

velhismo Preconceito e discriminação com base na idade de uma pessoa.

preconceito e à discriminação com base na idade de uma pessoa. Por exemplo, pressupor que alguém não possa lidar com um trabalho rigoroso por ser "velho demais" ou recusar dar a alguém um trabalho com autoridade porque é "muito jovem".

Para entender mais completamente as questões relativas ao envelhecimento, devemos considerar também o impacto da estrutura social sobre os padrões de envelhecimento. Os críticos argumentam que nem a teoria do desligamento nem a da atividade respondem *por que* a interação social tem de mudar ou diminuir na velhice. O *status* inferior das pessoas idosas é visto no preconceito e na discriminação contra elas, na segregação etária e em práticas injustas de trabalho – nenhum dos quais é diretamente abordado pela teoria do desligamento nem pela da atividade.

Nos Estados Unidos, embora demitir pessoas simplesmente porque são velhas viole a legislação federal, os tribunais têm defendido o direito de demitir os trabalhadores mais velhos por razões econômicas. Os críticos afirmam que, mais tarde, as mesmas empresas contratam trabalhadores jovens e mais baratos para substituir os mais velhos e experientes. Quando o crescimento econômico diminui e as empresas fazem cortes de pessoal, o número de queixas sobre preconceito de idade aumenta acentuadamente à medida que os trabalhadores mais velhos começam a suspeitar de que estão recebendo uma parcela desproporcional das demissões. De acordo com a *Equal Employment Opportunity Commission*, entre 2000 e 2010, as reclamações sobre discriminação etária aumentaram mais de 45%, mas surgiram evidências de uma tendência contrária. Para manter trabalhadores experientes, algumas empresas vêm dando aumentos maiores para os mais velhos, com vistas a incentivá-los a se aposentar com o maior salário – uma tática que faz os mais jovens se queixarem de discriminação por idade (EEOC, 2011; Roscigno, 2010).

Um experimento controlado realizado pela AARP (anteriormente conhecida como American Association of Retired Persons) confirmou que as pessoas mais velhas muitas vezes enfrentam discriminação quando se candidatam a empregos. Currículos comparáveis de dois candidatos – um de 57 anos e o outro de 32 – foram enviados a 775 grandes empresas e agências de emprego em todos os Estados Unidos. Em situações em que realmente havia vagas de trabalho disponíveis, o candidato mais jovem recebeu uma resposta favorável 43% das vezes, e o mais velho recebeu respostas favoráveis em apenas 17% das vezes. Uma empresa que está na lista *Fortune 500* pediu mais informações ao candidato mais jovem enquanto informava ao mais velho que não havia cargos daquele tipo vagos (Bendick, Jackson e Romero, 1993; Neumark, 2008).

Como grupo, os idosos nos Estados Unidos desfrutam atualmente de um padrão de vida que é muito superior a qualquer momento no passado do país. As diferenças de classe entre os idosos permanecem evidentes, mas tendem a diminuir um pouco. As pessoas mais velhas que tiveram renda de classe média quando eram mais jovens tendem a continuar em melhor situação após a aposentadoria, mas menos do que antes (Smith, 2003).

> Primeiro você é jovem, depois está na meia-idade, depois está velha e depois é maravilhosa.
>
> Lady Diana Cooper

Até certo ponto, os mais velhos devem a melhoria geral em seu padrão de vida a uma maior acumulação de riqueza na forma de aquisição de casa própria, previdência privada e outros ativos financeiros. Contudo, grande parte da melhoria se deve a benefícios mais generosos da Previdência Social. Embora modesta quando comparada com os programas de outros países, a Previdência Social fornece 37% de todos os rendimentos recebidos por pessoas mais velhas nos Estados Unidos. Ainda assim, em 2010, 9% das pessoas com 65 anos ou mais viviam abaixo da linha da pobreza (DeNavas-Walt et al., 2011; Proctor e Smith, 2009b; Social Security Administration, 2008).

Os membros de grupos que enfrentam uma maior probabilidade de desigualdade de renda no início de suas vidas, que incluem mulheres e membros de minorias raciais e étnicas, continuam a enfrentá-la quando forem mais velhos. Para as mulheres de 65 anos ou mais, a taxa de pobreza é de 10,7% em comparação com a dos homens idosos, de 6,7%. Considerando raça e etnia, em 2010, as taxas de pobreza de 18% para afro-americanos e hispânicos com 65 anos ou mais eram mais do que o dobro da taxa de 6,8% de brancos não hispânicos da mesma idade (U.S. Census Bureau, 2011i: Tabela Pov01).

A MORTE E O MORRER

No filme *Antes de partir*, Morgan Freeman e Jack Nicholson interpretam os dois personagens principais, que são diagnosticados com câncer terminal e têm menos de um ano de vida. Eles fazem uma lista de todas as coisas que gostariam de fazer antes de morrer. Nela, há coisas que eles nunca ousaram fazer, como viajar pelo mundo e pular de paraquedas, mas também se reconciliar com pessoas com quem romperam relações.

A morte pode ser um tema tabu em muitos países. Ela representa uma ruptura fundamental que não pode ser desfeita, de modo que, muitas vezes, achamos mais fácil viver com uma sensação de negação sobre nossa mortalidade. Nas palavras do sociólogo Peter Berger, "a morte apresenta à sociedade um problema enorme [...] porque ameaça os pressupostos básicos da ordem sobre os quais a sociedade repousa" (1969:23). No entanto, a psicóloga Elisabeth Kübler-Ross (1969), por meio de seu livro pioneiro *Sobre a morte e o morrer*, incentivou muito a discussão aberta acerca do processo de morrer. Baseando-se em seu trabalho com 200 pacientes de câncer, Kübler-Ross identificou cinco etapas da experiência: negação, raiva, barganha, depressão e, por fim, aceitação.

Embora ainda possamos nos sentir desconfortáveis com o assunto, o retrato de uma "boa morte" apresentado por *Antes de partir* representa uma das formas em que nos tornamos mais abertos em relação a isso. O gerontologista Richard Kalish (1985) estabeleceu algumas das questões que as pessoas têm de enfrentar para se preparar para uma "boa morte": finalizar questões inacabadas, como resolver assuntos de herança e seguros, restabelecer a harmonia nas relações sociais e se despedir de amigos e familiares, lidar com as necessidades médicas e fazer planos funerários e outros arranjos para os sobreviventes. Ao realizar essas tarefas, a pessoa que vai morrer contribui ativamente para as transições suaves entre gerações, a continuidade dos papéis, o cumprimento dos procedimentos de saúde e a desorganização mínima do sistema social, apesar da perda de um ente querido.

Também começamos a criar instituições para facilitar nossos desejos de uma boa morte. A prática de **cuidados paliativos**, introduzida na Inglaterra na década de 1960, é dedicada a facilitar essa transição final. Os trabalhadores desse tipo de instituição procuram melhorar a qualidade dos últimos dias de uma pessoa que está para morrer, oferecendo conforto e a ajudando a permanecer até o fim em casa ou em um ambiente semelhante a sua casa, em um hospital ou outro serviço especial. Atualmente, mais de 5.100 programas de cuidados paliativos atendem a quase 1,6 milhão de pessoas por ano nos Estados Unidos (NHPCO, 2012).

Estudos recentes sugerem outras maneiras pelas quais as pessoas vêm rompendo os tabus históricos sobre a morte. Por exemplo, as práticas de luto – antes altamente estruturadas – estão se tornando cada vez mais variadas e terapêuticas. Mais e mais pessoas estão tratando ativamente da inevitabilidade da morte, fazendo testamentos, estabelecendo "testamentos em vida" (documentos que explicam suas vontades sobre o uso de equipamentos de suporte à vida), doando órgãos e dando instruções aos membros da família sobre funerais, cremações e sepultamentos. Considerando-se os avanços médicos e tecnológicos e a discussão e a negociação cada vez mais abertas sobre a morte e o morrer, é possível que as boas mortes possam se tornar uma norma social em muitos países (Pew Research Center, 2006).

Encontramos alguns dos mais difíceis desafios de socialização (e ritos de passagem) nesses últimos anos de vida. A aposentadoria prejudica o sentido de *self* que tínhamos, com base em nossa ocupação, que é uma fonte particularmente significativa de identidade. Da mesma forma, fazer um balanço de nossas realizações e decepções, lidar com o declínio das capacidades físicas e reconhecer a inevitabilidade da morte podem levar a ajustes dolorosos. Parte da dificuldade é que as respostas possíveis para a pergunta "e agora?" que poderíamos ter feito em fases anteriores da vida estão diminuindo, e começamos a enfrentar o fim dos nossos dias.

> **cuidados paliativos**
> Tratamento de doentes terminais em suas próprias casas ou em unidades ou outras instalações hospitalares especiais, com o objetivo de ajudá-los a morrer confortavelmente, sem sofrimento.

No entanto, ao refletirmos sobre a história de nossas vidas, podemos olhar para trás e ver todas as pessoas que nos moldaram para que nos tornássemos o que somos. Essas relações cumprem um papel crucial em nosso autoconceito e nossa autossatisfação geral. Como já vimos, somos interdependentes. E, embora as influências de outros sobre nossa vida possam ser tanto uma bênção quanto uma maldição, não seríamos o que somos sem eles.

> **envolva-se!**
> Pare! Faça um "jejum tecnológico" e abra mão de *e-mail*, *blogs*, Facebook, Twitter, mensagens de celular, computadores e até mesmo de seu telefone celular por um dia. Faça um diário sobre como você reage.

PARA REVISÃO

I. **Como nos tornamos quem somos?**
- Nascemos com tendências inatas, mas dependemos das influências de socialização de outras pessoas com quem interagimos para nos fornecer as ferramentas culturais necessárias para nossa sobrevivência.

II. **Quem molda nossa socialização?**
- Embora quase qualquer pessoa com quem interajamos possa ter uma influência significativa sobre nós, particularmente importantes para nosso desenvolvimento são a família, a escola, o grupo de pares, os meios de comunicação, a religião e o Estado.

III. **Como nosso desenvolvimento muda ao longo do tempo?**
- Aprendemos coisas novas em várias etapas de nossa trajetória de vida, experimentando transições significativas quando passamos da infância para a idade adulta e, novamente, da idade adulta para a aposentadoria. Em cada estágio, os tipos de coisas esperadas de nós pelos outros mudam de modo significativo.

Visões **SOCIOLÓGICAS** sobre socialização

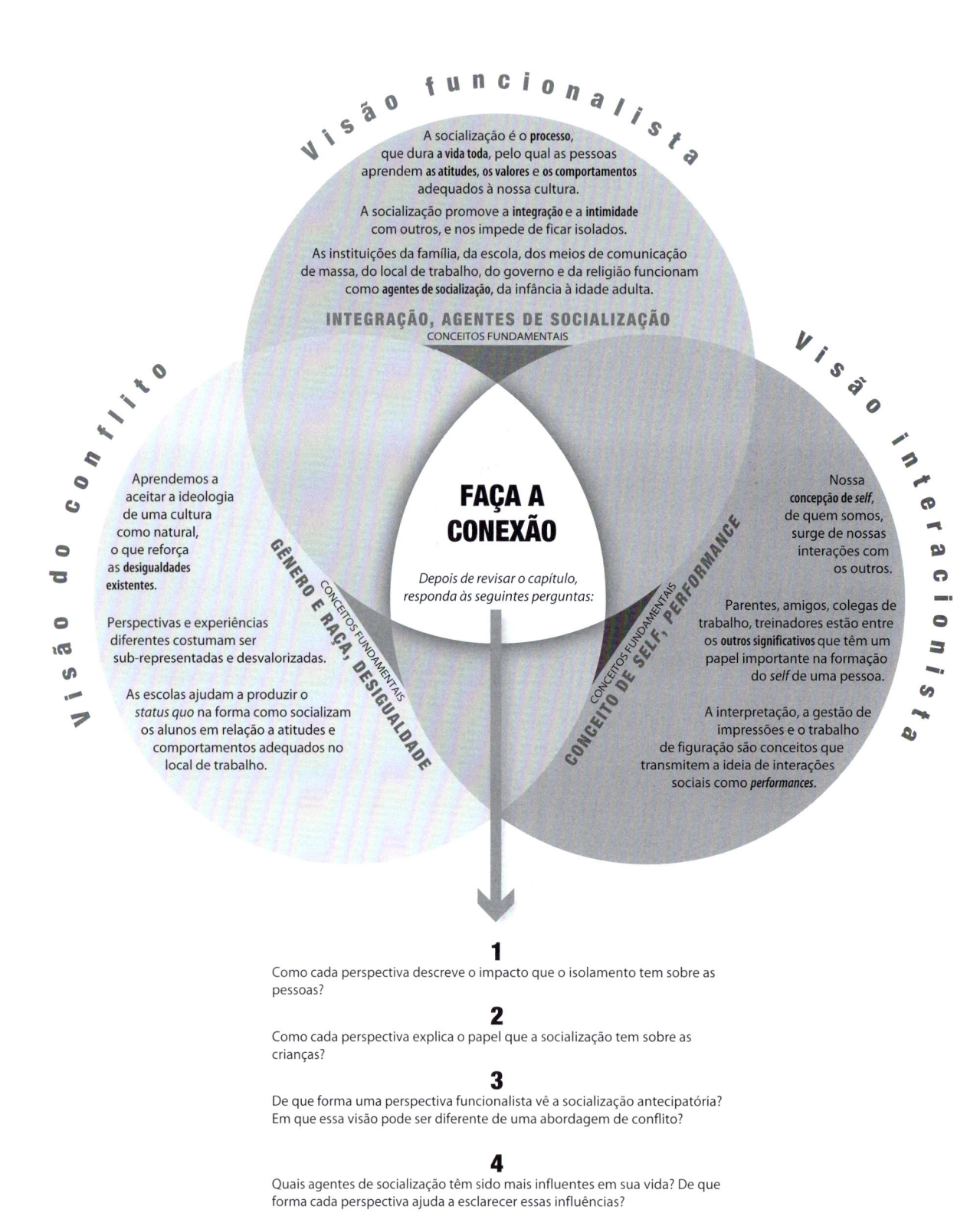

Visão funcionalista

A socialização é o **processo**, que dura **a vida toda**, pelo qual as pessoas aprendem **as atitudes, os valores e os comportamentos** adequados à nossa cultura.

A socialização promove a **integração** e a **intimidade** com outros, e nos impede de ficar isolados.

As instituições da família, da escola, dos meios de comunicação de massa, do local de trabalho, do governo e da religião funcionam como **agentes de socialização**, da infância à idade adulta.

INTEGRAÇÃO, AGENTES DE SOCIALIZAÇÃO
CONCEITOS FUNDAMENTAIS

Visão do conflito

Aprendemos a aceitar a ideologia de uma cultura como natural, o que reforça as **desigualdades** existentes.

Perspectivas e experiências diferentes costumam ser sub-representadas e desvalorizadas.

As escolas ajudam a produzir o *status quo* na forma como socializam os alunos em relação a atitudes e comportamentos adequados no local de trabalho.

CONCEITOS FUNDAMENTAIS
GÊNERO E RAÇA, DESIGUALDADE

Visão interacionista

Nossa **concepção de** *self*, de quem somos, surge de nossas interações com os outros.

Parentes, amigos, colegas de trabalho, treinadores estão entre os **outros significativos** que têm um papel importante na formação do *self* de uma pessoa.

A interpretação, a gestão de impressões e o trabalho de figuração são conceitos que transmitem a ideia de interações sociais como *performances*.

CONCEITOS FUNDAMENTAIS
CONCEITO DE SELF, PERFORMANCE

FAÇA A CONEXÃO

Depois de revisar o capítulo, responda às seguintes perguntas:

1
Como cada perspectiva descreve o impacto que o isolamento tem sobre as pessoas?

2
Como cada perspectiva explica o papel que a socialização tem sobre as crianças?

3
De que forma uma perspectiva funcionalista vê a socialização antecipatória? Em que essa visão pode ser diferente de uma abordagem de conflito?

4
Quais agentes de socialização têm sido mais influentes em sua vida? De que forma cada perspectiva ajuda a esclarecer essas influências?

Pop Quiz

1. **O lado que defende a criação, no debate natureza-criação, argumenta que**
   a. a socialização desempenha um papel fundamental na formação de nossos valores, atitudes e comportamentos.
   b. nossos valores, atitudes e comportamentos são, em grande parte, herdados biologicamente por meio de nosso DNA.
   c. a sociologia tem um papel limitado para explicar nosso comportamento antes dos dois anos de idade.
   d. não podemos determinar o grau em que nossos comportamentos são moldados por hereditariedade ou ambiente.

2. **De acordo com Charles Horton Cooley, o processo de desenvolvimento de uma identidade própria imaginando como os outros nos veem é conhecido como**
   a. socialização.
   b. *self*-espelho.
   c. mim.
   d. outro generalizado.

3. **Na etapa de socialização do brinquedo, de George Herbert Mead, as pessoas assumem mentalmente as perspectivas das outras, permitindo-lhes responder a partir desse ponto de vista imaginado. Esse processo é chamado de**
   a. simbolização.
   b. outro significativo.
   c. gestão de impressões.
   d. interpretação.

4. **Suponhamos que um funcionário tentasse parecer mais ocupado do que realmente está quando um supervisor o observa. Erving Goffman diria que esta é uma forma de**
   a. cerimônia de degradação.
   b. gestão de impressões.
   c. ressocialização.
   d. *self*-espelho.

5. **Qual instituição social é considerada o mais importante agente de socialização nos Estados Unidos, em especial para as crianças?**
   a. Família
   b. Escola
   c. Grupo de pares
   d. Meios de comunicação

6. **O termo *papel de gênero* refere-se**
   a. ao fato biológico de que somos homens ou mulheres.
   b. a um papel que nos é dado por um professor.
   c. a um papel que nos é dado em uma brincadeira.
   d. a expectativas em relação a comportamento, atitudes e atividades adequados de homens e mulheres.

7. **No primeiro dia de treinamento básico no exército, um recruta homem tem suas roupas civis substituídas pela farda, o cabelo é raspado, ele perde sua privacidade e descobre que deve usar um banheiro comum. Todas essas atividades humilhantes fazem parte de**
   a. tornar-se um outro significativo.
   b. gestão de impressões.
   c. uma cerimônia de degradação.
   d. trabalho de figuração.

8. **O que os sociólogos chamam de representações simbólicas de grandes mudanças no *status* de uma pessoa ao longo de sua trajetória de vida?**
   a. Ritos de passagem
   b. Socialização antecipatória
   c. Gestão de impressões
   d. Interpretação

9. **O processo de descartar padrões anteriores de comportamento e assumir novos é conhecido como**
   a. ressocialização.
   b. gestão de impressões.
   c. socialização antecipatória.
   d. eu.

10. **Qual teoria afirma que os idosos têm essencialmente a mesma necessidade de interação social de qualquer outro grupo e que aqueles que permanecem ativos e socialmente envolvidos serão mais bem ajustados?**
    a. Teoria do desligamento
    b. Teoria da discriminação institucional
    c. Teoria da atividade
    d. Teoria do velhismo

1. (a); 2. (b); 3. (d); 4. (b); 5. (a); 6. (d); 7. (c); 8. (a); 9. (a); 10. (c).

5

ESTRUTURA

INTERAÇÃO SOCIAL

O QUE ESTÁ POR VIR

102 Interação social
103 Elementos da estrutura social
115 Burocracia
120 Estrutura social em perspectiva global

GANHAR E PERDER

A vida é como um jogo. Dizer isso se tornou uma espécie de clichê, o tipo de coisa que aparece em cartões de felicitações e cartazes motivacionais, geralmente seguido por alguns comentários inspiradores sobre como se deve jogar. No entanto, sociologicamente falando, prestar atenção em como funcionam os jogos pode nos ajudar a entender melhor o que acontece em nossas vidas e por quê.

Na maioria dos jogos, os jogadores começam com as mesmas chances básicas – número igual de cartas, quantidades idênticas de dinheiro ou o mesmo espaço no tabuleiro. Embaralhar as cartas ou jogar os dados introduz uma aleatoriedade que poderia direcionar as probabilidades, mas o pressuposto é que os vencedores e os perdedores são determinados mais pela habilidade do que por qualquer outra coisa.

Em alguns jogos, porém, a estrutura do jogo define os possíveis resultados. Um exemplo é o tradicional jogo de cartas chinês *Zheng Shangyou* (争上游), que significa "lutando contra a corrente". Existem muitas variações desse jogo, incluindo o *Dai Hin Min* (大貧民) no Japão e o *Tiên Lên* no Vietnã. Nos Estados Unidos, entre as adaptações estão Reis e Servos, o Grande Dalmuti, Presidente e *Scum*.

O que diferencia esses jogos é que a posição que cada jogador ocupa implica vantagens ou desvantagens. Em uma versão, as posições são rei, rainha, valete, mercador, camponês e servo. Depois que todas as cartas foram distribuídas, o servo dá ao rei as suas três melhores cartas, recebendo as três piores cartas do rei em troca. Da mesma forma, o camponês e a rainha trocam duas cartas, e o comerciante e o valete trocam uma. Então começa o jogo, com as pessoas procurando se livrar de suas cartas descartando cartas mais altas do que as que foram jogadas pela pessoa que as antecedeu. No final de cada rodada, depois de todas as cartas serem jogadas, os jogadores mudam de lugar: a primeira pessoa a sair, depois de ter jogado todas as suas cartas, torna-se o novo rei, continuando até que o último a sair se torne o novo servo. Por causa das trocas de cartas, as pessoas que estão no topo tendem a continuar no topo e vice-versa.

Como jogador do topo, você pode facilmente se sentir bem consigo mesmo e atribuir seu sucesso à habilidade. Como jogador da parte inferior, você pode desanimar, duvidar de sua habilidade e se ressentir das vantagens injustas de quem está no topo. Nada melhor do que ter que abrir mão de dois ases e um rei, só para receber cartas sem valor em troca, para deixar transparentes as consequências da estrutura desigual do jogo.

As escolhas que fazemos não acontecem em um vácuo. O que esses jogos sugerem a quem está embaixo é que, mesmo se jogar bem as suas cartas, você ainda pode perder. Nesses jogos, como na vida, nossas posições estruturais influenciam as opções e as oportunidades que estão disponíveis a nós.

À medida que você for LENDO >>

- O que compõe a sociedade?
- Como a estrutura social influencia a ação individual?
- Como os sociólogos descrevem as sociedades tradicionais em comparação com as modernas?

>>Interação social

Quer estejamos trabalhando juntos para construir a cultura, quer estejamos aprendendo uns com os outros pela socialização, fazemos isso por meio da **interação social**, uma troca recíproca em que duas ou mais pessoas leem, reagem e respondem umas às outras. Por esse processo, ficamos sabendo o que se espera de nós. Quando os pais nos disciplinam ou os professores nos elogiam, usamos essas punições e recompensas para informar melhor nossas possibilidades de ação no futuro. As escolhas que fazemos criam padrões de comportamento ao longo do tempo; assim, nossas interações cotidianas formam os tijolos com os quais se constrói a sociedade.

> **interação social** Troca recíproca em que duas ou mais pessoas leem, reagem e respondem umas às outras.

SELF E SOCIEDADE

Chegamos a ser quem somos por intermédio das interações diárias que temos com os outros – seja indo à aula, trabalhando em nosso emprego ou dirigindo no trânsito. Procuramos entender nossas interações à medida que ocorrem e, em seguida, responder de acordo com esse entendimento. Nosso *self*, como vimos no Capítulo 4, deve ser entendido como um projeto em andamento, sendo criado constantemente por nossas interações com os outros, em vez de um objeto singular, isolado e imutável. A sociedade fornece o contexto em que ocorre esse processo dinâmico de autocriação. Nas palavras de George Herbert Mead, "Os *selves* só podem existir nas relações concretas com outros *selves*. Não se pode traçar qualquer linha definida entre nossos próprios *selves* e os *selves* dos outros" (1934:164). Essa concepção social ou relacional contraria a ideia dominante sobre o *self* nos Estados Unidos, por exemplo, manifestada em expressões como "individualismo rude" ou "eu fiz do meu jeito". Contudo, mesmo essas expressões são sentimentos coletivos aprendidos no contexto da cultura do país.

Com o passar do tempo, desenvolvemos padrões rotineiros de comportamento que passamos a considerar naturais – sentar à mesma mesa, almoçar com os mesmos colegas de trabalho, percorrer o mesmo trajeto. Fazemos as mesmas coisas e pensamos muitos dos mesmos pensamentos, dia após dia. E o mesmo acontece com os outros. Depois de algum tempo, essas práticas repetidas podem se consolidar em normas formais e informais ou se tornar institucionalizadas na forma de leis. A previsibilidade resultante nos permite saber o que fazer na maior parte do tempo.

Posteriormente, as posições que ocupamos em relação aos outros (como estudante, chefe ou guarda de trânsito) também se consolidam, e desenvolvemos expectativas mútuas sobre como as pessoas nessas posições devem agir. À medida que essas percepções são compartilhadas com outras pessoas que estão situadas além de nossa esfera imediata de experiência, torna-se possível falar das posições – e das diversas relações entre elas – independentemente das pessoas que as ocupam. O resultado é a sociedade, ou seja, a estrutura de relações dentro da qual a cultura é criada e compartilhada por meio de padrões regularizados de interação social.

CONSTRUÇÃO SOCIAL DA REALIDADE

Ao elaborarmos a relação entre nosso *self* e a sociedade, estamos envolvidos na "construção social da realidade". Os sociólogos Peter Berger e Thomas Luckmann (1966) usam essa expressão para descrever a relação de interdependência em que nós, como indivíduos, criamos a sociedade por meio de nossas ações e, ao mesmo tempo, tornamo-nos produtos da sociedade que construímos. Eles apresentam seus argumentos em seu modelo sobre construção do mundo, formado por três partes:

- *Construção da cultura*. Nossas ações não são determinadas estritamente por instintos biológicos. Para sobreviver, precisamos estabelecer uma relação com a natureza e uns com os outros. Fazemos isso criando ferramentas, linguagem, ideias, crenças, normas de comportamento e assim por diante, para estabelecer ordem e sentido. A cultura nos permite entender nossas experiências e padronizar nossas ações. (Ver Cap. 3, sobre cultura.)
- *Construção do self*. Nos tornamos produto dos mundos que criamos. Sempre que entramos em um novo mun-

do social (p. ex., no momento do nascimento, indo fazer faculdade em outra cidade, o primeiro dia em um novo emprego, o casamento), não começamos do zero. Somos moldados pelas ferramentas, ideias e regras de ação construídas por outros que vieram antes de nós. Aprendemos como devemos pensar e agir por meio de nossas interações com os outros, compartilhando ideias e experiências. Por meio de socialização, somos restringidos pela própria cultura que construímos. (Ver Cap. 4, sobre socialização.)

- *Construção da sociedade*. Entre esses dois primeiros passos, há um estágio intermediário no qual compartilhamos a cultura que criamos com os outros. Depois de compartilhada, perdemos o controle sobre ela, como indivíduos. Não é mais algo que "eu" controle; agora, está em "nossas" mãos. Como resultado de nossa aceitação compartilhada, ela passa a parecer sólida, real ou natural, mesmo que nós mesmos a tenhamos criado. Uma maneira de pensar sobre ela é como um ambiente, um mundo social ou uma estrutura dentro da qual vivemos. Passamos a pressupor que ela simplesmente "é".

Em suma, a construção social da realidade é um processo contínuo de construir objetos, conhecimentos e regras para o comportamento que passamos a compartilhar coletivamente. A seguir, essas criações formam ou limitam as ideias e as ações que estão disponíveis a nós. Depois disso, nós as usamos para criar nova cultura. O resultado é previsibilidade e ordem, que são necessárias para a interação social e a ação coletiva. Mediante a interação social, estamos sempre criando e sendo criados, produtores e produtos.

Quanto mais compartilhamos cultura com os outros, mais resistente ela se torna a mudanças. A capacidade de definir a realidade social muitas vezes reflete o poder de um grupo dentro da sociedade. Na verdade, um dos aspectos cruciais da relação entre grupos dominantes e subordinados é a capacidade dos primeiros de definir valores e normas. Aqueles que exercem poder e influência em uma sociedade costumam relutar em abandonar suas posições de controle. Como resultado, é uma luta modificar os sentidos ligados às posições que as pessoas ocupam. Desde meados da década de 1900, começando com o movimento dos direitos civis dos anos de 1950 e 1960 e continuando entre mulheres, idosos, *gays* e lésbicas, e pessoas com deficiência, um aspecto importante do processo de mudança social tem sido a redefinição ou a reconstrução da realidade social.

Ao desafiarem os pressupostos sociais tradicionais, membros de grupos subordinados podem aumentar nossa consciência coletiva sobre as consequências da participação em grupos ou da posição social e nos ajudar a perceber e vivenciar a realidade de uma maneira nova. Por exemplo, quando Muhammad Ali, vencedor da medalha de ouro olímpica, começou sua carreira no boxe profissional, no início da década de 1960, ele era muito parecido com qualquer outro lutador negro jovem. Ele era representado e patrocinado por agenciadores de boxe brancos e usava o nome que recebeu, Cassius Clay. Logo, porém, o jovem boxeador rebelou-se contra os estereótipos do negro atleta que não se manifesta e começou a definir seu próprio papel social. Ele se converteu ao islamismo, tornando-se um membro da organização norte-americana Nação do Islã, abandonou seu "nome de escravo" e assumiu o de Muhammad Ali. Ele insistia em manifestar seus próprios pontos de vista políticos, inclusive recusando-se a lutar na Guerra do Vietnã. Ali mudou os termos da interação social para atletas negros, rebelando-se contra o pensamento e a terminologia racistas. Ao redefinir a realidade social, ele ajudou a abrir maiores oportunidades para si mesmo e para outros afro-americanos no mundo dos esportes e além dele.

>>Elementos da estrutura social

Embora nem todos os sociólogos aceitem a ideia de que a sociedade é uma coisa real, externa e objetiva, os conceitos de sociedade e estrutura social nos dão ferramentas úteis quando se tenta entender as razões de nossos pensamentos e ações. A **estrutura social** representa o quadro subjacente à sociedade, constituído das posições que as pessoas ocupam e das relações entre elas. A estrutura proporciona ordem. Sua existência parece transcender os indivíduos específicos que a povoam. Consideramos sua realidade como um dado e aprendemos a nos mover em posições sociais que já existem. Pensar na estrutura como algo semelhante a um esqueleto que nos mantém juntos – ou análogo às vigas de um edifício – ajuda-nos a entender melhor a nós mesmos e aos outros. Podemos identificar os seguintes elementos que compõem a estrutura social: *status*, papéis sociais, grupos, redes sociais, mundos virtuais e instituições sociais.

> **estrutura social** Quadro subjacente à sociedade, constituído das posições que as pessoas ocupam e das relações entre elas.
>
> **status** Posições sociais que ocupamos em relação aos outros.

STATUS

O *status* talvez seja o componente mais básico da estrutura social. Refere-se às posições sociais que ocupamos em relação aos outros. Essas posições existem independentemente dos indivíduos que as ocupam. Dentro de nossa sociedade, uma pessoa pode ocupar o *status* de estudante, colhedor de frutas, filho ou filha, violinista, adolescente, morador de St. Louis, protético ou vizinho.

Você sabia?

... Muhammad Ali foi considerado culpado de evasão de convocação militar e condenado a cinco anos de prisão. Em 1967, ele se recusou a servir ao exército por causa de suas convicções religiosas pacifistas, por ser muçulmano. No final, a Suprema Corte dos Estados Unidos reverteu sua condenação e ele não precisou cumprir pena de prisão.

Status sociais

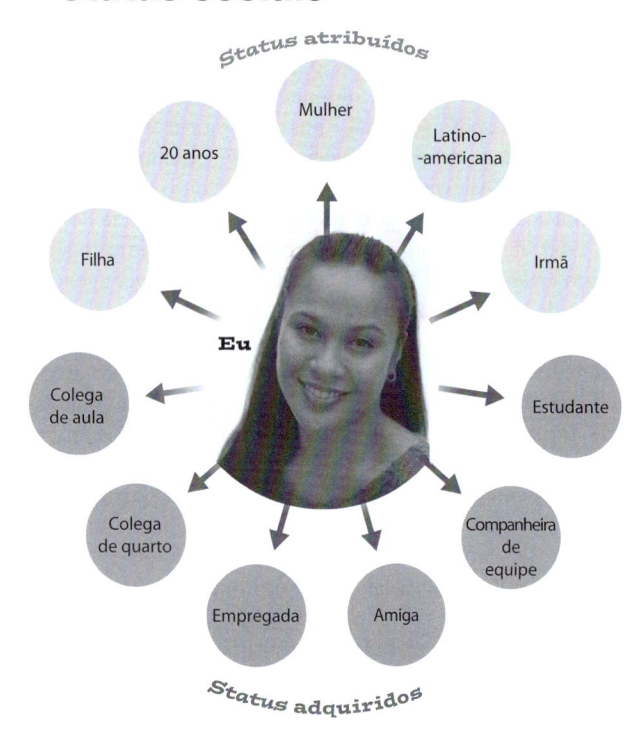

Status atribuídos: Mulher, 20 anos, Latino-americana, Filha, Irmã, Eu, Colega de aula, Estudante, Colega de quarto, Companheira de equipe, Empregada, Amiga
Status adquiridos

Uma pessoa também pode ocupar uma série de diferentes *status* ao mesmo tempo.

Status atribuído e adquirido Os sociólogos categorizam o *status* como atribuído ou adquirido. Um ***status* atribuído** é designado a uma pessoa pela sociedade, sem levar em consideração suas características ou talentos únicos. Geralmente, a designação ocorre no momento do nascimento; assim, a idade da pessoa, sua raça/etnia e sexo são considerados *status* atribuídos. Embora essas características sejam de origem biológica, o fundamental é o sentido social que associamos a essas categorias. Os *status* atribuídos costumam ser usados para justificar privilégios ou refletir a participação de uma pessoa em um grupo subordinado. Analisaremos os impactos de raça, etnia e gênero como *status* atribuídos nos Capítulos 12 e 13.

status **atribuído** Posição social designada a uma pessoa pela sociedade, sem levar em consideração suas características ou talentos únicos.

status **adquirido** Posição social que obtemos como consequência de algo que fizemos.

Na maioria dos casos, pouco se pode fazer para mudar um *status* atribuído, mas se pode tentar alterar as restrições tradicionais associadas a ele. Por exemplo, desde sua fundação nos Estados Unidos, em 1971, o grupo ativista político *Gray Panthers* tem trabalhado pelos direitos das pessoas idosas e tentado modificar os estereótipos negativos e limitadores que a sociedade tem em relação aos idosos. Como resultado de seu trabalho e do de outros grupos que apoiam os cidadãos mais velhos, o *status* atribuído de "idoso" já não é tão difícil para milhões de pessoas mais velhas.

Um *status* atribuído não tem necessariamente o mesmo sentido social em todas as sociedades. Na China, por exemplo, o respeito pelos idosos, conhecido como devoção filial, é uma norma importante. Lá, em muitos casos, a palavra "velho" é usada respeitosamente: chamar alguém de "velho mestre" ou "velha pessoa" é como chamar um juiz de "meritíssimo". Em países como os Estados Unidos ou a Grã-Bretanha, que valorizam a juventude, o termo "velho" costuma ser mais um insulto do que uma celebração da antiguidade e da sabedoria (Huang, 1988; Kline e Zhang, 2009; Laidlaw et al., 2010).

Ao contrário dos *status* atribuídos, um ***status* adquirido** é uma posição social que obtemos como consequência de algo que fizemos. Essas realizações podem ser positivas ou negativas. Por exemplo, pianista, estudante universitário, membro de irmandade e advogado são todos *status* adquiridos. Cada um é alcançado fazendo-se ações necessárias para sua realização, ensaiando, indo à escola, fazendo um juramento e obtendo um diploma de Direito. Contudo, tornar-se um prisioneiro também é um estado adquirido, uma consequência de um crime cometido. Porém, a linha entre estados alcançados e adquiridos pode ficar confusa, como acontece quando o benefício da dúvida é dado a alguém, ou negado, em função de um legado, e não de um esforço.

Status dominante Cada um de nós tem muitos *status* diferentes e, por vezes, conflitantes; alguns podem significar uma posição social mais elevada, e outros, uma posição inferior. Como, então, os outros veem nossa posição social geral? De acordo com o sociólogo Everett Hughes (1945), as sociedades lidam com incoerências concordando que certos *status* são mais importantes do que outros.

Um ***status* dominante** é um *status* que predomina sobre os outros e, assim, determina a posição geral de uma pessoa na sociedade. Por exemplo, em 1998, Michael J. Fox revelou que fora diagnosticado com Mal de Parkinson. Ele tivera uma carreira notável no cinema e na televisão, mas agora seu *status* de celebridade com Parkinson poderia superar seus *status* como ator, autor e ativista político.

> **PENSAMENTO** SOCIOLÓGICO
>
> Por que fatores como raça, gênero e deficiência se tornam *status* dominantes? O que o *status* dominante pode nos dizer sobre o poder de nossa definição de "normal"?

As pessoas com deficiência frequentemente observam que os não deficientes as veem apenas como cegos ou apenas como cadeirantes, e assim por diante, em vez de seres humanos complexos com qualidades e defeitos, cuja deficiência é apenas um aspecto de suas vidas. Muitas vezes, as pessoas com deficiência descobrem que sua condição de "deficientes" recebe um peso indevido, ofuscando sua capacidade real de ter um emprego significativo e contribuindo para o preconceito, a discriminação e a segregação generalizados (Banks e Lawrence, 2006). Os ativistas argumentam que essas barreiras discriminatórias restringem as pessoas com deficiência mais do que quaisquer limitações biológicas.

Os *status* atribuídos frequentemente influenciam nosso *status* adquirido. O ativista afro-americano Malcolm X (1925-1965), defensor eloquente e polêmico do poder negro e do orgulho negro na década de 1960, lembrou que seus sentimentos e perspectivas mudaram profundamente quando ele estava na oitava série. Quando seu professor de inglês, um branco, advertiu-o de que seu objetivo de ser advogado era ridículo e sugeriu que ele se tornasse carpinteiro, em vez disso, Malcolm X (1964:37) constatou que sua posição como negro (*status* atribuído) era um obstáculo a seu sonho de ser advogado (*status* adquirido). Em muitos países, os *status* atribuídos de raça e gênero podem funcionar como *status* dominantes, que têm papel importante em nossos esforços para alcançar um *status* profissional e social desejado (Brownfield, Sorenson e Thompson, 2001).

PAPÉIS SOCIAIS

Os *status* que ocupamos implicam direitos e responsabilidades. Um **papel social** é um conjunto de comportamentos esperados de pessoas que ocupam determinado *status* social. Enquanto ocupamos um *status*, desempenhamos um papel. Assim, espera-se que os motoristas de táxi saibam como se deslocar em uma cidade, que os recepcionistas cuidem de recados por telefone e que policiais ajam se virem um cidadão sendo ameaçado. Cada *status* social diferente – seja atribuído ou adquirido – é acompanhado por determinadas expectativas de papéis. No entanto, o desempenho real varia de indivíduo para indivíduo. O assistente de um executivo pode assumir amplas responsabilidades administrativas, enquanto outro pode se concentrar em tarefas de escritório.

Os papéis são um componente importante da estrutura social, contribuindo para a estabilidade de uma sociedade ao permitirem que os membros prevejam o comportamento dos outros e padronizem suas próprias ações segundo essa avaliação. No entanto, os papéis sociais também restringem as interações e as relações das pessoas. Se enxergarmos uma pessoa *apenas* como policial ou supervisora, será difícil se relacionar com ela como amiga ou vizinha.

> ***status* dominante** *Status* que predomina sobre os outros e, assim, determina a posição geral de uma pessoa na sociedade.
>
> **papel social** Conjunto de comportamentos esperados de pessoas que ocupam determinado *status* social.
>
> **conflito de papéis** Situação que ocorre quando expectativas incompatíveis surgem de dois ou mais *status* sociais que a mesma pessoa ocupa.

Conflito de papéis Às vezes, os *status* que ocupamos podem colidir. O **conflito de papéis** ocorre quando surgem expectativas incompatíveis de dois ou mais *status* sociais de uma mesma pessoa. O cumprimento dos papéis associados a uma posição pode violar diretamente os papéis ligados a um segundo *status*.

> **PENSAMENTO** SOCIOLÓGICO
>
> Faça uma lista dos *status* sociais que você ocupa. Quais são atribuídos e quais são adquiridos? Que papéis você espera cumprir como consequência das posições que ocupa? Como você resolve possíveis conflitos de papéis?

Imagine a delicada situação de uma mulher que trabalhou durante uma década na linha de montagem de uma indústria elétrica e, recentemente, foi nomeada supervisora de sua unidade. Agora, ela deve equilibrar seu *status* de amiga com seu *status* de chefe. Como ela deve tratar seus amigos e colegas de trabalho de longa data? Ainda deve almoçar com eles? Deve recomendar a demissão de um velho amigo que não consegue acompanhar as exigências da linha de montagem? Ela provavelmente vai vivenciar um forte conflito entre sua amizade e as funções de supervisão. Esses conflitos de papéis envolvem escolhas éticas difíceis. A nova supervisora terá que tomar uma decisão difícil sobre até onde deve fidelidade ao amigo e até onde a deve a seus empregadores, que lhe deram responsabilidades de supervisão.

Outro tipo de conflito de papéis ocorre quando os indivíduos assumem ocupações que não são comuns entre as pessoas com seu *status* atribuído. Homens que são professores de pré-escola e policiais femininas experimentam esse tipo de conflito de papéis. No segundo caso, as mulheres devem se esforçar para conciliar seu *status* no local de trabalho, de agentes da lei, com a visão social sobre o *status* das mulheres, que, historicamente, não assumiam muitas habilidades associadas ao trabalho policial. E mesmo quando as policiais femininas se deparam com assédio sexual, como acontece com as mulheres em todo o mercado de trabalho, elas também têm de lidar com o "código de silêncio", uma norma informal que as impede de envolver seus colegas policiais em delitos (Maher, 2008; Pershing, 2003).

> **PENSAMENTO** SOCIOLÓGICO
>
> Nosso verdadeiro *self* existe? Somos apenas atores desempenhando papéis com base nas posições que ocupamos?

Tensão entre papéis O conflito de papéis descreve a situação de uma pessoa lidando com o desafio de ocupar dois *status* sociais ao mesmo tempo. No entanto, mesmo um único *status* pode causar problemas. Os sociólogos usam a expressão **tensão entre papéis** para descrever a dificuldade que surge quando o mesmo *status* social impõe demandas e expectativas conflitantes.

tensão entre papéis Dificuldade que surge quando o mesmo *status* social impõe demandas e expectativas conflitantes.

saída do papel Processo de desligamento em relação a um papel que é fundamental para a autoidentidade, a fim de estabelecer um papel e uma identidade novos.

As pessoas que pertencem a culturas minoritárias podem vivenciar a tensão entre papéis enquanto trabalham na cultura dominante. O criminologista Larry Gould (2002) entrevistou policiais do Departamento de Polícia da Nação Navajo e descobriu que eles enfrentaram tensão entre papéis ao responderem às comunidades majoritária e minoritária. Esperava-se que eles seguissem as políticas e os procedimentos oficiais definidos por policiais convencionais (xerifes e agentes do FBI). Ao mesmo tempo, os policiais da Nação Navajo praticam uma forma alternativa de justiça conhecida como Pacificação, em que buscam a conciliação entre as partes envolvidas em um crime ou queixa. Os policiais expressavam muita confiança na Pacificação, mas se preocupavam com o fato de que, se não efetuassem prisões, outros agentes da lei achariam que eles estavam sendo "moles" demais ou estavam "apenas cuidando dos seus".

Todos sentiam a pressão de ser considerados "Navajo demais" ou "não Navajos o suficiente".

Saída do papel Muitas vezes, quando pensamos em assumir um papel social, nos concentramos na preparação e na socialização antecipatória pela qual uma pessoa passa em relação a esse papel. Isso acontece se a pessoa está prestes a se tornar advogada, *chef*, cônjuge, pai ou mãe. No entanto, os sociólogos também prestam atenção aos ajustes envolvidos quando se sai de papéis sociais.

A socióloga Helen Rose Fuchs Ebaugh (1988) usou a expressão **saída do papel** para descrever o processo de desligamento em relação a um papel que é fundamental para a autoidentidade, a fim de estabelecer um papel e uma identidade novos. Com base em entrevistas – entre outros, com ex-presidiários, homens e mulheres divorciados, alcoolistas em recuperação, ex-freiras, ex-médicos, aposentados e

A socióloga Helen Rose Fuchs Ebaugh entrevistou transexuais (como na foto) e outros que estavam saindo de papéis sociais importantes, para desenvolver seu modelo de saída do papel em quatro etapas.

transexuais – Ebaugh (ela mesma, ex-freira) estudou o processo de saída voluntária de papéis sociais importantes.

Ebaugh propôs um modelo em quatro etapas para a saída do papel. A primeira etapa começa com a dúvida. A pessoa sente frustração, esgotamento ou simplesmente infelicidade com um *status* ao qual está acostumada e os papéis associados a essa posição social. A segunda etapa envolve a busca de alternativas. Um indivíduo que está descontente com seu trabalho pode tirar uma licença, e um casal infeliz no casamento pode dar início ao que considera uma tentativa de separação.

> **PENSAMENTO** SOCIOLÓGICO
>
> Seja de uma equipe esportiva, um grupo religioso, as forças armadas ou algum outro grupo muito unificado, que experiência você já teve com saída do papel, se houve alguma? Até que ponto sua experiência corresponde às quatro etapas descritas por Ebaugh?

Sociologia pessoal

A estrutura é importante

Embora adore lecionar, eu odeio dar notas. Quando menciono isso aos alunos, eles dizem que a culpa é toda minha; se eu não lhes desse trabalhos a serem avaliados, não teria que dar notas. Mas eu não leciono no vácuo. Se não lhes desse trabalhos e provas, os alunos concentrariam seu tempo e sua energia na ameaçadora prova de química ou no trabalho de literatura em vez de ler, participar ou mesmo assistir à minha disciplina. Não é que os alunos não estejam interessados ou não sejam sinceros; é que eles são forçados a distribuir seu tempo, pelo qual os professores competem usando os trabalhos que dão. Como existimos em sistemas sociais, as expectativas desses sistemas limitam a quantidade de inovação que podemos desejar.

A terceira etapa da saída do papel é a etapa da ação ou da partida. Ebaugh concluiu que a maioria dos seus entrevistados conseguia identificar um claro momento de virada, no qual se tornou essencial tomar a decisão final e sair do emprego, acabar com o casamento ou fazer algum outro tipo de saída do papel. Apenas 20% dos entrevistados viam sua saída do papel como um processo gradual e evolutivo que não tinha um momento único de virada.

A última fase da saída do papel envolve a criação de uma identidade nova. Tradicionalmente, os alunos experimentam uma forma de saída do papel ao fazerem a transição do ensino médio para a faculdade. Eles podem deixar para trás o papel de uma criança que mora na casa dos pais e assumir o de um estudante universitário um pouco independente, morando com seus pares em um dormitório universitário. O sociólogo Ira Silver (1996) estudou o papel central que os objetos cumprem nessa transição.

> **grupo** Qualquer número de pessoas com normas, valores e metas compartilhados, que interagem umas com as outras regularmente.

Os objetos que os estudantes optam por deixar em casa (como bichos de pelúcia e bonecas) estão associados às suas identidades anteriores. Eles podem permanecer profundamente ligados a esses objetos, mas não querem que eles sejam vistos como parte de suas novas identidades na faculdade. Os objetos que levam com eles simbolizam a forma como agora se veem e como desejam ser percebidos. iPads e cartazes de parede, por exemplo, têm a intenção de dizer: "Isso é quem eu sou".

GRUPOS

Os *status* combinam-se de várias maneiras para formar grupos sociais. Em termos sociológicos, um **grupo** é qualquer número de pessoas com normas, valores e metas compartilhados, que interagem umas com as outras regularmente.

Os membros da equipe feminina de basquete, a administração de um hospital, uma sinagoga ou uma orquestra sinfônica constituem um grupo. No entanto, os moradores de um subúrbio não seriam considerados um grupo, pois raramente interagem ao mesmo tempo.

Passamos grande parte do nosso tempo interagindo em ambientes de grupo. O tipo de grupo em que estamos influencia nosso nível de comprometimento e participação. Alguns grupos demandam nossa atenção quase exclusiva e moldam nossa identidade central; outros nos permitem realizar objetivos específicos com mais facilidade.

Grupos primários e secundários Charles Horton Cooley (1902) cunhou a expressão **grupo primário** para se referir a um pequeno grupo caracterizado pela associação e a cooperação íntima e individual. Esses grupos muitas vezes acarretam um compromisso de longo prazo e envolvem mais do que aquilo que consideramos todo o nosso *self*. As famílias constituem grupos primários para muitas pessoas, embora também se construam relações próximas e profundas com companheiros de equipe, pessoas que acreditam na mesma religião, colegas de trabalho e membros de gangues de rua. No esporte, por exemplo, o compromisso com o clichê inglês *there is no "I" in "team"*, ou

grupo primário Pequeno grupo caracterizado pela associação e a cooperação íntima e individual.

grupo secundário Grupo formal, impessoal, em que há pouca intimidade social ou compreensão mútua.

Comparação entre grupos primários e secundários

Grupo primário	Grupo secundário
Geralmente pequeno	Geralmente grande
Tempo de interação relativamente longo	Duração relativamente curta, muitas vezes temporária
Associação íntima, de pessoa a pessoa	Pouca intimidade social ou entendimento mútuo
Algum aprofundamento emocional nas relações	As relações geralmente são superficiais
Cooperativo, amigável	Mais formal e impessoal

seja, de que não há "eu" em "time", muitas vezes leva a uma sensação de que companheiros de equipe são "como parentes". Seu nível de confiança e interdependência cresce. Companheiros de equipe passam a contar com o zagueiro, o goleiro e o meia para estar lá para o que eles precisarem, não só em campo, mas também para ajudá-los quando eles precisarem em outras circunstâncias.

Também participamos de muitos grupos que não são caracterizados por estreitos laços de amizade, como grandes turmas da faculdade e associações empresariais. A expressão **grupo secundário** refere-se a um grupo formal, impessoal, em que há pouca intimidade social ou compreensão mútua. A participação nesses grupos geralmente é mais instrumental ou direcionada a objetivos, muitas vezes envolvendo apenas o que consideramos como uma parte do nosso *self*. Dadas essas características, temos maior probabilidade de entrar e sair desses grupos segundo as nossas necessidades.

Entretanto, a distinção entre grupos primários e secundários nem sempre é clara. Alguns clubes sociais podem se tornar tão grandes e impessoais que já não funcionam como grupos primários; da mesma forma, alguns grupos de trabalho podem se tornar tão unificados que são vivenciados como grupos primários (Hochschild, 1989). A tabela acima mostra algumas diferenças significativas entre grupos primários e secundários.

Endogrupos e exogrupos As normas, os valores e os objetivos compartilhados dos membros

108 • Sociologia

de grupos, em conjunto com suas experiências comuns, criam um limite diferenciando quem é membro e quem não é.

A divisão nós/eles que resulta disso pode levar a uma forte sensação de identidade de grupo, mas também pode servir como base para exclusão, principalmente se "eles" forem percebidos como diferentes em termos culturais ou raciais. Os sociólogos usam os termos endogrupo e exogrupo para identificar essas duas classificações.

Um **endogrupo** consiste em uma categoria de pessoas que têm identidade e sentido de pertencimento comuns. Seus membros diferenciam entre si e todos os outros (Sumner, 1906). O endogrupo pode ser tão restrito quanto uma turma de adolescentes ou tão amplo quanto uma nação inteira. Um **exogrupo** é definido, em relação ao endogrupo, como uma categoria de pessoas que não pertencem ou não se encaixam dentro daquele grupo. Entre um endogrupo de uma escola do ensino médio, o de "atletas", por exemplo, um "nerd" da ciência pode ser considerado membro do exogrupo e vice-versa.

Os membros do endogrupo geralmente se sentem diferentes e superiores, considerando-se melhores do que as pessoas do exogrupo. O comportamento apropriado aos membros do endogrupo pode ser visto, ao mesmo tempo, como inaceitável para o exogrupo. Esses dois pesos e duas medidas aumentam a sensação de superioridade. O sociólogo Robert Merton (1968) descreveu esse processo como a conversão de "virtudes do endogrupo" em "vícios do exogrupo". Podemos ver esses dois pesos e duas medidas operando no contexto do terrorismo. Quando um grupo ou uma nação realiza ações agressivas, geralmente as justifica como necessárias, mesmo que os civis sejam feridos ou mortos. Os adversários são rápi-

> Todas as sociedades reverenciam seus conformistas vivos e seus encrenqueiros mortos.
>
> Mignon McLaughlin

PENSAMENTO SOCIOLÓGICO

Como os endogrupos e os exogrupos funcionam em uma típica escola de ensino médio? Que grupos são comuns? Como são mantidas as fronteiras que separam quem é membro e quem não é?

endogrupo Categoria de pessoas que têm identidade e sentido de pertencimento comuns.

exogrupo Categoria de pessoas que não pertencem ou não se encaixam em um grupo.

dos em atribuir o rótulo de *ato terrorista*, carregado de emoções, a essas ações e em apelar para a comunidade mundial em busca de condenação. Mesmo assim, essas mesmas pessoas podem retaliar, elas próprias, com ações que causem danos a civis, as quais o primeiro grupo condenará como atos terroristas (Juergensmeyer, 2003).

Grupos de referência Tanto os endogrupos quanto os grupos primários podem influenciar profundamente a forma como uma pessoa pensa e se comporta. Os sociólogos chamam qualquer grupo que os indivíduos utilizem como padrão para avaliar a si mesmos e a seu próprio comportamento de **grupo de referência**. Por exemplo, um estudante do ensino médio que aspire participar de um círculo social de fãs de música *hip-hop* vai padronizar seu comportamento segundo o daquele grupo. O estudante vai começar a se vestir como esses colegas, ouvir os mesmos mp3s e DVDs, e circular nas mesmas lojas e clubes.

Os grupos de referência têm duas finalidades básicas. Eles cumprem uma função normativa, estabelecendo e aplicando normas de conduta e crença. O estudante que quer a aprovação do grupo de *hip-hop* terá que seguir os ditames desse grupo, pelo menos até certo ponto. Os grupos de referência também cumprem uma função de comparação ao servirem de padrão para as pessoas medirem a si mesmas e as outras. Um ator vai se avaliar com referência em um grupo composto por outras pessoas que exerçam a profissão de ator (Merton e Kitt, 1950).

Muitas vezes, dois ou mais grupos de referência nos influenciam ao mesmo tempo. Nossos parentes, vizinhos e colegas de trabalho influenciam, todos, diferentes aspectos de nossa autoavaliação. Além disso, os vínculos com grupos de referência mudam durante o ciclo da vida. Um executivo que sai da acirrada competição empresarial aos 45 anos para fazer trabalho social vai encontrar novos grupos de referência que pode usar como padrões de avaliação. Mudamos de grupo de referência quando assumimos diferentes *status* durante nossas vidas.

Coalizões À medida que os grupos crescem, as coalizões começam a se desenvolver. Uma **coalizão** é uma aliança, seja temporária ou permanente, voltada a um objetivo em comum. As coalizões podem ter base ampla ou restrita e podem assumir muitos objetivos diferentes. O sociólogo William Julius Wilson (1999) descreveu organizações comunitárias no Texas, nos Estados Unidos, que incluem brancos e latinos, de classe trabalhadora e afluentes, que se uniram para trabalhar pela melhoria de calçadas, pelo aprimoramento de sistemas de drenagem e pela ampla pavimentação de ruas. Desse tipo de construção de coalizões, Wilson espera, surgirá uma melhor compreensão inter-racial.

Algumas coalizões têm vida intencionalmente curta. A construção de coalizões de curto prazo é a chave para o sucesso em programas de TV de alta popularidade, como *Survivor* e *Big Brother*, nos quais os jogadores obtêm uma vantagem estratégica ao se unirem para votar pela exclusão de outros da ilha ou da casa. O mundo político também é palco de muitas coalizões temporárias. Por exemplo, em 2003, nos Estados Unidos, o presidente George W. Bush estabeleceu uma "coalizão dos dispostos": 45 países dedicados a derrubar Saddam Hussein do poder no Iraque e dispostos a fornecer tropas para atingir esse objetivo. A invasão do Iraque começou em março de 2003 e Saddam Hussein foi capturado em dezembro de 2003.

REDES SOCIAIS

Os grupos não servem apenas para definir outros elementos da estrutura social, como papéis e *status*; eles também ligam o indivíduo à sociedade mais ampla. Todos pertencemos a uma série de grupos e, por meio de nossos conhecidos, nos conectamos com pessoas em diferentes círculos sociais. Essas conexões formam uma **rede social** – uma série de relações sociais que conectam os indivíduos diretamente a outros e, por meio deles, indiretamente a outras pessoas. As redes sociais podem se centrar em praticamente qualquer atividade, desde compartilhar informações sobre o trabalho até intercambiar notícias e fofocas. Algumas redes podem restringir seus membros ao limitar o leque de suas interações, mas as redes também podem empoderar as pessoas, colocando recursos amplos à sua disposição (Watts, 2004).

Às vezes, as conexões são intencionais e públicas; outras vezes, podem se desenvolver redes que nos unam de formas que não sejam intencionais ou aparentes. Os sociólogos Peter Bearman, James Moody e Katherine Stovel (2004) investigaram um tipo de rede, fazendo-se a seguinte pergunta: se você desenhasse um gráfico da rede de relacionamentos românticos em uma típica escola de ensino médio nos Estados Unidos, como ele seria?

---

grupo de referência Qualquer grupo que os indivíduos utilizem como padrão para avaliar a si mesmos e a seu próprio comportamento.

coalizão Aliança, seja temporária ou permanente, voltada a um objetivo em comum.

rede social Série de relações sociais que conectam os indivíduos diretamente a outros e, por meio deles, indiretamente a outras pessoas.

Redes sexuais dos adolescentes

Cada ponto representa um garoto ou uma garota na escola de ensino médio. As linhas que os conectam representam relacionamentos românticos e sexuais que ocorreram em um período de 18 meses. Embora a maioria dos adolescentes tenha tido apenas um ou dois parceiros, 288 dos 832 estudantes entrevistados estavam ligados em uma rede sexual gigante. Outros 90 estudantes estavam envolvidos em relacionamentos fora da escola (não mostrados nesse gráfico).

● Garotos
○ Garotas

Outros relacionamentos (em caso de um padrão ter sido observado mais de uma vez, o número indica a frequência)

Fonte: Bearman, Moody e Stovel 2004:58.

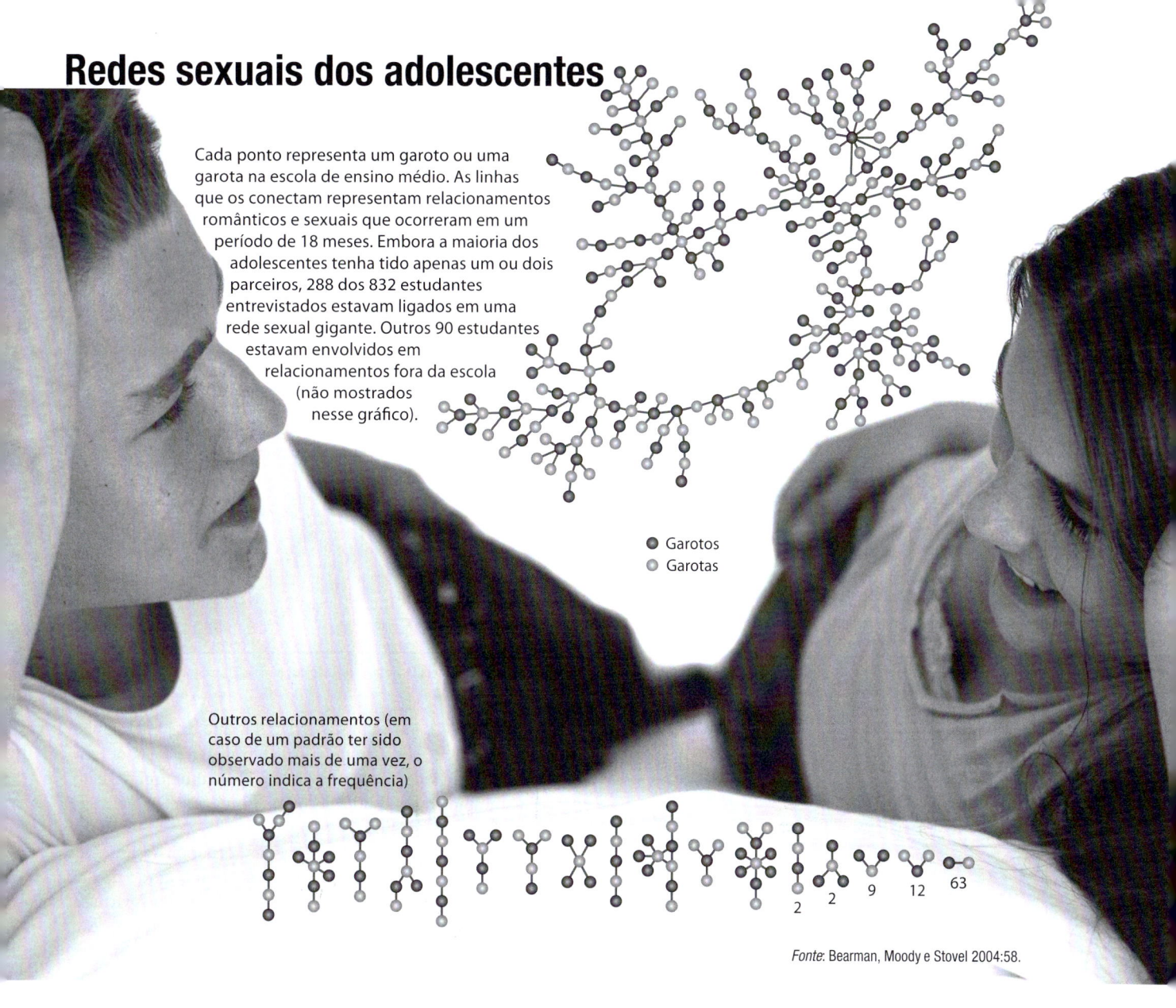

Usando cuidadosas técnicas de coleta de dados para aumentar a validade de suas conclusões, eles descobriram que 573 dos 832 estudantes pesquisados tinham tido algum envolvimento romântico ou sexual nos 18 meses anteriores. Destes, 63 casais estavam conectados apenas entre si, como pares, sem outros parceiros. Outros estudantes estavam conectados direta ou indiretamente a alguns parceiros. Um grupo maior, no entanto, conectava 288 estudantes, direta ou indiretamente, em uma única rede ampla (ver figura "Redes sexuais dos adolescentes"). Esse exemplo aponta para o fato de que as escolhas que fazemos muitas vezes nos vinculam a outros, conhecidos e desconhecidos.

Quando se trata de definir nossas oportunidades, as redes também podem servir como um recurso social tão importante para nós quanto os recursos econômicos. O envolvimento nas redes sociais – conhecido como "*networking*", ou "trabalho em rede" – pode ser especialmente valioso para se encontrar emprego. Por exemplo, uma pesquisa de 2011 nos Estados Unidos revelou que 92% dos cargos executivos com salários acima de $ 200 mil por ano não foram oferecidos publicamente na internet. Em vez disso, o trabalho em rede foi responsável por 46% das contratações, e outros 23% vieram do banco de dados das empresas, que é construído usando conexões em rede (ExecuNet, 2011).

No local de trabalho, trabalhar em rede muitas vezes compensa mais para os homens do que para as mulheres, por causa da tradicional presença deles em posições de liderança. Uma pesquisa com executivos revelou que 63% dos homens usaram o trabalho em rede para encontrar novos empregos, em comparação com 41% das mulheres. Trinta e um por cento delas usaram anúncios classificados para encontrar vagas de trabalho, em comparação com apenas 13% dos homens. Ainda assim, as mulheres em todos os níveis da força de trabalho remunerada estão começando a fazer uso efetivo das redes sociais. Um estudo com mulheres que estavam deixando de receber auxílio do governo para entrar na força de trabalho remunerada concluiu que o trabalho em rede tinha sido uma ferramenta eficaz na busca de emprego. As redes informais também ajudaram a encontrar creches e melhor habitação, que são fundamentais para um emprego bem-sucedido (Benschop, 2009; Carey e McLean, 1997).

MUNDOS VIRTUAIS

Hoje, com os avanços recentes na tecnologia, as pessoas podem manter suas redes sociais por via eletrônica; elas não precisam de contatos pessoais. Seja por meio de mensagens de texto, dispositivos *Blackberry*, Skype ou *sites* de redes sociais como o Facebook, uma quantidade significativa de trabalho em rede acontece pela internet. Os adolescentes podem interagir livremente com amigos distantes, mesmo sob rigoroso controle de pais ou professores. E funcionários que gostam de aventuras podem escapar de seus ambientes de trabalho sem sair de suas mesas.

É difícil prever o futuro do trabalho em rede virtual e seus efeitos. Observemos o Second Life (SL), um mundo virtual que tinha mais de 15 milhões de habitantes em rede, com aproximadamente 20 mil novos registros por dia e mais de um milhão de usuários regulares por mês em outubro de 2011. Os participantes desses mundos virtuais geralmente criam um **avatar**, que é sua representação virtual como personagens, seja na forma de uma imagem 2D ou 3D, ou simplesmente por meio de texto. O avatar que um jogador assume pode representar um *self*-espelho muito diferente de sua identidade real. Uma vez dotado de um avatar, o jogador passa a levar sua vida no mundo virtual, montando um negócio e até mesmo comprando e decorando uma casa (Bainbridge, 2007; Second Life, 2011).

Na verdade, os produtos virtuais tornaram-se um empreendimento comercial rentável. Dentro do mundo do SL, empreendedores vendem toda uma série de produtos virtuais (terrenos, casas, roupas e até tempestades) por dinheiro real. Em 2009, foram gastos 567 milhões de dólares em transações de usuário para usuário dentro do mundo do SL, e os principais 25 avatares ganharam um total combinado de mais de 12 milhões. Da mesma forma, as estimativas são de que a Zynga, a empresa que produziu os jogos *Farmville* e *Mafia Wars*, foi responsável por 445 milhões de dólares, ou 12% da receita do Facebook em 2011, com a venda de produtos virtuais, incluindo sementes, galinhas e engradados (Linden, 2011; Rosenwald, 2010; Takahashi, 2012).

O SL está sendo usado para mais do que apenas entretenimento e negócios. Uma equipe da Indiana University of Pennsylvania usou-o para simular eventos importantes no Movimento dos Direitos Civis e dar aos alunos a sensação de estarem presentes (McCoy, 2011).

Copyright © 2000 by The Washington Post. Reproduzida com permissão da Universal Press Syndicate. Todos os direitos reservados.

GLOBALIZANDO

Estabelecimento de redes sociais

- Porcentagem de usuários de redes sociais
- Uso da internet sem estabelecer redes sociais
- Sem uso da internet

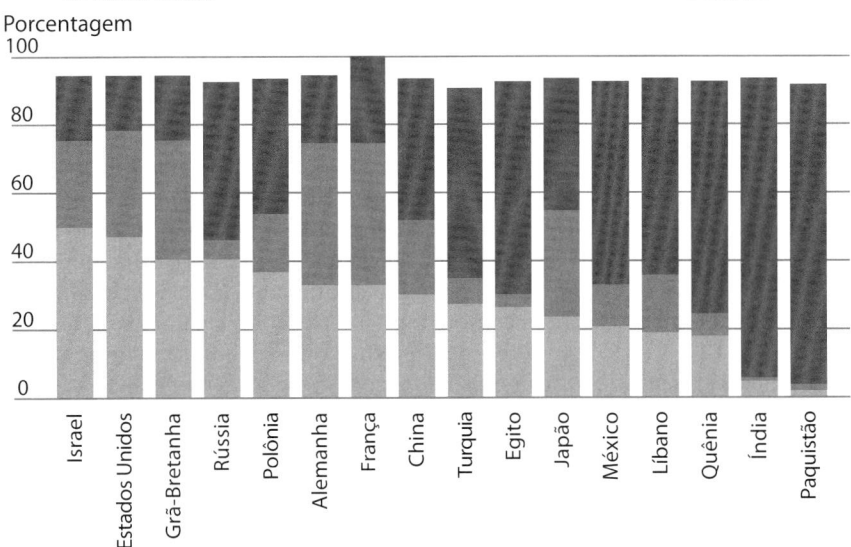

(Gráfico de barras, Porcentagem de 0 a 100, países: Israel, Estados Unidos, Grã-Bretanha, Rússia, Polônia, Alemanha, França, China, Turquia, Egito, Japão, México, Líbano, Quênia, Índia, Paquistão)

Observação: Respostas *Não sabe/Recusou-se* não são mostradas. As amostras da China, da Índia e do Paquistão são desproporcionalmente urbanas.

Fonte: Pew Research Center, 2010.

Os quatro passos de Shirky para o aumento da interação na internet

Passo	Site
Compartilhamento	Flikr; Bit Torrent; Del.icio.us
Conversa	Fóruns; MAKE; How to
Colaboração	Linux; Aegisub
Ação coletiva	Flash Mob Activism; NetRoots Activism

Fonte: Com base em Shirky, 2008.

O Exército dos Estados Unidos usa o SL como um lugar onde os soldados e suas famílias podem ir para tratar de seu bem-estar físico e emocional (Lim, 2011). A cineasta Ariella Furman usa o SL para criar curtas de animação, conhecidos como Machinima, para clientes como IBM e Eli Lilly (Spencer, 2011). O Amaretto Breedables, um grupo de criação de cavalos do SL, vendeu cavalos em edição limitada para arrecadar 82.264,30 dólares para as vítimas do terremoto e do tsunami que atingiram o Japão em março de 2011 (Cooperstone, 2011).

O sociólogo Manuel Castells (1997, 1998, 2000) considera essas redes sociais eletrônicas emergentes fundamentais para novas organizações e para o crescimento das empresas e associações que já existem; analistas como Clay Shirky (2008) estão tentando compreendê-las. Shirky sugere que a internet transformou radicalmente as possibilidades de ação coletiva. Ele argumenta que as tecnologias anteriores permitiam a comunicação bidirecional, que acontecia em pequena escala porque era limitada a pessoas físicas (p. ex., o telefone), ou a formação de grupos em grande escala, facilitada pela radiodifusão, mas que se limitava a uma forma de comunicação unidirecional (p. ex., ouvintes de rádio ou fãs de *Glee*). Com a internet, ele sugere, "a ação coletiva ficou mais fácil" porque dá sustentação à formação interativa e em grande escala de grupos, como ocorreu durante os protestos da "Primavera Árabe" em países como Egito, Tunísia e Líbia, em 2011. Ele identifica uma série de passos em direção a esse fim (ver tabela anexa).

Finalmente, as redes virtuais podem ajudar a preservar redes do mundo real interrompidas pela guerra e por outros deslocamentos. Em 2003, o envio de tropas norte-americanas ao Oriente Médio aumentou o uso que muitas pessoas faziam do correio eletrônico. Hoje, fotos digitais e arquivos de som acompanham *e-mails* trocados pelos soldados com parentes e amigos. Os militares podem até assistir a formaturas de irmãos ou festas de aniversário dos filhos ao vivo, via *webcams*. E os soldados norte-americanos e os cidadãos iraquianos começaram a postar suas opiniões sobre a guerra no Iraque em revistas eletrônicas ou *blogs*. Embora os críticos sejam céticos em relação à identidade de alguns dos autores, essas postagens transformaram-se em mais uma fonte de notícias sobre a guerra (Faith, 2005; O'Connor, 2004; Sisson, 2007).

> **avatar** Representação de uma pessoa na internet, como personagem, seja na forma de uma imagem 2D ou 3D, ou simplesmente por meio de texto.
>
> **instituição social** Padrão organizado de crenças e comportamentos centrados em necessidades sociais básicas.

INSTITUIÇÕES SOCIAIS

Combinações de *status*, grupos e redes podem se aglutinar para atender às necessidades de determinado setor da sociedade, formando o que os sociólogos chamam de instituições. Uma **instituição social** é um padrão organizado de crenças e comportamentos centrados em necessidades sociais básicas. Os sociólogos têm se concentrado em cinco grandes instituições que servem como elementos fundamentais da estrutura social mais ampla: família, educação, religião, economia e governo. Embora essas instituições frequentemente se sobreponham e interajam, o exame individual de cada uma delas nos fornece uma perspectiva dentro da qual podemos analisar o sistema social mais amplo. Examinaremos profundamente cada uma delas nos próximos capítulos, mas começamos

Em fevereito de 2010, um homem de Austin jogou seu avião contra o edifício da receita federal dos Estados Unidos.

aqui, considerando as contribuições que cada uma dá à estrutura social.

A forma como organizamos a interação social dentro de cada uma dessas instituições contribui para a ordem social. Para que uma sociedade sobreviva, certas funções devem ser executadas, e o foco nessas instituições nos permite ver como diferentes sociedades atendem a essas necessidades (Aberle et al., 1950). É no contexto das *famílias*, por exemplo, que asseguramos a continuação da existência da sociedade ao produzir a próxima geração. As famílias cumprem tanto a reprodução biológica (ter filhos) quanto a reprodução social (ensinando-lhes a cultura de que necessitam para sobreviver). As famílias também proporcionam cuidados e proteção a seus membros. Pela *educação*, ensinamos a cultura mais formal e pública necessária para ser membro da sociedade mais ampla. Isso inclui o currículo formal (história, matemática, ciência e assim por diante), mas também inclui aprender a interagir com outras pessoas de fora de nossas famílias imediatas. Contamos com a *religião* para ser a cola que mantém a sociedade unida, ao estabelecer uma identidade clara, com crenças e práticas compartilhadas, responder a perguntas básicas sobre sentido, e aplicar disciplina individual e coletiva. O *governo* ajuda a manter a ordem interna por meio de leis, policiamento e punição, e tenta estabelecer relações estáveis com outras sociedades mediante diplomacia. Por fim, a *economia* regula a produção, a distribuição e o consumo de bens e serviços.

A forma como as sociedades escolhem cumprir essas funções pode variar significativamente, assim como pode variar o grau de sobreposição dessas instituições. Por exemplo, uma sociedade pode se proteger de ataques externos acumulando um grande arsenal de armamentos; outra pode fazer esforços determinados para permanecer neutra na política mundial e promover relações de cooperação com seus vizinhos. Independentemente da estratégia específica, qualquer sociedade ou grupo relativamente permanente deve abordar todos esses pré-requisitos funcionais para a sobrevivência.

Um foco nas funções que as instituições cumprem pode nos ajudar a melhor compreender a ordem social, mas, muitas vezes, sugere que a forma como as coisas são é a forma como deveriam ser. Os sociólogos que usam o paradigma do conflito se concentram mais no poder, nas consequências da diferença e na distribuição de recursos. Eles sugerem que também temos de observar as formas como nossa construção dessas instituições reforça a desigualdade. Podemos atender a essas necessidades funcionais de várias maneiras, de modo que devemos considerar por que alguns grupos podem procurar manter o *status quo*.

Instituições importantes, como a educação, ajudam a perpetuar os privilégios dos indivíduos e dos grupos mais poderosos dentro de uma sociedade, ao mesmo tempo em que contribuem para a falta de poder dos outros. Para dar um exemplo, as escolas públicas nos Estados Unidos são financiadas em grande parte por impostos sobre a propriedade. Esse sistema permite que áreas mais ricas proporcionem a seus filhos escolas mais bem equipadas e professores mais bem pagos do que as áreas de baixa renda podem pagar. Como resultado, as crianças de comunidades prósperas estão mais bem preparadas para competir academicamente do que as de comunidades carentes. A estrutura do sistema educacional do país permite e até mesmo promove esse tratamento desigual dos alunos (Kozol, 2005).

"Francamente, nesse momento do fluxograma, não sabemos o que acontece com essas pessoas..."

Charge de Chris Wildt, www. CartoonStock.com.

O uso do paradigma interacionista para estudar o que se passa dentro dessas instituições propicia mais esclarecimentos sobre nossas ações e as razões por trás delas. Concentrando-se na economia, o sociólogo Mitchell Duneier (1994a, 1994b) estudou o comportamento social de digitadoras de textos, todas mulheres, que trabalhavam em uma grande firma de advocacia de Chicago, nos Estados Unidos. Duneier estava interessado nas normas sociais informais que surgiram nesse ambiente de trabalho e nas ricas redes sociais que essas funcionárias criaram.

Duneier aprendeu que, apesar de trabalharem em um escritório grande, essas mulheres encontravam momentos privados para conversar (muitas vezes, nos corredores ou em frente ao banheiro) e compartilhavam uma visão crítica sobre os advogados e os secretários que trabalhavam na empresa

---

PENSAMENTO SOCIOLÓGICO

Como é possível a educação representar tanto um caminho para a oportunidade quanto um instrumento de manutenção da desigualdade? Onde, em sua experiência, você já viu ambos em ação?

durante o dia. Expressando frustração com relação a sua relativa falta de poder e respeito, as digitadoras sugeriram constantemente que as tarefas que lhes eram dadas representavam o trabalho que os secretários "preguiçosos" deveriam ter concluído durante a jornada de trabalho normal. Uma digitadora, procurando recuperar um sentido de poder pessoal, reagiu à atitude superior dos advogados e se recusava incisivamente a reconhecer ou falar com qualquer advogado que não se dirigisse a ela pelo nome (Duneier, 1994b).

Essas abordagens à observação da vida nos contextos de instituições sociais nos permitem compreender melhor o que significa viver no mundo como ele está estruturado hoje. Ver a sociedade pela lente da estrutura social nos dá uma noção do que está acontecendo no que diz respeito tanto ao quadro geral quanto aos detalhes íntimos de nossas interações cotidianas. Uma das maneiras que os sociólogos usaram para caracterizar a estrutura do nosso mundo moderno é em termos de burocracia.

>>Burocracia

Uma **burocracia** é um componente de uma organização formal que usa regras e hierarquização para alcançar a eficiência. As impressões que temos das burocracias – filas de mesas ocupadas por pessoas aparentemente sem rosto, esperas intermináveis, linguagem complexa e interações frustrantes com a papelada – costumam ser negativas. Contudo, a burocracia foi criada para oferecer meios justos e eficientes de organizar a vida social.

> **Burocracia** Componente de uma organização formal que usa regras e hierarquização para alcançar a eficiência.

CARACTERÍSTICAS DE UMA BUROCRACIA

Max Weber ([1913-1922] 1947) apresentou a primeira análise sociológica detalhada da burocracia. Ele reconheceu que sua estrutura subjacente permanecia a mesma, independen-

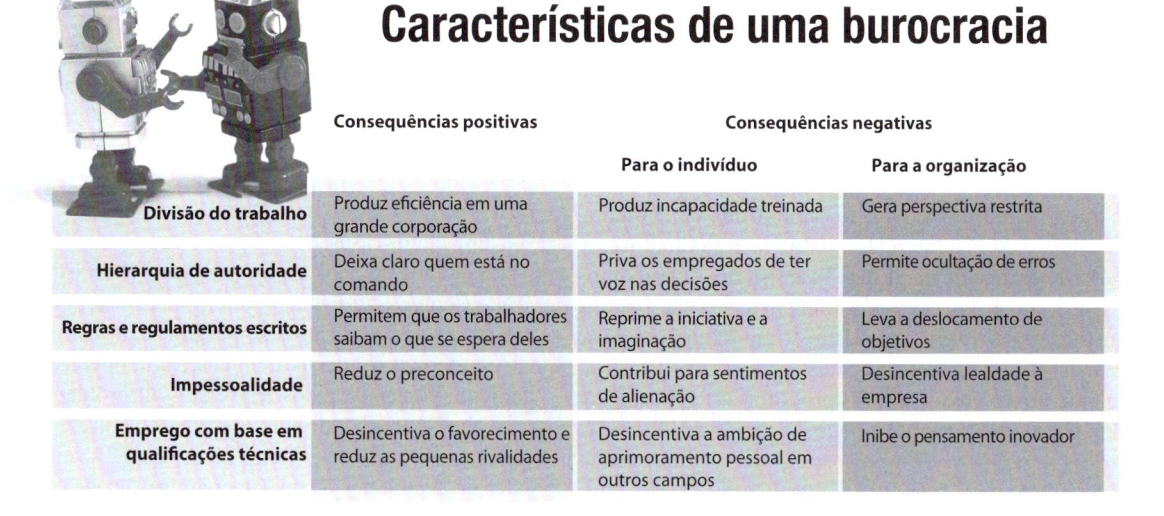

Características de uma burocracia

	Consequências positivas	Consequências negativas	
		Para o indivíduo	Para a organização
Divisão do trabalho	Produz eficiência em uma grande corporação	Produz incapacidade treinada	Gera perspectiva restrita
Hierarquia de autoridade	Deixa claro quem está no comando	Priva os empregados de ter voz nas decisões	Permite ocultação de erros
Regras e regulamentos escritos	Permitem que os trabalhadores saibam o que se espera deles	Reprime a iniciativa e a imaginação	Leva a deslocamento de objetivos
Impessoalidade	Reduz o preconceito	Contribui para sentimentos de alienação	Desincentiva lealdade à empresa
Emprego com base em qualificações técnicas	Desincentiva o favorecimento e reduz as pequenas rivalidades	Desincentiva a ambição de aprimoramento pessoal em outros campos	Inibe o pensamento inovador

temente do local, fosse na religião, no governo, na educação ou nos negócios. Weber argumentou que a burocracia era muito diferente das formas tradicionais de organização, como as usadas para gerenciar um negócio de família, e trabalhou para identificar seus principais componentes. Ele fez isso construindo o que chamou de um **tipo ideal**, um modelo abstrato das características essenciais de um fenômeno. Na realidade, as burocracias perfeitas não existem; nenhuma organização do mundo real corresponde exatamente ao tipo ideal de Weber.

tipo ideal Modelo abstrato das características essenciais de um fenômeno.

alienação Perda de controle sobre nossa capacidade criativa humana para produzir, separação em relação aos produtos que fazemos e isolamento de nossos colegas produtores.

incapacidade treinada Tendência dos trabalhadores a se tornarem especializados a ponto de desenvolver pontos cegos e não conseguir perceber possíveis problemas.

Weber propôs que, seja o objetivo administrar uma igreja, uma corporação ou um exército, a burocracia ideal apresenta cinco características básicas: divisão do trabalho, hierarquia de autoridade, regras e regulamentos escritos, impessoalidade e emprego com base em qualificações técnicas. Examinemos cada uma delas; a tabela na página anterior apresenta um resumo.

Divisão do trabalho Nas burocracias, os especialistas executam tarefas específicas. Na burocracia de uma faculdade, por exemplo, o funcionário do setor de admissão não faz o trabalho de registro e o orientador acadêmico não supervisiona a manutenção dos prédios. Ao trabalharem em uma tarefa específica, as pessoas estão mais propensas a se tornar altamente qualificadas e realizar um trabalho com eficiência máxima. Essa ênfase na especialização é uma parte tão básica de nossas vidas que podemos não perceber que é um evento relativamente recente na cultura ocidental.

A divisão do trabalho liberou as pessoas para se especializarem, aprimorando seus conhecimentos e habilidades e levando a importantes avanços e inovações. No entanto, a fragmentação do trabalho em tarefas cada vez menores pode isolar os trabalhadores uns dos outros e enfraquecer qualquer conexão que eles possam sentir com relação ao objetivo global da burocracia. No *Manifesto Comunista* ([1847] 1955), Karl Marx e Friedrich Engels expuseram que o impulso, inerente ao capitalismo, de aumento da eficiência e da produtividade reduz os trabalhadores a um mero "apêndice da máquina". Esse sistema de trabalho, eles escreveram, produz extrema **alienação**, ou seja, a perda de controle sobre nossa capacidade criativa humana para produzir, a separação em relação aos produtos que fazemos e o isolamento de nossos colegas produtores. Restringir os trabalhadores a tarefas muito pequenas também pode diminuir sua segurança no emprego, pois outros empregados podem ser facilmente treinados para substituí-los.

Um diretor-executivo geralmente está no topo da pirâmide da hierarquia burocrática. Don Thompson, na foto acima, tornou-se o diretor-executivo do McDonald's em 2012.

Outra desvantagem potencial da divisão do trabalho é que, embora ela nos torne mais interdependentes, nosso isolamento relativo pode fazer deixarmos de reconhecer nossas ligações com os outros. Como vimos no exemplo do "hambúrguer como milagre" no Capítulo 1, damos como certas as habilidades de outras pessoas e supomos que elas vão fazer seu trabalho, mesmo que não saibamos o que a maioria desses trabalhos significa. Em alguns casos, isso pode levar à **incapacidade treinada** – uma situação em que os trabalhadores se tornam tão especializados que desenvolvem pontos cegos e não conseguem perceber possíveis problemas. Pior ainda, os trabalhadores podem ficar isolados a ponto de não se preocuparem com o que está acontecendo no próximo departamento. Alguns observadores acreditam que esses acontecimentos fizeram os trabalhadores se tornarem menos produtivos no trabalho (Wais, 2005).

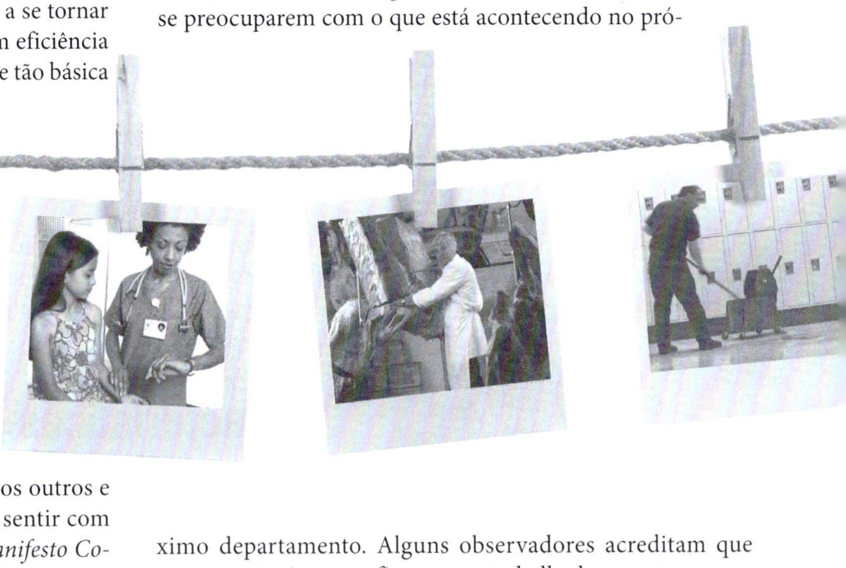

Em alguns casos, a divisão burocrática do trabalho pode ter resultados trágicos. Após os ataques terroristas ao World Trade Center e ao Pentágono, em 11 de setembro de 2001, muitos norte-americanos se perguntaram como o FBI e a CIA poderiam ter deixado de detectar a operação sofisticadamente planejada pelos terroristas. O problema, em parte, acabou por ser a divisão do trabalho entre o FBI, que se concentra em assuntos domésticos, e a CIA, que opera no exterior. Funcionários dessas organizações de coleta de informações – ambas são enormes burocracias – são conhecidos por zelosamente resguardar informações uns dos outros.

Investigações posteriores revelaram que eles sabiam sobre Osama bin Laden e sua rede terrorista Al Qaeda no início de 1990. Infelizmente, cinco agências federais – CIA, FBI, National Security Agency, Defense Intelligence Agency e National Reconnaissance Office – deixaram de compartilhar suas informações em rede. Embora talvez não se pudesse evitar o sequestro dos quatro aviões comerciais usados nos poderosos ataques, a divisão burocrática do trabalho definitivamente impediu esforços para a defesa contra o terrorismo, prejudicando a segurança nacional dos Estados Unidos.

Hierarquia de autoridade As burocracias seguem o princípio da hierarquia, ou seja, cada cargo está sob supervisão de uma autoridade superior. Um reitor lidera uma burocracia universitária, selecionando membros da administração, que, por sua vez, contratam sua própria equipe. Na Igreja Católica, o Papa é a autoridade suprema; abaixo dele estão os cardeais, os bispos e assim por diante. Nas empresas, a relação mais básica é entre patrão e trabalhador, mas as grandes corporações têm vários níveis de autoridade. Para acompanhar as relações, as empresas mapeiam essas conexões usando organogramas, que identificam todos os vínculos de quem responde a quem, em última análise levando até o presidente ou diretor-executivo, no topo.

Regras e regulamentos escritos Por meio de regras e regulamentos escritos, as burocracias geralmente oferecem aos empregados normas claras para um desempenho adequado (ou excepcional). Se surgem situações que não são abrangidas pelas regras, as burocracias corrigem a si próprias. Elas têm

Você sabia?

No Censo de 2010 dos Estados Unidos, U.S. Census Bureau identificou 539 categorias profissionais distintas, incluindo diretor-executivo, engenheiro aeroespacial, flebotomista, guarda de cruzamento e sociólogo. A agência organizou essas ocupações em seis categorias principais.

> A burocracia é ... o meio mais racional conhecido de se exercer autoridade sobre os seres humanos.
>
> Max Weber

regras em vigor para garantir que sejam estabelecidas outras, que tornem as expectativas de trabalho o mais claro e abrangente possível. Como as burocracias são sistemas hierárquicos de cargos interligados, esses procedimentos propiciam uma valiosa sensação de continuidade para a organização. Trabalhadores podem ir e vir individualmente, mas a estrutura e os registros anteriores da organização lhe dão uma vida própria que sobrevive aos serviços de qualquer pessoa em particular.

PENSAMENTO SOCIOLÓGICO
Por que tendemos a associar as burocracias a papelada e ineficiência, quando elas são organizadas explicitamente para ser o contrário? Até que ponto nosso desejo de sermos tratados como indivíduos está em desacordo com os princípios da burocracia?

Claro, as regras e os regulamentos podem ofuscar os objetivos maiores de uma organização a ponto de se tornarem disfuncionais. E se um médico de pronto-socorro deixar de tratar uma pessoa gravemente ferida porque ela não tem qualquer prova válida de cidadania do país? Se aplicadas cegamente, as regras não servem mais como um meio para atingir um objetivo, tornando-se importantes (talvez demasiado importantes) por si só. Robert Merton (1968) usou a expressão **deslocamento de objetivos** para se referir ao cumprimento exagerado de regulamentos oficiais, no qual perdemos de vista o princípio maior a partir do qual a regra foi criada.

> **deslocamento de objetivos** Cumprimento exagerado de regulamentos oficiais de uma burocracia.

Impessoalidade Max Weber escreveu que, em uma burocracia, o trabalho é realizado "sem ódio nem paixão". As normas burocráticas ditam que os funcionários julguem as pessoas com base em desempenho em vez de pessoalidade. A intenção é garantir igualdade de tratamento para cada pessoa, mas essas normas também podem contribuir para a sensação de frieza e indiferença muitas vezes associada a organizações modernas.

Geralmente, pensamos no governo e nas grandes empresas quando pensamos em burocracias impessoais, e a impessoalidade burocrática muitas vezes produz frustração e descontentamento. Seja o caso de se inscrever para as disciplinas da faculdade ou de obter suporte técnico para um computador com defeito, a maioria das pessoas já teve alguma experiência de se sentir como um número e desejar um pouco de atenção pessoal. Quanto maior a organização ou a sociedade, no entanto, menos esse cuidado pessoal se torna possível, pois atender a desejos e necessidades individuais é ineficiente.

Emprego com base em qualificações técnicas Dentro da burocracia ideal, a contratação tem como base a qualificação técnica e não o favoritismo, e o desempenho é medido de acordo com padrões específicos. Políticas de pessoal escritas ditam quem é promovido, e as pessoas muitas vezes têm o direito de recorrer se acreditarem que determinadas regras foram violadas. Em combinação com o princípio da impessoalidade, o princípio condutor da política de pessoal deve ser que o importante é "o que você conhece, e não quem você conhece". Esses procedimentos protegem os trabalhadores contra demissões arbitrárias, proporcionam uma medida de segurança e incentivam a lealdade à organização.

Weber desenvolveu seus cinco indicadores da burocracia há quase cem anos, e eles continuam a descrever o tipo ideal. Nem toda organização formal vai cumprir plenamente todas as características de Weber, mas a lógica subjacente que elas representam aponta para uma maneira de fazer as coisas que é típica da vida nas sociedades modernas.

A BUROCRATIZAÇÃO COMO ESTILO DE VIDA

A burocracia, para Weber, era um indicador de uma tendência mais ampla na sociedade moderna, rumo a um cálculo racional de todas as decisões, usando a eficiência e a produtividade como principais critérios de sucesso. Reconhecemos esse padrão, inicialmente, em nível de empresas e organizações. Mais empresas buscam maior eficiência por meio da **burocratização** – o processo pelo qual um grupo, uma organização ou um movimento social toma cada vez mais decisões técnico-racionais em busca da eficiência. Com o tempo, no entanto, a abordagem técnico-racional penetra em cada vez mais áreas de nossas vidas.

A propagação da burocratização Um exemplo da expansão da burocratização é encontrado na propagação do que o sociólogo George Ritzer (2008) chama de **McDonaldização** – o processo pelo qual os princípios de eficiência, calculabilidade, previsibilidade e controle moldam a organização e os processos de decisão no mundo. Ritzer afirma que esses princípios, que estão no centro do sucesso da rede de *fast-food* McDonald's, vêm sendo imitados por muitas organizações, desde assistência médica, passando por planejamento e chegando à educação. Mesmo os eventos esportivos refletem a influência da McDo-

> *Os grilhões da humanidade atormentada são feitos de burocracia.*
>
> Franz Kafka

naldização. Em todo o mundo, os estádios estão se tornando cada vez mais semelhantes, tanto fisicamente como na maneira de apresentar o esporte aos espectadores. Cartões magnéticos, garagens e estacionamentos em "complexos esportivos" e venda automatizada de ingressos maximizam a eficiência. Todos os assentos oferecem aos espectadores uma visão panorâmica, e uma tela grande lhes garante *replays* instantâneos. Resultados, estatísticas de jogadores e números de espectadores são atualizados pelo computador e exibidos em um placar automatizado. O entusiasmo dos espectadores é produzido por meio de monitores de vídeo que pedem aplausos ou cânticos. Nos balcões de venda de alimentos, os lanches são de marcas conhecidas, cuja fidelidade do cliente vem sendo alimentada pelos anunciantes por décadas. E, claro, o *merchandising* das equipes, e até mesmo nomes e imagens de jogadores, é altamente controlado.

Normalmente, pensamos em burocratização em termos de grandes organizações, mas ela também ocorre em contextos de pequenos grupos. A socióloga Jennifer Bickman Mendez (1998) estudou empregados domésticos que trabalhavam na região central da Califórnia, nos Estados Unidos, para uma franquia nacional. Ela descobriu que as tarefas de limpeza eram minuciosamente definidas, a ponto de os empregados terem que seguir 22 passos escritos para a limpeza de um banheiro. Reclamações e pedidos especiais não eram dirigidos aos trabalhadores, e sim a um gerente em um escritório.

Weber previu que, com o tempo, até mesmo a esfera privada se tornaria racionalizada. Ou seja, recorreríamos a técnicas racionais em um esforço para gerir nosso *self*, a fim de lidar com os muitos desafios da vida moderna. Uma ida a qualquer livraria parece provar o argumento dele: encontramos inúmeros livros de autoajuda, cada um com seu próprio sistema de passos para ajudar a resolver os problemas da vida e alcançar nossos objetivos.

Weber estava preocupado com as consequências despersonalizantes dessa racionalização, mas não via saída. Como a burocratização é guiada pelo princípio da máxima eficiência, a única maneira de vencê-la, pensou ele, seria ser mais burocrático. Ele argumentou que, infelizmente, algo de humano se perde no processo. O crítico de cultura Mike Daisey descreve

www.buttersafe.com © 2011 Alex Culang e Raynato Castro Buttersafe.

algo assim em sua experiência de trabalho na Amazon.com. Seu desempenho no trabalho era medido com base em cinco fatores: o tempo gasto em cada telefonema, o número de contatos telefônicos por hora, o tempo gasto com cada cliente de *e-mail*, o número de contatos por *e-mail* por hora e a soma total de contatos telefônicos e por *e-mail* por hora. Sobre esses cálculos, ele escreve: "Esses cinco números são quem você é. Eles são, na verdade, tudo o que você é [...]. A métrica vai fazer exatamente o que se propõe a fazer: irá acompanhar tudo o que seus funcionários fazem, dizem e respiram, e, consequentemente, criar um aumento mensurável em sua produtividade" (Daisey, 2002:114). A métrica funciona, mas o faz desumanizando o trabalhador. "O aspecto triste", Daisey continua, "é que a métrica funciona tão bem justamente porque retira a dignidade – é essa ausência que torna possível ver exatamente quem está fazendo a sua parte e quem não está" (p. 114). Quando o desempenho dos trabalhadores é medido apenas em números, a única parte do *self* que conta é a que produz esses números. Weber previu que essas partes do *self* que não são consideradas necessárias para o trabalho, como as necessidades emocionais e as responsabilidades familiares, seriam descartadas por serem irrelevantes.

Da burocracia à oligarquia Um dos perigos, então, é que a burocratização sobrepuje outros valores e princípios, que a forma como nos organizamos para realizar nossos objetivos se sobreponha e altere os próprios objetivos. O sociólogo Robert Michels ([1915] 1949) estudou os partidos socialistas e os sindicatos europeus antes da Primeira Guerra Mundial e concluiu que essas organizações estavam se tornando cada vez mais burocráticas. Os líderes emergentes das organizações – mesmo alguns dos mais igualitários – tinham interesse no apego ao poder. Se perdessem seus postos de liderança, teriam que voltar a trabalhar em tempo integral como trabalhadores braçais.

Em sua pesquisa, Michels gerou a ideia da **lei de ferro da oligarquia**, o princípio de que todas as organizações, mesmo as democráticas, tendem a se tornar uma burocracia governada por uma pequena elite (chamada de oligarquia). Por que surgem as oligarquias? As pessoas que alcançam posições de liderança costumam ter as habilidades, o conhecimento ou o carisma para dirigir outras, quando não para controlá-las. Michels argumentou que as bases de um movimento ou organização procuram direção nos líderes e, assim, reforçam o processo de governo por parte de uns poucos. Além disso, os membros de uma oligarquia são fortemente motivados para manter seus papéis de liderança, seus privilégios e seu poder.

Preocupações em relação à oligarquia são levantadas com frequência quando movimentos sociais e políticos ideologicamente motivados se tornam institucionalizados. Na política dos Estados Unidos, os seguidores ideologicamente comprometidos, que costumam representar a base de seu partido, queixam-se de que os líderes eleitos se tornam "*Washington insiders*" que só trabalham por seus próprios interesses. Por exemplo, durante os debates sobre o déficit do orçamento federal, no verão de 2011, os conservadores do Tea Party, que estão ideologicamente comprometidos com o Estado mínimo e a contenção fiscal, desafiaram os líderes republicanos a serem fiéis a seus ideais e não aumentarem impostos, independentemente das consequências eleitorais. Da mesma forma, os democratas progressistas, ideologicamente comprometidos com a igualdade e a oportunidade, argumentaram que os líderes democratas não deveriam concordar com cortes no financiamento para educação, Previdência Social, *Medicare*, *Medicaid* e outros programas de assistência social. Em ambos os casos, questionou-se se o desejo de permanecer no cargo superava o desejo de fazer a coisa certa (Clemons, 2011; Jones, 2011).

BUROCRACIA E CULTURA ORGANIZACIONAL

O modelo de Weber também previa que as organizações burocráticas seriam autocorretivas e tomariam medidas para atender às preocupações dos trabalhadores. Diante de sabotagem e de trabalhadores cada vez menos produtivos, por exemplo, os primeiros administradores burocráticos perceberam que não poderiam desconsiderar totalmente as necessidades emocionais dos trabalhadores como se fossem irrelevantes. Como resultado, surgiram novas filosofias de gestão para combater os efeitos negativos da despersonalização.

---

burocratização Processo pelo qual um grupo, uma organização ou um movimento social toma cada vez mais decisões técnico-racionais em busca da eficiência.

McDonaldização Processo pelo qual os princípios de eficiência, calculabilidade, previsibilidade e controle moldam a organização e os processos de decisão, nos Estados Unidos e no mundo.

lei de ferro da oligarquia Princípio de que todas as organizações, mesmo as democráticas, tendem a se tornar uma burocracia governada por uma pequena elite (chamada de oligarquia).

---

5 Filmes sobre ESTRUTURA E INTERAÇÃO SOCIAIS

Como enlouquecer seu chefe
Comédia sobre a estrutura social e a cultura de trabalho de escritório nos Estados Unidos.

O show de Truman
Nesta história pós-moderna, um homem, sem saber, vive sua vida em um programa de televisão.

Nascidos em bordéis
Verdadeiras histórias de vida de crianças crescendo no bairro da prostituição de Calcutá, na Índia.

A vida dos outros
A burocracia comunista volta-se contra seus cidadãos em Berlim Oriental.

A rede social
A história da fundação do Facebook e as traições que ela envolveu.

De acordo com a **teoria clássica** das organizações formais, também conhecida como **abordagem científica de gestão**, os trabalhadores são motivados quase que inteiramente por recompensas econômicas. Essa teoria salienta que apenas as restrições físicas sobre os trabalhadores limitam sua produtividade. Portanto, eles podem ser tratados como um recurso, semelhante às máquinas que começaram a substituí-los no século XX. Sob a abordagem científica de gestão, os administradores tentam alcançar a máxima eficiência de trabalho por meio de planejamento científico, padrões de desempenho estabelecidos e supervisão cuidadosa dos trabalhadores e da produção. O planejamento envolve estudos de eficiência, mas não estudos sobre as atitudes dos trabalhadores ou sua satisfação no trabalho (Taylor, 1911).

teoria clássica Abordagem ao estudo das organizações formais que considera que os trabalhadores são motivados quase que totalmente por recompensas econômicas.

abordagem científica de gestão Outro nome para a teoria clássica das organizações formais.

abordagem das relações humanas Abordagem ao estudo das organizações formais que enfatiza o papel das pessoas, da comunicação e da participação em uma burocracia e tende a se concentrar na estrutura informal da organização.

Só quando os trabalhadores organizaram sindicatos – e forçaram as administrações a reconhecer que eles não eram objetos – foi que os teóricos das organizações formais começaram a rever a abordagem clássica. Em conjunto com a administração e os administradores, os cientistas sociais tomaram consciência de que grupos informais de trabalhadores têm um impacto importante sobre as organizações (Perrow, 1986). Uma filosofia de gestão alternativa, a **abordagem das relações humanas**, enfatiza o papel das pessoas, da comunicação e da participação em uma burocracia. Esse tipo de análise reflete a importância da interação e do comportamento de pequenos grupos. Ao contrário do planejamento sob a abordagem científica de gestão, o planejamento com base na perspectiva das relações humanas trata dos sentimentos, das frustrações e da necessidade emocional de satisfação no trabalho dos trabalhadores (Mayo, 1933). Hoje, muitos locais de trabalho – principalmente para aqueles que têm ocupações de maior *status* – foram transformados em ambientes receptivos à família (Hochshchild, 1997). Se os administradores estiverem convencidos de que ajudar os trabalhadores a atenderem todas as suas necessidades aumenta a produtividade, o cuidado e a preocupação são instituídos como resultado do cálculo racional.

>>Estrutura social em perspectiva global

Hoje, os princípios da burocratização podem influenciar cada vez mais esferas de nossas vidas, mas nem sempre foi assim. Na verdade, a sociologia surgiu como disciplina a fim de melhor compreender e direcionar a transição da sociedade tradicional para a moderna. Os primeiros sociólogos procuraram desenvolver modelos que descrevessem as diferenças básicas entre as duas. Eles esperavam que, entendendo melhor como funcionam as sociedades tradicionais, pudéssemos identificar de forma mais eficaz os fatores subjacentes que definem as preocupações centrais na sociedade moderna, como a ordem social, a desigualdade e a interação.

GEMEINSCHAFT E GESELLSCHAFT

Ferdinand Tönnies (1855-1936) ficou horrorizado com a ascensão de cidades industriais em sua Alemanha natal durante a década de 1800. Em sua opinião, a cidade marcava uma mudança dramática, do ideal de uma comunidade muito unificada, que Tönnies chamou de uma *Gemeinschaft*, ao de uma sociedade impessoal de massas, ou *Gesellschaft* (Tönnies, [1887] 1988).

A ***Gemeinschaft*** (pronunciada "guemainchaft") é típica da vida rural. É uma pequena comunidade em que as pessoas têm origens e experiências de vida semelhantes. Praticamente todo mundo se conhece, e as interações sociais são íntimas e familiares, quase como uma família extensa. Nessa comunidade, há um sentido de compromisso com o grupo social maior e um sentido de proximidade entre os membros. As pessoas relacionam-se entre si de uma maneira pessoal, não apenas como, digamos, funcionários ou administradores. No entanto, com essa interação pessoal, vêm a pouca privacidade e grandes expectativas de sacrifício individual.

O controle social na *Gemeinschaft* é mantido por meios informais, como a persuasão moral, as fofocas e até mesmo gestos. Essas técnicas funcionam bem, pois as pessoas realmente se importam com o que as outras pensam delas. A mudança social é relativamente limitada na *Gemeinschaft*; a vida dos membros de uma geração pode ser bastante semelhante à de seus pais, seus avós e assim por diante.

Em contraste, a ***Gesellschaft*** (pronunciada "guesselchaft") é característica da vida urbana moderna. Nas sociedades modernas, a maioria das pessoas é de estranhos que sentem ter pouco em comum com outros residentes. Os relacionamentos são regidos por papéis sociais que surgem de tarefas imediatas, como a compra de um produto ou a organização de uma reunião de negócios. O interesse próprio predomina, e há pouco consenso sobre valores ou compromisso com o grupo. Como resultado, o controle social deve se basear em técnicas formais, como leis e sanções legalmente definidas. A mudança social é uma parte normal da vida na *Gesellschaft*, com mudanças importantes visíveis até mesmo dentro de uma mesma geração.

Os sociólogos têm usado esses dois termos para comparar as estruturas sociais que enfatizam relações estreitas com as que apresentam vínculos menos pessoais. É fácil olhar a *Gemeinschaft* com nostalgia, como uma forma de vida muito melhor do que a competição desenfreada da existência contemporânea. No entanto, as relações mais íntimas da *Gemeinschaft* têm seu preço. O preconceito e a discriminação encontrados nela podem ser muito limitadores; os *status* atribuídos, como antecedentes familiares, muitas vezes superam os talentos e as realizações singulares de uma pessoa. Além disso, a *Gemeinschaft* tende a desconfiar de pessoas que são criativas ou simplesmente diferentes (Garrett, 2003).

> **PENSAMENTO SOCIOLÓGICO**
> O que pode ser atraente em viver em uma comunidade caracterizada pela *Gemeinschaft*? Quais são as possíveis desvantagens?

SOLIDARIEDADE MECÂNICA E ORGÂNICA

Enquanto Tönnies olhava nostalgicamente para trás na *Gemeinschaft*, Émile Durkheim estava mais interessado na transição para a sociedade moderna, que, segundo ele, representava o nascimento de uma nova forma de ordem social. Durkheim esperava usar a sociologia como ciência para entender melhor essa transição. Em seu livro *A divisão do trabalho na sociedade* ([1893] 1933), Durkheim destacou a relação aparentemente inversa entre divisão do trabalho e consciência coletiva. À medida que os empregos se tornavam mais especializados, enfraqueciam-se os sentimentos compartilhados que uniam as comunidades.

Nas sociedades em que há mínima divisão do trabalho, desenvolve-se um sentido de solidariedade de grupo porque as pessoas fazem as mesmas coisas em conjunto ao longo do tempo. Essas sociedades são caracterizadas pelo que Durkheim chama de **solidariedade mecânica**, um tipo de coesão social com base em experiências, conhecimento e habilidade compartilhados, em que as relações sociais funcionam mais ou menos como sempre funcionaram. Sociedades com forte solidariedade mecânica operam como uma máquina, com pouca mudança no decorrer do tempo. A maioria das pessoas realiza as mesmas tarefas básicas – como fizeram seus pais e avós antes delas – e as realizam juntas. Essas experiências compartilhadas – seja caça, agricultura, preparação de refeições, confecção de roupas ou construção de casas – resultam em perspectivas compartilhadas e valores comuns. Cada indivíduo age, pensa, acredita de forma muito parecida à do outro. Entre os *amish*, por exemplo, o que uma pessoa vai ser quando crescer é praticamente definido no nascimento. Há poucas oportunidades para a variação individual, pois o desvio dos caminhos esperados representa uma ameaça para a solidariedade social (Kraybill, 2001).

À medida que as sociedades avançam tecnologicamente, sua divisão do trabalho expande-se e os empregos tornam-se cada vez mais especializados. A pessoa que corta a madeira já não é a mesma que constrói a casa. Na maioria dos casos, agora são necessárias muitas pessoas com diversos conjuntos de habilidades para produzir até mesmo um único item, como uma cadeira ou um telefone celular. Como resultado, a solidariedade que surgiu pela experiência comum se rompe quando surgem diferenças na forma como os membros da sociedade veem o mundo e seu próprio lugar nele. Enquanto Tönnies enxergou isso e se desesperou, Durkheim sugeriu que uma nova forma de solidariedade se desenvolveria em seu lugar.

Como vimos no exemplo do "hambúrguer como milagre" no Capítulo 1, a especialização gera interdependência. A ironia da sociedade moderna é que combinamos extrema interdependência com uma forte sensação de individualismo. Não poderíamos ser autossuficientes por causa de nossa extrema divisão do trabalho, mas temos um forte desejo de ser independentes. Precisamos uns dos outros mais do que nunca, mas nos damos menos conta disso. Durkheim afirmou que a sociedade evoluiria para resolver essa tensão e garantir a ordem social. Ele defendeu que a solidariedade mecânica daria lugar à **solidariedade orgânica**, um tipo de coesão social com base em nossa interdependência mútua, no contexto de extrema divisão do trabalho. Os diferentes elementos da sociedade reconheceriam o quanto precisam uns dos outros e trabalhariam em conjunto, como fazem os órgãos do corpo humano, cada um executando uma função vital, mas nenhum capaz de sobreviver sozinho.

> *Gemeinschaft* Comunidade muito unida, geralmente encontrada em zonas rurais, na qual fortes laços pessoais conectam os membros.
>
> *Gesellschaft* Comunidade, frequentemente urbana, que é grande e impessoal, com pouco compromisso com o grupo ou consenso sobre valores.
>
> **solidariedade mecânica** Coesão social com base em experiências, conhecimentos e habilidades compartilhados, em que as coisas funcionam mais ou menos como sempre funcionaram.
>
> **solidariedade orgânica** Coesão social com base em interdependência mútua, no contexto da extrema divisão do trabalho.

TECNOLOGIA E SOCIEDADE

Alguns sociólogos se concentram mais explicitamente na tecnologia do que na organização social, expressa como divisão do trabalho, para compreender as distinções entre sociedades tradicionais e modernas. Na opinião do sociólogo Gerhard Lenski, o nível de tecnologia de uma sociedade é fundamental para a forma como ela se organiza. Lenski define a tecnologia como "informação cultural sobre como usar os recursos materiais do ambiente para satisfazer as necessidades e os desejos humanos" (Nolan e Lenski, 2006:361). Com a mudança na tecnologia, surgem novas formas sociais, desde a pré-industrial, passando pela industrial, até a pós-industrial.

A tecnologia disponível não define completamente a forma que determinada sociedade e sua estrutura social vão assumir, mas um baixo nível de tecnologia pode limitar o grau em que a sociedade pode contar com coisas como irrigação ou máquinas complexas.

Sociedades pré-industriais Talvez a mais antiga forma de sociedade pré-industrial a surgir na história da humanidade tenha sido a **sociedade de caça e coleta**, em que as pessoas simplesmente dependiam de quaisquer alimentos e fibras que estivessem prontamente disponíveis. Esses grupos costumam ser pequenos e dispersos, e a tecnologia dessas sociedades é mínima. Organizadas em grupos, as pessoas deslocam-se constantemente em busca de alimento. Há pouca divisão do trabalho em tarefas especializadas, pois todos estão envolvidos nas mesmas atividades básicas. Como os recursos são escassos, há relativamente pouca desigualdade em termos de bens materiais.

Nas **sociedades hortícolas**, as pessoas plantam sementes e fazem cultivos em vez de simplesmente subsistirem com os alimentos disponíveis. Os membros de sociedades hortícolas são muito menos nômades do que os caçadores-coletores. Eles dão mais ênfase à produção de ferramentas e objetos domésticos, mas a tecnologia continua a ser bastante limitada nessas sociedades, cujos membros cultivam lavouras com o auxílio de varas de cavar ou enxadas (Wilford, 1997).

O terceiro tipo de desenvolvimento pré-industrial é a **sociedade agrária**. Como nas sociedades hortícolas, os membros de sociedades agrárias dedicam-se principalmente à produção de alimentos, mas as inovações tecnológicas, como o arado, permitem aos agricultores aumentar em muito o rendimento dos cultivos e das plantas nos mesmos campos ao longo de gerações. Como resultado, é possível desenvolver assentamentos maiores e mais permanentes.

As sociedades agrárias continuam a depender da força física de seres humanos e animais (em contraste com a energia mecânica). A divisão do trabalho aumenta porque os avanços tecnológicos liberam algumas pessoas da produção de alimentos, para que se concentrem em tarefas especializadas, como o conserto de redes de pesca ou a ferraria. À medida que os assentamentos humanos se tornam mais estáveis e mais estabelecidos, as instituições sociais ficam mais elaboradas, e os direitos de propriedade, mais importantes. A permanência relativa e os excedentes maiores de uma sociedade agrária permitem aos membros se especializarem na criação de artefatos como estátuas, monumentos públicos e objetos de arte e passá-los de geração a geração.

> **sociedade de caça e coleta** Sociedade pré-industrial em que as pessoas simplesmente dependiam de quaisquer alimentos e fibras que estivessem prontamente disponíveis.
>
> **sociedade hortícola** Sociedade pré-industrial em que as pessoas plantam sementes e fazem cultivos em vez de simplesmente subsistirem com os alimentos disponíveis.
>
> **sociedade agrária** Forma tecnologicamente mais avançada de sociedade pré-industrial. Seus membros se dedicam principalmente à produção de alimentos, mas aumentam o rendimento dos cultivos por meio de inovações tecnológicas, como o arado.

Sociedades industriais A Revolução Industrial transformou a vida social na Inglaterra durante o final do século XVI e, dentro de um século, seu impacto na sociedade se estendeu por todo o mundo. Uma **sociedade industrial** é aquela que depende de mecanização para produzir seus bens e serviços. A força e a resistência humanas adquiridas com novas invenções, como a máquina a vapor, abriram um novo mundo de possibilidades ao aplicarem fontes (mecânicas) não animais de energia à maioria das tarefas de trabalho. Assim, a industrialização alterou significativamente a forma como as pessoas viviam e trabalhavam, e enfraqueceu normas e valores considerados como naturais.

Durante a Revolução Industrial, muitas sociedades passaram por uma mudança irrevogável, de uma economia de orientação agrária a uma base industrial. A especialização de tarefas e a fabricação de bens substituíram cada vez mais a prática de indivíduos ou famílias que faziam um produto inteiro em uma oficina em casa. Os trabalhadores, geralmente homens, mas também mulheres e até crianças, deixaram as casas de suas famílias para trabalhar em locais centrais, como fábricas urbanas.

O processo de industrialização teve consequências sociais distintas. Famílias e comunidades não poderiam continuar a funcionar como unidades autossuficientes. Indivíduos, aldeias e regiões começaram a trocar bens e serviços e se tornar interdependentes. Quando as pessoas passaram a contar com o trabalho de membros de outras comunidades, a família perdeu sua posição única como principal fonte de poder e autoridade. A necessidade de conhecimento especializado levou ao ensino formal, e a educação surgiu como uma instituição social distinta da família.

Sociedades pós-industriais A produção mecanizada continua a cumprir um papel importante na definição da ordem, dos relacionamentos e das oportunidades sociais,

> **Você sabia?**
> ...O apresentador de *talk-show* Regis Philbin é formado em sociologia. Ele se formou na Universidade de Notre Dame, em 1953. Segundo ele, a sociologia lhe "deu uma grande visão sobre a natureza humana".

mas a inovação tecnológica mais uma vez remodelou a estrutura social ao liberar algumas pessoas das demandas da produção material. Isso levou ao surgimento do setor de serviços nas economias de muitos países tecnologicamente avançados. Na década de 1970, o sociólogo Daniel Bell escreveu sobre a **sociedade pós-industrial** tecnologicamente avançada, cujo sistema econômico tem como atividade principal o tratamento e o controle da informação. O principal produto de uma sociedade pós-industrial são os serviços, em vez dos bens manufaturados. Um grande número de pessoas tem ocupações destinadas ao ensino, à geração ou à disseminação de ideias. Empregos em áreas como publicidade, relações públicas, recursos humanos e sistemas de informática são típicos de uma sociedade pós-industrial (Bell, 1999).

Alguns sociólogos, incluindo Bell, consideram essa transição industrial para a sociedade pós-industrial, em grande parte, como uma evolução positiva, mas outros apontam para as consequências, muitas vezes ocultas, que resultam do acesso diferenciado aos recursos da sociedade pós-industrial. Por exemplo, Michael Harrington (1980), que alertou os Estados Unidos para os problemas dos pobres em seu livro *The other America*, questiona o significado que Bell atribui à crescente classe de trabalhadores de serviços e administração. Harrington admite que cientistas, engenheiros e economistas estão envolvidos nas decisões políticas e econômicas importantes, mas não concorda com a afirmação de Bell de que eles têm a primazia na tomada de decisões, independentemente dos interesses dos ricos. Harrington segue a tradição de Marx ao afirmar que o conflito entre as classes sociais continuará na sociedade pós-industrial.

VIDA PÓS-MODERNA

Recentemente, os sociólogos foram além da discussão da sociedade pós-industrial para contemplar o surgimento da sociedade pós-moderna. Uma **sociedade pós-moderna** é uma sociedade tecnologicamente sofisticada, pluralista, interconectada e globalizada. Embora seja difícil resumir o que toda uma gama de pensadores disse sobre a vida pós-moderna, quatro elementos dão uma ideia das principais características dessas sociedades hoje: histórias, imagens, escolhas e redes.

Histórias Como as sociedades pós-modernas são pluralistas e individualistas, as pessoas têm muitos conjuntos de normas e valores diferentes, muitas vezes conflitantes. Menos pessoas pressupõem que uma única história que dê conta de tudo – seja determinada tradição religiosa ou uma teoria científica abrangente, ou até mesmo a fé que muitos dos primeiros sociólogos tinham na inevitabilidade do progresso moderno – possa nos unir sob um guarda-chuva comum. Em vez disso, abraçamos as várias histórias individuais e coletivas que nos ajudam a entender o mundo e nosso lugar nele. Fazemos isso com pleno conhecimento de que outras pessoas estão fazendo exatamente a mesma coisa e muitas vezes chegando a conclusões radicalmente diferentes. Essa multiplicidade de histórias enfraquece a autoridade que as visões singulares de realidade tiveram no passado.

Imagens A sociedade pós-moderna também se caracteriza pela explosão dos meios de comunicação de massa, o que enfatiza a importância das imagens. Como vimos no Capítulo 4, uma pessoa comum nos Estados Unidos assiste a quase 4,9 horas de televisão por dia (Bureau of the Census, 2008a). Isso equivale a mais de 71 dias inteiros por ano. Somos bombardeados por imagens em toda a parte, mas, na teoria pós-moderna, a importância da imagem é muito mais profunda do que a da televisão e das propagandas; ela influencia nossa ideia, tida como certa, sobre a própria realidade material. Os teóricos afirmam que não nos confrontamos nem interagimos diretamente com o mundo material. Assim como a língua molda nossa percepção da realidade de acordo com a hipótese de Sapir-Whorf, nossa experiência da "realidade" é sempre mediada por representações da realidade na forma de signos, símbolos e palavras. Segundo os pós-modernistas, nossas imagens ou modelos de realidade vêm antes da própria realidade. Os teóricos pós-modernos usam uma metáfora geográfica para esclarecer esse conceito: "O mapa precede o território" (Baudrillard, [1981] 1994). Em outras palavras, as imagens que construímos chamam nossa atenção para certas características que, de outra forma, não poderíamos destacar. Um mapa rodoviário, por exemplo, destaca características diferentes, e com diferentes finalidades, de um mapa topográfico ou um mapa político. Ao fazê-lo, ele influencia o que vemos. Não podemos nos desviar nem ver através desses construtos culturais para abordar a coisa em si, e, portanto, nosso conhecimento sobre o que é real é sempre limitado pelas imagens que construímos.

Escolhas Em um mundo pós-moderno, a realidade não é simplesmente dada; ela é negociada. Escolhemos nossa realidade a partir do bufê de imagens e experiências que nos são apresentadas. Na verdade, *temos* que escolher. Em contraste com sociedades caracterizadas pela solidariedade mecânica, nas quais a trajetória de vida de uma pessoa está praticamente definida quando ela nasce, os membros das sociedades pós-modernas devem fazer escolhas de vida o tempo todo. Supondo que tenhamos acesso a recursos suficientes, escolhemos o que comer, o que vestir e o que dirigir. Fazer compras, que, no passado, teria sido considerado principalmente como uma exigência fundamental para prover nossas necessidades básicas, torna-se um ato de autocriação. Como disse o professor de publicidade James B. Twitchell (2000), "nós não compramos coisas, compramos sentidos" (p. 47). Um iPhone, uma bolsa Coach e um MINI Cooper são mais do que apenas um telefone, uma bolsa e um carro; são declarações sobre o tipo de pessoa que somos ou queremos ser. A importância da escolha é muito mais profunda do que produtos de consumo. Também escolhemos nossos parceiros, nossas escolas, nossos empregos, nossa religião e até mesmo nossas identidades. Como indivíduos, podemos escolher reafirmar tradições, língua, dieta e va-

---

sociedade industrial Sociedade que depende de mecanização para produzir seus bens e serviços.

sociedade pós-industrial Sociedade cujo sistema econômico tem como atividade principal o tratamento e o controle da informação.

sociedade pós-moderna Sociedade tecnologicamente sofisticada, pluralista, interconectada e globalizada.

lores que herdamos de nossa família por meio da socialização, mas também podemos optar por seguir nosso próprio caminho.

Redes Membros de sociedades pós-modernas vivem em um mundo globalmente interconectado. Os alimentos que comemos, as roupas que vestimos, os livros que lemos e os produtos que escolhemos muitas vezes nos chegam do outro lado do mundo. O técnico de informática com quem falamos para pedir assistência pode estar localizado em outro estado, ou até mesmo, outro país. O McDonald's norte-americano até já fez experiências com atendentes de *drive-through* centralizados – os quais podem até estar em outro estado – que recebem seu pedido e o transmitem à lanchonete de onde você o está fazendo (Richtel, 2006). Cada vez mais, todos os cantos do mundo estão ligados em um sistema social, cultural, político e econômico que é vasto e inter-relacionado. Um agricultor de Iowa, nos Estados Unidos, por exemplo, precisa se preocupar com mais do que apenas o clima e a comunidade locais; ele deve saber sobre as inovações internacionais em tecnologia agrícola, incluindo as de biotecnologia, bem como o estado atual e futuro dos mercados internacionais.

Seja na forma de uma sociedade tradicional, moderna ou pós-moderna, a estrutura social proporciona ordem, moldando as opções que estão disponíveis a nós. Ela fornece o contexto em que nos relacionamos com os outros. Os *status* que ocupamos moldam os papéis que desempenhamos. O que pensamos e fazemos é influenciado pelas relações que temos com os outros em contextos de grupos, redes e instituições. A sociologia, como disciplina, dedica-se a entender nosso contexto estrutural e o impacto que ele tem em nossas vidas.

Ainda assim, a sociedade e a estrutura social não são coisas singulares. Apesar de sermos, em muitos aspectos, produtos da sociedade, socializados para pensar e agir de forma adequada, sempre temos a opção de pensar e agir de maneiras novas e construir nova cultura. A possibilidade dessa mudança pode ser mais visível em nosso mundo pluralista. Nosso mundo não é "da" estrutura, "da" família e "da" religião, mas de estruturas, famílias e religiões. Temos a possibilidade de mais contato com mais pessoas que têm mais formas de pensar e agir do que em qualquer momento no passado. Como tal, podemos tomar conhecimento de mais alternativas para pensar e agir, que podem nos levar a mudar nossos mundos.

---

envolva-se!

Explore! Ocupamos muitos *status* ao longo de nossas vidas, e eles podem tanto abrir quanto fechar portas. Pergunte a cinco pessoas em várias posições – seja de pais, professores, cuidadores de crianças, guardas, administradores, líderes religiosos e assim por diante – como elas chegaram a essas posições. Como as posições que elas ocupam lhes permitiram alcançar seus objetivos pessoais e coletivos? Como elas foram limitadas por suas posições?

PARA REVISÃO

I. O que compõe a sociedade?
   - A sociedade fornece uma estrutura que é construída a partir dos *status* que ocupamos, dos papéis que desempenhamos e de grupos, redes e instituições que nos conectam.

II. Como a estrutura social influencia a ação individual?
   - As posições que ocupamos influenciam nossas percepções, os recursos a que temos acesso e as opções que estão disponíveis. Por exemplo, no contexto das burocracias, nossa posição social, nossas conexões e nossas expectativas de desempenho estão claramente definidas.

III. Como os sociólogos descrevem as sociedades tradicionais em comparação com as modernas?
   - Os sociólogos destacam o impacto que a divisão do trabalho e o desenvolvimento tecnológico têm sobre a organização da comunidade, do trabalho e da interação social nas sociedades tradicionais e modernas.

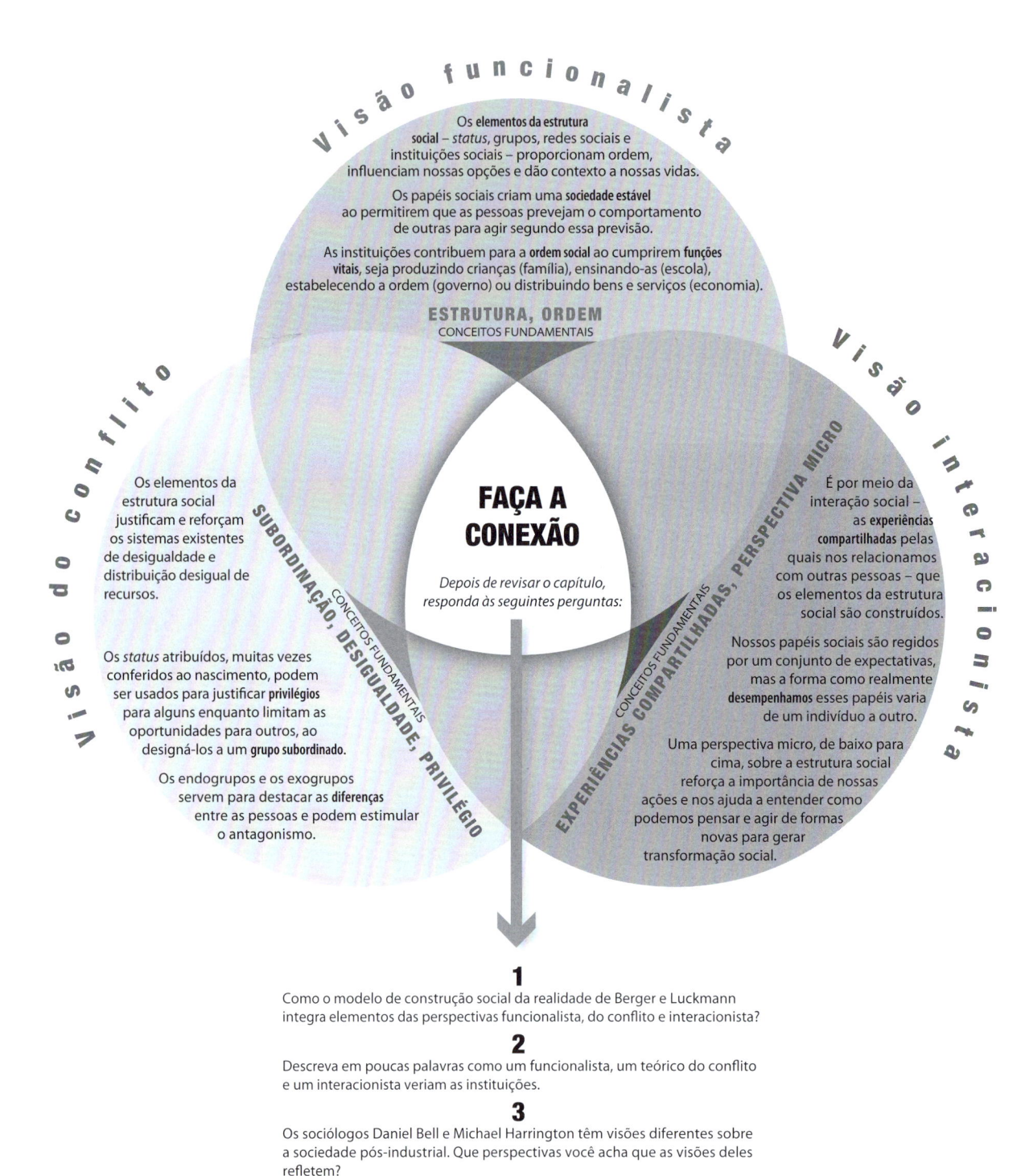

Visões SOCIOLÓGICAS sobre estrutura e interação social

Visão funcionalista

Os **elementos da estrutura social** – *status*, grupos, redes sociais e instituições sociais – proporcionam ordem, influenciam nossas opções e dão contexto a nossas vidas.

Os papéis sociais criam uma **sociedade estável** ao permitirem que as pessoas prevejam o comportamento de outras para agir segundo essa previsão.

As instituições contribuem para a **ordem social** ao cumprirem **funções vitais**, seja produzindo crianças (família), ensinando-as (escola), estabelecendo a ordem (governo) ou distribuindo bens e serviços (economia).

ESTRUTURA, ORDEM
CONCEITOS FUNDAMENTAIS

Visão do conflito

Os elementos da estrutura social justificam e reforçam os sistemas existentes de desigualdade e distribuição desigual de recursos.

Os *status* atribuídos, muitas vezes conferidos ao nascimento, podem ser usados para justificar **privilégios** para alguns enquanto limitam as oportunidades para outros, ao designá-los a um **grupo subordinado**.

Os endogrupos e os exogrupos servem para destacar as **diferenças** entre as pessoas e podem estimular o antagonismo.

CONCEITOS FUNDAMENTAIS
SUBORDINAÇÃO, DESIGUALDADE, PRIVILÉGIO

Visão interacionista

É por meio da interação social – as **experiências compartilhadas** pelas quais nos relacionamos com outras pessoas – que os elementos da estrutura social são construídos.

Nossos papéis sociais são regidos por um conjunto de expectativas, mas a forma como realmente **desempenhamos** esses papéis varia de um indivíduo a outro.

Uma perspectiva micro, de baixo para cima, sobre a estrutura social reforça a importância de nossas ações e nos ajuda a entender como podemos pensar e agir de formas novas para gerar transformação social.

CONCEITOS FUNDAMENTAIS
EXPERIÊNCIAS COMPARTILHADAS, PERSPECTIVA MICRO

FAÇA A CONEXÃO

Depois de revisar o capítulo, responda às seguintes perguntas:

1
Como o modelo de construção social da realidade de Berger e Luckmann integra elementos das perspectivas funcionalista, do conflito e interacionista?

2
Descreva em poucas palavras como um funcionalista, um teórico do conflito e um interacionista veriam as instituições.

3
Os sociólogos Daniel Bell e Michael Harrington têm visões diferentes sobre a sociedade pós-industrial. Que perspectivas você acha que as visões deles refletem?

4
Você já fez parte de um endogrupo ou de um exogrupo? Se fez, como cada perspectiva pode ajudar a esclarecer sua experiência?

Pop Quiz

1. **As três etapas do modelo de Berger e Luckmann ao descreverem a relação de interdependência entre o indivíduo e a sociedade são**
   a. *status*, grupos e instituições.
   b. contar histórias, fazer escolhas e estabelecer redes.
   c. construir cultura, construir o *self* e construir a sociedade.
   d. conflito de papéis, tensão entre papéis e saída do papel.

2. **Espera-se que os motoristas de táxi saibam se deslocar em uma cidade. Essa expectativa é um exemplo de qual das seguintes opções?**
   a. Conflito de papéis
   b. Tensão entre papéis
   c. Papel social
   d. *Status* dominante

3. **O que acontece quando surgem expectativas incompatíveis de duas ou mais posições sociais mantidas pela mesma pessoa?**
   a. Conflito de papéis
   b. Tensão entre papéis
   c. Saída do papel
   d. Interpretação

4. **Em termos sociológicos, como chamamos um número de pessoas com normas, valores e expectativas semelhantes, que interagem regularmente entre si?**
   a. Categoria
   b. Grupo
   c. Agregado
   d. Sociedade

5. **Os grupos primários são caracterizados por**
   a. uma série de relações que ligam os indivíduos diretamente a outros e, por meio destes, indiretamente a outras pessoas.
   b. relações formais, impessoais, com intimidade social ou compreensão mútua mínimas.
   c. posições sociais cuja mudança está ao nosso alcance.
   d. associação e cooperação íntima e individual.

6. **Qual é a definição de instituição social?**
   a. Uma série de relações que ligam os indivíduos diretamente a outros e, por meio destes, indiretamente a outras pessoas
   b. Uma aliança, temporária ou permanente, voltada a um objetivo comum
   c. Um padrão organizado de crenças e comportamentos centrados nas necessidades sociais básicas
   d. Um componente de uma organização formal que usa regras e hierarquização para alcançar a eficiência

7. **O princípio da burocracia que estabelece que o trabalho deve ser realizado "sem ódio nem paixão" é conhecido como**
   a. impessoalidade.
   b. hierarquia de autoridade.
   c. regras e regulamentos escritos.
   d. divisão do trabalho.

8. **Que tipo de sociedade Ferdinand Tönnies descreveu como uma comunidade muito unida, em que os membros têm fortes laços pessoais?**
   a. *Gesellschaft*
   b. Mecânica
   c. *Gemeinschaft*
   d. Orgânica

9. **Qual dos seguintes termos o sociólogo Daniel Bell usa para se referir a uma sociedade cujo sistema econômico tem como atividade principal o tratamento e o controle da informação?**
   a. Pós-moderna
   b. Hortícola
   c. Industrial
   d. Pós-industrial

10. **Qual característica da vida pós-moderna enfatiza a importância do consumo na criação de identidade?**
    a. Histórias
    b. Imagens
    c. Escolhas
    d. Redes

1. (c); 2. (c); 3. (a); 4. (b); 5. (d); 6. (c); 7. (a); 8. (c); 9. (d); 10. (c).

6

DESVIO

O QUE ESTÁ POR VIR

130 Controle social

135 Desvio

137 Crime

142 Perspectivas sociológicas sobre desvio e crime

VIDA DE GANGUE

O estudante de sociologia Sudhir Venkatesh (2008), querendo entender melhor a vida dos afro-americanos pobres, aventurou-se em projetos habitacionais localizados em bairros pobres de Chicago. Depois de um começo cheio de obstáculos, sua ingenuidade e sua curiosidade genuína lhe ajudaram a abrir a porta para o que se tornou um projeto de pesquisa participativa em profundidade, com duração de sete anos, sobre gangues, drogas, criminalidade, habitação pública e muito mais.

O compromisso de Venkatesh com fazer mais do que W. E. B. Du Bois desprezou como "sociologia de janela de carro" acabou por lhe dar acesso a informações sobre crime e desvio que ele nunca teria obtido com uma *survey*. Por meio de sua pesquisa, ele descobriu que as gangues têm uma estrutura altamente organizada, na qual os que estão no topo da hierarquia têm boa situação financeira e os soldados estão na parte inferior, perfazendo 95% dos membros que ganham uma média de apenas 3,30 dólares por hora (Levitt e Dubner, 2005). Eles também têm uma taxa de mortalidade surpreendentemente alta. Esses dois fatos levaram um dos colaboradores de Venkatesh a dizer que a venda de drogas para uma gangue é, talvez, "o pior emprego em todos os Estados Unidos".

Embora possa não render muito dinheiro para a maioria dos participantes, o tráfico de drogas permite que os membros das gangues ajudem a sustentar suas famílias. Venkatesh argumentou que a vontade deles de trabalhar nisso, mesmo diante de um retorno mínimo e do alto risco, demonstrou sua vontade de trabalhar, mas eles encontram tão poucas opções viáveis que alguns até trabalhavam no McDonald's para complementar a renda do tráfico.

Venkatesh também concluiu que os indivíduos das gangues procuram contribuir para a comunidade local, dando dinheiro para mulheres que trabalham nos edifícios, cuidando de crianças e idosos. Eles exigem que os participantes mais jovens permaneçam na escola e proíbem os membros de usar drogas pesadas – em parte, porque não podem ser bons nos negócios se estiverem drogados e, em parte, porque é ruim para a imagem da gangue.

Por meio de pesquisas como a de Venkatesh, os sociólogos podem entender melhor o crime e o desvio. A gangue que Venkatesh estudou tentava criar um nível de estabilidade em seu bairro, mas usava o crime e a violência como instrumentos de trabalho. Que fatores sociais levam a esses resultados, e será que esses fatores ou resultados podem ser alterados? Neste capítulo, vamos examinar essas perguntas e muito mais.

À medida que você for LENDO

>>
- Como os grupos mantêm o controle social?
- Qual é a diferença entre desvio e crime?
- Como os sociólogos explicam o desvio e o crime?

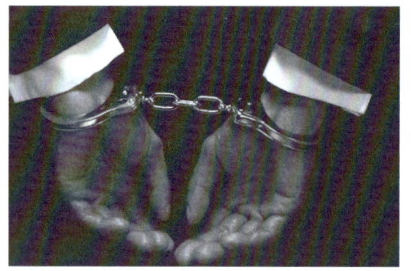

>>Controle social

Em algum momento de nossas vidas, todos provavelmente nos perguntamos: "Eu devo fazer o que *eles* querem ou devo fazer o que *eu* quero?". Talvez isso tenha acontecido quando éramos pequenos e nossos pais nos pediam para guardar os brinquedos, ou talvez na faculdade, quando um professor determinava um monte de leitura a ser feita, ou em um emprego, quando o chefe pedia que trabalhássemos um turno extra.

Podemos não querer ceder às exigências dos outros, mas sabemos que isso tem consequências. Para entender melhor o poder que os outros exercem sobre nós e como reagimos a ele, os sociólogos estudam controle social, desvio e crime.

controle social Técnicas e estratégias para impedir comportamentos desviantes humanos em qualquer sociedade.

Como espécie, precisamos da ordem social que as normas proporcionam. Saber que os outros vão seguir as regras compartilhadas de comportamento possibilita uma ação coordenada, permitindo-nos satisfazer nossas necessidades individuais e coletivas. Para garantir obediência suficiente em relação às normas, usamos o **controle social** – as técnicas e estratégias para impedir comportamentos desviantes humanos em qualquer sociedade. O controle social ocorre em toda a sociedade. A autoridade dos pais para disciplinar seus filhos é tida como natural. Os grupos de pares introduzem normas informais, como códigos de vestimenta, que regem o comportamento de seus membros. As faculdades estabelecem requisitos que devem ser atendidos para a formatura. Os governos aprovam leis e aplicam punições aos infratores.

A maioria de nós aceita e respeita as normas sociais básicas na maior parte do tempo. Interiorizamos a noção de que é certo obedecer as instruções de policiais, seguir as regras do dia a dia de nosso trabalho e passar para o fundo dos elevadores quando se entra neles. Essa aquiescência reflete a socialização eficaz em relação aos padrões dominantes de uma cultura. Também sabemos que não fazê-lo pode resultar em sanções negativas (ver Capítulo 3).

As sanções apontam para o poder que as sociedades, as instituições e os grupos têm sobre nossas vidas. Pessoas em posições de autoridade têm a capacidade de recompensar e punir, incentivando e desincentivando determinados resultados. Por exemplo, um pai ou uma mãe podem encher uma criança de elogios, um policial pode aplicar uma multa, um chefe pode dar uma promoção ou um professor pode dar zero a um aluno em uma prova.

Embora o controle social contribua para a ordem social, esse poder pode ser opressivo, limitando a liberdade individual e promovendo os interesses de alguns em detrimento dos de outros. Interesses arraigados muitas vezes procuram manter o *status quo* e usam para isso seu poder sobre as sanções. Na verdade, a mudança social positiva costuma vir por meio de resistência ativa ao *status quo*, com indivíduos e grupos rejeitando as normas existentes e seguindo novos caminhos. Essas tentativas podem encontrar forte oposição, como ficou evidente na luta para acabar com a escravidão, na luta pelo direito das mulheres ao voto, no movimento dos direitos civis e nos protestos para acabar com a guerra no Vietnã.

CONFORMIDADE E OBEDIÊNCIA

As técnicas de controle social operam em nível de grupos e de sociedade. As pessoas que consideramos como pares ou iguais nos influenciam a agir de determinadas maneiras, e o mesmo se pode dizer de quem tem autoridade sobre nós ou cujas posições respeitamos.

O psicólogo social Stanley Milgram (1975) fez uma distinção útil entre esses dois níveis de controle social.

De acordo com Milgram, **conformidade** significa seguir os pares – indivíduos de nosso próprio *status* que não têm qualquer direito especial para dirigir nosso comportamento. A **obediência**, por sua vez, é a conformidade com autoridades superiores em uma estrutura hierárquica. Um recruta que entra no serviço militar normalmente vai agir em conformidade com os hábitos e a linguagem de outros recrutas e obedecer às ordens dos superiores. Os alunos vão agir conforme o comportamento de seus pares com relação à bebida e obedecer a solicitações de agentes de segurança do *campus*.

Em um experimento clássico, Milgram (1963, 1975) procurou testar até onde as pessoas iriam ao obedecerem a autoridade. Será que elas administrariam choques elétricos cada vez mais dolorosos em outra pessoa se um pesquisador científico assim solicitasse? Ao contrário do que poderíamos acreditar sobre nós mesmos, Milgram descobriu que a maioria de nós obedeceria ao pesquisador. Nas palavras dele, "o comportamento que é impensável em um indivíduo [...] agindo por conta própria pode ser executado sem hesitação sob ordens" (1975:xi).

Para fazer seu experimento, Milgram colocou anúncios em jornais locais recrutando indivíduos para um experimento na Universidade de Yale. Entre os participantes, estavam funcionários do correio, engenheiros, professores do ensino médio e trabalhadores braçais. Eles foram informados de que o objetivo da pesquisa era investigar os efeitos da punição sobre a aprendizagem. O cientista, vestindo um avental cinza de técnico, explicou que, em cada teste, um sujeito seria selecionado aleatoriamente como o "aprendiz" e outro seria o "professor". No entanto, o experimento era direcionado para que o "verdadeiro" sujeito sempre fosse o professor, enquanto um membro da equipe de Milgram servia como aprendiz.

Para começar, cada professor recebia um choque de amostra, de 45 volts, para que se convencesse da autenticidade do experimento. A seguir, um aprendiz era amarrado a um aparelho elétrico, e o professor, levado a um "gerador de choque" eletrônico com 30 interruptores marcados com etiquetas de 15 a 450 volts. O pesquisador, então, instruía o professor a aplicar choques de tensão crescente a cada vez que o aluno desse uma resposta errada em um teste de memória. Os professores foram informados de que "embora pudessem ser extremamente dolorosos, os choques não causariam nenhum dano tecidual permanente". Na realidade, o aprendiz não recebia choques.

> **conformidade** Ato de seguir os pares – indivíduos de nosso próprio *status* que não têm nenhum direito especial para dirigir nosso comportamento.
>
> **obediência** Submissão a autoridades superiores em uma estrutura hierárquica.

Em um roteiro combinado de antemão, o aprendiz dava respostas incorretas deliberadamente e fingia estar com dor quando levava o "choque". Por exemplo, aos 150 volts, o aprendiz gritava: "Me tirem daqui!". Aos 270 volts, o aprendiz gritava em agonia. Quando o choque chegava a 350 volts, o aluno caía, em silêncio. Se o professor quisesse interromper a experiência, o experimentador insistia para que continuasse, usando frases como "o experimento exige que você continue" e "você não tem outra escolha, *tem* que continuar" (Milgram, 1975:19-23).

Os resultados desse experimento incomum surpreenderam e consternaram Milgram e outros cientistas sociais. Um grupo de psi-

SOCIOLOGIA POPULAR

O apocalipse zumbi tornou-se um item básico da cultura pop. Entre os exemplos estão os filmes *A noite dos mortos-vivos*, de George Romero, o livro e o filme *Guerra Mundial Z*, de Max Brooks, e a história em quadrinhos e a série de TV *The Walking Dead*. Essas narrativas costumam dizer mais sobre os seres humanos e o colapso da ordem social do que sobre zumbis. No caso de um apocalipse zumbi, com que velocidade você acha que a ordem social iria entrar em colapso? Quais fatores poderiam minimizar o caos social? Quais passos as pessoas deveriam dar?

> **PENSAMENTO** SOCIOLÓGICO
>
> De acordo com o *Código de Ética* da American Sociological Association, os pesquisadores devem "proteger os sujeitos de danos pessoais". Até que ponto os sujeitos de Milgram podem ter sofrido danos emocionais? Como e por que um pesquisador pode procurar justificar esse risco?

quiatras havia previsto que praticamente todos os sujeitos se recusariam a dar choques em vítimas inocentes. Na opinião deles, apenas uma "margem patológica" de menos de 2% continuaria administrando choques até o nível máximo. No entanto, quase dois terços dos participantes entraram na categoria de "sujeitos obedientes".

Por que esses sujeitos obedeceram? Por que eles estavam dispostos a infligir choques aparentemente dolorosos em vítimas inocentes que nunca lhes tinham feito qualquer mal? Não há evidências de que esses sujeitos fossem extraordinariamente sádicos; poucos pareciam gostar de administrar os choques. Em vez disso, na visão de Milgram, a chave para a obediência era o papel social do pesquisador como "cientista" e "que procura conhecimento".

Milgram apontou que, no mundo industrial moderno, estamos acostumados a nos submeter a figuras de autoridade impessoal cujo *status* é indicado por um título (professor, tenente, médico) ou por um uniforme (avental de técnico). Por considerar a autoridade mais importante do que o indivíduo, transferimos a responsabilidade por nosso comportamento à figura de autoridade. Depois do teste, os sujeitos de Milgram frequentemente declaravam: "Se dependesse de mim, eu não teria administrado os choques". Eles se consideravam apenas cumprindo um dever (Milgram, 1975).

Milgram realizou seu estudo experimental sobre obediência, em parte, para entender melhor o envolvimento dos alemães no assassinato de seis milhões de judeus e de milhões de outras pessoas durante a Segunda Guerra Mundial. Em uma entrevista realizada muito tempo após a publicação de seu estudo, ele sugeriu que "se um sistema de campos de extermínio fosse criado nos Estados Unidos, do tipo que vimos na Alemanha nazista, conseguiríamos encontrar pessoal suficiente para esses campos em qualquer cidade de porte médio no país" (CBS News, 1979:7-8). Embora muitas pessoas tenham questionado essa afirmação, as fotos reveladoras tiradas em Abu Ghraib, no Iraque, em 2004, mostrando militares norte-americanos humilhando, quando não torturando, prisioneiros iraquianos, trouxeram de volta à lembrança o experimento que Milgram tinha realizado duas gerações antes. Em circunstâncias favoráveis, pessoas que em outras condições são normais podem tratar umas às outras de forma desumana, e muitas vezes o fazem (Hayden, 2004; Zimbardo, 2007).

> **PENSAMENTO** SOCIOLÓGICO
>
> Você acha que os fatores relacionados à origem de uma pessoa influenciariam até onde ela pode ir no experimento de Milgram? Como a idade, o sexo, a religião ou o grau de instrução podem fazer diferença?

CONTROLE SOCIAL FORMAL E INFORMAL

As sanções que a sociedade usa para estimular a conformidade e a obediência – e para desestimular a violação das normas sociais – são aplicadas por meio de controle social informal e formal. Como o termo indica, as pessoas usam o **controle social informal** de modo casual, para cumprir normas. Entre os exemplos estão sorrisos, risos, uma sobrancelha levantada e a ridicularização. Procuramos ler esses sinais em situações novas, como um primeiro encontro ou uma

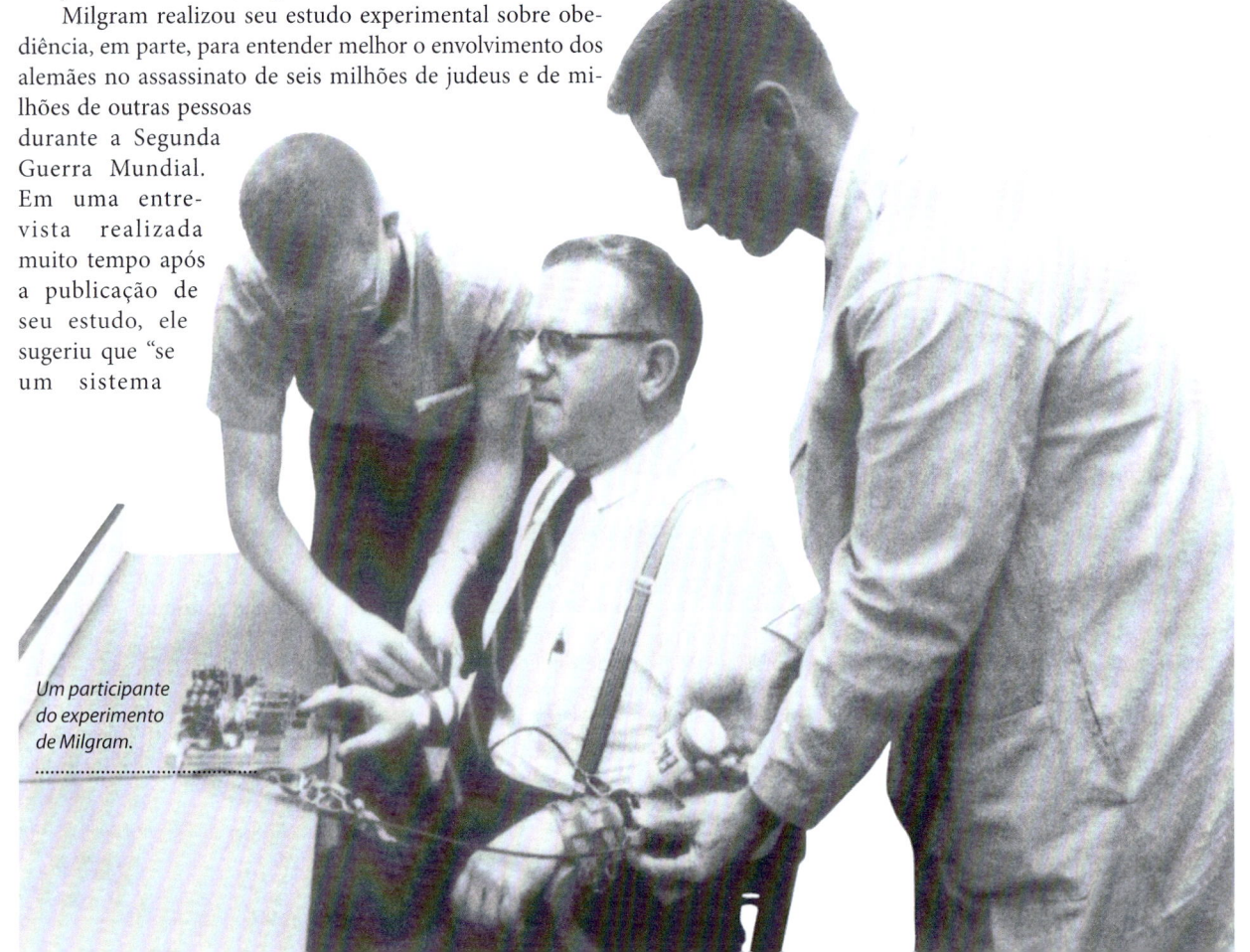

Um participante do experimento de Milgram.

entrevista de emprego, para que possamos ajustar nosso comportamento a eles.

> **PENSAMENTO** SOCIOLÓGICO
>
> Todos os grupos devem usar alguma forma de controle social para que possam manter qualquer sentido de ordem. Que mecanismos de controle social formal e informal são visíveis em suas aulas na faculdade, em sua vida cotidiana e em suas interações sociais na faculdade?

O **controle social formal** é realizado por agentes autorizados, como policiais, juízes, guardas, empregadores, oficiais militares e administradores. Ele pode servir como último recurso quando a socialização e as sanções informais não geram o comportamento desejado. Uma maneira cada vez mais importante de controle social formal nos Estados Unidos é a prisão. Em 2010, mais de 7,1 milhões de adultos foram submetidos a alguma forma de supervisão correcional – cadeia, prisão, suspensão de pena ou liberdade condicional. Dito de outra forma, 3%, ou 1 em cada 33 adultos norte-americanos, estavam sujeitos a esse tipo muito formal de controle social (Glaze, 2011).

Na esteira dos tiroteios em massa em *campi* universitários norte-americanos, como os de Virginia Tech, em 2007, e da Universidade de Oikos, em Oakland, em 2012, muitos dirigentes universitários repensaram as medidas de segurança em seus campi. Os administradores relutaram em acabar ou até mesmo limitar a relativa liberdade de movimento que os alunos de seus *campi* apreciavam. Em vez disso, concentraram-se na melhoria das comunicações de emergência entre a polícia do *campus* e alunos, professores e funcionários. Refletindo um uso da tecnologia para manter o controle social, os dirigentes de universidades pediram uma substituição da "velha" tecnologia de *e-mail* por alertas imediatos que podiam ser enviados aos telefones celulares das pessoas por mensagens instantâneas.

Da mesma forma, após os ataques terroristas de 11 de setembro de 2001, novas medidas de controle social tornaram-se normais nos Estados Unidos. Algumas delas, como a segurança intensificada em aeroportos e edifícios altos, ficaram muito visíveis ao público. O Governo Federal também pediu publicamente aos cidadãos que participassem do controle social informal, observando e informando sobre pessoas cujas ações parecessem suspeitas. Contudo, muitas outras medidas tomadas pelo governo aumentaram a vigilância oculta sobre informações e comunicações privadas.

Apenas um mês e meio depois do 11 de setembro, e praticamente sem debate, o Congresso aprovou a Lei Patriótica dos Estados Unidos, de 2001. Sua validade foi renovada em 2005 e 2006, e prorrogada pela administração Obama em 2011. Partes dessa legislação ampla revogavam limites jurídicos sobre o poder dos órgãos da lei. Sem um mandado ou uma causa provável, o FBI já pode acessar secretamente a maioria das informações privadas, incluindo históricos médicos, contas de biblioteca e matrículas estudantis. Em 2002, por exemplo, o FBI vasculhou os registros de centenas de lojas e organizações de mergulho. Os agentes foram orientados a identificar cada pessoa que tivesse feito aulas de mergulho nos últimos três anos em função da especulação de que os terroristas poderiam tentar se aproximar de seus alvos por debaixo d'água (Moss e Fessenden, 2002).

Muitas pessoas consideram que esse tipo de controle social vai longe demais. Os defensores dos direitos civis também temem que o pedido do governo para obter informações sobre atividades suspeitas possa incentivar estereótipos negativos sobre muçulmanos e árabes dos Estados Unidos. Claramente, há prós e contras os benefícios da vigilância e da violação do direito à privacidade.

controle social informal Controle social que é implementado de forma casual, por pessoas comuns, por meios como risadas, sorrisos, uma sobrancelha levantada e a ridicularização.

controle social formal Controle social que é implementado por agentes autorizados, como policiais, juízes, administradores escolares e empregados.

A interação entre o controle social formal e o informal pode ser complicada, porque, às vezes, temos que equilibrar uma fonte de controle em relação à outra. Os estudantes universitários, por exemplo, recebem mensagens conflitantes sobre a aceitabilidade das bebedeiras. Por um lado, elas representam o desvio em relação aos padrões de conduta esperados de quem está em um contexto acadêmico. Por outro lado, o consumo excessivo de álcool mostra conformidade com a cultura dos pares, especialmente no contexto das irmandades e fraternidades (ver figura "Bebedeiras no *campus*"). Cada

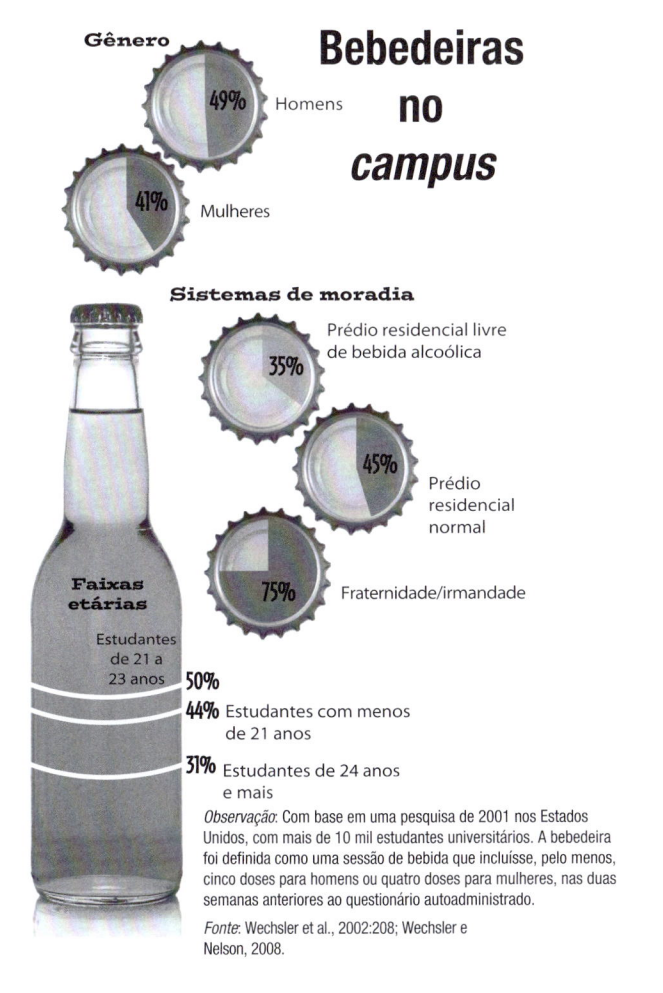

Bebedeiras no *campus*

Gênero
- 49% Homens
- 41% Mulheres

Sistemas de moradia
- 35% Prédio residencial livre de bebida alcoólica
- 45% Prédio residencial normal
- 75% Fraternidade/irmandade

Faixas etárias
- 50% Estudantes de 21 a 23 anos
- 44% Estudantes com menos de 21 anos
- 31% Estudantes de 24 anos e mais

Observação: Com base em uma pesquisa de 2001 nos Estados Unidos, com mais de 10 mil estudantes universitários. A bebedeira foi definida como uma sessão de bebida que incluísse, pelo menos, cinco doses para homens ou quatro doses para mulheres, nas duas semanas anteriores ao questionário autoadministrado.

Fonte: Wechsler et al., 2002:208; Wechsler e Nelson, 2008.

vez mais, faculdades e universidades estão tomando medidas para exercer maior controle social ao instituir regras que proíbem barris de chopp, fechar fraternidades e irmandades que violem as normas de conduta, expulsar estudantes após várias violações relacionadas ao álcool e trabalhar com o comércio local de bebidas para desestimular a venda de grandes volumes a estudantes (Wechsler e Nelson, 2008).

DIREITO E SOCIEDADE

Algumas normas são importantes para uma sociedade a ponto de serem formalizadas como leis que limitam o comportamento das pessoas. As leis – normas formais aplicadas pelo Estado – são um modo de controle social governamental. Algumas leis, como a proibição do homicídio, são dirigidas a todos os membros da sociedade; outras, como a regulamentação da pesca e da caça, afetam principalmente determinadas categorias de pessoas. Outras, ainda, regem o comportamento das instituições sociais (p. ex., a legislação empresarial e as leis relativas à tributação das organizações sem fins lucrativos).

Os sociólogos veem a criação de leis como um processo social. Considerando-se que as leis são aprovadas em resposta a uma percepção da necessidade de controle social formal, os sociólogos têm procurado explicar como e por que essa percepção surge. Na visão deles, não é apenas um corpo estático de normas transmitidas de geração em geração, e sim reflete padrões, em constante mudança, sobre o que é certo e errado, sobre como as violações devem ser determinadas e sobre quais sanções devem ser aplicadas (Deflem, 2008).

Em sociedades diversificadas, o estabelecimento das leis inevitavelmente gera conflitos com relação aos valores que devem prevalecer (de quem devem ser esses valores?), de modo que a criação de leis civis e penais pode ser polêmica. Por exemplo, empregar imigrantes ilegais deveria ser contra a lei? Fazer um aborto? Permitir a oração em escolas públi-

cas? Fumar em um avião? Essas perguntas foram debatidas com aspereza porque exigem uma escolha entre valores conflitantes. De modo não surpreendente, leis impopulares nos Estados Unidos – como a 18ª Emenda, que proibiu a fabricação e a venda de álcool (ratificada em 1919), ou o limite de velocidade de 88,5 km por hora, imposto em todo o país em 1974 – são difíceis de aplicar quando não há consenso no apoio às normas. Em ambos os casos, o público geralmente violava a política declarada do governo, e as leis mostraram-

Leis relacionadas ao uso medicinal da maconha

Dezesseis estados e o Distrito de Columbia legalizaram a posse da maconha para propósitos medicinais. A quantidade que a pessoa pode possuir e a legalidade de plantar por conta própria variam por estado.

Fonte: Marijuana Policy Project, 2011.

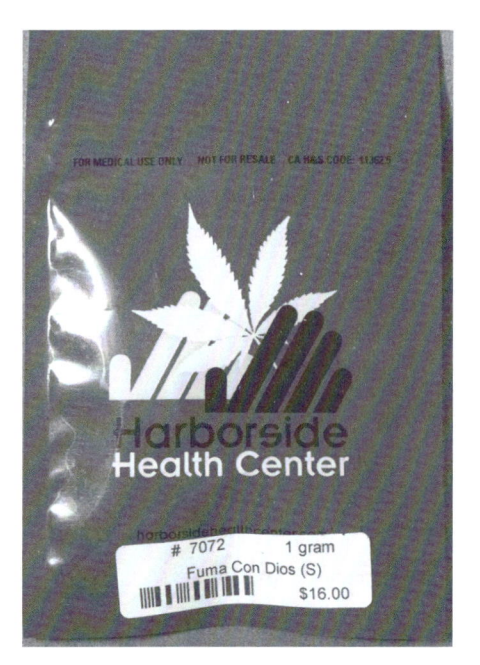

-se inaplicáveis; os estados anularam a Lei Seca, em 1933, e o Congresso derrubou a política de limite nacional de velocidade em 1987.

O debate atual sobre a legalização da maconha ilustra a dificuldade na elaboração de leis sobre o comportamento privado. Por exemplo, embora a legislação federal proíba todos os usos da maconha, 73% dos adultos norte-americanos apoiam sua legalização para fins medicinais (Pew Research Center, 2010b). Como mostra o mapa acima, 16 estados e o Distrito de Columbia reagiram legalizando a posse e o uso da maconha medicinal. Em 2009, a Suprema Corte dos Estados Unidos manteve o direito dos estados de aprovar essas leis, apesar da existência de leis federais. Em termos gerais, o apoio à legalização total da maconha aumentou de 12% em 1969 para 50% em 2011, no país (Gallup, 2011c).

A socialização é o principal veículo para incutir comportamentos de conformidade e obediência, incluindo a obediência às leis. Geralmente, o que nos faz seguir as normas sociais não é a pressão externa de um grupo de pares ou de uma figura de autoridade; internalizamos essas normas como válidas e desejáveis e policiamos a nós mesmos. Em um sentido profundo, queremos nos ver (e ser vistos) como leais, colaboradores, responsáveis e respeitosos para com os outros. Em sociedades do mundo todo, as pessoas são socializadas tanto para querer pertencer quanto para ter medo de ser vistas como diferentes ou desviantes.

A **teoria do controle** sugere que nossa conexão com outros membros da sociedade nos leva a obedecer sistematicamente às normas dessa sociedade. De acordo com o sociólogo Travis Hirschi e outros teóricos do controle, nossos laços com parentes, amigos e colegas nos induzem a seguir tradições e costumes de nossa sociedade. Pouco pensamos conscientemente sobre se seremos sancionados se não conseguirmos agir em conformidade. A socialização desenvolve nosso autocontrole tão bem que não precisamos de mais pressão para obedecer às normas sociais. Ainda que não explique a razão para cada ato de conformidade, a teoria do controle nos lembra de que, embora os meios de comunicação possam se concentrar na criminalidade e na desordem, a maioria dos membros da maioria das sociedades age em conformidade e obedece normas básicas, na maioria das vezes (Gottfredson e Hirschi, 1990; Hirschi, 1969).

>>Desvio

O outro lado do controle social é o desvio. O **desvio** é o comportamento que viola os padrões de conduta ou as expectativas de um grupo ou sociedade (Wickman, 1991:85). A maioria das pessoas classifica aquelas que são alcoolistas, jogadoras compulsivas ou doentes mentais como desviantes. Chegar atrasado à aula é classificado como um ato desviante, assim como vestir *jeans* em um casamento formal. Com base na definição sociológica, todos somos desviantes de vez em quando. Todos violamos normas sociais comuns em determinadas situações.

teoria do controle Visão da conformidade e do desvio que sugere que nossa conexão com outros membros da sociedade nos leva a obedecer sistematicamente às normas dessa sociedade.

desvio Comportamento que viola os padrões de conduta ou as expectativas de um grupo ou sociedade.

QUAL COMPORTAMENTO É DESVIANTE?

Como o desvio envolve a violação de normas de algum grupo, a definição de um ato como desviante depende do contexto. O compartilhamento de arquivos na internet – incluindo mp3s, filmes, jogos de computador, livros e quase qualquer outra coisa que possa ser digitalizada – é um exemplo de como o desvio pode ser uma questão de ponto de vista. Compartilhar arquivos, seja por BitTorrent ou eMule, tornou-se generalizado. Filmes novos estão disponíveis na rede, às vezes antes mesmo de terem sido lançados nos cinemas. Como a "propriedade" que esses arquivos representam não é física, eles podem ser reproduzidos a um custo praticamente nulo. Qualquer pessoa com um computador e uma conexão de internet pode obtê-los com pessoas que estejam dispostas a compartilhar, e depois passá-los a outras. Até onde isso é desviante? Gravadoras e

Os fãs atuais das touradas, as quais têm uma história longa e rica na Espanha e em outros lugares, costumam ser estigmatizados por admirarem um esporte que pode resultar em sofrimento e morte para os touros.

Você sabia?

... Em 2006, a Associação Espanhola de Designers de Moda baniu modelos exageradamente magras – com índice de massa corporal abaixo de 18 – das passarelas durante a Semana de Moda de Madri. Igualmente, em 2009, a revista feminina mais lida da Alemanha, Brigitte, excluiu modelos profissionais de suas páginas, substituindo-as por mulheres da "vida real". Ambos os grupos estabeleceram essas políticas para incentivar práticas mais saudáveis para as modelos e em resposta a protestos que diziam que essas imagens ultramagras de mulheres contribuíam para transtornos alimentares.

produtoras de cinema levam isso muito a sério e têm entrado com ações judiciais contra quem compartilha arquivos, em parte para assustar os que possam pensar em fazê-lo.

No entanto, a ampla disponibilidade desses arquivos sugere que muitas pessoas não consideram essa prática particularmente desviante. Algumas chegam a vê-la como um ato de protesto contra o que consideram preços abusivos cobrados pelas grandes corporações.

estigma Rótulo usado para desvalorizar os membros de determinados grupos sociais.

Embora tendamos a pensar no desvio como algo negativo, ele também é fonte de mudanças sociais positivas. Como geralmente agimos em conformidade com as normas sociais esperadas, pode ser difícil ver como nossas práticas violam nossos princípios fundamentais. Em momentos como esses, as pessoas que defendem o que acreditam ser certo muitas vezes são punidas. O movimento dos direitos civis nos Estados Unidos deu muitos exemplos desse tipo, como quando os manifestantes não violentos em ocupações e marchas eram recebidos com cães, mangueiras de incêndio, espancamentos e prisões. No final, no entanto, esses protestos levaram a uma maior oportunidade política, jurídica e econômica para afro-americanos e outros. Parte do que torna difícil essa mudança é que quem tem *status* mais elevado pode definir o que é aceitável e o que é desviante. Muitas vezes, é preciso um esforço articulado e a mobilização de recursos substanciais para neutralizar esse poder.

DESVIO E ESTIGMA SOCIAL

Algumas pessoas são jogadas involuntariamente em papéis sociais negativos por causa de características físicas ou comportamentais. Grupos inteiros de pessoas – por exemplo, "baixinhos" ou "loiras" – podem ser rotulados dessa forma. Após um papel desviante lhes ter sido atribuído, os indivíduos podem ter problemas para apresentar uma imagem positiva a outros, e podem até mesmo experimentar baixa autoestima. O sociólogo Erving Goffman cunhou o termo **estigma** para descrever os rótulos que a sociedade usa para desvalorizar os membros de determinados grupos sociais (Goffman, 1963).

Enfrentamos pressão para não desviar muito das normas esperadas. Para evitar o estigma, por exemplo, as mulheres podem se sentir pressionadas a se aproximar do que Naomi Wolf (1992) chama de "mito da beleza", um ideal de beleza exagerado, fora do alcance de quase todas as mulheres. Como resultado disso, muitos dos 12,1 milhões de procedimentos estéticos realizados por médicos em mulheres em 2011 foram feitos em pessoas cuja aparência seria definida objetivamente como normal. Embora as sociólogas feministas tenham apontado com precisão que o mito da beleza faz muitas mulheres se sentirem desconfortáveis consigo mesmas, os homens também procuram melhorar sua aparência. Em 2011, 1,2 milhão de homens foram submetidos a cirurgia estética, perfazendo 9% do total de pacientes. No geral, o número total de procedimentos estéticos para homens e mulheres aumentou 87% entre 2000 e 2011 (American Society of Plastic Surgeons, 2011).

Muitas vezes, as pessoas são estigmatizadas por comportamentos desviantes que talvez nem pratiquem mais. Os rótulos de "ex-jogador", "ex-presidiário" e "ex-paciente mental" podem grudar em uma pessoa para a vida toda. Goffman faz uma distinção útil entre um símbolo de prestígio que chama a atenção para um aspecto positivo da identidade da pessoa, como uma aliança de casamento ou um distintivo, e um símbolo de estigma que desacredita ou degrada a identidade, como uma condenação por abuso sexual infantil. Embora possam não ser sempre óbvios, os símbolos de estigma podem se tornar uma questão de informação pública. A partir de 1994, muitos estados dos Estados Unidos passaram a exigir que os criminosos sexuais condenados se registrassem nos departamentos de polícia locais. Algumas comunidades publicaram na internet os nomes e os endereços e, em alguns casos, até mesmo as imagens de criminosos sexuais condenados.

Ser estigmatizado pode limitar as oportunidades de uma pessoa. Por exemplo, os sem-teto muitas vezes têm dificuldade para conseguir trabalho porque os empregadores têm receio de candidatos que não possam fornecer um endereço de casa. Embora muitas agências de emprego usem um telefone para contato, os celulares são caros, e um sem-teto que tenha um celular muitas vezes é encarado com desconfiança por outras pessoas. Se um sem-teto tem acesso a um telefone em um abrigo, os funcionários geralmente atendem anunciando o nome da instituição, o que tira o incentivo de potenciais empregadores para contratar o candidato. E, mesmo que a pessoa seja contratada, o estigma associado à falta de moradia, se a situação passada ou presente do empregado ficar conhecida, pode ter um impacto negativo nas oportunidades, mesmo diante de um desempenho positivo no trabalho.

>>Crime

Se o desvio significa romper normas coletivas, o **crime** é uma violação da lei à qual alguma autoridade governamental aplica penalidades formais. É um tipo de desvio que representa uma violação das normas sociais administradas pelo Estado. As leis dividem os crimes em várias categorias, dependendo da gravidade do delito, da idade do infrator, da punição potencial e do tribunal que detém jurisdição sobre o caso.

RELATÓRIOS OFICIAIS SOBRE CRIMINALIDADE

Quando pensamos em crime, as categorias com maior probabilidade de vir à mente são as que poderíamos considerar como crimes de rua. Nos Estados Unidos, o FBI desmembra esses crimes em duas categorias principais: crimes violentos e crimes contra o patrimônio. Eles não incluem todos os tipos de crime nesses relatórios, concentrando-se apenas em quatro tipos principais dentro de cada categoria. Os crimes violentos incluem assassinato, estupro, roubo e agressão grave; os crimes contra o patrimônio incluem arrombamento, furto, roubo de veículos e incêndios criminosos. O FBI apresenta um relatório anual do número desses crimes em seus *Uniform Crime Reports* (UCRs), que estão disponíveis na internet. Por serem acompanhados muito de perto pelo FBI e há muito tempo, esses crimes passaram a ser conhecidos como **crimes indexados**.

> **crime** Violação da lei à qual alguma autoridade governamental aplica penalidades formais.
>
> **crimes indexados** Oito tipos de crimes incluídos pelo FBI no relatório anual *Uniform Crime Reports*: assassinato, estupro, roubo e agressão, arrombamento, furto, roubo de veículos e incêndio criminoso.

Como podemos ver na tabela abaixo, os crimes contra a propriedade ocorrem a uma taxa muito mais elevada do que os crimes violentos. Na verdade, de acordo com o "relógio do crime" que o FBI apresenta como parte de seu relatório, um crime contra o patrimônio ocorre, em média, a cada 3,5 segundos. O crime mais frequente dentro desse tipo é o furto, que inclui incidentes como roubar em lojas e retirar objetos de dentro de carros. Por outro lado, um crime violento ocorre

Índices de criminalidade e mudança percentual dos Estados Unidos

Crimes em 2010		Número relatado	Índice por 100.000 habitantes	Mudança percentual no índice Desde 2001 / Desde 2006
	Assassinato	14.748	4,8	−17,4 / −15,0
Crimes violentos	Estupro	84.767	27,5	−13,0 / −13,8
	Roubo	367.832	119,1	−20,6 / −19,7
	Agressão	778.901	252,3	−13,6 / −20,8
	Total	1.246.248	403,6	−15,8 / −20,0
	Arrombamento	2.159.878	699,6	−4,6 / −5,7
Crimes contra o patrimônio	Furto	6.185.867	2.003,5	−9,5 / −19,4
	Roubo de veículos	737.142	238,8	−40,3 / −44,5
	Total	9.082.887	2.941,9	−12,1 / −19,6

▌ = 10.000 crimes

Observação: Os dados disponíveis sobre incêndio criminoso são insuficientes para estimar totais precisos. Devido ao arredondamento, os crimes podem não corresponder aos totais.

Fonte: U.S. Department of Justice, Tabelas 1, 1A.

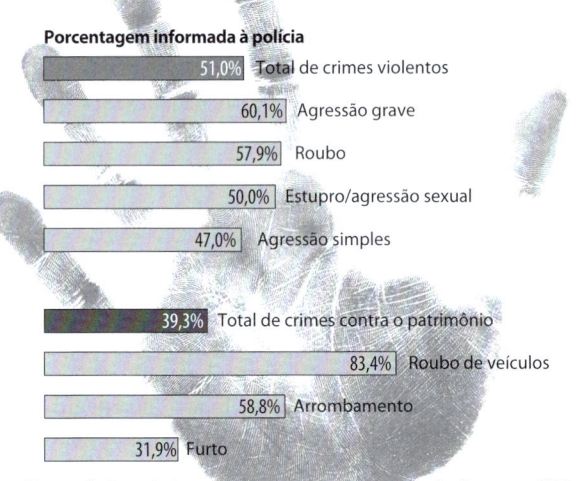

Crimes informados à polícia

Porcentagem informada à polícia

- 51,0% — Total de crimes violentos
- 60,1% — Agressão grave
- 57,9% — Roubo
- 50,0% — Estupro/agressão sexual
- 47,0% — Agressão simples
- 39,3% — Total de crimes contra o patrimônio
- 83,4% — Roubo de veículos
- 58,8% — Arrombamento
- 31,9% — Furto

Observação: Percentuais com base na *National Crime Victimization Survey* para 2010.
Fonte: Truman, 2011: Tabela 7.

a cada 25,3 segundos. O roubo, que envolve o uso ou a ameaça de uso da força, é o crime violento mais frequente, com ocorrencia de um a cada 1,4 minuto. O assassinato é o menos frequente dos crimes indexados, com um caso a cada 35,6 minutos (U.S. Department of Justice, 2011b).

Tendências da criminalidade Os índices de criminalidade variam ao longo do tempo, e os sociólogos tentam explicar os fatores que contribuem para essas mudanças. Nos últimos dez anos, conforme indicado na tabela acima, os índices de criminalidade diminuíram em todas as categorias importantes. Os índices de homicídio, por exemplo, diminuíram 15% desde 2001 (U.S. Department of Justice, 2011a: Tabela 1a). Para explicar essas tendências, os sociólogos buscam identificar possíveis fatores causais, incluindo os efeitos potenciais de

- envelhecimento geral da população, pois as pessoas são mais propensas a cometer crimes quando são jovens;
- mudanças na economia, incluindo a crise econômica no início de 2000, e novamente a partir de 2008;
- ampliação do policiamento comunitário e dos programas de prevenção da criminalidade;
- aumento dos índices de encarceramento, removendo possíveis infratores das ruas;
- novos programas prisionais de educação destinados a reduzir o número de reincidentes.

O conhecimento do impacto desses e de outros possíveis fatores nos ajudaria a estabelecer políticas mais eficazes para reduzir ainda mais o índice de criminalidade no futuro.

***Surveys* com vítimas** Os relatórios oficiais sobre criminalidade subestimam o número real de crimes que ocorrem, principalmente porque nem todas as pessoas informam crimes à polícia. No caso de furto, por exemplo, as pessoas podem concluir que, por haver poucas chances de recuperar os objetos roubados, simplesmente não vale a pena o aborrecimento. Mais importante é o fato de que os membros de grupos étnicos e raciais minoritários muitas vezes não confiam em órgãos da lei e podem não contatar a polícia quando são vítimas. Além disso, muitas mulheres não denunciam estupro ou maus tratos por medo de serem responsabilizadas pelo crime.

Para tratar dessas deficiências nas estatísticas oficiais, o Departamento de Justiça dos Estados Unidos faz anualmente sua Pesquisa Nacional com Vítimas de Crime. As ***surveys* com vítimas** são questionários ou entrevistas aplicados a uma amostra da população para determinar se as pessoas foram vítimas de crime. Em seu relatório anual, funcionários do Departamento de Justiça baseiam-se em entrevistas com mais de 70 mil pessoas em mais de 40 mil domicílios nos Estados Unidos. Eles fazem entrevistas em cada domicílio da amostra duas vezes durante o ano em questão. Mais de 90% dos domicílios selecionados concordam em participar (Truman, 2011).

> ***survey* com vítimas** Questionário ou entrevista aplicada a uma amostra da população para determinar se as pessoas foram vítimas de crime.

"Eu juro que não estava olhando pornografia, estava só roubando música."

© The New Yorker Collection 2002 Alex Gregory, de cartoonbank.com. Todos os direitos reservados.

Os resultados da Pesquisa Nacional com Vítimas de Crime demonstram uma variabilidade significativa nos tipos de crimes que são informados à polícia. Como mostrado no gráfico da página anterior, o roubo de veículos é o que tem maior probabilidade de ser informado, com 83,4% das vítimas contatando as autoridades; o furto tem a menor probabilidade, com 31,9%. Quando se trata de crimes violentos, apenas cerca de metade das vítimas contata a polícia (Truman, 2011). O que esses números sugerem é que uma quantidade importante de crimes fica sem ser informada e, assim, não se faz justiça no caso de muitos crimes dentro do sistema jurídico dos Estados Unidos.

5 Filmes sobre CRIMES

Drive
Um homem pega um trabalho de motorista de carro de fuga.

Enron: os mais espertos da sala
As práticas de crimes do colarinho branco de uma grande empresa.

Atração perigosa
Assalto a banco como um estilo de vida na zona sul de Boston.

Onde os fracos não têm vez
Um violento jogo de gato e rato entre uma testemunha, um pistoleiro e um xerife.

***Millennium*: os homens que não amavam as mulheres**
Jornalista e jovem hacker procuram uma mulher desaparecida há 40 anos.

CRIMES DO COLARINHO BRANCO

Sonegação de imposto de renda, manipulação de ações, fraude contra o consumidor, suborno e recebimento de propina, peculato e propaganda enganosa são exemplos de **crimes do colarinho branco**, ou seja, atos ilegais cometidos no exercício de atividades empresariais, muitas vezes por pessoas afluentes e "respeitáveis". Historicamente, esses crimes têm sido considerados diferentes porque costumam ser cometidos mediante papéis profissionais respeitados (Sutherland, 1949, 1983).

O sociólogo Edwin Sutherland (1940) cunhou a expressão *crime do colarinho branco* para se referir a atos de indivíduos, mas ela agora também é usada mais amplamente, para incluir delitos cometidos por empresas e corporações. Os crimes empresariais, ou qualquer ato de uma empresa que seja passível de punição pelo governo, assumem muitas formas e suas vítimas incluem indivíduos, organizações e instituições. As corporações podem se envolver em comportamentos anticoncorrenciais, poluição ambiental, fraude médica, fraude fiscal, fraude e manipulação de ações, fraude contábil, produção de bens não seguros, suborno e corrupção, e delitos relacionados a segurança e saúde (J. Coleman, 2006).

A queda de Bernie Madoff foi o maior caso de crime do colarinho branco de seu tipo na história. Madoff, um empresário norte-americano que administrava as aplicações financeiras das pessoas, prometia aos investidores retornos anuais de 15 a 20%. Ele cumpriu essa promessa durante anos, o que lhe permitiu atrair clientes extremamente ricos de todo o mundo, e até mesmo organizações beneficentes. No final, ele estava apenas executando uma farsa. Madoff tinha fornecido aos investidores demonstrativos falsos, que mostravam negociações e lucros inexistentes. As estimativas são de que ele tenha defraudado seus clientes em 65 bilhões de dólares em supostos ativos. Poupanças de vidas inteiras e fortunas de família desapareceram de uma hora para outra (Gaviria e Smith, 2009).

O esquema ruiu em dezembro de 2008, depois de Madoff confessar a seus filhos que sua empresa de investimentos era um "esquema Ponzi gigante". Depois de consultar um advogado, eles denunciaram o pai ao FBI. Madoff foi preso no dia seguinte. Em um esquema Ponzi, o investidor fraudulento usa o dinheiro de novos investidores para pagar os antigos, em vez de investir o dinheiro. A recompensa é uma taxa de retorno mais elevada do que a média, o que incentiva novos investidores atraídos pelos lucros. Todo o sistema desaba se investidores atuais quiserem retirar seu dinheiro ou se não houver número suficiente de novos investidores para cobrir os lucros e os pagamentos que têm que ser feitos aos investidores já existentes. As duas coisas aconteceram com o colapso econômico no final de 2008. Em 12 de março de 2009, Madoff declarou-se culpado de onze acusações criminais, incluindo fraude de valores mobiliários, fraude postal, lavagem de dinheiro e perjúrio. Ele foi mandado diretamente para a cadeia e condenado à pena máxima de 150 anos de prisão (Henriques e Healy, 2009).

> **crimes do colarinho branco** Atos ilegais cometidos por pessoas afluentes e "respeitáveis", no exercício de atividades empresariais.

O que é particularmente interessante sobre o caso Madoff é que funcionários da Securities and Exchange Commission (SEC, a Comissão de Valores Mobiliários dos Estados Unidos) foram avisados várias vezes da possibilidade de que os investimentos de Madoff fossem uma farsa. Finalmente, depois de receber denúncias documentadas de que ele estava executando um esquema Ponzi, a SEC iniciou uma investigação oficial em 2006. Dois anos depois, a SEC concluiu que não havia "nenhuma evidência de fraude", não conseguin-

---

PENSAMENTO SOCIOLÓGICO
O jogo, a prostituição e as drogas recreativas devem ser legalizados? Quais são as consequências potenciais de fazê-lo, tanto positivas quanto negativas?

crime sem vítimas Troca voluntária entre adultos de bens e serviços amplamente desejados, mas ilegais, como drogas ou prostituição.

crime organizado Trabalho de um grupo que regula as relações entre empreendimentos criminosos envolvidos em atividades ilegais, incluindo prostituição, jogos de azar e contrabando e venda de drogas ilegais.

do ver o que os analistas dizem agora que deveria ter sido óbvio. Os alertas foram ignorados, mas por quê? Os sociólogos sugerem que os criminosos do colarinho branco muitas vezes recebem o benefício da dúvida. De fato, durante cada investigação anterior, Madoff deliberadamente usou com êxito seu *status* de empresário respeitado como prova de inocência. Ele poderia ter evitado a descoberta se não fosse por sua própria confissão (Berenson e Henriques, 2008).

CRIMES SEM VÍTIMAS

Outra categoria de crimes que levanta questões sobre como definimos o desvio consiste nos chamados crimes sem vítimas. Um **crime sem vítimas** é a troca voluntária entre os adultos de bens e serviços amplamente desejados, mas ilegais, como drogas ou prostituição (Schur, 1965, 1985). O fato de as partes envolvidas serem participantes voluntários levou algumas pessoas a sugerirem que essas transações não deveriam constituir crimes.

Alguns ativistas estão trabalhando para descriminalizar muitas dessas práticas ilegais. Os defensores da descriminalização estão preocupados com a tentativa de transformar em lei um código moral para os adultos. Na opinião deles, a prostituição, o uso de drogas, os jogos de azar e outros crimes sem vítimas são caros para controlar e impossíveis de evitar. Em vez deles, o sistema de justiça criminal, já sobrecarregado, deve dedicar seus recursos a "crimes de rua" e outros delitos com vítimas óbvias.

> Onde houver regras, sempre haverá violações dessas regras.
>
> Joel M. Charon

SOCIOLOGIA POPULAR

A série da HBO *The wire* tem sido muito elogiada por seu retrato realista da vida em bairros pobres da cidade norte-americana Baltimore, incluindo a cobertura de drogas, gangues e ações da lei. Cada vez mais sociólogos ministram disciplinas com base na série para ilustrar lições sobre comunidade, crime, pobreza e corrupção. O sociólogo William Julius Wilson, que ministra uma disciplina dessas em Harvard, sustenta: "Embora a série *The wire* seja ficção, e não um documentário, a imagem que ela mostra da desigualdade urbana sistemática que restringe as vidas dos pobres da periferia é mais pungente e instigante do que qualquer estudo publicado, inclusive o meu" (Benner, 2010).

Apesar do uso generalizado da expressão *crime sem vítimas*, no entanto, muitas pessoas se opõem à ideia de que não haja vítimas além do autor nesses crimes. O consumo excessivo de álcool, o jogo compulsivo e o uso de drogas ilegais contribuem para uma enorme quantidade de danos pessoais e materiais. Uma pessoa com um problema com bebida pode se tornar abusiva com relação a um cônjuge ou a seus filhos, um jogador compulsivo ou um usuário de drogas pode roubar para praticar sua obsessão. Sociólogas feministas afirmam que a prostituição, bem como os aspectos mais perturbadores da pornografia, reforça a ideia errada de que as mulheres são "brinquedos" que podem ser tratados como objetos em vez de pessoas. De acordo com os críticos da descriminalização, a sociedade não deve dar sua aprovação tácita a condutas que têm consequências tão prejudiciais (Farley e Malarek, 2008; Meier e Geis, 1997).

CRIME ORGANIZADO

Quando se trata de crime organizado, o nome de Tony Soprano é o primeiro que vem à mente de muitas pessoas. Ele era o chefe fictício da família criminosa DiMeo na série de sucesso *Os sopranos*, da HBO. Na vida real, exemplos de quadrilhas de crime organizado vão além da Máfia e incluem a Yakuza japonesa, a Organização russa, cartéis de drogas colombianos e muitas outras organizações criminosas internacionais. O **crime organizado** é o trabalho de um grupo que regula as relações entre empreendimentos criminosos envolvidos em atividades ilegais, incluindo prostituição, jogos de azar e contrabando e venda de drogas ilegais (National Institute of Justice, 2007).

O crime organizado domina o mundo dos negócios ilegais, assim como as grandes corporações dominam o mundo empresarial convencional. Ele aloca território, define os preços de bens e serviços, e age como um árbitro em disputas internas. Atividade secreta e conspiratória, o crime organizado geralmente escapa à aplicação da lei, assumindo empresas legítimas, conquistando influência sobre sindicatos, corrompendo funcionários públicos, intimidando testemunhas em processos criminais e até mesmo cobrando "impostos" de comerciantes em troca de "proteção" (Federal Bureau of Investigation, 2012).

Historicamente, o crime organizado tem proporcionado um meio de ascensão social para grupos de pessoas que lutam para escapar da pobreza. O sociólogo Daniel Bell (1953) usou a expressão *sucessão étnica* para descrever a transferência de liderança dos americanos de ascendência irlandesa no início de 1900 para judeus americanos na década de 1920, e depois para ítalo-americanos, no início dos anos de 1930. Recentemente, a sucessão étnica tornou-se mais complexa, refletindo a diversidade dos imigrantes mais recentes que chegam aos Estados Unidos. Imigrantes colombianos, mexicanos, russos, chineses, paquistaneses e nigerianos estão entre aqueles que começaram a desempenhar um papel significativo nas atividades do crime organizado (Friman, 2004; Kleinknecht, 1996).

GLOBALIZANDO

Índices internacionais de encarceramento*

Lugar no *ranking* em 219 países

Índices internacionais de encarceramento (população prisional por 100 mil habitantes)

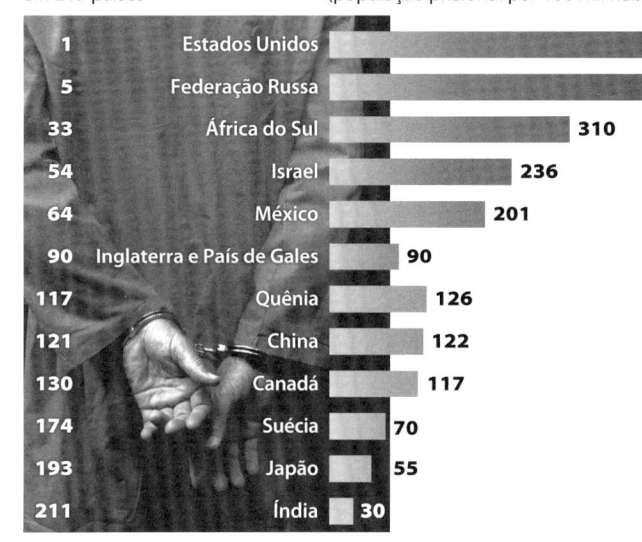

Lugar no ranking	País	Índice
1	Estados Unidos	730
5	Federação Russa	522
33	África do Sul	310
54	Israel	236
64	México	201
90	Inglaterra e País de Gales	90
117	Quênia	126
121	China	122
130	Canadá	117
174	Suécia	70
193	Japão	55
211	Índia	30

Fonte: International Centre for Prison Studies 2012.

O crime transnacional não exclui alguns dos outros tipos de crime que discutimos. Por exemplo, as redes criminosas organizadas são cada vez mais globais. A tecnologia definitivamente facilita suas atividades ilegais, como o tráfico de pornografia infantil. A Organização das Nações Unidas (ONU) rastreia uma série de crimes transnacionais, como o tráfico de pessoas, o contrabando de migrantes, o tráfico de drogas, a falsificação e os crimes cibernéticos (UNODC, 2010).

Uma forma de combater esse tipo de crime tem sido por cooperação multilateral entre países para combater a criminalidade além-fronteiras. O primeiro esforço global para controlar o crime internacional foi a Organização Internacional de Polícia Criminal (Interpol), uma rede de cooperação de forças policiais europeias fundada para conter o movimento de revolucionários políticos além das fronteiras. Embora possam parecer nobres – uma atividade com a qual qualquer governo gostaria de cooperar – esses esforços para combater o crime transnacional são complicados por questões sensíveis, tanto jurídicas quanto de segurança. A maioria dos países que assinaram protocolos emitidos pela ONU tem manifestado preocupação com potenciais invasões a seus respectivos sistemas judiciais, bem como a preocupação com sua segurança nacional. Assim, eles têm relutado em compartilhar certos tipos de informações. Os ataques terroristas de 11 de setembro de 2001 aumentaram o interesse no combate ao crime transnacional e a sensibilidade aos riscos de compartilhamento de informações (Deflem, 2005; Felson e Kalaitzidis, 2005).

crime transnacional Crime que ocorre entre várias fronteiras nacionais.

Sempre houve um elemento global no crime organizado, mas autoridades policiais e formuladores de políticas agora reconhecem o surgimento de uma nova forma de crime organizado, que se aproveita dos avanços nas comunicações eletrônicas. O crime organizado internacional inclui drogas e contrabando de armas, lavagem de dinheiro e tráfico de imigrantes ilegais e de bens roubados (Lumpe, 2003; National Institute of Justice, 2007).

CRIME INTERNACIONAL

No passado, a criminalidade internacional costumava se restringir à passagem clandestina de mercadorias pela fronteira entre dois países. Cada vez mais, no entanto, as fronteiras exercem as mesmas limitações ao crime e ao comércio legal. Em vez de se concentrar em países específicos, a criminalidade internacional agora abrange o mundo inteiro.

Crime transnacional Cada vez mais, estudiosos e autoridades policiais estão voltando sua atenção para o **crime transnacional**, aquele que ocorre entre várias fronteiras nacionais. Historicamente, é provável que o exemplo mais pavoroso de crime transnacional tenha sido a escravidão. Em um primeiro momento, os governos não consideravam a escravidão como crime, mas apenas a regulamentavam como fariam com o comércio de qualquer outro bem. No século XX, o crime transnacional cresceu e passou a incluir o tráfico de espécies ameaçadas, drogas, bem como obras de arte e antiguidades roubadas.

Índices internacionais de criminalidade Uma perspectiva internacional sobre o crime reforça uma das lições sociológicas importantes sobre criminalidade e desvio: o lugar é importante. Embora possa ser difícil fazer uma comparação transnacional de dados, podemos apresentar ideias sobre como os índices de criminalidade são diferentes no mundo.

Durante as décadas de 1980 e 1990, os crimes violentos eram muito mais comuns nos Estados Unidos do que em países da Europa ocidental. Assassinatos, estupros e roubos eram denunciados à polícia em níveis muito mais elevados nos Estados Unidos. No entanto, a incidência de alguns outros tipos de crime parece ser maior em outros lugares. Por exemplo, Inglaterra, Itália, Austrália e Nova Zelândia têm maiores índices de roubo de veículos do que os Estados Unidos. Os países em desenvolvimento têm índices elevados de homicídio, devido à agitação civil e ao conflito político entre civis (van Dijk, van Kesteren e Schmit, 2007; World Bank, 2003a). Contudo, quando se trata de colocar criminosos na cadeia, os Estados Unidos estão acima de todos. Em um dia típico, os Estados Unidos aprisionam 730 de cada 100 mil adultos, em comparação com 522 na Rússia, menos de 200 no México e 117 no Canadá (International Centre for Prison Studies, 2012).

Por que os índices de crimes violentos são muito mais elevados nos Estados Unidos do que na Europa ocidental? O sociólogo Elliot Currie (1985, 1998) sugeriu que a socieda-

---

* N. de R. T.: Atualmente, o Brasil está em 4º lugar no *ranking*, com 300 presos a cada 100 mil habitantes.

de norte-americana dá mais ênfase às conquistas econômicas individuais do que outras sociedades.

Ao mesmo tempo, muitos observadores apontaram que a cultura dos Estados Unidos há muito tolera, quando não faz vista grossa, a muitas formas de violência. Em conjunto com as disparidades acentuadas entre cidadãos pobres e ricos, o desemprego elevado e um substancial abuso de álcool e drogas, esses fatores combinam-se para produzir um clima propício ao crime.

Os crimes violentos continuam a ser um problema grave em países do mundo todo. No México, por exemplo, os homicídios relacionados às drogas aumentaram de 2.826 em 2007 para 15.273 em 2010 (Archibold, 2011). Os ataques estiveram concentrados principalmente na área em torno de Ciudad Juárez, a principal porta de entrada para o mercado de transporte de drogas dos Estados Unidos, devido à sua localização perto de El Paso, Texas. A violência é consequência, em parte, de tentativas governamentais de reprimir o comércio ilegal de drogas. Após sua eleição, em 2006, o presidente Felipe Calderón enviou dezenas de milhares de soldados para fazer cumprir a lei. Como resultado, os cartéis de drogas lutaram contra as autoridades e entre si para manter seu poder local (Camp, 2010a, 2010b).

>>Perspectivas sociológicas sobre desvio e crime

Por que as pessoas violam as normas sociais? Já vimos que os atos desviantes estão sujeitos a controle social informal e formal. A pessoa desajustada ou desobediente pode enfrentar desaprovação, perda de amigos, multas ou até mesmo prisão. Por que, então, o desvio ocorre?

Os sociólogos têm se interessado por crime e desvio desde o início, e geraram inúmeras teorias sobre esses temas. Ainda que desejássemos que as coisas fossem diferentes, não há uma teoria única, simples e universal que explique todos os atos desse tipo. Examinamos aqui apenas algumas das teorias que os sociólogos apresentaram, a fim de identificar os fatores importantes que devemos considerar em nossa tentativa de entender mais plenamente o desvio e a criminalidade.

ORDEM SOCIAL, DESVIO E CRIME

A ênfase de Émile Durkheim ([1895] 1964) na importância da ordem social o levou a investigar a natureza e as causas do desvio e do crime. Ele se perguntou por que o desvio, que se suporia comprometer a ordem, é encontrado em todas as sociedades. Para Durkheim, a resposta estava na forma como essas ações eram percebidas por outros.

Teoria do desvio de Durkheim Durkheim argumentou que não há nada inerentemente desviante ou criminoso em qualquer ato; a chave é a forma como a sociedade responde ao ato. Ele disse o seguinte: "Não devemos dizer que uma ação abala a consciência comum porque é criminosa, e sim que é criminosa porque abala a consciência comum" ([1895] 1964:123-24). Em outras palavras, nada é criminoso ou digno de condenação a menos que decidamos que é. Por exemplo, não consideramos matar em legítima defesa ou em combate igual a um assassinato a sangue frio. Pelo menos é assim até mudarmos o modo como vemos matar em tempos de guerra, como aconteceu em vários momentos de nosso passado. Quando se trata de guerra, por exemplo, nossas atitudes sobre o que é adequado podem mudar. No

5 Filmes sobre DESVIO

Trainspotting
Jovens escoceses lutam contra o desemprego, relacionamentos insatisfatórios e dependência de drogas.

Garota, interrompida
Uma jovem é enviada para uma instituição mental na década de 1960.

Laranja mecânica
O sucesso e o fracasso da reabilitação de um delinquente.

Batman: o cavaleiro das trevas ressurge
O Cavaleiro das Trevas ressurge após oito anos se escondendo, para proteger Gotham City de um terrorista brutal, Bane.

Aprendendo a viver
Uma brincadeira de dois adolescentes marginalizados toma um rumo inesperado.

Vietnã e no Iraque, um forte apoio público deu lugar a sérias dúvidas sobre o envolvimento dos Estados Unidos nesses países. Em ambos os casos, isso foi impulsionado em parte por imagens do conflito, incluindo, por exemplo, a morte de civis em My Lai e o tratamento de prisioneiros em Abu Ghraib. Dessa forma, nosso entendimento do que constitui desvio e crime está ligado a questões de solidariedade social.

Durkheim concluiu que o desvio e o crime, na verdade, podem ter um impacto positivo sobre a sociedade em vários aspectos. Por exemplo, a identificação de atos como desviantes esclarece nossas crenças e nossos valores compartilhados e nos aproxima. Dizemos, com efeito: "Isso é o que somos, e se você quiser ser um de nós, não pode cruzar esta linha. Algumas coisas podemos aceitar, mas se você passar muito dos limites, terá de enfrentar sanções". A punição também pode unificar um grupo, juntando os membros em oposição ao criminoso. As sanções também dissuadem outros de cometer infrações semelhantes, aumentando a conformidade. Quando vemos um motorista recebendo uma multa, um caixa de loja sendo demitido por gritar com um cliente ou um estudante universitário sendo reprovado por plagiar um trabalho final, somos lembrados de nossas normas e valores coletivos e das consequências de sua violação. Por fim, Durkheim reconheceu que os atos desviantes também podem nos forçar a reconhecer os limites de nossas crenças e práticas, abrindo novas portas e levando a inovações culturais.

Com base na análise de Durkheim, é possível concluir que todas as sociedades identificam criminosos em nome da ordem social. Não importa o quanto uma sociedade possa parecer unida, sempre haverá alguns que cruzam os limites. Independentemente do quanto pareçam "boas" a estranhos, essas pessoas podem enfrentar sanções dentro do grupo, pelo bem do todo.

Durkheim, no entanto, também reconheceu que algumas circunstâncias sociais aumentam a probabilidade de alguém se inclinar ao desvio e ao crime. Como já vimos, Durkheim ([1897] 1951) introduziu o termo *anomia* na literatura sociológica, descrevendo a perda de direção sentida em uma sociedade em que o controle social do comportamento individual se tornou ineficaz. A anomia é um estado de ausência de normas que geralmente ocorre durante um período de profunda transformação e desordem sociais, por exemplo, um momento de colapso econômico, uma revolução política ou social, ou mesmo a prosperidade súbita. O poder da sociedade para restringir a ação desviante nessas ocasiões é limitado porque não há um consenso claro sobre normas e valores compartilhados. Assim como vimos no caso da análise de Durkheim sobre o suicídio, em momentos de pouca integração social, as pessoas são mais livres para buscar seus próprios caminhos desviantes.

Teoria do desvio de Merton O sociólogo Robert Merton (1968) levou mais longe a teoria de Durkheim. Ele sugeriu que pode haver uma desconexão entre os objetivos de uma sociedade e os meios que as pessoas têm para atingi-los. Com *objetivos* ele quis dizer os valores dominantes que a maioria dos membros de uma sociedade compartilha, e com *meio* ele se referia aos recursos materiais, sociais e culturais necessários para o sucesso. Ele não pressupunha que todas as pessoas em uma sociedade seriam igualmente comprometidas com esses valores, nem que todos tivessem as mesmas oportunidades de atingir esses objetivos. Juntando esses aspectos, ele desenvolveu a **teoria do desvio com base na tensão**, que vê o desvio como uma adaptação de objetivos socialmente prescritos ou dos meios que regem sua conquista, ou ambos.

> Lei e justiça nem sempre são a mesma coisa.
>
> Gloria Steinem

— PENSAMENTO SOCIOLÓGICO **—**
Durkheim afirma que o aumento da divisão do trabalho resulta em menos experiências compartilhadas e, portanto, na fragilização do sentido de comunidade. Que impacto um forte compromisso com o individualismo pode ter sobre nossa probabilidade de cometer crimes?

Podemos compreender melhor o modelo de Merton vendo o sucesso econômico como um objetivo importante em muitos países. Existem caminhos socialmente acordados para atingir esse objetivo: ir à escola, esforçar-se, não parar, aproveitar as oportunidades e assim por diante. Merton perguntou-se o que acontecia quando alguém que tivesse o sucesso econômico como objetivo não tivesse os meios para alcançá-lo. Por exemplo, um assaltante e um comerciante podem compartilhar o objetivo comum de ganhar dinheiro, mas os meios de alcançá-lo são radicalmente diferentes. Merton reuniu várias combinações de objetivos e meios, e desenvolveu um modelo com cinco possíveis adaptações.

teoria do desvio com base na tensão Teoria de Merton sobre o desvio como uma adaptação de objetivos socialmente prescritos ou dos meios que regem sua conquista, ou ambos.

A conformidade com as normas sociais, a adaptação mais comum na tipologia de Merton, é o oposto do desvio. O "conformista" aceita tanto o objetivo da sociedade em geral (p. ex., ficar rico) quanto os meios aprovados (trabalhar muito).

Todo escritório tem seu ritualista.

Na visão de Merton, deve haver algum consenso sobre os objetivos culturais aceitos e os meios legítimos para alcançá-los. Sem esse consenso, as sociedades só poderiam existir como coletivos de pessoas e não como culturas unificadas, e poderiam estar em caos permanente.

transmissão cultural Escola que enfatiza que os indivíduos aprendem o comportamento criminoso interagindo com outros.

associação diferencial Teoria do desvio que descreve o processo pelo qual a exposição a atitudes favoráveis a atos criminosos leva à violação de regras.

Os outros quatro tipos de comportamento envolvem algum afastamento da conformidade. O "inovador" aceita os objetivos da sociedade, mas os busca com meios que são considerados abusivos. Por exemplo, um arrombador de cofres pode roubar dinheiro para comprar bens de consumo e tirar férias caras.

Na tipologia de Merton, o "ritualista" abandonou o objetivo do sucesso material e se tornou compulsivamente comprometido com os meios institucionais. O trabalho torna-se simplesmente um estilo de vida, em vez de um meio para atingir o objetivo do sucesso. Um exemplo seria o funcionário burocrático que aplica cegamente regras e regulamentos sem se lembrar dos objetivos maiores da organização. Isso certamente se aplicaria a um funcionário da previdência social que se recusasse a ajudar os membros de uma família sem teto porque o último endereço deles estava em outro distrito.

O "recuador", como descrito por Merton, basicamente retirou-se (ou recuou) dos objetivos e dos meios da sociedade. Nos Estados Unidos, viciados em drogas e vadios geralmente são retratados como recuadores. Tem havido uma preocupação crescente com a possibilidade de os adolescentes viciados em álcool se tornarem recuadores em uma idade precoce.

A adaptação final identificada por Merton reflete as tentativas das pessoas de criar uma *nova* estrutura social. O "rebelde" sente-se alienado em relação aos meios e objetivos dominantes e pode buscar uma ordem social radicalmente diferente. Os membros de uma organização política revolucionária, como uma milícia, podem ser classificados como rebeldes de acordo com o modelo de Merton.

Você sabia?

... Em uma pesquisa de 2006, com mais de 5 mil estudantes de 32 escolas de pós-graduação, 56% dos alunos de mestrado em administração de empresas (MBA) admitiram ter colado no ano acadêmico anterior, comparados com 47% dos estudantes de fora da área empresarial (McCabe Butterfield e Trevino, 2006). Considerando-se objetivos e meios, a qual categoria do modelo de Merton esses alunos de MBA podem pertencer?

A teoria de Merton, apesar de ter muita popularidade, não dá conta totalmente dos padrões de desvio e crime. Embora seja útil para explicar certos tipos de comportamento, tais como jogo ilegal por "inovadores" desfavorecidos, ela não consegue explicar importantes diferenças nos índices de criminalidade. Por que, por exemplo, alguns grupos desfavorecidos têm menores índices de criminalidade relatada do que outros? Por que muitas pessoas em circunstâncias adversas rejeitam a atividade criminosa como alternativa viável? A teoria de Merton não responde facilmente a essas perguntas (Clinard e Miller, 1998). Para apreciar mais plenamente essas nuances, devemos aprofundar o que podemos aprender com Merton tratando de outras teorias que buscam compreender melhor o desvio e o crime em um nível interpessoal.

INTERAÇÃO INTERPESSOAL E CONTEXTO LOCAL

Talvez a probabilidade de cometer atos desviantes não seja apenas moldada pela integração social ou a aceitação dos objetivos maiores da sociedade e dos meios para alcançá-los. Talvez pais e mães de todo o mundo estivessem certos o tempo todo ao dizer que isso realmente depende de quem são seus amigos. Se quisermos entender e explicar esses atos, também devemos considerar a importância da interação social e o contexto local.

Transmissão cultural Como seres humanos, podemos aprender como nos comportar em situações sociais, sejam boas ou más. O sociólogo Edwin Sutherland (1883-1950) propôs que, assim como são socializados para agir em conformidade com as normas e os valores básicos da sociedade, os indivíduos também são socializados para aprender atos desviantes. Não é que nasçamos para ser selvagens; aprendemos a sê-lo.

Sutherland baseou-se na escola da **transmissão cultural**, que enfatiza que os indivíduos aprendem o comportamento criminoso interagindo com outros. Essa aprendizagem inclui não apenas técnicas para atos ilegais (p. ex., como arrombar um carro rapidamente e em silêncio), mas também motivações e racionalizações do criminoso. A abordagem da transmissão cultural também pode ser usada para explicar o comportamento daqueles que habitualmente abusam de álcool ou drogas.

Sutherland afirmou que, por meio de interações com um grupo primário e outros significativos, as pessoas adquirem definições de comportamento adequado e inadequado. Ele usou o termo **associação diferencial** para descrever o processo pelo qual a exposição a atitudes favoráveis a atos criminosos leva à violação de regras. Pesquisas sugerem que essa visão da associação diferencial também se aplica aos atos desviantes não criminosos, como o tabagismo, as bebedeiras e colar na escola (Higgins, Tewksbury e Mustaine, 2007; Nofziger e Hye-Ryeon, 2006; Vowell e Chen, 2004).

Até que ponto determinada pessoa se envolveria em uma atividade considerada como adequada ou inadequada?

Para cada indivíduo, isso vai depender da frequência, da duração e da importância de dois tipos de interação social – aquelas experiências que endossam o comportamento desviante e aquelas que promovem a aceitação das normas sociais. As pessoas têm maior probabilidade de se envolver em comportamentos que desafiam as normas se fizerem parte de um grupo ou subcultura que enfatiza valores desviantes, como uma gangue de rua.

Sutherland dá o exemplo de um menino que é sociável, extrovertido e atlético, e que vive em uma área com alto índice de delinquência. É muito provável que o jovem entre em contato com colegas que cometem atos de vandalismo, faltam à escola e assim por diante, e pode vir a adotar esse comportamento. No entanto, um garoto introvertido que more no mesmo bairro pode ficar longe de seus pares e evitar a delinquência. Em outra comunidade, um garoto extrovertido e atlético pode participar de uma equipe juvenil de beisebol ou um grupo de escoteiros por causa de suas interações com seus pares. Assim, Sutherland vê o comportamento inadequado como resultado dos tipos de grupos a que se pertence e dos tipos de amizades que se têm (Sutherland, Cressey e Luckenbill, 1992).

Embora possa não explicar a conduta do ladrão que rouba por impulso em uma loja pela primeira vez ou da pessoa pobre que rouba por necessidade, a abordagem da transmissão cultural ajuda a explicar o comportamento desviante de delinquentes juvenis ou pichadores. Ela direciona nossa atenção ao papel fundamental da interação social e do contexto no aumento da motivação de uma pessoa para se envolver em comportamentos desviantes (Morselli, Tremblay e McCarthy, 2006; Sutherland et al., 1992).

Teoria da desorganização social A força relativa das relações sociais em uma comunidade ou bairro influencia o comportamento de seus membros. O psicólogo social Philip Zimbardo (2007) estudou o efeito dessas relações comuns, realizando o experimento descrito a seguir. Ele abandonou um carro em dois bairros diferentes, levantando o capô e removendo as calotas. Em um dos bairros, as pessoas começaram a tirar peças do carro antes mesmo de Zimbardo terminar de instalar uma câmera de vídeo remoto para gravar o comportamento delas. No outro bairro, passaram-se semanas sem que o carro fosse tocado, exceto por um pedestre, que parou para fechar o capô durante uma tempestade.

A **teoria da desorganização social** atribui o aumento da criminalidade e do desvio à ausência

Sociologia pessoal

Criminoso no espelho

O bar da faculdade onde eu leciono tem um serviço de bufê livre, mas não se pode levar comida ao sair. A maioria dos meus alunos admite que viola essa política. Quando eu sugiro que o que eles estão fazendo pode ser criminoso, eles se ofendem. Eles justificam seu furto de várias maneiras: o preço da comida é alto; às vezes, deixam de comer refeições já pagas; não faria sentido jogar a comida fora, entre outras coisas. No entanto, há pessoas na prisão que roubaram coisas que custam menos do que o valor total de alimentos levados pelo aluno médio. Por que aqueles de nós, como eu, que são culpados de terem levado comida não se consideram criminosos?

ou ao rompimento das relações de comunidade e das instituições sociais, como a família, a escola, a igreja e o governo local. A falta dessas conexões da comunidade local, com suas relações interetárias associadas, dificulta o controle informal dentro da comunidade, principalmente das crianças. Sem supervisão e controle da comunidade, brincar na rua torna-se uma oportunidade para o desvio, e para infratores mais velhos socializarem crianças em caminhos inadequados. O crime torna-se uma resposta normal a um contexto local.

Essa teoria foi desenvolvida na Universidade de Chicago, nos Estados Unidos, no início da década de 1900, para descrever a desorganização aparente que ocorria em cidades que se expandiam com imigrantes estrangeiros e migrantes de áreas rurais. Usando técnicas precisas de *survey*, Clifford Shaw e Henry McKay (1969) literalmente mapearam a distribuição dos problemas sociais em Chicago. Eles encontraram altos índices de problemas sociais em bairros onde os prédios haviam se deteriorado e a população tinha declinado. Curiosamente, os padrões persistiram ao longo do tempo, apesar das mudanças na composição étnica e racial dos bairros.

> **teoria da desorganização social** Teoria que atribui o aumento da criminalidade e do desvio à ausência ou ao rompimento das relações de comunidade e das instituições sociais, como a família, a escola, a igreja e o governo local.

Teoria da rotulagem Às vezes, quando se trata de desvio, o que se vê determina o que realmente existe. Os *Saints* e os *Roughnecks* eram dois grupos de garotos do ensino médio que estavam continuamente envolvidos em bebedeiras, direção imprudente, vadiagem, pequenos furtos e vandalismo. A semelhança terminava aí. Nenhum dos *Saints* jamais foi preso, mas todos os *Roughnecks* estavam sempre com problemas com a polícia e os moradores da cidade. Por que a disparidade no tratamento? Com base em pesquisa de observação em sua escola, o sociólogo William Chambliss (1973) concluiu que a forma como eles eram vistos, enraizada em suas posições de classe social, tinha um papel importante nos destinos diferentes dos dois grupos.

Os *Saints* escondiam-se atrás de uma fachada de respeitabilidade. Eles vinham de "boas famílias", participavam de organizações da escola, planejavam cursar a faculdade e tiravam boas notas. As pessoas em geral viam atos delinquentes desses garotos como casos isolados e coisa de jovens. Os *Roughnecks* não tinham essa aura de respeitabilidade. Andavam pela cidade em carros em mau estado, costumavam ter desempenho ruim na escola e despertavam suspeita, não importa o que fizessem.

Podemos entender essas discrepâncias usando uma abordagem ao desvio conhecida como **teoria da rotulagem**, que enfatiza como uma pessoa chega a ser rotulada como desviante ou a aceitar esse rótulo. Ao contrário do trabalho de Sutherland, a teoria da rotulagem não tem como foco as razões pelas quais algumas pessoas cometem atos desviantes. Em vez disso, tenta explicar por que a sociedade vê certas pessoas (como os *Roughnecks*) como desviantes, delinquentes, garotos mal-comportados, fracassados e criminosos, enquanto considera menos agressivos outros cujo comportamento é semelhante (como os Saints). O sociólogo Howard Becker (1963:9; 1964), que popularizou essa abordagem, resumiu a teoria da rotulagem com a seguinte declaração: "O comportamento desviante é o comportamento que as pessoas rotulam dessa forma".

A teoria da rotulagem também é chamada de **abordagem da reação social**, lembrando-nos de que é a resposta a um ato, e não o ato em si, que determina o desvio. Tradicionalmente, as pesquisas sobre desvio têm se concentrado em pessoas que violam as normas sociais. A teoria da rotulagem, por sua vez, concentra-se em policiais, responsáveis de condicional, psiquiatras, juízes, professores, empregadores, autoridades escolares e outros reguladores do controle social. Esses agentes, argumenta-se, desempenham um papel importante na construção da identidade desviante designando certas pessoas (e não outras) como desviantes (Bernburg, Krohn e Rivera, 2006). Um aspecto importante da teoria da rotulagem é o reconhecimento de que alguns indivíduos ou grupos têm o poder de definir rótulos e aplicá-los a outros. Essa visão se articula à ênfase que a perspectiva do conflito dá à importância social do poder.

teoria da rotulagem Abordagem que tenta explicar por que certas pessoas são consideradas desviantes enquanto outras, que têm o mesmo comportamento, não o são.

abordagem da reação social Outro nome para teoria da rotulagem.

Nos últimos anos, a prática de elaboração de perfis raciais, na qual as pessoas são identificadas como suspeitos de crimes apenas com base em sua raça, tem sido questionada publicamente. Estudos confirmam as suspeitas do público de que, em algumas jurisdições, os policiais são muito mais inclinados a parar homens afro-americanos do que homens brancos por infrações comuns de trânsito, na expectativa de encontrar drogas ou armas em seus carros. Ativistas de direitos civis referem-se a esses casos sarcasticamente como violações DWB (de *Driving While Black*, Dirigir Sendo Preto) (Warren et al., 2006). A morte a tiros de Trayvon Martin, de 17 anos, em fevereiro de 2012, levantou sérias preocupações sobre as consequências de vida e morte de se rotularem homens afro-americanos jovens como ameaças.

Embora a abordagem da rotulagem não explique totalmente por que certas pessoas aceitam um rótulo e outras conseguem rejeitá-lo, os teóricos da rotulagem sugerem que o poder de um indivíduo em relação aos outros é importante para determinar sua capacidade de resistir a um rótulo indesejável. Isso abre a porta para mais ênfase nas ações inegavelmente importantes de pessoas com poder, que podem definir o que será considerado desvio.

PODER E DESIGUALDADE

Além de sua importância para a teoria da rotulagem, a história dos *Saints* e dos *Roughnecks* mostra o papel que o poder e o controle sobre recursos valorizados podem cumprir na definição do desvio. O sociólogo Richard Quinney (1974, 1979, 1980) é um dos principais defensores da opinião de que o sistema de justiça penal serve aos interesses dos poderosos; as pessoas que têm poder protegem seus próprios interesses e definem o desvio de forma a atender às suas necessidades. Segundo Quinney (1970), o crime é definido como tal por legisladores que podem ser influenciados pelas elites econômicas para defender seus interesses.

Raça e classe Essa perspectiva sobre o crime chama a atenção para os efeitos que o poder e a posição podem ter em todo o sistema de justiça penal em países como Estados Unidos e Brasil.

Pesquisadores descobriram que o sistema trata de forma diferente os suspeitos com base em sua raça, etnia ou origem de classe social. Em muitos casos, autoridades

Execuções nos Estados Unidos por estado desde 1976

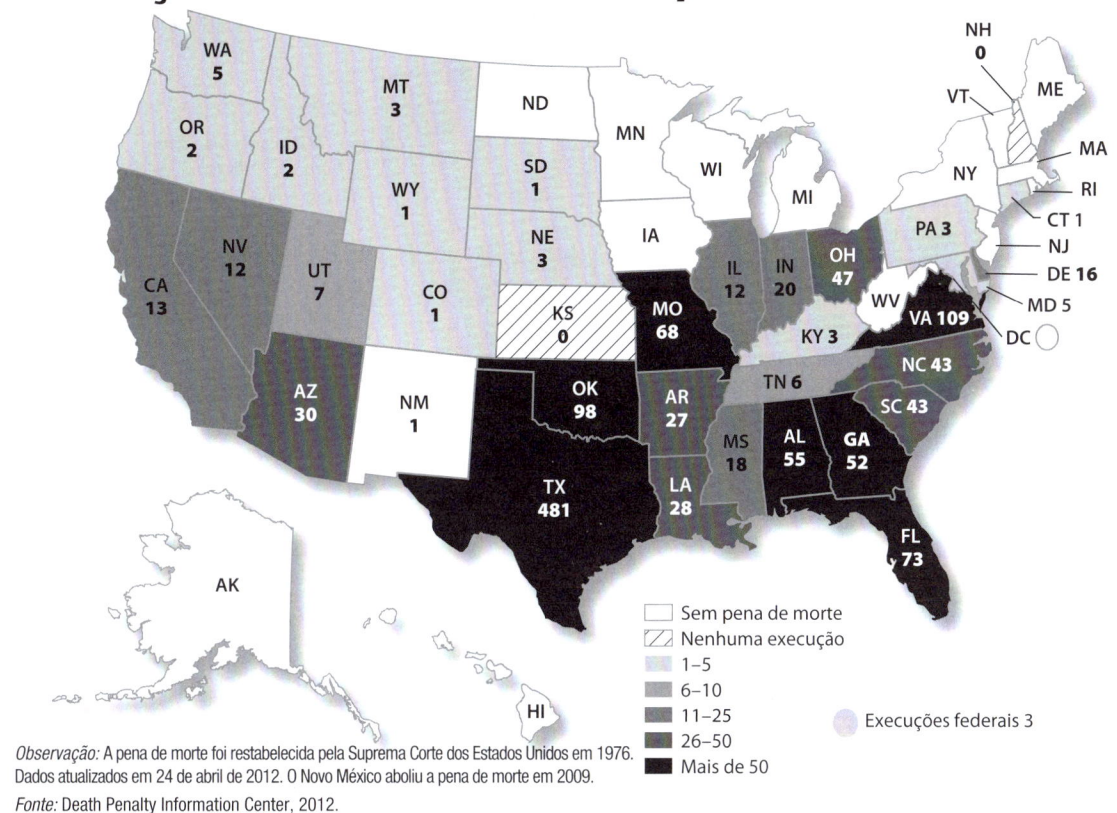

Mapa dos Estados Unidos mostrando o número de execuções por estado:
- WA 5, OR 2, ID 2, MT 3, ND (sem pena de morte), MN (sem pena de morte), WI (sem pena de morte), MI (sem pena de morte), NH 0, VT (sem pena de morte), ME (sem pena de morte)
- NV 12, UT 7, WY 1, SD 1, NE 3, IA (sem pena de morte), IL 12, IN 20, OH 47, PA 3, NY (sem pena de morte), MA (sem pena de morte), RI (sem pena de morte), CT 1, NJ (sem pena de morte), DE 16
- CA 13, CO 1, KS 0, MO 68, KY 3, WV (sem pena de morte), VA 109, MD 5, DC 0
- AZ 30, NM 1, OK 98, AR 27, TN 6, NC 43, SC 43
- TX 481, LA 28, MS 18, AL 55, GA 52, FL 73
- AK (sem pena de morte), HI (sem pena de morte)

Legenda:
- Sem pena de morte
- Nenhuma execução
- 1–5
- 6–10
- 11–25
- 26–50
- Mais de 50
- Execuções federais 3

Observação: A pena de morte foi restabelecida pela Suprema Corte dos Estados Unidos em 1976. Dados atualizados em 24 de abril de 2012. O Novo México aboliu a pena de morte em 2009.
Fonte: Death Penalty Information Center, 2012.

---

que utilizam seus próprios critérios tomam decisões tendenciosas sobre a possibilidade de apresentar queixa ou não, se estabelecer uma fiança e quanto, e se oferecer liberdade condicional ou negá-la. Os pesquisadores descobriram que esse tipo de **justiça diferencial** – diferenças na forma como o controle social é exercido sobre diferentes grupos – coloca afro-americanos e latino-americanos em desvantagem no sistema de justiça, tanto jovens quanto adultos. Em média, os infratores brancos recebem sentenças mais curtas do que latino-americanos e afro-americanos comparáveis, mesmo quando são levados em consideração registros de prisões anteriores e a gravidade relativa do crime (Brewer e Heitzeg, 2008; Quinney, 1974).

Pode-se ver esse padrão de justiça diferencial em funcionamento nos casos de pena de morte nos Estados Unidos. Resumindo, as pessoas pobres não têm dinheiro para contratar o melhor advogado e muitas vezes precisam contar com defensores públicos, que geralmente trabalham demais e ganham pouco. Com a pena de morte em vigor, esses recursos desiguais podem significar a diferença entre a vida e a morte para os réus pobres. A American Bar Association (2009), a organização dos advogados nos Estados Unidos, tem manifestado repetidamente sua preocupação com a defesa limitada que a maioria dos réus que enfrentam a pena de morte recebe. Até meados de 2012, a análise de DNA e outras novas tecnologias tinham inocentado 17 presos do corredor da morte e 289 detentos em geral, 62% dos quais eram afro-americanos (Innocence Project, 2012).

> **justiça diferencial** Diferenças na forma como o controle social é exercido sobre diferentes grupos.

Diferentes estudos mostram que os réus têm maior probabilidade de ser condenados à morte se suas vítimas forem brancas do que se forem negras. Aproximadamente 76% das vítimas em casos de pena de morte são brancas, embora cerca da metade de *todas* as vítimas de assassinato sejam brancas. Há algumas evidências de que os réus negros, que constituíam 42% de todos os condenados à morte em 2012, têm maior probabilidade de enfrentar a execução do que brancos nas mesmas circunstâncias jurídicas. No geral, 70% daqueles que foram inocentados por meio de testes de DNA eram membros de minorias. Também há evidências de que os réus sujeitos à pena capital recebem assistência jurídica de má qualidade por causa das atitudes racistas de seus próprios advogados de defesa. Aparentemente, a discriminação e o racismo não acabam mesmo quando o que está em jogo é a vida e a morte (Death Penalty Information Center, 2012; Innocence Project, 2012; D. Jacobs et al., 2007).

> *Sempre que você estiver no lado da maioria, é hora de parar e refletir.*
>
> Mark Twain

A justiça diferencial não se limita aos Estados Unidos. Em 2007, os indianos ficaram alarmados ao saberem que a polícia nunca investigara uma série de assassinatos nas favelas de Nova Deli, capital da Índia. Só depois que os moradores encontraram 17 corpos de crianças assassinadas recentemente em um esgoto nos limites de uma favela é que a polícia foi forçada a agir. Para muitos observadores, era apenas o exemplo mais recente do sistema de justiça de dois pesos e duas medidas encontrado na Índia e em muitos outros países (Gentleman, 2007).

Essas diferenças profundas no tratamento social podem levar a mais violência e criminalidade. As pessoas que se veem como vítimas de tratamento injusto podem atacar, não tanto os poderosos, e sim vítimas como elas. Ao estudar a criminalidade no México rural, Andrés Villarreal (2004) concluiu que as taxas de criminalidade eram altas nas áreas onde a distribuição da terra era mais desigual. Em áreas onde a terra era distribuída de forma mais equitativa, as comunidades pareciam sofrer menos violência e ter uma maior coesão social.

Gênero Criminologistas feministas, como Meda Chesney-Lind (com Lisa Pasko, 2004) e Gillian Balfour (2006), sugeriram que muitas das atuais abordagens sobre desvio e criminalidade foram desenvolvidas tendo em mente apenas os homens. Por exemplo, nos Estados Unidos, por muitos anos, um marido que forçasse sua esposa a ter relações sexuais – sem consentimento e contra a vontade dela – não era legalmente considerado autor de um estupro. A lei definia o estupro como pertinente apenas às relações sexuais entre pessoas que não fossem casadas uma com a outra, refletindo a composição predominantemente masculina de legislaturas estaduais da época.

Foram necessários repetidos protestos de organizações feministas para que houvesse mudanças na lei penal que define o estupro. Apenas em 1993, os maridos em todos os 50 estados passaram a ser processados na maioria das circunstâncias pelo estupro de suas esposas. No entanto, continua havendo importantes exceções em nada menos do que 30 estados. Por exemplo, o marido está isento quando não precisar usar a força porque sua esposa está dormindo, inconsciente ou com limitações mentais ou físicas. Nesses casos, o pressuposto é de que o marido tem direito a sexo não consensual com sua esposa (Bergen, 2006).

5 Filmes sobre CRIME ORGANIZADO / CRIME EMPRESARIAL

O dia antes do fim
Um grupo de funcionários de uma empresa de investimentos reage a informações delicadas logo após o colapso financeiro de 2008.

Wall Street – poder e cobiça
Um jovem corretor é levado pela ganância e pelo abuso de informações privilegiadas em sua escalada implacável ao topo da escada corporativa.

Inside Job
Um documentário que detalha o frouxo ambiente regulatório por trás da recessão de 2008.

O desinformante
Um funcionário excêntrico denuncia o esquema de fixação de preços da grande empresa em que trabalha.

Senhores do crime
Retrata o funcionamento interno da máfia russa.

Quando se trata de crime e desvio, em geral a sociedade tende a tratar as mulheres de forma estereotipada. Por exemplo: pense em como mulheres que têm parceiros sexuais numerosos e frequentes têm mais chances de ser vistas com desprezo do que homens promíscuos. As visões e as atitudes culturais com relação às mulheres influenciam o modo como elas são percebidas e rotuladas. A perspectiva feminista também enfatiza que o desvio, incluindo o crime, tende a fluir de relações econômicas. Tradicionalmente, os homens têm tido maior poder aquisitivo do que suas esposas. Como resultado, as mulheres podem relutar em denunciar atos de abuso às autoridades e, assim, perder o que pode ser sua fonte principal, ou mesmo única, de renda. No local de trabalho, os homens têm exercido maior poder do que as mulheres sobre definição de preços, contabilidade e controle de produto, dando-lhes maior oportunidade de se envolver em crimes como peculato e fraude. Contudo, à medida que as mulheres vão tendo papéis mais ativos e poderosos, tanto no lar quanto nos negócios, essas diferenças de gênero relativas a desvio e crime vão diminuindo (Bisi, 2002; Chesney-Lind, 1989; Kruttschnitt e Carbone-Lopez, 2010).

Juntas, as perspectivas sociológicas sobre crime e desvio nos ajudam a melhor compreender e explicar esses atos. Nenhuma explicação isolada é suficiente. Devemos considerar vários fatores a

envolva-se! Observe! Se possível, visite o tribunal local para observar um julgamento. A maioria dos procedimentos judiciais é aberta ao público, então, aproveite essa oportunidade para aprender mais sobre como funciona o sistema.

partir de uma variedade de perspectivas, incluindo até onde o desvio existe em nome da ordem social, o grau de oportunidade para se alcançarem meios e fins, o papel da socialização no desvio, a força das redes da comunidade local, o poder de administrar rótulos e fazê-los se firmar, e o acesso diferenciado a recursos valiosos com base em classe, raça e gênero.

Como concluiu Sudhir Venkatesh em sua pesquisa sobre gangues, se quisermos compreender alguma coisa, precisamos ir fundo o suficiente e considerar o que está acontecendo a partir de ângulos suficientes e com o cuidado, a preocupação e a curiosidade devidos.

PARA REVISÃO

I. Como os grupos mantêm o controle social?
- Eles usam sanções positivas e negativas de maneiras formais e informais para obter conformidade e obediência.

II. Qual é a diferença entre desvio e crime?
- O desvio envolve infringir normas esperadas de um grupo, o que pode levar o infrator a ser estigmatizado. O crime é uma forma de desvio que envolve violar as normas formais administradas pelo Estado, pelo qual o infrator pode receber sanções formais.

III. Como os sociólogos explicam o desvio e o crime?
- Os sociólogos apresentam uma série de teorias sobre a criminalidade, cada uma das quais oferece fatores adicionais a serem considerados – como a necessidade de ordem social, a importância das relações interpessoais e do contexto local, bem como a importância do poder e do acesso a recursos – que nos ajudam a entender melhor por que o desvio e o crime ocorrem.

Visões **SOCIOLÓGICAS** sobre desvio

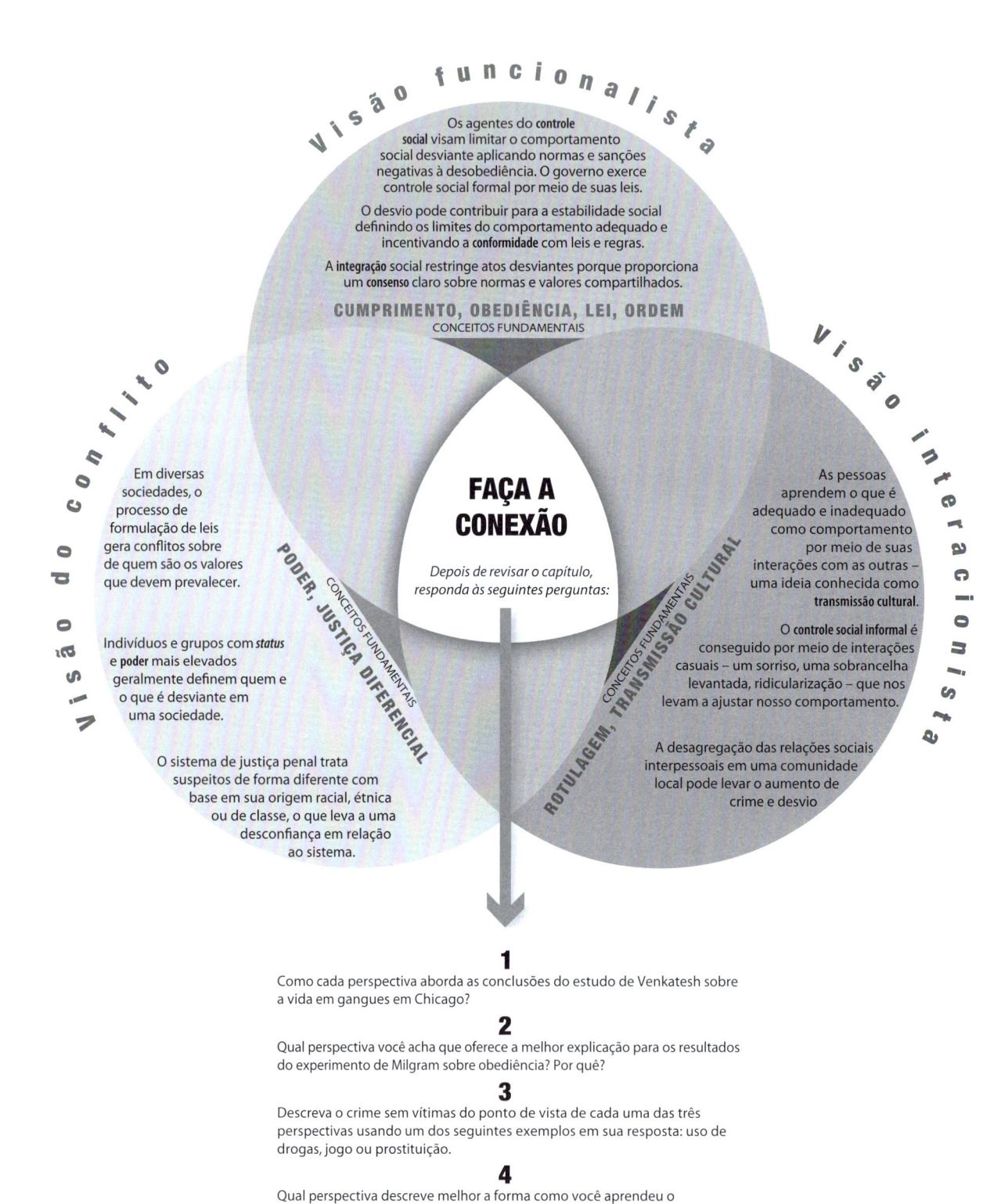

Visão funcionalista

Os agentes do **controle social** visam limitar o comportamento social desviante aplicando normas e sanções negativas à desobediência. O governo exerce controle social formal por meio de suas leis.

O desvio pode contribuir para a estabilidade social definindo os limites do comportamento adequado e incentivando a **conformidade** com leis e regras.

A **integração** social restringe atos desviantes porque proporciona um **consenso** claro sobre normas e valores compartilhados.

CUMPRIMENTO, OBEDIÊNCIA, LEI, ORDEM
CONCEITOS FUNDAMENTAIS

Visão do conflito

Em diversas sociedades, o processo de formulação de leis gera conflitos sobre de quem são os valores que devem prevalecer.

Indivíduos e grupos com *status* e **poder** mais elevados geralmente definem quem e o que é desviante em uma sociedade.

O sistema de justiça penal trata suspeitos de forma diferente com base em sua origem racial, étnica ou de classe, o que leva a uma desconfiança em relação ao sistema.

PODER, JUSTIÇA DIFERENCIAL
CONCEITOS FUNDAMENTAIS

Visão interacionista

As pessoas aprendem o que é adequado e inadequado como comportamento por meio de suas interações com as outras – uma ideia conhecida como **transmissão cultural**.

O **controle social informal** é conseguido por meio de interações casuais – um sorriso, uma sobrancelha levantada, ridicularização – que nos levam a ajustar nosso comportamento.

A desagregação das relações sociais interpessoais em uma comunidade local pode levar o aumento de crime e desvio.

ROTULAGEM, TRANSMISSÃO CULTURAL
CONCEITOS FUNDAMENTAIS

FAÇA A CONEXÃO

Depois de revisar o capítulo, responda às seguintes perguntas:

1 Como cada perspectiva aborda as conclusões do estudo de Venkatesh sobre a vida em gangues em Chicago?

2 Qual perspectiva você acha que oferece a melhor explicação para os resultados do experimento de Milgram sobre obediência? Por quê?

3 Descreva o crime sem vítimas do ponto de vista de cada uma das três perspectivas usando um dos seguintes exemplos em sua resposta: uso de drogas, jogo ou prostituição.

4 Qual perspectiva descreve melhor a forma como você aprendeu o comportamento social adequado? As normas sociais foram socializadas e internalizadas (funcionalista), impostas por figuras de autoridade poderosas (do conflito) ou aprendidas observando outras pessoas (interacionista)? Dê exemplos.

Pop Quiz

1. **A sociedade gera a aceitação das normas básicas por meio de técnicas e estratégias para impedir comportamentos humanos desviantes. Esse processo é chamado de**
   a. estigmatização.
   b. rotulagem.
   c. lei.
   d. controle social.

2. **As punições e as recompensas a que estamos sujeitos por condutas relacionadas a uma norma social são conhecidas como**
   a. controles sociais informais.
   b. estigmas.
   c. sanções.
   d. conformidades.

3. **Stanley Milgram usou a palavra *conformidade* no sentido de**
   a. seguir os pares.
   b. obediência a autoridades superiores em uma estrutura hierárquica.
   c. técnicas e estratégias para a prevenção de comportamentos desviantes em qualquer sociedade.
   d. punições e recompensas por condutas relacionadas a uma norma social.

4. **De acordo com a teoria do controle de Hirschi,**
   a. o desvio envolve a aceitação e/ou a rejeição de objetivos e meios da sociedade.
   b. nossa conexão com os membros da sociedade nos leva a obedecer sistematicamente as normas dessa sociedade.
   c. passamos a nos ver como desviantes com base em como os outros nos veem.
   d. poder e acesso a recursos definem de quem são as normas e os valores que determinam a ação individual.

5. **Qual das seguintes afirmações é verdadeira em relação ao desvio?**
   a. O desvio é sempre um comportamento criminoso
   b. O desvio é um comportamento que viola as normas de conduta ou as expectativas de um grupo ou sociedade
   c. O desvio é um comportamento perverso
   d. O desvio é um comportamento inadequado que atravessa todas as culturas e ordens sociais

6. **Quais as duas grandes categorias de crime que o FBI informa em seu relatório anual Uniform Crime Reports?**
   a. Crime violento e crime contra o patrimônio
   b. Crime organizado e crime do colarinho branco
   c. Crime sem vítimas e crime transnacional
   d. Crime transnacional e crime com vítimas

7. **Que tipo de crime envolve a troca voluntária entre adultos de bens e serviços amplamente desejados, mas ilegais?**
   a. Crime indexado
   b. Crime do colarinho branco
   c. Crime sem vítimas
   d. Crime organizado

8. **Qual das seguintes *não* é uma das formas básicas de adaptação previstas na teoria do desvio com base na tensão de Robert Merton?**
   a. Conformidade
   b. Inovação
   c. Ritualismo
   d. Hostilidade

9. **Qual das seguintes teorias sustenta que a vitimização criminal aumenta quando as relações comunitárias e as instituições sociais se rompem?**
   a. Teoria da rotulagem
   b. Teoria do conflito
   c. Teoria da desorganização social
   d. Teoria da associação diferencial

10. **Embora cometessem os mesmos atos desviantes, os *Saints* e os *Roughnecks* não recebiam o mesmo tratamento por parte das autoridades. O sociólogo William Chambliss sugere que isso se devia ao fato de que as autoridades viam os membros dos grupos de forma diferente. Que teoria apoia essa conclusão?**
    a. Teoria da tensão de Merton
    b. Teoria da transmissão cultural
    c. Teoria da associação diferencial
    d. Teoria da rotulagem

1. (d); 2. (c); 3. (a); 4. (b); 5. (b); 6. (a); 7. (c); 8. (d); 9. (c); 10. (d).

Desvio • 151

7

FAMÍLIAS

O QUE ESTÁ POR VIR

154 Visão global da família
160 Casamento e família
167 Estilos de vida diversificados
171 Divórcio

AMOR E CASAMENTO

Em 29 de abril de 2011, o Príncipe William casou-se com Catherine Middleton na Abadia de Westminster, em Londres, na Inglaterra. Embora a posição de William como segundo na sucessão ao trono britânico tenha garantido muita pompa e circunstância, como costuma acontecer com os casamentos reais, o evento incluiu algo de velho e uma quantidade ainda maior de algo de novo. Embora William e Catherine tenham respeitado tradições, incluindo o beijo na sacada do Palácio de Buckingham após a cerimônia, o casamento deles foi, em vários aspectos, não convencional. Em vez de uma festa de casamento sofisticada, com os convidados sentados, eles optaram por um almoço com bufê. Em vez de presentes de casamento, eles pediram que as pessoas contribuíssem para o Fundo de Caridade do Casamento Real. O Príncipe William é o primeiro candidato a rei a ter morado abertamente com sua futura noiva antes do casamento. Kate é a primeira noiva real com formação universitária a se casar com um herdeiro do trono. Aos 29 anos, ela é a noiva mais velha não casada anteriormente a se casar com um futuro rei. E, além de tudo isso, ela é a primeira plebeia a se casar com alguém na linha direta de sucessão ao trono desde 1660 (Chu, 2011; Pearson, 2011; Rayner, 2011).

Embora essas inovações pudessem ter sido chocantes no passado, hoje elas estão de acordo com mudanças culturais mais amplas sobre as normas de escolha de parceiros e casamento. Mesmo entre os outros membros da realeza, as normas tradicionais tornaram-se muito menos obrigatórias. Desde 1945, a maioria (71%) dos príncipes europeus se casou com plebeias. Muitas vezes, essas relações começaram, como no caso de William e Kate, em uma universidade, onde o amor superou a estirpe (Badoo, 2011).

Nos Estados Unidos, como fez o casal real, as pessoas estão esperando mais tempo para se casar. Em 1960, 60% das pessoas de 20 a 24 anos já haviam se casado, mas hoje são apenas 14%; essa mudança está relacionada ao aumento no número de casais que moram juntos. Aproximadamente 12% dos casais norte-americanos não são casados, e 44% de todos os adultos moraram juntos sem ser casados em algum momento de suas vidas. No geral, a porcentagem de adultos norte-americanos casados diminuiu de 72% em 1960 para 51% em 2010 (Cohn, Passel, Wang e Livingston, 2012; El Nasser e Overberg, 2011; Pew Research Center, 2010e).

Em muitos aspectos, em vez de abrirem novos caminhos, o Príncipe William e Kate simplesmente seguiram novas normas que influenciam com quem, quando e se as pessoas se casam. Ao longo deste capítulo, investigamos essas e outras mudanças nas práticas atuais relacionadas a casamento e família.

À medida que você for LENDO >>

- O que é família?
- Como as pessoas escolhem parceiros?
- Como as famílias variam?

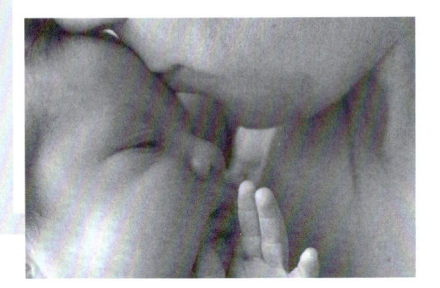

>>Visão global da família

As famílias têm muitas formas diferentes no mundo. Entre os tibetanos, uma mulher pode ser casada com mais de um homem ao mesmo tempo, geralmente irmãos. O sistema permite que os filhos compartilhem a quantidade limitada de terra boa. Entre os *Betsileus* de Madagascar, um homem tem várias esposas, cada uma morando em uma aldeia diferente onde ele cultiva arroz. Onde ele tiver o melhor arrozal, a mulher é considerada sua primeira esposa ou sênior. Entre os *Ianomâmis* do Brasil e da Venezuela, considera-se certo ter relações sexuais com primos do sexo oposto, se eles forem filhos do irmão da mãe ou da irmã do pai; contudo, se os primos do sexo oposto forem filhos da irmã da mãe ou do irmão do pai, a mesma prática é considerada incesto (Haviland et al., 2005; Kottak, 2004).

Em diversos países do mundo, as famílias de hoje são diferentes do que eram há um século ou mesmo há uma geração. Novos papéis, novas distinções de gênero e novos padrões de criação dos filhos foram todos combinados para criar novas formas de vida familiar. Nos dias de hoje, por exemplo, mais e mais mulheres estão assumindo o papel de chefes de família, seja como cônjuges ou como mães solteiras. São comuns as famílias mistas, resultado de divórcio e novo casamento. E muitas pessoas estão buscando relações íntimas fora do casamento, seja em relacionamentos homossexuais ou morando juntas (Fry e Cohn, 2010; O'Connell e Feliz, 2011; Patten e Parker, 2012).

Você sabia?

Mais de dois milhões de casais se casam nos Estados Unidos a cada ano. Isso significa mais de 6 mil por dia. Em 2009, o estado de Nevada teve, de longe, a maior taxa de casamentos, com 108.150 casais trocando alianças. Sendo assim, talvez nem tudo o que acontece em Las Vegas fique em Las Vegas, como diz o ditado popular em alusão à suposta volubilidade dos casamentos que acontecem na cidade.

Fonte: Tejada-Vera and Sutton, 2010.

Vemos reflexos dessas mudanças nas representações das famílias na cultura popular. A família norte-americana da década de 1950 era sintetizada na televisão por programas como *Leave It to Beaver* e *Father Knows Best* (Papai sabe-tudo), com uma mãe dona de casa, um pai trabalhador e filhos diversos. Os tempos mudaram. *Modern Family* apresenta três famílias inter-relacionadas, *Parenthood* retrata famílias ao longo de três gerações, e há também *Desperate Housewives*. Talvez o mais próximo da família dos anos de 1950 hoje seja *Os Simpsons*, com Homer, Marge, Bart, Lisa e Maggie. Essa mudança na forma como as famílias são retratadas é coerente com as transformações que vimos, tanto na prática como em nossa compreensão do que constitui uma família.

As famílias, como as vivenciamos, são variadas em estrutura e estilo, de forma que precisamos de uma abordagem sociológica que seja suficientemente ampla para abranger todas essas relações que vivemos como família. Duas abordagens são úteis para a definição. A primeira é uma definição substantiva, que se concentra no que uma família *é*, e a segunda é uma definição funcional, que trata do que as famílias *fazem*.

SUBSTÂNCIA: O QUE UMA FAMÍLIA É

Talvez a abordagem mais convencional à definição de família seja a **definição substantiva**, que se concentra no sangue e na afinidade. O sangue, neste caso, significa que as pessoas têm parentesco porque compartilham uma herança biológica repassada diretamente de pais para filhos, ligando-as indiretamente a avós e tios, e a outros parentes biológicos. A afinidade significa o reconhecimento e a afirmação sociais e formais de um vínculo como família, principalmente na forma de casamento e adoção.

A vantagem básica dessa abordagem à definição é que os limites são claros: podemos dizer quem está dentro e quem está fora. Assim, fica mais fácil contar essas famílias; por isso, talvez, não seja surpreendente que o U.S. Census Bureau use uma abordagem substantiva: "A família é um grupo de duas ou mais pessoas (uma das quais é o chefe da casa), que são parentes por nascimento, casamento ou adoção, e que residem juntas" (U.S. Census Bureau, 2012a). Ela também nos permite rastrear quem tem parentesco com quem ao longo do tempo.

Padrões de parentesco Muitos de nós conseguimos identificar nossas raízes observando uma árvore genealógica ou ouvindo familiares idosos falarem sobre suas vidas – e sobre antepassados que viveram e morreram muito antes de nascermos. No entanto, a linhagem de uma pessoa é mais do que simplesmente uma história pessoal; ela também reflete tradições sociais que regem a descendência. Em todas as culturas, as crianças encontram parentes com quem se espera que demonstrem vínculo emocional. Essa condição de estar associado a outras pessoas é chamada de **parentesco**, mas este é culturalmente aprendido e não é totalmente determinado por laços biológicos ou conjugais. Por exemplo, a adoção cria um laço de parentesco que é reconhecido legalmente e aceito socialmente.

Família e grupo de parentesco não são necessariamente a mesma coisa. Enquanto uma família é uma unidade domiciliar, os parentes nem sempre moram juntos ou funcionam como um corpo coletivo no cotidiano. Os grupos de parentesco incluem tios, primos, sogros e assim por diante. Em algumas sociedades, o grupo de parentesco pode se reunir raramente, para em um casamento ou um funeral. No entanto, os laços de parentesco frequentemente envolvem obrigações e responsabilidades. Podemos nos sentir obrigados a ajudar nossos parentes, e não hesitamos em pedir a eles muitos tipos de ajuda, como que nos emprestem dinheiro ou cuidem de nossos filhos (Pew Research Center, 2010).

Como podemos identificar grupos de parentesco? O princípio da descendência atribui as pessoas a grupos de parentesco segundo sua relação com mãe ou pai. Existem três formas principais de se determinar a descendência. Os Estados Unidos seguem o sistema de **descendência bilateral**, que significa que ambos os lados da família de uma pessoa são considerados igualmente importantes.

> **definição substantiva** Definição de família com base em sangue, que significa uma herança biológica compartilhada, e afinidade, que significa o reconhecimento e a afirmação sociais, incluindo casamento e adoção.
>
> **parentesco** Condição de membro da família de outra pessoa.
>
> **descendência bilateral** Sistema de parentesco no qual ambos os lados da família de uma pessoa são considerados igualmente importantes.

PENSAMENTO SOCIOLÓGICO

Até onde as redes intergeracionais de parentesco e os membros da família extensa são importantes em sua família? Como isso mudou desde as gerações de seus pais e seus avós?

Por exemplo, não se dá mais valor aos irmãos do pai do que aos irmãos da mãe. No entanto, a maioria das sociedades – de acordo com o antropólogo George Murdock, 64% delas – dá preferência a um lado ou outro da família ao identificar a descendência. Na **descendência patrilinear** (do latim *pater*, "pai"), apenas os parentes do pai são importantes em termos de propriedade, herança e laços emocionais. Por outro lado, nas sociedades que favorecem a **descendência matrilinear** (do latim *mater*, "mãe"), apenas os parentes da mãe são importantes.

Tipos de família A abordagem substantiva também molda o que consideramos tradicionalmente como tipos comuns de família. Partindo do pressuposto de que estamos conectados por sangue e pela afinidade, pode-se analisar como estruturamos essas relações. As famílias podem dar mais ênfase aos membros da família imediata ou a redes familiares extensas. Elas também são moldadas pelo número de parceiros considerado adequado.

> **descendência patrilinear** Sistema de parentesco em que apenas os parentes do pai são importantes.
>
> **descendência matrilinear** Sistema de parentesco em que apenas os parentes da mãe são importantes.
>
> **família extensa** Família na qual parentes – como avós, tias ou tios – moram no mesmo domicílio de pais e filhos.
>
> **família nuclear** Família que inclui dois parceiros casados e seus filhos solteiros, que moram juntos.
>
> **monogamia** Forma de casamento em que uma mulher e um homem são casados apenas um com o outro.
>
> **monogamia em série** Forma de casamento em que uma pessoa pode ter vários cônjuges durante a vida, mas apenas um de cada vez.

Historicamente, as conexões familiares foram um recurso valioso, proporcionando-nos acesso a recursos materiais, sociais e culturais. Dependíamos de parentes para alimentos, abrigo, oportunidades e conhecimento. Na verdade, a historiadora Stephanie Coontz (2005) afirma que, historicamente, o principal motivo para se casar era obter não um parceiro, mas sogros, ampliando, assim, a rede de relações de cooperação da pessoa. Essa era a lógica da tradição dos casamenteiros, em que a distribuição de recursos era mais importante do que o amor romântico. O casamenteiro, como um membro da comunidade, buscava maximizar as conexões da rede social para o bem do todo.

Uma família na qual parentes – como avós, tias ou tios – moram no mesmo domicílio de pais e filhos é conhecida como **família extensa**. A estrutura da família extensa oferece algumas vantagens sobre a da família nuclear. Crises como morte, divórcio e doença colocam menos pressão sobre os membros da família, pois mais pessoas podem ajudar e dar apoio emocional. Além disso, a família extensa dá continuidade a uma unidade econômica maior do que a família nuclear. Se a família estiver envolvida em um empreendimento comum – uma fazenda ou uma pequena empresa – os outros membros podem representar a diferença entre prosperidade e fracasso.

Com o advento da Revolução Industrial, a economia afastou-se da produção agrícola e da vida de cidade pequena que correspondia a ela, e direcionou-se à produção industrial em áreas urbanas. Em resposta a essas mudanças estruturais, as famílias tornaram-se menores e mais móveis. As obrigações da família extensa poderiam reter os indivíduos, de forma que o que se viu foi um movimento em direção a uma unidade familiar menor que veio a ser conhecida como família nuclear. A **família nuclear** inclui dois parceiros casados e seus filhos solteiros, que moram juntos. O conceito de família nuclear baseia-se na essência ou no núcleo da definição substantiva de sangue e afinidade, incluindo os relacionamentos de filhos com pais e entre cônjuges.

A maioria das pessoas de países ocidentais pressupõe que a família nuclear é, de longe, o sistema mais comum. Nos Estados Unidos, por exemplo, parceiros casados que têm filhos menores de 18 anos constituem 29,8% do total de famílias. O modelo do pai que provê o sustento e da mãe dona de casa, idealizado na televisão dos anos 1950, representa apenas 9,1% do total de famílias e 30,4% das famílias com filhos menores de 18 anos (Bureau of Labor Statistics, 2012b). Por outro lado, a porcentagem de famílias monoparentais e de domicílios não familiares tem aumentado constantemente nos últimos 50 anos.

Tipos de casamento Ao considerar esses diferentes tipos de famílias, nos limitamos à forma do casamento que é característica nas sociedades ocidentais – a monogamia. O termo **monogamia** descreve uma forma de casamento em que uma mulher e um homem são casados apenas um com o outro. Os indivíduos têm maior probabilidade de entrar e sair de uma série de relacionamentos românticos sérios, o que é chamado pelo sociólogo Andrew Cherlin (2009) de "casamento circular". No que é chamado de **monogamia em série**, uma pessoa pode ter vários cônjuges durante a vida, mas apenas um de cada vez.

Domicílios norte-americanos por tipo de família

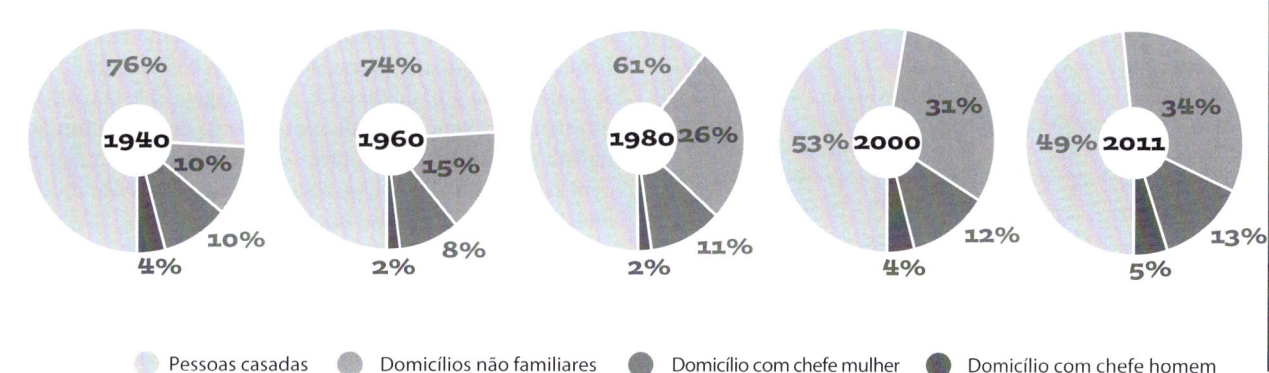

1940	1960	1980	2000	2011
76%	74%	61%	53%	49%
10%	15%	26%	31%	34%
10%	8%	11%	12%	13%
4%	2%	2%	4%	5%

● Pessoas casadas ● Domicílios não familiares ● Domicílio com chefe mulher ● Domicílio com chefe homem

Observação: Domicílios não familiares incluem mulheres e homens morando sozinhos ou exclusivamente com não parentes, por exemplo, um dormitório de universidade, um abrigo para sem-teto ou uma base militar.
Fonte: U.S. Census Bureau, 2011j:Table HH-1.

ESTUDOS sociológicos

Algumas culturas permitem que um indivíduo tenha vários maridos ou esposas ao mesmo tempo. Essa forma de casamento é conhecida como **poligamia**. Na verdade, a maioria das sociedades em todo o mundo, passado e presente, preferiu a poligamia à monogamia. O antropólogo George Murdock (1949, 1957) estudou 565 sociedades e concluiu que, em mais de 80% delas, algum tipo de poligamia era a forma preferida. Embora a poligamia tenha diminuído de forma constante durante a maior parte do século XX, em 28 países da África subsaariana, pelo menos 10% dos homens ainda têm casamentos polígamos (Tertilt, 2005).

Existem dois tipos básicos de poligamia. O mais comum é a **poliginia**, o casamento de um homem com mais de uma mulher ao mesmo tempo. Menos comum é a **poliandria**, em que uma mulher pode ter mais de um marido ao mesmo tempo. É o caso, por exemplo, da cultura *Nyinba* do Nepal e do Tibete, na qual os irmãos têm uma esposa em comum. Esse sistema fornece um número suficiente de trabalhadores físicos no ambiente agrícola difícil, e minimiza o número de descendentes.

A maioria das pessoas pensa que a poligamia é coisa do passado, mas, em 2008, agentes da lei no Texas, nos Estados Unidos, receberam um telefonema anônimo supostamente de uma menina de 16 anos que alegava ter sido forçada a um casamento poligâmico com um homem adulto. Pouco tempo depois, as autoridades do Texas invadiram a fazenda Yearning for Zion, onde a menina dizia morar, e levaram 462 crianças sob custódia legal temporária. A fazenda de 1.700 hectares era dirigida por membros da Igreja Fundamentalista de Jesus Cristo dos Santos dos Últimos Dias, um grupo com mais de 10 mil membros que continua a praticar a poligamia, embora ela seja ilegal nos Estados Unidos e tenha sido proibida há mais de cem anos pela Igreja de Jesus Cristo dos Santos dos Últimos Dias convencional (cujos membros costumam ser chamados de Mórmons). As autoridades encontraram evidências de poligamia e de casamento entre homens adultos e meninas menores de idade. Doze homens

poligamia Forma de casamento em que um indivíduo pode ter vários maridos ou esposas ao mesmo tempo.

poliginia Forma de poligamia em que um homem pode ter mais de uma esposa ao mesmo tempo.

poliandria Forma de poligamia em que uma mulher pode ter mais de um marido ao mesmo tempo.

— PENSAMENTO SOCIOLÓGICO **—**
Por que você acha que a poligamia foi a forma mais comum de casamento historicamente? Por que ela deu lugar à monogamia nas sociedades modernas?

Famílias • 157

SOCIOLOGIA POPULAR

Amor grande, vida longa?

A série *Big Love*, da HBO, inovou com seu retrato ficcional de uma família polígama. Ela conta a história de Bill Henrickson, suas três esposas (Barb, Nicki e Margene) e seus oito filhos. Seu sucesso ajudou a inspirar a série em formato de *reality show Sister Wives*, que acompanha Kody Brown, suas quatro esposas (Meri, Janelle, Christine e Robyn) e seus 17 filhos. Embora a poligamia não seja convencional nos Estados Unidos, mais de 50% dos homens em Camarões têm mais de uma esposa. Um estudo concluiu que homens de países que praticam a poliginia tendem a ter uma vida mais longa, talvez porque suas esposas arquem com o ônus de aliviar a carga de trabalho do dia a dia dos homens (Callaway, 2008; Tertilt, 2005).

da igreja – incluindo o líder do grupo, Warren Jeffs, de 55 anos, que tinha uma menina de 12 e uma de 15 anos entre suas numerosas esposas – acabaram sendo condenados por crimes relacionados a relações sexuais ilegais com menores e bigamia. O caso trouxe à tona a continuação da existência da poligamia nos Estados Unidos.

Quando começamos a observar as variedades de tipos de famílias existentes no mundo, vemos a principal limitação da definição substantiva: há pessoas que parecem ser parentes, mas não se encaixam perfeitamente no critério de sangue nem no de afinidade. Por exemplo, o laço biológico entre pais e filhos foi ampliado, incluindo-se a adoção como parte da afinidade. Aceitamos padrastos e enteados como parentes, mesmo quando estes não foram formalmente adotados por aqueles. Contudo, e se ampliássemos ainda mais a definição de família? O "Tio" Bob, amigo de faculdade do papai, faz parte da família? Novas tecnologias de reprodução, envolvendo esperma e ovos doados e pais substitutos, também desafiam o pensamento convencional. Qualquer definição substantiva que possamos formular corre o risco de excluir aqueles que consideramos como membros da família. Em resposta, os sociólogos voltam-se para a definição funcionalista de família, mais includente, para lidar com essas limitações.

definição funcionalista das famílias Definição de famílias que se concentra em como elas atendem às necessidades físicas, sociais e emocionais dos indivíduos e da sociedade como um todo.

FUNÇÕES: O QUE AS FAMÍLIAS FAZEM

Em países ocidentais, as pessoas parecem concordar que as definições tradicionais de família são muito restritivas. Quando são questionadas sobre como definiriam família, sua concepção é muito mais abrangente do que sugere a definição substantiva. Em uma *survey* realizada nos Estados Unidos, apenas 22% dos respondentes definiram família da mesma forma que o U.S. Census Bureau. Em vez dessa forma, 74% consideraram como família "qualquer grupo cujos membros amam e cuidam uns dos outros" (Coontz, 1992:21).

Precisamos de uma definição de família que seja includente o suficiente para abranger a ampla gama de grupos íntimos que as pessoas formam, como famílias extensas, famílias nucleares, famílias monoparentais, famílias mistas ou reconstituídas, ou segundas famílias, famílias homossexuais, famílias sem filhos, famílias racial e etnicamente mistas, famílias em que os membros do casal não moram juntos, famílias substitutas ou escolhidas, e muito mais. Uma maneira de evitar se prender a concepções excessivamente restritas de família e assumir sua diversidade é tirar a ênfase daquilo que as famílias *são* – o que destaca a abordagem substantiva – e direcioná-la ao que as famílias *fazem*. Uma **definição funcionalista das famílias** concentra-se em como as famílias atendem às necessidades físicas, sociais e emocionais dos indivíduos e da sociedade como um todo.

O sociólogo William F. Ogburn (Ogburn e Tibbits, 1934) identificou seis principais funções que as famílias cumprem para nós:

- *Reprodução*. Para se manter, uma sociedade deve substituir membros que morrem. As famílias fornecem o contexto em que ocorre a reprodução biológica.
- *Socialização*. Pais, mães e outros membros da família monitoram o comportamento de um filho e lhe transmitem as normas, os valores e a língua de sua cultura.
- *Proteção*. Ao contrário dos jovens de outras espécies animais, os bebês humanos precisam de cuidado constante e de segurança econômica. Em todas as culturas, a família assume a responsabilidade máxima pela proteção e criação dos filhos.
- *Regulação do comportamento sexual*. As normas sexuais estão sujeitas a alterações, tanto ao longo do tempo (p. ex., nos costumes relacionados ao namoro) quanto entre diferentes culturas (compare a rígida Arábia Saudita com a Dinamarca, mais permissiva). No entanto, sejam quais forem o período ou os valores culturais de uma sociedade, os padrões de comportamento sexual são definidos mais claramente dentro do círculo familiar.

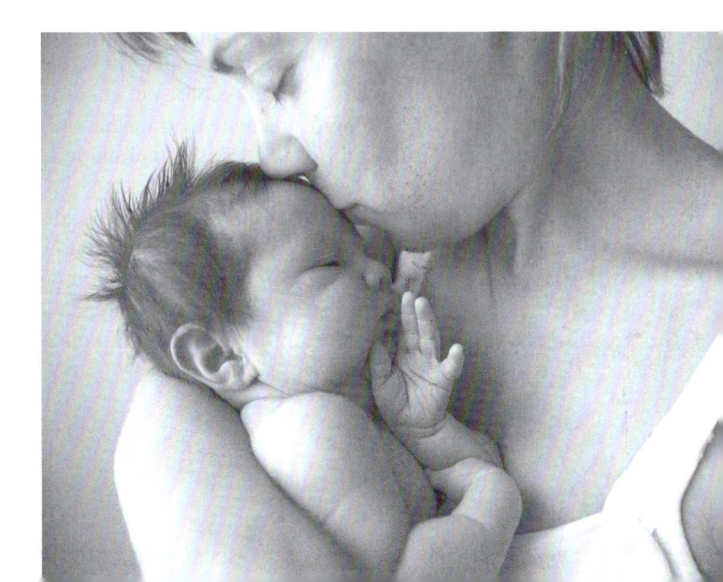

Sociologia pessoal

Animais de estimação como membros da família

Quando discutimos as famílias em termos de o que elas fazem em vez de o que elas são, meus alunos inevitavelmente perguntam: "Animais de estimação são família?". Alguns concordam muito com essa ideia, enquanto outros acham que é a coisa mais ridícula que já ouviram. Com o tempo, mais e mais estudantes começaram a pensar nos animais de estimação como família. Quando Lori e eu "adotamos" Jessie, da raça *Pembroke Welsh Corgi*, eu entendi melhor a razão disso. As pessoas desenvolvem fortes laços emocionais com seus animais de estimação e algumas se referem a eles como seus "filhos com pelo". Os animais são uma fonte de conforto e companheirismo. Eles nos dão alguém para cuidarmos e eles cuidam de nós à sua maneira. Não é isso que a família faz?

- *Afeto e companheirismo*. O ideal é que as famílias proporcionem a seus membros relações calorosas e íntimas, ajudando-os a se sentirem satisfeitos e seguros. É claro que um membro da família pode encontrar esse tipo de gratificação fora da família – em seus pares, na escola, no trabalho – e pode até perceber a casa como um ambiente desagradável ou abusivo. No entanto, esperamos que nossos parentes nos entendam, cuidem de nós e estejam presentes quando precisarmos deles.
- *Status social*. Herdamos uma posição social por causa do histórico familiar e da reputação de nossos pais e irmãos. Por exemplo, a raça, a etnia, a classe social, o grau de instrução, a profissão e a religião de nossos pais moldam os recursos materiais, sociais e culturais a quem temos acesso e, portanto, as opções que podemos ter.

Independentemente de sua composição, qualquer grupo que cumpra essas funções é uma família para nós. Podemos considerar como família companheiros de equipe esportiva, companheiros de dormitório de faculdade com quem tenhamos proximidade ou um círculo de amigos antigos. Contamos com esses grupos em momentos de necessidade para todos os tipos de apoio, incluindo cuidados e carinho, orientação sobre como pensar e agir, conselhos sobre namoro e, às vezes, até mesmo apoio material, seja o empréstimo de um carro ou apenas algum dinheiro para a pizza. Podemos usar a expressão de que eles são "como família" para transmitir essa sensação, ou podemos até fazer referência a essas pessoas importantes em nossas vidas como nossos irmãos, irmãs, mãe ou pai. Na verdade, dados os resultados da *survey* mencionada anteriormente, as pessoas já podem estar definindo como família qualquer grupo que ofereça amor e cuidado suficientes a seus membros. De acordo com essa definição funcionalista, uma família *é* aquilo que a família *faz*.

PADRÕES DE AUTORIDADE: QUEM MANDA?

Independentemente da forma de uma família, dentro do contexto de qualquer grupo que definamos como família, inevitavelmente teremos que tratar de questões de poder. Imagine, por exemplo, que você tenha se casado recentemente e deva começar a tomar decisões sobre o futuro de sua nova família. Você e seu parceiro se deparam com muitas perguntas: Onde vão morar? Como vão mobiliar a casa? Quem vai fazer a comida, as compras e a limpeza? De quem são os amigos que serão convidados para jantar? Cada vez que for preciso tomar uma decisão, levanta-se a questão: quem tem poder de decisão? Dito de forma simples, quem manda na família?

> **patriarcado** Sociedade em que os homens dominam as decisões familiares.
>
> **matriarcado** Sociedade em que as mulheres dominam as decisões familiares.

As sociedades variam no modo como o poder é distribuído dentro da família. Historicamente, no entanto, a resposta a essa pergunta foi dada, em grande medida, pelo gênero. Uma sociedade que espera que os homens dominem em todas as decisões familiares é chamada de **patriarcado**. Nas sociedades patriarcais, como o Irã, o homem mais velho costuma ter mais poder, embora se espere que as esposas sejam tratadas com respeito e gentileza. O *status* de uma mulher iraniana costuma ser definido por sua relação com um parente do sexo masculino, geralmente na condição de esposa ou filha. Em muitas sociedades patriarcais, as mulheres têm mais dificuldades para obter um divórcio do que os homens (Farr, 1999). Em contraste, e em um **matriarcado**, as mulheres têm uma autoridade maior do que os homens. Os matriarcados formais, que são incomuns, surgiram entre as sociedades tribais indígenas norte-americanas e em países em que os homens estavam ausentes por longos períodos por causa de guerras ou de expedições em busca de alimentos.

Há mais de um século, Friedrich Engels ([1884] 1959), colega de Karl Marx, chegou a dizer que a família é a maior fonte de desigualdade social por causa de seu papel na transferência de poder, propriedade e privilégio. Historicamente, ele afirma, a família tem legitimado e perpetuado a dominação masculina. Ela contribuiu para a injustiça social, negou às mulheres oportunidades que são dadas aos homens e limitou a liberdade de expressão sexual e escolha de parceiros. Nos Estados Unidos, foi só na primeira onda do feminismo contemporâneo, em meados da década de 1800, que houve um grande questionamento do *status* histórico de esposas e filhos como propriedade legal de maridos e pais.

Em parte por causa dos esforços de homens e mulheres em movimentos semelhantes ao longo dos anos, viu-se o surgimento de um terceiro tipo de padrão de autoridade. Na **família igualitária**, os cônjuges são considerados como iguais. A mudança foi impulsionada, pelo menos em parte, por oportunidades profissionais e financeiras para as mulheres que lhes tinham sido negadas anteriormente (Wills e Risman, 2006). Isso não significa, no entanto, que todas as decisões dessas famílias sejam compartilhadas. As esposas podem deter a autoridade em algumas esferas e os maridos, em outras. Por exemplo, os sociólogos descobriram que, em termos de trabalho remunerado e não remunerado nas famílias biparentais, o total de horas trabalhadas por mães e pais é aproximadamente igual, de cerca de 65 horas por semana, embora a distribuição de tarefas varie (Bianchi, Robinson e Milkie, 2006).

família igualitária Padrão de autoridade em que os cônjuges são considerados como iguais.

A historiadora Stephanie Coontz (2008) sugere que, quando funciona, o casamento de hoje é o melhor que já houve. Ela diz que "ele oferece mais benefícios a seus membros – adultos e crianças – do que nunca. Um bom casamento é mais justo e mais gratificante para homens e mulheres do que os casais do passado jamais poderiam ter imaginado". Ela aponta decisões e trabalho doméstico compartilhados, aumento do tempo passado com os filhos e diminuição da violência e coerção sexual e da probabilidade de adultério.

Embora a família igualitária tenha se tornado um padrão mais comum nas últimas décadas, a dominação masculina sobre a família não chegou a desaparecer. Os sociólogos descobriram que, embora os homens casados estejam aumentando sua participação no cuidado dos filhos, suas esposas ainda realizam uma quantidade desproporcional dessa tarefa. Além disso, com cinco milhões de mães contra 176 mil pais que ficam em casa, uma proporção de 28 para 1, como ocorre nos Estados Unidos, por exemplo, a prática predominante reforça expectativas normativas (U.S. Census Bureau, 2011k: Tabela SHP-1). E, infelizmente, muitos maridos reforçam seu poder e seu controle sobre esposas e filhos com atos de violência doméstica.

Além dessas lutas internas pelo poder, as famílias também continuam a proporcionar uma base para o poder dentro da sociedade mais ampla. A família serve como base para a transferência de poder, propriedade e privilégio de uma geração à seguinte. Embora os Estados Unidos sejam considerados amplamente como uma terra de oportunidades, a mobilidade social é restrita em aspectos importantes. Os filhos herdam o *status* social e econômico privilegiado ou menos privilegiado de seus pais (e, em alguns casos, de gerações anteriores também). A classe social dos pais influencia em muito as experiências de socialização das crianças e o grau de proteção que recebem. Assim, o *status* socioeconômico da família de uma criança vai ter uma influência marcante em sua nutrição, nos cuidados de saúde que recebe, em sua habitação, em suas oportunidades educacionais e, em muitos aspectos, em suas chances na vida como adulto. Em muitos fatores, a família ajuda a manter a desigualdade.

>>Casamento e família

Apesar das preocupações sobre poder e desigualdade na esfera familiar, a fé das pessoas no casamento persiste. Atualmente,

---

PENSAMENTO SOCIOLÓGICO

Por que as pessoas podem recorrer a serviços casamenteiros hoje? Quais são as desvantagens de depender de nossos próprios contatos e avaliações quando se trata de encontrar um parceiro romântico?

Dez perguntas que os casais devem fazer (ou gostariam de ter feito) antes de se casar

Você quer ter filhos?

Quem fará o quê em termos de tarefas domésticas?

Quais são suas expectativas com relação a sexo?

O que você acha sobre ter televisão no quarto?

O que você espera em termos da formação religiosa de nossos filhos?

Quanto dinheiro você tem?

Você gosta dos meus amigos e os respeita?

O que você realmente acha dos meus pais?

O que a minha família faz que o incomoda?

Há coisas das quais você não está disposto a abrir mão no casamento?

mais de 95% de todos os homens e mulheres nos Estados Unidos se casam pelo menos uma vez na vida. Embora as pessoas esperem um pouco mais para se casar do que no passado, o aspecto historicamente mais constante da vida familiar do país tem sido o elevado índice de casamentos. Nos Estados Unidos, a média de idade no primeiro casamento é de 26,5 anos para as mulheres e 28,9 anos para os homens. Em 1960, a média era de 20,3 para as mulheres e 22,8 para os homens (Cherlin, 2009; U.S. Census Bureau, 2011: Tabela MS-2).

GLOBALIZANDO

Porcentagem de pessoas entre 20 e 24 anos que são ou já foram casadas, em países selecionados

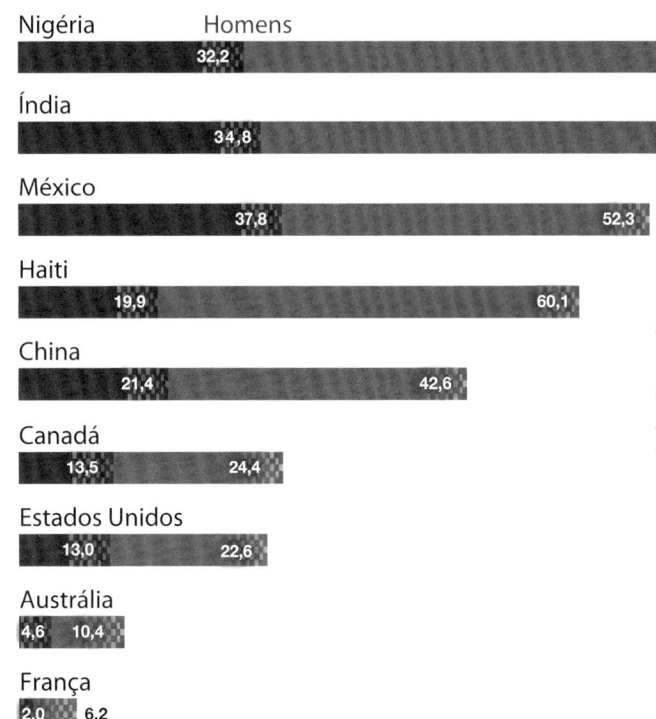

País	Homens	Mulheres
Nigéria	32,2	89,7
Índia	34,8	77,0
México	37,8	52,3
Haiti	19,9	60,1
China	21,4	42,6
Canadá	13,5	24,4
Estados Unidos	13,0	22,6
Austrália	4,6	10,4
França	2,0	6,2

Fonte: United Nations, 2009; U.S. Census Bureau, 2010a: Tabela A1.

NAMORO E ESCOLHA DE PARCEIROS

Há muitas maneiras pelas quais podemos encontrar alguém para nos casarmos. Historicamente, não era incomum os casamentos serem organizados por famílias ou por casamenteiros. Essa é uma prática que continua em muitas culturas hoje. No Uzbequistão, na Ásia, por exemplo, o namoro é organizado, em praticamente todos os aspectos, pelos pais do casal. Uma jovem uzbeque é criada para esperar ansiosamente seu casamento com um homem que ela encontrou apenas uma vez, na inspeção final de seu dote (Kamp, 2008; Rand, 2006).

Quando se trata de casamento em países ocidentais, a maioria das pessoas pressupõe que o verdadeiro amor irá guiar o caminho. Não podemos imaginar permitir que outras pessoas, incluindo pais e casamenteiros, escolham parceiros para nós por meio de casamentos arranjados. Muitos ficam surpresos ao saber que essa prática continua até hoje em algumas subculturas. Costumamos considerar natural que tenhamos as melhores condições de fazer essa seleção pessoal e íntima. Podemos buscar aconselhamento de parentes e amigos, mas o fator decisivo é a forma como nos sentimos em relação à outra pessoa. Pressupomos que o leque de parceiros potenciais é bem amplo, desde que eles façam nosso coração acelerar.

Na prática, porém, nosso leque de parceiros potenciais é substancialmente reduzido por nosso posicionamento social. Às vezes, não enxergamos as regras sociais básicas que inevitavelmente estreitam nossas escolhas (Kalmijn, 1998):

- Estamos limitados àqueles que estão disponíveis e com os quais temos contato.
- Somos muito influenciados por opiniões de parentes, amigos e organizações a que pertencemos (incluindo grupos religiosos e locais de trabalho).
- Somos mais atraídos por pessoas como nós.

No primeiro caso, nossa posição na estrutura social influencia a oportunidade que temos de estabelecer um relacionamento com alguém. Em segundo lugar, a escolha de parceiros envolve mais do que apenas o casal feliz; pessoas próximas a nós cumprem um papel relevante na definição das características que percebemos como aceitáveis. Por fim, como diz o ditado, cada qual com o seu igual (pelo menos tende a ser assim).

endogamia Restrição da seleção de parceiros a pessoas de dentro do mesmo grupo.

Ao analisarem os fatores sociais que influenciam nossa escolha de parceiros, os sociólogos prestam especial atenção ao equilíbrio entre endogamia e exogamia. A **endogamia** (do grego *endon*, "dentro") especifica os grupos dentro dos quais se deve encontrar um cônjuge e proíbe o casamento com pessoas de fora.

Por exemplo, muitas pessoas devem se casar com alguém de seu próprio grupo racial, étnico ou religioso e são fortemente dissuadidas ou mesmo proibidas de se casar com pessoas de fora do grupo. A endogamia é destinada a reforçar a coesão do grupo, sugerindo aos jovens que eles devem se casar com alguém "do seu tipo".

Em contraste, a **exogamia** (do grego *exo*, "fora") demanda a escolha de parceiros de fora de certos grupos, geralmente parentes da pessoa. O **tabu do incesto**, uma norma social comum a praticamente todas as sociedades, proíbe relações sexuais entre certos parentes definidos culturalmente. No Brasil, esse tabu significa que devemos nos casar com pessoas de fora da família nuclear. Não podemos nos casar com nossos irmãos ou com primos em primeiro grau.

exogamia Demanda de escolha de parceiros que sejam de fora de certos grupos.

tabu do incesto Proibição de relações sexuais entre certos parentes definidos culturalmente.

homogamia Tendência consciente ou inconsciente de escolher um parceiro com características pessoais e interesses semelhantes aos nossos.

A endogamia influencia uma série de variáveis de localização social. Tendemos a escolher parceiros que sejam da mesma idade, raça, etnia, instrução e religião. Embora o grau de influência dessas variáveis tenha mudado com o tempo, cada uma delas continua a cumprir um papel importante. Por exemplo, em um estudo, os pesquisadores constataram que a diferença média de idade entre os cônjuges era de 3,8 anos, embora a importância dessa diferença diminua à medida que envelhecemos. Uma diferença de cinco anos é mais importante quando alguém tem 18 anos do que quando tem 38 ou 58 anos. A idade é um dos fatores sobre os quais a pressão de terceiros pode exercer muita influência; as pessoas tendem a ver com desconfiança relacionamentos em que a diferença de idade seja considerada muito grande (Blossfeld, 2009; Rosenfeld, 2008; Sherkat, 2004; Thomas e Sawhill, 2002).

O papel da raça na escolha de parceiros demonstra como as normas sociais podem mudar ou permanecer as mesmas. Por muito tempo, o casamento inter-racial foi ilegal nos Estados Unidos, e ainda era, em alguns estados, até uma decisão da Suprema Corte anular essas leis em 1967. Nos últimos 50 anos, o número de casamentos entre afro-americanos e brancos nos Estados Unidos aumentou mais de dez vezes, saltando de 157 mil em 1960 para 2,5 milhões em 2011. Incluindo todos os grupos raciais, o percentual de casamentos inter-raciais aumentou de 0,4% em 1960 para 4,1% em 2011 (U.S. Census Bureau, 1998: Tabela 1; 2011m: Tabela FG4).

Apesar do aumento geral na aceitação e na prática do casamento inter-racial, a maioria das pessoas casadas continua a escolher um parceiro da mesma raça. Como podemos ver na tabela, no entanto, há algumas variações por raça e gênero. Os brancos são os mais propensos a praticar a endogamia racial; mais de 98% dos homens e mulheres escolhem um parceiro conjugal da mesma raça. Entre os afro-americanos, os homens são mais propensos do que as mulheres a se envolver em casamentos inter-raciais. Para os de origem asiática, no entanto, há uma diferença de gênero ainda maior; as mulheres têm muito mais probabilidade de estar em um casamento inter-racial do que os homens. Ainda assim, mais de 80% das mulheres asiáticas escolhem um parceiro da mesma raça. Esses padrões demonstram a importância continuada que a endogamia tem na escolha de parceiros (U.S. Census Bureau, 2011m: Tabela FG4; Wang, 2012).

Mesmo dentro dessas categorias sociais endogâmicas mais amplas, tendemos a escolher pessoas como nós. Isso é conhecido como **homogamia** – a tendência consciente ou inconsciente de escolher um parceiro com características pessoais e interesses semelhantes aos nossos. Os serviços de namoro na internet dependem desse princípio para ajudar a encontrar correspondências. O sociólogo Pepper Schwartz, que trabalha como consultor para a PerfectMatch.com, desenvolveu um questionário de 48 perguntas que cobre tudo, desde o estilo de tomada de decisões até o grau de impulsi-

Padrões de casamento inter-racial nos EUA

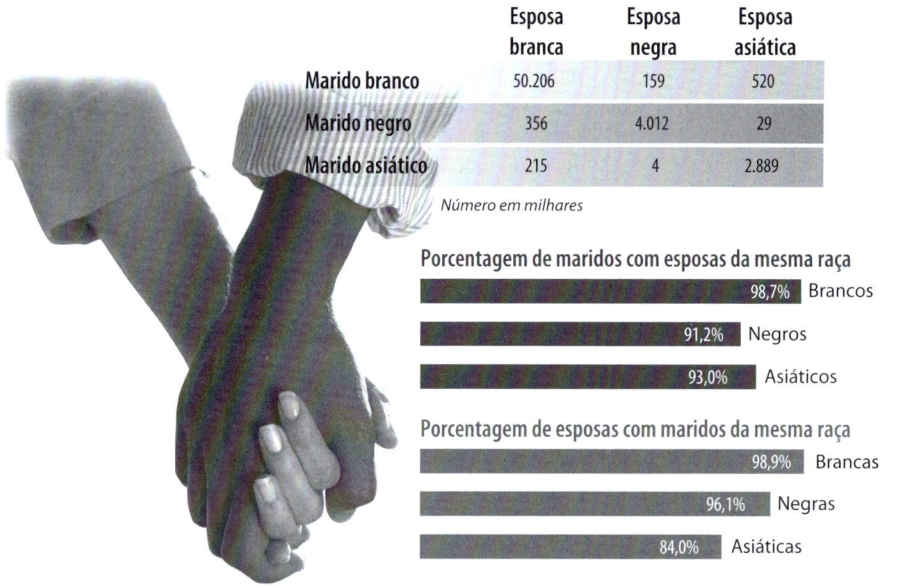

	Esposa branca	Esposa negra	Esposa asiática
Marido branco	50.206	159	520
Marido negro	356	4.012	29
Marido asiático	215	4	2.889

Número em milhares

Porcentagem de maridos com esposas da mesma raça
- 98,7% Brancos
- 91,2% Negros
- 93,0% Asiáticos

Porcentagem de esposas com maridos da mesma raça
- 98,9% Brancas
- 96,1% Negras
- 84,0% Asiáticas

Observação: Números apresentados em milhares. A tabela não mostra dados para maridos e esposas de outras raças.
Fonte: Com base em U.S. Census Bureau, 2011m: Tabela FG4.

vidade. O serviço de namoro pela internet eHarmony diz que sua técnica de combinar pessoas com base em características, interesses e habilidades semelhantes, ou seja, com base nos princípios da endogamia e homogamia, resulta em 542 casamentos por dia (Gottlieb, 2006; Logue, 2009; Peel, 2008).

> **PENSAMENTO** SOCIOLÓGICO
>
> Qual a importância de fatores como idade, grau de instrução, raça, etnia, classe social, gênero e religião em sua escolha de alguém para um relacionamento sério? Até que ponto você está ou estava consciente dessas influências ao escolher alguém para namorar?

Em tese, a flecha do Cupido poderia atingir qualquer pessoa por nós. Contudo, o amor não é cego; ele é um produto das forças sociais e culturais que influenciam as escolhas que fazemos. É claro que o conhecimento dos padrões de nossas escolhas pode nos liberar para seguir caminhos diferentes.

5 Filmes sobre CASAMENTO E FAMÍLIA

Uma história de amor
O verdadeiro amor de um casal conquista tudo, até mesmo a Suprema Corte.

Casamento à indiana
Uma festa de casamento indiana.

A lula e a baleia
Como o divórcio afeta as crianças.

Simplesmente complicado
Um casal divorciado com filhos adultos se reconcilia, com resultados contraditórios.

Um lugar no fim do mundo
Um casamento e uma família alternativos.

VARIAÇÕES NA VIDA FAMILIAR E EM RELACIONAMENTOS ÍNTIMOS

Classe social, raça e etnia criam variações na vida familiar. Estudar essas variações nos dá uma compreensão mais sofisticada dos estilos familiares contemporâneos em diversos países. O desejo de evitar ter que negociar essas diferenças também ajuda a explicar por que as pessoas costumam praticar homogamia.

Diferenças de classe social As diferenças de classe social são importantes quando se trata de parentalidade. Historicamente, as famílias pobres e de classe trabalhadora eram mais autoritárias e as famílias de classe média eram mais permissivas e menos propensas a usar punição física. A partir da década de 1950, a exposição às mesmas orientações sobre como educar filhos, em livros, revistas e na televisão, reduziu os extremos ao criar um entendimento comum sobre técnicas parentais adequadas, mas pesquisas recentes mostram que as práticas parentais ainda diferem. Por exemplo, os pais de classe média proporcionam mais estrutura pela participação em atividades organizadas, e os pais de classe trabalhadora permitem que seus filhos tenham mais liberdade, desde que não ultrapassem os limites disciplinares. Os recursos materiais, sociais e culturais que os filhos herdam de seus pais (seja na forma de dinheiro, conexões, língua, gostos, atitudes ou experiência) ajudam a reproduzir a classe social entre gerações (Kronstadt e Favreault, 2008; Lareau, 2003).

Entre as pessoas pobres, as mulheres costumam ter um papel importante no sustento econômico da família. Os homens podem ganhar salários baixos, podem estar desempregados ou podem estar totalmente ausentes da família. Em 2010, nos Estados Unidos, 31,6% de todas as famílias chefiadas por mulheres sem marido presente estavam abaixo da linha oficial da pobreza. O índice para pessoas casadas era de apenas 6,2% (DeNavas-Walt, Proctor e Smith, 2011:16). Os fatores raciais e de classe costumam estar intimamente relacionados. Ao examinar a vida familiar entre minorias raciais e étnicas, tenha em mente que certos padrões podem resultar do aspecto de classe, bem como de fatores culturais.

Diferenças raciais e étnicas O *status* subordinado das minorias raciais e étnicas nos Estados Unidos afeta profundamente suas vidas familiares. Por exemplo, a renda mais baixa de afro-americanos, indígenas, da maioria dos grupos hispânicos e de determinados grupos asiático-americanos dificulta a criação e a manutenção de uniões conjugais bem-sucedidas. A reestruturação econômica dos últimos 50 anos, descrita pelo sociólogo William Julius Wilson (1996) e outros, na qual os empregos na indústria desapareceram de áreas urbanas quando as empresas mudaram suas instalações de produção para o exterior, afetou principalmente quem mora em cidades do interior e em áreas rurais despovoadas. Além disso, a política de imigração dos Estados Unidos tem complicado a relocação bem-sucedida de famílias da Ásia e da América Latina com ambos os pais presentes.

A família afro-americana sofre de muitos estereótipos negativos e incorretos. É verdade que o marido não está presente na casa em uma proporção significativamente maior em famílias negras do que em brancas. No entanto, as mães solteiras negras muitas vezes pertencem a redes de parentesco estáveis e operantes, que mitigam as pressões do sexismo e do racismo. Os membros dessas redes – predominantemente parentes do sexo feminino, como mães, avós e tias – aliviam tensões financeiras, compartilhando bens e serviços. Além desses fortes laços de parentesco, a vida

> *O objetivo no casamento não é pensar da mesma forma, e sim pensar juntos.*
>
> Robert C. Dodds

da família negra dá ênfase a um profundo compromisso religioso e a grandes aspirações por realizações (F. Furstenberg, 2007; Stack, 1974).

A exemplo dos afro-americanos, os indígenas norte-americanos servem-se de laços familiares para aliviar muitas das dificuldades que enfrentam. Na reserva *Navajo*, por exemplo, ter filhos durante a adolescência não é considerado uma crise como em outros lugares nos Estados Unidos. Os navajos traçam sua descendência em termos matrilineares. Tradicionalmente, os casais residem com a família da esposa após o casamento, permitindo que os avós ajudem na criação dos filhos. Embora os navajos não aprovem pais e mães adolescentes, o profundo compromisso emocional de suas famílias extensas proporciona um ambiente familiar acolhedor para crianças órfãs (Dalla e Gamble, 2001).

Os sociólogos também observaram diferenças nos padrões familiares entre outros grupos raciais e étnicos. Por exemplo, embora os homens mexicano-americanos tenham sido descritos com um sentido de virilidade, valor pessoal e orgulho de sua masculinidade, o que se chama **machismo**, eles também são mais familistas do que muitas outras subculturas. O **familismo** é o orgulho da família extensa, expresso pela manutenção de laços estreitos e obrigações fortes para com parentes de fora da família imediata. Tradicionalmente, os mexicano-americanos têm colocado a proximidade com suas famílias extensas acima de outras necessidades e desejos.

machismo Sentido de virilidade, valor pessoal e orgulho da própria masculinidade.

familismo Orgulho da família extensa, expresso pela manutenção de laços estreitos e obrigações fortes para com parentes fora da família imediata.

Todavia, esses padrões familiares estão mudando, em resposta a mudanças nas posições de classe social, realizações educacionais e ocupações dos latino-americanos. À semelhança de outros norte-americanos, os latinos concentrados no trabalho, que estão em busca de um parceiro, mas têm pouco tempo livre estão recorrendo à internet. À medida que latinos e outros grupos são assimilados à cultura dominante dos Estados Unidos, sua vida familiar assume as características positivas e negativas associadas a famílias brancas não hispânicas (Landale e Orapesa, 2007).

PADRÕES DE CRIAÇÃO DE FILHOS

Cuidar de crianças é uma função universal da família, mas as diferentes sociedades podem atribuir essa função a membros da família de maneiras muito variadas. Os *Nayares* do sul da Índia reconhecem o papel biológico dos pais, mas o irmão mais velho da mãe é responsável pelos filhos dela. Em contraste, a maioria dos tios têm um papel apenas periférico no cuidado de crianças em países ocidentais. Mesmo dentro do país, os padrões de criação de filhos variam. Assim como nossa concepção das famílias mudou, o mesmo aconteceu com nossa prática de criar nossos filhos.

Parentalidade e avosidade A socialização das crianças é essencial para a manutenção de qualquer cultura. Consequentemente, a parentalidade é um dos papéis sociais mais importantes (e mais exigentes) em países como Estados Unidos e

SOCIOLOGIA POPULAR

A parentalidade tem sido uma fonte frequente de entretenimento nos filmes. Exemplos desses filmes são *Dona de casa por acaso, O tiro que não saiu pela culatra, Procurando Nemo, Freaky Friday, Doze é demais, Marte precisa de mães, Juno, uma mãe para o meu bebê, Um sonho possível* e até *Alvin e os esquilos*. Todos transmitem mensagens sobre o que significa ser pai ou mãe. Que lições poderíamos aprender com uma análise de como mães e pais são retratados nos filmes? Quais são as imagens e os temas recorrentes? Até que ponto é comum o pai desajeitado ou a mãe profissional que se pergunta se está fazendo as escolhas certas? Quais são as consequências desses filmes para a forma como praticamos parentalidade?

Brasil. A socióloga Alice Rossi (1968, 1984) identificou quatro fatores que dificultam a transição para a parentalidade e o papel da socialização. Em primeiro lugar, há pouca socialização antecipatória no papel social de cuidador. O currículo escolar normal dá pouca atenção aos assuntos mais relevantes para a boa vida familiar, como creches e manutenção da casa. Em segundo lugar, a aprendizagem durante o período da gravidez é limitada. Em terceiro lugar, a transição para a parentalidade é muito abrupta. Ao contrário da adolescência, ela não é prolongada e, ao contrário da transição para o trabalho, as tarefas do cuidado não podem ser assumidas gradualmente. Por fim, na visão de Rossi, nossa sociedade carece de orientações claras e úteis para a parentalidade bem-sucedida. Há pouco consenso sobre como os pais podem produzir filhos felizes e bem-ajustados, ou mesmo sobre o que significa ser bem-ajustado. Por essas razões, a socialização para a parentalidade coloca desafios difíceis à maioria dos homens e mulheres.

Um evento recente na vida familiar nos Estados Unidos foi a extensão da parentalidade, à medida que filhos adultos continuam morando em casa ou voltam para casa após a faculdade. Em 2011, 59% dos homens e 50% das mulheres com idades entre 18 e 24 anos moravam com os pais, em comparação com 52 e 35%, respectivamente, em 1960 (U.S. Census Bureau, 2011n: Tabela AD-1). Alguns desses filhos adultos ainda estavam estudando, mas, em muitos casos, há dificuldades financeiras por trás dessas condições de vida. Enquanto os aluguéis e os preços dos imóveis dispararam, os salários para os trabalhadores mais jovens não acompanharam o ritmo, e muitos se veem incapazes de comprar uma casa. Além disso, com muitos casamentos terminando em divórcio, filhas e filhos divorciados muitas vezes voltam a morar com os pais, às vezes levando consigo seus próprios filhos.

Em alguns lares, as responsabilidades de criar os filhos recaem sobre os avós. Em 2011, 7,6 milhões de crianças nos Estados Unidos, 10,1% do total, moravam em uma casa com um avô ou avó. Destes, 1,3 milhão (1,7%) não tinha pai nem mãe presentes para ajudar na criação dos filhos (U.S. Census Bureau, 2011m: Tabela C4). Há dificuldades especiais inerentes a essas relações, como temas referentes à guarda legal, questões financeiras e problemas emocionais para adultos e jovens. Talvez não seja surpreendente que tenham surgido grupos de apoio nos Estados Unidos, como Grandparents as Parents, para prestar assistência.

Adoção No sentido legal, a **adoção** é um "processo que permite a transferência dos direitos, responsabilidades e privilégios legais da parentalidade" a novos pais legais (E. Cole, 1985:638). Em muitos casos, esses direitos são transferidos de um pai ou mãe biológico (muitas vezes chamados de pai ou mãe de nascimento) a pais adotivos.

Cerca de 1,2% das crianças norte-americanas vive com pelo menos um dos pais adotivos (U.S. Census Bureau, 2011m: Tabela C9). Existem dois métodos legais para se adotar uma pessoa que não seja parente: (1) a adoção pode ser organizada por uma agência licenciada, ou, (2) em alguns estados, pode ser feita por meio de um acordo privado aprovado pelos tribunais. Nos Estados Unidos, as crianças adotadas podem vir do próprio país ou do exterior. Em 2011, mais de 9.320 crianças entraram nos Estados Unidos como filhos adotivos de cidadãos norte-americanos. Os três principais países de origem das adoções norte-americanas em 2011 foram a China, com 2.589, a Etiópia, com 1.727, e a Rússia, com 970. O preço médio pago pela adoção de uma criança chinesa foi 15.930 dólares (Carr, 2007; U.S. Department of State, 2011). Embora continue a ser substancial, o número de adoções internacionais tem diminuído nos últimos anos, tendo diminuído em relação às 23 mil adoções de 2004.

Nos Estados Unidos, historicamente, uma das limitações era a de que apenas os parceiros casados podiam adotar. Em 1995, uma importante decisão judicial em Nova York declarou que um casal não precisa ser casado para adotar uma criança. Segundo essa decisão, parceiros heterossexuais não casados e casais homossexuais podem adotar crianças legalmente em Nova York. Escrevendo pela maioria, a juíza presidente Judith Kaye argumentou que, ampliando os limites do que se pode reconhecer legalmente como pais, o Estado pode ajudar mais crianças a garantir "o melhor lar possível". Com a decisão, Nova York tornou-se o terceiro estado norte-americano (depois de Vermont e Massachusetts) a reconhecer o direito de parceiros não casados adotarem filhos (Dao, 1995; Human Rights Campaign, 2009).

> **adoção** No sentido jurídico, processo que permite a transferência dos direitos, responsabilidades e privilégios legais da parentalidade a novos pais legais.

Para cada criança que é adotada, muitas outras continuam nos serviços de proteção à criança patrocinados pelo Estado. Em 2010, 408.425 crianças nos Estados Unidos viviam em lares substitutos. Destas, 107.011 estavam à espera de adoção (U.S. Department of Human Services, 2011).

Famílias com duas fontes de renda A ideia de uma família composta de um marido assalariado e uma dona de casa deu lugar, em grande parte, à família com duas fontes de renda. Nos Estados Unidos, em 53% dos casais com filhos menores de seis anos, marido e mulher estão na força de trabalho (Bureau of Labor Statistics, 2012b: Tabela 4).

PENSAMENTO SOCIOLÓGICO

Quais são as vantagens e as desvantagens do modelo de duas fontes de renda para mulheres, para homens, para crianças e para a sociedade como um todo?

Oportunidade e necessidade têm impulsionado o aumento do número de casais com duas fontes de renda. As mulheres agora têm a chance de buscar oportunidades de uma forma que lhes era vedada devido a expectativas culturais de gênero. Isso resultou em um aumento do grau de instrução das mulheres e maior participação em campos de trabalho que, em grande parte, estavam fechados.

Ao mesmo tempo, no entanto, os casais encontram mais dificuldades para viver de uma única fonte de renda. Evidên-

A estrela de Hollywood Sandra Bullock com seu filho Louis Bardo Bullock, adotado em Nova Orleans em 2010.

Você sabia?

... Até 1978, era legal, nos Estados Unidos, demitir uma mulher por estar grávida. A Suprema Corte confirmou esse princípio em casos importantes em 1974 e 1976. Dois anos depois, em resposta a essas decisões, o Congresso aprovou a Lei de Discriminação da Gravidez, que proibia negar benefícios, demitir ou se recusar a contratar alguém por estar grávida.

cias dessa tendência podem ser encontradas no aumento dos casais que moram separados por razões diferentes da discórdia conjugal. Os 3,6 milhões de casais que moram separados atualmente representam 1 em cada 33 casamentos. Mais da metade dos parceiros mora a mais de 150 quilômetros de distância um do outro, e metade mora a 1.500 quilômetros ou mais. Claro, casais que moram separados não são novidade; os homens trabalham em empregos temporários há gerações, como soldados, motoristas de caminhão ou vendedores ambulantes. A existência desses arranjos domésticos reflete a aceitação da família de tipo igualitário (L. Cullen, 2007; Holmes, 2006; Stafford, 2010).

famílias monoparentais Famílias nas quais apenas um dos pais está presente para cuidar dos filhos.

Famílias monoparentais A canção "Baby Mama", da vencedora do *American Idol* 2004, Fantasia Barrino, faz uma homenagem às jovens mães solteiras – um assunto que ela conhece. Barrino tinha 17 anos quando ficou grávida de sua filha. Embora os críticos acusem a canção de mandar uma mensagem errada às adolescentes, Barrino diz que não se trata de incentivar os adolescentes a fazer sexo. Em vez disso, ela vê a música como um hino para jovens mães tentando corajosamente criar seus filhos sozinhas (Cherlin, 2006).

Nas últimas décadas, o estigma associado a mães não casadas e outros pais e mães solteiros diminuiu muito. As **famílias monoparentais**, nas quais apenas um dos pais está presente para cuidar dos filhos, não podem ser consideradas raridade nos Estados Unidos. Em 2011, 27,2% de todas as crianças viviam com apenas um dos pais. Isso variava segundo a raça e a etnia, com 19,9% das crianças brancas, não hispânicas, 54,7% das afro-americanas, 10,3% das asiáticas e 29,2% das hispânicas vivendo com um dos pais (U.S. Census Bureau 2011m: Tabela C9).

A vida de mães solteiras e de seus filhos não é inevitavelmente mais difícil do que a de uma família nuclear tradicional. É tão equivocado supor que uma família monoparental é necessariamente despossuída quanto supor que uma família com dois pais é sempre segura e feliz. No entanto, considerando-se que as famílias monoparentais dependem de uma única fonte de renda ou de um único cuidador, a vida nessas famílias pode ser extremamente estressante. Uma família chefiada por uma mãe solteira enfrenta problemas especialmente difíceis quando a mãe é adolescente, principalmente quando ela não tem acesso a recursos sociais e econômicos significativos (Sawhill, 2006).

Por que as adolescentes de baixa renda podem querer ter filhos e enfrentar as evidentes dificuldades financeiras da maternidade? Alguns teóricos afirmam que essas adolescentes tendem a ter baixa autoestima e opções limitadas; um filho pode proporcionar uma sensação de motivação e propósito para a adolescente cujo valor econômico na sociedade é limitado, na melhor das hipóteses. Dadas as barreiras que muitas jovens enfrentam por causa de gênero, raça, etnia e classe, muitas adolescentes podem acreditar que têm pouco a perder e muito a ganhar tendo um filho (Edin e Kefalas, 2005).

Embora 87% dos solteiros com filhos nos Estados Unidos sejam mulheres, o número de famílias chefiadas por homens solteiros com filhos mais do que triplicou (3,5) entre 1970 e 2011. As mães solteiras muitas vezes desenvolvem redes sociais, mas os pais solteiros costumam ser mais isolados. Além disso, eles devem lidar com as escolas e as agências de serviços sociais, que estão mais acostumadas com as mulheres como detentores da guarda dos filhos (U.S. Census Bureau, 2011o: Tabela CH1).

Famílias acolhedoras Como resultado de pais e mães solteiros que se casam ou divorciados que se casam novamente, cerca de 5,8% dos filhos menores de 18 anos vivem com pelo menos um pai adotivo (U.S. Census Bureau, 2011m: Tabela C9). Contudo, as famílias acolhedoras podem envolver mais do que apenas os filhos nessas relações. A socióloga Susan Stewart (2007) recomenda que ampliemos nossa definição de famílias acolhedoras para incluir casais que moram juntos com filhos de relacionamentos anteriores, famílias cujos enteados não moram sempre com elas, casais homossexuais com filhos de antigos relacionamentos heterossexuais e famílias acolhedoras com filhos

> Que coisa maior pode haver para as almas humanas do que a sensação de que estão unidas por toda a vida – estar uma com a outra em memórias silenciosas indescritíveis.
>
> George Eliot

As comediantes Tina Fey e Amy Poehler estrelaram, junto com Sigourney Weaver, o filme Baby Mama, de 2008, no qual Fey faz o papel de uma aspirante a mãe solteira.

adultos. A definição ampliada destaca o fato de que ser membro de uma família acolhedora é uma condição que se estende ao longo da vida. A natureza exata das famílias mistas tem um significado social para adultos e crianças.

Os membros das famílias acolhedoras têm de lidar com questões de ressocialização quando um adulto se torna padrasto ou madrasta, os filhos se tornam enteados. Ao avaliar essas famílias acolhedoras, alguns observadores têm pressuposto que os filhos se beneficiariam de um novo casamento porque ganhariam mais um pai ou uma mãe com guarda legal e, potencialmente, teriam mais segurança econômica. No entanto, depois de analisar muitos estudos de famílias acolhedoras, o sociólogo Andrew Cherlin J. (2008b: 800) concluiu que "o bem-estar de filhos em famílias acolhedoras não é melhor, em média, do que o bem-estar de filhos em famílias divorciadas monoparentais".

Padrastos e madrastas podem ter papéis importantes e específicos na vida de seus enteados, e os têm, mas sua participação não garante uma melhora na vida familiar. Na verdade, os padrões podem declinar. Estudos sugerem que as crianças que cresceram em famílias com madrastas têm probabilidade de receber menos cuidados em termos de saúde, educação e dinheiro gasto com comida do que as criadas por mães biológicas. As medidas também são negativas para as crianças criadas por padrastos, mas apenas na metade do nível das madrastas. Isso pode ser devido à madrasta se conter por preocupação com parecer demasiado invasiva ou contar com o pai biológico para exercer funções parentais (Schmeeckle, 2007; Schmeeckle et al., 2006).

>>Estilos de vida diversificados

O casamento não é mais o caminho presumido da adolescência para a idade adulta. Na verdade, ele perdeu muito de sua importância social como rito de passagem. Hoje, estabelecer-se por meio da educação e de uma carreira é prioridade (Cherlin, 2004, 2009). O índice de casamentos nos Estados Unidos tem diminuído desde 1970, porque as pessoas estão adiando até um momento posterior de suas vidas e porque mais casais, incluindo os formados por pessoas do mesmo sexo, estão decidindo estabelecer parcerias sem casamento (Mather e Lavery, 2010).

Arranjos de vida de crianças com pais nos Estados Unidos

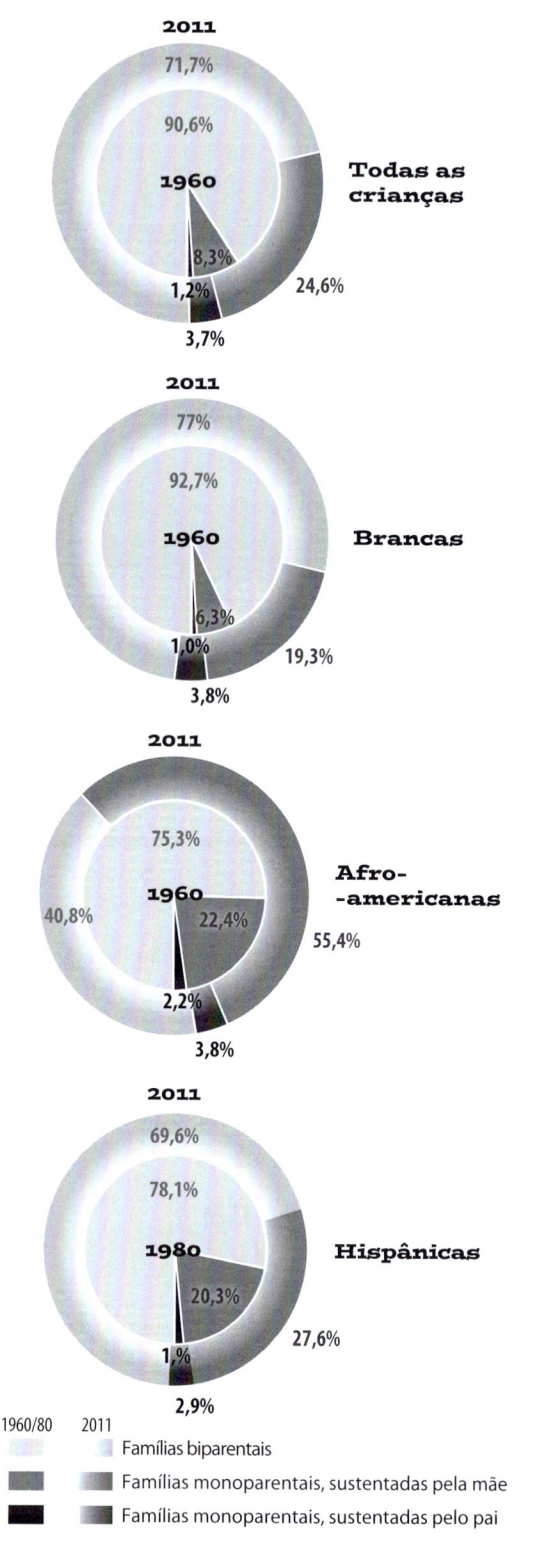

Todas as crianças
- 2011: 71,7% / 8,3% / 1,2% / 3,7% / 24,6%
- 1960: 90,6%

Brancas
- 2011: 77% / 6,3% / 1,0% / 3,8% / 19,3%
- 1960: 92,7%

Afro-americanas
- 2011: 75,3% / 40,8% / 2,2% / 3,8% / 55,4%
- 1960: 22,4%

Hispânicas
- 2011: 69,6% / 20,3% / 1,% / 2,9% / 27,6%
- 1980: 78,1%

1960/80 2011
- Famílias biparentais
- Famílias monoparentais, sustentadas pela mãe
- Famílias monoparentais, sustentadas pelo pai

Observação: Os gráficos mostram o percentual de crianças menores de 18 anos que moram com pelo menos um dos pais. Pessoas de origem hispânica podem ser de qualquer raça. Os dados referentes aos hispânicos são de 1980 e 2011.
Fonte: Com base em U.S. Census Bureau, 2011o: Tables Ch-1, Ch-2, Ch-3, Ch-4.

COABITAÇÃO

Testar o relacionamento morando junto sem ser casado é uma prática cada vez mais comum. A **coabitação** é definida convencionalmente como a prática de um homem e uma mulher que moram juntos em um relacionamento sexual sem estarem casados. A porcentagem de adultos entre 30 e 44 anos que coabitam atualmente aumentou de 3% em 1995 para 7% em 2010 (Fry e Cohn, 2011).

Cerca de metade de todos os casados atualmente nos Estados Unidos dizem que moraram juntos antes do casamento. E esse percentual tende a aumentar. O número de domicílios de casais não casados no país aumentou seis vezes na década de 1960 e mais 72% entre 1990 e 2000. Adultos com idades entre 30 e 44 anos, sem formação superior, são mais propensos a coabitar do que quem tem diploma universitário. A coabitação é mais comum entre afro-americanos e índios norte-americanos do que entre outros grupos raciais e étnicos, e é menos comum entre asiático-americanos. O mapa na página 169 mostra como a coabitação varia por região (Goodwin et al., 2010; Kreider, 2010; T. Simmons e O'Connell, 2003).

Em grande parte da Europa, a coabitação é tão comum que o sentimento geral parece ser "amor, sim; casamento, tal-

Domicílios com parceiros não casados por Estado norte-americano

Porcentagem de casais que não são casados
- 0%–9%
- 9%–12%
- 12%–14%
- 14%–17%
- 17%–34%

Fonte: El Nasser e Overberg, 2011.

coabitam nunca foram casadas, os pesquisadores relatam que cerca de metade de todos os envolvidos em coabitação nos Estados Unidos foram casados anteriormente. A coabitação serve como uma alternativa temporária ou permanente ao matrimônio para muitos homens e mulheres que passam por seus próprios divórcios ou pelos de seus pais (Fields, 2004; Popenoe e Whitehead, 1999).

FICAR SOLTEIRO

Cada vez mais, as pessoas estão optando por permanecerem solteiras. A porcentagem da população adulta dos Estados Unidos que nunca se casou cresceu de 15% em 1960 para 28% em 2010. Uma série de fatores ajuda a explicar a tendência, incluindo o aumento dos índices de coabitação e, como vimos anteriormente, o fato de que quem se casa está esperando mais tempo para fazê-lo. Daqueles que nunca se casaram, 61% dizem que querem, 27% dizem que não têm certeza, e 12% dizem que não querem casar (Cohn et al., 2011).

Há muitas razões pelas quais uma pessoa pode optar por não se casar. Alguns solteiros não querem limitar sua intimidade sexual a um parceiro por toda vida. Alguns homens e mulheres não querem ser muito dependentes de qualquer pessoa – e não querem que ninguém dependa muito deles. Em uma sociedade que valoriza a individualidade e a autorrealização, a vida de solteiro pode oferecer certas liberdades que o casamento não pode.

coabitação A prática de um homem e uma mulher que moram juntos em um relacionamento sexual sem estar casados.

Continuar solteiro representa um claro afastamento das expectativas da sociedade, e pode dar a sensação de ser visado em uma sociedade que pressupõe o casamento. Um adulto solteiro deve enfrentar a visão equivocada de que é sempre solitário, viciado em trabalho ou imaturo. Esses estereótipos ajudam a sustentar a suposição tradicional na maioria das sociedades de que, para ser verdadeiramente feliz e realizada, a pessoa deve se casar e formar uma família. Para se contrapor a essas expectativas sociais, os solteiros têm formado muitos grupos de apoio (Hertz, 2006; Lundquist, 2006).

vez". Na Islândia, 62% de todos os filhos nascem de mães solteiras; na França, na Grã-Bretanha e na Noruega, a proporção é de cerca de 40%. As políticas governamentais nesses países fazem poucas distinções jurídicas entre parceiros casados e não casados ou seus domicílios (Lyall, 2002; M. Moore, 2006; Thomson e Bernhardt, 2010).

As pessoas geralmente associam a coabitação apenas com os casais mais jovens; contudo, de acordo com um estudo feito em Los Angeles, nos Estados Unidos, casais que trabalham têm quase duas vezes mais probabilidade de coabitar do que estudantes universitários. E os dados do censo mostram que, em 2008, 9,6% dos nascimentos nos Estados Unidos foram de filhos de mulheres que moravam com um parceiro em coabitação (Dye, 2010). Esses coabitantes são mais cônjuges do que parceiros de namoro. Além disso, em contraste com a percepção comum de que as pessoas que

> *Chame de clã, chame de rede, chame de tribo, chame de família. Seja como for que você chame, você precisa de uma.*
>
> Jane Howard

NÃO TER FILHOS

Também aumentou muito o número de pessoas sem filhos nos Estados Unidos. De acordo com dados do U.S. Census Bureau, 19% das mulheres entre 40 e 44 anos nunca tiveram filhos. Quem tem pelo menos um diploma universitário têm maior probabilidade de optar por não ter filhos do que pessoas com menor grau de instrução (U.S. Census Bureau, 2010k: Tabela 1).

O casamento sem filhos costuma ser visto como um problema que pode ser resolvido por meios como adoção e inseminação artificial. Mais e mais casais de hoje, no entanto, optam por não ter filhos e se consideram livres de filhos em vez de sem filhos. Eles não acreditam que ter filhos seja uma decorrência automática do casamento, nem acham que a reprodução seja dever de todos os casados. Os casais sem filhos têm formado grupos de apoio (com nomes como *No kidding* e *Childless by choice*) e desenvolvido páginas na internet (K. Park, 2005; Terry, 2000).

As considerações econômicas contribuíram para essa mudança de atitude; ter filhos tornou-se muito caro. Nos Estados Unidos, as estimativas são de que os pais de crianças nascidas em 2010, com renda média, podem prever gastar 286.860 dólares para alimentar, vestir e abrigar uma criança desde o nascimento até os 18 anos. Se a criança fizer faculdade, esse montante pode dobrar, dependendo da faculdade escolhida. Ciente das pressões financeiras, alguns casais estão tendo menos filhos do que poderiam, e outros estão pesando as vantagens de um casamento livre de filhos (Lino, 2011).

RELAÇÕES HOMOSSEXUAIS

Um dos debates políticos mais ativos sobre as famílias nos últimos anos tem envolvido o casamento entre pessoas do mesmo sexo. Esses casais destacam a dificuldade de definir as famílias em termos demasiado estreitos. Se ficarmos com uma definição substantiva estreita, essas relações não têm sido consideradas como famílias; contudo, quando definimos as famílias em termos do que elas fazem – as funções que cumprem – encontramos uma aceitação crescente de que essas relações constituem famílias.

Os estilos de vida de homens e mulheres homossexuais são variados como os dos heterossexuais. Alguns vivem relações monogâmicas longas, outros moram sozinhos ou dividem moradia com alguém. Alguns permanecem em casamentos heterossexuais do tipo "concha vazia" e não reconhecem publicamente sua homossexualidade; outros, ainda, vivem com filhos de um casamento anterior ou com filhos adotivos. Com base em pesquisas de boca de urna nas eleições de 2008 nos Estados Unidos, os pesquisadores descobriram que 4% da população adulta votante se identifica como homossexuais. Em 2010, de acordo com o U.S. Census Bureau, havia 646.464 casais formados por parceiros do mesmo sexo não casados nos Estados Unidos. Em média, esses casais tinham maior grau de instrução, maior probabilidade de ambos os membros estarem empregados e rendas mais elevadas do que os casais de pessoas de sexo oposto (CNN, 2008; Löfquist, Lugaila, O'Connell e Feliz, 2012).

A partir do Censo de 2010, ficou mais fácil obter estatísticas sobre casais do mesmo sexo. Anteriormente, se os parceiros do mesmo sexo marcavam a alternativa "marido" ou "esposa" para indicar a natureza de seu relacionamento, eram categorizados como parceiros não casados. Com a legalização do casamento homossexual, e para obter uma contagem mais precisa, o Censo norte-americano está incentivando os casais homossexuais que se percebem como casados a marcar a alternativa "casado".

Em 1999, Vermont deu direitos legais a uniões civis, mas não chegou a chamar esses relacionamentos de casamentos. A seguir, em 2003, Massachusetts tornou-se o primeiro estado a legalizar o casamento homossexual, quando sua Suprema Corte decidiu, por 4 votos a 3, que, sob a Constituição do Estado, os parceiros do mesmo sexo têm direito de se casar – uma decisão que a Suprema Corte dos Estados Unidos se recusou a rever. Em 2008, a Suprema Corte de Connecticut chegou à mesma conclusão, como fez Iowa em 2009. Vermont, em seguida, tornou-se o primeiro estado a aprovar uma lei que legalizou o casamento homossexual; New Hampshire veio logo a seguir, assim como Nova York, em julho de 2011. Como resultado, em maio de 2012, seis estados davam a casais homossexuais o mesmo direito de se casar garantido a casais heterossexuais.

Jurisdições locais e estaduais aprovaram proativamente leis permitindo o registro de parcerias domésticas e estenderam benefícios de empregados a esses relacionamentos. Segundo essas políticas, uma **parceria doméstica** pode ser definida como dois adultos não parentes que compartilham um relacionamento de cuidado mútuo, residem juntos e concordam em ser corresponsáveis por seus dependentes, suas despesas básicas e outras necessidades comuns. Os benefícios da parceria doméstica podem se aplicar a heranças, parentalidade, pensões, impostos, habitação, imigração, benefícios no local de trabalho e tratamentos de saúde dos casais. Mesmo que o apoio mais intenso à legislação da parceria doméstica tenha vindo de ativistas homossexuais, a maioria das pessoas elegíveis para esses benefícios seria de parceiros heterossexuais em coabitação.

As atitudes com relação aos direitos dos homossexuais dependem de quem você conhece

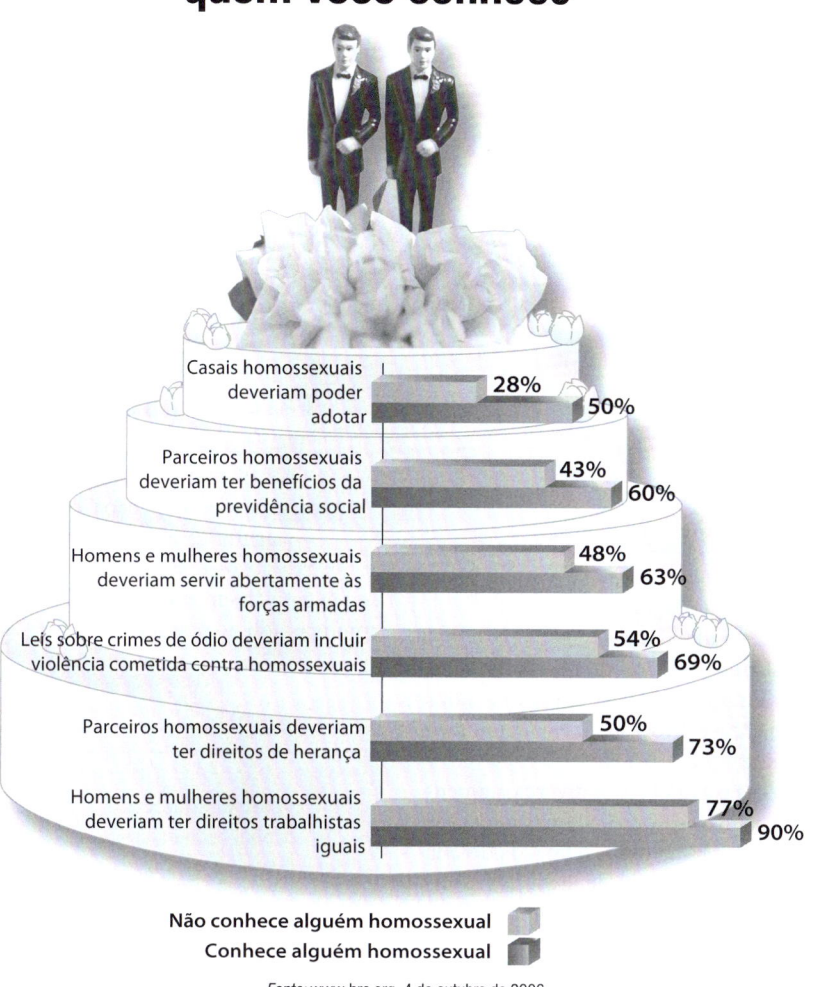

	Não conhece alguém homossexual	Conhece alguém homossexual
Casais homossexuais deveriam poder adotar	28%	50%
Parceiros homossexuais deveriam ter benefícios da previdência social	43%	60%
Homens e mulheres homossexuais deveriam servir abertamente às forças armadas	48%	63%
Leis sobre crimes de ódio deveriam incluir violência cometida contra homossexuais	54%	69%
Parceiros homossexuais deveriam ter direitos de herança	50%	73%
Homens e mulheres homossexuais deveriam ter direitos trabalhistas iguais	77%	90%

Fonte: www.hrc.org, 4 de outubro de 2006.

>>Divórcio

"Você promete amar, honrar e respeitar... até que a morte os separe?". Todos os anos, pessoas de todas as classes sociais e de todos os grupos raciais e étnicos fazem esse acordo juridicamente válido, mas um grande número dessas promessas é rompido antes do divórcio.

TENDÊNCIAS ESTATÍSTICAS EM RELAÇÃO AO DIVÓRCIO

O quão comum é o divórcio? Surpreendentemente, essa não é uma pergunta fácil de responder, pois as estatísticas são difíceis de interpretar. A mídia costuma relatar que um em cada dois casamentos termina em divórcio, mas esse número é enganoso, pois muitos casamentos duram décadas. Ele tem como base uma comparação de todos os divórcios que ocorrem em um único ano (independentemente de quando os casais se casaram) com o número de novos casamentos no mesmo ano. Teremos uma imagem um pouco mais completa se olharmos os marcos conjugais que as pessoas atingem com base no ano em que se casaram pela primeira vez (como mostrado na tabela da pág. 172). Esses dados incluem casamentos que terminam devido à morte do parceiro; considerando-se que a expectativa de vida aumentou, os dados realmente dão uma sensação de mudança nos padrões.

[**parceria doméstica** Dois adultos não parentes que compartilham um relacionamento de cuidado mútuo, residem juntos e concordam em ser corresponsáveis por seus dependentes, suas despesas básicas e outras necessidades comuns.]

Porcentagem dos casamentos que alcançam marcos nos Estados Unidos*

Homens, ano do primeiro casamento	Aniversário de casamento (porcentagem ainda casada)								Mulheres, ano do primeiro casamento	Aniversário de casamento (porcentagem ainda casada)							
	5º	10º	15º	20º	25º	30º	35º	40º		5º	10º	15º	20º	25º	30º	35º	40º
1960–64	94,6	83,4	74,7	70,2	66,9	64,5	62,1	60,1	1960–64	93,0	82,8	73,5	67,0	60,8	57,2	53,6	49,7
1965–69	91,7	88,0	69,9	65,8	62,7	60,5	57,9		1965–69	90,7	79,3	69,6	64,0	59,1	55,8	52,1	
1970–74	88,0	75,0	65,7	60,2	56,8	53,8			1970–74	89,2	74,5	66,1	61,3	56,2	52,6		
1975–79	88,2	73,4	63,7	58,7	54,4				1975–79	86,9	72,8	63,2	57,4	53,2			
1980–84	90,6	74,3	65,2	60,0					1980–84	87,8	71,1	62,9	56,6				
1985–89	87,7	75,4	66,6						1985–89	87,9	74,5	66,4					
1990–94	89,7	77,3							1990–94	87,1	74,5						
1995–99	89,6								1995–99	89,5							

*Inclui casamentos que acabaram por divórcio, separação e morte.

Fonte: Kreider e Ellis, 2011: Tabela 4.

Acompanhando as linhas ou as colunas, pode-se ter uma ideia do efeito geracional e dos efeitos da mudança de atitudes e práticas ao longo do tempo.

A duração média dos primeiros casamentos que terminaram em divórcio é de oito anos. Em geral, nos Estados Unidos, 20,5% dos homens e 22,4% das mulheres de 15 anos ou mais se divorciaram. Entre os adultos de 50 a 59 anos, 35,7% dos homens e 37,3% das mulheres se divorciaram em algum momento de suas vidas (Kreider e Ellis, 2011).

Nos Estados Unidos, as taxas globais de divórcio aumentaram significativamente na década de 1960, mas depois se estabilizaram; desde o final da década de 1980, a taxa de divórcios diminuiu em 30%. Essa tendência se deve, em parte, ao envelhecimento da geração que nasceu na explosão demográfica do pós-guerra e ao correspondente declínio na proporção de pessoas em idade de se casar, mas também indica um aumento na estabilidade conjugal nos últimos anos (Coontz, 2006; Kreider e Ellis, 2011).

Divorciar-se não torna as pessoas necessariamente refratárias ao casamento. Cerca de 63% de todas as pessoas divorciadas nos Estados Unidos voltaram a se casar. O tempo médio entre o divórcio e o segundo casamento é de quatro anos. As mulheres têm menor probabilidade do que os homens de se casar novamente, pois muitas ficam com a guarda dos filhos após o divórcio, o que complica um novo relacionamento adulto (Kreider e Ellis, 2011; Saad, 2004).

FATORES ASSOCIADOS AO DIVÓRCIO

Um dos principais fatores a determinar o aumento nos divórcios nos últimos cem anos foi a maior aceitação social. Já não é considerado necessário suportar um casamento infeliz. Mesmo grandes grupos religiosos têm relaxado as atitudes que costumavam ser negativas em relação ao divórcio, geralmente tratado como pecado no passado.

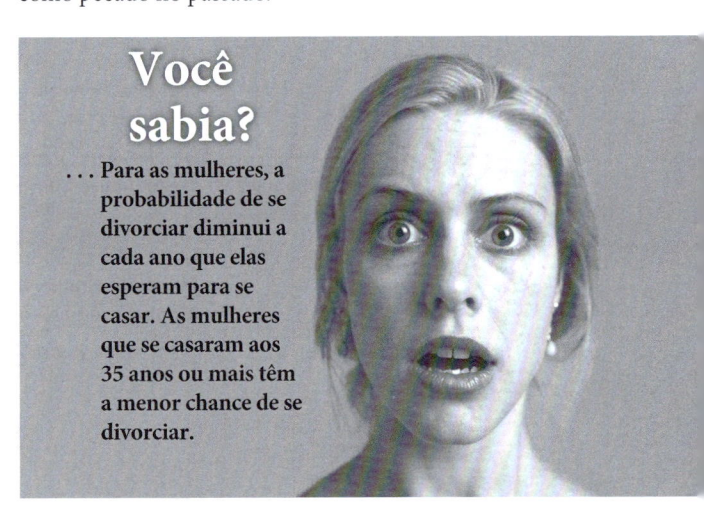

Você sabia?

... Para as mulheres, a probabilidade de se divorciar diminui a cada ano que elas esperam para se casar. As mulheres que se casaram aos 35 anos ou mais têm a menor chance de se divorciar.

A crescente aceitação do divórcio é um fenômeno mundial. Há apenas uma década, Sunoo, o serviço casamenteiro mais importante da Coréia do Sul, não tinha clientes divorciados. Poucos coreanos se divorciavam, e os que o faziam sentiam pressão social para se resignar à vida de solteiro. Em um período recente de sete anos, a taxa de divórcio da Coréia do Sul dobrou. Agora, 15% dos membros do Sunoo são divorciados (Onishi, 2003).

Nos Estados Unidos, vários fatores têm contribuído para a crescente aceitação social do divórcio. Por exemplo, a maioria dos estados adotou leis menos restritivas nas três últimas décadas. Leis de divórcio "sem culpa", que permitem que um casal termine o casamento sem atribuir culpabilidade (p. ex.,

Tendências em casamento e divórcio nos Estados Unidos

Índice por mil habitantes

Casamento
Divórcio

1920 1930 1940 1950 1960 1970 1980 1990 2000 2009

Fontes: Bureau of the Census, 1975:64; Tejada-Vera e Sutton, 2010.

especificando adultério), foram responsáveis por um aumento inicial na taxa de divórcio depois de sua introdução, na década de 1970, embora essas leis pareçam ter tido pouco efeito para além disso. Um aumento geral da renda familiar, em conjunto com a disponibilidade de assistência jurídica gratuita para algumas pessoas pobres, também fez mais casais poderem enfrentar processos de divórcio caros. Mais além, como a sociedade oferece maiores oportunidades para as mulheres, mais e mais esposas estão se tornando menos dependentes de seus maridos, tanto econômica quanto emocionalmente. Elas podem se sentir mais capazes de deixar um casamento que pareça já não ter esperanças (Coontz, 2011).

O IMPACTO DO DIVÓRCIO NOS FILHOS

O divórcio é traumático para todos os envolvidos, mas tem um significado especial para os mais de um milhão de crianças cujos pais se divorciam por ano. Há um importante debate sociológico sobre os efeitos do divórcio nos filhos. Um grande estudo acompanhou 131 filhos de pais divorciados ao longo de 25 anos, e concluiu que os impactos do divórcio são grandes e de longa duração, incluindo maiores índices de abuso de drogas e álcool, recursos limitados para fazer faculdade e medo da intimidade na vida adulta (Wallerstein, Lewis e Blakeslee, 2000). Os pesquisadores desse estudo recomendaram que os pais devem ficar juntos em um casamento que seja "bom o su-

ficiente", por causa dos filhos. Uma das limitações da pesquisa é o tamanho relativamente pequeno da amostra, levando ao questionamento sobre até onde seus resultados podem ser generalizados.

ESTUDOS sociológicos

Outros sociólogos concluíram que, para muitas crianças, o divórcio sinaliza o fim bem-vindo de um relacionamento altamente disfuncional. Um estudo nacional realizado nos Estados Unidos pelos sociólogos Paul R. Amato e Alan Booth (1997) mostrou que, em cerca de um terço dos divórcios, os filhos acabam se beneficiando da separação dos pais, pois ela diminui a exposição deles aos conflitos. Outros pesquisadores, usando também amostras maiores, concluíram que os efeitos nocivos do divórcio no longo prazo afetam apenas uma minoria das crianças (Booth e Amato, 2001; Cherlin, 2009; Hetherington e Kelly, 2002; Sun e Li, 2008).

Os debates em torno de temas como divórcio, coabitação e famílias de mesmo sexo destacam muitas das questões que os sociólogos procuram abordar em suas pesquisas sobre a vida familiar. O que as famílias são, o que elas fazem, como o fazem e os obstáculos que enfrentam são temas relevantes para todas essas questões. Em nosso mundo moderno e pluralista, as tradições singulares do passado já não podem ser tidas como certas. As pessoas vêm de muitas culturas diferentes, com várias premissas que consideram certas. A sociologia investiga essa complexidade, fornecendo-nos ferramentas para que possamos entender melhor a forma como pensamos e agimos no contexto das famílias.

envolva-se!

Seja voluntário! Há muitas organizações destinadas a ajudar crianças em situações de necessidade e programas de reforço escolar. Esses programas podem cumprir algumas das funções das famílias. Procure uma organização desse tipo e descubra de que maneira você pode ajudar.

Famílias • 173

PARA REVISÃO

I. **O que é família?**
   - Os sociólogos definem família em termos do que uma família é, com ênfase em sangue e na afinidade, e do que as famílias fazem ou das funções que cumprem, incluindo reprodução, socialização, proteção, regulação do comportamento sexual, afeto e companheirismo, e fornecimento de *status* social.

II. **Como as pessoas escolhem parceiros?**
   - Fatores sociais moldam o leque de potenciais parceiros a partir do qual os indivíduos escolhem. As pessoas equilibram a escolha, favorecendo alguém que esteja dentro de seu grupo (endogamia), mas não muito perto (exogamia). As pessoas tendem a escolher alguém com características sociais semelhantes (homogamia), incluindo idade, escolaridade, classe, raça e etnia.

III. **Como as famílias variam?**
   - Há uma variação importante em termos de proximidade (extensa ou nuclear), autoridade (patriarcal, matriarcal e igualitária), duração (divórcio) e estrutura (com dupla renda, monoparental, acolhedora, de coabitação, formada por solteiros, livre de filhos, e de mesmo sexo).

Visões SOCIOLÓGICAS sobre famílias

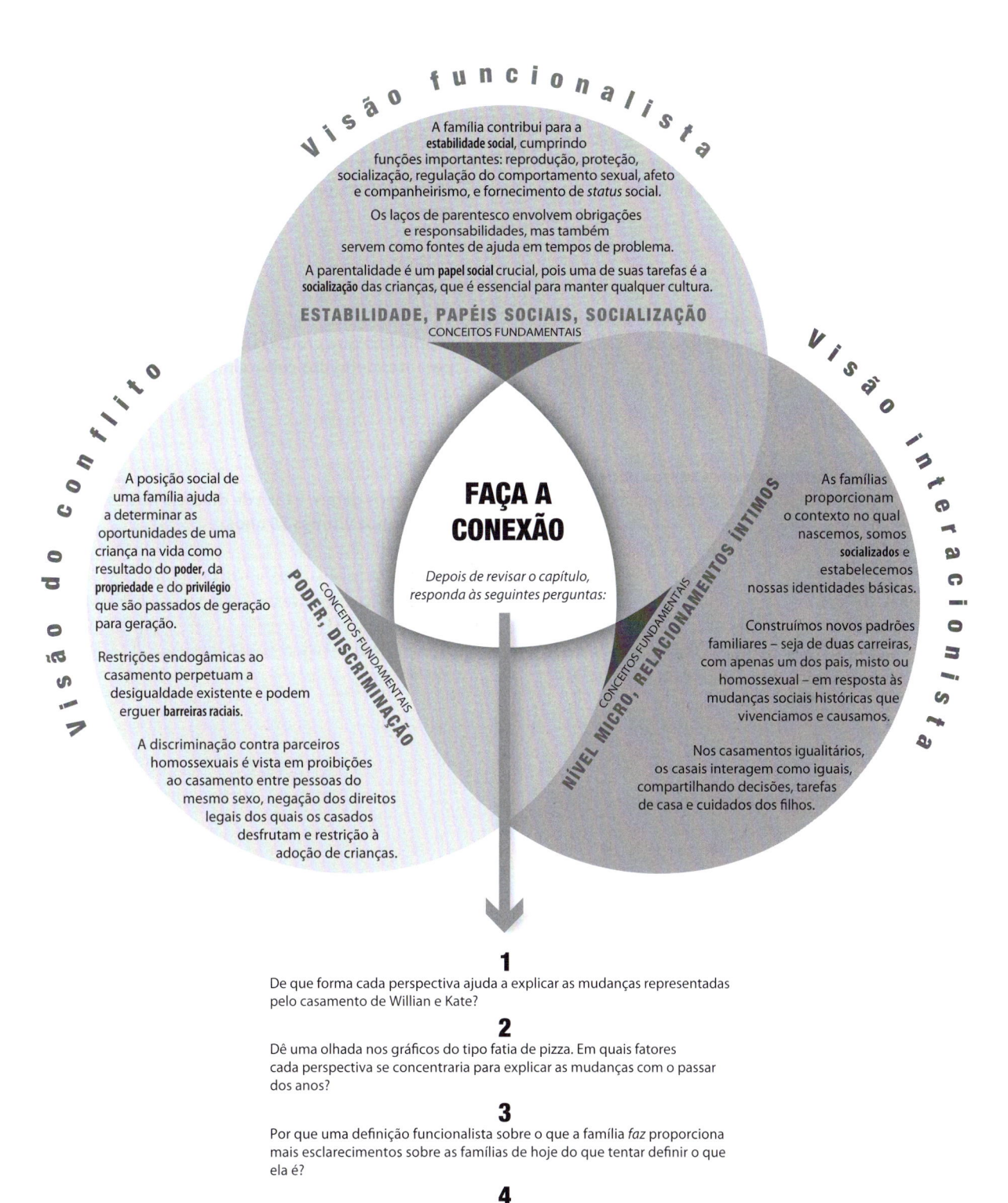

Visão funcionalista

A família contribui para a **estabilidade social**, cumprindo funções importantes: reprodução, proteção, socialização, regulação do comportamento sexual, afeto e companheirismo, e fornecimento de *status* social.

Os laços de parentesco envolvem obrigações e responsabilidades, mas também servem como fontes de ajuda em tempos de problema.

A parentalidade é um **papel social** crucial, pois uma de suas tarefas é a **socialização** das crianças, que é essencial para manter qualquer cultura.

ESTABILIDADE, PAPÉIS SOCIAIS, SOCIALIZAÇÃO
CONCEITOS FUNDAMENTAIS

Visão do conflito

A posição social de uma família ajuda a determinar as oportunidades de uma criança na vida como resultado do **poder**, da **propriedade** e do **privilégio** que são passados de geração para geração.

Restrições endogâmicas ao casamento perpetuam a desigualdade existente e podem erguer **barreiras raciais**.

A discriminação contra parceiros homossexuais é vista em proibições ao casamento entre pessoas do mesmo sexo, negação dos direitos legais dos quais os casados desfrutam e restrição à adoção de crianças.

CONCEITOS FUNDAMENTAIS
PODER, DISCRIMINAÇÃO

Visão interacionista

As famílias proporcionam o contexto no qual nascemos, somos **socializados** e estabelecemos nossas identidades básicas.

Construímos novos padrões familiares – seja de duas carreiras, com apenas um dos pais, misto ou homossexual – em resposta às mudanças sociais históricas que vivenciamos e causamos.

Nos casamentos igualitários, os casais interagem como iguais, compartilhando decisões, tarefas de casa e cuidados dos filhos.

CONCEITOS FUNDAMENTAIS
NÍVEL MICRO, RELACIONAMENTOS ÍNTIMOS

FAÇA A CONEXÃO

Depois de revisar o capítulo, responda às seguintes perguntas:

1
De que forma cada perspectiva ajuda a explicar as mudanças representadas pelo casamento de Willian e Kate?

2
Dê uma olhada nos gráficos do tipo fatia de pizza. Em quais fatores cada perspectiva se concentraria para explicar as mudanças com o passar dos anos?

3
Por que uma definição funcionalista sobre o que a família *faz* proporciona mais esclarecimentos sobre as famílias de hoje do que tentar definir o que ela é?

4
Quem manda em sua família? Qual perspectiva melhor descreveria a dinâmica de sua família: funcionalista, do conflito ou interacionista?

Pop Quiz

1. **Qual definição de família tem foco na importância do sangue e da afinidade?**
   a. Funcionalista
   b. Matrilinear
   c. Substantiva
   d. Extensa

2. **Qual sistema de descendência considera com igual importância ambos os lados da família?**
   a. Matrilinear
   b. Patrilinear
   c. Bilateral
   d. Unilateral

3. **Alice, de sete anos, mora com seus pais, sua avó e sua tia. A família de Alice é um exemplo de**
   a. família nuclear.
   b. família patrilinear.
   c. família extensa.
   d. família polígama.

4. **Em que tipo de casamento uma pessoa pode ter vários cônjuges em sua vida, mas apenas um de cada vez?**
   a. Monogamia em série
   b. Monogamia
   c. Poligamia
   d. Poliandria

5. **O casamento de uma mulher com mais de um homem ao mesmo tempo é chamado de**
   a. poliginia.
   b. monogamia.
   c. monogamia em série.
   d. poliandria.

6. **Em que tipo de sociedade as mulheres dominam a tomada de decisões da família?**
   a. Poligamia
   b. Igualitária
   c. Patriarcado
   d. Matriarcado

7. **Qual norma requer a escolha de parceiros de fora de certos grupos, geralmente a própria família ou certos parentes?**
   a. Exogamia
   b. Endogamia
   c. Matriarcado
   d. Patriarcado

8. **O princípio que proíbe relações sexuais entre certos parentes definidos culturalmente é conhecido como**
   a. monogamia.
   b. tabu do incesto.
   c. poligamia.
   d. endogamia.

9. **Em termos gerais, a taxa de divórcio nos Estados Unidos, nos últimos 30 anos,**
   a. aumentou muito.
   b. aumentou lenta, mas firmemente.
   c. diminuiu, depois de ter aumentado significativamente nos anos de 1960 e 1970.
   d. não mostra nenhum padrão claro.

1. (c); 2. (c); 3. (c); 4. (a); 5. (d); 6. (d); 7. (a); 8. (b); 9. (b); 10. (c).

Famílias • 177

8
EDUCAÇÃO E RELIGIÃO

O QUE ESTÁ POR VIR

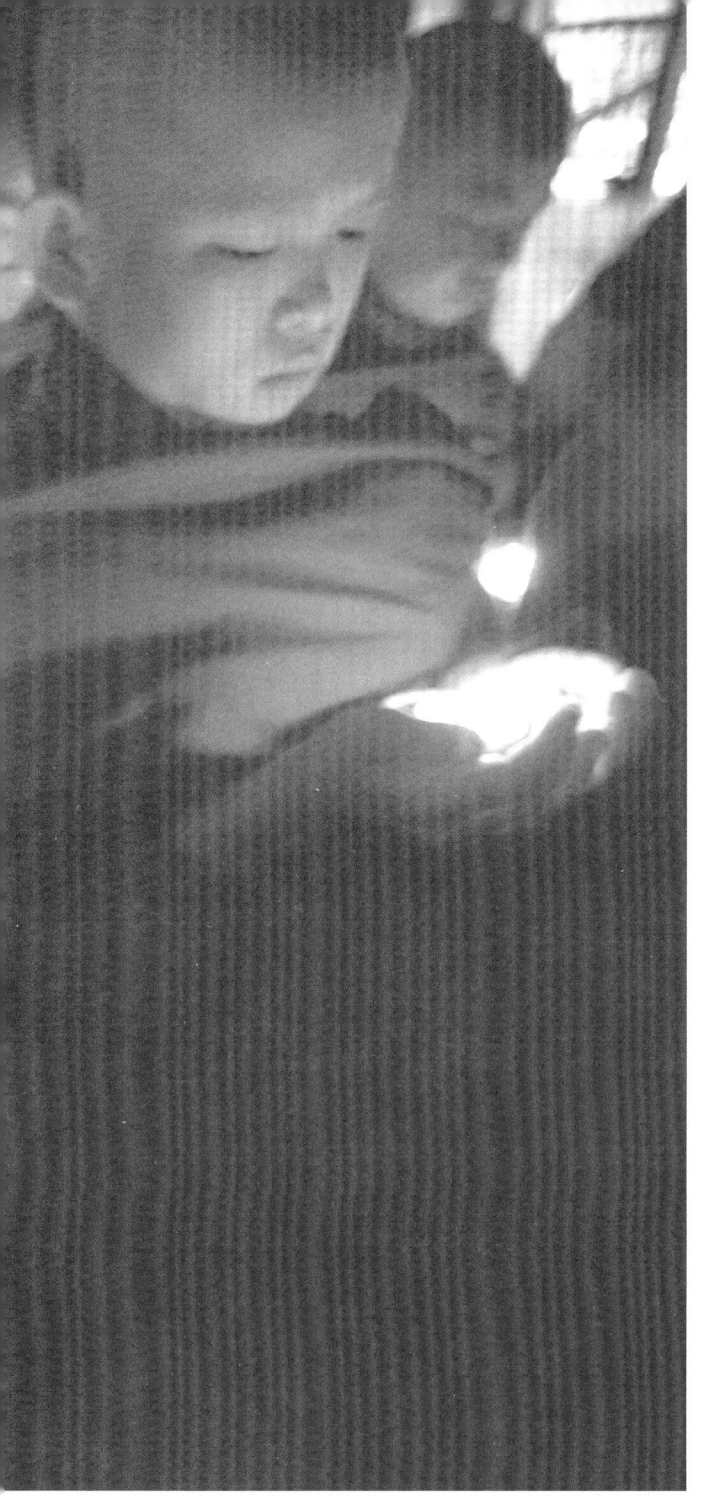

180 Educação em sociedade
181 Perspectivas sociológicas sobre a educação
188 As escolas como organizações formais
192 Definição de religião
194 Componentes da religião
199 Religiões mundiais
201 Perspectivas sociológicas sobre religião

FÉ E APRENDIZAGEM

O Patrick Henry College, localizado perto de Washington, D.C., nos Estados Unidos, foi fundado em 2000 com a intenção explícita de competir com as universidades da Ivy League.* Os alunos de elite que ele busca, no entanto, vêm de um nicho específico: cerca de 80% deles foram educados em casa e todos compartilham um forte compromisso com a fé cristã evangélica.

Em sintonia com a expectativa da escola em relação a um elevado nível de compromisso religioso, os alunos devem assinar uma "Declaração de Fé", que estabelece uma série de crenças cristãs, incluindo o nascimento virginal de Jesus Cristo, a existência de Satanás e o castigo eterno no inferno para os não cristãos. Os alunos são obrigados a respeitar um rigoroso código de vestimenta, frequentar a capela diariamente e se abster de álcool, cigarro e sexo antes do casamento.

Os estudantes, de modo geral, levam esses compromissos muito a sério. Como relata a jornalista Hannah Rosin (2007) em seu livro sobre o Patrick Henry College, intitulado *God's Harvard*: "Para eles, um 'cristão' mantém uma conversa permanente com Deus em sua cabeça [...] e acredita que a qualquer momento Deus possa, de alguma forma palpável, aparecer e mostrar que se importa ou que desaprova" (p. 5).

A estudante Elisa Muench foi uma espécie de pioneira no Patrick Henry College. Ela foi a primeira mulher a concorrer a uma posição de liderança no órgão representante dos alunos, diante da desaprovação de colegas que consideravam impróprio uma mulher ocupar esse tipo de cargo. Como caloura, foi estagiária da Casa Branca, mas ainda assim temia que o que a sociedade dominante considera sucesso, incluindo uma carreira profissional, pudesse entrar em conflito com o sucesso aos olhos de Deus (Rosin, 2007:85). Elisa esforçou-se para ser fiel tanto a si mesma quanto a seus ensinamentos religiosos.

É dentro desse tipo de comunidades educacionais e religiosas que aprendemos em que acreditar e como agir. Todos somos, em alguns aspectos, como Elisa, buscando equilibrar as exigências, por vezes conflitantes, das diversas esferas de nossas vidas, incluindo família, educação, religião, trabalho e política. Neste capítulo, trataremos dos papéis que a educação e a religião cumprem, tanto para os indivíduos quanto para a sociedade como um todo.

---

* N. de R. T.: A Ivy League é um grupo de oito universidades privadas do nordeste dos Estados Unidos, reconhecidas por sua excelência acadêmica: Harvard, Princeton, Yale, Brown, Columbia, Cornell, Dartmouth e Universidade da Pensilvânia. A denominação originalmente designava uma liga desportiva formada por essas instituições. Acredita-se que o nome seja devido à hera (ivy, em inglês), planta que recobre muitos dos prédios históricos dessas universidades, indicando sua antiguidade.

À medida que você for LENDO >>

- Como a educação ajuda a manter a ordem social?
- Como a educação sustenta o sistema existente de desigualdade?
- Como os sociólogos definem a religião?

>>Educação em sociedade

Nós precisamos das escolas. Na verdade, elas são tão importantes que, muitas vezes, sua existência e sua necessidade nos parecem naturais. Historicamente, as famílias tinham a responsabilidade básica de nos ensinar os conhecimentos e as habilidades de que precisamos para sobreviver e prosperar na sociedade. Com o advento da Revolução Industrial e o surgimento da globalização, contudo, as escolas tornaram-se agentes essenciais da socialização. Como sociedade, investimos atualmente uma quantidade substancial de tempo e dinheiro em **educação**. Fazemos isso porque acreditamos que os benefícios individuais e coletivos valem a pena.

educação Instituição social dedicada ao processo formal de transmissão de cultura de professores a alunos.

As escolas são um lugar onde entramos em contato com o conhecimento daqueles que vieram antes de nós, o que nos permite partir da sabedoria deles ao construirmos nossos caminhos para o futuro. Elas nos expõem à beleza e nos ajudam a investigar os sentidos mais profundos da vida. Como disse o sociólogo W. E. B. Du Bois ([1903] 1994), "A verdadeira faculdade terá sempre um único objetivo – não ganhar o pão, mas saber o fim e o objetivo da vida que o pão alimenta" (p. 51). Contudo, as escolas também nos dão o conhecimento prático e as habilidades de que precisamos como membros da sociedade, permitindo-nos obter bons empregos, ser pais melhores, exercer nossas responsabilidades como cidadãos e muito mais.

Nos Estados Unidos, esse compromisso com a educação é construído sobre a crença de que os resultados que alcançamos na vida não devem ser determinados pelo nascimento, mas pela capacidade e pelo esforço. De acordo com esse valor, ser filho de pais ricos não deve garantir privilégios econômicos e sociais mais do que nascer em circunstâncias pobres deve condenar a pessoa a uma vida de pobreza. Os primeiros líderes políticos norte-americanos, como Benjamin Franklin e Thomas Jefferson, defendiam a educação pública como componente essencial das sociedades democráticas, porque ela proporciona oportunidades aos indivíduos e fornece cidadãos informados à sociedade. Horace Mann, muitas vezes chamado de pai do ensino público nos Estados Unidos, escreveu em 1848: "A educação, mais do que todos os outros mecanismos criados pelo ser humano, é o grande equalizador das condições dos homens" ([1848] 1957). Mann esperava que a educação pública garantisse que as crianças sem meios compartilhassem salas de aula, currículo e experiências com crianças de melhor situação econômica, dando a todas uma chance de sucesso.

Com o tempo, a educação como instituição nos Estados Unidos se tornou mais includente e ampliadora. Inicialmente, as escolas públicas eram abertas apenas a homens brancos. No século XIX, na maior parte, a educação era racialmente segregada – prática confirmada pela decisão da Suprema Corte, em 1896, no caso Plessy *versus* Ferguson, que reforçou o princípio conhecido como "separados, mas iguais". Por meio de iniciativas de reforma da educação e decisões jurídicas ao longo de mais de dois séculos, a educação pública

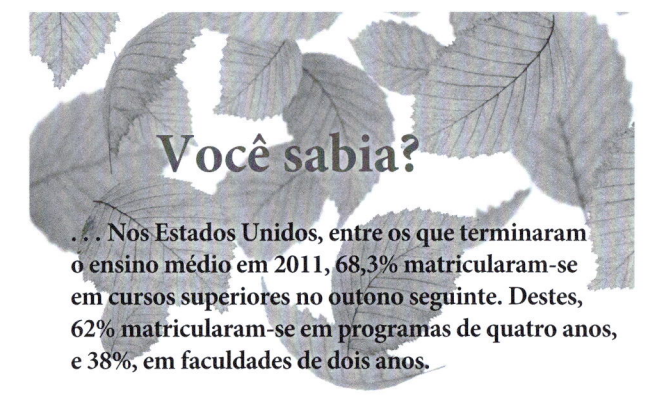

Você sabia?

... Nos Estados Unidos, entre os que terminaram o ensino médio em 2011, 68,3% matricularam-se em cursos superiores no outono seguinte. Destes, 62% matricularam-se em programas de quatro anos, e 38%, em faculdades de dois anos.

Fonte: Bureau of Labor Statistics 2012c.

PENSAMENTO SOCIOLÓGICO

Quem mais o influenciou para que você fosse para a faculdade? Considerando pessoas que você conheça que não fizeram faculdade, o que as influenciou a fazer essa escolha? Qual o poder da socialização e das redes sociais na tomada dessas decisões?

GLOBALIZANDO

Porcentagem de jovens adultos com diplomas universitários*

País	%
Islândia	57%
Polônia	50%
Austrália	49%
Japão	39%
Média OECD	38%
Estados Unidos	37%
República Tcheca	36%
Reino Unido	35%
Canadá	34%
Espanha	33%
Alemanha	25%
Grécia	18%

*Observação: Jovens adultos geralmente significa pessoas entre 22 e 25 anos, mas países diferentes informam dados sobre faixas etárias levemente distintas. Diploma universitário é o equivalente a um bacharelado ou licenciatura. A Organização para Cooperação e Desenvolvimento Econômico (OECD, de Organization for Economic Cooperation and Development) é uma organização internacional composta de 30 países democráticos.

Fonte: OECD, 2010: Tabela A3.2.

Franklin, Emma Hart Willard e Mann, ela tem produzido cidadãos educados, preparados para enfrentar os desafios da vida moderna. Ao mesmo tempo, no entanto, reforça as crenças, os valores e as normas existentes, que justificam o *status quo* e suas desigualdades. Os sociólogos procuram entender como a educação pode fazer as duas coisas ao mesmo tempo.

EDUCAÇÃO E ORDEM SOCIAL

A sociedade precisa de pessoas com conhecimentos e habilidades para executar as tarefas necessárias para sua existência, e as pessoas precisam desse *know-how* para sobreviver e prosperar. As escolas ensinam os alunos a ler, falar línguas estrangeiras, consertar automóveis e muito mais. Os sociólogos identificaram cinco funções positivas que a educação cumpre para os indivíduos e para a sociedade.

acabou se abrindo para incluir a todos, independentemente de raça, etnia, sexo ou origem nacional.

Entre os reformadores da educação nos Estados Unidos estão Emma Hart Willard, que abriu a primeira escola de nível universitário para mulheres em 1821, e sociólogos como Du Bois e Jane Addams, que lutaram pela igualdade racial e de gênero no final do século XIX. Decisões judiciais, como Brown *versus* Board of Education, de 1954, concluíram que estruturas separadas são inerentemente desiguais, e leis como Título IX, de 1972, exigiram oportunidades educacionais iguais para homens e mulheres como requisito para se receber financiamento federal. Sua expansão se reflete em níveis mais elevados de desempenho educacional. De 1940 a 2011, a proporção de pessoas com diploma do ensino médio aumentou de 24,5% para 87,6%, e o número das que tinham diploma universitário subiu de 4,6% para 30,4% (U.S. Census Bureau, 2012: Tabela A-2). Apesar dessas conquistas, ainda restam dúvidas sobre até onde o princípio da oportunidade é plenamente alcançado na prática.

>>Perspectivas sociológicas sobre a educação

Os sociólogos examinaram de perto até que ponto a educação realmente consegue proporcionar ordem social e oportunidade individual. Eles descobriram que, embora de fato ofereça oportunidades e ajude a estabelecer a ordem social, ela também perpetua a desigualdade. Cumprindo as esperanças de Jefferson,

Transmitir cultura Cada sociedade tem um estoque comum de conhecimentos culturais considerados importantes para seus membros. Como instituição social, a educação preserva e transmite as normas, os valores, as crenças, as ideias e as habilidades da sociedade, o que reforça a cultura dominante dessa sociedade. Esse conhecimento estabelecido é transmitido pelo currículo formal ensinado nas escolas, incluindo as três habilidades, de leitura, escrita e matemática, bem como história, ciências e muito mais. Como resultado, os jovens de cada geração aprendem o que precisam para sobreviver e ter êxito na vida. Além disso, a garantia de que uma massa crítica de novos membros compartilhe conhecimentos e crenças comuns assegura a sobrevivência da sociedade para o futuro.

A educação nos conecta com outras pessoas para além de nossas circunstâncias imediatas, permitindo-nos trabalhar em conjunto. Por exemplo, além de normas e valores compartilhados, se não pudéssemos esperar que as pessoas que encontramos no dia a dia tivessem linguagens comuns, a ação coletiva seria quase impossível. Teríamos que gastar muito tempo tentando nos comunicar uns com os outros para conseguir realizar qualquer coisa. A linguagem comum, incluindo o conhecimento de vários idiomas aprendidos nas escolas, representa um atalho que facilita essa ação.

Além do currículo formal, as escolas criam espaço social para as crianças transmitirem cultura não oficial entre seus pares e se estabelecerem como indivíduos separados de seus familiares. Os pais não estão observando para garantir que seus filhos digam as coisas certas ou fiquem de casaco no recreio, e não podem proteger as crianças de se machucarem. A escola é o lugar onde as crianças aprendem a agir por conta própria e estabelecer relações com seu grupo de pares (Adler e Adler, 1996). À medida que as crianças crescem, as relações entre colegas se fortalecem, e a distância em relação ao mundo dos pais aumenta.

Promover a integração social Por que precisamos saber coisas como: "em 1492, Colombo navegou o oceano azul" e $a^2 + b^2 = c^2$? A resposta é simples: a cultura que compartilhamos nos une. Mesmo que nenhum indivíduo a possua por completo – e mesmo que algum item isolado pareça só ser necessário para os concorrentes de algum programa de perguntas e respostas da televisão – esse conhecimento representa o que somos e o que acreditamos ser importante. Nos termos de Durkheim, ele faz parte de nossa consciência coletiva, é a cola social que nos une; ou, nos termos de Mead, a cultura compartilhada que aprendemos nas escolas contribui para nosso sentido do outro generalizado, o mapa da sociedade que temos na cabeça.

> **PENSAMENTO** SOCIOLÓGICO
>
> Por que os alunos muitas vezes acham que as escolas ensinam um monte de fatos inúteis? O que essa atitude pode sugerir sobre a integração social na sociedade moderna?

Em um esforço para promover a integração social, muitas faculdades e universidades norte-americanas criaram comunidades de aprendizagem cujos alunos têm experiências comuns, ou podem exigir que os estudantes do primeiro e do segundo ano morem no *campus*. Esses programas se tornam mais importantes quando os alunos têm origens distintas, com diferentes expectativas culturais. O objetivo é proporcionar experiências que unifiquem uma população composta de diversos grupos raciais, étnicos e religiosos em uma comunidade cujos membros tenham – até certo ponto – uma identidade comum. A integração social promovida pela educação contribui para a estabilidade e o consenso sociais.

No passado, a função integradora da educação nos Estados Unidos era mais óbvia em sua ênfase na promoção de um idioma comum. Esperava-se que as crianças imigrantes aprendessem inglês. Em alguns casos, elas eram até mesmo proibidas de falar sua língua nativa dentro da escola. Mais recentemente, o bilinguismo tem sido defendido tanto por seu valor educacional quanto como forma de incentivar a diversidade cultural. No entanto, os críticos argumentam que o bilinguismo enfraquece a integração social e política que a educação promovia tradicionalmente.

Estabelecer formação e controle social Nas escolas, os alunos aprendem comportamentos gerais que se esperam deles como membros da sociedade e habilidades especializadas das quais precisarão na força de trabalho. Principalmente nas séries iniciais, o tempo e o esforço são usados para que os alunos façam o que o professor quer que eles façam, quando e como o professor quer. Por meio do exercício do controle social, as escolas ensinam aos alunos várias habilidades essenciais para suas futuras posições na sociedade. As normas nos fornecem a ordem e a estabilidade de que precisamos para tornar previsíveis nossas vidas individuais e coletivas, e as escolas nos ajudam a interiorizar as expectativas normativas. Os alunos aprendem boas maneiras, pontualidade, criatividade, disciplina e responsabilidade – competências e habilidades das quais precisamos muito além da sala de aula.

Com efeito, as escolas funcionam como agentes de transição do controle social, fazendo a ponte entre a infância e a entrada na força de trabalho e na sociedade em geral.

Em uma sociedade com uma divisão do trabalho complexa, contamos especialmente com as escolas para selecionar e treinar os alunos para que eles possam se tor-

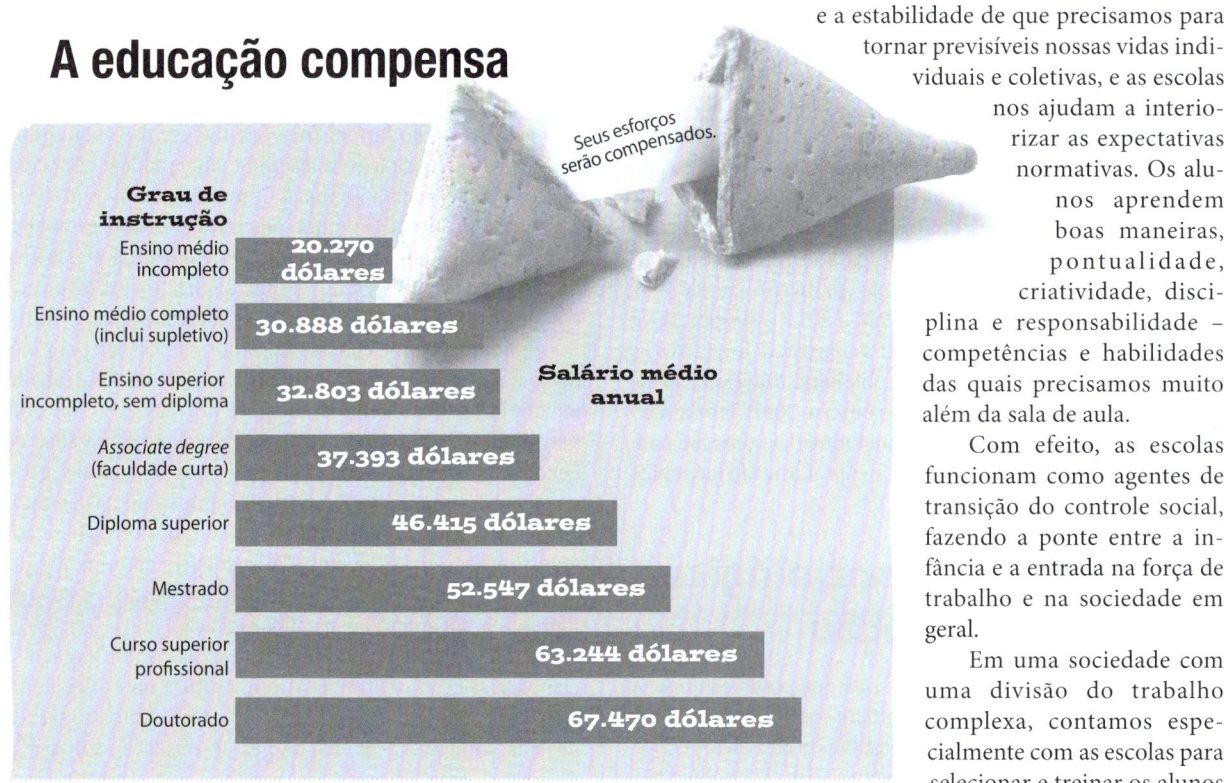

A educação compensa

Seus esforços serão compensados.

Salário médio anual

Grau de instrução	
Ensino médio incompleto	20.270 dólares
Ensino médio completo (inclui supletivo)	30.888 dólares
Ensino superior incompleto, sem diploma	32.803 dólares
Associate degree (faculdade curta)	37.393 dólares
Diploma superior	46.415 dólares
Mestrado	52.547 dólares
Curso superior profissional	63.244 dólares
Doutorado	67.470 dólares

* Inclui empregos em tempo integral e salário para o ano inteiro de trabalhadores entre 25 e 34 anos.
Fonte: U.S. Census Bureau, 2011f: Parte 46.

As políticas governamentais nos níveis nacional, estadual e local influenciam, todas, o que acontece dentro da sala de aula.

nar trabalhadores eficazes em tarefas especializadas. Esperamos que as escolas escolham aqueles com mais capacidade de estudar campos que exijam maior habilidade. Por exemplo, queremos que os alunos com aptidão em matemática e ciências se tornem engenheiros. Usamos as notas como um indicador dessa capacidade e fornecemos diplomas para certificar que o aluno que terminou os estudos tem formação suficiente para realizar bem o trabalho. Cumprimos a promessa de maior remuneração para recompensar aqueles que fazem os sacrifícios que o ensino superior demanda em termos de tempo e dinheiro. Porém, como veremos a seguir, muitas pessoas estão preocupadas com até onde se alcança esse ideal.

Estimular a inovação cultural Embora as escolas preservem e transmitam a cultura existente, a educação também pode estimular a mudança social. Em resposta à crescente taxa de gravidez entre adolescentes nos Estados Unidos, por exemplo, as escolas públicas começaram a oferecer aulas de educação sexual. Como forma de combater a discriminação em razão de sexo ou raça, muitas escolas norte-americanas se voltaram a uma ação afirmativa nas matrículas – dando prioridade a mulheres ou minorias. O Projeto Head Start, um programa de primeira infância que atende a mais de 904 mil crianças por ano, tem procurado compensar as desvantagens em termos de preparação para a escola vivenciadas por crianças de famílias de baixa renda (Administration for Children and Families, 2010). Para garantir a preparação, o programa oferece aulas para pré-escolares de famílias abaixo de um determinado nível de renda, trabalhando com elas em reconhecimento de letras, vocabulário, nutrição e outras habilidades básicas.

Faculdades e universidades estão particularmente comprometidas com a inovação cultural. Membros do corpo docente, principalmente em grandes universidades, devem fazer pesquisas e publicar artigos e livros. Ao fazê-lo, produzem tecnologias, técnicas, práticas e conhecimentos novos. Contudo, a inovação cultural nos *campi* vai além desses resultados concretos, porque a faculdade oferece um contexto dentro do qual podemos questionar as ideias existentes e experimentar novas práticas. Essa experimentação às vezes leva as pessoas a acusar professores, principalmente aqueles com ideias inovadoras ou impopulares, de estarem fora de sintonia ou de saírem da linha, mas precisamos que as pessoas experimentem novas ideias para que nossa cultura não fique estagnada.

Os *campi* também proporcionam um ambiente onde estudantes de todo o mundo, com ideias e experiências amplamente divergentes, podem interagir. De 2010 a 2011, os *campi* dos Estados Unidos hospedaram 723.277 estudantes internacionais. Esse contato oferece oportunidades para a inovação cultural, já que pessoas de várias culturas convivem e têm experiências com normas e valores novos e diferentes (Institute of International Education, 2012).

Educar as crianças Historicamente, os membros da família tinham a responsabilidade principal de ensinar e cuidar de seus filhos até a idade adulta. Cada vez mais, esperamos que as escolas e os professores façam mais desse trabalho – e em idades cada vez mais precoces. O movimento por creches e pré-escolas é impulsionado em parte por mudanças na economia. Embora essa transformação ofereça às crianças uma vantagem para aprenderem as habilidades de que precisam em um mundo globalmente competitivo, os pais que trabalham passaram a depender de escolas para serem basicamente babás de seus filhos, certificando-se de que estejam cuidados e protegidos. Por assumirem a responsabilidade pelas crianças durante o horário escolar, as escolas efetivamente liberam os pais para participarem na força de trabalho remunerada.

EDUCAÇÃO E DESIGUALDADE

E se, em vez de nivelarem o campo de jogo, as escolas reforçarem os sistemas já existentes de desigualdade? Contamos com as escolas para proporcionarem uma boa chance de sucesso a todos, mas os pesquisadores descobriram que as posições sociais que os alunos ocupam quando começam a escola muitas vezes são reproduzidas quando eles a terminam.

© 1993 Kirk Anderson. Reproduzido com a permissão de Kirk Anderson, www.kirktoons.com.

Efeito da educação dos pais sobre o desempenho dos alunos em provas nos Estados Unidos

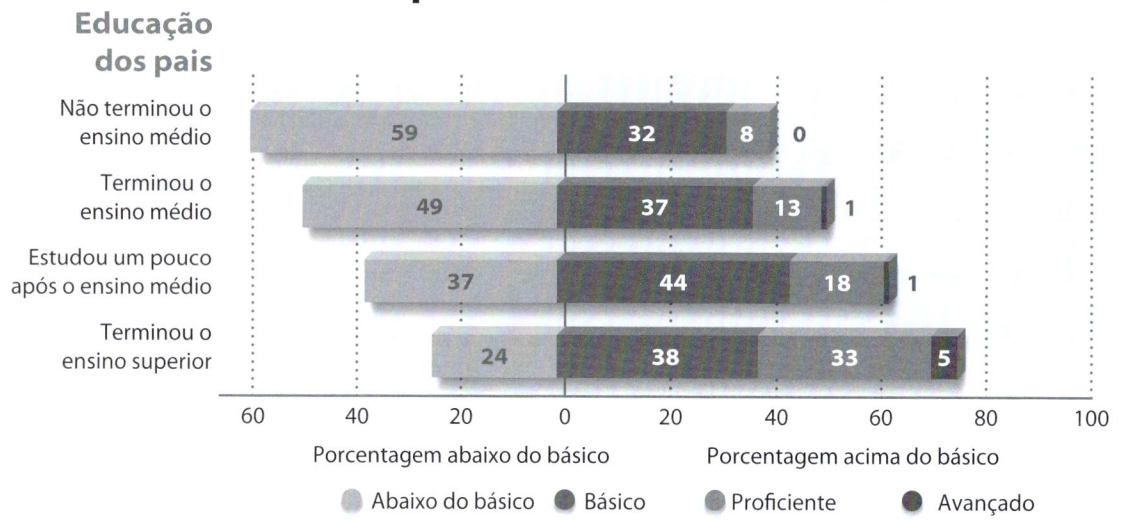

Educação dos pais

Educação dos pais	Abaixo do básico	Básico	Proficiente	Avançado
Não terminou o ensino médio	59	32	8	0
Terminou o ensino médio	49	37	13	1
Estudou um pouco após o ensino médio	37	44	18	1
Terminou o ensino superior	24	38	33	5

Porcentagem abaixo do básico | Porcentagem acima do básico

● Abaixo do básico ● Básico ● Proficiente ● Avançado

Observação: Distribuição percentual de estudantes da 12ª série em todos os níveis de aquisição matemática do NAEP (National Assessment of Educational Progress), por nível de escolaridade dos pais, 2009.
Fonte: NAEP, 2011.

Observemos, por exemplo, o impacto que o nível de escolaridade dos pais pode ter sobre o sucesso de uma criança na escola, na descrição da socióloga Annette Lareau (2003):

> Filhos de mães com alto grau de instrução continuam a superar as crianças de mães com menor escolaridade em todo o seu percurso escolar. No momento em que os jovens fazem o SAT,* a diferença é dramática, com média de 150 pontos (em relação a uma pontuação média de 500 pontos) entre filhos de pais que abandonaram o ensino médio e os de pais com pós-graduação. (p. 29)

O exemplo indica um de nossos conhecimentos sociológicos básicos: a posição social importa, influenciando os recursos disponíveis a nós e nossos prováveis resultados. Dados mais recentes continuam a mostrar que o desempenho no SAT varia de acordo com a renda familiar e a escolaridade, a raça e a etnia dos pais, questionando nossa fé de que as escolas oferecem uma oportunidade justa para a mobilidade, independentemente da posição (Snyder e Dillow, 2011: Tabela 151, 153). Não esperamos que nossos sistemas de ensino perpetuem um sistema de desigualdade, servindo aos interesses daqueles que já têm recursos econômicos, sociais e culturais, mas os sociólogos apontam uma série de maneiras em que pode acontecer exatamente isso.

SOCIOLOGIA POPULAR

Na clássica história em quadrinhos *Calvin e Haroldo*, Calvin é um aluno da primeira série que muitas vezes tem dificuldade de equilibrar o que quer fazer em relação a fazer o que se espera dele, principalmente quando se trata de escola. Ele expressa a experiência que muitos de nós tivemos ao sermos socializados para aceitar as expectativas institucionais da sociedade em geral à custa de nossa liberdade individual.

---

* N. de R. T.: O SAT é semelhante ao Exame Nacional do Ensino Médio (ENEM), realizado no Brasil.

Uma das formas que vemos os sistemas de educação perpetuarem a desigualdade é por meio do financiamento escolar. Jonathan Kozol (2005), que estudou a desigualdade educacional por décadas, afirma que os distritos norte-americanos mais ricos têm dinheiro para oferecer programas e instalações que bairros pobres não podem igualar, incluindo aulas para AP (*Advanced Placement*, programa de aulas e testes de nível superior oferecido a alunos do ensino médio, que lhes garante vantagens em universidades), laboratórios de alta tecnologia, instalações esportivas e disciplinas opcionais de arte, música e idiomas. Como um exemplo entre muitos, em 2009 e 2010, o distrito escolar público de Chicago gastou 13.078 dólares por aluno, enquanto os ricos distritos escolares suburbanos Highland Park e Deerfield gastaram 19.920 dólares (Illinois State Board of Education, 2012).

Como disse um ex-diretor de uma escola de Nova York, em uma entrevista a Kozol: "Eu vou acreditar que o dinheiro não conta no dia em que os ricos pararem de gastar tanto com seus próprios filhos" (Kozol, 2005:59). Nesta parte do livro, examinamos uma série de formas em que a experiência e os resultados da educação não são iguais para todos.

O currículo oculto Uma das maneiras pelas quais as escolas reforçam o sistema existente de desigualdade é o ensino do que os sociólogos chamam de **currículos ocultos** – padrões de comportamento que a sociedade considera adequados e que os professores transmitem sutilmente aos alunos (Langhout e Mitchell, 2008; Thornberg, 2008). Ele prepara os alunos para se submeterem à autoridade. Por exemplo, as crianças aprendem a não falar até que o professor as chame, e aprendem a regular suas atividades de acordo com o relógio ou a campainha. Um ambiente de sala de aula excessivamente centrado na obediência premia os estudantes por agradarem o professor e se manterem obedientes, e não pelo pensamento criativo e a aprendizagem acadêmica. Dessa forma, as escolas socializam os alunos a se submeterem a figuras de autoridade, incluindo chefes e líderes políticos.

Expectativa do professor Os resultados que os estudantes obtêm na vida também podem se tornar uma profecia autorrealizável, com base na forma como os professores percebem esses estudantes. O psicólogo Robert Rosenthal e a diretora de escola Lenore Jacobson (1968) documentaram o que chamaram de **efeito da expectativa do professor** – o impacto que as expectativas de um professor em relação ao desempenho de um aluno podem ter sobre as realizações reais desse aluno. Eles fizeram experimentos para documentar o efeito.

Rosenthal e Jacobson informaram os professores que estavam administrando um pré-teste verbal e de raciocínio a crianças da pré-escola e anos iniciais do ensino fundamental em uma escola de São Francisco. Após a realização dos testes, os pesquisadores disseram aos professores que alguns dos alunos demonstravam um potencial acadêmico especial. No entanto, em vez de usarem os resultados dos testes reais para fazerem essa determinação, os pesquisadores selecionaram aleatoriamente 20% dos alunos, os quais eles identificaram como tendo esse potencial. Quando os alunos fizeram novas provas posteriormente, os que supostamente tinham muito potencial não só tiveram notas bem mais altas do que haviam tido em testes anteriores, mas também bem mais altas do que seus pares. Além disso, os professores avaliaram esses alunos como mais interessantes, mais curiosos e mais ajustados do que seus colegas. Esse é um caso clássico de uma profecia autorrealizável em operação. Os professores esperavam que alguns alunos se saíssem bem, e os alunos corresponderam à expectativa. Esses efeitos são particularmente preocupantes se fatores como raça, etnia, classe ou gênero influenciarem as percepções dos professores. Pesquisas recentes continuam a afirmar o papel significativo que as expectativas dos professores têm sobre o desempenho dos alunos e também constatam que a raça e a etnia dos alunos podem influenciar essas ex-

Sociologia pessoal

Vantagens não conquistadas

Minhas filhas Emily e Eleanor me dão orgulho. Elas tiram boas notas, e suas pontuações em exames padronizados são altíssimas. Contudo, como sociólogo, sei que elas se beneficiam do fato de que seu pai e sua mãe têm curso superior. Como pais, Lori e eu damos a Em e El recursos econômicos, sociais e culturais na forma de livros, atividades e até mesmo férias em locais históricos. Crianças desse tipo de família tendem a se sair melhor na escola do que as que não têm essas oportunidades. É quase como se elas estivessem colando. Elas nada fizeram para merecer essas vantagens e, mesmo assim, como sociedade, agimos como se os resultados educacionais – bons ou maus – tivessem como base exclusivamente o mérito.

---

currículos ocultos Padrões de comportamento que a sociedade considera adequados e que os professores transmitem sutilmente aos alunos.

efeito da expectativa do professor Impacto que as expectativas de um professor em relação ao desempenho de um aluno podem ter sobre as realizações reais desse aluno.

Você sabia?

... A Universidade de Harvard aceitou um número recorde (baixo) de 5,9% dos 34.302 candidatos em sua turma de 2016. Nem mesmo um desempenho perfeito no SAT garantiu a aceitação. Estudantes chamados de "legado", candidatos cujos pais se formaram naquela universidade, contudo, geralmente têm um índice de admissão de 30%.

Fonte: Auritt, 2012; Worland, 2011b.

pectativas e, portanto, os resultados posteriores (McKown e Weinstein, 2008; Rubie-Davies, 2010; van den Bergh et al., 2010).

PENSAMENTO SOCIOLÓGICO

Você teve alguma experiência com separação de alunos por desempenho? Até que ponto você acredita que isso seja eficaz para os estudantes de alto e de baixo desempenho? Quais são as limitações do sistema em termos de igualdade de oportunidades?

Conferindo status Como vimos anteriormente, parte do ideal da escola pública era de que a educação contribuísse para criar oportunidades e estabelecer uma sociedade mais aberta. Em um estudo clássico da sociologia, Kingsley Davis e Wilbert E. Moore (1945) afirmaram que todas as sociedades têm posições que são mais importantes para a sobrevivência da sociedade ou que requerem maior habilidade ou conhecimento para ser ocupadas. Em termos ideais, a instituição de ensino seleciona as pessoas com capacidade e as treina para essas posições. Recompensamos as pessoas que ocupam essas posições com prestígio social e salários altos, afirmam Davis e Moore, porque valorizamos essas habilidades e respeitamos o fato de que esses indivíduos sacrificaram o tempo e a energia necessários para adquiri-las. Por exemplo, nem todo mundo tem a habilidade necessária para ser médico e, a fim de incentivar as pessoas que têm potencial para que sigam esse caminho, lhes prometemos uma compensação econômica e social suficiente.

tracking Prática de colocar alunos em grupos curriculares específicos, com base em suas notas e outros critérios.

princípio da correspondência Tendência das escolas a promover os valores que se esperam de indivíduos de cada classe social e preparar os alunos para empregos típicos de pessoas de sua classe.

O problema desse modelo é que, na prática, fatores que não o potencial e a capacidade definem os resultados, como classe social, raça, etnia e gênero. Embora ajude certas crianças pobres a assumirem posições profissionais de classe média, o sistema educacional nega às crianças mais desfavorecidas as mesmas oportunidades educacionais oferecidas aos filhos dos ricos. Dessa forma, as escolas tendem a preservar as desigualdades de classe social em cada geração nova (Giroux, 1988; Pinkerton, 2003).

Uma maneira pela qual as escolas reforçam as diferenças de classe é colocando os alunos em turmas. O termo *tracking* indica a prática de colocar alunos em grupos curriculares específicos, com base em suas notas e outros critérios. Em teoria, a prática é benéfica porque permite que os alunos sejam ensinados em nível e ritmo mais coerentes com suas habilidades. Na prática, porém, a separação costuma começar muito cedo, e a seleção dos alunos para os grupos de baixa capacidade em detrimento dos de alta muitas vezes está relacionada com sua classe social, sua raça ou sua etnia. Com efeito, as diferenças que as crianças trazem consigo no primeiro dia de jardim de infância influenciam seus prováveis resultados educacionais no longo prazo (Oakes, 2008).

A pesquisa sobre separação de alunos levanta dúvidas sobre sua eficácia, principalmente para estudantes de baixa capacidade. Em um estudo de escolas de baixa renda na Califórnia, nos Estados Unidos, os pesquisadores descobriram uma diferença impressionante entre os alunos que foram separados e os que não foram. Em uma escola, todos os alunos interessados tiveram permissão para se inscrever em disciplinas de AP, e não apenas aqueles que foram selecionados pela administração. Metade dos estudantes que entraram na escola pela política de admissão livre (*open enrollment*) teve notas suficientes para pedir crédito educativo para a faculdade – uma proporção muito maior do que em programas seletivos, nos quais apenas 17% dos alunos se qualificaram. Os programas de separação de alunos por desempenho não necessariamente identificam os alunos com potencial para ter sucesso (B. Ellison, 2008; Sacks, 2007).

Os sociólogos Samuel Bowles e Herbert Gintis (1976) afirmaram que as desigualdades educacionais produzidas pela separação são projetadas para atender às necessidades das sociedades capitalistas modernas. Eles afirmam que o capitalismo requer uma força de trabalho qualificada e disciplinada, e que o sistema educacional dos Estados Unidos está estruturado com esse objetivo em mente. Citando vários estudos, eles apoiam o que chamam de **princípio da correspondência**. De acordo com essa abordagem, as escolas promovem os valores que se esperam de indivíduos de cada classe social e perpetuam as divisões de classe de uma geração para a seguinte. Assim, as crianças da classe trabalhadora, supostamente destinadas a posições subalternas, provavelmente serão colocadas em grupos profissionalizantes e genéricos do ensino médio, que enfatizam a supervisão rigorosa e a obediência à autoridade. Por sua vez, os jovens de famílias mais ricas tendem a ser direcionados em grupos preparatórios para a universidade, que enfatizam a liderança e

Você sabia?

... Nos Estados Unidos, a probabilidade de ir para a faculdade logo após o ensino médio varia de acordo com a renda familiar. Entre os estudantes oriundos de famílias de alta renda, 84,2% foram diretamente para a faculdade; em famílias de renda média, 66,8%, e em famílias de baixa renda, 54,8%.

Fonte: Aud et al., 2011:221.

a tomada de decisões – as habilidades que se espera que eles venham a precisar como adultos.

Credencialismo Os estudantes de hoje também enfrentam expectativas elevadas. Quando se trata de desempenho escolar, eles têm de ir mais longe só para ficar no mesmo lugar. Cinquenta anos atrás, um diploma de ensino médio era suficiente para se conseguir um bom emprego; hoje, para se obter esse mesmo emprego, costuma ser necessário um diploma universitário. Essa mudança reflete o processo de **credencialismo** – um termo usado para descrever um aumento no mais baixo nível de instrução necessário para se entrar em um campo.

Um dos fatores que causam aumento do credencialismo tem sido a expansão de ocupações consideradas como profissões. Empregadores e associações profissionais normalmente sustentam que a reclassificação de empregos é uma resposta lógica ao aumento da complexidade de muitos deles. No entanto, em muitos casos, os empregadores elevam os requisitos de formação para uma posição simplesmente porque todos os candidatos atingiram a credencial mínima existente (D. Brown, 2001; G. Brown, 2006).

Um efeito potencial do credencialismo é reforçar a desigualdade social. Os candidatos de famílias pobres e de minorias são especialmente propensos a sofrer com o aumento das exigências de formação, pois podem não ter os recursos financeiros necessários para a obtenção de diploma após diploma. Além disso, o aumento da exigência de credenciais atende ao interesse próprio dos dois grupos mais responsáveis por essa tendência. Em primeiro lugar, as instituições de ensino lucram, porque as pessoas têm que gastar mais tempo e dinheiro em educação. Além disso, quem detém os empregos atuais tem interesse em elevar os requisitos profissionais porque o credencialismo pode elevar o *status* de uma profissão e as demandas por salários mais altos. Max Weber previu essa possibilidade já em 1916, concluindo que o "clamor universal pela criação de certificados de ensino em todos os campos contribui para a formação de um estrato privilegiado em empresas e escritórios" (Weber [1921] 1958c).

> As boas escolas, assim como as boas sociedades e boas famílias, celebram e valorizam a diversidade.
>
> Deborah Meier

credencialismo Aumento no mais baixo nível de instrução necessário para se entrar em um campo.

5 Filmes sobre EDUCAÇÃO

O muro
Filme francês sobre as interações entre um professor e sua turma de alunos de bairros pobres.

Sociedade dos poetas mortos
Um heterodoxo professor de inglês leciona em uma escola preparatória conservadora.

O preço do desafio
Um novo professor em uma escola de um bairro pobre de Los Angeles, nos Estados Unidos.

Terri
Um assistente de diretor cuida de um desajustado adolescente com sobrepeso.

Preciosa
Uma adolescente analfabeta, grávida e com sobrepeso encontra um caminho diferente na vida por uma escola alternativa.

Mulheres no ensino superior nos Estados Unidos

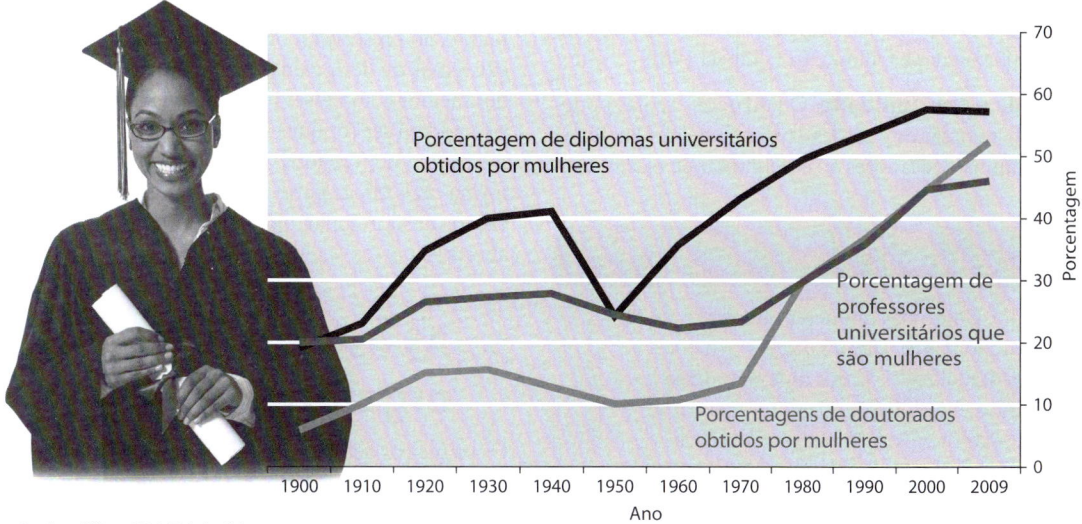

Porcentagem de diplomas universitários obtidos por mulheres

Porcentagem de professores universitários que são mulheres

Porcentagens de doutorados obtidos por mulheres

Fonte: Snyder e Dillow, 2011: Tabela 196.

Gênero O sistema educativo, assim como muitas outras instituições sociais, há muito se caracteriza por seu tratamento discriminatório em relação às mulheres. Demorou até 1833 para o Oberlin College se tornar a primeira instituição de ensino superior a admitir estudantes mulheres – cerca de 200 anos depois da fundação de Harvard, a primeira faculdade para homens nos Estados Unidos. Mesmo assim, o Oberlin acreditava que as mulheres devessem aspirar a se tornar esposas e mães, e não advogadas e intelectuais. Além de assistirem às aulas, as estudantes lavavam as roupas dos homens, cuidavam de seus quartos e lhes serviam as refeições.

No século XX, o sexismo na educação mostrava-se em muitos aspectos – nos livros didáticos com estereótipos negativos de mulheres, na pressão de orientadores para que as alunas se preparassem para o "trabalho de mulher" e no financiamento desigual para programas esportivos de mulheres e de homens. Na verdade, durante grande parte do século, apenas cerca de um terço dos estudantes universitários era mulher. Nesse tempo, elas estudavam em salas de aula com professores predominantemente do sexo masculino, porque havia poucas professoras (Snyder e Dillow, 2010: Tabela 188).

Hoje, as mulheres têm muito mais oportunidades educacionais, em grande parte como resultado dos movimentos de mulheres que trabalharam pela transformação social. O Título IX das Emendas de Educação de 1972 cumpriu um papel fundamental na ampliação do acesso. Ele afirma: "Nenhuma pessoa nos Estados Unidos deverá, com base em sexo, ser excluída da participação, ter benefícios negados ou ser submetida a discriminação em qualquer programa de educação ou atividade que receba assistência financeira federal". Embora seja mais comumente associado à igualdade de oportunidades para as mulheres nos esportes, entre outras coisas, o Título IX também eliminou as turmas separadas por sexo e proibiu a discriminação sexual nas admissões. E as mulheres aproveitaram ao máximo a oportunidade. A partir do final dos anos de 1960, o percentual de mulheres que obtinham diplomas universitários começou a aumentar muito. Em 1980, elas obtiveram 49% dos diplomas conferidos, e a porcentagem de 2009 foi de 57,2%. As estudantes também têm maior probabilidade de ser ensinadas por professoras, que agora compõem 45% do total do corpo docente (Corbett, Hill e St. Rose, 2008; Snyder e Dillow, 2011: Tabela 196).

Desigualdade e oportunidade O fato de as escolas poderem realmente reforçar os padrões existentes de desigualdade tem levado alguns educadores a se perguntar se elas devem

> **Você sabia?**
>
> ... Nos Estados Unidos, as mulheres obtiveram 57,2% de todos os diplomas (*bachelor's degrees*) em 2009. Elas receberam mais de 75% dos diplomas desse tipo concedidos em profissões de saúde, educação e psicologia, mas menos de 20% em ciências da computação e informação e em engenharia.
>
> *Fonte*: Snyder e Dillow, 2011: Tabela 286.

> **PENSAMENTO** SOCIOLÓGICO
>
> A participação das mulheres no esporte universitário no âmbito da NCAA (National Collegiate Athletic Association) aumentou mais de 500% desde 1972, de 31.852 naquela época para 193.232 em 2010 a 2011. E os índices do ensino médio aumentaram de 294.015 em 1972 para cerca de 3,2 milhões de participantes em 2011 (NFHS, 2011). Até que ponto teríamos visto esse aumento se não fosse por uma lei que determinou o aumento da oportunidade? Como o aumento de oportunidades para mulheres nos esportes pode ter um impacto sobre o aumento de oportunidades em outras áreas?

dissuadir os membros dos grupos desfavorecidos até mesmo de tentar cursar uma faculdade. Eles temem que a carga emocional de longo prazo causada pelo fracasso seja grande demais. Os sociólogos John R. Reynolds e Chardie L. Baird (2010) buscaram responder à seguinte pergunta: "Os estudantes que tentam, mas não conseguem, atingir seus sonhos educacionais vivenciam frustração e ansiedade no longo prazo?". Com base em pesquisas de dois estudos longitudinais nacionais nos Estados Unidos, eles concluíram que a resposta a essa pergunta é não. Aqueles que não conseguem cumprir suas aspirações desenvolvem "resiliência adaptativa", o que lhes permite lidar com sua falta de sucesso universitário. Reynolds resume assim: "Ter um objetivo alto e fracassar não têm consequências para a saúde mental, enquanto tentar pode levar a conquistas mais elevadas e aos benefícios mentais e materiais que as acompanham" (citado em Elish, 2010). Como resultado de suas pesquisas, Reynolds e Baird recomendam incentivar os alunos a ter objetivos elevados porque isso aumenta significativamente as chances dos alunos de seguir em frente, como demonstra a experiência das mulheres no ensino superior. Na verdade, os pesquisadores concluíram que aqueles cujas características os tornam menos propensos a buscar um diploma de nível superior – como os provenientes de famílias de baixa renda, cujos pais estudaram menos – têm maior probabilidade de se beneficiar da obtenção desse diploma (Brand e Xie, 2010).

A educação realmente estabelece a ordem social e oferece oportunidades para as pessoas avançarem. Ao mesmo tempo, ao preservar a ordem existente, ela reproduz padrões existentes de desigualdade. A sociologia nos permite entender melhor como esses resultados aparentemente contraditórios podem ser conquistados por meio da educação. Entender melhor como funciona a educação nos permite trabalhar de forma mais eficaz para concretizar o objetivo inicial da educação: proporcionar oportunidades e uma sociedade mais aberta.

>>As escolas como organizações formais

Os primeiros defensores da educação pública ficariam impressionados com o tamanho do sistema de ensino no século XXI. Em muitos aspectos, as escolas de hoje, quando vistas como

Salários médios anuais dos professores nos Estados Unidos

- 57.500 a 71.633 dólares
- 50.000 a 57.499 dólares
- 46.500 a 49.999 dólares
- 38.837 a 46.499 dólares

Observação: Os dados são para o período de 2009 a 2010.
Fonte: National Education Association, 2010: Tabela C-11.

Rotatividade dos professores nos Estados Unidos

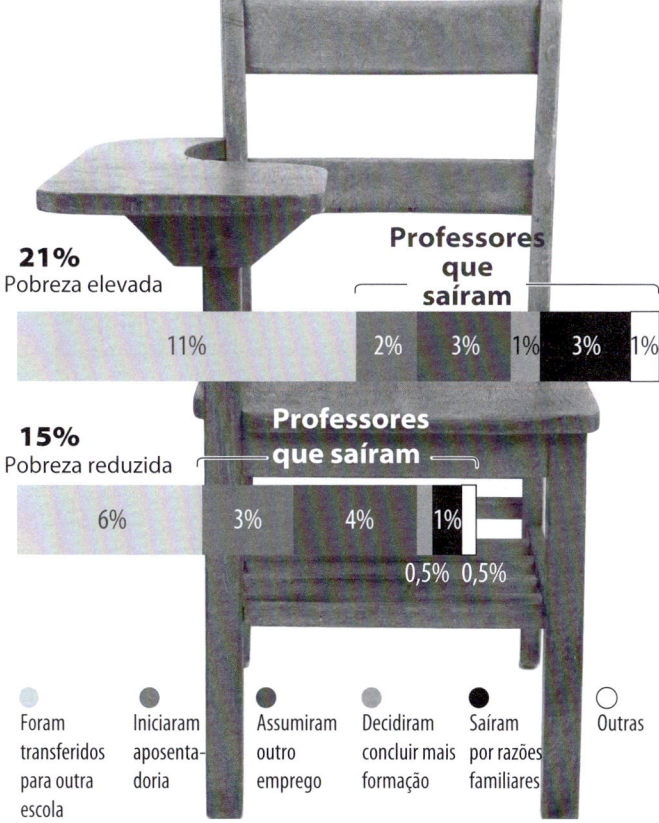

21% Pobreza elevada — Professores que saíram: 11%, 2%, 3%, 1%, 3%, 1%

15% Pobreza reduzida — Professores que saíram: 6%, 3%, 4%, 1%, 0,5%, 0,5%

- Foram transferidos para outra escola
- Iniciaram aposentadoria
- Assumiram outro emprego
- Decidiram concluir mais formação
- Saíram por razões familiares
- Outras

Observação: Porcentagem de professores públicos de ensino fundamental e médio que não lecionaram na mesma escola no ano seguinte, segundo nível de pobreza da escola e razão pela qual saíram.

Fonte: Planty et al., 2008:51.

---

exemplo de organização formal, são semelhantes a fábricas, hospitais e empresas comerciais.

Em vez de produzirem carros, pacientes ou lucros, elas bombeiam milhões de estudantes por ano no mercado. Ao fazerem isso, as escolas devem responder a diversos públicos fora do corpo discente, como pais, empregadores, bairros e políticos. Para cumprirem sua complexa missão, as escolas tiveram que se tornar cada vez mais institucionalizadas.

A BUROCRATIZAÇÃO DAS ESCOLAS

Simplesmente não é possível que um único professor transmita toda a cultura e as habilidades necessárias para as crianças que vão entrar nas mais diversas profissões. O crescente número de estudantes atendidos pelos sistemas de ensino e o maior grau de especialização exigido dentro de uma sociedade tecnologicamente complexa se combinaram para burocratizar as escolas.

Em muitos aspectos, as escolas colocam em prática todos os princípios da burocracia de Max Weber, que examinamos no Capítulo 5. Quando se trata da divisão do trabalho, os professores especializam-se em níveis etários e assuntos específicos. As escolas são organizadas hierarquicamente, com os professores respondendo aos diretores, que respondem ao superintendente escolar e aos conselhos e secretarias de educação. Em termos de regras e regulamentos escritos, os professores devem apresentar planos de aula escritos, e alunos, professores e administradores devem cumprir políticas e procedimentos estabelecidos ou estão sujeitos a sanções por não fazê-lo. À medida que crescem, as escolas tornam-se cada vez mais impessoais, e os professores devem tratar todos os alunos da mesma maneira, independentemente de suas diferentes personalidades e necessidades de aprendizagem. Por fim, contratação e promoção – e até mesmo efetivação – baseiam-se apenas em qualificações técnicas, e são estabelecidas normas e criadas rubricas em um esforço para garantir essa prática (Vanderstraeten, 2007).

A tendência à educação mais centralizada afeta especialmente as pessoas desfavorecidas, para quem a educação promete ser um caminho à oportunidade. A padronização dos currículos educacionais, incluindo livros didáticos, reflete, de forma geral, valores, interesses e estilos de vida dos grupos mais poderosos da nossa sociedade, e pode ignorar os das minorias raciais e étnicas. Além disso, em comparação com os ricos, os pobres de recursos muitas vezes não têm tempo, recursos financeiros e conhecimentos necessários para entender burocracias educacionais complexas e organizar grupos de pressão eficazes. Como resultado, os pais de baixa renda e de minorias terão ainda menos influência sobre administradores educacionais em nível municipal ou estadual do que têm sobre autoridades escolares locais (Kozol, 2005).

O ENSINO COMO PROFISSÃO

À medida que as escolas se tornam mais burocráticas, os professores encontram cada vez mais os conflitos inerentes ao trabalho no contexto de uma burocracia. Eles devem trabalhar dentro do sistema, submetendo-se à sua estrutura hierárquica, e acatar suas regras estabelecidas. Ao mesmo tempo, os professores querem exercer sua profissão com algum grau de autonomia e respeito por seu discernimento. Os conflitos surgem pelo fato de terem de ser instrutores, disciplinadores, administradores e funcionários de um distrito escolar ao mesmo tempo.

Como profissionais, os professores sentem pressão vinda de várias direções. Em primeiro lugar, o nível de escolaridade formal exigido para lecionar continua elevado, e o público começou a pedir novos exames de competência. Em segundo lugar, os salários dos professores são bem mais baixos do que os de muitos profissionais com formação comparável e de trabalhadores com habilidades também comparáveis. Por fim, o respeito pelos professores como profissionais competentes e responsáveis foi contestado na arena política. Muitos deles, decepcionados e frustrados, deixaram o mundo educacional por carreiras em outras profissões. Mais precisamente, entre um quarto e um terço dos novos professores se demitem dentro de seus três primeiros anos lecionando, e até metade deixa escolas urbanas pobres nos primeiros cinco anos (Wallis, 2008). Mesmo dentro de um único ano, a rotatividade de professores nos Estados Unidos é significativa; em áreas de alta pobreza, mais de 20% dos professores não lecionam na mesma escola no ano seguinte.

SUBCULTURAS ESTUDANTIS

As escolas também oferecem uma arena para as necessidades sociais e recreativas dos alunos. A educação ajuda as crianças muito pequenas a desenvolverem habilidades interpessoais que são essenciais durante a adolescência e a idade adulta. Em seus anos de ensino médio e universitário, os alunos podem conhecer os futuros cônjuges e estabelecer amizades duradouras.

Os alunos que são líderes nas escolas procuram com frequência desenvolver um sentido de espírito escolar e identidade coletiva, mas as subculturas estudantis são complexas e diversificadas. Como vimos no Capítulo 4, podem surgir "panelinhas" e grupos sociais na escola de acordo com raça, classe social, atratividade física, colocação acadêmica, habilidade esportiva e papéis de liderança na escola e na comunidade (Adler e Adler, 1996; Milner, 2006; Suitor, Minyard e Carter, 2001). Em seu estudo clássico sobre a comunidade de "Elmtown", o sociólogo August B. Hollingshead (1975) encontrou cerca de 259 panelinhas diferentes em uma única escola do ensino médio. As panelinhas, cujo tamanho médio era de cinco membros, eram centradas na própria escola, em atividades recreativas e em grupos religiosos e comunitários.

Em meio a essas panelinhas muito unidas e, muitas vezes, rigidamente segregadas, alguns estudantes são deixados de fora. Historicamente, estudantes homossexuais têm sido particularmente vulneráveis a essa exclusão. Nos Estados Unidos, muitos se organizaram para estabelecer seu próprio sentido mais forte de identidade coletiva, inclusive por meio do estabelecimento de alianças entre homossexuais e heterossexuais, grupos de apoio patrocinados pelas escolas, que reúnem adolescentes homossexuais com seus colegas heterossexuais simpatizantes. Iniciados em Los Angeles, em 1984, esses programas totalizavam mais de 4 mil em todo o país em 2011.

Pode-se encontrar uma diversidade semelhante de grupos de estudantes em nível de universidade. Os sociólogos identificaram quatro subculturas distintas entre estudantes universitários (Clark e Trow, 1966; Horowitz, 1987):

- A subcultura *de faculdade* concentra-se na diversão e na convivência. Esses alunos definem o que constitui uma

A turma do ensino médio de 2021 nos Estados Unidos

Observação: Projeção da turma de formandos do ensino médio de 2021, por raça e etnia.
Fonte: Projeções de estatísticas da educação até 2020.

Asiáticos/Das Ilhas do Pacífico: 4,4%
7,9%
Índios norte-americanos/Nativos do Alasca: 0,9%
1,1%
Hispânicos: 19,3%
9,6%
2020-21
12,9%
72,1%
1995-96
Negros: 14,3%
Brancos: 57,3%

A tipologia usada pelos pesquisadores nos lembra de que a escola é uma organização social complexa, quase uma comunidade com diferentes bairros. É claro que essas quatro subculturas não são as únicas visíveis nos *campi* universitários. Nos Estados Unidos, por exemplo, podem-se encontrar subculturas de veteranos das guerras do Iraque ou do Afeganistão ou ex-donas de casa em tempo integral, ou ainda, os estudantes podem se reunir com base em raça, etnia ou nacionalidade.

UNIVERSIDADES COMUNITÁRIAS

As universidades comunitárias (*community colleges*) norte-americanas existem como um testemunho dos ideais propostos por Jefferson, Franklin e Mann. A lei conhecida como GI Bill nos anos de 1940 e os Pell Grants na década de 1960 deram considerável crédito educativo universitário a quem tinha meios limitados, abrindo em muito as portas à universidade. No entanto, a disponibilidade de crédito educativo, principalmente sob a forma de subvenções, diminuiu muito nos últimos anos. Contudo, as universidades comunitárias continuam dando aos alunos a oportunidade de provar quem são, e seu custo relativamente baixo e sua política de admissão livre diminuem as barreiras ao sucesso. Como resultado, um número cada vez maior de estudantes recorre às faculdades comunitárias, incluindo um aumento que começou no outono de 2009, em função de uma economia fraca.

Existem hoje mais de 7,8 milhões de alunos de universidades comunitárias nos Estados Unidos, perfazendo 36% de todos os estudantes de nível superior. Isso representa um aumento de quase 750% no número de alunos desde 1963. Esses estudantes têm maior probabilidade de ser mais velhos, do sexo feminino, negros, hispânicos, de baixa renda, e estudar em tempo parcial, do que seus pares das faculdades de quatro anos. Na verdade, quanto mais renda e instrução os pais de um aluno tiverem, menor probabilidade ele terá de frequentar uma faculdade comunitária.

quantidade "razoável" de trabalho acadêmico (e qual quantidade de trabalho é "excessiva" e leva o estudante a ser rotulado como um "CDF"). Os membros da subcultura "de faculdade" têm pouco compromisso com a atividade acadêmica. Os atletas costumam se encaixar nessa subcultura.
- A subcultura *acadêmica* identifica-se com as preocupações intelectuais do corpo docente e valoriza o conhecimento em si.
- A subcultura *profissional* está interessada principalmente em perspectivas de carreira e vê a faculdade como um meio de obtenção de diplomas essenciais para o avanço.
- A subcultura *não conformista* é hostil ao ambiente universitário e procura ideias que podem ou não estar relacionadas a estudos acadêmicos. Esse grupo pode encontrar válvulas de escape em publicações universitárias ou em grupos voltados a questões específicas.

Todos os estudantes universitários acabam entrando em contato com essas subculturas conflitantes e devem determinar qual delas (se houver) parece mais de acordo com seus sentimentos e interesses.

> **PENSAMENTO SOCIOLÓGICO**
> Até que ponto você se encaixa em uma das quatro subculturas universitárias? Que influências seu histórico de vida, incluindo amigos, professores ou pais, pode ter contribuído para que você seguisse esse caminho, em vez de outros?

Isso destaca o papel dessas escolas em dar oportunidades a pessoas com recursos limitados. Entrar em faculdades comunitárias eleva as aspirações dos estudantes. Se eles inicialmente esperavam cursar apenas algumas disciplinas ou terminar com um diploma de dois anos, quase metade desses alunos passou a almejar mais educação, incluindo um diploma de quatro anos ou mais do que isso (Knapp, Kelly-Reid e Ginder, 2012; Provasnik e Planty, 2008).

Uma das preocupações levantadas sobre as universidades comunitárias é a persistência – até que ponto os estudantes buscam a educação. O índice de abandono da universidade comunitária por esses alunos, sem completar um dos cursos conhecidos como *degree* ou *certificate* (45%), é bem maior do que o dos alunos de faculdades de quatro anos (16 a 17%). Mesmo aqueles que tinham se matriculado inicialmente com intenção de seguir uma graduação de quatro anos deixaram a escola antes do tempo, a uma taxa de 39%. Esses índices elevados levaram alguns teóricos a sugerir que as faculdades comunitárias têm uma função de "acalmar". Eles argumentam que o número limitado de bons empregos na sociedade é um dado, de modo que nem todos podem conseguir um deles. Como as universidades comunitárias parecem oferecer oportunidades para que todos possam ter sucesso, não tê-lo é percebido como responsabilidade exclusiva do indivíduo. Assim, é mais provável que os estudantes culpem a si mesmos do que desenvolvam uma crítica à estrutura social que define seus prováveis resultados na vida. Em outras palavras, as universidades comunitárias realmente dão oportunidade para alguns, mas também ajudam a justificar o atual sistema de desigualdade (Bahr, 2008; Clark, 1960, 1980).

religião Instituição social dedicada a estabelecer uma sensação comum de identidade, incentivar a integração social e oferecer aos fiéis uma sensação de sentido e propósito.

ENSINO EM CASA

Alguns pais veem a educação formal como um caminho para a oportunidade; outros decidiram sair dela completamente. Mais de 1,5 milhão de estudantes está sendo educado em casa atualmente,* cerca de 2,9% da população do ensino fundamental e médio. As famílias que adotam esse procedimento têm maior probabilidade de ser brancas, ter dois pais na família, com apenas um deles na força de trabalho, ter pais com um diploma de graduação, e ter três filhos ou mais (Planty et al., 2009).

Em certo sentido, isso representa um retorno aos tempos anteriores à escola pública no ensino dos Estados Unidos, em que a responsabilidade básica era dos pais. Quando lhes pediram para identificar a razão mais importante para a escolha desse caminho, 36% dos pais disseram que foram motivados por um desejo de dar instrução religiosa ou moral (a resposta mais comum) e 83% do total identificaram isso como um fator importante. A preocupação com o ambiente das escolas – segurança, drogas e pressão negativa de colegas – foi o fator mais importante para 21%, e 17% atribuíram sua decisão principalmente à insatisfação com a instrução acadêmica da escola (Planty et al., 2009). Além disso, alguns imigrantes escolheram a educação em casa como forma de facilitar a transição de seus filhos a uma nova sociedade. Por exemplo, uma parte cada vez maior da crescente população de origem árabe nos Estados Unidos aderiu ao movimento de ensino em casa (Cooper e Sureau, 2007; MacFarquhar, 2008). Outros pais consideram esse tipo de educação uma boa alternativa para crianças que sofrem de déficit de atenção e hiperatividade (TDAH) e transtornos de aprendizagem (TAs). Um estudo realizado pela Home School Legal Defense Association (2005), uma organização de defesa da educação em casa, concluiu que os alunos que estudavam em casa tinham notas melhores do que os outros em provas padronizadas, em todas as disciplinas e séries.

O aumento da educação em casa aponta para uma crescente insatisfação com a prática institucionalizada de educação. Os primeiros defensores da escola pública argumentavam em favor da importância de um currículo comum cuja raiz era um sentido comum de valores. A educação em casa, no entanto, aponta para o pluralismo e o desejo de manter os valores subculturais singulares de uma comunidade. Embora possam atender às necessidades individuais de diversos grupos na sociedade de hoje, as novas formas de escolaridade também prejudicam o compromisso histórico com a educação pública como forma de promover a unidade no seio da sociedade.

> **PENSAMENTO** SOCIOLÓGICO
>
> Quais você considera que sejam as vantagens e as desvantagens de ser educado em casa? Como isso pode contribuir para um sentido mais forte de identidade? Como pode ameaçar a ordem social?

>>Definição de religião

A educação tem um papel importante na socialização de membros da sociedade em valores e normas compartilhados, e a religião ajuda a cimentar essas crenças e práticas nos corações e nas mentes das pessoas. A **religião** é uma instituição social dedicada a estabelecer uma sensação comum de identidade, incentivando a integração social e oferecendo aos fiéis uma sensação de sentido e propósito. Embora os níveis de participação religiosa variem de lugar para lugar, a religião

---

* N. de R.T.: No sistema de ensino norte-americano há a possibilidade legal de os estudantes realizarem seus estudos em casa, com acompanhamento dos familiares (*homeschooling*). No Brasil, entretanto, a prática de ensino em casa é proibida, pois segundo o Estatuto da Criança e do Adolescente é obrigação dos pais ou responsáveis matricular os filhos em uma instituição de ensino.

continua a ser uma força importante tanto no cenário mundial quanto na vida dos indivíduos. Para entender plenamente suas várias formas, os sociólogos assumem duas abordagens básicas à definição de religião. A primeira trata do que a religião é, e a segunda, do que ela faz.

SUBSTÂNCIA: O QUE A RELIGIÃO É

De acordo com uma abordagem substantiva para estudá-la, a religião tem um conteúdo ou uma substância únicos que a separam de outras formas de conhecimento e crença. Mais comumente, esse foco singular envolve a concepção de uma esfera sobrenatural, como o céu, mas não tem que estar fora do mundo físico. O ponto central é que a religião se concentra em algo que vai muito além das realidades mundanas de nossa existência cotidiana, que aponta para algo maior e que nos exige alguma resposta em termos de como pensamos e agimos. O sociólogo Peter Berger (1969) apresentou uma definição substantiva da religião como "o empreendimento humano pelo qual se estabelece um cosmos sagrado" (p. 25). O sagrado, aqui, refere-se a essa esfera extraordinária que se torna o foco da fé e da prática religiosas. Essa esfera sagrada dá sentido, ordem e coerência aos fiéis. Ao descrevê-la, as pessoas podem tocar em conceitos como deuses e deusas, anjos e demônios, céu e inferno, nirvana ou outros seres ou esferas. Uma sociedade com um amplo acordo sobre a natureza e a importância dessa esfera sagrada é, por definição, mais religiosa.

Os sociólogos que seguem uma abordagem substantiva se concentram nas maneiras pelas quais os grupos religiosos se reúnem em torno daquilo que definem como sagrado. O **sagrado** engloba elementos para além do cotidiano, que inspiram reverência, admiração e até mesmo temor. As pessoas interagem com a esfera do sagrado por meio de práticas rituais, como oração ou sacrifício. Por terem fé no sagrado, os fiéis aceitam o que não conseguem entender. O domínio do sagrado existe em contraste com o **profano**, que inclui o comum e o banal.

Diferentes grupos religiosos definem sua compreensão do sagrado ou do profano de maneiras diferentes. Por exemplo, quem ou o que constitui um "deus" varia entre muçulmanos, cristãos e hindus. Mesmo dentro de um grupo, distintos fiéis podem tratar o mesmo objeto como sagrado ou profano se ele os conectar ou não à esfera do sagrado. Normalmente, um pedaço de pão é profano, mas se torna sagrado para os cristãos durante a prática da comunhão, pois, por meio dele, os fiéis entram em conexão com Deus. Da mesma forma, um candelabro torna-se sagrado para os judeus, se for

uma menorá. Para confucionistas e taoístas, varas de incenso não são meros objetos de decoração, e sim ofertas altamente valorizadas, feitas aos deuses em cerimônias religiosas que marcam as luas nova e cheia.

FUNÇÃO: O QUE AS RELIGIÕES FAZEM

A abordagem funcionalista concentra-se menos no que a religião é do que no que as religiões fazem, com uma ênfase específica em como elas contribuem para a ordem social. De acordo com uma abordagem funcionalista ao estudo da religião, esta unifica os fiéis em uma comunidade por meio de práticas compartilhadas e de um conjunto comum de crenças relativas a coisas sagradas. A ênfase está na dimensão unificadora da religião, e não na substância daquilo que unifica. Para os funcionalistas, o sobrenatural, ou algo assim, não é uma parte essencial da religião. A religião não precisa ter deuses ou deusas, vida após a morte nem outros elementos convencionais. Na verdade, todas as práticas sociais que nos unem fortemente, como ser torcedor de um esporte, podem funcionar como a religião para o indivíduo e para a sociedade.

A abordagem funcionalista à definição de religião tem raízes na obra de Émile Durkheim. Ele definiu a religião como "um sistema unificado de crenças e práticas relativas a coisas sagradas, ou seja, a coisas separadas e proibidas – crenças e práticas que unem em uma mesma comunidade moral, chamada de 'igreja', todos os que aderem a elas ([1887] 1972:224)". Essa definição aponta para três aspectos em que os sociólogos se concentram ao estudarem a religião: um sistema unificado de crenças e práticas, envolvendo coisas sagradas, no contexto da comunidade.

O primeiro elemento da abordagem funcionalista de Durkheim é o sistema unificado de crenças e práticas. O que essas crenças e práticas são importa menos do que o fato de serem compartilhadas. Entre os termos historicamente usados para descrever as crenças religiosas estão *doutrina*, *dogma*, *credos* e *escritura*, todos representando princípios que os fiéis compartilham por meio da fé. As práticas referem-se a rituais compartilhados, como participação em cultos, oração, meditação e jejum. Sendo as crenças e práticas fundamentais para a religião, nós as examinaremos em mais detalhe a seguir.

> **sagrado** Elementos que vão além do cotidiano, que inspiram reverência, admiração e até mesmo temor.
>
> **profano** Elementos comuns e banais da vida, diferentes do sagrado.

Ao contrário da abordagem substantiva, a ênfase de Durkheim nas coisas sagradas concentra-se menos nos objetos em si e mais na atitude dos fiéis para com esses objetos. Objetos sagrados e lugares sagrados transmitem um sentimento de respeito, e a religião exorta os fiéis a tratá-los com reverência e cuidado.

Os católicos, por exemplo, tratam o pão e o vinho da comunhão com respeito porque acreditam que o sacramento

---

> **PENSAMENTO** SOCIOLÓGICO
>
> Você acha que é correto os líderes religiosos, como pastores, padres, rabinos ou imãs, discutirem questões políticas durante os cultos religiosos? Por quê?

Sociologia pessoal

Dança da vitória

Confesso que sou torcedor do *Green Bay Packers*, e venho acompanhando o time religiosamente. Mesmo sabendo do significado, pratico superstições na esperança de ajudar, inclusive vestindo uma camisa da sorte, não falando ao telefone durante o jogo e, embora tenha vergonha de admitir, fazendo uma dança em torno da mesa da sala de jantar quando o Packers marca, batendo na mão de todos, incluindo a de nosso cachorro. Minha esposa Lori é uma torcedora ainda mais dedicada, e, juntos, fizemos muitas peregrinações à "tundra congelada do Estádio Lambeau" para torcer pelo time. A cada temporada, renovo minha fé de que ele possa ganhar tudo. Em 2011, todos os esforços foram recompensados quando o *Packers* venceu o *Super Bowl*, seu 13º campeonato da Liga Nacional de Futebol Americano (NFL, de National Football League). E houve muita alegria.

---

transforma esses elementos no corpo e no sangue de Cristo. Para os muçulmanos, o Corão é um objeto sagrado, e a Kaaba, em Meca, é um lugar sagrado. Na abordagem funcionalista à religião, no entanto, o sagrado está nos olhos de quem vê. Qualquer objeto pode ser sagrado, desde que as pessoas o definam como tal e assim o tratem.

crença religiosa Afirmações às quais os membros de determinada religião aderem.

O componente mais importante da definição de Durkheim é esta terceira parte: comunidade. Não é a igreja, a mesquita ou o templo como prédio que importa, mas a unificação de um corpo de fiéis em uma comunidade compartilhada. No que eles acreditam, o que praticam ou o que consideram sagrado é menos importante do que o fato de eles terem em comum essas crenças, práticas e coisas sagradas.

PENSAMENTO SOCIOLÓGICO

Que outras coisas funcionam como a religião para nós? E os seguidores de bandas, celebridades, programas de TV ou política? Até que ponto o consumismo ou mesmo o trabalho funcionam como a religião?

Como sugerido anteriormente, de acordo com essa abordagem, a religião não precisa ser o que se convencionou considerar como religião. Tudo o que fizer o que os três elementos de Durkheim fazem pode funcionar como religião. Assim como nossa visão do que são famílias se ampliou para incluir as pessoas que são "como uma família" para nós, a definição de religião também se ampliou para incluir coisas que funcionam como tal. Os esportes são um exemplo clássico. Quando se trata de crenças e práticas, os torcedores – ou fãs, do inglês *fans*, abreviatura de *fanáticos*, um termo que, historicamente, teve conotações religiosas – compartilham crenças religiosas sobre a superioridade de sua equipe e praticam regularmente rituais na esperança de que a ajudem a vencer. Eles podem usar a mesma camiseta para assistir ao jogo, sentar na mesma cadeira ou fazer passos de dança após sua equipe marcar, tudo por um medo supersticioso de que deixar de fazê-lo possa causar a derrota do time. Em termos de coisas sagradas, há autógrafos, camisetas, bolas; e o estádio onde o time joga, muitas vezes chamado pelos torcedores de santuário, representa um espaço sagrado. Por fim, os torcedores são unidos em uma comunidade com outros torcedores do time. Ser torcedor passa a fazer parte da identidade deles, dando-lhes alegria, satisfação e até mesmo um sentido de propósito. Em um ensaio pessoal contando sua obsessão pelo futebol, o jornalista Michael Elliott (2005) expressa a questão da seguinte maneira: "O que significa ser torcedor? Significa que você nunca vai andar sozinho" (p. 76).

>>Componentes da religião

Ao estudarem a religião, independentemente de qual abordagem assumam para defini-la, os sociólogos investigam componentes que são comuns à maioria dos grupos. Seu objetivo é obter uma imagem mais completa do papel que a religião cumpre para indivíduos e grupos. Os sociólogos que usam as duas abordagens trabalham com a forma como os grupos religiosos organizam crenças, rituais, experiência e comunidade.

CRENÇAS

Algumas pessoas acreditam na vida após a morte, em seres supremos com poderes ilimitados ou em forças sobrenaturais. As **crenças religiosas** são afirmações às quais os membros de determinada religião aderem. O foco pode variar drasticamente de uma religião para a outra.

Na década de 1960, ocorreu uma mudança significativa na natureza da crença religiosa nos Estados Unidos. Denominações que tinham interpretações relativamente liberais das escrituras religiosas (como presbiterianos, metodistas e luteranos) perderam membros, enquanto as que mantinham interpretações mais conservadoras e procuravam uma volta aos fundamentos da fé cresceram em números. O termo **fundamentalismo** refere-se a uma adesão rígida a doutrinas religiosas fundamentais. Muitas vezes, o fundamentalismo é acompanhado de uma aplicação literal da escritura ou das crenças históricas ao mundo de hoje. O fundamentalismo cresce a partir de um sentimento de que o mundo está se destruindo devido a um declínio das verdadeiras crenças e práticas religiosas. Os fundamentalistas consideram-se detentores de uma visão positiva do futuro, por meio de um retorno à pureza da mensagem religiosa original.

A expressão "fundamentalismo religioso" foi aplicada pela primeira vez aos protestantes dos Estados Unidos, que assumiam uma interpretação literal da Bíblia, mas o fundamentalismo é encontrado em todo o mundo entre a maioria dos principais grupos religiosos, incluindo o catolicismo, o islamismo e o judaísmo. Os fundamentalistas variam imensamente em suas crenças e seus comportamentos. Alguns sublinham a necessidade de ser rigorosos em sua fé pessoal, mas têm pouco interesse em questões sociais amplas. Outros estão atentos a ações da sociedade, tais como políticas de governo, que consideram conflitantes com a doutrina fundamentalista (Emerson et al., 2006).

Os fundamentalistas cristãos nos Estados Unidos têm lutado contra o ensino da evolução nas escolas públicas por acreditarem que ela não só representa uma ameaça às suas crenças, mas também que é, em si, um tipo de fé religiosa no naturalismo (em oposição ao sobrenaturalismo de Deus). O primeiro e mais famoso processo judicial sobre o ensino da evolução nas escolas públicas ocorreu em 1925 e costuma ser chamado de "julgamento dos macacos de Scopes". Nesse julgamento, o professor de biologia do ensino médio John T. Scopes foi condenado por violar uma lei do estado do Tennessee que tornava crime ensinar a teoria científica da evolução nas escolas públicas (Larson, 2006). Desde então, tem havido inúmeros outros questionamentos judiciais, incluindo *Kitzmiller versus Dover Area School District*, na Pensilvânia, em 2005. Neste importante caso, os que se opunham ao ensino da evolução procuraram forçar as escolas a ensinar a "ciência" do projeto inteligente – a ideia de que a vida é tão complexa que tem que haver alguma forma de inteligência por trás de sua criação. O juiz determinou que o projeto inteligente é uma variação do criacionismo, cujo ensino em uma escola pública violaria a separação entre Igreja e Estado (Padian, 2007).

> **fundamentalismo** Adesão rígida a doutrinas religiosas fundamentais, muitas vezes acompanhada de uma aplicação literal da escritura ou das crenças históricas ao mundo de hoje.
>
> **ritual religioso** Prática exigida ou esperada dos membros de uma religião.

RITUAIS

Os **rituais religiosos** são práticas exigidas ou esperadas dos membros de uma religião. Os rituais normalmente reverenciam o poder divino (ou poderes) adorado pelos fiéis; eles também lembram os adeptos de seus deveres e responsabilidades religiosos. Os rituais e as crenças podem ser interdependentes; os rituais geralmente afirmam crenças, como em uma declaração pública ou privada confessando um pecado. Como qualquer instituição social, a religião desenvolve normas distintas para estruturar o comportamento das pessoas. Além disso, as sanções estão ligadas a rituais religiosos, seja como recompensas (p. ex., presentes de bar mitzvah) ou como sanções (expulsão de uma instituição religiosa por violação das normas).

Os rituais podem ser muito simples, como dar graças em uma refeição ou dedicar um momento de silêncio para lembrar a morte de alguém. Outros rituais, como o processo de canonização de um santo, são bastante complexos. Participar de um culto, fazer orações silenciosas e faladas, comungar e cantar hinos e cânticos são formas comuns de comportamento ritual, que geralmente ocorrem em grupo.

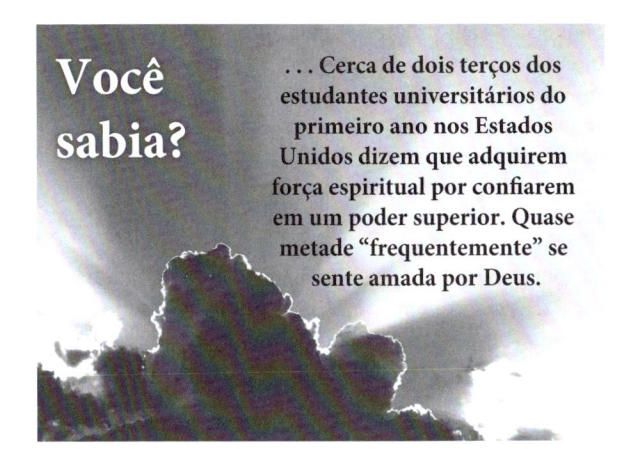

GLOBALIZANDO

Com que frequência você participa de serviços religiosos?

Porcentagem de pessoas que frequentam serviços religiosos uma vez por semana ou mais

País	1991	2007
Polônia	65,6%	57,7%
Índia	54,5%	44,2%
Estados Unidos	43,5%	36%
México	43,4%	46,3%
Canadá	26,9%	24,6%
França	10,2%	7,2%
Noruega	5,1%	4,5%

Fonte: World Values Survey, 2009: Tabela F028.

Você sabia? ... Cerca de dois terços dos estudantes universitários do primeiro ano nos Estados Unidos dizem que adquirem força espiritual por confiarem em um poder superior. Quase metade "frequentemente" se sente amada por Deus.

experiência religiosa O sentimento ou a percepção de estar em contato direto com a realidade maior, por exemplo, um ser divino, ou de ser tomado pela emoção religiosa.

ecclesia Organização religiosa que afirma incluir a maioria ou todos os membros de uma sociedade e é reconhecida como religião nacional ou oficial.

Esses rituais servem como importantes encontros cara a cara, nos quais as pessoas reforçam suas crenças religiosas e o compromisso com sua fé. A participação religiosa varia muito de país para país.

Para os muçulmanos, um ritual muito importante é o *hajj* – a peregrinação à Grande Mesquita de Meca, na Arábia Saudita. Todo muçulmano física e financeiramente apto deve viajar até lá pelo menos uma vez. A cada ano, dois milhões de peregrinos vão a Meca durante o período de uma semana indicado pelo calendário lunar islâmico. Muçulmanos de todo o mundo fazem o *hajj*.

EXPERIÊNCIA

No estudo sociológico da religião, a expressão **experiência religiosa** significa o sentimento ou a percepção de estar em contato direto com a realidade maior, por exemplo, um ser divino, ou de ser tomado pela emoção religiosa. Uma experiência religiosa pode ser bastante leve, como o sentimento de exaltação que a pessoa pode ter ao ouvir um coral cantando o "Aleluia" de Handel. Muitas experiências religiosas, no entanto, são mais profundas, como a experiência de um muçulmano em um *hajj*. Em sua autobiografia, o ativista afro-americano Malcolm X (1964:338) escreveu sobre seu *hajj* e o quanto ele ficou profundamente comovido pela maneira como os muçulmanos em Meca se uniam independentemente de raça e cor. Para Malcolm X, a indiferença do mundo muçulmano em relação à cor da pele "provou [a ele] o poder do Deus Único".

Outra experiência religiosa profunda para muitos cristãos é o "renascimento", que envolve o estabelecimento de um compromisso pessoal com Jesus Cristo, marcando uma virada muito importante na vida da pessoa. De acordo com uma pesquisa nacional de 2008 nos Estados Unidos, 34% das pessoas afirmaram ter tido uma experiência de renascimento cristão em algum momento de suas vidas (Kosmin e Keysar, 2009). Outra pesquisa concluiu que 81% dos participantes da Assembléia de Deus relataram ter tido essas experiências, com os batistas chegando a 67%. Em contraste, apenas 25% dos católicos responderam ter renascido (Barna Group, 2001).

A natureza coletiva da religião, como enfatizado por Durkheim, fica evidente nessas estatísticas. As crenças e os rituais de determinada religião podem criar uma atmosfera favorável ou menos propícia a esse tipo de experiência religiosa. Assim, um membro da Assembleia seria incentivado a "vir a público" para assumir esse compromisso e, em seguida, compartilhar sua experiência com os outros. Um católico que alegasse ter renascido, por sua vez, receberia muito menos atenção dentro de sua igreja (Gallup, 2008c).

COMUNIDADE

As comunidades religiosas organizam-se de várias formas. Estruturas específicas são construídas para o culto religioso, como igrejas e sinagogas, e indivíduos são treinados para papéis profissionais dentro de vários campos. Esses eventos tornam possível distinguir claramente entre partes sacras e seculares da vida de alguém, uma distinção que não poderia ser feita facilmente em épocas anteriores, quando a religião era, em grande parte, uma atividade familiar, realizada dentro de casa.

Os sociólogos consideram útil distinguir quatro formas básicas de organização: a *ecclesia*, a denominação, a seita e o novo movimento religioso, ou culto. Podemos ver as diferenças entre essas quatro formas de organização em seu tamanho, seu poder, o grau de comprometimento que é esperado de seus membros e seus laços históricos com outras religiões (Dawson, 2009).

Ecclesiae Ao estudarem como os grupos organizam suas comunidades, os sociólogos têm usado o termo *ecclesia* (plural, *ecclesiae*) para descrever uma organização religiosa que afirma incluir a maioria ou todos os membros de uma sociedade e é reconhecida como religião nacional ou oficial. Como praticamente todos pertencem àquela religião, a adesão é decorrente de nascimento, e não de uma decisão consciente. O exemplo clássico na sociologia foi a Igreja Católica Romana na Europa medieval. Exemplos contemporâneos de *ecclesiae* incluem o islã na Arábia Saudita e o budismo na Tailândia. No entanto, existem diferenças significativas dentro dessa categoria. No regime islâmico da Arábia Saudita, os líderes da *ecclesia* têm grande poder sobre as ações do Estado. Em contraste, a igreja do Estado histórico na Suécia, o luteranismo, não tem esse poder sobre o Riksdag (Parlamento) nem sobre o primeiro-ministro.

Geralmente, as *ecclesiae* são conservadoras, pois não questionam os líderes de um governo secular. Em uma sociedade com uma *ecclesia*, as instituições políticas e religiosas muitas vezes agem em harmonia e reforçam o poder umas das outras em suas relativas esferas de influência. No mundo moderno, as *ecclesiae* estão em declínio no poder.

Principais tradições religiosas nos Estados Unidos

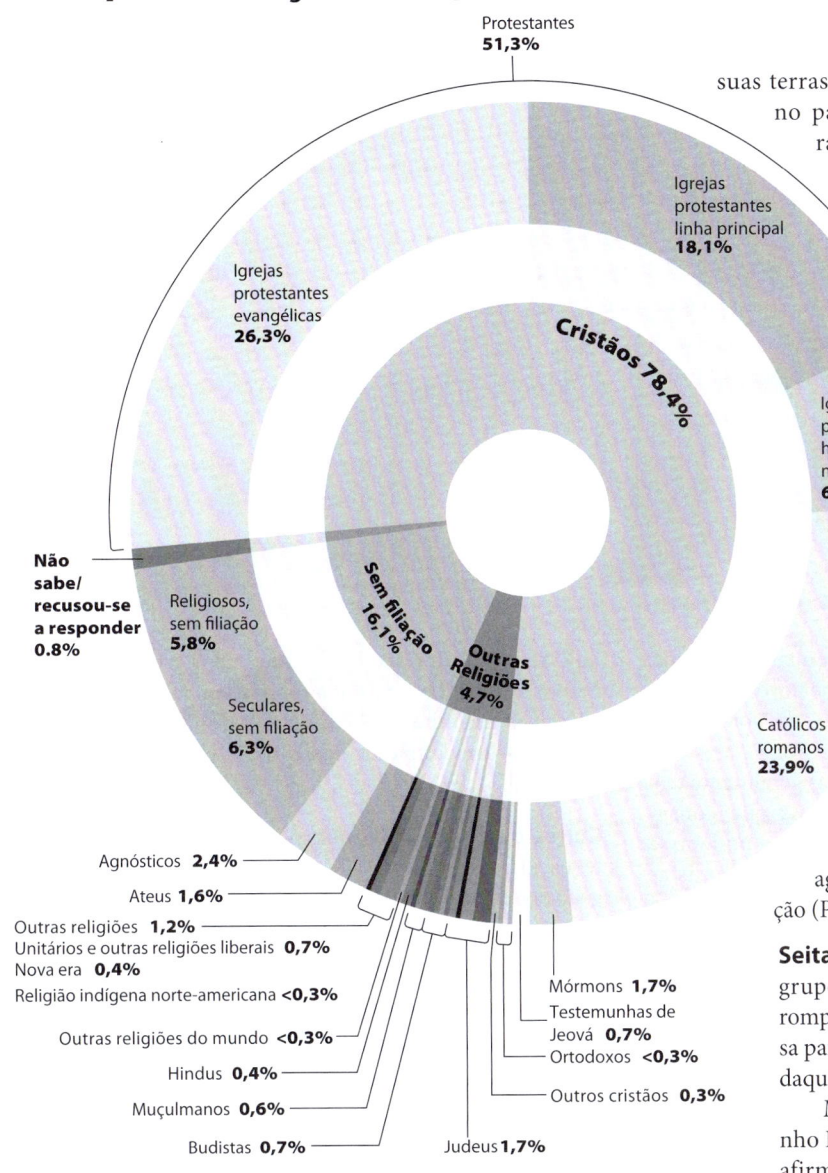

Protestantes 51,3%
- Igrejas protestantes linha principal **18,1%**
- Igrejas protestantes evangélicas **26,3%**
- Igrejas protestantes historicamente negras **6,9%**

Cristãos 78,4%
- Católicos romanos **23,9%**
- Mórmons **1,7%**
- Testemunhas de Jeová **0,7%**
- Ortodoxos **<0,3%**
- Outros cristãos **0,3%**

Sem filiação 16,1%
- Não sabe/recusou-se a responder **0,8%**
- Religiosos, sem filiação **5,8%**
- Seculares, sem filiação **6,3%**
- Agnósticos **2,4%**
- Ateus **1,6%**

Outras Religiões 4,7%
- Outras religiões **1,2%**
- Unitários e outras religiões liberais **0,7%**
- Nova era **0,4%**
- Religião indígena norte-americana **<0,3%**
- Outras religiões do mundo **<0,3%**
- Hindus **0,4%**
- Muçulmanos **0,6%**
- Budistas **0,7%**
- Judeus **1,7%**

Observação: Devido a arredondamentos, os números podem não somar 100 e valores aninhados podem não somar o subtotal indicado.
Fonte: Pew Research Center, 2008a.

Denominações Uma **denominação** é uma religião grande e organizada, que não é oficialmente vinculada ao Estado ou ao governo. Como uma *ecclesia*, tende a ter um conjunto explícito de crenças, um sistema definido de autoridade e uma posição respeitada, em termos gerais, na sociedade. As denominações costumam reivindicar grandes segmentos da população como seus membros. Geralmente, as crianças aceitam a denominação de seus pais e pouco pensam em participar de outras religiões. Apesar de serem consideradas respeitáveis e não serem vistas como um questionamento ao governo secular, ao contrário das *ecclesiae*, as denominações não têm o reconhecimento oficial e o poder das *ecclesiae* (Doress e Porter, 1977).

Nos Estados Unidos, há um grande número de denominações. Em grande parte, essa diversidade é resultado da herança imigrante do país. Muitos colonizadores levaram consigo os compromissos religiosos de suas terras natais. Algumas denominações cristãs no país, como católicos, episcopais e luteranos, são desdobramentos de *ecclesiae* estabelecidas na Europa. Também surgiram denominações "Cristãs Novas", incluindo os Mórmons e os Cientistas Cristãos. Na última geração, os imigrantes aumentaram o número de muçulmanos, hindus e budistas que vivem nos Estados Unidos.

Embora, de longe, a maior denominação norte-americana seja o catolicismo, pelo menos 24 outras religiões têm 1 milhão de membros ou mais. Os protestantes representam coletivamente cerca de 51,3% da população adulta, em comparação com 23,9% de católicos e 1,7% de judeus. Os muçulmanos representam cerca de 0,6%, os budistas, em torno de 0,7%, e os hindus, ao redor de 0,4%. As pessoas que se declaram ateias e agnósticas compõem cerca de 4% da população (Pew Research Center, 2008a).

Seitas Uma **seita** pode ser definida como um grupo religioso relativamente pequeno que rompeu com alguma outra organização religiosa para reavivar o que considera a visão original daquela religião.

Muitas seitas, como a liderada por Martinho Lutero durante a Reforma no século XVI, afirmam ser a "verdadeira igreja" porque procuram purificar a religião estabelecida em relação ao que consideram crenças e rituais estranhos a ela. Max Weber ([1916] 1958b:114) chamou a seita de "igreja de fiéis", pois a filiação tem como base a aceitação consciente de um dogma religioso específico.

As seitas estão em desacordo com a sociedade dominante e não procuram se tornar religiões nacionais estabelecidas. Ao contrário das *ecclesiae* e das denominações, exigem compromissos intensivos e demonstrações de crença por parte de seus membros. Em parte por não pertencerem ao campo predominante, as seitas frequentemente apresentam um maior grau de fervor religioso e lealdade do que os dos grupos religiosos mais estabeleci-

> **denominação** Religião grande e organizada que não é oficialmente vinculada ao Estado ou governo.
>
> **seita** Grupo religioso relativamente pequeno que rompeu com alguma outra organização religiosa para reavivar o que considera a visão original daquela religião.

Educação e Religião

seita estabelecida Grupo religioso que é o desdobramento de uma seita, mas, ainda assim, permanece isolado da sociedade.

novo movimento religioso (NMR) ou culto Grupo religioso pequeno e alternativo que representa uma comunidade religiosa nova ou uma grande inovação em uma já existente.

dos. Elas recrutam ativamente adultos como novos membros, e a aceitação vem por meio da conversão.

As seitas geralmente têm vida curta. As que conseguem sobreviver podem se tornar menos antagonistas em relação à sociedade ao longo do tempo e começar a se assemelhar a denominações. Em alguns casos, as seitas têm conseguido persistir por várias gerações, mantendo-se bastante separadas da sociedade. O sociólogo J. Milton Yinger (1970:226-73) usa a expressão **seita estabelecida** para descrever um grupo religioso que é o desdobramento de uma seita, mas, ainda assim, permanece isolado da sociedade. *Huteritas*, testemunhas de Jeová, adventistas do sétimo dia e *amish* são exemplos contemporâneos de seitas estabelecidas nos Estados Unidos.

Em todo o mundo, os muçulmanos estão divididos em uma série de seitas, como *sunitas* e *xiitas*. A maioria dos muçulmanos nos Estados Unidos é de sunitas – literalmente, aqueles que seguem a *Sunna*, ou o caminho do Profeta. Comparados com outros muçulmanos, os sunitas tendem a ser mais moderados em sua ortodoxia religiosa. Os *xiitas*, que vêm principalmente do Iraque e do Irã, são o segundo maior grupo. Os muçulmanos *xiitas* estão mais atentos à orientação de estudiosos islâmicos reconhecidos do que os *sunitas*. Cerca de dois terços dos muçulmanos nos Estados Unidos são cidadãos nativos.

Cultos ou novos movimentos religiosos Historicamente, os sociólogos têm usado o termo *culto* para descrever os grupos religiosos alternativos que têm crenças religiosas não convencionais. Em parte como resultado da notoriedade gerada por alguns desses grupos mais extremos – como os membros do culto *Heaven's Gate*, que cometeram suicídio em massa, em 1997, para que seus espíritos pudessem ser liberados para pegar uma carona na nave espacial escondida atrás do cometa *Hale-Bopp* – muitos sociólogos abandonaram o uso do termo. Em seu lugar, adotaram a expressão "novo movimento religioso".

Um **novo movimento religioso (NMR)** ou **culto** geralmente é um grupo religioso pequeno e alternativo que representa uma comunidade religiosa nova ou uma grande inovação em uma já existente. Os NMRs são semelhantes às seitas, pois tendem a ser pequenos e muitas vezes são considerados menos respeitáveis do que as religiões mais estabelecidas.

Ao contrário das seitas, no entanto, os NMRs normalmente não resultam de cisões ou rupturas com *ecclesiae* ou denominações estabelecidas. Alguns cultos, como aqueles voltados a avistamentos de OVNIs, podem não ter qualquer relação com as religiões existentes. Mesmo quando um culto não aceita determinados preceitos fundamentais de uma religião dominante – como a crença em Jesus como divino ou em Maomé como mensageiro de Deus – ele vai oferecer novas revelações ou ideias para justificar sua pretensão de ser uma religião mais avançada (Stark e Bainbridge, 1979, 1985).

Assim como as seitas, os NMRs podem ser transformados ao longo do tempo em outros tipos de organização religiosa. Um exemplo é a Igreja da Ciência Cristã, que começou como um novo movimento religioso sob a liderança de Mary Baker Eddy. Hoje, a igreja apresenta as características de uma denominação. Na verdade, a maioria das grandes religiões, incluindo o cristianismo, começou como cultos. Os NMRs podem estar nos primeiros estágios de evolução para se tornarem denominações ou novas religiões, ou podem facilmente desaparecer pela perda de membros ou por uma liderança fraca (Schaefer e Zellner, 2007).

Para resumir, as *ecclesiae* são reconhecidas como igrejas nacionais. As denominações, embora não oficialmente aprovadas pelo Estado, são amplamente aceitas como legítimas. Por outro lado, as seitas são contraculturas em desacordo com as normas e os valores dominantes da sociedade. Os NMRs são tipos inovadores de religião, embora não necessariamente excludentes. As fronteiras entre esses quatro tipos são um pouco fluidas, e é útil vê-los como um contínuo com base em seu nível de aceitação na sociedade em geral.

>>Religiões mundiais

> **secularização** Diminuição da influência da religião na esfera pública, especialmente na política e na economia.

Os primeiros sociólogos previram que as sociedades modernas experimentariam uma **secularização** generalizada, ou seja, a diminuição da influência da religião na esfera pública, especialmente na política e na economia. Nos Estados Unidos, hoje, os não religiosos são cerca de 10 a 14% da população; em 1900, no entanto, eles constituíam meros 1,3% de todos os norte-americanos. Em 2011, 24,5% dos estudantes que entravam nas universidades dos Estados Unidos não tinham preferência religiosa, em comparação com 12,2% de suas mães (Hout e Fischer, 2002; Pryor et al., 2011).

Embora o percentual dos que optam por sair da religião organizada continue a aumentar, existe uma enorme diversidade mundial em crenças e práticas religiosas. No geral, cerca de 85% da população mundial aderem a alguma religião. As principais religiões continuam a exercer uma influência significativa, tanto coletiva quanto individualmente.

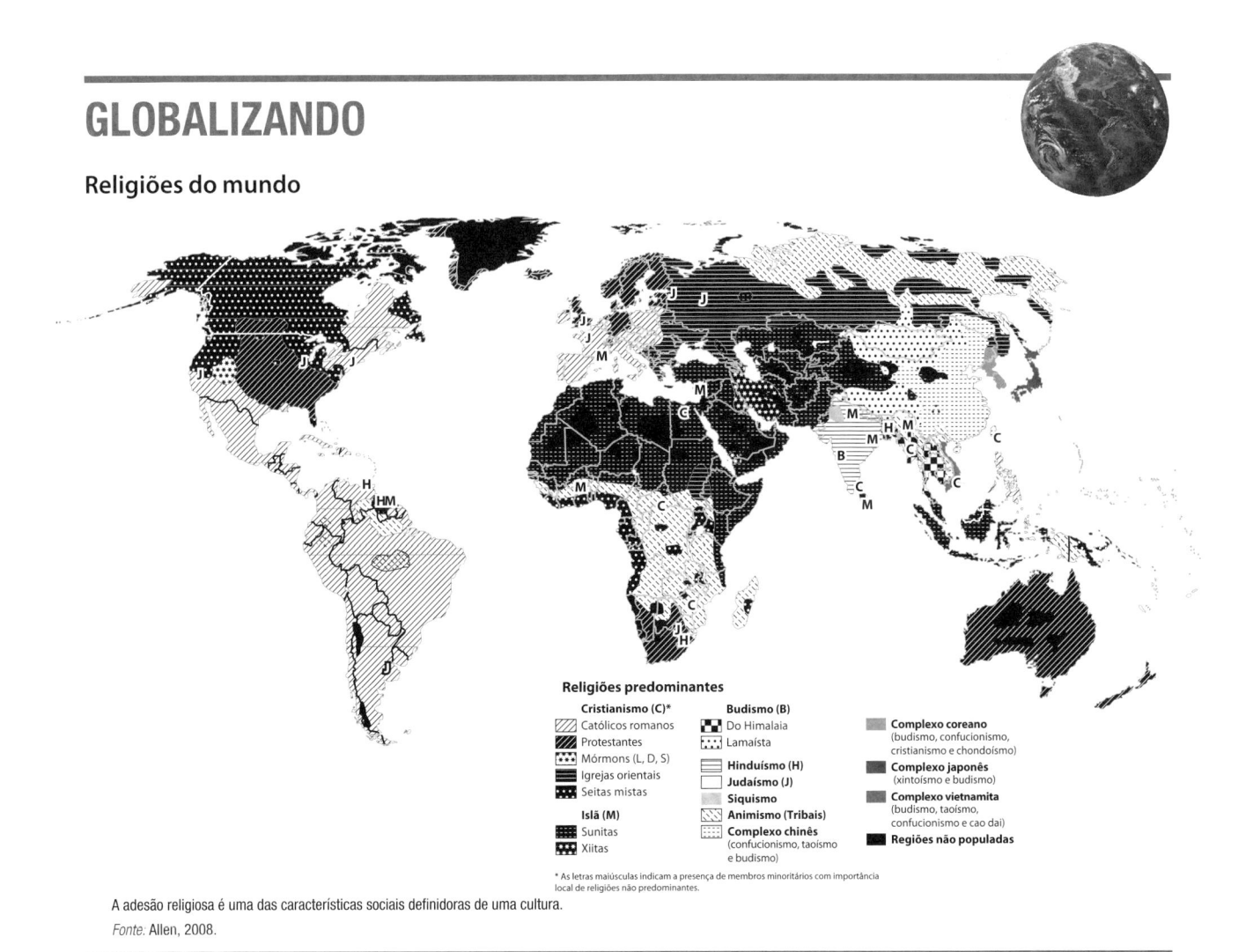

GLOBALIZANDO

Religiões do mundo

Religiões predominantes

Cristianismo (C)*
- Católicos romanos
- Protestantes
- Mórmons (L, D, S)
- Igrejas orientais
- Seitas mistas

Islã (M)
- Sunitas
- Xiitas

Budismo (B)
- Do Himalaia
- Lamaísta

Hinduísmo (H)
Judaísmo (J)
Siquismo
Animismo (Tribais)
Complexo chinês (confucionismo, taoísmo e budismo)

Complexo coreano (budismo, confucionismo, cristianismo e chondoísmo)
Complexo japonês (xintoísmo e budismo)
Complexo vietnamita (budismo, taoísmo, confucionismo e cao dai)
Regiões não populadas

* As letras maiúsculas indicam a presença de membros minoritários com importância local de religiões não predominantes.

A adesão religiosa é uma das características sociais definidoras de uma cultura.
Fonte: Allen, 2008.

O cristianismo é a maior religião no mundo; a segunda maior é o islã (ver tabela a seguir). Apesar de as notícias sobre eventos globais muitas vezes sugerirem um conflito inerente entre cristãos e muçulmanos, as duas religiões são semelhantes em muitos aspectos. Ambas são monoteístas (isto é, com base em uma única divindade) e ambas incluem a crença em profetas, vida após a morte e um dia do juízo final. Na verdade, o islã reconhece Jesus como profeta, mas não como filho de Deus. Ambas as religiões impõem códigos morais a seus fiéis, que variam de proibições bastante rígidas para os fundamentalistas a orientações relativamente relaxadas para os liberais.

Os seguidores do islã, chamados de muçulmanos, acreditam que o profeta Maomé tenha recebido de Alá (Deus) as escrituras sagradas do islã cerca de 1.400 anos atrás. Eles consideram Maomé como o último de uma longa linhagem de profetas, precedido por Adão, Abraão, Moisés e Jesus. O islã é mais comunal em sua expressão do que o cristianismo, principalmente as denominações protestantes mais individualistas. Como consequência, em países predominantemente muçulmanos, a separação entre a religião e o Estado não é considerada necessária nem mesmo desejável. Na verdade, os governos muçulmanos muitas vezes reforçam as práticas islâmicas por meio de suas leis. É verdade que os muçulmanos variam muito em sua interpretação de várias tradições, algumas das quais – como o uso de véus por mulheres – têm origem mais cultural do que religiosa.

Como o cristianismo e o islamismo, o judaísmo é monoteísta. Os judeus acreditam que a verdadeira natureza de Deus é revelada na Torá, que os cristãos conhecem como os cinco primeiros livros do Antigo Testamento.

De acordo com essas escrituras, Deus fez uma aliança, ou pacto, com Abraão e Sara, os ancestrais das doze tribos de Israel. Ainda hoje, os judeus religiosos acreditam que esse pacto os torna responsáveis perante a vontade de Deus. Se seguirem ao pé da letra o espírito da Torá, um dia um Messias há muito esperado trará o paraíso à terra. Embora tenha seguidores relativamente pouco numerosos em comparação com outras grandes religiões, o judaísmo é o fundamento histórico do cristianismo e do

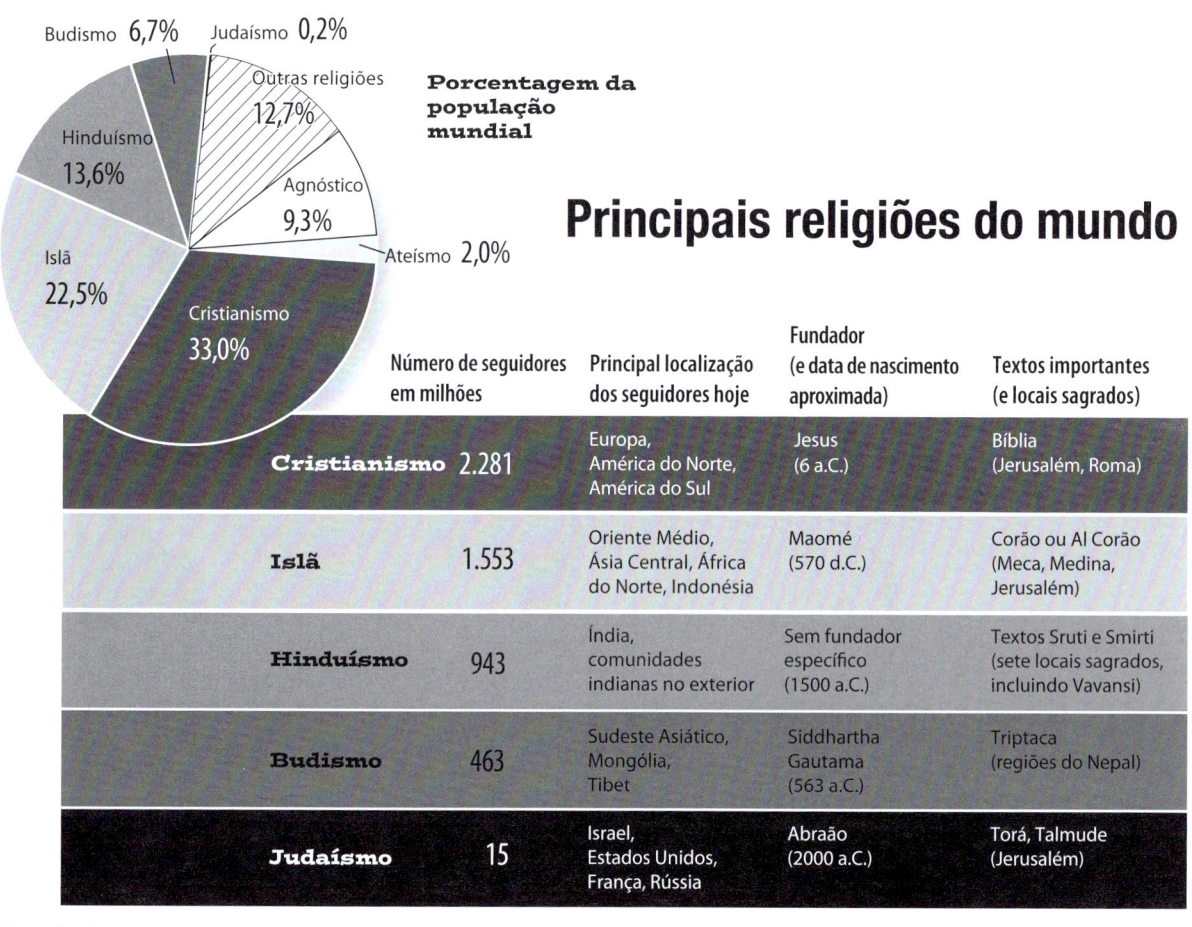

Principais religiões do mundo

Porcentagem da população mundial

- Cristianismo 33,0%
- Islã 22,5%
- Hinduísmo 13,6%
- Budismo 6,7%
- Judaísmo 0,2%
- Outras religiões 12,7%
- Agnóstico 9,3%
- Ateísmo 2,0%

	Número de seguidores em milhões	Principal localização dos seguidores hoje	Fundador (e data de nascimento aproximada)	Textos importantes (e locais sagrados)
Cristianismo	2.281	Europa, América do Norte, América do Sul	Jesus (6 a.C.)	Bíblia (Jerusalém, Roma)
Islã	1.553	Oriente Médio, Ásia Central, África do Norte, Indonésia	Maomé (570 d.C.)	Corão ou Al Corão (Meca, Medina, Jerusalém)
Hinduísmo	943	Índia, comunidades indianas no exterior	Sem fundador específico (1500 a.C.)	Textos Sruti e Smirti (sete locais sagrados, incluindo Vavansi)
Budismo	463	Sudeste Asiático, Mongólia, Tibet	Siddhartha Gautama (563 a.C.)	Triptaca (regiões do Nepal)
Judaísmo	15	Israel, Estados Unidos, França, Rússia	Abraão (2000 a.C.)	Torá, Talmude (Jerusalém)

Fontes: Com base em Barrett, Johnson e Crossing, 2011; Swatos, 2011.

islamismo. É por isso que os judeus reverenciam muitos dos mesmos locais sagrados de cristãos e muçulmanos no Oriente Médio.

Duas outras religiões importantes desenvolveram-se em uma parte diferente do mundo, a Índia. A mais antiga, o hinduísmo, teve origem por volta de 1500 a.C. O hinduísmo difere do judaísmo, do cristianismo e do islamismo na medida em que engloba uma série de deuses e deuses menores, embora a maioria dos adoradores seja dedicada principalmente a uma única divindade, como Shiva ou Vishnu. O hinduísmo também se distingue por uma crença na reencarnação, ou seja, o renascimento perpétuo da alma após a morte. Ao contrário do judaísmo, do cristianismo e do islamismo, que se baseiam em grande parte em textos sagrados, as crenças hindus foram preservadas principalmente pela tradição oral.

O budismo desenvolveu-se no século VI a.C., como reação ao hinduísmo. Essa religião tem como base os ensinamentos de Siddhartha (mais tarde chamado de Buda, ou "o Iluminado"). Por meio da meditação, os seguidores do budismo esforçam-se para superar os desejos egoístas de prazeres físicos ou materiais, com o objetivo de alcançar um estado de iluminação, ou nirvana. Os budistas criaram as primeiras ordens monásticas, que são consideradas modelos de ordens monásticas em outras religiões, incluindo o cristianismo. Embora o budismo tenha surgido na Índia, seus seguidores acabaram expulsos daquele país pelos hindus. Atualmente, é encontrado principalmente em outras partes da Ásia.

Embora as diferenças entre as religiões sejam impressionantes, elas são superadas por variações dentro de cada religião. Considere as diferenças dentro do cristianismo, desde denominações relativamente liberais, como presbiterianos ou episcopais, aos mórmons, mais conservadores, e aos católicos ortodoxos gregos. Existem divisões semelhantes dentro do hinduísmo, do islamismo e de outras religiões mundiais (Barrett, Johnson e Crossing, 2006; Swatos, 1998).

>>Perspectivas sociológicas sobre religião

A sociologia surgiu como disciplina no século XIX, no contexto de importantes turbulências intelectuais, políticas e econômicas. Os intelectuais da época achavam que os ensinamentos religiosos que nortearam a sociedade em tempos de crise no passado estavam falhando. Auguste Comte e outros dos primeiros sociólogos procuraram oferecer uma ciência da sociedade que explorasse os modos de saber embutidos no método científico e aplicá-los ao estudo da sociedade. Eles reconheciam o importante papel que a religião tinha cumprido na manutenção da ordem social no passado e acreditavam ser essencial entender como ela tinha feito isso; então, o estudo da religião tornou-se um tópico importante no início da sociologia. Entre os teóricos clássicos, por exemplo, Émile Durkheim concluiu que a religião promove a ordem social, Max Weber afirmava que ela ajuda a gerar transformação e Karl Marx argumentou que ela reforça os interesses dos poderosos.

INTEGRAÇÃO

Durkheim via a religião como uma força integradora na sociedade humana. Ele procurou responder a uma pergunta desconcertante: "Como as sociedades podem ser mantidas unidas quando geralmente são compostas por indivíduos e grupos sociais com diferentes interesses e aspirações?". Na opinião dele, os vínculos religiosos muitas vezes transcendiam essas forças pessoais e divisórias.

Como a religião proporciona essa "cola social"? A religião, seja o budismo, o islamismo, o cristianismo ou o judaísmo, dá sentido e propósito à vida das pessoas. Ela oferece valores e objetivos maiores a serem compartilhados. Embora sejam subjetivos e nem sempre aceitos totalmente, esses valores e objetivos ajudam a sociedade a funcionar como um sistema social integrado. Por exemplo, funerais, casamentos, *bar* e *bat mitzvahs* e crismas servem para integrar as pessoas a comunidades maiores, reafirmando crenças e valores compartilhados que estão relacionados às questões maiores da vida.

A religião também serve para unir as pessoas em tempos de crise e confusão. Imediatamente após os atentados terroristas de 11 de setembro de 2001 contra Nova York e Washington, a participação em cultos religiosos nos Estados Unidos aumentou muito. Clérigos muçulmanos, judeus e cristãos fizeram aparições conjuntas para honrar os mortos e exortar os cidadãos a não retaliar contra aqueles que se pareciam, vestiam ou soavam diferentes dos outros. Um ano mais tarde, no entanto, os níveis de participação tinham voltado ao normal (D. Moore, 2002).

O poder integrador da religião também pode ser visto no papel que igrejas, sinagogas e mesquitas têm tradicionalmente cumprido e continuam a cumprir para grupos de imigrantes nos Estados Unidos. Por exemplo, os imigrantes católicos podem se instalar perto de uma igreja paroquial que ofereça missas em sua língua nativa, como polonês ou espanhol. Da mesma forma, os imigrantes coreanos podem participar de uma igreja presbiteriana que tenha muitos membros coreano-americanos e siga práticas religiosas semelhantes às das igrejas da Coreia.

Assim como outras organizações religiosas, essas igrejas católicas e presbiterianas ajudam a integrar os imigrantes em sua nova pátria (Warner, 2007).

Níveis de renda e educação, denominações selecionadas

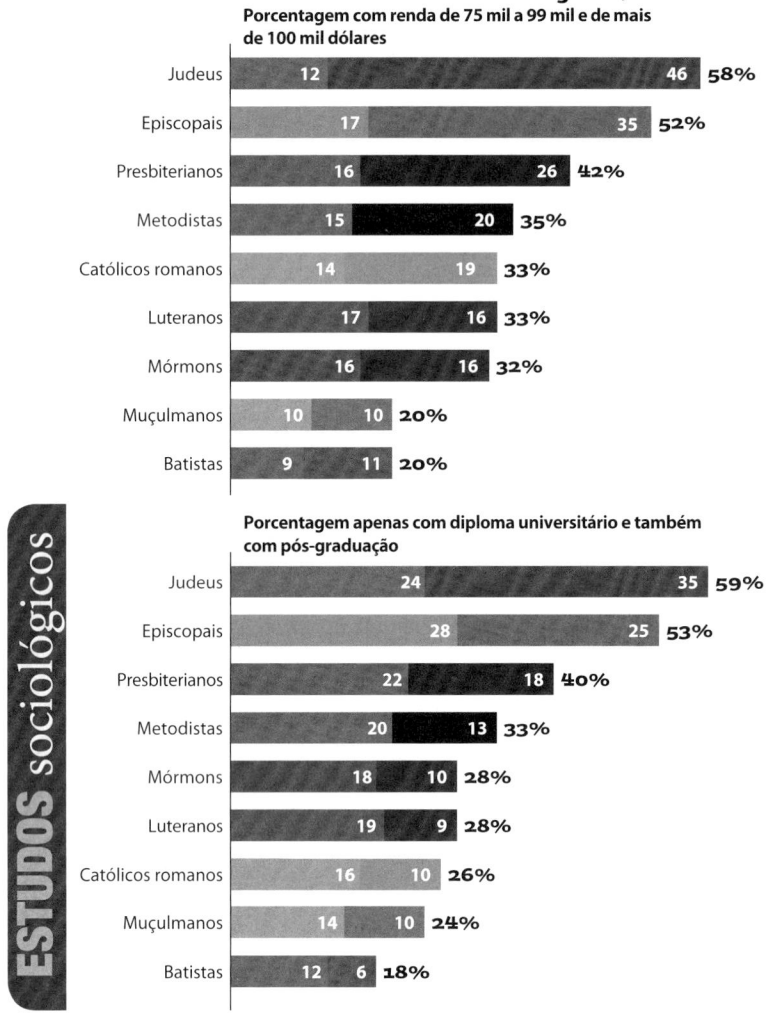

ESTUDOS sociológicos

Porcentagem com renda de 75 mil a 99 mil e de mais de 100 mil dólares

Denominação	75-99 mil	+100 mil	Total
Judeus	12	46	58%
Episcopais	17	35	52%
Presbiterianos	16	26	42%
Metodistas	15	20	35%
Católicos romanos	14	19	33%
Luteranos	17	16	33%
Mórmons	16	16	32%
Muçulmanos	10	10	20%
Batistas	9	11	20%

Porcentagem apenas com diploma universitário e também com pós-graduação

Denominação	Diploma	Pós	Total
Judeus	24	35	59%
Episcopais	28	25	53%
Presbiterianos	22	18	40%
Metodistas	20	13	33%
Mórmons	18	10	28%
Luteranos	19	9	28%
Católicos romanos	16	10	26%
Muçulmanos	14	10	24%
Batistas	12	6	18%

Fonte: Pew Research Center, 2008a.

ética protestante Um compromisso disciplinado ao trabalho mundano movido por um desejo de trazer glória a Deus, o que era compartilhado por seguidores de Martinho Lutero e João Calvino.

A religião também reforça os sentimentos de integração social dentro de credos e denominações específicas. Em muitas religiões, os membros compartilham certas características que os ajudam a se unir, incluindo raça, etnia e classe social.

Embora unifique os fiéis, essa integração pode vir à custa de pessoas de fora. Nesse sentido, a religião pode contribuir para a tensão e até mesmo para o conflito entre grupos ou nações. Durante a Segunda Guerra Mundial, a Alemanha nazista tentou exterminar o povo judeu; cerca de seis milhões de judeus europeus foram mortos. Nos tempos modernos, nações como Líbano (muçulmanos contra cristãos), Israel (judeus contra muçulmanos, assim como judeus ortodoxos contra seculares), Irlanda do Norte (católicos contra protestantes) e Índia (hindus contra muçulmanos e, mais recentemente, siques) têm sido dilaceradas por conflitos, em grande parte com base na religião. Esses conflitos, muitas vezes, no entanto, têm o efeito de unir ainda mais os fiéis.

TRANSFORMAÇÃO SOCIAL

Max Weber procurou compreender de que forma a religião, que tantas vezes parece conservadora na medida em que trabalha para manter a ordem, também pode contribuir para a transformação social. Para isso, ele tratou da relação entre a fé religiosa e a ascensão do capitalismo. As conclusões de Weber apareceram em seu clássico da sociologia, *A ética protestante e o espírito do capitalismo* ([1904] 2009).

A tese weberiana Weber observou que, em países europeus com cidadãos protestantes e católicos, um número esmagador de líderes empresariais, detentores de capital e trabalhadores qualificados era de protestantes. Na opinião dele, isso não era mera coincidência. Weber explicou a questão como consequência do que chamou de **ética protestante** – um compromisso disciplinado ao trabalho mundano movido por um desejo de trazer glória a Deus, o que era compartilhado por seguidores de Martinho Lutero e João Calvino. Weber argumentou que essa ênfase no trabalho árduo e na abnegação deu ao capitalismo uma abordagem ao trabalho que foi essencial para seu desenvolvimento.

Para explicar o impacto da ética protestante sobre a ascensão do capitalismo, Weber destacou três fatores fundamentais: o conceito de chamado de Lutero, o conceito de predestinação de Calvino, e a experiência resultante, vivida pelos fiéis protestantes, de "pânico de salvação". Segundo o reformador protestante Martinho Lutero (1483-1546), Deus chamou os fiéis à posição que eles ocupam na vida, e eles deveriam se esforçar muito a partir desse chamado, de modo a dar glória a Deus, não importando se são ricos ou pobres. O reformador protestante João Calvino (1509-1564) acrescentou a isso o conceito de predestinação, segundo o qual Deus, antes do início dos tempos, escolheu quem iria para o céu e quem iria para o inferno, e nada havia que alguém pudesse fazer para mudar seu destino. Era impossível conquistar a salvação por meio de boas ações; a salvação era totalmente dependente da graça de Deus. Para complicar, havia o fato de que nenhum indivíduo jamais poderia ter certeza de que estava salvo, pois ninguém poderia presumir conhecer a mente de Deus. Weber concluiu que isso criava um sentimento de pânico de salvação entre os fiéis, que queriam a garantia de estar indo para o céu.

Weber teorizou que os fiéis procuram resolver essa incerteza levando os tipos de vida que acham que Deus esperaria dos devotos. Isso significa trabalho árduo, humildade e abnegação, não por uma questão de salvação ou ganho individual, mas por causa de Deus. Embora isso não lhes rendesse a salvação, fazer o contrário seria um sinal quase certo de que eles não estariam entre os escolhidos. Contudo, nunca poderiam ter certeza total; então, nunca poderiam relaxar em seu compromisso de fazer a vontade de Deus. Assim, não se esforçavam porque tinham que fazê-lo (seja para a subsistência ou por serem forçados), mas porque queriam, em resposta à salvação que esperavam que viesse de Deus. Era precisamente desse tipo de trabalhador, motivado internamente para trabalhar de modo árduo e disposto a comparecer todos os dias, mesmo depois de receber o pagamento, que o capitalismo precisava para sua produção racionalmente planejada. Este "espírito do capitalismo", para usar a expressão de Weber, era diferente das jornadas de trabalho moderadas, dos hábitos de trabalho cômodos e da falta de ambição que Weber considerava típicos do trabalho tradicional.

Assim, por meio da Reforma Protestante a religião contribuiu para um dos exemplos mais significativos de transformação social da história humana, na forma de ascensão do capitalismo e seus efeitos. O argumento de Weber tem sido aclamado como um dos mais importantes trabalhos teóricos no campo e como um excelente exemplo de análise de nível macro. Como Durkheim, Weber demonstrou que a religião não é apenas uma questão de crenças pessoais íntimas. Ele ressaltou que sua natureza coletiva tem consequências para a sociedade como um todo.

PENSAMENTO SOCIOLÓGICO
Até que ponto você acha que a religião pode ser uma força para a transformação social? Quais exemplos você já viu em sua vida?

Teologia da libertação Um exemplo mais contemporâneo da religião servindo como força para a transformação social veio da teologia da libertação, em cuja vanguarda estavam membros do clero. Muitos ativistas religiosos, principalmente na Igreja Católica Romana na América Latina, apoiam a **teologia da libertação** – o uso de uma igreja em um esforço político para eliminar a pobreza, a discriminação e outras formas de injustiça de uma sociedade secular. Alguns dos defensores desse movimento religioso simpatizam com o marxismo. Muitos acreditam que a mudança radical, em vez do desenvolvimento econômico em si, é a única solução aceitável para o desespero das massas nos países em desenvolvimento empobrecidos. Ativistas associados à teologia da libertação acreditam que a religião organizada tem a responsabilidade moral de assumir uma posição pública firme contra a opressão das minorias pobres, raciais e étnicas, e das mulheres (Bell, 2001; Rowland, 2007).

A expressão *teologia da libertação* remonta à publicação, em 1973, da tradução em inglês de *Hacia una teologia de la liberación*. O livro foi escrito pelo padre peruano Gustavo Gutiérrez, que morava em uma favela de Lima no início da década de 1960. Depois de anos de contato com imensa pobreza ao seu redor, Gutiérrez concluiu que "a fim de servir aos pobres, deve-se passar à ação política" (R. M. Brown, 1980:23; Gutiérrez, 1990). Com o tempo, os teólogos latino-americanos comprometidos politicamente passaram a sofrer influência dos cientistas sociais que consideravam a dominação das multinacionais capitalistas como centrais para os problemas do hemisfério. Um resultado foi uma nova abordagem à teologia,

> **teologia da libertação** O uso de uma igreja, principalmente o catolicismo romano, em um esforço político para eliminar a pobreza, a discriminação e outras formas de injustiça de uma sociedade secular.

5 Filmes sobre RELIGIÃO

Jonestown: The Life and Death of People's Temple
Documentário sobre o líder de culto norte-americano Jim Jones.

O apóstolo
Um pregador pentecostal no sul dos Estados Unidos.

Tudo está iluminado
Um jovem explora o passado de sua família judaica.

A árvore da vida
Uma exploração sobre o sentido da vida por meio das experiências de uma família do Texas de 1950.

Quatro leões
Comédia de humor negro sobre quatro jihadistas que avançam de forma atrapalhada para uma conspiração terrorista.

> Mas a pessoa pobre não existe como um fato inevitável do destino. [...] Os pobres são um subproduto do sistema em que vivemos e pelo qual somos responsáveis.
>
> — Teólogo da libertação Gustavo Gutiérrez

que tinha como base as tradições culturais e religiosas da América Latina, em vez dos modelos desenvolvidos na Europa e nos Estados Unidos.

CONTROLE SOCIAL

A teologia da libertação é um fenômeno relativamente recente, que marca uma ruptura com o papel tradicional das igrejas. Foi a esse papel tradicional que Karl Marx se opôs. Na opinião dele, a religião inibia a mudança social, incentivando as pessoas oprimidas a se concentrar nas preocupações do outro mundo, e não em sua pobreza ou exploração imediatas.

Marx sobre religião Marx descreveu a religião como um "ópio" que era particularmente prejudicial aos povos oprimidos. Ele achava que a religião muitas vezes, em essência, drogava as massas, fazendo elas se submeterem, ao oferecer um consolo a suas vidas difíceis na terra: a esperança da salvação na vida ideal após a morte. Por exemplo, durante o período da escravidão nos Estados Unidos, os senhores brancos proibiam os negros de praticar as religiões nativas da África e os incentivavam a adotar o cristianismo, que ensinava que a obediência levaria à salvação e à felicidade eterna no além. Visto dessa perspectiva, o cristianismo pode ter pacificado certos escravos e embotado a raiva que muitas vezes alimentava a rebelião.

Para Marx, a religião desempenha um papel importante na sustentação da estrutura social existente. Os valores da religião, como já se observou, tendem a reforçar outras instituições sociais e a ordem social como um todo. Do ponto de vista de Marx, no entanto, a promoção que a religião faz da estabilidade social só ajuda a perpetuar padrões de desigualdade na sociedade. De acordo com ele, a religião dominante reforça os interesses de quem está no poder.

De uma perspectiva marxista, a religião impede as pessoas de verem suas vidas e as condições sociais em termos políticos – por exemplo, obscurecendo a importância primordial de interesses econômicos conflitantes.

Os marxistas sugerem que, ao induzir uma "falsa consciência" entre os menos favorecidos, a religião diminui a possibilidade de ação política coletiva que poderia acabar com a opressão capitalista e transformar a sociedade. A análise sociológica dentro dessa tradição procura revelar as formas como a religião serve aos interesses dos poderosos à custa dos outros.

Gênero e religião Com base na abordagem feminista, pesquisadores e teóricos apontam o papel fundamental das mulheres na socialização religiosa. Elas cumprem uma função central no funcionamento das organizações religiosas, mas, quando se trata de posições de liderança, geralmente assumem um papel subordinado na governança religiosa. Na verdade, a maioria das religiões tem uma longa tradição de liderança espiritual exclusivamente masculina. Além disso, como a maioria das religiões é patriarcal, as crenças religiosas tendem a reforçar o domínio dos homens em assuntos seculares, bem como espirituais. As mulheres têm maior probabilidade do que os homens de dizer que a religião é importante em suas vidas, orar diariamente e participar de cultos semanais. Elas têm um papel vital como voluntárias, funcionárias e educadoras religiosas, mas, até hoje, as decisões e a liderança religiosa normalmente recaem sobre os homens. São raras as exceções a essa regra, como os *shakers* e os cientistas cristãos, bem como o hinduísmo com seu antigo legado de deusas (Pew Research Center, 2009d; Schaefer e Zellner, 2007).

Nos Estados Unidos, as mulheres compõem 17,5% do clero, embora sejam responsáveis por 51% dos estudantes matriculados em instituições teológicas. Mulheres membros do clero geralmente têm carreiras mais curtas do que os homens e são relegadas aos campos que não envolvam liderança de congregações, como orientação. Em religiões que restringem posições de liderança a homens, as mulheres ainda trabalham extraoficialmente. Por exemplo, cerca de 4% das congregações católicas são lideradas por mulheres que ocupam cargos pastorais sem ordenação – uma necessidade em uma igreja que enfrenta escassez de sacerdotes homens (Adams, 2007; Banerjee, 2006; Bureau of Labor Statistics, 2012: Tabela 11).

Neste capítulo, examinamos a educação e a religião. Em ambos os casos, encontramos instituições que desempenham um papel importante para moldar a forma como pensamos e agimos. Cada uma delas oferece oportunidade e reforça o *status quo*, incluindo seu sistema de desigualdade. Os sociólogos acreditam que, avaliando melhor as oportunidades e as limitações que essas instituições apresentam, podemos agir melhor individual e coletivamente para provocar uma transformação social positiva.

envolva-se! Visite! Participe de pelo menos dois serviços religiosos de um grupo que seja muito diferente do que você possa ter vivenciado no passado. Entreviste os líderes religiosos do grupo para obter uma melhor compreensão de suas crenças e práticas e de suas razões para a fé.

PARA REVISÃO

I. Como a educação ajuda a manter a ordem social?
- A educação transmite cultura, promove a integração social, oferece treinamento e controle social e contribui para a inovação cultural.

II. Como a educação sustenta o sistema existente de desigualdade?
- A educação reforça o *status quo*, e, portanto, suas desigualdades existentes, por meio do currículo oculto, da expectativa do professor, da concessão de *status* e do credencialismo.

III. Como os sociólogos definem a religião?
- Uma abordagem concentra-se na substância do que a religião é, definindo a religião como conhecimento e crenças relativas ao reino sagrado. A outra abordagem olha para o que as religiões fazem pela sociedade em termos de ordem e integração social. Ambas analisam os componentes comuns, incluindo crença, ritual, experiência e comunidade.

Visões **SOCIOLÓGICAS** sobre educação e religião

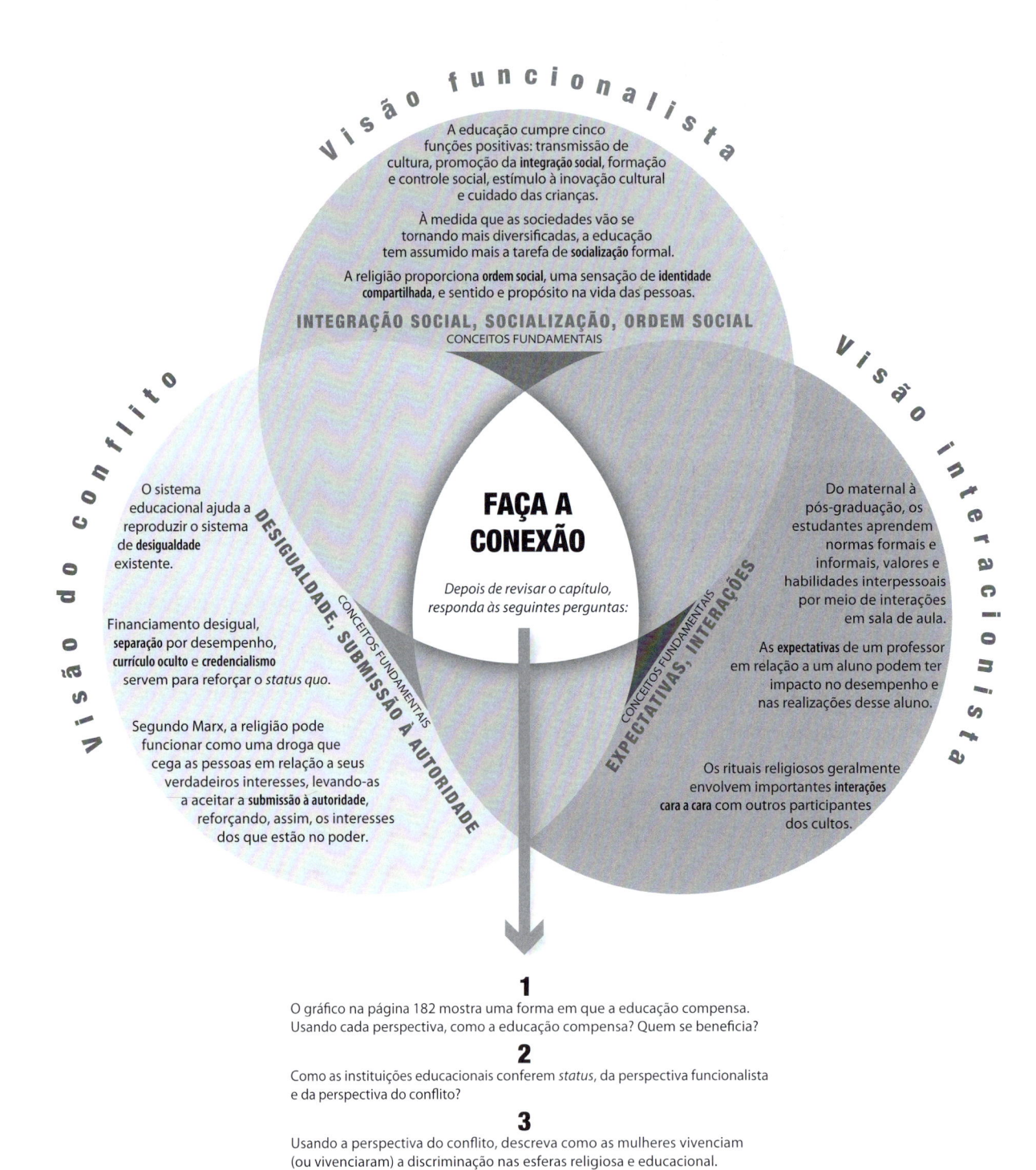

Visão funcionalista

A educação cumpre cinco funções positivas: transmissão de cultura, promoção da **integração social**, formação e controle social, estímulo à inovação cultural e cuidado das crianças.

À medida que as sociedades vão se tornando mais diversificadas, a educação tem assumido mais a tarefa de **socialização** formal.

A religião proporciona **ordem social**, uma sensação de **identidade compartilhada**, e sentido e propósito na vida das pessoas.

INTEGRAÇÃO SOCIAL, SOCIALIZAÇÃO, ORDEM SOCIAL
CONCEITOS FUNDAMENTAIS

Visão do conflito

O sistema educacional ajuda a reproduzir o sistema de **desigualdade** existente.

Financiamento desigual, **separação** por desempenho, **currículo oculto** e **credencialismo** servem para reforçar o *status quo*.

Segundo Marx, a religião pode funcionar como uma droga que cega as pessoas em relação a seus verdadeiros interesses, levando-as a aceitar a submissão à autoridade, reforçando, assim, os interesses dos que estão no poder.

DESIGUALDADE, SUBMISSÃO À AUTORIDADE
CONCEITOS FUNDAMENTAIS

Visão interacionista

Do maternal à pós-graduação, os estudantes aprendem normas formais e informais, valores e habilidades interpessoais por meio de interações em sala de aula.

As **expectativas** de um professor em relação a um aluno podem ter impacto no desempenho e nas realizações desse aluno.

Os rituais religiosos geralmente envolvem importantes **interações cara a cara** com outros participantes dos cultos.

EXPECTATIVAS, INTERAÇÕES
CONCEITOS FUNDAMENTAIS

FAÇA A CONEXÃO

Depois de revisar o capítulo, responda às seguintes perguntas:

1
O gráfico na página 182 mostra uma forma em que a educação compensa. Usando cada perspectiva, como a educação compensa? Quem se beneficia?

2
Como as instituições educacionais conferem *status*, da perspectiva funcionalista e da perspectiva do conflito?

3
Usando a perspectiva do conflito, descreva como as mulheres vivenciam (ou vivenciaram) a discriminação nas esferas religiosa e educacional.

4
Qual perspectiva você acha que melhor descreve a dinâmica de um contexto típico de sala de aula? Explique, incluindo exemplos.

Pop Quiz

1. Horace Mann, muitas vezes chamado de "pai da educação pública", refere-se à educação como
   a. a grande equalizadora.
   b. o ópio do povo.
   c. um instrumento de controle social.
   d. uma impulsionadora da oportunidade.

2. Uma das formas em que a educação contribui para a ordem social é proporcionando um ambiente no qual possamos questionar as ideias existentes e experimentar novas normas e valores. Isso é conhecido como
   a. transmissão de cultura.
   b. promoção da integração social.
   c. treinamento e controle social.
   d. inovação cultural.

3. Samuel Bowles e Herbert Gintis argumentaram que o capitalismo requer uma força de trabalho qualificada e disciplinada, e que o sistema educacional está estruturado com esse objetivo em mente. Citando vários estudos, eles oferecem sustentação para o que chamam de
   a. separação por desempenho.
   b. credencialismo.
   c. princípio da correspondência.
   d. efeito da expectativa do professor.

4. Há cinquenta anos, um diploma do ensino médio costumava ser suficiente para se conseguir um bom emprego. Hoje, normalmente é necessário um diploma universitário ou mais. Essa alteração reflete o processo de
   a. separação por desempenho.
   b. credencialismo.
   c. currículo oculto.
   d. princípio da correspondência.

5. A subcultura dos estudantes universitários que se concentra em se divertir e socializar e não leva seus estudos muito a sério é a
   a. subcultura de faculdade.
   b. subcultura acadêmica.
   c. subcultura profissional.
   d. subcultura não conformista.

6. A abordagem à definição de religião que enfatiza a importância da esfera do sagrado, na maioria das vezes, sobrenatural, é conhecida como
   a. abordagem funcionalista.
   b. abordagem do conflito.
   c. abordagem substantiva.
   d. abordagem das *ecclesiae*.

7. Rituais religiosos são
   a. afirmações às quais os membros de determinada religião aderem.
   b. sentimentos ou percepções de estar em contato direto com a realidade maior, como um ser divino.
   c. estruturas religiosas pelas quais as comunidades religiosas se organizam.
   d. práticas exigidas ou esperadas de membros de uma religião.

8. Das religiões do mundo, a que tem mais seguidores é o
   a. budismo.
   b. islã.
   c. judaísmo.
   d. cristianismo.

9. O sociólogo Max Weber apontou que os seguidores de João Calvino enfatizavam uma ética do trabalho disciplinado, preocupações mundanas e uma orientação racional para a vida. Coletivamente, esse ponto de vista tem sido chamado de
   a. capitalismo.
   b. ética protestante.
   c. sagrado.
   d. profano.

10. O uso de uma igreja, principalmente a católica, em um esforço político para eliminar a pobreza, a discriminação e outras formas de injustiça evidentes em uma sociedade secular é chamado de
    a. criacionismo.
    b. ritualismo.
    c. experiência religiosa.
    d. teologia da libertação.

1. (a); 2. (d); 3. (c); 4. (b); 5. (a); 6. (c); 7. (d); 8. (d); 9. (b); 10. (d).

9
GOVERNO E ECONOMIA

O QUE ESTÁ POR VIR

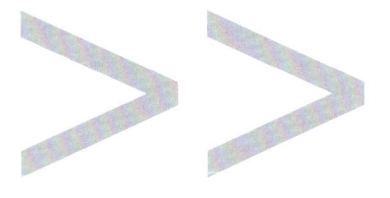

210 Mudança econômica
216 Sistemas econômicos
220 Sistemas políticos
223 A estrutura de poder
226 A participação política nos Estados Unidos
229 Guerra e paz

DINHEIRO E POLÍTICA

Em 15 de fevereiro de 2011, milhares de manifestantes invadiram a sede do governo do estado de Wisconsin, nos Estados Unidos, para protestar contra a legislação proposta pelo governador Scott Walker para cortar salários, benefícios e poder de negociação coletiva da maioria dos funcionários públicos. Os manifestantes carregavam placas, cantavam músicas e gritavam frases como "Não ao projeto de lei" e "Assim é a democracia". Eles ficaram lá durante semanas, mas, por fim, fracassaram (pelo menos em termos de seus objetivos imediatos).

Scott Walker foi eleito governador de Wisconsin em novembro de 2010, como parte de uma onda nacional de vitórias Republicanas. Insatisfeitos com a aparente incapacidade da liderança Democrata para consertar a economia fraca, os eleitores recorreram aos Republicanos. Walker concorreu com uma plataforma de crescimento econômico por meio de impostos mais baixos e redução de gastos do governo. Na posse, ele declarou: "Wisconsin está aberto para negócios", e imediatamente entrou em ação.

Os protestos foram desencadeados pelo projeto do governador Walker chamado de "Projeto de correção do orçamento". Ele afirmava que eram necessárias medidas drásticas para lidar com uma projeção de déficit orçamentário de 3,6 bilhões de dólares. Representantes sindicais dos trabalhadores afetados concordaram com os cortes de salários e benefícios propostos por ele, mas se recusaram a ceder no direito de negociação coletiva – as negociações entre representantes do governo e dos sindicatos que tratam de salários, benefícios, condições de trabalho e outras questões relacionadas ao local de trabalho. O projeto de Walker negava direitos de negociação sobre benefícios, incluindo assistência médica, e limitava os aumentos salariais à taxa de inflação. Os críticos argumentam que seu verdadeiro objetivo era controlar os sindicatos, e não equilibrar o orçamento. Walker afirmava que era economicamente necessário cercear a negociação coletiva.

Com maioria Republicana no Senado estadual e na Assembleia, pressupunha-se que o projeto de lei seria aprovado rapidamente, mas, como tratava de gastos, ele exigia um mínimo de 20 votos de senadores. Os Democratas do Senado saíram do estado, negando aos Republicanos esse *quorum*. O impasse, com um impulso dos manifestantes, continuou por mais de três semanas antes de os Republicanos retirarem todas as disposições relacionadas a gastos do projeto de lei e o aprovarem por 18 a 1. O governador Walker assinou a lei em 11 de março, mas um juiz a derrubou, alegando que os legisladores Republicanos não divulgaram o suficiente ao público antes de aprovarem a medida, uma decisão que foi objeto de recurso à Suprema Corte do estado.

No final, os Republicanos exerceram seu poder, embora a consequência involuntária tenha sido dar nova energia aos Democratas. O conflito é sociologicamente interessante porque representa uma luta entre instituições (economia *versus* governo), interesses (empresas *versus* trabalhadores) e ideologias (conservadores *versus* liberais), e levanta questões importantes sobre quem governa e por quê.

À medida que você for LENDO

>>
- Como se organiza o poder econômico e político?
- Como o poder opera?
- Como a economia mudou ao longo do tempo?

>>Mudança econômica

A agitação que tomou conta da sede do governo estadual de Wisconsin foi uma manifestação de frustração generalizada com relação ao estado da economia e da política nos Estados Unidos. Os protestos ocorreram no contexto de uma recessão global, que foi desencadeada por uma crise financeira global. Essa crise começou quando uma queda no mercado imobiliário revelou falhas no setor financeiro que levaram ao colapso econômico dos bancos de investimento norte-americanos, incluindo Bear Stearns, Lehman Brothers, Merrill Lynch, Goldman Sachs e Morgan Stanley. Bancos do mundo todo, incluindo Inglaterra, Alemanha e Holanda, enfrentaram crises semelhantes, e os efeitos-cascata globais resultaram em desestabilização econômica mundial. Ações caíam, empresas iam à falência, o desemprego disparava e governos do mundo todo se esforçavam para encontrar a melhor forma de reagir.

economia Instituição social dedicada à produção, à distribuição e ao consumo de bens e serviços.

Como esses efeitos econômicos negativos permaneceram, a frustração cresceu, e as pessoas procuraram soluções políticas. A campanha de Barack Obama para a Presidência em 2008 se baseou muito nos temas de esperança e mudança, e sua eleição deu o controle da Casa Branca aos Democratas. Como a economia se manteve fraca, eleitores pressionados nas eleições intermediárias de 2010 deram o controle da Câmara dos Deputados aos Republicanos. Em setembro de 2011, com a economia ainda estagnada, um grupo de manifestantes expressou sua frustração ocupando um parque no bairro financeiro de Nova York, Wall Street. Conhecido como *Occupy Wall Street*, a principal intenção do grupo era chamar a atenção para a desigualdade econômica extrema no país. Eles argumentavam que o atual sistema econômico e político estava montado de forma que os interesses do 1% com maior renda fossem atendidos à custa dos 99% que ganham menos. Eles clamaram pela transformação econômica e política do sistema. O movimento *Occupy* espalhou-se por várias cidades em todos os Estados Unidos e ao redor do mundo, embora a maioria dos acampamentos, incluindo o de Nova York, tenha acabado sendo fechado e evacuado pela polícia.

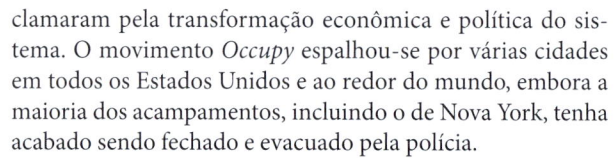

O uso da imaginação sociológica nos permite compreender melhor essa mudança econômica e política, chamando nossa atenção para o fato de que os sistemas econômicos e políticos que construímos influenciam os prováveis resultados que os indivíduos obtêm. Em outras palavras, as estruturas têm consequências. A adoção de uma economia capitalista ou de um sistema democrático de governo nos leva por caminhos diferentes dos que provavelmente teríamos seguido se tivéssemos adotado outras alternativas. Neste capítulo, vamos examinar os sistemas econômicos e políticos e suas consequências.

INDUSTRIALIZAÇÃO

A **economia** é uma instituição social dedicada à produção, à distribuição e ao consumo de bens e serviços. Dependemos dela para coordenar e atender nossos desejos e necessidades. A estrutura da economia reflete e reforça nossos valores fundamentais. Por exemplo, o grau de desigualdade que as sociedades aceitam quando se trata da distribuição de recursos econômicos valorizados varia muito.

A sociologia desenvolveu-se como disciplina em parte para entender a transição econômica de uma sociedade pré-industrial para uma industrial, que depende da mecanização para produzir seus bens e serviços (como discutido no Capítulo 5). No centro dessa mudança, a Revolução Industrial mudou o lugar onde moramos (passamos das zonas rurais para as áreas urbanas) e o tipo de trabalho que fazemos (de empregos agrícolas para industriais). A mecanização da produção deu origem a fábricas (principalmente nas indústrias têxteis) e contribuiu para o declínio da produção caseira ou artesanal. O motor a vapor forneceu a energia inicial necessária para expandir a produção industrial em larga escala, e fez isso de forma eficaz, aumentando a força e a resistência dos trabalhadores. A partir disso, os trabalhadores foram capazes de exercer quantidades sobre-humanas de poder durante períodos sobre-humanos. Em busca de maior produtividade e guiado por princípios burocráticos, o trabalho foi ficando cada vez mais especializado e rotinizado.

DESINDUSTRIALIZAÇÃO

A ênfase na produção industrial continuou durante grande parte do século XX, mas uma mudança significativa ocorreu a partir da década de 1970, quando a economia dos Estados Unidos se afastou de sua base industrial, passando por um processo de **desindustrialização**, que é a retirada sistemática e generalizada do investimento em aspectos básicos da produtividade, como fábricas e usinas. Empresas gigantes que se desindustrializam não estão necessariamente se recusando a investir em novas oportunidades econômicas; pode ser que as metas e os locais de investimento mudem, bem como surja a necessidade de redução de mão de obra à medida que os avanços na tecnologia continuam a automatizar a produção. Historicamente, essa transição começou com empresas deslocando suas plantas de cidades centrais dos Estados Unidos para áreas periféricas. O passo seguinte foi passar de áreas periféricas do Nordeste e do Meio-Oeste para o Sul, onde as leis trabalhistas fazem mais restrições aos sindicatos. Por fim, as empresas podem simplesmente sair dos Estados Unidos, mudando-se para um país com salários médios mais baixos. Por exemplo, de 2000 a 2009, as corporações multinacionais dos Estados Unidos tiraram 2,9 milhões de trabalhadores norte-americanos de sua força de trabalho total, enquanto acrescentavam 2,4 milhões de trabalhadores no exterior (Wessel, 2011).

Apesar de muitas vezes envolver mudança, a desindustrialização também pode assumir a forma da reestruturação empresarial conhecida como ***downsizing*** (enxugamento), que envolve a redução do tamanho da força de trabalho de uma empresa. O objetivo é aumentar a eficiência e reduzir os custos diante de uma concorrência mundial cada vez maior. Quando essa reestruturação ocorre, o impacto sobre a hierarquia burocrática de organizações formais pode ser importante. Uma grande empresa pode optar por vender ou abandonar totalmente divisões menos produtivas e eliminar camadas da administração que considere desnecessárias. Os salários podem ser congelados, e os benefícios, cortados, tudo em nome da reestruturação. O uso cada vez maior de automação também significa o fim do trabalho como o conhecemos.

As empresas norte-americanas têm terceirizado determinados tipos de trabalho há gerações. Por exemplo, empresas de porte médio, como lojas de móveis e lavanderias, há muito tempo usam empresas de transporte externas para fazer entregas aos clientes. A tendência mais recente de ***offshoring*** leva essa prática um passo além ao transferir outros tipos de trabalho a terceirizados no exterior. Mesmo as grandes empresas estão recorrendo a empresas estrangeiras, muitas delas localizadas em países em desenvolvimento. O *offshoring* tornou-se a tática mais recente na desgastada estratégia empresarial de elevar lucros reduzindo custos.

O *offshoring* começou quando as empresas norte-americanas começaram a transferir empregos industriais para fábricas no exterior, onde os salários eram muito mais baixos. Contudo, a transferência de trabalho de um país para outro já não se limita à fabricação. Trabalhos administrativos e de profissionais liberais também estão sendo exportados graças a telecomunicações avançadas e ao crescimento das forças de trabalho qualificadas, que falam inglês, nos países em desenvolvimento com salários relativamente baixos. A tendência inclui até mesmo os empregos que exigem formação considerável, como contabilidade e análise financeira, programação de computadores, regularização de sinistros, *telemarketing* e reservas de hotéis e companhias aéreas. Hoje, quando um norte-americano disca um número de telefone gratuito para falar com um representante de serviço ao cliente, é possível que a pessoa que atenda o telefone não esteja falando dos Estados Unidos.

> **desindustrialização** Retirada sistemática e generalizada do investimento em aspectos básicos da produtividade, como fábricas e usinas.
>
> **downsizing** Reduções do tamanho da força de trabalho de uma empresa.
>
> **offshoring** Transferência de trabalho a terceirizados no exterior.

Os custos sociais da desindustrialização e do *downsizing* são muito grandes. O fechamento de fábricas gera alto desemprego em uma comunidade, o que pode ter um impacto devastador nos níveis micro e macro. No nível micro, o desempregado e sua família devem se ajustar a uma perda de poder de compra. Planos para pintar ou reformar a casa, adquirir plano de saúde ou poupar para a aposentadoria, inclusive pensar em ter outro filho, devem ser postos todos de lado. A felicidade conjugal e a coesão familiar podem sofrer como resultado disso. Embora muitos trabalhadores demitidos acabem voltando à força de trabalho remunerada, eles muitas vezes têm de aceitar posições menos atrativas, com salários mais baixos e menos benefícios. O desemprego e o subemprego estão ligados a muitos dos problemas sociais discutidos ao longo deste livro, entre eles, a necessidade de cuidar de crianças e a controvérsia sobre a assistência social do Estado.

PENSAMENTO SOCIOLÓGICO

Se você fosse o diretor-presidente de uma indústria enfrentando redução nos lucros por causa da concorrência internacional, o que faria? Você mudaria suas instalações de produção para o exterior, com vistas a reduzir os custos de mão de obra? Que outras opções pode haver? Até que ponto o sistema dentro do qual as empresas operam molda as opções que estão disponíveis a elas?

[Cartoon: "Como diretor-presidente de uma grande corporação norte-americana, eu gostaria de dizer feliz dia do trabalho a meus empregados." — "Mas eu não falo chinês." — BEIJING SWEATSHOP #5989]

qualquer forma de alta tecnologia: apenas cerca de 3% têm telefones fixos e 44% têm celulares, e há cinco usuários de internet para cada cem habitantes (International Telecommunications Union, 2011). Em vez de melhorarem a vida dessas pessoas, os novos centros de negócios desviaram água e eletricidade dos mais necessitados. Mesmo os trabalhadores da alta tecnologia estão experimentando consequências negativas. Muitos sofrem transtornos de estresse, como problemas estomacais e dificuldade para dormir; mais da metade se demite de seus empregos antes de um ano (International Telecommunications Union, 2009; Waldman 2004a, 2004b, 2004c).

Essa mudança trouxe empregos e tecnologia a países como a Índia, mas também há uma desvantagem no *offshoring* para os trabalhadores estrangeiros.

Embora a terceirização seja uma importante fonte de emprego para a classe média alta da Índia, centenas de milhões de outros indianos se beneficiaram pouco ou nada dessa tendência. A maioria dos domicílios do país não possui

Os efeitos da crise econômica têm sido generalizados. Universitários recém-formados têm encontrado um mercado de trabalho difícil. Muitas pessoas vêm expressando frustração porque as grandes corporações têm recebido bilhões enquanto os trabalhadores passam dificuldades.

A GRANDE RECESSÃO

O processo de desindustrialização faz parte de uma transformação econômica maior em direção a uma economia global que consiste em redes mundiais complexas de produtores e consumidores. As conexões interdependentes que resultam disso aumentaram a possibilidade de que, caso uma parte do sistema entre em colapso, haja consequências globais.

Foi exatamente isso que aconteceu a partir de 2007, quando ocorreu o colapso financeiro global descrito anteriormente. A crise econômica resultante, muitas vezes chamada de Grande Recessão, teve consequências significativas e de longo prazo. As premissas que as pessoas tinham como certas sobre como suas vidas iriam e deveriam transcorrer – tenha uma boa formação e se esforce em seu emprego, que o sucesso virá – passaram a ser questionadas.

O desemprego tornou-se um problema generalizado nos Estados Unidos. Os índices mais do que dobraram de fevereiro de 2008 a outubro de 2010 e se mantiveram elevados por um período prolongado. Em cima disso, um número crescente de pessoas vivenciou desemprego de longa duração. No primeiro trimestre de 2012, por exemplo, 29,5% dos 13,3 milhões de pessoas desempregadas estavam sem trabalho havia um ano ou mais, muitas das quais haviam esgotado o salário-desemprego (GAO, 2012; Pew Charitable Trusts, 2012).

Entre as pessoas que estavam trabalhando, os salários ficaram estáveis para a maioria e diminuíram para muitas, e os jovens adultos foram particularmente atingidos. A taxa de emprego entre os 18 e os 24 anos chegou a um recorde de baixa de 54% e seus salários diminuíram mais do que os de qualquer outra faixa etária desde o começo da crise econômica (Levanon, Chen e Chang, 2012; Pew Research Center, 2012b). Uma porcentagem recorde de jovens adultos recorreu à educação superior, que representa parte da redução em seu índice de emprego (Taylor, 2011). A esperança de muitos era de que a obtenção de um diploma aumentasse sua empregabilidade, mas as perspectivas de emprego para quem tinha curso superior também ficaram sombrias.

Entre os recém-formados, 43% informam estar trabalhando em um emprego que não requer diploma universitário (Stone, Van Horn e Zukin, 2012). Além disso, a maioria dos diplomados enfrenta a perspectiva de pagar a dívida considerável do crédito educativo que contraíram para obter seus diplomas. Entre os formados em 2010, dos dois terços que se formaram com empréstimo estudantil, a média da dívida era de 25.250 dólares (Project on Student Debt, 2011). Entre aqueles que se formaram com crédito educativo, 27% tinham saldos vencidos e 27% haviam ido morar com pais ou familiares para poupar dinheiro (Brown, Haughwout, Lee, Mabutas e van der Klaauw, 2012; Stone, Van Horn e Zukin, 2012).

Para muitas pessoas, as más notícias pareciam estar em toda parte, mas não para todos. Houve um aumento no número de pessoas que estavam trabalhando, mas não ganhando o suficiente para sair da pobreza (Smiley e West, 2012), e a idade em que as pessoas podiam esperar se aposentar estava aumentando (Brandon, 2012). E, ainda assim, para alguns, as coisas estavam melhorando. Em 2010, a renda média geral subiu 2,3%, mas os benefícios de uma economia que melhorava lentamente não foram compartilhados igualmente. A renda do 1% mais rico cresceu 11,6%, enquanto os 99% mais pobres tiveram um aumento de apenas 0,2% (Saez, 2012). As corporações também se saíram bem, obtendo lucros recordes, em parte porque reduziram seus custos, cortando sua força de trabalho e esperando mais produtividade de seus empregados restantes (Tully, 2012).

> **PENSAMENTO SOCIOLÓGICO**
> Que impacto a crise econômica global tem sobre você, seus amigos e sua família? Como ela se manifestou em seus planos para o futuro?

AS MUDANÇAS NO PERFIL DA FORÇA DE TRABALHO

A força de trabalho nos Estados Unidos adapta-se constantemente a essas mudanças econômicas. Durante a Segunda Guerra Mundial, quando os homens foram mobilizados para lutar no exterior, as mulheres entraram na força de trabalho em grande quantidade. Com o surgimento do movimento pelos direitos civis na década de 1960, inúmeras oportunidades de trabalho se abriram às minorias. Sociólogos e especialistas em trabalho preveem uma força de trabalho cada vez mais composta de mulheres e de minorias raciais e étnicas. Em 1960, havia o dobro de homens do que de mulheres na força de trabalho. Em março de 2009, as mulheres representavam 49,7% – um aumento devido, em parte, ao fato de que 80% dos demitidos eram homens (Boushey, 2009). A dinâmica para os trabalhadores de grupos minoritários é ainda mais dramática, à medida que o número de trabalhadores de origem negra, latino-americana e asiática continua a aumentar mais rapidamente do que o número de trabalhadores brancos, devido a alterações demográficas.

Sendo assim, a força de trabalho nos Estados Unidos reflete cada vez mais a diversidade da população, à medida que as minorias étnicas entram na força de trabalho e os imigrantes e seus filhos passam de trabalhos ou empregos marginais na economia informal a posições de maior visibilidade e responsabilidade. Um estudo sociológico dos programas de local de trabalho destinados a aumentar a diversidade entre cargos de supervisão concluiu que 39% dos empregadores tinham programas de treinamento voltados à diversidade. Os pesquisadores descobriram que depender exclusivamente de programas de educação destinados a reduzir o viés na administração não era particularmente eficaz. A abordagem mais bem-sucedida é a que mantém uma pessoa como contato principal, uma força-tarefa ou uma ação afirmativa que responsabilize todos pela mudança (Kalev, Dobbin e Kelly, 2006).

Para melhor entender todas essas mudanças, é útil entender melhor os sistemas econômicos e políticos que construímos, pois eles fornecem o contexto em que ocorrem as ações. Para isso, vamos analisar o que os sociólogos têm a dizer sobre poder e autoridade, sistemas econômicos, tipos de governo, participação política e estrutura de poder nos Estados Unidos. Essa análise nos permite recuar e adquirir uma perspectiva melhor sobre nossos próprios pensamentos e ações.

Os sociólogos sempre se interessaram em saber como o poder é conquistado e mantido. Em meio a grandes mudanças políticas e econômicas, os primeiros sociólogos desenvolveram teorias de poder que pretendem ser amplas o suficiente para explicar a ascensão da democracia ou a expansão do capitalismo de mercado, mas estreitas o suficiente para explicar quem prepondera nas relações interpessoais.

Diversidade da força de trabalho: passado, presente e futuro

Porcentagem da força de trabalho nos Estados Unidos

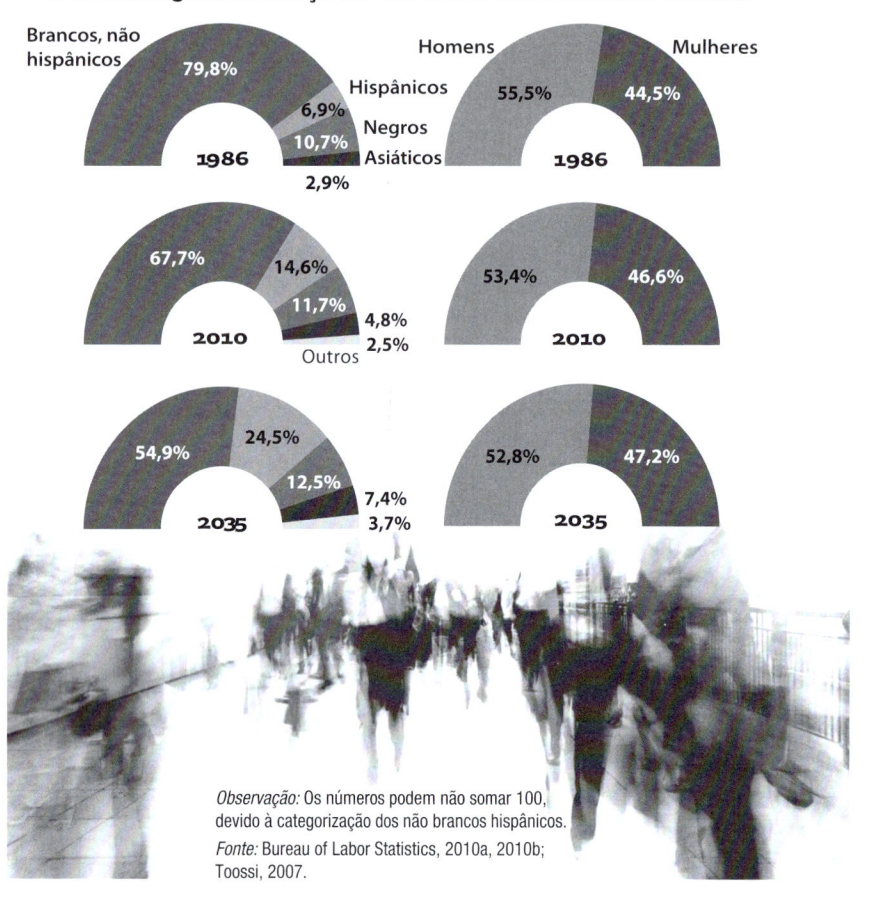

Brancos, não hispânicos — 79,8%
Hispânicos — 6,9%
Negros — 10,7%
Asiáticos — 2,9%
1986

Homens — 55,5%
Mulheres — 44,5%
1986

67,7% / 14,6% / 11,7% / 4,8% / 2,5% (Outros)
2010

53,4% / 46,6%
2010

54,9% / 24,5% / 12,5% / 7,4% / 3,7%
2035

52,8% / 47,2%
2035

Observação: Os números podem não somar 100, devido à categorização dos não brancos hispânicos.
Fonte: Bureau of Labor Statistics, 2010a, 2010b; Toossi, 2007.

PODER

De acordo com Max Weber, o **poder** é a capacidade de alguém exercer sua vontade sobre os outros, mesmo que estes resistam. Dito de outra forma, se você pode fazer as pessoas fazerem o que você quer que façam – seja ir à guerra, coordenar uma reunião de negócios, limpar o quarto ou até mesmo fazer uma prova – você tem poder. As relações de poder podem envolver grandes organizações, pequenos grupos ou mesmo pessoas em relacionamentos íntimos.

poder Capacidade de alguém exercer sua vontade sobre os outros, mesmo que estes resistam.

força Uso real ou ameaçado da coerção para impor a própria vontade sobre os outros.

autoridade Poder que é reconhecido como legítimo pelas pessoas sobre as quais é exercido.

Weber concebia o poder como um contínuo com base no quanto ele é aceito como legítimo por aqueles sobre os quais é exercido. De um lado está a **força**, o uso real ou ameaçado da coerção para impor a própria vontade sobre os outros. Quando líderes prendem ou executam dissidentes políticos, eles estão aplicando a força; o mesmo fazem os terroristas quando tomam ou bombardeiam uma embaixada, ou assassinam um líder político. As economias escravistas normalmente usam a força. Esses sistemas não são muito eficientes, devido aos custos de policiamento necessários para que as pessoas façam o que não querem fazer.

No outro extremo do contínuo está o que Weber chama de **autoridade**, o poder que é reconhecido como legítimo pelas pessoas sobre as quais é exercido. Esse tipo de poder depende da fé do povo no direito que seu líder tem de governar. Em uma democracia, por exemplo, as pessoas que continuam a obedecer às leis, mesmo que os candidatos em quem votaram não tenham vencido, demonstram uma fé subjacente na legitimidade do sistema. Weber considera a autoridade mais eficiente do que a força porque a motivação para obedecer vem de dentro do seguidor, em vez de ter que ser imposta externamente.

TIPOS DE AUTORIDADE

Weber identificou três tipos principais de autoridade: tradicional, carismática e jurídico-racional. Muitas vezes, a legitimidade dos líderes depende principalmente de um desses tipos, embora possa haver elementos de todos os três ao mesmo tempo.

Analisar o poder com o uso do modelo de Weber direciona nossa atenção de uma forma que nos permite entender melhor as relações econômicas e políticas. O grau em que aceitamos a legitimidade das pessoas que nos governam molda o tipo de poder que elas provavelmente usarão. Por exemplo, quando a polícia evacuou os manifestantes do *Occupy Wall Street* de seus acampamentos, foi usado certo grau de força. Os manifestantes foram forçados a fazer coisas que não queriam fazer, e não fazê-las resultou em ferimentos físicos e tempo de prisão para alguns daqueles que questionaram a legitimidade do sistema atual. Mesmo assim, o pressuposto de que a polícia e os líderes políticos tinham o direito legítimo de agir daquela forma era generalizado. Como Weber sugeriu, quando a legitimidade para governar é internalizada na forma de autoridade, a maioria das pessoas simplesmente cumpre os desejos do líder e espera que outras façam o mesmo.

Sociologia pessoal

Porque eu estou mandando

Fico espantado com a frequência com que minhas filhas, Emily e Eleanor, fazem o que eu peço. Quando elas eram pequenas, se desobedecessem, tinham que "se sentar na cadeira verde". Não era bem um castigo. A cadeira está em nossa sala de estar, bem diante da televisão e não isolada do resto da família. Com o tempo, a ameaça de ter que sentar lá já era suficiente. Elas simplesmente acabaram aceitando a autoridade tradicional do "porque eu estou mandando" como justificativa suficiente. Claro que, quando cresceram, elas começaram a questionar a legitimidade da minha autoridade, buscando as razões pelas quais deveriam obedecer. E, no entanto, até hoje, elas geralmente estão dispostas a fazer o que eu digo, simplesmente porque sou o pai delas.

> **PENSAMENTO** SOCIOLÓGICO
>
> Qual das três formas de poder os pais, os chefes ou os professores mais usam? Há momentos em que cada um desses grupos usa cada um dos três tipos de poder?

Autoridade tradicional Até meados do século XX, o Japão foi governado durante gerações por um imperador reverenciado, cuja autoridade absoluta, em grande parte, não era questionada. Em um sistema político com base na **autoridade tradicional**, o poder legítimo é conferido pelo costume e por práticas aceitas. Em outras palavras, as práticas do passado justificam nossas ações presentes. Como disse Weber, essa autoridade reside na crença de que "a rotina cotidiana [proporciona] uma norma inviolável de conduta" ([1922] 1978:241). Fazemos as coisas da maneira que a pessoa em posição de autoridade deseja porque sempre fizemos assim. O imperador, a rainha ou um líder tribal pode ser amado ou odiado, competente ou destrutivo; em termos de legitimidade, isso não importa. Para o líder tradicional, a autoridade depende da fé das pessoas no costume, e não do apelo ou da competência técnica desse líder, ou mesmo das leis escritas.

Autoridade carismática Joana d'Arc era uma simples jovem camponesa na França medieval, mas conseguiu reunir o povo francês e levá-lo a grandes batalhas contra os invasores ingleses, apesar de não ter qualquer posição de poder formalmente reconhecida. De que modo isso foi possível? Como Weber observou, o poder pode ser legitimado pelo carisma de um indivíduo. A **autoridade carismática** diz respeito ao poder legitimado pelo excepcional apelo pessoal ou emocional de um líder sobre seus seguidores.

O carisma permite que uma pessoa, como Joana d'Arc, lidere ou inspire sem depender de regras ou tradições estabelecidas. Na verdade, a autoridade carismática deriva mais das crenças dos seguidores do que das qualidades reais dos líderes. Enquanto as pessoas perceberem em um líder carismático, como Jesus, Joana d'Arc, Gandhi, Malcolm X ou Martin Luther King Jr., qualidades que o diferenciem dos cidadãos comuns, a autoridade desse líder permanecerá segura e muitas vezes inquestionável (Adair-Toteff, 2005; Potts, 2009). Infelizmente, isso também acontece com figuras malévolas, como Adolf Hitler, cujo apelo carismático direcionou as pessoas a fins violentos e destrutivos na Alemanha nazista.

Os líderes políticos dependem cada vez mais da televisão, do rádio e da internet para estabelecer e manter a autoridade carismática. Essa prática se instalou com o uso que o presidente Franklin D. Roosevelt fez das conversas ao pé da lareira,

> **autoridade tradicional** Poder legítimo conferido pelo costume e por práticas aceitas.
>
> **autoridade carismática** Poder legitimado pelo excepcional apelo pessoal ou emocional de um líder sobre seus seguidores.

pelo rádio, para acalmar uma nação que enfrentava a Grande Depressão e a Segunda Guerra Mundial. Barack Obama teve altos índices de aprovação no início de seu mandato, e as reportagens frequentemente mencionavam sua capacidade de encantar. Com o tempo, no entanto, esses índices caíram quando a fé em sua capacidade de cumprir o que prometera se fragilizou (Bligh e Kohles, 2009). O presidente George W. Bush aprendeu uma lição parecida. Seus índices de aprovação atingiram um pico de 85% após os atentados terroristas de 11 de setembro de 2001, mas, até o final do seu segundo mandato, estavam em torno de 25%, o que tornou difícil para ele promover sua agenda legislativa (ver gráfico na página 33).

Autoridade jurídico-racional A Constituição dos Estados Unidos dá ao Congresso e ao presidente a autoridade para formular e aplicar leis e políticas. O poder legitimado pela lei é uma forma de autoridade jurídico-racional. A **autoridade jurídico-racional** envolve regras, princípios e procedimentos de conduta formalmente acordados e aceitos, que são estabelecidos a fim de alcançar objetivos da maneira mais eficiente possível. Essa autoridade se estende para além dos governos, incluindo qualquer organização. As burocracias são a forma mais pura de autoridade jurídico-racional. Em geral, nas sociedades com base nesse tipo de autoridade, considera-se que os líderes tenham áreas específicas de competência e autoridade, mas não sejam dotados de inspiração divina, como em certas sociedades com as formas tradicionais de autoridade.

Você sabia?

... Franklin Delano Roosevelt fez 30 conversas ao pé da lareira durante sua presidência dos Estados Unidos, sobre temas que vão desde a crise bancária da Grande Depressão até o esforço de guerra durante a Segunda Guerra Mundial. Essas transmissões eram extremamente populares e atraíam grandes audiências. Pela primeira vez na história, as pessoas tinham a sensação de que o presidente estava falando diretamente a elas, e a forma calorosa e simples da apresentação incentivava esse sentimento.

>>Sistemas econômicos

Em termos gerais, aceitamos a legitimidade dos sistemas econômicos em que atuamos. Podemos até achar difícil aceitar a viabilidade de outras alternativas. Mesmo assim, as pessoas ao longo da história e em todo o mundo continuam a atender a suas necessidades usando princípios econômicos diversos, como troca de presentes, escambo ou propriedade compartilhada de bens. Analisar as características dos sistemas econômicos dominantes de nosso tempo nos permite entender melhor como e por que os eventos acontecem como acontecem.

autoridade jurídico-racional Autoridade com base em regras, princípios e procedimentos de conduta formalmente acordados e aceitos, que são estabelecidos a fim de alcançar objetivos da maneira mais eficiente possível.

capitalismo Sistema econômico com base na propriedade privada, no qual indivíduos, empresas e corporações em busca de lucros competem no mercado.

CAPITALISMO

O **capitalismo** é um sistema econômico com base na propriedade privada, no qual indivíduos, empresas e corporações em busca de lucros competem no mercado. No capitalismo, o valor é determinado com base naquilo que as pessoas estão dispostas e são capazes de pagar por bens e serviços disponíveis. Os princípios básicos do capitalismo foram estabelecidos por Adam Smith em 1776, em seu livro *A riqueza das nações*, incluindo quatro conceitos centrais: busca do lucro, concorrência de mercado, lei da oferta e da procura, e *laissez-faire*.

- *Busca do lucro*. Um dos pressupostos básicos do capitalismo é que, em nossas trocas com os outros, naturalmente procuramos obter o maior retorno sobre nossos investimentos. Isso vai além de trocas econômicas (ou seja, ter lucro financeiro) e inclui trocas sociais e culturais (nas quais até mesmo uma conversa representa uma troca de recursos simbólicos, como *status* ou atenção). A busca do lucro pessoal não é apenas moralmente aceitável; ela está no cerne de nossa identidade como seres humanos.
- *Concorrência de mercado*. O mercado é o contexto em que trocamos bens e serviços (como calçados, telefones celulares e diplomas universitários); fazemos isso em concorrência com outros produtores e consumidores. A concorrência mantém os preços sob controle. O mercado deve estar aberto a quem quer que tenha a capacidade de competir, de modo que nenhum indivíduo ou empresa controle uma parcela desproporcional desse mercado.
- *Lei da oferta e da procura*. Em um mercado competitivo, será alcançado um equilíbrio natural entre produção e consumo, pelo preço apropriado. Se a procura por um bem ou serviço estiver alta e a oferta estiver baixa, os preços subirão, e vice-versa. Se um produtor cobra demais, outro produtor vai intervir para fornecer o bem ou serviço a um preço mais razoável. Adam Smith descre-

Você sabia?

...As vendas médias anuais da Wal-Mart são de 2.261 dólares por domicílio nos Estados Unidos.

veu esse processo pelo qual os preços atingem seu nível natural como "a mão invisível" do mercado. As empresas que não respondem ao impulso da mão invisível – por exemplo, cobrando muito ou pouco – acabarão fracassando.

- *Laissez-faire.* A expressão **laissez-faire** significa "deixe que façam [o que quiserem]" e, neste contexto, significa que entidades externas, principalmente o governo, não devem intervir no mercado. Em vez disso, deve-se deixar que o mercado funcione sem influência externa. Em termos ideais, os mercados corrigem-se por conta própria, por meio da mão invisível. Embora possam ter boas intenções, os governos não podem proporcionar um resultado melhor para a sociedade como um todo do que indivíduos a quem se permita competir por conta própria. No capitalismo, o maior bem social é alcançado pela concorrência de indivíduos em busca de lucros.

PENSAMENTO SOCIOLÓGICO

Por que a concorrência é essencial para o capitalismo? Por que os capitalistas procuram estabelecer monopólios?

Na prática, o capitalismo esforça-se para manter esses ideais por causa de contradições que surgem inevitavelmente. Por um lado, o capitalismo tende para o estabelecimento de **monopólios**, nos quais uma única empresa controla o mercado. Embora o sistema precise de concorrência, os capitalistas, em sua busca de lucros, procuram dominar o mercado a ponto de monopolizá-lo. Isso viola o princípio da concorrência. Por outro lado, os governos costumam responder intervindo no mercado – por meio de políticas como leis antitruste – para garantir concorrência suficiente, violando assim o princípio do *laissez-faire*. Além disso, alguns bens e serviços (como polícia, bombeiros, estradas, defesa nacional e educação pública) são considerados importantes o suficiente para o bem público a ponto de serem fornecidos a todos, mesmo à custa da intervenção do governo.

laissez-faire Princípio de que as pessoas devem poder competir livremente no mercado, sem intervenção do governo.

monopólios Controle do mercado por uma única empresa.

socialismo Sistema econômico no qual os meios de produção e distribuição são de propriedade coletiva.

SOCIALISMO

O **socialismo** é um sistema econômico no qual os meios de produção e distribuição em uma sociedade são de propriedade coletiva, e não privada. O valor, no socialismo, é determinado pela quantidade de trabalho necessário para produzir produtos e do uso que obtemos desses produtos. Os princípios básicos do socialismo foram estabelecidos por Karl Marx entre a metade e o final do século XIX, em várias publicações, incluindo *O Manifesto Comunista*. Marx acreditava que o socialismo era inevitável, pelas seguintes razões: os seres humanos precisam produzir, a produção nos torna unicamente humanos, colocamos muito de nós em nossos produtos, a economia determina a sociedade, e a escassez e a distribuição são obstáculos ao bem da sociedade.

- *Os seres humanos precisam produzir.* Ao contrário dos animais, os seres humanos não têm os instintos complexos que orientam a forma como atendemos a nossas necessidades humanas básicas (alimentação, moradia e vestuário) a partir da natureza. Portanto, temos que atender a essas necessidades básicas por meio de inovação tecnológica e criação de cultura.
- *A produção nos torna unicamente humanos.* A capacidade de produzir distingue os seres humanos do resto do mundo natural. É essa capacidade produtiva livre e criativa, à qual Marx chamou de força de trabalho, que deve

> Hoje, as pessoas sabem o preço de tudo e o valor de nada.
>
> Oscar Wilde

Governo e Economia • 217

ser protegida, nutrida e valorizada, pois ela está no centro de nossa identidade como seres humanos.
- *Colocamos muito de nós em nossos produtos.* Para Marx, quando fazemos algo, colocamos parte de quem somos em cada produto; isso fica mais evidente no trabalho artesanal. Por exemplo, uma estante de livros artesanal inspira orgulho porque nossa força de trabalho é a diferença entre a pilha de madeira original e a estante acabada. Para dizer na forma de uma equação: *matérias-primas + força de trabalho = produtos*. Segundo Marx, encontramos naturalmente alegria no trabalho e temos o prazer de partilhar o processo e os produtos com os outros.
- *A economia determina a sociedade.* Marx afirmou que, como nossa capacidade e nossa necessidade de produzir são o cerne de quem somos, elas servem como alicerce para a sociedade. Em essência, a forma como organizamos a economia determina todas as outras formas de relações sociais, como governo, família, educação e religião. Na maioria das sociedades agrárias, a produção está enraizada na terra, de modo que a posse e o controle da terra se tornam o fundamento do poder. As instituições sociais podem reforçar a posição privilegiada dos proprietários de terras, por exemplo, ao enraizarem o "direito divino" de um rei para governar na autoridade religiosa. Com o tempo, esse alicerce muda à medida que nossa capacidade de produzir evolui por meio da inovação tecnológica. Os sistemas de relações sociais que cresceram a partir desse conjunto particular de relações econômicas acabam por não mais corresponder à nova base econômica, e ocorre uma revolução que leva a um novo conjunto de relações sociais. Marx argumentou que essa mudança gerou a transição do feudalismo para o capitalismo – quando a base de poder agrícola que deu origem à realeza deu lugar à base de poder industrial de capitalistas e corporações – e previu que ela vai mudar de novo do capitalismo para o comunismo.
- *A escassez e a distribuição são obstáculos ao bem da sociedade.* Para Marx, a sociedade ideal é aquela em que nós, como seres humanos, controlamos e colhemos os benefícios de nossa força de trabalho. Até este momento da história, no entanto, nenhuma sociedade de grande porte atingiu totalmente esse ideal, porque não tínhamos a capacidade tecnológica de produzir o suficiente para todos. Isso resultou em sistemas sociais que separam os que têm e os que não têm: a separação da escravidão entre escravos e senhores, a separação do feudalismo entre senhores e camponeses, a separação do capitalismo entre proprietários e trabalhadores. Graças à inovação tecnológica – uma consequência de nossa capacidade criativa de produzir – podemos acabar resolvendo o problema da produção inadequada. Na verdade, Marx elogiou o capitalismo, por, em última análise, resolver o problema ao pressionar os produtores por inovações constantes. Uma vez que somos tecnicamente capazes de produzir o suficiente para todos, qualquer pobreza, fome ou desigualdade extrema que continue se deve à forma como escolhemos distribuir os produtos que fazemos, e não à nossa incapacidade de produzir o suficiente. Em outras palavras, é um problema social, solucionável pela criação de um novo conjunto de relações sociais que garanta uma distribuição equitativa. Segundo Marx, as pessoas acabarão por decidir que não faz sentido manter esses extremos econômicos diante da abundância material; assim, uma revolução nas relações sociais em direção ao socialismo é inevitável.

Na prática, o ideal socialista da propriedade coletiva tem sido difícil de alcançar. O grande experimento no que ficou conhecido como União Soviética – unindo a Rússia e países vizinhos em um grande bloco socialista – acabou entrando em colapso em 1989. Isso aconteceu sob o peso da ineficiência burocrática, da corrupção política e da produtividade insuficiente – problemas que parecem endêmicos aos países socialistas. Além disso, a repressão a dissidentes por parte dos governos socialistas totalitários, tanto na União Soviética quanto na China comunista, levou ao assassinato de milhões de membros de seus próprios povos, supostamente para o bem do Estado. Pesquisas recentes mostram que maiorias em quase todas as antigas nações do bloco soviético aprovam a transição firme do socialismo à democracia e ao livre mercado (Pew, 2009e).

A ECONOMIA MISTA

Na prática, os sistemas econômicos nacionais combinam elementos de capitalismo e socialismo. A **economia mista** apre-

economia mista Sistema econômico que combina elementos do capitalismo e do socialismo.

Cinquenta anos de crescimento, 1970 a 2020

Aumento percentual do PIB (trilhões de dólares)

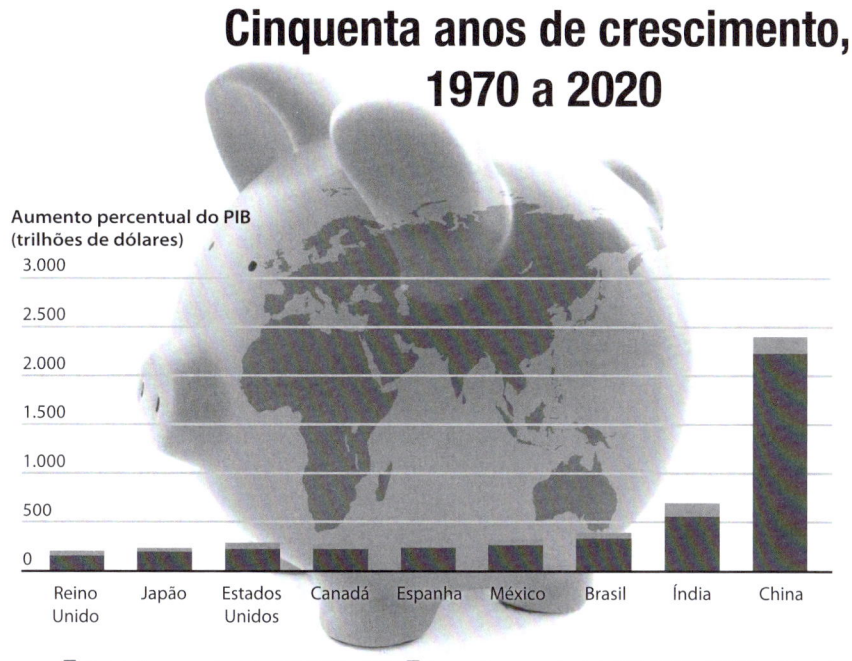

3.000	
2.500	
2.000	
1.500	
1.000	
500	
0	Reino Unido, Japão, Estados Unidos, Canadá, Espanha, México, Brasil, Índia, China

■ Aumento percentual do PIB, 1970 a 2007   ■ Aumento percentual do PIB, 2007 a 2020 (projetado)

Fonte: U.S. Department of Agriculture, 2007.

senta elementos de mais de um sistema econômico. Partir de um ideal socialista e avançar em direção a uma economia mista (como a China tem feito nos últimos anos) envolve a abertura de alguns aspectos da economia controlada pelo Estado à concorrência e ao livre mercado.

Por outro lado, passar de um ideal capitalista para uma economia mista remove alguns bens e serviços do mercado de livre concorrência e os oferece a todos ou os subsidia para garantir um acesso mais amplo. Nos Estados Unidos, são fornecidos produtos e serviços como polícia e bombeiros, estradas e escolas públicas. A maioria concorda que todos devemos ter acesso a esses bens públicos sem levar em conta nossa capacidade de pagar. Atualmente, há um debate em curso sobre se os serviços de saúde também devem ser considerados um bem público similar.

Há muito tempo existe um debate nos Estados Unidos sobre o nível em que o governo deve se envolver na economia, mas a turbulência econômica da Grande Recessão colocou em questão o comprometimento das pessoas com os princípios do *laissez-faire*. Membros do governo decidiram que algumas empresas eram "grandes demais para falir", ou seja, o efeito dominó de sua falência seria maior do que o custo de violar o ideal da não intervenção. O governo Bush – ele próprio um forte defensor dos princípios do livre mercado – deu os primeiros passos em direção à intervenção do governo na economia durante a crise. Em setembro de 2008, ele promoveu o Programa de Ajuda a Ativos com Problemas (TARP, de *Troubled Assets Relief Program*) no Congresso para dar 700 bilhões de dólares para a compra de títulos lastreados em hipotecas e estimular o setor financeiro. O governo Obama continuou na mesma linha. Por exemplo, em um esforço para dar um incentivo à economia dos Estados Unidos, o Congresso aprovou a Lei de Recuperação e Reinvestimento em fevereiro de 2009, oferecendo quase 800 bilhões de dólares a projetos de infraestrutura, educação e financiamento de saúde, e redução de impostos. E, em junho de 2009, a General Motors, que durante anos foi a maior empresa do mundo, faliu. O governo dos Estados Unidos tornou-se seu acionista majoritário, proprietário de 60% de suas ações. Esses recursos ajudaram a sobreviver muitas empresas que, de outra forma, teriam falido. Agora que elas estão recuperadas, algumas têm pago os empréstimos que receberam do governo. Por exemplo, a General Motors pagou na íntegra seus 8,4 bilhões de dólares de empréstimos, com juros, e cinco anos mais cedo. O governo dos Estados Unidos continua a ser seu maior acionista individual.

Embora os críticos tenham acusado os presidentes Bush e Obama de estarem levando o país ao socialismo, a maioria das pessoas esperava que esses esforços minimizassem os efeitos negativos da crise econômica em suas vidas. A maioria dos cidadãos acabou aceitando esses enormes gastos do governo como forma de salvar o capitalismo de seus próprios excessos. Posteriormente, o investidor bilionário Warren Buffett refletiu sobre a intervenção do governo e concluiu: "Somente uma força contrária estava disponível, e era você, o Tio Sam [...]. Bom, Tio Sam, você fez o que tinha que fazer" (Buffett, 2010).

> **PENSAMENTO** SOCIOLÓGICO
> Os governos devem deixar que as empresas quebrem, independentemente das consequências econômicas aparentes?

A ECONOMIA INFORMAL

Uma economia informal opera dentro dos limites do sistema macroeconômico dominante em muitos países, sejam capitalistas ou socialistas. Nesta **economia informal**, as transferências de dinheiro, bens ou serviços ocorrem, mas não são informadas ao governo. Exemplos da economia informal incluem o escambo, no qual as pessoas negociam bens e serviços com alguém (p. ex., a troca de um corte de cabelo por uma aula de computação), vendem produtos na rua e fazem transações ilegais, como jogo ou tráfico de drogas. Os participantes desse tipo de economia evitam os impostos e as regulamentações governamentais.

> **economia informal** Transferências de dinheiro, bens ou serviços que não são informadas ao governo.

No mundo em desenvolvimento, os governos muitas vezes criam onerosas regulamentações empresariais que burocratas sobrecarregados devem administrar. Quando os pedidos de licenças e autorizações se acumulam, atrasando projetos de negócios, os empresários legítimos acham que precisam "passar à clandestinidade" para conseguir fazer alguma coisa. Apesar de sua aparente eficiência, esse tipo de economia informal é disfuncional para o bem-estar político e econômico de um país.

Como em geral funcionam em locais distantes para evitar a detecção, as empresas informais não podem se expandir facilmente quando se tornam rentáveis. E, dada a proteção limitada a sua propriedade e seus direitos contratuais, os participantes da economia informal têm menor probabilidade do que outros de poupar e investir seus rendimentos.

> **PENSAMENTO** SOCIOLÓGICO
>
> Ao se trabalhar na economia informal, como cuidar de crianças, aparar um gramado, faxinar ou trabalhar na construção, pode ser bom ter dinheiro guardado no colchão, sem ter que pagar impostos, seguridade social e assim por diante. Quais são as desvantagens de longo prazo de se fazer isso para a pessoa? E para a sociedade? Por que alguém pode optar por fazê-lo mesmo assim?

As economias informais também podem ser disfuncionais para os trabalhadores. As condições de trabalho nessas empresas costumam ser inseguras ou perigosas, e os empregos raramente oferecem qualquer benefício para quem ficar doente ou não puder continuar trabalhando. Talvez o mais importante: quanto mais tempo o trabalhador permanecer na economia informal, menor probabilidade haverá de ele fazer a transição para a economia regular. Por mais eficiente ou produtivo que o trabalhador seja, os empregadores esperam ver experiência na economia formal quando recebem um pedido de emprego. A experiência como camelô bem-sucedido ou faxineira autônoma não tem muito peso diante dos entrevistadores (Venkatesh, 2006).

>>Sistemas políticos

Assim como os novos sistemas econômicos desenvolvidos em resposta a mudanças históricas mais amplas, os sistemas políticos também se adaptaram. Em todas as sociedades, alguém ou algum grupo – seja um chefe tribal, um ditador, uma diretoria ou um parlamento – toma decisões importantes sobre como usar os recursos e alocar bens. Inevitavelmente, a luta pelo poder e pela autoridade envolve a **política**, que é a competição entre indivíduos ou grupos quanto à alocação de recursos valorizados. A política acontece no contexto de um **sistema político**, que é a instituição social que se baseia em um conjunto reconhecido de procedimentos para implementar e atingir as metas da sociedade.

O governo representa uma forma institucionalizada de autoridade. Dadas as responsabilidades que os governos têm de estabelecer e fazer cumprir as leis, e considerando-se o alcance das relações internacionais e a globalização das economias nacionais, esses sistemas formais de autoridade tomam um número significativo de decisões políticas importantes. Eles assumem uma série de formas, incluindo monarquia, oligarquia, ditadura, totalitarismo e democracia.

MONARQUIA

A **monarquia** é uma forma de governo liderada por um único membro de uma família real, geralmente um rei, uma rainha ou algum outro governante hereditário. Em épocas anteriores, muitos monarcas alegavam que Deus lhes havia dado um direito divino de governar. Normalmente, eles governavam com base em formas tradicionais de autoridade, por vezes acompanhadas pelo uso da força. No início do século XXI, no entanto, os monarcas só têm poder governamental verdadeiro em alguns países, como Mônaco. A maioria dos monarcas, como a rainha Elizabeth II, na Inglaterra, tem pouco poder prático atualmente, cumprindo principalmente papéis cerimoniais.

OLIGARQUIA

Uma **oligarquia** é uma forma de governo na qual alguns indivíduos exercem o poder. Método respeitável de gover-

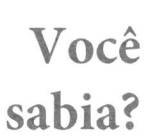

política Competição entre indivíduos ou grupos quanto à alocação de recursos valorizados.
sistema político Instituição social que se baseia em um conjunto reconhecido de procedimentos para implementar e atingir as metas da sociedade.
monarquia Forma de governo liderada por um único membro de uma família real, geralmente um rei, uma rainha ou algum outro governante hereditário.
oligarquia Forma de governo na qual alguns indivíduos exercem o poder.

Você sabia?

...Uma das funções oficiais da rainha Elizabeth é nomear o primeiro-ministro. Considerando-se que o poder político cabe ao Parlamento, no entanto, este também se tornou, em grande parte, um dever cerimonial.

nar que floresceu na Grécia e no Egito antigos, a oligarquia atualmente muitas vezes assume a forma de regimes militares.

Nas nações em desenvolvimento na África, na Ásia e na América Latina, pequenas facções de militares podem tomar o poder à força, seja de regimes legalmente eleitos seja de outras facções militares (Michels, [1915] 1949).

Estritamente falando, o termo *oligarquia* é reservado para os governos que são dominados por uns poucos indivíduos. No entanto, a República Popular da China pode ser classificada como uma oligarquia se ampliarmos o significado do termo. Na China, o poder está nas mãos de um *grupo* dominante grande, mas exclusivo, o Partido Comunista. Na mesma linha, poderíamos argumentar que muitas nações industrializadas do Ocidente devem ser consideradas oligarquias (em vez de democracias), pois apenas alguns poderosos – líderes de grandes empresas, o governo e os militares – realmente governam. Mais adiante neste capítulo, examinaremos em mais detalhe o "modelo elitizado" do sistema político dos Estados Unidos.

DITADURA E TOTALITARISMO

Uma **ditadura** é um governo em que uma pessoa tem o poder quase total de formular as leis e as fazer serem cumpridas. Os ditadores governam principalmente pelo uso da força, o que muitas vezes inclui prisões, torturas e execuções. Normalmente, eles tomam o poder em vez de serem eleitos livremente (como em uma democracia) ou herdam o poder (como em uma monarquia). Alguns ditadores são bastante carismáticos e conseguem atingir certa popularidade, embora o entusiasmo de seus apoiadores esteja quase que certamente manchado de medo. Outros ditadores dependem de coerção e costumam ser muito odiados por seu povo.

PENSAMENTO SOCIOLÓGICO

Em 2001, expressando um sentimento compartilhado por muitos ex-presidentes, George W. Bush brincou que, quando se tratava de trabalhar com o Congresso, "uma ditadura seria muito mais fácil". Em que sentido o sistema de governo dos Estados Unidos é intencionalmente ineficiente? Por que isso seria feito de propósito?

Frequentemente, os ditadores desenvolvem um controle tão esmagador sobre a vida das pessoas que seus governos são chamados de totalitários (as monarquias e as oligarquias também podem obter esse tipo de dominação). O **totalitarismo** envolve o controle e a vigilância praticamente completos do governo sobre todos os aspectos da vida social e política de uma sociedade. A Alemanha durante o reinado de Hitler, a União Soviética sob Stalin, nos anos de 1930, e a Coreia do Norte de hoje são classificadas como estados totalitários.

> **ditadura** Governo em que uma pessoa tem o poder quase total de formular as leis e as fazer serem cumpridas.
>
> **totalitarismo** O controle e a vigilância praticamente completos do governo sobre todos os aspectos da vida social e política de uma sociedade.
>
> **democracia** Em sentido literal, significa governo exercido pelo povo.
>
> **democracia representativa** Sistema de governo em que os cidadãos elegem os líderes políticos para que tomem decisões em nome do povo.

DEMOCRACIA

Em um sentido literal, **democracia** significa governo exercido pelo povo. A palavra tem duas raízes gregas – *demos*, que significa "povo" ou "as pessoas comuns", e *kratia*, que significa "governo". Em uma democracia, o poder não é dado a determinada pessoa ou cargo. Os cidadãos individuais proporcionam a base para a autoridade política, e o princípio subjacente ao poder é "uma pessoa, um voto". Esse princípio sugere que, pelo menos em teoria, todos têm igual poder quando se trata de tomar decisões. A democracia direta, em que todos os cidadãos votam em todas as decisões importantes e a que tiver mais votos ganha, talvez seja o exemplo mais puro. Em grandes nações populosas, a democracia direta é impraticável em nível nacional. É impossível que todos os cidadãos votem em todas as questões importantes. Consequentemente, o governo do povo ocorre na forma da **democracia representativa**, um sistema de governo em que os cidadãos elegem os líderes políticos para que tomem decisões em nome do povo.

A forma como os representantes são escolhidos pode variar, e o sistema usado para selecioná-los influencia o tipo de política que se tem. Por exemplo, o sistema bipartidário que predomina nos Estados Unidos é consequência, em parte, de como os legisladores são escolhidos.

Para escolher os membros para a Câmara dos Deputados dos Estados Unidos, o país é dividido em 435 distritos eleitorais geograficamente distintos. Cada distrito tem uma vaga.

> **PENSAMENTO** SOCIOLÓGICO
>
> Os Estados Unidos costumam ser classificados como uma democracia representativa, pois os membros eleitos do Congresso e os legislativos estaduais fazem as leis do país. No entanto, os críticos têm questionado até onde a democracia norte-americana realmente é representativa. O Congresso e os legislativos estaduais representam efetivamente as massas? As pessoas nos Estados Unidos são legitimamente autogovernadas ou o governo se tornou um fórum para as elites poderosas?

As eleições são realizadas dentro de cada um deles, e o vencedor torna-se o representante (deputado) do distrito. Como resultado desse sistema em que o vencedor leva tudo, os candidatos têm um incentivo para apelar à maioria dos eleitores, o que tende a resultar na criação de dois partidos, cada um competindo para conquistar essa maioria. Mesmo que haja uma abundância de "terceiros partidos" nos Estados Unidos – na eleição de 2012, por exemplo, havia candidatos na cédula pelo Partido da Constituição, pelo Partido Verde, pelo Partido Libertário, pelo Partido para o Socialismo e a Libertação e muitos outros – o sistema em que o vencedor leva tudo torna difícil para um partido minoritário obter a maioria dos votos, principalmente contra o poder e a influência arraigados dos dois grandes partidos.

Um sistema alternativo para a escolha de legisladores é a representação proporcional, da qual existe alguma forma no Brasil, em Israel, na Holanda e na África do Sul. Nesse sistema, um único distrito pode ser representado por várias vagas, e os vencedores são determinados com base no percentual de votos recebidos naquele distrito. Por exemplo, com 15% dos votos, o partido receberia cerca de 15% das vagas legislativas. Nesse tipo de sistema, partidos que talvez nunca sejam capazes de obter maioria de votos ainda podem conquistar vagas na legislatura. Além disso, diminui a probabilidade de um único partido garantir a maioria das vagas. Como resultado, muitas vezes, os partidos precisam trabalhar em conjunto para criar uma coalizão de governo que dê mais poder aos partidos minoritários.

Se estiverem descontentes com o rumo das coisas, os cidadãos de uma democracia podem votar para estabelecer novas políticas ou eleger novos líderes. Com o tempo, podem ocorrer mudanças significativas na política, em resposta a mudanças na vontade do povo. Por exemplo, logo no início da história dos Estados Unidos, a verdade "autoevidente" de que todos eram criados iguais e dotados de direitos inalienáveis só se aplicava a homens brancos que tivessem propriedade. Com o tempo, a definição de quem é considerado cidadão se ampliou para incluir outros. Os debates sobre direitos de cidadania no país continuam até hoje, como evidenciado, por exemplo, nas discussões sobre direitos de crianças ou imigrantes.

Os direitos de cidadania envolvem mais do que apenas o direito de votar. O sociólogo T. H. Marshall (1950) identificou três categorias desses direitos: direitos civis, direitos políticos e direitos sociais:

- *Direitos civis*. Estes direitos de cidadania protegem as liberdades individuais. Encontramos alguns deles expressos na chamada Carta de Direitos (*Bill of Rights*), as primeiras dez emendas à Constituição dos Estados Unidos. Incluem-se proteções como a liberdade de expressão, a liberdade de reunião, o direito de portar armas e a liberdade religiosa.
- *Direitos políticos*. Estes asseguram o direito à plena participação no processo político. Em princípio, qualquer cidadão pode se envolver na política, votando ou concorrendo a um cargo. Contudo, a participação política universal nem sempre foi garantida. A 15ª Emenda à Constituição dos Estados Unidos estendeu os direitos políticos aos afro-americanos em 1870, e a 19ª Emenda garantiu esses direitos para as mulheres em 1920.
- *Direitos sociais*. Esses direitos atendem ao nosso bem-estar e à nossa segurança. Eles têm como base o pressuposto de que é necessário um padrão mínimo de vida para garantir a capacidade de todos de exercer seus direitos civis e políticos. Para assegurar esses direitos, alguns bens e serviços – como educação pública ou polícia e bombeiros – são retirados do mercado, garantindo que todos tenham pelo menos um acesso mínimo, independentemente de sua capacidade de pagamento. Há debates importantes sobre o papel que o governo deve cumprir para garantir o acesso a recursos básicos, materiais, sociais e culturais.

Essa distinção entre as categorias de direitos nos permite compreender melhor a evolução dos direitos. Muitas vezes, partimos do pressuposto de que os direitos civis e políticos básicos estão garantidos para todos, mas os debates permanentes sobre direitos de imigrantes ou de casais formados por pessoas do mesmo sexo costumam se encaixar nessas duas categorias. As discussões sobre a ampliação dos direitos sociais para cobrir mais itens, por exemplo, a garantia dos serviços de saúde para todos, são particularmente polêmicas.

Os debates sobre os direitos sociais se devem, em parte, a uma tensão básica entre os valores centrais nos Estados Unidos. De um lado está o princípio da igualdade, um pressuposto básico que está no cerne da democracia; de outro está o princípio da concorrência, uma premissa essencial do capitalismo. Uma economia capitalista pressupõe que exista uma hierarquia econômica e que haverá vencedores e perdedores; con-

GLOBALIZANDO

Comparecimento às urnas em alguns países

Porcentagem de comparecimento de eleitores registrados em eleições parlamentares desde 1945

País	%
Austrália	93,2
Itália	80,6
Camboja	75,2
Alemanha	70,8
Federação Russa	60,1
Estados Unidos	41,6
Canadá	61,4
Índia	58,2
México	44,6
Colômbia	43,8
Mali	32,2
Egito	27,5

Observação: Inclui eleições nacionais para o legislativo. Os resultados dos Estados Unidos referem-se às eleições de meio de mandato de 2008.
Fonte: International Institute for Democracy and Electoral Assistance, 2011.

---

tudo, em uma democracia, todos são criados iguais. O economista Arthur Okun (1975) descreveu essa tensão como "os dois pesos e as duas medidas de uma democracia capitalista, professando e buscando um sistema político e social igualitário e, simultaneamente, gerando disparidades escancaradas em termos de bem-estar econômico" (p. 1). A adesão simultânea aos princípios ajuda a explicar por que as políticas sociais relacionadas à ampliação dos direitos sociais avançam e recuam ao longo do tempo, com uma ou outra dominando o discurso público. Quando se aproximavam as eleições de meio de mandato para o Congresso em 2008 nos Estados Unidos, por exemplo, os conservadores do Tea Party defendiam fortemente impostos mais baixos e cortes substanciais no financiamento federal para programas de assistência social. Não muito tempo depois, como vimos anteriormente, manifestantes do *Occupy Wall Street* defendiam impostos mais altos sobre os ricos e uma forte rede de proteção de apoio social.

> **PENSAMENTO** SOCIOLÓGICO
> Até que ponto você acha que os princípios de igualdade política e concorrência econômica estão em desacordo entre si nos Estados Unidos?

>>A estrutura de poder

A questão do poder estende-se além da simples política e das pessoas que ocupam cargos formalmente reconhecidos. Ao longo dos anos, os sociólogos tentaram repetidamente descobrir quem realmente detém o poder. Será que "nós, o povo" governamos verdadeiramente o país por meio de nossos representantes eleitos? Ou uma pequena elite controla nos bastidores tanto o governo quanto o sistema econômico? Ao explorarem essas questões, os cientistas sociais desenvolveram dois modelos básicos de estrutura de poder para os Estados Unidos: pluralismo político *versus* elite do poder.

MODELOS DE ELITE DO PODER

Essas críticas sustentam um modelo diferente sobre como funciona o poder. Este modelo tem suas raízes em Karl Marx, que acreditava que a democracia representativa do século XIX era essencialmente uma farsa.

Ele argumentou que as sociedades industriais eram dominadas por um número relativamente pequeno de pessoas que possuíam as fábricas e controlavam os recursos naturais. Na visão de Marx, membros do governo e líderes mili-

ESTUDOS sociológicos

Modelos de elite do poder

Modelo de C. Wright Mills, 1956

A ELITE DO PODER
- Ricos empresariais
- Poder executivo
- Líderes militares

- Líderes de grupos de interesse
- Legisladores
- Líderes de opinião locais

Massas desorganizadas e exploradas

Modelo de William Domhoff, 2006

- Classe social alta
- A ELITE DO PODER
- Comunidade empresarial
- Organizações de formação de políticas

Fonte: Esquerda, com base em C. W. Mills, (1956) 2000; direita, Domhoff, 2006:105.

---

5 Filmes sobre ECONOMIA E POLÍTICA

Inside job
Um quem é quem da crise financeira global.

O artista
Com a inovação tecnológica, algo se ganha e algo se perde.

Capitalismo: uma história de amor
O capitalismo em julgamento.

O mensageiro
Sobre ser o portador de más notícias em tempos de guerra.

Todos os homens do presidente
A queda em desgraça de um presidente.

---

tares eram essencialmente servidores dessa classe capitalista e seguiam os desejos dela. Portanto, todas as decisões importantes tomadas por políticos inevitavelmente refletiam os interesses dos empresários dominantes. Como outros que sustentam um **modelo de elite** sobre as relações de poder, Marx acreditava que a sociedade é governada por um pequeno grupo de indivíduos que compartilham interesses políticos e econômicos.

O modelo de Mills O sociólogo C. Wright Mills, que desenvolveu o conceito de imaginação sociológica que examinamos no Capítulo 1, propôs um modelo semelhante ao de Marx em seu trabalho pioneiro *A elite do poder* ([1956] 2000). Mills descreveu um pequeno grupo de líderes militares, industriais e de governo que controlava o destino dos Estados Unidos – a **elite do poder**. O poder estava nas mãos de poucos, dentro e fora do governo.

No modelo de Mills, uma pirâmide ilustra a estrutura de poder dos Estados Unidos. A elite do poder está no topo e inclui empresários ricos, líderes do poder executivo e chefes das forças armadas (a quem Mills chamou de "senhores da guerra"). Logo abaixo estão os líderes de opinião locais, os membros do poder legislativo e os líderes de grupos de interesses especiais. Mills afirmou que esses indivíduos e grupos basicamente seguiam os desejos da elite do poder dominante. Na parte inferior da pirâmide estão as massas exploradas e desorganizadas.

Um elemento fundamental na tese de Mills é que a elite do poder não apenas inclui um número relativamente pequeno de membros, mas também funciona como uma unidade coesa e autoconsciente. Embora não necessariamente diabólica ou inescrupulosa, a elite inclui tipos semelhantes de pessoas que interagem regularmente entre si e têm essencialmente os mesmos interesses políticos e econômicos.

A elite do poder de Mills representa não uma conspiração, mas sim uma comunidade de interesse e sentimentos entre um pequeno número de pessoas influentes (Jenness, Smith e Stepan-Norris, 2006).

Os críticos afirmam que Mills não conseguiu esclarecer quando a elite se opõe a protestos e quando os tolera, tornando-se difícil testar seu modelo. Além disso, dizem, ele não apresentou estudos de caso detalhados que fundamentem as inter-relações entre os membros da elite do poder. No entanto, suas teorias desafiadoras forçaram estu-

---

modelo de elite Visão que considera a sociedade governada por um pequeno grupo de indivíduos que compartilham interesses políticos e econômicos.

elite do poder Pequeno grupo de líderes militares, industriais e de governo que controla o destino dos Estados Unidos.

Confiança pública no governo dos Estados Unidos

Fonte: Pew Research Center, 2010c; 2011f.

Observação: O percentual representa aqueles que dizem que "confiam que o governo em Washington vai fazer o que é certo", seja "quase sempre" ou "na maioria das vezes".

diosos a examinar de forma mais crítica o sistema político democrático dos Estados Unidos.

Ao analisarem os escândalos que abalaram grandes corporações como Enron e Lehman Brothers na última década, os observadores notaram que os membros da elite empresarial estão inter-relacionados de forma íntima. Em um estudo com membros das diretorias das empresas da lista *Fortune 1000*, os pesquisadores descobriram que cada diretor pode ter acesso a *qualquer* outra diretoria em apenas 3,7 passos. Ou seja, consultando conhecidos de conhecidos, cada diretor pode rapidamente chegar a alguém que participa de cada uma das outras 999 diretorias.

Além disso, o contato cara a cara que os diretores têm regularmente em suas reuniões de diretoria faz deles uma elite altamente coesa. Por fim, a elite empresarial não apenas é rica, poderosa e coesa, mas também é esmagadoramente branca e masculina (G. Davis, 2003, 2004; Kentor e Jang, 2004; Mizruchi, 1996; Strauss, 2002).

O modelo de Domhoff O sociólogo G. William Domhoff (2006, 2009) concorda com Mills em que uma elite poderosa governa

> O governo da maioria só funciona se você também estiver pensando em direitos individuais. Porque não se pode ter cinco lobos e uma ovelha votando o que vão jantar.
>
> Larry Flynt

Governo e Economia • **225**

os Estados Unidos. Domhoff salienta o papel das elites de dentro de redes de organizações, incluindo a comunidade empresarial, organizações de formulação de políticas, como *think tanks*, câmaras de comércio e sindicatos, e a classe alta. A participação nesses grupos se sobrepõe, e os membros com conexões em mais de uma dessas esferas têm mais poder e influência. Domhoff conclui que quem está neste último grupo ainda é, em grande parte, branco, do sexo masculino e de classe alta, mas observa a presença de um pequeno número de mulheres e homens de minorias nas principais posições – grupos que foram excluídos do alto escalão de Mills e ainda estão subrepresentados hoje (Zweigenhaft e Domhoff, 2006).

> **PENSAMENTO** SOCIOLÓGICO
> É possível que um grupo pequeno e unificado de pessoas poderosas use seu poder e sua influência para, de fato, governar um país?

Embora se sobreponham, os três grupos no modelo de elite do poder de Domhoff não necessariamente estão de acordo em políticas específicas. O autor observa que, em política, duas coalizões diferentes têm exercido influência. Uma coalizão empresarial-conservadora tem desempenhado um grande papel nos dois partidos políticos, gerando apoio para determinados candidatos por meio de apelos via mala-direta. Uma coalizão liberal-trabalhista tem sua base em sindicatos, organizações ambientais locais, um segmento da comunidade de grupos minoritários, igrejas liberais e as comunidades universitária e artística (Zweigenhaft e Domhoff, 2006). O poder que essa coalizão exerce sugere que os interesses dos membros da elite do poder não são sempre únicos nem uniformes, mas que, em geral, eles trabalham juntos para promover seus interesses maiores.

modelo pluralista Visão da sociedade em que muitos grupos concorrentes têm acesso ao governo, de forma que nenhum grupo é dominante.

O MODELO PLURALISTA

Segundo a abordagem pluralista, o poder está muito disperso por toda a sociedade. Embora alguns grupos possam ter mais poder em certas áreas em determinados momentos, não há nenhum grupo principal na parte superior que seja capaz de promover constantemente seus interesses em detrimento dos outros. De acordo com este **modelo pluralista**, muitos grupos concorrentes têm acesso ao governo, de forma que nenhum grupo é dominante.

Para sustentar suas afirmações, os defensores do modelo pluralista apontam dados a partir de estudos de caso intensivos com comunidades, coletados por meio de pesquisa de observação. Um dos mais famosos – uma investigação sobre a tomada de decisões na cidade norte-americana de New Haven, Connecticut – foi relatado por Robert Dahl (1961). Dahl descobriu que, embora o número de pessoas envolvidas em qualquer decisão importante fosse bem pequeno, o poder na comunidade ainda era difuso. Poucos agentes políticos exerciam o poder de decisão sobre todas as questões, e nenhum grupo predominava o tempo todo. Um indivíduo ou grupo poderia ser influente em uma batalha sobre reforma urbana, mas ter pouco efeito sobre a política educacional.

Historicamente, os pluralistas têm enfatizado maneiras em que um grande número de pessoas pode participar da tomada de decisões governamentais ou influenciá-la. As novas tecnologias de comunicação como a internet estão aumentando a oportunidade de sermos ouvidos em países em desenvolvimento em todo o mundo. A capacidade de se comunicar com líderes políticos por *e-mail*, por exemplo, aumenta a oportunidade para o cidadão médio ter voz na política.

O modelo pluralista tem seus críticos. O sociólogo G. William Domhoff (1978, 2006) reexaminou o estudo de Dahl sobre tomada de decisões em New Haven e argumentou que Dahl e outros pluralistas não haviam conseguido identificar a forma como as elites locais dominantes na tomada de decisões pertenciam a uma classe nacional dirigente mais ampla. Além disso, estudos sobre poder de comunidade, como o trabalho de Dahl sobre New Haven, podem examinar a tomada de decisões apenas em questões que passem a fazer parte da agenda política. Eles não conseguem tratar do poder potencial que as elites têm de manter certos assuntos totalmente fora da esfera do debate político.

Dianne Pinderhughes (1987) criticou o modelo pluralista por não conseguir explicar a exclusão dos afro-americanos do processo político. Com base em seus estudos da política em Chicago, nos Estados Unidos, Pinderhughes aponta que a segregação residencial e profissional dos negros e sua longa exclusão política contrariam a lógica do pluralismo, que diria que uma minoria tão substancial deveria ter sido sempre influente na tomada de decisões da comunidade. Essa crítica se aplica a muitas cidades dos Estados Unidos, onde outras grandes minorias raciais e étnicas, como asiático-americanos, porto-riquenhos e mexicano-americanos, são relativamente desprovidas de poder.

>>A participação política nos Estados Unidos

Os cidadãos dos Estados Unidos consideram naturais muitos aspectos de seu sistema político. Eles estão acostumados a viver em uma nação que tem uma Carta de Direitos, dois principais partidos políticos, eleição por voto secreto, um presidente eleito, governos estaduais e locais distintos do governo nacional e assim por diante.

Como os representantes políticos ainda devem ser eleitos para ocupar cargos, os cidadãos têm um considerável poder potencial para influenciar a natureza e o rumo das políticas públicas. No entanto, se nem todos participam, seja porque escolhem, seja porque são desencorajados, ou até mesmo impedidos de fazê-lo, alguns interesses podem ser mais bem servidos do que outros. Na prática, duas preocupações específicas – participação dos eleitores e representação por gênero e raça – levantam questões sobre até onde isso está acontecendo.

Você sabia?

...Os eleitores jovens tinham maior probabilidade de votar em Obama em 2008 do que qualquer outro grupo etário. Dos eleitores com idades entre 18 e 29 anos, 66% votaram em Obama, comparados com 52% entre 30 e 44 anos e 50% para aqueles de 45 a 64 anos. Pessoas acima de 65 anos preferiram McCain; apenas 45% desse grupo etário escolheram Obama.

PARTICIPAÇÃO DOS ELEITORES

Em um sistema democrático, os eleitores têm direito de escolher seus líderes políticos. Eles são livres para votar em quem quiserem, e os partidos políticos procuram persuadi-los a apoiar suas posições. Em maio de 2012, 39,6% dos eleitores registrados nos Estados Unidos se consideravam democratas, 35,6%, republicanos, e 25,4%, independentes (Pollster.com, 2012).

Historicamente, os índices de participação dos eleitores no país foram mais altos entre 1848 e 1896, quando, em média, cerca de 80% dos eleitores aptos participaram das eleições presidenciais. (É claro que isso não inclui mulheres ou afro-americanos, que não eram legalmente autorizados a votar.) O índice diminuiu de forma constante até atingir 48,9% em 1928. Ele flutuou durante todo o resto do século XX, subindo a mais de 60% em 1940 e 1960 e caindo a cerca de 50% em 1948, 1988 e 1996. Foram expressas preocupações com a apatia dos eleitores norte-americanos ao se entrar no século XIX, de modo que os aumentos registrados no novo milênio foram saudados como uma tendência bem-vinda (McDonald, 2009).

Na eleição presidencial de 2008, a participação dos eleitores atingiu um pico em 40 anos, representando a terceira eleição presidencial seguida com aumento. Na batalha entre Barack Obama e John McCain, 61,7% dos eleitores aptos a votar participaram. Compare-se isso com os 60,1% na eleição entre George W. Bush e John Kerry em 2004 e 54,2% na eleição de 2000, que opôs George W. Bush e Al Gore (McDonald, 2009).

Embora algumas nações ainda tenham alto comparecimento às urnas, é cada vez mais comum ouvir os líderes nacionais dos países se queixarem da apatia dos eleitores. Ainda assim, entre os 194 países que realizaram eleições parlamentares desde 1992, os Estados Unidos ficaram em 126º lugar em comparecimento, em 2011 (International Institute for Democracy and Electoral Assistance, 2011).

A participação política faz o governo ter que responder perante os eleitores. Se ela declina, o governo opera com menos sentido de responsabilidade para com a sociedade. Essa questão é mais grave para os indivíduos e grupos menos poderosos. Historicamente, o comparecimento de eleitores tem sido particularmente baixo entre os membros de minorias raciais e étnicas, embora os índices tenham aumentado 9% entre os afro-americanos e 5% entre os hispânicos nas eleições presidenciais de 2008 (Lopez e Taylor, 2009). Quem está na pobreza – cujo foco é, compreensivelmente, a sobrevivência – também está sub-representado tradicionalmente entre os eleitores. O baixo comparecimento encontrado entre esses grupos se deve, pelo menos em parte, a seu sentimento comum de impotência. Da mesma forma, ao declinarem do voto, eles incentivam os intermediários do poder político a continuar a ignorar os interesses dos menos afluentes e das minorias do país. O segmento da população votante que tem demonstrado constantemente a maior apatia eleitoral é o de 18 a 24 anos (Holder, 2006). Nas eleições parlamentares norte-americanas de 2010, por exemplo, apenas 24% desse grupo etário votaram, em comparação com 61% das pessoas de 65 anos ou mais (Circle, 2011).

GÊNERO E RAÇA NA POLÍTICA

Por ser a política sinônimo de poder e autoridade, não devemos nos surpreender com o fato de que os grupos marginalizados não têm força política. Nos Estados Unidos, as mulheres não podiam votar até 1920, a maioria dos sino-americanos foi afastada das urnas até 1926, os indígenas só conquistaram o direito de votar em 1954, e os afro-americanos foram, na prática, em grande parte, privados desse direito até 1965, quando se aprovou uma legislação nacional sobre direitos de voto. Esses grupos levaram algum tempo para desenvolver seu poder político e começar a exercê-lo plenamente.

O avanço em direção à inclusão de grupos minoritários no governo também tem sido lento. Em 2011, apenas 17 dos 100 senadores

Governo e Economia

Razões para não votar, entre jovens adultos nos Estados Unidos

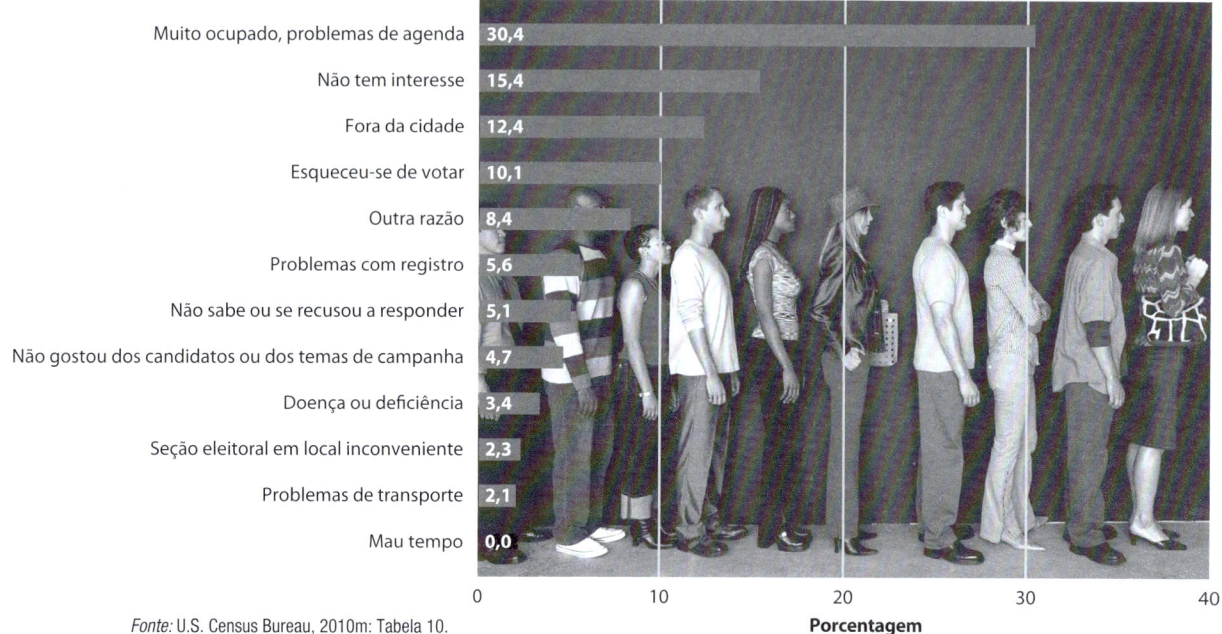

Razão	Porcentagem
Muito ocupado, problemas de agenda	30,4
Não tem interesse	15,4
Fora da cidade	12,4
Esqueceu-se de votar	10,1
Outra razão	8,4
Problemas com registro	5,6
Não sabe ou se recusou a responder	5,1
Não gostou dos candidatos ou dos temas de campanha	4,7
Doença ou deficiência	3,4
Seção eleitoral em local inconveniente	2,3
Problemas de transporte	2,1
Mau tempo	0,0

Fonte: U.S. Census Bureau, 2010m: Tabela 10.
Observação: Jovens adultos incluem pessoas de 18 a 24 anos. Os resultados são para as eleições de meio de mandato de 2010.

eram mulheres e nenhum era afro-americano, embora dois fossem latinos e dois fossem asiático-americanos ou nativos do Havaí/Ilhas do Pacífico, sobrando 79 homens brancos não hispânicos.

Entre os 435 membros da Câmara dos Deputados dos Estados Unidos, 310 eram homens brancos não hispânicos. Setenta e um eram mulheres, 42 eram afro-americanos (incluindo 13 mulheres), 25 eram latinos (incluindo seis latinas), nove eram asiático-americanos ou nativos do Havaí/Ilhas do Pacífico (incluindo quatro mulheres), e um era índio. Esses números, embora baixos, representam um pico para esses grupos.

Muitos críticos dentro das comunidades minoritárias condenam o que chamam de "política da *fiesta*". A expressão refere-se à tendência de intermediários de poder brancos a visitar comunidades minoritárias raciais e étnicas

GLOBALIZANDO

Mulheres em legislativos nacionais, países selecionados

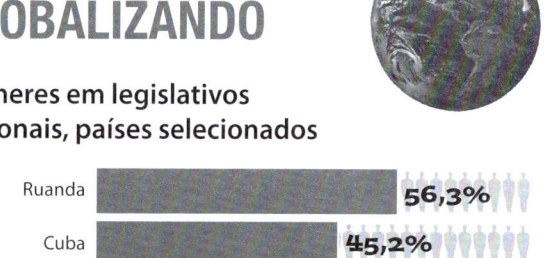

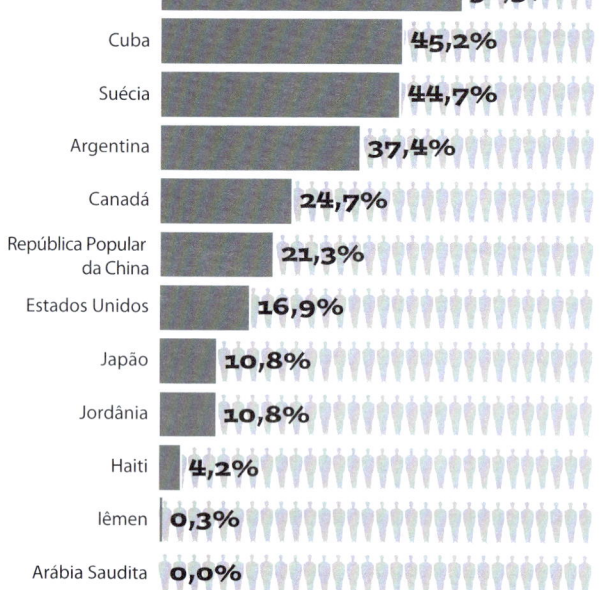

País	Porcentagem
Ruanda	56,3%
Cuba	45,2%
Suécia	44,7%
Argentina	37,4%
Canadá	24,7%
República Popular da China	21,3%
Estados Unidos	16,9%
Japão	10,8%
Jordânia	10,8%
Haiti	4,2%
Iêmen	0,3%
Arábia Saudita	0,0%

Observação: Os dados são apenas para legislativas baixas, em 31 de março de 2012; dados sobre casas altas, como o Senado dos Estados Unidos ou a Câmara dos Lordes do Reino Unido, não estão incluídos.
Fonte: Inter-Parliamentary Union, 2012.

(Sub) representação no Congresso em relação à população geral nos Estados Unidos

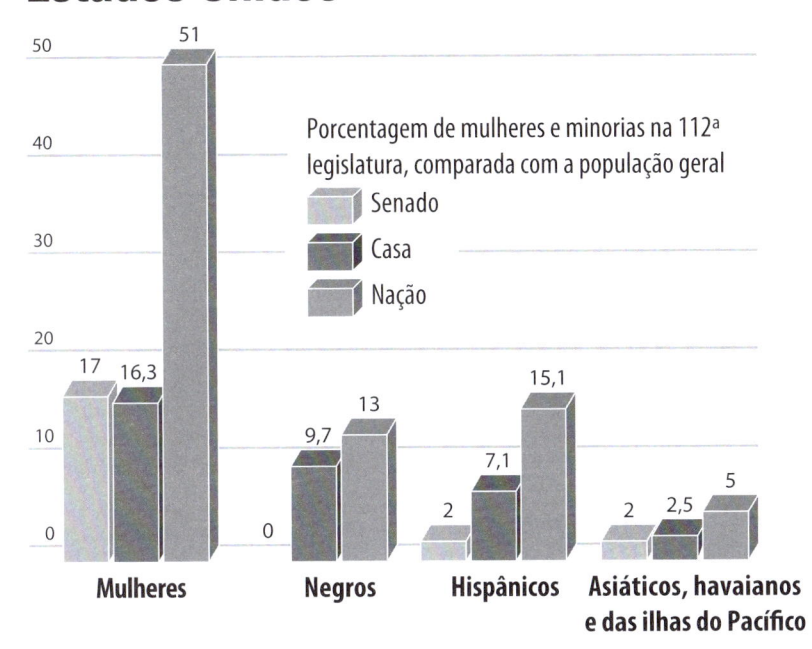

Porcentagem de mulheres e minorias na 112ª legislatura, comparada com a população geral
- Senado
- Casa
- Nação

Mulheres: 17 | 16,3 | 51
Negros: 0 | 9,7 | 13
Hispânicos: 2 | 7,1 | 15,1
Asiáticos, havaianos e das ilhas do Pacífico: 2 | 2,5 | 5

Fonte: Manning, 2011.

apenas quando precisam de apoio eleitoral, fazendo uma rápida aparição em um feriado nacional ou étnico para tirar uma foto e depois desaparecendo. Quando a eleição acaba, eles costumam se esquecer de consultar os moradores que os apoiaram sobre as necessidades e as preocupações da comunidade.

Mulheres que exercem a política podem estar desfrutando de mais sucesso eleitoral do que no passado, mas há evidências de que os meios de comunicação as tratam de forma diferente dos políticos do sexo masculino. Uma análise de conteúdo da cobertura de jornais sobre as eleições para governador nos Estados Unidos mostrou que os repórteres escreviam mais frequentemente sobre a vida pessoal, a aparência ou a personalidade de uma candidata do que de um candidato, e menos sobre os pontos de vista políticos e o histórico de votação dela. Além disso, quando se levantavam questões políticas em reportagens de jornal, os repórteres tinham maior probabilidade de ilustrá-las com declarações feitas por candidatos do que por candidatas (Devitt, 1999; Jost, 2008; Paxton Kunovich e Hughes, 2007).

Considerando que a proporção de mulheres nos legislativos nacionais tem aumentado nos Estados Unidos e em muitos outros países, as mulheres são responsáveis por, pelo menos, metade dos membros do legislativo nacional em ape-

nas dois países. A República Africana de Ruanda está em primeiro lugar, com 56,3%, e Andorra, na Europa, tem 50%. No geral, os Estados Unidos ficaram no 96º lugar entre 189 países na proporção de mulheres legisladoras nacionais em 2012, e o Brasil, em 113º lugar (Inter-Parliamentary Union, 2012).

Para solucionar essa situação, muitos países adotaram cotas para parlamentares do sexo feminino. Em alguns, o governo reserva certa porcentagem de vagas para as mulheres, geralmente de 10 a 30%. Em outros, os partidos políticos decidiram que 20 a 40% de seus candidatos devem ser mulheres. Cinquenta e sete países têm agora algum tipo de sistema de cotas (Inter-Parliamentary Union, 2011; Quota Project, 2012).

>>Guerra e paz

Quando se trata de poder político, talvez nenhuma decisão seja tão importante quanto a de ir à guerra. O conflito é um aspecto central das relações sociais. Os sociólogos Theodore Caplow e Louis Hicks (2002:3) definiram a **guerra** como conflito entre organizações que possuem forças de combate treinadas e equipadas com armas mortais. Esse significado é mais amplo do que a definição legal, que normalmente exige uma declaração formal das hostilidades.

> **guerra** Conflito entre organizações que possuem forças de combate treinadas e equipadas com armas mortais.

GUERRA

Os sociólogos abordam a guerra de três maneiras diferentes. Aqueles que assumem uma visão global estudam como e por que duas ou mais nações se envolvem em conflitos militares. Os que têm uma visão com base no Estado-nação enfatizam a interação de forças políticas, socioeconômicas e culturais internas, enquanto os que têm uma visão micro se concentram no impacto social da guerra sobre os indivíduos e os grupos a que eles pertencem.

A análise de nível global concentra-se em questões macro, como a distribuição de recursos, as lutas relacionadas a filosofias políticas e os debates sobre fronteiras. Muitas vezes, ela envolve países com sistemas políticos e econômicos conflitantes, como foi o caso da Primeira Guerra Mundial, da Segunda Guerra Mundial e da Guerra Fria. Alguns argumentam que o conflito no Iraque está relacionado a levar liberdade e democracia para o Oriente Médio, en-

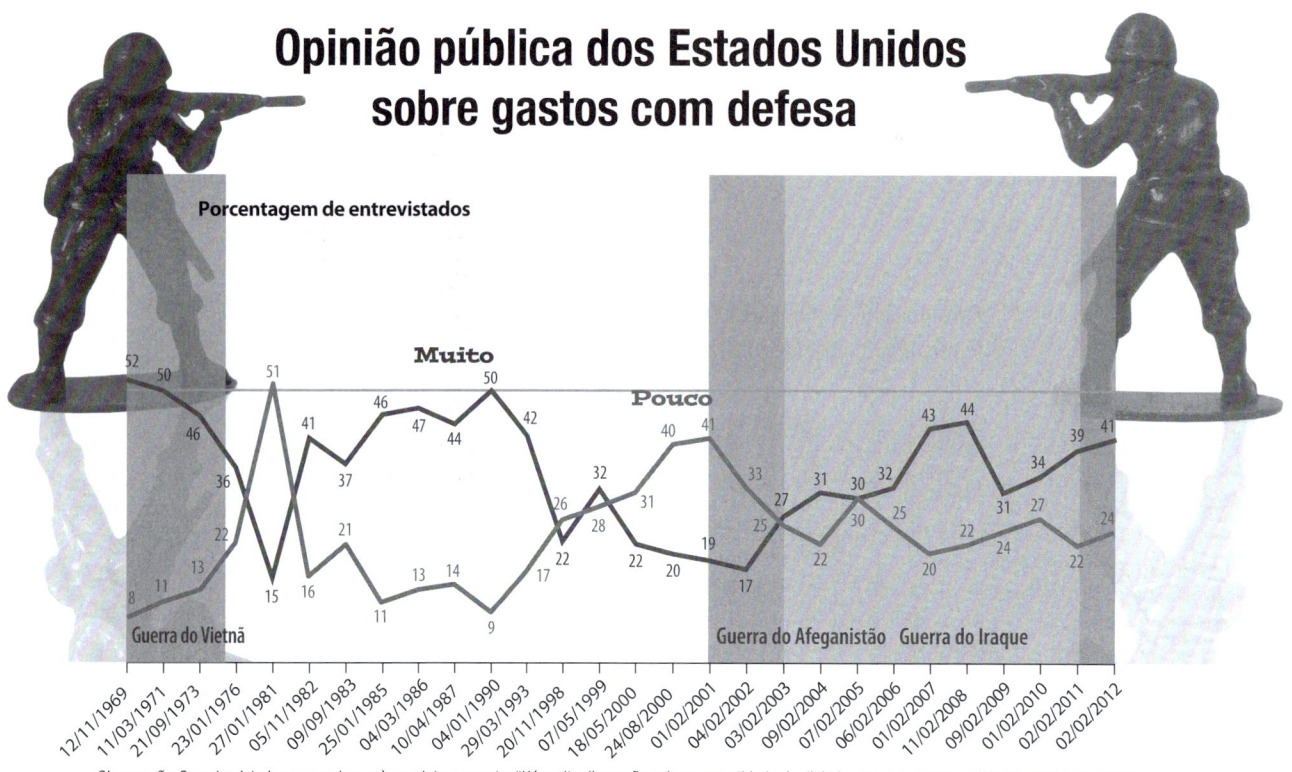

Opinião pública dos Estados Unidos sobre gastos com defesa

Porcentagem de entrevistados

Muito / Pouco

Guerra do Vietnã — Guerra do Afeganistão — Guerra do Iraque

Observação: Os entrevistados responderam à seguinte pergunta: "Há muita discussão sobre a quantidade de dinheiro que o governo em Washington deve gastar em propósitos de defesa nacional e militares. Como você vê isso? Você acha que estamos gastando pouco, mais ou menos a quantidade certa, ou muito?".
Fonte: Gallup, 2012a.

quanto outros argumentam que é motivado por petróleo e lucros.

Os sociólogos têm dedicado muito esforço para estudar o processo interno de tomada de decisões que leva à guerra. Durante a Guerra do Vietnã, os presidentes Johnson e Nixon enganaram o Congresso norte-americano, pintando um quadro falsamente otimista sobre o resultado provável. Com base em suas distorções intencionais, o Congresso destinou as verbas militares que os dois governos pediram. No entanto, em 1971, o *The New York Times* publicou uma série de documentos confidenciais, agora conhecidos como "*The Pentagon Papers*", revelando que muitos membros de ambas as administrações tinham distorcido conscientemente as perspectivas reais da guerra. Dois anos mais tarde – derrubando o veto de Nixon – o Congresso norte-americano aprovou a Lei dos Poderes de Guerra, que exige que o presidente notifique o Congresso sobre os motivos para comprometer tropas de combate em uma situação hostil (Patterson, 2003).

Mesmo que os líderes do governo tomem a decisão de ir à guerra, a opinião pública tem um papel importante em sua execução. Em 1971, o número de soldados norte-americanos mortos no Vietnã tinha ultrapassado 50 mil e o sentimento antiguerra era forte. As guerras travadas pelos Estados Unidos desde aquela época tendem a seguir um padrão semelhante. O apoio inicial, tanto à importância de ir à guerra quanto aos gastos militares para sustentá-la, tende a enfraquecer dependendo do tempo necessário para terminar o trabalho. Isso se mostrou verdadeiro nos conflitos no Iraque e no Afeganistão.

Uma mudança importante relacionada à condução da guerra envolve a composição do exército dos Estados Unidos. As mulheres representam uma presença crescente entre os soldados. Em setembro de 2011, havia 207.308 mulheres servindo na ativa, e elas representavam 14,5% do pessoal militar ativo (Department of Defense, 2011). Cada vez mais, as mulheres estão servindo não apenas como pessoal de apoio, mas também como parte integrante de unidades de combate. A primeira vítima da guerra no Iraque, na verdade, foi a soldado de primeira classe Lori Piestewa, membro da tribo Hopi e descendente de colonos mexicanos no sudoeste dos Estados Unidos.

Em nível de interação interpessoal, a guerra pode trazer à tona o pior, bem como o melhor, das pessoas. Em 2004, as imagens impressionantes do abuso de prisioneiros iraquianos por soldados norte-americanos na prisão de Abu Ghraib, no Iraque, chocaram o mundo. Para os cientistas sociais, a deterioração do comportamento dos guardas trouxe à mente o experimento com prisão simulada feito pelo professor de psicologia Philip Zimbardo na Universidade de Stanford, em que guardas voluntários em uma prisão simulada agiam sadicamente com prisioneiros voluntários. Zimbardo concluiu que eram as posições de poder que os guardas ocupavam em relação aos presos que levavam a seu comportamento, e não as características dos indivíduos em si. Em julho de 2004, os militares dos Estados Unidos começaram a usar um documentário sobre a experiência de treinar interrogadores militares para evitar maus-tratos de prisioneiros (Zarembo, 2004).

SOCIOLOGIA POPULAR

Durante a Segunda Guerra Mundial, o governo dos Estados Unidos patrocinou filmes para angariar apoio para o esforço de guerra, elevar o moral das pessoas e até mesmo demonizar o inimigo. Desde desenhos animados retratando Mickey Mouse e Pato Donald até filmes como *Forja de heróis* (estrelado por Ronald Reagan), Hollywood colaborou com a transmissão da mensagem nos anos de 1940. Em anos mais recentes, os filmes antiguerra também levantaram questões difíceis que os governos, às vezes, prefeririam que não fossem divulgadas. Durante a Guerra Fria, *Dr. Fantástico* questionou a insanidade do impasse nuclear; em 1970, a versão cinematográfica de *M*A*S*H*, embora ambientada na Coreia, levantou questões sobre o conflito no Vietnã. Mais recentemente, tem havido inúmeros filmes sobre a guerra no Iraque, incluindo *Guerra ao terror, O mensageiro, No vale das sombras* e *No End in Sight*.

TERRORISMO

Como a população dos Estados Unidos aprendeu em 11 de setembro de 2001, a capacidade de provocar o medo por meio de grandes atos de violência não se limita a Estados políticos reconhecidos, e pode envolver grupos políticos que atuem fora dos limites da autoridade legítima. Atos de terror, sejam eles perpetrados por poucas ou por muitas pessoas, podem ser uma força poderosa. Formalmente definido, o **terrorismo** é o uso ou a ameaça de violência contra alvos aleatórios ou simbólicos, com objetivos políticos. Para os terroristas, o fim justifica os meios. Eles acreditam que o *status quo* é opressivo e que medidas desesperadas são essenciais para acabar com o sofrimento dos destituídos.

Um aspecto essencial do terrorismo contemporâneo envolve o uso dos meios de comunicação. Os terroristas podem querer manter em segredo suas identidades individuais, mas querem que suas mensagens e seus objetivos políticos recebam a maior divulgação possível. O objetivo de muitos atos de violência terrorista é mais simbólico do que estratégico ou tático. Esses ataques representam uma declaração feita por pessoas que consideram que o mundo está errado, que os caminhos políticos aceitos para a resolução de problemas são ineficazes ou estão bloqueados, e que há uma luta maior ou cósmica em curso, elevando os interesses em jogo e, assim, justificando os meios (Juergensmeyer, 2003). Seja por intermédio de telefonemas a meios de comunicação, manifestos anônimos ou outros mecanismos, os terroristas costumam admitir responsabilidade e defender seus atos violentos.

terrorismo O uso ou a ameaça de violência contra alvos aleatórios ou simbólicos, com objetivos políticos.

O terrorismo é uma preocupação global. Em 2010, houve 11.595 ataques terroristas em todo o mundo, resultando em 13.183 mortes (National Counterterrorism Center, 2011). Desde 11 de setembro de 2001, os governos de todo o mundo têm renovado seus esforços para combater o terrorismo. Mesmo que o público em geral considere o aumento da vigilância e do controle social como um mal necessário, essas medidas, no entanto, levantaram questões de governança. Por exemplo, alguns cidadãos nos Estados Unidos e em outros países têm expressado preocupação de que medidas como a Lei Patriótica de 2001 ameacem as liberdades civis. Os cidadãos também reclamam da grande ansiedade gerada pelos vagos "alertas terroristas" que o Governo Federal emite de tempos em tempos. Em todo o mundo, o ritmo da imigração e do processamento de refugiados foi reduzido em muito, separando famílias e impedindo os empregadores de preencher vagas de emprego. Como ilustram

Consequências de um atentado suicida a bomba em 2009, em um hotel de cinco estrelas no Paquistão.

esses esforços para combater a violência política, o termo *terrorismo* se aplica (R. Howard e Sawyer, 2003).

paz Considerada tanto como a ausência de guerra quanto como um esforço proativo para desenvolver relações de cooperação entre nações.

PAZ

Os sociólogos têm considerado a **paz** tanto como a ausência de guerra quanto como um esforço pró-ativo para desenvolver relações de cooperação entre nações. É importante notar, entretanto, que os conflitos armados envolvem mais do que apenas nações em guerra. De 1945 até o fim do século XX, as 25 grandes guerras que ocorreram entre os países mataram um total de 3,3 milhões de pessoas. Embora esse número seja significativo, as 127 guerras civis que ocorreram no mesmo período resultaram em 16 milhões de mortes. Em outras palavras, cinco vezes mais pessoas morreram como resultado de conflitos *dentro* de países do que as que morreram em guerras *entre* países (Fearon e Laitin, 2003).

Os sociólogos e outros cientistas sociais que se baseiam em teoria e pesquisa sociológica têm tentado identificar as condições que impedem a guerra. Uma das conclusões a que eles chegaram é que o comércio internacional pode agir para impedir o conflito armado. Quando os países trocam bens, as pessoas e, em seguida, as culturas tornam-se mais integradas e menos propícias a ameaçar a segurança umas das outras. Visto dessa perspectiva, não apenas o comércio, mas também

GLOBALIZANDO

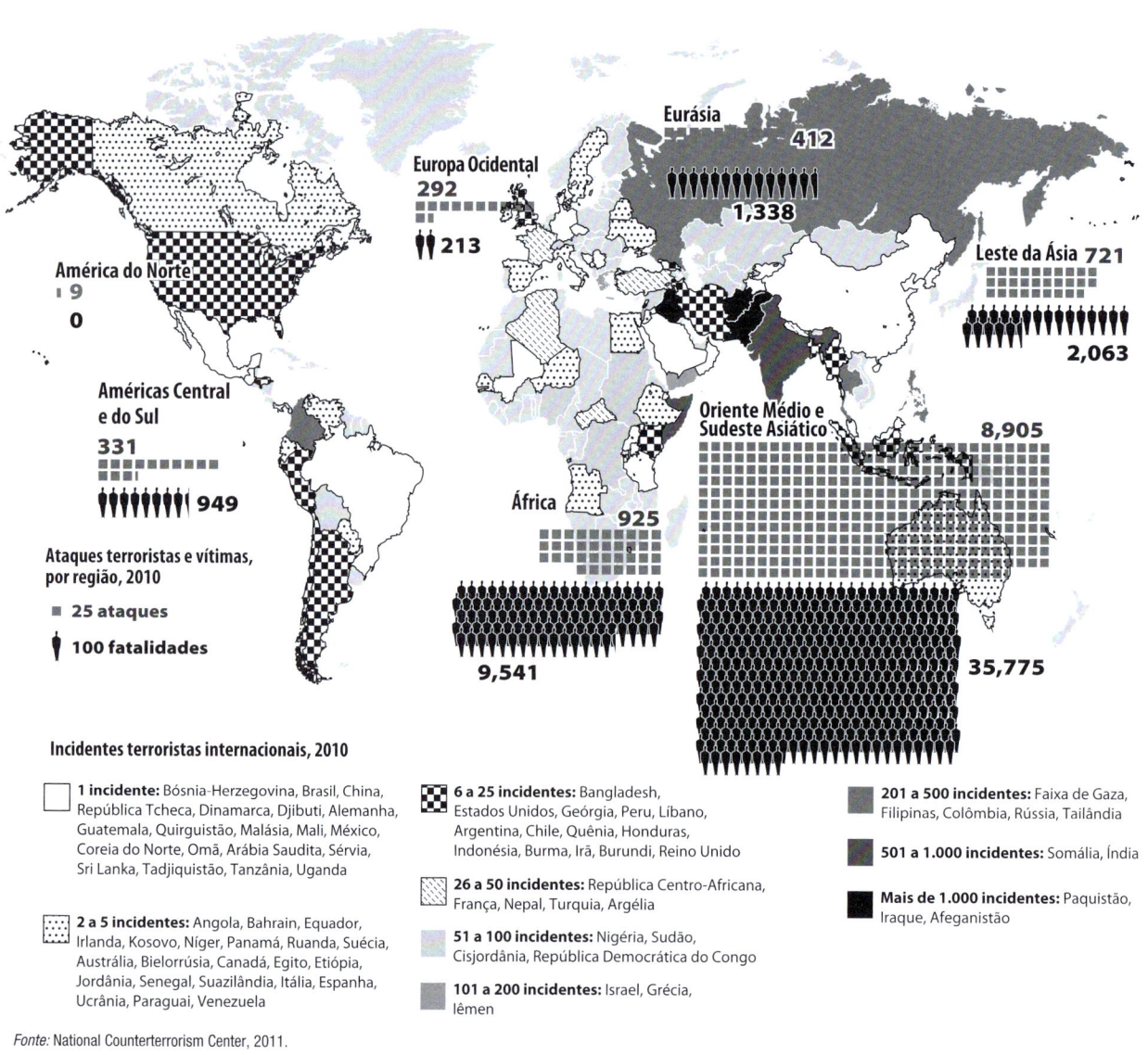

Ataques terroristas, 2010

América do Norte 9 / 0

Américas Central e do Sul 331 / 949

Europa Ocidental 292 / 213

Eurásia 412 / 1,338

Leste da Ásia 721 / 2,063

África 925 / 9,541

Oriente Médio e Sudeste Asiático 8,905 / 35,775

Ataques terroristas e vítimas, por região, 2010
- ■ 25 ataques
- ♟ 100 fatalidades

Incidentes terroristas internacionais, 2010

- **1 incidente:** Bósnia-Herzegovina, Brasil, China, República Tcheca, Dinamarca, Djibuti, Alemanha, Guatemala, Quirguistão, Malásia, Mali, México, Coreia do Norte, Omã, Arábia Saudita, Sérvia, Sri Lanka, Tadjiquistão, Tanzânia, Uganda

- **2 a 5 incidentes:** Angola, Bahrain, Equador, Irlanda, Kosovo, Níger, Panamá, Ruanda, Suécia, Austrália, Bielorrússia, Canadá, Egito, Etiópia, Jordânia, Senegal, Suazilândia, Itália, Espanha, Ucrânia, Paraguai, Venezuela

- **6 a 25 incidentes:** Bangladesh, Estados Unidos, Geórgia, Peru, Líbano, Argentina, Chile, Quênia, Honduras, Indonésia, Burma, Irã, Burundi, Reino Unido

- **26 a 50 incidentes:** República Centro-Africana, França, Nepal, Turquia, Argélia

- **51 a 100 incidentes:** Nigéria, Sudão, Cisjordânia, República Democrática do Congo

- **101 a 200 incidentes:** Israel, Grécia, Iêmen

- **201 a 500 incidentes:** Faixa de Gaza, Filipinas, Colômbia, Rússia, Tailândia

- **501 a 1.000 incidentes:** Somália, Índia

- **Mais de 1.000 incidentes:** Paquistão, Iraque, Afeganistão

Fonte: National Counterterrorism Center, 2011.

a imigração e os programas de intercâmbio internacional têm um efeito benéfico sobre as relações.

Outro meio de promover a paz é a atividade de instituições beneficentes e grupos de ativistas internacionais, ou organizações não governamentais (ONGs). A Cruz Vermelha e o Crescente Vermelho, os Médicos Sem Fronteiras e a Anistia Internacional doam seus serviços onde quer que eles sejam necessários, independentemente da nacionalidade.

Na última década, mais ou menos, essas ONGs têm se expandido em número, tamanho e alcance. Ao compartilharem notícias sobre condições locais e esclarecerem questões locais, elas muitas vezes evitam que os conflitos cresçam e se transformem em violência e guerra. Algumas ONGs já deram início a cessar-fogo, chegaram a acordos e até mesmo puseram fim à guerra entre antigos adversários.

Por fim, muitos analistas salientam que as nações não podem manter sua segurança ameaçando com violência. A paz, eles afirmam, pode ser mais bem mantida desenvolvendo-se acordos fortes de segurança mútua entre potenciais adversários (Etzioni, 1965; Shostak, 2002). Esse caminho envolve a diplomacia ativa e, na medida em que implica negociações com países vistos como inimigos, pode gerar controvérsias.

De protestos eleitorais a movimentos pela paz, histórias como essas trazem esperança de que as pessoas possam fazer a diferença. Mesmo que as grandes tendências econômicas possam ter impactos negativos sobre empresas, comunidades e indivíduos, bem como influenciar resultados políticos, a mudança social positiva é possível. A análise sociológica nos ajuda a enxergar os processos subjacentes que operam na economia e na política e, ao fazê-lo, pode nos ajudar a reconhecer lugares nesses sistemas onde existam oportunidades para realizar a mudança.

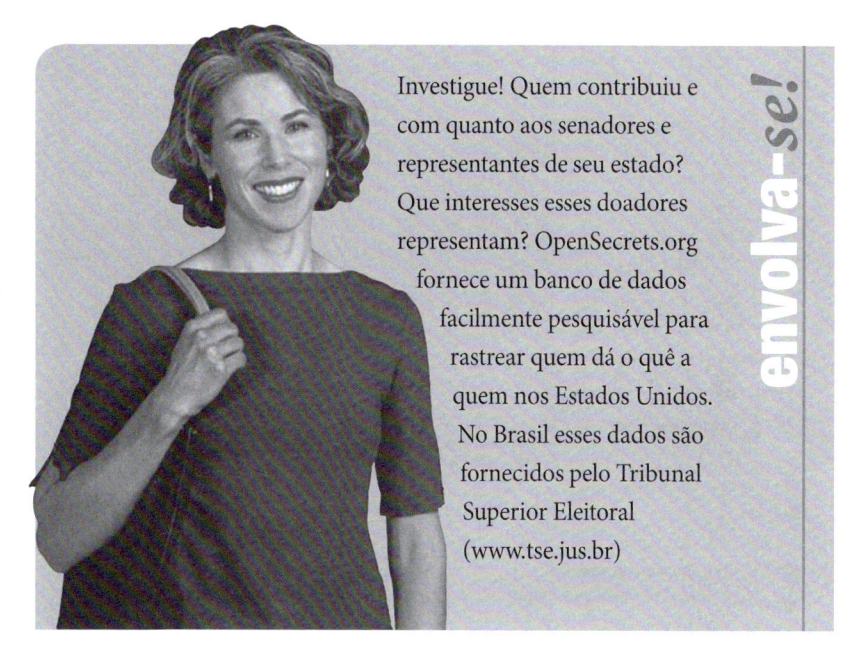

> **envolva-se!**
>
> Investigue! Quem contribuiu e com quanto aos senadores e representantes de seu estado? Que interesses esses doadores representam? OpenSecrets.org fornece um banco de dados facilmente pesquisável para rastrear quem dá o quê a quem nos Estados Unidos. No Brasil esses dados são fornecidos pelo Tribunal Superior Eleitoral (www.tse.jus.br)

PARA REVISÃO

I. Como se organiza o poder econômico e político?
- Os dois principais sistemas econômicos são o capitalismo e o socialismo, embora, na prática, a maioria das economias seja alguma mistura dos dois. Os sistemas políticos de governo incluem monarquia, oligarquia, ditadura, totalitarismo e democracia. Ao se observar o poder formal, em países como Brasil e Estados Unidos, há um debate sobre até onde existe um grupo pequeno e coeso de elites do poder que efetivamente governam ou se a liderança é mais diversificada e pluralista, operando por meio de processos democráticos.

II. Como o poder opera?
- O poder envolve a capacidade de se fazer os outros fazerem o que se quer que façam, que vai do uso da força à aceitação da autoridade. No caso da autoridade, os seguidores aceitam o poder como legítimo, seja com base em um alicerce tradicional, jurídico-racional ou carismático.

III. Como a economia mudou ao longo do tempo?
- Da Revolução Industrial à desindustrialização, e chegando à mais recente crise econômica global, a economia moderna é mais dinâmica, e as consequências das mudanças, mais profundas, tanto para países quanto para indivíduos. Por meio de engajamento político, as pessoas têm potencial de influenciar a direção dessa mudança.

Visões SOCIOLÓGICAS sobre governo e economia

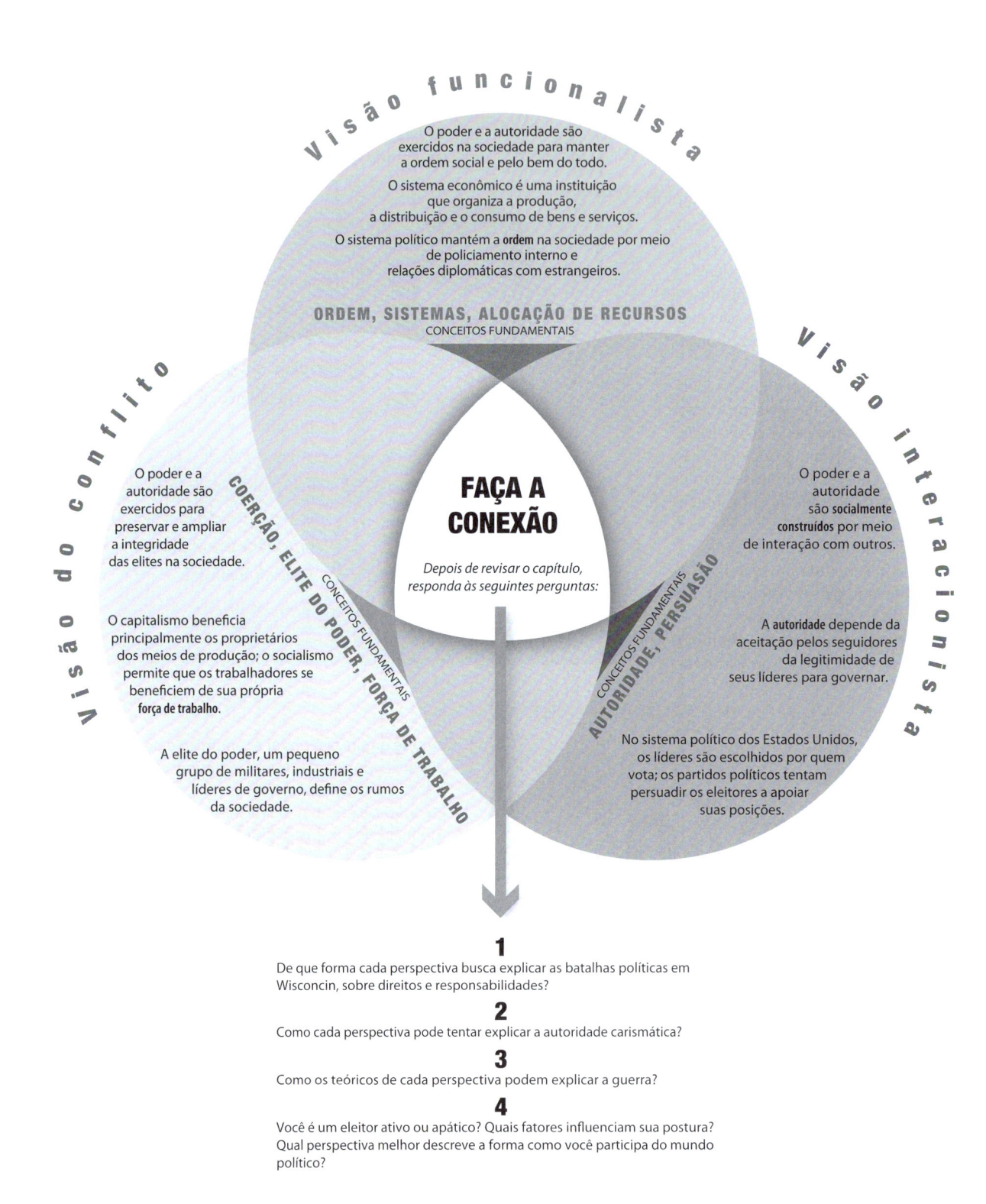

Visão funcionalista

O poder e a autoridade são exercidos na sociedade para manter a ordem social e pelo bem do todo.

O sistema econômico é uma instituição que organiza a produção, a distribuição e o consumo de bens e serviços.

O sistema político mantém a **ordem** na sociedade por meio de policiamento interno e relações diplomáticas com estrangeiros.

ORDEM, SISTEMAS, ALOCAÇÃO DE RECURSOS
CONCEITOS FUNDAMENTAIS

Visão do conflito

O poder e a autoridade são exercidos para preservar e ampliar a integridade das elites na sociedade.

O capitalismo beneficia principalmente os proprietários dos meios de produção; o socialismo permite que os trabalhadores se beneficiem de sua própria **força de trabalho**.

A **elite do poder**, um pequeno grupo de militares, industriais e líderes de governo, define os rumos da sociedade.

CONCEITOS FUNDAMENTAIS
COERÇÃO, ELITE DO PODER, FORÇA DE TRABALHO

Visão interacionista

O poder e a autoridade são **socialmente construídos** por meio de interação com outros.

A **autoridade** depende da aceitação pelos seguidores da legitimidade de seus líderes para governar.

No sistema político dos Estados Unidos, os líderes são escolhidos por quem vota; os partidos políticos tentam persuadir os eleitores a apoiar suas posições.

CONCEITOS FUNDAMENTAIS
AUTORIDADE, PERSUASÃO

FAÇA A CONEXÃO

Depois de revisar o capítulo, responda às seguintes perguntas:

1
De que forma cada perspectiva busca explicar as batalhas políticas em Wisconcin, sobre direitos e responsabilidades?

2
Como cada perspectiva pode tentar explicar a autoridade carismática?

3
Como os teóricos de cada perspectiva podem explicar a guerra?

4
Você é um eleitor ativo ou apático? Quais fatores influenciam sua postura? Qual perspectiva melhor descreve a forma como você participa do mundo político?

Pop Quiz

1. **A retirada sistemática e generalizada do investimento em aspectos básicos de produtividade, como fábricas e usinas, é chamada de**
   a. desindustrialização.
   b. *downsizing*.
   c. pós-industrialização.
   d. gentrificação.

2. **Qual é o termo usado para descrever a transferência de trabalho a terceirizados estrangeiros?**
   a. Exploração
   b. *Offshoring*
   c. Alienação
   d. *Downsizing*

3. **Segundo Max Weber, qual é a definição de poder?**
   a. O conjunto reconhecido de procedimentos para implementar e alcançar objetivos da sociedade
   b. A combinação de força e resistência
   c. A energia mecânica e elétrica que forneceu as bases para a Revolução Industrial
   d. A capacidade de exercer sua vontade sobre os outros, mesmo que eles resistam

4. **Qual dos seguintes *não* faz parte do sistema de classificação de autoridade desenvolvido por Max Weber?**
   a. Autoridade tradicional
   b. Autoridade pluralista
   c. Autoridade jurídico-racional
   d. Autoridade carismática

5. **Dentro de uma economia capitalista, o que significa o *laissez-faire*?**
   a. Os meios de produção e distribuição em uma sociedade são de propriedade coletiva
   b. As pessoas devem competir livremente, com uma intervenção mínima do governo na economia
   c. Uma única empresa controla o mercado
   d. A sociedade depende da mecanização para produzir seus bens e serviços

6. **Qual dos seguintes é caracterizado principalmente pelas transferências de dinheiro, bens e serviços que não são informadas ao governo?**
   a. Globalização
   b. Economia mista
   c. Capitalismo de *laissez-faire*
   d. Economia informal

7. **Em que tipo de governo apenas alguns indivíduos governam?**
   a. Monarquia
   b. Democracia
   c. Ditadura
   d. Oligarquia

8. **Segundo o modelo proposto por C. Wright Mills, nas mãos de quem reside o poder?**
   a. Das pessoas
   b. Da elite do poder
   c. Da aristocracia
   d. Da democracia representativa

9. **Qual dos seguintes termos melhor descreve a ameaça de violência contra alvos aleatórios ou simbólicos na busca de objetivos políticos?**
   a. Política
   b. Poder
   c. Terrorismo
   d. Autoridade

1. (a); 2. (b); 3. (d); 4. (b); 5. (b); 6. (d); 7. (d); 8. (b); 9. (c).

10
CLASSE SOCIAL

O QUE ESTÁ POR VIR

238 Compreendendo a estratificação
242 Perspectivas sociológicas sobre estratificação
247 Classe social nos Estados Unidos
259 Chances na vida

CHANCES NA VIDA

Grayer tem quatro anos de idade. Ele faz aulas de francês, latim, música, natação, patinação no gelo, caratê e educação física, além de frequentar a pré-escola. Quando não conseguiu entrar no jardim de infância de elite que sua mãe preferia, ela contratou um terapeuta especializado em sofrimento para o filho. Ele mora na Park Avenue, em Manhattan, com sua mãe e seu pai, mas a pessoa com quem ele passa a maior parte de seu tempo é a babá.

O personagem fictício de Grayer foi baseado em experiências da vida real de Emma McLaughlin e Nicola Kraus (2002), que trabalharam como babás para ajudar a pagar a faculdade. Elas contaram suas histórias no livro *The nanny diaries*, que depois se tornou um filme (2007). As autoras retratam um mundo em que, como o nosso, a classe social é importante.

Sima, uma das babás do romance, era engenheira em seu país natal, El Salvador. Ela veio para os Estados Unidos com o marido e os filhos, mas quando não conseguiu um *green card*, o marido voltou para El Salvador com as crianças. Nan, o principal personagem babá do livro, refere-se a Sima como "uma mulher que tem um grau de instrução mais elevado do que eu jamais vou conseguir, em um campo em que eu não poderia tirar nem a nota mínima de aprovação, e que esteve em casa [para ver o marido e os filhos] menos de um mês nos últimos 24" (p. 173).

Em seu livro *Just like family*, Tasha Blaine (2009) entrevistou mais de cem babás e descobriu que as histórias de mulheres imigrantes que deixam suas famílias durante meses ou anos seguidos para criar os filhos dos outros não são incomuns. Muitas vezes, elas se sentiam culpadas por deixar os filhos para trás só para, em essência, ser mães dos de outra pessoa, mas faziam isso para dar a seus próprios filhos uma vida financeira melhor. Era comum as babás que Blaine entrevistou se encontrarem em uma situação entre serem empregadas e serem "como se fossem da família". Essa relação ambígua muitas vezes fazia as pessoas se aproveitarem delas econômica e emocionalmente. Neste capítulo, veremos como as posições de classe social que ocupamos, de executivo a babá, influenciam nossas esperanças, nossos sonhos e os prováveis resultados da vida.

À medida que você for LENDO

>>
- O que é classe social?
- Como a classe social opera?
- Quais são as consequências da classe social?

>>Compreendendo a estratificação

Desde o início da sociologia, os sociólogos têm estudado as consequências da diferença. Em outras palavras, eles procuram entender como as posições sociais que ocupamos influenciam nosso acesso a recursos e oportunidades de sucesso. Essa análise parecia particularmente urgente à luz das mudanças provocadas pela Revolução Industrial e da resultante transição da sociedade tradicional para a moderna. Émile Durkheim, por exemplo, estudou como o aumento da divisão de trabalho ameaçava a integração social, e Karl Marx afirmou que a expansão do capitalismo resultaria na concentração de recursos nas mãos de poucos e no empobrecimento de muitos.

estratificação Distinção estruturada de grupos inteiros de pessoas, que perpetua recompensas econômicas e poder desiguais em uma sociedade.

Uma das maneiras mais significativas em que a diferença se manifesta nas sociedades capitalistas modernas é em termos de classe social. Porém, classe pode ser um assunto delicado. Quando vem à tona, as pessoas costumam negar que ela existe ou afirmar que o esforço individual por si só determina os resultados. No entanto, sabemos que ter dinheiro abre portas e que algumas pessoas têm a origem "errada". Para entender melhor as consequências da classe, começamos comparando sistemas de estratificação.

SISTEMAS DE ESTRATIFICAÇÃO

Desde que começaram a especular sobre a natureza da sociedade humana, as pessoas têm observado as diferenças entre indivíduos e grupos dentro da sociedade. A expressão *desigualdade social* (p. 9) descreve uma condição na qual os membros da sociedade têm quantidades diferentes de riqueza, prestígio ou poder. Algum grau de desigualdade social caracteriza cada sociedade. Os sociólogos referem-se à desigualdade social que está embutida na estrutura da sociedade como **estratificação** – a distinção estruturada de grupos inteiros de pessoas, que perpetua recompensas econômicas e poder desiguais em uma sociedade.

A estratificação influencia a oportunidade individual com base na camada ou no estrato que se ocupa no sistema. Certos grupos de pessoas têm posições mais elevadas nas classificações sociais, controlam recursos escassos, exercem o poder e recebem um tratamento especial. Recompensas desiguais incluem renda e riqueza, mas também estão relacionadas à influência transmitida por redes de contatos sociais (quem você conhece) e conhecimento (o que você conhece). O controle sobre esses recursos permite que uma geração transmita os benefícios sociais às próximas, gerando grupos de pessoas organizadas em ordem de classificação, de baixo para cima.

Os sociólogos concentram-se em quatro grandes sistemas de estratificação: escravidão, casta, estamento e classe. Para entender como cada sistema funciona, devemos recordar a distinção entre *status* adquirido e *status* atribuído do Capítulo 5. O *status atribuído* é uma posição social que é designada a uma pessoa da sociedade sem levar em conta seus talentos ou características. Em contraste, o *status adquirido* é uma posição social que a pessoa atinge em grande parte por seus próprios esforços. As famílias mais ricas do país geralmente herdam riqueza e *status*, enquanto muitos membros de minorias raciais e étnicas herdam um *status* desfavorecido.

Idade e sexo são outros *status* atribuídos que influenciam a riqueza e a posição social de uma pessoa.

Você sabia?

...A escravidão continua a ser praticada no mundo. Cerca de 12,3 milhões de pessoas em todo o planeta – 80% das quais são mulheres e em torno de metade são crianças – são obrigadas ao trabalho forçado em áreas como agricultura, mineração, têxteis e tráfico sexual.

Fonte: Andrees e Belser, 2009.

Escravidão A forma mais extrema de desigualdade social legalizada para indivíduos e grupos é a **escravidão**. Indivíduos escravizados são propriedade de outras pessoas, que têm o direito de tratá-los como quiserem, como se fossem ferramentas ou animais de tração.

A prática da escravidão tem variado em diferentes tempos e lugares. A maioria dos escravos na Grécia antiga era de prisioneiros de guerra ou de indivíduos capturados e vendidos por piratas. Apesar de sucessivas gerações poderem herdar o *status* de escravos, ele não era necessariamente permanente. O *status* de uma pessoa poderia mudar, dependendo da cidade-estado que triunfasse em um conflito militar. Com efeito, todos os cidadãos tinham potencial para se tornarem escravos ou conquistar a liberdade, dependendo das circunstâncias históricas. Por outro lado, a escravidão nos Estados Unidos e na América Latina era um *status* atribuído, e os escravos enfrentavam barreiras raciais e jurídicas à liberdade.

escravidão Sistema de servidão forçada em que algumas pessoas são propriedade de outras.

castas Classificação hereditária, geralmente ditada pela religião, que tende a ser fixa e imóvel.

Hoje, a Declaração Universal dos Direitos Humanos, que é obrigatória para todos os membros da Organização das Nações Unidas (ONU), proíbe a escravidão em todas as suas formas. De acordo com a ONU (2010), as formas contemporâneas de escravidão incluem servidão por dívida, trabalho forçado, trabalho infantil e servidão infantil, escravidão sexual, venda de crianças, casamentos forçados e venda de esposas. Em muitos países em desenvolvimento, trabalhadores forçados ficam presos a empregos vitalícios. Embora a escravidão seja ilegal nos Estados Unidos e na Europa, os trabalhadores "convidados" e os imigrantes ilegais têm sido forçados a trabalhar durante anos em condições terríveis, seja para pagar dívidas ou para evitar ser entregues às autoridades de imigração. Segundo um relatório do Departamento de Justiça dos Estados Unidos, 82% dos incidentes de tráfico investigados pela agência estavam relacionados ao tráfico sexual, com 40% envolvendo a exploração sexual de uma criança (Banks e Kyckelhahn, 2011).

Castas As **castas** são classificações hereditárias, geralmente ditadas pela religião, que tendem a ser fixas e imóveis. O sistema de castas costuma estar associado ao hinduísmo na Índia e em outros países. Na Índia, há quatro principais castas, ou *varnas*: os sacerdotes (*brâmanes*), os guerreiros (*xátrias*), os comerciantes (*vaixás*) e os artesãos/produtores (*sudras*). Uma quinta categoria de párias, chamada de *dalits*, ou intocáveis, é considerada tão baixa e impura que não tem lugar dentro desse sistema de estratificação.

Também há muitas castas menores. Ser membro de uma casta é um *status* atribuído (no nascimento, as crianças assumem automaticamente a mesma posição que seus pais). Cada casta é definida rigidamente, e os membros devem se casar dentro dessa casta.

Em 1950, depois de conquistar a independência em relação à Grã-Bretanha, a Índia adotou uma nova constituição que proibiu formalmente o sistema de castas. Ao longo da última década ou duas, no entanto, a urbanização e os avanços tecnológicos trouxeram mais mudanças para o sistema do que o governo em mais de meio século. O anonimato da vida da cidade tende a desfocar as fronteiras entre as castas, permitindo que o *dalit* passe despercebido em templos, escolas e locais de trabalho. A globalização da alta tecnologia também favoreceu a ordem social da Índia, trazendo novas oportunidades para aqueles que possuem as habilidades e a capacidade de aproveitá-las, independentemente de casta.

sistema de estamentos Sistema de estratificação no qual os camponeses devem trabalhar a terra arrendada a eles pelos nobres, em troca de proteção militar e outros serviços. Também conhecido como feudalismo.

sistema de classes Classificação social com base principalmente na posição econômica, na qual características adquiridas podem influenciar a mobilidade social.

Estamentos Um terceiro tipo de sistema de estratificação se desenvolveu dentro das sociedades feudais da Europa medieval. Sob o **sistema de estamentos**, ou feudalismo, os nobres possuíam a terra, que arrendavam a camponeses que nela trabalhavam e viviam. Os camponeses entregavam uma parte do que produziam ao dono da terra, que, em troca, oferecia a eles proteção militar contra bandidos e nobres rivais. A base do sistema era a propriedade da terra pelos nobres, que era fundamental para seu *status* superior e privilegiado. Como em sistemas com base em escravidão e castas, a posição herdada definia em grande parte o sistema de estamentos. Os nobres herdavam seus títulos e bens; os camponeses nasciam em uma posição subserviente dentro de uma sociedade agrária.

À medida que se desenvolvia, o sistema de estamentos tornou-se mais diferenciado. Os nobres começaram a atingir diferentes graus de autoridade. No século XII, havia surgido um clero na maior parte da Europa, em conjunto com as classes de comerciantes e artesãos. Pela primeira vez, havia grupos de pessoas cuja riqueza não dependia da propriedade da terra nem da agricultura. Essa mudança econômica teve profundas consequências sociais, já que o sistema de estamentos terminou e surgiu um sistema de estratificação com base em classes.

Classes sociais Um **sistema de classes** é uma classificação social com base principalmente na posição econômica, no qual características adquiridas podem influenciar a mobilidade social. Ao contrário dos sistemas de escravidão e de castas, em um sistema de classes as fronteiras entre as classes são definidas de forma imprecisa, e se pode passar de um estrato, ou nível, da sociedade a outro. Mesmo assim, as várias camadas de classes são relativamente estáveis ao longo do tempo; a posição de uma pessoa dentro delas influencia seu acesso a recursos materiais, sociais e culturais. A posição de classe, embora possa ser melhorada, depende em muito de características atribuídas, incluindo origem familiar, raça e etnia.

Os sociólogos costumam usar um modelo de cinco classes para descrever o sistema de classes dos Estados Unidos: alta, média alta, média, trabalhadora e subclasse (Beeghley, 2007; Rossides, 1997). Embora as linhas que separam as classes sociais não sejam tão nítidas quanto as divisões entre as castas, existem diferenças entre as cinco classes em termos de recursos fundamentais. Entre elas estão renda, ocupação, autoridade burocrática, nível educacional, redes de contatos sociais e conexões políticas.

A *classe alta* é a menor e mais excludente, incluindo 1 a 2% da população dos Estados Unidos. Seus membros são ricos, respeitados e politicamente poderosos. Logo abaixo deles estão membros da *classe média alta*, que é composta por executivos de empresas e administradores de nível superior, médicos, advogados, arquitetos e outros profissionais. Perfazendo cerca de 15% da população, eles têm salários altos, participam amplamente da política e assumem papéis de liderança em associações voluntárias.

A *classe média* inclui profissionais menos abastados (como professores do ensino fundamental e enfermeiros),

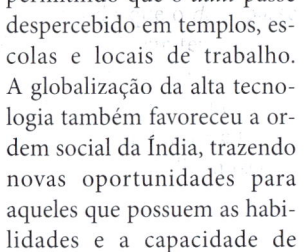

> **PENSAMENTO** SOCIOLÓGICO
> Muitas pessoas de classe média alta se identificam como classe média. Por que elas fariam isso? Em que aspecto essa tendência pode ser uma consequência dos valores dominantes de igualdade e democracia?

donos de pequenas empresas e um número considerável de trabalhadores administrativos. Embora nem todos os membros dessa classe variada possuam um diploma universitário, eles geralmente esperam mandar os filhos à faculdade. Eles compõem 30 a 35% da população.

Os membros da *classe trabalhadora*, que correspondem a outros 30 a 35%, costumam ter empregos que envolvam trabalho manual. Alguns membros dessa classe que são operários, como os eletricistas, podem ter rendas mais altas do que as pessoas da classe média. No entanto, mesmo que tenham alcançado certo grau de segurança econômica, eles tendem a se identificar com os trabalhadores manuais e têm uma longa história de participação no movimento sindical. Os membros da classe trabalhadora são particularmente vulneráveis, pois os empregos que antes exigiam trabalho físico estão desaparecendo por causa da desindustrialização e do *offshoring* de postos de trabalho para países onde a mão de obra apresenta custo mais baixo.

Na extremidade inferior do espectro está a *subclasse*, mais comumente conhecida como "os pobres". Essa classe, constituindo 15 a 20% da população norte-americana, tem acesso limitado à força de trabalho remunerada, carece de riqueza e é muito fraca politicamente para exercer um poder significativo. Ela consiste em um número desproporcional de negros, hispânicos, imigrantes e mães solteiras com filhos dependentes.

> **PENSAMENTO** SOCIOLÓGICO
> Em qual classe você colocaria a maioria das pessoas de sua comunidade? Existem fronteiras relativamente claras entre bairros de classes diferentes?

MOBILIDADE SOCIAL

Um componente central de cada um desses sistemas de estratificação é a **mobilidade social** – o grau em que se pode mudar o estrato social em que se nasce. A ascensão de uma pessoa de família pobre a uma posição de prestígio, poder ou recompensa financeira, como no filme *Encontro de amor*, é um exemplo de mobilidade social. No filme, Jennifer Lopez interpreta uma camareira em um hotel de uma cidade grande que consegue melhorar de emprego até se tornar supervisora da empresa e namorada de um político bem-sucedido. Enquanto histórias em que a plebeia se casa com o príncipe realmente eram contos de fadas na era do sistema de estamentos, hoje elas são metáforas para a permeabilidade potencial dos modernos limites de classe.

> **mobilidade social** Movimento de indivíduos ou grupos de uma posição a outra no sistema de estratificação de uma sociedade.
>
> **sistema aberto** Sistema social em que a posição de cada indivíduo é influenciada por seu *status* adquirido.
>
> **sistema fechado** Sistema social em que há pouca ou nenhuma possibilidade de mobilidade social individual.

Sistemas de estratificação abertos *versus* fechados Os sociólogos distinguem entre sistemas de estratificação que são abertos e fechados para indicar o grau de mobilidade social em uma sociedade. Um **sistema aberto** significa que o *status* adquirido de uma pessoa influencia sua posição social. Esse sistema incentiva a concorrência entre os membros da sociedade. O Brasil tem procurado avançar em direção a esse ideal removendo barreiras que já foram jurídicas, enfrentadas por mulheres, minorias raciais e étnicas, e pessoas nascidas em classes sociais baixas.

No outro extremo, está o **sistema fechado**, que permite pouca ou nenhuma possibilidade de mobilidade social individual. Os sistemas de castas são exemplos de sistemas fechados. Nessas sociedades, a posição social tem como base *status* atribuídos, como raça ou origem familiar, que não podem ser alterados.

Tipos de mobilidade social Os sociólogos também distinguem entre mobilidade *dentro* de um estrato e mobilidade *entre* níveis. Por exemplo, um motorista de ônibus que se torna funcionário de um hotel passa de uma posição social para outra de classificação aproximadamente igual. Os sociólogos chamam esse tipo de movimento de **mobilidade horizontal**. No entanto, se o motorista de ônibus se tornasse advogado, ele iria experimentar **mobilidade vertical** – o movimento de um indivíduo que passa de uma posição social para outra, de classificação diferente (Sorokin, [1927] 1959). A mobilidade vertical pode envolver um movimento para cima ou para baixo no sistema de estratificação de uma sociedade.

Os sociólogos também comparam o significado da mobilidade ao longo da carreira ou vida de um indivíduo com o movimento que se estende por gerações. A **mobilidade intergeracional** envolve mudanças na posição social dos filhos em relação a seus pais. Assim, um encanador cujo pai era médico é um exemplo de mobilidade intergeracional descendente. A estrela de cinema cujos pais eram ambos operários ilustra a mobilidade intergeracional ascendente. Como a educação contribui significativamente para a mobilidade ascendente, qualquer barreira à busca de formação superior limita a mobilidade intergeracional (Isaacs, Sawhill e Haskins, 2008).

A **mobilidade intrageracional**, ao contrário, envolve mudanças de posição social dentro da vida adulta de uma pessoa. Assim, uma mulher que entra na força de trabalho remunerada como auxiliar de professor e acaba se tornando superintendente do distrito escolar vivencia mobilidade intrageracional ascendente. Um homem que se torna motorista de táxi depois de sua empresa de contabilidade falir sofre mobilidade intrageracional descendente.

mobilidade horizontal Movimento de um indivíduo de uma posição social para outra de classificação igual.

mobilidade vertical Movimento de um indivíduo de uma posição social para outra de classificação diferente.

mobilidade intergeracional Mudanças na posição social dos filhos em relação a seus pais.

mobilidade intrageracional Mudanças de posição social dentro da vida adulta de uma pessoa.

PENSAMENTO SOCIOLÓGICO

Qual é a história da mobilidade social em sua família? Em que medida houve mudanças entre gerações e dentro de cada geração? Que fatores, como relações familiares ou eventos históricos, contribuíram para a mobilidade social que ocorreu?

Nos Estados Unidos, uma maneira de definir o "sonho norte-americano" é na forma da mobilidade vertical ascendente que seja intrageracional. Em outras palavras, uma pessoa pode vivenciar uma mudança significativa na posição de classe social ao longo de sua carreira, de uma posição de nível relativamente baixo para uma de riqueza e poder significativos. Embora isso aconteça, como veremos a seguir, a "realidade norte-americana" é que tendemos a acabar em posições relativamente próximas de onde começamos.

>>Perspectivas sociológicas sobre estratificação

Desde cedo na disciplina, os sociólogos têm examinado o papel do controle sobre recursos valorizados na estratificação social. Como vimos no Capítulo 9, Karl Marx era crítico do capitalismo porque esse sistema de classes sociais impede os trabalhadores de receberem os benefícios de sua força de trabalho. Max Weber, que procurou ampliar o modelo de Marx e torná-lo mais amplamente aplicável, argumentou que três recursos primários definem a posição social: classe, *status* e partido. Mais recentemente, Pierre Bourdieu destacou a importância da cultura como recurso adicional. Examinaremos cada um desses modelos.

5 Filmes sobre CLASSE SOCIAL

Histórias cruzadas
No sul dos Estados Unidos da década de 1960, três mulheres de diferentes classes constroem uma amizade improvável.

Inverno da alma
Uma adolescente vivendo na região dos lagos Ozarks investiga relações criminosas de seu pai.

Water
Uma viúva indiana tenta escapar das restrições sociais de sua posição.

Trouble the water
Dois vigaristas de rua tornam-se heróis após o furacão Katrina.

Orgulho e preconceito
A classe social determina a vida das mulheres jovens na sociedade do século XIX na Inglaterra.

MARX SOBRE CLASSE

Na visão de Karl Marx, as relações sociais em qualquer período da história dependem de quem detém os meios de produção, como a terra, as fábricas, as máquinas e as ferramentas. O controle sobre a produção era importante para Marx porque as pessoas não podem produzir – exatamente a capacidade que ele colocava no centro daquilo que nos torna únicos – sem acesso a esses recursos (ver Capítulo 9).

Para Marx, o grupo que detém os meios materiais de produção possui a mais importante fonte de poder em uma sociedade. No sistema feudal de estamentos, por exemplo, a maior parte da produção era agrícola e a nobreza detinha a propriedade da terra. Aos camponeses restava pouca escolha a não ser trabalhar de acordo com os termos ditados pelos proprietários de terras.

Como vimos no Capítulo 9, Marx argumentou que, enquanto houver escassez, sempre haverá uma divisão entre os

> **Você sabia?**
>
> Em 2011, os diretores executivos das 500 principais empresas dos Estados Unidos receberam, em média, 10,5 milhões de dólares em remuneração total, incluindo salário, bônus e opções de ações. John Hammergren, da McKesson, foi o primeiro da lista, com $131 milhões.
>
> *Fonte:* DeCarlo, 2012.

que têm e os que não têm. No capitalismo, as duas principais classes são a burguesia e o proletariado. A **burguesia**, ou classe capitalista, é dona dos meios de produção, como fábricas e máquinas; o **proletariado**, ou classe trabalhadora, carece dessa propriedade.

A concorrência que está no cerne do capitalismo inicialmente coloca os capitalistas uns contra os outros em sua busca de lucro no mercado. Seu êxito, no entanto, também depende da concorrência entre burguesia e proletariado. Para ter sucesso contra seus concorrentes, cada capitalista busca reduzir os custos de produção para poder baixar os preços, aumentar as vendas e manter os lucros. Uma de suas maiores despesas é o custo da mão de obra. Eles reduzem esses custos por meio de mecanização (inventar novas máquinas capazes de assumir uma quantidade maior de trabalho), de requalificação (*de-skilling*, simplificar o processo de trabalho ao dividi-lo em seus passos mais básicos, de modo que seja necessário um conhecimento mínimo) e *offshoring* (encontrar mão de obra em outras partes do mundo, capaz de fazer o trabalho por menos dinheiro). Não é que os capitalistas sejam pessoalmente mais gananciosos do que os outros ou tenham um desejo particular de explorar seus trabalhadores; eles agem com base nos princípios inerentes ao sistema. Se não acompanharem os passos dados pelos concorrentes, correm o risco de perder sua fatia de mercado e falir.

Marx argumentava que essa pressão para rebaixar os salários dos trabalhadores e as condições de trabalho é implacável. Ela acaba levando ao desenvolvimento de uma enorme classe trabalhadora global, composta majoritariamente de trabalhadores pobres e não qualificados concorrendo entre si por empregos de salário baixo, o que resulta em conflito racial, étnico e nacionalista dentro do proletariado. Ironicamente, é a inovação tecnológica do capitalismo que faz um futuro melhor ser possível. Marx elogiou esse aspecto do capitalismo porque resolve o problema da produção como nenhum outro sistema econômico anterior. O capitalismo, escreveu ele, foi "o primeiro a mostrar o que a atividade do homem pode gerar. Ele realizou maravilhas que superam em muito as pirâmides do Egito, os aquedutos romanos, as catedrais góticas" (Marx e Engels, [1848] 1998:38). Como resultado, já não enfrentamos escassez inevitável. Agora podemos produzir o suficiente para que ninguém no mundo tenha de passar fome.

Uma vez que este obstáculo tecnológico ao atendimento de todas as nossas necessidades tivesse sido resolvido, Marx achava que o único impedimento a uma sociedade justa seria o sistema capitalista das relações sociais. Sua ênfase na propriedade privada permitia que uns poucos situados no topo, a burguesia, possuíssem e controlassem muito mais do que eles jamais poderiam esperar necessitar ou querer, enquanto a maioria na parte inferior, o proletariado, passava dificuldades. Com o tempo, argumentou Marx, o proletariado entenderia que não tem interesse real no conjunto existente de relações sociais. Ele poderia desenvolver a **consciência de classe**, uma consciência subjetiva de interesses próprios comuns e da necessidade de ação política coletiva para provocar uma transformação social. Isso levaria à derrubada do capitalismo em favor de um sistema de distribuição mais equitativo na forma de socialismo e, em seguida, ao comunismo.

Uma pergunta que costuma surgir em resposta à obra de Marx é: por que essa revolução não aconteceu? Uma resposta possível é que Marx pensava que os capitalistas iriam trabalhar contra o desenvolvimento dessa consciência de classe ao moldar os valores e as normas aceitos da sociedade. A expressão *ideologia dominante* indica um conjunto de crenças e práticas culturais que ajudam a manter interesses sociais, econômicos e políticos poderosos. A propriedade privada é um princípio fundamental dessa ideologia, mas nossa incapacidade de reconhecer os esforços coletivos que são investidos na produção de quaisquer produtos e serviços também contribui. Para Marx, a burguesia controlava não apenas os recursos materiais, mas também os meios de produzir crenças sobre a realidade pela religião, pela educação e pelos meios de comunicação (Abercrombie, Hill e Turner, 1980, 1990; Marx, [1845], 2000). Como resultado, os trabalhadores tiveram que superar o que Marx denominou **falsa consciência**, ou seja, uma atitude por parte de membros de uma classe que não reflete com precisão sua posição objetiva. Um trabalhador com falsa consciência pode adotar um ponto de vista individualista sobre a exploração capitalista ("*Eu* estou sendo explorado pelo *meu* patrão").

Em contraste, o operário com consciência de classe percebe que todos os trabalhadores estão sendo explorados pela burguesia e têm um interesse comum na revolução.

> **burguesia** Termo de Karl Marx para a classe capitalista, que inclui os donos dos meios de produção.
>
> **proletariado** Termo de Karl Marx para a classe trabalhadora em uma sociedade capitalista, que não detém os meios de produção.
>
> **consciência de classe** Na visão de Karl Marx, consciência subjetiva por parte de membros de uma classe, com relação a interesses próprios e à necessidade de ação política coletiva para provocar uma transformação social.
>
> **falsa consciência** Expressão usada por Karl Marx para descrever uma atitude por parte de membros de uma classe que não reflete com precisão sua posição objetiva.

WEBER SOBRE PODER

Max Weber aceitou a premissa de Marx de que a classe social tem um papel importante na definição dos resultados na vida das pessoas, mas argumentou que a concepção do poder de Marx é muito restrita, pois está centrada quase que exclusivamente na propriedade dos meios de produção. Weber afirmou que o poder é multidimensional, e identificou classe, *status* e partido como seus três componentes fundamentais.

Weber usou o termo **classe** para se referir a um grupo de pessoas que têm um nível semelhante de recursos econômicos. Ele identificou dois elementos centrais da classe: recursos materiais e de conhecimento de habilidades no mercado. No primeiro caso, a classe tem a ver com o quanto se possui. Como em Marx, isso inclui a propriedade dos meios de produção, mas Weber argumentou que a propriedade de outros recursos econômicos, incluindo terra, poupança e ações, também define a posição de classe de uma pessoa. E, enquanto Marx sustentava que a mecanização e a divisão extrema do trabalho reduziriam o valor da mão de obra qualificada no capitalismo, Weber argumentava que, dada a complexidade da sociedade moderna, o conhecimento continuaria sendo uma mercadoria valiosa no mercado de trabalho, algo que os empregadores recompensariam. Ao desenvolvermos nossos conhecimentos e habilidades, por exemplo, fazendo uma faculdade, melhoraríamos nossa posição de classe.

classe Grupo de pessoas que têm um nível semelhante de recursos econômicos.

grupo de *status* Pessoas que têm o mesmo nível percebido de prestígio.

partido Capacidade de se organizar para atingir algum objetivo específico.

Enquanto a classe representa um recurso econômico, o *status* é um recurso social. Weber usou a expressão **grupo de *status*** para se referir a pessoas que têm o mesmo nível percebido de prestígio. O poder que seu *status* lhe dá depende de como os outros o veem, incluindo estimativas positivas e negativas em relação à honra. Ser membro de um grupo muito respeitado "tem seus privilégios", seja como médico ou juiz da Suprema Corte. Da mesma forma, fazer parte de um grupo definido como de baixo *status* pelos membros da sociedade dominante, como ex-presidiários ou "imigrantes ilegais", limita as oportunidades (mesmo que os conhecimentos e as habilidades dos membros desses grupos tenham valor especial para possíveis empregadores). A participação em grupos de *status* costuma ser associada a determinado estilo de vida, incluindo o tipo de carro que você tem ou as férias que tira. Classe e *status* não estão necessariamente ligados. É possível ter alto *status* e baixa posição de classe, como é o caso de muitos membros do clero que são altamente respeitados dentro de suas comunidades religiosas, mas que muitas vezes têm uma renda relativamente modesta.

O terceiro elemento importante no modelo multidimensional de estratificação de Weber está direcionado a recursos organizacionais. O **partido** diz respeito à capacidade de se organizar para atingir algum objetivo específico. É o que queremos dizer quando falamos de um partido político, mas

Sociologia pessoal
Capital cultural

Como professor, tenho visto que as notas são definidas por mais do que apenas esforço e habilidade intelectual inerente. Alunos com mais capital cultural, incluindo significativos recursos educacionais de origem, simplesmente não têm que se esforçar tanto. Alunos mais avançados que fazem minha disciplina de introdução, por exemplo, conhecem as regras do jogo. Em comparação, os alunos do primeiro ano muitas vezes têm dificuldade de distinguir o que é essencial do que é secundário. Com o tempo, entretanto, a maioria aprende a estudar de forma eficaz. Esse mesmo princípio já funciona antes mesmo de os alunos chegarem ao *campus*. Os alunos que entram para a faculdade com os tipos de capital cultural que os professores recompensam têm vantagens sobre aqueles que não possuem esses recursos.

---

essa organização se estende para além da política e chega a todas as esferas da vida. Como vimos anteriormente com Weber, as burocracias representam a forma ideal desse recurso porque são organizadas de forma explícita para maximizar os recursos disponíveis e atingir seus objetivos da maneira mais eficiente possível.

Para Weber, o partido é um recurso potencial, disponível a todos os indivíduos ou grupos que o aproveitem. O movimento dos direitos civis nos Estados Unidos é um exemplo clássico. Com mínimos recursos de classe ou de *status* definidos pela sociedade em geral, a organização foi fundamental para o sucesso do movimento.

> **PENSAMENTO** SOCIOLÓGICO
>
> De que forma um grupo pode coordenar seus recursos de classe, *status* e partido para realizar seus objetivos? Escolha um grupo no *campus* ou em sua comunidade que esteja tentando gerar mudança social e imagine como você pode aconselhar seus membros usando os princípios de Weber.

Weber afirmou que, na prática, esses três recursos operam em conjunto para definir o poder individual e coletivo. Cada fator influencia os outros dois e, na verdade, as classificações dentro dessas três dimensões tendem a coincidir. Por exemplo, George W. Bush veio de uma família extremamente rica, estudou em escolas preparatórias exclusivas, formou-se na Universidade de Yale e fez mestrado em Harvard, e acabou tornando-se presidente dos Estados Unidos. Como Bush, muitas pessoas de origens ricas alcançam *status* elevado e demonstram uma organização política impressionante.

BOURDIEU SOBRE CULTURA

Marx enfatizou os recursos materiais e Weber destacou a importância dos recursos sociais na forma de *status* e de partido. O sociólogo Pierre Bourdieu acrescentou a estes a importância dos recursos culturais. Bourdieu introduziu o conceito de **capital cultural**, em que indicava os gostos, os conhecimentos, as atitudes, a linguagem e as formas de pensar que trocamos em interação com os outros. Frequentemente associado a preferências artísticas ou literárias, o capital cultural é muito mais profundo do que isso, pois está enraizado em nossa percepção da realidade. Para Bourdieu, os elementos culturais são valorizados de forma diferente, de modo que a cultura é uma forma de poder.

> **capital cultural** Os gostos, os conhecimentos, as atitudes, a linguagem e as formas de pensar que trocamos em interação com os outros.

Bourdieu afirmou que pessoas de diferentes posições de classe social possuem diferentes tipos de capital cultural. Da NASCAR a Mozart, por exemplo, os gostos da classe trabalhadora normalmente diferem dos da classe alta. Concertos sinfônicos, óperas e filmes estrangeiros são considerados "alta cultura", enquanto a "cultura pop", incluindo filmes populares, programas de TV e a maioria dos CDs de música, é considerada de grau moderado ou inferior de aplicação intelectual. As pessoas estabelecem distinções, por exemplo, entre assistir *Masterpiece* na PBS em relação a *Wipeout* e ouvir Plácido Domingo em relação a Lady Gaga.

SOCIOLOGIA POPULAR

Sejam os sonhos de enriquecimento de pessoas pobres do programa *American Idol*, o brilho de *Dançando com as estrelas*, as aspirações de classe média alta de *O aprendiz* ou o apelo voyeurista de *Jersey Shore*, os programas de TV encontraram um tema tentador nas diferenças de estilo de vida das classes sociais. No programa *Undercover boss*, executivos põem um disfarce para trabalhar em uma função de nível inicial em suas empresas. Eles quase que inevitavelmente descobrem que suas suposições com base em classe e tidas como certas sobre os trabalhadores de nível inicial estão erradas. Eles descobrem que as funções que esses trabalhadores cumprem são muito mais complexas e exigentes do que eles pressupunham, e que as pessoas que as executam são comprometidas e esforçadas.

Esses julgamentos se baseiam em certo nível de elitismo cultural, no qual os que estão no topo conseguem definir suas preferências como aparentemente superiores às das massas (Wilson, 2007). O capital cultural de pessoas de classe trabalhadora, muitas vezes menosprezadas como caipiras ou moradoras de guetos, é o menos valorizado de todos – até ser reivindicado por outros como seu, como foi o caso do jazz, do blues, do rock e do rap (Gans, 1971).

Ao interagirmos com os outros, nos baseamos nos recursos de capital cultural que possuímos. Essa interação é bastante fácil com pessoas que compartilham o mesmo conjunto básico de recursos. No caso de interação com outras pessoas que possuem um estoque diferente de capital cultural, no entanto, isso é mais complexo. Vemos esse tipo de dificuldade quando os executivos tentam interagir informalmente com os trabalhadores nas fábricas ou quando nos encontramos jantando em um lugar onde não temos certeza de quais são as regras. Se fosse apenas uma questão de diferença social entre várias subculturas, poderia não ser muito importante, mas o capital cultural da elite também está ligado a seu controle sobre os recursos econômicos e sociais. Como resultado, o capital cultural pode ser usado como forma de exclusão em relação a postos de trabalho, organizações e oportunidades. Por exemplo, um candidato qualificado pode não ser contratado porque, durante a entrevista, usou a sintaxe inadequada ou não conhecia referências culturais, como notícias sobre eventos atuais ou as últimas do mundo do golfe. Os empregadores tendem a contratar pessoas com as quais se sintam confortáveis, e o capital cultural tem um papel importante nesse processo (Kanter, 1993).

Para agravar esse problema da desigualdade cultural, há o fato de que nossas preferências e percepções muitas vezes passam de pai para filho da mesma forma que o capital material é herdado. Os pais ensinam padrões linguísticos e preferências culturais a seus filhos, desde o uso de dupla negação até a valorização da literatura (Rothstein, 2009). O capital cultural também é reproduzido na geração seguinte no contexto das escolas, onde as distinções de classe no seio da comunidade moldam o currículo e os padrões de disciplina. A socióloga Jessi Streib (2011) constatou que, já aos quatro anos de idade, as crianças tinham adotado convenções culturais com base em suas posições de classe social. Durante oito meses, ela realizou uma pesquisa em uma pré-escola diversificada e descobriu que as crianças de famílias de classe média alta eram mais falantes e exigiam mais tempo e atenção do professor do que as de classe trabalhadora. O estilo linguístico das crianças de classe mais alta era mais coerente com a cultura de sala de aula e, como resultado, elas tinham maior probabilidade de ter suas necessidades atendidas.

A mobilidade social a partir dessa perspectiva vai além de apenas adquirir mais dinheiro e melhores conexões sociais. Ganhar na loteria, por exemplo, não transforma uma pessoa que esteja na parte inferior da hierarquia em uma da parte superior, ou, como disse Bourdieu, "ter um milhão, por si só, não faz alguém ser capaz de viver como milionário" (1984:374). Esse movimento também exige uma transformação social e cultural. Para que a mobilidade aconteça, as pessoas devem conquistar um conjunto diferente de conhecimentos e competências, bem como um estilo de vida totalmente novo: novos gostos, atitudes, linguagens e pensamentos.

RECURSOS MATERIAIS, SOCIAIS E CULTURAIS

Combinando ideias dessas perspectivas, podemos apontar três categorias fundamentais dos recursos que moldam as posições que ocupamos e influenciam nossa probabilidade de mobilidade social. Os recursos materiais são recursos econômicos que temos ou controlamos, incluindo dinheiro, propriedade e terra. Os recursos sociais incluem prestígio com base na posição que ocupamos e conexões com base nas redes de contatos sociais das quais fazemos parte. O velho ditado "não é uma questão de o que você conhece, e sim de quem você conhece" acaba tendo algo de verdade. Posição e conexões nos possibilitam aumentar a probabilidade de atingirmos nossos objetivos.

> Qualquer pessoa que tenha enfrentado a pobreza sabe como ser pobre é extremamente caro.
>
> James A. Baldwin

Você sabia?

... Seis membros da família Walton, herdeiros do fundador da Wal-Mart, Sam Walton, têm mais riqueza do que os 40% inferiores das famílias dos Estados Unidos, combinadas.

Por fim, os recursos culturais incluem nossos gostos, linguagem e forma de olhar o mundo. Eles representam nosso conhecimento de elementos cognitivos, normativos e materiais da cultura, dos quais podemos nos servir ao agirmos para alcançar nossos objetivos. Um exemplo simples, mas clássico, é saber qual garfo usar para os diversos pratos em um jantar formal. Mas também inclui saber como reagir quando somos postos em evidência, seja em uma reunião de negócios, em um concerto de rock ou em sala de aula. Ver a classe social em termos de recursos materiais, sociais e culturais a torna um conceito muito mais útil quando tentamos mapear nossas vidas sociais ou entender as razões para nossos pensamentos e ações.

Todas as sociedades são caracterizadas por certo grau de estratificação. O rastreamento de como os recursos materiais, sociais e culturais são definidos, distribuídos e trocados oferece um quadro mais completo de como a estratificação funciona em um dado contexto. Alguma quantidade de desigualdade pode ser inevitável, mas a extensão da desigualdade praticada é variável.

>>Classe social nos Estados Unidos

As linhas divisórias das classes sociais nos Estados Unidos não são tão claras nem tão firmes quanto costumavam ser, digamos, na Inglaterra. Ao recuarmos para olhar, no entanto, vemos que as diferenças de classe social realmente afetam nossas vidas cotidianas. Talvez não as classifiquemos assim, e talvez queiramos desconsiderar o significado delas, mas, olhando pelo prisma de classe, como destacado pelos três recursos apresentados, as diferenças que já reconhecemos como importantes vêm à tona.

CAPITAL CULTURAL

Em alguns aspectos, é útil examinar primeiro os recursos culturais, pois, embora reconheçamos a existência dessas diferenças, podemos não reconhecer o quanto elas podem ser importantes. Se uma pessoa gosta de Chopin e outra, de Taylor Swift, que diferença isso faz? Como indicado anteriormente, no entanto, esses gostos não existem de modo isolado, e sim estão vinculados a recursos sociais e materiais e podem servir como um meio de exclusão (Halle, 1993; Wilson, 2007). Olhando apenas alguns exemplos, pode-se entender o quanto já enxergamos a classe, mesmo que não costumemos identificá-la como tal.

Podemos reconhecer a classe nas roupas que vestimos e até nos termos que usamos para descrevê-las, como "alto esporte" ou "colarinho branco". Algumas pessoas não vestiriam terno e gravata nem mortas (ou talvez essa seja a única maneira em que farão isso), enquanto outras são incapazes de se sentir confortáveis no trabalho de calça jeans e camiseta. E as marcas podem ser importantes, seja Lilly Pulitzer, Sean Jean, J. McLaughlin, Gap, Rocawear, H&M, Christian Louboutin, Baby Phat, Juicy Couture, Wrangler, Calypso, Abercrombie & Fitch, Coach ou Gucci. Até mesmo os tecidos de que as roupas são feitas sugerem diferenças de classe, com as classes mais altas sendo mais propensas a usar roupas feitas de materiais orgânicos (como lã, seda ou algodão) e as classes mais baixas tendendo a usar tecidos sintéticos (incluindo *nylon*, *rayon* e orlon). Isso provavelmente é impulsionado não só pelas diferenças de custos iniciais desses materiais, mas também pelos custos da lavagem a seco no longo prazo.

> **PENSAMENTO** SOCIOLÓGICO
>
> Paul Fussell (1992), em seu livro *Class: a guide through the american status system*, argumentou que o que está escrito em nossas roupas diz muito sobre nossa classe social. Que história contam sobre você os logotipos, as marcas e as palavras em sua roupa? Como suas escolhas de vestuário poderiam ter sido diferentes se você estivesse em uma posição de classe diferente?

Também vemos as diferenças de classe quando se trata de casas. Basta passarmos de carro por bairros para reconhecermos indicadores de classe nas casas: a distância em relação à rua, o material da entrada da garagem, se houver, o cuidado meticuloso com o gramado, a existência de flamingos, gnomos ou anões de jardim, e a presença de pilares ou fontes. Quando se trata de onde vivemos, expressões como "vir do lugar errado", "patricinha" e "condomínio fechado" apontam para nosso reconhecimento de que a classe é importante.

Da mesma forma, a classe faz a diferença quando se trata de férias. As elites podem ir para Martha's Vineyard, a sofisticada ilha na costa nordeste dos Estados Unidos, ou para os Hamptons, balneário de luxo no Estado de Nova York nos Estados Unidos, ou podem "veranear" no Nepal ou em Istambul. Pessoas de classe média são mais propensas a ir à Disney ou talvez fazer um cruzeiro, mas qualquer dessas férias de sonho só é possível depois de terem economizado por anos ou assumido dívidas.

Como o dinheiro e o tempo de férias costumam ser limitados, as famílias de classe

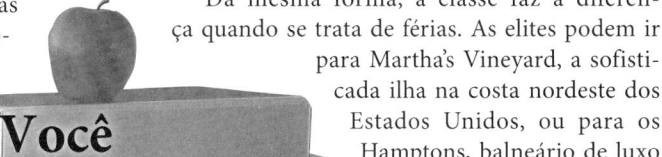

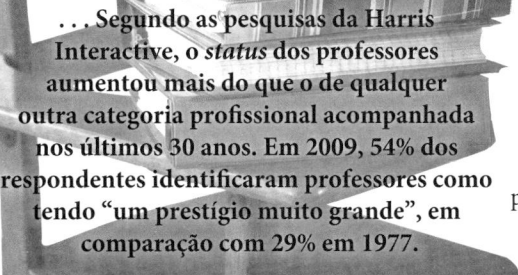

> **Você sabia?**
>
> ... Segundo as pesquisas da Harris Interactive, o *status* dos professores aumentou mais do que o de qualquer outra categoria profissional acompanhada nos últimos 30 anos. Em 2009, 54% dos respondentes identificaram professores como tendo "um prestígio muito grande", em comparação com 29% em 1977.
>
> Fonte: Harris Interactive, 2009.

trabalhadora têm maior probabilidade de fazer uma viagem de uma semana, provavelmente não muito longe de casa, na qual é mais provável que irão de carro, e que pode envolver *camping*.

Poderíamos observar outras áreas, também, incluindo o que comemos (*fast food versus* alta cozinha), o que bebemos (*Bud Light* ou bons vinhos) e quais esportes assistimos (NASCAR e lutas em comparação com tênis e a *America's Cup* de iatismo). Em todos os sentidos, nossas preferências são moldadas por nossas posições de classe social, mas raramente levamos a sério as fontes dessas preferências ou seus efeitos sobre as escolhas que fazemos e as portas que elas podem abrir ou fechar para nós.

STATUS E PRESTÍGIO

Temos uma ideia de onde as pessoas se encaixam em relação às outras. Vemos algumas como superiores e outras como inferiores. Já vimos muito no que diz respeito a preferências culturais, mas, quando se trata de *status*, não é apenas aquilo de que as pessoas gostam que nós classificamos, mas também quem elas são. Os sociólogos procuram descrever esses sistemas de classificação e as vantagens e desvantagens que eles transmitem.

Prestígio profissional Uma maneira de os sociólogos descreverem as posições relativas de classe social que as pessoas ocupam é tratando de seu prestígio profissional. O termo **prestígio** refere-se ao respeito e à admiração que uma profissão garante em uma sociedade. Justo ou não,

prestígio Respeito e admiração que uma profissão garante em uma sociedade.

respeito Reputação que uma pessoa conquistou dentro de uma profissão.

Classificações de prestígio das profissões

Profissão	Pontuação
Médico	86
Advogado	75
Professor universitário	74
Arquiteto	73
Dentista	72
Psicólogo	69
Religioso	69
Farmacêutico	68
Enfermeiro	66
Professor de ensino médio	66
Contador	65
Atleta	65
Professor de ensino fundamental	64
Banqueiro/investidor	63
Veterinário	62
Legislador	61
Piloto de avião	61
Policial ou detetive	60
Ator e diretor	58
Bibliotecário	54
Bombeiro	53
Assistente social	52
Higienista dental	52
Eletricista	51
Diretor de funerária	49
Administrador de fazenda	48
Carteiro	47
Secretário	46
Corretor de seguros	45
Caixa de banco	43
Auxiliar de enfermagem	42
Fazendeiro	40
Agente penitenciário	40
Recepcionista	39
Carpinteiro	39
Barbeiro	36
Cuidador de crianças	36
Atendente de hotel	32
Motorista de ônibus	32
Chapeador de carro	31
Motorista de caminhão	30
Vendedor (de sapatos)	28
Lixeiro	28
Garçom	28
Garçom de bar	25
Cobrador	24
Empregado de fazenda	23
Faxineiro	22
Empregado doméstico	20
Jornaleiro	19
Lavador de carros	19

Observação: 100 é a pontuação de prestígio mais elevada possível e 0, a mais baixa possível.

Fonte: J. Davis, Smith e Marsden, 2007.

"minha filha, a médica" conota algo muito diferente de "minha filha, a garçonete". O prestígio independe do indivíduo que ocupa um emprego – uma característica que o distingue do respeito. O **respeito** é a reputação que uma pessoa conquistou dentro de uma profissão. Portanto, podemos dizer que o cargo de presidente de um país tem grande prestígio, apesar de ter sido ocupado por pessoas com diferentes graus de respeito. Um cabeleireiro pode ter o respeito de seus clientes, mas não tem o mesmo prestígio de um executivo.

Usando os resultados de uma série de pesquisas nacionais, os sociólogos identificaram classificações de prestígio para mais de 700 profissões. Eles criaram uma escala, com 0 sendo a pontuação mais baixa possível e 100, a mais alta, e classificaram as ocupações com base nos resultados de suas pesquisas. Médico, advogado, dentista e professor universitário ficaram entre as profissões mais conceituadas, enquanto garçom, trabalhador rural, faxineiro, empregado doméstico e lavador de carros ficaram com as posições de menos prestígio. Os sociólogos encontraram muita estabilidade nessas classificações, de 1925 até o presente (J. Davis, Smith e Marsden, 2007). Isso sugere que atribuímos *status* às pessoas com base nas posições que elas ocupam. Alguém com um *status* mais elevado tem mais chances de obter o benefício da dúvida por causa da posição que ocupa, independentemente de suas características individuais, ao passo que o contrário se aplica a alguém de posição inferior.

Status socioeconômico Como variável isolada, a profissão nos proporciona uma ideia de onde as pessoas estão situadas, mas o *status* envolve mais do que o prestígio profissional. Em sua pesquisa, os sociólogos adicionam variáveis à mistura para obter um quadro mais completo da posição de classe social, incluindo coisas como o valor das casas, as fontes de renda, os bens, quantos anos nas profissões atuais, os bairros e as considerações sobre casais em que ambos trabalham. Acrescentar essas variáveis não necessariamente pinta um quadro alternativo de diferenciação de classe, mas permite que os sociólogos avaliem a classe de uma forma mais complexa e multidimensional. Ao usarem várias medidas, os pesquisadores normalmente falam de **status socioeconômico (SSE)**, uma medida da classe social que se baseia na renda, na educação, na profissão e nas variáveis relacionadas.

> ***status* socioeconômico (SSE)** Medida da classe social que se baseia na renda, na educação, na profissão e nas variáveis relacionadas.
>
> **renda** Salários e rendimentos medidos ao longo de determinado período, por exemplo, hora ou ano.
>
> **riqueza** Total de ativos materiais de uma pessoa, incluindo poupança, terra, ações e outros tipos de propriedade, menos as suas dívidas em determinado momento.

Uma das lições que aprendemos com a pesquisa sobre SSE é que a sociedade muitas vezes subvaloriza, em termos de prestígio e remuneração, trabalhos que são essenciais para nossa sobrevivência individual e coletiva. Em um esforço para tornar mais visível o valor da contribuição das mulheres à economia, por exemplo, a International Women Count Network, uma organização feminista de base, de atuação global, procurou atribuir um valor monetário ao trabalho não remunerado das mulheres. Além de proporcionar o reconhecimento simbólico das contribuições das mulheres para a sociedade, propõe que esse valor também seja usado para calcular aposentadorias e outros benefícios com base em salários recebidos. A ONU atribuiu um preço de 11 trilhões de dólares ao trabalho não remunerado das mulheres, principalmente no cuidado de crianças, no trabalho doméstico e na agricultura. Em 2009, para garantir a plena integração das mulheres à economia formal e fazer suas contribuições econômicas serem levadas em conta na formulação de políticas, a Comissão das Nações Unidas sobre o *Status* da Mulher conclamou os governos a incorporar o valor do trabalho não remunerado em casa a políticas e orçamentos.

RENDA E RIQUEZA

O capital e o *status* cultural proporcionam um quadro mais claro do modo como percebemos a classe social, mas a renda e a riqueza servem como base material. A **renda** refere-se a salários e rendimentos medidos ao longo de determinado período, por exemplo, hora ou ano. A **riqueza** engloba todos os ativos materiais de uma pessoa, incluindo poupança, terra, ações e outros tipos de propriedade, menos as suas dívidas em determinado momento. Se você tivesse que vender tudo o que possui e saldar todas as suas dívidas, o que sobrasse seria o valor de sua riqueza. Esses recursos materiais tornam possível nosso estilo de vida com base na classe (Bourdieu, 1986). Como tal, se quisermos compreender as classes sociais, precisamos de uma visão clara de sua distribuição.

O bolo de renda: percentual de participação na renda total nos Estados Unidos

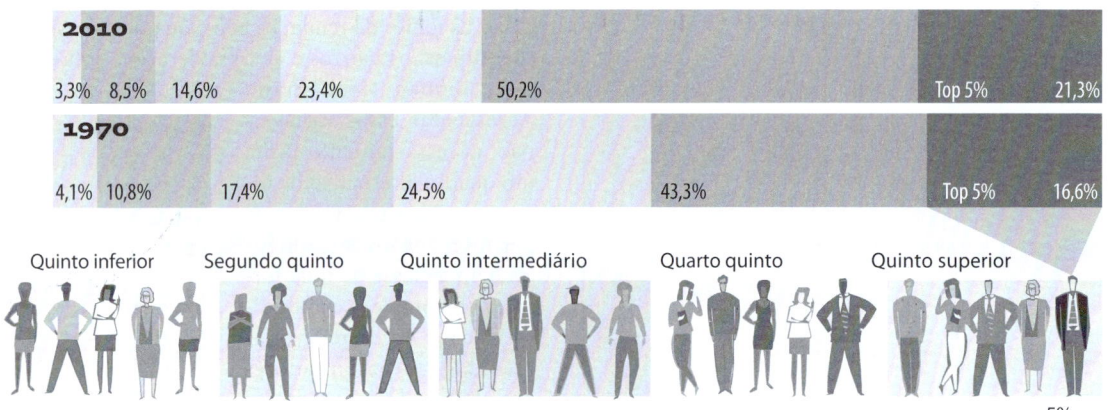

2010
3,3% | 8,5% | 14,6% | 23,4% | 50,2% | Top 5% 21,3%

1970
4,1% | 10,8% | 17,4% | 24,5% | 43,3% | Top 5% 16,6%

Quinto inferior — Segundo quinto — Quinto intermediário — Quarto quinto — Quinto superior — 5% superiores

Fonte: U.S. Census Bureau, 2011p: Tabela H-2.

Renda A desigualdade de renda é uma característica básica de um sistema de classes. Em 2010, a renda familiar mediana nos Estados Unidos foi de 49.445 dólares, aproximadamente a mesma do ano anterior. Em outras palavras, metade de todos os domicílios teve rendimentos mais elevados naquele ano e metade teve rendimentos mais baixos. Contudo, esse fato não transmite integralmente as disparidades de renda na sociedade norte-americana. Temos uma ideia da desigualdade de renda contrastando a mediana (meio) com a média (aritmética), que em 2010 foi de 67,530 dólares. A média é muito maior porque algumas pessoas ganham muito mais dinheiro do que outras, o que eleva a média, tornando-se uma estatística menos útil para descrever a renda "média" ou típica (DeNavas-Walt, Proctor e Smith, 2011).

Entendemos melhor essa desigualdade observando o posicionamento relativo das famílias de baixo para cima. Uma das maneiras mais comuns de apresentar dispersão de renda é alinhar todas as famílias que têm renda da mais baixa à mais alta e, em seguida, dividi-las em quintos ou blocos de 20%. Há cerca de 119 milhões de domicílios nos Estados Unidos, de modo que cada quinto incluiria um número igual de cerca de 23,7 milhões. Fazer isso nos permite ter uma noção de qual é a renda média dentro de cada um desses quintos, com o percentual do bolo de renda total que cada quinto ganha.

Renda familiar média por quinto

- Quinto inferior: $11.034
- Segundo quinto: $28.636
- Quinto inter.: $49.309
- Quarto quinto: $79.040
- Quinto superior: $169.633
- 5% superiores: $287.686

Fonte: U.S. Census Bureau, 2011p: Tabela H-3.

Como podemos ver nos gráficos, olhando a população dessa forma se vê uma desigualdade de renda significativa. Concentrando-nos nos extremos, a renda média das famílias do quinto inferior é de 11.034 dólares, enquanto as famílias do quinto superior têm média de 169.633 dólares. As famílias que estão nos 5% superiores, as responsáveis por fazer subir a média aritmética, têm média de 287.686 dólares. As do quinto inferior ganham apenas 3,3% do total da renda dos Estados Unidos, enquanto as do quinto superior ganham 50,2%. Na verdade, os 5% superiores ganham uma porcentagem bem maior da renda total do que os 40% inferiores combinados (DeNavas-Walt et al., 2011).

Como vimos no Capítulo 9, o *Occupy Wall Street* chamou especial atenção para as vantagens de renda do 1% que ganha mais. Os economistas Thomas Piketty e Emmanuel Saez constataram que, em 2010, a renda média de quem está nesse grupo foi de 418.378 dólares. Mesmo dentro dessa categoria, no entanto, existem diferenças substanciais de renda. No topo do topo, por exemplo, a renda média das 15.617 famílias que representam o 0,01% mais rico foi de 23,8 milhões de dólares. E, de acordo com a Receita Federal (IRS), as 400 famílias norte-americanas que mais ganharam tiveram uma renda média de 271 milhões de dólares. Na outra extremidade da escala, 163 milhões de famílias informavam renda abaixo de 15 mil dólares (DeNavas-Walt et al., 2011; Internal Revenue Service, 2011; Piketty e Saez, 2012).

A desigualdade de renda tem aumentado constantemente desde 1970. O ex-presidente da Reserva Federal dos Estados Unidos, Alan Greenspan, referia-se a essa tendência quando disse ao Congresso que o crescente fosso entre ricos e pobres no país era uma "tendência muito preocupante" que ameaça a sociedade democrática (Greenspan, 2005). Até que ponto esse crescimento da desigualdade é dramático? Como mostra o gráfico "O bolo de renda" na página anterior, a fatia obtida por cada um dos quintos inferiores diminuiu desde 1970, enquanto o quinto superior agora ganha quase metade da renda total. Isso representa o maior grau de desigualdade de renda desde antes da Grande Depressão.

Os norte-americanos não parecem estar seriamente preocupados com a desigualdade de renda e riqueza nos Estados Unidos. Em uma comparação de opiniões sobre desigualdade social em 27 países diferentes, os entrevistados dos Estados Unidos estavam menos cientes sobre o grau de desigualdade da distribuição de renda do que os de outros países. Eles preferiram "nivelar por baixo" o topo da distribuição de ganhos do país, mas, em comparação com pessoas de outros países, estão menos preocupados com a redução das diferenças de renda na parte inferior da distribuição (Osberg e Smeeding, 2006).

Riqueza A riqueza nos Estados Unidos é distribuída de forma ainda mais desigual do que a renda. A riqueza mediana das famílias em 2009 foi de 106 mil dólares, mas a média foi de 554.500 dólares. Essa grande diferença é uma consequência das quantidades extremas de riqueza que as famílias mais ricas detêm. Temos uma ideia dessa diferença comparando o extremo superior com o extremo inferior. Na extremidade de baixo, a riqueza média dos 20% inferiores das famílias foi de 27 mil dólares, ou seja, elas deviam mais do que possuíam. Os

Distribuição da riqueza possuída, por percentil

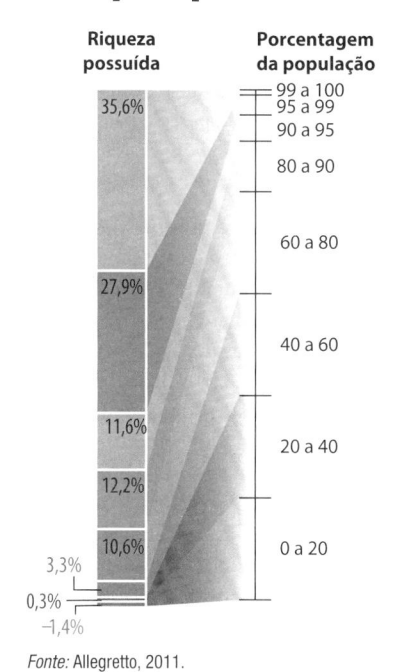

Riqueza possuída	Porcentagem da população
	99 a 100
35,6%	95 a 99
	90 a 95
	80 a 90
	60 a 80
27,9%	
	40 a 60
11,6%	
	20 a 40
12,2%	
10,6%	0 a 20
3,3%	
0,3%	
−1,4%	

Fonte: Allegretto, 2011.

PENSAMENTO SOCIOLÓGICO

Por que você acha que a maioria dos norte-americanos não parece estar ciente ou preocupada com o grau de desigualdade de renda nos Estados Unidos? Até que ponto isso pode ser devido ao poder do sonho americano, à influência dos meios de comunicação ou à ação da ideologia dominante?

Você sabia?

... Durante a Grande Recessão de 2007 a 2009, o quinto mais rico dos norte-americanos perdeu 16% de sua riqueza, e os 80% restantes das famílias perderam 25%. Ainda que quem estava na parte inferior tenha perdido a maior porcentagem, as famílias do topo perderam a maior parte do dinheiro, incluindo o 1% mais rico, que perdeu 5,2 milhões de dólares.

Fonte: Allegretto, 2011.

20% superiores, em contraste, tinham uma riqueza média de 1,7 milhão de dólares por família (Allegretto, 2011: Tabela 3).

A análise da distribuição percentual de riqueza ilustra o nível de desigualdade. Os 20% superiores das famílias detêm 87,2% da riqueza total nos Estados Unidos, e os 80% inferiores dividem os 12,8% restantes. Na verdade, o 1% mais rico tem 35,6% de toda a riqueza – mais do que os 90% inferiores combinados – o que dá 225 vezes mais do que a média das famílias. A concentração da propriedade é ainda mais extrema quando se trata de ações, com o 1% mais rico possuindo 48,3% do valor total (Allegretto, 2011). Na verdade, o único lugar onde os 50% inferiores se aproximam de igualar sua quota de riqueza em relação à sua parcela da população é no caso da dívida. Os 50% inferiores devem 52,8% de toda a dívida em prestações e 43,1% da dívida de cartão de crédito (Kennickell, 2009).

Lutas de classe média Mesmo em uma era de prosperidade geral, quem está na classe média muitas vezes apenas luta para chegar ao fim do mês. As rendas intermediárias mantiveram-se estáveis ou até mesmo decaíram nos últimos 40 anos, enquanto as fatias de renda dos que estão no quinto superior e, principalmente, nos 5% mais ricos aumentaram substancialmente. Os gastos com saúde aumentaram muito, e o custo de uma educação universitária – um recurso fundamental para a mobilidade social – aumentou ainda mais rapidamente. Como resultado da crise econômica pós-2008, muitos trabalhadores de classe média perderam seus empregos, e o efeito cascata levou ao aumento de falências e execuções de hipotecas. Enquanto na década de 1950 uma família com renda única podia ganhar o suficiente para ter um estilo de vida de classe média, a maioria das famílias de hoje conclui que precisa de duas fontes de renda, uma opção que não está disponível a todas as famílias (Bucks et al., 2009; DeNavas-Walt et al., 2010; Lewin, 2008).

Os sociólogos e outros estudiosos identificaram vários fatores que têm contribuído para as dificuldades enfrentadas pelas famílias de classe média:

- *Desaparecimento das oportunidades para quem tem baixo grau de instrução.* Hoje, um número cada vez maior de empregos exige escolaridade formal, mas menos de um terço dos adultos com idades entre 25 e 29 tem diploma universitário.
- *Competição global e rápidos avanços na tecnologia.* Essas duas tendências, que começaram há várias décadas, tornaram os trabalhadores mais substituíveis. Cada vez mais, essas tendências estão afetando os empregos mais complexos que antes eram típicos da vida de classe média.
- *Crescente dependência em relação à mão de obra temporária.* Para os trabalhadores que não têm outro emprego, estas posições são frágeis, na melhor das hipóteses, porque raramente oferecem plano de saúde ou aposentadoria.
- *Ascensão de novas indústrias e locais de trabalho sem sindicatos.* No passado, os trabalhadores da indústria pesada conseguiram renda de classe média por intermédio dos esforços de sindicatos fortes. Contudo, hoje, as áreas que crescem na economia estão em empregos em serviços e em grandes lojas de varejo. Embora tenham acrescentado oportunidades de emprego, essas indústrias muitas vezes representam postos de trabalho não sindicalizados e situados no extremo inferior da escala salarial.

Em resposta a essas preocupações, os observadores notam que o padrão de vida nos Estados Unidos está melhorando. Famílias de classe média querem casas grandes, diplomas universitários para seus filhos e serviços de saúde de alta qualidade – cujo custo tem aumentado mais do que a inflação. Para chegar a esses objetivos, no entanto, muitas vezes é necessário ter duas pessoas trabalhando na família, trabalhar mais horas ou assumir vários empregos (Leonhardt, 2007; Massey, 2007).

POBREZA

Em 2010, 46,2 milhões de pessoas nos Estados Unidos – 15,1% da população – viviam na pobreza. Com base nos cálculos oficiais, uma família composta por dois adultos e duas crianças, com uma renda anual combinada de 22.113 dólares

GLOBALIZANDO

Índice de pobreza em domicílios com crianças, em países selecionados

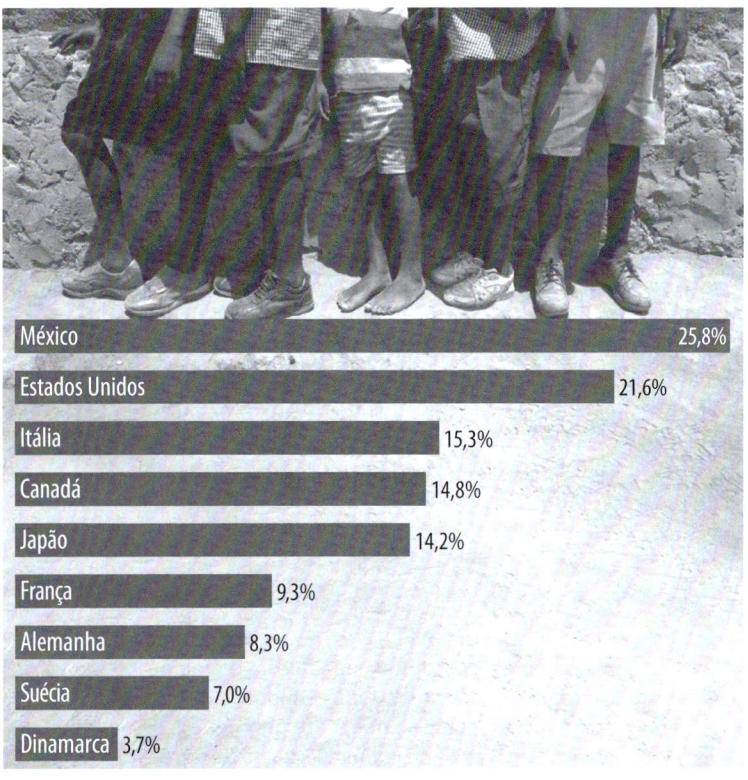

País	%
México	25,8%
Estados Unidos	21,6%
Itália	15,3%
Canadá	14,8%
Japão	14,2%
França	9,3%
Alemanha	8,3%
Suécia	7,0%
Dinamarca	3,7%

Fonte: OECD, 2011: Tabela EQ2.2.

ou menos, estava abaixo da linha da pobreza. Por outro lado, uma pessoa solteira com idade inferior a 65 anos deveria ganhar menos de 11.344 dólares por ano para ser considerada oficialmente pobre (DeNavas-Walt et al., 2011).

Definindo a pobreza Esses números fazem parecer simples definir quem está vivendo na pobreza: ou você está acima do limiar ou abaixo dele. Contudo, os sociólogos descobriram que nossas concepções de pobreza variam. Por exemplo, podemos defini-la em termos absolutos ou relativos.

A **pobreza absoluta** é um nível mínimo de subsistência abaixo do qual nenhuma família deve viver. Segundo essa definição, alguém que esteja abaixo do nível de pobreza, em última instância, não tem recursos suficientes para sobreviver. Muitos países utilizam alguma forma desse critério como base de sua definição de pobreza. Como podemos ver no gráfico, uma proporção relativamente alta de crianças de famílias norte-americanas é pobre, ou seja, suas famílias não conseguem pagar por bens de consumo necessários (alimentação, moradia e vestuário). Essa comparação entre países, na verdade, subestima a extensão da pobreza nos países em que os residentes tendem a pagar mais por habitação, saúde, cuidados dos filhos e educação do que os moradores de países em que essas despesas muitas vezes são subsidiadas.

Por sua vez, a **pobreza relativa** é um padrão flutuante de privação pelo qual se considera que as pessoas na parte inferior de uma sociedade, qualquer que seja seu estilo de vida, estejam em desvantagem em comparação com o país como um todo. Por exemplo, pessoas que tenham alimentação, vestuário e moradia suficientes podem ser consideradas pobres se viverem em um país rico, como os Estados Unidos, pois não podem comprar coisas que a cultura define como importantes, mas que não são essenciais para a sobrevivência. Da mesma forma, alguém que seria considerado pobre para os padrões dos Estados Unidos estaria bem de vida segundo os padrões globais de pobreza; a fome e a inanição são realidades cotidianas em muitas regiões do mundo. Além disso, visto em termos históricos, alguém atualmente definido como pobre pode estar em melhor situação em termos absolutos do que uma pessoa pobre na década de 1930 ou 1960.

A linha da pobreza nos Estados Unidos é calculada com base em uma fórmula estabelecida em 1964. O presidente Lyndon B. Johnson havia declarado pouco antes uma guerra contra a pobreza, mas, na época, não havia medida oficial de pobreza. Para implementar uma medida oficial, o governo Johnson recorreu ao trabalho de Mollie Orshansky, uma economista especializada em alimentação, que trabalhava na equipe de pesquisa da Administração da Previdência Social. Ela propôs combinar dois fatos para estabelecer um limiar geral de pobreza. O primeiro vinha de um estudo que concluiu que as famílias gastavam cerca de um terço de seu orçamento em comida. O segundo era o custo estimado de uma dieta minimamente nutritiva estabelecida pelos nutricionistas do Departamento da Agricultura dos Estados Unidos (USDA, de *U.S. Department of Agriculture*). Orshansky combinou essas duas informações para estabele-

> **pobreza absoluta** Nível mínimo de subsistência abaixo do qual nenhuma família deve viver.
>
> **pobreza relativa** Padrão flutuante de privação pelo qual se considera que as pessoas na parte inferior de uma sociedade, qualquer que seja seu estilo de vida, estejam em desvantagem em comparação com o país como um todo.

> A civilização é insuportável, mas é menos insuportável no topo.
>
> Timothy Leary

cer a linha da pobreza como de três vezes o custo da dieta do USDA. Ela pressupôs que as famílias em situação de pobreza cortariam despesas alimentares e não alimentares aproximadamente à mesma taxa, de modo que a proporção de 3 para 1 iria se manter (Fisher, 1992, 2008; Orshansky, 1965).

Há um antigo debate sobre se essa abordagem para definir a pobreza nos Estados Unidos mede a verdadeira natureza dessa pobreza. Por exemplo, os críticos argumentam que a medida é simplista demais ou que o multiplicador deveria ser maior porque as famílias agora gastam um quarto ou um quinto de seu orçamento em alimentação. Reconhecendo os limites da definição oficial, o governo norte-americano começou a calcular uma medida suplementar de pobreza no outono de 2011. Essa medida mais complexa leva em conta os custos reais de alimentação, vestuário, moradia, serviços como água, gás e eletricidade, impostos, despesas de trabalho e gastos de saúde não previstos. Além da renda, ela conta o vale-refeição e os créditos fiscais como recursos disponíveis e é ajustada para refletir as diferenças de preços entre as regiões geográficas (U.S. Census Bureau, 2010b).

Quem são os pobres? Uma das lições que aprendemos analisando quem está abaixo da linha da pobreza é que nossos estereótipos sobre a pobreza são falhos. Por exemplo, muita gente nos Estados Unidos acredita que a grande maioria dos pobres é capaz de trabalhar, mas não trabalha. No entanto, dos 46,2 milhões de pessoas em situação de pobreza, 43% são menores de 18 anos ou têm 65 anos ou mais. Muitos adultos em idade de trabalhar que são pobres trabalham fora de casa, embora muitas vezes em empregos de meio expediente. Em 2010, 2,6 milhões de pessoas que trabalhavam em tempo integral, durante todo o ano, estavam na pobreza. Dos adultos pobres que não trabalham, muitos estão doentes ou têm deficiências, ou estão ocupados na manutenção da casa. Como podemos ver na tabela, a probabilidade de se estar em situação de pobreza também é definida por fatores como idade, raça, etnia e tipo de família (DeNavas-Walt et al., 2011).

Desde a Segunda Guerra Mundial, uma proporção cada vez maior dos pobres nos Estados Unidos é de mulheres, muitas das quais são mães divorciadas ou que nunca se casaram. Em 1959, chefes de família do sexo feminino eram responsáveis por 23% das famílias pobres do país; em 2010, esse número subiu para 51,5%. Essa tendência alarmante, conhecida como feminização da pobreza, é visível, mas em todo o mundo (DeNavas-Walt et al., 2011).

Cerca da metade de todas as mulheres que vivem na pobreza nos Estados Unidos está em transição, lidando com uma crise econômica causada pela partida, deficiência ou morte do marido. A outra metade tende a ser economicamente dependente, seja do sistema de previdência e assistência social ou de amigos e parentes que vivem nas proximidades. Um fator importante na feminização da pobreza tem sido o aumento de famílias com mulheres solteiras como chefes. Em 2010, 31,6% das famílias chefiadas por mães solteiras viviam na pobreza, em comparação com 15,8% das famílias de pais solteiros e 6,2% dos casados. Contribuem para essas taxas fatores como a dificuldade de encontrar quem cuide dos filhos por preços acessíveis e a discriminação sexual no mercado de trabalho (DeNavas-Walt et al., 2011).

Em 2010, 42% dos pobres nos Estados Unidos estavam vivendo nas grandes cidades. Esses residentes urbanos são alvo da maioria dos esforços governamentais para aliviar a pobreza. No entanto, de acordo com muitos observadores, a situação dos

Quem são os pobres nos Estados Unidos?

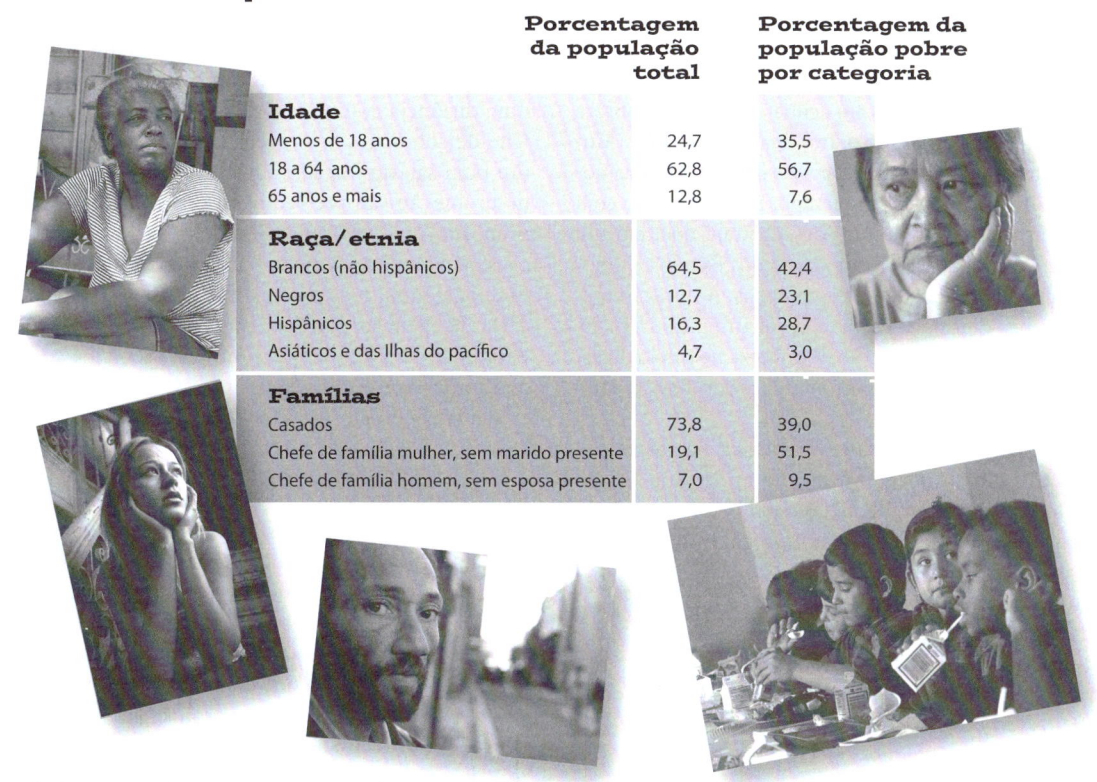

	Porcentagem da população total	Porcentagem da população pobre por categoria
Idade		
Menos de 18 anos	24,7	35,5
18 a 64 anos	62,8	56,7
65 anos e mais	12,8	7,6
Raça/etnia		
Brancos (não hispânicos)	64,5	42,4
Negros	12,7	23,1
Hispânicos	16,3	28,7
Asiáticos e das Ilhas do pacífico	4,7	3,0
Famílias		
Casados	73,8	39,0
Chefe de família mulher, sem marido presente	19,1	51,5
Chefe de família homem, sem esposa presente	7,0	9,5

Observação: Os percentuais étnicos por idade, raça e etnia têm como base o número total de pessoas. Os percentuais de famílias têm como base o total de famílias.
Fonte: DeNavas-Walt et al., 2011.

pobres urbanos está piorando devido à interação devastadora da educação inadequada e às perspectivas de emprego limitadas.

Em grande parte, as oportunidades tradicionais de emprego na indústria são fechadas aos pobres não qualificados. A discriminação passada e presente aumenta esses problemas para moradores urbanos de baixa renda que sejam negros ou hispânicos (DeNavas-Walt et al., 2011).

Com outros cientistas sociais, o sociólogo William Julius Wilson (1987, 1996, 2008, 2009) usou o termo **subclasse** para descrever os pobres de longo prazo que não têm formação nem habilidades. De acordo com uma análise dos dados do censo norte-americano, 7,9 milhões de pessoas vivem em bairros muito pobres. Cerca de 30% da população desses bairros são negros, 29% são hispânicos e 24% são brancos. Nas cidades mais importantes, cerca de 49% da classe baixa são afro-americanos, 29% são hispânicos, 17% são brancos e 5% representam "outros" (Jargowsky e Yang, 2006).

Pessoas abaixo do nível de pobreza nos Estados Unidos

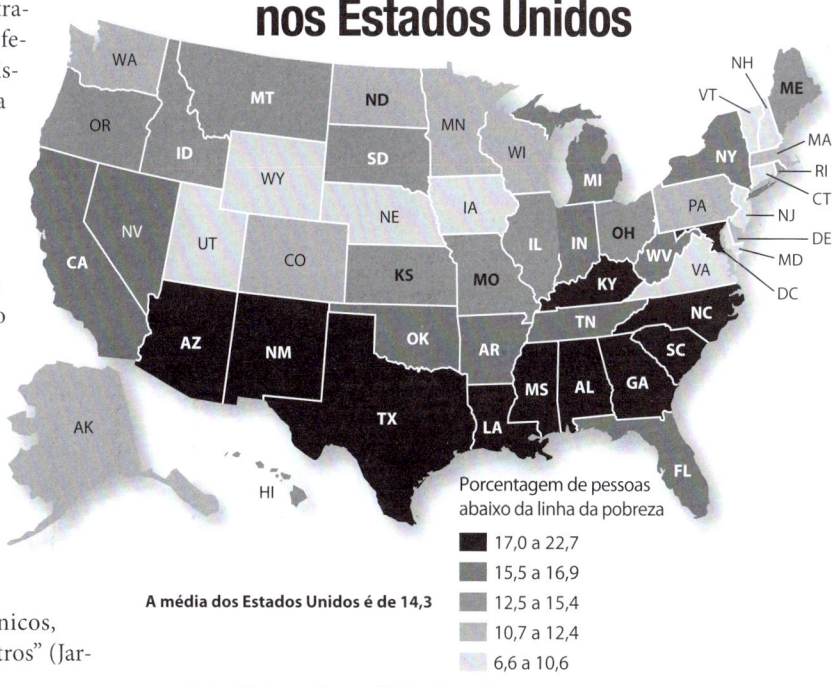

A média dos Estados Unidos é de 14,3

Porcentagem de pessoas abaixo da linha da pobreza:
- 17,0 a 22,7
- 15,5 a 16,9
- 12,5 a 15,4
- 10,7 a 12,4
- 6,6 a 10,6

Fonte: U.S. Census Bureau, 2012c: Tabela 19.

subclasse Pobres de longo prazo que não têm formação nem habilidades.

No entanto, análises sobre os pobres em geral revelam que eles não são uma classe social estática.

A composição global dos pobres muda continuamente; alguns indivíduos e famílias ficam acima do nível de pobreza após um ou dois anos, enquanto outros ficam abaixo dele. Ainda assim, centenas de milhares de pessoas permanecem na pobreza por muitos anos ao mesmo tempo. Em um estudo com dados do censo, os pesquisadores descobriram que, em um período de três anos, 28,9% da população dos Estados Unidos passaram pelo menos dois meses na pobreza. A duração mediana desses episódios de pobreza foi de quatro meses e meio. Daqueles que estavam em situação de pobreza no início do estudo de três anos, 23% estiveram na pobreza o tempo todo (Anderson, 2011).

Em 1996, em uma mudança histórica nas políticas federais, o Congresso norte-americano aprovou a Lei de Conciliação de Responsabilidade Pessoal e Oportunidade de Trabalho, terminando com a antiga garantia federal de assistência a todas as famílias pobres que cumpram certos requisitos. A lei estabelece um limite durante a vida de cinco anos para benefícios da previdência social e exige que todos os adultos aptos trabalhem depois de receber dois anos de benefícios (embora se permitam exceções relacionadas a dificuldades). O Governo Federal dá subsídios em bloco aos estados para que usem como quiserem para ajudar os moradores pobres e necessitados, e permite que os estados façam experiências sobre como tirar as pessoas da assistência social.

Outros países variam muito em seu compromisso com programas de assistência social, mas a maioria das nações industrializadas dedica maiores proporções de seus gastos com habitação, seguridade social, assistência, saúde e seguro-desemprego do que os Estados Unidos. Por exemplo, em Cuba, 96% das despesas de saúde são pagos pelo governo, em comparação com 82% no Reino Unido e 70% no Canadá. O governo dos Estados Unidos paga 45% das despesas de saúde, aproximando-se do México e da China (World Bank, 2010a).

Em última análise, a pobreza é mais do que uma questão de dinheiro. Ela também está ligada aos recursos sociais e culturais. Os pobres muitas vezes não dispõem das conexões sociais para ajudá-los a conseguir bons empregos, sem mencionar que eles têm que superar o prestígio negativo associado a ser pobre. Em termos de capital cultural, eles também não costumam ter o mesmo tipo de credenciais educacionais que possam servir como um recurso cultural valioso. O jornalista David Shipler (2004), em seu estudo aprofundado intitulado *The working poor: invisible in America*, referiu-se à combinação de fatores que os pobres devem superar como os "déficits interligados da pobreza". Como disse Shipler, "romper com a pobreza e ficar a uma distância confortável dela parece exigir uma lista perfeita de condições favoráveis. Um conjunto de habilidades, um bom salário inicial e um trabalho com a probabilidade de promoção são pré-requisitos, mas também a clareza de propósito, uma autoestima corajosa, não ter dívidas substanciais, não ter doença mental ou dependência, ter uma família funcional, uma rede de amigos bem-posicionados e a ajuda certa de agências privadas ou governamentais" (2004:4-5). Para lidar com a pobreza como um problema social, temos de abordar as três principais áreas de recursos, pois sair dela é uma tarefa difícil.

MOBILIDADE SOCIAL

A crença na mobilidade social ascendente é um valor importante. Como vimos anteriormente, os sistemas de classes sociais são mais abertos do que outros sistemas de estratificação, mas isso não significa que o princípio da oportunidade corresponda necessariamente à prática da mobilidade. Para que essa mobilidade seja possível, os *status* atribuídos e as posições herdadas, com os recursos a que eles dão acesso, não devem ter um papel importante sobre os resultados.

Mobilidade ocupacional Dois estudos sociológicos clássicos realizados no espaço de uma década mostravam o grau de mobilidade na estrutura ocupacional dos Estados Unidos (Blau e Duncan, 1967; Featherman e Hauser, 1978). Juntas, essas investigações levam a várias conclusões dignas de nota. Em primeiro lugar, a mobilidade profissional (tanto intergeracional quanto intrageracional) tem sido comum entre os homens. Cerca de 60 a 70% dos filhos homens são empregados em profissões mais altas na classificação do que seus pais. Em segundo lugar, embora haja muita mobilidade nos Estados Unidos, grande parte dela é pequena. Ou seja, as pessoas que chegam a um nível profissional acima ou abaixo do de seus pais geralmente avançam ou retrocedem apenas um ou dois níveis profissionais de um total de oito possíveis. Assim, o filho de um trabalhador braçal pode se tornar artesão ou técnico, mas tem menos chances de ser administrador ou profissional liberal. As chances de chegar ao topo são extremamente baixas, a menos que a pessoa comece de uma posição relativamente privilegiada.

Renda e riqueza Estudos mais recentes com foco em renda e mobilidade de riqueza mostram resultados muito semelhantes (Corak, 2010). A mobilidade realmente ocorre, mas a maioria das pessoas não vai muito longe. Na comparação entre as rendas de pai e filho, os pesquisadores descobriram que filhos de pais de baixa renda têm uma chance de quase 60% de subir acima do quinto inferior, mas uma chance de apenas 22,5% de alcançar a mediana e de 4,5% de entrar no quinto superior (Mishel, Bernstein e Shierholz, 2009). Da mesma forma, como podemos ver no gráfico, quando se olha para a riqueza, 36% dos filhos de pais no quinto inferior também acabam lá, enquanto apenas 7% chegam ao quinto mais alto. Na outra extremidade da escala, 36% dos filhos de pais no quinto mais alto de riqueza permanecem nele, enquanto apenas 11% caem para o quinto inferior (Haskins, 2008:8). Na verdade, a probabilidade de se acabar na mesma posição dos pais tem aumentado desde aproximadamente 1980 (Aaronson e Mazumder, 2007).

Educação Estudos também concluem que a educação tem um papel fundamental na mobilidade. A educação formal tem um impacto ainda maior sobre o *status* dos adultos do que a origem familiar (embora, como vimos, a origem familiar influencie a probabilidade de se fazer curso superior). Além disso, a educação representa um importante meio de mobilidade intergeracional. Uma pessoa que nasceu em uma família pobre, mas se formou na faculdade, tem uma chance em cinco de entrar no quinto mais alto de todos os adultos que têm renda (Isaacs et al., 2008).

A educação é um fator fundamental no desenvolvimento do capital cultural. Assim, o acesso ao ensino superior cumpre um papel importante na mobilidade social. Em 2009,

Você sabia?

...Apesar de 67% das famílias norte-americanas ganharem mais dinheiro do que seus pais, apenas metade das pessoas ganham o suficiente para saltar ao próximo quinto de renda.

54,8% dos estudantes do ensino médio do quinto inferior matricularam-se em faculdades no outono seguinte, em comparação com 84,2% das pessoas do quinto superior (Aud et al., 2011: Tabela A-21). Para estudantes de famílias com rendas mais baixas, o custo pode ser proibitivo. Apenas 11% dos filhos das famílias mais pobres nos Estados Unidos obtiveram diplomas universitários, em comparação com 53% dos filhos do quinto superior da população.

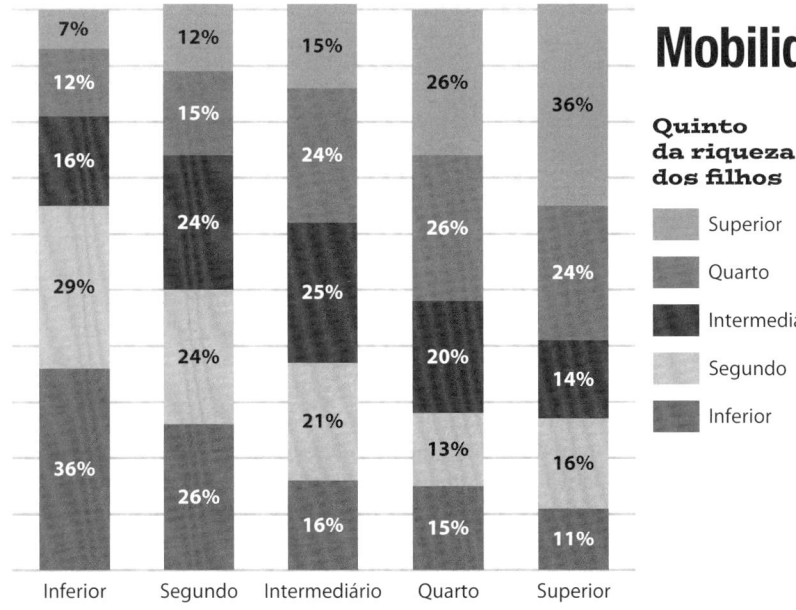

Mobilidade da riqueza: Porcentagem de filhos em cada quinto de riqueza comparada com o quinto de riqueza dos pais nos Estados Unidos

Fonte: Haskins, 2008.

Quinto da riqueza dos pais	Inferior	Segundo	Intermediário	Quarto	Superior
Superior	7%	12%	15%	26%	36%
Quarto	12%	15%	24%	26%	24%
Intermediário	16%	24%	25%	26%	14%
Segundo	29%	24%	21%	20%	14%
Inferior	36%	26%	16%	13%	11%

Os alunos de renda moderada que se formam, e mesmo aqueles que não conseguem completar os cursos, muitas vezes se deparam com uma pesada dívida depois de se formarem (Isaacs et al., 2008).

O impacto da educação sobre a mobilidade diminuiu um pouco ao longo da última década. Um diploma de graduação serve menos como garantia de mobilidade ascendente hoje do que no passado, simplesmente porque mais e mais pessoas que entram no mercado de trabalho têm um diploma desses. Além disso, a mobilidade intergeracional está em declínio, pois já não há uma diferença tão gritante entre gerações. Em décadas anteriores, muitos pais com ensino médio conseguiam mandar os filhos à faculdade, mas os estudantes universitários de hoje tendem cada vez mais a ter pais com nível superior (Economic Mobility Project, 2007).

Raça e etnia Os sociólogos há muito documentaram o fato de que o sistema de classes é mais rígido para os afro-americanos do que para os membros de outros grupos raciais nos Estados Unidos. Homens negros com bons empregos, por exemplo, têm menor probabilidade do que homens brancos de ver seus filhos adultos atingirem o mesmo *status*. A desvantagem acumulada da discriminação desempenha um papel importante na disparidade entre as experiências dos dois grupos. Em comparação com as famílias brancas, a riqueza relativamente modesta das famílias afro-americanas faz os filhos negros adultos terem menor probabilidade do que os filhos brancos adultos de receber ajuda financeira dos pais. Na verdade, os casais jovens negros são muito mais propensos do que os casais jovens brancos a ajudar os pais – um sacrifício que dificulta sua mobilidade social (Isaacs, 2007c).

A classe média afro-americana tem crescido ao longo das últimas décadas, devido à expansão econômica e aos benefícios do movimento dos direitos civis dos anos de 1960 nos Estados Unidos. Mesmo assim, muitas dessas famílias de classe média têm pouca poupança, um fato que as coloca em risco em tempos de crise. Os estudos têm mostrado constantemente que a mobilidade descendente é bem maior para os negros do que para os brancos (Isaacs, 2007c; Oliver e Shapiro, 1995).

A população latina também enfrenta desigualdade econômica substancial nos Estados Unidos. Por exemplo, em 2009, a riqueza mediana das famílias hispânicas era de 6.325 dólares. Comparativamente, a riqueza mediana das famílias brancas não hispânicas era 15 vezes maior, o que representa a maior disparidade, pelo menos desde 1984. Essa diferença aumentou em parte devido ao fato de que a crise econômica afetou os grupos de forma diferente. De 2005 a 2009, o patrimônio líquido mediano das famílias hispânicas diminuiu 66% em comparação com um declínio de 16% das famílias brancas não hispânicas (Kochhar, Fry e Taylor, 2011).

Gênero Os estudos de mobilidade, ainda mais do que os de classe, têm tradicionalmente ignorado a importância do gênero, mas agora há alguns resultados de pesquisa que exploram a relação entre gênero e mobilidade. As oportunidades de emprego das mulheres são muito mais limitadas do que as dos homens. Além disso, de acordo com pesquisas recentes, as mulheres cujas habilidades superam em muito as ofertas de emprego que lhes são feitas têm maior probabilidade do que os homens de se retirarem totalmente da força de trabalho remunerada. Sua retirada viola uma suposição comum aos estudos de mobilidade tradicionais: a de que a maioria das pessoas aspira à mobilidade ascendente e procura aproveitar ao máximo suas oportunidades.

Em contraste com os homens, as mulheres têm uma gama bastante grande de ocupações de escritório abertas para elas. Contudo, as faixas salariais modestas e as perspectivas limitadas de avanço em muitas dessas posições reduzem a possibilidade de ascensão social. O trabalho autônomo como donas de estabelecimentos, empreendedoras, profissionais independentes e coisas do tipo – um caminho importante para a mobilidade ascendente dos homens – é mais difícil para as mulheres, que têm mais problemas para garantir o financiamento necessário. Embora o filho homem costume seguir os passos do pai, a mulher tende menos a assumir as ocupações de seu pai. Consequentemente, o gênero continua a ser um fator importante para a mobilidade social. As mulheres nos Estados Unidos (e em outras partes do mundo) são especialmente propensas a ficarem presas na pobreza, incapazes de sair de sua condição de baixa renda (Heilman, 2001).

A educação compensa: trabalhadores em tempo integral, durante todo o ano, com idades entre 25 e 64 anos nos Estados Unidos

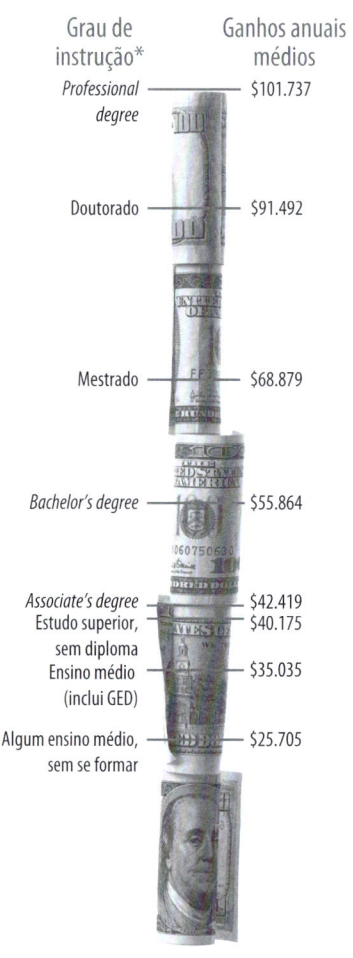

Grau de instrução*	Ganhos anuais médios
Professional degree	$101.737
Doutorado	$91.492
Mestrado	$68.879
Bachelor's degree	$55.864
Associate's degree	$42.419
Estudo superior, sem diploma	$40.175
Ensino médio (inclui GED)	$35.035
Algum ensino médio, sem se formar	$25.705

---

* N de R.T.: O *bachelor's degree* é equivalente ao bacharelado no Brasil, e o *associate's degree*, à nossa educação profissional e tecnológica. O *professional degree* é como é chamada, nos Estados Unidos, a graduação necessária para exercer algumas profissões, como a medicina.

No lado positivo, embora as mulheres de hoje fiquem atrás dos homens em termos de emprego, seus rendimentos aumentaram mais rapidamente do que os de suas mães em uma idade comparável, de modo que suas rendas são bem mais altas. A única exceção flagrante a essa tendência envolve as filhas de pais e mães de baixa renda.

Como essas mulheres normalmente cuidam de crianças – muitas como mães solteiras – e, por vezes, também de outros parentes, sua mobilidade é muito restrita (Isaacs, 2007b).

>>Chances na vida

Uma das lições que aprendemos da sociologia é que a classe é importante. Max Weber considerava a classe intimamente relacionada às **chances na vida** que as pessoas têm, isto é, as oportunidades que elas têm de proporcionar a si próprias bens materiais, condições de vida positivas e experiências de vida favoráveis (Weber, [1916] 1958a). As chances na vida refletem-se em itens como moradia, educação e saúde. Ocupar uma posição mais alta em uma sociedade melhora as chances que os indivíduos têm na vida e proporciona maior acesso a recompensas sociais. Por outro lado, as pessoas das classes sociais mais baixas são obrigadas a dedicar uma proporção maior de seus recursos limitados às necessidades da vida.

Na verdade, nossa própria sobrevivência pode estar em jogo. Ao colidir com um iceberg em 1912, o transatlântico britânico Titanic, supostamente impossível de afundar, não estava carregando botes salva-vidas suficientes para acomodar todos os passageiros. Só haviam sido feitos planos para evacuar passageiros da primeira e da segunda classe. Cerca de 62% dos passageiros da primeira classe sobreviveram ao desastre. Apesar da regra segundo a qual mulheres e crianças iriam em primeiro lugar, cerca de um terço daqueles passageiros era de homens. Em contraste, apenas 25% dos passageiros de terceira classe sobreviveram. A primeira tentativa de alertá-los para a necessidade de abandonar o navio veio bem depois de outros passageiros terem sido alertados (D. A. Butler, 1998; Crouse, 1999).

> **Chances na vida** Oportunidades que as pessoas têm de proporcionar a si próprias bens materiais, condições de vida positivas e experiências de vida favoráveis.

A posição de classe também afeta a vulnerabilidade das pessoas a desastres naturais. Quando o furacão Katrina atingiu a Costa do Golfo, nos Estados Unidos, em 2005, pessoas ricas e pobres tornaram-se suas vítimas. No entanto, os pobres que não tinham carros (100 mil só em New Orleans) tiveram menos condições do que outros de sair da cidade antes da tempestade. Aqueles que sobreviveram à sua fúria não tinham reservas em dinheiro às quais recorrer e, portanto, estavam mais inclinados do que outros a aceitar ser relocados onde quer que as agências de serviços sociais pudessem colocá-los – às vezes a centenas ou mesmo milhares de quilômetros de casa (Department of Homeland Security, 2006; Fussell, 2006).

Algumas pessoas tinham a esperança de que a revolução da internet pudesse ajudar a nivelar o campo de jogo ao tornar as informações e os mercados uniformemente disponíveis. Infelizmente, porém, nem todos podem entrar na autoestrada da

> ... Pesquisadores descobriram que, aos três anos de idade, crianças cujos pais têm empregos de nível superior já ouviram 500 mil elogios e 80 mil desaprovações. Em famílias que recebem assistência social, a proporção se inverte: as crianças já foram elogiadas 75 mil vezes e repreendidas 200 mil vezes.

Você sabia?

fosso digital Falta de acesso relativo às últimas tecnologias entre grupos de baixa renda, minorias raciais e étnicas, residentes de zonas rurais e cidadãos de países em desenvolvimento.

informação, e por isso surgiu mais um aspecto da desigualdade social – o **fosso digital**. Os pobres, as minorias e aqueles que vivem em comunidades rurais e cidades do interior não estão se conectando em casa ou no trabalho.

Por exemplo, em agosto de 2011, 62% das famílias nos Estados Unidos tinham acesso à internet por banda larga em casa, mas o acesso à rede varia significativamente segundo a renda. Apenas 41% das famílias que ganham 30 mil dólares ou menos têm acesso por banda larga, em comparação com 89% das pessoas com renda de mais de 75 mil dólares. Aproximadamente 3% dos adultos ainda usam uma conexão discada para acessar a internet. O acesso por banda larga também varia de maneira significativa com a idade. Entre as pessoas de 65 anos ou mais, 30% têm banda larga em casa, contra 76% das pessoas de 18 a 29 anos (Zickuhr e Smith, 2012).

Riqueza, *status* e poder podem não garantir felicidade, mas certamente proporcionam outras formas de lidar com problemas e decepções. Por esse motivo, a oportunidade de avanço – para mobilidade social – tem especial importância para quem está na base da sociedade. As pessoas com recursos limitados querem a chance de obter as recompensas e os privilégios que são concedidos aos membros que estão em posições superiores em uma cultura.

Se quisermos entender melhor as razões para nossas formas de pensar e agir, temos que levar em conta o impacto da classe social. As posições que ocupamos influenciam nosso acesso a recursos materiais, sociais e culturais, que, por sua vez, moldam nossas posições futuras. Existe uma crença segundo a qual quem está disposto a trabalhar muito pode avançar. O princípio da meritocracia – de que conquistamos nossas posições – está no centro dessa fé, representando uma rejeição à aristocracia, na qual as posições são herdadas. Os padrões de classe, no entanto, fazem questionar até onde o princípio e a prática se encontram.

PENSAMENTO SOCIOLÓGICO
Que fatores influenciaram suas chances na vida? Quais os tipos de recursos que você herdou de outros? Que recursos podem ter lhe faltado?

envolva-se!
Dramatize! *Spent* é um jogo de simulação pela internet no qual você perdeu seu emprego e suas poupanças. Onde vai viver? Quais contas vai pagar (ou não)? Consegue chegar ao fim do mês? Experimente em www.playspent.org. O jogo tem a intenção de conscientizar e criar empatia para com os sem-teto.

PARA REVISÃO

I. O que é classe social?
- Assim como escravidão, casta e estamento, classe social é um sistema de estratificação em que pessoas e grupos são classificados, mas ele os situa principalmente com base na posição econômica.

II. Como a classe social opera?
- Três categorias de recursos são fundamentais: materiais (incluindo renda e riqueza), sociais (incluindo redes sociais e prestígio) e culturais (incluindo gostos, educação e conhecimento). O poder tem como base o acesso e o controle sobre esses recursos.

III. Quais são as consequências da classe social?
- Embora os sistemas com base em classe sejam mais abertos do que os outros, nossas chances na vida são influenciadas por nossa posição herdada da classe e pelos recursos materiais, sociais e culturais que a acompanham. Para a maioria das pessoas, a mobilidade social que ocorre, seja em termos de profissão, renda ou riqueza, é relativamente pequena.

Visões **SOCIOLÓGICAS** sobre classe social

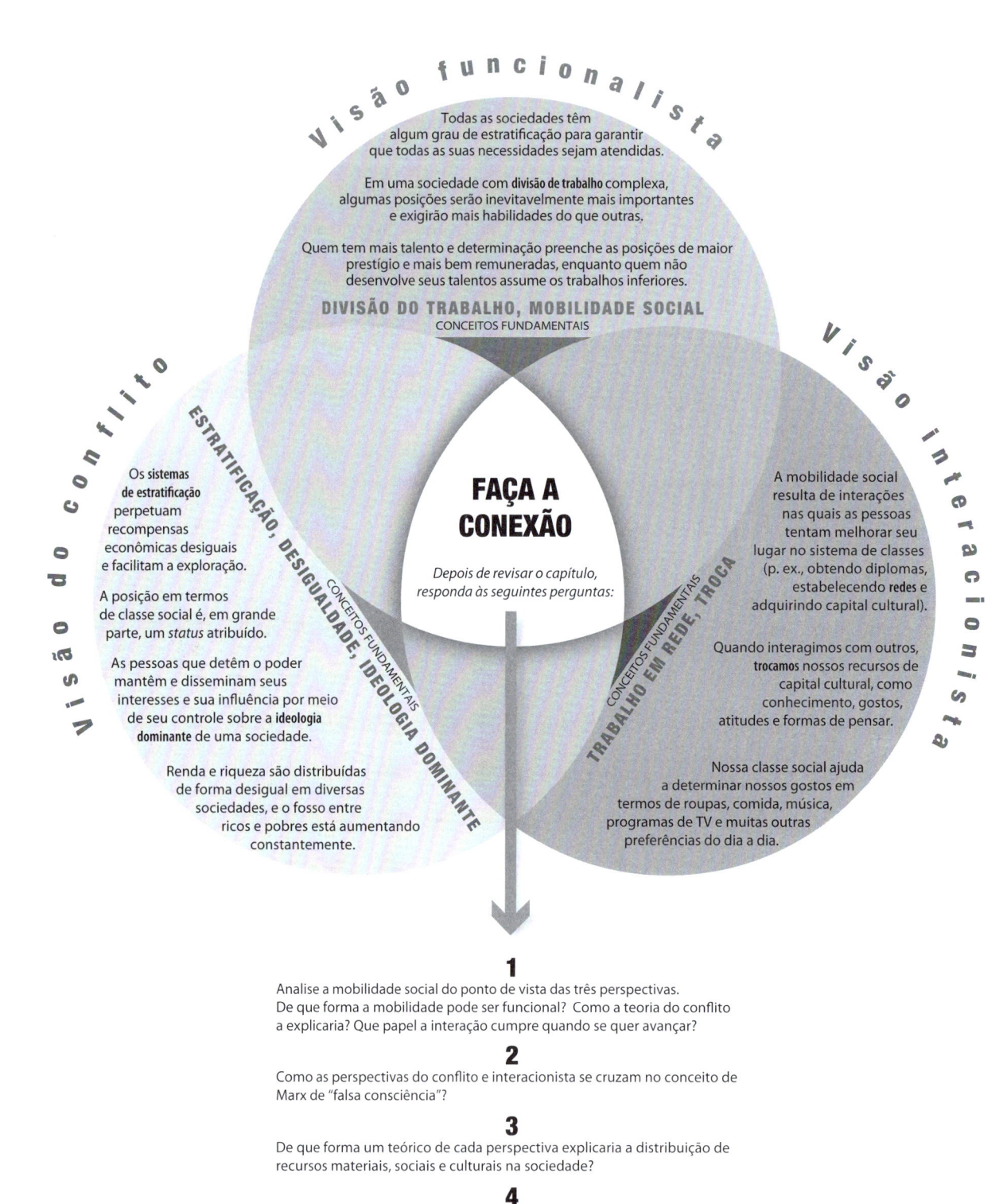

Visão funcionalista

Todas as sociedades têm algum grau de estratificação para garantir que todas as suas necessidades sejam atendidas.

Em uma sociedade com **divisão de trabalho** complexa, algumas posições serão inevitavelmente mais importantes e exigirão mais habilidades do que outras.

Quem tem mais talento e determinação preenche as posições de maior prestígio e mais bem remuneradas, enquanto quem não desenvolve seus talentos assume os trabalhos inferiores.

DIVISÃO DO TRABALHO, MOBILIDADE SOCIAL
CONCEITOS FUNDAMENTAIS

Visão do conflito

Os **sistemas de estratificação** perpetuam recompensas econômicas desiguais e facilitam a exploração.

A posição em termos de classe social é, em grande parte, um *status* atribuído.

As pessoas que detêm o poder mantêm e disseminam seus interesses e sua influência por meio de seu controle sobre a **ideologia dominante** de uma sociedade.

Renda e riqueza são distribuídas de forma desigual em diversas sociedades, e o fosso entre ricos e pobres está aumentando constantemente.

CONCEITOS FUNDAMENTAIS
ESTRATIFICAÇÃO, DESIGUALDADE, IDEOLOGIA DOMINANTE

Visão interacionista

A mobilidade social resulta de interações nas quais as pessoas tentam melhorar seu lugar no sistema de classes (p. ex., obtendo diplomas, estabelecendo **redes** e adquirindo capital cultural).

Quando interagimos com outros, **trocamos** nossos recursos de capital cultural, como conhecimento, gostos, atitudes e formas de pensar.

Nossa classe social ajuda a determinar nossos gostos em termos de roupas, comida, música, programas de TV e muitas outras preferências do dia a dia.

CONCEITOS FUNDAMENTAIS
TRABALHO EM REDE, TROCA

FAÇA A CONEXÃO

Depois de revisar o capítulo, responda às seguintes perguntas:

1
Analise a mobilidade social do ponto de vista das três perspectivas. De que forma a mobilidade pode ser funcional? Como a teoria do conflito a explicaria? Que papel a interação cumpre quando se quer avançar?

2
Como as perspectivas do conflito e interacionista se cruzam no conceito de Marx de "falsa consciência"?

3
De que forma um teórico de cada perspectiva explicaria a distribuição de recursos materiais, sociais e culturais na sociedade?

4
Pense em suas próprias "chances na vida". Qual perspectiva (ou perspectivas) ajuda a ver fatores que influenciaram suas oportunidades e resultados?

Pop Quiz

1. **Desigualdade social é**
   a. a classificação estruturada de grupos inteiros de pessoas que perpetua recompensas econômicas desiguais e poder em uma sociedade.
   b. a classificação social com base principalmente na posição econômica.
   c. a reputação positiva ou negativa que um indivíduo tem aos olhos dos outros.
   d. uma condição na qual os membros da sociedade têm quantidades diferentes de riqueza, prestígio ou poder.

2. **O sistema de estratificação em que classificações hereditárias costumam ser religiosamente ditadas é o**
   a. sistema de classes.
   b. sistema de estamentos.
   c. sistema de castas.
   d. sistema escravista.

3. **Um encanador cujo pai era um médico é um exemplo de**
   a. mobilidade intergeracional descendente.
   b. mobilidade intergeracional ascendente.
   c. mobilidade intrageracional descendente.
   d. mobilidade intrageracional ascendente.

4. **Segundo Karl Marx, a classe que detém os meios de produção é**
   a. a nobreza.
   b. o proletariado.
   c. a dos brâmanes.
   d. a burguesia.

5. **Qual dos seguintes era considerado por Max Weber como distintos componentes da estratificação?**
   a. Conformidade, desvio e controle social
   b. Classe, *status* e partido
   c. Classe, casta e idade
   d. Classe, prestígio e estima

6. **Segundo Pierre Bourdieu, nossos gostos, nossa educação, nossa forma de falar e as coisas de que gostamos representam formas de**
   a. capital social.
   b. respeito.
   c. capital cultural.
   d. inteligência.

7. **O termo que os sociólogos usam para descrever várias medidas de posição social, incluindo renda, educação e ocupação, é**
   a. prestígio.
   b. respeito.
   c. nível socioeconômico.
   d. classificação.

8. **Aproximadamente quanta riqueza tem o 1% de famílias mais ricas nos Estados Unidos?**
   a. 13%
   b. 36%
   c. 48%
   d. 87%

9. **Aproximadamente qual porcentagem da população dos Estados Unidos vivia na pobreza em 2009?**
   a. 3,3%
   b. 8,5%
   c. 15,1%
   d. 23,4%

10. **Que termo os sociólogos usam para descrever as oportunidades que as pessoas têm de proporcionar a si próprias bens materiais, condições de vida positivas e experiências de vida favoráveis?**
    a. Respeito
    b. Riqueza
    c. Mobilidade social
    d. Chances na vida

1. (d); 2. (c); 3. (a); 4. (d); 5. (b); 6. (c); 7. (c); 8. (b); 9. (c); 10. (d).

11

DESIGUALDADE

O QUE ESTÁ POR VIR

266 O fosso global
268 Perspectivas sobre a estratificação global
274 A estratificação no mundo
283 Direitos humanos universais

LUTANDO PARA SOBREVIVER EM UM MUNDO DE ABUNDÂNCIA

No verão de 2011, a Somália, o Sudão do Sul, a Etiópia e o Quênia, países do leste da África, estavam em meio à pior fome vivida na África em 60 anos. Mais de 12 milhões de pessoas enfrentavam grave escassez de alimentos, e centenas de milhares delas buscaram ajuda em vários acampamentos estabelecidos para prestar assistência humanitária. Só no sul da Somália, estima-se que mais de 29 mil crianças menores de 5 anos tenham morrido de maio a julho (Gettleman, 2011; Muhumed, 2011). Apesar da gravidade da crise, e mesmo que muitas outras pessoas tenham sido afetadas, as doações para os serviços de assistência foram substancialmente baixas em comparação com outras crises internacionais, como o *tsunami* no Oceano Índico, em 2004, o furacão Katrina, em 2005, e o terremoto no Haiti, em 2010 (Strom, 2011).

Apesar de crises como essas poderem conscientizar sobre o nível de desigualdade global, a luta diária para encontrar comida é um problema de longo prazo e permanente no mundo todo. No Haiti, por exemplo, antes mesmo do enorme terremoto de 2010, três quartos da população viviam com menos de dois dólares por dia. Indivíduos como Georges Jean Wesner se levantavam todos os dias às 4 da manhã para caminhar 2 horas e pegar dois baldes pequenos de arroz e feijão de uma instituição de caridade – a única fonte disponível de alimento para sua família. Não há empregos disponíveis por meio dos quais se possa ganhar a vida. Alguns até recorreram a tortas feitas de lama, óleo e açúcar, dos quais Olwich Louis Jeune, de 24 anos, diz: "É salgado e tem manteiga, e você não sabe que está comendo poeira [...]. Acalma o estômago" (Lacey, 2008; Williams, 2008).

Sociologicamente, para compreender problemas como esses, é preciso enxergar além da falta de chuvas e da disponibilidade local de alimentos, para entender por que as pessoas estão morrendo de fome. Devemos incluir análises dos sistemas políticos e econômicos que afetam a disponibilidade de recursos. Como afirmou Dominique Strauss-Kahn, ex-diretor-gerente do Fundo Monetário Internacional (FMI), durante uma crise de alimentos anterior: "Há comida suficiente para alimentar o mundo [...] o problema é que os preços subiram e muitas pessoas não podem comprá-la. Por isso, precisamos levar a comida – ou o dinheiro para comprá-la – aos mais necessitados" (FMI, 2008). Em outras palavras, produzimos o suficiente no mundo para que todos possam ter o suficiente, mas não alocamos recursos de forma que as pessoas que hoje enfrentam a fome possam ter acesso aos alimentos de que necessitam para sobreviver.

GLOBAL

À medida que você for LENDO

>>
- Como o fosso global se desenvolveu?
- Qual a importância da estratificação global?
- Por que o movimento global pelos direitos humanos universais se desenvolveu?

>>O fosso global

Quando se trata de recursos, o fosso global é imenso. Milhões de pessoas lutam no limite da sobrevivência, mesmo quando outras levam uma vida de relativo conforto e lazer ao redor do mundo. Alguns séculos atrás, a maioria das pessoas era pobre. Havia uma divisão substancial entre os poucos que eram extremamente ricos e os muitos que não tinham recursos significativos, e não havia muita classe média entre a nobreza e os camponeses. Em grande parte da Europa, a vida era tão difícil quanto na Ásia ou na América do Sul. Foi assim até a Revolução Industrial, e o aumento da produtividade agrícola resultou em um crescimento econômico explosivo. No entanto, o aumento dos padrões de vida que se seguiu não foi distribuído uniformemente em todo o mundo.

Temos uma ideia da distribuição global de recursos e suas consequências ao olharmos as diferenças entre os países em desenvolvimento e as nações industrializadas. Por exemplo, a probabilidade de lidar com a morte de um filho ou com o fardo da doença é muito maior para quem vive em países em desenvolvimento. As pessoas que moram nas nações industriais do mundo, mesmo que sejam uma parcela muito menor da população total, têm rendas muito mais elevadas e muito mais exportações do que as de nações em desenvolvimento. Elas também são mais saudáveis, vivem mais e têm mais segurança devido aos gastos com saúde e militares desses países (Sachs, 2005a; Sutcliffe, 2002). Como veremos, o fosso entre os países em termos de renda, riqueza, pobreza e mobilidade social também é grande.

A renda média varia muito entre os países ao longo de um *continuum* que vai dos mais ricos em recursos econômicos aos mais pobres. O contraste entre os que estão no topo e os que estão embaixo é gritante. Por exemplo, em 2010, a renda nacional bruta *per capita* (o valor total dos bens e serviços

Antes de terminar o café da manhã, você já dependeu de mais da metade do mundo.

Martin Luther King, Jr.

Renda nacional bruta *per capita*

Renda nacional bruta *per capita*
- Renda baixa (999 dólares ou menos)
- Renda média baixa (1.000 a 3.999 dólares)
- Renda média alta (4.000 a 12.399 dólares)
- Renda alta (12.400 dólares ou mais)
- Dados não disponíveis

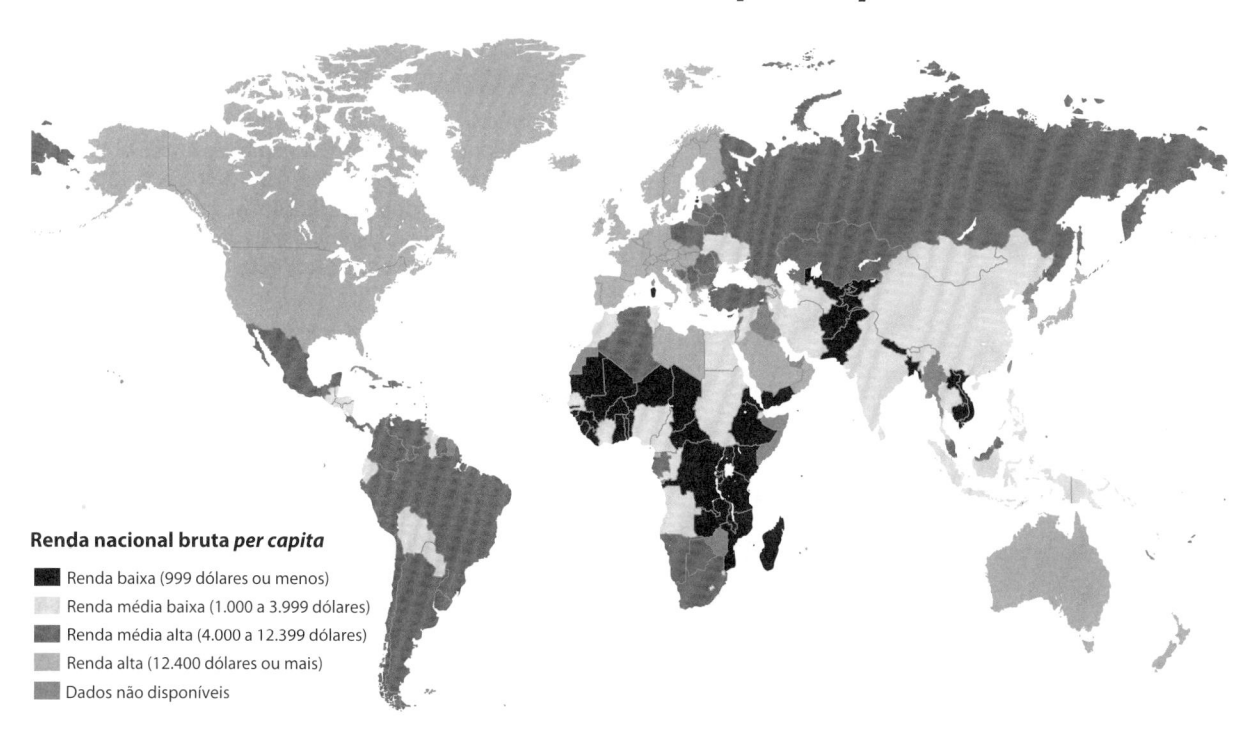

Observação: Todos os dados são de 2010, com exceção de Barbados, Burkina Faso, República Dominicana, Grécia, Honduras, Irlanda, Liechtenstein, Mianmar, Namíbia, Noruega, Federação Russa, St. Lucia, Seychelles e Uzbequistão, que são de 2009.
Fonte: World Bank, 2012b.

GLOBALIZANDO

Medindo a desigualdade global

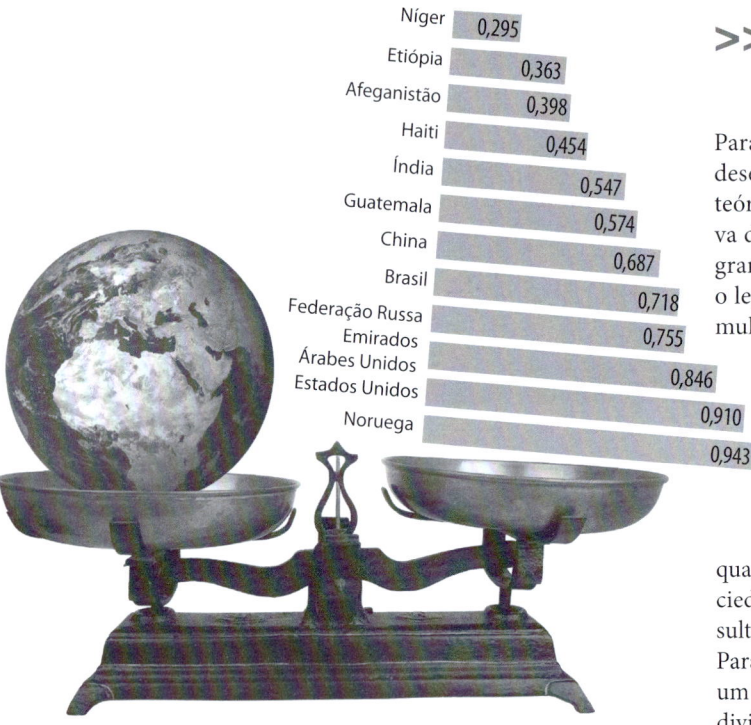

País	Índice
Níger	0,295
Etiópia	0,363
Afeganistão	0,398
Haiti	0,454
Índia	0,547
Guatemala	0,574
China	0,687
Brasil	0,718
Federação Russa	0,755
Emirados Árabes Unidos	0,846
Estados Unidos	0,910
Noruega	0,943

Observação: O Índice de Desenvolvimento Humano combina dados sobre saúde, educação e renda para fornecer uma fotografia de cada um dos 187 países. As pontuações variam de 0 a 1. Estes dados são de 2011.

produzidos por cidadão) nos países industrializados, como Estados Unidos, Canadá, Suíça, França e Noruega, era de mais de 40 mil dólares.

Em comparação, mais de 30 países, incluindo Malaui, Etiópia, Nepal, Ruanda e Afeganistão, tinham uma renda nacional bruta *per capita* de menos de 1 mil dólares (World Bank, 2012b).

>>Perspectivas sobre a estratificação global

Para entender melhor como o sistema global de hoje se desenvolveu e como suas diversas partes se encaixam, os teóricos recuaram para olhar o mundo de uma perspectiva de cima para baixo, em nível macro. Trataremos de três grandes áreas de análise: o surgimento da modernização, o legado do colonialismo e o crescimento das corporações multinacionais.

O SURGIMENTO DA MODERNIZAÇÃO

Muitos dos primeiros sociólogos pressupunham que a sociedade estava progredindo em direção a um futuro positivo comum. Foi o caso tanto de Karl Marx quanto de Émile Durkheim, que acreditavam que todas as sociedades acabariam evoluindo por um caminho comum, resultando em alguma versão compartilhada da boa sociedade. Para Durkheim, isso significava uma sociedade futura com um equilíbrio natural entre interdependência e liberdade individual; para Marx, significava alguma forma de socialismo. Max Weber não era tão esperançoso, embora acreditasse que todas as sociedades avançariam para uma forma racional-legal de autoridade.

> **PENSAMENTO** SOCIOLÓGICO
>
> Os primeiros sociólogos eram otimistas, considerando a mudança social positiva como inevitável. Até que ponto você acha que as pessoas de hoje compartilham essa visão sobre a ascensão inevitável da boa sociedade? Como o cinismo em relação à possibilidade de mudança pode contribuir para a manutenção do *status quo*?

Esta noção de que o presente é superior ao passado, com suas pequenas tiranias e superstições irracionais, e que o futuro nos uniria a todos influenciou o modo como as pessoas viam o mundo em grande parte do século XX. Muitas pessoas supunham que, pela **modernização**, as nações passariam das formas tradicionais de organização social para formas características das sociedades pós-Revolução Industrial. Entre as características dessas sociedades estão uma divisão do trabalho complexa, na qual a mão de obra é especializada; a separação de instituições como família, economia, governo, educação e religião em esferas especializadas, cada uma com seus próprios especialistas; o declínio da orientação local e o surgimento de uma orientação social ou global; o surgimento da tomada de decisões racional na esfera pública e um declínio correspondente na autoridade pú-

THE PROGRESS OF THE CENTURY.
THE LIGHTNING STEAM PRESS.   THE ELECTRIC TELEGRAPH.   THE LOCOMOTIVE.   THE STEAMBOAT.

blica religiosa, e a difusão da diversidade cultural, à medida que mais pessoas de diferentes origens entram em contato, e um crescimento correspondente no igualitarismo como valor que assume essa diversidade (Bruce, 2000).

De acordo com os teóricos da modernização, países como China e Índia estão no processo de se tornarem sociedades modernas. Mesmo que a transição do tradicional ao moderno seja difícil para muitas pessoas, o pressuposto é de que elas vão se beneficiar dela no longo prazo. Nos Estados Unidos e na Europa, os habitantes experimentaram deslocamento e pobreza semelhantes nos primeiros anos da Revolução Industrial, para só depois levarem uma vida mais confortável, e o mesmo futuro aguarda as pessoas nos países em desenvolvimento (Lipset, 1959).

Os críticos da perspectiva da modernização sugerem que termos como *modernização* e mesmo *desenvolvimento* contêm um viés etnocêntrico. Eles afirmam que o modelo traz um pressuposto implícito de que as pessoas desses países são mais "primitivas" e que a cultura ocidental moderna é mais avançada e mais "civilizada". A suposição não declarada é de que o que "eles" (pessoas que vivem nos países em desenvolvimento) realmente querem é se tornar mais como "nós" (pessoas que moram nos países industrializados modernos). A partir dessa perspectiva, "eles" querem "nosso" desenvolvimento econômico e "nossos" valores culturais, incluindo democracia, liberdade e consumismo. Essa modernização, de acordo com os críticos, representa uma forma de imperialismo cultural. Muitos grupos ao redor do mundo rejeitam esse caminho de modernização, vendo esse "desenvolvimento" como um ataque a seu modo de vida e uma ameaça a seus valores e normas (Césaire, 1972).

modernização Processo amplo pelo qual as nações passariam das formas tradicionais de organização social a formas características das sociedades pós-Revolução Industrial.

colonialismo Manutenção de dominação política, social, econômica e cultural sobre um povo, por uma potência estrangeira, durante um período prolongado.

O LEGADO DO COLONIALISMO

Outra perspectiva com relação à modernização considera o colonialismo um modelo para uma melhor compreensão da expansão de nosso mundo interconectado. O **colonialismo** ocorre quando uma potência estrangeira mantém dominação política, social, econômica e cultural sobre um povo, por um período prolongado. Em termos simples, esse povo é governado por gente de fora. O longo reinado do Império Britânico em grande parte da América do Norte, partes da África e Índia, é um exemplo de dominação colonial, assim como o império ultramarino português, do qual o Brasil era colônia.

O mesmo se pode dizer do domínio francês sobre a Argélia, a Tunísia e outras partes do norte da África. Os teóricos

SOCIOLOGIA POPULAR

Quando se trata de retratos da mídia norte-americana sobre pessoas do mundo, frequentemente vemos os estereótipos negativos sendo reforçados, perpetuando um sentimento de superioridade cultural dos Estados Unidos. Em uma análise de mais de mil filmes, o professor de comunicação Jack Shaheen (2006, 2009) constatou que apenas 5% dos personagens árabes e muçulmanos eram apresentados por um prisma positivo. Os árabes eram repetidamente caricaturados como vilões, palhaços, devassos, incompetentes e terroristas. Por exemplo, Shaheen argumenta que *Aladdin*, da Disney, recicla estereótipos árabes, descrevendo a cidade fictícia de Agrabah como bárbara, mas lar do personagem. A boa notícia, segundo ele, é que as representações positivas aumentaram para cerca de 30%, graças a filmes como *Syriana* e *Babel*.

dessa perspectiva sustentam que as relações entre a nação colonial e os povos colonizados são semelhantes àquelas entre a classe capitalista dominante e o proletariado, como descrito por Marx (Fanon, 1963).

Na década de 1980, esses impérios políticos globais tinham praticamente desaparecido. A maioria dos países que haviam sido colônias antes da Primeira Guerra Mundial tinha alcançado a independência política e estabelecido seus próprios governos. No entanto, para muitos desses países, a transição para um verdadeiro autogoverno ainda não estava completa. A dominação colonial havia estabelecido os padrões de exploração econômica que continuaram mesmo após a conquista da condição de nações – em parte porque as ex-colônias não conseguiram desenvolver indústria e tecnologia próprias. Sua dependência em relação aos países mais industrializados, incluindo seus antigos senhores coloniais, para obter experiência administrativa e técnica, capital de investimento e bens manufaturados manteve as antigas colônias em uma posição subserviente. Essa dependência contínua e a dominação estrangeira são chamadas de **neocolonialismo**.

O sociólogo Immanuel Wallerstein (2000, 2004, 2010) considera o sistema econômico global dividido entre os países que controlam a riqueza e aqueles de onde os recursos são tirados. Por meio de sua **análise do sistema-mundo**, Wallerstein descreveu as relações econômicas e políticas desiguais pelas quais certos países industrializados (entre eles Estados Unidos, Japão e Alemanha) e suas corporações globais dominam o núcleo do sistema. Na semiperiferia estão países com situação econômica marginal, como China, Irlanda e Índia. Wallerstein sugere que os países pobres em desenvolvimento da Ásia, da África e da América Latina estão na periferia do sistema econômico mundial. A chave para a análise de Wallerstein é a relação de exploração dos países centrais para com os não centrais. Os países centrais e suas corporações controlam e exploram as economias dos não centrais. Ao contrário de outros países, eles são relativamente independentes de controle externo (Hardt e Negri, 2009).

A divisão entre nações centrais e periféricas é significativa e muito estável. Um estudo do FMI (2000) encontrou poucas mudanças ao longo do século passado nas 42 economias estudadas. As únicas mudanças foram a passagem do Japão ao grupo dos países centrais e o movimento da China em direção às margens das nações semiperiféricas, um declínio que talvez tenha sido revertido nos últimos anos devido a alterações econômicas do país. No entanto, Wallerstein (2000, 2010) especula que o sistema-mundo como o entendemos atualmente poderá sofrer alterações imprevisíveis em breve. O mundo está se tornando cada vez mais urbanizado – uma tendência que está gradualmente eliminando os grandes grupos de trabalhadores de baixo custo em áreas rurais.

No futuro, os países centrais terão de encontrar outras maneiras de reduzir seus custos de mão de obra. O esgotamento dos recursos de terra e água em função do desmatamento e da poluição também está elevando os custos de produção.

neocolonialismo Dependência contínua por parte das ex-colônias da dominação estrangeira.

análise do sistema-mundo Visão do sistema econômico global como dividido entre certos países industrializados, que controlam a riqueza, e os países em desenvolvimento, que são controlados e explorados.

Análise do sistema-mundo no início do século XXI

ESTUDOS sociológicos

Centro
Canadá
França
Alemanha
Japão
Reino Unido
Estados Unidos

Semiperiferia
China
Índia
Irlanda
México
Paquistão
Panamá

Periferia
Afeganistão
Bolívia
Chade
República Dominicana
Egito
Haiti
Filipinas
Vietnã

Observação: A figura mostra apenas uma lista parcial de países.

Índice Big Mac

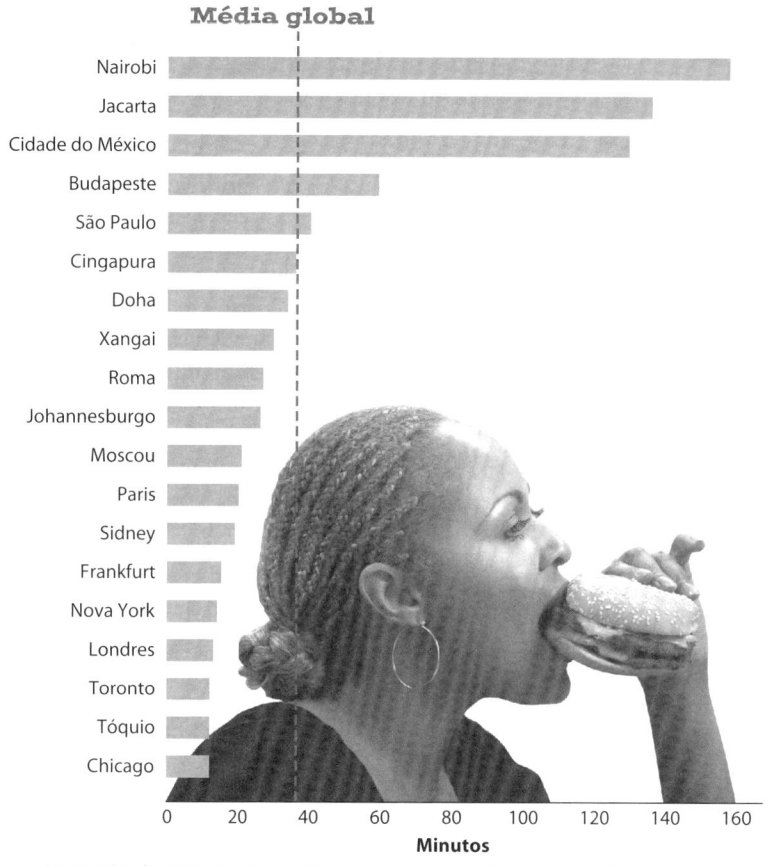

Média global

Cidade	Minutos (aprox.)
Nairobi	158
Jacarta	136
Cidade do México	129
Budapeste	59
São Paulo	40
Cingapura	36
Doha	35
Xangai	30
Roma	24
Johanesburgo	22
Moscou	22
Paris	20
Sidney	18
Frankfurt	17
Nova York	16
Londres	15
Toronto	14
Tóquio	12
Chicago	12

Observação: Número de minutos que um trabalhador com um salário líquido médio leva para ganhar o suficiente para comprar um Big Mac, março de 2009.

Fonte: http://www.economist.com/daily/chartgallery/displayStory.cfm?story_id=14288808 e http://boingboing.net/2009/08/21/how-many-minutes-do.html.

A análise do sistema-mundo de Wallerstein é a versão mais usada da **teoria da dependência**. Segundo essa teoria, mesmo quando fazem avanços econômicos, os países em desenvolvimento permanecem fracos e subservientes a países e empresas centrais em uma economia global cada vez mais interligada. Essa interdependência permite aos países industrializados continuar a explorar os países em desenvolvimento para seu próprio benefício.

De acordo com a análise do sistema-mundo e a teoria da dependência, uma parcela crescente dos recursos humanos e naturais dos países em desenvolvimento está sendo redistribuída para as nações centrais industrializadas. Essa redistribuição acontece em parte porque os países em desenvolvimento devem enormes somas em dinheiro aos países industrializados, como resultado de ajuda externa, empréstimos e déficits comerciais. A crise da dívida global intensificou a dependência do Terceiro Mundo enraizada no colonialismo, no neocolonialismo e nos investimentos multinacionais. As instituições financeiras internacionais estão pressionando os países endividados a tomar medidas severas para cumprir seus pagamentos de juros. O resultado é que os países em desenvolvimento podem ser forçados a desvalorizar suas moedas, congelar os salários dos trabalhadores, aumentar a privatização da indústria e reduzir os serviços prestados pelo governo e o emprego público.

Essas tendências fazem parte do processo mais amplo de *globalização* – uma integração mundial de políticas governamentais, culturas, movimentos sociais e mercados financeiros por meio do comércio e da troca de ideias. Como as forças dos mercados financeiros mundiais transcendem a governança pelos estados-nação convencionais, as organizações internacionais, como o Banco Mundial e o FMI, surgiram como grandes atores da economia global. A função dessas instituições, que são altamente financiadas e influenciadas pelos países centrais, é incentivar o comércio e o desenvolvimento e garantir o bom funcionamento dos mercados financeiros internacionais. Como tais, são consideradas promotoras da globalização e defensoras principalmente dos interesses dos países centrais. Os críticos chamam a atenção para uma variedade de questões relacionadas, incluindo violações dos direitos dos trabalhadores, destruição do meio ambiente, perda da identidade cultural e discriminação contra grupos minoritários nos países periféricos.

O CRESCIMENTO DAS CORPORAÇÕES MULTINACIONAIS

No mundo inteiro, gigantes corporativos têm desempenhado um papel fundamental na ascensão da globalização. A expressão **corporações multinacionais** refere-se a organizações comerciais que têm sede em um país, mas fazem negócios em todo o mundo. Essas relações privadas comerciais e de crédito não são novas; os comerciantes fazem negócios em outros países há centenas de anos, negociando pedras preciosas, especiarias, roupas e outros bens. As multinacionais gigantes de hoje não estão apenas comprando e vendendo no exterior; elas também estão produzindo bens em todo o mundo (Wallerstein, 1974, 2004). Por intermédio da desindustrialização, os executivos também realocaram empregos produtivos em todo o mundo.

> **teoria da dependência** Abordagem que afirma que os países industrializados continuam explorando os países em desenvolvimento para seu próprio benefício.
>
> **corporação multinacional** Organização comercial que tem sede em um país, mas faz negócios em todo o mundo.

> **PENSAMENTO** SOCIOLÓGICO
>
> Cada vez mais, competimos com trabalhadores de todo o mundo por empregos. Qual foi o impacto que o aumento da globalização teve sobre as perspectivas de emprego em sua comunidade e seu país?

GLOBALIZANDO

Corporações multinacionais comparadas com países

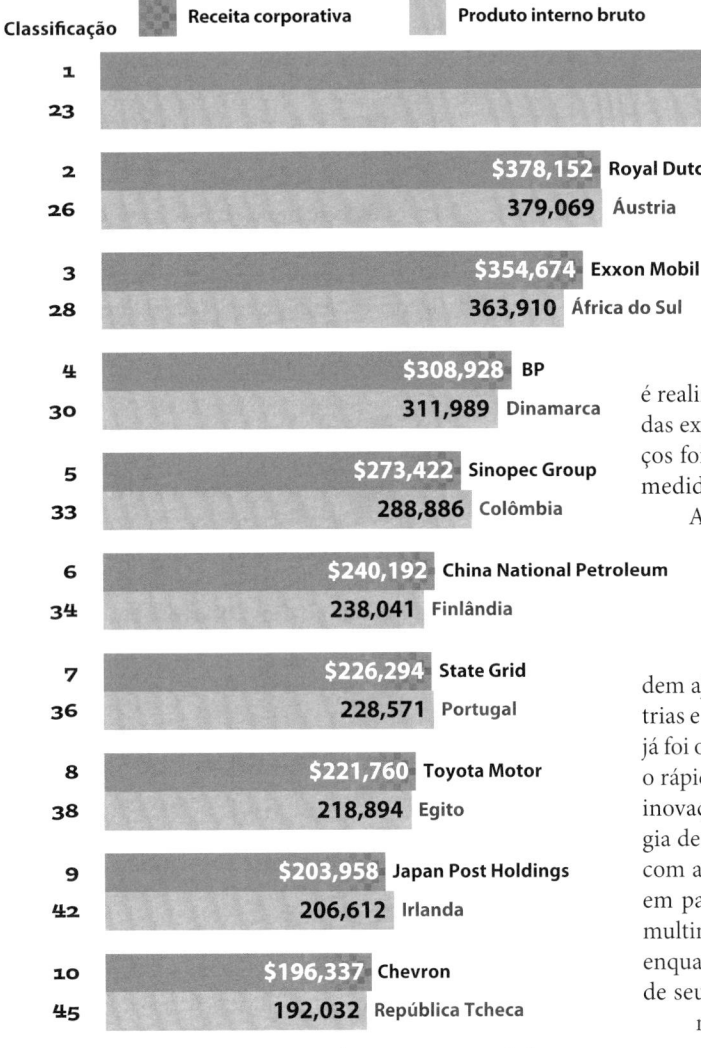

Classificação	Receita corporativa / Produto interno bruto (Milhões de dólares)	
1	$421.849	Lojas Wal-Mart
23	434.666	Arábia Saudita
2	$378.152	Royal Dutch Shell
26	379.069	Áustria
3	$354.674	Exxon Mobil
28	363.910	África do Sul
4	$308.928	BP
30	311.989	Dinamarca
5	$273.422	Sinopec Group
33	288.886	Colômbia
6	$240.192	China National Petroleum
34	238.041	Finlândia
7	$226.294	State Grid
36	228.571	Portugal
8	$221.760	Toyota Motor
38	218.894	Egito
9	$203.958	Japan Post Holdings
42	206.612	Irlanda
10	$196.337	Chevron
45	192.032	República Tcheca

Observação: As empresas estão associadas a países de tamanho comparável. As somas em dólares estão em milhões.
Fonte: Para dados corporativos, Fortune, 2011; para os dados do PIB, World Bank, 2012c.

belecer serviços de reserva e centros de processamento de dados e sinistros de seguros nos países periféricos.

À medida que as indústrias de serviços ganham importância no mercado internacional, muitas empresas estão concluindo que os baixos custos das operações no exterior mais do que compensam a despesa de transmissão de informação em todo o mundo.

Essas corporações multinacionais são enormes, e suas receitas totais equivalem ao valor total de bens e serviços trocados em nações inteiras. As vendas externas representam uma importante fonte de lucro para as empresas multinacionais, incentivando-as a se expandir para outros países (em muitos casos, às nações em desenvolvimento). A economia dos Estados Unidos é muito dependente do comércio exterior, grande parte do qual é realizado por multinacionais. Em 2010, o valor combinado das exportações do país com as importações de bens e serviços foi o equivalente a 28,6% da produção econômica total, medida pelo Produto Interno Bruto (Bureau of Economic Analysis, 2011).

Modernização Em sintonia com a abordagem da modernização, alguns analistas acreditam que a relação entre a empresa e o país em desenvolvimento é mutuamente benéfica. As empresas multinacionais podem ajudar os países em desenvolvimento ao levarem indústrias e empregos para áreas onde a agricultura de subsistência já foi o único meio de sobrevivência. Elas também promovem o rápido desenvolvimento mediante a difusão de invenções e inovações das nações industriais. A combinação da tecnologia de ponta e da gestão proporcionada pelas multinacionais com a mão de obra relativamente de baixo custo disponível em países em desenvolvimento beneficia a corporação. As multinacionais podem tirar o máximo proveito da tecnologia enquanto reduzem os custos e aumentam os lucros. Por meio de seus laços internacionais, elas também tornam os países mais interdependentes. Esses laços podem inibir certas disputas para que não alcancem o ponto de conflito grave. Um país não pode se dar ao luxo de cortar relações diplomáticas ou se envolver em guerra com outro que seja sede de seus principais fornecedores ou um mercado fundamental para suas exportações.

Dependência Os críticos da expansão multinacional questionam essa avaliação favorável sobre o impacto das corporações. Eles argumentam que as multinacionais exploram os trabalhadores locais para maximizar os lucros. Por exemplo, a Starbucks – o varejista internacional de café com sede em Seattle – obtém parte de seus grãos de café de fazendas na Etiópia. A empresa vendia seu café "Black Apron Exclusives" em uma sofisticada caixa preta por 50 dólares o quilo, mas pagava 66 centavos por dia aos trabalhadores etíopes que colhiam os grãos (Knudson, 2007).

O conjunto da mão de obra de baixo custo em países em desenvolvimento leva as multinacionais a mudar as fábricas

---

PENSAMENTO SOCIOLÓGICO

As corporações multinacionais tornaram-se tão grandes que têm mais recursos econômicos do que alguns países. Que consequências surgem do fato de elas poderem mudar sua sede, seus escritórios e suas instalações produtivas para qualquer lugar do mundo? Como isso pode afetar o poder político de um país?

Cada vez mais, não são apenas os empregos produtivos que estão sendo realocados. As fábricas globais de hoje podem agora ter seu "escritório global" junto delas. As multinacionais sediadas em países centrais estão começando a esta-

para fora dos países centrais. Os trabalhadores nesses países em desenvolvimento não têm os mesmos tipos de proteções legais e também carecem de sindicatos para lutar em seu nome. Nos países industrializados, os trabalhadores organizados insistem em salários decentes e condições de trabalho humanas, mas os governos que procuram atrair ou manter as multinacionais podem desenvolver um "clima para o investimento", incluindo as leis repressivas antitrabalhistas que restrinjam a atividade sindical e a negociação coletiva. Se as demandas dos trabalhadores tornam-se ameaçadoras demais, a empresa multinacional vai simplesmente mudar sua fábrica para outro lugar, deixando para trás um rastro de desemprego. A Nike, por exemplo, mudou suas fábricas dos Estados Unidos para a Coreia, a Indonésia e o Vietnã, em busca de custos trabalhistas menores.

Os trabalhadores dos Estados Unidos e de outros países centrais estão começando a reconhecer que seus próprios interesses são servidos quando eles ajudam a organizar os trabalhadores em países em desenvolvimento. Enquanto puderem explorar mão de obra de baixo custo no exterior, as multinacionais estarão em uma posição forte para reduzir salários e benefícios nos países industrializados. Com isso em mente, a partir da década de 1990, sindicatos, organizações religiosas, grupos estudantis e outros ativistas começaram a montar campanhas de relações públicas para pressionar empresas como Nike, Starbucks, Reebok, Gap e Wal-Mart para que melhorassem salários e condições de trabalho em suas operações no exterior (Radovich, 2006; Solidarity Center, 2009).

Os sociólogos que estudam os efeitos do investimento estrangeiro das multinacionais descobriram que, embora inicialmente possa contribuir para a riqueza do país que o recebe, esse investimento acaba por aumentar a desigualdade econômica dentro das nações em desenvolvimento. A constatação é válida para renda e propriedade. As classes média e alta são as que mais se beneficiam da expansão econômica; as classes mais baixas têm menor probabilidade de se beneficiar. E como as multinacionais investem em setores econômicos limitados e regiões restritas de um país, apenas alguns setores se beneficiam. A expansão desses setores da economia do país receptor, como hotéis e restaurantes de alto padrão, parece retardar o crescimento na agricultura e em outros setores da economia.

Além disso, as corporações multinacionais costumam comprar ou forçar a saída de empresários e empresas locais, aumentando a dependência econômica e cultural (Kerbo, 2009; Wallerstein, 1979b, 2004).

Os governos de países em desenvolvimento nem sempre estão preparados para lidar com o súbito afluxo de capital estrangeiro e seus efeitos sobre suas economias. Um exemplo particularmente impressionante de como o capitalismo sem controles pode prejudicar os países em desenvolvimento está na República Democrática do Congo (ex-Zaire). O Congo tem depósitos significativos do metal columbita-tantalita – conhecido como coltan – que é usado na produção de placas de circuitos eletrônicos. Até o mercado de telefones celulares, *pagers* e computadores portáteis esquentar recentemente, os fabricantes norte-americanos obtinham a maior parte de seu coltan da Austrália. Contudo, no auge da demanda de consumo, eles recorreram a mineradores do Congo para aumentar sua oferta.

Previsivelmente, o preço crescente do metal – até 400 dólares por quilo em um momento, ou mais de três vezes o salário anual do trabalhador congolês médio – atraiu atenção indesejável. Em pouco tempo, os países vizinhos de Ruanda, Uganda e Burundi, em guerra entre si e desesperados por recursos para financiar o conflito, estavam invadindo os parques nacionais do Congo, desmatando e queimando para trazer à tona o coltan que estava debaixo do solo da floresta. Em 2010, o Congresso dos Estados Unidos aprovou a Lei Dodd-Frank, que inclui uma disposição que exige que as indústrias revelem se usaram algum "mineral de conflito", incluindo coltan, cassiterita, ouro, volfrâmio ou seus derivados, provenientes da República Democrática do Congo ou de países adjacentes. Segundo um relatório da Organização das Nações Unidas (ONU), o resultado foi mudanças na maneira como as empresas e o governo operam no Congo (Lezhnev, 2011; Wyatt, 2012).

>>A estratificação no mundo

Como sugerem esses investimentos econômicos das multinacionais, ao mesmo tempo em que a distância entre nações ricas e pobres está aumentando, a distância entre os cidadãos ricos e pobres também aumenta dentro dos países. Como discutido anteriormente, a estratificação nos países em desenvolvimento está intimamente relacionada à sua posição relativamente fraca e dependente da economia global. As elites locais trabalham lado a lado com empresas multinacionais e prosperam a partir dessas alianças. Ao mesmo tempo, o sistema econômico cria e perpetua a exploração dos trabalhadores industriais e agrícolas.

RENDA E RIQUEZA

A desigualdade global é impressionante. Como mostram os gráficos, as diferenças de riqueza e renda entre os que têm e os que não têm são substanciais.

Fatias percentuais da riqueza familiar global, 2011

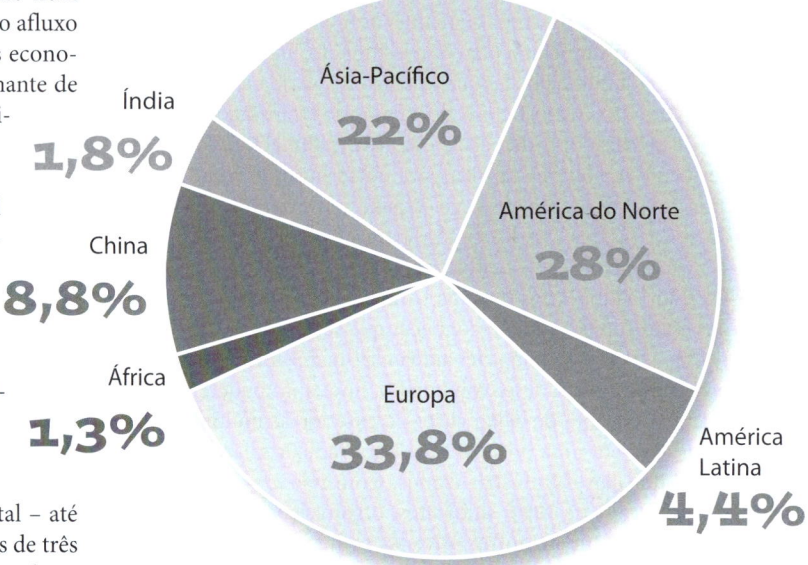

- Índia: 1,8%
- China: 8,8%
- África: 1,3%
- Ásia-Pacífico: 22%
- América do Norte: 28%
- Europa: 33,8%
- América Latina: 4,4%

Fonte: Davies et al., 2011: Tabela 2-4.

Distribuição quintil da renda em países selecionados

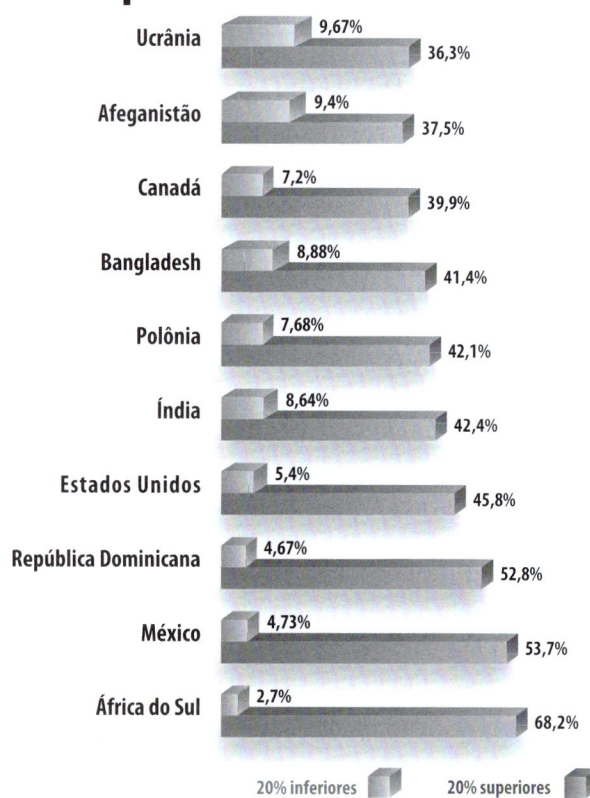

País	20% inferiores	20% superiores
Ucrânia	9,67%	36,3%
Afeganistão	9,4%	37,5%
Canadá	7,2%	39,9%
Bangladesh	8,88%	41,4%
Polônia	7,68%	42,1%
Índia	8,64%	42,4%
Estados Unidos	5,4%	45,8%
República Dominicana	4,67%	52,8%
México	4,73%	53,7%
África do Sul	2,7%	68,2%

Observação: Porcentagem de rendimentos obtidos pelos quintos superiores e inferiores. Os dados são do ano mais recente disponível.
Fonte: World Bank, 2012d, 2012e.

Quantidade de riqueza mantida pelos 10% mais ricos

Fonte: Davies et al., 2011.

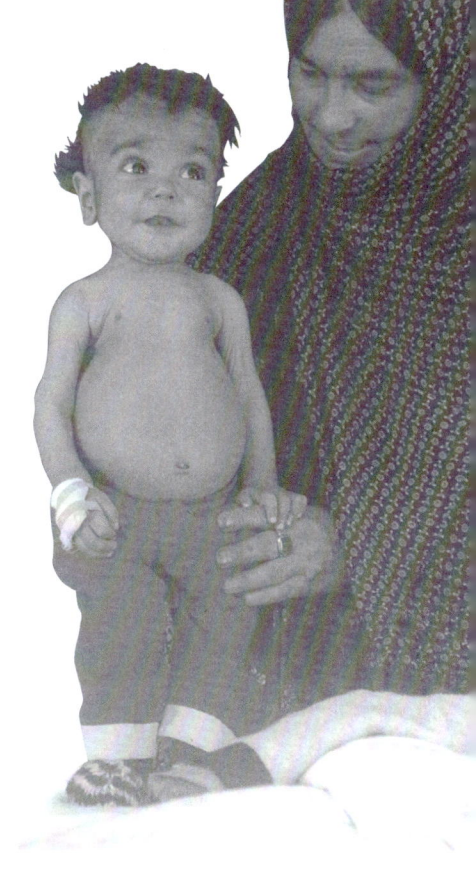

País	10% mais ricos	90% menos ricos
Suécia	72,0%	28,0%
Estados Unidos	71,5%	28,5%
Indonésia	65,4%	34,6%
Irlanda	56%	44%
Índia	52,9%	47,1%
Canadá	50,4%	49,6%
Reino Unido	44,3%	55,7%
Chile	44%	56%
Coreia do Sul	43,1%	56,9%
Espanha	41,6%	58,4%
China	41,4%	58,6%
Japão	39,3%	60,7%

Observando as rendas altas, vemos que há pelo menos 20 países nos quais 10% levam para casa pelo menos 40% da renda do país. O líder é Seychelles, com 60%, mas também estão incluídos Haiti, Colômbia, Brasil, Namíbia, Honduras e Ruanda. Outros países têm bem menos desigualdade de renda. Por exemplo, os 10% mais ricos da Ucrânia, do Afeganistão, da Romênia e da Áustria ganham menos de 25% da renda do país (World Bank, 2012f).

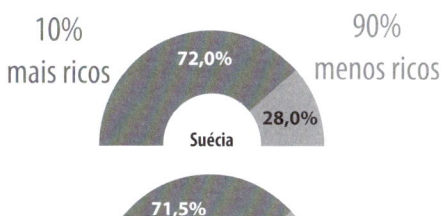

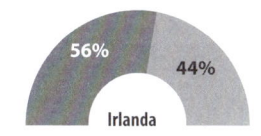

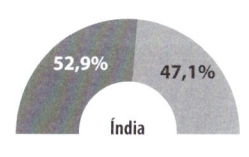

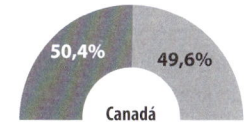

A distribuição da riqueza é ainda mais desigual. Os 10% mais ricos da população mundial possuem 84,3% da riqueza familiar global, e o 1% mais rico tem 44,2%. Na outra extremidade do espectro, os 50% inferiores da população mundial combinados detêm 1,2% da riqueza global. A riqueza familiar global mediana é estimada em 4.208 dólares por adulto. Para se chegar ao 1% mais rico, são necessários 712.233 dólares.

Analisando a distribuição em termos globais, vê-se que a maior parte da riqueza é de países da América do Norte, da Europa e dos países ricos da Ásia-Pacífico. Os Estados Unidos têm 5,2% da população adulta do mundo, mas 25,2% da

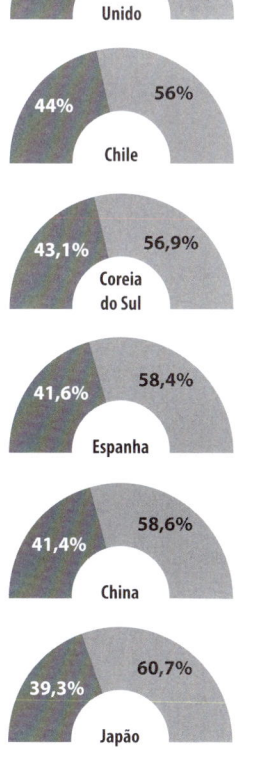

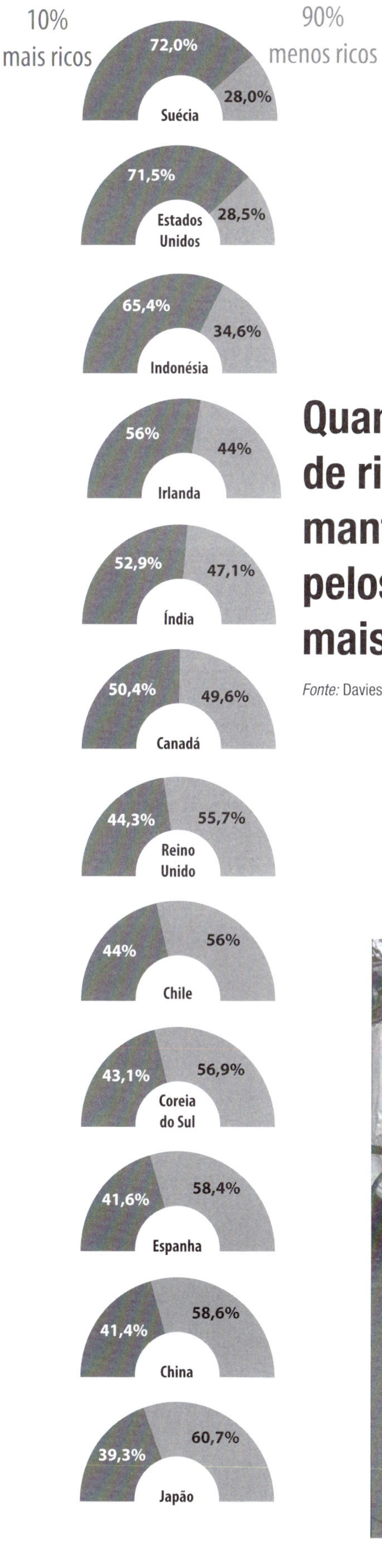

Mapeamento da pobreza global

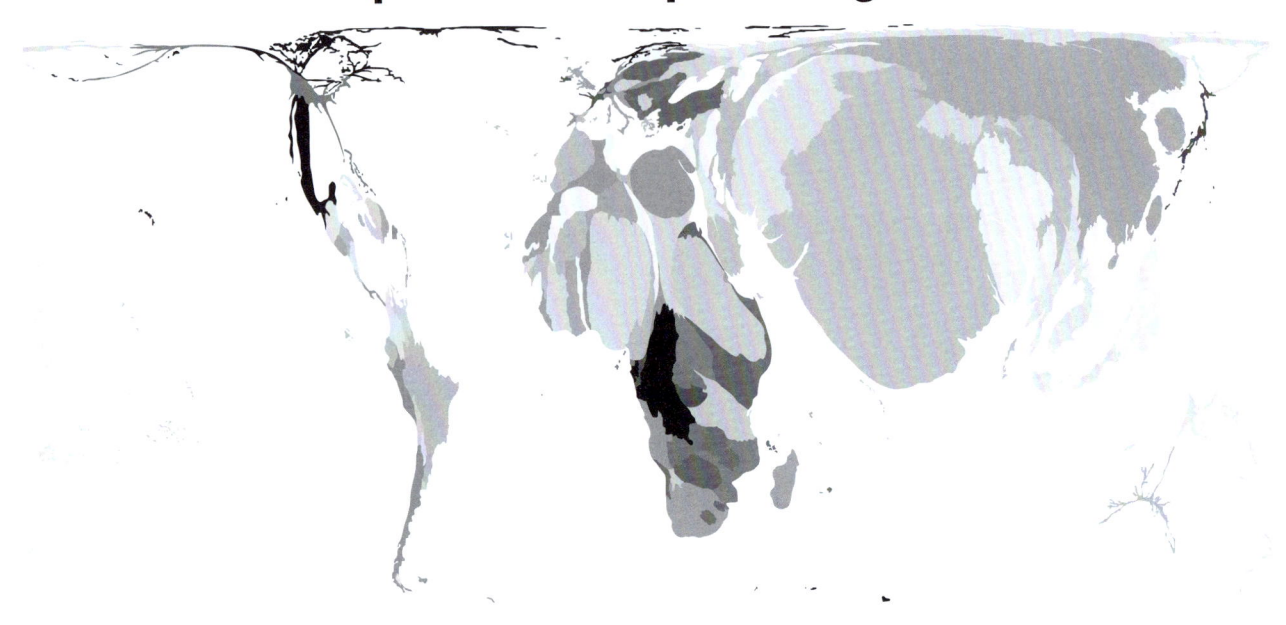

Observação: O tamanho de cada país mostra a proporção da população mundial que vive na pobreza dentro dele.
Fonte: www.worldmapper.org.

riqueza familiar global. Compare-se com a Índia, que tem 16,3% da população do mundo, mas apenas 1,8% da riqueza global. Além disso, todo o continente africano tem 11,5% da população do mundo, mas apenas 1,3% da riqueza global. Dentro dos países, a quantidade de riqueza dos 10% superiores varia. A Dinamarca apresenta um dos mais altos níveis de desigualdade de riqueza, com os 10% mais ricos do país possuindo 76,4% da riqueza familiar – bem mais do que o Japão, onde os 10% mais ricos têm 39,3% da riqueza (Davies, Lluberas e Shorrocks, 2011).

As mulheres nos países em desenvolvimento muitas vezes enfrentam grandes obstáculos, tendo dificuldades de obter bens econômicos. Karuna Chanana Ahmed, socióloga da Índia que tem estudado as mulheres nesses países, chama-as "os mais explorados entre os oprimidos" (Anderson e Moore, 1993). Começando no nascimento, as mulheres enfrentam discriminação sexual. Elas geralmente recebem menos alimentos do que crianças do sexo masculino, têm negadas

Metas do projeto do milênio até 2015

Fonte: www.unmillenniumproject.org.

Erradicar a extrema pobreza e a fome

Atingir o ensino básico universal

Promover a igualdade entre os sexos e a autonomia das mulheres

Reduzir a mortalidade infantil

Melhorar a saúde materna

Combater o HIV/aids, a malária e outras doenças

Garantir a sustentabilidade ambiental

Estabelecer uma parceria mundial para o desenvolvimento

Porcentagem da população que vive com menos de 1,25 dólar por dia

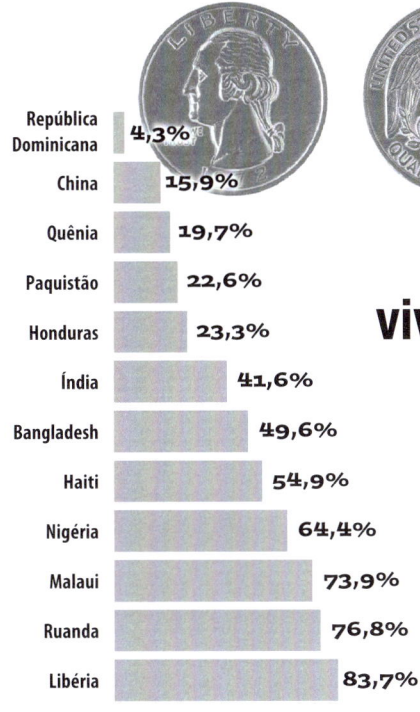

País	%
República Dominicana	4,3%
China	15,9%
Quênia	19,7%
Paquistão	22,6%
Honduras	23,3%
Índia	41,6%
Bangladesh	49,6%
Haiti	54,9%
Nigéria	64,4%
Malaui	73,9%
Ruanda	76,8%
Libéria	83,7%

Fonte: United Nations Development Programme, 2011: Tabela 5.

oportunidades de educação e, muitas vezes, são hospitalizadas apenas quando estão em estado crítico.

Em países como Estados Unidos, França, Colômbia, Rússia, Hungria e Etiópia, a proporção da força de trabalho não agrícola composta por mulheres é próxima ou superior a 50%. Em outros, a taxa pode ser bem menor: 6,2% no Iêmen, 9,6% no Bahrain, 12,1% no Iraque, 12,6% no Paquistão, 14,6% na Arábia Saudita, 16,1% no Irã, 18,1% no Egito e 18,1% na Índia.

No Afeganistão, é ilegal uma mulher sair de casa sem a permissão do marido. Na Arábia Saudita, as mulheres são proibidas de dirigir, caminhar sozinhas em público e conviver com homens que não sejam de suas famílias (International Labour Organization, 2008; World Bank Al-Shihri, 2011, 2011g).

POBREZA

Nos países em desenvolvimento, qualquer deterioração do bem-estar econômico dos menos favorecidos ameaça a própria sobrevivência deles. Usando a linha de pobreza global

> **PENSAMENTO** SOCIOLÓGICO
> Quais são os principais obstáculos para se atingirem as metas do Projeto do Milênio? Até que ponto eles são econômicos, sociais e/ou culturais? É simplesmente uma questão de vontade?

estabelecida pelo Banco Mundial, de 1,25 dólar por dia, 1,4 bilhão de pessoas no mundo são considerados pobres e 2,6 bilhões consomem menos de 2 dólares por dia. Na verdade, 80% da população mundial vivem com menos de 10 dólares por dia (Chen e Ravallion, 2008; Shah, 2010).

Embora seja um problema mundial que atinge bilhões de pessoas, a pobreza é distribuída de forma desigual. Como demonstra o mapa do mundo, acima, se desenhássemos cada país em escala, com base em seu número de pobres, a África e a Ásia pareceriam enormes. As áreas relativamente ricas da América do Norte e da Europa seriam muito pequenas.

Em um esforço para reduzir a pobreza global, a ONU aprovou a Declaração do Milênio em 2000, prometendo "não poupar esforços para libertar nossos semelhantes, homens, mulheres e crianças, das condições abjetas e desumanas da pobreza extrema". Foi estabelecido 2015 como a data-alvo para alcançar objetivos específicos e mensuráveis com vistas a aliviar a fome e melhorar a educação, promover a igualdade de gênero e reduzir a mortalidade infantil.

De acordo com o *Relatório sobre Objetivos de Desenvolvimento do Milênio 2011*, foi feito um progresso substancial em uma série de áreas, enquanto permanecem desafios em outras.

---

5 Filmes sobre DESIGUALDADE GLOBAL

Kinyarwanda
Resiliência e reconciliação em Ruanda.

Quem quer ser milionário?
Um menino das favelas de Mumbai é acusado de trapacear em um programa de perguntas e respostas.

Diamante de sangue
Um mercenário sul-africano e um mineiro disputam um diamante precioso.

Maria cheia de graça
Uma operária é obrigada a transportar heroína para os Estados Unidos.

A separação
A história de amor, perda e família de um casal iraniano.

A meta de reduzir a pobreza global pela metade, a 23%, até 2015, não só está em dia, mas também se projeta que atinja 15%, impulsionada em grande parte pelo crescimento na China. As taxas de mortalidade infantil diminuíram muito, reduzindo as mortes de crianças com menos de 5 anos de 12,4 milhões em 1990 para 8,1 milhões em 2009, ou seja, morrem 12 mil crianças a menos por dia. Só o maior acesso à imunização para o sarampo é responsável por um quarto dessa redução. O número de pessoas que morrem de malária e tuberculose diminuiu bastante. O acesso à água potável melhorou para 1,8 bilhão de pessoas de 1990 a 2008, incluindo uma duplicação do número de pessoas com acesso na África subsaariana. Em outras áreas, contudo, tem sido difícil avançar. Quase um quarto das crianças no mundo em desenvolvimento continua abaixo do peso. Mulheres de todo o mundo ainda têm acesso limitado ao trabalho remunerado. O progresso rumo à educação fundamental universal para crianças se tornou mais lento, chegando a 89% em 2009, com taxas substancialmente mais baixas para as crianças de países pobres afetados por conflitos. Embora o acesso geral a banheiros com descarga ou outras formas de saneamento tenha melhorado, mais de 2,6 bilhões de pessoas ainda não têm acesso a essas instalações, e a taxa manteve-se praticamente inalterada para os 40% das famílias mais pobres do mundo (United Nations, 2011).

Renda nacional bruta (RNB) Valor total dos bens e serviços de um país.

Para alcançar os objetivos do projeto, os planejadores estimam que os países industrializados devam reservar 0,7% de sua **renda nacional bruta (RNB)** – o valor total dos bens e serviços de um país – para a ajuda aos países em desenvolvimento. Em 2010, apenas seis países estavam dando pelo menos essa quantia: Dinamarca, Luxemburgo, Holanda, Noruega, Bélgica e Suécia. O nível médio de assistência oficial ao desenvolvimento por parte dos países desenvolvidos foi de 0,47%, com os Estados Unidos contribuindo com 0,20%. Embora o governo dos Estados Unidos entregue muito mais dólares totais de auxílio do que qualquer outro país, a taxa de RNB com que ele contribui o deixa empatado com a Itália e o Japão, em último lugar entre os 22 países mais industrializados, como Reino Unido, França e Alemanha (Deutscher, 2010: Tabela 8.1).

Ajuda externa *per capita* em oito países

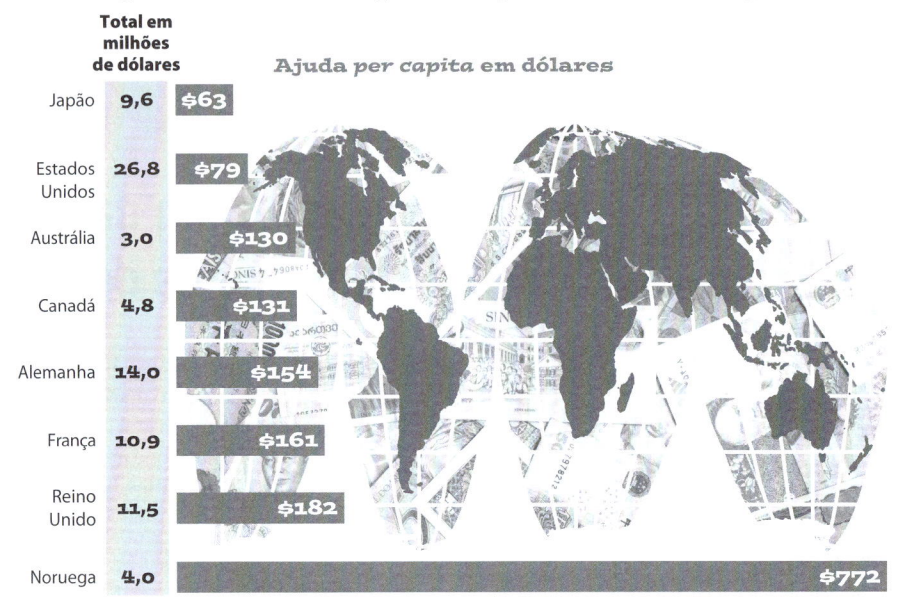

Ajuda *per capita* em dólares

País	Total em milhões de dólares	Ajuda per capita em dólares
Japão	9,6	$63
Estados Unidos	26,8	$79
Austrália	3,0	$130
Canadá	4,8	$131
Alemanha	14,0	$154
França	10,9	$161
Reino Unido	11,5	$182
Noruega	4,0	$772

Observação: Dados sobre ajuda bilateral em 2008 divulgados pelo Banco Mundial em 2010.
Fonte: Deutscher, 2010:182, 187.

MOBILIDADE SOCIAL

Embora a desigualdade global seja alta, talvez haja mobilidade social suficiente para dar esperança àqueles que nascerem sem muito acesso aos recursos. Como vimos no capítulo an-

Mobilidade de ganhos intergeracionais por país

Porcentagem de vantagem de ganhos repassada de pais (homens) para filhos (homens)

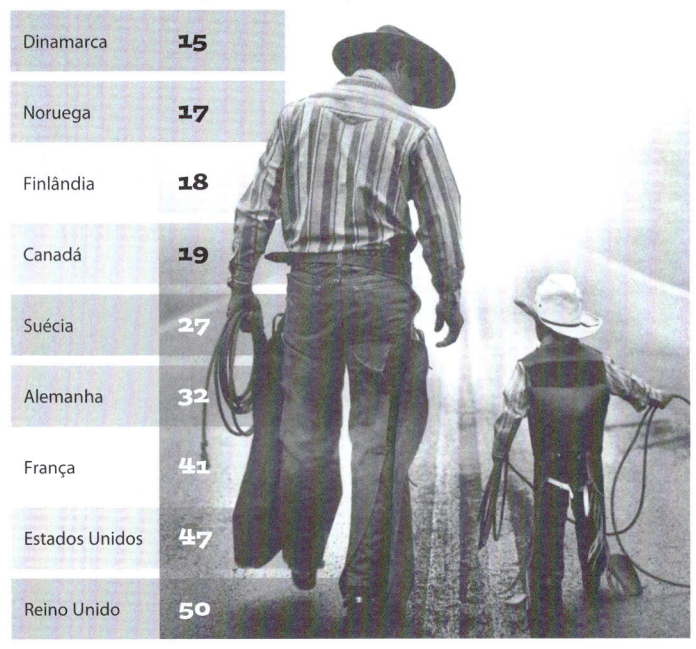

País	
Dinamarca	15
Noruega	17
Finlândia	18
Canadá	19
Suécia	27
Alemanha	32
França	41
Estados Unidos	47
Reino Unido	50

Fonte: Corak, 2006.

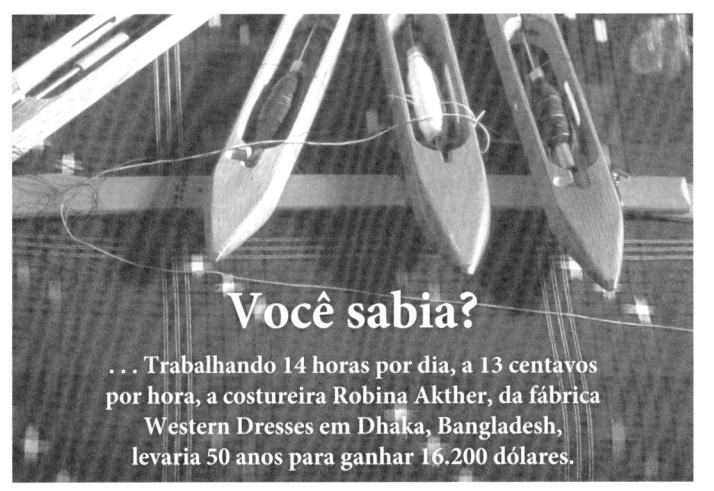

> **Você sabia?**
> ...Trabalhando 14 horas por dia, a 13 centavos por hora, a costureira Robina Akther, da fábrica Western Dresses em Dhaka, Bangladesh, levaria 50 anos para ganhar 16.200 dólares.
>
> Fonte: Fishman, 2006.

terior, a mobilidade pode e deve ocorrer nos Estados Unidos, embora esse movimento tenha sido pequeno.

Examinamos aqui a possibilidade de mobilidade em países industrializados e em desenvolvimento, e consideramos o impacto que o gênero tem sobre a mobilidade.

Mobilidade intergeracional entre países A probabilidade de ganhar mais ou menos do que seus pais varia de um país para outro. Embora os norte-americanos tenham mais fé em sua capacidade de avançar do que pessoas de outros países, sua probabilidade de fazê-lo é menor do que na maioria dos outros países industrializados (Isaacs, 2008). Como mostra o gráfico da página anterior, por exemplo, quando se analisam ganhos, a quantidade de dinheiro que os pais ganham tem uma forte influência sobre os ganhos prováveis dos filhos (Corak, 2006). O que isso significa, em contraste com a visão clássica do sonho americano, é que há menos chance de mobilidade intergeracional nos Estados Unidos do que nos países escandinavos.

Nos países em desenvolvimento, as mudanças sociais e econômicas em nível macro muitas vezes ofuscam o movimento de nível micro de uma ocupação para outra. Por exemplo, normalmente há um diferencial importante de salário entre áreas rurais e urbanas, o que leva a altos níveis de migração para as cidades. No entanto, os setores industriais urbanos dos países em desenvolvimento, em geral, não podem proporcionar emprego suficiente a todos aqueles que procuram trabalho.

Em grandes países em desenvolvimento, a mobilidade socialmente mais importante é o movimento de pessoas para sair da pobreza, mas esse tipo de mobilidade é difícil de medir e confirmar, pois as tendências econômicas podem diferir de uma região a outra dentro do país. Por exemplo, o rápido crescimento da renda na China tem sido acompanhado por uma crescente disparidade entre áreas urbanas e rurais, e entre as diferentes regiões. Da mesma forma, na Índia, durante o desenvolvimento econômico da década de 1990, a pobreza diminuiu em áreas urbanas, mas pode ter permanecido estática em áreas rurais, na melhor das hipóteses. Em todo o mundo, a mobilidade social também é influenciada de maneira dramática por catástrofes, como a quebra de safra e as guerras (World Bank, 2006).

Diferenças de gênero e mobilidade Só recentemente os pesquisadores começaram a investigar o efeito que o gênero tem sobre os padrões de mobilidade dos países em desenvolvimento. Muitos aspectos do processo de desenvolvimento – principalmente a modernização em áreas rurais e a migração das rurais às urbanas que acabamos de descrever – podem resultar em modificação ou abandono de práticas culturais tradicionais e até de sistemas conjugais. Os efeitos sobre a posição social e a mobilidade das mulheres não são necessariamente positivos. Quando um país se desenvolve e se moderniza, o papel vital das mulheres na produção de alimentos se deteriora, colocando em risco tanto sua autonomia quanto seu bem-estar material. Além disso, o movimento das famílias para as cidades fragiliza os laços das mulheres com parentes que possam fornecer alimentos, ajuda financeira e apoio social.

Nas Filipinas, no entanto, as mulheres passaram à vanguarda da luta dos povos indígenas para proteger sua terra ancestral da exploração por forasteiros. Tendo estabelecido seu direito a seus ricos minerais e florestas, os membros de grupos indígenas tinham começado a brigar entre si com relação à forma como deveriam ser explorados os recursos da terra. Ajudadas pelo Programa da ONU Parceiros em Desenvolvimento, voluntárias estabeleceram a Rede Pan-Cordilheira de Mulheres pela Paz e o Desenvolvimento, uma coalizão de grupos de mulheres dedicada à resolução de disputas locais. As mulheres mapearam limites, elaboraram planos de desenvolvimento e negociaram mais de 2 mil pactos de paz entre membros das comunidades. Elas também concorreram em eleições, fizeram campanhas sobre questões relacionadas a problemas sociais e organizaram os moradores para trabalhar em conjunto pelo bem comum (United Nations Development Programme, 2000:87).

> **Você sabia?**
> ...O governo do México também tem de lidar com imigrantes que entram ilegalmente no país. Em 2010, as autoridades governamentais expulsaram 63.608 imigrantes ilegais de países da América Central, como Guatemala, El Salvador e Honduras.
>
> Fonte: Instituto Nacional de Migración, México, 2011.

A ESTRATIFICAÇÃO SOCIAL NO MÉXICO

Para ter uma imagem mais completa dessas questões globais de estratificação, é útil examinar um caso específico. Aqui, vamos nos concentrar na dinâmica da estratificação no México, um país de 113 milhões de habitantes.

Como vimos no Capítulo 6, os homicídios relacionados a drogas tornaram-se um problema grave no México. Embora as razões para isso sejam históricas e complexas (Camp, 2010a, 2010b), os fatores econômicos têm um papel importante. Isso também se aplica às centenas de homens, mulheres e crianças que morrem tentando atravessar para os Estados Unidos a cada ano, em busca de oportunidade. É difícil encontrar números sólidos, mas o *Arizona Daily Star* (2011) estabeleceu uma base de dados de mortes na região da fronteira Arizona-Sonora, coletando dados com médicos legistas locais para obter uma contagem mais precisa. Eles informam que foram encontrados 249 corpos na região só em 2010. A causa mais comum de morte foi a exposição ao calor (Jimenez, 2009).

Por que os mexicanos recorrem ao tráfico de drogas ou arriscam suas vidas atravessando o deserto perigoso que fica entre os dois países? A resposta a essa pergunta pode ser encontrada principalmente na disparidade de renda entre os dois países – um deles é um gigante industrial e o outro, um país parcialmente desenvolvido, ainda se recuperando de um histórico de colonialismo e neocolonialismo. Desde o início do século XX, tem havido uma estreita relação cultural, econômica e política entre o México e os Estados Unidos, na qual o segundo é a parte dominante. De acordo com a análise de Immanuel Wallerstein, os Estados Unidos estão no centro enquanto o vizinho México ainda está na semiperiferia do sistema econômico mundial.

A economia do México Se compararmos a economia do México com a dos Estados Unidos, as diferenças no padrão e nas oportunidades de vida são bastante profundas, embora o México seja considerado uma nação semiperiférica. A RNB é uma medida comumente utilizada para o bem-estar econômico do residente médio. Em 2010, a RNB por pessoa nos Estados Unidos chegou a 47.340 dólares; no México, foi de apenas 8.930 dólares. Cerca de 36,5% dos adultos nos Estados Unidos têm um diploma universitário, em comparação com apenas 18,2% das pessoas no México. Além disso, menos de 6,5 em cada mil bebês nos Estados Unidos morrem no primeiro ano de vida, em comparação com cerca de 14,1 por mil no México (Snyder e Dillow, 2011; World Bank, 2012b, 2012h).

O México não é apenas, sem dúvida, um país pobre, mas a diferença entre seus cidadãos mais ricos e os mais pobres é grande. O quinto superior ganha 56,2% do total da renda, enquanto o inferior ganha apenas 3,9%. O Banco Mundial informa que 4,8% da população do México sobrevivem com apenas 2 dólares por dia. Ao mesmo tempo, os 10% mais ricos respondem por 41,4% da renda do país. Segundo a revista *Forbes*, o mexicano Carlos Slim Helú superou novamente Bill Gates como homem mais rico do mundo em 2011, com uma fortuna de 74 bilhões de dólares (*Fortune*, 2011; World Bank, 2011a, 2011d, 2011e, 2011f).

O cientista político Jorge Castañeda (1995:71), que mais tarde foi ministro das relações exteriores do México, chamou o país de "sociedade polarizada com enormes lacunas entre ricos e pobres, cidade e campo, norte e sul, branco e marrom (ou crioulos e mestiços)". Ele acrescentou que o país também é dividido por classe, raça, religião, gênero e idade. Para entender melhor a natureza da estratificação dentro do México, examinamos as relações raciais e a situação dos índios mexicanos, o *status* das mulheres mexicanas, bem como a imigração para os Estados Unidos e seu impacto sobre as fronteiras entre os dois países.

Relações raciais no México: a hierarquia da cor Os indígenas do México representam cerca de 14% da população do país. De acordo com um relatório da ONU, mais de 90% dos povos indígenas (o grupo étnico historicamente nativo de uma região) do México vivem em extrema pobreza. A taxa de alfabetização no país como um todo é de 92%, mas gira em torno de 50% entre a população indígena (Cevallos, 2009; Minority Rights Group International, 2007; United Nations Development Programme, 2008).

O estado de subordinação dos indígenas do México é apenas um reflexo da hierarquia de cor do país, que liga o *status* de classe social à aparência de pureza racial. No topo dessa hierarquia estão os crioulos, os 10% da população que em geral são membros brancos e com boa instrução das elites empresariais e intelectuais, com raízes familiares na Espanha. No meio está a grande maioria mestiça empobrecida, cuja maior parte tem a pele marrom e uma linhagem racial mista, como resultado de casamentos mistos. Na parte inferior da hierarquia de cor estão a minoria indígena destituída, mexicanos puro-sangue e um pequeno número de negros, alguns descendentes dos 200 mil escravos africanos levados ao país. Essa hierarquia de cor é uma parte importante da vida cotidiana – o suficiente para que alguns mexicanos nas cidades usem tinturas de cabelo, clareadores de pele e lentes de contato azuis ou verdes para parecerem brancos e europeus. Ironicamente, no entanto, quase todos os mexicanos são considerados parcialmente índios por causa de séculos de casamentos mistos (Castañeda, 1995; Standish e Bell, 2009).

> **PENSAMENTO SOCIOLÓGICO**
> Como as categorias raciais no México podem ser diferentes daquelas nos Estados Unidos? Por que surgem essas diferenças?

Muitos observadores apontam a negação generalizada do preconceito e da discriminação racial no México. As crianças são ensinadas na escola que a eleição de Benito Juárez, um índio zapoteca, como presidente do México no século XIX mostra que todos os mexicanos são iguais. Também tem havido um crescimento acentuado, na última década, de organizações formais e associações voluntárias que representam os indígenas nativos (Escárcega, 2008; Stavenhagen, 1994; Utne, 2003).

Sociologia pessoal

Estude no exterior

O Central College, onde leciono, iniciou seu primeiro programa internacional em 1965. Foi líder na implantação de programas de estudo no exterior para os alunos. Atualmente, opera programas em lugares do mundo como Mérida, no México, Bangor, no País de Gales, e Hangzhou, na China. O Central College instituiu esses programas para proporcionar aos alunos uma experiência prolongada em outro país, na esperança de que essa exposição lhes permitisse ser mais do que turistas e alcançar uma compreensão mais profunda de outra cultura. E ir ao exterior realmente faz a diferença. Meus alunos muitas vezes ficam nervosos para ir, mas voltam com grandes histórias. Está claro que a experiência mudou a forma como eles entendem o mundo e a si mesmos.

O *status* da mulher no México Embora a ONU tenha convocado a primeira conferência internacional sobre a situação da mulher no México em 1975 e as oportunidades tenham melhorado no país, as mulheres ainda enfrentam obstáculos importantes. Atualmente, elas constituem 45% da força de trabalho – um aumento de 31% em relação a 1980. Infelizmente, as mulheres mexicanas estão ainda mais presas a empregos mal remunerados do que as de países industrializados, ganhando 42% menos do que os homens, em média. Os homens ainda costumam ser vistos como chefes de família, tornando difícil para as mulheres obter crédito e assistência técnica em várias partes do país e herdar terra em áreas rurais. Quanto à educação, a taxa de alfabetização das mulheres em Chiapas (71%) e Oaxaca (73%), estados com altos níveis de população indígena, está bem abaixo da média nacional (INEGI, 2009; United Nations Development Programme, 2008).

Na arena política, embora raramente ocupem cargos de tomada de decisões, as mulheres têm aumentado em muito sua representação no legislativo nacional, chegando a 28%. O México ocupa a 34ª posição entre 194 países em termos de representação feminina. Apesar disso, a luta pelo cumprimento dos direitos legais continua. Em fevereiro de 2007, foi aprovada no México a Lei Geral de Acesso das Mulheres a uma Vida Sem Violência. Os estados não deram continuidade à implementação dos requisitos básicos da lei, como o estabelecimento de protocolos a serem seguidos quando são feitas denúncias de abuso ou a construção de abrigos para vítimas de violência doméstica. Na verdade, há apenas 60 desses abrigos em todo o país (Amnesty International, 2009a; Inter-Parliamentary Union, 2011).

Nas últimas décadas, as mexicanas organizaram-se para enfrentar uma série de questões econômicas, políticas e de saúde. Por exemplo, já em 1973, as mulheres de Monterrey – a terceira maior cidade do país – protestaram contra as inter-

As terras de fronteira

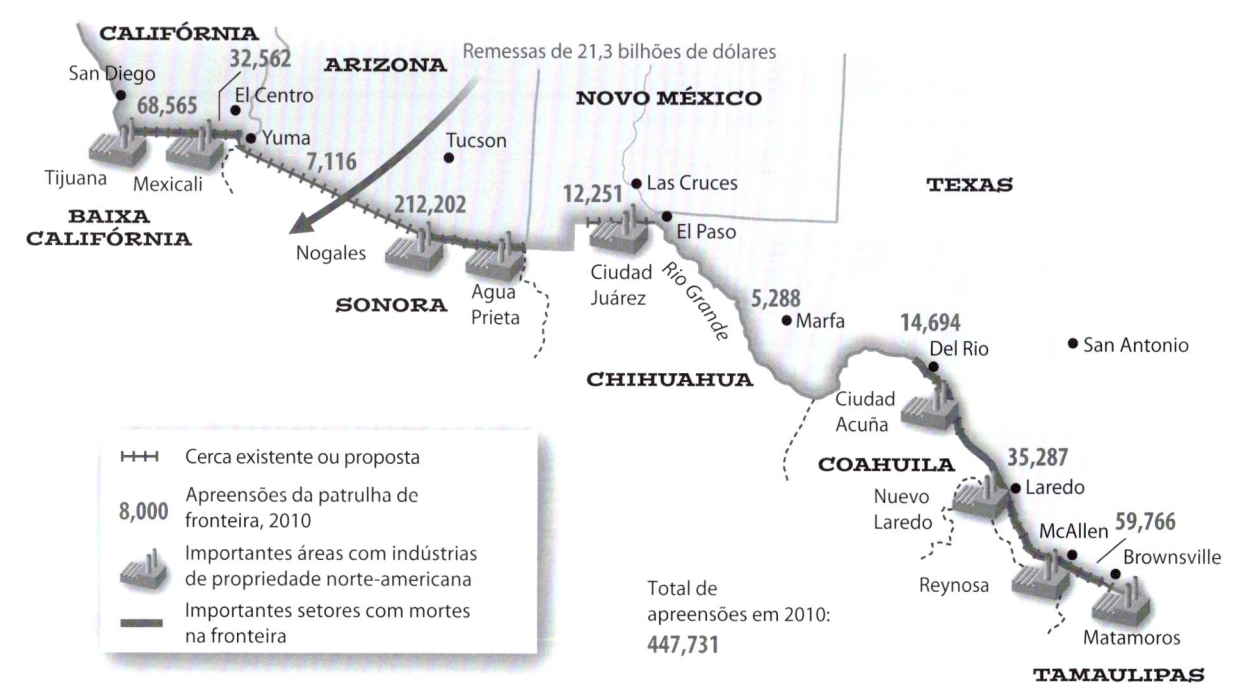

Fonte: Dados do U.S. Customs and Border Protection, 2011; Stevenson, 2011.

rupções contínuas no abastecimento de água da cidade. Por meio de esforços articulados, incluindo delegações de políticos, passeatas e manifestações públicas, elas conseguiram melhorar o serviço de água da cidade, uma das principais preocupações dos países em desenvolvimento. Depois de ter negada a oportunidade de concorrer ao cargo de prefeita em sua cidade natal em 2007, Eufrosina Cruz organizou a QUIEGO (*Queremos unir, integrando pela equidade e gênero, a Oaxaca*), para conscientizar sobre os direitos políticos para as mulheres em seu estado natal e, por fim, em todo o México (Bennett, Dávila-Poblete e Rico, 2005; Cevallos, 2009).

terras de fronteira Área de cultura comum ao longo da fronteira entre o México e os Estados Unidos.

remessas Quantias em dinheiro que os imigrantes enviam de volta a suas famílias de origem.

As terras de fronteira O reconhecimento crescente das terras de fronteira reflete a relação cada vez mais estreita e complexa entre o México e os Estados Unidos. A expressão **terras de fronteira** refere-se à área de cultura comum ao longo da fronteira entre o México e os Estados Unidos. A emigração legal e ilegal que parte do México, diaristas que atravessam a fronteira regularmente para ir trabalhar nos Estados Unidos, a implementação do Acordo Norte-Americano de Livre Comércio (NAFTA, de *North American Free Trade Agreement*), a troca de comunicação pela fronteira, todos são fatores que tornam obsoleta a noção de culturas mexicana e norte-americana separadas na zona de fronteira.

A situação econômica da zona de fronteira é bastante complicada, como demonstrado pelo surgimento das *maquiladoras*, que são as fábricas de propriedade de estrangeiros, muitas vezes localizadas bem próximo do outro lado da fronteira com o México, que estão autorizadas a importar peças e materiais sem pagar impostos de importação. Entre os empregos típicos estão a fabricação de eletrônicos, equipamentos de transporte, máquinas elétricas, e têxteis e vestuário, bem como empregos de atendimento em *call centers* e operações de processamento de cupons. O atrativo principal para empresas norte-americanas é a mão de obra de custo mais baixo. Em 2006, os custos por hora (incluindo salários e benefícios) de trabalhadores da produção em *maquiladoras* eram de 2,64 dólares, comparados com 29,98 dólares por hora nos Estados Unidos (Bureau of Labor Statistics, 2009a, 2009b; Cañas e Gilmer, 2009).

As *maquiladoras* empregam hoje mais de 1,2 milhão de trabalhadores. Elas representam cerca de 40% de todas as exportações do México. No geral, 80% das exportações do país vão para os Estados Unidos, o que torna a economia do México mais sensível às flutuações da economia norte-americana, um problema importante devido à recente crise econômica. As *maquiladoras* estimam uma perda de 163 mil empregos em 2009, uma taxa 2 a 4 vezes maior do que em outras empresas mexicanas (Black, 2009; Bogan et al., 2008).

Embora tenha sido criado em 1965, o programa de *maquiladoras* realmente decolou depois que o NAFTA foi implementado em 1994, removendo a maioria das barreiras ao comércio entre o México, os Estados Unidos e o Canadá. As coisas mudaram, no entanto, com a entrada da China na Organização Mundial do Comércio, em 2001. Os custos de mão de obra eram ainda menores lá. Como resultado, os empregos que haviam se mudado dos Estados Unidos para o México, principalmente aqueles que requerem habilidades mínimas, estão agora sendo transferidos para a China (Cañas e Gilmer, 2009; Sargent e Matthews, 2009).

Emigração para os Estados Unidos O movimento de pessoas entre o México e os Estados Unidos afeta muito os dois países. Em 2010, 94.783 pessoas nascidas no México tornaram-se cidadãos naturalizados norte-americanos, mais do que o dobro de qualquer outro país. Outras 142.823 obtiveram o *status* legal de residentes permanentes nos Estados Unidos, também mais do que o dobro de qualquer outro país. No entanto, 528.139 indivíduos mexicanos foram classificados como "estrangeiros deportáveis" pelas autoridades de imigração dos Estados Unidos, constituindo 86% desse total (Homeland Security, 2010, 2011).

Do ponto de vista do México, os Estados Unidos muitas vezes o consideram simplesmente como uma reserva de mão de obra de baixo custo, incentivando os mexicanos a cruzar a fronteira quando há demanda por trabalhadores, mas os desanimando e reprimindo quando não há. Sendo assim, algumas pessoas consideram a imigração mais como uma questão de mercado de trabalho do que de aplicação da lei. Visto da perspectiva da análise do sistema-mundo e da teoria da dependência, é mais um exemplo de um país industrializado central explorando um país em desenvolvimento.

> **PENSAMENTO SOCIOLÓGICO**
>
> Como os consumidores norte-americanos se beneficiam do acúmulo de fábricas ao longo da fronteira entre Estados Unidos e México? Qual o impacto que essas fábricas podem ter sobre os trabalhadores norte-americanos?

Muitos mexicanos que foram para os Estados Unidos enviam uma parte de seus ganhos ao outro lado da fronteira, para os membros da família que estão no México. Esse fluxo substancial de dinheiro, conhecido como **remessas**, foi de 21,3 bilhões de dólares em 2010, ficando atrás apenas do petróleo como fonte de receita estrangeira para o México. Depois de anos de crescimento, as remessas enviadas ao México diminuíram 3,6% em 2008, devido à crise econômica nos Estados Unidos. O declínio foi mais dramático em 2009, com uma queda de 15% no ano. Embora as remessas ainda tenham totalizado 21,5 bilhões de dólares, isso significa uma perda de 3,8 bilhões para a economia mexicana. Como resultado da economia fraca, mais mexicanos deixaram os Estados Unidos para voltar ao México do que o número que entrou nos Estados Unidos no primeiro trimestre de 2009 – uma reversão dramática de eventos (Barta e Millman, 2009; Coronado e Cañas, 2010; Passel e Cohn, 2009; Stevenson, 2011).

Vala comum em Srebrenica, na Bósnia-Herzegovina.

>>Direitos humanos universais

Com a globalização se difundindo, afetando mais e mais pessoas ao redor do mundo, surgiu um movimento no sentido de assegurar direitos humanos universais. Reconhecendo os efeitos nocivos dessa expansão global, ativistas desse movimento lutam para preservar e proteger os interesses das pessoas que não têm muito poder ou acesso a recursos. O tamanho e o poderio econômico das empresas multinacionais, com a liberdade que elas têm de mudar emprego e plantas ao redor do mundo sem levar em conta o impacto sobre as populações nacionais, incentivaram a criação dos direitos humanos universais para se contrapor ao poder. O objetivo dos ativistas dos direitos humanos é estabelecer uma base inegociável e inviolável de direitos que se aplique independentemente de onde as pessoas estiverem ou de quais governos ou corporações multinacionais estejam envolvidas.

DEFININDO OS DIREITOS HUMANOS

A expressão **direitos humanos** refere-se aos direitos morais universais que todas as pessoas possuem em virtude de serem humanas. A formulação mais importante dos direitos humanos aparece na Declaração Universal dos Direitos Humanos, adotada pela ONU, em 1948. A Declaração proíbe a escravidão, a tortura e o castigo degradante; concede a todos o direito a uma nacionalidade e a sua cultura; afirma a liberdade de religião e o direito de voto; proclama o direito de procurar asilo em outros países para escapar de perseguição, e proíbe a interferência arbitrária na privacidade de alguém e a apreensão arbitrária da propriedade de uma pessoa. Também enfatiza que mães e crianças têm direito a cuidados e assistência especiais.

Inicialmente, os Estados Unidos opuseram-se a um caráter obrigatório para a Declaração Universal dos Direitos Humanos. O governo temia perda de soberania nacional – o direito de governar seu povo sem interferência externa. Essa preocupação era movida em parte pela existência de leis de segregação racial que ainda eram comuns na época em que a ONU emitiu a Declaração Universal e que violavam os princípios dos direitos humanos. No início dos anos de 1960, no entanto, os Estados Unidos começaram a usar a Declaração para promover a democracia no exterior (Forsythe, 1990).

> **direitos humanos** Referem-se aos direitos morais universais que todas as pessoas possuem em virtude de serem humanas.

Na década de 1990, as preocupações com direitos humanos trouxeram o termo *limpeza étnica* ao vocabulário do mundo, como um eufemismo para a expulsão forçada e o assassinato. Na ex-Iugoslávia, os sérvios iniciaram uma política destinada a "limpar" os muçulmanos de partes da Bósnia-Herzegovina e a etnia albanesa da província de Kosovo. Centenas de milhares de pessoas foram mortas em combate nessas regiões, enquanto muitas outras foram arrancadas de suas

A contínua violência em curso no Timor Leste tem levado crianças como estas a procurar segurança nos campos de refugiados no país.

Relatório sobre tráfico de seres humanos

Camada 1 Conformidade total	Camada 2 Esforços significativos	Em observação Alguns esforços, mas o tráfico continua sendo preocupante	Camada 3 Sem conformidade, sem esforços
Austrália	Bahamas	Afeganistão	Burma
Canadá	Brasil	Azerbaijão	Congo
Colômbia	Camboja	Chade	Cuba
Dinamarca	Grécia	China	República Dominicana
França	Hong Kong	Fiji	Eritreia
Alemanha	Israel	Índia	Irã
Itália	Japão	Iraque	Kuaite
Nigéria	México	Malásia	Mauritânia
Noruega	Paquistão	Níger	Coreia do Norte
Polônia	Romênia	Rússia	Papua-Nova Guiné
Coreia do Sul	Ruanda	Senegal	Arábia Saudita
Espanha	Turquia	Síria	Sudão
	Zâmbia	Vietnã	Zimbábue

Observação: A tabela não inclui todos os países; cada camada apresenta apenas uma amostra.
Fonte: U.S. State Department, 2010.

casas. Além disso, surgiram relatos de soldados sérvios estuprando muitas mulheres muçulmanas, croatas e kosovares. Lamentavelmente, desde então, a limpeza étnica espalhou-se para outras partes do mundo, incluindo Timor Leste, Iraque, Quênia e Sudão.

Uma preocupação constante dos direitos humanos é o crime transnacional de tráfico de seres humanos. A cada ano, cerca de 600 mil a 800 mil homens, mulheres e crianças são transportados através de fronteiras internacionais para escravidão ou exploração sexual.

Em 2000, o Congresso norte-americano aprovou a Lei de Proteção às Vítimas do Tráfico, que estabeleceu padrões mínimos para a eliminação do tráfico de seres humanos. A lei exige que o Departamento de Estado acompanhe os esforços de outros países para investigar vigorosamente, processar e condenar os indivíduos que participem do tráfico, incluindo membros do governo.

A cada ano, o Departamento relata suas constatações – dividindo os países em três grupos, ou camadas, dependendo de seu grau de conformidade com as normas. Os países da camada 1 são considerados, em grande parte, em conformidade com a lei. Os países da camada 2 estão fazendo um grande esforço para cumpri-la, enquanto os países da camada 2 "em observação" estão fazendo esforços para cumpri-la, embora o tráfico continue a ser uma preocupação real. Os países da camada 3 não cumprem as normas (Kapstein, 2006; Kempadoo e Doezema, 1998; Ribando, 2008).

PRINCÍPIO E PRÁTICA

Quando se trata de direitos humanos, o equilíbrio entre princípio e prática pode ser problemático. Após os atentados terroristas de 11 de setembro de 2001, o aumento de pessoal da polícia e da vigilância em aeroportos e postos de fronteira dos Estados Unidos fez alguns observadores questionarem se os direitos humanos não estavam sendo ameaçados em nome da segurança. Ao mesmo tempo, milhares de não cidadãos de ascendência árabe e do sul da Ásia foram questionados sem nenhuma outra razão além de suas origens étnicas e religiosas. Alguns foram colocados sob custódia, às vezes sem acesso a assistência jurídica. E quando a guerra contra o terror se mudou para o exterior, as preocupações com os direitos humanos aumentaram. Em 2005, o então secretário-geral da ONU Kofi Annan criticou os Estados Unidos e a Grã-Bretanha por igualarem as pessoas que estavam resistindo à presença de tropas estrangeiras no Afeganistão e no Iraque a terroristas (Parker, 2004; Steele, 2005).

Isso mostra a importância do ponto de vista, mesmo quando se trata de algo que parece ser um princípio fundamental. Pessoas de dentro e de fora de uma cultura podem discordar sobre o que constitui uma violação. Por exemplo, o sistema de castas da Índia é uma violação inerente aos direitos humanos? E as muitas culturas do mundo que consideram o *status* de subordinação da mulher como um elemento essencial em suas tradições? Os direitos humanos devem ser interpretados de forma diferente em diferentes partes do mundo?

> **PENSAMENTO** SOCIOLÓGICO
> Até onde o governo dos Estados Unidos deve agir para combater a violação dos direitos humanos em outros países? Em que ponto, se houver, a preocupação com os direitos humanos se transforma em etnocentrismo, por meio de inobservância de normas, valores e costumes específicos de outra cultura?

Podemos considerar, como exemplo, a mutilação genital feminina, uma prática comum em mais de 30 países do mundo, mas que tem sido condenada em nações ocidentais como uma violação dos direitos humanos. Essa prática controversa costuma envolver a remoção do clitóris, na crença de que sua excisão vai inibir o desejo sexual de uma jovem mulher, tornando-a casta e, portanto, mais desejável para seu futuro marido. Embora alguns países já tenham aprovado leis contra a prática, elas ficaram praticamente sem ser aplicadas. Os emigrantes de países onde a mutilação genital é comum muitas vezes insistem em que suas filhas se submetam ao procedimento para protegê-las das normas culturais ocidentais que permitem o sexo antes do casamento (Religious Tolerance, 2008). Até que ponto nações de fora devem ter o poder de ditar essas leis internas? Nesse sentido, o movimento pelos direitos humanos universais também representa uma forma de imperialismo cultural.

Em 1993, os Estados Unidos optaram por uma definição absoluta dos direitos humanos, afirmando que a Declaração Universal dos Direitos Humanos estabeleceu um padrão único para um comportamento aceitável no mundo todo. Na prática, no entanto, a interpretação ainda é importante. Alguns ativistas dos direitos humanos argumentam que os Estados Unidos praticam aplicação seletiva desses direitos. Os críticos afirmam, por exemplo, que as autoridades do país têm maior probabilidade de se preocupar com as violações dos direitos humanos quando há petróleo envolvido, como no Oriente Médio, ou quando as alianças militares entram em jogo, como na Europa.

> **PENSAMENTO** SOCIOLÓGICO
> Até que ponto você acha que as violações dos direitos humanos são desculpáveis em tempos de guerra? Nesses momentos, como nossa percepção do equilíbrio entre direitos e segurança pode mudar o que consideramos como universal?

ATIVISMO DOS DIREITOS HUMANOS

As iniciativas para proteger e garantir os direitos humanos raramente vêm de dentro de governos, mas surgem de movimentos sociais que se organizam para gerar pressão econômica, social e política, em um esforço para forçar a mudança. Por exemplo, em junho de 2008, a Human Rights Watch (www.hrw.org), uma importante organização internacional de direitos humanos, conclamou outros países africanos a impor sanções ao Zimbábue, após o que chamou de farsa da reeleição do presidente Robert Mugabe. Os ativistas monitoram violações dos direitos humanos em todo o mundo, inclusive demandando que autoridades norte-americanas acabassem com os abusos contra prisioneiros nos campos de detenção de Guantánamo.

No Sudão, a Save Darfur Coalition (www.savedarfur.org) luta por justiça e ajuda aos refugiados que foram atacados, expulsos de suas terras e do país, e muitas vezes mortos pelo Janjaweed, um grupo de homens armados apoiados pelo governo sudanês. Sua causa foi muito ajudada com o lançamento do filme *The Devil Came on Horseback* – traduzido do Janjaweed – em que o ex-fuzileiro naval dos Estados Unidos Brian Steidle, contratado como observador dos direitos humanos pela União Africana, documentou o genocídio em Darfur com fotos e vídeos. Ele acabou testemunhando perante o

Congresso norte-americano e a ONU, oferecendo sua documentação para sustentar as alegações de genocídio. Além de inúmeros outros esforços organizacionais, a Save Darfur Coalition também coordenou um acordo em 28 de maio de 2008, no qual os candidatos presidenciais Barack Obama, John McCain e Hillary Clinton emitiram uma declaração conjunta exigindo um fim à violência em Darfur.

Embora o governo sudanês afirme que a guerra está oficialmente terminada, a violência continua. Em maio de 2010, Ibrahim Gambari, chefe da UNAMID, a missão conjunta da União Africana e da ONU em Darfur, expressou da seguinte forma: "Os resultados têm sido contraditórios, apesar de nossos melhores esforços [...] Houve algum progresso na área da segurança e da proteção dos civis, mas continua havendo bolsões de instabilidade" (UN News Service, 2010).

Os *Médecins Sans Frontières* (em inglês, *Doctors without frontiers* [Médicos sem fronteiras]), a maior organização independente de ajuda médica de emergência do planeta, ganhou o Prêmio Nobel da Paz de 1999 por seu trabalho em países de todo o mundo. Fundada em 1971 e com sede em Paris, em qualquer dia a organização tem 27 mil médicos, enfermeiros e outros especialistas voluntários trabalhando em mais de 65 países. "Nossa intenção é destacar rebeliões atuais, testemunhar tragédias estrangeiras e refletir sobre os princípios da ajuda humanitária", explica o Dr. Rony Brauman, presidente da organização (Doctors Without Borders, 2010).

Nas últimas décadas, tem havido mais conscientização sobre os direitos de homossexuais como um aspecto dos direitos humanos universais. Em 1994, a Anistia Internacional (1994:2) publicou um relatório pioneiro no qual reconheceu que "em muitas partes do mundo, os homossexuais vivem em constante medo de perseguição pelo governo". O relatório examinou abusos no Brasil, na Grécia, no México, no Irã, nos Estados Unidos e em outros países, incluindo casos de tortura, prisão e execução extrajudicial. Mais tarde, em 1994, os Estados Unidos emitiram uma ordem que permitiria a homossexuais buscar asilo político no país, se conseguissem provar que tinham sofrido perseguição do governo de seus países de origem unicamente por causa de sua orientação sexual (Amnesty International, 2009b; Johnston, 1994). Um dos resultados dessa mudança de política foi que dúzias de homens e mulheres homossexuais no México e em outros países latino-americanos têm recebido asilo nos Estados Unidos a cada ano. Como houve uma melhoria no tratamento de homossexuais nesses países, a probabilidade de receber asilo diminuiu (Connolly, 2008).

Uma das coisas que aprendemos com a sociologia é que estamos inseridos em redes maiores, nas quais as decisões e os eventos que acontecem longe, e sobre os quais podemos saber pouco ou nada, moldam nossas experiências de vida cotidianas. A limpeza étnica no Sudão, as violações dos direitos humanos no Iraque e no Afeganistão, o aumento da vigilância em nome do combate ao terrorismo, a violência contra as mulheres dentro e fora da família, a perseguição governamental a homossexuais – todas essas são lembranças vívidas de que a desigualdade social pode ter consequências de vida ou morte. Em cada caso, as pessoas reconheceram as consequências da desigualdade global, e indivíduos, grupos e países tomaram medidas para resolver os problemas. Desenvolvendo uma imaginação sociológica mais plenamente formada, podemos enxergar essas questões com mais facilidade e tomar as medidas necessárias para enfrentá-las.

> Não pode haver paz enquanto houver pobreza opressiva, injustiça social, desigualdade, opressão, degradação ambiental, e enquanto os fracos e os pequenos continuam a ser pisoteados pelos fortes e poderosos.
>
> Dalai Lama

PENSAMENTO SOCIOLÓGICO
Outros países e a ONU devem ter poder de forçar os Estados Unidos a mudar suas leis para cumprir os princípios de direitos humanos?

envolva-se!
Doe! Dê seu tempo e seu dinheiro. Pode ser algo tão simples como acessar www.freerice.com para doar arroz ao Programa Alimentar Mundial das Nações Unidas ou doar roupas a um abrigo local. Ou talvez um tempo como voluntário em uma organização local que trabalhe com imigrantes internacionais ou uma doação em dinheiro para as organizações que buscam aliviar a pobreza global, como a Oxfam.

PARA REVISÃO

I. Como o fosso global se desenvolveu?
   - Os teóricos que enfatizam a modernização argumentam que ela faz parte da evolução natural das sociedades, à medida que elas passam pelos efeitos da Revolução Industrial e vão além. Os teóricos da dependência argumentam que isso se deve a uma disputa de poder fundamental entre os países ricos do centro e os países em desenvolvimento da periferia.

II. Qual a importância da estratificação global?
   - As análises de riqueza, renda, pobreza e mobilidade social demonstram uma grande diferença dentro das nações e entre elas.

III. Por que o movimento global pelos direitos humanos universais se desenvolveu?
   - Quando a desigualdade global ficou mais evidente, os ativistas trabalharam para estabelecer um conjunto fundamental de direitos humanos que protegessem as pessoas, independentemente de quem fossem ou onde estivessem.

Visões SOCIOLÓGICAS sobre desigualdade global

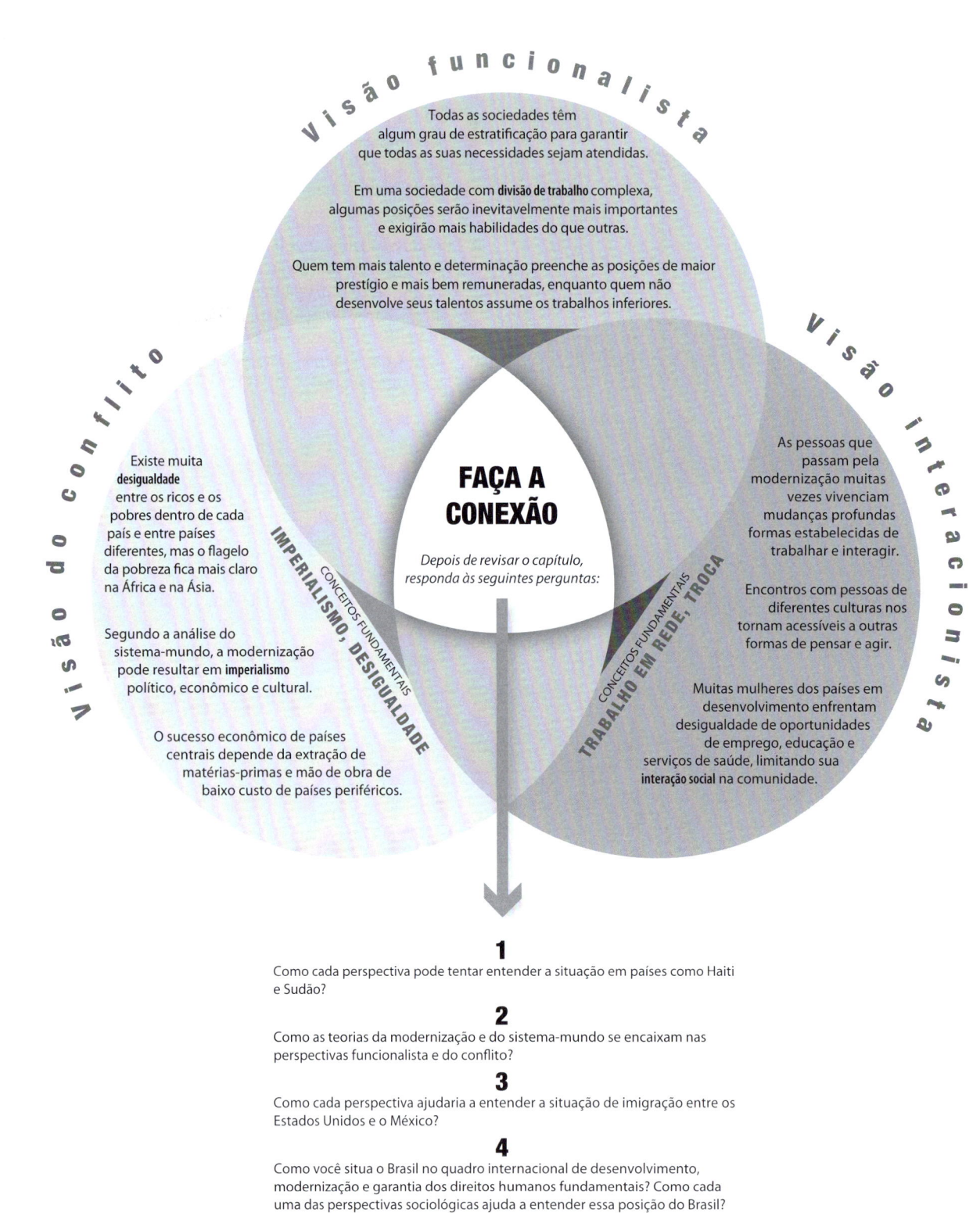

Visão funcionalista

Todas as sociedades têm algum grau de estratificação para garantir que todas as suas necessidades sejam atendidas.

Em uma sociedade com **divisão de trabalho** complexa, algumas posições serão inevitavelmente mais importantes e exigirão mais habilidades do que outras.

Quem tem mais talento e determinação preenche as posições de maior prestígio e mais bem remuneradas, enquanto quem não desenvolve seus talentos assume os trabalhos inferiores.

Visão do conflito

Existe muita **desigualdade** entre os ricos e os pobres dentro de cada país e entre países diferentes, mas o flagelo da pobreza fica mais claro na África e na Ásia.

Segundo a análise do sistema-mundo, a modernização pode resultar em **imperialismo** político, econômico e cultural.

O sucesso econômico de países centrais depende da extração de matérias-primas e mão de obra de baixo custo de países periféricos.

CONCEITOS FUNDAMENTAIS: IMPERIALISMO, DESIGUALDADE

Visão interacionista

As pessoas que passam pela modernização muitas vezes vivenciam mudanças profundas formas estabelecidas de trabalhar e interagir.

Encontros com pessoas de diferentes culturas nos tornam acessíveis a outras formas de pensar e agir.

Muitas mulheres dos países em desenvolvimento enfrentam desigualdade de oportunidades de emprego, educação e serviços de saúde, limitando sua **interação social** na comunidade.

CONCEITOS FUNDAMENTAIS: TRABALHO EM REDE, TROCA

FAÇA A CONEXÃO

Depois de revisar o capítulo, responda às seguintes perguntas:

1
Como cada perspectiva pode tentar entender a situação em países como Haiti e Sudão?

2
Como as teorias da modernização e do sistema-mundo se encaixam nas perspectivas funcionalista e do conflito?

3
Como cada perspectiva ajudaria a entender a situação de imigração entre os Estados Unidos e o México?

4
Como você situa o Brasil no quadro internacional de desenvolvimento, modernização e garantia dos direitos humanos fundamentais? Como cada uma das perspectivas sociológicas ajuda a entender essa posição do Brasil?

Pop Quiz

1. **Qual dos seguintes termos é utilizado por cientistas sociais contemporâneos para descrever o processo de longo alcance pelo qual passam os países, de formas tradicionais de organização social para aquelas características das sociedades pós-Revolução Industrial?**
   a. Dependência
   b. Globalização
   c. Industrialização
   d. Modernização

2. **A manutenção da dominação política, social, econômica e cultural sobre um povo por uma potência estrangeira durante um longo período é conhecida como**
   a. globalização.
   b. estratificação imposta pelo governo.
   c. colonialismo.
   d. dependência.

3. **A análise do sistema-mundo, de Immanuel Wallerstein, tem foco no**
   a. acesso e controle desiguais de recursos entre países centrais e periféricos.
   b. desenvolvimento evolutivo natural de todas as sociedades em direção ao ideal moderno.
   c. surgimento de empresas multinacionais.
   d. padrão global de desigualdade enfrentado pelas mulheres.

4. **As empresas que estão sediadas em um país, mas fazem negócios em todo o mundo, são conhecidas como**
   a. corporações globais.
   b. corporações multinacionais.
   c. *maquiladoras*.
   d. agências internacionais.

5. **Aproximadamente quanto da riqueza familiar global é de propriedade de famílias na América do Norte?**
   a. Cerca de um décimo
   b. Cerca de um quarto
   c. Cerca de um terço
   d. Cerca de metade

6. **Quanto da riqueza total global têm os 50% inferiores da população do mundo?**
   a. 1%
   b. 6%
   c. 23%
   d. 47%

7. **Em termos globais, cerca de quantas pessoas subsistem com menos de 1,25 dólar por dia?**
   a. 500 milhões
   b. 1,4 bilhão
   c. 3,2 bilhões
   d. 5 bilhões

8. **Qual grupo Karuna Chanana Ahmed, socióloga indiana que tem estudado as nações em desenvolvimento, chama de o mais explorado entre os oprimidos?**
   a. Crianças
   b. Mulheres
   c. Idosos
   d. Pobres

9. **Qual dos seguintes termos se refere às fábricas de propriedade estrangeira estabelecidas do outro lado da fronteira dos Estados Unidos, no México, onde as empresas que são suas proprietárias não têm de pagar impostos ou altos salários nem dar seguro ou benefícios a seus trabalhadores?**
   a. *Maquiladoras*
   b. *Hombres*
   c. *Mujeres*
   d. *Remessas*

10. **Em que ano a ONU adotou a Declaração Universal dos Direitos Humanos?**
    a. 1865
    b. 1919
    c. 1948
    d. 1993

1. (d); 2. (c); 3. (a); 4. (b); 5. (b); 6. (a); 7. (b); 8. (b); 9. (a); 10. (c).

12

GÊNERO E SEXUALIDADE

O QUE ESTÁ POR VIR

292 A construção social de gênero

299 Trabalhando para a mudança: os movimentos das mulheres

302 A construção social da sexualidade

307 Gênero e desigualdade

CRUELDADES COTIDIANAS

Eram onze e meia da noite quando um grupo de homens veio em busca de Woineshet Zebene. Ela dormia profundamente, mas eles a levaram de sua casa, na zona rural da Etiópia, espancando-a e estuprando-a durante os dois dias seguintes. Depois disso, esperava-se que ela se casasse com o homem que liderou o ataque. Ao recusar, ela foi novamente sequestrada, espancada e estuprada. Um representante da justiça a quem ela pediu ajuda a aconselhou a "superar" e se casar com seu agressor. Ela tinha 13 anos. Embora seja improvável que aconteça algo assim a uma adolescente típica nos Estados Unidos, infelizmente, do outro lado do mundo, a história de Woineshet não é incomum.

Todos os dias, mulheres de todo o mundo enfrentam violência e discriminação sistemáticas. Em seu livro *Half the sky*, os jornalistas Nicholas Kristof e Sheryl WuDunn (2009) contam as histórias de muitas mulheres e meninas, incluindo Woineshet, que são vítimas desses abusos. As mulheres são particularmente vulneráveis ao tráfico sexual, à violência de gênero (incluindo crimes de honra e estupros em massa) e à morte ou lesão grave durante o parto, devido à assistência médica insuficiente. Por exemplo, em Gana, 21% das mulheres relatam que sua primeira experiência sexual foi por meio de estupro. Quanto ao cuidado inadequado de saúde, uma em cada sete mulheres na Nigéria, uma em cada 22 na África subsaariana e uma em cada 70 na Índia morrem durante o parto, em comparação com uma em 4.800 nos Estados Unidos.

Essas práticas muitas vezes passam despercebidas porque representam "crueldades cotidianas" – a prática de violência e discriminação no dia a dia que é, em grande parte, invisível e considerada inevitável ou até mesmo natural. Felizmente, mulheres de todo o mundo têm conseguido lutar para mudar atitudes e práticas locais. Na Índia, por exemplo, Ruchira Gupta fundou a Apne Aap Women Worldwide, com sua missão de acabar com o tráfico sexual (www.apneaap.org). No Paquistão, Mukhtar Mai usou o dinheiro que recebeu de um acordo judicial depois de ter sido estuprada por um grupo para fundar sua Escola para Meninas, que foi ampliada mais tarde para incluir uma assessoria jurídica gratuita, uma biblioteca pública e um abrigo para mulheres. E na Somalilândia, a ex-diplomata Edna Adan usou a poupança de toda sua vida para fundar o Hospital Maternidade Edna Adan e prestar serviços médicos a mulheres e crianças (www.ednahospital.org).

À medida que você for LENDO >>

- Como nossa compreensão de gênero e sexualidade mudou ao longo do tempo?
- Como as oportunidades para as mulheres nos Estados Unidos mudaram ao longo do tempo?
- Até que ponto o gênero ainda influencia o acesso aos recursos?

>>A construção social de gênero

Quando nasce um bebê, uma das primeiras perguntas que as pessoas fazem é: "menino ou menina?". A resposta representa um dos primeiros e mais poderosos *status* que passamos a ocupar. A partir desses primeiros dias, isso influencia a forma como os outros vão interagir conosco em nossa condição de recém-nascidos. Mais tarde, influencia as roupas que vestimos, os amigos que escolhemos, os tipos de jogos que praticamos, as faculdades que pensamos em fazer, os tipos de trabalho que temos, a quantidade de dinheiro que nos pagam e muito mais. E responder à pergunta parece uma coisa tão simples, mas, de uma perspectiva sociológica, a compreensão do que significa ser menino ou menina e, mais tarde, tornar-se homem ou mulher envolve mais do que apenas a anatomia.

sexo Diferenças biológicas entre homens e mulheres.

gênero Importância social e cultural que atribuímos a essas supostas diferenças biológicas.

SEXO E GÊNERO

Historicamente, os sociólogos têm feito uma distinção entre sexo e gênero, para diferenciar entre biologia e cultura. O **sexo** diz respeito às diferenças biológicas entre homens e mulheres; o **gênero** envolve a importância social e cultural que atribuímos a essas supostas diferenças biológicas. Ao longo do tempo, mesmo essa distinção se tornou restrita demais para descrever totalmente nossas experiências como seres humanos.

O sexo enfatiza as diferenças entre homens e mulheres que ocorrem nos níveis celular, hormonal e anatômico. A partir dessa perspectiva, presume-se que é fácil saber a diferença entre homens e mulheres. As mulheres têm padrões cromossômicos XX, hormônios estrogênios, ovários e vagina; os homens têm cromossomos XY, hormônios andrógenos, testículos e pênis. O pressuposto é que a linha divisória seja clara; não há sobreposição biológica significativa entre os sexos. Esse modelo é conhecido como modelo simples de dois sexos, ou dimórfico, em que a linha entre machos e fêmeas é distinta e absoluta (Fausto-Sterling, 2000; Preves, 2000).

O problema dessa divisão simplista é que encontramos muitas exceções com relação ao que se supõe ser a regra. Muitas pessoas apresentam características físicas que supomos pertencer ao sexo "oposto": mulheres com pelos faciais, homens com vozes agudas, mulheres altas e homens baixos, mulheres com quadris estreitos e ombros largos, homens que são franzinos ou que têm "seios", mulheres que experimentam "calvície do tipo masculino" e assim por diante. As diferenças vão além dessas características sexuais secundárias para incluir pessoas cujas características celulares, hormonais e anatômicas são sexualmente ambíguas. Como aponta a geneticista Anne Fausto-Sterling (2000), em uma crítica ao modelo masculino-feminino simplista, "olhando de perto, o dimorfismo absoluto se desintegra mesmo em nível da biologia básica. Os cromossomos, os hormônios, as estruturas sexuais internas, as gônadas e a genitália externa variam, todos, mais do que a maioria das pessoas percebe" (p. 20). Sabemos, por exemplo, que homens e mulheres têm hormônios androgênio e estrogênio, e que os níveis de hormônios sexuais variam por indivíduo.

Biologicamente, Fausto-Sterling (1993) sugere que temos pelo menos cinco sexos, e não apenas dois. Além de homens e mulheres, apresentamos pelo menos três categorias interse-

Depois de vencer a medalha de ouro na corrida de 800 metros no Campeonato Mundial de 2009, foram levantadas questões sobre o sexo da corredora sul-africana Caster Semenya. Ela teve de se submeter a uma série de testes psicológicos, ginecológicos e endocrinológicos e foi liberada para continuar competindo em eventos internacionais de atletismo.

xuais. A primeira inclui os "verdadeiros hermafroditas", que têm um testículo e um ovário. Em outras palavras, eles são teoricamente capazes de produzir tanto esperma quanto óvulos. A segunda categoria inclui "pseudo-hermafroditas masculinos". Eles têm testículos e o que parece ser uma genitália feminina, sem pênis e ovários. A terceira categoria inclui "pseudo-hermafroditas femininos", que têm ovários, com algum órgão genital masculino, mas sem testículos. Mais tarde, ela sugeriu que mesmo esses cinco sexos representam um modelo simplista da gama de diversidade biológica, que se assemelha mais a um contínuo (Fausto-Sterling, 2000). Embora seja difícil saber ao certo até onde esses casos são comuns, Fausto-Sterling (2000) estima que cerca de 1,7% das crianças nasce intersexual de alguma forma. Dada uma população total de cerca de 300 milhões de pessoas nos Estados Unidos, temos aproximadamente 5,1 milhões de norte-americanos que não podem ser facilmente classificados como homem ou mulher.

Os sociólogos inicialmente distinguiam gênero de sexo, em parte para dar conta das grandes variedades de formas em que manifestamos diferenças com base em sexo em todas as culturas e ao longo do tempo. Essa abordagem pressupunha que o gênero não fosse estritamente definido pela biologia. Nós "construímos socialmente" o gênero atribuindo importância social e cultural às diferenças biológicas entre os sexos. Enquanto o sexo se refere a quem somos como homens e mulheres ao nascer, o gênero diz respeito ao que nos tornamos como homens e mulheres dentro de várias culturas e subculturas. Esse processo de tornar-se ocorre pela socialização, em que internalizamos a cultura cognitiva, normativa e material considerada apropriada ou natural em nossos mundos sociais.

> **PENSAMENTO** SOCIOLÓGICO
>
> Por que a maioria das mulheres no Brasil pressupõe que depilar as pernas é natural? Que papel isso cumpre como rito de passagem?

SOCIALIZAÇÃO EM PAPÉIS DE GÊNERO

Por carecermos de instintos complexos que determinem rigidamente nossos comportamentos, construímos nossas expressões de masculinidade e feminilidade e reforçamos essas expressões de gênero por meio da socialização. Por exemplo, o processo de se tornar menino e menina começa no nascimento:

> Durante os primeiros 6 meses de vida, as mães tendem a olhar e falar com as bebês meninas mais do que com os meninos, e tendem a responder ao choro das meninas de forma mais imediata do que ao dos meninos. Na verdade, esses comportamentos tendem a ser mais intensos para as meninas durante os primeiros 2 anos de vida. Os meninos, por outro lado, recebem mais toques, colo, balanço e beijos do que as meninas nos primeiros 2, mas a situação se reverte aos 6 meses.

Um experimento com rompimento de normas de gênero por estudantes universitários

Rompimento de normas por homens
- Usar esmalte de unhas
- Bordar em público
- Fazer um chá de panela
- Chorar em público
- Ir a um pedicure
- Candidatar-se a cuidar de crianças
- Depilar-se

Rompimento de normas por mulheres
- Mandar flores a homens
- Cuspir em público
- Usar banheiro masculino
- Comprar suporte atlético
- Falar com conhecimento sobre carros
- Comprar/mascar tabaco
- Abrir portas para homens

Fonte: Nielsen et al., 2000:287.

ESTUDOS sociológicos

Gênero e Sexualidade

Depois de um ano, os bebês do sexo feminino são incentivados a passar muito mais tempo do que os meninos tocando e ficando próximo a suas mães. Em idades posteriores, as meninas são incentivadas a se afastar, mas nunca tanto quanto os meninos. (Kimmel, 2004:130)

À medida que as crianças crescem, continuamos a reforçar as diferenças entre homens e mulheres por meio de nossas ações. Os bebês do sexo masculino ganham cobertores azuis; as meninas ganham cobertores cor-de-rosa. Os meninos devem brincar com caminhões, blocos de construção e soldados de brinquedo; as meninas recebem bonecas e artigos de cozinha. Os meninos devem ser masculinos (ativos, agressivos, durões, ousados e dominantes), mas as meninas devem ser femininas (suaves, emotivas, doces e submissas). Um exame dos anúncios em qualquer revista sobre criação de filhos mostra que esses padrões sobre os papéis de gênero tradicionais permanecem influentes na socialização das crianças em muitos países (Kilbourne, 2010).

Demonstrações de gênero A socialização de gênero nunca termina. Em todas as nossas interações, encontramos reações positivas e negativas com base em nosso desempenho de gênero. Não é difícil testar como a socialização desse papel pode ser rígida. Basta tentar romper alguma norma de gênero, digamos, fumar um charuto em público se você for do sexo feminino ou vestir saia para trabalhar se for do sexo masculino. A reação corretiva provavelmente virá. Essa foi exatamente a tarefa dada aos estudantes de sociologia na Universidade do Colorado e no Luther College, em Iowa. Os professores pediram que os estudantes se comportassem de maneiras que considerassem romper as normas de como um homem ou uma mulher deve agir. Ao longo dos anos em que esse experimento permanente foi realizado, os alunos sempre receberam sinais claros – de divertimento a repulsa – de que suas ações eram inadequadas e que eles deveriam se comportar de formas definidas como apropriadas por normas de gênero heterossexuais dominantes (Nielsen, Walden e Kunkel, 2000).

Entender o que significa ser feminino e masculino por meio de nossas interações com os outros é um projeto permanente. Dada a natureza interativa do gênero, é útil enxergar o que é ser homem ou mulher como algo que *fazemos* em nossos relacionamentos com os outros, e não como algo que simplesmente *somos* (West e Zimmerman, 1987).

Quando interagimos com os outros, geralmente demonstramos nosso gênero claramente. Quando nos encontramos em situações em que faltam sinais explícitos de gênero, muitas vezes não sabemos como proceder. Por exemplo, os sociólogos Candace West e Don Zimmerman (1987) relatam um encontro em uma loja de informática, em que o sexo da pessoa envolvida permaneceu ambíguo:

> A pessoa que respondeu às minhas perguntas era atendente. Não consegui categorizá-la como vendedor nem como vendedora. O que eu procurei?

Sociologia pessoal

Fazendo distinções

Quando pequenas, Emily e Eleanor cobriam nossa geladeira com desenhos que faziam de nossa família. Nas fotos, as meninas usavam vestidos, enquanto eu usava calças. Elas tinham cílios longos e eu não. Elas tinham cabelos compridos e eu tinha o que parecia ser um prato na minha cabeça. Perguntei a Eleanor: "E as mulheres que conhecemos que têm cabelo curto e os homens que conhecemos com cabelo comprido?". Ela respondeu: "Sim, mas as mulheres têm cabelos longos e os homens têm o cabelo curto". Ela sabia que havia pessoas que não se encaixavam em sua teoria sobre o cabelo, mas já tinha aceitado uma imagem na qual a linha entre homens e mulheres era óbvia, importante e inevitável.

(1) Pelos faciais: a pessoa tinha pele suave, mas alguns homens têm pouco ou nenhum pelo facial. (Isso varia de acordo com a raça; índios norte-americanos e negros muitas vezes não têm nenhum.) (2) Seios: a pessoa estava vestindo uma camisa solta que pendia dos ombros. E, como muitas mulheres que passaram vergonha na adolescência nos anos de 1950, muitas mulheres não têm peitos. (3) Ombros: os dessa pessoa eram pequenos e redondos para um homem, e amplos para uma mulher. (4) Mãos: dedos longos e delgados, juntas um pouco grandes para uma mulher, pequenas para um homem. (5) Voz: faixa intermediária, inexpressiva para uma mulher, nada dos tons exagerados que alguns homens homossexuais têm. (6) A forma como me tratou: não deu qualquer sinal de que fosse do mesmo sexo que eu ou de sexo diferente. Não havia nem mesmo algum sinal de que soubesse que seu sexo era difícil de categorizar, e eu me perguntava sobre isso, mesmo ao me esforçar para esconder essas perguntas e não constranger a pessoa enquanto falávamos de papel de computador. Saí sem saber seu sexo, e fiquei perturbado com essa pergunta sem resposta (vindo da cultura de que eu venho). (p. 133-134)

Na maioria das vezes, não vemos realmente as "partes" que biologicamente definem alguém como homem ou mulher, e sim contamos com outros indicadores, como roupas e formas. Como disse a socióloga Judith Lorber (1994), "a roupa, paradoxalmente, costuma esconder o sexo, mas exibir o gênero" (p. 22). Dependemos de sinais estabelecidos (como roupas e penteados) para reconhecer o sexo de alguém quando interagimos, muitas vezes tomando esse conhecimento como certo.

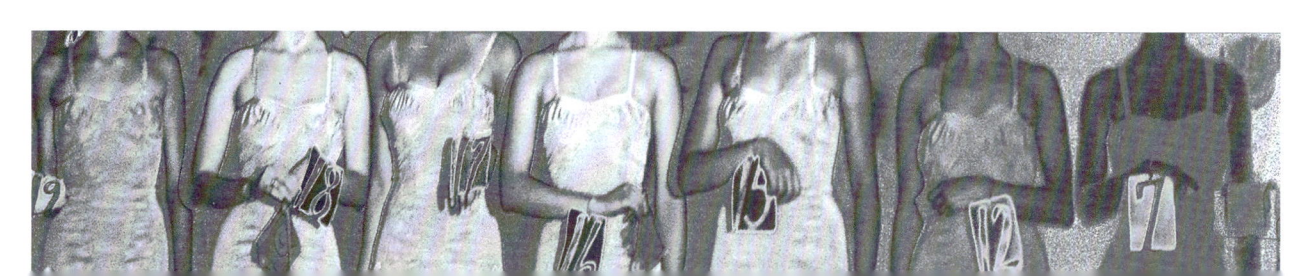

Papéis de gênero das mulheres Pais, escolas, amigos e meios de comunicação nos socializam para internalizar as normas de gênero dominantes. As sanções positivas e negativas que experimentamos durante essas interações moldam os pensamentos, as ações e as aparências que aceitamos como apropriados. As mulheres, por exemplo, continuam a enfrentar a pressão para serem magras, bonitas, submissas, sensuais e maternais.

Filmes, programas de televisão e anúncios em revistas contribuem, todos, para uma imagem idealizada da beleza feminina (Kilbourne, 2010). Como vimos no Capítulo 6, essa imagem, apelidada de "mito da beleza" por Naomi Wolf (1992), é inacessível à maioria das mulheres. Ela contribui para milhões de cirurgias estéticas a cada ano para aquelas que a buscam e, como observado no Capítulo 2, mesmo *top models* como Cindy Crawford consideram não poder alcançar suas próprias imagens idealizadas. Parte da razão é que essas imagens muitas vezes não são reais. Em vez disso, são alteradas com o auxílio de programas de computador, como o Photoshop (Gurari, Hetts e Strube, 2006). Atingir uma imagem idealizada pode ser particularmente problemático para quem não corresponde aos pressupostos brancos e heterossexuais sobre os quais ela é construída (Milillo, 2008; Reel et al., 2008; Tate, 2009).

À medida que reconhecemos cada vez mais o impacto dessas imagens artificiais, vêm sendo feitas tentativas de oferecer imagens alternativas das mulheres nos meios de comunicação de massa. Isso inclui revistas que têm publicado imagens de modelos ou celebridades sem maquiagem ou retoque de fotos, como na edição de abril de 2010 da *Elle* francesa, que contou com imagens não retocadas de modelos e atrizes sem maquiagem.

Em 2009, a Dove lançou sua campanha permanente pela Real Beleza.

GLOBALIZANDO

Satisfação com o peso e a forma de seu corpo

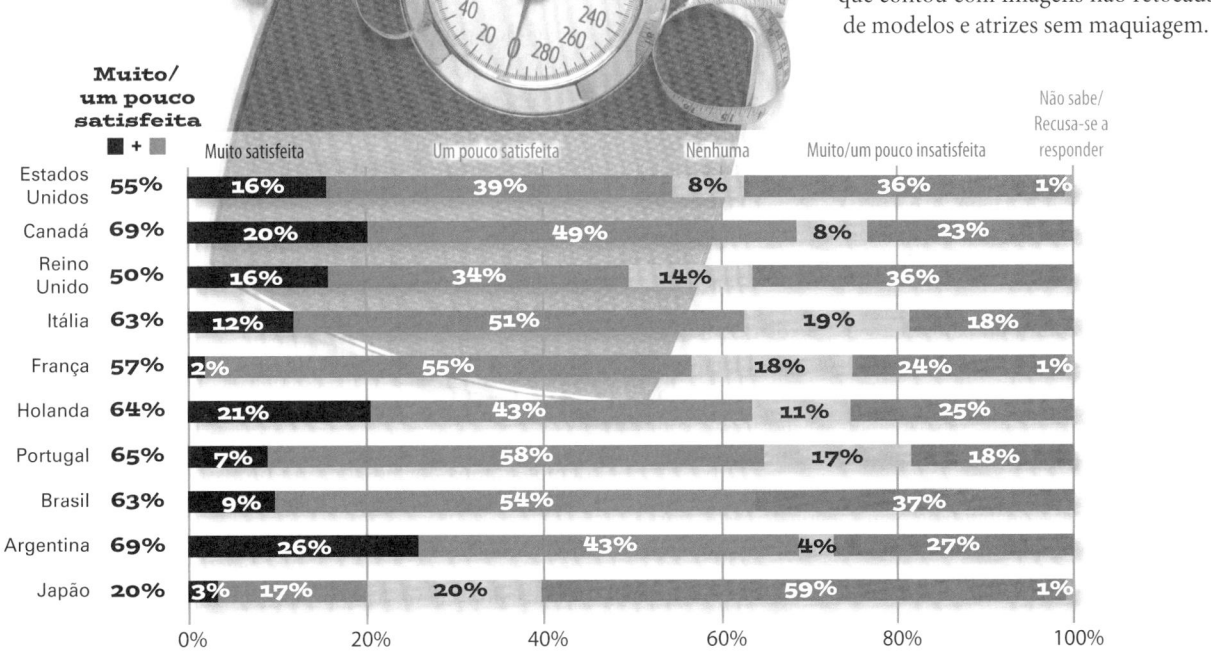

País	Muito/um pouco satisfeita	Muito satisfeita	Um pouco satisfeita	Nenhuma	Muito/um pouco insatisfeita	Não sabe/Recusa-se a responder
Estados Unidos	55%	16%	39%	8%	36%	1%
Canadá	69%	20%	49%		8%	23%
Reino Unido	50%	16%	34%	14%	36%	
Itália	63%	12%	51%		19%	18%
França	57%	2%	55%		18%	24%	1%
Holanda	64%	21%	43%		11%	25%
Portugal	65%	7%	58%		17%	18%
Brasil	63%	9%	54%			37%
Argentina	69%	26%	43%		4%	27%
Japão	20%	3%	17%	20%	59%	1%

Fonte: Etcoff et al., 2004.

Da mesma forma, a *Dove*, como parte de seu Movimento pela Autoestima, ofereceu conteúdo que foi usado em centenas de programas de "autoestima de fim de semana" para mulheres e meninas (www.dove.us/social-mission). O programa é uma extensão de sua Campanha pela Beleza Verdadeira anterior, na qual foram contratados pesquisadores acadêmicos para fazer entrevistas com mulheres de todo o mundo. Os pesquisadores descobriram que apenas 2% das mulheres entrevistadas se sentiam confortáveis se descrevendo como bonitas. Isso apesar do fato de saberem a diferença entre beleza (felicidade, confiança, dignidade e humor) e atratividade física (a aparência de uma pessoa). No todo, apenas 13% das mulheres disseram que estavam muito satisfeitas com seu peso e a forma de seu corpo. Na pesquisa, 68% concordaram muito com a afirmação de que "os meios de comunicação e publicidade estabeleceram um padrão irreal de beleza que a maioria das mulheres jamais pode alcançar". Em resposta, a *Dove* estabeleceu sua campanha de publicidade com uma ampla variedade de tipos de corpos e destacando definições ampliadas de beleza. Os pesquisadores que investigaram essas campanhas alternativas de imagem têm questionado sua eficácia (Heiss, 2011; Swami e Smith, 2012).

As mensagens de gênero sobre ser uma mulher estão relacionadas a muito mais do que apenas beleza. Elas também projetam imagens idealizadas do "lugar adequado das mulheres", identificando algumas posições de *status* social como mais adequadas do que outras. Estudos mostram que os livros infantis reforçam essas mensagens. Uma pesquisa com 5.618 livros infantis publicados ao longo do século XX concluiu que os personagens masculinos foram representados duas vezes mais do que os femininos. A disparidade foi maior ao retratar personagens animais como homens ou mulheres. Os da *Little Golden Books* foram mais desiguais do que as outras séries que os pesquisadores estudaram. A partir da década de 1970, eles encontraram uma tendência à maior igualdade, embora continue havendo um desequilíbrio importante. Os pesquisadores concluem: "Este padrão generalizado de subrepresentação das mulheres pode contribuir para uma sensação de insignificância entre as meninas e de privilégio entre os meninos" (McCabe et al., 221). Outros estudos descobriram padrões de gênero semelhantes. As mulheres costumam ser mostradas como desamparadas, passivas e precisando de um cuidador do sexo masculino. Os pais, em um estudo de livros ilustrados para crianças, tinham probabilidade bem menor de tocar, abraçar, beijar, falar ou alimentar os filhos (Anderson e Hamilton, 2005; Etaugh, 2003; Hamilton et al., 2006).

Papéis de gênero dos homens Também existem expectativas convencionais sobre os papéis de gênero para os homens. Por exemplo, pais que ficam em casa ainda são relativamente incomuns. Entre famílias em que os pais são casados, com filhos menores de 15 anos, há 28 vezes mais mães que ficam em casa do que pais. Embora ainda seja raro os homens ficarem em casa cuidando dos filhos, há evidências de que as atitudes estão mudando. Em uma pesquisa nacional nos Estados Unidos, 69% dos entrevistados disseram que, se um dos pais ficar em casa com os filhos, não faz diferença se esse pai é a mãe ou o pai. Apenas 30% consideravam que a mãe deveria ser quem fica em casa (Robison, 2002; U.S. Census Bureau, 2011k: Tabela SHP-1).

Você sabia?

As mulheres têm mais tendência a ser voluntárias do que os homens nos Estados Unidos. Isso independe de idade, educação ou situação de emprego. Em 2011, 29,9% das mulheres eram voluntárias em comparação com 23,5% dos homens.

Fonte: Bureau of Labor Statistics.

Embora as atitudes em relação à paternidade possam estar mudando, as expectativas tradicionais de gênero continuam a ter um impacto significativo. Os homens também recebem mensagens de parentes, colegas e da mídia sobre o que significa ser masculino. Uma das expectativas mais poderosas é para ser durão, tanto física quanto emocionalmente, nos esportes, no trabalho e até mesmo em relacionamentos. Os homens que não correspondem a essas normas de gênero enfrentam críticas e até humilhação. Os meninos, por exemplo, correm o risco de serem chamados de "covardes", "maricas" ou "bicha", inclusive por pais ou irmãos (Katz, 1999; Pascoe, 2007). Esses xingamentos representam uma forma de controle social que limita a probabilidade de se estabelecerem novas normas de gênero.

Também vemos os efeitos das expectativas de gênero demonstrados por homens em profissões não tradicionais, como professor de pré-escola ou enfermeiro. Eles podem mentir sobre suas ocupações quando são apresentados a outras pessoas, para evitar reações negativas. Por exemplo, os pesquisadores entrevistaram um enfermeiro de 35 anos que contou que dizia ser "carpinteiro, ou algo assim", quando "ia à balada", pois as mulheres não estavam interessadas em conhecer um enfermeiro. Sujeitos da pesquisa tinham mecanismos semelhantes em interações casuais com outros homens (Bagilhole e Cross, 2006; Cross e Bagilhole, 2002).

Pode haver um preço a pagar por essas concepções estreitas de masculinidade. Os meninos que conseguem se adaptar a padrões culturais de masculinidade podem crescer e se tornar homens inexpressivos, que não sabem compartilhar seus sentimentos com os outros. Eles permanecem fortes e duros, mas também são fechados e isolados. Esses papéis tradicionais de gênero podem estar colocando os homens em desvantagem. Hoje, as meninas superam os meninos na escola, obtendo uma parcela desproporcional dos cargos de liderança, de oradoras oficiais a líderes de turma, até editoras do anuário escolar – tudo, em suma, menos ser capitães das equipes esportivas dos meninos. E sua vantagem continua após o ensino médio. Na década de 1980, as meninas nos Estados Unidos passaram a ter maior probabilidade do que os meninos de fazer faculdade. Em 2010, as mulheres representavam 57% dos estudantes universitários em todo o país. E, a partir de 2005 a 2006, mais mulheres do que homens obtinham doutorados no país (Aud et al., 2012:162, 284).

Um número cada vez maior de homens nos Estados Unidos tem criticado os aspectos restritivos do papel de gênero masculino tradicional. A socióloga australiana R. W. Connell (2002, 2005) escreveu sobre **masculinidades múltiplas**, ou seja, os homens aprendem e desempenham uma série de papéis de gênero. Entre eles, um papel de alimentar e cuidar, um papel *gay*-afeminado ou seu papel tradicional. O sociólogo Michael Kimmel deu voz a essa concepção mais ampla sobre o que significa ser homem enquanto estava sentado com seu filho recém-nascido no parque. Quando uma mulher veio até ele e disse que ele estava expressando seu "lado feminino", ele respondeu: "Não estou expressando qualquer coisa do tipo, minha senhora. Estou sendo terno, amoroso e carinhoso para com meu filho. Até onde eu sei, estou expressando minha masculinidade" (Kimmel, 2004:290-91).

O GÊNERO EM DIFERENTES CULTURAS

Apesar de a socialização em papéis de gênero poder restringir o que consideramos comportamento adequado, exemplos como os de Kimmel sugerem que o que definimos como adequado muda ao longo do tempo. As expectativas de gênero também diferem entre distintas culturas. O fato de as expectativas e o desempenho de gênero variarem no tempo e entre lugares diferentes sugere que a masculinidade e a feminilidade não são determinadas estritamente por nossos genes.

Como vimos no caso de Woineshet Zebene no início do capítulo, as mulheres enfrentam bastante opressão, violência e discriminação em países do mundo todo. Seja na forma de tráfico sexual, estupro socialmente tolerado ou negação de serviços médicos, o simples fato de ser uma mulher é suficiente para justificar essas práticas em alguns países. As crueldades cotidianas existem nessas culturas porque as mulheres não são consideradas totalmente humanas (Kristof e WuDunn, 2009).

Outras culturas assumem abordagens profundamente diferentes em relação a gênero. Alguns pressupõem a existência de três ou quatro categorias de gênero. Judith Lorber (1994) observa que, em várias sociedades, podem-se encontrar "mulheres masculinas", homens biológicos que vivem em sua maior parte como mulheres, e "homens femininos", mulheres biológicas que vivem, na maior parte, como homens. Os "homens femininos" podem ser encontrados em algumas sociedades africanas e indígenas norte-americanas, e na Albânia, onde eles assumem papéis profissionais e familiares masculinos. Entre as "mulheres masculinas" estão os *berdaches*, também conhecidos como pessoas de dois espíritos, dos indígenas norte-americanos das Grandes Planícies, os *hijras* da Índia e os *xanith* (Nanda, 1997; Reddy, 2005). Michael Kimmel (2004) descreve os *xanith* de Omã, no Oriente Médio:

> Eles trabalham como empregados domésticos especializados, vestidos com túnicas masculinas (mas em tons pastel, mais associados a cores femininas), e vendem-se em relacionamentos homossexuais passivos. Eles podem falar com as mulheres na rua (os outros homens não podem). Em eventos públicos segregados por sexo, eles se sentam com as mulheres. No entanto, podem mudar de ideia. (p. 65)

Essas categorias de gênero são uma parte aceita de suas vidas sociais. Indivíduos que as preenchem não são simplesmente tolerados nem considerados como desviantes. As pessoas de dois espíritos, por exemplo, têm *status* importante, pois se considera que tenham poderes especiais (Kimmel, 2004; Roscoe, 1997).

Começando com o trabalho pioneiro de Margaret Mead ([1935] 2001) e continuando com o trabalho de campo contemporâneo, os estudiosos têm mostrado que os papéis de gênero podem variar muito de um ambiente físico, uma economia e um sistema político a outros. A obra de Peggy Reeves Sanday (2002, 2008) em Sumatra Ocidental, na Indonésia, por exemplo, descreve a sociedade Minangkabau, de 4 milhões de membros, em que homens e mulheres não são concorrentes, e sim parceiros para o bem comum. Essa sociedade é caracterizada por uma abordagem cuidadora em relação ao meio ambiente, misturada com ética religiosa islâmica. As mulheres controlam a terra por meio de herança; em caso de divórcio, o ex-marido vai embora apenas com suas roupas. A comunidade em geral pode ser governada por homens, mulheres ou homens e mulheres que trabalham em conjunto. As descobertas de Sanday, com as de Mead, confirmam o papel influente da cultura e da socialização na diferenciação por papéis de gênero.

masculinidades múltiplas A ideia de que os homens aprendem e desempenham uma série de papéis de gênero.

> **PENSAMENTO** SOCIOLÓGICO
>
> Tendo em conta que nossos entendimentos de gênero variam de acordo com tempo e lugar, por que estamos tão comprometidos com a noção de que as diferenças de gênero são estritamente determinadas pela biologia?

REIMAGINANDO SEXO E GÊNERO

Quando se trata de gênero, muitas pessoas pressupõem que os padrões que observamos são algo dado, que a biologia, como diz o velho ditado inglês, é destino. Ou, mais especificamente, que nosso sexo define nossa experiência como ho-

"Como funciona"

> PUXA, VOCÊ É RUIM EM MATEMÁTICA!

> PUXA, MENINAS SÃO RUINS EM MATEMÁTICA!

Fonte: XKCD.com/385.

mens e mulheres de maneiras óbvias e previsíveis. Ouvimos ecos desse sentimento em lugares como o *best-seller* de John Gray, *Homens são de Marte, mulheres são de Vênus* (1992). A poderosa analogia apresenta homens e mulheres como alienígenas de planetas diferentes, sugerindo que o abismo entre eles é natural, inevitável e difícil, se não impossível, de atravessar. Um homem comporta-se de determinadas maneiras por ser biologicamente do sexo masculino, e o mesmo vale para as mulheres. Há, no entanto, sinais de que esse pressuposto sobre a relação entre sexo e gênero está sendo questionado; na verdade, os sociólogos identificaram inúmeras maneiras em que sexo e gênero são construções sociais.

Reconhecer as limitações de um modelo simples e dimórfico de sexo pode trazer oportunidades para homens e mulheres, sugerindo que a linha entre o que a antropóloga Lisa Peattie e o sociólogo Martin Rein chamam de mudanças naturais e artificiais se modifica com o tempo. Quando dizemos que algo é *natural*, o que queremos dizer é que deve ser aceito como algo dado e que não pode ser alterado. Por exemplo, quando as pessoas dizem que "os homens são mais racionais", ou que "as mulheres são mais cuidadoras", o pressuposto é de que esses estereótipos sejam determinados por nossa biologia e, portanto, imutáveis. A análise de como o gênero se expressa em diferentes culturas e ao longo do tempo sugere, porém, que muitas dessas características são, na verdade, *artificiais*, isto é, são construções sociais e estão sujeitas a alterações (Peattie e Rein, 1983).

Foram provocadas algumas mudanças na vida social ao se questionar o que é considerado "natural". Ainda no século XX, pensava-se que a compleição biológica das mulheres justificava sua exclusão de escolas, locais de trabalho e da política – locais sociais em que a participação delas atualmente é normal. Por exemplo, as mulheres já foram excluídas de faculdades e universidades nos Estados Unidos porque se presumia que fossem biologicamente incapazes de ter êxito. Na Faculdade de Medicina Jefferson, na Filadélfia, em 1847, o professor Charles Meigs, em um famoso discurso proferido a uma turma totalmente masculina de estudantes de ginecologia, disse sobre as mulheres: "Ela tem uma cabeça quase que demasiado pequena para o intelecto e grande o suficiente para o amor. [...] Ela reina no coração [...] o altar da casa é o seu lugar de adoração e serviço" (apud Collins, 2003:89-90). Em 1874, na Universidade de Harvard, o Dr. Edward Clarke, membro do conselho de supervisores, escreveu que as mulheres eram muito delicadas para lidar com os rigores da educação universitária. O aumento do esforço necessário para pensar consumiria a energia do útero e dos ovários de uma mulher, levando esses órgãos reprodutivos a encolher (Clarke, 1874). Na verdade, Harvard só admitiu formalmente mulheres em seu programa de graduação no início da década de 1970. Quando finalmente conquistaram a oportunidade de cursar uma faculdade – um direito pelo qual tiveram de lutar muito – as mulheres se destacaram. Hoje, elas têm uma média geral mais elevada e superam os homens em número de formados. O que já foi considerado natural é hoje reconhecido como uma construção social. Viu-se que o problema não era da biologia, e sim da cultura socialmente construída que negava a oportunidade (Chee, Pino e Smith, 2005).

> A igualdade de gênero é mais do que um objetivo em si. É uma pré-condição para enfrentar o desafio de reduzir a pobreza, promover o desenvolvimento sustentável e construir boa governança.
>
> Kofi Annan

Por outro lado, a noção de que os homens não são tão bons cuidadores quanto as mulheres persiste. Ela parece resultar da suposição de que as mulheres, por parirem bebês e os amamentarem, são naturalmente melhores para dar amor, cuidado e proteção. No entanto, a pesquisa demonstra que, quando têm a responsabilidade principal pela criação dos filhos, os homens fazem as mesmas coisas convencionalmente associadas a "ser mãe". Por exemplo, a socióloga Barbara Risman fez pesquisas com pais solteiros e concluiu que "quando assumem total responsabilidade pelo cuidado dos filhos, quando atendem a expectativas geralmente restritas às mulheres, eles desenvolvem relacionamentos íntimos e afetivos com seus filhos. Apesar de serem treinados para desempenhar o papel sexual masculino, os pais respondem ao papel não tradicional da mãe (neste caso, pai) solteira com estratégias estereotipicamente consideradas femininas" (Risman, 1986:101). Da mesma forma, pesquisadores que observaram os padrões de resposta de cerca de 30 mil pais não encontraram diferenças signi-

WOMAN MAY WEAR TROUSERS.

Attorney General of Kansas Rules There Is No Law Against It.

TOPEKA. Kan., April 28.—Gov. Stubbs received a letter yesterday from a widow at Oswego asking permission to wear men's trousers while at work at her home. It said she was supporting a large family, which necessitated outside work, and that in wearing skirts she was badly handicapped.

The letter was turned over to the Attorney General, who ruled there was no law prohibiting a woman from wearing men's trousers, especially if she were the head of the house.

Mulheres podem usar calças.
Procurador-Geral do Kansas decreta que não há leis proibindo.
Topeka.Kan., 28 de abril – O Gov. Stubbs recebeu uma carta ontem de uma viúva de Oswego pedindo permissão para vestir calças masculinas enquanto trabalha. A carta dizia que a viúva sustentava uma família com muitas pessoas que precisavam do seu trabalho externo, o qual era severamente prejudicado quando estava de saias. A carta foi entregue ao Procurador-Geral, que decretou não haver leis que proíbam uma mulher de vestir calças masculinas, principalmente se ela for a chefe da casa.

Fonte: Publicado em 29 de abril de 1910. Copyright © The New York Times.

ficativas entre mães e pais norte-americanos sobre fatores como cuidado, carinho, capacidade de resposta, incentivo, interação ou rigor disciplinar. Assim, não é apenas a biologia que determina o cuidado; é a estrutura social e a posição de uma pessoa dentro dela (Barnett e Rivers, 2004; Lytton e Romney, 1991; Risman e Johnson-Sumerford, 1998).

Identificar alguns aspectos de nossas definições de sexo e gênero como artificiais revela a complexa relação entre as duas. Porém, nunca é fácil questionar nossas concepções do que é natural, como descobriram as mulheres que trabalharam pelo direito ao voto e pela igualdade de oportunidades. Confrontar essas noções pode parecer uma tentativa de questionar a própria realidade, mas esse questionamento é necessário para promover mudanças sociais significativas.

>>Trabalhando para a mudança: os movimentos das mulheres

Uma das lições que aprendemos com a pesquisa sobre gênero é que a mudança é possível. Como vimos no caso do ensino superior para mulheres, as normas do passado não precisam determinar práticas futuras. A mudança, no entanto, raramente vem sem conflito. As pessoas têm lutado contra pressupostos culturais existentes sobre o que é natural, a fim de promover a oportunidade para as mulheres na política, na economia e em outras esferas da vida pública e privada. **Feminismo** é o termo para esta crença na igualdade social, econômica e política para as mulheres.

A PRIMEIRA ONDA

O movimento feminista nos Estados Unidos nasceu no norte do estado de Nova York, na cidade de Seneca Falls, no verão de 1848. Em 19 de julho, começou a primeira convenção sobre os direitos das mulheres, com a presença de Elizabeth Cady Stanton, Lucretia Mott e outras pioneiras dessa luta. Essa primeira onda de feministas enfrentou zombaria, já que lutavam por igualdade jurídica e política para as mulheres. Elas não tiveram medo de arriscar a controvérsia em nome de sua causa; em 1872, Susan B. Anthony foi presa por tentar votar na eleição presidencial daquele ano.

As primeiras feministas acabaram conquistando muitas vitórias. Uma das mais importantes da primeira onda foi a aprovação e a ratificação da 19ª Emenda à Constituição norte-americana, que deu às mulheres o direito de votar em eleições nacionais a partir de 1920. Depois deste pico, no entanto, o sufrágio não levou a outras reformas relacionadas à posição social e econômica das mulheres e, no início e em meados do século XX, o movimento das mulheres se tornou uma força de transformação social muito menos poderosa.

feminismo Crença na igualdade social, econômica e política para as mulheres.

Você sabia?

... Quando a 19ª Emenda foi finalmente aprovada em 1920 nos Estados Unidos, isso aconteceu por um único voto. Tendo passado na Câmara e no Senado em 1919, ela ainda precisava conquistar a aprovação em 36 legislativos estaduais. E alcançou essa marca quando o legislador Harry T. Burn, do Tennessee, mudou seu voto e rompeu o empate depois de receber uma carta de sua mãe que dizia: "Não se esqueça de ser bonzinho e ajudar a Sra. [Carrie Chapman] Catt a colocar o 'Rato' na ratificação".

A SEGUNDA ONDA

O que se conhece como segunda onda do feminismo nos Estados Unidos surgiu na década de 1960 e entrou em pleno vigor na de 1970. O livro de Betty Friedan *A mística feminina* teve um papel fundamental, assim como outros dois livros pioneiros que defendiam os direitos das mulheres: *O segundo sexo* (1952), de Simone de Beauvoir, e *Política sexual*, de Kate Millett (1970). Friedan era uma dona de casa de classe média alta, branca e suburbana, que trabalhava em meio expediente como jornalista *freelancer* nos anos de 1950. Como parte de uma história que planejava escrever, ela entrevistou colegas de faculdade sobre suas vidas. O que ela ouviu repetidas vezes de mulheres como ela era que elas compartilhavam um sentimento de insatisfação dolorosa e sem nome, que ela consagrou chamando de "o problema que não tem nome". Mesmo que elas vivessem o que muitos consideravam como o sonho americano, algo estava faltando. Na maior parte, elas se culpavam por esse sentimento de vazio ou incompletude e, quando procuravam ajuda, médicos e psiquiatras prescreviam trabalho de caridade, atividades comunitárias ou, quem sabe, tranquilizantes.

Em *A mística feminina*, Friedan argumentou que o problema não estava nas mulheres como indivíduos, mas na posição que elas ocupavam na sociedade norte-americana da época. O entendimento de Friedan de que este não era um problema particular, mas uma questão pública, representa um caso clássico de uso da imaginação sociológica. As mulheres estavam excluídas da esfera pública, e sua falta de acesso a recursos econômicos, sociais e culturais valorizados – inclusive dinheiro e poder no local de trabalho – era o verdadeiro problema. (A própria Friedan atribuiu parte de sua própria felicidade relativa ao fato de que ela mantinha uma condição dupla, de jornalista e dona de casa.) Para questionar esse problema estrutural, as mulheres tiveram de lutar contra o pressuposto cultural de que o objetivo principal e mais "natural" delas era serem esposas e mães na esfera privada. Como Friedan disse, "já não podemos ignorar essa voz dentro das mulheres que diz: 'Eu quero algo mais do que meu marido e meus filhos e minha casa'" (1963:32).

Em 1966, Friedan ajudou a fundar a National Organization for Women (NOW), para lutar pela igualdade para as mulheres, e a presidiu até 1970. Além de batalhas políticas e jurídicas, uma das ferramentas da organização eram os "grupos de conscientização". Entre outros objetivos, esses grupos procuraram conscientizar as mulheres sobre o grau em que elas compartilhavam "o problema que não tem nome". Essa consciência compartilhada poderia, então, levar à ação coletiva e ao desenvolvimento de uma nova estrutura com melhores oportunidades. A escolha era um valor fundamental no centro desses esforços. O sistema existente restringia as opções das mulheres em muitas áreas da vida social. As feministas lutaram para abrir oportunidade estrutural e para garantir que as mulheres pudessem optar por cursar faculdade, seguir uma carreira com base em sua capacidade, e não nas expectativas de gênero, casar-se ou ficar solteiras, ter filhos ou não, e assim por diante.

O controle ou não das mulheres sobre seus direitos reprodutivos e seus corpos também teve um papel importante nesse movimento. Nos Estados Unidos, a maioria das pessoas apoia o direito das mulheres a um abor-

Nancy Pelosi, Democrata da Califórnia, foi a primeira presidente da Câmara dos Deputados dos Estados Unidos.

O lugar adequado para uma mulher?

Porcentagem de alunos do primeiro ano de faculdade que concordam ou concordam fortemente que "é melhor que as atividades das mulheres casadas sejam limitadas à casa e à família".
Fonte: Pryor et al., 2007.

to legal, mas com reservas. Segundo uma pesquisa nacional de 2012, 23% dizem que o aborto deveria ser legal em todos os casos e 31% dizem que deveria ser legal na maioria dos casos. Dos que são contrários, 16% dizem que deveria ser ilegal em todos os casos e 23%, na maioria deles (Pew Research Center, 2012c). Essas porcentagens se mantiveram bastante estáveis nos últimos 35 anos.

À medida que mais e mais mulheres identificavam práticas culturais existentes como atitudes e práticas sexistas – incluindo atitudes que elas mesmas tinham aceitado durante sua própria socialização em papéis tradicionais de gênero – começaram a questionar a dominação masculina. Um sentimento de irmandade, muito parecido com a consciência de classe que Marx esperava que surgisse no proletariado, ficou visível. Mulheres individuais identificavam seus interesses com as mulheres como um todo e rejeitavam o princípio de que sua felicidade dependia de sua aceitação de papéis submissos e subordinados.

> **PENSAMENTO** SOCIOLÓGICO
> O que significa ser feminista hoje?

A TERCEIRA ONDA

Na década de 1980, em parte por causa dos êxitos da segunda onda em abrir oportunidades e obter mais respeito para as mulheres, desenvolveu-se uma sensação de que os objetivos centrais do feminismo haviam sido realizados em grande parte. Segundo alguns estudiosos, entrávamos em uma era pós-feminista. No início dos anos de 1990, no entanto, surgiu um novo estilo de feminismo que ia além de combater os obstáculos estruturais que motivaram a primeira e a segunda onda. Ele se aventurava na esfera cultural para assumir uma multiplicidade de vozes, expressões e experiências. Esta terceira onda fazia parte de uma mudança conceitual que passava de um foco único na igualdade das pessoas, considerado natural, para uma celebração da diferença (Brooks, 1997; Lotz, 2007; Showden, 2009).

A terceira onda surgiu em parte como uma mudança geracional; mulheres mais jovens estavam insatisfeitas com a imagem dominante do feminismo como pesado e tenso. Ela também representou uma mudança na mensagem, rumo a uma compreensão mais variada e pluralista do feminismo. Isso ficou claro em duas das primeiras antologias que cumpriram um papel fundamental em apresentar a multiplicidade de vozes desse movimento: *To be real: telling the truth and changing the face of feminism*, de Rebecca Walker (1995), e *Listen up: voices/from the next feminist generation*, de Barbara Findlen (1995). Anteriormente, as feministas eram caracterizadas como brancas, de classe média alta e heterossexuais. As feministas da terceira onda dão mais ênfase à agência e à subjetividade, estão comprometidas com o empoderamento pessoal, são mais abertas sobre sexualidade e exploração sexual e celebram a diversidade de gênero, raça, etnia e classe. Admitir uma multiplicidade de identidades levou a um compromisso com a justiça social e a uma perspectiva global, de modo que outras vozes tenham a oportunidade de ser ouvidas (Baumgardner e Richards, 2000; Groeneveld, 2009; Lotz, 2007; Zimmerman, McDermott e Gould, 2009).

Na terceira onda, há um pouco da ideia pós-moderna de autocriação, segundo a qual podemos escolher nossas identidades a partir de um bufê de possibilidades e criar nossas próprias realidades. Isso se ajusta à ideia de que nosso sexo não é estritamente determinado pela biologia e que nossa expressão de nosso gênero não precisa ser de natureza singular, e sim está aberta à criatividade e ao controle de nossa parte. Um dos resultados é um elemento mais lúdico ou irônico com relação ao movimento, principalmente quando se trata do chamado feminismo "de mulherzinha", que procura resgatar coisas como batom, saltos altos e as imagens mais sexualizadas das mulheres como emblemas viáveis de empoderamento feminista. Os críticos argumentam que essa retórica da escolha minimiza de forma inadequada o poder contínuo das posições raciais, sexuais e de classe na sociedade (Munford, 2007; Renegar e Sowards, 2009; Showden, 2009).

Uma das consequências dessa nova perspectiva feminina foi o reconhecimento de que definir os outros principalmente a partir de uma posição específica pode diminuir a importância das múltiplas posições que todos ocupamos. Para olharmos o posicionamento social das mulheres hispânicas, por exemplo, devemos prestar atenção a seu gênero e sua etnia (bem como outros fatores). Dois resultados teóricos significativos dessa abordagem de múltiplas identidades são a teoria da perspectiva (*standpoint*) e a interseccionalidade.

teoria da perspectiva Como nossa compreensão da realidade é moldada pelas posições que ocupamos, um entendimento mais completo das relações sociais deve incorporar as perspectivas de vozes marginalizadas.

interseccionalidade Gênero, sexualidade, raça, etnia e classe não devem ser estudados isoladamente, pois têm efeitos interconectados sobre nossa identidade, nosso conhecimento e nossos resultados na vida.

sexualidade Denota nossas identidades e atividades como seres sexuais.

orientação sexual Categorias de pessoas por quem somos sexualmente atraídos.

A **teoria da perspectiva** sustenta que nossa compreensão da realidade é moldada pelas posições que ocupamos e pelas experiências que temos. Dado que os pontos de vista de alguns (com base em seu gênero, sexualidade, raça, etnia ou classe) são privilegiados em detrimento de outros, essa teoria enfatiza a importância de se ouvirem as vozes daqueles que são, de alguma forma, considerados "de fora". Essa atenção proporciona uma compreensão mais profunda e mais rica dos sistemas sociais (Collins, 2000; Harding, 2004; Hartsock, 1983; Smith, 1987). A **interseccionalidade** representa uma segunda grande evolução. Segundo essa abordagem, não se pode falar de gênero, raça, classe ou sexualidade como se existissem isoladamente uns dos outros. Em vez disso, eles se combinam dentro de nós de formas que tornam difícil separar os efeitos de cada um. Assim, as pesquisas devem analisar os efeitos interconectados de vários *status* sociais sobre identidade, conhecimento e resultados (Alimahomed, 2010; Harding, 2004; Shields, 2008). Para a teoria da perspectiva e a interseccionalidade, é fundamental uma abordagem narrativa em pesquisa, na qual ouvimos as vozes daqueles que são outros para nós.

>>A construção social da sexualidade

As mudanças que ocorrem na forma como sexo e gênero são definidos – como algo mais complexo do que simples categorias binárias de homem ou mulher, ou masculino e feminino – também se aplicam à sexualidade. Nos Estados Unidos, como consequência do modelo dimórfico de sexo, a ideologia dominante pressupunha relações heterossexuais, em que a norma idealizada era a castidade até o casamento, seguida de fidelidade a um único parceiro por toda a vida. Essa visão pode ter chegado a seu auge no retrato que a televisão apresentava de famílias na década de 1950, em programas como o *Leave it to Beaver* e *Papai sabe tudo*. Os tempos mudaram.

A **sexualidade** denota nossas identidades e atividades como seres sexuais. Em termos de identidade, nossa sexualidade representa uma expressão de quem somos de forma semelhante a gênero, raça, etnia e classe. Em termos de nossas práticas sexuais, a sexualidade define o que fazemos (ou não fazemos) e com quem.

SEXUALIDADE E IDENTIDADE

A expressão sexual não é simplesmente resultado de impulsos e instintos biológicos. Ela se situa dentro de processos sociais, culturais e históricos existentes e é consequência deles. Embora as expressões alternativas da sexualidade tenham um longo histórico nos Estados Unidos, sua existência e sua prática nem sempre foram reconhecidas (Duberman, Vicinus e Chauncy, 1989; Escoffier, 1997). Nos anos de 1960, a experimentação com o "amor livre" ajudou a abrir a porta para o reconhecimento mais generalizado dessas expressões. Ao mesmo tempo, surgiram organizações como a Gay Liberation Front, em 1969, e a Gay Activist Alliance, em 1970, que conscientizavam sobre o fato de que há alternativas e procuravam estabelecer a legitimidade de sexualidades alternativas na consciência do público. Como resultado, as pessoas tornaram-se mais conscientes do conceito de **orientação sexual** – as categorias de pessoas por quem somos sexualmente atraídos – como forma de identidade pessoal e comunitária. Inicialmente, de acordo com o modelo dimórfico de sexo, as duas principais subcategorias

Atitudes com relação à homossexualidade nos Estados Unidos

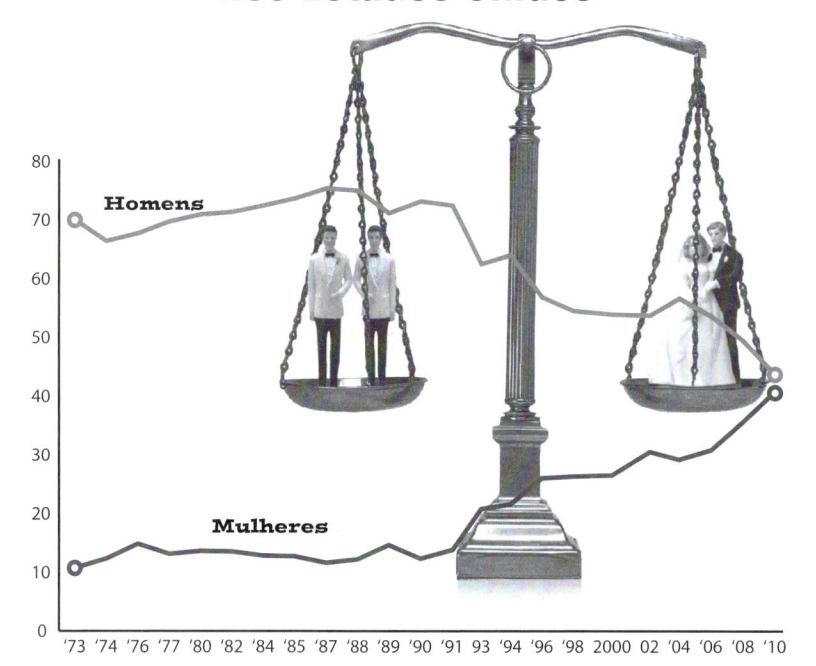

Observação: As respostas são para a pergunta "O que você acha sobre o relacionamento sexual entre dois adultos do mesmo sexo – é sempre errado, quase sempre errado, errado só às vezes, ou nunca é errado?". Os dados são da General Social Survey, uma pesquisa nacional feita regularmente com a população adulta dos Estados Unidos.
Fonte: Smith, T., 2011.

Thomas Beatie nasceu mulher e passou por cirurgia de redesignação sexual para se tornar homem. Ele manteve seus órgãos reprodutivos femininos na esperança de um dia ser pai. Quando sua esposa não pode engravidar, ele concebeu e deu à luz o primeiro filho deles em 2008.

são **heterossexuais**, aqueles que são sexualmente atraídos por pessoas do sexo oposto, e **homossexuais**, aqueles que são atraídos por pessoas do mesmo sexo. Os homens homossexuais foram identificados como *gays* e as mulheres homossexuais, como lésbicas. O termo **bissexual** foi acrescentado mais tarde a essas subcategorias para incluir aqueles que são atraídos por homens e mulheres.

Embora tenha ampliado a consciência da sexualidade para além da versão dos anos de 1950, esse modelo de sexualidade ainda apresenta as linhas divisórias como claras e absolutas. Presume-se que classificar onde você ou os outros estão situados seja uma simples questão de identificar suas práticas sexuais e selecionar a categoria apropriada. Contudo, as experiências das pessoas com a sexualidade são mais complexas e variadas do que isso. Por exemplo, o que acontece com aqueles que tiveram experiências homossexuais ocasionais em seu passado, mas agora são heterossexuais praticantes? Ou quem se envolve em práticas com pessoas do mesmo sexo, mas não se identifica como *gay*, lésbica ou bissexual? Em uma tentativa de esclarecer apenas uma dessas definições, o historiador David Halperin (2009) identificou 13 formulações diferentes de bissexualidade, destacando, assim, a ambiguidade para se definirem essas linhas.

Ao longo do tempo, em resposta às limitações dessa abordagem, um novo modelo apresentou a sexualidade como um *continuum* em vez de uma designação excludente. Um componente fundamental dessa abordagem é o reconhecimento de pessoas que são **transgênero** – aquelas que parecem ser biologicamente de um sexo, mas que se identificam com o outro – como mais uma categoria. Esse reconhecimento destaca a natureza socialmente construída da sexualidade, em oposição a seu elemento biológico, e cria mais espaço para expressões alternativas da sexualidade. Isso ocorre principalmente se o termo transgênero for definido de forma ainda mais ampla, como sugere a historiadora Susan Stryker (2007), "como qualquer coisa que perturbe ou desnaturalize o gênero normativo, e que chame nossa atenção para o processo pelo qual a normatividade é produzida" (p. 60). A partir dessa perspectiva, o transgênero envolve transgressões das normas de gênero dominantes de formas que nos permitam reconhecer sua existência e poder (Brooks e Quina, 2009; Crabtree, 2009; Kinsey, Pomeroy e Martin, 1948; Kinsey, Pomeroy e Gebhardt, 1953; Waites, 2009).

Embora a consciência de formas alternativas de sexualidade tenha aumentado, a expectativa cultural da heterossexualidade continua dominante em muitos países. Os sociólogos usam o termo **heteronormatividade** para descrever o pressuposto cultural de que a heterossexualidade é o padrão adequado para a identidade e a prática sexuais, e que as sexualidades alternativas são desviantes, anormais ou erradas (Chambers, 2007; Elia, 2003). Como exemplo de heteronormatividade, uma pesquisa de 1957 constatou que "quatro em cada cinco pessoas acreditavam que qualquer um que preferisse permanecer solteiro era 'doente', 'neurótico' ou 'imoral'" (Coontz, 2005:230). Além disso, a homossexualidade foi classificada como um transtorno psicológico até 1972 no Manual Diagnóstico e Estatístico de Transtornos Mentais oficial da Associação Americana de Psiquiatria (DSM). A nova edição do DSM foi lançada em 2013, e o debate está centrado no que agora se chamam de "transtornos de identidade de gênero", incluindo aqueles que são transgêneros e transexuais. Alguns profissionais da psicologia preferem não identificá-los como transtornos, pois isso estigmatiza essas identidades. Outros argumentam que é importante manter esses diagnósticos, pois as pessoas transgênero que procuram a cirurgia de mudança de sexo podem não receber diagnóstico e tratamento adequados sem essa designação (Drescher, 2010, 2011; Melby, 2009).

> **heterossexuais** Categoria de orientação sexual que inclui aqueles que são sexualmente atraídos por pessoas do sexo oposto.
>
> **homossexuais** Categoria de orientação sexual que inclui aqueles que são atraídos por pessoas do mesmo sexo.
>
> **bissexuais** Categoria de orientação sexual que inclui aqueles que são atraídos por homens e mulheres.
>
> **transgênero** Pessoas que parecem ser biologicamente de um sexo, mas se identificam com o outro.
>
> **heteronormatividade** Termo que descreve o pressuposto cultural de que a heterossexualidade é o padrão adequado para a identidade e a prática sexuais, e que as sexualidades alternativas são desviantes, anormais ou erradas.

A heteronormatividade é uma forma de etnocentrismo que generaliza um ideal cultural específico (a heterossexualidade) sobre todas as outras populações, negando, assim, legitimidade às pessoas que estão fora dele (Chambers, 2007). Ela pode ser mantida em formas sutis, muitas vezes invisíveis, durante nossas interações cotidianas. A série de televisão *Glee* captou exatamente um momento desses em um encontro entre Kurt, um estudante do ensino médio *gay*, e seu pai, Burt, que em geral compreende e apoia a sexualidade do filho. Kurt estava triste com a aparente facilidade com que seu pai falava de esportes com Finn, o astro zagueiro da escola. Seu pai tentou tranquilizá-lo, dizendo: "Kurt, eu te amo. E sou solidário com todas as suas coisas. Mas convenhamos, amigo, nós temos um acordo, certo? Eu não tento mudá-lo; você não tenta me mudar. Você é meu filho, e um pouco de conversa de homem com outro garoto não vai mudar isso". Kurt responde: "Conversa de homem? Eu sou homem". É justamente em momentos como este, quando uma pessoa se torna invisível como homem porque não está em conformidade com as expectativas de gênero dominantes, que a heteronormatividade está em operação.

> **PENSAMENTO** SOCIOLÓGICO
> Como a heteronormatividade é reforçada nas atuais canções e programas de televisão de maior audiência? Você consegue pensar em alguma exceção?

A socialização tem um papel fundamental na determinação de nossa identidade sexual (Parker, 2009). Assim como foi o caso do gênero, enfrentamos muita pressão para obedecer a normas dominantes de masculinidade e feminilidade. Em seu livro *Dude you're a fag*, a socióloga C. J. Pascoe (2007) se propôs a compreender como a heteronormatividade se reproduz. Ela realizou um estudo etnográfico com meninos em uma escola de ensino médio, de classe trabalhadora, e concluiu que uma das maneiras em que eles reforçavam as normas de masculinidade existentes era usando normalmente o termo *fag* ("bicha") para chamar qualquer um que se desviasse do ideal masculino dominante. Segundo Pascoe, chamar alguém de bicha não era tanto um ato homofóbico (embora ela admita que também fosse isso) quanto um meio de manter os caras na linha. Embora fosse possível ser homossexual e ainda ser masculino, ser bicha representa uma forma de masculinidade fracassada. A ameaça de ser bicha paira sobre meninos como um espectro ou fantasma que poderia possuí-los a qualquer momento; só a eterna vigilância o contém. Pascoe argumenta que rejeitar esse papel também representa um repúdio à feminilidade. Assim, esse discurso não apenas sustenta os padrões heteronormativos existentes, mas também reforça as concepções tradicionais de gênero. Outros pesquisadores encontraram resultados semelhantes em um estudo sobre *hogging*, no qual os homens fazem sexo com mulheres com sobrepeso ou obesas, não como forma de estabelecer uma relação com elas, mas como um jogo para provar sua masculinidade para outros homens (Prohaska e Gailey, 2010).

Esses exemplos apontam para o fato de que as diferenças na sexualidade não são apenas questões de orientação e preferências alternativas; elas estão ligadas a sistemas maiores de poder em que alguns *status* são privilegiados em detrimento de outros (Brickell, 2009). Construímos nossas identidades sexuais, entendendo quem somos, dentro dos contextos de nossas estruturas sociais. Dentro desses mundos, nem todos os caminhos são aceitos como igualmente legítimos. Nos Estados Unidos, tem sido difícil estabelecer uma identidade sexual que não seja a heterossexual, devido aos significados associados às demais identidades e à falta de apoio cultural mais amplo a elas. Essas diferenças de poder contribuem para a discriminação e as ameaças de violência. De acordo com o FBI, por exemplo, 19,1% dos 7.690 crimes de ódio relatados em 2010 envolviam orientação sexual (U.S. Department of Justice, 2011c).

> **PENSAMENTO** SOCIOLÓGICO
> De que forma os xingamentos com base em gênero, como brincar dizendo que um homem é bicha, funcionam para manter claras fronteiras de gênero? Quais as consequências para *gays*, lésbicas ou meninas heterossexuais?

Em um esforço para garantir direitos civis, políticos e sociais das pessoas em comunidades lésbicas, *gays*, bissexuais e transgênero (LGBT) ao redor do mundo, um grupo de especialistas em direitos humanos reuniu-se na Indonésia, em 2006, para estabelecer os Princípios de Yogyakarta (www.yogyakartaprinciples.org/). Os princípios são construídos a partir do pressuposto dos direitos humanos universais e procuram ampliá-los para incluir orientação sexual e identidade de gênero. Eles identificam 29 princípios básicos, incluindo o direito à igualdade e à não discriminação, o direito ao trabalho e o direito de constituir família. Esse movimento surgiu, em parte, porque a homossexualidade continua a ser crime em muitos países; em alguns, é passível de punição com a morte.

Em lugares onde tem havido maior abertura sobre sexualidade, cada vez mais a preferência sexual pode não ser necessariamente o principal modo de identificação, mas ela existe em combinação com gênero, raça, etnia, nacionalidade e classe (Stein, 2010). À medida que expressões alternativas da sexualidade se tornam mais aceitas e menos alternativas, o papel delas como *status* dominante por meio do qual toda identidade é filtrada pode se tornar menos poderoso. Em vez disso, de acordo com a perspectiva da interseccionalidade, a sexualidade pode passar a ser mais uma parte importante da identidade que molda quem somos e os caminhos que provavelmente tomaremos (Gomez, 1997).

SEXUALIDADE EM AÇÃO

Enquanto molda nossa concepção de quem somos, nossa sexualidade também tem consequências para o que fazemos. Em termos sociológicos, como sugerido pelo teorema de Thomas (ver p. 15), nossa autoestima é moldada por nossas interações com os outros. A seguir, agimos com base nessas percepções. Em nossa vida cotidiana, nossas percepções de nós mesmos e de nossas práticas sexuais muitas vezes se reforçam mutuamente. O entendimento de nossa sexualidade na prática deve incluir os tipos de atos sexuais que realizamos e os tipos de relacionamentos sexuais que estabelecemos com os outros.

Alfred C. Kinsey, com a ajuda de sua equipe de pesquisadores, apresentou visões inéditas sobre as práticas sexuais das pessoas nos Estados Unidos.

Como esses tópicos geralmente são considerados tabus, as pessoas muitas vezes desconhecem e têm curiosidade sobre as práticas sexuais reais.

Os Relatórios Kinsey (*Sexual behavior in the human male* [1948] e *Sexual behavior in the human female* [1953]) apresentaram os primeiros estudos de investigação em profundidade sobre as práticas sexuais das pessoas. Compilados pelo biólogo americano Alfred C. Kinsey e colaboradores, os relatórios, particularmente sua descoberta de que 8% dos homens tinham estado em relações predominantemente homossexuais durante pelo menos três anos entre os 16 e os 55 anos, foram considerados chocantes na época. Ambos os volumes se tornaram *best-sellers*, e seus estudos abriram a porta para que outros realizassem mais pesquisas (Bullough, 1998; Laumann et al., 1994; Smith, 2006).

A Pesquisa Nacional de Crescimento Familiar (NSFG, de *National Survey of Family Growth*) fornece dados recentes e inclui informações detalhadas sobre práticas sexuais reais. É realizada pelo National Center for Health Statistics (NCHS) e pelos Centers for Disease Control and Prevention (CDC), e se baseia em uma amostra nacional norte-americana de mais de 13 mil respondentes (Chandra, Mosher, Copen e Sionean, 2011). Resumindo os resultados dos padrões de relacionamento heterossexuais, os pesquisadores da NSFG relatam:

> Entre os adultos com idades entre 25 e 44 anos, cerca de 98% das mulheres e 97% dos homens já tiveram relação sexual vaginal, 89% das mulheres e 90% dos homens já fizeram sexo oral com um parceiro do sexo oposto, e 36% das mulheres e 44% dos homens já fizeram sexo anal com um parceiro do sexo oposto. (p. 1)

Valores nos relacionamentos, por gênero e identidade sexual

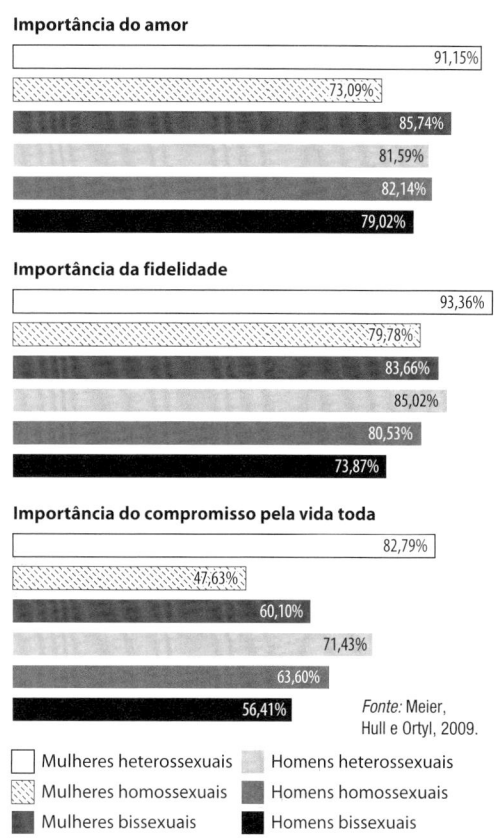

Importância do amor
- Mulheres heterossexuais: 91,15%
- Mulheres homossexuais: 73,09%
- Mulheres bissexuais: 85,74%
- Homens heterossexuais: 81,59%
- Homens homossexuais: 82,14%
- Homens bissexuais: 79,02%

Importância da fidelidade
- Mulheres heterossexuais: 93,36%
- Mulheres homossexuais: 79,78%
- Mulheres bissexuais: 83,66%
- Homens heterossexuais: 85,02%
- Homens homossexuais: 80,53%
- Homens bissexuais: 73,87%

Importância do compromisso pela vida toda
- Mulheres heterossexuais: 82,79%
- Mulheres homossexuais: 47,63%
- Mulheres bissexuais: 60,10%
- Homens heterossexuais: 71,43%
- Homens homossexuais: 63,60%
- Homens bissexuais: 56,41%

Fonte: Meier, Hull e Ortyl, 2009.

Eles também investigaram o número de parceiros do sexo oposto que as pessoas de 25 a 44 anos haviam tido na vida, descobrindo que, entre as mulheres, 32% informaram ter tido um ou dois parceiros do sexo masculino, 36% disseram ter tido de três a seis, e 10% relataram que tiveram 15 ou mais. Para os homens, 19% informaram ter tido um ou dois parceiros, 29% disseram ter tido de três a seis, e 28% relataram que tiveram 15 ou mais. O número mediano de parceiros foi de 3,6 para as mulheres e 6,1 para os homens. Entre os casados, 3,9% dos homens e 2,2% das mulheres relataram mais de um parceiro do sexo oposto nos últimos 12 meses. Entre os que coabitam, 15% dos homens e 13% das mulheres relataram mais de um parceiro do sexo oposto no ano anterior (Chandra et al., 2011).

Uma questão polêmica nesses estudos é a porcentagem de homossexuais na população dos Estados Unidos. Uma cifra bastante usada (derivada dos Relatórios Kinsey) estima que cerca de 10% da população seja de homossexuais. O estudo da NSFG distinguiu entre ter tido experiências homossexuais e se identificar com determinadas orientações sexuais. Os pesquisadores descobriram que, entre os homens com idades entre 25 e 44 anos, 5,8% tiveram contato sexual do mesmo sexo em suas vidas. Entre as mulheres da mesma faixa etária, 12% tiveram contato sexual do mesmo sexo em suas vidas. Suas probabilidades de se envolver em comportamento sexual do mesmo sexo variaram segundo o nível de escolaridade. Os homens com níveis mais elevados tinham

Autoidentificação em termos de sexualidade entre os 18 e os 44 anos

	Homens	Mulheres
Heterossexual	95,7	93,7
Homossexual	1,7	1,1
Bissexual	1,1	3,5
Outra categoria	0,2	0,6
Não responderam	1,3	1,1

Observação: A porcentagem é em resposta à pergunta "Você se considera heterossexual, homossexual, bissexual ou outra categoria?".

Fonte: Chandra et al., 2011.

um pouco mais de probabilidade de se envolver nesses comportamentos em comparação com outros homens. As mulheres com um diploma universitário ou acima tinham probabilidade bem menor de ter esses comportamentos do que outras mulheres (Chandra et al., 2011).

Apenas o fato de ter tido experiências homossexuais não necessariamente resulta em uma identidade de mesmo sexo. Os pesquisadores da NSFG perguntaram: "Você se considera heterossexual, homossexual, bissexual ou outra categoria?". Como indica a tabela acima, 96% dos homens e 94% das mulheres identificaram-se como heterossexuais. O número de pessoas que se identificaram como homossexuais e bissexuais é mais baixo do que o número de pessoas que se envolveram nessas práticas. No geral, a porcentagem de homens e mulheres entre 18 e 44 anos que se identificaram como homossexuais ou bissexuais é inferior a 4%. Esse resultado é coerente com outros estudos nacionais recentes sobre comportamento sexual nos Estados Unidos (Chandra et al., 2011; Gates, 2010; Indiana University Center for Sexual Health Promotion, 2010).

Os pesquisadores também têm se interessado pela idade em que as pessoas têm suas primeiras experiências sexuais. Em termos de experiências com o sexo oposto, o percentual de adolescentes que tiveram relação sexual aumenta a cada ano. Aos 15 anos, 23% das meninas e 21% dos meninos tiveram relação sexual vaginal; aos 17 anos, o percentual é de 44% para meninas e meninos; entre os 18 e os 19 anos, é de 62% para as mulheres e 66% para os homens. Das pessoas com idade entre 15 e 17 anos, aproximadamente 6,7% das meninas e 9,8% dos meninos haviam feito sexo oral, mas não tinham tido relações sexuais vaginais (Chandra et al., 2011).

Uma das preocupações com aqueles que têm relações sexuais muito cedo é a coerção sexual. De fato, entre as meninas que tiveram sua primeira relação antes dos 14 anos, 18% disseram que realmente não queriam que isso acontecesse na época. Outros 52% tinham sentimentos contraditórios sobre querer sexo ou não. Para os meninos da mesma idade, 8,9% não queriam que acontecesse e 34% tinham sentimentos confusos. Dito de outra forma, das pessoas que tiveram relações sexuais antes dos 20 anos, 41% das mulheres e 63% dos homens realmente queriam que isso acontecesse na época (Martinez, Copen e Abma, 2011: Tabela 9).

Quando se trata de experiências com o mesmo sexo entre os mais jovens, as mulheres têm maior probabilidade de ter tido contato desse tipo. Entre pessoas de 15 a 19 anos, 11% das mulheres e 2,5% dos homens relataram ter tido algum tipo de contato sexual com uma pessoa do mesmo sexo. Dos 20 aos 24 anos, 15,8% das mulheres e 5,6% dos homens relataram esses contatos. Quando se trata de autoidentificação, mulheres com idades entre 18 e 19 anos têm maior probabilidade de se identificar como algo que não seja heterossexual, com 5,8% escolhendo bissexual e 1,9%, homossexual. Por outro lado, 1,1 e 1,6% dos homens da mesma idade fizeram esse relato, respectivamente (Chandra et al., 2011).

Um dos eventos mais importantes na história da sexualidade humana foi a invenção da pílula anticoncepcional. Ela foi aprovada para uso nos Estados Unidos em 1960 e ajudou a desencadear a revolução sexual. Com outras formas modernas de controle de natalidade, a pílula permitiu fazer sexo sem muito risco de engravidar, e deu às mulheres maior controle sobre sua sexualidade e suas carreiras, permitindo-lhes controlar sua fertilidade. O controle de natalidade efetivo também resultou em debates sobre como o sexo deveria ser visto – principalmente para procriação (ou seja, ter filhos) ou recreação (por prazer, amor e compromisso) ou ambos.

Os grupos religiosos, incluindo a Igreja Católica, continuam a se debater com essas questões (Benagiano e Mori, 2009).

Internacionalmente, as práticas de controle de natalidade variam muito de país para país. A média global geral para o uso de formas modernas de controle de natalidade – preservativos, pílula e esterilização – é de 56% entre pessoas com

> **PENSAMENTO** SOCIOLÓGICO
>
> Como os fatores econômicos, sociais e culturais podem influenciar o padrão de uso do controle de natalidade em uma sociedade? Como esses fatores podem influenciar as atitudes de uma sociedade em relação a gênero?

idades entre 15 e 44 anos. Para a Europa como um todo, 59% das pessoas usam uma forma moderna de controle de natalidade. A taxa salta a 77% nos países do norte da Europa (como Noruega e Reino Unido) e 69% na Europa Ocidental (incluindo França e Alemanha). Na Ásia, o índice da China é de 86%, o do Japão é de 44% e o da Índia é de 49%. Compare esses países com a África, onde o índice geral é de 22% (embora haja uma variação substancial entre países). Algumas nações africanas têm índices extremamente baixos (p. ex., a Somália, com 1%, o Chade, com 2%, e a Guiné, com 4%). Outros têm índices mais elevados do que a média global (como o Zimbábue, com 58%, o Egito, com 58%, e a África do Sul, com 60%). Assim como aconteceu nos Estados Unidos, o maior controle sobre a fertilidade por parte das mulheres aumenta internacionalmente suas oportunidades de autodeterminação. Também aumenta a probabilidade de ampliar os direitos humanos e as proteções básicas às mulheres de países de todo o mundo (Inglehart, Norris e Welzel, 2002; Kristof e WuDunn, 2009; United Nations, 2011g).

> **PENSAMENTO** SOCIOLÓGICO
>
> Por que as jovens são a categoria com maior probabilidade de se envolver em práticas homossexuais e assumir identidades sexuais alternativas?

>>Gênero e desigualdade

Embora o trabalho de sociólogas pioneiras como Harriet Martineau, Charlotte Perkins Gilman e Ida B. Wells-Barnett tenha destacado a importância da desigualdade de gênero, na década de 1950 os sociólogos Talcott Parsons e Robert Bales (1955) argumentaram que as famílias precisam de um líder instrumental e de um expressivo. O **líder instrumental** é a pessoa na família que é responsável por executar tarefas, que se concentra em metas distantes e gerencia o relacionamento externo entre a família e as outras instituições sociais. O **líder expressivo** é a pessoa responsável pela manutenção da harmonia e dos assuntos emocionais internos. De acordo com a teoria deles, o interesse das mulheres em objetivos expressivos libera os homens para as tarefas instrumentais e vice-versa.

líder instrumental Pessoa na família que é responsável por executar tarefas, que se concentra em metas distantes e gerencia o relacionamento externo entre a família e as outras instituições sociais.

líder expressivo Pessoa responsável pela manutenção da harmonia e dos assuntos emocionais internos.

As mulheres ficam naturalmente ancoradas à família como esposas, mães e administradoras domésticas; os homens ficam ancorados ao mundo profissional fora de casa.

Tendências de participação de mulheres na força de trabalho remunerada dos Estados Unidos

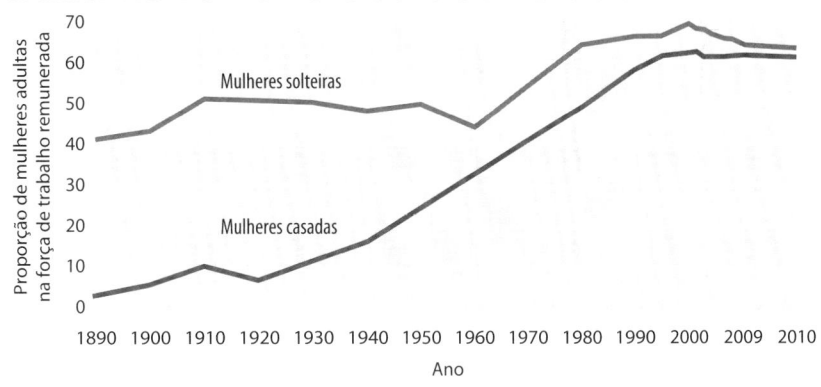

Fonte: U.S Census Bureau, 1975, 2011h: Tabela 597.

SEXISMO E DISCRIMINAÇÃO

Os sociólogos estão interessados em compreender as "consequências da diferença", ou seja, o impacto das estruturas sociais que construímos sobre a distribuição de recursos valorizados. Quando se trata de sexo, os sociólogos investigam o grau de sexismo que existe dentro dos sistemas sociais. O **sexismo** é a ideologia que afirma que um sexo é superior ao outro. O termo geralmente refere-se ao preconceito masculino e à discriminação contra as mulheres. Não é suficiente, no entanto, entender a desigualdade de gênero apenas olhando as atitudes e as práticas dos indivíduos, como comentários sexistas e atos de agressão. Devemos analisá-la como uma característica do próprio sistema social. Os sociólogos referem-se a esses padrões de tratamento que, como parte das operações normais de uma sociedade, negam sistematicamente a um grupo o acesso a recursos e oportunidades como **discriminação institucional**.

Todas as principais instituições dos Estados Unidos – incluindo o governo, as forças armadas, as grandes corporações, a mídia, as universidades, bem como o *establishment* de saúde – são controladas por homens. A análise dos padrões de distribuição permite alguma avaliação do grau de sexismo institucional.

sexismo Ideologia que afirma que um sexo é superior ao outro.

discriminação institucional Padrão de tratamento que nega sistematicamente a um grupo o acesso a recursos e oportunidades como parte das operações normais de uma sociedade.

Como resultado das ideias de teóricas feministas e das descobertas de outras pesquisas, os sociólogos agora argumentam que essas capacidades separadas não são inatas, e sim construtos sociais. A tarefa sociológica fundamental é analisar como as expectativas de gênero são criadas e mantidas – por exemplo, por meio da socialização para o papel de gênero – e, depois, investigar as consequências desses construtos.

MULHERES NOS ESTADOS UNIDOS

Mais de 35 anos atrás, a Comissão sobre Direitos Civis dos Estados Unidos (1976) concluiu que a frase na Declaração de Independência proclamando que "todos os homens são criados iguais" já havia sido tomada literalmente por muito tempo. Constatou-se que as mulheres do país vivenciavam um padrão constante de desigualdade. Observando local de trabalho, renda, trabalho doméstico, política e outros aspectos, podemos ver que a preocupação ainda é válida.

Participação na força de trabalho O mercado de trabalho abriu-se significativamente desde que Betty Friedan publicou

Representação das mulheres em profissões nos Estados Unidos

Sub-representadas		Sobrerrepresentadas	
Bombeiros	3.6	Professores do ensino médio	57.0
Pilotos de avião	5.2	Caixas	73.7
Engenheiros civis	9.7	Assistentes sociais	80.8
Policiais	13.0	Professores do ensino básico	81.8
Impressores	17.3	Arquivistas	82.0
Religiosos	17.5	Bibliotecários	82.8
Chefs de cozinheiros-chefes	19.0	Caixas de banco	88.0
Dentistas	25.5	Enfermeiros	91.1
Cientistas da computação	30.5	Proc. de texto e digitadores	92.5
Advogados	31.5	Recepcionistas	92.7
Médicos	32.3	Funcionários de creches	94.7
Carteiros	37.7	Higienistas dentais	95.1

Observação: As mulheres constituem 47,2% de toda a força de trabalho. Esses dados são para 2010.
Fonte: Bureau of Labor Statistics, 2011f: Tabela 11.

A mística feminina, em 1963. Hoje, milhões de mulheres – casadas ou solteiras, com ou sem filhos, grávidas ou tendo dado à luz recentemente – estão na força de trabalho. No geral, 58,6% das mulheres adultas nos Estados Unidos estavam na força de trabalho em 2010, em comparação com 43% em 1970. Em contrapartida, em 2010, 71,2% dos homens adultos no país estavam na força de trabalho, em comparação com 80% em 1970. Entre as mães casadas, 62% das que tinham filhos menores de 6 anos estavam na força de trabalho em 2010, em comparação com 30% em 1970 (U.S. Census Bureau, 2011h: Tabela 599; Bureau of Labor Statistics, 2011f: Tabela 2).

Ainda assim, as mulheres que entram no mercado de trabalho encontram suas opções limitadas em aspectos importantes. Particularmente prejudicial é a segregação ocupacional, ou o confinamento a "empregos de mulher". Por exemplo, em 2010, as mulheres representavam 95% de todos os higienistas dentais e 83% de todos os bibliotecários. Entrar nessas ocupações classificadas por sexo muitas vezes coloca as mulheres em papéis de "serviço" que fazem um paralelo ao padrão tradicional dos papéis de gênero (Bureau of Labor Statistics, 2011f: Tabela 11).

As mulheres estão sub-representadas em profissões historicamente definidas como "empregos de homem", que muitas vezes oferecem muito mais remuneração e prestígio do que postos de trabalho de mulheres. Por exemplo, em 2010, elas representavam 47,2% da força de trabalho remunerada dos Estados Unidos, mas constituíam apenas 5,2% dos pilotos de avião, 9,7% dos engenheiros civis, 25,5% de todos os dentistas e 32,3% dos médicos. Sessenta e nove por cento das mulheres profissionalizadas estão na área de cuidados de saúde ou educação (Bureau of Labor Statistics, 2011f: Tabela 11; 2011g:2).

Quanto a promoções, as mulheres às vezes encontram vieses de atitude ou organizacionais que as impedem de alcançar seu potencial pleno. A expressão **teto de vidro** indica uma barreira invisível que impede a promoção de uma pessoa qualificada em um ambiente de trabalho por causa de gênero, raça ou etnia. Em 2011, as mulheres ocupavam 16,1% das vagas nas diretorias das 500 maiores empresas dos Estados Unidos. Apenas 18 dessas empresas tinham uma presidente, ao passo que 482 tinham homens nesse cargo de prestígio (Catalyst, 2012a; 2011a).

Renda Hoje afirmamos valorizar "salário igual para trabalho igual", ou seja, o sexo de alguém (com raça, etnia ou idade) não deve ser importante para determinar quanto a pessoa ganha; a única característica que deve importar é o desempenho no trabalho. Contudo, na prática, as mulheres não ganham o mesmo que os homens, em média, inclusive nas mesmas profissões. Ao se compararem indivíduos que trabalhavam em tempo integral, durante todo o ano, em 2010, a renda mediana dos homens foi de 47.715 dólares, e a mediana das mulheres foi de 36.931 dólares (DeNavas-Walt et al., 2011). Em outras palavras, em termos gerais, as mulheres ganharam 77 centavos para cada dólar dos homens.

A segregação profissional não explica a diferença salarial. As mulheres costumam se concentrar mais em ocupações com salários médios mais baixos do que os homens (funcionária de creche ou recepcionista em contraste com médico ou engenheiro civil). Em 2009, de 108 postos de trabalho específicos para os quais havia dados suficientes, apenas em quatro as mulheres ganhavam, em média, mais do que os homens: assistentes de professores, padeiros, "técnicos de ciências sociais, físicos e da vida" e "atendentes de restaurantes e cafeterias e ajudantes de bar". Existem diferenças salariais significativas em todas as ocupações. Por exemplo, continua havendo diferenças salariais nas três ocupações para as quais as mulheres recebem a maior remuneração média: farmacêutico (76% do salário dos homens), advogado (75%) e diretor-executivo (75%). É claro que, em algumas profissões, a diferença salarial é bem maior, incluindo corretor de seguros (62%), gerente financeiro (67%) e médico/cirurgião (64%) (Bureau of Labor Statistics, 2010c: Tabela 18).

> **teto de vidro** Barreira invisível que impede a promoção de uma pessoa qualificada em um ambiente de trabalho por causa de gênero, raça ou etnia.

Mesmo em profissões nas quais as mulheres têm maior probabilidade de se concentrar, elas ainda ganham menos, em média, do que os homens na mesma área. Os exemplos são assistente social (91%), professor do ensino fundamental ou médio (91%) e enfermeiro (87%). Observadores da força de trabalho chamaram essa vantagem dos homens em profissões dominadas por mulheres de "escada rolante de vidro", em contraste com o teto de vidro (Bureau of Labor Statistics, 2011g: Tabela 2; Cognard-Black, 2004).

O que explica essas diferenças salariais entre homens e mulheres na mesma

Diferenças salariais de gênero por idade

Mediana dos ganhos semanais das mulheres como porcentagem da mediana dos homens

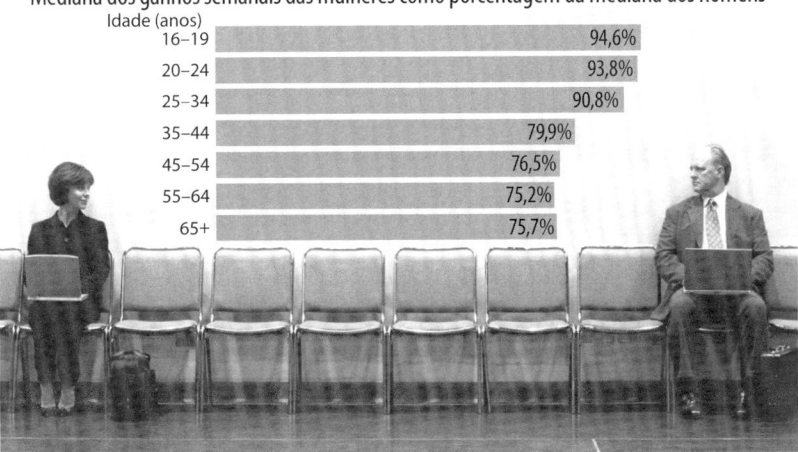

Idade (anos)	
16–19	94,6%
20–24	93,8%
25–34	90,8%
35–44	79,9%
45–54	76,5%
55–64	75,2%
65+	75,7%

Observação: A diferença salarial é a mediana dos ganhos semanais das mulheres como porcentagem da mediana dos homens. A diferença salarial geral nos ganhos semanais é de 81,2%.

Fonte: Bureau of Labor Statistics, 2011g: Tabela 1.

Você sabia?

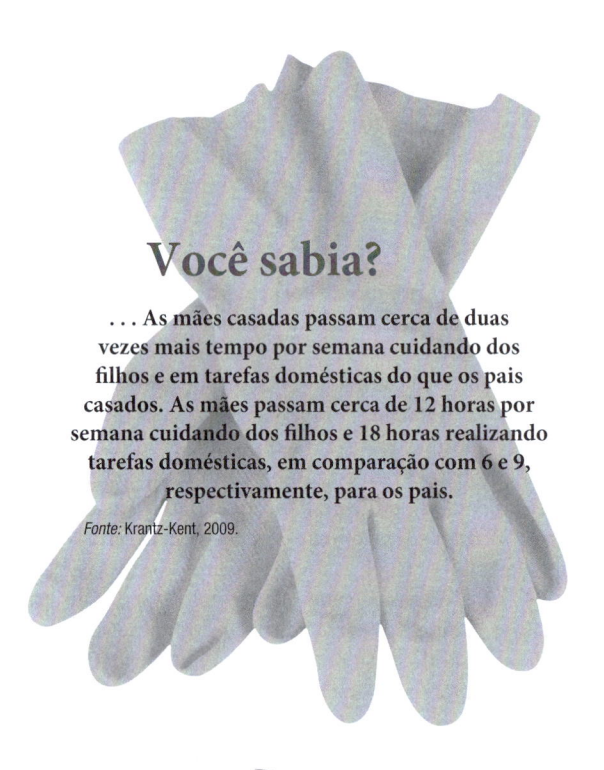

... As mães casadas passam cerca de duas vezes mais tempo por semana cuidando dos filhos e em tarefas domésticas do que os pais casados. As mães passam cerca de 12 horas por semana cuidando dos filhos e 18 horas realizando tarefas domésticas, em comparação com 6 e 9, respectivamente, para os pais.

Fonte: Krantz-Kent, 2009.

segunda jornada Carga dupla – trabalho fora de casa seguido de cuidado dos filhos e trabalho doméstico – que muitas mulheres enfrentam e poucos homens compartilham de forma equitativa.

- Idade e grau de educação formal
- Estado civil e a presença de filhos em casa
- Especialização dentro da profissão (p. ex., medicina familiar em contraste com cirurgia)
- Anos de experiência de trabalho
- Horas trabalhadas por ano

Levando-se em consideração todos esses fatores, as disparidades salariais entre homens e mulheres foram reduzidas em apenas 2 centavos. Mesmo levando em conta esses fatores, as mulheres ainda ganharam 79 centavos para cada dólar ganho pelos homens. Em suma, a disparidade de remuneração não pode ser explicada pelas escolhas profissionais delas (Correll, Benard e Paik, 2007; Government Accountability Office, 2003; Weinberg, 2007).

Casa e trabalho Hoje muitas mulheres enfrentam o desafio de tentar conciliar o trabalho e a família. Quem faz o trabalho doméstico quando as mulheres passam à produção remunerada? Em famílias em que ambos trabalham em tempo integral, as esposas fazem, em média, 28 horas de trabalho doméstico, enquanto os maridos fazem 16. Essa relação aproximada de 2:1 se mantém entre diferentes classes sociais. Mesmo em famílias em que ela trabalha e ele não, a esposa ainda faz mais tarefas domésticas do que o marido (Belkin, 2008).

A socióloga Arlie Hochschild (1989, 1990, 2005) usou a expressão **segunda jornada** para descrever a carga dupla – trabalho fora de casa seguido de cuidado dos filhos e trabalho doméstico – que muitas mulheres enfrentam e poucos homens compartilham de forma equitativa. Com base em entrevistas e observações de 52 casais ao longo de um período de oito anos, Hochschild relatou que as esposas (e não seus maridos) dirigem para casa do trabalho enquanto planejam agendas domésticas e os encontros dos filhos com os amigos – e então começam sua segunda jornada. De acordo com estudos nacionais nos Estados Unidos, ela concluiu que as mulheres passam 15 horas a menos por semana em atividades de lazer do que seus maridos. Em um ano, essas mulheres trabalham um mês extra de dias de 24 horas por causa da segunda jornada; em 12 anos, elas trabalham um ano extra de dias de 24 horas. Hochschild descobriu que os casais que ela estudou estavam se desgastando, e o mesmo acontecia com suas carreiras e seus casamentos. Com esses relatórios em mente, muitas feministas têm defendido um maior apoio de governo e empresas ao cuidado com os filhos, políticas de licenças familiares mais flexíveis e outras reformas destinadas a aliviar a carga sobre as famílias do país (Mann Sullivan e Gershuny, 2011; Moen e Roehling, 2005).

Política Tratando do envolvimento político, depois de anos de luta, as mulheres norte-americanas conquistaram o direito de votar, com a aprovação da 19ª Emenda, em 1920.

Observando os índices de participação de eleitores, podemos ver que elas aproveitaram

ocupação? O Census Bureau dos Estados Unidos estudou as seguintes características de homens e mulheres na mesma profissão:

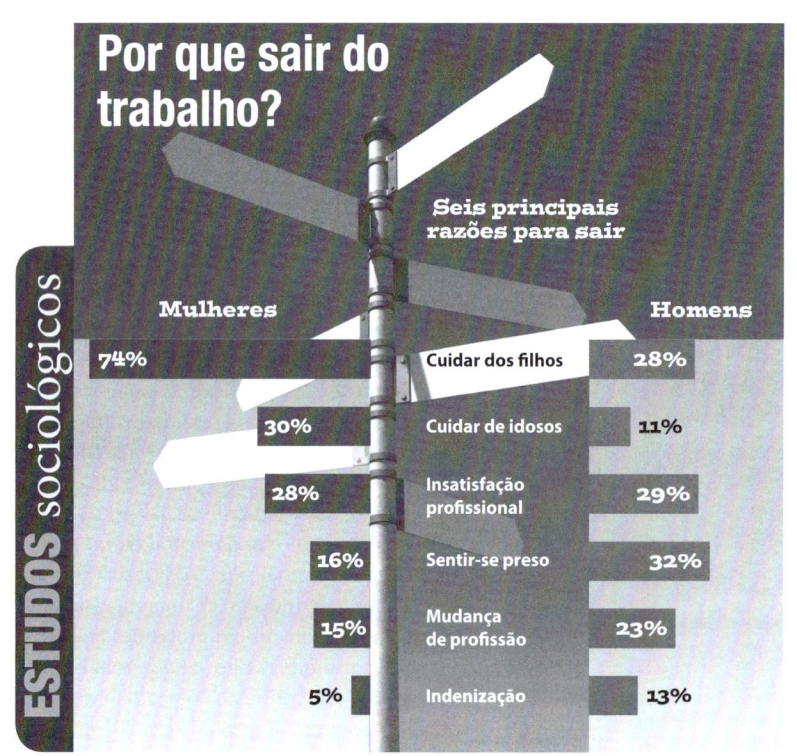

ESTUDOS sociológicos

Por que sair do trabalho?

Seis principais razões para sair

	Mulheres	Homens
Cuidar dos filhos	74%	28%
Cuidar de idosos	30%	11%
Insatisfação profissional	28%	29%
Sentir-se preso	16%	32%
Mudança de profissão	15%	23%
Indenização	5%	13%

Observação: Razões citadas como principais para abandonar voluntariamente o emprego em uma pesquisa com trabalhadores "altamente qualificados", de 28 a 55 anos, definidos como aqueles com pós-graduação, diploma profissional ou diploma de curso superior com honras.

Fonte: Hewlett, Foster, Sherbin, Shiller e Sumberg, 2010.

essa oportunidade. Na verdade, uma maior porcentagem de mulheres vai votar do que de homens. Isso tem acontecido em todas as eleições presidenciais desde 1980. Na eleição de 2008, por exemplo, 65,7% das mulheres em idade de votar informaram ter votado, em comparação com 61,5% dos homens (Lopez e Taylor, 2009).

Na ocupação de cargos eletivos, no entanto, encontramos o mesmo tipo de sub-representação em posições de poder pelas mulheres que se vê no local de trabalho. Mesmo que representem pouco mais de metade da população, as mulheres têm uma proporção significativamente menor de políticos eleitos. Em 2010, por exemplo, apenas 6 dos 50 estados norte-americanos tinham governadoras (Arizona, Novo México, Carolina do Norte, Oklahoma, Carolina do Sul e Washington).

As mulheres fizeram um progresso lento, mas constante, em certas arenas políticas. Em 1981, de 535 membros do Congresso norte-americano, apenas 21 eram mulheres: 19 na Câmara dos Deputados e duas no Senado. Em 2010, 17% dos membros do Congresso eram mulheres: 72 na Câmara e 17 no Senado. No entanto, mesmo quando Nancy Pelosi foi presidente da Câmara de 2007 a 2011 – a primeira mulher a ocupar esse cargo – o perfil dos membros e da liderança do Congresso permaneceu predominantemente masculino. Desde 1789, 11.743 homens participaram do Congresso, em comparação com apenas 270 mulheres – meros 2,2% do total (Center for American Women and Politics, 2011a, 2011b).

Na Suprema Corte norte-americana, Sandra Day O'Connor tornou-se a primeira juíza do país em 1981 (e aposentou-se em 2006). Ela recebeu a companhia de Ruth Bader Ginsberg em 1993. Em agosto de 2009, Sonia Sotomayor tornou-se a terceira mulher e a primeira hispânica da Corte. Em agosto de 2010, Elena Kagan prestou juramento, na primeira vez em que três mulheres atuaram como juízas naquele tribunal ao mesmo tempo. No Poder Executivo, nenhuma mulher jamais foi eleita presidente ou vice-presidente dos Estados Unidos, embora Hillary Clinton e Sarah Palin tenham desafiado essa barreira em 2008.

Violência contra as mulheres Como sugere a história de Woineshet Zebene, a violência contra as mulheres é um problema global. A extensão total desse tipo de violência é desconhecida, pois esses crimes muitas vezes não são notificados nem reconhecidos. Em uma pesquisa global, os investigadores concluíram que a probabilidade de sofrer violência física ou sexual variava muito de um lugar para outro. Por exemplo, eles constataram que 15% das japonesas tinham sido vítimas de violência sexual ou física por parceiros íntimos, em comparação a 71% das etíopes e 69% das peruanas (García-Moreno et al., 2005).

A violência contra as mulheres nos Estados Unidos continua a ser um problema importante. De acordo com a Pesquisa Nacional com Vítimas de Crime (ver Capítulo 6), houve 188.380 estupros e agressões sexuais em 2010. Entre as vítimas do sexo feminino, 73% dos crimes foram cometidos por alguém familiarizado com elas (como um amigo, conhecido, parceiro íntimo ou outro parente). No total, apenas 50% desses estupros e agressões sexuais foram relatados à polícia (Truman e Rand, 2010). Outros estudos sugerem que a probabilidade de relatar esses atos à polícia pode ser bem menor.

A pesquisa mostra que mulheres e meninas de todas as idades estão sujeitas a atos de violência. Entre as meninas do ensino médio, 9,3% tinham apanhado, levado tapas ou sido machucadas fisicamente de propósito por seu namorado ou sua namorada no ano anterior, e 10,5% tinham sido fisicamente forçadas a ter relações sexuais quando não queriam (Centers for Disease Control and Prevention, 2010: Tabela 12). Em uma pesquisa com universitárias, 19% experimentaram uma agres-

5 Filmes sobre GÊNERO E SEXUALIDADE

Minhas mães e meu pai
Dois filhos de um casal de lésbicas procuram seu pai biológico.

Toda forma de amor
Pai de um jovem "sai do armário" aos 75 anos.

Garota infernal
Uma tomada feminista sobre filmes de terror.

O clube da luta
Uma exploração descomunal da masculinidade moderna.

Transamérica
Uma mulher transexual viaja o país com seu filho.

Mulheres e homens jovens eleitores (18 a 29 anos) em eleições presidenciais nos Estados Unidos

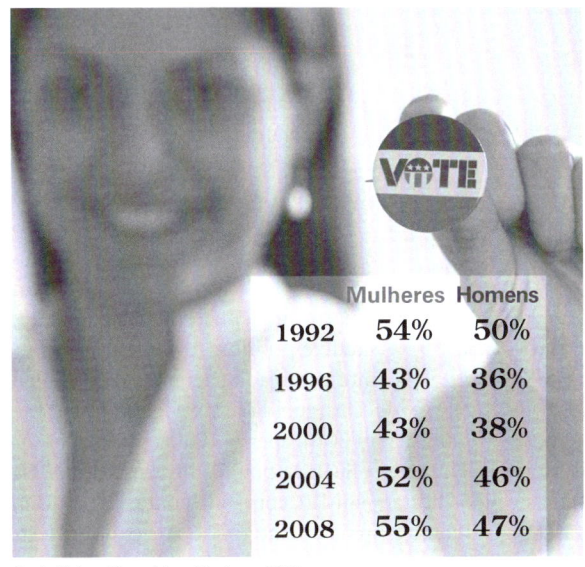

	Mulheres	Homens
1992	54%	50%
1996	43%	36%
2000	43%	38%
2004	52%	46%
2008	55%	47%

Fonte: Kirby e Kawashima-Ginsberg, 2009.

são sexual, tentada ou consumada, enquanto estavam na faculdade. Em termos gerais, 3,4% das universitárias tinham sido estupradas à força e 8,5% tinham sido estupradas enquanto estavam incapacitadas – bêbadas, desmaiadas, drogadas ou dormindo. Entre as universitárias que foram vítimas de agressão sexual, apenas 13% relataram à polícia ou à segurança do *campus*, embora 69% tenham revelado o incidente a um parente ou amigo (Krebs et al., 2007). Em uma pesquisa nacional com mulheres adultas nos Estados Unidos, os pesquisadores descobriram que 18% tinham sido estupradas em algum momento da vida. Apenas 16% dessas mulheres haviam informado o crime a agentes da lei (Kilpatrick et al., 2007). E, na forma mais extrema de violência, 2.340 mulheres foram assassinadas por seus parceiros íntimos em 2007 (Catalano et al., 2009).

A probabilidade de haver violência contra as mulheres é definida em parte por atitudes culturais com relação a elas, em conjunto com o poder relativo que elas possuem na sociedade. Como expressaram Kristof e WuDunn (2009), "as pessoas conseguem escravizar meninas de aldeias sem que nada aconteça, da mesma maneira que faziam com os negros há 200 anos: as vítimas são vistas como menos do que humanas" (p. 24). O aumento da educação e da oportunidade para as mulheres, elas sugerem, leva a uma redução da violência. Nos Estados Unidos, a luta pela autodeterminação das mulheres teve um efeito importante sobre a oportunidade que elas têm na política, no trabalho e nos relacionamentos.

Bineta Diop, fundadora da Femmes Africa SolidaritØ, que trabalha com iniciativas de construção da paz lideradas por mulheres, foi uma das 100 pessoas mais influentes do mundo em 2011, segundo a revista Time.

GLOBALIZANDO

Desigualdade de gênero em países industrializados

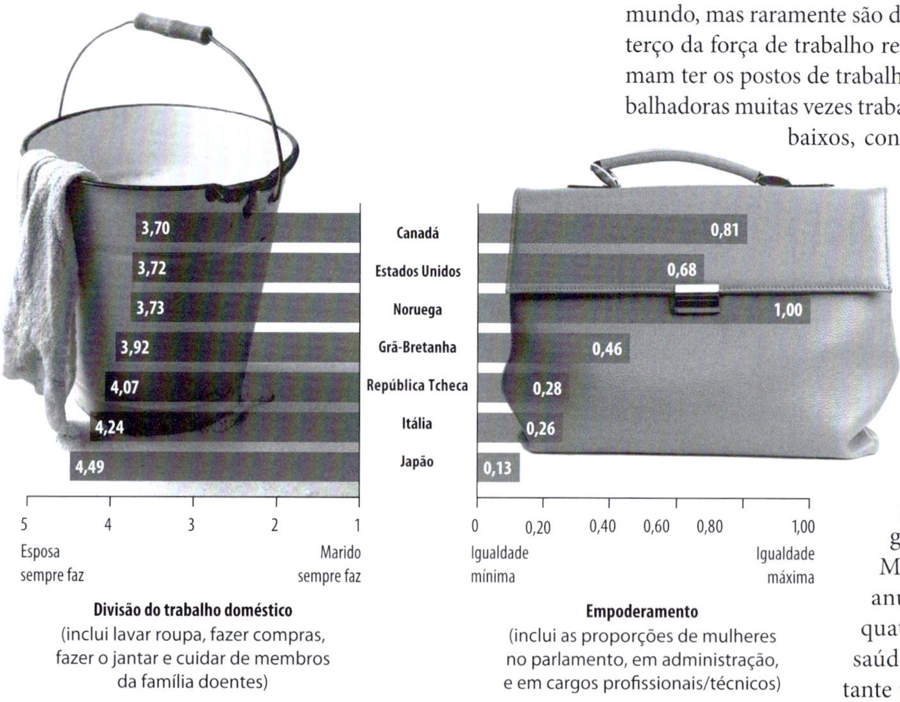

Divisão do trabalho doméstico
(inclui lavar roupa, fazer compras, fazer o jantar e cuidar de membros da família doentes)

País	Valor
Canadá	3,70
Estados Unidos	3,72
Noruega	3,73
Grã-Bretanha	3,92
República Tcheca	4,07
Itália	4,24
Japão	4,49

5 – Esposa sempre faz / 1 – Marido sempre faz

Empoderamento
(inclui as proporções de mulheres no parlamento, em administração, e em cargos profissionais/técnicos)

País	Valor
Canadá	0,81
Estados Unidos	0,68
Noruega	1,00
Grã-Bretanha	0,46
República Tcheca	0,28
Itália	0,26
Japão	0,13

0 – Igualdade mínima / 1,00 – Igualdade máxima

Existem diferenças marcantes no empoderamento das mulheres – isto é, na porcentagem de mulheres em cargos de liderança – de um país para outro (à direita). No entanto, há muito menos diferença na divisão do trabalho doméstico, inclusive nos mesmos países (à esquerda).

Fonte: Adaptado de Fuwa, 2004:757.

MULHERES NO MUNDO

Em nível global, as mulheres plantam metade dos alimentos do mundo, mas raramente são donas da terra. Elas constituem um terço da força de trabalho remunerada do mundo, mas costumam ter os postos de trabalho de menor remuneração. As trabalhadoras muitas vezes trabalham longas jornadas por salários baixos, contribuindo de modo significativo para a renda de suas famílias, e ainda arcam com a responsabilidade pela maior parte do trabalho não remunerado na sociedade (OECD, 2011; Quisumbing, Meinzen-Dick e Bassett, 2008; UNCTAD, 2009).

As oportunidades para as mulheres variam significativamente em todo o mundo. Na tentativa de quantificar o grau de desigualdade de gênero global, o Fórum Econômico Mundial divulga um relatório anual classificando os países em quatro áreas: economia, educação, saúde e política. A pontuação resultante para cada país no Índice Global de Desigualdade de Gênero varia de 0 a 1. Em 2010, apenas quatro países – Islândia, Noruega, Finlândia e Suécia – pontuaram acima de 0,8. Os Estados Unidos ficaram em 19º, com uma pontuação de 0,74, atrás de países como Filipinas, Reino Unido, África do Sul e Sri Lanka. Os últimos 13 países, incluindo Arábia Saudita, Turquia, Paquistão e Egito, tiveram pontuação abaixo de 0,6. Considerando cada um dos quatro indicadores, 22 países tinham alcançado a igualdade na escolaridade e 37 tinham praticamente alcançado igualdade em saúde e sobrevivência, com escores de 0,98. As pontuações sobre participação econômica e oportunidade foram menores, e nenhum país pontuou acima de 0,9. Para empoderamento político, foram as mais baixas das quatro – nenhum país acima de 0,7. Os países do Oriente Médio e da África tiveram as pontuações médias mais baixas, principalmente por causa de suas cifras baixas em indicadores econômicos e políticos (Hausmann, Tyson e Zahidi, 2010).

Embora as pessoas na maioria dos países concordem que as mulheres devem ter direitos iguais, existe uma variação significativa. Por exemplo, no Egito, 45% dos homens concordam, em comparação com 76% das mulheres, uma diferença de 31%. Na Nigéria, a diferença é de 21%, e no Quênia, de 20%. Existem lacunas semelhantes no Egito, no Paquistão e na Jordânia sobre se a mulher deve poder trabalhar fora de casa. Sobre a questão da educação, no Egito, no Paquistão e na Índia, pelo menos 50% acreditam que a formação universitária é mais importante para um menino do que para uma menina (Pew Research Center, 2010f).

Em nível global, com relação às tarefas domésticas e ao cuidado dos filhos, as mulheres passam 2,5 horas por dia a mais do que os homens fazendo trabalho não remunerado, segundo um estudo de 29 países. Em alguns países, incluindo o México, a média chega a 5 horas a mais por dia (OECD, 2011). A socióloga Makiko Fuwa (2004) concluiu que os países que deram maior ênfase à capacitação das mulheres tendem a ter cargas de trabalho doméstico mais equilibradas entre homens e mulheres.

É possível mudar. Em um esforço para tratar de parte da desigualdade estrutural que existe, os legisladores na Noruega estabeleceram cotas mínimas para o número de membros do sexo feminino em diretorias de empresas. Como expressaram os formuladores do plano: "Em vez de pressupor que as pessoas *não conseguem* fazer o trabalho, dê oportunidades às funcionárias para provar que conseguem". A Noruega tem atualmente uma porcentagem média maior de diretoras de empresas do que qualquer outro país: 39,5%. Apenas três países – Noruega, Suécia e Finlândia – têm médias acima de 16% (Catalyst, 2011b; Norwegian Ministry of Children and Equality, 2009).

A sociologia muitas vezes nos faz deparar com coisas que podem nos deixar desconfortáveis, como a desigualdade de gênero. A razão para isso é uma compreensão mais completa do que fazemos e por que o fazemos. Esse conhecimento pode nos levar a práticas novas e melhores que proporcionem mais compreensão, justiça, igualdade e oportunidade. Por meio da prática da imaginação sociológica, como Betty Friedan fez no caso do gênero, podemos fazer do mundo um lugar melhor.

> **envolva-se!**
>
> Resista! Existem cada vez mais recursos que incentivam novas formas de atingir imagens mais saudáveis do corpo para mulheres e homens. O *site* da organização About-Face (www.about-face.org) conscientiza o público sobre os estereótipos negativos acerca das mulheres nos meios de comunicação. Visite o *site* e explore as listas de "vencedores" e "infratores" na mídia.

PARA REVISÃO

I. Como nossa compreensão de gênero e sexualidade mudou ao longo do tempo?
- A presunção de que gênero e sexualidade são estritamente determinados por nossa biologia deu lugar a uma visão de ambos como socialmente construídos, complexos e multidimensionais.

II. Como as oportunidades para as mulheres nos Estados Unidos mudaram ao longo do tempo?
- Na década de 1950, os papéis principais das mulheres eram de esposa e mãe. Desde aquela época, em grande parte devido aos esforços da segunda onda do movimento feminista, a participação das mulheres na força de trabalho e na renda aumentou muito.

III. Até que ponto o gênero ainda influencia o acesso aos recursos?
- As mulheres continuam a receber salários inferiores aos dos homens nas mesmas ocupações, tendem a ser agrupadas em uma faixa mais estreita de profissões dominadas por mulheres, arcam com uma responsabilidade maior pelo trabalho doméstico e estão sub-representadas em cargos eleitos.

Visões SOCIOLÓGICAS sobre gênero e sexualidade

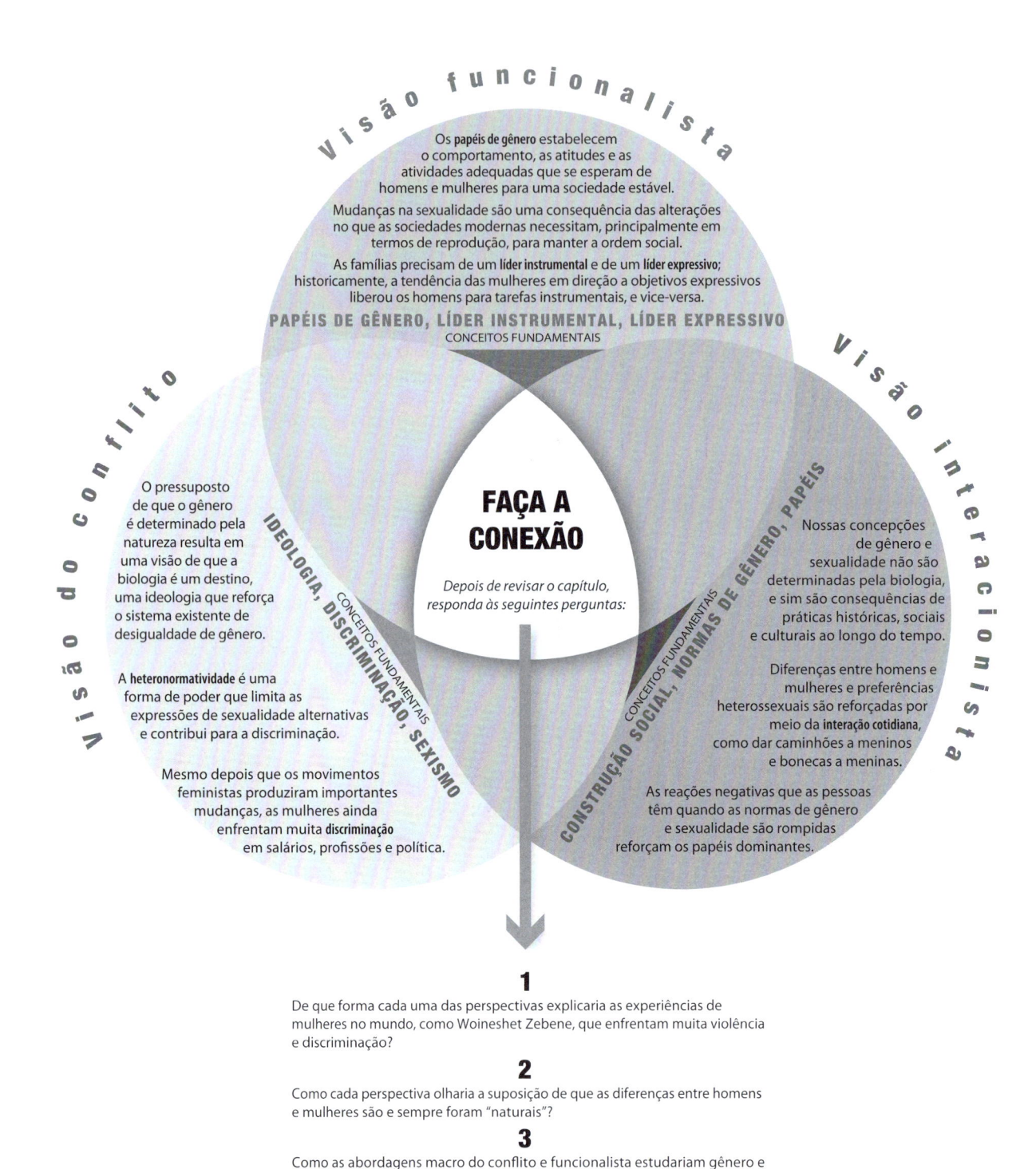

Visão funcionalista

Os **papéis de gênero** estabelecem o comportamento, as atitudes e as atividades adequadas que se esperam de homens e mulheres para uma sociedade estável.

Mudanças na sexualidade são uma consequência das alterações no que as sociedades modernas necessitam, principalmente em termos de reprodução, para manter a ordem social.

As famílias precisam de um **líder instrumental** e de um **líder expressivo**; historicamente, a tendência das mulheres em direção a objetivos expressivos liberou os homens para tarefas instrumentais, e vice-versa.

CONCEITOS FUNDAMENTAIS: PAPÉIS DE GÊNERO, LÍDER INSTRUMENTAL, LÍDER EXPRESSIVO

Visão do conflito

O pressuposto de que o gênero é determinado pela natureza resulta em uma visão de que a biologia é um destino, uma ideologia que reforça o sistema existente de desigualdade de gênero.

A **heteronormatividade** é uma forma de poder que limita as expressões de sexualidade alternativas e contribui para a discriminação.

Mesmo depois que os movimentos feministas produziram importantes mudanças, as mulheres ainda enfrentam muita **discriminação** em salários, profissões e política.

CONCEITOS FUNDAMENTAIS: IDEOLOGIA, DISCRIMINAÇÃO, SEXISMO

Visão interacionista

Nossas concepções de gênero e sexualidade não são determinadas pela biologia, e sim são consequências de práticas históricas, sociais e culturais ao longo do tempo.

Diferenças entre homens e mulheres e preferências heterossexuais são reforçadas por meio da **interação cotidiana**, como dar caminhões a meninos e bonecas a meninas.

As reações negativas que as pessoas têm quando as normas de gênero e sexualidade são rompidas reforçam os papéis dominantes.

CONCEITOS FUNDAMENTAIS: CONSTRUÇÃO SOCIAL, NORMAS DE GÊNERO, PAPÉIS

FAÇA A CONEXÃO

Depois de revisar o capítulo, responda às seguintes perguntas:

1 De que forma cada uma das perspectivas explicaria as experiências de mulheres no mundo, como Woineshet Zebene, que enfrentam muita violência e discriminação?

2 Como cada perspectiva olharia a suposição de que as diferenças entre homens e mulheres são e sempre foram "naturais"?

3 Como as abordagens macro do conflito e funcionalista estudariam gênero e sexualidade de formas diferentes da abordagem micro da perspectiva interacionista?

4 Como cada perspectiva contribui para você entender sua própria socialização em papéis de gênero?

Pop Quiz

1. Que termo os sociólogos usam para descrever as diferenças biológicas entre homens e mulheres?
   a. Gênero
   b. Sexismo
   c. Anatomia
   d. Sexo

2. Que termo a geneticista Anne Fausto-Sterling usa para descrever aqueles que têm características biológicas geralmente associadas a homens e mulheres?
   a. Sexo
   b. Gênero
   c. Intersexual
   d. Demonstrações de gênero

3. Quando estudantes universitários realizaram um experimento em que violaram as normas de gênero esperadas, eles demonstraram o poder
   a. da socialização para o papel de gênero.
   b. do determinismo biológico.
   c. da liderança instrumental.
   d. do teto de vidro.

4. Qual é a expressão usada quando se afirma que o gênero, para os homens, não é estritamente limitado a concepções tradicionais de masculinidade?
   a. Intersexual
   b. Modificação de gênero
   c. Sexo
   d. Múltiplas masculinidades

5. O que grupos como os *berdaches*, *hijras* e *xanith* revelam sobre a natureza de sexo e gênero?
   a. Todas as sociedades compartilham o mesmo modelo sexual dimórfico masculino-feminino
   b. O número de categorias de sexo e gênero varia entre as culturas
   c. A socialização tem um papel importante nas sociedades modernas, mas mais limitado nas sociedades tradicionais
   d. As categorias de sexo variam entre culturas, mas as expressões de gênero são universais

6. A principal realização da primeira onda do movimento feminista foi
   a. tornar as mulheres cidadãs.
   b. conquistar o direito ao aborto.
   c. conquistar o direito à não discriminação no local de trabalho.
   d. conquistar o direito ao voto.

7. Qual termo descreve as categorias de pessoas por quem somos sexualmente atraídos?
   a. Heteronormatividade
   b. Orientação sexual
   c. Sexualidade
   d. Demonstrações sexuais

8. Segundo os sociólogos pioneiros Talcott Parsons e Robert Bales, que tipo de líder é responsável pela conclusão das tarefas, concentra-se em objetivos mais distantes e gerencia o relacionamento externo entre a família e as outras instituições sociais?
   a. Expressivo
   b. Carismático
   c. Instrumental
   d. Tradicional

9. Em termos gerais, quando se comparam trabalhadores em tempo integral, trabalhando durante todo o ano, quanto as mulheres ganham em comparação com cada dólar que os homens ganham?
   a. 42 centavos
   b. 63 centavos
   c. 77 centavos
   d. 92 centavos

10. A expressão "segunda jornada" refere-se a
    a. fazer o trabalho emocional de manter as relações familiares.
    b. manter a casa, incluindo o trabalho doméstico, além de trabalhar fora de casa.
    c. ter uma jornada de trabalho que vá aproximadamente das 4:00 à meia-noite.
    d. fazer trabalho pago no local de trabalho.

1. (d); 2. (c); 3. (a); 4. (d); 5. (b); 6. (d); 7. (b); 8. (c); 9. (c); 10. (b).

Gênero e Sexualidade • 315

13

RAÇA E ETNIA

O QUE ESTÁ POR VIR

318 Grupos raciais e étnicos

323 Preconceito e discriminação

329 Perspectivas sociológicas sobre raça e etnia

333 Raça e etnia nos Estados Unidos

342 Imigração

FAZENDO A AMÉRICA

Em 12 de maio de 2008, Santiago Cordero estava em uma excursão de sua escola de ensino médio quando recebeu uma mensagem urgente no celular. O órgão Immigration and Customs Enforcement (ICE) tinha invadido a empresa Agriprocessors, Inc., o frigorífico onde sua mãe trabalhava. A ICE prendera 389 pessoas, e sua mãe era uma delas. Ela agora enfrentava a possibilidade de ser deportada de volta ao México (Fuson, 2008).

A história da imigração de Santiago não é incomum. Seu pai foi para os Estados Unidos antes e conseguiu obter os documentos necessários para garantir um emprego como zelador de escola em Postville, Iowa, a pequena cidade onde está localizado o frigorífico. Tendo estabelecido uma base de apoio para a família, Santiago, sua mãe e seus irmãos chegaram cerca de um ano depois, sem documentos legais. Como resultado, mesmo tentando viver o sonho americano, sua situação foi sempre precária.

Na escola, Santiago fez tudo certo. Ele atuava como intérprete em reuniões entre estudantes e professores, começou a jogar na equipe do colégio e organizou o primeiro time de futebol da escola, que incluía 28 alunos de cinco nacionalidades. Como aluno do último ano, ele ganhou o prêmio de voluntário da classe e recebeu duas bolsas de estudo. E, no entanto, ao contrário da maioria dos alunos-modelo nos Estados Unidos, ao subir ao palco para receber seu diploma do ensino médio, enfrentava a possibilidade de prisão imediata e deportação (Fuson, 2008).

Lugares como Postville simbolizam a história de imigrante de muitas pessoas nos Estados Unidos (Bloom, 2000). Os frigoríficos dessas cidades são como um ímã para um fluxo constante de pessoas de outros países à procura de emprego. Os imigrantes alemães que colonizaram a cidade gerações antes deram lugar a mexicanos e bósnios há uma década ou mais. Dos 389 trabalhadores presos na invasão de 2008, 295 eram da Guatemala (Leys, 2008). Outras indústrias em cidades semelhantes estão cada vez mais empregando imigrantes da Somália e do Sudão. As pessoas deixam seus países de origem, onde os empregos são escassos, e vão para os Estados Unidos, na esperança de um futuro melhor. Às vezes, assumem altos riscos para isso.

Em uma pequena comunidade como esta, a interação cara a cara com pessoas de outras culturas é inevitável. Esse contato pode romper algumas barreiras e levar a uma maior compreensão de todos os lados. Como disse o superintendente da escola de Postville, David Strudthoff, "é muito difícil odiar as pessoas quando você começa a conhecê-las" (citado em Fuson, 2008).

À medida que você for LENDO

>>
- Como os sociólogos definem raça e etnia?
- O que são e como funcionam o preconceito e a discriminação?
- Quais são as consequências de raça e etnia para a oportunidade?

>>Grupos raciais e étnicos

Liberdade, igualdade e justiça são valores fundamentais na história dos Estados Unidos como terra das oportunidades. A eleição de Barack Obama como o primeiro presidente afro-americano foi mais um marco na expansão gradual desse ideal ao longo do tempo. Em todo o país, houve relatos de crianças de várias origens raciais e étnicas, meninos e meninas, dizendo que qualquer um poderia crescer e se tornar presidente. E, mesmo assim, o fato de sua eleição ter sido notícia indica que ainda pode haver um longo caminho a ser percorrido até que princípio e prática se encontrem.

Ao longo da história dos Estados Unidos, lutas relacionadas a raça e etnia têm estado repetidamente no centro da luta por igualdade e oportunidade. Desde que os colonizadores europeus estabeleceram seu primeiro assentamento em Jamestown, em 1607, com a ajuda da tribo indígena Powhatan, as relações intergrupais com base em origem étnica e racial têm cumprido um papel importante em relação tanto à interação quanto à oportunidade nos Estados Unidos. Um **grupo minoritário** é um grupo subordinado cujos membros têm bem menor controle ou poder sobre suas próprias vidas do que os membros do grupo dominante ou da maioria. Os sociólogos consideram os grupos que não têm poder como grupos minoritários, mesmo que eles representem a maioria numérica da população em uma sociedade.

Raça e etnia historicamente serviram como marcas de *status* de grupos minoritários. A expressão **grupo racial** descreve um grupo que é separado dos outros por causa de diferenças físicas que adquiriram importância social. Brancos, afro-americanos e asiático-americanos são considerados grupos raciais em muitos países. Embora o construto de raça enfatize a importância das diferenças físicas externas, é a cultura de determinada sociedade que identifica e atribui significado social a essas diferenças. Um **grupo étnico** é aquele que é diferenciado de outros principalmente por causa de sua origem nacional ou seus padrões culturais distintos. Nos Estados Unidos, porto-riquenhos, judeus e polonês-americanos são classificados como grupos étnicos. Sendo uma nação composta principalmente de imigrantes e seus descendentes, os Estados Unidos têm uma significativa diversidade racial e étnica.

Você sabia?
... Em 2010, 46,5% dos alunos de escolas públicas nos Estados Unidos eram membros de alguma minoria racial ou étnica, o que representa um aumento em relação aos 22% de 1972.

Fonte: Aud et al., 2012:26; Planty et al., 2008:10.

RAÇA

Historicamente, presumiu-se que a categorização racial era uma questão simples: a raça era biologicamente determinada de formas diretas, e as linhas divisórias entre os grupos eram claras. Também se pressupunha que, na maior parte, os pais de uma pessoa seriam ambos da mesma raça, de forma que identificar a composição racial de uma criança também era uma questão simples.

Claro que houve épocas em que pessoas de diferentes grupos raciais tinham filhos. No século XIX, o potencial de ambiguidade foi resolvido nos Estados Unidos estabelecendo-se a "regra de uma gota". Nesse caso, se uma pessoa tivesse algum antepassado negro, não importando quantas gerações atrás, ela era rotulada como negra, mesmo que tivesse aparência de branca.

A regra de uma gota representou uma tentativa preconceituosa de manter a classificação racial simples e pura, mas

---

grupo minoritário Grupo subordinado cujos membros têm bem menos controle ou poder sobre suas próprias vidas do que os membros do grupo dominante ou da maioria.

grupo racial Grupo que é separado dos outros por causa de diferenças físicas que adquiriram importância social.

grupo étnico Grupo que é diferenciado de outros principalmente por causa de sua origem nacional ou seus padrões culturais distintos.

Grupos raciais e étnicos nos Estados Unidos

Classificação	Número em milhares	Porcentagem do total da população
Grupos raciais		
Brancos (não hispânicos)	196.929	63,7%
Negros/afro-americanos	37.898	12,3
Asiático-americanos	14.566	4,7
Chineses	3.457	1,1
Asiático-indianos	2.765	0,9
Filipinos	2.513	0,8
Vietnamitas	1.625	0,5
Coreanos	1.456	0,5
Japoneses	775	0,3
Nativos do Havaí/Ilhas do Pacífico	508	0,2
Indígenas norte-americanos, do Alasca	2.554	0,8
Grupos étnicos		
Ascendência branca (única ou mista, não hispânica)		
Alemães	47.902	15,5
Irlandeses	34.670	11,2
Ingleses	25.926	8,4
Italianos	17.236	5,6
Poloneses	9.569	3,1
Franceses	8.761	2,8
Escoceses e escocês-irlandeses	8.718	2,8
Hispânicos (ou latinos)	50.740	16,4
Mexicano-americanos	32.930	10,6
Porto-riquenhos	4.692	1,5
Cubanos	1.874	0,6
Salvadorenhos	1.830	0,6
Dominicanos	1.509	0,5
Total (todos os grupos)	309.350	

Fonte: U.S. Census Bureau, 2011q: Tabela S0201.

a análise biológica demonstra que não existem limites claros entre as categorias raciais estabelecidas. Ao se examinar a raça, não é preciso questionar se existe variação biológica – ela certamente existe. A questão central é saber se essas diferenças justificam a divisão da população humana em grupos claros e distintos.

Quando se trata de variação genética, as diferenças biológicas dentro do que consideramos grupos raciais são, na verdade, maiores do que as diferenças entre esses grupos. Os pesquisadores de genética Luca Cavalli-Sforza, Paolo Menozzi e Alberto Piazza (1994), por exemplo, apontam que pessoas do nordeste da China são geneticamente mais próximas a europeus, esquimós e índios norte-americanos do que a pessoas do Sul da China (p. 84). A verdade é que o grau geral de variação genética humana é muito pequeno quando comparado com a variação genética entre outros grandes mamíferos – devido principalmente ao fato de que as comunidades de seres humanos sempre interagiram e se reproduziram, mesmo a grandes distâncias (MacEachern, 2003:20).

Os cientistas que trabalham no Projeto Genoma Humano (HGP, de Human Genome Project) mapearam todos os genes dos seres humanos, proporcionando-nos a descrição mais detalhada disponível de nossa constituição biológica. Eles concluíram que a raça, como a entendemos, não existe. Craig Venter (2000), um dos principais cientistas do projeto, declarou em sua apresentação dos resultados do HGP que "o conceito de raça não tem base genética ou científica" e, em uma entrevista posterior, disse: "A raça é um conceito social, e não científico" (citado em Angier, 2000). Os pesquisadores descobriram que todos os seres humanos compartilham o mesmo material genético básico, e as manifestações físicas, como a cor da pele, representam diferentes combinações, em maior ou menor grau, dos mesmos genes compartilhados.

Construção social da raça Para entendermos a raça, temos de avançar além da biologia para compreendermos as maneiras pelas quais construímos socialmente as categorias raciais. Se olharmos interculturalmente, vemos que diferentes grupos definem categorias raciais de formas diferentes em momentos diferentes. Cada sociedade define quais diferenças são importantes enquanto ignora outras características que poderiam servir de base para a diferenciação social. Nos Estados Unidos, por exemplo, vemos diferenças tanto na cor da pele quanto na cor do cabelo, mas as pessoas aprendem que as diferenças na cor da pele têm um significado social e político profundo, ao passo que as diferenças na cor do cabelo não.

Ao observarem a cor da pele, muitas pessoas nos Estados Unidos tendem a agrupar as outras de forma bastante casual nas categorias tradicionais de "negro", "branco" e "asiático", e as diferenças mais sutis na cor da pele costumam passar despercebidas. Em muitos países da América Central e da América do Sul, por outro lado, as pessoas reconhecem tons de cor em um contínuo que vai do claro ao escuro. O Brasil tem cerca de 40 grupos de cor, e em outros países é possível ser descrito como "mestiço hondurenho", "mulato colombiano" ou "panamenho africano". O que as pessoas veem como "diferenças óbvias", portanto, está sujeito às definições sociais de cada sociedade.

Desenvolvemos nosso entendimento das categorias raciais pelo processo que os sociólogos Michael Omi e Howard Winant (1994) chamaram de **formação racial** – o processo sócio-histórico em que as categorias raciais são criadas, inibidas, transformadas e destruídas. Omi e Winant argumentam que a raça não é fundamentalmente biológica nem é uma ilusão que possa ser simplesmente ignorada. Para entendê-la, deve-se prestar muita atenção às forças sociais, econômicas e políticas que a estabeleceram como distinção básica entre os seres humanos. Historicamente, quem tem posições de poder categorizou grupos inteiros de pessoas como fundamentalmente distintos entre si (p. ex., quando foi instituída a regra de uma gota) e, em seguida, usou seu controle sobre os recursos para tratar as pessoas de forma diferente com base nessas distinções. O resultado é uma estrutura social que reforça as diferenças raciais presumidas e justifica tratamento desigual com base em raça. A criação de um sistema de reservas para os indígenas norte-americanos no final do século XVII é um exemplo de formação racial. As autoridades federais combinaram o que então eram tribos distintas em um grupo racial único, que hoje podemos chamar de nativo-americanos.

Por ter suas raízes em circunstâncias históricas específicas, nossa compreensão de raça mudou ao longo do tempo, segundo as mudanças nessas circunstâncias. Por exemplo, o afluxo maciço de imigrantes no século XIX, de lugares como Irlanda, Alemanha, China, Itália e Europa Oriental, complicou a suposta simplicidade da divisão negro-branco nos Estados Unidos. Esses grupos de imigrantes costumavam ser considerados biologicamente inferiores aos cidadãos brancos. Por exemplo, irlandeses e italianos foram considerados membros de outra raça inferior aos brancos. Muitos afro-americanos da época consideravam ser irlandês socialmente inferior a ser negro. Com o tempo, irlandeses e italianos passaram a ser vistos como dois grupos étnicos brancos. Isso foi conseguido, em parte, posicionando-os como distintos dos afro-americanos para que pudessem se identificar mais de perto com a maioria branca (Guglielmo, 2003; Ignatiev, 1995; Roediger, 2005).

Mesmo que essas diferenças sejam socialmente construídas, suas consequências não são menos reais. A raça é usada com frequência para justificar o acesso desigual aos recursos econômicos, sociais e culturais com base no pressuposto de que essa desigualdade é de alguma forma "natural". Isso pode acontecer pelo uso de **estereótipos**, por exemplo, que são generalizações não confiáveis sobre todos os membros de um grupo, não reconhecendo as diferenças individuais dentro dele. A antropóloga Ashley Montagu (1997), que esteve na vanguarda do movimento para o uso de evidências científicas que demonstram a natureza socialmente construída da raça, sugeriu que "a própria palavra (*raça*) é racista; que a ideia de 'raça', sugerindo a existência de importantes diferenças mentais biologicamente determinadas, que tornam algumas populações inferiores a outras, é totalmente falsa" (p. 35).

> **Você sabia?**
>
> No Censo de 2010, o número de norte-americanos que marcaram tanto "negro" quanto "branco" como sua raça cresceu 134% em comparação com o Censo de 2000. Barack Obama não foi um deles. Ele se identificou como negro.
>
> *Fonte:* Cohn, 2011.

formação racial Processo sócio-histórico em que as categorias raciais são criadas, inibidas, transformadas e destruídas.

estereótipos Generalizações não confiáveis sobre todos os membros de um grupo, não reconhecendo as diferenças individuais dentro dele.

> **PENSAMENTO** SOCIOLÓGICO
>
> Até que ponto raça e etnia influenciam as oportunidades que você tem e os obstáculos que enfrenta? Até onde você é consciente de sua raça e sua etnia, e das possíveis influências que elas podem ter em sua vida?

Múltiplas identidades À medida que cresce o número de pessoas birraciais ou multirraciais, as limitações de nossas categorias de raça estão se tornando cada vez mais aparentes. Figuras destacadas têm ajudado a expor essa tendência. Tiger Woods, o mais famoso golfista do mundo, é um exemplo clássico disso. Woods criou sua própria categoria racial, referindo-se a si mesmo como "cablinasian", uma combinação de sua ascendência caucasiana, negra (*black*), indígena norte-americana e asiática (chinesa e tailandesa). Outros exemplos são o presidente Barack Obama, com um pai negro nascido no Quênia e uma mãe branca nascida no Kansas, e a atriz ganhadora do Oscar Halle Berry, com um pai afro-americano e uma mãe branca, de origem britânica.

Reconhecendo a crescente diversidade da população dos Estados Unidos e a quantidade cada vez maior de casamentos inter-raciais, pela primeira vez em 2000, e novamente em 2010, o Censo permitiu que as pessoas marcassem mais de uma categoria ao identificarem sua raça. Agora, elas podem escolher entre cinco grandes categorias raciais – branco, negro, asiático, nativo-americano e nativo do Havaí ou de outras ilhas do Pacífico, além de "alguma outra raça". Considerando-se todas as combinações que as pessoas podem selecionar, um total de 57 categorias raciais é possível (Humes et al., 2011).

No Censo de 2010, mais de 9 milhões de pessoas nos Estados Unidos, 2,9% do total, informaram ser de duas ou mais raças. Destas, 20,4% escolheram negro e branco, a combinação mais frequente. Dentro das categorias raciais, mais de metade das pessoas que escolheram nativo do Havaí ou de outras ilhas do Pacífico também selecionou outra raça, ao passo que aquelas que se identificaram como brancas tiveram menos probabilidade de fazê-lo (Humes et al., 2011).

Essa ampliação de categorias raciais possíveis faz parte do esforço contínuo do Census Bureau para fornecer uma fotografia da raça como ela é entendida em vários momentos na história dos Estados Unidos. Como demonstra a tabela na página 322, as categorias raciais usadas pelo Census Bureau mudaram ao longo do tempo. A ampliação mais recente para permitir a identificação multirracial é uma consequência direta das limitações do uso de menos categorias para refletir uma sociedade cada vez mais diversificada. Para obter uma contagem precisa, o Census Bureau precisa de categorias que sejam mutuamente excludentes, ou seja, que cada indivíduo se encaixe em um lugar e apenas naquele lugar. Para isso, deve ampliar o número de opções disponíveis para além dos modelos de três ou cinco raças, que muitas vezes pareciam suficientes, segundo o senso comum.

ETNIA

Um grupo étnico distingue-se de outros explicitamente por causa de sua origem nacional ou seus padrões culturais. As características distintivas podem incluir língua, alimentação, esportes e crenças religiosas, em conjunto com várias tradições, normas e valores. Entre os grupos étnicos dos Estados Unidos estão os povos de origem na língua espanhola, chamados coletivamente de *latinos* ou hispânicos, como os porto-riquenhos, os mexicano-americanos e os cubano-americanos. Outros grupos étnicos no país são os judeus, os irlandeses, os italianos e os noruegueses americanos.

A distinção entre raça e etnia nem sempre é clara. Enquanto a abordagem convencional vê a raça como biológica e a etnia como cultural, grupos raciais expressam sua identidade de maneiras culturais (incluindo língua, normas, valores, alimentação e assim por diante). Os grupos étnicos, por sua vez, podem se identificar como uma raça. O Census Bureau depara-se com essa dificuldade em sua tentativa de catalogar cada um deles, e trata raça e etnia como itens separados; contudo, em sua questão sobre etnia, a única categoria reconhecida é

Desfile no Dia de Porto Rico, Nova York.

Categorias de raça nos Estados Unidos, 1790-2010

Ano	Categorias de raça
1790	Homens brancos livres Mulheres brancas livres Todas as outras pessoas livres Escravos
1890	Brancos Negros Mulatos Chineses Indígenas
1940	Brancos Negros Indígenas Chineses, japoneses, filipinos, hindus, coreanos Outros
1990	Brancos Negros ou pretos Indígenas norte-americanos Esquimós Aleútes Asiáticos ou das ilhas do Pacífico, chineses, filipinos, havaianos, coreanos, vietnamitas, japoneses, asiático-indianos, samoanos, guamanianos, outros asiáticos ou das ilhas do Pacífico Outra raça
2010	Brancos Negros, afro-americanos ou pretos Indígenas norte-americanos ou nativos do Alasca (deve-se escrever o nome da tribo) Asiáticos: asiático-indianos, chineses, filipinos, japoneses, coreanos, vietnamitas, outros asiáticos Nativos do Havaí, guamanianos ou chamorros, samoanos, ou de outras ilhas do Pacífico Outra raça (deve-se escrever a raça)

Fonte: Nobles 2000:1739; U.S. Census Bureau 2010c.

"origem hispânica, latina ou espanhola". Essa situação cria dificuldades para grupos que se consideram de uma etnia distinta e encontram as opções de raça inadequadas para descrever quem são. Nessas circunstâncias, muitas pessoas optam por "alguma outra raça" e, em seguida, escrevem uma etnia ou nacionalidade (como mexicano, iraniano ou saudita) como sua raça. No Censo de 2010, 97% das pessoas que marcaram "alguma outra raça" também marcaram "hispânico" como sua etnia. Na verdade, 41% das pessoas que se identificaram como hispânicas também selecionaram "alguma outra raça" (Humes et al., 2011; U.S. Commission on Civil Rights, 2009:4).

O Censo continua tentando tornar essas categorias claras. Em uma tentativa de esclarecer a confusão quanto à relação entre raça e etnia, o Censo de 2010 incluiu a frase "para este censo, origens hispânicas não são raças" (U.S. Census Bureau, 2010c). O órgão também considerou, mas não implementou, juntar raça e etnia em uma única questão, efetivamente transformando os hispânicos em uma categoria racial (coerente com a forma como muitos hispânicos, principalmente os hispânico-mexicanos, veem a si mesmos). Também cogitou abandonar a categoria "alguma outra raça" para reduzir a confusão, forçando efetivamente as pessoas a escolher entre as categorias existentes. Para lidar com as limitações da questão étnica, o Censo de 2010 também estudou a possibilidade de se ampliar para incluir outras opções (p. ex., alemão, francês, italiano) e refletir mais plenamente a origem étnica que as próprias pessoas identificaram (U.S. Commission on Civil Rights, 2009). Como praticado atualmente, o Censo complica ainda mais as coisas, incluindo algumas nacionalidades étnicas como exemplos dentro de categorias raciais (p. ex., japonês e chinês como exemplos da categoria "asiático"), mas não o fazendo para outras (p. ex., branco ou negro). Esses exemplos destacam o fato de que raça e etnia são mais complexas na prática do que os modelos de senso comum nos quais possamos acreditar.

Examinaremos vários grupos étnicos e raciais em mais detalhe em um momento posterior deste capítulo, mas é importante compreender a importância que essas categorias têm na sociedade. Como já vimos, muitas vezes elas são usadas para justificar a exclusão em relação a recursos importantes. Essa exclusão está enraizada em valores e em normas, ou seja, na forma como pensamos e agimos. Quando se trata

Você sabia?

... Entre os muçulmanos nos Estados Unidos, 65% nasceram no exterior. Dos que nasceram no país, cerca de metade são afro-americanos. Aproximadamente um quarto de todos os muçulmanos norte-americanos é de terceira geração.

de raça e etnia, os termos que descrevem essas práticas são *preconceito* e *discriminação*.

>>Preconceito e discriminação

Nos últimos anos, *campi* universitários nos Estados Unidos têm sido palco de incidentes de preconceito. Jornais e estações de rádio dirigidos por estudantes têm ridicularizado minorias raciais e étnicas, textos ameaçadores vêm sendo colocados debaixo das portas de estudantes de minorias, e pichações em apoio às opiniões de organizações supremacistas brancas, como a Ku Klux Klan, têm sido feitas nas paredes de universidades. Em alguns casos, houve até confrontos violentos entre grupos de estudantes brancos e negros. Esses atos decorrem de atitudes que as pessoas têm em relação a outros grupos (Perry, 2010; Schmidt, 2008).

PRECONCEITO

O **preconceito** é uma atitude negativa para com toda uma categoria de pessoas, com frequência uma minoria étnica ou racial. Se você se ressente de seu companheiro de quarto porque ele é desleixado, você não é necessariamente culpado de preconceito. No entanto, se você estereotipá-lo imediatamente com base em características como raça, etnia ou religião, essa é uma forma de preconceito. O preconceito tende a perpetuar falsas definições de indivíduos e grupos.

Às vezes, o preconceito resulta do *etnocentrismo* – a tendência a pressupor que a própria cultura e o modo de vida de uma pessoa representam a norma ou são superiores a todos os outros. Pessoas etnocêntricas julgam outras culturas pelos padrões de seu próprio grupo, sem levar em conta as perspectivas, e as consideram inferiores.

Uma ideologia importante e generalizada que reforça o preconceito é o **racismo** – a crença de que uma raça é suprema e todas as outras são inferiores por natureza.

Essas crenças podem existir mesmo se não estiverem declaradas explicitamente como parte dos valores dominantes de uma sociedade. Nas últimas três gerações, pesquisas nacionais norte-americanas têm mostrado um apoio constante e cada vez maior entre os brancos à integração, ao namoro inter-racial e à eleição de membros de grupos minoritários para cargos políticos – incluindo a presidência dos Estados Unidos. No entanto, existem padrões persistentes de tratamento desigual. As pessoas dizem não ser preconceituosas, afirmando princípios como igualdade de oportunidades, mas muitas não conseguem colocar esses ideais em prática.

Alguns sociólogos sugerem que o **racismo que não vê cor**, o qual usa o princípio da neutralidade racial para per-

> **preconceito** Atitude negativa para com toda uma categoria de pessoas, com frequência uma minoria étnica ou racial.
>
> **racismo** Crença de que uma raça é suprema e todas as outras são inferiores por natureza.
>
> **racismo que não vê cor** Uso do princípio da neutralidade racial para perpetuar um *status quo* racialmente desigual.

Antes da aprovação da Lei dos Direitos Civis, em 1964, a segregação em instalações públicas era a norma em todo o sul dos Estados Unidos.

Categorização de incidentes de crime de ódio nos Estados Unidos

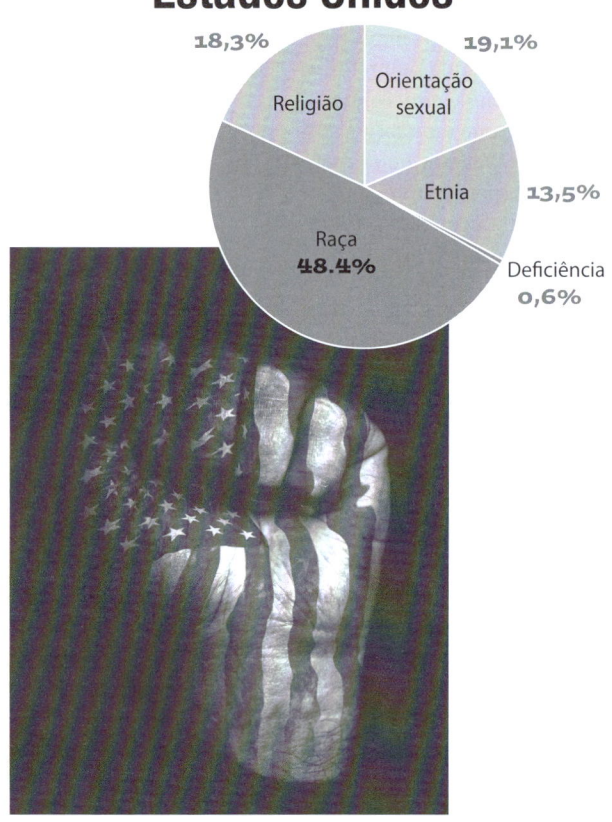

- Religião: 18,3%
- Orientação sexual: 19,1%
- Etnia: 13,5%
- Raça: 48,4%
- Deficiência: 0,6%

Fonte: U.S. Department of Justice, 2010c: Tabela 1.

discriminação Negação de oportunidades e igualdade de direitos a indivíduos e grupos por causa de preconceito ou outras razões arbitrárias.

crime de ódio Delito cometido por causa de preconceito do agressor contra um indivíduo com base em raça, religião, etnia, origem nacional ou orientação sexual.

petuar um *status quo* racialmente desigual, está em ação (Bonilla-Silva, 2010). Nesses casos, o compromisso com o princípio da igualdade acaba servindo para perpetuar a desigualdade. Em um sistema em que a desigualdade com base em raça e etnia está embutida na estrutura da sociedade, a falta de disposição para resolver essas questões explicitamente nesses termos perpetua o *status quo*. Embora a prática possa parecer contrária ao princípio da igualdade, alguns países estabeleceram cotas de representação política e de contratação para forçar a estrutura social a dar mais oportunidades – uma prática que é polêmica nos Estados Unidos e também no Brasil.

DISCRIMINAÇÃO

O preconceito muitas vezes leva à **discriminação** – a negação de oportunidades e igualdade de direitos a indivíduos e grupos por causa de preconceito ou outras razões arbitrárias. Embora o preconceito seja uma forma de pensar, a discriminação envolve ação. Imagine que o presidente branco de uma empresa, o qual tem preconceito contra asiático-americanos, tenha de preencher um cargo executivo e que o candidato mais qualificado para o trabalho seja um vietnamita-americano. Se o presidente se recusar a contratar o candidato e, em vez dele, selecionar um candidato branco inferior, está cometendo um ato de discriminação racial.

Comportamento discriminatório Visões preconceituosas não devem ser equiparadas a um comportamento discriminatório. Embora geralmente estejam relacionados, eles não são idênticos; cada condição pode estar presente sem a outra. Uma pessoa preconceituosa nem sempre age com base em seus preconceitos. O presidente branco, por exemplo, pode optar – apesar de seus preconceitos – por contratar o vietnamita-americano porque essa pessoa é a mais qualificada. Isso seria preconceito sem discriminação. Por outro lado, o presidente branco, com uma visão completamente respeitosa dos vietnamita-americanos, pode se recusar a contratá-los para cargos executivos por medo de que clientes preconceituosos façam negócios com outras empresas. Nesse caso, a ação do presidente constituiria discriminação sem preconceito.

Para melhor acompanhar o âmbito dos atos racistas abertos nos Estados Unidos, o Congresso aprovou a Lei de Estatísticas sobre Crimes de Ódio, em 1990.

Um **crime de ódio** é um delito cometido por causa de preconceito do agressor contra um indivíduo com base em raça, religião, etnia, origem nacional ou orientação sexual. A lei foi alterada em 2009, para incluir também gênero e identidade de gênero. Somente em 2010, foram relatados 7.690 crimes de ódio às autoridades norte-americanas. No geral, 61,9% desses crimes envolveram preconceito racial ou étnico (Department of Justice, 2011c: Tabela 1). Os delitos incluem crimes contra a pessoa (incluindo assassinato, estupro e agressão) e crimes contra a propriedade (como vandalismo, furto e incêndio criminoso).

Nos experimentos do sociólogo Devah Pager que investigaram discriminação racial na contratação (ver Cap. 2), um candidato a emprego branco que tinha cumprido pena de prisão recebeu um número um pouco maior de ofertas de empregos aos quais havia se candidatado do que um candidato negro sem antecedentes criminais. Com o tempo, o impacto cumulativo desse comportamento diferenciado contribui para diferenças significativas no acesso a recursos importantes. Como mostra o gráfico, a renda varia muito com base em raça e etnia nos Estados Unidos (Pager e Shepherd, 2008; Pager et al., 2009a, 2009b).

O teto de vidro A discriminação persiste mesmo para os membros de grupos minoritários com mais formação e qualificação. Lembre-se de que a expressão *teto de vidro* se refere a uma barreira invisível que impede a promoção de um indivíduo qualificado em um ambiente de trabalho por causa de gênero, raça ou etnia. Em 1995, a Comissão sobre o Teto de Vidro do Governo Federal apresentou o primeiro estudo abrangente sobre barreiras à promoção nos Estados Unidos. Ela constatou que o preconceito tem um papel importante nas decisões sobre contratação, e que a oferta de candidatos viáveis de grupos minoritários para cargos de alto nível é limitada devido aos efeitos cumulativos da discriminação anterior, que restringe o acesso dos candidatos à formação e às experiências necessárias para esses empregos (Glass Ceiling Commission, 1995; Jackson e O'Callaghan, 2009).

Os padrões de desigualdade persistem. Por exemplo, em 2010, 78% dos membros das diretorias das empresas da lista *Fortune 500* eram homens brancos, em comparação com 13% de mulheres brancas, 7% de homens de grupos minoritários e 3% de mulheres de minorias (Catalyst, 2011a). Na verdade, o teto de vidro parece prejudicar as empresas. Os pesquisadores descobriram que ter mais diversidade aumenta o desempenho em grupos; as empresas com diretorias mais diversas também são mais rentáveis do que as mais homogêneas (Phillips, Liljenquist e Neale, 2009; Virtcom, 2009).

Perfil racial Outra forma de discriminação envolve o uso do **perfil racial**, que é qualquer ação arbitrária iniciada por uma autoridade com base em raça, etnia ou origem nacio-

Renda mediana nos Estados Unidos por raça, etnia e gênero

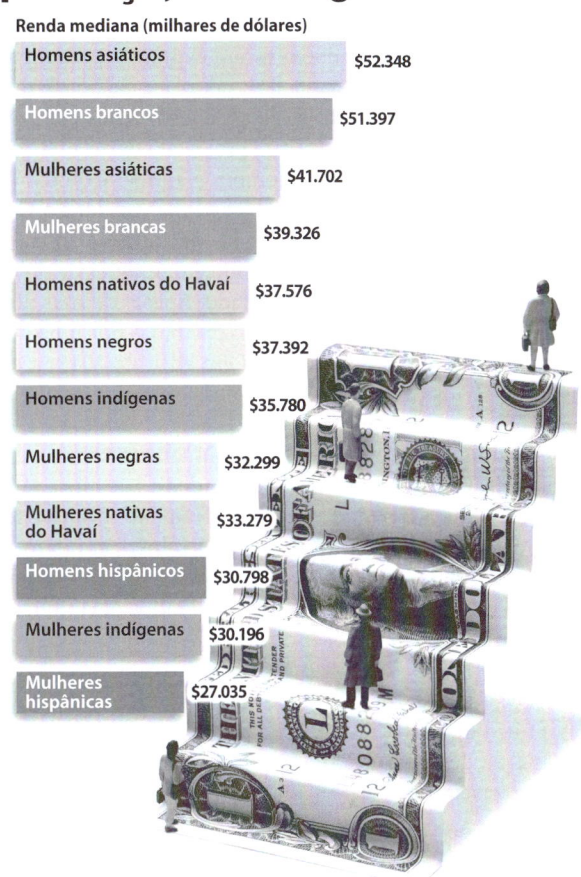

Renda mediana (milhares de dólares)

Homens asiáticos	$52.348
Homens brancos	$51.397
Mulheres asiáticas	$41.702
Mulheres brancas	$39.326
Homens nativos do Havaí	$37.576
Homens negros	$37.392
Homens indígenas	$35.780
Mulheres negras	$32.299
Mulheres nativas do Havaí	$33.279
Homens hispânicos	$30.798
Mulheres indígenas	$30.196
Mulheres hispânicas	$27.035

Observação: Inclui apenas pessoas que trabalham em tempo integral, durante todo o ano, com 16 anos ou mais. "Branco" refere-se a brancos não hispânicos.
Fonte: U.S. Census Bureau, 2010: Tabela B20017.

nal, e não no comportamento de uma pessoa. Geralmente, o uso de perfis raciais ocorre quando agentes da lei, incluindo funcionários de alfândega, segurança aeroportuária e policiais, pressupõem que as pessoas que se encaixam em determinada descrição têm probabilidade de se envolver em atividades ilegais. As preocupações com o uso de perfis raciais foram levantadas em abril de 2010, quando o Arizona aprovou a lei "Apoie a Aplicação da Nossa Lei" e "Bairros Segu-

> **perfil racial** Qualquer ação arbitrária iniciada pela polícia com base em raça, etnia ou origem nacional, e não no comportamento de uma pessoa.

Foram necessárias tropas federais para fazer cumprir a Decisão da Suprema Corte norte-americana que levou à integração das escolas na década de 1950.

ros", destinada a reprimir a imigração ilegal vinda do México. A lei exige que os imigrantes portem documentos que confirmem sua situação legal de imigração. Ela também requer que policiais que parem alguém por outro delito exijam prova da situação legal de imigração da pessoa, "quando houver suspeita razoável de que essa pessoa é um estrangeiro que está ilegalmente nos Estados Unidos" (State of Arizona, 2010). Também foram expressas preocupações quanto ao efeito que a lei teria sobre a capacidade dos agentes da polícia local de realizar investigações eficazes em comunidades hispânicas. Para protestar contra a lei, vários grupos e organizações – como o National Council of La Raza, a Service Employees International Union e a Câmara de Vereadores de Los Angeles – decidiram não fazer mais negócios no Arizona, resultando em milhões de dólares em receitas perdidos para o Estado. Apesar de suas disposições mais polêmicas terem sido proibidas por uma decisão judicial, que foi confirmada em abril de 2011, a lei inspirou vários outros estados a pressionar por políticas mais rígidas de imigração.

Atualmente, as autoridades continuam a usar os perfis raciais, apesar de evidências contundentes de que a raça não é um indicador válido de comportamento criminoso. Um estudo recente mostrou que os afro-americanos ainda têm maior probabilidade do que os brancos de ser revistados e tratados com força quando são parados pela polícia, mas os brancos têm maior probabilidade do que os negros de possuir armas, drogas ilegais e propriedade roubada (Ridgeway, 2007).

O uso de perfis raciais ocorre como consequência do medo e da desconfiança. Por exemplo, depois dos atentados terroristas de 11 de setembro de 2001 contra os Estados Unidos, as autoridades federais submeteram estudantes estrangeiros de países árabes a interrogatórios especiais e examinaram imigrantes legais identificados como árabes ou muçulmanos em busca de possíveis atividades ilegais. Elas também processaram detentos árabes e muçulmanos por violações que costumavam ser ignoradas entre os imigrantes de outras etnias e religiões (Withrow, 2006).

Você sabia?

. . . Nos Estados Unidos, negros e brancos têm percepções muito diferentes sobre a polícia local. Em uma pesquisa de 2007, ao se perguntar quanta confiança eles tinham na polícia local, 42% dos brancos e 14% dos negros tinham "muita", enquanto 31% dos negros e 10% dos brancos tinham "muito pouca".

OS PRIVILÉGIOS DOS DOMINANTES

Um aspecto muitas vezes negligenciado da discriminação é o dos privilégios desfrutados pelos grupos dominantes à custa de outros. Por exemplo, tendemos a nos concentrar mais na dificuldade que as mulheres têm de equilibrar trabalho e família do que na facilidade com que os homens evitam as tarefas domésticas e avançam no trabalho. Da mesma forma, prestamos mais atenção à discriminação contra as minorias raciais e étnicas do que às vantagens que os membros da maioria branca têm. Na verdade, a maioria das pessoas brancas raramente pensa sobre sua "brancura", tomando sua situação como algo natural. No entanto, sociólogos e outros cientistas sociais estão se interessando cada vez mais pelo que significa ser "branco", pois o privilégio branco é o outro lado da proverbial moeda da discriminação racial (Painter, 2010).

A estudiosa feminista Peggy McIntosh (1988) interessou-se pelo privilégio branco depois de perceber que a maioria dos homens não reconhecia seus privilégios relacionados à sua condição masculina, mesmo quando concordavam que ser mulher tinha suas desvantagens.

Ela se perguntou se as pessoas brancas sofreriam de um ponto cego semelhante em relação a seu próprio privilégio racial. Intrigada, McIntosh começou a listar todas as formas em que ela se beneficiara de sua condição de branca, e logo percebeu que a lista de vantagens não ditas era longa e significativa.

McIntosh descobriu que, como pessoa branca, ela raramente precisava sair de sua zona de conforto, não importava onde ela fosse. Se quisesse, poderia passar a maior parte de seu tempo com pessoas de sua própria raça. Ela conseguia encontrar um bom lugar para morar em um bairro agradável, comprar os alimentos de que gostava em quase qualquer mercearia e arrumar o cabelo em praticamente qualquer salão. Ela poderia participar de uma reunião pública sem sentir que não pertencia ou que era diferente de todos os outros.

A pesquisadora também descobriu que sua cor de pele lhe abria portas. Ela podia descontar cheques e usar cartões de crédito sem suspeitas, e podia olhar as mercadorias em lojas sem ser seguida por seguranças. Ela podia se sentar sem dificuldade em um restaurante. Se pedisse para falar com o gerente, seria razoável supor que ele seria de sua própria raça. Se precisasse dos serviços de um médico ou de um advogado, conseguiria obtê-los.

McIntosh também percebeu que sua condição de branca facilitava seu trabalho de mãe. Ela não precisava se preocupar em proteger seus filhos de pessoas que não gostassem deles por causa de sua raça. Ela podia ter certeza de que os livros deles mostrariam fotos de pessoas parecidas com eles e que seus textos de história descreveriam as conquistas das pessoas brancas. Ela sabia que os programas de televisão assistidos por eles teriam personagens brancos.

Por fim, McIntosh teve de admitir que os outros não a avaliavam constantemente em termos raciais. Quando aparecia em público, ela não precisava se preocupar com que suas roupas ou seu comportamento pudessem ter um reflexo negativo sobre as pessoas brancas. Se fosse reconhecida por uma conquista, esta seria considerada sua, e não de toda uma raça. E ninguém jamais pressupôs que as opiniões pessoais expressas por ela deveriam ser as de todas as pessoas brancas. Por se misturar às pessoas ao seu redor, McIntosh não estava sempre em evidência.

> Os brancos têm naturalmente o privilégio de não se importar, de não ver cor. Ninguém mais o tem.
>
> Ursula K. LeGuin

> **PENSAMENTO** SOCIOLÓGICO
>
> McIntosh recomenda que todos recuemos para examinar vantagens não merecidas que herdamos devido às posições que possamos ocupar. Qual estaria em sua lista? Quais desvantagens você poderia herdar?

Esses não são todos os privilégios que os brancos consideram naturais, como resultado de sua participação no grupo racial dominante nos Estados Unidos. Como mostrou o estudo de Devah Pager, os candidatos brancos a emprego têm uma enorme vantagem sobre negros igualmente qualificados – e até mesmo mais bem qualificados. Ser branco traz, sim, privilégios, em um grau muito maior do que a maioria das pessoas brancas percebe.

DISCRIMINAÇÃO INSTITUCIONAL

Esses padrões persistentes de desigualdade sugerem que a discriminação é praticada não só por indivíduos em interações individuais, mas também pelas instituições, em seu funcionamento cotidiano. Os cientistas sociais estão particularmente preocupados com as formas pelas quais os fatores estruturais, como emprego, habitação, saúde e ações de governo, preservam a importância social da raça e da etnia. A *discriminação institucional* é a negação de oportunidades e igualdade de direitos a indivíduos e grupos, que resulta do funcionamento normal de uma sociedade. Esse tipo de discriminação afeta permanentemente certos grupos raciais e étnicos mais do que outros.

A resposta aos atentados terroristas de 11 de setembro de 2001 contra os Estados Unidos é um exemplo de discriminação institucional. Sob pressão para evitar que aviões comerciais fossem tomados por terroristas, o Congresso aprovou a Lei da Segurança na Aviação e nos Transportes, destinada a reforçar os procedimentos de triagem do aeroporto. A lei estipula que todos os funcionários que fazem esse trabalho devem ser cidadãos dos Estados Unidos. Em nível nacional, 28% de todos eles eram residentes legais, mas não cidadãos; como grupo, eram desproporcionalmente latinos, negros e asiáticos. Muitos observadores notaram que outros trabalhadores de aeroportos e companhias aéreas, incluindo pilotos, comissários de bordo e até membros armados da Guarda Nacional servindo em aeroportos, não precisavam ser cidadãos. Apesar de um juiz de um tribunal regional federal ter emitido uma ordem judicial, em 2002, que permitia que profissionais qualificados da triagem de aeroportos que não fossem cidadãos mantivessem ou se recandidatassem a seus postos de trabalho, em 2003 um tribunal distrital da Califórnia rejeitou a ação. Até mesmo medidas legais bem intencionadas podem ter consequências desastrosas para as minorias raciais e étnicas (H. Weinstein, 2002).

> **PENSAMENTO** SOCIOLÓGICO
>
> Por que a discriminação institucional pode ser uma preocupação ainda maior do que a discriminação interpessoal?

Em alguns casos, mesmo as normas institucionais aparentemente neutras podem ter efeitos discriminatórios. Estudantes afro-americanos de uma universidade estadual do meio-oeste dos Estados Unidos protestaram contra uma política sob a qual fraternidades e irmandades que quisessem usar as instalações do *campus* para festas eram obrigadas a fazer um depósito de segurança de 150 dólares para cobrir eventuais danos.

Os estudantes negros queixavam-se de que a diretriz tinha um impacto discriminatório sobre organizações de estudantes de grupos minoritários. A polícia do *campus* respondeu que a política da universidade se aplicava a todos os grupos de estudantes interessados em usar as instalações. No entanto, como as fraternidades e irmandades esmagadoramente brancas da universidade tinham suas próprias casas, as quais usavam para festas, a política só afetava realmente as organizações afro-americanas e de outras minorias.

Houve tentativas de erradicar ou compensar a discriminação nos Estados Unidos. A década de 1960 testemunhou a aprovação de muitas leis de direitos civis pioneiras, incluindo a clássica Lei dos Direitos Civis, de 1964, que proibia a discriminação em acomodações públicas e instalações de propriedade pública, com base em raça, cor, religião, nacionalidade e gênero. Em duas decisões importantes de 1987, a Suprema Corte norte-americana decidiu que as proibições federais contra a discriminação racial protegiam os membros de todas as minorias étnicas – incluindo hispânicos, judeus e árabe-americanos, ainda que pudessem ser considerados brancos.

ação afirmativa Esforços positivos para recrutar membros de grupos minoritários ou mulheres para empregos, promoções e oportunidades educacionais.

Por mais de 40 anos, o governo, as escolas e a indústria instituíram programas de ação afirmativa para superar discriminações do passado. **Ação afirmativa** descreve esforços positivos para recrutar membros de grupos minoritários ou mulheres para empregos, promoções e oportunidades educacionais. Muitas pessoas se ressentem desses programas, argumentando que promover a causa de um grupo apenas muda a discriminação para outro. Ao darem prioridade a afro-americanos em admissões, por exemplo, as escolas podem recusar candidatos brancos academicamente mais qualificados. Em muitas partes do país e em muitos setores da economia, a ação afirmativa está sendo revertida, mesmo que nunca tenha sido totalmente implementada.

As práticas discriminatórias continuam a permear quase todas as áreas da vida nos Estados Unidos. Em parte, isso ocorre porque vários indivíduos e grupos realmente se beneficiam da discriminação racial e étnica em termos de dinheiro, *status* e influência. A discriminação permite que membros da maioria aumentem sua riqueza, seu poder e seu prestígio à custa dos outros. Pessoas menos qualificadas conseguem empregos e promoções simplesmente por serem membros do grupo dominante. Esses indivíduos e grupos não abrirão mão dessas vantagens facilmente.

>>Perspectivas sociológicas sobre raça e etnia

Os sociólogos procuram entender e explicar por que o preconceito e a discriminação se desenvolvem e persistem, e o que pode ser feito para resolvê-los. Como vimos, essas características negativas muitas vezes existem porque servem a certos interesses. Aqui, examinamos de que forma o preconceito e a discriminação contribuem para a manutenção da ordem social existente, ao reforçarem a cultura dominante.

ORDEM SOCIAL E DESIGUALDADE

Uma das formas nas quais vemos essas crenças e práticas perpetuadas é pela aceitação da ideologia dominante que as sustenta. O preconceito e a discriminação estão enraizados em crenças fundamentais sobre a ordem natural do mundo. Esses valores proporcionam uma justificativa moral para a manutenção de uma sociedade desigual que rotineiramente priva grupos minoritários de seus direitos e privilégios. No século XIX, os brancos do sul dos Estados Unidos, por exemplo, justificavam a escravidão, afirmando que os africanos eram física e espiritualmente subumanos e sem alma. Olhando agora, é fácil considerar essas crenças terríveis, mas elas se tornaram parte do que as pessoas achavam natural e, portanto, difícil de questionar.

Isso não significa, no entanto, que certos grupos não promovam intencionalmente essas crenças em detrimento de outras. Preconceito e discriminação ajudam a preservar o sistema vigente de desigualdade. A **teoria da exploração**, por exemplo, argumenta que essas práticas são uma parte fundamental do sistema econômico capitalista (Blauner, 1972; Cox, 1948, Hunter, 2000). O racismo mantém as minorias em empregos de baixa remuneração, fornecendo uma reserva de mão de obra de baixo custo à classe dominante capitalista. Além disso, ao forçarem as minorias raciais a aceitar os salários baixos, os capitalistas podem restringir os salários de todos os membros do proletariado. Os proprietários de empresas podem sempre substituir os trabalhadores do grupo dominante que exigem salários mais altos pelas minorias que não têm escolha senão aceitar empregos de baixa remuneração. Isso aumenta a probabilidade de que trabalhadores do grupo majoritário desenvolvam atitudes racistas para com os dos grupos minoritários, que eles veem como uma ameaça a seus postos de trabalho. Como resultado, eles direcionam suas hostilidades não aos capitalistas, mas aos outros trabalhadores, não questionando a estrutura do sistema existente.

> **PENSAMENTO** SOCIOLÓGICO
>
> Quais são os custos e os benefícios de se estabelecerem cotas de contratação com base em raça, etnia ou gênero para garantir maior oportunidade?

Percepções da discriminação

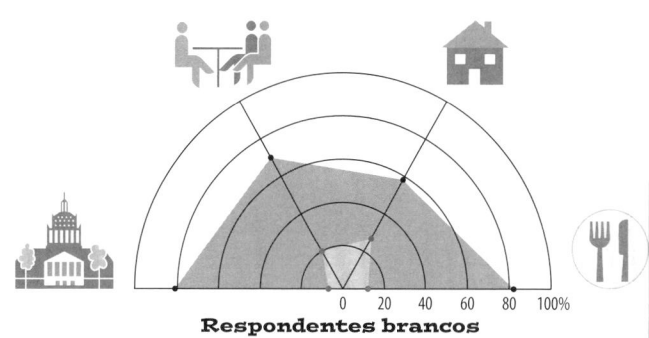

Respondentes negros

Respondentes hispânicos

Respondentes brancos

Com que frequência os negros enfrentam discriminação ao...?
- Candidatarem-se a uma faculdade
- Alugarem um apartamento ou comprarem uma casa
- Candidatarem-se a um emprego
- Comerem em um restaurante ou comprarem em uma loja
- Quase sempre/frequentemente
- Não frequentemente/quase nunca

Fonte: Pew Research Center, 2007:30.

ESTUDOS sociológicos

Manter essas práticas, contudo, tem um alto custo social. Por exemplo, uma sociedade que pratica a discriminação deixa de usar os recursos de todos os indivíduos.

A discriminação limita a busca de talentos e lideranças ao grupo dominante. Defensores de filhos de pais apanhados na batida policial de imigração de Postville, por exemplo, lamentaram a perda da criatividade e do talento que essas crianças levariam consigo quando deixassem o país com seus pais deportados. A discri-

> **teoria da exploração** Visão de que a subordinação racial é uma expressão do sistema de classes inerente ao capitalismo.

Raça e Etnia • 329

minação também agrava problemas sociais como a pobreza, a delinquência e o crime. Esses efeitos requerem o investimento de uma boa quantidade de tempo e dinheiro, em que o principal objetivo é manter barreiras à plena participação de todos os membros (Rose, 1951).

Para desafiar o preconceito e a discriminação, no entanto, é necessário questionar visões de mundo tratadas como naturais, nas quais as pessoas investiram sua fé e sua confiança. As mulheres na década de 1950 nos Estados Unidos tiveram de fazer exatamente isso. Elas questionaram a ideia de que era "natural" que ficassem em casa e tivessem filhos, em vez de estudar e entrar na força de trabalho remunerada. Durante o mesmo período, os trabalhadores do movimento pelos direitos civis enfrentaram um desafio semelhante ao confrontarem as atitudes sociais que representavam barreiras à plena participação dos afro-americanos na sociedade dos Estados Unidos.

A HIPÓTESE DO CONTATO

Na essência, o racismo está relacionado à divisão, separando a população humana em nós contra eles. À medida que a sociedade se torna mais global e interdependente, mais pessoas de diversas origens culturais têm oportunidades cada vez maiores de interagir diariamente com outras que sejam diferentes delas. Isso foi exatamente o que o superintendente da escola de Postville expressou. Quando as pessoas interagem com outras como pessoas, e não como estereótipos ou outros distantes, surge a possibilidade de reduzir o preconceito e a discriminação.

hipótese do contato Teoria de que, em circunstâncias de cooperação, o contato inter-racial entre pessoas do mesmo *status* reduz o preconceito.

genocídio Assassinato deliberado e sistemático de todo um povo ou nação.

Observemos, por exemplo, uma mulher hispânica que é transferida de um emprego em uma parte de uma linha de montagem para uma posição semelhante, trabalhando próxima a um homem branco. No início, o homem branco pode ser paternalista, supondo que ela é incompetente. De sua parte,

A ativista dos direitos civis Rosa Parks quando suas impressões digitais eram registradas durante sua prisão, em 1955, por seu ato de desobediência civil ao se recusar a abrir mão do assento em um ônibus para um homem branco.

a latina é fria e ressentida; mesmo quando precisa de ajuda, ela se recusa a admitir. Depois de uma semana, a crescente tensão entre os dois leva a uma disputa acirrada. No entanto, ao longo do tempo, cada um vai apreciando as qualidades e os talentos do outro e, um ano depois de começarem a trabalhar juntos, esses dois trabalhadores se tornam amigos respeitosos. Este é um exemplo da hipótese do contato em ação.

A **hipótese do contato** afirma que, em circunstâncias de cooperação, o contato inter-racial entre pessoas do mesmo *status* faz elas se tornarem menos preconceituosas e abandonarem velhos estereótipos. As pessoas começam a ver umas às outras como indivíduos e a descartar as generalizações características dos estereótipos. Observe as expressões "*status* igual" e "circunstâncias cooperativas". Em nosso exemplo da linha de montagem, se os dois trabalhadores estivessem competindo por uma vaga de supervisor, a hostilidade racial entre eles poderia ter piorado, destacando a importância do poder e da posição quando se trata da questão do racismo (Allport, 1979; Fine, 2008).

Quando latinos e outras minorias vão lentamente ganhando acesso a empregos de maior responsabilidade e sendo mais bem remunerados, a hipótese do contato pode ter uma importância ainda maior. A tendência em nossa sociedade é de aumentar o contato entre indivíduos de grupos dominantes e subordinados. Essa pode ser uma forma de eliminar estereótipos e preconceitos raciais e étnicos ou pelo menos de reduzi-los. Outra forma pode ser o estabelecimento de coalizões inter-raciais, uma ideia sugerida pelo sociólogo William Julius Wilson (1999). Para funcionarem, é claro que essas coalizões teriam necessariamente de dar um papel igual a todos os membros.

PADRÕES DE RELAÇÕES INTERGRUPAIS

A possibilidade de igual *status*, no entanto, é moldada pela forma como as sociedades lidam com as diferenças raciais e étnicas. Algumas sociedades são mais abertas a grupos diversificados, que mantêm suas tradições culturais. Outras pressionam os grupos para que abandonem suas crenças e práticas em favor das da sociedade dominante. Vamos nos concentrar em seis padrões característicos das relações intergrupais: genocídio, expulsão, amalgamação, assimilação, segregação e pluralismo. Cada padrão define as ações do grupo dominante e as respostas do grupo minoritário. Os dois primeiros são relativamente raros, mas suas consequências são extremas; os outros quatro são mais comuns.

Genocídio O padrão mais devastador das relações intergrupais é o **genocídio** – o assassinato deliberado e sistemático de todo um povo ou nação. Foi exatamente o que aconteceu quando autoridades turcas mataram um milhão de armênios a partir de 1915. O termo é mais comumente associado ao extermínio de seis milhões de judeus europeus pela Alemanha nazista, junto com *gays*, lésbicas e os povos romanis ("ciganos"), durante a Segunda Guerra Mundial. O termo também descreve as políticas dos Estados Unidos para com os indígenas no século XIX. Em 1800, a população indígena do país era de cerca de 600 mil; em 1850, a guerra contra a cava-

SOCIOLOGIA POPULAR

5 Filmes sobre RAÇA E ETNIA

The interrupters
Parando a violência no lado sul de Chicago.

Distrito 9
Um filme de ficção científica sobre segregação.

Faça a coisa certa
A tensão racial explode no Brooklyn.

Real women have curves
Mulheres hispano-americanas adaptam-se à vida nos Estados Unidos.

Uma vida melhor
Um jardineiro mexicano em Los Angeles tenta dar a seu filho oportunidades que ele nunca teve.

---

laria dos Estados Unidos, as doenças e a relocação forçada a ambientes inóspitos a tinham reduzido a 250 mil.

Expulsão Outra resposta extrema é a **expulsão**, a remoção sistemática de um grupo de pessoas da sociedade. Em 1979, o Vietnã expulsou quase um milhão de chineses étnicos, em parte como resultado de séculos de hostilidade entre o país e a vizinha China. Da mesma forma, as forças sérvias iniciaram um programa de "limpeza étnica" em 1991, no Estado recém-independente da Bósnia-Herzegovina. Em toda a ex-Iugoslávia, os sérvios expulsaram mais de um milhão de croatas e muçulmanos de suas casas. Alguns foram torturados e mortos, outros foram vítimas de abuso e terror, em uma tentativa de "purificar" a terra (Cigar, 1995; Petrovic, 1994). Mais recentemente, o governo do Sudão pressionou pessoas a deixarem suas terras e saírem do país em Darfur (Steidle, 2007).

Amalgamação Quando um grupo majoritário e um minoritário se combinam para formar um novo grupo, o resultado é a **amalgamação**. Isso costuma ocorrer por meio de casamentos entre pessoas dos dois grupos ao longo de várias gerações. Esse padrão pode ser expresso como A + B + C → D, onde A, B e C representam diferentes grupos em uma sociedade, e D representa o resultado, um único grupo cultural-racial, diferente de qualquer um dos grupos iniciais (Newman, 1973).

A crença nos Estados Unidos como um "caldeirão" em que tudo se fundia se tornou convincente no início do século XX, principalmente porque essa imagem sugere que o país tinha uma missão quase divina de amalgamar vários grupos em um só povo. Na realidade, no entanto, muitos moradores não estavam dispostos a incluir nativo-americanos, judeus, negros, asiáticos e católicos irlandeses no caldeirão. Portanto, esse padrão não descreve adequadamente as relações entre dominantes e subordinados nos Estados Unidos.

Assimilação Na Índia, muitos hindus se queixam de cidadãos indianos que emulam as tradições e os costumes dos britânicos. Na França, pessoas de origem árabe e africana, muitas delas muçulmanas, reclamam de que são tratadas como cidadãos de segunda classe – uma acusação que provocou motins em 2005. Na Austrália, os aborígenes que se tornaram parte da sociedade dominante se recusam a reconhecer os avós de pele mais escura na rua. Todos esses casos são exemplos dos efeitos da **assimilação** – o processo pelo qual uma pessoa abandona sua própria tradição cultural para se tornar parte de uma cultura diferente. Geralmente, ela é praticada por membros de grupos minoritários que querem estar de acordo com as normas do grupo dominante. A assimilação pode ser descrita como um padrão no qual A + B + C → A. A maioria A domina de tal maneira que os membros das minorias B e C a imitam e tentam se tornar indistinguíveis dela (Newman, 1973).

A assimilação pode atacar nas próprias raízes da identidade de uma pessoa. Nos Estados Unidos, alguns imigrantes mudaram seus sobrenomes de sonoridade étnica para outros que se encaixassem melhor na cultura protestante branca dominante. Jennifer Anastassakis, por exemplo, mudou seu nome para Jennifer Aniston, Ralph Lipschitz tornou-se Ralph Lauren, Natalie Portman era Natalie Hershlag, e a atriz britânica vencedora do Oscar Helen Mirren abriu mão de seu nome de nascimento Ilyena Vasilievna Mironova.

Troca de nome, mudança de filiação religiosa e abandono de línguas nativas podem obscurecer raízes e o legado da pessoa. Em especial ao longo de várias gerações, a assimilação pode levar praticamente à morte de uma cultura na histó-

expulsão Remoção sistemática de um grupo de pessoas da sociedade.

amalgamação Processo pelo qual um grupo majoritário e um minoritário se combinam para formar um novo grupo.

assimilação Processo pelo qual uma pessoa abandona sua própria tradição cultural para se tornar parte de uma cultura diferente.

Como parte de seu estudo anual dos 100 melhores filmes, os pesquisadores da Escola de Comunicação e Jornalismo Annenberg, da Universidade do Sul da Califórnia, constataram que, dos 4.016 papéis com falas que identificaram, apenas 4,9% eram personagens hispânicos. Eles também constataram que apenas 6 dos 100 principais filmes foram dirigidos por afro-americanos. Nesses filmes, 63% dos personagens com papéis que tinham falas eram negros, em comparação com apenas 11% nos 94 filmes com diretores não afro-americanos (Smith e Choueiti, 2011).

segregação Separação física de dois grupos de pessoas, em termos de residência, local de trabalho e eventos sociais. Geralmente, um grupo dominante impõe esse padrão a um grupo minoritário.

apartheid Antiga política do governo sul-africano voltada a manter a separação de negros e outros não brancos dos brancos dominantes.

Composição de bairros segundo grupos raciais e étnicos nos Estados Unidos
6 a 25 de junho de 2005

	% de brancos não hispânicos que dizem haver "muitos" de cada grupo na área	% de negros que dizem haver "muitos" de cada grupo na área	% de hispânicos que dizem haver "muitos" de cada grupo na área
Brancos	86%	45%	52%
Negros	28%	66%	32%
Hispânicos	32%	26%	61%
Asiáticos	12%	6%	13%
Imigrantes recentes	14%	18%	30%

Segregação Escolas separadas, assentos separados em ônibus e em restaurantes, banheiros separados, até mesmo bebedouros separados faziam parte da vida dos afro-americanos no sul dos Estados Unidos, quando a segregação imperava, no início do século XX. **Segregação** é a separação física de dois grupos de pessoas, em termos de residência, local de trabalho e eventos sociais. Geralmente, um grupo dominante impõe esse padrão a um grupo minoritário. Contudo, a segregação raramente é completa. O contato intergrupal ocorre inevitavelmente, mesmo nas sociedades mais segregadas.

De 1948 (quando conquistou sua independência) até 1990, a República da África do Sul restringiu em muito o movimento de negros e outros não brancos por meio de um amplo sistema de segregação conhecido como **apartheid**. O *apartheid* incluiu até a criação de "pátrias" (*homelands*) separadas para que os negros vivessem. No entanto, décadas de resistência local ao *apartheid*, combinadas com a pressão internacional, levaram a mudanças políticas marcantes na década de 1990. Em 1994, um destacado ativista negro, Nelson Mandela, tornou-se presidente da África do Sul na primeira eleição em que os negros (a maioria da população do país) foram autorizados a votar. Mandela passou quase 28 anos em prisões sul-africanas por suas atividades antiapartheid. Sua eleição foi considerada como o golpe final na política opressiva de segregação da África do Sul.

pluralismo Respeito mútuo entre as culturas dos vários grupos de uma sociedade, o que permite que um grupo minoritário expresse sua própria cultura e ainda participe sem preconceito na sociedade em geral.

ria dessa família. Não é incomum netos de imigrantes que não aprenderam a língua ou as tradições culturais de seus antepassados lamentarem essa perda.

O ex-presidente sul-africano Nelson Mandela comandou a transição do país de uma sociedade segregada.

Porém, padrões sociais há muito arraigados são difíceis de mudar. Uma análise recente de padrões de vida em regiões metropolitanas dos Estados Unidos mostra que, apesar das leis federais que proíbem a discriminação relacionada à habitação, a segregação residencial ainda é a norma. Não obstante 65% dos norte-americanos dizerem que preferem morar em uma comunidade racialmente diversificada, continua havendo bairros divididos segundo linhas raciais e étnicas em todo o país. A pessoa branca média mora em uma área que é, pelo menos, 83% branca, enquanto o afro-americano médio mora em um bairro quase todo negro. O latino típico mora em uma área onde 42% são hispânicos. No geral, a segregação floresce em níveis de comunidade e bairro, apesar da crescente diversidade do país como um todo (Bolt, Ozuekren e Phillips, 2010; Taylor e Morin, 2008).

Pluralismo Em uma sociedade pluralista, um grupo subordinado não tem de abandonar seu estilo de vida nem suas tradições. O **pluralismo** tem como base o respeito mútuo entre as culturas dos vários grupos de uma sociedade. Esse padrão permite que um grupo minoritário expresse sua própria cultura e ainda participe sem preconceito na sociedade em geral. Antes, descrevemos a amalgamação como A + B + C → D e a assimilação como A + B + C → A. Usando essa mesma abordagem, podemos conceber o pluralismo como A + B + C → A + B + C, ou seja, todos os grupos coexistem na mesma sociedade (Newman, 1973).

Nos Estados Unidos, o pluralismo é mais um ideal do que uma realidade. Há casos distintos de pluralismo – os bairros étnicos das grandes cidades, como Koreatown, Little Tokyo, Andersonville (sueco-americanos) e Spanish Harlem – mas também há limites à liberdade cultural. Para sobreviver, uma sociedade deve promover certo consenso entre seus membros a respeito de ideais, valores e crenças básicos. Assim, se um imigrante romeno nos Estados Unidos quiser subir a escada do trabalho, não tem como evitar aprender inglês.

A Suíça é um exemplo de Estado pluralista moderno. Lá, a ausência de uma língua nacional e de uma religião dominante leva a uma tolerância para com a diversidade cultural. Além disso, vários mecanismos políticos salvaguardam os interesses dos grupos étnicos de uma forma que não tem paralelo nos Estados Unidos. Em contraste, a Grã-Bretanha tem tido dificuldade para atingir o pluralismo cultural em uma sociedade multirracial. Pessoas vindas do sul e sudeste asiáticos, paquistaneses e negros do Caribe e da África vivenciam o preconceito e a discriminação dentro da sociedade branca dominante. Alguns britânicos defendem o corte de toda a imigração asiática e negra, e outros até mesmo pedem a expulsão desses não brancos que vivem atualmente na Grã-Bretanha.

>>Raça e etnia nos Estados Unidos

Poucas sociedades têm uma população mais diversificada do que a dos Estados Unidos. O país já é verdadeiramente e está se tornando cada vez mais uma sociedade multirracial. Segundo os resultados do Censo de 2010, 92% do crescimento populacional no país na década anterior foram devidos ao aumento das minorias raciais e étnicas, com os hispânicos representando 56% do total (Passel, Cohn e Lopez, 2011).

GRUPOS RACIAIS

As maiores minorias raciais dos Estados Unidos são de afro-americanos, nativo-americanos (indígenas) e asiático-americanos.

Afro-americanos "Eu sou um homem invisível", escreveu o autor negro Ralph Ellison em seu romance *O homem invisível* (1952:3). "Eu sou um homem de substância, de carne e osso, fibras e líquidos – e poderia até dizer que tenho uma mente. Sou invisível simplesmente porque as pessoas se recusam a me ver."

Quase seis décadas depois, muitos afro-americanos ainda se sentem invisíveis. Apesar do grande número, eles têm sido tratados como cidadãos de segunda classe. A partir de 2010, de acordo com estatísticas oficiais do governo dos Estados Unidos, 27,4% dos afro-americanos estavam em situação de pobreza, em comparação com 9,9% dos brancos não hispânicos (DeNavas-Walt et al., 2011).

A discriminação institucional e o preconceito individual contemporâneos contra os afro-americanos têm sua raiz na história da escravidão nos Estados Unidos. Muitos outros grupos subordinados tinham pouca riqueza e renda, mas, como observaram o sociólogo W. E. B. Du Bois (1909) e ou-

Grupos raciais e étnicos nos Estados Unidos, 1790-2050 (projeção)

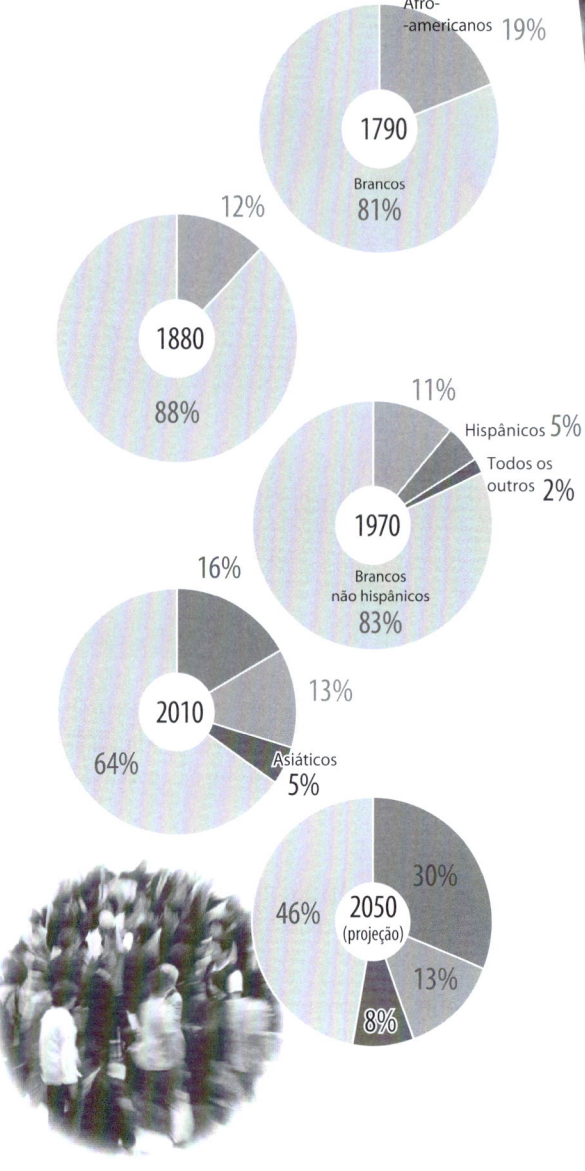

1790
- Afro-americanos: 19%
- Brancos: 81%

1880
- 12%
- 88%

1970
- 11%
- Hispânicos: 5%
- Todos os outros: 2%
- Brancos não hispânicos: 83%

2010
- 16%
- 13%
- Asiáticos: 5%
- 64%

2050 (projeção)
- 30%
- 46%
- 13%
- 8%

Observação: As categorias do Censo dos Estados Unidos variam ao longo do tempo.
Fonte: Gibson e Jung, 2002: Tabela 1; Humes et al., 2011; Ortman e Guarneri, 2008.

O fim da Guerra Civil não trouxe liberdade e igualdade verdadeiras para os negros. Os brancos conseguiram manter seu domínio formal, pela segregação legalizada e informal, por meio do terror e da violência de grupos que agem fora da lei. Os estados do Sul aprovaram as leis "Jim Crow" para impor a segregação oficial, e a Suprema Corte, no caso Plessy *versus* Ferguson, confirmou sua constitucionalidade em 1896. Além disso, os negros enfrentavam o perigo de campanhas de linchamento, muitas vezes lideradas pela Ku Klux Klan, no final do século XIX e início do XX (Franklin e Moss, 2000).

Durante as décadas de 1950 e 1960 nos Estados Unidos, surgiu um grande movimento de direitos civis, com muitas facções e estratégias conflitantes de mudança. A Southern Christian Leadership Conference (SCLC), fundada pelo Dr. Martin Luther King Jr., usava a desobediência civil não violenta para se opor à segregação. A National Association for the Advancement of Colored People (NAACP) preferia os tros, os negros escravizados estavam em uma situação ainda mais opressiva porque não podiam ter propriedade legal nem transmitir os benefícios de seu trabalho aos filhos. Apesar de gerações de escravidão, com suas consequências econômicas de longo prazo, os afro-americanos nunca receberam indenizações como escravos para compensar as injustiças históricas da servidão forçada (Williams e Collins, 2004).

Índices de pobreza por raça e etnia nos Estados Unidos

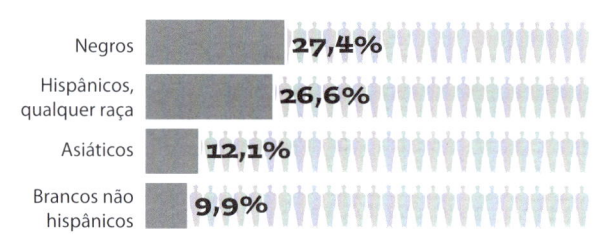

- Negros: 27,4%
- Hispânicos, qualquer raça: 26,6%
- Asiáticos: 12,1%
- Brancos não hispânicos: 9,9%

Fonte: DeNavas-Walt et al., 2011: Tabela 4.

tribunais para pressionar por igualdade para os afro-americanos. Muitos líderes negros mais jovens, mais notadamente Malcolm X, recorreram a uma ideologia do poder negro. Os defensores do **poder negro** rejeitavam o objetivo de assimilação à sociedade branca de classe média, defendendo a beleza e a dignidade das culturas negra e africana e apoiando a criação de instituições políticas e econômicas controladas pelos negros (Ture e Hamilton, 1992).

Apesar das inúmeras ações corajosas para conquistar os direitos civis dos negros, os cidadãos negros e brancos ainda são separados, ainda são desiguais. A renda familiar mediana das famílias afro-americanas é de 32.068 dólares, em comparação com 54.620 dólares dos brancos não hispânicos. A maioria dos filhos negros de famílias de renda média acaba ganhando menos do que seus pais, ao passo que 68% dos filhos de famílias brancas de renda intermediária ganham mais. E, em parte por causa do acesso desigual à saúde, a expectativa de vida dos afro-americanos é mais curta do que a dos brancos (DeNavas-Walt et al., 2011; Isaacs, 2008).

Há uma variação substancial nos tipos de profissões exercidas pelos afro-americanos. No geral, eles constituem 10,8% das pessoas empregadas na força de trabalho. Usando esse número como referência, é possível destacar os empregos em que os afro-americanos estão sobre e sub-representados. Por exemplo, eles representam apenas 1% dos dentistas, 1,6% dos arquitetos, 2,7% dos diretores-executivos de empresas, 4,3% dos programadores de computador e 5,3% dos médicos. Em contraste, são 22,8% dos assistentes sociais, 26,4% dos funcionários do correio, 26,7% dos taxistas, 27,7% dos barbeiros e 33,1% dos auxiliares de enfermagem (Bureau of Labor Statistics, 2012f: Tabela 11).

Na política, embora os afro-americanos permaneçam sub-representados, o número de eleitos tem melhorado ao longo do tempo. Entre 1969 e 2012, o número de afro-americanos no Congresso aumentou de seis para um recorde de 42, e a eleição de Barack Obama para presidente representa um grande avanço em relação ao teto de vidro. No entanto, os afro-americanos continuam a representar apenas 8,2% do Congresso. Essa falta de progresso é especialmente angustiante, tendo em vista a observação do sociólogo W. E. B. Du Bois, mais de um século atrás, de que os negros não podiam esperar alcançar a igualdade de oportunidades sociais e econômicas sem antes conquistar direitos políticos (Manning, 2011).

Expectativa de vida por raça e sexo, 1950-2009

Expectativa de vida no momento do nascimento nos Estados Unidos

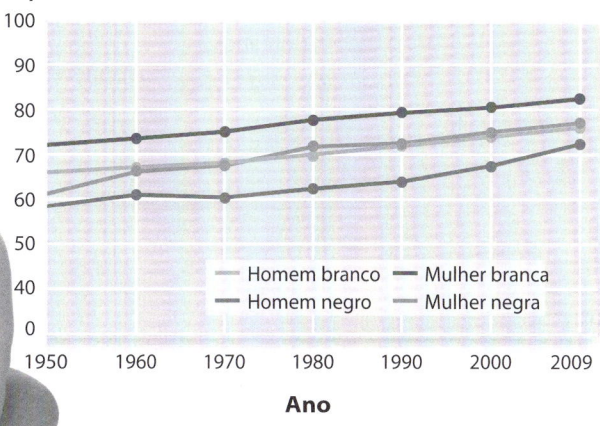

Fonte: National Center for Health Statistics, 2012: Tabela 22.

Nativo-americanos Hoje, cerca de 2,6 milhões de nativo-americanos representam um diversificado leque de culturas diferenciáveis por idioma, organização familiar, religião e meios de subsistência. Os que vieram de outros países – colonos europeus e seus descendentes – chamaram os antepassados desses povos indígenas de "índios americanos". Quando a Secretaria de Assuntos Indígenas (BIA, de Bureau of Indian Affairs) foi organizado no âmbito do Departamento de Guerra dos Estados Unidos, em 1824, as relações entre índios e brancos tinham passado por três séculos de hostilidades que levaram praticamente à eliminação dos povos nativos. Durante o século XIX,

> **poder negro** Filosofia política promovida por muitos negros mais jovens nos anos de 1960, que apoiava a criação de instituições políticas e econômicas controladas pelos negros.

Você sabia?

Com o lançamento de *A princesa e o sapo* em 2009, a Princesa Tiana se tornou a primeira princesa afro-americana em um longa-metragem da Disney. Ao mesmo tempo, a Disney foi criticada por estereótipos raciais de Nova Orleans da década de 1920.

Principais grupos asiático-americanos nos Estados Unidos

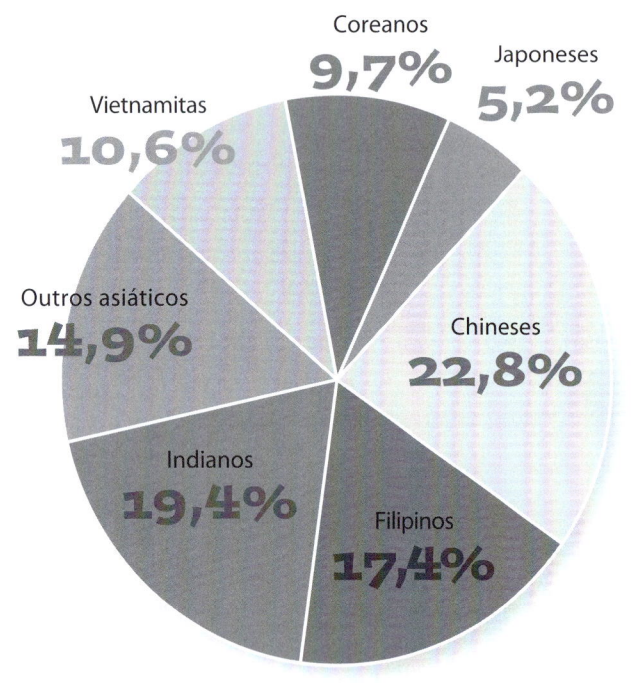

- Coreanos: 9,7%
- Japoneses: 5,2%
- Vietnamitas: 10,6%
- Outros asiáticos: 14,9%
- Chineses: 22,8%
- Indianos: 19,4%
- Filipinos: 17,4%

Fonte: U.S. Census Bureau, 2011d: Tabela DP-1.

muitas guerras sangrentas eliminaram uma parte significativa da população indígena.

No final do século, as escolas para indígenas – operadas pela BIA ou por missões religiosas – proibiam a prática das culturas nativo-americanas, mas, ao mesmo tempo, essas escolas pouco faziam para tornar essas crianças concorrentes eficazes na sociedade branca (Humes et al., 2011).

A vida continua difícil para os membros dos 562 grupos tribais dos Estados Unidos, quer eles vivam em áreas urbanas, quer habitem reservas. Por exemplo, um em cada seis adolescentes indígenas já tentou o suicídio – um índice quatro vezes maior do que o de outros adolescentes. Com o tempo, alguns indígenas optaram por ser assimilados e abandonar todos os vestígios de suas culturas tribais para escapar a certas formas de preconceito. No entanto, na década de 1990, um número crescente de pessoas nos Estados Unidos reivindicava abertamente uma identidade indígena. Desde 1960, a contagem feita pelo Governo Federal quadruplicou. De acordo com o Censo de 2010, a população indígena aumentou em 18% durante a década de 2000. Os demógrafos acreditam que mais e mais nativo-americanos que anteriormente escondiam sua identidade já não tentem passar por brancos (Grieco e Cassidy, 2001; Humes et al., 2011).

minoria-modelo ou ideal Grupo subordinado cujos membros supostamente foram bem-sucedidos em termos econômicos, sociais e educacionais, apesar dos preconceitos e da discriminação do passado.

A introdução de jogos de azar em reservas indígenas tem transformado a vida de alguns nativo-americanos. Eles entraram na indústria do jogo em 1988, quando o Congresso aprovou a Lei Indígena de Regulamentação do Jogo. A lei estipula que os estados devem negociar acordos com as tribos interessadas no jogo comercial; eles não podem impedir que as tribos operem o jogo, mesmo que a lei estadual proíba esses empreendimentos. A receita oriunda dessas operações lucrativas não é distribuída de forma igual. Cerca de dois terços das tribos indígenas reconhecidas não estão envolvidos em empreendimentos de jogo, e as que obtêm receitas substanciais do jogo constituem apenas uma pequena fração dos nativo-americanos (J. Taylor e Kalt, 2005).

Asiático-americanos Os asiático-americanos são um grupo diversificado, sendo um dos segmentos que mais crescem na população dos Estados Unidos. Entre os muitos grupos de norte-americanos de origem asiática estão vietnamita-americanos, chinês-americanos, nipo-americanos e coreano-americanos.

Os asiático-americanos costumam ser apontados como uma **minoria-modelo** ou **ideal**, supostamente porque foram bem-sucedidos em termos econômicos, sociais e educacionais, apesar dos preconceitos e da discriminação do passado.

Mesmo assim, essa representação minimiza o grau de diversidade entre os asiático-americanos. Por exemplo, 80% das crianças vietnamitas nos Estados Unidos usam uma língua diferente do inglês em casa, e 25% delas falam inglês com dificuldade. Compare isso com as crianças filipinas, das quais 34% falam outra língua em casa e 8% têm dificuldades com o inglês. O grau de instrução também varia de modo significativo entre os grupos. A probabilidade de pessoas de 25 a 29 anos terem completado pelo menos um curso superior varia de 80% para aqueles de ascendência asiática indiana a 70% para chineses, 45% para vietnamitas e 36% para outras nacionalidades asiáticas. Os índices de pobreza também variam. O das crianças filipinas é de 5%, e o dos indianos é de 7,5%. Entre as crianças vietnamitas, por sua vez, o índice é de 15,2%, e para as de outras nacionalidades asiáticas é de 19,9% (Aud, Fox e KewalRamani, 2010).

Exemplos como esses destacam as limitações de se ver as pessoas de origem asiática nos Estados Unidos como um grupo único. Contudo, mesmo considerando-se os altos níveis de realizações em termos de educação e renda, as pessoas de ascendência asiática ainda podem enfrentar um teto de vidro. Por exemplo, em 2010, apenas 2,1% dos membros de diretorias em empresas da lista *Fortune 500* eram de pessoas que têm ascendência na Ásia ou nas ilhas do Pacífico (Catalyst, 2011a).

Vietnamita-americanos Cada grupo asiático-americano tem sua própria história e cultura. Os americanos de origem vietnamita, por exemplo, foram para os Estados Unidos principalmente durante e após a Guerra do Vietnã, em especial após a retirada dos Estados Unidos da região, em 1975, e hoje somam 1,6 milhão. Assistidos por agências locais, os refugiados do Vietnã comunista estabeleceram-se por todos os Estados Unidos, dezenas de milhares deles em cidades pequenas. Com o tempo, eles tendiam a ir para grandes áreas urbanas, estabelecendo enclaves étnicos, com restaurantes e mercearias vietnamitas.

Em 1995, os Estados Unidos retomaram relações diplomáticas normais com o Vietnã. Aos poucos, os *viet kieu*, ou vietnamitas que moram no exterior, começaram a regressar a seu país de origem para visitar, mas, em geral, não para estabelecer residência permanente.

Hoje, quase 40 anos depois do fim da Guerra do Vietnã, continua havendo nítidas diferenças de opinião entre os vietnamita-americanos, principalmente os mais antigos, a respeito da guerra e do atual governo do Vietnã (Pfeifer, 2008).

Sino-americanos Ao contrário dos escravos africanos e dos indígenas, os chineses foram inicialmente incentivados a imigrar para os Estados Unidos. De 1850 a 1880, milhares deles imigraram para o país, atraídos por oportunidades de trabalho criadas pela descoberta de ouro, incluindo a construção da ferrovia transcontinental. No entanto, à medida que as possibilidades de emprego diminuíam e a concorrência por ele aumentava, os chineses tornaram-se alvo de uma dura campanha para limitar seu número e restringir seus direitos. Os trabalhadores chineses foram explorados e, em seguida, descartados.

Em 1882, o Congresso norte-americano aprovou a Lei de Exclusão de Chineses, que impedia a imigração chinesa e até proibia os chineses que estavam nos Estados Unidos de mandar buscar suas famílias. Como resultado, a população chinesa diminuiu de forma constante até depois da Segunda Guerra Mundial. Mais recentemente, os descendentes dos imigrantes do século XIX receberam a companhia de um novo fluxo vindo de Hong Kong e Taiwan. Esses grupos po-

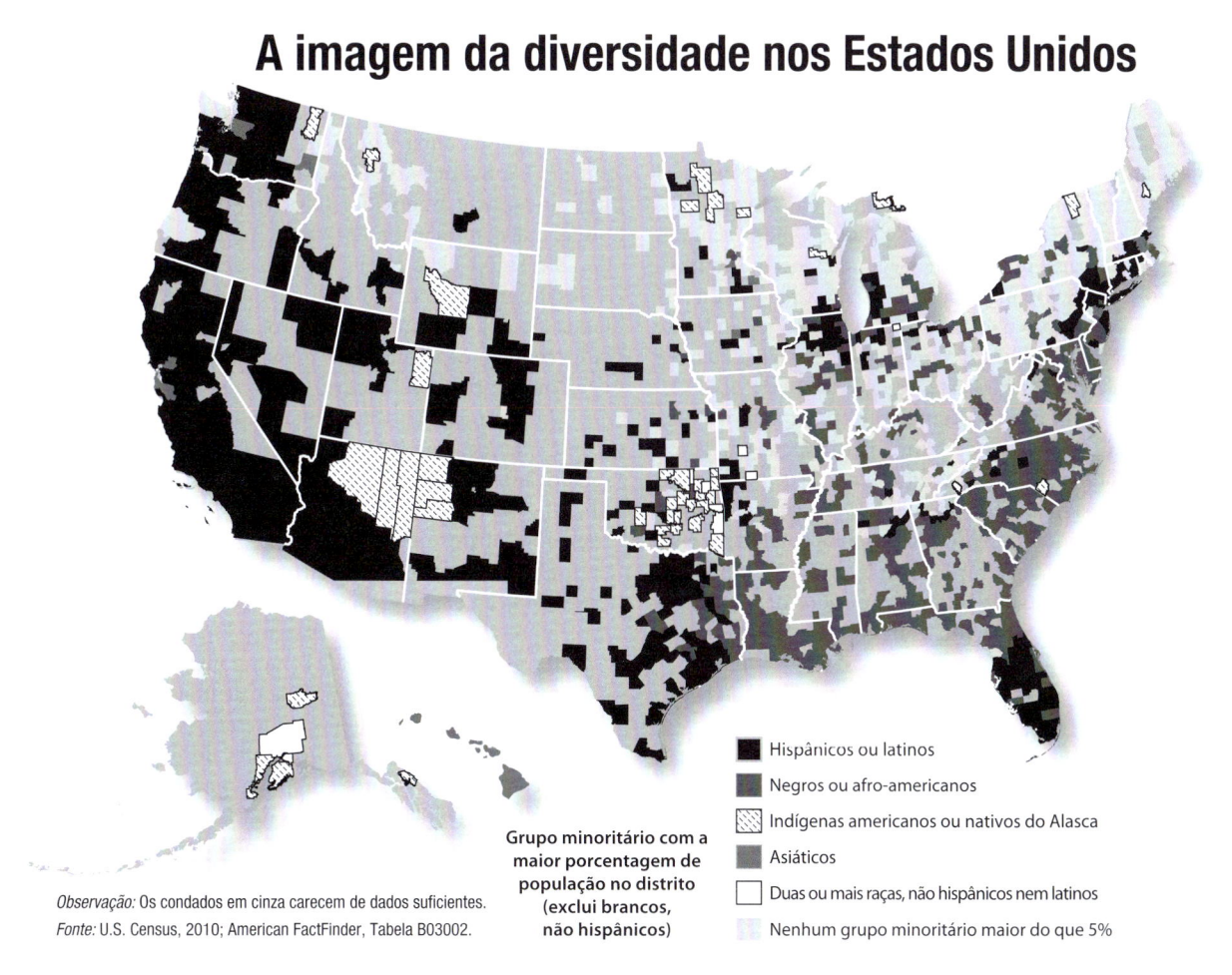

> Um dia nossos descendentes vão considerar incrível que tenhamos prestado tanta atenção a coisas como a quantidade de melanina em nossa pele, o formato de nossos olhos ou nosso gênero, em vez das identidades singulares de cada um de nós como seres humanos complexos.
>
> Franklin Thomas

A imagem da diversidade nos Estados Unidos

Grupo minoritário com a maior porcentagem de população no distrito (exclui brancos, não hispânicos)

- Hispânicos ou latinos
- Negros ou afro-americanos
- Indígenas americanos ou nativos do Alasca
- Asiáticos
- Duas ou mais raças, não hispânicos nem latinos
- Nenhum grupo minoritário maior do que 5%

Observação: Os condados em cinza carecem de dados suficientes.
Fonte: U.S. Census, 2010; American FactFinder, Tabela B03002.

dem contrastar muito em seu grau de assimilação, seu desejo de viver em bairros chineses e suas opiniões sobre as relações dos Estados Unidos com a República Popular da China comunista.

Atualmente, 3,5 milhões de sino-americanos vivem nos Estados Unidos. Alguns deles assumiram profissões lucrativas, mas muitos imigrantes lutam para sobreviver em condições de trabalho e de vida que desmentem o estereótipo da minoria-modelo. Nas grandes cidades do país, incluindo Nova York e São Francisco, os bairros conhecidos como Chinatown contêm oficinas ilegais nas quais os imigrantes recentes – entre os quais muitas mulheres chinesas – trabalham por salários baixíssimos.

Mesmo em fábricas legais na indústria do vestuário, as jornadas de trabalho são longas, e as recompensas, limitadas (Greenhouse, 2008; Louie, 2001; Shi, 2008; Shipler, 2004).

Nipo-americanos Cerca de 775 mil nipo-americanos vivem nos Estados Unidos. Como povo, são relativamente recém-chegados. Em 1880, apenas 148 japoneses viviam no país, mas, em 1920, eram mais de 110 mil. Os imigrantes japoneses – chamados de *isseis*, ou primeira geração – geralmente eram homens em busca de oportunidades de emprego. Muitos brancos os consideravam (com os imigrantes chineses) como um "perigo amarelo" e os sujeitavam ao preconceito e à discriminação.

Em 1941, o ataque do Japão a Pearl Harbor, no Havaí, teve graves repercussões para os nipo-americanos. O Governo Federal decretou que todos os da Costa Oeste saíssem de suas casas e se apresentassem em "campos de evacuação". Os nipo-americanos passaram a ser, com efeito, bodes expiatórios para a raiva que outras pessoas nos Estados Unidos sentiam com relação ao papel do Japão na Segunda Guerra Mundial. Em agosto de 1943, 113 mil nipo-americanos tinham sido forçados a ir para campos construídos às pressas. Em contraste marcante, apenas uns poucos americanos de origem alemã e italiana foram enviados para esses campos (Neiwert, 2005).

A detenção em massa teve um alto custo para os nipo-americanos. O Federal Reserve Board estima que sua perda total em renda e propriedades tenha sido de cerca de meio bilhão de dólares. Além disso, o efeito psicológico sobre esses cidadãos – incluindo a humilhação de serem rotulados como "desleais" – foi incomensurável. Com o tempo, os filhos dos *isseis* nascidos nos Estados Unidos, chamados de *nisseis*, foram autorizados a se alistar no exército e servir na Europa, em uma unidade de combate segregada. Outros se mudaram para o leste e o meio-oeste para trabalhar em fábricas.

Em 1983, uma comissão federal recomendou pagamentos do governo a todos os nipo-americanos sobreviventes que tivessem sido mantidos em campos de detenção. A comissão relatou que a detenção fora motivada por "preconceito de raça, histeria de guerra e uma falha da liderança política", e acrescentou que "não se demonstrou nenhum ato documentado de espionagem, sabotagem ou atividade de quinta coluna cometido" por nipo-americanos. Em 1988, o presidente Ronald Reagan assinou a Lei de Liberdades Civis, que exigiu que o Governo Federal emitisse pedidos de desculpas individuais por todas as violações dos direitos constitucionais dos nipo-americanos, e estabeleceu um fundo de 1,6 bilhão de dólares para pagar indenizações aos cerca de 82.250 sobreviventes que haviam sido detidos (U.S. Department of Justice, 1999). Cada pessoa que solicitou indenização e cumpria com as condições recebeu 20 mil dólares, com os pagamentos começando em 1990.

> Uma sociedade multirracial totalmente funcional não pode ser alcançada sem um sentido de história e diálogo aberto e honesto.
>
> **Cornel West**

Coreano-americanos Em 1,5 milhão, a população de coreano-americanos excede a dos nipo-americanos, mas eles costumam ser ofuscados por outros grupos oriundos da Ásia. A comunidade atual de coreano-americanos é resultado de três ondas de imigração. A onda inicial ocorreu entre 1903 e 1910, quando trabalhadores coreanos migraram para o Havaí. A segunda onda seguiu-se ao fim da Guerra da Coreia, em 1953; a maior parte desses imigrantes era de esposas de militares norte-americanos e órfãos de guerra. A terceira onda, que continua até o presente, é reflexo das prioridades de admissão estabelecidas pela Lei de Imigração de 1965. Esses imigrantes com alto grau de instrução chegam aos Estados Unidos com habilidades profissionais, embora muitas vezes tenham de aceitar, pelo menos inicialmente, empregos de menor responsabilidade do que os que tinham na Coreia.

No início dos anos de 1990, o atrito aparente entre coreano-americanos e outro grupo racial minoritário, os afro-americanos, atraiu a atenção de todo o país. Em Nova York, Los Angeles e Chicago, comerciantes de origem coreana enfrentaram negros que supostamente os estavam ameaçando ou roubando suas lojas. Os bairros negros responderam com hostilidade ao que percebiam como desrespeito e arrogância dos empresários coreano-americanos. Em South Central Los Angeles, os únicos lugares para comprar mantimentos, bebidas alcoólicas e gás eram de propriedade de imigrantes coreanos, que tinham substituído muitos empresários brancos. Os afro-americanos estavam bem conscientes do papel dominante que os coreano-americanos cumpriam em seus mercados locais de varejo. Durante os motins de 1992 em South Central Los Angeles, pequenos negócios de propriedade de coreanos foram um alvo particular. Mais de 1.800 empresas coreanas foram saqueadas ou queimadas durante os motins (Kim, 1999).

PENSAMENTO SOCIOLÓGICO

Há uma variação significativa entre as inúmeras nações asiáticas e os bilhões de pessoas que elas representam. Por que você acha que há uma tendência a agrupar pessoas de origem asiática em uma única categoria?
De que forma fatores como região geográfica e histórico de imigração podem influenciar essa percepção?

O conflito entre os dois grupos foi dramatizado em 1989, no filme *Faça a coisa certa*, de Spike Lee. A situação decorre da posição dos coreano-americanos como o grupo mais recente de imigrantes a atender às necessidades das populações urbanas abandonadas por aqueles que subiram a escada econômica. Esse tipo de atrito não é novo; gerações de comerciantes judeus, italianos e árabes encontraram hostilidade semelhante de outra minoria oprimida que poderia parecer uma fonte improvável a pessoas de fora.

Árabe-americanos Árabe-americanos são os imigrantes e seus descendentes que vêm de 22 países do mundo árabe. Conforme definido pela Liga dos Estados Árabes, são os países do Norte de África e o que geralmente se conhece como Oriente Médio. Nem todos os moradores desses países são árabes; por exemplo, os curdos do norte do Iraque não são árabes, e alguns árabe-americanos podem ter imigrado para os Estados Unidos de países não árabes, como a Grã-Bretanha ou a França, onde suas famílias tinham morado por gerações.

A língua árabe é a força mais unificadora entre os árabes, embora nem todos eles, e certamente nem todos os árabe-americanos, saibam ler e falar esse idioma. Além disso, a língua evoluiu ao longo dos séculos, de modo que pessoas em diferentes partes do mundo árabe falam dialetos diferentes. O fato de o livro sagrado muçulmano Alcorão (ou Corão) ter sido originalmente escrito em árabe dá à língua especial importância para os muçulmanos.

As estimativas do tamanho da comunidade árabe-americana são muito diferentes. De acordo com o Censo dos Estados Unidos, 1,6 milhão de pessoas de ascendência árabe reside atualmente nos Estados Unidos (U.S. Census Bureau, 2011q: Tabela DP02). Iraque, Egito, Líbano e Jordânia foram as quatro principais origens para a população de estrangeiros nos Estados Unidos (U.S. Census Bureau, 2011q: Tabela B05006). Tal como acontece com outros grupos raciais e étnicos nos Estados Unidos, a população árabe-americana está concentrada em certas áreas do país. Seus números cada vez maiores têm levado ao desenvolvimento de centros de comércio árabe em diversas cidades, como Dearborn e Detroit, no estado do Michigan, Los Angeles, Chicago, Nova York e Washington, D.C. (David, 2008).

Como grupo, os árabe-americanos são extremamente diversificados. Muitas famílias vivem nos Estados Unidos há várias gerações; outras são de origem estrangeira. Apesar do estereótipo, a maioria dos árabe-americanos *não* é muçulmana e nem todos são religiosos praticantes. A maioria dos árabe-americanos é cristã. Tampouco se pode identificar um padrão específico de tipo de família, papel de gênero ou profissional (Arab American Institute, 2008; David, 2004).

Durante anos, funcionários de aeroportos e agentes da lei usaram a aparência e nomes de som étnico para identificar árabe-americanos e revisar seus pertences. Após os atentados terroristas de setembro de 2001, a crítica a essa prática diminuiu com o aumento da preocupação do público com a segurança.

GRUPOS ÉTNICOS

Muitos grupos étnicos diferentes se uniram nos Estados Unidos, resultando em um mosaico de culturas em constante mudança. Três grandes grupos são os hispânicos (latinos), os judeus e os brancos étnicos.

Hispânicos Juntos, os hispânicos compõem o maior grupo minoritário nos Estados Unidos. De acordo com o Censo de 2010, havia 50,5 milhões de hispânicos, um aumento de 43% desde 2000. Isso inclui 32 milhões de mexicano-americanos, 4,6 milhões de porto-riquenhos, 1,8 milhão de cubanos, 1,6 milhão de salvadorenhos, 1,4 milhão de dominicanos e mais de outros países. Os subgrupos que mais crescem são aqueles que vêm das nações centro-americanas de El Salvador, Honduras e Guatemala (Humes et al., 2011). Contudo, a maior parte do aumento geral da população hispânica não se deve à imigração, e sim à taxa de natalidade mais elevada dentro dessa população (Johnson e Lichter, 2010).

Embora o crescimento da população hispânica tenha sido um fenômeno nacional, mais da metade reside na Califórnia, no Texas e na Flórida. As principais áreas urbanas também tiveram uma grande expansão. Os hispânicos agora superam os afro-americanos em oito das 10 maiores cidades dos Estados Unidos. Mesmo Chicago e Filadélfia, as duas exceções, estão entre as cidades com as maiores populações hispânicas (ver gráfico na página 340). Nessas cidades, a proporção da população de origem latino-americana varia de 29% em Nova York a 81% em El Paso, Texas (Ennis, Ríos-Vargas e Albert, 2011; U.S. Census Bureau, 2010j: Tabela DP-5).

Os vários grupos latinos compartilham um patrimônio cultural de língua e cultura espanholas, o que pode causar sérios problemas em sua assimilação. Um estudante inteligente cuja primeira língua é o espanhol pode ser considerado lento ou mesmo indisciplinado por alunos anglófonos, e muitas ve-

Filiação religiosa de árabe-americanos

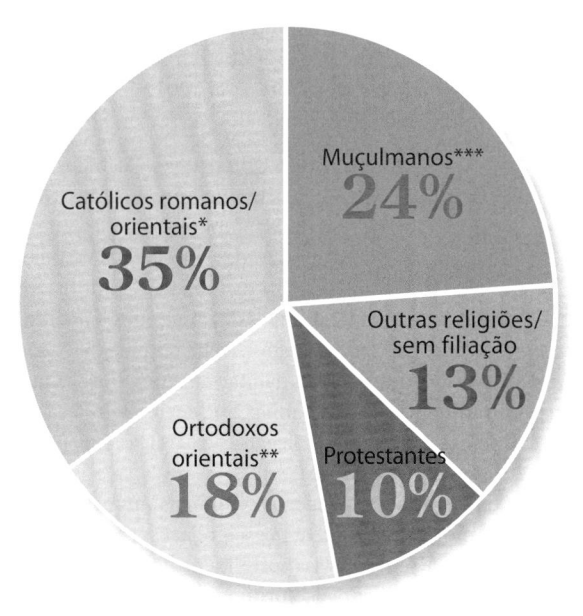

- Católicos romanos/orientais*: 35%
- Muçulmanos***: 24%
- Ortodoxos orientais**: 18%
- Protestantes: 10%
- Outras religiões/sem filiação: 13%

*Católicos incluem católicos romanos, maronitas e melquitas (católicos gregos).
** Ortodoxos incluem antioquinos, sírios, gregos e coptas.
*** Muçulmanos incluem sunitas, xiitas e drusos.

Fonte: Arab American Institute, 2008.

Cidades dos Estados Unidos com maior número de hispânicos

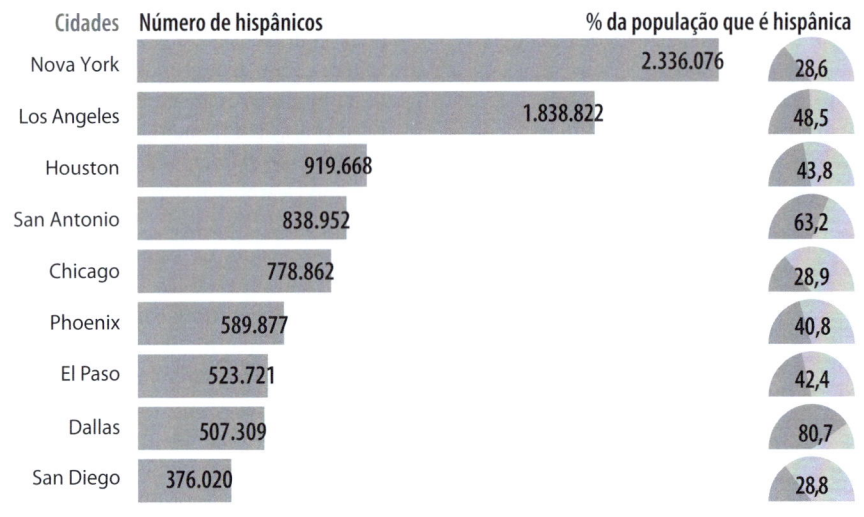

Cidades	Número de hispânicos	% da população que é hispânica
Nova York	2.336.076	28,6
Los Angeles	1.838.822	48,5
Houston	919.668	43,8
San Antonio	838.952	63,2
Chicago	778.862	28,9
Phoenix	589.877	40,8
El Paso	523.721	42,4
Dallas	507.309	80,7
San Diego	376.020	28,8

Fonte: Ennis et al., 2011.

zes também por professores anglófonos. Os rótulos dados a crianças dessa origem como tendo baixo desempenho, dificuldades de aprendizagem ou perturbações emocionais podem funcionar como uma profecia autorrealizável para algumas crianças. A educação bilíngue visa aliviar as dificuldades educativas vivenciadas por crianças hispânicas e outras cuja primeira língua não seja o inglês.

Os desafios educacionais com que os latinos se deparam se refletem no fato de que 72% dos hispânicos com idades entre 25 e 29 anos concluíram o ensino médio, em comparação com 94% dos brancos não hispânicos. Em nível universitário, 39% dos brancos têm diploma superior, enquanto apenas 13% dos hispânicos o têm. A renda média das famílias hispânicas é de 37.759 dólares – 69% da renda de famílias brancas não hispânicas. Em termos de riqueza, em 2009, as famílias hispânicas tinham um patrimônio líquido médio de 6.325 dólares em comparação com 113.149 dólares das famílias brancas não hispânicas e 5.677 dólares das afro-americanas, e 31% das famílias hispânicas tinham riqueza zero ou negativa em comparação com 15% dos brancos e 35% dos afro-americanos (Aud et al., 2012: 286; DeNavas-Walt, 2011; Kochar, Fry e Taylor, 2011).

Principais grupos hispânicos nos Estados Unidos

- Mexicanos: 63,0%
- Outros centro-americanos e sul-americanos: 8,1%
- Outros hispânicos: 6,8%
- Porto-riquenhos: 9,6%
- Cubanos: 3,5%
- Salvadorenhos: 3,3%
- Dominicanos: 2,8%
- Guatemaltecos: 2,1%

Fonte: Ennis et al., 2011: Tabela 1.

Mexicano-americanos A maior população hispânica nos Estados Unidos é mexicano-americana (ver gráfico à esquerda). Cerca de 64% deles nasceram nos Estados Unidos. Dos 11,2 milhões de imigrantes não autorizados que vivem no país, 58% são do México. A oportunidade de ganhar em uma hora o que levariam um dia inteiro para ganhar no México tem atraído ao norte milhões de imigrantes, legais e ilegais (Pew Hispanic Center, 2011a: Tabela 7; 2011b).

Além da família, a instituição social mais importante da comunidade mexicano-americana é a igreja, especificamente a Igreja Católica Romana. Essa forte identificação com a fé católica reforçou as barreiras já formidáveis entre mexicano-americanos e seus vizinhos predominantemente brancos e protestantes no sudoeste dos Estados Unidos.

Ao mesmo tempo, a Igreja Católica ajuda muitos imigrantes a desenvolver um sentido de identidade e auxilia sua assimilação à cultura dominante dos Estados Unidos. A complexidade da comunidade mexicano-americana é ressaltada pelo fato de que as igrejas protestantes – principalmente as que apoiam os cultos expressivos e explícitos – têm atraído números cada vez maiores de mexicano-americanos (Pew Hispanic Center, 2011).

Porto-riquenhos O segundo maior segmento de latinos nos Estados Unidos é o dos porto-riquenhos. Desde 1917, os moradores de Porto Rico têm *status* de cidadãos norte-americanos; muitos migraram para Nova York e outras cidades da Costa Leste. Os porto-riquenhos têm vivenciado muita pobreza, nos Estados Unidos e na ilha. Os que moram no território continental dos Estados Unidos mal ganham metade da renda familiar dos brancos. Como resultado, teve início uma migração inversa na década de 1970, com mais porto-riquenhos partindo para a ilha do que indo para o continente (Torres, 2008).

Politicamente, os porto-riquenhos nos Estados Unidos não tiveram tanto sucesso como os mexicano-americanos em se organizar por seus direitos. Para muitos porto-riquenhos do continente – assim como para muitos moradores da ilha – a questão política fundamental é o próprio destino de Porto Rico. Continuar em seu atual *status* de membro da comunidade dos Estados Unidos, solicitar a admissão aos Estados Unidos como o 51º estado ou tentar se tornar um país independente? Essa pergunta tem dividido Porto Rico por décadas e continua a ser central em suas eleições. Em um referendo de 1998, por exemplo, os eleitores apoiaram uma opção "nenhuma das anteriores", efetivamente favorecendo a continuação do *status* de membro da comunidade em detrimento da soberania ou da independência.

Cubano-americanos A imigração cubana para os Estados Unidos tem origem já em 1831, mas começou de verdade após a tomada do poder por Fidel Castro na Revolução Cubana de 1959. A primeira onda de 200 mil cubanos incluiu muitos profissionais com níveis relativamente altos de escolaridade; esses homens e mulheres foram saudados como refugiados da tirania comunista, mas as ondas mais recentes de imigrantes têm despertado cada vez mais preocupação, em parte porque eles têm menor probabilidade de serem profissionais qualificados. Após a revolução de Fidel Castro, os Estados Unidos romperam relações formais com Cuba, impedindo qualquer comércio e proibindo viagens. Nos últimos anos, tem havido algum abrandamento dessa relação, facilitado, em parte, quando Castro renunciou à presidência em 2008. Em abril de 2009, o presidente Barack Obama assinou uma lei suavizando restrições econômicas e de viagem.*

Judeus americanos Os judeus constituem cerca de 2,1% da população norte-americana. Eles têm um papel de destaque na comunidade judaica mundial porque os Estados Unidos têm a maior concentração de judeus do mundo. Assim como os japoneses, muitos imigrantes judeus foram para os Estados Unidos e se tornaram profissionais de colarinho branco, apesar do preconceito e da discriminação.

---

*N. de R. T.: Em 2014, após mais de meio século de embargo, os Estados Unidos anunciaram a retomada das relações diplomáticas com Cuba. Em 20 de julho de 2015, a embaixada cubana em Washington e a embaixada norte-americana em Havana foram reabertas.

O **antissemitismo**, isto é, o preconceito contra os judeus, tem sido muitas vezes cruel nos Estados Unidos, embora raramente seja tão difundido e nunca tão formalizado como na Europa. Em muitos casos, os judeus têm sido usados como bodes expiatórios para os fracassos de outras pessoas. Em função dessas atitudes, eles continuam a enfrentar discriminação. Apesar dos altos níveis de educação e formação profissional, eles ainda estão visivelmente ausentes das administrações das grandes empresas (com exceção das poucas fundadas por judeus). Até o final da década de 1960, muitas universidades norte-americanas de prestígio mantinham cotas restritivas que limitavam a matrícula de judeus. Clubes sociais privados e confrarias frequentemente limitam a participação a gentios (não judeus), uma prática confirmada pelo Supremo Tribunal em 1964, no caso Bell *versus* Maryland.

> **antissemitismo** Preconceito contra judeus.

A Anti-Defamation League (ADL) de B'nai B'rith financia uma contagem anual de incidentes antissemitas informados. Embora o número tenha oscilado, a compilação de 1994 atingiu o nível mais alto nos 20 anos em que a ADL vêm registrando. Em 2010, o total relatado de incidentes de assédio, ameaça, vandalismo e agressão chegou a 1.239, o que representa um aumento de 2,3% em relação a 2009. Alguns incidentes foram inspirados e levados a cabo por *skinheads* neonazistas – grupos de jovens que defendem ideologias racistas e antissemitas. Esse comportamento ameaçador apenas intensifica os temores de muitos judeus americanos, que se lembram do Holocausto – o extermínio de seis milhões de judeus pela Alemanha nazista durante a Segunda Guerra Mundial (Anti-Defamation League, 2011).

Como acontece com outras minorias nos Estados Unidos, os judeus americanos deparam-se com a necessidade de escolher entre manter laços com sua antiga herança religiosa e cultural ou se tornar o mais indistinguíveis possível dos gentios. Muitos judeus têm tendido a ser assimilados, como fica claro no aumento da taxa de casamentos entre judeus e cristãos. Um estudo sobre 50 comunidades judaicas nos Estados Unidos constatou uma taxa mediana de casamentos de 33%. Muitas pessoas da comunidade judaica se preocupam com a possibilidade de que os casamentos mistos levem a um rápido declínio no número das pessoas que se identificam como "judeu". No entanto, ao se perguntar qual era a maior ameaça à vida judaica nos Estados Unidos – os casamentos mistos ou o antissemitismo – somente 33% dos entrevistados escolheram os casamentos mistos; 62% selecionaram o antissemitismo (American Jewish Committee, 2005; Sheskin e Dashefsky, 2007).

Brancos étnicos No geral, 69,1% da população dos Estados Unidos são brancos não hispânicos. A população branca étnica do país inclui cerca de 48 milhões de pessoas que reivindicam ascendência alemã pelo menos parcial, 35 milhões de americanos de origem irlandesa, quase 17 milhões de ítalo-americanos e 10 milhões de pessoas com origem polonesa, bem como imigrantes de outros países europeus. Algumas dessas pessoas continuam a viver em bairros étnicos estreitamente unidos, enquanto outras foram amplamente assimiladas e deixaram os "velhos costumes" para trás (U.S. Census Bureau, 2011q: Tabela S0201; Hixson, Hepler e Kim, 2011).

Hoje, muitos brancos étnicos se identificam apenas esporadicamente com sua herança. A **etnia simbólica** é a ênfase em preocupações como comida étnica ou questões políticas, em vez de laços mais profundos com a própria herança étnica. Ela se reflete na ida ocasional da família a uma padaria étnica, na celebração de um evento cerimonial, como o Dia de São José entre os ítalo-americanos, ou na preocupação com o futuro da Irlanda do Norte entre os irlandeses dos Estados Unidos. Exceto nos casos em que uma nova imigração reforça as velhas tradições, a etnia simbólica tende a diminuir a cada geração que passa (Anagnostou, 2009a, 2009b; Gans, 2009; Waters, 2009).

Os brancos sentem-se cada vez mais excluídos e até mesmo ameaçados pelos esforços para assumir o multiculturalismo e ampliar a diversidade (Plaut, Garnett, Buffardi e Sanchez-Banks, 2011). De acordo com uma pesquisa nacional, os brancos percebem o nível de preconceito antibranco atual como maior do que o preconceito contra os negros. Um número maior de brancos acredita que a oportunidade para os negros vem à custa dos brancos (Norton e Sommers, 2011).

Em muitos aspectos, a situação dos brancos étnicos envolve as mesmas questões básicas de outras pessoas subordinadas nos Estados Unidos. Até onde as pessoas podem ser étnicas – o quanto elas podem se desviar de uma norma essencialmente branca, anglo-saxã, protestante – antes de a sociedade responder a seu desejo de serem diferentes? Os Estados Unidos não parecem recompensar as pessoas por serem assimiladas. No entanto, como vimos, a assimilação não é um processo fácil. Nos próximos anos, mais e mais pessoas vão enfrentar o desafio de se encaixar, não só nos Estados Unidos, mas também no mundo todo, já que o fluxo de imigrantes de um país para outro continua a aumentar.

etnia simbólica Identidade étnica que enfatiza preocupações como comida étnica ou questões políticas, em vez de laços mais profundos com a própria herança étnica.

>>Imigração

Segundo um relatório da Organização das Nações Unidas (ONU), existem 191 milhões de imigrantes internacionais no mundo, ou 3% da população global. Isso inclui 38,5 milhões de indivíduos nascidos no exterior e que vivem nos Estados Unidos. Destes, 53% são da América Latina, 28% são da Ásia, 13% são da Europa e 4% são da África (United Nations, 2009; U.S. Census Bureau, 2010: Tabela DP-2). Os números sempre crescentes de imigrantes e a pressão que eles exercem sobre as oportunidades de emprego e serviços sociais nos países em que entram geram perguntas difíceis para muitas das potências econômicas do mundo. Quem deve ter permissão para entrar? Em que momento a imigração deve ser reduzida (Bloemraad, Korteweg e Yurdakal, 2008)?

TENDÊNCIAS DA IMIGRAÇÃO

A migração de pessoas não é uniforme no tempo nem no espaço. Em alguns momentos, a guerra ou a fome podem precipitar grandes movimentações de pessoas, temporária ou permanentemente. Deslocamentos temporários ocorrem quando as pessoas esperam até que seja seguro voltar para suas casas. No entanto, mais e mais migrantes que não podem garantir uma vida adequada em seus países de origem estão fazendo movimentos permanentes rumo a nações desenvolvidas. As principais correntes migratórias fluem para a América do Norte, para as áreas ricas em petróleo do Oriente Médio e para as economias industriais da Europa Ocidental e da Ásia. Atualmente, sete países ricos do mundo (incluindo Alemanha, França, Reino Unido e Estados Unidos) abrigam cerca de um terço da população migrante do mundo, mas menos de um quinto da população total.

Sociologia pessoal
Celebrando etnia

Eu moro em Pella, Iowa, uma pequena cidade com uma forte herança holandesa. No primeiro fim de semana de cada mês de maio, Pella tem seu Festival Tulip Time (www.pellatuliptime.com). Centenas de milhares de turistas vêm à celebração de três dias, para assistir aos desfiles, comer e ver pessoas andando pelas ruas em seus trajes holandeses. Mesmo não tendo antepassados holandeses, visto regularmente meu traje e participo. Já fiz tamancos de madeira no museu histórico, empurrei o carrinho da Padaria Jaarsma nos desfiles diários e muito mais. Como outras celebrações étnicas em outras comunidades, o Tulip Time tem um papel importante na promoção de um sentimento de solidariedade da comunidade.

> O ódio racial não é natureza humana; o ódio racial é abandono da natureza humana.
>
> Orson Welles

GLOBALIZANDO

Imigração mundial desde 1500

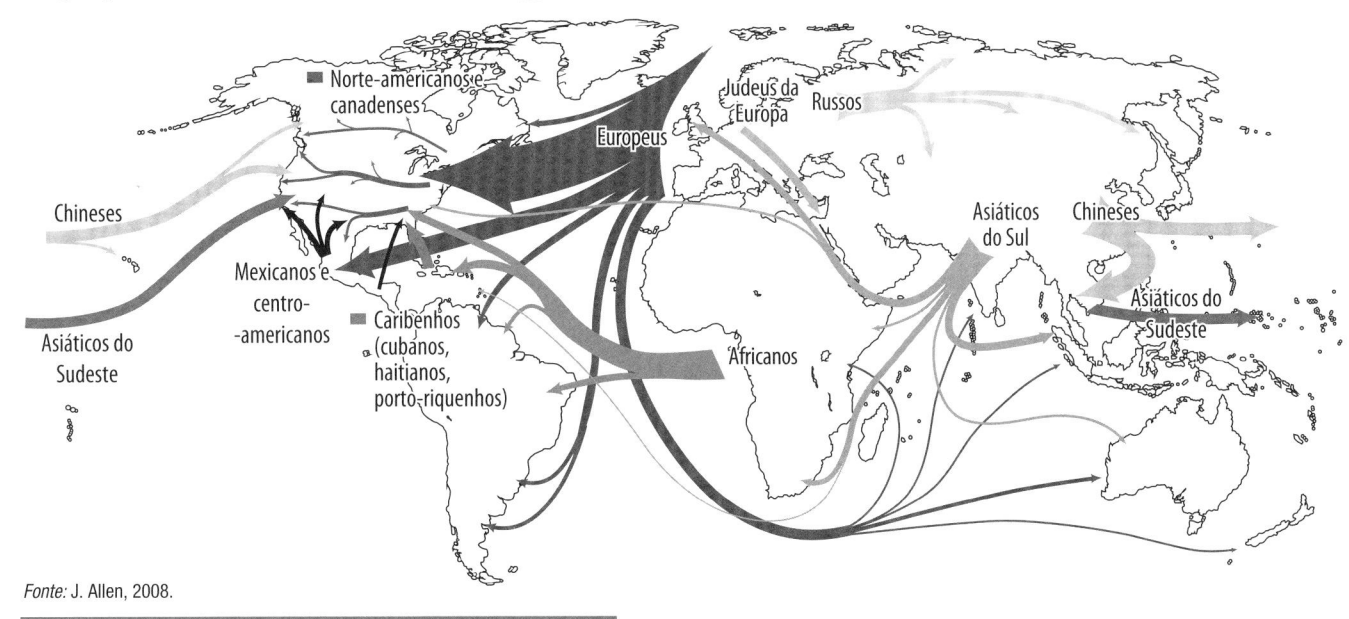

Fonte: J. Allen, 2008.

Enquanto houver disparidades de oportunidades de trabalho entre os países, há pouca razão para esperar que essa tendência internacional seja revertida.

Mesmo que o país de origem perca uma importante fonte de mão de obra e talento devido à emigração, o processo contribui para sua economia. Por exemplo, ele reduz o tamanho da população que uma economia com recursos limitados tem dificuldade de sustentar, e há uma contribuição econômica na forma de remessas – dinheiro que os imigrantes mandam de volta para seus países de origem. Em todo o mundo, os imigrantes enviam mais de 300 bilhões de dólares a seus parentes em casa, um valor que representa uma importante fonte de renda para os países em desenvolvimento. Na Guatemala, por exemplo, o país de origem da maioria dos funcionários do frigorífico de Postville, 4,3 bilhões de dólares foram enviados de volta em 2008, representando 11% da economia da Guatemala (*Guatemala Times*, 2009; Leys, 2008). (Por causa da crise econômica, as remessas para a Guatemala diminuíram em 2009, mas se recuperaram em 2010.)

Os imigrantes continuam a enfrentar obstáculos devido à sua relativa falta de recursos. As mulheres imigrantes, por exemplo, enfrentam todos os mesmos desafios dos homens, além de alguns outros. Normalmente, elas têm a responsabilidade de obter serviços para suas famílias, principalmente os filhos. Muitas vezes, são elas que precisam navegar no emaranhado burocrático de escolas, serviços municipais e atendimento de saúde, bem como fazer compras em lojas e mercados desconhecidos para alimentar suas famílias. As que precisam de serviços de saúde especiais ou são vítimas de violência doméstica costumam relutar em procurar ajuda externa. Por fim, como muitos imigrantes novos veem os Estados Unidos como um lugar perigoso para se ter uma família, as mulheres precisam estar especialmente vigilantes em relação às vidas de seus filhos (Hondagneu-Sotelo, 2003).

Uma das consequências da imigração global tem sido o surgimento de transnacionais – pessoas ou famílias que se deslocam pelas fronteiras várias vezes, em busca de melhores empregos e educação. Os magnatas industriais do início do século XX, cujo poder supera o de muitos estados-nação, estavam entre os primeiros transnacionais do mundo. Hoje, no entanto, milhões de pessoas, muitas delas com meios bastante modestos, mudam de país como quem vai todos os dias de um bairro ao centro da cidade para trabalhar. Cada vez mais, essas pessoas têm dupla cidadania. Em vez de ser definida pela fidelidade a um país, sua identidade está enraizada em sua luta para sobreviver – e prosperar, em alguns casos – transcendendo fronteiras internacionais (Croucher, 2004; Sassen, 2005).

PENSAMENTO SOCIOLÓGICO

Nos Estados Unidos, como em muitos países industrializados, os índices de natalidade são baixos. As populações de muitos estados enfrentam um declínio natural e vão encolher sem a imigração para compensar esses índices baixos. Diante disso, por que a imigração ainda causa tanta tensão entre muitas comunidades norte-americanas? Isso pode mudar à medida que as pessoas nesses estados perceberem que precisam desses imigrantes?

GLOBALIZANDO

Migração legal para os Estados Unidos, 1820-2010

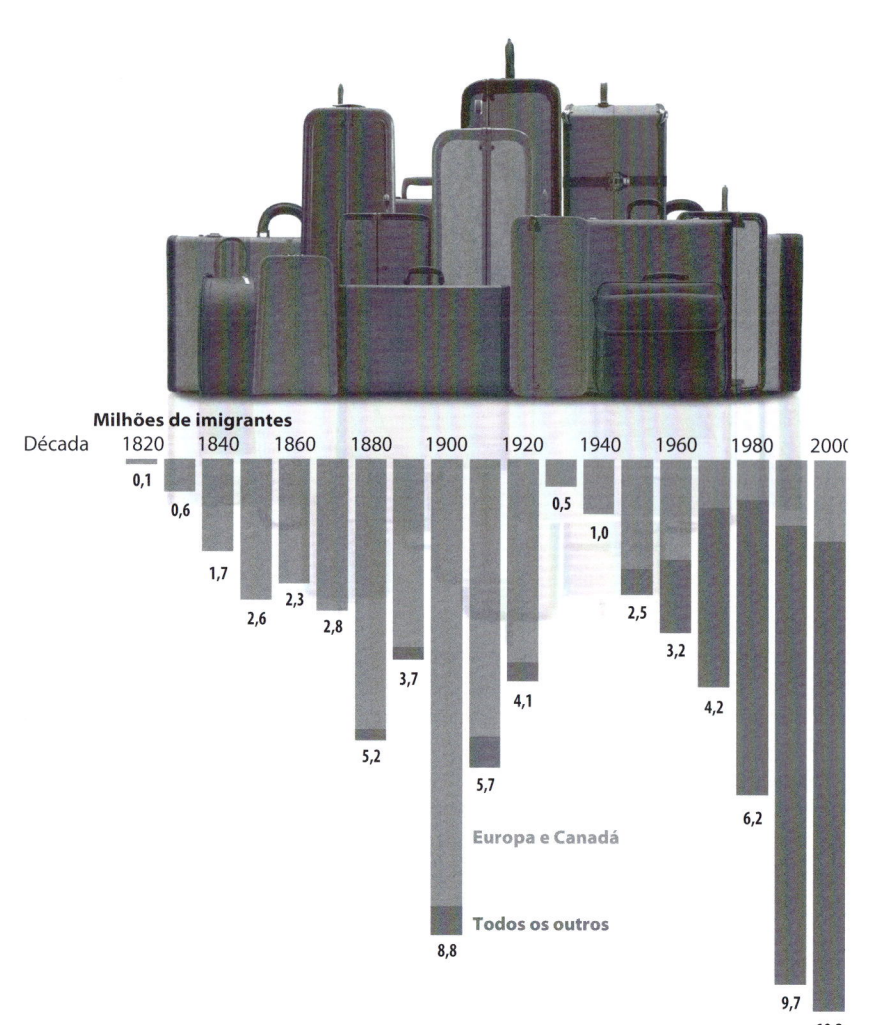

Milhões de imigrantes

Década	Total
1820	0,1
1830	0,6
1840	1,7
1850	2,6
1860	2,3
1870	2,8
1880	5,2
1890	3,7
1900	8,8
1910	5,7
1920	4,1
1930	0,5
1940	1,0
1950	2,5
1960	3,2
1970	4,2
1980	6,2
1990	9,7
2000	10,2

Europa e Canadá / Todos os outros

Fonte: Estimativas do autor para o período de 2000 a 2010; Office of Immigration Statistics, 2007.

POLÍTICAS DE IMIGRAÇÃO

Países que há muito tempo são destino para imigrantes geralmente dispõem de políticas que determinam quem tem preferência para entrar. Muitas vezes, essas políticas incorporam preconceitos raciais e étnicos claros. Na década de 1920, a política dos Estados Unidos dava preferência a pessoas da Europa ocidental, enquanto dificultava a entrada de residentes do sul e do leste europeus, da Ásia e da África. No final dos anos de 1930 e início dos anos de 1940, o Governo Federal recusou-se a relaxar as cotas de imigração restritivas para permitir que os refugiados judeus escapassem do terror da Alemanha nazista. Em sintonia com essa política, o SS *St. Louis*, com mais de 900 refugiados judeus a bordo, teve negada a permissão para atracar nos Estados Unidos em 1939. O navio foi forçado a navegar de volta para a Europa, onde pelo menos algumas centenas de seus passageiros morreram nas mãos dos nazistas (Morse, 1967; G. Thomas e Witts, 1974).

Desde a década de 1960, as políticas dos Estados Unidos têm incentivado a imigração de familiares de pessoas que residem no país e de indivíduos que têm habilidades desejáveis. Essa política alterou de maneira significativa o padrão das nações de origem dos imigrantes. Anteriormente, os europeus dominavam, mas, nos últimos 40 anos, os imigrantes vieram principalmente da América Latina e da Ásia. Assim, uma proporção cada vez maior da população do país será de asiáticos ou latino-americanos. Em grande medida, o medo e o ressentimento em relação à diversidade racial e étnica é um fator determinante na oposição à imigração. Em muitos países, as pessoas estão preocupadas que os recém-chegados não reflitam e não assumam a herança cultural e racial delas. Outras temem que os imigrantes representem uma ameaça econômica por causa do aumento da oferta de trabalhadores disponíveis. Em 1986, o Congresso norte-americano aprovou a lei de Reforma e Controle da Imigração, que, pela primeira vez, proibiu a contratação de imigrantes sem documentação e tornou os empregadores sujeitos a multas e até prisão se a violassem. A polêmica lei de imigração do Arizona, de 2010, mencionada anteriormente, foi outra consequência dessas preocupações culturais e econômicas.

No governo de George W. Bush, ocorreram várias batidas policiais importantes em locais de trabalho – como a de Postville – para mandar uma mensagem muito pública de que se estava falando sério sobre o combate à imigração ilegal. Desde a eleição de Barack Obama, o número dessas batidas diminuiu, embora o número de pessoas mandadas embora tenha aumentado (Homeland Security, 2010). As antigas batidas foram substituídas pelo que às vezes é chamado de "batidas silenciosas", nas quais a ICE se concentra em inspecionar os documentos de contratação dos empregadores para ver se os trabalhadores deles têm a documentação legal necessária para o emprego. Ao fazerem isso, têm como alvo os setores que historicamente contrataram trabalhadores imigrantes sem documentação, como a indústria do vestuário, as cadeias de *fast food* e as empresas agrícolas. O efeito é que esses trabalhadores perdem seus empregos. Depois de uma dessas batidas, a fabricante de roupas American Apparel demitiu 1.500 trabalhadores, cerca de um quarto de sua força de trabalho. O objetivo dessa abordagem é fechar a oferta desses empregos para trabalhadores que não possuam documentação legal, desestimulando, assim, a imigração ilegal.

As empresas que empregam esses trabalhadores, no entanto, não estão totalmente satisfeitas, pois isso significa que elas terão de pagar mais para atrair candidatos a esses postos de trabalho difíceis e, muitas vezes, tediosos (Jordan, 2011). Mesmo tendo em conta essa mudança de tática, ainda não houve um aumento substancial no número de indivíduos deportados no governo de Obama, em relação ao de Bush (Preston, 2011).

As batalhas relacionadas à imigração continuam. Os imigrantes têm feito passeatas enormes para pressionar o Congresso norte-americano a acelerar o processo de naturalização e desenvolver formas para que os ilegais obtenham residência legal. Os opositores da imigração ilegal pediram mais recursos com os quais rastrear e deportar os ilegais e fechar a fronteira entre os Estados Unidos e o México. Vários estados, incluindo Geórgia, Alabama e Texas, também estão examinando a possibilidade de aprovar uma legislação no estilo da lei do Arizona de 2010. Apesar dessa insatisfação pública generalizada com a política de imigração do país, houve pouco progresso. O Congresso tem tido dificuldades de chegar a um compromisso bipartidário que agrade a ambos os lados.

O intenso debate sobre a imigração reflete profundos conflitos de valores nas culturas de muitos países. Uma vertente da cultura dos Estados Unidos, por exemplo, tem tradicionalmente enfatizado princípios igualitários e um desejo de ajudar as pessoas em momentos de necessidade. Ao mesmo tempo, a hostilidade para com imigrantes e refugiados potenciais – sejam os chineses na década de 1880, os judeus europeus nos anos de 1930 e 1940, ou os mexicanos, os haitianos ou os árabes de hoje – reflete não apenas o preconceito racial, étnico e religioso, mas também um desejo de manter a cultura dominante do endogrupo ao excluir aqueles que são considerados estranhos.

> **envolva-se!**
> Investigue! A maioria dos grupos de imigrantes tem museus dedicados a preservar seu patrimônio cultural. Encontre um em sua região e aprenda a história local dos imigrantes. Se não houver um museu, visite pela internet museus que preservam essa história.

PARA REVISÃO

I. Como os sociólogos definem raça e etnia?
- A raça é definida pela importância social que os grupos dão a características físicas externas. A etnia está enraizada em tradições culturais e nacionais que definem a população. Os sociólogos enfatizam a importância da cultura e suas consequências para ambas.

II. O que são e como funcionam o preconceito e a discriminação?
- O preconceito envolve atitudes e crenças, ao passo que a discriminação envolve ações. Em ambos os casos, eles representam uma resposta negativa a um grupo de pessoas que lhes nega plena igualdade como pessoas. A discriminação institucional está embutida na estrutura da própria sociedade, negando sistematicamente a alguns grupos o acesso a recursos fundamentais.

III. Quais são as consequências de raça e etnia para a oportunidade?
- Grupos étnicos e raciais nos Estados Unidos – incluindo afro-americanos, nativo-americanos, asiático-americanos, hispano-americanos, judeus americanos e brancos étnicos americanos – têm diferentes níveis de oportunidades com base em sua posição relativa na sociedade. Grupos dentro de cada uma dessas categorias continuam a enfrentar muita desigualdade estrutural.

Visões **SOCIOLÓGICAS** sobre raça e etnia

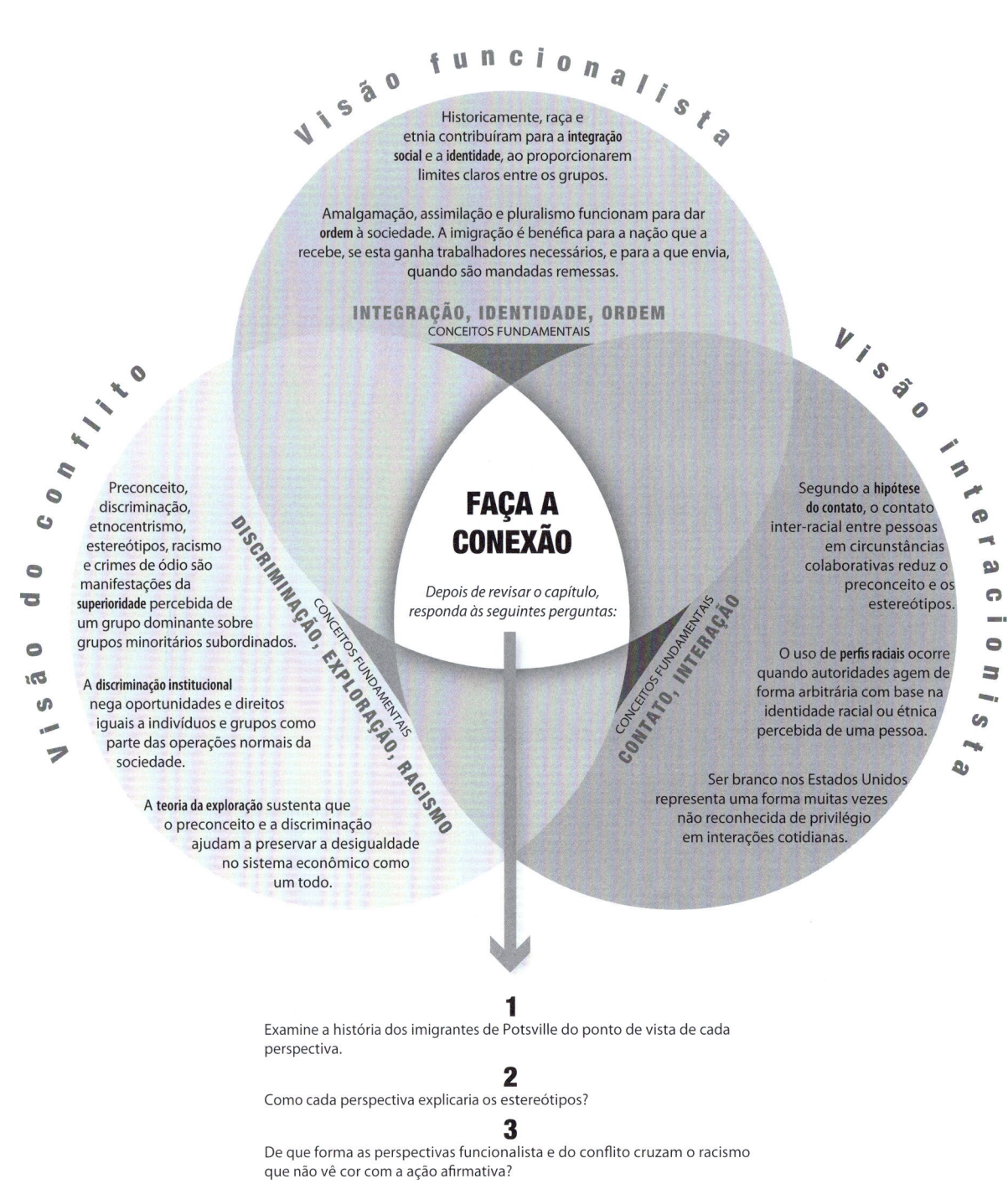

Visão funcionalista

Historicamente, raça e etnia contribuíram para a **integração social** e a **identidade**, ao proporcionarem limites claros entre os grupos.

Amalgamação, assimilação e pluralismo funcionam para dar **ordem** à sociedade. A imigração é benéfica para a nação que a recebe, se esta ganha trabalhadores necessários, e para a que envia, quando são mandadas remessas.

INTEGRAÇÃO, IDENTIDADE, ORDEM
CONCEITOS FUNDAMENTAIS

Visão do conflito

Preconceito, discriminação, etnocentrismo, estereótipos, racismo e crimes de ódio são manifestações da **superioridade** percebida de um grupo dominante sobre grupos minoritários subordinados.

A **discriminação institucional** nega oportunidades e direitos iguais a indivíduos e grupos como parte das operações normais da sociedade.

A **teoria da exploração** sustenta que o preconceito e a discriminação ajudam a preservar a desigualdade no sistema econômico como um todo.

DISCRIMINAÇÃO, EXPLORAÇÃO, RACISMO
CONCEITOS FUNDAMENTAIS

Visão interacionista

Segundo a **hipótese do contato**, o contato inter-racial entre pessoas em circunstâncias colaborativas reduz o preconceito e os estereótipos.

O uso de **perfis raciais** ocorre quando autoridades agem de forma arbitrária com base na identidade racial ou étnica percebida de uma pessoa.

Ser branco nos Estados Unidos representa uma forma muitas vezes não reconhecida de privilégio em interações cotidianas.

CONTATO, INTERAÇÃO
CONCEITOS FUNDAMENTAIS

FAÇA A CONEXÃO

Depois de revisar o capítulo, responda às seguintes perguntas:

1 Examine a história dos imigrantes de Potsville do ponto de vista de cada perspectiva.

2 Como cada perspectiva explicaria os estereótipos?

3 De que forma as perspectivas funcionalista e do conflito cruzam o racismo que não vê cor com a ação afirmativa?

4 Usando a perspectiva interacionista, descreva um exemplo de contato inter-racial que você tenha vivenciado, em conjunto com suas consequências.

Pop Quiz

1. Um grupo que é separado por causa de sua origem nacional ou por seus padrões culturais distintos é um
   a. grupo assimilado.
   b. grupo étnico.
   c. grupo minoritário.
   d. grupo racial.

2. Segundo os resultados do Projeto Genoma Humano, a raça
   a. determina a capacidade intelectual.
   b. é um conceito social, e não biológico.
   c. explica resultados sociais significativos.
   d. não tem base genética nem científica.

3. A partir do Censo de 2000, houve um total de ____ possíveis combinações de raça entre as quais a pessoa poderia escolher para se identificar.
   a. 3
   b. 6
   c. 27
   d. 57

4. Suponha que um empregador branco se recuse a contratar um vietnamita-americano e selecione um candidato branco inferior. Essa decisão é um ato de
   a. preconceito.
   b. etnocentrismo.
   c. discriminação.
   d. estigmatização.

5. O termo que Peggy McIntosh usa para descrever as vantagens não merecidas que os membros da maioria consideram naturais é
   a. privilégio.
   b. discriminação.
   c. racismo.
   d. discriminação institucional.

6. Trabalhando juntos como programadores de computador para uma empresa de eletrônicos, uma hispânica e um judeu superam seus preconceitos iniciais e passam a apreciar as qualidades e os talentos um do outro. Esse cenário é um exemplo de
   a. hipótese do contato.
   b. profecia autorrealizável.
   c. amalgamação.
   d. discriminação inversa.

7. O casamento entre pessoas de grupos diferentes durante várias gerações, resultando em vários grupos que se combinam para formar um novo grupo, seria um exemplo de
   a. pluralismo.
   b. assimilação.
   c. segregação.
   d. amalgamação.

8. Jennifer Anastassakis mudou seu nome para Jennifer Aniston. Sua ação foi um exemplo de
   a. expulsão.
   b. assimilação.
   c. segregação.
   d. pluralismo.

9. Qual dos seguintes é o maior grupo minoritário em termos gerais nos Estados Unidos?
   a. Afro-americanos
   b. Asiático-americanos
   c. Latinos
   d. Árabe-americanos

10. Qual das abordagens a seguir à fiscalização da imigração se tornou mais comum na administração Obama?
    a. Batidas policiais de grande porte em locais de trabalho
    b. Controle relaxado, reduzindo o número de deportações
    c. Foco em organizações comunitárias que prestam serviços a imigrantes
    d. Ações silenciosas com foco em empregadores e documentação

1. (b); 2. (d); 3. (d); 4. (c); 5. (a); 6. (a); 7. (d); 8. (b); 9. (c); 10. (d).

14

POPULAÇÃO, SAÚDE,

O QUE ESTÁ POR VIR

350 População
356 Perspectivas sociológicas sobre saúde e doença
361 Epidemiologia social
366 Saúde nos Estados Unidos
369 Perspectivas sociológicas sobre meio ambiente
372 Problemas ambientais

ÁGUAS PROFUNDAS

Em 20 de abril de 2010, uma explosão na plataforma de petróleo Deepwater Horizon, a cerca de 65 km da costa da Louisiana, no Golfo do México, marcou o início de uma catástrofe ambiental. Os trabalhadores tinham acabado de completar uma série de testes de pressão para garantir a integridade do poço quando o gás metano entrou na coluna de perfuração e irrompeu para fora do poço. O protetor contra ruptura, projetado para vedar o poço automaticamente nesses casos, falhou. Onze membros da equipe de 126 pessoas a bordo da plataforma foram mortos na explosão resultante. Na boca de poço situada no leito do Golfo, o petróleo começou a jorrar para a água, chegando a 62 mil barris por dia.

Um ano antes, como parte do processo de aprovação da perfuração de petróleo, a BP, a empresa que detém os direitos sobre o poço, apresentou um plano de exploração ao Minerals Management Service (MMS), uma agência do Ministério do Interior dos Estados Unidos. Nesse relatório, a BP minimizava repetidamente tanto a probabilidade de um acidente quanto qualquer possível impacto em caso de ele ocorrer, relatando que, "no caso de uma ruptura inesperada que resulte em vazamento de petróleo, é pouco provável que haja impacto" (BP Exploration & Production Inc., 2009). A BP afirmou que quaisquer efeitos provavelmente seriam "subletais" para peixes, mamíferos marinhos, tartarugas e pássaros. A empresa também argumentava que a distância do poço à costa garantiria um impacto mínimo sobre praias, refúgios de animais selvagens e áreas naturais no caso de derramamento de petróleo. E a empresa manifestou confiança em sua capacidade de conter, recuperar e remover qualquer derramamento. Tendo apresentado esse relatório, a BP recebeu uma isenção do MMS, liberando-a de fazer uma análise de impacto ambiental detalhada.

Após uma investigação de quase um ano, a Guarda Costeira dos Estados Unidos (2011) divulgou um relatório constatando que uma convergência de fatores, incluindo falhas na tecnologia, manutenção inadequada, falhas sistêmicas no mecanismo de gestão de segurança da empresa e supervisão negligente por parte do governo, causou o resultado desastroso. O ambiente natural consiste em uma rede interdependente de relações, e o mesmo acontece com o ambiente social. Temos de desenvolver uma compreensão mais completa de ambos para evitar resultados catastróficos como esse no futuro.

MEIO AMBIENTE

À medida que você for LENDO

>>
- Que papel a dinâmica populacional cumpre em nossas vidas?
- Como a sociologia contribui para algo aparentemente tão biológico como a saúde?
- Que lições ambientais podemos aprender com a sociologia?

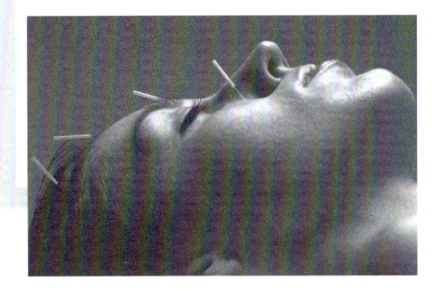

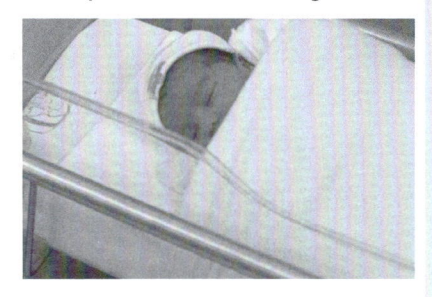

Uma das vantagens da imaginação sociológica é que ela nos propicia uma compreensão melhor do quadro geral da sociedade e de onde nos encaixamos nele. E o faz contextualizando nossas crenças e práticas dentro de uma estrutura social maior, a qual, muitas vezes, é invisível para nós. Já vimos isso em funcionamento em relação a vários componentes da estrutura social, incluindo a família, a religião, a educação, a economia e a política. Em sociologia, o lugar é importante. E isso não é diferente quando se trata de temas relacionados a população, saúde e meio ambiente. Abordar essas questões por uma perspectiva mais abrangente nos permite ver como nossos resultados individuais na vida são influenciados pelas posições que ocupamos.

>>População

Hoje, existem mais de 7 bilhões de pessoas na Terra, e outros bilhões são esperados nas próximas décadas. Cada um de nós deve viver dos recursos limitados que o planeta proporciona. Para melhor entendermos nossas oportunidades de vida, bem como as dos outros, devemos levar em conta a direção que as tendências populacionais estão tomando. A **demografia** – o estudo estatístico da dinâmica populacional – é a disciplina empenhada em estudar esses padrões. Ela trata de como as populações mudam ao longo do tempo, com especial atenção a seu crescimento, redução ou estabilidade. Também inclui a análise da composição dessas populações, em particular idade e sexo, principalmente na medida em que a composição de um grupo influencia a probabilidade de mudança populacional. Por exemplo, se a população é jovem, há mais potencial para as mulheres terem filhos, aumentando a possibilidade de crescimento populacional futuro.

Na análise que fazem, os demógrafos começam especificando a população a ser estudada. Eles podem selecionar uma cidade, um município, um estado, ou, na maioria das vezes, um país, embora possam escolher qualquer grupo com um limite de população especificado. A seguir, reúnem dados sobre esse grupo ao longo de algum período, em geral

demografia Estudo estatístico da dinâmica populacional.

fertilidade Número de crianças nascidas em determinado período.

por ano, para ver quantos novos membros entram e quantos membros existentes saem. Os recém-chegados vêm via nascimento e imigração, enquanto as partidas ocorrem por morte e emigração. Os demógrafos podem, então, usar seus resultados para mostrar como uma população muda de um momento para outro ou para comparar diferenças entre populações.

NASCIMENTO

Os nascimentos são o meio principal pelo qual uma população substitui seus membros de uma geração à seguinte. No entanto, a probabilidade de cada um de nossos nascimentos foi influenciada pela dinâmica populacional, para além dos desejos de nossos pais biológicos. A taxa em que as mulheres dão à luz varia de maneira significativa segundo tempo e lugar. Para melhor entenderem esses padrões – independentemente de estarmos estudando a Inglaterra da Idade Média, os Estados Unidos no final do século XIX ou o Afeganistão de hoje – os demógrafos analisam as tendências da **fertilidade**, ou seja, o número de crianças nascidas em determinado

Relógio da população mundial, 2012

	Nascimentos	Mortes	Aumento da população
Ano	134.475.195	56.224.687	78.250.507
Dia	367.419	153.619	213.799
Minuto	255	107	148

Fonte: U.S. Census Bureau, 2012d.

período. As duas principais medidas que eles usam para isso são a taxa bruta de natalidade e taxa de fertilidade total.

A **taxa bruta de natalidade** refere-se ao número de nascidos vivos por mil pessoas na população em determinado ano. É chamada de bruta porque fornece uma medida simples, sem levar em consideração outros fatores, permitindo comparações diretas entre populações. Nos Estados Unidos, por exemplo, a taxa bruta de natalidade caiu de 23,7 em 1960 para 15,7 em 1985 e 14 em 2010, o que sugere a possibilidade de diminuição da população no longo prazo. Compare isso com as taxas de 2010 em vários outros países, como o Níger, Afeganistão, com 43,6, o Brasil com 16, a China, com 12,1, e a Alemanha, com 8,3, e uma taxa global de 19,6 (World Bank, 2012i). Uma variável isolada, contudo, não é suficiente para se entender toda a gama de mudanças populacionais.

Um segundo indicador é a **taxa de fertilidade total** de uma população, que mede o número médio de filhos que uma mulher teria durante sua vida segundo as taxas de natalidade atuais e pressupondo-se que ela sobrevivesse durante seus anos férteis. Em alguns aspectos, esse indicador é mais fácil de entender porque podemos já estar familiarizados com a noção de que "a família média tem 2,5 filhos". Para oferecer uma contagem mais precisa, em vez de vincular o indicador a situações familiares específicas, sujeitas a mudança, essa referência o mede por mulher, independentemente da situação familiar. Esse sistema proporciona uma estatística universalmente mais comparável. Nos Estados Unidos, o número médio de filhos que uma mulher tinha durante a vida em 1965 era de 3,65. Em 1985, a taxa foi reduzida pela metade, indo a 1,84, antes de voltar a subir para 2,1 em 2010. Essa taxa varia muito de país para país, com o Níger tendo 7,1, o Afeganistão, 6,3, a Índia, 2,63, o Brasil, 1,9 e a Bósnia-Herzegovina, 1,15 em 2010 (World Bank, 2012j).

Para sustentar uma população ao longo do tempo – independentemente da entrada de imigrantes – a taxa de fertilidade total não deve cair abaixo de cerca de 2,1, conhecida como **taxa de fertilidade de reposição**. Ela é considerada o número mínimo de filhos que uma mulher deveria ter na vida, em média, para reproduzir a população na próxima geração. A razão para esse número é bastante simples. Como os homens não podem ter filhos, a mulher média deve ter pelo menos dois filhos para que ambos os pais sejam substituídos por duas pessoas na próxima geração. O número é aumentado um pouco porque nem todas as mulheres sobrevivem a seus anos férteis e porque a relação entre homens e mulheres não é exatamente 50/50. A taxa de fertilidade mundial total caiu de 4,91 em 1960 para 2,45 em 2010, sugerindo uma desaceleração na taxa de crescimento populacional geral e, se as tendências se mantiverem, a possibilidade de crescimento populacional zero ou mesmo declínio da população mundial em algum momento no futuro (World Bank, 2012j).

MORTE

Assim como as novas chegadas se dão por meio do nascimento, as partidas ocorrem pela morte. E, assim como acontece com o nascimento, os demógrafos usam uma medida de mortalidade simples para permitir comparações entre populações. A **taxa bruta de mortalidade** é uma medida do número de mortes por mil pessoas em uma população, em determinado ano. Nos Estados Unidos, a taxa bruta de mortalidade caiu de 9,5 em 1960 para 8 em 2010, em comparação com uma máxima de 16,7 em Guiné-Bissau e uma mínima de 1,3 nos Emirados Árabes Unidos (World Bank, 2012k). No Brasil, a taxa era de 6,0 em 2010. Em termos gerais, essa medida é mais difícil de interpretar porque é influenciada pela composição etária da população. Por exemplo, em uma sociedade na qual a população é, em média, mais velha, a taxa de mortalidade pode ser mais elevada, mesmo que as pessoas estejam vivendo mais. Devido a isso, os demógrafos com frequência recorrem a duas outras medidas: mortalidade infantil e expectativa de vida.

A **taxa de mortalidade infantil** de uma população mede o número de mortes de crianças com menos de 1 ano por mil nascidas vivas, por ano. É considerada um importante indicador do bem-estar geral de uma população por refletir a oferta de serviços de saúde, a oportunidade econômica e a desigualdade. O fato de os números variarem muito também sugere que ela possa funcionar para melhorar a probabilidade de que um bebê sobreviva à primeira infância. Em 1960, a taxa foi de 25,9 nos Estados Unidos, caindo para 10,7 em 1985 e para 6,5 em 2010, devido à melhoria da assistência pré-natal e a inovações médicas. A taxa mundial foi de 50 em 2010 sendo que a do Brasil foi de 15,0. Serra Leoa teve a máxima, de 113,7, seguida de perto por República Democrática do Congo (111,7), Somália (108,3) e República Centro-Africana (106). No outro extremo da esca-

> **taxa bruta de natalidade** Número de nascidos vivos por mil pessoas na população em determinado ano.
>
> **taxa de fertilidade total** Número médio de filhos que uma mulher teria durante sua vida segundo as taxas de natalidade atuais e pressupondo-se que ela sobrevivesse durante seus anos férteis.
>
> **taxa de fertilidade de reposição** Número mínimo de filhos que uma mulher deveria ter na vida, em média, para reproduzir a população na próxima geração.
>
> **taxa bruta de mortalidade** Número de mortes por mil pessoas na população em determinado ano.
>
> **taxa de mortalidade infantil** Número de mortes de crianças com menos de 1 ano por mil nascidas vivas, por ano.

Taxas de fertilidade total
Número médio de nascimentos por mulher*

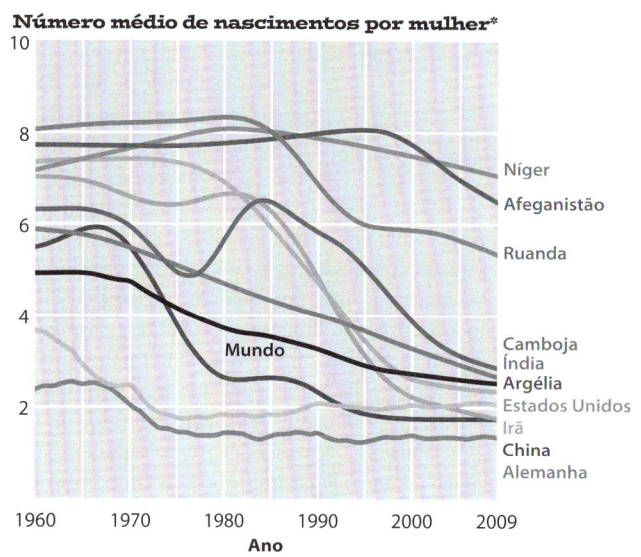

[Gráfico de linhas mostrando taxas de fertilidade de 1960 a 2009 para: Níger, Afeganistão, Ruanda, Mundo, Camboja, Índia, Argélia, Estados Unidos, Irã, China, Alemanha]

*Se a mulher sobrevive até o final da sua idade fértil
Fonte: Google, 2011a.

la, a Islândia teve a taxa mais baixa, de 1,6. Outros países com taxas inferiores a 2,5 foram Japão, Suécia e Singapura (World Bank, 2012h).

A estatística de mortalidade com a qual talvez tenhamos mais facilidade de nos identificar é a **expectativa de vida**, o número projetado de anos que uma pessoa pode esperar viver com base em seu ano de nascimento. Ela representa um lembrete, muitas vezes indesejado, de que fatores que estão fora de nosso controle individual influenciam nossas chances na vida. Por exemplo, um bebê nascido no Afeganistão em 2010 tem uma expectativa de vida média de 48,3 anos, mas um que tenha nascido no Japão, na mesma época, pode esperar viver até a idade de 82,9. A média global em 2010 foi de 69,6 anos, sendo que a expectativa de vida no Brasil foi de 73 anos. Mais uma vez, essas diferenças apontam para o fato sociológico de que o lugar importa. Isso também se aplica ao tempo. Nos Estados Unidos, a expectativa de vida aumentou de 69,8 em 1960 para 78,2 em 2010, devido a fatores como avanços nos cuidados de saúde, redução das taxas de tabagismo e aumento da prática de exercícios e manutenção da forma (World Bank, 2012l). À medida que a expectativa de vida aumenta, o tamanho da população costuma aumentar, pois o número de pessoas que partem em determinado ano diminui.

expectativa de vida Número projetado de anos que uma pessoa pode esperar viver com base em seu ano de nascimento.

MIGRAÇÃO

Além de nascimento e morte, chegadas e partidas também ocorrem por meio de **migração**, que é o movimento de pessoas de um grupo populacional a outro. A **imigração** ocorre quando alguém entra para um grupo populacional do qual não era membro anteriormente. A **emigração** ocorre quando um membro de uma população deixa aquele grupo. Em outras palavras, um imigrante é alguém que chega e um emigrante é alguém que parte.

Pode haver várias razões para se entrar ou sair de um grupo populacional. Às vezes, um imigrante se junta a um novo grupo por causa das oportunidades que ele oferece, como novas oportunidades de trabalho, conexões com as famílias, liberdade de expressão religiosa ou outros fatores que tornem a migração atraente. Essas influências são conhecidas como fatores de *atração*, pois servem como uma espécie de ímã, atraindo o imigrante para o novo local. Outras vezes, as pessoas deixam locais porque procuram fugir de características desagradáveis em seu país de origem, incluindo violência, opressão e falta de emprego. Estes são conhecidos como fatores de *pressão*, pois incentivam o emigrante a ir embora.

migração Movimento de pessoas de um grupo populacional a outro.
imigração Quando alguém entra para um grupo populacional do qual não era membro anteriormente.
emigração Quando um membro de uma população deixa aquele grupo.

> **PENSAMENTO** SOCIOLÓGICO
> Quais os fatores que podem ter influenciado pessoas de sua família a migrar (seja recentemente ou gerações atrás)? Que papéis cumpriram a atração e a pressão?

Como vimos no Capítulo 13, a imigração é um fenômeno global. De 1950 a 2010, 92 milhões de pessoas partiram do que a Organização das Nações Unidas (ONU) classifica como regiões menos desenvolvidas, incluindo vários países da Ásia, da América Latina e do Caribe, e da África, e migraram para regiões mais desenvolvidas (ver gráfico Migração global, 1950-2010). A nação que teve o maior número líquido de partidas durante esse período foi o México, com 13,8 milhões, seguido de Bangladesh, com 12,1 milhões, e da China, com 8,9 milhões. Se controlarmos o efeito do tamanho da população, os países que tiveram as menores taxas de migração líquida de 2005 a 2010, ou seja, tiveram maior probabilidade de perder pessoas, foram Samoa, Zimbábue e El Salvador, ao passo que as maiores taxas de recepção foram de Catar, Emirados Árabes Unidos e Bahrain. Os Estados Unidos foram o destino mais comum, que recebeu o maior número líquido de migrantes de 1950 a 2010, com 43,4 milhões (United Nations, 2011a, 2011b).

Nos Estados Unidos, 12,5% da população nasceram em outros países, dos quais metade veio da América Latina, e mais de um quarto, da Ásia (ver gráfico População dos Estados Unidos nascida em outros países). Como indicado no Capítulo 13, o México lidera como país de origem, sendo responsável por cerca de 30%, seguido pela China, com 5,2%, pelas Filipinas, com 4,5%, e pela Índia, com 4,3%.

A Califórnia é o destino mais comum para esses imigrantes, com 26% da população nascidos no exterior. Os estados de Nova York, Texas e Flórida também são destinos comuns, cada um respondendo por cerca de 10% da população nascida em outros países (Greico e Trevelyan, 2010).

Os imigrantes nos Estados Unidos são classificados em quatro categorias principais pelo Department of Homeland Security (2011). Residentes legais permanentes são aqueles a

Expectativa de vida
Número médio de anos que se espera que um recém-nascido viva*

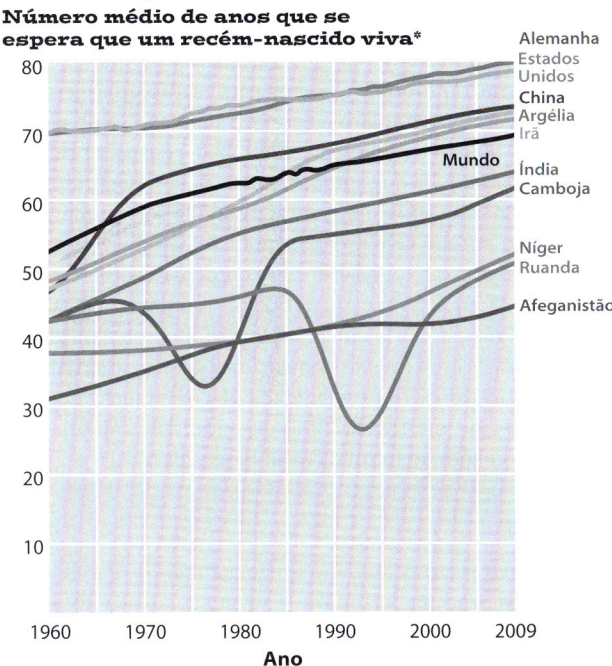

*Se os padrões atuais de mortalidade se mantêm os mesmos.
Fonte: Google, 2011b.

Migração global, 1950-2010

Fonte: United Nations, 2011a.

quem foi concedida residência permanente nos Estados Unidos segundo a lei, às vezes descritos como tendo recebido o "Green Card". Eles podem trabalhar legalmente, frequentar faculdades ou escolas públicas e até mesmo entrar para as forças armadas.

Em 2010, havia um milhão de pessoas nessas condições, dois terços dos quais eram imigrantes patrocinados pela família, ou seja, parentes diretos de cidadãos norte-americanos (Monger e Yankay, 2011). A naturalização, a segunda categoria, inclui cidadãos estrangeiros que se tornam cidadãos dos Estados Unidos. Em 2010, houve 620 mil novos cidadãos naturalizados, 41% dos quais vieram da Ásia (Lee, 2011). A terceira categoria é composta por aqueles a quem foi concedido refúgio formal nos Estados Unidos devido a perseguição, ou a sua ameaça iminente, no país de origem. Em 2010, cerca de 73 mil pessoas que vivem fora do país receberam o *status* de refugiadas, possibilitando sua admissão nos Estados Unidos, e outras 21 mil que já estavam no país receberam o *status* de asiladas. Os três principais países de onde vieram os refugiados foram Iraque, Birmânia e Butão. China, Etiópia e Haiti foram as principais fontes de asilados (Martin, 2011). A última categoria é a dos imigrantes que não têm *status* legal para permanecer no país, mas estão vivendo nos Estados Unidos. Em 2010, 387 mil pessoas foram retiradas do país por ordem judicial, das quais cerca de metade tinha sido condenada por algum crime e outras 476 mil foram simplesmente devolvidas a seu país de origem sem ordem judicial, muitas vezes sendo apreendidas por agentes da patrulha de fronteira (Homeland Security, 2011).

Combinando dados sobre nascimentos, mortes e migração, é possível criar um indicador único que ofereça uma imagem mais completa da dinâmica populacional. Uma dessas medidas é a **taxa de crescimento**, que representa a mudança percentual global de determinada população por ano. É importante considerar essa taxa global em conjunto com as outras medidas, pois as dinâmicas populacionais internas podem variar em determinado momento. Por exemplo, as taxas de natalidade e de mortalidade podem tanto aumentar quanto diminuir ao longo de determinado período, ou uma pode subir enquanto a outra cai, e as taxas de migração podem variar de forma semelhante. A medida da taxa de crescimento fornece uma fotografia para se saber se a população como um todo está crescendo ou diminuindo.

Em termos globais, a população do mundo aumenta a cada ano, pois a taxa global de natalidade excede a taxa global de mortalidade. De 2005 a 2010, a população mundial cresceu em média 1,16% ao ano. Essa taxa representa um declínio em relação ao aumento anual de 2,07% durante a década de 1960, mas ainda é bem mais elevada do que a taxa anual projetada de 0,06% até o ano de 2100. Em outras palavras, mesmo que a população continue a crescer em vários bilhões ao longo das próximas décadas, as projeções apontam para uma diminuição substancial da taxa global de crescimento populacional (United Nations, 2011c). Essa previsão de nivelamento da população total após sucessivas gerações de crescimento é coerente com o modelo populacional conhecido como transição demográfica.

TRANSIÇÃO DEMOGRÁFICA

A característica mais definidora da dinâmica populacional nos últimos 100 anos ou mais é seu crescimento explosivo. Durante a maior parte da história humana, os níveis populacionais globais ficaram relativamente estáveis. Há dois mil anos, a população total do mundo era de cerca de 300 milhões de pessoas. Levou 1.500 anos para se atingir a marca de 500 milhões e mais 300 anos para se superar um bilhão, em 1804. Naquele momento, o crescimento populacional começou a acelerar rapidamente (ver gráfico Crescimento da população mundial). De 1927 a 2012, a população cresceu de dois para sete bilhões e deve superar a marca de 10 bilhões em 2083 (United Nations, 1999, 2011d).

> **taxa de crescimento** Mudança percentual global de determinada população por ano.

Talvez a tentativa mais conhecida para se entender a explosão populacional tenha sido apresentada há muito tempo pelo economista inglês Thomas Malthus (1766-1834). Em 1798, ele publicou a primeira edição de seu livro *Ensaio sobre o princípio da população*, no qual argumentava que há limites naturais para o número de pessoas que o meio ambiente pode suportar. Ele afirmou que, apesar de a produção total de alimentos crescer para atender a uma população crescente, ela o faz a uma taxa aritmética (1→2→3→4→5). O problema é que a população cresce a uma taxa geométrica (1→2→4→8→16). Com o tempo, a população vai crescer tão rápido que não haverá terra para fornecer comida suficiente a todos. As crises serão inevitáveis, incluindo pobreza, fome, doença e guerra, e as pessoas morrerão como resultado disso, reduzindo o tamanho da população a um nível mais sustentável. Para Malthus, a história é uma luta interminável por recursos, na qual as pessoas tentam escapar da escassez, uma batalha que aqueles que controlam os recursos têm maior probabilidade de vencer. Como resultado, o fardo dessa miséria cai mais pesadamente sobre os pobres. Embora ele tenha argumentado que as pessoas podem e devem exercer contenção moral para frear o crescimento populacional, postergando o casamento e praticando o celibato, em última análise, a ênfase de Malthus estava no controle populacional por meio de maiores taxas de mortalidade que resultam de crises relacionadas a recursos (Malthus, 1878).

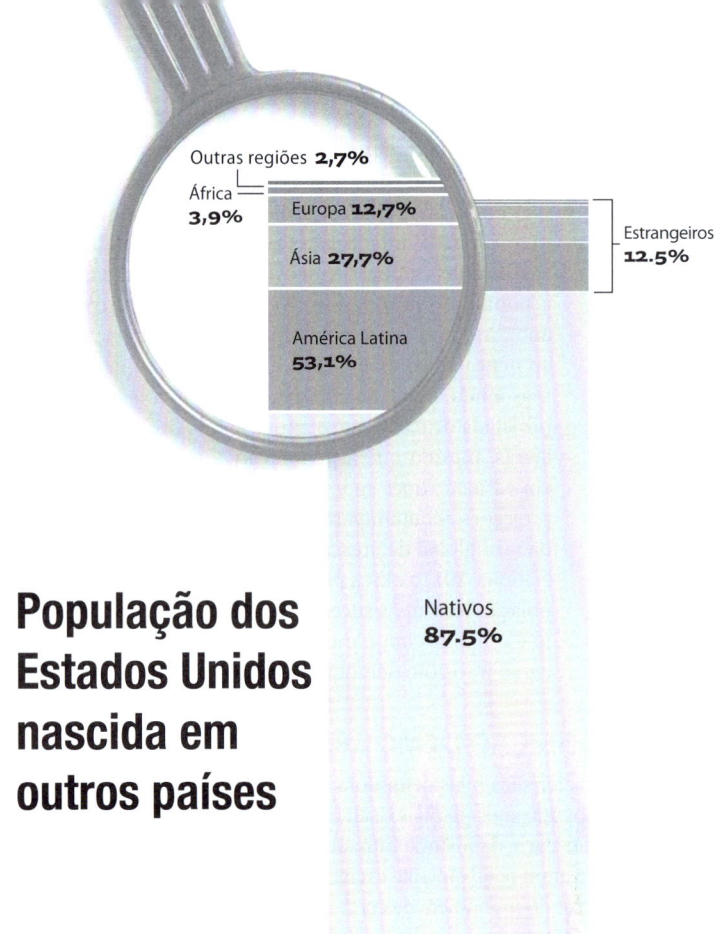

População dos Estados Unidos nascida em outros países

- Outras regiões: **2,7%**
- África: **3,9%**
- Europa: **12,7%**
- Ásia: **27,7%**
- América Latina: **53,1%**

Estrangeiros: **12.5%**
Nativos: **87.5%**

Fonte: Grieco e Trevelyan, 2010.

Um modelo alternativo, e um pouco menos sombrio, de mudança populacional é conhecido como **transição demográfica**. De acordo com ele, à medida que as sociedades se transformam de pré-industriais em pós-industriais, o tamanho de suas populações que era pequeno, mas estável, com elevadas taxas de natalidade e mortalidade, passando por um período de crescimento significativo da população, torna-se grande, mas estável, quando as taxas de natalidade e mortalidade são ambas baixas (Notestein, 1945; Thompson, 1929, 1948). Ao contrário de Malthus, os teóricos nesse caso não consideram as taxas de mortalidade aumentadas por doenças e guerras como controles inevitáveis sobre o crescimento populacional. Em vez disso, argumentam que ocorre um declínio natural da fecundidade devido a mudanças tecnológicas, sociais e econômicas. Em termos básicos,

transição demográfica À medida que as sociedades se transformam de pré-industriais em pós-industriais, o tamanho de suas populações que era pequeno, mas estável, com elevadas taxas de natalidade e mortalidade, passando por um período de crescimento significativo da população, torna-se grande, mas estável, quando as taxas de natalidade e mortalidade são ambas baixas.

descrevem como praticamente inevitável a transição de uma população com famílias grandes, mas vidas curtas, a uma com famílias pequenas e vidas longas (Bongaarts, 2009; Kirk, 1996; Myrskylä et al., 2009). Essa transição tem quatro fases básicas.

Fase 1: Sociedade pré-industrial Esta é a fase em que os seres humanos estiveram durante a maior parte de sua história. Como fica claro no gráfico a seguir, o tamanho da população mundial manteve-se estável por muito tempo. Em termos de fatores demográficos, os países que estão nessa fase são caracterizados por taxas de fertilidade e de mortalidade altas. Suas economias são essencialmente agrícolas, e mais crianças significam mais trabalhadores para produzir o alimento necessário para a sobrevivência. Como as taxas de mortalidade de crianças e bebês são elevadas nessa fase, ter mais filhos garante que alguns cheguem à vida adulta. A expectativa de vida nesses países tende a ser curta. Para apresentar uma representação visual desta distribuição, os demógrafos usam pirâmides populacionais para mostrar a relação entre a população por faixas etárias (em geral em incrementos de cinco

Crescimento da população mundial

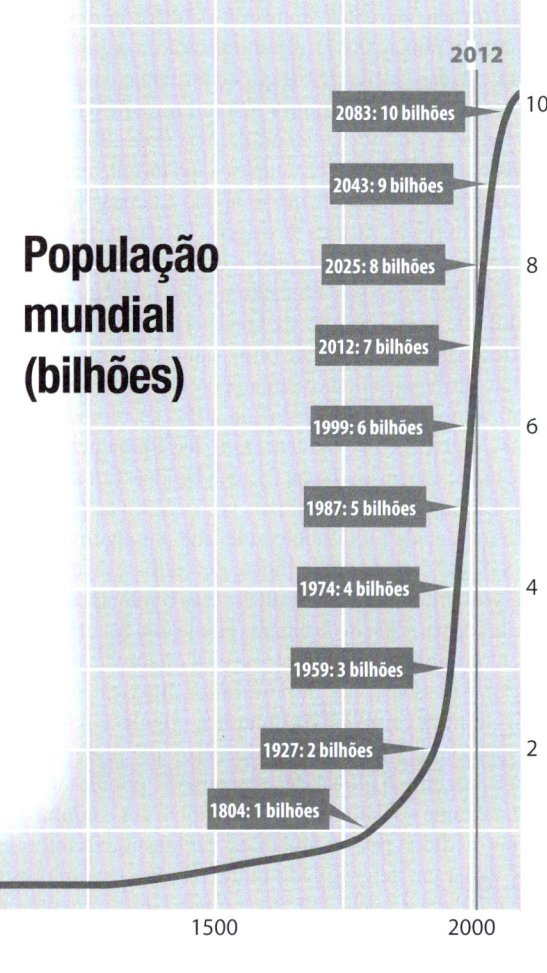

População mundial (bilhões) — 2012

- 1804: 1 bilhões
- 1927: 2 bilhões
- 1959: 3 bilhões
- 1974: 4 bilhões
- 1987: 5 bilhões
- 1999: 6 bilhões
- 2012: 7 bilhões
- 2025: 8 bilhões
- 2043: 9 bilhões
- 2083: 10 bilhões

Fonte: United Nations, 1999, 2011d.

anos) e sexo. Como demonstra o gráfico sobre o Afeganistão nesta página, as pirâmides referentes a países nessa fase tendem a ter uma base larga, indicando um grande percentual de crianças na população, e estreitar rapidamente no topo, mostrando a porcentagem relativamente pequena de idosos.

Fase 2: Sociedade industrial inicial Nessa fase, as taxas de mortalidade diminuem, enquanto as taxas de natalidade permanecem elevadas. Mais bebês sobrevivem à primeira infância e outras crianças chegam à vida adulta. Como há mais adultos jovens e a taxa de natalidade permanece elevada, nascem ainda mais bebês. Além disso, a expectativa geral de vida aumenta, e o resultado é uma explosão demográfica. Isso ocorre como consequência de inovações que acontecem na sociedade. Avanços na tecnologia levam a aumento da oferta de alimentos, água mais limpa, melhorias no saneamento básico e uma melhor assistência médica. Avanços na tecnologia e nas técnicas agrícolas, como a rotação de cultivos, são particularmente importantes. Em termos de pirâmide populacional, a base amplia-se à medida que o número total de crianças cresce, e o topo expande-se e fica mais alto, pois mais pessoas vivem mais tempo. Historicamente, países que entraram nessa fase no início da Revolução Industrial, como os Estados Unidos ou a Alemanha, tiveram crescimento populacional mais lento durante essa fase do que países de desenvolvimento mais recente. Obter acesso aos avanços existentes na tecnologia de saúde muitas vezes tem um papel fundamental para os países em desenvolvimento, já que pode diminuir drasticamente as taxas de mortalidade (Bongaarts, 2010).

Fase 3: Sociedade industrial tardia Com o tempo, as taxas de fertilidade também começam a cair. As pessoas começam a perceber que, com as taxas de mortalidade em queda, já não é necessário ter muitos filhos para garantir que alguns sobrevivam até a idade adulta. Além disso, quando a economia se afasta da agricultura, as crianças não são mais necessárias como trabalhadores, para ajudar na produção de alimentos. Na verdade, principalmente com a criação das leis de trabalho infantil, as crianças podem se tornar um membro passivo em vez de um ativo. Elas já não são principalmente produtores que contribuem, tornando-se, em vez disso, consumidores cujas necessidades devem ser atendidas. Avanços na tecnologia de contracepção facilitam essa opção de ter menos filhos. Um dos efeitos da queda nas taxas de fertilidade é o aumento das oportunidades para as mulheres. Como passam menos tempo tendo filhos, elas estão livres para desempenhar papéis mais importantes nas esferas públicas da política e da economia. Como a população adulta é relativamente jovem, sem um número muito grande de crianças ou idosos para sustentar, a economia costuma se desenvolver, criando o que às vezes é chamado de dividendo demográfico (Bongaarts, 2010).

Fase 4: Sociedade pós-industrial Com o tempo, a transição demográfica completa-se e o tamanho da população estabiliza-se mais uma vez. Isso ocorre porque as taxas de natalidade e de mortalidade atingem níveis baixos. Em termos globais, isso leva muito tempo, mas, dentro de um país, esse tempo pode variar: mais tempo em países em início de industrialização, mas menos tempo em países de desenvolvimento mais recente. As taxas totais de fertilidade atingiram os níveis de reposição na Europa e na América do Norte em 1980, e se prevê que isso aconteça na Ásia e na América Latina em 2020 (Bongaarts, 2009). Como resultado dessas mudanças, a pirâmide populacional desenvolve lados que são mais verticais, antes de convergir ao pico (ver Pirâmide populacional global, na página 356). De acordo com essa teoria, à medida que essas tendências se espalham, é apenas uma questão de tempo, talvez até o final deste século, até chegarmos a um pico populacional global e à estabilidade (Scherbov, Lutz e Sanderson, 2011).

Alguns demógrafos têm sugerido que o modelo de transição demográfica precisa ser ampliado para incluir outras fases que descrevam de maneira adequada as tendências demográficas recentes. Em uma possível fase 5, as taxas de fertilidade continuariam caindo abaixo dos níveis de reposição, contribuindo para o declínio populacional. Isso já ocorreu em vários países, incluindo Alemanha e China (Bloom et al., 2010; Hvistendahl, 2010; Myrskylä, Kohler e Billari, 2009). Nesses casos, à medida que o número de pessoas que se aposentam aumenta em relação à população em idade de trabalhar, surgem questões sobre como atender às necessidades de uma população que envelhece. Alguns países, como o Japão, começaram a tomar medidas para aumentar a

Pirâmide populacional do Afeganistão, 2010

> **Você sabia?**
>
> As autoridades chinesas instituíram uma política de filho único em 1979, e afirmam que ela reduziu a população atual em 400 milhões. Os demógrafos contra-argumentam que as taxas de fertilidade totais teriam caído muito, mesmo sem essa política, como caíram em outros países.

Pirâmide populacional global

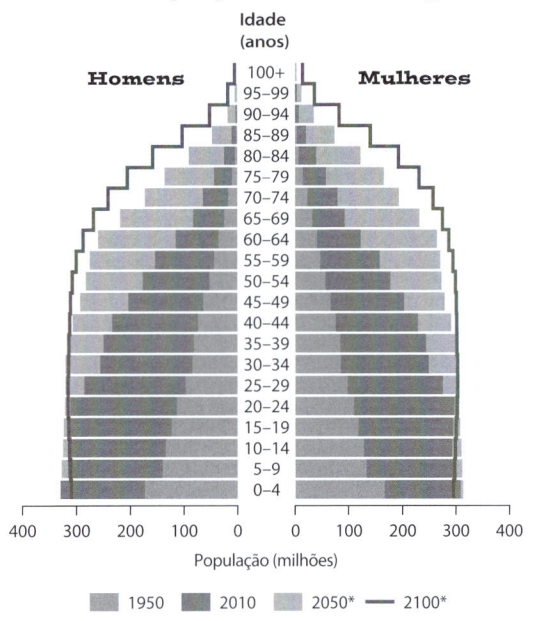

Gráfico: pirâmide etária por sexo (Homens/Mulheres), faixas de 0-4 a 100+ anos, população em milhões (0 a 400), comparando 1950, 2010, 2050* e 2100*.

* Os números relativos a 2050 e 2100 são projeções com base em taxas de nascimento existentes e em tendências da taxa de morte.
Fonte: United Nations, 2011f.

fertilidade estabelecendo programas, como ampliação da licença maternidade remunerada e creches subsidiadas, que incentivem as pessoas a ter mais filhos (Suzuki, 2009).

Nos últimos anos, alguns desses países com taxas de natalidade abaixo do nível de reposição têm experimentado uma recuperação da fertilidade – uma possível fase 6 do modelo de transição demográfica.

Os demógrafos sugerem que isso tem maior probabilidade de ocorrer em países com as maiores pontuações no Índice de Desenvolvimento Humano da ONU (IDH). Como vimos no Capítulo 11, esse índice varia de 0 a 1 e tem como base três dimensões relacionadas à sociedade: saúde, educação e renda. Os países com um IDH superior a 0,86, como os Estados Unidos e a Noruega, têm maior probabilidade de experimentar essa retomada (Myrskylä et al., 2009). Pais e mães nesses países podem se preocupar menos com os recursos individuais e coletivos suficientes para suprir as necessidades de seus filhos.

Estudar a dinâmica populacional é importante porque o mundo em que nascemos não foi escolhido por nós, mas influencia nossas oportunidades na vida. Quando nascemos, o tempo em que vivemos e nossa probabilidade de migração

A anorexia não é uma doença nova, embora seja discutida muito mais abertamente hoje. Victoria Beckham é uma das várias celebridades que falaram publicamente sobre a luta contra um transtorno alimentar.

fazem parte de tendências sociais mais amplas. Compreender a natureza e a direção desses padrões pode nos capacitar para criar novos caminhos, na esperança de um futuro melhor. Essa inovação informada tem contribuído para avanços em saúde, educação e proteção ambiental, melhorando substancialmente as chances de vida de pessoas em todo o mundo.

> **PENSAMENTO** SOCIOLÓGICO
> Que fatores você acha que podem explicar a retomada da fertilidade em países com IDH elevado?

>>Perspectivas sociológicas sobre saúde e doença

Para entendermos a saúde, não podemos ter como foco apenas a biologia. Devemos considerar relações e contextos, bem como a importância e o impacto da cultura e da sociedade. Se somos considerados "saudáveis" ou "doentes" não é algo que decidimos sozinhos. Família, amigos, colegas de trabalho, médicos e outros, todos influenciam a forma como percebemos o estado de nossa saúde. Uma compreensão sociológica deve levar em conta a forma como a sociedade define saúde e doença, quais são as consequências dessas definições e como a posição social e o acesso a recursos influenciam a saúde.

CULTURA, SOCIEDADE E SAÚDE

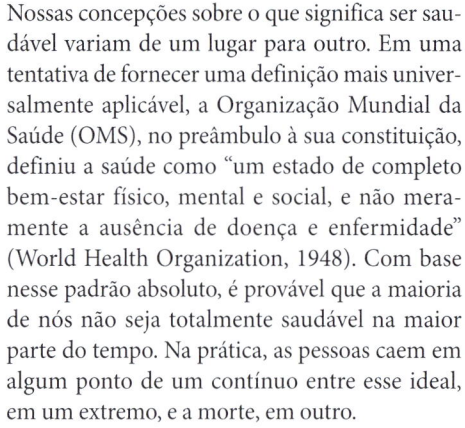

Nossas concepções sobre o que significa ser saudável variam de um lugar para outro. Em uma tentativa de fornecer uma definição mais universalmente aplicável, a Organização Mundial da Saúde (OMS), no preâmbulo à sua constituição, definiu a saúde como "um estado de completo bem-estar físico, mental e social, e não meramente a ausência de doença e enfermidade" (World Health Organization, 1948). Com base nesse padrão absoluto, é provável que a maioria de nós não seja totalmente saudável na maior parte do tempo. Na prática, as pessoas caem em algum ponto de um contínuo entre esse ideal, em um extremo, e a morte, em outro.

O lugar onde vivemos influencia o ponto onde podemos nos encontrar nesse contínuo. Por exemplo, o cuidado que recebemos e os riscos que enfrentamos variam se vivemos na cidade grande ou no interior. Nas áreas rurais, as pessoas podem ter de viajar muitos quilômetros para consultar um médico ou especialista. E, nas grandes cidades, os moradores urbanos lidam com estresses, ameaças e riscos ambientais que são diferentes dos enfrentados por quem vive no interior. Outra variável é a das atitudes culturais em relação a tratamentos de saúde. Por exemplo, no Japão, os transplantes de órgãos são raros. Os japoneses não costumam favorecer a coleta de órgãos de doadores

Você sabia?

De acordo com a *PLUS Model Magazine*, os modelos GG de 10 anos atrás eram os tamanhos 44 a 50; hoje, vão de 38 a 46. A mediana para as mulheres nos Estados Unidos é o tamanho 46.
Fonte: Jones, 2012.

com morte cerebral. Como resultado, renunciam às vantagens que esses transplantes proporcionam.

Pesquisadores demonstraram que as doenças também estão enraizadas nos sentidos compartilhados de determinadas culturas. A expressão **síndrome cultural** descreve uma doença ou enfermidade que não pode ser entendida fora de um contexto social específico. Isso significa que há algo de especial nessa cultura – a forma como está organizada, no que acredita, o que se espera de seus membros – que contribui para aquela doença (Buckle et al., 2007; Nicolas et al., 2006; U.S. Surgeon General, 1999).

Nas últimas décadas, uma síndrome cultural conhecida como anorexia nervosa tem recebido cada vez mais atenção. Descrita pela primeira vez na Inglaterra, na década de 1860, a condição é caracterizada por um medo intenso de se tornar obeso e uma imagem distorcida do próprio corpo. Quem sofre de anorexia nervosa (em especial mulheres adolescentes ou entre 20 e 30 anos) perde peso drasticamente por meio de semi-inanição autoinduzida. A anorexia nervosa é mais bem entendida no contexto da cultura ocidental, que normalmente considera saudável e bonito o indivíduo magro e jovial, enquanto a pessoa gorda é considerada feia e sem autodisciplina.

Durante a maior parte do século XX, pesquisadores norte-americanos só lidaram com o conceito de síndromes culturais em estudos transculturais. No entanto, os recentes aumentos na imigração, principalmente após a Lei de Imigração e Nacionalidade de 1965 dos Estados Unidos abrir as portas para mais imigrantes, em conjunto com os esforços da comunidade médica para chegar a comunidades de imigrantes, têm levado a um reconhecimento tardio de que nem todo mundo vê a medicina da mesma maneira. Os profissionais de saúde já estão recebendo formação para reconhecer as crenças culturais que estão relacionadas à medicina. Por exemplo, pessoas da América Central podem considerar a dor como consequência do desequilíbrio da natureza, e as mulheres muçulmanas são particularmente preocupadas com a modéstia pessoal. Os profissionais de saúde estão cada vez mais incorporando esse conhecimento a suas práticas.

DOENÇA E ORDEM SOCIAL

A doença representa uma ameaça à ordem social. Muitas pessoas doentes ao mesmo tempo representam um problema não só para elas próprias, mas também reduzem nossa capacidade coletiva de realizar tarefas necessárias para o funcionamento da sociedade. Isso pode resultar em debates sobre o que é estar "mal o suficiente" para ser considerado verdadeiramente doente. Em que ponto, por exemplo, deixamos de ir à escola ou ao trabalho por motivo de doença, e quem decide? Todos provavelmente já enfrentamos esse dilema, às vezes nos arrastando para fora da cama e indo de qualquer maneira, porque consideramos que precisávamos estar lá, seja por nós mesmos ou pelos outros.

Ao cruzarem a linha à enfermidade, as pessoas assumem o que os sociólogos chamam de **papel de doente**, uma expressão que se refere às expectativas da sociedade em relação às atitudes e ao comportamento de uma pessoa rotulada como doente (Parsons, 1951, 1975). Membros aptos da sociedade isentam os enfermos de típicas responsabilidades cotidianas e em geral não os culpam pela própria condição. No entanto, os membros doentes da sociedade têm obrigação de tentar se recuperar, o que inclui a procura de cuidados profissionais competentes. Essa obrigação decorre do sentido de responsabilidade que temos para com o cumprimento de nossos papéis normais na sociedade como estudantes, trabalhadores, pais e mães ou outros. Também é motivada pela realidade de que podemos muito bem enfrentar sanções dos outros por não retornarmos rapidamente a essas funções normais. Na verdade, principalmente no contexto de ambientes de trabalho competitivos, muitas vezes menosprezamos aqueles que parecem ficar doente com muita facilidade ou frequência, suspeitando que sejam preguiçosos ou fra-

> **síndrome cultural** Doença ou mal que não pode ser entendido fora de um contexto social específico.
>
> **papel de doente** Expectativas da sociedade em relação às atitudes e ao comportamento de uma pessoa rotulada como doente.

cos. Essas atitudes apresentam dificuldades importantes para aqueles que enfrentam problemas crônicos de saúde.

> **PENSAMENTO** SOCIOLÓGICO
> Quais os fatores que influenciam sua probabilidade de fazer tudo o que puder para evitar "estar doente"? Como o poder que os outros têm sobre você pode influenciar suas ações? Que posições eles ocupam em relação a você?

Médicos e enfermeiros têm o poder de rotular as pessoas como saudáveis ou doentes, funcionando, portanto, como guardiões do papel de doente. Por exemplo, os professores muitas vezes exigem que os alunos obtenham um atestado de um profissional de saúde para confirmar a alegação de doença como desculpa legítima para deixar de fazer um trabalho ou uma prova. A pessoa doente torna-se dependente do médico ou do enfermeiro, pois médicos e enfermeiros controlam os recursos de que os pacientes precisam, seja um atestado para um professor ou uma receita de medicamento. Contamos com esses profissionais para resolver nossas necessidades de tratamento de saúde, confiando que eles têm conhecimento e experiência suficientes para diagnosticar e tratar nossos problemas.

Fatores como gênero, idade, classe social e grupo étnico influenciam a avaliação dos pacientes sobre seu próprio estado de saúde. Os mais jovens podem não conseguir detectar os sinais de alerta de uma doença perigosa, e os idosos podem se concentrar demais no mínimo mal estar. Pessoas empregadas têm menos disposição de assumir o papel de doente por medo de consequências que possam enfrentar no trabalho. Da mesma forma, desde muito jovens, os atletas aprendem a definir certos problemas de saúde como "lesões esportivas" e, por isso, não se consideram "doentes" quando sofrem desses problemas.

PODER, RECURSOS E SAÚDE

A fé que temos nos médicos para curar o que nos aflige os ajudou a adquirir altos níveis de prestígio e poder. O sociólogo Eliot Freidson (1970:5) comparou o *status* da medicina hoje ao de religiões de Estado no passado – ela tem um monopólio aprovado oficialmente sobre o direito de definir a saúde e tratar a enfermidade. Os teóricos usam a expressão "medicalização da sociedade" para se referirem ao papel crescente da medicina como uma grande instituição de controle social (Conrad, 2007; Zola, 1972, 1983).

A medicalização da sociedade O controle social envolve técnicas e estratégias para regular o comportamento a fim de fazer cumprir as normas e os valores específicos de uma cultura. Como a medicina manifesta seu controle social? Em primeiro lugar, ela tem ampliado em muito seu domínio de conhecimento nas últimas décadas. Hoje, os médicos examinam uma ampla gama de questões, além da saúde básica, entre elas a sexualidade, o envelhecimento, a ansiedade, a obesidade, o desenvolvimento infantil, o alcoolismo e a dependência de drogas. Toleramos essa ampliação dos limites da medicina porque esperamos que esses especialistas possam oferecer curas reais e eficazes para problemas humanos complexos, como fizeram com várias doenças infecciosas.

Sociologia pessoal

Os afortunados da saúde

Enquanto trabalhava nas revisões para este capítulo, minha retina descolou e eu fiquei cego de um olho. Felizmente, tive acesso a especialistas, principalmente meu especialista em retina, o Dr. Heilskov, os quais me proporcionaram o melhor atendimento e as melhores orientações possíveis. Três operações depois, minha visão foi restaurada em grande parte. E (de novo), felizmente, tinha um plano de saúde para ajudar a pagar as despesas médicas, que foram consideráveis. Se estivesse na posição da maioria da população do mundo – sem acesso a esse atendimento e essa cobertura – teria ficado cego daquele olho para sempre. Para mim, essa provação confirmou uma das lições mais básicas da sociologia: nossas oportunidades de vida são influenciadas pelas posições sociais que ocupamos.

A importância social dessa medicalização em expansão é que, uma vez que um problema é visto dentro de um modelo médico – quando os especialistas médicos se tornam influentes na proposição e na avaliação das políticas públicas relacionadas a ele –, fica mais difícil para as pessoas comuns participarem da discussão e exercerem influência sobre as decisões. Também fica mais difícil ver essas questões como algo influenciado por fatores sociais, culturais ou psicológicos em vez de simplesmente por fatores físicos ou médicos (Caplan, 1989; Davis, 2006; Starr, 1982).

Uma segunda maneira em que a medicina serve como agente do controle social é mantendo a jurisdição absoluta sobre muitos procedimentos de saúde. A indústria médica inclusive tem tentado proteger sua jurisdição, situando profissionais de saúde como quiropráticos e enfermeiras obstetras fora do domínio da medicina aceitável. Apesar de terem sido as primeiras a trazer profissionalismo ao parto, as parteiras foram retratadas pelos médicos como tendo invadido o campo "legítimo" da obstetrícia, tanto nos Estados Unidos quanto no México. As enfermeiras obstetras têm procurado obter licenciamento como uma forma de conquistar respeitabilidade profissional, mas os médicos continuam a exercer poder para assegurar que a atividade delas continue a ser uma profissão subordinada (Scharnberg, 2007).

Desigualdades em cuidados de saúde Outra preocupação séria em relação a poder e recursos no contexto da medicina contemporânea envolve as injustiças gritantes que existem na área da saúde. Em todo o mundo, as regiões mais pobres tendem a ser carentes de atendimento porque os serviços médicos se concentram onde está a riqueza. Os Estados Unidos, por exemplo, têm 24,2 médicos por 10.000 pessoas, ao passo que a média dos países africanos é de 2,2 por 10.000 (World Health Organization, 2012).

A oferta de serviços de saúde nos países mais pobres é reduzida ainda mais pelo que é conhecido como **fuga de cérebros** – a imigração, aos Estados Unidos e a outros países industrializados, de trabalhadores, profissionais e técnicos qualificados que são necessários em seus países de origem.

Como parte dessa fuga de cérebros, os médicos, enfermeiros e outros profissionais de saúde têm ido aos Estados Unidos de países em desenvolvimento, como Índia, Paquistão e vários países africanos. Sua emigração representa mais uma maneira pela qual os principais países industrializados do mundo melhoram sua qualidade de vida à custa dos países em desenvolvimento (List, 2009).

Essas desigualdades nos serviços de saúde têm claras consequências de vida ou morte. Por exemplo, como vimos anteriormente, existem diferenças profundas nas taxas de mortalidade infantil entre os países em desenvolvimento, como Afeganistão, Serra Leoa e Paquistão, e os países industrializados, como Islândia, Japão e Austrália. Essas diferenças na mortalidade infantil refletem a distribuição desigual de recursos da saúde com base na riqueza ou na pobreza de várias nações, como visto, por exemplo, em termos de nutrição pré-natal, procedimentos de parto e medidas de triagem infantil. Surpreendentemente, apesar da riqueza nacional e dos enormes valores gastos com serviços de saúde nos Estados Unidos, mais de 40 países têm taxas de mortalidade infantil mais baixas, incluindo Canadá, Cuba e Reino Unido. Outra maneira em que os países em desenvolvimento sofrem as consequências da desigualdade nos serviços de saúde está na expectativa de vida reduzida. A média dos países da África Subsaariana é de 54 anos, contra 80 anos de países da União Europeia. Em comparação, nos Estados Unidos, ela é de cerca de 79 anos, e no Brasil, de 74 anos (World Bank, 2012h; 2012l).

Rotulagem e poder Às vezes, o poder de rotular e o poder de oprimir andam de mãos dadas. Um exemplo histórico pode ilustrar o extremo máximo de rotular o comportamento social como doença. À medida que a escravização de africanos nos Estados Unidos era cada vez mais atacada no século XX, as autoridades médicas ofereciam novas racionalizações para a prática opressiva. Médicos notáveis publicaram artigos afirmando que a cor da pele dos africanos desviava da coloração branca "saudável" porque os africanos sofriam de hanseníase congênita. Além disso, os médicos classificaram os esforços contínuos de africanos escravizados para escapar de seus senhores brancos como um exemplo da "doença" da drapetomania (ou "fugitivos loucos"). Em 1851, a prestigiosa publicação *New Orleans Medical and Surgical Journal* sugeriu que o remédio para essa "doença" era tratar escravos com suavidade, como se tratam as crianças. Aparentemente, essas autoridades médicas não cogitavam a ideia de que era saudável e sadio fugir da escravidão ou participar de uma revolta de escravos (Szasz, 1971).

Globalmente, o poder de um rótulo em especial – "HIV positivo" – ficou bastante evidente. Esse rótulo funciona com frequência como um *status* dominante que ofusca todos os outros aspectos da vida de uma pessoa. Uma vez que alguém é informado de que seu teste para o vírus da imunodeficiência humana (*human immunodeficiency virus*, HIV), o vírus associado à aids, deu positivo, a pessoa é forçada a enfrentar questões imediatas e difíceis: Devo contar a meus parentes? A meus parceiros sexuais? A meus amigos? A meus colegas de trabalho? A meu patrão? Como essas pessoas vão reagir? O medo intenso da doença tem levado a preconceito e discriminação – e mesmo ao ostracismo social – contra aqueles que têm (ou se suspeita que tenham) aids. Uma pessoa que tem aids precisa lidar não apenas com as graves consequências médicas da doença, mas também com as consequências sociais angustiantes associadas ao rótulo.

> **fuga de cérebros** Imigração, aos Estados Unidos e a outros países industrializados, de trabalhadores, profissionais e técnicos qualificados que são necessários em seus países de origem.

A aids pegou de surpresa grandes instituições sociais – principalmente o governo, o sistema de saúde e a economia – quando foi observada pela primeira vez por médicos na década de 1970. Desde então, espalhou-se pelo mundo, com os primeiros casos relatados nos Estados Unidos em 1981. Mais do que uma doença específica, a aids, na verdade, é uma predisposição a várias doenças, causada por um vírus, o HIV. O vírus destrói gradualmente o sistema imunológico do corpo, deixando o portador vulnerável a infecções como a pneumonia, às quais as pessoas com sistemas imunológicos saudáveis costumam conseguir resistir.

Embora o número de novos casos e mortes tenha dado alguns sinais de declínio recentemente, cerca de 1,2 milhão de pessoas nos Estados Unidos estava vivendo com aids ou HIV em 2009. Em nível global, estima-se que 33,3 milhões de pessoas estejam infectadas. No entanto, a doença não está bem distribuída.

---

5 Filmes sobre SAÚDE E MEDICINA

O escafandro e a borboleta
Um homem fica completamente paralisado de repente.

Uma prova de amor
Câncer pressiona as relações familiares.

Living in emergency
Voluntários da organização Médicos Sem Fronteiras prestam cuidados médicos em condições extremas.

Sicko
Um documentário que critica o sistema de saúde dos Estados Unidos.

A vida, acima de tudo
Uma menina de 12 anos descobre a luta silenciosa de sua comunidade contra a aids.

As regiões menos equipadas para lidar com ela – os países em desenvolvimento da África Subsaariana, onde 5% da população adulta estão infectados – enfrentam o maior desafio (UNAIDS, 2010).

Nos Estados Unidos, como as pessoas em grupos de risco – homens homossexuais e usuários de drogas intravenosas – eram relativamente fracas, e rotuladas como tal, os formuladores de políticas foram lentos para responder à crise da aids. Com o tempo e com o aumento da educação e das campanhas, no entanto, a resposta melhorou, e hoje as pessoas com HIV ou aids que recebem tratamento médico adequado vivem mais tempo do que no passado. O alto custo dos programas de tratamento com medicamentos tem gerado pressão mundial intensa sobre as grandes empresas farmacêuticas para que baixem os preços cobrados de pacientes em países em desenvolvimento, principalmente na África Subsaariana. Curvando-se a essa pressão, várias das empresas concordaram em oferecer as terapias de combinação a preço de custo. Como resultado, o tratamento do HIV tem ficado cada vez mais acessível, embora continue havendo desigualdades. Em termos globais, a proporção de adultos e crianças com infecção por HIV avançada que recebem terapia antirretroviral aumentou de 7% em 2003 para 44% em 2009, e houve 20% menos mortes relacionadas à aids na África Subsaariana em 2009 do que em 2004, após o tratamento se expandir muito (Mahy et al., 2010; UNAIDS, 2010).

De acordo com os teóricos da rotulagem, podemos considerar várias experiências de vida como doenças ou não. Recentemente, a comunidade médica reconheceu a síndrome pré-menstrual, os transtornos pós-traumáticos e a hiperatividade como transtornos de saúde. Provavelmente o exemplo mais notável de rotulagem médica seja o caso da homossexualidade. Durante anos, os psiquiatras classificaram ser *gay* ou lésbica não como um estilo de vida, mas como um transtorno mental sujeito a tratamento. Essa sanção oficial pela profissão psiquiátrica se tornou um dos primeiros alvos do crescente movimento pelos direitos de homossexuais nos Estados Unidos. Em 1974, os membros da American Psychiatric Association votaram pela exclusão da homossexualidade do manual padrão sobre transtornos mentais (Conrad, 2007).

GLOBALIZANDO

Taxas de mortalidade infantil em países selecionados

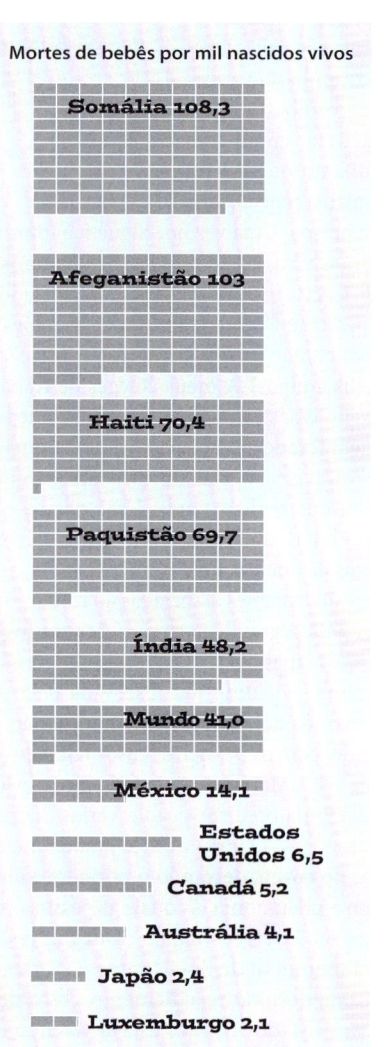

Mortes de bebês por mil nascidos vivos

- Somália 108,3
- Afeganistão 103
- Haiti 70,4
- Paquistão 69,7
- Índia 48,2
- Mundo 41,0
- México 14,1
- Estados Unidos 6,5
- Canadá 5,2
- Austrália 4,1
- Japão 2,4
- Luxemburgo 2,1

Fonte: World Bank, 2012h.

NEGOCIANDO CURAS

Na prática, busca-se encontrar um equilíbrio entre a autoridade do médico e a agência do paciente. Os médicos usam

GLOBALIZANDO

Casos de HIV/aids

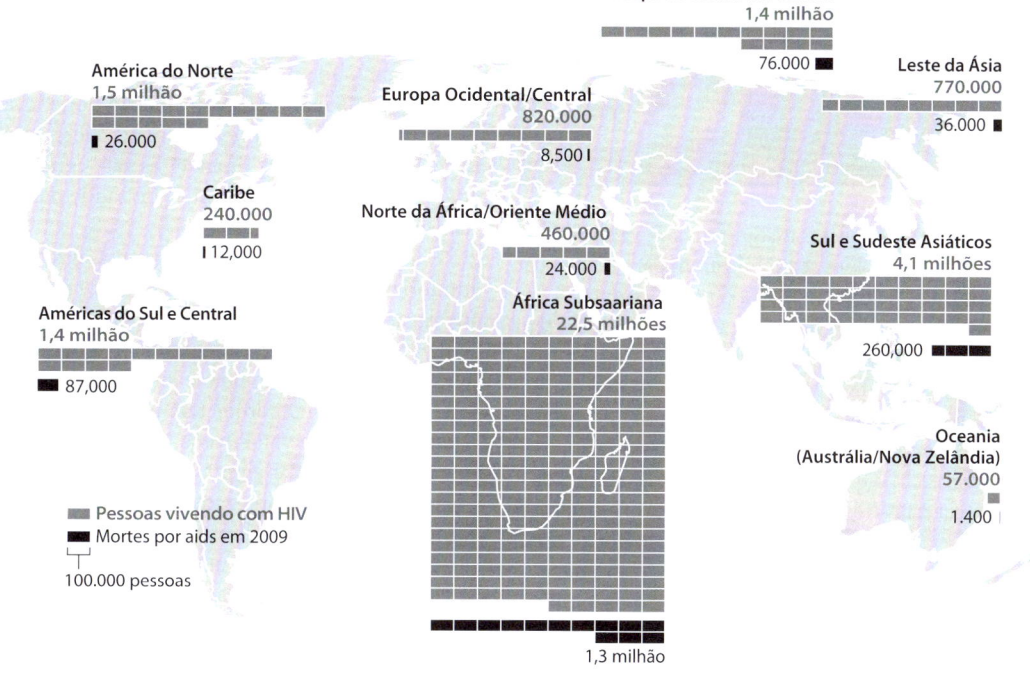

América do Norte — 1,5 milhão; 26.000
Caribe — 240.000; 12.000
Américas do Sul e Central — 1,4 milhão; 87.000
Europa Ocidental/Central — 820.000; 8.500
Europa do Leste/Ásia Central — 1,4 milhão; 76.000
Norte da África/Oriente Médio — 460.000; 24.000
África Subsaariana — 22,5 milhões; 1,3 milhão
Leste da Ásia — 770.000; 36.000
Sul e Sudeste Asiáticos — 4,1 milhões; 260.000
Oceania (Austrália/Nova Zelândia) — 57.000; 1.400

Legenda: Pessoas vivendo com HIV / Mortes por aids em 2009 / 100.000 pessoas

Observação: Número total de adultos e crianças que vivem com o HIV, 33,3 milhões; número total de mortes estimadas de adultos e crianças em 2009, 1,8 milhão.
Fonte: UNAIDS, 2010.

---

sinais para reforçar seu prestígio e seu poder. De acordo com a socióloga da saúde Brenda Beagan (2001, 2003), a linguagem técnica que os estudantes aprendem na faculdade de medicina se torna a base para o roteiro que eles seguem como médicos novatos. Os conhecidos jaleco branco e estetoscópio são seu traje e os ajudam a parecer confiantes e profissionais, ao mesmo tempo em que os identificam como médicos para pacientes e outros funcionários. Beagan constatou que muitos estudantes de medicina se esforçam para projetar a aparência de competência que pensam que seu papel demanda, mas, com o tempo, a maioria se acostuma a esperar respeito e deferência.

Os pacientes, no entanto, não são passivos. O envolvimento ativo nos cuidados de saúde pode ter consequências positivas ou negativas. Às vezes, os pacientes cumprem um papel ativo nos cuidados de saúde ao não seguirem as orientações de um médico. Por exemplo, alguns param de tomar medicamentos muito antes do que deveriam. Alguns diminuem ou aumentam a dosagem de propósito (pois acham que sabem do que precisam) e outros nem sequer usam suas receitas. Esse descumprimento é resultado, em parte, da prevalência da automedicação em nossa sociedade; muitas pessoas estão acostumadas a diagnosticar e a tratar a si mesmas.

O envolvimento ativo dos pacientes no cuidado com sua saúde pode ter consequências muito positivas. Alguns pacientes consultam livros, revistas e *sites* sobre técnicas preventivas de cuidados com a saúde, tentam manter uma dieta saudável e nutritiva, acompanham atentamente quaisquer efeitos colaterais da medicação e ajustam a dose com base nos efeitos colaterais percebidos. Reconhecendo essa mudança, as empresas farmacêuticas estão anunciando seus medicamentos controlados diretamente a clientes potenciais. Por sua vez, os profissionais de saúde estão compreensivelmente desconfiados dessas novas fontes de informação. Estudos, incluindo um publicado no *Journal of the American Medical Association*, descobriram que a informação de saúde na internet pode ser incompleta e imprecisa, mesmo nos melhores *sites*. No entanto, restam poucas dúvidas de que a pesquisa na internet está transformando as interações médico-paciente (Adams e de Bont, 2007; Arora et al., 2008; Berland, 2001).

>>Epidemiologia social

Observando os padrões de saúde e doença em toda a sociedade, podemos entender melhor quais os fatores que atuam para definir os resultados da saúde. A **epidemiologia social** é o estudo da distribuição da doença, da deficiência e do estado geral de saúde em uma população. Inicialmente, a epidemiologia concentrou-se no estudo científico das epidemias, com foco em como elas começavam e se espalhavam. A epidemiologia social contemporânea é muito mais ampla, tratando não apenas das epidemias, mas também de doenças não epidêmicas, lesões, dependência de drogas, alcoolismo, suicídio e doenças mentais.

> **epidemiologia social** Estudo da distribuição da doença, da deficiência e do estado geral de saúde em uma população.

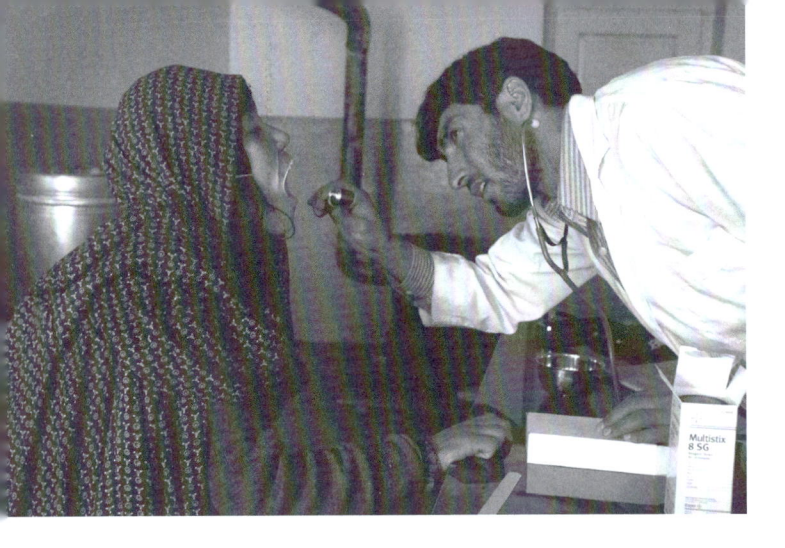

Em 2001, epidemiologistas assumiram a nova função de rastrear o bioterrorismo. Eles se mobilizaram para identificar um surto de antraz e se preparar para o uso terrorista da varíola ou de outros micróbios letais. Os epidemiologistas têm como base o trabalho de uma grande variedade de cientistas e pesquisadores, como médicos, sociólogos, autoridades de saúde pública, biólogos, veterinários, demógrafos, antropólogos, psicólogos e meteorologistas.

Para descreverem o quanto uma doença é generalizada e o quão rápido ela está se espalhando, os epidemiologistas sociais informam sobre as taxas de prevalência e incidência. A **prevalência** é o número total de casos de uma doença específica que existem em um dado momento. A **incidência** refere-se ao número de novos casos de uma doença específica que ocorrem dentro de uma dada população durante determinado período, normalmente um ano. Usando a aids como exemplo, em termos de prevalência, 1,2 milhão de pessoas nos Estados Unidos e 33,3 milhões em nível mundial viviam com o HIV em 2009. Com relação à incidência, havia 54 mil novos casos nos Estados Unidos e 2,6 milhões em todo o mundo no mesmo ano. Entre 2001 e 2009, as taxas de incidência caíram mais de 25% em 33 países (UNAIDS, 2010).

prevalência Número total de casos de uma doença específica que existem em um dado momento.

incidência Número de novos casos de uma doença específica que ocorrem dentro de uma dada população durante determinado período.

índice de morbidade Incidência de doença em uma dada população.

índice de mortalidade Incidência de morte em uma dada população.

Quando são apresentadas como taxas – por exemplo, o número de casos informados por 100 mil pessoas – as cifras de incidência da doença são chamadas de **índices de morbidade**, diferente do **índice de mortalidade**, que é a incidência de morte em uma dada população. Os sociólogos consideram os índices de morbidade úteis porque podem revelar se determinada doença ocorre com mais frequência em um segmento da população do que em outro. Como veremos, a classe social, a raça, a etnia, o gênero e a idade podem afetar os índices de morbidade de uma população (Barr, 2008).

CLASSE SOCIAL

A classe social está claramente associada a diferenças nos índices de morbidade e mortalidade. Estudos realizados nos Estados Unidos e em outros países têm mostrado constantemente que as pessoas das classes mais baixas têm índices de mortalidade e incapacidade mais altos do que as de classe mais alta. Um estudo concluiu que os norte-americanos com 12 anos ou menos de escolaridade poderiam esperar morrer sete anos mais cedo do que os que estudaram mais de 12 anos (Meara, Richards e Cutler, 2008; Pear, 2008).

Uma série de fatores parece influenciar o efeito de classe sobre a saúde. Condições de vida em que há superlotação, moradias precárias, má alimentação e estresse contribuem para a má saúde de muitas pessoas de baixa renda. Em certos casos, o baixo grau de instrução pode levar a uma falta de conscientização sobre as medidas necessárias para manter a boa saúde. Tensões financeiras são, certamente, um fator importante para os problemas de saúde das pessoas menos abastadas.

As pessoas que são pobres – muitas das quais pertencem a minorias raciais e étnicas – são menos capazes do que outras de pagar por serviços médicos de qualidade (ver gráfico na página 363). Não surpreendentemente, quem dispõe de renda alta tem maior probabilidade de ter plano de saúde, seja porque pode pagar ou porque tem um emprego que o oferece. A classe média norte-americana tem sido particularmente atingida pela decisão das empresas de eliminar a assistência à saúde fornecida pelo empregador (a forma mais comum de plano de saúde). Essas taxas diminuíram de modo constante de 2000 a 2010 (DeNavas-Walt et al., 2011; E. Gould, 2008).

O preço final a pagar pela falta de plano de saúde é o aumento do risco de morte prematura. Mulheres sem assistência à saúde que desenvolvem câncer de mama tendem a ser diagnosticadas mais tarde – quando o tratamento é menos eficaz – do que as que têm plano. Homens sem plano de saúde que desenvolvem pressão alta têm maior probabilidade do que outros de deixar de fazer exames e usar medicação, uma decisão que põe a saúde em risco.

De acordo com um estudo da Faculdade de Medicina de Harvard, de 2009, cerca de 45 mil mortes por ano estão associadas à falta de assistência à saúde (Wilper et al., 2009).

Você sabia?

... Em pesquisas que observavam como a classe social opera, a sociológica Annette Lareau (2003) constatou que pais e filhos de classe média tinham maior probabilidade de interagir com médicos, fazendo perguntas e questionando diagnósticos. Os pacientes de classe trabalhadora tinham mais deferência à autoridade do médico.

Porcentagem de pessoas sem cobertura de saúde nos Estados Unidos

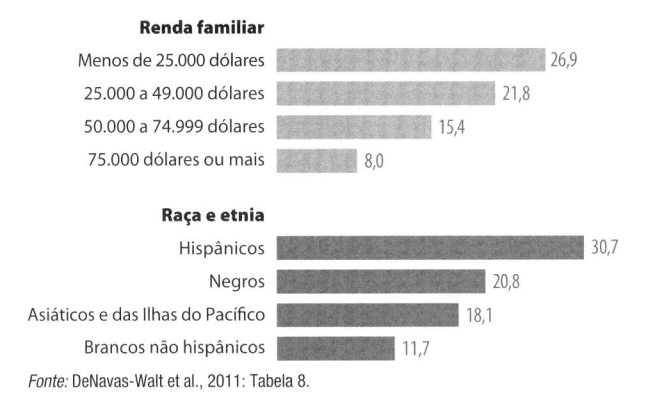

Renda familiar

- Menos de 25.000 dólares — 26,9
- 25.000 a 49.000 dólares — 21,8
- 50.000 a 74.999 dólares — 15,4
- 75.000 dólares ou mais — 8,0

Raça e etnia

- Hispânicos — 30,7
- Negros — 20,8
- Asiáticos e das Ilhas do Pacífico — 18,1
- Brancos não hispânicos — 11,7

Fonte: DeNavas-Walt et al., 2011: Tabela 8.

O que é particularmente preocupante com relação às diferenças de classe social é que elas parecem ser cumulativas. Pouca ou nenhuma assistência à saúde na infância ou na idade adulta jovem provavelmente significará mais doença em um momento posterior da vida. Quanto mais tempo essa baixa renda representar uma barreira à assistência médica adequada, mais crônica será a doença e mais difícil será o tratamento (Prus, 2007).

Karl Marx teria argumentado, e alguns sociólogos contemporâneos concordam, que as sociedades capitalistas como os Estados Unidos se preocupam mais com a maximização dos lucros do que com a saúde e a segurança dos trabalhadores industriais. Como resultado, os órgãos governamentais não agem de forma contundente para regulamentar as condições no local de trabalho, e os trabalhadores sofrem muitas lesões e doenças evitáveis relacionadas à sua atividade. Como veremos mais adiante neste capítulo, pesquisas também mostram que as classes mais baixas são mais vulneráveis à poluição ambiental, outra consequência da produção capitalista, do que os ricos, não apenas onde trabalham, mas também onde vivem.

> É muito mais difícil manter as pessoas bem do que simplesmente curá-las de uma doença.
>
> DeForest Clinton Jarvis

RAÇA E ETNIA

Os perfis de saúde de muitas minorias étnicas e raciais refletem a desigualdade social evidente na sociedade dos Estados Unidos. As más condições econômicas e ambientais de grupos como afro-americanos, hispânicos e nativo-americanos se manifestam em altas taxas de morbidade e mortalidade. É verdade que alguns problemas de saúde, como a anemia falciforme entre os negros, são influenciados pela genética, mas, na maioria dos casos, os fatores ambientais contribuem para índices diferenciados de doença e morte.

Como observado anteriormente, a mortalidade infantil é considerada um indicador primário de assistência à saúde. Há uma diferença significativa nos Estados Unidos entre os índices de mortalidade infantil de afro-americanos e brancos. Em média, esse índice é mais do que duas vezes maior entre os negros. Os afro-americanos não hispânicos representam 14,5% de todos os nascidos vivos no país, mas 28,6% dos óbitos infantis. Hispânicos e asiáticos têm índices mais baixos do que brancos não hispânicos (Mathews e MacDorman, 2011).

Considerando-se os índices de mortalidade, os negros têm mais mortes por doença cardíaca, pneumonia, diabete e câncer do que os brancos. O índice de morte por acidente vascular cerebral (AVC) é duas vezes maior entre os afro-americanos. Esses fatos epidemiológicos estão relacionados a efeitos de classe social, observados anteriormente, por exemplo, o fato de que a renda média dos afro-americanos é menor do que a dos brancos. O efeito desses fatores pode ser visto em termos de expectativa de vida. De acordo com estatísticas dos Centers for Disease Control, a expectativa de vida geral nos Estados Unidos é de 78,5 anos, mas a dos brancos é de 78,8 anos, em comparação com 74,5 anos para os negros. Essa diferença é mais baixa do que o pico de 7,1 anos em 1989 (National Center for Health Statistics, 2012: Tabela 22).

O *establishment* médico não está isento de discriminação institucional. Há evidências de que as minorias recebem cuidados inferiores, mesmo quando têm plano de saúde. Apesar de terem acesso à assistência, negros, latinos e índios norte-americanos são tratados de forma desigual, como resultado de diferenças na qualidade de vários planos de saúde. Além disso, estudos clínicos nacionais têm mostrado que mesmo tendo em conta as diferenças de renda e cobertura dos planos, as minorias raciais e étnicas têm menor probabilidade do que outros grupos de receber assistência à saúde padrão e tratamentos para salvar suas vidas (Dressler, Oths e Gravlee, 2005; A. Green et al., 2007).

Inúmeros exemplos na história da assistência à saúde afro-

Taxas de mortalidade infantil nos Estados Unidos

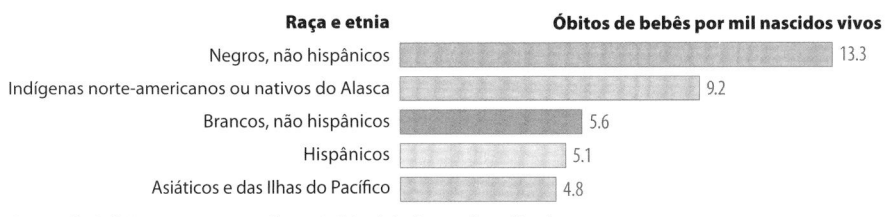

Raça e etnia — Óbitos de bebês por mil nascidos vivos

- Negros, não hispânicos — 13,3
- Indígenas norte-americanos ou nativos do Alasca — 9,2
- Brancos, não hispânicos — 5,6
- Hispânicos — 5,1
- Asiáticos e das Ilhas do Pacífico — 4,8

Observação: Os índices representam o número de óbitos infantis por mil nascidos vivos.
Fonte: Mathews e MacDorman, 2011.

-americana demonstram que essa discriminação institucional vem acontecendo há muito tempo. Por exemplo, em um estudo realizado de 1992 a 1997, os pesquisadores procuraram determinar se existe uma base biológica ou genética para o comportamento violento. Eles intencionalmente enganaram pais de indivíduos jovens, todos negros do sexo masculino, dizendo-lhes que os filhos passariam por uma série de testes e perguntas.

Na verdade, os meninos receberam doses potencialmente arriscadas da mesma droga encontrada na pílula para perda de peso, agora proibida, Fen-phen, que causa irregularidades cardíacas (Washington, 2006; R. Williams, 2007).

Ter de lidar com os efeitos do racismo pode, por si só, contribuir para os problemas de saúde dos negros. O estresse que resulta do preconceito e da discriminação racial ajuda a explicar as taxas mais elevadas de hipertensão encontradas entre afro-americanos (e hispânicos) em comparação aos brancos. Acredita-se que a hipertensão – duas vezes mais comum em negros do que em brancos – seja um fator fundamental para as altas taxas de mortalidade dos negros por doença cardíaca, doença renal e AVC (Fiscella e Holt, 2008).

Os mexicano-americanos e muitos outros latinos têm crenças culturais que os tornam menos propensos a usar o sistema médico estabelecido. Eles podem interpretar suas doenças de acordo com a tradicional medicina popular latino-americana, ou **curandeirismo** – uma forma holística de cuidados de saúde e cura. O curandeirismo influencia a forma como se abordam os cuidados de saúde e até mesmo como se define a doença. Embora a maioria dos hispânicos raramente use curadores populares, ou curandeiros, talvez 20% usem remédios caseiros. Alguns definem essas doenças como *susto* (doença do medo) e *ataque* (ataque de combate) de acordo com as crenças populares. Como essas queixas muitas vezes têm bases biológicas, profissionais de saúde sensíveis precisam lidar com elas com cuidado para diagnosticar e tratar doenças com precisão (Tafur, Crowe e Torres, 2009).

curandeirismo Medicina popular latino-americana, uma forma holística de cuidados de saúde e cura.

PENSAMENTO SOCIOLÓGICO

Estudos como o de violência e genética já mencionados parecem violar claramente os princípios éticos da pesquisa. Como você acha que os pesquisadores justificam estudos envolvendo raça que parecem violar as diretrizes éticas que eles são obrigados a seguir?

Também afeta os índices de morbidade dos latinos o fato de eles terem muito maior probabilidade de esperar para procurar tratamento. Em parte por causa da falta de cobertura de saúde, eles procuram tratamento para problemas de saúde prementes em clínicas e prontos-socorros em vez de receber cuidados preventivos regulares por meio de um médico de família. Esses atrasos nos tratamentos aumentam a gravidade das consequências de doenças e enfermidades (Durden e Hummer, 2006).

GÊNERO

Homens e mulheres diferem em sua saúde geral. Por exemplo, as mulheres vivem mais do que os homens. As meninas nascidas em 2009 podem ter uma expectativa média de vida de 80,9 anos, comparada com 76,0 dos meninos. A boa notícia para os homens é que, embora a expectativa de vida continue a aumentar tanto para homens quanto para mulheres, as taxas têm aumentado ainda mais rapidamente para eles. Como resultado, a diferença em expectativa de vida para homens e mulheres diminuiu de 7,6 anos para os nascidos em 1970 para 4,9 anos para os nascidos em 2009 (National Center for Health Statistics, 2012: Tabela 22).

A maior longevidade para as mulheres parece estar ligada a diferenças de estilo de vida entre homens e mulheres que resultam de normas de gênero. Historicamente, a menor taxa de tabagismo entre as mulheres (reduzindo o risco de doenças cardíacas, câncer de pulmão e enfisema), o menor consumo de álcool (reduzindo o risco de acidentes de carro e cirrose hepática) e a menor taxa de emprego em ocupações

Índices de fumantes por gênero

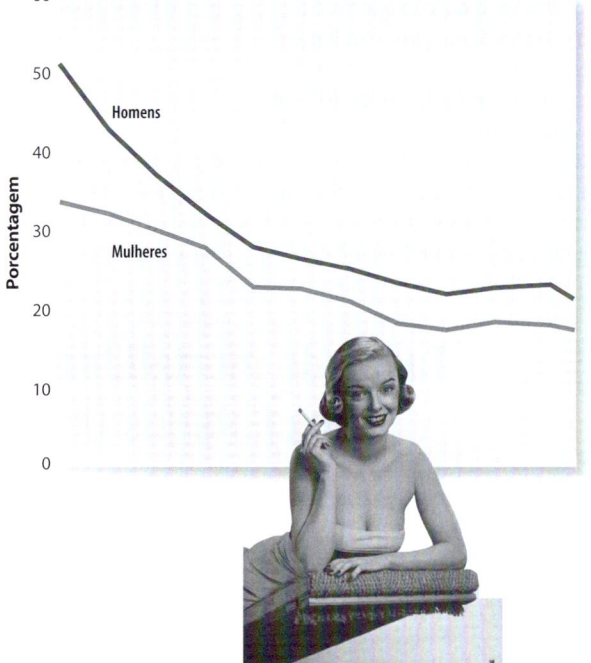

Fonte: National Center for Health Statistics, 2012: Tabela 60.

perigosas explicam cerca de um terço de sua maior longevidade em relação aos homens.

Os pesquisadores argumentam que as mulheres têm muito maior probabilidade do que os homens de procurar tratamento, de ser diagnosticadas e, portanto, de ter suas doenças refletidas nos dados examinados por epidemiologistas (National Center for Health Statistics, 2010). As mudanças no estilo de vida importam. A diminuição na diferença entre os índices de tabagismo de homens e mulheres é responsável por parte da redução na diferença da expectativa de vida entre os dois grupos.

Como tudo, desde o parto até a beleza, é tratado em um contexto cada vez mais médico, as mulheres têm sido particularmente vulneráveis à medicalização da sociedade. Ironicamente, mesmo tendo em conta o aumento do poder do *establishment* médico na vida das mulheres, os pesquisadores de saúde as excluíram muitas vezes dos estudos clínicos. Médicas e pesquisadoras acusam que o sexismo está no cerne dessas práticas de pesquisa e insistem na necessidade desesperada de estudos sobre indivíduos do sexo feminino (Pinnow et al., 2009; Rieker e Bird, 2000).

IDADE

A saúde é a principal preocupação dos idosos. A maioria das pessoas idosas nos Estados Unidos informa ter pelo menos uma doença crônica, mas apenas algumas dessas condições são potencialmente fatais ou necessitam de cuidados médicos. A qualidade de vida entre os idosos é uma preocupação particular diante de problemas de saúde potencialmente crescentes. Um número substancial de pessoas mais velhas sofre de artrite e de outras doenças crônicas, e muitas têm deficiências visuais ou auditivas que podem interferir no desempenho das tarefas diárias (Hootman et al., 2006; National Center for Health Statistics, 2010).

As pessoas mais velhas também são principalmente vulneráveis a certos problemas de saúde mental. A doença de Alzheimer, principal causa de demência em muitos países, atinge uma quantidade estimada em 5,1 milhões (13%) das pessoas com 65 anos ou mais. Enquanto alguns indivíduos com Alzheimer apresentam apenas sintomas leves, o risco de problemas graves resultantes dessa doença aumenta muito com a idade (Alzheimer's Association, 2010).

Por causa de seus riscos de saúde mais elevados, as pessoas mais velhas (com 75 anos e mais) usam os serviços de saúde em um nível mais de três vezes acima das mais jovens (entre 15 e 24 anos). Esse nível elevado de uso está ligado à cobertura de saúde, com as pessoas de mais de 65 anos tendo maior probabilidade de contar com ela (ver gráfico Índices de assistência à saúde por idade). O uso desproporcional do sistema de saúde dos Estados Unidos pelos idosos é um fator central em todas as discussões sobre o custo da assistência à saúde e as possíveis reformas do sistema (U.S. Census Bureau, 2009f: Tabela 162).

Disponibilidade de médicos por estado nos Estados Unidos

Médicos por 100.000
Média nacional 271
- 320 e mais
- 271 a 319
- 230 a 270
- Menos de 230

Fonte: U.S. Census Bureau, 2009f: Tabela 159.

As chances de uma pessoa ter boa saúde são moldadas por classe, raça e etnia, gênero e idade. Até mesmo a geografia é importante, uma vez que existem diferenças significativas no número de médicos de um estado para o outro. Os profissionais de saúde e orientadores de programas precisam levar em conta esses efeitos diferenciais ao considerarem o que constitui uma assistência à saúde equitativa. Qualquer tentativa de fazê-lo, no entanto, é limitada pelo custo dos serviços de saúde.

Índices de assistência à saúde por idade

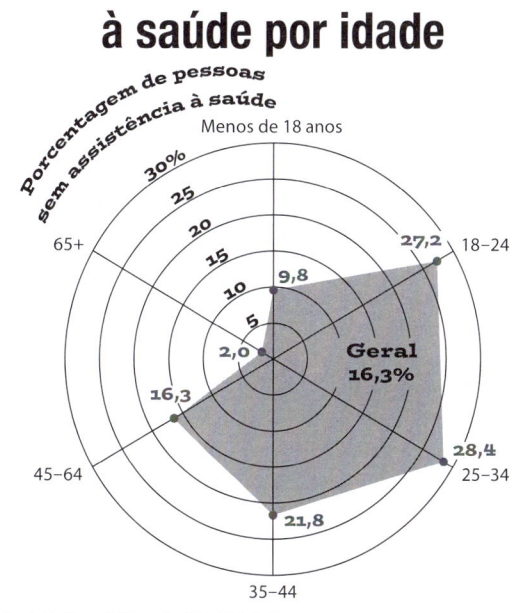

Porcentagem de pessoas sem assistência à saúde

- Menos de 18 anos: 9,8
- 18–24: 27,2
- 25–34: 28,4
- 35–44: 21,8
- 45–64: 16,3
- 65+: 2,0
- Geral: 16,3%

Fonte: DeNavas-Walt et al., 2011: Tabela 8.

>>Saúde nos Estados Unidos

Os custos dos cuidados de saúde dispararam nos últimos 40 anos. Em 1997, as despesas totais com saúde nos Estados Unidos cruzaram a linha do trilhão de dólares – mais de quatro vezes a cifra de 1980. Em 2000, o montante gasto em serviços de saúde igualou os valores gastos em educação, defesa, prisões, subsídios agrícolas, vales-refeição e ajuda externa combinados. Até o ano de 2019, as despesas totais com saúde no país deverão passar de 4,6 trilhões, ou 13.709 dólares por pessoa. Os Estados Unidos dedicam uma proporção maior de sua despesa total à saúde, 17,6% do PIB, do que qualquer outro país do mundo, com exceção das Ilhas Marshall. Compare o índice dos Estados Unidos com o de países como Canadá (11,4), França (11,9), Reino Unido (9,8), Suécia (10,0) ou Japão (9,5). Os serviços de saúde nos Estados Unidos tornaram-se uma grande preocupação econômica (Centers for Medicare and Medicaid Services, 2012a; 2011b; World Health Organization, 2012: Tabela 7).

UMA VISÃO HISTÓRICA

Hoje, licenças e diplomas médicos fornecidos pelo Estado conferem um nível amplamente reconhecido de autoridade aos profissionais de saúde, mas nem sempre foi assim. O "movimento de saúde popular" das décadas de 1830 e 1840 enfatizava cuidados preventivos e o que se chama de "autoajuda", expressando fortes críticas ao "doutorar" como ocupação remunerada. Novas filosofias ou seitas médicas estabeleceram suas próprias escolas de medicina e desafiaram a autoridade e os métodos dos médicos tradicionais. Na década de 1840, a maioria dos estados norte-americanos tinha revogado as leis de licenciamento médico, e o campo da saúde ficou sem ser regulamentado em grande parte (Porter, 1998, 2004).

Em resposta, por meio da liderança da American Medical Association (AMA), fundada em 1848, os médicos "regulares" marginalizaram praticantes leigos, médicos sectários e médicas em geral. Eles institucionalizaram sua autoridade por meio de programas padronizados de educação e licenciamento. Somente aqueles que concluíssem com êxito programas da AMA obtinham autoridade legítima como médicos profissionais. A autoridade do médico já não dependia de atitudes leigas ou da pessoa que ocupasse o papel de doente; cada vez mais, ele foi embutido na estrutura da profissão médica e no sistema de saúde.

À medida que a institucionalização dos cuidados de saúde avançava, a profissão médica conquistava o controle sobre o mercado para seus serviços e sobre as várias hierarquias organizacionais que regem a prática, o financiamento e a elaboração de políticas da área médica. Por volta de 1920, os médicos controlavam a tecnologia hospitalar, a divisão do trabalho do pessoal de saúde e, indiretamente, outras práticas profissionais, como serviços de enfermagem e farmacêuticos (Coser, 1984; Starr, 1982; Whorton, 2002).

Total de gastos com saúde nos Estados Unidos, 1970-2020 (projeção)

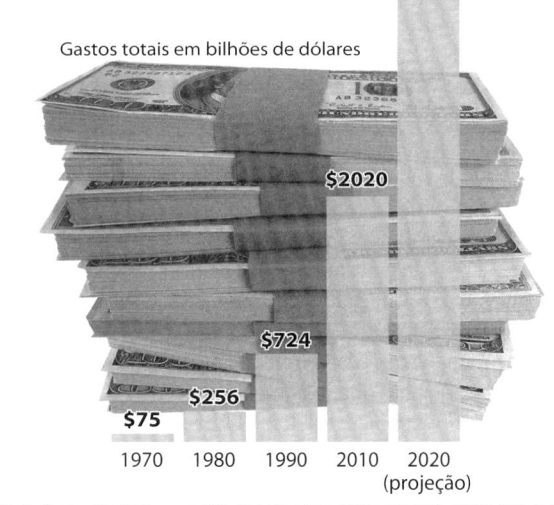

Gastos totais em bilhões de dólares

$75 (1970); $256 (1980); $724 (1990); $2020 (2010); $4.630 (2020 projeção)

Fonte: Centers for Medicare and Medicaid Services, 2012a: Tabela 1; 2012b: Tabela 1.

O PAPEL DO GOVERNO

Somente no século XX, os cuidados de saúde nos Estados Unidos passaram a receber auxílio do Governo Federal em conjunto com a expansão da medicina como instituição social. A primeira participação significativa do governo foi a Lei Hill-Burton, de 1946, que dava subsídios para a construção e a melhoria de hospitais, principalmente em áreas rurais. Um evento ainda mais importante foi a implementação, em 1965, de dois amplos programas governamentais de assistência: o Medicare, que é, essencialmente, um plano de saúde compulsório para os idosos, e o Medicaid, que é um plano federal e estadual de seguro não contributivo para os pobres. Esses programas ampliaram muito o envolvimento federal no financiamento da saúde nos Estados Unidos para homens, mulheres e crianças carentes.*

Embora os custos da saúde estivessem aumentando, uma parte crescente da população dos Estados Unidos (49,9 milhões em 2010) continuou sem assistência à saúde. A incapacidade de pagar pela cobertura era um fator importante. Em 1993, o governo Clinton propôs uma reforma da saúde projetada para oferecer cobertura univer-

---

* N. de R.T.: No Brasil, o SUS (Sistema Único de Saúde) prevê atendimento universal e indiscriminado a todo cidadão brasileiro, com alta inclusão e pouca complexibilidade na elegibilidade de seus usuários.

sal, mas a legislação não foi aprovada. Durante o governo de George W. Bush, os Estados Unidos continuaram sendo o único país rico e industrializado que não oferecia alguma forma de cobertura universal (DeNavas-Walt et al., 2011).

Em 2009, havia um acordo político generalizado de que o sistema existente, com seus custos projetados cada vez maiores, não era sustentável. De 1999 a 2008, por exemplo, o custo dos planos de saúde aumentou 119%, enquanto os salários subiram apenas 34% (Kaiser Family Foundation, 2009). O governo Obama comprometeu-se a aprovar uma reforma que conteria os custos e ampliaria a cobertura. Apesar de haver um consenso geral em relação a esses objetivos, havia divergências importantes sobre a melhor forma de realizá-los. Alguns apoiavam um sistema de pagador único em que o governo era a principal fonte de financiamento da saúde. Outros continuavam apoiando as reformas com base no mercado que minimizavam o envolvimento do governo. Uma importante posição intermediária tratava da oferta ou não pelo governo de uma "opção pública", permitindo que as pessoas escolhessem um plano financiado pelo governo entre muitos planos de empresas privadas.

Em março de 2010, o Congresso aprovou, e o presidente Barack Obama sancionou, a Lei de Proteção do Paciente e da Assistência à Saúde Acessível e a Lei de Conciliação da Saúde e da Educação. Embora a implementação vá levar anos para ser concluída, as disposições centrais incluem:

- Os jovens poderão permanecer no plano de saúde de seus pais até os 26 anos.
- A cobertura para *checkups* e outros cuidados preventivos não vai exigir pagamento em contrapartida.
- Serão eliminados os limites anuais e durante a vida ao custo dos benefícios que os pacientes poderão receber.
- Pessoas com doenças preexistentes não poderão ter o atendimento negado, e as empresas não poderão mais excluir funcionários de um plano quando eles ficarem doentes.
- A maioria dos norte-americanos vai ser obrigada a comprar algum tipo de seguro de saúde.
- Haverá créditos tributários disponíveis para a compra de seguro para indivíduos e famílias entre 100 e 400% do nível de pobreza.
- Empresas com mais de 50 empregados serão obrigadas a fornecer um plano de saúde patrocinado pelo empregador que ofereça um nível obrigatório de cobertura mínima.
- Pequenas empresas poderão receber créditos fiscais que as auxiliem no fornecimento de cobertura.
- Bolsas de seguros com base nos estados vão oferecer opções de planos para pequenas empresas e pessoas que não tenham cobertura fornecida pelo empregador.
- As companhias de seguros vão ser obrigadas a oferecer mais transparência em relação a suas despesas gerais.

As leis foram aprovadas pelo Congresso norte-americano praticamente sem apoio bipartidário. Os Republicanos continuaram a preferir soluções de mercado, argumentando que o capitalismo de livre mercado levaria a mais eficiência e controle de custos. Embora a maioria dos Democratas liberais tenha votado a favor da legislação, muitos deles também criticaram o projeto de lei. Eles argumentaram que a reforma não chegava a garantir a cobertura universal e a redução de custos, e manifestaram descontentamento com a falta de uma opção pública. No final, no entanto, a legislação representou uma mudança importante na história da assistência à saúde nos Estados Unidos.

> **medicina holística** Terapias em que o profissional de saúde leva em conta as características físicas, mentais, emocionais e espirituais da pessoa.

MEDICINA COMPLEMENTAR E ALTERNATIVA

Em formas modernas de cuidados de saúde, as pessoas usam médicos e hospitais para o tratamento de doenças. No entanto, uma proporção significativa dos adultos tenta manter uma boa saúde ou responder a doenças com o uso de técnicas alternativas. Por exemplo, nas últimas décadas, vem crescendo o interesse nos princípios médicos holísticos, desenvolvidos pela primeira vez na China.

A **medicina holística** engloba as terapias em que o profissional de saúde leva em conta as características físicas, mentais, emocionais e espirituais da pessoa. O indivíduo é considerado como um todo, em vez de um conjunto de sistemas de órgãos interligados. Os métodos de tratamento incluem massagem, medicina quiroprática, acupuntura, exercícios respiratórios e uso de ervas como remédios. Nutrição, exercício e visualização também podem ser usados para tratar doenças (Barnes, Bloom e Nahin, 2008; Stratton e McGivern-Snofsky, 2008).

Os praticantes da medicina holística não atuam necessariamente fora do sistema de saúde tradicional. Alguns têm diplomas médicos e usam máquinas de raios X e eletrocar-

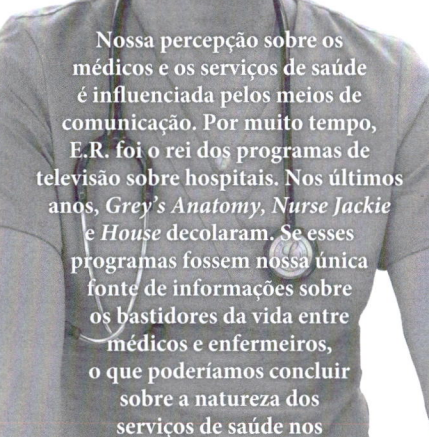

SOCIOLOGIA POPULAR

Nossa percepção sobre os médicos e os serviços de saúde é influenciada pelos meios de comunicação. Por muito tempo, E.R. foi o rei dos programas de televisão sobre hospitais. Nos últimos anos, *Grey's Anatomy*, *Nurse Jackie* e *House* decolaram. Se esses programas fossem nossa única fonte de informações sobre os bastidores da vida entre médicos e enfermeiros, o que poderíamos concluir sobre a natureza dos serviços de saúde nos Estados Unidos?

diograma para auxiliar o diagnóstico. Outros, que trabalham em clínicas holísticas, muitas vezes chamadas de clínicas de bem-estar, rejeitam o uso da tecnologia médica. O ressurgimento recente da medicina holística vem em meio a um amplo reconhecimento do valor da nutrição e dos perigos do excesso de confiança nos medicamentos receitados – principalmente os usados para reduzir o estresse, como o Valium (Baer e Coulter, 2008).

PENSAMENTO SOCIOLÓGICO

O que você pensa sobre a medicina alternativa? Você estaria disposto a receber assistência de um curador holístico? Quais fatores de origem, como idade, raça e etnia ou gênero, poderiam influenciar sua disposição de fazê-lo?

O *establishment* médico – organizações profissionais, hospitais de pesquisa e faculdades de medicina – continua protegendo zelosamente sua autoridade. No entanto, um grande avanço ocorreu em 1992, quando o National Institutes of Health (NIH), do Governo Federal, a principal fonte de financiamento para a pesquisa biomédica nos Estados Unidos, fundou o Centro Nacional de Medicina Complementar e Alternativa e lhe deu poderes para aceitar pedidos de subvenção. Um estudo nacional de 2007, patrocinado pelo NIH, constatou que 38,3% dos adultos nos Estados Unidos tinham usado alguma forma de medicina complementar ou alternativa no ano anterior. Exemplos dessas práticas são o uso de produtos naturais (como a equinácea ou os ácidos graxos ômega-3), respiração profunda, meditação, tratamento quiroprático, massagem, ioga, terapias alimentares (incluindo vegetariana, macrobiótica e Atkins), tratamento homeopático e acupuntura. Quando a oração pessoal ou comunitária foi incluída como parte do estudo patrocinado pelo NIH em 2002, o número subiu para 62,1% (Barnes et al., 2004; Barnes et al., 2008).

No plano internacional, a Organização Mundial da Saúde (OMS) começou a monitorar o uso da medicina alternativa em todo o mundo. De acordo com a organização, 80% das pessoas em alguns países africanos e asiáticos usam a medicina alternativa, desde os tratamentos com ervas até os serviços de um curandeiro. Na maioria dos países, esses tratamentos carecem de regulamentação, apesar de alguns poderem ser fatais. Por exemplo, o kava kava, um chá de ervas usado nas Ilhas do Pacífico para aliviar a ansiedade, pode ser tóxico para o fígado na forma concentrada. Já se constatou que outros tratamentos alternativos são eficazes para doenças graves, como a malária e a anemia falciforme. A meta da OMS é compilar uma lista dessas práticas, bem como incentivar o desenvolvimento de programas de treinamento e padrões éticos universais para os praticantes da medicina alternativa. Até o momento, a organização publicou resultados sobre cerca de 100 das 5.000 plantas que se acreditam ser usadas como remédios fitoterápicos (World Health Organization, 2005, 2008a).

A análise sociológica da saúde e da doença sugere que, se quisermos compreender a doença, é preciso olhar além da biologia. Sociedade e cultura, família e amigos, a profissão médica e a posição social, todos influenciam os resultados da saúde. Considerando-se os custos crescentes dos cuidados de saúde, bem como o fato de que diferentes grupos experimentam diferentes resultados, a questão passa a ser de igualdade e justiça. Até que ponto, por exemplo, estamos dispostos a aceitar que uma criança viva ou morra devido a sua renda, sua raça ou sua etnia? Ou que a expectativa de vida de uma pessoa seja definida por esses fatores? São precisamente essas preocupações que orientam os debates sobre a expansão da cobertura de saúde como um direito social.

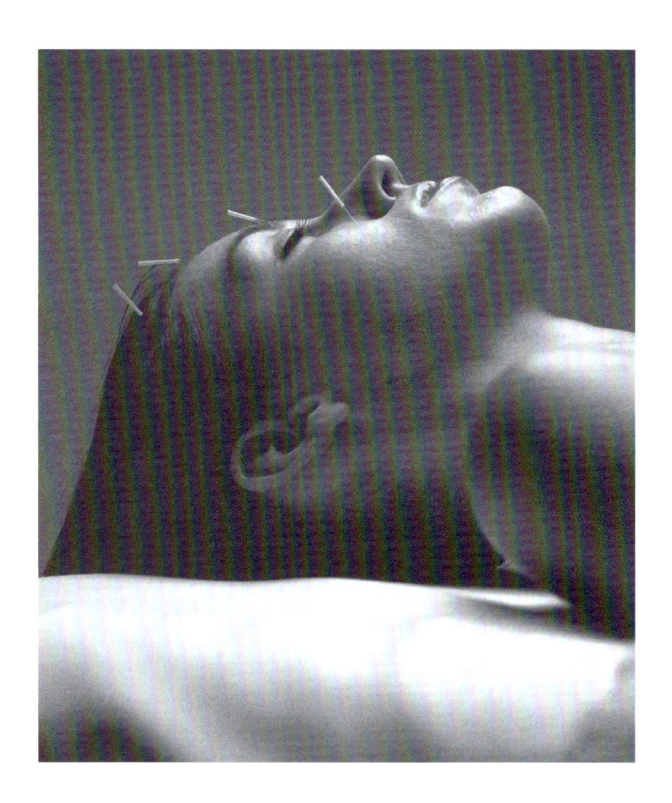

Uso de medicina complementar e alternativa

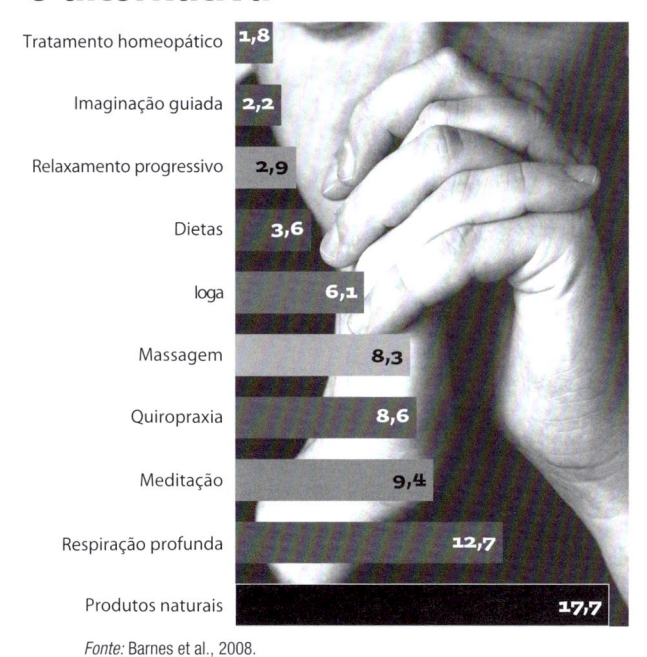

Terapia	%
Tratamento homeopático	1,8
Imaginação guiada	2,2
Relaxamento progressivo	2,9
Dietas	3,6
Ioga	6,1
Massagem	8,3
Quiropraxia	8,6
Meditação	9,4
Respiração profunda	12,7
Produtos naturais	17,7

Fonte: Barnes et al., 2008.

>>Perspectivas sociológicas sobre meio ambiente

Já vimos que o ambiente em que as pessoas vivem tem um efeito perceptível sobre sua saúde. Quem vive em lugares estressantes e superlotados sofre mais com as doenças do que quem não vive. Da mesma forma, as pessoas têm um efeito perceptível sobre seu ambiente. Em todo o mundo, os aumentos populacionais, em conjunto com o desenvolvimento econômico que os acompanha, tiveram graves consequências ambientais. Podemos ver sinais de danos em quase todos os lugares: nosso ar, nossa água e nossa terra estão sendo poluídos, quer moremos em St. Louis, na Cidade do México, quer vivamos em Lagos, na Nigéria. Embora os problemas ambientais possam ser de fácil identificação, conceber soluções social e politicamente aceitáveis é muito mais difícil. Os sociólogos nos fornecem alguns modelos para entendermos melhor as questões que devemos levar em consideração (Sutton, 2007).

ECOLOGIA HUMANA

A **ecologia humana** é uma área de estudo que se preocupa com as inter-relações entre as pessoas e seu ambiente. Como disse o biólogo e ambientalista Barry Commoner (1971:39) durante as primeiras fases do movimento ambientalista moderno, "tudo está ligado a todo o resto". Os ecologistas humanos concentram-se no impacto do ambiente físico na vida das pessoas e em como as pessoas influenciam o ambiente ao seu redor.

Em uma aplicação da perspectiva ecológica humana, sociólogos e ambientalistas identificaram várias relações entre o meio ambiente e as pessoas. Entre elas, estão as seguintes:

- *O meio ambiente fornece recursos essenciais para a vida.* Eles incluem ar, água e materiais usados para criar abrigo, transporte e produtos necessários. Se as sociedades humanas esgotarem esses recursos, por exemplo, poluindo o suprimento de água ou cortando as florestas tropicais, as consequências podem ser terríveis.
- *O meio ambiente serve como repositório de resíduos.* Mais do que outras espécies vivas, os seres humanos produzem uma quantidade e uma variedade enormes de resíduos – garrafas, latas, caixas, papel, esgoto, lixo e assim por diante. Vários tipos de poluição têm se tornado mais comuns, pois as sociedades humanas estão gerando mais resíduos do que o ambiente pode absorver com segurança.
- *O ambiente "abriga" nossa espécie.* Ele é nossa casa, nosso espaço de vida, o lugar em que residimos, trabalhamos e brincamos. Às vezes, tratamos essa obviedade como natural, mas não quando as condições de vida no dia a dia se tornam desagradáveis e problemáticas. Se nosso ar está poluído, se nossa água da torneira fica marrom ou se os produtos químicos tóxicos infiltram-se em nosso bairro, nos lembramos de por que é vital viver em um ambiente saudável.

Não faltam ilustrações da interconexão entre seres humanos e meio ambiente. Por exemplo, a pesquisa científica tem relacionado poluentes presentes no meio ambiente à saúde e ao comportamento das pessoas. O aumento da prevalência da asma, a conta-

> **ecologia humana** Área de estudo que se preocupa com as inter-relações entre as pessoas e seu ambiente.

> **Você sabia?**
> ... Em uma expedição ao Ártico em 2008, os cientistas descobriram altos níveis de contaminantes tóxicos, incluindo mercúrio, PBDEs (retardadores de chama usados em estofaria, têxteis e plásticos), pesticidas (incluindo DDT e HCH) e PCBs.

População, Saúde, Meio Ambiente

minação por chumbo e o câncer têm sido ligados a alterações humanas no ambiente. Da mesma forma, o aumento dos diagnósticos de melanoma (câncer de pele) tem sido associado à mudança climática global. E alterações ecológicas em nossa comida e nossa dieta têm sido relacionadas a obesidade infantil e diabete.

Com sua visão de que "tudo está ligado a todo o resto", a ecologia humana enfatiza as vantagens e as desvantagens inerentes a cada decisão que altere o meio ambiente. Ao enfrentarem os desafios ambientais do século XXI, os formuladores de políticas governamentais e os ambientalistas devem determinar como eles podem suprir as necessidades prementes dos seres humanos em termos de alimento, roupa e abrigo, enquanto preservam o meio ambiente como fonte de recursos, repositório de resíduos e casa.

PODER, RECURSOS E MEIO AMBIENTE

Analisar as questões ambientais a partir de uma abordagem de sistema-mundo nos permite entender melhor as consequências globais do acesso diferenciado aos recursos. Essa abordagem destaca a diferença de poder relativo entre os países centrais, que controlam a riqueza e, portanto, dominam a economia global, e os países em desenvolvimento, que não têm controle e cujos recursos são explorados. Esse processo só intensifica a destruição dos recursos naturais nas regiões mais pobres do mundo. Países menos ricos estão sendo forçados a explorar suas jazidas minerais, florestas e recursos pesqueiros para pagar suas dívidas. As pessoas nos países em desenvolvimento muitas vezes acabam recorrendo ao único meio de sobrevivência disponível, incluindo lavouras nas encostas das montanhas, queima de porções de florestas tropicais e sobrepastoreio de pastagens (Palm et al., 2005; Pollini, 2009).

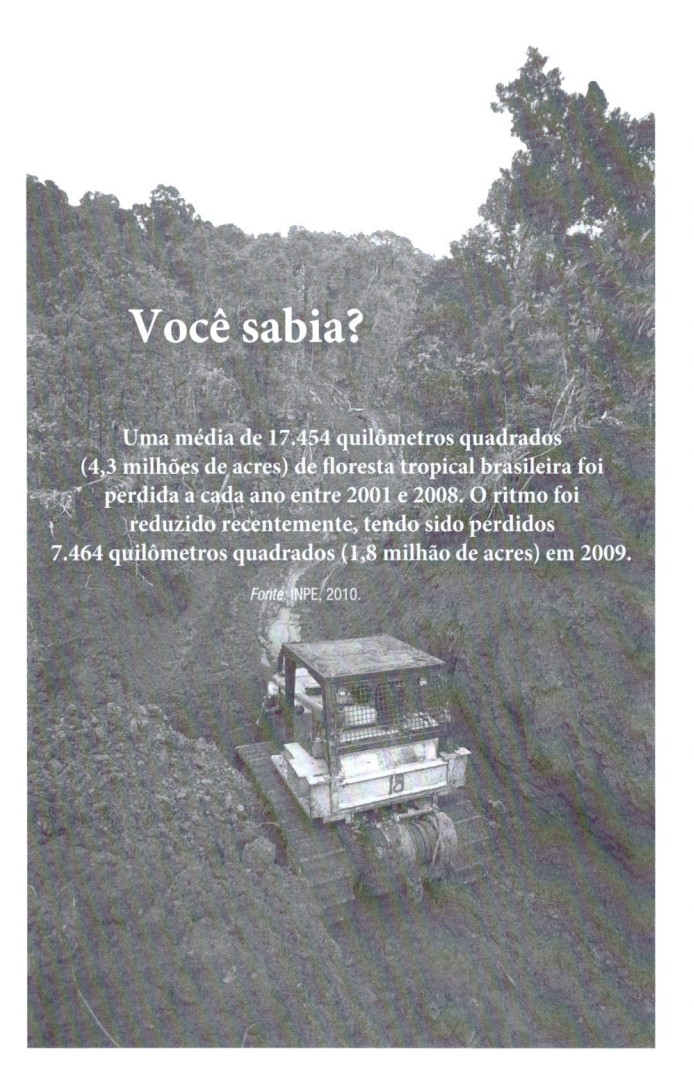

O Brasil exemplifica essa inter-relação entre problemas econômicos e destruição ambiental. A cada ano, mais de 4,3 milhões de hectares de floresta tropical são derrubados para a agricultura e a pecuária. A eliminação da floresta tropical afeta os padrões climáticos em todo o mundo, aumentando o aquecimento gradual da Terra. Esses padrões socioeconômicos, com suas consequências ambientais nocivas, ficam evidentes não só nas Américas Central e do Sul, mas também em muitas regiões da África e da Ásia (INPE, 2010).

Embora a destruição da floresta tropical seja uma preocupação antiga, apenas nas últimas décadas os políticos começaram a ouvir os povos que vivem nessas áreas. A preservação das florestas tropicais pode ter sentido em nível global, mas, para muitos povos locais, ela limita sua capacidade de cultivar ou de criar gado. Mesmo que prejudique o meio ambiente global, eles acham que não têm escolha a não ser tirar proveito dos recursos disponíveis. Em 2008, os povos nativos do Brasil ao Congo e à Indonésia reuniram-se para exigir que os países mais ricos os compensassem pela conservação das florestas tropicais (Barrionuevo, 2008).

Há realmente certa quantidade de etnocentrismo envolvida quando as pessoas de países industrializados insistem em que as nações em desenvolvimento mudem suas práticas para salvar o planeta. Ao apelarem para que as populações pobres "famintas de alimento" do mundo se sacrifiquem, elas também devem considerar as consequências em termos de estilo de vida para os países "famintos de energia". Os países industrializados da América do Norte e da Europa representam apenas 12% da população mundial, mas são responsáveis por 60% do consumo do mundo. O dinheiro que seus residentes gastam em cruzeiros marítimos a cada ano poderia fornecer água potável para todos no planeta. O dinheiro gasto com sorvete apenas na Europa poderia ser usado para imunizar todas as crianças do mundo. O consumidor global representa uma grave ameaça ambiental, mas, muitas vezes, é difícil olhar no espelho e culpar a nós mesmos, pois nossa contribuição individual para o problema parece muito pequena. Coletivamente, porém, as escolhas que fazemos têm um impacto global importante (Diamond, 2008; Gardner, Assadourian e Sarin, 2004).

O aumento do consumo mundial está ligado a um sistema capitalista que depende do crescimento para sua sobrevivência. O capitalismo cria uma "esteira de produção" (Baer, 2008; Schnaiberg, 1994). Cortar consumo significa cortar compras, o que leva à redução da produção e à perda de lucros e empregos. Essa esteira exige a criação de uma demanda crescente por produtos, a obtenção de recursos naturais a um custo mínimo e a fabricação de produtos da maneira mais rápida e menos dispendiosa possível, não importando as consequências ambientais de longo prazo.

> Os subúrbios são o lugar onde as incorporadoras derrubam árvores e depois colocam seus nomes nas ruas.
>
> Bill Vaughn

JUSTIÇA AMBIENTAL

No outono de 1982, quase 500 afro-americanos participaram de um protesto de seis semanas contra um aterro de resíduos perigosos que continha substâncias cancerígenas no condado de Warren, Carolina do Norte. Seus protestos e ações judiciais continuaram até 2002, quando a descontaminação do local finalmente começou. Essa batalha de 20 anos pode ser considerada como mais um evento do tipo "no meu quintal, não!" (NIMBY, *not in my backyard*), no qual as pessoas desejam os benefícios do crescimento, mas querem que alguém pague pelos efeitos negativos. A luta no condado de Warren é vista como um momento de transformação no ambientalismo contemporâneo: o início do movimento de justiça ambiental (Bullard, 2000; McGurty, 2007; North Carolina Department of Environment and Natural Resources, 2008).

A **justiça ambiental** é uma estratégia jurídica com base em afirmações de que as minorias raciais são submetidas de forma desproporcional aos riscos ambientais. Alguns observadores têm anunciado a justiça ambiental como os "novos direitos civis do século XXI" (Kokmen, 2008:42). Desde o advento do movimento de justiça ambiental, ativistas e estudiosos identificaram outras disparidades ambientais que acompanham limites raciais e de classe social. Em geral, as pessoas pobres e negras têm probabilidade muito maior do que outras de serem vitimadas pelas consequências cotidianas do desenvolvimento econômico, incluindo a poluição do ar a partir de rodovias e incineradores (Sandler e Pezzullo, 2007).

Os sociólogos Paul Mohai e Robin Saha (2007) analisaram mais de 600 instalações de tratamento, armazenamento e eliminação de resíduos perigosos nos Estados Unidos. Eles descobriram que 43% das pessoas que vivem a 1,5 km desses locais perigosos são não brancas e latinas. Há duas possíveis explicações para essa constatação. Uma delas é que as minorias raciais e étnicas possuem menos poder político do que outros grupos, de modo que não podem impedir que locais tóxicos sejam instalados perto de suas casas. A outra é que elas acabam por se estabelecer perto dos locais depois que eles são construídos, pois a economia e as forças de discriminação as empurram para as áreas de moradia menos desejáveis.

A partir de relatórios da Environmental Protection Agency (EPA) e de outras organizações que documentam a localização discriminatória de depósitos de resíduos perigosos nos Estados Unidos, o presidente Bill Clinton emitiu uma ordem executiva em 1994 exigindo que todas as agências federais assegurassem que as comunidades de baixa renda e de minorias tivessem acesso a melhores informações sobre seu ambiente, bem como a oportunidade de participar na elaboração das políticas governamentais que afetem sua saúde. Os esforços iniciais para implementar essa política, em conjunto com o aumento da atividade do movimento de justiça ambiental, despertaram oposição generalizada por causa dos atrasos que a política impõe ao estabelecimento de novas instalações industriais.

Alguns observadores questionam até onde uma ordem que retarda o desenvolvimento econômico em áreas com extrema necessidade de oportunidades de emprego é recomendável. Outros contra-argumentam que essas empresas empregam poucos trabalhadores não qualificados ou menos qualificados, e só tornam o ambiente menos habitável (Stretesky, 2006; D. Taylor, 2000).

> **justiça ambiental** Estratégia jurídica com base em afirmações de que as minorias raciais são submetidas de forma desproporcional aos riscos ambientais.

> **PENSAMENTO** SOCIOLÓGICO
> Demorou 20 anos para o protesto do condado de Warren ter sucesso. Por que você acha que demorou tanto? Como o acesso a recursos pode influenciar a duração dessas lutas?

Enquanto isso, os pobres e oprimidos continuam a suportar o peso da poluição ambiental. Na década de 1990, o Governo Federal norte-americano, incapaz de encontrar um local de eliminação para o combustível nuclear usado, voltou-se às reservas tribais. Os agentes acabaram convencendo um pequeno grupo de índios goshutes no Vale de Skull, em Utah, a aceitar mais de 44 mil barris de substância altamente radioativa, que permanecem perigosos por um tempo estimado em 10 mil anos. O governo só desistiu do plano após a oposição de cidades vizinhas, cujos moradores foram contrários à passagem do material por suas comunidades. Não foi a primeira vez que o governo tentou persuadir a tribo pobre a aceitar instalações ambientalmente censuráveis. A instalação de armazenamento de gás asfixiante das forças armadas está dentro ou perto da reserva, juntamente com a usina Intermountain Power Project, que gera energia elétrica a carvão para consumidores na Califórnia (Eureka County, 2006; Foy, 2006).

Ao examinarem as questões ambientais, os sociólogos têm enfatizado a interconexão entre seres humanos e meio ambiente, bem como o potencial de divisão de raça e classe social. Descobertas científicas também podem ser importantes em nossa compreensão da natureza e do alcance das preocupações ambientais. É claro que, quando afetam as políticas do governo e as regulamentações econômicas, essas descobertas se tornam altamente politizadas. Essas lutas são inevitáveis quando estão em jogo valores fundamentais e acesso diferenciado a recursos.

>>Problemas ambientais

Infelizmente, como já vimos, os problemas ambientais causados pelo desenvolvimento têm efeitos que vão muito além dos lugares onde eles são criados. Que o diga Muhammad Ali, um homem de Bangladesh, que teve de fugir de enchentes cinco vezes na última década. Os cientistas acreditam que o aquecimento global seja culpado tanto pela piora das monções quanto pelas águas turbulentas do rio Iamuna, aumentadas pelo derretimento anormalmente alto das geleiras do Himalaia.

Toda vez que o rio inunda, Ali derruba sua casa, feita de lata e bambu, e muda-se para terrenos mais elevados. Contudo, ele está ficando sem terra para onde se mudar. "Onde estamos terá desaparecido em cinco dias", diz ele. "Nosso pensamento futuro é que, se este problema não for resolvido, vamos ser varridos" (Goering, 2007).

5 Filmes sobre MEIO AMBIENTE

Avatar
Irrompe a luta entre os seres humanos e os na'vi pelos recursos naturais de Pandora.

Uma verdade inconveniente
A verdade sobre o aquecimento global.

Food, Inc.
Os efeitos da indústria de fabricação de alimentos sobre o meio ambiente.

No impact man
Um homem tenta ter impacto zero sobre o meio ambiente durante um ano.

WALL-E
Um robô no ano de 2700 descobre seu destino.

Em 2011, 41 anos após a primeira celebração do Dia da Terra, nos Estados Unidos, as pesquisas refletem níveis historicamente baixos de preocupação pública com o meio ambiente. O percentual das pessoas que se consideravam participantes ativos ou simpáticos ao movimento ambientalista caiu para 62%, de 71% em 2000. Em 2010, o percentual das que acreditavam que o movimento ambiental tinha feito mais mal do que bem subiu para 36%, de 21% em 2000. E, pela primeira vez desde que a pesquisa começou a fazer essa pergunta, em 2000, mais pessoas deram uma prioridade maior ao desenvolvimento econômico (mesmo que prejudique o meio ambiente) do que as que disseram que se deve dar prioridade à proteção ambiental. Esse percentual cresceu ainda mais em 2011, o que pode ter sido impulsionado, em parte, por preocupações com a economia fraca (Gallup, 2011).

POLUIÇÃO DO AR

Em termos mundiais, mais de 1 bilhão de pessoas estão expostas a níveis de poluição atmosférica potencialmente prejudiciais à saúde. Infelizmente, em cidades ao redor do mundo, os moradores passaram a aceitar o ar poluído como normal. A poluição atmosférica urbana é causada principalmente pelas emissões provenientes dos automóveis e, em segundo lugar, pelas emissões das usinas de energia elétrica e das indústrias pesadas. A poluição do ar não só limita a visibilidade, mas também pode levar a problemas de saúde desconfortáveis, como irritação nos olhos, e mortais, como câncer de pulmão. Esses problemas são especialmente graves nos países em desenvolvimento. A OMS estima que até 2 milhões de mortes prematuras por ano poderiam ser evitadas se os poluentes fossem reduzidos a níveis mais seguros (World Health Organization, 2008b).

As pessoas são capazes de mudar seu comportamento, mas também relutam, muitas vezes, em fazer essas alterações permanentes. Durante os Jogos Olímpicos de 1984, em Los Angeles, as autoridades orientaram os moradores a compartilhar carros e escalonar suas horas de trabalho para aliviar o congestionamento do tráfego e melhorar a qualidade do ar que os atletas iriam respirar. Essas mudanças resultaram em uma queda impressionante nos níveis de ozônio, de 12%. Após as Olimpíadas, no entanto, as pessoas voltaram a seu comportamento normal, e os níveis de ozônio subiram mais uma vez. Da mesma forma, a China tomou medidas drásticas para garantir que os altos níveis de poluição do ar de Pequim não estragassem os Jogos Olímpicos de 2008. As obras na cidade cessaram, fábricas e usinas poluentes fecharam, e trabalhadores varriam as estradas e as pulverizavam com água várias vezes ao dia. Essa solução temporária, no entanto, não resolveu o problema permanente da poluição na China (The Economist, 2008b).

POLUIÇÃO DA ÁGUA

Em muitos países, os resíduos despejados por indústrias e governos locais poluíram riachos, rios e lagos. Consequentemente, muitos cursos d'água se tornaram inseguros para pesca e natação, e mais ainda para beber.

Em todo o mundo, a poluição dos oceanos é uma questão que gera crescente preocupação. O vazamento da plata-

Reproduzido, com permissão, de Mike Luckovich e Creators Syndicate.

GLOBALIZANDO

Projeções de emissões de gases de efeito estufa, 2025

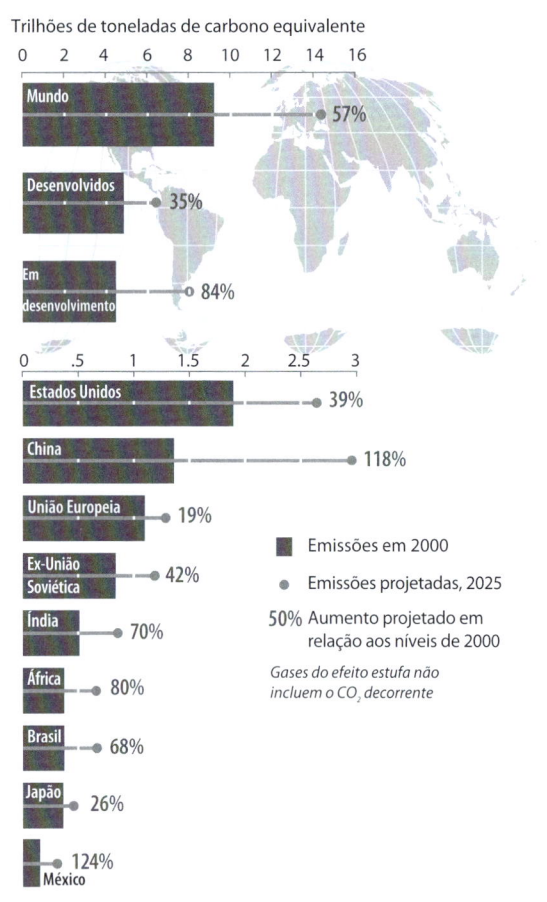

Trilhões de toneladas de carbono equivalente

- Mundo: 57%
- Desenvolvidos: 35%
- Em desenvolvimento: 84%
- Estados Unidos: 39%
- China: 118%
- União Europeia: 19%
- Ex-União Soviética: 42%
- Índia: 70%
- África: 80%
- Brasil: 68%
- Japão: 26%
- México: 124%

■ Emissões em 2000
● Emissões projetadas, 2025
50% Aumento projetado em relação aos níveis de 2000

Gases do efeito estufa não incluem o CO_2 decorrente

Em 2000, os Estados Unidos foram o maior emissor de CO_2 a partir de combustíveis fósseis. A China deverá assumir a liderança em 2025.

Fontes: Baumert, Herzog e Pershing, 2005.

---

102 espécies de aves foram prejudicadas (National Geographic, 2012).

O incidente é um entre muitos acidentes aquáticos que resultaram em elevado dano ambiental. Quando o petroleiro *Exxon Valdez* encalhou no canal Príncipe William, no Alasca, em 1989, sua carga de 11 milhões de galões de petróleo bruto derramou no canal e escoou para a costa, contaminando 2.000 km de litoral. Ao todo, cerca de 11.000 pessoas uniram-se em um esforço maciço de limpeza que custou mais de 2 bilhões de dólares. Em termos globais, os derramamentos de petróleo ocorrem regularmente. Em 2002, o petroleiro *Prestige* vazou duas vezes mais combustível do que o *Valdez*, prejudicando muito as áreas costeiras da Espanha e da França (ITOPF, 2006).

Menos dramáticos do que grandes acidentes ou desastres, mas mais comuns em muitas partes do mundo, são os problemas com o suprimento básico de água. No mundo, mais de 884 milhões de pessoas não têm água potável e adequada, e 2,6 bilhões não têm acesso a instalações de saneamento adequadas – um problema que ameaça ainda mais a qualidade dos suprimentos de água. Os custos de saúde decorrentes da água contaminada são enormes (World Health Organization e UNICEF, 2010).

Considerando-se essas carências, não deve ser surpresa que a água seja hoje uma *commodity* altamente disputada em muitas partes do mundo. Nos Estados Unidos, a concorrência pela água é intensa, principalmente na crescente região de Las Vegas e do Sudoeste. No Oriente Médio, os imensos desafios políticos gerados pelos conflitos étnicos e religiosos muitas vezes são complicados por batalhas pela água. Lá, nações concorrentes acusam-se mutuamente de tirar vantagem injusta dos suprimentos de água existentes, e os reservatórios são um alvo provável para forças militares e terroristas (Carmichael, 2007).

MUDANÇA CLIMÁTICA GLOBAL

As evidências científicas da mudança climática global são claras, coerentes e convincentes, mas pesquisas de opinião pública mostram que as pessoas permanecem céticas. Aquecimento global, a expressão mais associada às mudanças

---

forma Deepwater Horizon no Golfo do México representa o efeito cascata que esses acidentes podem ter sobre o meio ambiente, incluindo o impacto sobre aves, peixes, mamíferos e seus habitats. O impacto do vazamento sobre várias espécies foi grande. Por exemplo, nos dois anos após o incidente, 675 golfinhos ficaram presos no norte do Golfo do México em comparação com uma taxa anual de 74, os corais de águas profundas experimentaram muito estresse, o ciclo do nitrogênio para os microrganismos foi inibido e

Espécies ameaçadas e em risco de extinção, 2011

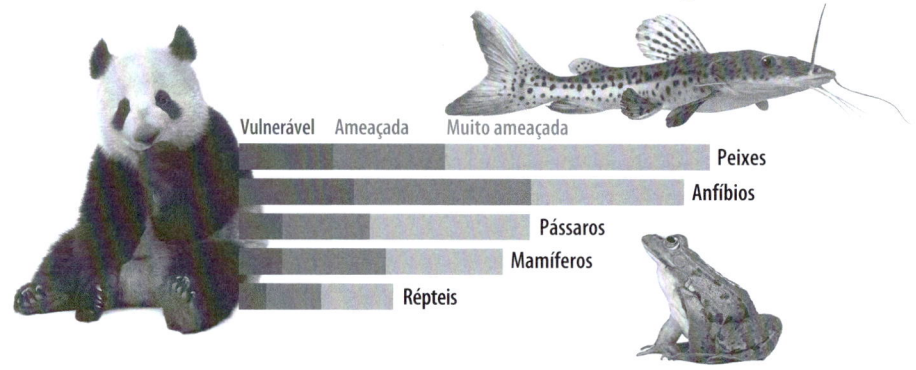

Vulnerável | Ameaçada | Muito ameaçada
- Peixes
- Anfíbios
- Pássaros
- Mamíferos
- Répteis

Fonte: IUCN, 2011.

climáticas, refere-se ao aumento significativo das temperaturas da superfície da Terra que ocorre quando gases industriais, como o dióxido de carbono, transformam a atmosfera do planeta em uma espécie de estufa.

Até mesmo um grau a mais na temperatura média do planeta aumenta a probabilidade de incêndios florestais, redução de rios e lagos, expansão do deserto e chuvas torrenciais, incluindo tufões e furacões. Apesar dos riscos catastróficos potenciais, 48% dos norte-americanos acreditam que a gravidade do aquecimento global costuma ser exagerada (Newport, 2010).

Os cientistas agora acompanham as emissões de dióxido de carbono em todo o mundo e podem mapear a contribuição atual e projetada de cada país (ver gráfico na p. 374). Essas análises mostram a contribuição considerável e crescente dos Estados Unidos (Lymas, 2008). Para alguns políticos, no entanto, o problema parece muito abstrato e distante. Outros reconhecem que as soluções eficazes exigem uma resposta multinacional, de difícil gestão, e temem que seu país possa ter de suportar uma parcela muito grande do custo. O Protocolo de Quioto, estabelecido em 1997 e promulgado em 2005, destinava-se a dar uma resposta unificada, na qual os países do mundo assumiriam responsabilidade coletiva por reduzir as emissões globais de gases de efeito estufa. Em 2010, 187 países haviam assinado o acordo, mas os Estados Unidos, que produzem 19% do dióxido de carbono do mundo, não o ratificaram. Os opositores do Protocolo de Quioto argumentam que isso colocaria o país em desvantagem no mercado global (Energy Information Administration, 2008; United Nations Framework Convention on Climate Change, 2010a).

Mais uma vez, podemos recorrer à análise de sistemas-mundo quando se trata de ver quem paga o preço mais alto pelas mudanças climáticas globais. Historicamente, os países centrais têm sido os grandes emissores de gases de efeito estufa. Hoje, boa parte das indústrias se mudou para países semiperiféricos e periféricos, onde as emissões desses gases estão aumentando. Ironicamente, muitos daqueles que agora pedem uma redução da atividade humana, que contribui para a mudança climática global, estão localizados em países centrais que têm contribuído de forma desproporcional ao problema. Queremos nossos hambúrgueres, mas criticamos a destruição das florestas tropicais para criar pastagens para o gado. Queremos roupas e brinquedos baratos, mas condenamos os países em desenvolvimento por dependerem de usinas de energia a carvão, cujo número deve aumentar 46% até 2030. O desafio das mudanças climáticas globais, portanto, está intimamente ligado à desigualdade global (M. Jenkins, 2008; Leonard, 2010; Roberts, Grines e Manale, 2003).

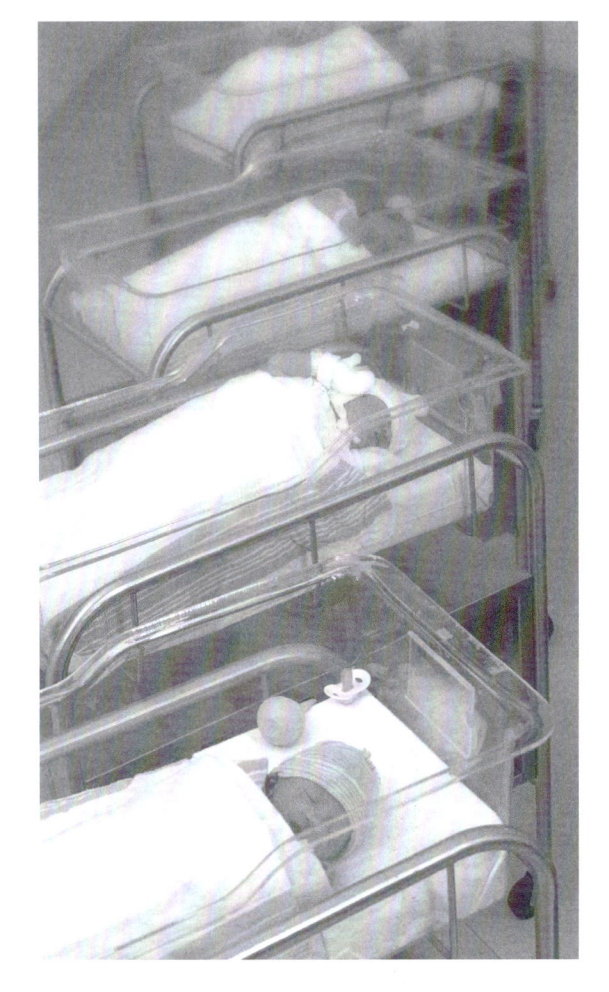

Além dos custos ambientais de sustentar o aumento da população mundial, os avanços tecnológicos também contribuem para as preocupações ambientais. Pelo menos desde a Revolução Industrial e a invenção da máquina a vapor, do automóvel, das usinas de queima de carvão e muito mais, os efeitos ambientais da inovação tecnológica têm sido extremos. O biólogo e ambientalista Barry Commoner

Percepções de mudança climática global

- Brasil — 90%
- França — 68%
- Índia — 67%
- Japão — 65%
- México — 65%
- Alemanha — 60%
- Nigéria — 57%
- Paquistão — 50%
- Quênia — 48%
- Canadá — 47%
- Estados Unidos — 44%
- China — 30%

Observação: Porcentagem de pessoas que citam a mudança climática como um problema muito grave.
Fonte: Pew Research Center, 2009e.

afirmou que outros fatores que contribuem para o problema são plásticos, detergentes, fibras sintéticas, pesticidas, herbicidas e fertilizantes químicos. Gostamos dos estilos de vida que essas inovações nos permitem experimentar, mas pagamos um preço alto por seus benefícios (Commoner, 1971, 1990; Ehrlich, 1968).

A RESPOSTA GLOBAL

A globalização pode ser boa e ruim para o meio ambiente. Do lado negativo, pode criar uma corrida para o fundo à medida que empresas poluidoras se mudam para países com normas ambientais menos rigorosas. Igualmente preocupante é o fato de que a globalização permite às multinacionais explorar os recursos dos países em desenvolvimento para obter lucros de curto prazo. Do México à China, a industrialização que costuma acompanhar a globalização aumentou a poluição de todos os tipos.

Mesmo assim, a globalização também pode ter um impacto positivo. Com a queda de barreiras à circulação internacional de mercadorias, serviços e pessoas, as empresas multinacionais têm um incentivo para considerar cuidadosamente o custo dos recursos naturais. Como demonstrou o estabelecimento do Protocolo de Quioto, países de todo o mundo podem se unir em nível global para tomar medidas que tenham impactos positivos. Por exemplo, em 2010, os países industrializados que concordaram com o Protocolo de Quioto avançavam rumo ao cumprimento de suas metas de redução de emissões. Em dezembro de 2009, nações de todo o mundo se reuniram em Copenhague para começar a trabalhar em um novo conjunto de metas ambientais globais – um processo que continuou em Bonn, na Alemanha, em junho de 2010. O objetivo era trabalhar na elaboração de um novo tratado global sobre mudanças climáticas (United Nations Framework Convention on Climate Change, 2010b).

O uso excessivo ou o desperdício de recursos não faz muito sentido, principalmente quando eles estão em risco de exaustão (Kwong, 2005). Talvez, como Émile Durkheim poderia ter argumentado muito tempo atrás, ao reconhecermos nossa interdependência mútua, tomaremos as medidas necessárias para provocar uma mudança social positiva. Há sinais de que indivíduos, países e corporações estão começando a fazer exatamente isso. Por exemplo, as pessoas estão tendo mais responsabilidade por seu impacto global reciclando e mudando para lâmpadas fluorescentes (Morales, 2010). Um número cada vez maior de empresas está se tornando "verde" e até encontrando lucros nessa atitude. A sociologia nos ajuda a ver melhor as formas em que estamos interligados ao destacar a importância do sistema como um todo e conscientizar sobre as desigualdades que são uma consequência do sistema global que construímos. Essa análise pode nos preparar para responder de forma mais eficaz aos desafios globais que enfrentamos.

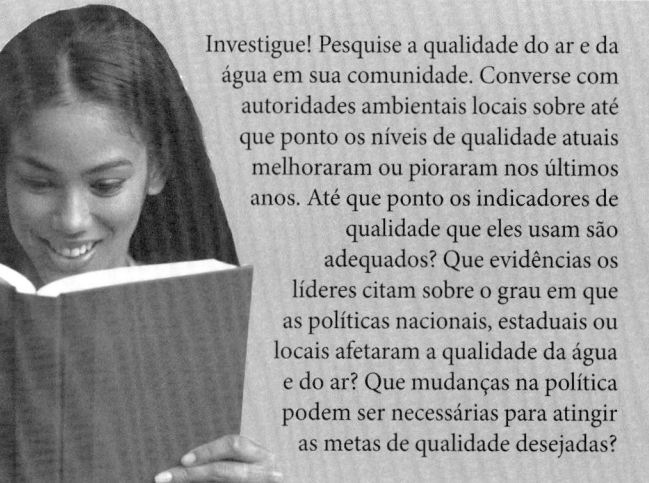

envolva-se!

Investigue! Pesquise a qualidade do ar e da água em sua comunidade. Converse com autoridades ambientais locais sobre até que ponto os níveis de qualidade atuais melhoraram ou pioraram nos últimos anos. Até que ponto os indicadores de qualidade que eles usam são adequados? Que evidências os líderes citam sobre o grau em que as políticas nacionais, estaduais ou locais afetaram a qualidade da água e do ar? Que mudanças na política podem ser necessárias para atingir as metas de qualidade desejadas?

PARA REVISÃO

I. Que papel a dinâmica populacional cumpre em nossas vidas?
- A dinâmica populacional fornece um contexto no qual nascemos, vivemos, nos movemos e inclusive morremos, e as tendências da população variam muito ao longo do tempo e entre países, moldando nossas oportunidades de vida.

II. Como a sociologia contribui para algo aparentemente tão biológico como a saúde?
- Nossa compreensão do que é saúde e doença é moldada pela sociedade a que pertencemos. Da mesma forma, nossa posição social e nosso controle sobre os recursos moldam nossa probabilidade de exposição a doenças e nosso acesso a serviços de saúde.

III. Que lições ambientais podemos aprender com a sociologia?
- O ambiente natural representa nossa casa humana, dentro da qual ocorre toda a interação social, e a forma como organizamos nossas relações sociais influencia os efeitos que temos sobre o meio ambiente. Países que controlam uma quantidade maior de recursos têm um impacto maior e, portanto, maior responsabilidade sobre esses efeitos.

Visões SOCIOLÓGICAS sobre população, saúde e meio ambiente

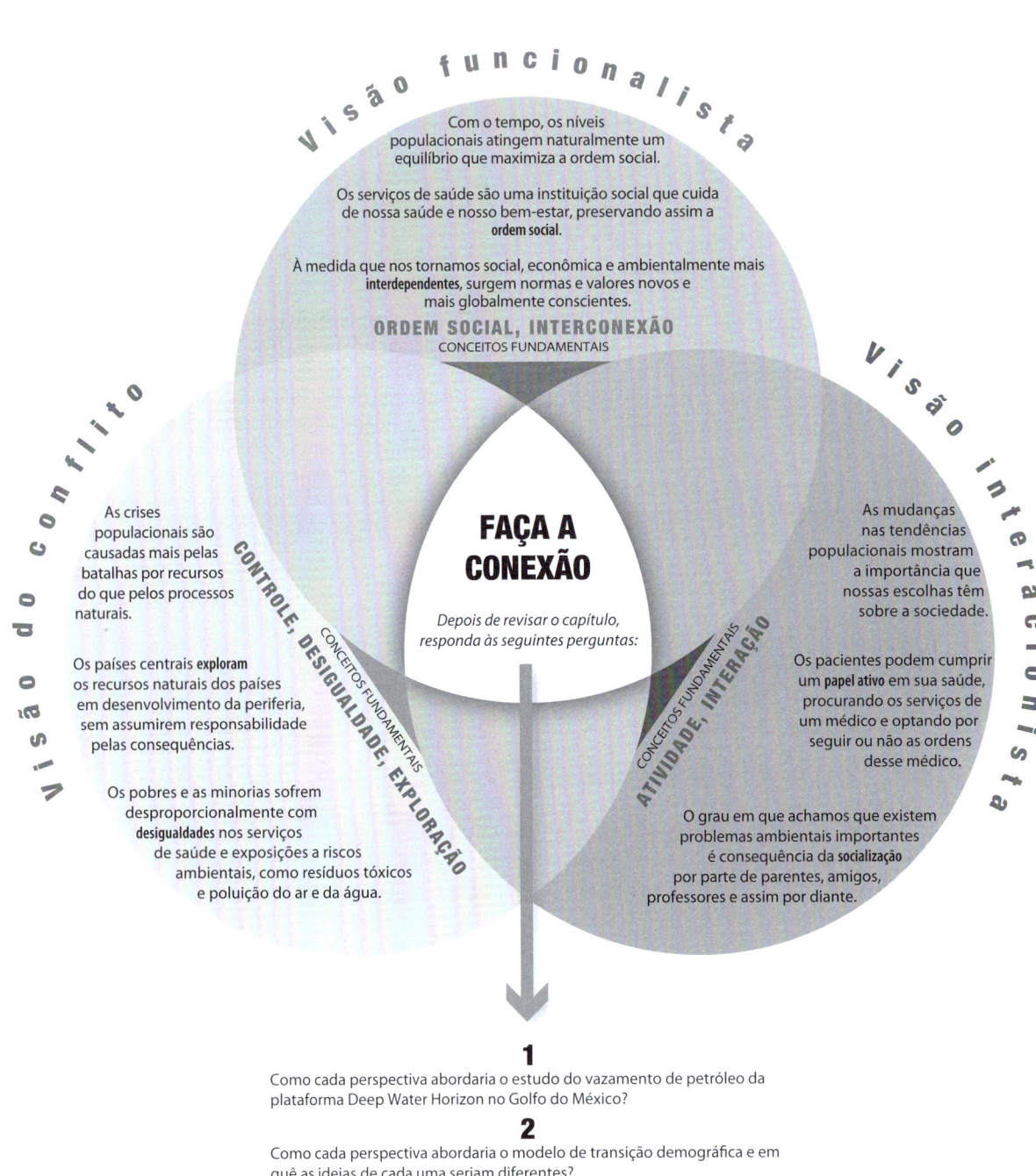

Visão funcionalista

Com o tempo, os níveis populacionais atingem naturalmente um equilíbrio que maximiza a ordem social.

Os serviços de saúde são uma instituição social que cuida de nossa saúde e nosso bem-estar, preservando assim a **ordem social**.

À medida que nos tornamos social, econômica e ambientalmente mais **interdependentes**, surgem normas e valores novos e mais globalmente conscientes.

ORDEM SOCIAL, INTERCONEXÃO
CONCEITOS FUNDAMENTAIS

Visão do conflito

As crises populacionais são causadas mais pelas batalhas por recursos do que pelos processos naturais.

Os países centrais **exploram** os recursos naturais dos países em desenvolvimento da periferia, sem assumirem responsabilidade pelas consequências.

Os pobres e as minorias sofrem desproporcionalmente com **desigualdades** nos serviços de saúde e exposições a riscos ambientais, como resíduos tóxicos e poluição do ar e da água.

CONCEITOS FUNDAMENTAIS
CONTROLE, DESIGUALDADE, EXPLORAÇÃO

Visão interacionista

As mudanças nas tendências populacionais mostram a importância que nossas escolhas têm sobre a sociedade.

Os pacientes podem cumprir um **papel ativo** em sua saúde, procurando os serviços de um médico e optando por seguir ou não as ordens desse médico.

O grau em que achamos que existem problemas ambientais importantes é consequência da **socialização** por parte de parentes, amigos, professores e assim por diante.

CONCEITOS FUNDAMENTAIS
ATIVIDADE, INTERAÇÃO

FAÇA A CONEXÃO

Depois de revisar o capítulo, responda às seguintes perguntas:

1
Como cada perspectiva abordaria o estudo do vazamento de petróleo da plataforma Deep Water Horizon no Golfo do México?

2
Como cada perspectiva abordaria o modelo de transição demográfica e em que as ideias de cada uma seriam diferentes?

3
Pesquise sobre o Sistema Único de Saúde (SUS) no Brasil e responda: quais visões poderíamos obter de cada perspectiva com relação ao atual estado das políticas de saúde no Brasil? Quais são as semelhanças e diferenças com os serviços de saúde nos Estados Unidos, incluindo suas recentes mudanças?

4
Observe sua experiência com o mundo médico de uma perspectiva interacionista. Como foram suas interações com médicos e enfermeiros? Você teve papel ativo ou passivo como paciente?

Pop Quiz

1. **Como é definida a taxa de fertilidade total?**
   a. O número de crianças nascidas em determinado período
   b. O número de nascidos vivos por mil pessoas da população em determinado ano
   c. O número médio de filhos que uma mulher teria durante sua vida, considerando-se as taxas de natalidade atuais e pressupondo que ela sobrevivesse durante seus anos férteis
   d. O número mínimo de filhos que uma mulher precisaria ter na vida, em média, para reproduzir a população na próxima geração

2. **Que termo é usado quando alguém deixa um grupo populacional ao qual tinha pertencido?**
   a. Imigração
   b. Reposição
   c. Emigração
   d. Transição

3. **Qual foi a relação entre as taxas de natalidade e as taxas de mortalidade durante a maior parte da história humana, como descrito pelo modelo de transição demográfica?**
   a. Ambas foram baixas
   b. As taxas de mortalidade foram baixas; as taxas de natalidade foram altas
   c. As taxas de natalidade foram baixas; as taxas de mortalidade foram altas
   d. Ambas foram altas

4. **Uma doença que não pode ser entendida separadamente de seu contexto social é um exemplo de**
   a. ecologia humana.
   b. síndrome cultural.
   c. papel de doente.
   d. medicina holística.

5. **Qual dessas nações tem a menor taxa de mortalidade infantil?**
   a. Estados Unidos
   b. Serra Leoa
   c. Canadá
   d. Japão

6. **Na área da epidemiologia social, a que se refere a prevalência?**
   a. À taxa em que os principais indicadores mudam com o tempo
   b. Ao número total de casos de uma doença específica que existem em um dado período
   c. À probabilidade de que uma doença ou enfermidade seja rotulada como tal em determinado contexto cultural
   d. Ao número de novos casos de uma doença específica que ocorrem dentro de uma dada população, durante um período estabelecido

7. **A faixa etária com maior probabilidade de ter cobertura de algum tipo de seguro de saúde é de**
   a. menores de 18 anos.
   b. 18 a 34 anos.
   c. 35 a 64 anos.
   d. 65 anos ou mais.

8. **Em comparação com outros países ao redor do mundo, quanto os Estados Unidos gastam em serviços de saúde (medido pelo PIB)?**
   a. Próximo ao mínimo
   b. Mais ou menos na média ou mediana
   c. Mais ou menos no percentil 75
   d. Mais do que praticamente todos os outros países

9. **Os países industrializados da América do Norte e da Europa respondem por 12% da população mundial. Por qual porcentagem do consumo mundial eles são responsáveis?**
   a. 15%
   b. 30%
   c. 45%
   d. 60%

10. **Qual é o tratado internacional que buscou reduzir as emissões globais de gases de efeito estufa?**
    a. Tratado de Valdez
    b. Protocolo de Quioto
    c. Declaração de Port Huron
    d. Acordo de Gore

1. (c); 2. (c); 3. (d); 4. (b); 5. (d); 6. (b); 7. (d); 8. (d); 9. (d); 10. (b).

15

TRANSFORMAÇÃO

O QUE ESTÁ POR VIR

382 Transformação social global

383 Perspectivas sociológicas sobre a transformação social

387 A tecnologia e o futuro

393 Movimentos sociais

397 A sociologia é um verbo

MUDAR O MUNDO, UM *CAMPUS* DE CADA VEZ

No verão de 1964, estudantes universitários dos Estados Unidos viajaram ao Mississippi para mudar o mundo. Como voluntários do programa Freedom Summer, seu objetivo era fazer diferença na vida de afro-americanos a quem tinham sido sistematicamente negados o direito ao voto, uma educação de qualidade e representação jurídica e política. Os voluntários, em sua maioria estudantes brancos de classe média alta de faculdades do norte, registraram eleitores negros, montaram "Escolas da Liberdade" e prestaram assessoria jurídica e assistência médica. Até o final do verão, eles haviam registrado 17 mil eleitores e ensinado 3 mil crianças. Em 1964, 6,7% dos afro-americanos em idade de votar no Mississippi estavam registrados, mas, em 1967, eles eram 66,5% (Colby, 1986; McAdam, 1988).

De 18 de abril a 8 de maio de 2001, estudantes da Universidade de Harvard ocuparam o prédio Massachusetts Hall, onde estão os gabinetes do reitor e do diretor, como parte de sua campanha *Living Wage* por salário digno. A cidade de Cambridge, onde Harvard está localizada, tinha aprovado uma resolução garantindo um salário mínimo de 10 dólares por hora, a ser reajustado segundo a inflação. Os estudantes argumentaram que uma escola com uma dotação de bilhões de dólares podia pagar mais do que os 6,50 dólares que muitos funcionários estavam recebendo. Após inúmeras tentativas de negociação, os estudantes decidiram fazer uma declaração. Durante a ocupação, organizaram piquetes e manifestações diários envolvendo milhares de pessoas. Depois de três semanas, a administração concordou em estabelecer um comitê para implementar princípios de salário mínimo (Progressive Student Labor Movement, 2008).

Em 2007, os alunos do Middlebury College, em Vermont, convenceram os membros do conselho da faculdade a construir uma usina de biomassa de 12 milhões de dólares, seguindo seu compromisso de neutralidade de carbono no *campus*. A usina começou a operar em fevereiro de 2009. Enquanto era estudante da Universidade de Cornell, em Nova York, Catherine McEachern participava de um movimento estudantil semelhante. Ela diz: "O aquecimento global foi negligenciado pela geração anterior, e nós consideramos isso como uma injustiça que precisa ser mudada" (citado em James, 2008).

Os estudantes universitários continuam a lutar por transformações significativas e a implementá-las em *campi* de todo o mundo. Max Weber argumentava que todos temos a capacidade potencial de mudar nosso mundo. Na verdade, a mudança vai acontecer, gostemos ou não. Uma questão fundamental é: seremos sujeitos ativos em busca da mudança que desejamos ou receptores passivos que aceitam a mudança decretada por outros?

À medida que você for LENDO

>>
- Como e por que a transformação social acontece?
- Que fatores definem o sucesso de um movimento social?
- O que significa praticar sociologia?

>>Transformação social global

Estamos em uma era verdadeiramente dramática na história em termos de transformação social global. Nas últimas décadas, assistimos à revolução dos computadores e à explosão da conectividade na internet, ao colapso do comunismo, a grandes mudanças de regime e a perturbações econômicas graves na África, no Oriente Médio e na Europa Oriental, à disseminação da aids, à primeira confirmação da clonagem de um animal complexo (Dolly, a ovelha) e ao primeiro grande ataque terrorista em solo norte-americano. Hoje, continuamos a enfrentar os desafios globais, incluindo o terrorismo internacional, a crise econômica global e as mudanças climáticas, além de outras ameaças.

Uma das transformações mais importantes até agora no século XXI foi o surgimento da Primavera Árabe. A expressão refere-se à importante agitação política que ocorreu em uma série de países do norte da África e da Península Arábica de 2010 a 2012. Para seus apoiadores, essas mudanças representaram o início de uma nova vida, mesmo que uma morte tenha ajudado a desencadeá-las.

Os protestos começaram na Tunísia, em 18 de dezembro de 2010, após Mohamed Bouazizi, um camelô de 26 anos, cujo carrinho de frutas e legumes fora confiscado pela polícia local e que havia se cansado de anos de humilhação e corrupção, ter ateado fogo em seu próprio corpo como forma de protesto e resignação. Ele morreu 18 dias depois. O ato de Bouazizi tornou-se um símbolo da frustração sentida por muitas outras pessoas na região.

Com o auxílio de mensagens de celular e redes sociais, a notícia espalhou-se rapidamente, ajudando a gerar imensos protestos na Tunísia, que provocaram manifestações em vários países, incluindo Egito (onde a Praça Tahrir se tornou um local de reunião), Líbia, Iêmen, Síria, Bahrain, entre outros. Muitos dos que participaram eram jovens, com boa instrução e conhecimento tecnológico. Eles buscavam reformas econômicas e políticas, maiores oportunidades para a autodeterminação e esperança de uma vida melhor. Como resultado dos protestos, além de muitas outras consequências, o presidente da Tunísia Zine El Abidine Ben Ali foi deposto após 23 anos no poder. O presidente egípcio, Hosni Mubarak, que estava no poder havia quase 30 anos, renunciou. O líder líbio, coronel Muammar el-Qaddafi, que governou por 42 anos, foi derrubado e morto, e o presidente do Iêmen, Ali Abdullah Saleh, deixou o cargo após 33 anos no poder (Gelvin, 2012; Noueihed e Warren, 2012; Raghavan, 2011; Shenker et al., 2011).

Parte da importância do movimento Primavera Árabe está no fato de que ele representou a derrubada de regimes políticos arraigados e repressivos, e a promessa de maior poder e oportunidade nas mãos do povo. Quem exerce posições de poder muitas vezes consegue usar seu controle sobre recursos valorizados para reforçar o *status quo*, mas esses protestos demonstram o poder da agência e da ação social engajada. O tempo dirá até que ponto os novos regimes dos diversos países serão capazes de corresponder a seus ideais, dados seus desafios econômicos, sociais e culturais (Amnesty International, 2011; Fisher, 2012).

Você sabia?

"... Quando a primeira chamada para protestos foi feita pelo Occupy Wall Street, os organizadores fizeram uma referência explícita aos protestos da Primavera Árabe no Egito. Eles escreveram: 'Você está pronto para um momento Tahrir?'. Em 17 de setembro, manifestantes inundaram a região sul de Manhattan, montaram barracas, cozinhas, barricadas pacíficas e ocuparam Wall Street."

A sociologia nos ajuda a compreender essas mudanças, prestando atenção às transformações de grande escala, ou macro, que alteram a paisagem básica da sociedade e as relações entre os grupos, e às transformações de pequena escala, ou micro, na interação social dentro da qual são tomadas decisões que podem alterar o curso da história. Construímos a sociedade por meio de nossas ações cotidianas. Assim, temos o poder de mudar a sociedade alterando as escolhas que fazemos. É claro que algumas pessoas, por causa de seu controle sobre recursos valiosos, têm mais poder do que outras. A sociologia pode concentrar melhor nossa atenção para que possamos entender qual pode ser a direção das transformações.

>>Perspectivas sociológicas sobre a transformação social

Como humanos, somos seres criativos. Inovamos e experimentamos permanentemente, desenvolvendo novas tecnologias, ideias e maneiras de fazer as coisas. Cada inovação representa um exemplo de **transformação social**, que envolve alterações importantes ao

> **transformação social** Alterações importantes ao longo do tempo, nos padrões de comportamento e na cultura, incluindo normas e valores.

Estados Unidos: um país em transformação

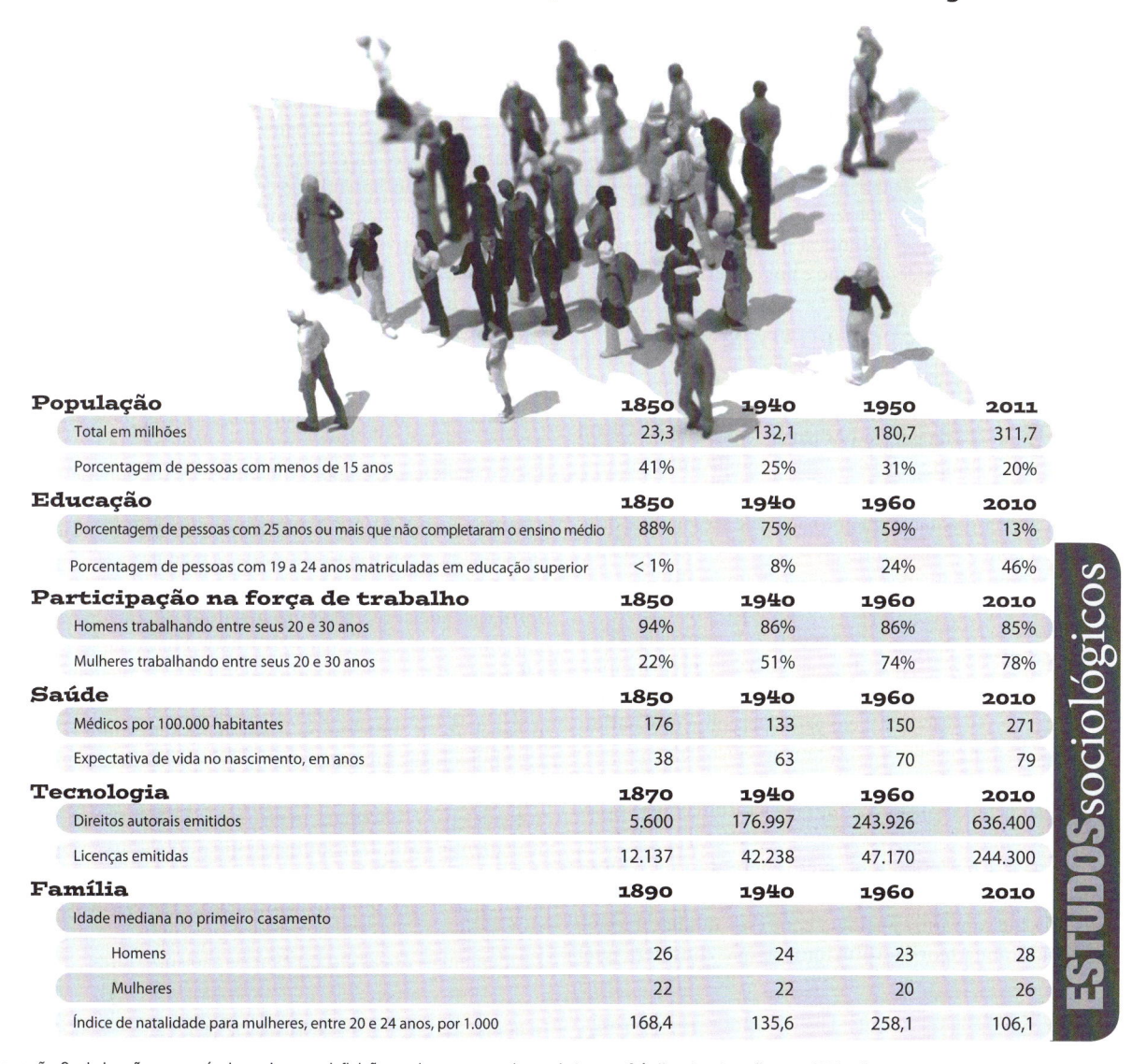

População	**1850**	**1940**	**1950**	**2011**
Total em milhões	23,3	132,1	180,7	311,7
Porcentagem de pessoas com menos de 15 anos	41%	25%	31%	20%
Educação	**1850**	**1940**	**1960**	**2010**
Porcentagem de pessoas com 25 anos ou mais que não completaram o ensino médio	88%	75%	59%	13%
Porcentagem de pessoas com 19 a 24 anos matriculadas em educação superior	< 1%	8%	24%	46%
Participação na força de trabalho	**1850**	**1940**	**1960**	**2010**
Homens trabalhando entre seus 20 e 30 anos	94%	86%	86%	85%
Mulheres trabalhando entre seus 20 e 30 anos	22%	51%	74%	78%
Saúde	**1850**	**1940**	**1960**	**2010**
Médicos por 100.000 habitantes	176	133	150	271
Expectativa de vida no nascimento, em anos	38	63	70	79
Tecnologia	**1870**	**1940**	**1960**	**2010**
Direitos autorais emitidos	5.600	176.997	243.926	636.400
Licenças emitidas	12.137	42.238	47.170	244.300
Família	**1890**	**1940**	**1960**	**2010**
Idade mediana no primeiro casamento				
Homens	26	24	23	28
Mulheres	22	22	20	26
Índice de natalidade para mulheres, entre 20 e 24 anos, por 1.000	168,4	135,6	258,1	106,1

Observação: Os dados são comparáveis, embora as definições variem pouco ao longo do tempo. O índice de educação para 1850 refere-se a pessoas com mais de 70 anos. O índice de natalidade mais antigo é de 1905.

Fonte: Bureau of Labour Statistics, 2011e; Carter et al., 2006: vol. 1: 28-29, 401-402, 440, 541, 685, 697, 709, vol. 2: 441-442, vol. 3: 422-425, 427-428; National Center for Health Statistics, 2011: Tabela 106; Snyder e Dillow, 2011: Tabela 8.11; U.S. Census Bureau, 2010f: Tabela 80:2011a: Tabela MS-2; 2011h: Tabelas 778, 780; World Bank, 2011l.

ESTUDOS sociológicos

longo do tempo, nos padrões de comportamento e na cultura. A transformação social pode ocorrer tão lentamente de modo que seja quase imperceptível para aqueles a quem afeta, mas também pode acontecer com uma rapidez de tirar o fôlego.

Mais ou menos de um século para cá, por exemplo, a população dos Estados Unidos mais do que dobrou, o percentual de pessoas que terminam o ensino médio e frequentam a faculdade disparou, as mulheres entraram na força de trabalho remunerada em números significativos, a expectativa de vida aumentou, a inovação tecnológica explodiu, homens e mulheres têm se casado mais tarde, e o tamanho das famílias diminuiu. Em nosso mundo global interdependente, não há razão para suspeitar de que essas transformações cessarão, e muitas mudanças futuras são difíceis de prever.

Explicar a transformação social é claramente um desafio no mundo diversificado e complexo em que vivemos, mas os sociólogos têm procurado analisar, interpretar e explicar essa transformação. Em alguns casos, eles examinaram os acontecimentos históricos para chegar a uma melhor compreensão das mudanças contemporâneas. Observamos a transformação de três perspectivas para poder identificar melhor as questões que devemos incluir ao considerar como e por que ela acontece.

A EVOLUÇÃO DAS SOCIEDADES

Todas as sociedades têm de se adaptar à mudança. Às vezes, essa mudança é uma consequência de forças externas, por exemplo, de um ato de guerra por parte de outro país ou de uma catástrofe natural. Às vezes, é resultado de inovação interna, como a invenção de novas tecnologias. A mudança também pode ser gradual, algo que não pode ser visto até que se recue um pouco e olhe. Outras vezes, pode vir rapidamente, quando somos chamados a responder a uma crise.

teoria evolucionista Teoria da transformação social que considera que a sociedade avança em uma direção definida.

Uma abordagem para se entender como as sociedades mudam se baseia no princípio da evolução. Ela foi inspirada, em parte, pela obra de Charles Darwin (1809-1882) sobre a evolução biológica das espécies. A abordagem de Darwin enfatiza uma progressão contínua de sucessivas gerações de formas de vida à medida que elas se adaptam ao ambiente. Por exemplo, os seres humanos chegaram em uma fase posterior da evolução em relação aos répteis e representam uma forma mais complexa de vida. Teóricos sociais que buscam uma analogia com esse modelo biológico propuseram a **teoria evolucionista**, que considera que

> Nem toda mudança é crescimento, assim como nem todo movimento é para a frente.
>
> Ellen Glasgow

a sociedade avança em uma direção definida. Os primeiros teóricos evolucionistas geralmente aceitavam que a sociedade estava progredindo do simples ao complexo, o qual eles pressupunham ser superior.

Os primeiros sociólogos e antropólogos acreditavam ser possível estudar o que chamaram na época de sociedades simples ou "primitivas", em busca de pistas sobre as bases essenciais de todas as sociedades. Auguste Comte (1798-1857), um dos fundadores da sociologia, foi um teórico evolucionista da mudança. Ele considerava que as sociedades humanas estavam avançando em seu pensamento, da mitologia ao método científico. Da mesma maneira, Émile Durkheim ([1893] 1933) sustentava que a sociedade evoluía de formas simples a complexas de organização social. Tanto Comte quanto Durkheim acreditavam que, adquirindo uma compreensão racional dos princípios da ordem e da transformação nessas sociedades, seríamos capazes de influenciar de modo mais eficaz a direção tomada por nossas sociedades modernas e mais complexas.

Desde então, aprendemos que é falha a ideia de que todas as sociedades seguem um caminho único do simples ao complexo, do primitivo ao moderno. A noção de que as sociedades tradicionais são simples ou primitivas se mostrou incorreta e etnocêntrica. Essas sociedades apresentam níveis significativos de sofisticação e inovação, em termos de relações sociais e de adaptação tecnológica a seus ambientes. Além disso, não existe um caminho único de evolução social pelo qual todas as sociedades devam passar. A transformação social pode afetar uma área da vida social, como a política, deixando outras relativamente inalteradas, como o trabalho e a economia. Por exemplo, uma sociedade pode avançar a uma forma democrática de governo, mas a natureza tradicional do trabalho, basicamente de pequena escala e agrícola, pode se manter.

Embora tenha limites, o modelo evolucionista da transformação social oferece uma metáfora útil quando se pensa em como essa transformação acontece. Por exemplo, podemos olhar as práticas do passado para entender melhor de onde vêm as novas formas de pensar e agir. Além disso, ele destaca o papel que o contexto ou o ambiente têm sobre a mudança. Em biologia, quando o ambiente se modifica, as mutações nas espécies podem torná-las mais aptas do que as gerações passadas para sobreviver nesse novo contexto. Para Darwin, no entanto, isso não significava que a nova fosse superior à antiga; apenas tinha maior probabilidade de sobreviver dadas as circunstâncias ambientais alteradas. O risco que se corre ao aplicar essa analogia à sociedade é pressupor que aqueles que se adaptam às novas circunstâncias são superiores.

EQUILÍBRIO E ORDEM SOCIAL

Outra abordagem à compreensão da transformação social está enraizada no princípio de que as sociedades procuram naturalmente atingir estabilidade ou equilíbrio. Qualquer transforma-

> **PENSAMENTO SOCIOLÓGICO**
>
> Por que os primeiros teóricos pensavam nas sociedades tradicionais como "primitivas"? Como isso reflete o paradigma teórico evolucionista que eles adotavam?

ção social que ocorra representa ajustes necessários à medida que a sociedade busca retornar a esse estado de equilíbrio. Por exemplo, o sociólogo Talcott Parsons (1902-1979), defensor dessa abordagem, considerava até mesmo as greves prolongadas ou os tumultos civis como interrupções temporárias no *status quo* em vez de alterações significativas na estrutura social.

De acordo com seu **modelo de equilíbrio**, quando ocorrem mudanças em uma parte da sociedade, devem ser feitos ajustes em outras partes. Se isso não acontecer, o equilíbrio da sociedade será ameaçado e ocorrerão tensões.

Parsons (1966) afirmou que quatro processos de transformação social são inevitáveis. O primeiro, a diferenciação, refere-se à crescente complexidade da organização social. Vemos isso na forma de especialização do trabalho, que fica visível nos sistemas burocráticos. A transição de um curandeiro – uma pessoa única que atende a todas as necessidades de saúde – a uma série de cargos, como médico, anestesista, enfermeiro e farmacêutico, é um exemplo de diferenciação no campo da medicina. Esse processo é acompanhado pela melhoria adaptativa, na qual os propósitos das instituições sociais se tornam mais especializados. A divisão de médicos em obstetras, internistas, cirurgiões e assim por diante é um exemplo de melhoria adaptativa.

O terceiro processo identificado por Parsons é a inclusão de grupos que anteriormente eram excluídos por causa de gênero, raça, etnia e classe social. Mais ou menos nas últimas duas décadas, as faculdades de medicina têm praticado a inclusão ao admitirem um número cada vez maior de mulheres e afro-americanos. Por fim, Parsons afirmou que as sociedades experimentam generalização de valor – o desenvolvimento de novos valores que legitimam uma ampla gama de atividades.

---

5 Filmes sobre MOVIMENTOS SOCIAIS E TRANSFORMAÇÃO SOCIAL

Gandhi
Sua história de transformação por meio de ação social não violenta.

Syriana
Uma companhia de petróleo entra em conluio com o governo dos Estados Unidos.

Le serment de tobrouk
A Primavera Árabe floresce na Líbia.

Indomável sonhadora
Quando você é pequeno, deve consertar o que puder.

Freedom riders
Jovens ativistas desafiam a segregação no sul dos Estados Unidos.

PENSAMENTO SOCIOLÓGICO

Por que o modelo de equilíbrio tem dificuldade de lidar com questões como desigualdade e pobreza como problemas sociais a serem resolvidos?

A aceitação da medicina preventiva e da alternativa é um exemplo de generalização de valor: a sociedade ampliou sua visão sobre os serviços de saúde. Todos os quatro processos identificados por Parsons salientam o consenso – o acordo social sobre a natureza da organização e dos valores sociais (Gerhardt, 2002).

Uma das fontes de tensão potencial que podem levar a essa adaptação social é a inovação tecnológica. Como vimos no Capítulo 3, o sociólogo William F. Ogburn (1922) distingue aspectos materiais e imateriais da cultura. A cultura material inclui invenções, artefatos e tecnologia; a cultura imaterial abrange ideias, normas, comunicação e organização social. Ogburn apontou que a tecnologia muitas vezes muda mais rapidamente do que as ideias e os valores com os quais entendemos essa mudança. Sendo assim, a cultura imaterial, incluindo valores e normas, geralmente deve responder às mudanças na cultura material. Ogburn introduziu a expressão *defasagem cultural* para se referir ao período de ajuste em que a cultura imaterial ainda está tentando se adaptar às novas condições materiais. Um exemplo é a internet, que se espalhou rapidamente, mas agora gera sérios questionamentos sobre privacidade pessoal.

Em certos casos, as transformações na cultura material podem tensionar as relações entre instituições sociais. Por exemplo, a invenção da pílula anticoncepcional em 1960, em conjunto com outras formas modernas de controle de natalidade, levou a mudanças sociais significativas. Ela ajudou a reduzir o tamanho das famílias em uma época em que as famílias grandes já não eram necessárias e eram até uma limitação à mobilidade – em função da mudança da agricultura para as economias industriais e de serviços. Ela proporcionou uma maior oportunidade para as mulheres seguirem carreiras e controlarem sua fertilidade. Ao fazê-lo, colocou em questão nossas concepções sobre o tamanho ideal de família e o papel da mulher na sociedade e na economia. A pílula anticoncepcional também afetou a fé religiosa (p. ex., entre os católicos romanos), pois colocou em questão crenças sobre o papel de Deus e o valor da vida humana na reprodução (Tentler, 2004).

Do ponto de vista de Parsons, essas tensões representam pouco mais do que ajustes normais necessários para manter o equilíbrio inevitável que é o estado natural de todas as sociedades. Embora sua abordagem incorpore explicitamente a noção evolutiva de progresso contínuo, o tema dominante no modelo é a estabilidade. A sociedade pode mudar, mas permanecer estável por meio de novas formas de integração. Por exemplo, no lugar dos laços de parentesco que proporcionavam a coesão social no passado, as pessoas desenvolvem leis, procedimentos judiciais e novos sistemas de valores e crenças. Parsons e outros teóricos argumentariam que as partes da sociedade que persistem, mesmo incluindo a criminalidade, o terrorismo e a pobreza, o fazem porque contribuem para a estabilidade social.

modelo de equilíbrio Visão segundo a qual a sociedade tende a um estado de equilíbrio ou estabilidade.

Os críticos apontam, no entanto, que sua abordagem praticamente desconsidera o uso da coerção pelos poderosos para manter a ilusão de uma sociedade estável e bem integrada (Gouldner, 1960).

RECURSOS, PODER E TRANSFORMAÇÃO

Essas teorias são úteis, mas não basta ver a mudança como parte da evolução ou do equilíbrio naturais das sociedades. Alguns grupos, por controlarem recursos valiosos, conseguem inibir ou facilitar a transformação social de maneira mais eficaz do que outros. Embora Karl Marx, por exemplo, aceitasse o argumento evolucionista de que as sociedades se desenvolvem ao longo de um caminho específico, ele não considerava cada etapa sucessiva como uma melhoria inevitável em relação à anterior. A história, de acordo com Marx, avança por uma série de etapas, e dentro de cada uma delas, quem controla os meios de produção explora toda uma classe de pessoas. Assim, a sociedade antiga explorava escravos, o sistema de estamentos do feudalismo explorava servos, e a moderna sociedade capitalista explora a classe trabalhadora. Por meio de uma revolução socialista liderada pelo proletariado, a sociedade humana acabaria avançando em direção à fase final de desenvolvimento: uma sociedade comunista sem classes, ou "comunidade de indivíduos livres", como Marx descreveu, em 1867, em *O capital* (Marx [1867] 2000:478).

interesses específicos Pessoas ou grupos que irão sofrer em caso de transformação social e que têm interesse em manter o *status quo*.

Marx argumentou que o conflito é um aspecto normal e desejável da transformação social. Na verdade, a transformação deve ser incentivada para que a desigualdade social seja eliminada. Na opinião dele, as pessoas não se limitam a um papel passivo ao responderem a ciclos ou mudanças inevitáveis na cultura material. Em vez disso, a teoria marxista oferece uma ferramenta para aqueles que desejam assumir o controle do processo histórico e conquistar sua liberdade em relação à injustiça. Os esforços para promover a transformação social, no entanto, provavelmente enfrentarão resistência.

Alguns indivíduos e grupos têm interesse em manter o estado das coisas existente. O economista social Thorstein Veblen (1857-1929) cunhou o termo **interesses específicos** (*vested interests*) para se referir a pessoas ou grupos que irão sofrer em caso de transformação social. Por exemplo, historicamente, a American Medical Association (AMA) tem assumido posições fortes contra a cobertura nacional de saúde e a profissionalização das parteiras. A primeira é considerada uma ameaça à renda e à autoridade dos médicos, e uma elevação no *status* das parteiras pode ameaçar a posição preeminente dos médicos no parto. Em geral, aqueles que detêm uma parte desproporcional da riqueza, *status* e poder da sociedade, como os membros da AMA, têm interesse específico de preservar o *status quo* (Furedi, 2006; Scelfo, 2008; Veblen, 1919).

Os fatores econômicos têm um papel importante na resistência à transformação social. Por exemplo, pode sair caro para os fabricantes atender a padrões obrigatórios de segurança de produtos e trabalhadores, e de proteção do meio ambiente. Na busca de lucro e sobrevivência, muitas empresas procuram evitar os custos do cumprimento de normas ambientais e de segurança rígidas. Se tiverem poder suficiente na sociedade, elas conseguem efetivamente repassar os custos dessas práticas a outros, que devem arcar com as consequências. Para lutar contra esse tipo de influência, são necessárias fontes de equilíbrio de poder. As regulamentações governamentais, por exemplo, obrigam todas as empresas a suportar o fardo comum desses custos, e os sindicatos podem apresentar o poder unificado dos trabalhadores como grupo.

As comunidades também protegem seus interesses específicos, muitas vezes em nome de "proteger os valores da propriedade". A abreviatura NIMBY significa "no meu quintal, não" (*not in my backyard*), um grito ouvido com frequência quando as pessoas protestam contra aterros, prisões, instalações nucleares e até mesmo ciclovias e residências para pessoas com deficiências de desenvolvimento nos Estados Unidos. A comunidade-alvo pode não questionar a necessidade da estrutura, mas simplesmente insistir em que ela seja localizada em outro lugar. A atitude "NIMBY" tornou-se tão comum que é quase impossível para quem define políticas públicas encontrar locais aceitáveis para instalações como, por exemplo, depósitos de resíduos perigosos. Infelizmente, quem tem menos recursos em geral acaba no lado perdedor dessas batalhas (Lambert, 2009; Schelly e Stretesky, 2009).

No mundo de hoje, a mudança é inevitável. Com a sociologia, aprendemos que precisamos prestar atenção nas formas em que a mudança se desenvolve a partir de práticas existentes. Também devemos estar cientes das maneiras como as sociedades perpetuam a ordem social existente buscando um nível aceitável de equilíbrio entre estabilidade e transformação. Por fim, reconhecemos o papel que o poder e o controle dos recursos desempenham para definir quais mudanças ocorrem ou não. Em todos esses casos, por causa da forma como a tecnologia possibilita e restringe, devemos estar cientes de seu papel sobre a natureza e a direção da transformação social.

>>A tecnologia e o futuro

Como discutido no Capítulo 3, a tecnologia é uma forma de cultura em que os seres humanos modificam o ambiente natural para atenderem a seus desejos e necessidades. Os avanços tecnológicos – o telefone, o automóvel, o avião, a televisão, a bomba atômica e, mais recentemente, o computador, as mídias digitais e o telefone celular – trouxeram mudanças marcantes a nossa cultura, nossos padrões de socialização, nossas instituições sociais e nossas interações sociais cotidianas. Na verdade, as inovações tecnológicas estão surgindo e sendo aceitas com uma rapidez impressionante.

Apenas na última geração, os países industrializados têm assistido a uma grande mudança nas tecnologias de consumo. Já não compramos aparelhos eletrônicos para durar 10 anos. Cada vez mais, nós os compramos com a expectativa de que dentro de três anos ou menos vamos precisar atualizá-los para uma tecnologia totalmente nova, seja um dispositivo portátil ou um computador pessoal. Essas tecnologias têm consequências positivas e negativas. Elas nos permitem a comunicação com praticamente qualquer pessoa, em qualquer lugar, quase todo o tempo, mas também facilitam a terceiriza-

Adotando a tecnologia

Onívoros: 8% dos adultos norte-americanos constituem os participantes mais ativos da sociedade da informação, consumindo bens e serviços de informação a uma taxa elevada, e os usando como plataforma para participação e autoexpressão.

Conectores: 7% da população adulta norte-americana se cercam de tecnologia e a usam para se conectar com pessoas e conteúdos digitais. Usam muito seus dispositivos móveis e participam ativamente da vida na internet.

Veteranos opacos: 8% dos adultos norte-americanos formam um grupo que não está nem um pouco encantado com sua abundância de modernas tecnologias de informação e comunicação (TICs). Poucos gostam da invasividade que seus aparelhinhos acrescentam às suas vidas e não são muitos os que consideram que as TICs melhoram sua produtividade pessoal.

Potencializadores de produtividade: 8% dos adultos norte-americanos têm prazer em fazer muitas coisas com sua tecnologia da informação, em casa e no trabalho.

Centrados no celular: 10% da população geral norte-americana estão fortemente vinculados a seus telefones celulares e aproveitam vários aplicativos.

Conectados, mas incomodados: 9% dos adultos norte-americanos entram nesse grupo. Investiram muito em tecnologia, mas a conectividade é um incômodo para eles.

Experimentadores inexperientes: 8% dos adultos norte-americanos têm menos TICs à mão do que outros. Eles se sentem competentes para lidar com a tecnologia e poderiam fazer mais com ela se tivessem mais.

Leves, mas satisfeitos: 15% dos adultos norte-americanos têm o básico da tecnologia da informação, usam-na com frequência, e não a consideram uma parte importante de suas vidas.

Indiferentes: 11% da população, principalmente os norte-americanos mais velhos, estão fora da rede tecnológica moderna.

Observação: A partir de uma pesquisa Pew Internet and American Life Project Survey, realizada em abril de 2006.
Fonte: Horrigan, 2007: vii.

ção e a globalização, resultando na perda de empregos locais e no declínio das comunidades.

TECNOLOGIA DE INFORMÁTICA

Na última década, o acesso ao computador e, com ele, o acesso à internet tornaram-se globais. Enquanto as revoluções em transporte e comunicação nos aproximaram desde a Revolução Industrial, a internet oferece um potencial de conexão global imediata que antes era virtual e fisicamente impossível. Em 2012, a internet atingiu 2,3 bilhões de usuários, ou 32,7% da população mundial (Internet World Stats, 2012a).

A internet evoluiu a partir de um sistema de computadores construído em 1962 pelo Departamento de Defesa dos Estados Unidos, para permitir que os estudiosos e pesquisadores militares continuassem seu trabalho no governo mesmo que parte do sistema de comunicações do país fosse destruída por um ataque nuclear. Durante anos, era difícil ter acesso à rede sem ter um cargo em uma universidade ou um laboratório de pesquisa do governo. Hoje, no entanto, praticamente qualquer pessoa com recursos suficientes pode acessá-la a partir de um computador com tecnologia sem fio ou um *smartphone*. As pessoas compram e vendem carros, negociam ações, leiloam objetos, pesquisam novos medicamentos, votam, conectam-se com amigos e articulam movimentos sociais, para mencionar apenas algumas entre milhares de possibilidades (Shirky, 2008).

Se observarmos o uso global da internet, as regiões com o maior número de usuários são a Ásia e a Europa. Sozinha, a Ásia tem mais de 1 bilhão de usuários. No entanto, em termos de acesso, uma proporção maior da população na América do Norte, cerca de 79%, pode se conectar à internet do que em qualquer outro continente. Mesmo que a Ásia tenha o maior número de usuários, apenas cerca de 26% de sua população têm acesso à rede. Outro sinal da natureza global dessa expansão foi o aumento das línguas usadas na internet. Embora o inglês continue a liderar, o número de usuários que falam chinês aumentou 1.277% entre 2000 e 2010, e os falantes de árabe aumentaram 2.501%, em comparação com 281% para os anglófonos (Internet World Stats, 2012a, 2011b).

Infelizmente, continua existindo um fosso digital, e nem todo mundo consegue pegar a autoestrada da informação, em especial os menos favorecidos. Além disso, esse padrão de desigualdade é global. Na África, por exemplo, apenas 8,7% da população têm acesso à internet. Os países centrais que Immanuel Wallerstein descreveu em sua análise dos sistemas-mundo têm um monopólio virtual da tecnologia da informação; os países periféricos da Ásia, da África e da América Latina dependem dos países centrais, tanto para a

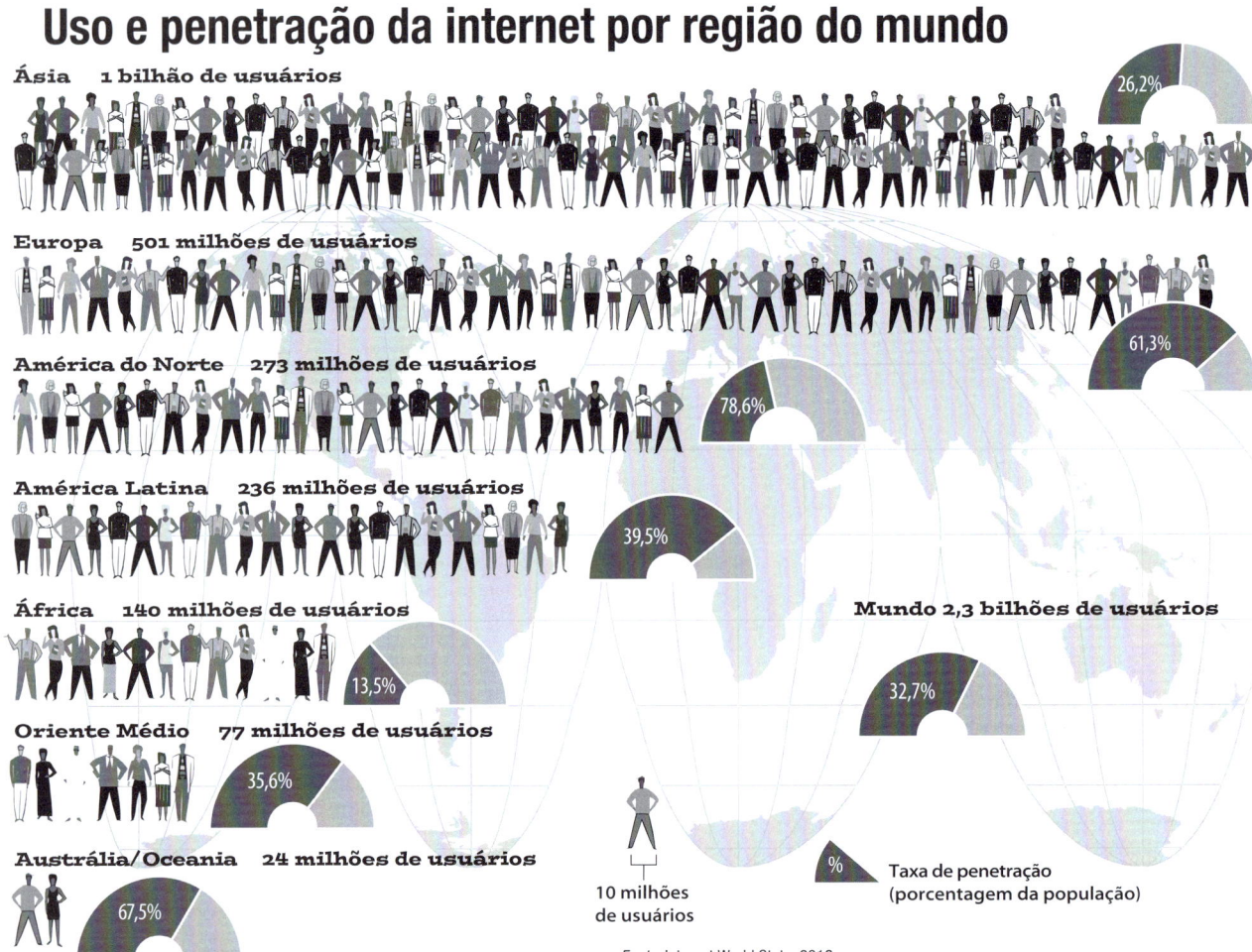

Uso e penetração da internet por região do mundo

Ásia 1 bilhão de usuários — 26,2%
Europa 501 milhões de usuários — 61,3%
América do Norte 273 milhões de usuários — 78,6%
América Latina 236 milhões de usuários — 39,5%
África 140 milhões de usuários — 13,5%
Oriente Médio 77 milhões de usuários — 35,6%
Austrália/Oceania 24 milhões de usuários — 67,5%
Mundo 2,3 bilhões de usuários — 32,7%

10 milhões de usuários

% Taxa de penetração (porcentagem da população)

Fonte: Internet World Stats, 2012a.

tecnologia quanto para as informações que ela oferece. Por exemplo, a América do Norte, a Europa e alguns países industrializados de outras regiões possuem, quase todos, os *hosts* da internet – computadores que estão ligados diretamente à rede mundial.

Uma maneira de abordar essa divisão é fornecer computadores a pessoas do mundo que não os têm. A campanha One Laptop Per Child (OLPC), que teve origem no Massachusetts Institute of Technology (MIT), é exemplo de um programa que busca fazer exatamente isso (www.laptop.org). Iniciada em janeiro de 2005 por Nicholas Negroponte, professor de tecnologia de mídia do MIT e cofundador do Laboratório de Mídia do Instituto, sua missão é "criar oportunidades educacionais para as crianças mais pobres do mundo, proporcionando a cada criança um *laptop* resistente e de baixo custo, de baixo consumo de energia, conectado, com conteúdo e *software* projetados para aprendizagem colaborativa, alegre, com capacidade própria" (OLPC, 2010). A organização projetou e construiu computadores portáteis duráveis, mas de baixo custo (chamados XO-1), que podem se conectar sem fio entre si e compartilhar uma conexão de internet para permitir acessar o mundo mais amplo. A visão de Negroponte é de persuadir indivíduos, fundações e governos de países industrializados para financiar a compra e a distribuição dos *laptops*, tornando-os disponíveis às crianças gratuitamente. Em julho de 2011, a OLPC tinha distribuído 2,1 milhões de computadores a crianças e professores em todo o mundo, em lugares como Peru, Haiti, Camboja, Ruanda, Iraque e Mongólia.

PRIVACIDADE E CENSURA EM UMA ALDEIA GLOBAL

Além do fosso digital, os sociólogos também levantaram preocupações sobre ameaças à privacidade e a possibilidade de censura. Avanços recentes tornaram cada vez mais fácil para empresas, agências governamentais e até mesmo crimi-

> **PENSAMENTO** SOCIOLÓGICO
>
> Do ponto de vista puramente empresarial, quais seriam as vantagens e as desvantagens de dar um XO-1 gratuito a todas as crianças carentes do mundo em desenvolvimento? Será que os benefícios sociais de fazê-lo superariam os custos e os benefícios empresariais?

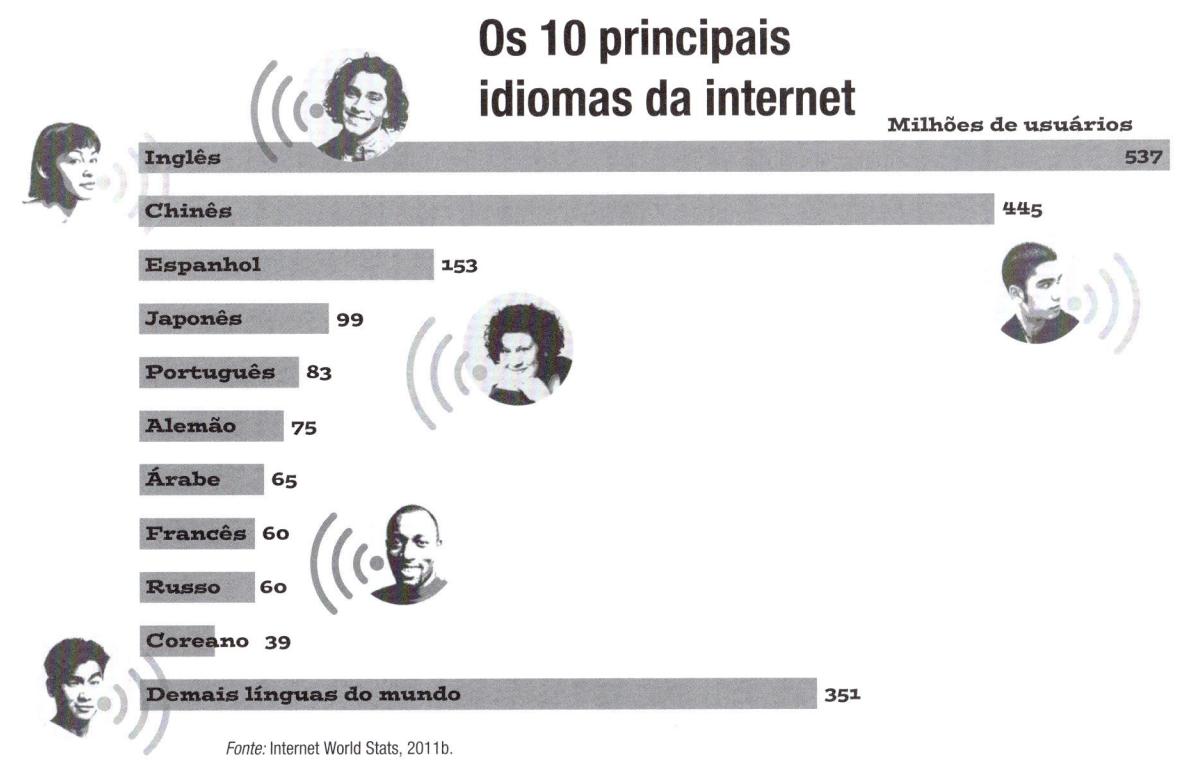

Os 10 principais idiomas da internet

Milhões de usuários

Idioma	Usuários
Inglês	537
Chinês	445
Espanhol	153
Japonês	99
Português	83
Alemão	75
Árabe	65
Francês	60
Russo	60
Coreano	39
Demais línguas do mundo	351

Fonte: Internet World Stats, 2011b.

Copyright © Matt Wuerker. Reproduzido com permissão.

nosos acessar e armazenar informações sobre tudo, de nossos hábitos de compra a nossos padrões de navegação na rede.

Em locais públicos, no trabalho e na internet, dispositivos de vigilância agora acompanham cada movimento nosso, seja uma tecla que apertemos ou um saque de dinheiro que façamos em um caixa eletrônico. À medida que a tecnologia se difunde, o mesmo acontece com a exposição ao risco. Em 2006, por exemplo, o roubo de um computador portátil da casa de um funcionário da Administração de Veteranos comprometeu os nomes, os números de seguridade social e as datas de nascimento de até 26,5 milhões de veteranos.

Ao mesmo tempo em que aumentaram o poder dos outros para controlar nosso comportamento, essas inovações têm levantado temores de que possam ser usadas para propósitos não democráticos. Resumindo, as novas tecnologias não ameaçam apenas nossa privacidade, mas também nossa liberdade em relação à vigilância e à censura (O'Harrow, 2005). Por exemplo, há risco de que os grupos mais poderosos em uma sociedade venham a usar a tecnologia para violar a privacidade dos menos poderosos. Na verdade, autoridades da China têm tentado censurar grupos de discussão e publicações na internet que criticam o governo. Defensores das liberdades civis nos lembram de que os mesmos abusos podem ocorrer nos Estados Unidos se os cidadãos não estiverem vigilantes na proteção de seu direito à privacidade (Liang e Lu, 2010; Moyer, 2010). De fato, em abril de 2010, descobriu-se que as autoridades de um distrito escolar da Pensilvânia haviam capturado quase 58 mil fotos de *webcams* de estudantes, incluindo imagens feitas em suas casas e seus quartos, usando *laptops* Macbooks fornecidos pela escola. O caso foi finalmente resolvido com um acordo de 1,2 milhão de dólares.

Nos Estados Unidos, a legislação que regulamenta a vigilância das comunicações eletrônicas nem sempre garantiu o direito dos cidadãos à privacidade. Em 1986, o Governo Federal aprovou a Lei de Privacidade nas Comunicações Eletrônicas, que proibiu a vigilância sobre telefonemas, exceto com a autorização do procurador-geral dos Estados Unidos e de um juiz federal. Contudo, telegramas, faxes e *e-mails* não recebem o mesmo grau de proteção. Em 2001, um mês após os ataques terroristas de 11 de setembro, o Congresso aprovou a Lei Patriótica dos Estados Unidos, que relaxou restrições jurídicas à vigilância exercida por agentes da lei. As agências federais estão mais livres para coletar dados eletronicamente, incluindo recibos de cartão de crédito e registros bancários (Etzioni, 2007; Singel, 2008; Zetter, 2009).

Nos primeiros tempos de expansão da internet, muitas pessoas estavam bastante preocupadas com compartilhar qualquer informação pessoal, por medo de que alguém pudesse usá-la contra elas. Agora, com o advento do Facebook, Flickr, Twitter e toda uma série de outras redes sociais, muitos internautas não consideram que haja esse risco. As pessoas compartilham regularmente seus pensamentos, sentimentos e ações com outras, incluindo estranhos. Contudo, as frequentes mudanças das configurações de privacidade e a venda de informações pessoais dos clientes pelo Facebook geraram alertas a muitas pessoas, e outras aprenderam da maneira mais difícil que escolas e empregadores podem usar essas informações para tomar decisões sobre disciplina e contratação (Finder, 2006; Relerford et al., 2008; Solove, 2008).

BIOTECNOLOGIA E O *POOL* GENÉTICO

Outra área em que os avanços tecnológicos têm estimulado a transformação social global é a biotecnologia. A seleção do sexo dos fetos, os organismos geneticamente modificados e a clonagem de animais estão entre os importan-

Marcos da clonagem

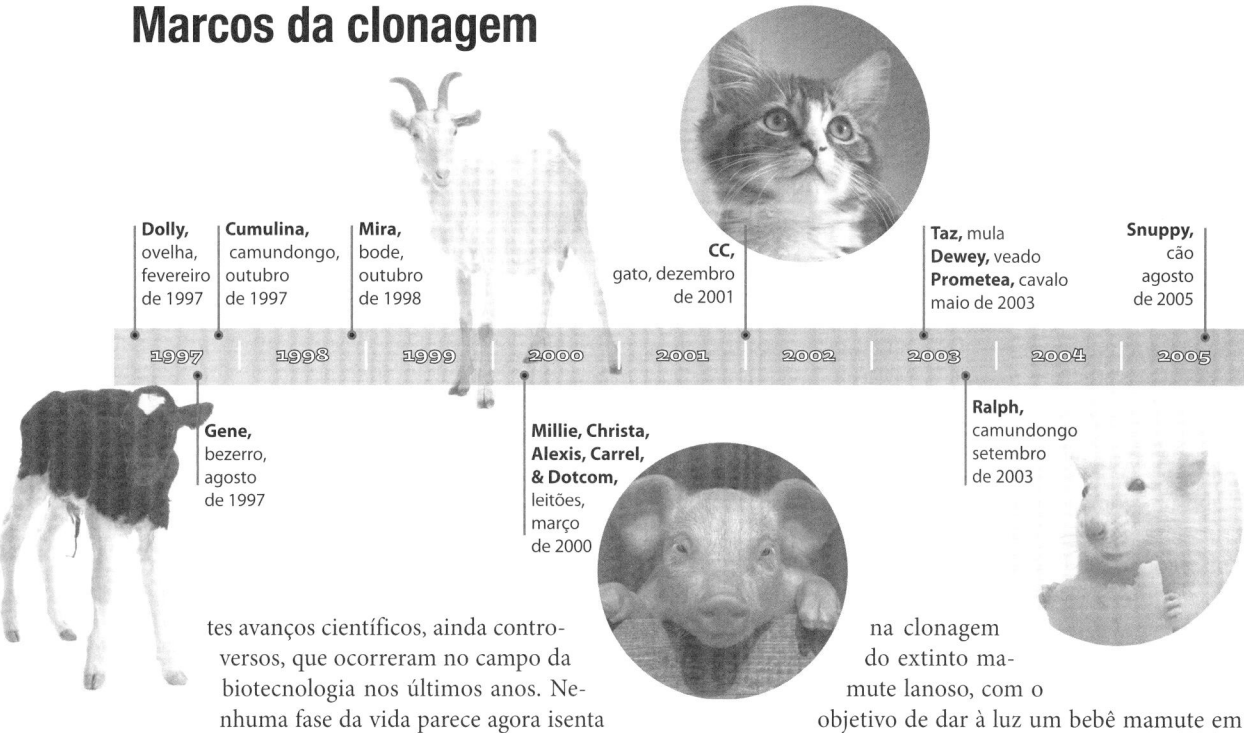

Dolly, ovelha, fevereiro de 1997

Cumulina, camundongo, outubro de 1997

Mira, bode, outubro de 1998

CC, gato, dezembro de 2001

Taz, mula
Dewey, veado
Prometea, cavalo
maio de 2003

Snuppy, cão agosto de 2005

1997 1998 1999 2000 2001 2002 2003 2004 2005

Gene, bezerro, agosto de 1997

Millie, Christa, Alexis, Carrel, & Dotcom, leitões, março de 2000

Ralph, camundongo setembro de 2003

---

tes avanços científicos, ainda controversos, que ocorreram no campo da biotecnologia nos últimos anos. Nenhuma fase da vida parece agora isenta de intervenção terapêutica ou médica.

Na verdade, os sociólogos veem muitos aspectos da biotecnologia como uma extensão da recente tendência à medicalização da sociedade. Por meio de manipulação genética, a profissão médica está expandindo seu território ainda mais (Clarke et al., 2003).

Uma área da modificação genética que tem gerado preocupação é a dos alimentos geneticamente modificados (GM). Essa questão surgiu na Europa, mas, desde então, espalhou-se para outras partes do mundo. A ideia por trás da tecnologia é aumentar a produção de alimentos e tornar a agricultura mais eficiente e econômica. Contudo, os críticos usam o termo *frankenfood* (como em Frankenstein) para se referir a tudo, desde cereais matinais feitos de grãos GM até tomates GM "frescos". Os membros do movimento antibiotecnologia opõem-se à adulteração da natureza e estão preocupados com os possíveis efeitos dos alimentos GM sobre a saúde. Entre os apoiadores dos alimentos GM estão não apenas as empresas de biotecnologia, mas também aqueles que consideram a tecnologia como uma forma de ajudar a alimentar as crescentes populações da África e da Ásia (Bouis, 2007; Schurman, 2004).

Mesmo que a modificação genética de plantas continue sendo uma preocupação, o debate sobre a manipulação genética de animais se intensificou em 1997, quando cientistas da Escócia anunciaram que haviam clonado uma ovelha, à qual deram o nome de Dolly. Depois de muitas tentativas sem sucesso, eles finalmente conseguiram substituir o material genético de um óvulo de ovelha pelo DNA de uma ovelha adulta, criando um animal que era um clone do adulto. Pouco tempo depois, os pesquisadores japoneses conseguiram clonar vacas. Desde então, muitas outras espécies foram clonadas com sucesso e agora é possível até clonar seu gato ou cachorro de estimação, e os cientistas começaram a trabalhar na clonagem do extinto mamute lanoso, com o objetivo de dar à luz um bebê mamute em 2016 (Grossman, 2012). Essas realizações apontam para a possibilidade de que, no futuro próximo, os cientistas possam ser capazes de clonar seres humanos.

A manipulação que vai ainda mais longe do que a clonagem envolve a possibilidade de alterar espécies por meio da engenharia genética. Genes de peixes e plantas já foram misturados para criar culturas de batata e tomate resistentes a geadas.

Mais recentemente, os genes humanos foram implantados em porcos, em busca de rins semelhantes aos humanos para transplantes de órgãos. Os geneticistas que trabalham com fetos de camundongo conseguiram desativar genes com um traço indesejável e substituí-los pelos genes que têm uma característica desejável. E, em maio de 2010, os cientistas anunciaram que tinham criado a primeira célula bacteriana sintética autorreplicante. Utilizando um processo semelhante à clonagem, eles implantaram uma sequência de DNA criada por seres humanos em uma única célula; em seguida, ela conseguiu se reproduzir. Essa conquista foi vista como um grande passo em nossa capacidade de projetar e criar novas formas de vida (Edge, 2010). Esses avanços levantam questões éticas relacionadas à aplicação dessa engenharia a seres humanos para eliminar doenças ou problemas de saúde, ou para melhorar as capacidades físicas, como visão ou força (Avise, 2004). A preocupação é partilhada pela maioria dos norte-americanos, 84% dos quais dizem que a clonagem de seres humanos é moralmente errada; 62% dizem o mesmo sobre a clonagem de animais (Gallup, 2011b).

A biotecnologia de hoje apresenta-se como algo totalmente benéfico para os seres humanos, mas precisa ser monitorada constantemente. Os avanços biotecnológicos têm levantado muitas questões éticas e políticas difíceis. Entre elas, até onde é desejável mexer com *pool* genético, o que pode alterar nosso ambiente e a nós mesmos de maneiras inesperadas e indesejadas (McKibben, 2003). Nem mesmo William F. Ogburn poderia ter previsto a extensão desses avanços científicos quando propôs pela primeira vez o problema da defasagem cultural na década de 1920.

luditas Artesãos revoltados na Inglaterra do século XIX, que destruíram as novas máquinas das fábricas, como parte de sua resistência à Revolução Industrial.

Sociologia pessoal

Tecnologia e sociedade

Confesso ter sentimentos contraditórios sobre as novas tecnologias. Adoro meu *smartphone* e não pude resistir ao apelo do *tablet*, mas me preocupo com as consequências dessas tecnologias sobre minhas relações com os outros. Somos rápidos em adotar os mais recentes aparelhinhos, mas o que dizer dos efeitos de se abandonar antigas normas? Tenho certeza de que todos já encontramos aquela pessoa que carrega um iPod e fala no celular, e que mal parece perceber que existimos. Tecnologias como o Facebook nos permitem manter conexões com amigos distantes e familiares, mas o que acontece com nossas relações com as pessoas que estão bem próximas a nós quando nossa atenção é desviada para atualizações de *status* e mensagens de texto?

PENSAMENTO SOCIOLÓGICO
Se pudesse modificar os genes de seus filhos para protegê-los de doenças genéticas, você faria isso? Que tal melhorar habilidades deles como visão, força ou inteligência?

RESISTÊNCIA À TECNOLOGIA

Dadas essas consequências, não deve ser surpresa que, ao longo dos tempos, houve quem questionasse se essa inovação tecnológica equivale a progresso. Invenções que surgiram a partir da Revolução Industrial, por exemplo, geraram forte resistência em alguns países. Na Inglaterra, a partir de 1811, artesãos mascarados tomaram medidas extremas: eles fizeram ataques noturnos a fábricas e destruíram algumas das novas máquinas. O governo caçou esses rebeldes, conhecidos como **luditas**, e acabou banindo-os ou enforcando-os. Em um esforço semelhante na França, trabalhadores furiosos jogaram seus sapatos de madeira (*sabots*) no maquinário das fábricas para destruí-lo, dando origem ao termo *sabotagem*. Embora a resistência dos luditas e dos trabalhadores franceses tenha tido curta duração e pouco sucesso, eles passaram a simbolizar a resistência à tecnologia.

Seria um erro, no entanto, simplesmente ignorar as ações de luditas e trabalhadores franceses considerando-as antitecnológicas ou irracionais. A principal preocupação deles era com o impacto que essa tecnologia teria sobre seu emprego, suas comunidades e seu modo de vida. Eles reconheceram que ela iria prejudicar normas e valores tidos como naturais e lutaram

Cinco perguntas a fazer ao se adotar a nova tecnologia

- Qual é o problema para o qual esta tecnologia é a solução?
- Quem tem esse problema?
- Quais problemas novos podem ser criados porque resolvemos esse problema?
- Quais pessoas e instituições podem ser prejudicadas de forma mais grave?
- Quais pessoas e instituições podem adquirir poder econômico e político especial?

Fonte: Postman, 1988.

contra essas ameaças. Embora seja fácil descrever esses grupos e indivíduos como contrários ao progresso, ou mesmo como tecnofóbicos que temem a mudança, sua preocupação maior é com o impacto que a adoção de tecnologias tem sobre a sociedade.

Os *amish*, por exemplo, muitas vezes são desprezados por serem vistos como atrasados, quando, na verdade, são bastante racionais e tomam suas decisões de forma organizada quando se trata de tecnologia. Eles avaliam cuidadosamente os benefícios que as novas tecnologias proporcionariam em relação aos custos potenciais que sua adoção teria na vida familiar e comunitária, sem partir do pressuposto de que, simplesmente por tornar o trabalho mais fácil ou mais rápido, algo é necessariamente melhor. Para os *amish*, trabalhar juntos em comunidade é mais valorizado do que trabalhar mais rapidamente em isolamento (Hostetler, 1993; Hurst e McConnell, 2010).

O sociólogo Jacques Ellul (1964, 1980, 1990) afirmou que o principal fator a ser levado em conta quando se analisa nossa sociedade tecnológica moderna não é simplesmente a *tecnologia* – ou seja, as ferramentas físicas que criamos ao modificarmos nosso ambiente material – mas o que ele chamou de maneira mais geral de *técnica*. Com isso, ele quis dizer nosso compromisso sistêmico com maximizar a eficiência e aumentar a produtividade em todas as áreas da atividade humana. O sucesso, seja nos negócios, na educação ou no amor, é cada vez mais medido em termos quantitativos. Aquilo que não pode ser medido é suspeito. Por exemplo, vemos evidências disso nas reformas educacionais conhecidas como programa No Child Left Behind nos Estados Unidos. O desempenho em determinados tipos de testes, em uma estreita faixa de temas, está se tornando o principal indicador de aprendizagem. Apesar do fato de viver em um sistema com foco nas técnicas ter a vantagem do progresso técnico, perdemos algo de humano no processo – arte, beleza e valores qualitativos, em vez de quantitativos. As preocupações de Ellul ecoam as de Max Weber sobre as consequências desumanizantes da burocracia.

Hoje, a maioria de nós adota automaticamente as mais recentes tecnologias, sem ter tempo de recuar e perguntar quais as consequências que isso pode ter para a ordem e o sentido sociais. O professor de comunicações Neil Postman (1988, 1993, 1999) argumenta que, em vez de aceitar passivamente as inovações tecnológicas, devemos analisar criticamente se precisamos mesmo delas e investigar quais as consequências que sua adoção pode ter sobre nós, nossos relacionamentos e nossa sociedade (ver as cinco perguntas de Postman na página 392). Em certo sentido, Postman está nos chamando a reconhecer formas em que nossas escolhas são influenciadas pelo sistema tecnológico em que vivemos. Fazer isso nos permite resistir à aceitação inconsciente e exercer maior liberdade nas escolhas que fazemos.

>>Movimentos sociais

Temos o poder de resistir à mudança, mesmo quando ela parece inevitável. Mais do que isso, também temos o poder de provocar transformações sociais positivas. Embora fatores como o ambiente físico, a população, a tecnologia e a desigualdade social sirvam como fontes de mudança, é o esforço coletivo de indivíduos organizados em movimentos sociais que, em última análise, leva à mudança. Os sociólogos usam a expressão **movimentos sociais** para se referirem a atividades coletivas organizadas para provocar ou resistir a uma mudança fundamental em um grupo ou sociedade existente. Herbert Blumer (1955:19) reconheceu a importância especial dos movimentos sociais quando os definiu como "empreendimentos coletivos para estabelecer uma nova ordem de vida".

Em muitos países, os movimentos sociais têm tido um impacto profundo sobre o curso da história e a evolução da estrutura social. Considere as ações de abolicionistas, sufragistas, promotores dos direitos civis e ativistas contrários à Guerra do Vietnã. Os membros de cada movimento social saíram dos canais tradicionais para provocar a transformação social, mas tiveram uma influência notável sobre as políticas públicas. Nos protestos da Primavera Árabe, esforços coletivos igualmente intensos ajudaram a derrubar regimes repressivos de uma maneira majoritariamente pacífica, em países que muitos observadores pensavam ser "imunes" à transformação social.

> **movimentos sociais** Atividades coletivas organizadas para provocar ou resistir a uma mudança fundamental em um grupo ou sociedade existente.

Os movimentos sociais mudam a forma como pensamos e agimos. Mesmo que inicialmente não consigam realizar seus objetivos explícitos, eles podem influenciar as atitudes e as expectativas culturais de modo que abram as pessoas para mudanças futuras. Inicialmente, as pessoas viam as ideias de Margaret Sanger e outros dos primeiros defensores do controle de natalidade como radicais, mas os contraceptivos estão amplamente disponíveis nos Estados Unidos hoje. Da mesma forma, os protestos – seja contra as práticas das corporações multinacionais, contra o casamento homossexual, contra o tratamento antiético de animais, contra a destruição do meio ambiente ou contra a guerra – nos desafiam a questionar as visões que tratamos como na-

> **Você sabia?**
> ... Em 1916, Margaret Sanger abriu uma clínica de planejamento familiar e controle de natalidade. Nove dias depois, o lugar foi invadido pela polícia e ela passou 30 dias na prisão como resultado disso. Ela não se intimidou e continuou trabalhando para distribuir informações sobre controle de natalidade.

turais sobre o que está acontecendo e por quê. Isso é válido mesmo que nunca participemos formalmente ou não concordemos com todas as crenças e práticas dos manifestantes.

Pelo menos desde o trabalho de Karl Marx, os sociólogos têm estudado como e por que os movimentos sociais surgem. Obviamente, um fator é que as pessoas ficam descontentes com a forma como as coisas estão.

Para explicar como isso se desenvolve e se transforma em ação, os sociólogos têm duas explicações principais: privação relativa e mobilização de recursos.

PRIVAÇÃO RELATIVA

Os membros de uma sociedade que se sentem mais frustrados e descontentes com as condições sociais e econômicas não são necessariamente os que têm a pior situação em um sentido objetivo. Os cientistas sociais há muito reconhecem que o mais importante é a forma como as pessoas percebem sua situação. Como Marx apontou, embora a miséria dos trabalhadores tenha sido importante para a percepção que eles têm de sua situação de opressão, sua posição em relação à classe dominante capitalista também foi importante (McLellan, 2000).

O termo **privação relativa** refere-se à sensação consciente de uma discrepância negativa entre expectativas legítimas e realidades presentes. Em outras palavras, as coisas não estão tão boas quanto se esperava que estariam. Esse estado pode ser caracterizado pela escassez em vez de uma ausência completa de necessidades. Uma pessoa relativamente privada está insatisfeita porque se sente oprimida em relação a algum grupo de referência adequado. Assim, os operários que moram em casas de duas famílias em pequenos terrenos – embora não sejam pobres – podem se sentir privados em comparação a administradores de grandes empresas e profissionais liberais que moram em casas luxuosas em bairros exclusivos (Stewart, 2006).

Além do sentimento de privação relativa, no entanto, dois outros elementos devem estar presentes antes que o descontentamento seja canalizado para um movimento social. Em primeiro lugar, as pessoas devem sentir que têm direito a seus objetivos, que merecem mais do que têm. Por exemplo, a luta contra o colonialismo europeu na África se intensificou quando um número crescente de africanos decidiu que era legítimo que tivessem independência política e econômica. Em segundo lugar, o grupo desfavorecido deve perceber que seus objetivos não podem ser atingidos por meios convencionais. Essa crença pode estar correta ou não. Em qualquer caso, o grupo não vai se mobilizar em um movimento social a menos que haja uma percepção compartilhada de que os membros podem acabar com sua privação relativa apenas pela ação coletiva (Walker e Smith, 2002).

Os críticos dessa abordagem observaram que as pessoas não precisam se sentir privadas para serem motivadas a agir. Além disso, essa abordagem não consegue explicar por que certos sentimentos de privação são transformados em movimentos sociais, ao passo que, em outras situações semelhantes, não se faz qualquer esforço coletivo para reformar a sociedade. Consequentemente, nos últimos anos, os sociólogos têm prestado cada vez mais atenção às forças necessárias para provocar o surgimento de movimentos sociais (Finkel e Rule, 1987; Ratner, 2004).

> **PENSAMENTO** SOCIOLÓGICO
>
> Existem problemas em seu *campus* ou em sua comunidade dos quais as pessoas se queixam persistentemente? Se houver, quais fatores podem inibi-las a se organizar para gerar transformação social?

MOBILIZAÇÃO DE RECURSOS

É preciso mais do que desejo para iniciar um movimento social. Ter dinheiro, influência política, acesso aos meios de comunicação e pessoal ajuda. A expressão **mobilização de recursos** refere-se às formas em que um movimento social usa esses recursos. O sucesso de um movimento por mudança dependerá, em boa parte, de quais recursos ele tem e com que eficácia os mobiliza (Balch, 2006; J. Jenkins, 2004; Ling, 2006).

O sociólogo Anthony Oberschall (1973:199) argumentou que, para sustentar o protesto ou a resistência sociais, deve haver "base organizativa e continuidade da liderança". À medida que as pessoas passam a fazer parte de um movimento social, desenvolvem-se normas para orientar seu comportamento. Pode-se esperar que os membros do movimento participem de reuniões periódicas de organizações, paguem contribuições, recrutem novos adeptos e boicotem oradores e produtos "inimigos". Ao formar uma identidade distinta, um movimento social emergente pode dar origem a uma linguagem especial ou a novas palavras para termos conhecidos. Nos últimos anos, os movimentos sociais têm sido responsáveis por novos termos de autorreferência, como *afro-descendentes* (para substituir *negros*), *idosos* (para substituir *velhos*), *gays* (para substituir *homossexuais*) e *pessoas com deficiências* (para substituir *inválidos*).

A liderança é um fator central para mobilizar os descontentes em movimentos sociais. Muitas vezes, um movimento será liderado por uma figura carismática, como ocorreu no movimento dos direitos civis com o Dr. Martin Luther King, Jr. Porém, somente o carisma pode não bastar. Para que um grupo tenha êxito, a ação coordenada é essencial. À medida

> Não posso dizer se as coisas vão melhorar se nós mudarmos; o que posso dizer é que elas têm de mudar para ficar melhores.
>
> George Christoph Lichtenberg

privação relativa Sensação consciente de uma discrepância negativa entre expectativas legítimas e realidades presentes.

mobilização de recursos Formas em que um movimento social usa recursos como dinheiro, influência política, acesso aos meios de comunicação e pessoal.

> **Você sabia?**
>
> ... As mulheres tiveram um papel ativo no movimento antiguerra e dos direitos civis, mas muitas vezes foram impedidas de assumir posições de liderança. Talvez o melhor exemplo dessa exclusão tenha sido a infame frase do líder do Student Nonviolent Coordinating Committee (SNCC), Stokely Carmichael: "A única posição para as mulheres no SNCC é de bruços". Esse tipo de sexismo e discriminação levou as mulheres a dar início a suas próprias organizações para lutar por seus direitos.

que crescem, essas organizações podem achar que precisam aproveitar a eficiência que as estruturas burocráticas proporcionam. Isso pode fazer elas assumirem algumas das características dos grupos contra os quais foram organizadas para protestar. Por exemplo, os líderes podem dominar o processo de decisão sem consultar diretamente os seguidores.

Contudo, a burocratização dos movimentos sociais não é inevitável. Movimentos mais radicais que defendem a grande transformação estrutural na sociedade e adotam ações de massa tendem a não ser hierárquicos nem burocráticos (Fitzgerald e Rodgers, 2000; Michels, [1915] 1949). Inovações em tecnologias de redes sociais, incluindo Facebook e Twitter, facilitam a organização de protestos em massa, como ficou claro nas revoltas da Primavera Árabe em 2011 e nos motins de Londres, em agosto de 2011.

Uma das tarefas enfrentadas por esses movimentos é conscientizar aqueles que estariam inclinados a apoiar o movimento, mas que podem não ter a linguagem ou o sentimento de solidariedade para com outros para construir uma crítica sistemática ao sistema existente. Marx, por exemplo, reconheceu a importância do recrutamento ao conclamar os trabalhadores a se conscientizar de sua condição oprimida e desenvolver uma consciência de classe. Como os teóricos da abordagem da mobilização de recursos, Marx considerava que um movimento social exigiria líderes para aguçar a consciência dos oprimidos. Eles precisariam ajudar os trabalhadores a superar sentimentos de *falsa consciência* – atitudes que não refletem a posição objetiva dos trabalhadores – para organizar um movimento revolucionário (ver Capítulo 10).

GÊNERO E MOVIMENTOS SOCIAIS

A publicação de *A mística feminina*, de Betty Friedan, em 1963, deu voz a um sentimento de que algo estava errado, que muitas mulheres tinham na época, mas não sabiam que outras se sentiam da mesma maneira. Contudo, apenas o livro não era suficiente. Um dos desafios enfrentados pelas ativistas da libertação das mulheres da década de 1960 e início da década de 1970 foi o de convencer as mulheres de que elas estavam sendo privadas de seus direitos e de recursos socialmente valorizados. Os grupos de conscientização representaram uma ferramenta fundamental usada por ativistas da libertação das mulheres nas décadas de 1960 e 1970. Nesses grupos, as mulheres reuniam-se para discutir temas relevantes para sua experiência em casa, no trabalho, na política e em outros espaços, o que ajudou a criar uma base popular que contribuiu para a mudança política e social significativa (Morgan, 2009; Sarachild, 1978).

Os sociólogos dizem que o gênero continua a ser um elemento importante na compreensão dos movimentos sociais. Em nossa sociedade dominada por homens, as mulheres continuam excluídas de posições de liderança em organizações dos movimentos sociais. Embora costumem servir em quantidades desproporcionais como voluntárias desses movimentos, suas contribuições nem sempre são reconhecidas, nem suas vozes são ouvidas com tanta facilidade quanto as dos homens. O preconceito de gênero faz a real extensão de sua influência ser subestimada.

> **Você sabia?**
>
> ... Martin Luther King Jr. formou-se em Sociologia pelo Morehouse College, em Atlanta, Geórgia, em 1948.

Com efeito, a análise tradicional do sistema sociopolítico tende a se concentrar em corredores do poder dominados por homens, como legislativos e salas de diretorias de grandes empresas, negligenciando esferas mais dominadas por mulheres, como famílias, grupos comunitários e redes de base religiosa. Contudo, os esforços para influenciar os valores de família, criação de filhos, relacionamentos entre pais e escolas, e espirituais são visivelmente importantes para uma cultura e uma sociedade (Ferree e Merrill, 2000; Kuumba, 2001; V. Taylor, 1999, 2004).

Antes da eleição presidencial de junho de 2009, no Irã, organizações do movimento social de mulheres previram uma oportunidade de mudança e se organizaram para aproveitá-la. Quase 40 grupos em prol dos direitos iguais se combinaram para formar uma organização chamada "Coalizão dos Movimentos de Mulheres para Defender Reivindicações Eleitorais". Noushin Ahmadi Khorasani (2009), uma das principais líderes do movimento pelos direitos das mulheres no Irã, descreveu a oportunidade da seguinte forma: "Podíamos agarrar este momento relativamente curto e transitório com ambas as mãos, com esperança e motivação (e com expectativas em relação ao futuro) para expressar nossas reivindicações". Durante a repressão do governo aos protestos que se seguiram à eleição, as mulheres continuaram a lutar por mudanças. Talvez o símbolo mais visível dessa luta tenha sido Neda Agha-Soltan, uma manifestante que foi baleada e sangrou até a morte na rua. A imagem violenta foi capturada em vídeo e rapidamente se espalhou por todo o mundo (Gheytanchi, 2009; Ravitz, 2009). As mulheres continuam a cumprir um papel importante nos movimentos sociais, como demonstrado por sua liderança em muitos dos levantes democráticos durante os protestos da Primavera Árabe em 2011 (Ghitis, 2011).

novos movimentos sociais Atividades coletivas organizadas que abordam valores e identidades sociais, bem como melhorias na qualidade de vida.

NOVOS MOVIMENTOS SOCIAIS

A partir de final dos anos de 1960, cientistas sociais europeus observaram uma mudança na composição e nos objetivos dos movimentos sociais emergentes. Anteriormente, os movimentos sociais tradicionais haviam se concentrado em questões econômicas, muitas vezes sendo liderados por sindicatos ou por pessoas que compartilhavam a mesma profissão. No entanto, muitos movimentos sociais que passaram a atuar nas últimas décadas – incluindo a segunda e a terceira ondas do feminismo, o movimento pela paz e o movimento ambiental – não têm as raízes de classe social típicas dos movimentos de trabalhadores nos Estados Unidos e na Europa que ocorreram durante o século passado (Carty e Onyett, 2006).

A expressão **novos movimentos sociais** descreve as atividades coletivas organizadas que abordam valores e identidades sociais, bem como melhorias na qualidade de vida. Esses movimentos podem estar envolvidos no desenvolvimento de identidades coletivas. Muitos têm agendas complexas que vão além de uma única questão e até atravessam fronteiras nacionais. Pessoas de classe média, com boa instrução, estão bem representadas em alguns desses novos movimentos sociais, como o movimento das mulheres e o movimento pelos direitos dos homossexuais (Tilly, 1993, 2004).

Em geral, os novos movimentos sociais não consideram o governo como aliado na luta por uma sociedade melhor. Eles normalmente não procuram derrubar o governo, mas podem criticar, protestar ou assediar autoridades. Os pesquisadores constataram que os membros dos novos movimentos sociais questionam a legitimidade dos argumentos apresentados pelas autoridades estabelecidas. Mesmo as afirmações científicas ou técnicas, argumentam eles, não representam apenas fatos objetivos, mas muitas vezes servem a interesses específicos. Essa característica fica especialmente clara nos movimentos ambientais e contra a energia nuclear, cujos ativistas apresentam seus próprios especialistas para combater os dos governos ou de grandes empresas (Clammer, 2009; Jamison, 2006; Rootes, 2007).

> **PENSAMENTO** SOCIOLÓGICO
>
> Páginas na internet como changemakers.net servem como centros de intercâmbio e estabelecimento de redes para ativistas sociais. Como a existência desses recursos pode influenciar o ativismo social tanto positiva quanto negativamente?

O movimento ambientalista é um dos muitos novos movimentos sociais com foco mundial. Em seus esforços para reduzir a poluição do ar e da água, restringir a mudança climática global e proteger espécies animais ameaçadas, os ativistas ambientais perceberam que apenas fortes medidas reguladoras no âmbito de um único país não são suficientes. Da mesma forma, líderes sindicais e defensores dos direitos humanos não podem tratar de maneira adequada as condições desumanas de exploração do trabalho em um país em desenvolvimento se uma empresa multinacional puder simplesmente transferir a fábrica para outro país onde os trabalhadores ganham ainda menos. Enquanto as visões tradicionais tendiam a enfatizar a mobilização de recursos em nível local, a teoria dos novos movimentos sociais oferece uma perspectiva global mais ampla sobre o ativismo social e político (Obach, 2004).

SOCIOLOGIA POPULAR

Stephen Colbert trabalhou durante vários anos como correspondente sarcástico no *The Daily Show*, no canal norte-americano Comedy Central, mas ficou famoso por parodiar personalidades da TV em seu programa, *The Colbert Report*. Ele falava muito sério, no entanto, quando deu conselhos em um discurso de abertura de ano letivo, em 2006, no Knox College. Ele desafiou os alunos a não cederem ao cinismo, dizendo-lhes: "O cinismo se disfarça de sabedoria, mas não poderia estar mais distante dela. Porque os cínicos não aprendem nada. O cinismo é uma cegueira autoimposta, uma rejeição ao mundo porque temos medo de que ele nos machuque ou nos decepcione. Os cínicos sempre dizem 'não'. Mas dizer 'sim' dá início a coisas. Dizer 'sim' é a forma como as coisas crescem. Dizer 'sim' leva a conhecimento. 'Sim' é para os jovens. Assim, enquanto você tiver força, diga 'sim'.".

A COMUNICAÇÃO E A GLOBALIZAÇÃO DOS MOVIMENTOS SOCIAIS

Embora os avanços tecnológicos tenham contribuído para alguns dos problemas que as pessoas nos movimentos sociais têm levantado, as novas tecnologias também facilitam o ativismo e a formação de movimentos sociais. Usando tecnologias de redes sociais, os ativistas sociais podem chegar a um grande número de pessoas no mundo de modo quase instantâneo, com relativamente pouco esforço e gasto. Por exemplo, Facebook e Twitter permitem que os organizadores dos movimentos sociais recrutem pessoas de ideias semelhantes, sem contato pessoal nem interação simultânea. Na verdade, pode ocorrer ação social significativa sem que os participantes jamais tenham se conhecido pessoalmente (Kavada, 2005; Shirky, 2008).

O poder potencial das novas tecnologias de comunicação ficou visível durante os protestos de junho de 2009, após as eleições presidenciais do Irã, o que pode ter servido como precursor e inspiração para as revoltas da Primavera Árabe. A maioria da população do Irã tem menos de 30 anos e está tecnologicamente bem conectada. Antes da eleição, os jovens usaram suas habilidades de redes sociais na internet para articular eventos de campanha e mobilizar apoio para candidatos. Quando a reeleição do presidente Ahmadinejad foi anunciada, tecnologias como Twitter, Facebook e mensagens de texto se tornaram ferramentas essenciais para compartilhar informações, articular ações e documentar os abusos por parte das forças do governo. Foi possível organizar manifestações sem revelar o local até o último minuto, tornando mais difícil para o governo ter tropas na localidade para dispersar a multidão.

Igualmente importante é o fato de essas ferramentas de trabalho em rede também terem sido usadas para enviar histórias, fotos e vídeos para o resto do mundo, revelando a brutalidade da repressão exercida pelo governo. O resultado foi uma onda de simpatia global pelos manifestantes. As autoridades iranianas procuraram fechar o serviço de telefone sem fio e restringir o acesso à internet, incluindo o bloqueio de *sites* como YouTube e Facebook. Apesar disso, as pessoas conseguiram usar várias brechas tecnológicas para contornar essas restrições e espalhar suas ideias (Bray, 2009; Quirk, 2009; Stelter e Stone, 2009).

>>A sociologia é um verbo

Em última análise, a transformação social acontece porque começamos a agir de maneiras novas. Ela envolve sairmos de caminhos esperados e, ao fazê-lo, criarmos novos conjuntos de normas. Embora as mudanças externas em nossos contextos tecnológicos e ambientais influenciem a transformação social, ainda é necessário haver pessoas dispostas a fazer coisas de forma diferente para gerar essas transformações.

A sociologia é uma ferramenta que ajuda a abrir novos caminhos para nós. Ao nos permitir ver coisas que poderíamos ter deixado passar, ela nos ajuda a ver a nós mesmos e ao mundo ao nosso redor de maneira diferente. A sociologia nos permite reconhecer como a distribuição de recursos sociais, culturais e materiais dá vantagens a uns e desvantagens a outros. Ela nos ajuda a entender se as coisas que fazemos são coerentes com aquilo em que afirmamos crer, e pode nos ajudar a pensar se estamos indo na direção que queremos. E faz essas coisas ao nos chamar a atenção para o mundo que nos rodeia de uma maneira nova.

Precisamos deixar de pensar na sociologia apenas como algo que aprendemos e passar a pensar nela como algo que *fazemos*. Em nossas vidas cotidianas, a sociologia pode nos ajudar a entender melhor nossas ações individuais e as daqueles que nos rodeiam. No contexto de nossa sociedade em geral e do mundo, ela também nos permite apreciar melhor as forças que influenciam os resultados – o conhecimento que podemos usar para agir de modo a fazer do mundo um lugar melhor. Em nossas vidas pessoais e públicas, precisamos praticar a sociologia da mesma forma que os médicos praticam a medicina.

sociologia pública Processo de trazer os conhecimentos adquiridos por meio da observação e da análise sociológicas para a esfera pública, buscando provocar uma transformação social positiva.

SOCIOLOGIA PESSOAL

A sociologia pode nos ajudar, em nossas vidas cotidianas, a entender melhor nossas crenças e ações e a fazer escolhas mais informadas. Aprendemos com a sociologia que estamos na sociedade e a sociedade está em nós. Indivíduo e sociedade não são duas coisas separadas. Para ser um indivíduo, é necessário compreender a importância do lugar, da posição, da conexão e da interação. Embora gostemos de acreditar que qualquer opção está disponível a nós, na realidade, nossas alternativas são limitadas.

Praticar sociologia significa fazer perguntas desconfortáveis e não se contentar com respostas fáceis. Significa levar em consideração a importância tanto do indivíduo quanto da sociedade, da ação e da estrutura, da liberdade e da restrição. Significa reconhecer a importância do poder e do impacto que o acesso a recursos materiais, sociais e culturais tem sobre as opções disponíveis a nós. Resumindo, como vimos no Capítulo 1, fazer *sociologia pessoal* significa reconhecer o impacto de nossa posição individual sobre quem somos e como pensamos e agimos, e assumir a responsabilidade pelos impactos de nossas ações sobre os outros.

Desde o início, os sociólogos queriam entender nossas limitações para que pudéssemos ser capazes de mudá-las. Como disse o sociólogo Pierre Bourdieu (1998b), "Para aqueles que sempre acusam o sociólogo de determinismo e pessimismo, vou dizer apenas que, se as pessoas se conscientizassem plenamente deles, seria possível uma ação consciente para controlar os mecanismos estruturais que engendram o fracasso moral" (p. 56). Em outras palavras, precisamos ser honestos com nós mesmos sobre o grau em que a sociedade limita nossas escolhas, para que tenhamos poder de fazer escolhas mais informadas e, portanto, mais eficazes para alcançar nossos objetivos.

Como indivíduos, precisamos aprender a enxergar o grau em que seguimos as regras visíveis e invisíveis. Precisamos nos perguntar se nossos caminhos atuais representam os valores, as normas e os objetivos que realmente queremos seguir. Como vimos, os programas a que assistimos, as coisas que compramos, nossa probabilidade de suicídio, nossas chances de enfrentar a diferença salarial, nossa percepção da realidade, nós mesmos, tudo isso é influenciado pelas posições que ocupamos. Entender essas influências nos capacita a mudar.

> Um outro mundo não só é possível, mas está a caminho. Em um dia calmo, eu consigo ouvir sua respiração.
>
> Arundhati Roy

SOCIOLOGIA PÚBLICA: FERRAMENTAS PARA A TRANSFORMAÇÃO

Além de proporcionar um entendimento mais informado sobre por que nós, como indivíduos, agimos e pensamos de determinada forma, a sociologia nos convida a olhar para além de nós mesmos, ao mundo à nossa volta, e perguntar: o que podemos fazer para tornar o mundo um lugar melhor? Os sociólogos, desde o início, procuraram compreender e explicar os processos sociais com a finalidade de influenciar o futuro da sociedade. A **sociologia pública** significa trazer os conhecimentos adquiridos por meio da observação e da análise sociológicas para a esfera pública, buscando provocar uma transformação social positiva. Como disse Michael Burawoy, ex-presidente da American Sociological Association, a sociologia pública pretende falar a um público amplo, com o objetivo de "enriquecer o debate público sobre as questões morais e políticas, inserindo nele a teoria e a pesquisa sociológicas" (Burawoy, 2004:1603).

Por construirmos as estruturas sociais existentes por meio de nossas ações coletivas e recorrentes, assumimos a responsabilidade por suas consequências. Os sistemas existentes – a estrutura e a cultura que criamos – não são inevitáveis.

Atividades cidadãs em uma sociedade democrática

	VIDA PRIVADA	VIDA CÍVICA	
	Atividade individual	**Atividades de engajamento cívico**	
		Atividades não políticas	Participação política
	Família Escola Trabalho	Realizar reciclagem Participar de encontros com colegas Fazer atividades de serviços	Votar Participar de reuniões políticas Fazer campanhas políticas
Funções	Cultiva relações pessoais, atende a necessidades individuais – por exemplo, estudar, ganhar a vida	Faz serviços à comunidade e funciona como treinamento para a participação política	Atende a demandas de cidadania democrática

Podemos optar por mudá-los; podemos agir de maneira diferente conforme sugere a tabela. Pode ser difícil sair dos "caminhos de menor resistência" que sustentam o sistema existente (Johnson, 1997), e as consequências para a ação e a crença que são contrárias ao *status quo* podem ser graves. Contudo, podemos fazê-lo.

O que não podemos fazer é nos eximir da responsabilidade pelos sistemas com os quais acabamos vivendo. Na verdade, não agir de maneira diferente é sustentar o sistema vigente de desigualdade. Como aponta o sociólogo Scott Schaffer (2004), já não podemos ignorar as práticas que violam nossas crenças básicas, tentando lavar das mãos a responsabilidade:

> Nossas mãos já estão sujas; a pergunta que deixo aqui é se nossas mãos serão sujadas pelas ações destinadas a trazer ao mundo liberdade implementada, concreta e real ou por nossa escolha de nos preservar à custa de todos os outros, no aqui e agora e no futuro. (p. 271-272)

Nosso cinismo e nossa resignação só reforçam os sistemas de opressão e violência. Não agir para gerar mudanças positivas ainda representa uma escolha, e nossas mãos estão sujas de qualquer maneira.

Ao nos ajudar a enxergar as razões para nossas ideias e ações, ao nos ajudar a esclarecer a relação entre a crença e a prática e ao nos ajudar a compreender melhor as consequências da diferença, a sociologia pessoal e pública pode incentivar uma discussão que leve a um futuro melhor. Podemos usar as ferramentas da sociologia para nos permitir entrar em conversas nas quais compartilhamos nossas histórias com os outros (positivas e negativas), esclarecendo pontos em que concordamos e discordamos, e nos abrindo para que possamos identificar nossos pontos cegos. Muitas vezes, queremos evitar conflitos desconfortáveis, optando pelo discurso bem educado, mas deixar de nos empenhar de forma mais verdadeira em nossas diferenças culturais e estruturais praticamente garante que não avancemos em direção à implementação de nossos princípios fundamentais (Schaffer, 2004).

PRATICANDO A SOCIOLOGIA

A mudança vem porque as pessoas continuam não só a acreditar que é possível, mas também a agir em relação a suas esperanças e seus sonhos (ver figura a seguir). Como disse o etnógrafo Studs Terkel (2003), "Em todas as épocas, havia inicialmente dúvidas e medo de avançar e se manifestar, mas o atributo que impulsionou os guerreiros à frente foi a esperança. E o *ato*" (p. xviii).

Você acredita que possa realizar mudanças políticas?

Índice de eficácia política externa, 1952-2008

Fonte: American National Election Studies, 2010: Tabela 5B.1.

Podemos mudar o mundo para melhor. Podemos fazê-lo nos informando mais sobre nós mesmos e os outros e, em seguida, agindo a partir desse conhecimento. Aqui estão algumas possibilidades de ação:

- *Pratique sociologia pessoal*. Conscientize-se dos fatores que influenciam suas crenças e ações.
- *Conscientize-se do privilégio*. Identifique as vantagens que você tem, principalmente em relação ao resto do mundo. Você provavelmente tem comida, roupa e abrigo suficientes; você consegue ler isto; você pode se planejar para o futuro, e assim por diante.
- *Informe-se mais*. Hoje, temos acesso a mais informação do que nunca sobre nosso mundo. Procure-a; descubra o que está acontecendo.
- *Interprete o que aprender*. Analise as informações que receber. Lembre-se de que os dados nunca falam por si; eles não são apenas fatos, mas estão inseridos em redes e sistemas que têm seus próprios interesses.
- *Vote*. Os líderes eleitos em uma democracia, sejam eles locais, estaduais ou nacionais, são escolhidos pelos eleitores. Pode não parecer que seu voto individual é importante, mas o fato é que todos esses votos ainda são somados para definir um vencedor. E mesmo que seu candidato não possa vencer, você ainda pode fazer uma declaração; por exemplo, se não achar que qualquer dos candidatos é uma boa opção, escreva o nome de alguém que seria.
- *Participe da política local*. Pense na política como um esporte de contato: vá a comícios, manifestações, reuniões do conselho escolar, reuniões da Câmara de Vereadores e outras. Você pode se surpreender com a diferença que uma única voz pode fazer, principalmente em nível local.
- *Concorra a um cargo*. Não presuma que essas posições de liderança são apenas para os outros que estão, de alguma maneira, mais bem informados do que você. Precisamos de mais pessoas que acreditem que possam liderar, para que tenhamos mais diversidade em nossos líderes.
- *Seja voluntário*. Existem organizações locais em todas as comunidades que procuram gerar transformação social positiva. Você pode entrar em contato com uma escola local para ver se pode ler para crianças, trabalhar em um abrigo para pessoas sem teto ou ajudar a construir casas, como ocorre nos Estados Unidos, com a Habitat for Humanity.
- *Junte-se a outros*. Existem muitas organizações que oferecem oportunidades de trabalho social de longo prazo (como a Anistia Internacional, a Save The Children e a Cruz Vermelha), nas quais você pode prestar assistência a pessoas com vários tipos de necessidades, em comunidades próximas ou distantes.
- *Organize-se*. Trabalhe para construir o mundo que você imagina; há, sem dúvida, outras pessoas que compartilham seus pontos de vista. Encontre-as e trabalhe com elas, tanto dentro quanto fora das instituições existentes, para gerar a transformação.

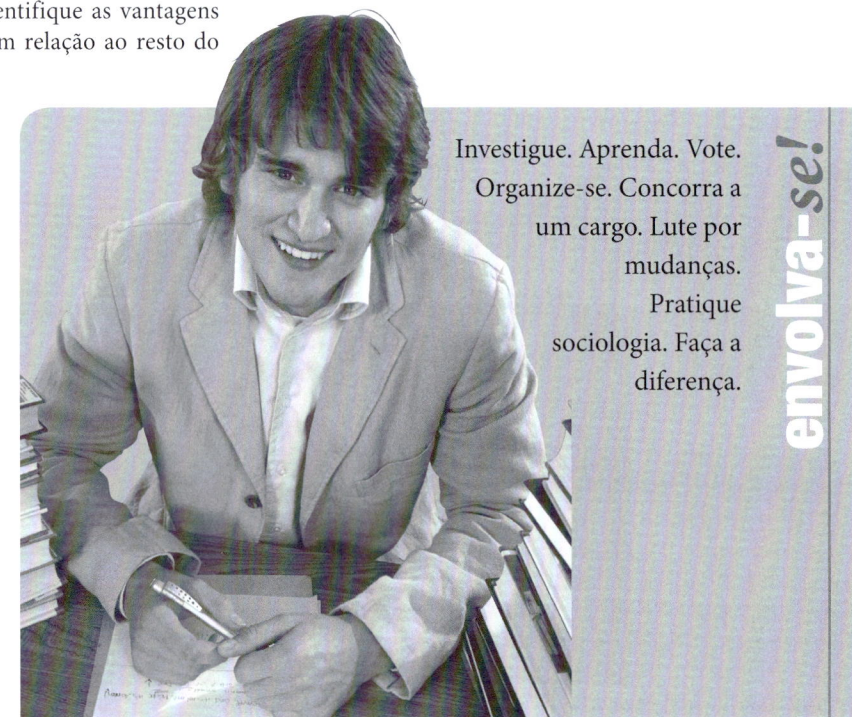

Investigue. Aprenda. Vote. Organize-se. Concorra a um cargo. Lute por mudanças. Pratique sociologia. Faça a diferença.

envolva-se!

- *Lute pela mudança*. Independentemente de onde você estiver, seja em seus relacionamentos, sua família, seu local de trabalho, sua comunidade ou em outro lugar, trabalhe para provocar transformação social positiva. Temos o poder de mudar o mundo; não podemos fazê-lo no vácuo, mas, se os sociólogos estão corretos sobre a construção social da realidade, as coisas podem ser de outra forma.

Como escreveu Comte bem na fundação da sociologia, "A ciência leva à previsão, e a previsão leva à ação" (citado em Bourdieu, 1998b:55). Somente vendo essas coisas que nos limitam é que podemos avançar em direção à liberdade.

Aprendemos uma lição da sociologia que é uma reminiscência da que Ebenezer Scrooge aprende em *Um conto de Natal*, de Charles Dickens, escrito em 1843. Scrooge, um avarento homem de negócios, só pensa em si mesmo, pouco ou nada se importando com os outros, incluindo seu empregado, sua família e os pobres. Contudo, na véspera de Natal, ele é visitado por três fantasmas: o Espírito do Natal Passado, o Espírito do Natal Presente e o Espírito do Natal Futuro. Depois que cada um desses espíritos lhe mostra as visões de seu tempo, Scrooge arrepende-se, prometendo viver "uma vida diferente", na qual reafirmará os relacionamentos e se reconectará com as pessoas que o rodeiam. O que é particularmente interessante do ponto de vista sociológico é a maneira como ele formula sua promessa: "Eu vou viver no Passado, no Presente e no Futuro! Os Espíritos de todos os três vão se esforçar dentro de mim".

Em sua essência, a resolução de Scrooge representa o que somos chamados a fazer pela imaginação sociológica. Assim como a história e a biografia se cruzam, nós também precisamos entender que o passado, criado por ações de nós mesmos e daqueles que vieram antes de nós, influenciou o que somos agora. Como escreveu o romancista e ensaísta norte-americano James Baldwin ([1965] 1985): "A grande força da história vem do fato de que a carregamos dentro de nós, somos inconscientemente controlados por ela em muitos aspectos, e a história está literalmente *presente* em tudo o que fazemos" (p. 410). Além disso, nossas ações presentes moldam as direções futuras de nossas vidas e das vidas de outras pessoas nos mundos em torno de nós, e das que ainda estão por vir. Como Scrooge, podemos rejeitar o mito do indivíduo isolado e afirmar a importância dos relacionamentos e do companheirismo (para voltar a um dos sentidos da palavra que é raiz da sociologia). Mantendo simultaneamente o passado, o presente e o futuro juntos em nossas mentes, podemos agir para tornar o mundo um lugar melhor para se viver.

A sociologia é mais do que apenas um substantivo. A sociologia é um verbo. É algo que fazemos, e não algo que possuímos. Nossa dependência excessiva de modelos individualistas e nossa incapacidade de avaliar o impacto das forças sociais apresentam uma imagem distorcida de nossa liberdade. Uma apreciação da relação entre indivíduo e sociedade e das consequências da diferença nos permite fazer escolhas mais informadas e moldar o futuro. Permite-nos dar respostas às seguintes perguntas: "Por que pensamos da forma como pensamos?" e "Por que agimos da forma como agimos?". A sociologia não deve ser algo confinado às salas de aula da faculdade. Não deve ser deixada apenas para os profissionais. Somos todos sociólogos agora, e há trabalho a ser feito.

PARA REVISÃO

I. Como e por que a transformação social acontece?
- A transformação social desenvolve-se a partir de práticas sociais passadas; ela representa uma resposta daqueles que estão na sociedade para manter a ordem social ao buscar um nível aceitável de equilíbrio entre estabilidade e mudança. E ela é influenciada pela distribuição de poder e controle sobre os recursos, que define as mudanças que ocorrem e as que não ocorrem. A inovação tecnológica tem cumprido um papel poderoso, causando transformação social.

II. Que fatores definem o sucesso de um movimento social?
- É preciso que haja um sentimento de privação relativa no qual as pessoas tenham a sensação de que a injustiça existe e que ela pode e deve ser questionada. Além disso, as pessoas devem ter a capacidade de mobilizar recursos para gerar a mudança desejada.

III. O que significa praticar sociologia?
- A sociologia pessoal envolve uma melhor compreensão da influência que os fatores sociais têm sobre nossos pensamentos e ações e o uso dessas informações em nosso benefício. A sociologia pública significa assumir a responsabilidade pelos impactos coletivos que nossas ações individuais têm sobre a sociedade e a oportunidade, e trabalhar para a transformação social positiva.

A

Abordagem científica de gestão Outro nome para a teoria clássica das organizações formais.

Abordagem da reação social Outro nome para teoria da rotulagem.

Abordagem da trajetória de vida Orientação de pesquisa em que sociólogos e outros cientistas sociais examinam de perto os fatores sociais que influenciam as pessoas ao longo da vida, desde o nascimento até a morte.

Abordagem das relações humanas Abordagem ao estudo das organizações formais que enfatiza o papel das pessoas, da comunicação e da participação em uma burocracia e tende a se concentrar na estrutura informal da organização.

Abordagem dramatúrgica Visão da interação social na qual as pessoas são vistas como atores em um palco, buscando fazer uma apresentação bem-sucedida.

Ação afirmativa Esforços positivos para recrutar membros de grupos minoritários ou mulheres para empregos, promoções e oportunidades educacionais.

Adoção No sentido jurídico, processo que permite a transferência dos direitos, responsabilidades e privilégios legais da parentalidade a novos pais legais.

Agência A liberdade que os indivíduos têm de fazer escolhas e agir.

Alienação Perda de controle sobre nossa capacidade criativa humana para produzir, separação em relação aos produtos que fazemos e isolamento de nossos colegas produtores.

Amalgamação Processo pelo qual um grupo majoritário e um minoritário se combinam para formar um novo grupo.

Amostra Seleção a partir de uma população maior, que é estatisticamente representativa dessa população.

Amostra aleatória Amostra na qual todos os membros de toda a população que está sendo estudada têm a mesma chance de ser selecionados.

Análise de conteúdo Codificação sistemática e registro objetivo de dados, orientados por determinada lógica.

Análise do sistema-mundo Visão do sistema econômico global como dividido entre certos países industrializados, que controlam a riqueza, e os países em desenvolvimento, que são controlados e explorados.

Análise secundária Várias técnicas de pesquisa que fazem uso de informações e dados coletados previamente e acessíveis ao público.

Anomia Perda de direção sentida em uma sociedade em que o controle social do comportamento individual se tornou ineficaz.

Antissemitismo Preconceito contra judeus.

Apartheid Antiga política do governo sul-africano voltada a manter a separação de negros e outros não brancos dos brancos dominantes.

Assimilação Processo pelo qual uma pessoa abandona sua própria tradição cultural para se tornar parte de uma cultura diferente.

Associação diferencial Teoria do desvio que descreve o processo pelo qual a exposição a atitudes favoráveis a atos criminosos leva à violação de regras.

Autoridade Poder que é reconhecido como legítimo pelas pessoas sobre as quais é exercido.

Autoridade carismática Poder legitimado pelo excepcional apelo pessoal ou emocional de um líder sobre seus seguidores.

Autoridade jurídico-racional Autoridade com base em regras, princípios e procedimentos de conduta formalmente acordados e aceitos, que são estabelecidos a fim de alcançar objetivos da maneira mais eficiente possível.

Autoridade tradicional Poder legítimo conferido pelo costume e por práticas aceitas.

Avatar Representação de uma pessoa na internet, como personagem, seja na forma de uma imagem 2-D ou 3-D, ou simplesmente por meio de texto.

B

Bissexuais Categoria de orientação sexual que inclui aqueles que são atraídos por homens e mulheres.

Burguesia Termo de Karl Marx para a classe capitalista, que inclui os donos dos meios de produção.

Burocracia Componente de uma organização formal que usa regras e hierarquização para alcançar a eficiência.

Burocratização Processo pelo qual um grupo, uma organização ou um movimento social toma cada vez mais decisões técnico-racionais em busca da eficiência.

C

Capital cultural Os gostos, os conhecimentos, as atitudes, a linguagem e as formas de pensar que trocamos em interação com os outros.

Capitalismo Sistema econômico com base na propriedade privada, no qual indivíduos, empresas e corporações em busca de lucros competem no mercado.

Castas Classificação hereditária, geralmente ditada pela religião, que tende a ser fixa e imóvel.

Cerimônia de degradação Aspecto do processo de socialização em algumas instituições totais, no qual as pessoas são submetidas a rituais humilhantes.

Chances na vida Oportunidades que as pessoas têm de proporcionar a si próprias bens materiais, condições de vida positivas e experiências de vida favoráveis.

Choque cultural Sentimentos de desorientação, incerteza e até mesmo medo que as pessoas experimentam quando se deparam com práticas culturais desconhecidas.

Ciência Conjunto de conhecimentos obtido por métodos com base na observação sistemática.

Ciência natural Estudo das características físicas da natureza e das formas como elas interagem e mudam.

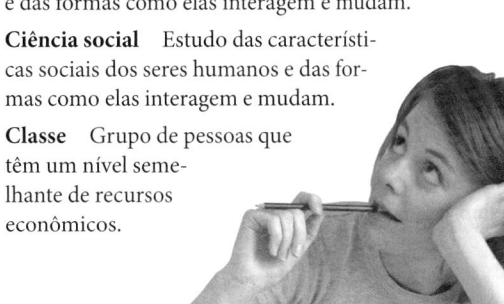

Ciência social Estudo das características sociais dos seres humanos e das formas como elas interagem e mudam.

Classe Grupo de pessoas que têm um nível semelhante de recursos econômicos.

Coabitação A prática de um homem e uma mulher que moram juntos em um relacionamento sexual sem estar casados.

Coalizão Aliança, seja temporária ou permanente, voltada a um objetivo em comum.

Código de ética Normas de comportamento aceitável desenvolvidas por e para os membros de uma profissão.

Colonialismo Manutenção de dominação política, social, econômica e cultural sobre um povo, por uma potência estrangeira, durante um período prolongado.

Comunicação não verbal Uso de gestos, expressões faciais e outras imagens visuais para se comunicar.

Confiabilidade Até onde uma medida produz resultados constantes.

Conflito de papéis Situação que ocorre quando expectativas incompatíveis surgem de dois ou mais *status* sociais que a mesma pessoa ocupa.

Conformidade Ato de seguir os pares – indivíduos de nosso próprio *status* que não têm nenhum direito especial para dirigir nosso comportamento.

Consciência de classe Na visão de Karl Marx, consciência subjetiva por parte de membros de uma classe, com relação a interesses próprios e à necessidade de ação política coletiva para provocar uma transformação social.

Contracultura Subcultura que se opõe deliberadamente a certos aspectos da cultura geral.

Controle social Técnicas e estratégias para impedir comportamentos desviantes humanos em qualquer sociedade.

Controle social formal Controle social que é implementado por agentes autorizados, como policiais, juízes, administradores escolares e empregados.

Controle social informal Controle social que é implementado de forma casual, por pessoas comuns, por meios como risadas, sorrisos, uma sobrancelha levantada e a ridicularização.

Corporação multinacional Organização comercial que tem sede em um país, mas faz negócios em todo o mundo.

Correlação Relação entre duas variáveis na qual a mudança em uma coincide com a mudança na outra.

Costumes Normas que regem o comportamento cotidiano, cuja violação gera relativamente pouca preocupação.

Credencialismo Aumento no mais baixo nível de instrução necessário para se entrar em um campo.

Crença religiosa Afirmações às quais os membros de determinada religião aderem.

Crime Violação da lei à qual alguma autoridade governamental aplica penalidades formais.

Crime de ódio Delito cometido por causa de preconceito do agressor contra um indivíduo com base em raça, religião, etnia, origem nacional ou orientação sexual.

Crime organizado Trabalho de um grupo que regula as relações entre empreendimentos criminosos envolvidos em atividades ilegais, incluindo prostituição, jogos de azar e contrabando e venda de drogas ilegais.

Crime sem vítimas Troca voluntária entre adultos de bens e serviços amplamente desejados, mas ilegais, como drogas ou prostituição.

Crime transnacional Crime que ocorre entre várias fronteiras nacionais.

Crimes do colarinho branco Atos ilegais cometidos por pessoas afluentes e "respeitáveis", no exercício de atividades empresariais.

Crimes indexados Oito tipos de crimes incluídos pelo FBI no relatório anual *Uniform Crime Reports*: assassinato, estupro, roubo e agressão, arrombamento, furto, roubo de veículos e incêndio criminoso.

Crise da meia-idade Período estressante de autoavaliação que começa em torno dos 40 anos.

Cuidados paliativos Tratamento de doentes terminais em suas próprias casas ou em unidades ou outras instalações hospitalares especiais, com o objetivo de ajudá-los a morrer confortavelmente, sem sofrimento.

Cultura Tudo o que nós, seres humanos, criamos ao estabelecer nossas relações com a natureza e com os outros.

Cultura imaterial Modos de usar objetos, bem como costumes, ideias, expressões, crenças, conhecimentos, filosofias, governos e padrões de comunicação.

Cultura material Aspectos físicos ou tecnológicos de nossas vidas cotidianas.

Curandeirismo Medicina popular latino-americana, uma forma holística de cuidados de saúde e cura.

Currículos ocultos Padrões de comportamento que a sociedade considera adequados e que os professores transmitem sutilmente aos alunos.

D

Defasagem cultural Período de adaptação em que a cultura imaterial ainda está se esforçando para se adaptar às novas condições materiais.

Definição funcionalista das famílias Definição de famílias que se concentra em como elas atendem às necessidades físicas, sociais e emocionais dos indivíduos e da sociedade como um todo.

Definição operacional Transformação de um conceito abstrato em indicadores observáveis e mensuráveis.

Definição substantiva Definição de família com base em sangue, que significa uma herança biológica compartilhada, e afinidade, que significa o reconhecimento e a afirmação sociais, incluindo casamento e adoção.

Democracia Em sentido literal, significa governo exercido pelo povo.

Democracia representativa Sistema de governo em que os cidadãos elegem os líderes políticos para que tomem decisões em nome do povo.

Demografia Estudo estatístico da dinâmica populacional.

Denominação Religião grande e organizada, que não é oficialmente vinculada ao Estado ou ao governo.

Descendência bilateral Sistema de parentesco no qual ambos os lados da família de uma pessoa são considerados igualmente importantes.

Descendência matrilinear Sistema de parentesco em que apenas os parentes da mãe são importantes.

Descendência patrilinear   Sistema de parentesco em que apenas os parentes do pai são importantes.

Descoberta   Processo de tornar conhecida ou compartilhar a existência de um aspecto da realidade.

Desenho de pesquisa   Plano ou método detalhado para a obtenção científica de dados.

Desigualdade social   Condição na qual membros da sociedade têm quantidades diferentes de riqueza, prestígio ou poder.

Desindustrialização   Retirada sistemática e generalizada do investimento em aspectos básicos da produtividade, como fábricas e usinas.

Deslocamento de objetivos   Cumprimento exagerado de regulamentos oficiais de uma burocracia.

Desvio   Comportamento que viola os padrões de conduta ou as expectativas de um grupo ou sociedade.

Difusão   Processo pelo qual um item cultural se espalha de grupo a grupo ou de uma sociedade a outra.

Direitos humanos   Referem-se aos direitos morais universais que todas as pessoas possuem em virtude de serem humanas.

Discriminação   Negação de oportunidades e igualdade de direitos a indivíduos e grupos por causa de preconceito ou outras razões arbitrárias.

Discriminação institucional   Padrão de tratamento que nega sistematicamente a um grupo o acesso a recursos e oportunidades como parte das operações normais de uma sociedade.

Ditadura   Governo em que uma pessoa tem o poder quase total de formular as leis e as fazer serem cumpridas.

Downsizing   Reduções do tamanho da força de trabalho de uma empresa.

E

Ecclesia   Organização religiosa que afirma incluir a maioria ou todos os membros de uma sociedade e é reconhecida como religião nacional ou oficial.

Ecologia humana   Área de estudo que se preocupa com as inter-relações entre as pessoas e seu ambiente.

Economia   Instituição social dedicada à produção, à distribuição e ao consumo de bens e serviços.

Economia informal   Transferências de dinheiro, bens ou serviços que não são informadas ao governo.

Economia mista   Sistema econômico que combina elementos do capitalismo e do socialismo.

Educação   Instituição social dedicada ao processo formal de transmissão de cultura de professores a alunos.

Efeito da expectativa do professor   Impacto que as expectativas de um professor em relação ao desempenho de um aluno podem ter sobre as realizações reais desse aluno.

Efeito Hawthorne   Influência involuntária que os observadores dos experimentos podem ter sobre seus sujeitos.

Elite do poder   Pequeno grupo de líderes militares, industriais e de governo que controla o destino dos Estados Unidos.

Emigração   Quando um membro de uma população deixa aquele grupo.

Endogamia   Restrição da seleção de parceiros a pessoas de dentro do mesmo grupo.

Endogrupo   Categoria de pessoas que têm identidade e sentido de pertencimento comuns.

Entrevista   Questionamento frente a frente ou por telefone de um respondente, no qual o pesquisador obtém as informações desejadas.

Epidemiologia social   Estudo da distribuição da doença, da deficiência e do estado geral de saúde em uma população.

Escravidão   Sistema de servidão forçada em que algumas pessoas são propriedade de outras.

Estereótipos   Generalizações não confiáveis sobre todos os membros de um grupo, não reconhecendo as diferenças individuais dentro dele.

Estigma   Rótulo usado para desvalorizar os membros de determinados grupos sociais.

Estratificação   Distinção estruturada de grupos inteiros de pessoas, que perpetua recompensas econômicas e poder desiguais em uma sociedade.

Estrutura social   Quadro subjacente à sociedade, constituído das posições que as pessoas ocupam e das relações entre elas.

Ética protestante   Um compromisso disciplinado ao trabalho mundano movido por um desejo de trazer glória a Deus, o que era compartilhado por seguidores de Martinho Lutero e João Calvino.

Etnia simbólica   Identidade étnica que enfatiza preocupações como comida étnica ou questões políticas, em vez de laços mais profundos com a própria herança étnica.

Etnocentrismo   Tendência a pressupor que a própria cultura e o próprio modo de vida representam o que é normal ou são superiores a todos os outros.

Etnografia   Estudo de todo um ambiente social por meio da observação sistemática ampliada.

Eu   *Self* atuante que existe em relação ao mim.

Exogamia   Demanda de escolha de parceiros que sejam de fora de certos grupos.

Exogrupo   Categoria de pessoas que não pertencem a um grupo ou não se encaixam nele.

Expectativa de vida   Número projetado de anos que uma pessoa pode esperar viver com base em seu ano de nascimento.

Experiência religiosa   O sentimento ou a percepção de estar em contato direto com a realidade maior, por exemplo, um ser divino, ou de ser tomado pela emoção religiosa.

Experimento   Situação criada artificialmente, permitindo que um pesquisador manipule variáveis.

Expulsão   Remoção sistemática de um grupo de pessoas da sociedade.

F

Falsa consciência   Expressão usada por Karl Marx para descrever uma atitude por parte de membros de uma classe que não reflete com precisão sua posição objetiva.

Família extensa   Família na qual parentes – como avós, tias ou tios – moram no mesmo domicílio de pais e filhos.

Família igualitária   Padrão de autoridade em que os cônjuges são considerados como iguais.

Família nuclear   Família que inclui dois parceiros casados e seus filhos solteiros, que moram juntos.

Famílias monoparentais   Famílias nas quais apenas um dos pais está presente para cuidar dos filhos.

Familismo   Orgulho da família extensa, expresso pela manutenção de laços estreitos e obrigações fortes para com parentes fora da família imediata.

Feminismo   Crença na igualdade social, econômica e política para as mulheres.

Fertilidade   Número de crianças nascidas em determinado período.

Força   Uso real ou ameaçado da coerção para impor a própria vontade sobre os outros.

Formação racial   Processo sócio-histórico em que as categorias raciais são criadas, inibidas, transformadas e destruídas.

Fosso digital   Falta de acesso relativo às últimas tecnologias entre grupos de baixa renda, minorias raciais e étnicas, residentes de zonas rurais e cidadãos de países em desenvolvimento.

Fuga de cérebros   Imigração, aos Estados Unidos e a outros países industrializados, de trabalhadores, profissionais e técnicos qualificados que são necessários em seus países de origem.

Fundamentalismo   Adesão rígida a doutrinas religiosas fundamentais, muitas vezes acompanhada de uma aplicação literal da escritura ou das crenças históricas ao mundo de hoje.

G

Gemeinschaft   Comunidade muito unida, geralmente encontrada em zonas rurais, na qual fortes laços pessoais conectam os membros.

Gênero   Importância social e cultural que atribuímos a essas supostas diferenças biológicas.

Genocídio   Assassinato deliberado e sistemático de todo um povo ou nação.

Geração-sanduíche   A geração de adultos que tentam atender às necessidades conflitantes de seus pais e de seus filhos ao mesmo tempo.

Gerontologia   Estudo dos aspectos sociológicos e psicológicos do envelhecimento e dos problemas dos idosos.

Gesellschaft   Comunidade, frequentemente urbana, que é grande e impessoal, com pouco compromisso com o grupo ou consenso sobre valores.

Gestão de impressões   Alteração da apresentação do *self* para criar aparências distintas e satisfazer determinados públicos.

Globalização   Integração mundial de políticas de governo, culturas, movimentos sociais e mercados financeiros por meio do comércio e da troca de ideias.

Grupo   Qualquer número de pessoas com normas, valores e metas compartilhados, que interagem umas com as outras regularmente.

Grupo de controle   Sujeitos de um experimento que não são expostos a uma variável independente por um pesquisador.

Grupo de referência   Qualquer grupo que os indivíduos utilizem como padrão para avaliar a si mesmos e a seu próprio comportamento.

Grupo de *status*   Pessoas que têm o mesmo nível percebido de prestígio.

Grupo étnico   Grupo que é diferenciado de outros principalmente por causa de sua origem nacional ou seus padrões culturais distintos.

Grupo experimental   Sujeitos de um experimento que são expostos a uma variável independente introduzida por um pesquisador.

Grupo minoritário   Grupo subordinado cujos membros têm bem menos controle ou poder sobre suas próprias vidas do que os membros do grupo dominante ou da maioria.

Grupo primário   Pequeno grupo caracterizado pela associação e a cooperação íntima e individual.

Grupo racial   Grupo que é separado dos outros por causa de diferenças físicas que adquiriram importância social.

Grupo secundário   Grupo formal, impessoal, em que há pouca intimidade social ou compreensão mútua.

Guerra   Conflito entre organizações que possuem forças de combate treinadas e equipadas com armas mortais.

H

Heteronormatividade   Termo que descreve o pressuposto cultural de que a heterossexualidade é o padrão adequado para a identidade e a prática sexuais, e que as sexualidades alternativas são desviantes, anormais ou erradas.

Heterossexuais   Categoria de orientação sexual que inclui aqueles que são sexualmente atraídos por pessoas do sexo oposto.

Hipótese   Enunciado testável sobre a relação entre duas ou mais variáveis.

Hipótese de Sapir-Whorf   Ideia de que a linguagem que uma pessoa usa molda sua percepção da realidade e, portanto, seus pensamentos e ações.

Hipótese do contato   Teoria de que, em circunstâncias de cooperação, o contato inter-racial entre pessoas do mesmo *status* reduz o preconceito.

Homogamia   Tendência consciente ou inconsciente de escolher um parceiro com características pessoais e interesses semelhantes aos nossos.

Homossexuais   Categoria de orientação sexual que inclui aqueles que são atraídos por pessoas do mesmo sexo.

I

Ideologia dominante   Conjunto de crenças e práticas culturais que legitima os poderosos interesses sociais, econômicos e políticos existentes.

Imaginação sociológica   Consciência da relação entre quem somos como indivíduos e as forças sociais que moldam nossas vidas.

Imigração   Quando alguém entra para um grupo populacional do qual não era membro anteriormente.

Incapacidade treinada Tendência dos trabalhadores a se tornarem especializados a ponto de desenvolver pontos cegos e não conseguir perceber possíveis problemas.

Incidência Número de novos casos de uma doença específica que ocorrem dentro de uma dada população durante determinado período.

Índice de morbidade Incidência de doença em uma dada população.

Índice de mortalidade Incidência de morte em uma dada população.

Inovação Processo de introdução de uma nova ideia ou objeto em uma cultura por meio de descoberta ou invenção.

Instituição social Padrão organizado de crenças e comportamentos centrados em necessidades sociais básicas.

Instituição total Instituição que regula todos os aspectos da vida de uma pessoa sob uma autoridade única, como a prisão, as forças armadas, um hospital psiquiátrico ou um convento.

Interação social Troca recíproca em que duas ou mais pessoas leem, reagem e respondem umas às outras.

Interesses específicos Pessoas ou grupos que irão sofrer em caso de transformação social e que têm interesse em manter o *status quo*.

Interpretação Processo de assumir mentalmente a perspectiva de outra pessoa e responder a partir desse ponto de vista imaginado.

Interseccionalidade Gênero, sexualidade, raça, etnia e classe não devem ser estudados isoladamente, pois têm efeitos interconectados sobre nossa identidade, nosso conhecimento e nossos resultados na vida.

Invenção Combinação de itens culturais existentes em uma forma que não existia antes.

J

Jargão Linguagem especializada, usada por membros de um grupo ou subcultura.

Justiça ambiental Estratégia jurídica com base em afirmações de que as minorias raciais são submetidas de forma desproporcional aos riscos ambientais.

Justiça diferencial Diferenças na forma como o controle social é exercido sobre diferentes grupos.

L

Laissez-faire Princípio de que as pessoas devem poder competir livremente no mercado, sem intervenção do governo.

Lei de ferro da oligarquia Princípio de que todas as organizações, mesmo as democráticas, tendem a se tornar uma burocracia governada por uma pequena elite (chamada de oligarquia).

Leis Normas formais impostas pelo Estado.

Líder expressivo Pessoa responsável pela manutenção da harmonia e dos assuntos emocionais internos.

Líder instrumental Pessoa na família que é responsável por executar tarefas, que se concentra em metas distantes e gerencia o relacionamento externo entre a família e as outras instituições sociais.

Linguagem Sistema de símbolos compartilhados, que inclui fala, caracteres escritos, números, símbolos e gestos e expressões não verbais.

Lógica causal Há uma relação entre as variáveis, na qual a mudança em uma causa mudanças na outra.

Luditas Artesãos revoltados na Inglaterra do século XIX, que destruíram as novas máquinas das fábricas, como parte de sua resistência à Revolução Industrial.

M

Machismo Sentido de virilidade, valor pessoal e orgulho da própria masculinidade.

Macrossociologia Pesquisa sociológica que se concentra em fenômenos de grande escala ou em civilizações inteiras.

Masculinidades múltiplas A ideia de que os homens aprendem e desempenham uma série de papéis de gênero.

Matriarcado Sociedade em que as mulheres dominam as decisões familiares.

McDonaldização Processo pelo qual os princípios de eficiência, calculabilidade, previsibilidade e controle moldam a organização e os processos de decisão, nos Estados Unidos e no mundo.

Média Número calculado somando-se diversos valores e, em seguida, dividindo-os pelo número de valores.

Mediana Ponto médio ou número que divide uma série de valores em dois grupos de igual número de valores.

Medicina holística Terapias em que o profissional de saúde leva em conta as características físicas, mentais, emocionais e espirituais da pessoa.

Método científico Série sistemática e organizada de passos que garante objetividade e constância máximas ao se pesquisar um problema.

Microssociologia Pesquisa sociológica que salienta o estudo de pequenos grupos e a análise de nossas experiências e interações cotidianas.

Migração Movimento de pessoas de um grupo populacional a outro.

Mim *Self* socializado que planeja ações e julga desempenhos com base nas normas que aprendemos dos outros.

Minoria-modelo ou ideal Grupo subordinado cujos membros supostamente foram bem-sucedidos em termos econômicos, sociais e educacionais, apesar dos preconceitos e da discriminação do passado.

Mobilidade horizontal Movimento de um indivíduo de uma posição social para outra de classificação igual.

Mobilidade intergeracional Mudanças na posição social dos filhos em relação a seus pais.

Mobilidade intrageracional Mudanças de posição social dentro da vida adulta de uma pessoa.

Mobilidade social Movimento de indivíduos ou grupos de uma posição a outra no sistema de estratificação de uma sociedade.

Mobilidade vertical Movimento de um indivíduo de uma posição social para outra de classificação diferente.

Mobilização de recursos   Formas em que um movimento social usa recursos como dinheiro, influência política, acesso aos meios de comunicação e pessoal.

Moda   Valor único mais comum em uma série.

Modelo de elite   Visão que considera a sociedade governada por um pequeno grupo de indivíduos que compartilham interesses políticos e econômicos.

Modelo de equilíbrio   Visão segundo a qual a sociedade tende a um estado de equilíbrio ou estabilidade.

Modelo pluralista   Visão da sociedade em que muitos grupos concorrentes têm acesso ao governo, de forma que nenhum grupo é dominante.

Modernização   Processo amplo pelo qual as nações passariam das formas tradicionais de organização social a formas características das sociedades pós-Revolução Industrial.

Monarquia   Forma de governo liderada por um único membro de uma família real, geralmente um rei, uma rainha ou algum outro governante hereditário.

Monogamia   Forma de casamento em que uma mulher e um homem são casados apenas um com o outro.

Monogamia em série   Forma de casamento em que uma pessoa pode ter vários cônjuges durante a vida, mas apenas um de cada vez.

Monopólios   Controle do mercado por uma única empresa.

Movimentos sociais   Atividades coletivas organizadas para provocar ou resistir a uma mudança fundamental em um grupo ou sociedade existente.

N

Neocolonialismo   Dependência contínua por parte das ex-colônias da dominação estrangeira.

Neutralidade de valor   Expressão de Max Weber para a objetividade dos sociólogos na interpretação dos dados.

Norma   Padrão de comportamento estabelecido que é mantido por uma sociedade.

Norma formal   Norma que geralmente é escrita e que especifica punições rigorosas para os infratores.

Norma informal   Norma geralmente entendida, mas não registrada com precisão.

Novo movimento religioso (NMR) ou **culto**   Grupo religioso pequeno e alternativo que representa uma comunidade religiosa nova ou uma grande inovação em uma já existente.

Novos movimentos sociais   Atividades coletivas organizadas que abordam valores e identidades sociais, bem como melhorias na qualidade de vida.

O

Obediência   Submissão a autoridades superiores em uma estrutura hierárquica.

Observação   Técnica de pesquisa em que o observador coleta informações por meio de participação direta e/ou assistindo de perto a um grupo ou comunidade.

Offshoring   Transferência de trabalho a terceirizados no exterior.

Oligarquia   Forma de governo na qual alguns indivíduos exercem o poder.

Orientação sexual   Categorias de pessoas por quem somos sexualmente atraídos.

Outro generalizado   Atitudes, pontos de vista e expectativas da sociedade como um todo que uma criança leva em consideração em seu comportamento.

Outro significativo   Indivíduo que é muito importante no desenvolvimento do *self*, como pai ou mãe, amigo ou professor.

P

Papéis de gênero   Expectativas com relação a comportamento, atitudes e atividades adequados a homens e mulheres.

Papel de doente   Expectativas da sociedade em relação às atitudes e ao comportamento de uma pessoa rotulada como doente.

Papel social   Conjunto de comportamentos esperados de pessoas que ocupam determinado *status* social.

Parceria doméstica   Dois adultos não parentes que compartilham um relacionamento de cuidado mútuo, residem juntos e concordam em ser corresponsáveis por seus dependentes, suas despesas básicas e outras necessidades comuns.

Parentesco   Condição de membro da família de outra pessoa.

Partido   Capacidade de se organizar para atingir algum objetivo específico.

Patriarcado   Sociedade em que os homens dominam as decisões familiares.

Paz   Considerada tanto como a ausência de guerra quanto como um esforço pró-ativo para desenvolver relações de cooperação entre nações.

Perfil racial   Qualquer ação arbitrária iniciada pela polícia com base em raça, etnia ou origem nacional, e não no comportamento de uma pessoa.

Perspectiva do conflito   Abordagem sociológica que pressupõe que o comportamento social é mais bem compreendido em termos da tensão entre grupos pelo poder ou pela alocação de recursos, incluindo moradia, dinheiro, acesso a serviços e representação política.

Perspectiva funcionalista   Abordagem sociológica que enfatiza como as partes de uma sociedade são estruturadas para manter a estabilidade.

Perspectiva interacionista   Abordagem sociológica que generaliza a partir de formas cotidianas de interação social, a fim de explicar a sociedade como um todo.

Pesquisa qualitativa   Pesquisa que trabalha com o que se vê em contextos de campo e naturais, mais do que em dados estatísticos.

Pesquisa quantitativa   Pesquisa que coleta e relata dados principalmente em forma numérica.

Pluralismo   Respeito mútuo entre as culturas dos vários grupos de uma sociedade, o que permite que um grupo minoritário expresse sua própria cultura e ainda participe sem preconceito na sociedade em geral.

Pobreza absoluta   Nível mínimo de subsistência abaixo do qual nenhuma família deve viver.

Pobreza relativa   Padrão flutuante de privação pelo qual se considera que as pessoas na parte inferior de uma sociedade, qualquer que seja seu estilo de vida, estejam em desvantagem em comparação com o país como um todo.

Poder   Capacidade de alguém exercer sua vontade sobre os outros, mesmo que estes resistam.

Poder negro   Filosofia política promovida por muitos negros mais jovens nos anos de 1960, que apoiava a criação de instituições políticas e econômicas controladas pelos negros.

Poliandria   Forma de poligamia em que uma mulher pode ter mais de um marido ao mesmo tempo.

Poligamia   Forma de casamento em que um indivíduo pode ter vários maridos ou esposas ao mesmo tempo.

Poliginia   Forma de poligamia em que um homem pode ter mais de uma esposa ao mesmo tempo.

Política   Competição entre indivíduos ou grupos quanto à alocação de recursos valorizados.

Preconceito   Atitude negativa para com toda uma categoria de pessoas, com frequência uma minoria étnica ou racial.

Prestígio   Respeito e admiração que uma profissão garante em uma sociedade.

Prevalência   Número total de casos de uma doença específica que existem em um dado momento.

Princípio da correspondência   Tendência das escolas a promover os valores que se esperam de indivíduos de cada classe social e preparar os alunos para empregos típicos de pessoas de sua classe.

Privação relativa   Sensação consciente de uma discrepância negativa entre expectativas legítimas e realidades presentes.

Profano   Elementos comuns e banais da vida, diferentes do sagrado.

Proletariado   Termo de Karl Marx para a classe trabalhadora em uma sociedade capitalista, que não detém os meios de produção.

Q

Questionário   Formulário impresso, escrito ou digitalizado, usado para obter informações de um respondente.

Questões públicas   Problemas que enfrentamos como consequência das posições que ocupamos dentro da estrutura social mais ampla.

R

Racismo   Crença de que uma raça é suprema e todas as outras são inferiores por natureza.

Racismo que não vê cor   Uso do princípio da neutralidade racial para perpetuar um *status quo* racialmente desigual.

Rede social   Série de relações sociais que conectam os indivíduos diretamente a outros e, por meio deles, indiretamente a outras pessoas.

Relativismo cultural   Enxergar o comportamento das pessoas a partir da perspectiva da cultura delas.

Religião   Instituição social dedicada a estabelecer uma sensação comum de identidade, incentivar a integração social e oferecer aos fiéis uma sensação de sentido e propósito.

Remessas   Quantias em dinheiro que os imigrantes enviam de volta a suas famílias de origem.

Renda   Salários e rendimentos medidos ao longo de determinado período, por exemplo, hora ou ano.

Renda nacional bruta (RNB)   Valor total dos bens e serviços de um país.

Respeito   Reputação que uma pessoa conquistou dentro de uma profissão.

Ressocialização   Processo de descartar velhos padrões de comportamento e aceitar novos, como parte de uma transição de vida.

Riqueza   Total de ativos materiais de uma pessoa, incluindo poupança, terra, ações e outros tipos de propriedade, menos as suas dívidas em determinado momento.

Rito de passagem   Ritual que marca a transição simbólica de uma posição social a outra, dramatizando e validando mudanças no *status* da pessoa.

Ritual religioso   Prática exigida ou esperada dos membros de uma religião.

S

Sagrado   Elementos que vão além do cotidiano, que inspiram reverência, admiração e até mesmo temor.

Saída do papel   Processo de desligamento em relação a um papel que é fundamental para a autoidentidade, a fim de estabelecer um papel e uma identidade novos.

Sanção   Penalidade ou recompensa por conduta relacionada a uma norma social.

Secularização   Diminuição da influência da religião na esfera pública, especialmente na política e na economia.

Segregação   Separação física de dois grupos de pessoas, em termos de residência, local de trabalho e eventos sociais. Geralmente, um grupo dominante impõe esse padrão a um grupo minoritário.

Segunda jornada   Carga dupla – trabalho fora de casa seguido de cuidado dos filhos e trabalho doméstico – que muitas mulheres enfrentam e poucos homens compartilham de forma equitativa.

Seita   Grupo religioso relativamente pequeno que rompeu com alguma outra organização religiosa para reavivar o que considera a visão original daquela religião.

Seita estabelecida   Grupo religioso que é o desdobramento de uma seita, mas, ainda assim, permanece isolado da sociedade.

Self   Nosso sentido de quem somos, distintos dos outros e moldados pela combinação única de nossas interações sociais.

***Self*-espelho**   Teoria de que nos tornamos quem somos com base em como achamos que os outros nos veem.

Sexismo   Ideologia que afirma que um sexo é superior ao outro.

Sexo   Diferenças biológicas entre homens e mulheres.

Sexualidade Denota nossas identidades e atividades como seres sexuais.

Símbolo Gesto, objeto ou palavra que forma a base da comunicação humana.

Síndrome cultural Doença ou mal que não pode ser entendido fora de um contexto social específico.

Sistema aberto Sistema social em que a posição de cada indivíduo é influenciada por seu *status* adquirido.

Sistema de classes Classificação social com base principalmente na posição econômica, na qual características adquiridas podem influenciar a mobilidade social.

Sistema de estamentos Sistema de estratificação no qual os camponeses devem trabalhar a terra arrendada a eles pelos nobres, em troca de proteção militar e outros serviços. Também conhecido como feudalismo.

Sistema fechado Sistema social em que há pouca ou nenhuma possibilidade de mobilidade social individual.

Sistema político Instituição social que se baseia em um conjunto reconhecido de procedimentos para implementar e atingir as metas da sociedade.

Socialismo Sistema econômico no qual os meios de produção e distribuição são de propriedade coletiva.

Socialização Processo, que dura a vida toda, pelo qual as pessoas aprendem as atitudes, os valores e os comportamentos adequados aos membros de determinada cultura.

Socialização antecipatória Processos de socialização nos quais uma pessoa "ensaia" para futuras posições, ocupações e relações sociais.

Sociedade Estrutura de relações dentro da qual a cultura é criada e compartilhada por meio de padrões regularizados de interação social.

Sociedade agrária Forma tecnologicamente mais avançada de sociedade pré-industrial. Seus membros se dedicam principalmente à produção de alimentos, mas aumentam o rendimento dos cultivos por meio de inovações tecnológicas, como o arado.

Sociedade de caça e coleta Sociedade pré-industrial em que as pessoas simplesmente dependiam de quaisquer alimentos e fibras que estivessem prontamente disponíveis.

Sociedade hortícola Sociedade pré-industrial em que as pessoas plantam sementes e fazem cultivos em vez de simplesmente subsistirem com os alimentos disponíveis.

Sociedade industrial Sociedade que depende de mecanização para produzir seus bens e serviços.

Sociedade pós-industrial Sociedade cujo sistema econômico tem como atividade principal o tratamento e o controle da informação.

Sociedade pós-moderna Sociedade tecnologicamente sofisticada, pluralista, interconectada e globalizada.

Sociobiologia Estudo sistemático de como a biologia afeta o comportamento social humano.

Sociologia Estudo sistemático da relação entre o indivíduo e a sociedade e das consequências da diferença.

Sociologia aplicada Uso da disciplina de sociologia com a intenção específica de produzir aplicações práticas para comportamento humano e organizações.

Sociologia clínica Uso da disciplina de sociologia com a intenção específica de modificar organizações ou reestruturar instituições sociais.

Sociologia pessoal Processo de reconhecer o impacto de nossa posição individual sobre quem somos e como pensamos e agimos, e de assumir a responsabilidade pelos efeitos que nossas ações têm sobre os outros.

Sociologia pública Processo de trazer os conhecimentos adquiridos por meio da observação e da análise sociológicas para a esfera pública, buscando provocar uma transformação social positiva.

Solidariedade mecânica Coesão social com base em experiências, conhecimentos e habilidades compartilhados, em que as coisas funcionam mais ou menos como sempre funcionaram.

Solidariedade orgânica Coesão social com base em interdependência mútua, no contexto da extrema divisão do trabalho.

Status Posições sociais que ocupamos em relação aos outros.

Status **adquirido** Posição social que obtemos como consequência de algo que fizemos.

Status **atribuído** Posição social designada a uma pessoa pela sociedade, sem levar em consideração suas características ou talentos únicos.

Status **dominante** *Status* que predomina sobre os outros e, assim, determina a posição geral de uma pessoa na sociedade.

Status **socioeconômico (SSE)** Medida da classe social que se baseia na renda, na educação, na profissão e nas variáveis relacionadas.

Subclasse Pobres de longo prazo que não têm formação nem habilidades.

Subcultura Segmento da sociedade que compartilha um padrão distinto de tradições, costumes e valores que difere do padrão da sociedade em geral.

Survey Estudo, geralmente na forma de entrevista ou questionário, que dá aos pesquisadores informações sobre como as pessoas pensam e agem.

Survey **com vítimas** Questionário ou entrevista aplicada a uma amostra da população para determinar se as pessoas foram vítimas de crime.

T

Tabu do incesto Proibição de relações sexuais entre certos parentes definidos culturalmente.

Taxa bruta de mortalidade Número de mortes por mil pessoas na população em determinado ano.

Taxa bruta de natalidade Número de nascidos vivos por mil pessoas na população em determinado ano.

Taxa de crescimento Mudança percentual global de determinada população por ano.

Taxa de fertilidade de reposição Número mínimo de filhos que uma mulher deveria ter na vida, em média, para reproduzir a população na próxima geração.

Taxa de fertilidade total Número médio de filhos que uma mulher teria durante sua vida segundo as taxas de natalidade atuais e pressupondo-se que ela sobrevivesse durante seus anos férteis.

Taxa de mortalidade infantil   Número de mortes de crianças com menos de 1 ano por mil nascidas vivas, por ano.

Tecnologia   Forma de cultura na qual os seres humanos modificam o ambiente natural para atender a seus desejos e necessidades.

Tensão entre papéis   Dificuldade que surge quando o mesmo *status* social impõe demandas e expectativas conflitantes.

Teologia da libertação   O uso de uma igreja, principalmente o catolicismo romano, em um esforço político para eliminar a pobreza, a discriminação e outras formas de injustiça de uma sociedade secular.

Teoria   Conjunto de enunciados que procura explicar problemas, ações ou comportamentos.

Teoria clássica   Abordagem ao estudo das organizações formais que considera que os trabalhadores são motivados quase que totalmente por recompensas econômicas.

Teoria cognitiva do desenvolvimento   Teoria de que as crianças avançam por quatro etapas de desenvolvimento.

Teoria da atividade   Teoria do envelhecimento que sugere que os idosos que permanecem ativos e socialmente envolvidos terão uma melhor qualidade de vida.

Teoria da dependência   Abordagem que afirma que os países industrializados continuam explorando os países em desenvolvimento para seu próprio benefício.

Teoria da desorganização social   Teoria que atribui o aumento da criminalidade e do desvio à ausência ou ao rompimento das relações de comunidade e das instituições sociais, como a família, a escola, a igreja e o governo local.

Teoria da exploração   Visão de que a subordinação racial é uma expressão do sistema de classes inerente ao capitalismo.

Teoria da perspectiva   Como nossa compreensão da realidade é moldada pelas posições que ocupamos, um entendimento mais completo das relações sociais deve incorporar as perspectivas de vozes marginalizadas.

Teoria da rotulagem   Abordagem que tenta explicar por que certas pessoas são consideradas desviantes enquanto outras, que têm o mesmo comportamento, não o são.

Teoria do controle   Visão da conformidade e do desvio que sugere que nossa conexão com outros membros da sociedade nos leva a obedecer sistematicamente às normas dessa sociedade.

Teoria do desligamento   Teoria do envelhecimento que sugere que a sociedade e o indivíduo que envelhece cortam mutuamente muitos de seus relacionamentos.

Teoria do desvio com base na tensão   Teoria de Merton sobre o desvio como uma adaptação de objetivos socialmente prescritos ou dos meios que regem sua conquista, ou ambos.

Teoria evolucionista   Teoria da transformação social que considera que a sociedade avança em uma direção definida.

Terras de fronteira   Área de cultura comum ao longo da fronteira entre o México e os Estados Unidos.

Terrorismo   O uso ou a ameaça de violência contra alvos aleatórios ou simbólicos, com objetivos políticos.

Teto de vidro   Barreira invisível que impede a promoção de uma pessoa qualificada em um ambiente de trabalho por causa de gênero, raça ou etnia.

Tipo ideal   Modelo abstrato das características essenciais de um fenômeno.

Totalitarismo   O controle e a vigilância praticamente completos do governo sobre todos os aspectos da vida social e política de uma sociedade.

Trabalho de figuração   Esforços que as pessoas fazem para manter uma imagem adequada e evitar constrangimento público.

Tracking   Prática de colocar alunos em grupos curriculares específicos, com base em suas notas e outros critérios.

Tradições   Normas consideradas altamente necessárias para o bem-estar de uma sociedade.

Transformação social   Alterações importantes ao longo do tempo, nos padrões de comportamento e na cultura, incluindo normas e valores.

Transgênero   Pessoas que parecem ser biologicamente de um sexo, mas se identificam com o outro.

Transição demográfica   À medida que as sociedades se transformam de pré-industriais em pós-industriais, o tamanho de suas populações que era pequeno, mas estável, com elevadas taxas de natalidade e mortalidade, passando por um período de crescimento significativo da população, torna-se grande, mas estável, quando as taxas de natalidade e mortalidade são ambas baixas.

Transmissão cultural   Escola que enfatiza que os indivíduos aprendem o comportamento criminoso interagindo com outros.

Transtornos privados   Problemas que enfrentamos em nossas relações imediatas com indivíduos específicos em nossas vidas pessoais.

U

Universal cultural   Prática ou crença comum, compartilhada por todas as sociedades.

V

Validade   Grau em que uma medida ou escala reflete verdadeiramente o fenômeno em estudo.

Valor   Concepção coletiva do que é considerado bom, desejável e adequado – ou ruim, indesejável e impróprio – em uma cultura.

Variável   Traço ou característica mensurável sujeita a mudanças em diferentes condições.

Variável de controle   Fator que é mantido constante para testar o impacto relativo de uma variável independente.

Variável dependente   Variável, em uma relação causal, que está sujeita à influência de outra variável.

Variável independente   Variável, em uma relação causal, que gera ou influencia mudanças em uma segunda variável.

Velhismo   Preconceito e discriminação com base na idade de uma pessoa.

Referências

A

Aaronson, Daniel, and Bhashkar Mazumder. 2007. "Intergenerational Economic Mobility in the U.S., 1940 to 2000." FRB Chicago Working Paper No. WP 2005–12, revised February 2007. Federal Reserve Bank of Chicago. Accessed June 21, 2008 (http://ssrn.com/abstract=869435).

Abercrombie, Nicholas, Stephen Hill, and Bryan S. Turner. 1980. *The Dominant Ideology Thesis.* London: George Allen and Unwin.

―――. 1990. *Dominant Ideologies.* Cambridge, MA: Unwin Hyman.

―――. 2006. *The Penguin Dictionary of Sociology,* 5th ed. New York: Penguin Books.

Aberle, David E., A. K. Cohen, A. K. Davis, M. J. Leng Jr., and F. N. Sutton. 1950. "The Functional Prerequisites of a Society." *Ethics* 60 (January): 100–111.

Abma, Joyce C., Gladys M. Martinez, and Casey E. Copen. 2010. "Teenagers in the United States: Sexual Activity, Contraceptive Use, and Childbearing, National Survey of Family Growth 2006–2008." National Center for Health Statistics. *Vital and Health Statistics* 23 (30). Accessed August 9, 2011 (www.cdc.gov/nchs/data/series/sr_23/sr23_030.pdf).

Abma, Joyce C., Gladys M. Martinez, William D. Mosher, and Brittany S. Dawson. 2004. "Teenagers in the United States: Sexual Activity, Contraceptive Use, and Childbearing, 2002." National Center for Health Statistics. *Vital and Health Statistics* 23 (24). Accessed May 12, 2010 (http://www.cdc.gov/nchs/data/series/sr_23/sr23_024.pdf).

Adair-Toteff, Christopher. 2005. "Max Weber's Charisma." *Journal of Classical Sociology* 5 (2): 189–204.

Adams, Jimi. 2007. "Stained Glass Makes the Ceiling Visible: Organizational Opposition to Women in Congregational Leadership." *Gender and Society* 21 (February): 80–115.

Adams, Samantha, and Antoinette de Bont. 2007. "Information Rx: Prescribing Good Consumerism and Responsible Citizenship." *Health Care Analysis* 15 (4): 273–290.

Adbusters. 2011. "#OCCUPYWALLSTREET." Adbusters Blog July 12. Accessed May 28, 2012 (http://www.adbusters.org/blogs/adbusters-blog/occupywallstreet.html).

Addams, Jane. 1910. *Twenty Years at Hull-House.* New York: Macmillan.

―――. 1930. *The Second Twenty Years at Hull-House.* New York: Macmillan.

Adler, Patricia A., and Peter Adler. 1985. "From Idealism to Pragmatic Detachment: The Academic Performance of College Athletes." *Sociology of Education* 58 (October): 241–250.

―――. 1996. "Preadolescent Clique Stratification and the Hierarchy of Identity." *Sociological Inquiry* 66 (2): 111–142.

―――. 2004. *Paradise Laborers: Hotel Work in the Global Economy.* Ithaca, NY: Cornell University Press.

―――. 2007. "The Demedicalization of Self-Injury: From Psychopathology to Sociological Deviance." *Journal of Contemporary Ethnography* 36 (October): 537–570.

Adler, Patricia A., and Peter Adler. 2011. The Tender Cut: Inside the Hidden World of Self-Injury. New York: NYU Press.

Adler, Patricia A., Peter Adler, and John M. Johnson. 1992. "Street Corner Society Revisited." *Journal of Contemporary Ethnography* 21 (April): 3–10.

Adler, Patricia A., Steve J. Kless, and Peter Adler. 1992. "Socialization to Gender Roles: Popularity Among Elementary School Boys and Girls." *Sociology of Education* 65 (July): 169–187.

Administration for Children and Families. 2010. "Head Start Program Fact Sheet." Washington, DC: U.S. Department of Health and Human Services. Accessed June 3, 2011 (http://www.acf.hhs.gov/programs/ohs/about/fy2010.html).

Alimahomed, Sabrina. 2010. "Thinking Outside the Rainbow: Women of Color Redefining Queer Politics and Identity." *Social Identities* 16 (2): 151–168.

Allen, John L. 2008. *Student Atlas of World Politics,* 8th ed. New York: McGraw-Hill.

Allegretto, Sylvia A. 2011. "The State of Working America's Wealth, 2011: Through Volatility and Turmoil, the Gap Widens." Accessed June 9, 2011 (http://www.epi.org/page/-/BriefingPaper292.pdf?nocdn=1).

Allport, Gordon W. 1979. *The Nature of Prejudice,* 25th anniversary ed. Reading, MA: Addison-Wesley.

Alter, Alexandria. 2007. "Is This Man Cheating on His Wife?" *The Wall Street Journal,* August 10, p. W1. Accessed June 3, 2008 (http://online.wsj.com/article/SB118670164592393622.html).

Amato, Paul R., and Alan Booth. 1997. *A Generation at Risk.* Cambridge, MA: Harvard University Press.

American Academy of Cosmetic Surgery. 2010. "American Academy of Cosmetic Surgery 2009 Procedural Census." Prepared by RH Research, February. Accessed April 9, 2010 (http://www.cosmeticsurgery.org/media/2009_full_report.pdf).

American Bar Association. 2009. "Death Penalty Moratorium Implementation Project." ABA Section of Individual Rights and Responsibilities. Accessed May 20, 2009 (http://www.abanet.org/moratorium/home.html).

American Federation of Teachers. 2008. "Survey and Analysis of Teacher Salary Trends 2007." Washington, DC: American Federation of Teachers, AFL-CIO. Accessed April 19, 2010 (http://archive.aft.org/salary/2007/download/AFT2007SalarySurvey.pdf).

American Jewish Committee. 2005. "2005 Annual Survey of American Jewish Opinion." Accessed June 3, 2010 (http://www.ajc.org/site/apps/nlnet/content3.aspx?c=ijIT12PHKoG&b=846741&ct=1740283).

American National Election Studies. 2010. "The ANES Guide to Public Opinion and Electoral Behavior." Center for Political Studies, Ann Arbor, MI. Accessed July 1, 2011 (http://www.electionstudies.org/nesguide/gd-index.htm).

American Society of Plastic Surgeons. 2012. "2011 Plastic Surgery Statistics Report." ASPS National Clearing House of Plastic Surgery Procedural Statistics. Arlington Heights, IL: ASPS. Accessed April 23, 2012 (http://www.plasticsurgery.org/Documents/news-resources/statistics/2011-statistics/2011_Stats_Full_Report.pdf).

American Sociological Association. 1997. *Code of Ethics.* Washington, DC: ASA (www.asanet.org/members/ecoderev.html).

―――. 2006a. *Careers in Sociology with an Undergraduate Degree in Sociology,* 7th ed. Washington, DC: ASA.

―――. 2006b. "What Can I Do with a Bachelor's Degree in Sociology?" *A National Survey of Seniors Majoring in Sociology: First Glances: What Do They Know and Where Are They Going?* Washington, DC: ASA. Accessed August 2, 2008 (http://www.asanet.org/galleries/default-file/b&b_first_report_final.pdf).

Amnesty International. 1994. *Breaking the Silence: Human Rights Violations Based on Sexual Orientation.* New York: Amnesty International.

―――. 2009a. "Mexico: Two Years On: The Law to Protect Women Has Had No Impact at State Level." Accessed June 15, 2009 (www.amnesty.org/en/for-media/press-releases/mexico-two-years-law-protect-women-has-had-no-impact-state-level-2009012).

―――. 2009b. "Sexual Orientation and Gender Identity." Accessed June 15, 2009 (www.amnesty.org/en/sexual-orientation-and-gender-identity).

Amnesty International. 2011. "Annual Report 2011: The State of the World's Human Rights." Accessed May 28, 2012 (http://www.amnesty.org/en/annual-report/2011).

Anagnostou, Yiorgos. 2009a. "A Critique of Symbolic Ethnicity: The Ideology of Choice?" *Ethnicities* 9 (1): 94–122.

―――. 2009b. "About Facts and Fictions: Reply to Herbert Gans and Mary Waters." *Ethnicities* 9 (1).

Anderson, David, and Mykol C. Hamilton. 2005. "Gender Role Stereotyping of Parents in Children's Picture Books: The Invisible Father." *Sex Roles* 52: 145–151.

Anderson, John Ward, and Molly Moore. 1993. "Born Oppressed: Women in the Developing World Face Cradle-to-Grave Discrimination, Poverty." *Washington Post,* February 14, p. A1.

Anderson, Robin J., "Dynamics of Economic Well-being: Poverty, 2004–2006." Current Population Reports, P70–123, U.S. Census Bureau, Washington, DC, 2011. Accessed June 9, 2011 (http://www.census.gov/prod/2011pubs/p70-123.pdf).

Anderson, Terry H. 2007. *The Sixties,* 3rd ed. Englewood Cliffs, NJ: Prentice Hall.

Andrees, Beate, and Patrick Belser, eds. 2009. *Forced Labor: Coercion and Exploitation in the Private Economy.* Geneva: International Labour Organization.

Angier, Natalie. 2000. "Do Races Differ? Not Really, Genes Show." *New York Times,* August 22, p. F6. Accessed June 30, 2008 (http://query.nytimes.com/gst/fullpage.html?res=9E07E7DF1E3EF931A1575BC0A9669C8B63&scp=2&sq=natalie+angier&st=nyt).

Anti-Defamation League. 2011. "2010 Audit of Anti-Semitic Incidents." Anti-Defamation League, New York, NY, October 4. Accessed May 27, 2012 (http://www.adl.org/main_Anti_Semitism_Domestic/2010_Audit).

Arab American Institute. 2008. "Arab Americans: Demographics." Accessed July 1, 2008 (http://www.aaiusa.org/arab-americans/22/demographics).

Archibold, Randal C. 2011. "In Mexico, Massacres and Claims of Progress." *New York Times,* February 1. Accessed May 27, 2011 (http://www.nytimes.com/2011/02/02/world/americas/02mexico.html).

Arizona Daily Star. 2011. "Border Deaths Database." *Arizona Daily Star,* March 31. Accessed June 12, 2011 (http://azstarnet.com/online/databases/html_c104ad38-3877-11df-aa1a-001cc4c002e0.html).

Arora, Neeraj K., Bradford W. Hesse, Barbara K. Rimer, K. Viswanath, Marla L. Clayman, and Robert T. Croyle. 2008. "Frustrated and Confused: The American Public Rates Its Cancer-Related Information-Seeking Experiences."*Journal of General Internal Medicine* 23 (3): 223–228.

Atchley, Robert C. 1976. *The Sociology of Retirement.* New York: Wiley.

Aud, Susan, Mary Ann Fox, and Angelina KewalRamani. 2010. "Status and Trends in the Education of Racial and Ethnic Groups." National Center for Education Statistics, U.S. Department of Education, Washington, DC, NCES 2010-015. Accessed June 20, 2011 (http://nces.ed.gov/pubsearch/pubsinfo.asp?pubid=2010015).

Aud, Susan, William Hussar, Grace Kena, Kevin Bianco, Lauren Frohlich, Jana Kemp, Kim Tahan. 2011. The Condition of Education 2011. NCES 2011-033. National Center for Education Statistics, Institute for Education Sciences, U.S. Department of Education, Washington, DC. Accessed June 4, 2011 (http://nces.ed.gov/pubs2011/2011033.pdf).

Aud, Susan, William Hussar, Grace Kena, Erin Roth, Eileen Manning, Xiaolei Wang, and Jijun Zhang. 2012. *The Condition of Education 2012.* NCES Report 2012-045. National Center for Education Statstics, U.S. Department of Education, Washington, DC, May 24. Accessed May 25, 2012 (http://nces.ed.gov/pubs2012/2012045.pdf).

Auritt, Elizabeth S. 2012. "Harvard Accepts Record Low of 5.9 Percent to the Class of 2016." *The Harvard Crimson* March 29. Accessed May 16, 2012 (http://www.thecrimson.com/article/2012/3/29/admissions-harvard-rate-2016/).

Avise, John C. 2004. *The Hope, Hype, and Reality of Genetic Engineering: Remarkable Stories from Agriculture, Industry, Medicine, and the Environment.* New York: Oxford University Press.

B

Baby Name Wizard. 2012. "NameVoyager: Explore Name Trends Letter by Letter." Accessed March 14, 2012 (http://www.babynamewizard.com/voyager#).

Badoo. 2011. "Three Quarters of European Princes Marry Commoners." Badoo Trading Limited, April 26. Accessed May 30, 2011 (http://corp.badoo.com/entry/press/23/).

Baer, Hans. 2008. "Global Warming as a By-product of the Capitalist Treadmill of Production and Consumption—The Need for an Alternative Global System." *Australian Journal of Anthropology* 19 (1): 58–62.

Baer, Hans, and Ian Coulter. 2008. "Introduction—Taking Stock of Integrative Medicine: Broadening Biomedicine or Co-option of Complementary and Alternative Medicine?" *Health Sociology Review* 17 (4): 331–341.

Bagilhole, Barbara, and Simon Cross. 2006. " 'It Never Struck Me as Female': Investigating Men's Entry into Female-Dominated Occupations." *Journal of Gender Studies* 15 (1): 35–48.

Bahr, Peter Riley. 2008. "*Cooling Out* in the Community College: What Is the Effect of Academic Advising on Students' Chances of Success?" *Research in Higher Education* 49: 704–732.

Bainbridge, William Sims. 2007. "The Scientific Research Potential of Virtual Worlds." *Science* 317 (July 27): 472–476.

Balch, Robert W. 2006. "The Rise and Fall of Aryan Nations: A Resource Mobilization Perspective." *Journal of Political & Military Sociology* 34 (1): 81–113.

Baldwin, James. [1965] 1985. "White Man's Guilt." pp. 409–414 in *The Price of the Ticket: Collected Nonfiction, 1948–1985.* New York: St. Martin's Press.

Balfour, Gillian. 2006. "Re-imagining a Feminist Criminology." *Canadian Journal of Criminology & Criminal Justice* 48 (5): 735–752.

Banks, Pauline and Maggie Lawrence. 2006. "The Disability Discrimination Act, a Necessary, but Not Sufficient Safeguard for People with Progressive Conditions in the Workplace? The Experiences of Younger People with Parkinson's Disease." *Disability and Rehabilitation* 28 (1): 13–24.

Banks, Duren and Tracey Kyckelhahn. 2011. "Characteristics of Suspected Human Trafficking Incidents, 2008–2010." April, NCJ 233732. Bureau of Justice Statistics, Office of Justice Programs, U.S. Department of Justice. Accessed June 8, 2011 (http://bjs.ojp.usdoj.gov/content/pub/pdf/cshti0810.pdf).

Banerjee, Neela. 2006. "Clergywomen Find Hard Path to Bigger Pulpit." *New York Times,* August 26, pp. A1, A11.

Barna Group. 2001. "Religious Beliefs Vary Widely by Denomination." Ventura, CA: The Barna Group. Accessed June 1, 2009 (http://www.barna.org/barna-update/article/5-barna-update/53-religious-beliefs-vary-widely-by-denomination).

Barnes, Patricia M., Barbara Bloom, and Richard L. Nahin. 2008. "Complementary and Alternative Medicine Use Among Adults and Children: United States, 2007." *National Health Statistics Reports* 12. Hyattsville, MD: National Center for Health Statistics. Accessed May 20, 2010 (http://nccam.nih.gov/news/2008/nhsr12.pdf).

Barnes, Patricia M., Eve Powell-Griner, Kim McFann, and Richard L. Nahin. 2004. *Complementary and Alternative Medicine Use Among Adults, United States, 2002.* Advance Data from *Vital and Health Statistics* 343. Hyattsville, MD: National Center for Health Statistics. Accessed July 5, 2008 (http://nccam.nih.gov/news/camsurvey_fs1.htm).

Barnett, Rosalind, and Caryl Rivers. 2004. *Same Difference: How Gender Myths Are Hurting Our Relationships, Our Children, and Our Jobs.* New York: Basic Books.

Barr, Donald A. 2008. *Health Disparities in the United States: Social Class, Race, Ethnicity, and Health.* Baltimore: Johns Hopkins University Press.

Barrett, David B., Todd M. Johnson, and Peter F. Crossing. 2011. "The 2010 Annual Megacensus of Religions." pp. 508-509 in *Time Almanac 2011.* Chicago: Encyclopædia Britannica.

Barrionuevo, Alexei. 2008. "Amazon's 'Forest Peoples' Seek a Role in Striking Global Climate Agreements." *New York Times,* April 6, p. 6.

Barta, Patrick, and Joel Millman. 2009. "The Great U-Turn." *The Wall Street Journal,* June 6. Accessed June 15, 2009 (http://online.wsj.com/article_email/SB124424701106590613-lMyQjAxMDI5NDA0NzIwNDc3Wj.html).

Basso, Keith H. 1972. "Ice and Travel Among the Fort Norman Slave: Folk Taxonomies and Cultural Rules." *Language in Society* 1 (March): 31–49.

Baudrillard, Jean. [1981] 1994. *Simulacra and Simulation.* Ann Arbor: University of Michigan Press.

Baumert, Kevin, Timothy Herzog, and Jonathan Pershing. 2005. *Navigating the Numbers: Greenhouse Gas Data and International Climate Policy.* Washington, DC: World Resources Institute. Accessed August 6, 2009 (http://pdf.wri.org/navigating_numbers.pdf).

Baumgardner, Jennifer, and Amy Richards. 2000. *Manifesta: Young Women, Feminism and the Future.* New York: Farrar, Straus, and Giroux.

BBC. 2006. "Madrid Bans Waifs from Catwalks." September 13. Accessed June 7, 2008 (http://news.bbc.co.uk/2/hi/europe/5341202.stm).

BBC News. 2005. "Indonesian Village Report: January 12, 2005." Accessed January 19 (www.theworld.org).

Beagan, Brenda. 2003. "Teaching Social and Cultural Awareness to Medical Students: 'It's All Very Nice to Talk About It in Theory, but Ultimately It Makes No Difference.' " *Academic Medicine* 78 (6): 605–614.

Beagan, Brenda L. 2001. " 'Even If I Don't Know What I'm Doing I Can Make It Look Like I Know What I'm Doing': Becoming a Doctor in the 1990s." *Canadian Review of Sociology and Anthropology* 38: 275–292.

Bearman, Peter S., James Moody, and Katherine Stovel. 2004. "Chains of Affection: The Structure of Adolescent Romantic and Sexual Networks." *American Journal of Sociology* 110 (July): 44–91.

Beauvoir, Simone de. 1952. *The Second Sex.* New York: Knopf.

Becker, Howard S. 1963. *The Outsiders: Studies in the Sociology of Deviance.* New York: Free Press.

———. ed. 1964. *The Other Side: Perspectives on Deviance.* New York: Free Press.

Beeghley, Leonard. 2007. *The Structure of Social Stratification in the United States,* 5th ed. Boston: Allyn & Bacon.

Belkin, Lisa. 2008. "When Mom and Dad Share It All." *New York Times,* June 15. Accessed June 17, 2009 (www.nytimes.com/2008/06/15/magazine/15parenting-t.html).

Bell, Daniel. 1953. "Crime as an American Way of Life." *Antioch Review* 13 (Summer): 131–154.

———. 1999. *The Coming of Post-industrial Society: A Venture in Social Forecasting.* With new foreword. New York: Basic Books.

———. 2001. *Liberation Theology After the End of History: The Refusal to Cease Suffering.* New York: Routledge.

Benagiano, Giuseppe, and Maurizio Mori. 2009. "The Origins of Human Sexuality: Procreation or Recreation?" *Reproductive BioMedicine Online* 18 (S1): 50–59.

Bendick Jr., Marc, Charles W. Jackson, and J. Horacio Romero. 1993. *Employment Discrimination Against Older Workers: An Experimental Study of Hiring Practices.* Washington, DC: Fair Employment Council of Greater Washington.

Benhorin, Shira, and Susan D. McMahon. 2008. "Exposure to Violence and Aggression: Protective Roles of Social Support Among Urban African American Youth." *Journal of Community Psychology* 36 (6): 723–743.

Bennett, Drake. 2010. "This Will Be on the Midterm. You Feel Me? Why So Many Colleges Are Teaching *The Wire.*" *Slate,* March 24. Accessed April 9, 2010 (http://www.slate.com/id/2245788/).

Bennett, V., S. Dávila-Poblete, and M. N. Rico, eds. 2005. *Opposing Currents: The Politics of Water and Gender in Latin America.* Pittsburgh, PA: University of Pittsburgh Press.

Benschop, Yvonne. 2009. "The Micro-politics of Gendering in Networking." *Gender, Work & Organization* 16 (2): 217–237.

Berenson, Alex, and Diana B. Henriques. 2008. "Look at Wall St. Wizard Finds Magic Had Skeptics." *New York Times,* December 12. Accessed May 21, 2009 (http://www.nytimes.com/2008/12/13/business/13fraud.html).

Bergen, Raquel Kennedy. 2006. *Marital Rape: New Research and Directions.* Harrisburg, PA: VAW Net.

Berger, Peter. 1969. *The Sacred Canopy: Elements of a Sociological Theory of Religion.* Garden City, NY: Anchor Books.

Berger, Peter, and Thomas Luckmann. 1966. *The Social Construction of Reality.* New York: Doubleday.

Berland, Gretchen K. 2001. "Health Information on the Internet: Accessibility, Quality, and Readability in English and Spanish." *Journal of the American Medical Association* 285 (March 23):2612–2621.

Berlin, Brent, and Paul Kay. 1991. *Basic Color Terms: Their Universality and Evolution.* Berkeley: University of California Press.

Bernasek, Anna. 2006. "A Poverty Line That's Out of Date and Out of Favor." *New York Times,* August 14, p. 8.

Bernburg, Jón Gunnar, Marvin D. Krohn, and Craig Rivera. 2006. "Official Labeling, Criminal Embeddedness, and Subsequent Delinquency: A Longitudinal Test of Labeling Theory." *Journal of Research in Crime & Delinquency* 43 (1): 67–88.

Bhrolcháin, Máire Ní. 2001. " 'Divorce Effects' and Causality in the Social Sciences." *European Sociological Review* 17(1): 33–57.

Bianchi, Suzanne M., John P. Robinson, and Melissa A. Milkie. 2006. *Changing Rhythms of American Family Life.* New York: Sage. Bisi, Simonetta. 2002. "Female Criminality and Gender Difference." *International Review of Sociology* 12 (1): 23–43.

Black, Donald. 1995. "The Epistemology of Pure Sociology." *Law and Social Inquiry* 20 (Summer): 829–870.

Black, Thomas. 2009. "Mexican Factories May Cut Fewer Jobs than in 2001." *Bloomberg News,* June 1. Accessed June 15, 2009 (www.bloomberg.com/apps/news?pid=20601086&sid=aFT3Y.rFittM&refer=news).

Blaine, Tasha. 2009. *Just Like Family: Inside the Lives of Nannies, the Parents They Work for, and the Children They Love.* Boston: Houghton Mifflin Harcourt.

Blau, Peter M., and Otis Dudley Duncan. 1967. *The American Occupational Structure.* New York: Wiley.

Blauner, Robert. 1972. *Racial Oppression in America.* New York: Harper and Row.

Bligh, Michelle C., and Jeffrey C. Kohles. 2009. "The Enduring Allure of Charisma: How Barack Obama Won the Historic 2008 Presidential Election." *Leadership Quarterly* 20 (3): 483–492.

Bloemraad, Irene, Anna Korteweg, and Gökçe Yurdakul. 2008. "Citizenship and Immigration: Multiculturalism, Assimilation, and Challenges to the Nation-State." *Annual Review of Sociology* 34: 153–179.

Bloom, David E., David Canning, Günther Fink, and Jocelyn E. Finlay. 2010. "The Cost of Low Fertility in Europe." *European Journal of Population* 26: 141–158.

Bloom, Stephen G. 2000. Postville: *A Clash of Cultures in Heartland America.* New York: Harcourt.

Blossfeld, Hans-Peter. 2009. "Educational Assortative Marriage in Comparative Perspective." *Annual Review of Sociology* 35 (1): 513–530.

Blumer, Herbert. 1955. "Collective Behavior." pp. 165–198 in *Principles of Sociology,* 2nd ed., ed. Alfred McClung Lee. New York: Barnes and Noble.

Boaz, Rachel Floersheim. 1987. "Early Withdrawal from the Labor Force." *Research on Aging* 9 (December): 530–547.

Bogan, Jesse, Kerry A. Dolan, Christopher Helman, and Nathan Vardi. 2008. "Failing State." *Forbes,* December 22. Accessed June 15, 2009 (www.forbes.com/global/2008/1222/058.html).

Bohn, Roger E., and James E. Short. 2010. *How Much Information? 2009 Report on American Consumers.* San Diego: Global Information Industry Center.

Bolt, Gideon, A. Sule Ozuekren, and Deborah Phillips. 2010. "Linking Integration and Residential Segregation." *Journal of Ethnic & Migration Studies* 36 (2): 169–186.

Bonilla-Silva, Eduardo. 2010. *Racism Without Racists: Color-Blind Racism and the Persistence of Racial Inequality in America,* 3rd ed. Lanham, MD: Rowman & Littlefield.

Bongaarts, John. 2009. "Human Population Growth and the Demographic Transition." Philosophical Transactions of the Royal Society, Series B, Biological Sciences 364: 2985–2990.

Booth, Alan, and Paul R. Amato. 2001. "Parental Predivorce Relations and Offspring Postdivorce Well-Being." *Journal of Marriage and the Family* 62: 197–212.

Booth, William. 2009. "In Mexico, the U.S. Downturn Hits Home." *Washington Post,* June 14. Accessed June 15, 2009 (www.

washingtonpost.com/wp-dyn/content/story/2009/06/14/ST2009061400169.html).

Bortolotti, Dan. 2006. *Hope in Hell: Inside the World of Doctors Without Borders.* Buffalo, NY: Firefly Books.

Bouis, Howarth E. 2007. "The Potential of Genetically Modified Food Crops to Improve Human Nutrition in Developing Countries." *Journal of Development Studies* 43 (1): 79–96.

Bourdieu, Pierre. 1962. *The Algerians.* Preface by Raymond Aron. Boston: Beacon Press.

————. 1984. *Distinction: A Social Critique of the Judgment of Taste.* Cambridge, MA: Harvard University Press.

————. 1986. "The Forms of Capital." pp. 241–258 in *Handbook of Theory and Research for the Sociology of Education,* ed. J.G. Richardson. New York: Greenwood Press.

————. 1998a. *Acts of Resistance: Against the Tyranny of the Market.* New York: New Press.

————. 1998b. *On Television.* New York: New Press.

Boushey, Heather. 2009. "Gender and the Recession: Recession Hits Traditionally Male Jobs Hardest." Center for American Progress, Washington, DC. Accessed June 4, 2009 (www.americanprogress.org/issues/2009/05/gender_recession.html).

Bowles, Samuel, and Herbert Gintis. 1976. *Schooling in Capitalist America: Educational Reforms and the Contradictions of Economic Life.* New York: Basic Books.

BP Exploration & Production Inc. 2009. *Initial Exploration Plan: Mississippi Canyon Block 252.* OCS-G 32306, February. Accessed May 19, 2010 (http://www.gomr.mms.gov/PI/PDFImages/PLANS/29/29977.pdf).

Brand, Jennie E., and Yu Xie. 2010. "Who Benefits Most from College? Evidence for Negative Selection in Heterogeneous Economic Returns to Higher Education." *American Sociological Review* 75 (2): 273–302.

Brandon, Emily. 2012. "The New Ideal Retirement Age: 67." Planning to Retire, Money, *U.S. News & World Report,* May 8. Accessed May 22, 2012 (http://money.usnews.com/money/blogs/planning-to-retire/2012/05/08/the-new-ideal-retirement-age-67). Brannigan, Augustine, and William Zwerman. 2001. "The Real 'Hawthorne Effect.'" *Society* 38 (January/February): 55–60.

Bray, Hiawatha. 2009. "Finding a Way Around Iranian Censorship." *Boston Globe,* June 19. Accessed July 1, 2009 (www.boston.com/business/technology/articles/2009/06/19/activists_utilizing_twitter_web_proxies_to_sidestep_iranian_censorship/). Brewer, Cynthia A., and Trudy A. Suchan. 2001. *Mapping Census 2000: The Geography of U.S. Diversity.* Washington, DC: U.S. Government Printing Office.

Brewer, Rose M., and Nancy A. Heitzeg. 2008. "The Racialization of Criminal Punishment." *American Behavioral Scientist* 51 (January): 625–644.

Brewin, Bob. 2011. "Army Taps Second Life for Troop and Family Support." NextGov, February 3. Accessed May 25, 2011 (http://www.nextgov.com/nextgov/ng_20110203_6055.php).

Brickell, Chris. 2009. "Sexuality and the Dimensions of Power." *Sexuality & Culture* 13 (2): 57–74.

Bricker, Jesse, Brian Bucks, Arthur Kennickell, Traci Mach, and Kevin Moore. 2011. "Surveying the Aftermath of the Storm: Changes in Family Finances from 2007 to 2009." Paper No. 2011–17. Finance and Economics Discussion Series, Divisions of Research & Statistics and Monetary Affairs, Federal Reserve Board, Washington, D.C. Accessed June 9, 2011 (http://www.federalreserve.gov/Pubs /feds/2011/201117/201117pap.pdf).

Brooks, Ann. 1997. *Postfeminisms: Feminism, Cultural Theory, and Cultural Forms.* New York: Routledge.

Brooks, Kelly D., and Kathryn Quina. 2009. "Women's Sexual Identity Patterns: Differences Among Lesbians, Bisexuals, and Unlabeled Women." *Journal of Homosexuality* 56 (8): 1030–1045.

Brown, David K. 2001. "The Social Sources of Educational Credentialism: Status Cultures, Labor Markets, and Organizations." *Sociology of Education* 74 (Extra Issue): 19–34.

Brown, George M. 2006. "Degrees of Doubt: Legitimate, Real and Fake Qualifications in a Global Market." *Journal of Higher Education Policy & Management* (1): 71–79.

Brown, Meta, Andrew Haughwout, Donghoon Lee, Maricar Mabutas, and Wilbert van der Klaauw. 2012. "Grading Student Loans." Federal Reserve Bank of New York, March 5. Accessed May 22, 2012 (http://libertystreeteconomics.newyorkfed.org/2012/03/grading-student-loans.html).

Brown, Robert McAfee. 1980. *Gustavo Gutierrez.* Atlanta: John Knox. Brownfield, David, Ann Marie Sorenson, and Kevin M. Thompson. 2001. "Gang Membership, Race, and Social Class: A Test of the Group Hazard and Master Status Hypotheses." *Deviant Behavior* 22 (1): 73–89.

Bruce, Steve. 2000. *Choice and Religion: A Critique of Rational Choice Theory.* New York: Oxford University Press.

Buckle, Chris, Y. M. Lisa Chuah, Calvin S. Fones, and Albert H. C. Wong. 2007. "A Conceptual History of Koro." *Transcultural Psychiatry* 44 (1): 27–43.

Bucks, Brian K., Arthur B. Kennickell, Traci L. Mach, and Kevin B. Moore. 2009. "Changes in U.S. Family Finances from 2004 to 2007: Evidence from the Survey of Consumer Finances." *Federal Reserve Bulletin* 95 (February): A1–A55.

Bullard, Robert. 2000. *Dumping in Dixie: Race, Class, and Environmental Quality,* 3rd ed. Boulder, CO: Westview Press. Bulle, Wolfgang F. 1987. *Crossing Cultures? Southeast Asian Mainland.* Atlanta: Centers for Disease Control and Prevention.

Bullough, Vern L. 1998. "Alfred Kinsey and the Kinsey Report: Historical Overview and Lasting Contributions." *Journal of Sex Research* 35 (2): 127–131.

Burawoy, Michael. 2004. "Public Sociologies: Contradictions, Dilemmas, and Possibilities." *Social Forces* 82: 1603–1618.

Bureau of Economic Analysis. 2011. "Gross Domestic Product: Fourth Quarter and Annual 2010 (Third Estimate)." New Release, BEA 11–13, March 25. U.S. Department of Commerce, Washington, DC. Accessed June 11, 2011 (http://www.bea.gov/newsreleases/national/gdp/2011/pdf/gdp4q10_3rd.pdf).

Bureau of the Census. 2007b. "American Community Survey 2006" (www.census.gov).

————. 2008. *Statistical Abstract of the United States.* Washington, DC: U.S. Government Printing Office.

Bureau of Labor Statistics. 2007. "Labor Force (Demographic) Data." February 13. Accessed February 28, 2007 (www.bls.gov).

————. 2008a. "Employment Characteristics of Families in 2007." Accessed May 26, 2009 (http://www.bls.gov/news.release/famee.toc.htm).

————. 2008b. "Number of Jobs Held, Labor Market Activity, and Earnings Growth Among the Youngest Baby Boomers: Results from a Longitudinal Survey." *BLS News,* June 27. Accessed May 6, 2009 (http://www.bls.gov/news.release/pdf/nlsoy.pdf).

————. 2008c. "Highlights of Women's Earnings in 2007." U.S. Department of Labor, October, Report 1008. Accessed June 17, 2009 (www.bls.gov/cps/cpswom2007.pdf).

————. 2009b. "International Comparisons of Hourly Compensation Costs in Manufacturing, 2007." *Bureau of Labor Statistics News,* March 26. Accessed June 14, 2009 (www.bls.gov/news.release/pdf/ichcc.pdf).

————. 2009c. "Employment Characteristics of Families in 2008." Accessed April 11, 2010 (http://www.bls.gov/news.release/famee.toc.html).

————. 2010a. "Civilian Labor Force, 2008–2018." Employment Projections, Labor Force (Demographic) Data. Accessed April 20, 2010 (http://www/bls.gov/emp/ep_data_labor_force.htm).

————. 2010b. "Civilian Labor Force, 2019–2050." Employment Projections, Labor Force (Demographic) Data. Accessed April 20, 2010 (http://www/bls.gov/emp/ep_data_labor_force.htm).

————. 2010c. "Women in the Labor Force: A Databook." December, Report 1026. Accessed June 14, 2011 (http://www.bls.gov/cps/wlf-databook2010.htm).

————. 2011e. "Labor Force Statistics." Current Population Survey, Databases, Tables & Calculators by Subject. Washington, DC: United States Department of Labor. Accessed July 1, 2011 (http://www.bls.gov/data/#employment).

———. 2011f. "Women in the Labor Force: A Databook." Report 1034, December. Accessed May 26, 2012 (http://www.bls.gov/cps/wlf-databook-2011.pdf).

———. 2011g. "Highlights of Women's Earnings in 2010." U.S. Department of Labor, July. Accessed May 26, 2012 (http://www.bls.gov/cps/cpswom2010.pdf).

Bureau of Labor Statistics. 2012a. "Unemployment: Rates & Levels—Labor Force Statistics including the National Unemployment Rate." Current Population Survey, Databases, Tables & Calculators by Subject. Washington, DC: United States Department of Labor. Accessed March 10, 2012 (http://www.bls.gov/data/#unemployment).

———. 2012b. "Employment Characteristics of Families—2011."U.S. Department of Labor, USDL-12-0771. Accessed May 3, 2012 (http://www.bls.gov/news.release/pdf/famee.pdf).

———. 2012c. "College Enrollment and Work Activity of 2011 High School Graduates." United States Department of Labor, 12-0716. Accessed May 15, 2012 (http://www.bls.gov/news.release/pdf/hsgec.pdf).

———. 2012d. "2012 Employment & Earnings Online: Household Survey Data." United States Department of Labor. Accessed May 16, 2012 (www.bls.gov/opub/ee/2012/cps/annual.htm).

———. 2012e. "Volunteering in the United States —2011." U.S. Department of Labor, February 22, Report 12-0329. Accessed May 25, 2012 (http://www.bls.gov/news.release/pdf/volun.pdf).

———. 2012f. "Annual Average Household Data." Household Survey Data, 2012 Employment & Earnings Online, Office of Publications & Special Studies. Accessed May 26, 2012 (http://www.bls.gov/opub/ee/2012/cps/annual.htm).

Burgoon, Judee K., Laura K. Guerrero, and Kory Floyd. 2010. *Nonverbal Communication.* New York: Allyn & Bacon.

Burkitt, Laurie. 2012. "Starbucks Price Increase Stirs China's Netizens." *The Wall Street Journal* February 1. Accessed March 24, 2012 (http://blogs.wsj.com/chinarealtime/2012/02/01/starbucks-price-increase-stirs-chinas-netizens/).

Butler, Daniel Allen. 1998. *Unsinkable: The Full Story.* Mechanicsburg, PA: Stackpole Books.

Butler, Robert N. 1990. "A Disease Called Ageism." *Journal of American Geriatrics Society* 38 (February): 178–180.

C

Call, V. R., and J. D. Teachman. 1991. "Military Service and Stability in the Family Life Course." *Military Psychology* 3: 233–250.

Callaway, Ewen. 2008. "Polygamy Is the Key to a Long Life." *New Scientist,* August 19. Accessed May 26, 2009 (http://www.newscientist.com/article/dn14564-polygamy-is-the-key-to-a-long-life.html).

Camp, Roderic Ai. 2010a. The Metamorphosis of Leadership in a Democratic Mexico. New York: Oxford University Press.

———. 2010b. Armed Forces and Drugs: Public Perceptions and Institutional Challenges. pp. 291–325 in Shared Responsibility: U.S.-Mexico Policy Options for Confronting Organized Crime, ed. Eric L. Olson, David A. Shirk, and Andrew Selee. San Diego: University of San Diego Trans-Border Institute.

Cañas, Jesus, and Robert W. Gilmer. 2009. "The Maquiladora's Changing Geography." Federal Reserve Bank of Dallas, *Southwest Economy:* Second Quarter. Accessed June 14, 2009 (http://dallasfed.org/research/swe/2009/swe0902c.cfm).

Caplan, Ronald L. 1989. "The Commodification of American Health Care." *Social Science and Medicine* 28 (11): 1139–1148.

Caplow, Theodore, and Louis Hicks. 2002. *Systems of War and Peace,* 2nd ed. Lanham, MD: University Press of America.

Cai, Yong. 2010. "China's Below-Replacement Fertility: Government Policy or Socioeconomic Development?" Population and Development Review 36: 419–440.

Carey, Anne R., and Elys A. McLean. 1997. "Heard It Through the Grapevine?" *USA Today,* September 15, p. B1.

Carmichael, Mary. 2007. "Troubled Waters." *Newsweek* 149 (June 4): 52–56. Carr, Deborah. 2007. "Baby Blues." *Contexts* (Spring): 62.

Carr, Nicholas. 2010. The Shallows: What the Internet Is Doing to Our Brains. New York: W. W. Norton & Company.

Carson, Rachel. 1962. *Silent Spring.* Boston: Houghton Mifflin.

Carter, Susan B., Scott Sigmund Gartner, Michael R. Haines, Alan L. Olmstead, Richard Sutch, and Gavin Wright. 2006. *Historical Statistics of the United States: Earliest Times to the Present, Millennial Edition.* 5 vols. Cambridge: Cambridge University Press.

Carty, Victoria, and Jake Onyett. 2006. "Protest, Cyberactivism and New Social Movements: The Reemergence of the Peace Movement Post 9/11." *Social Movement Studies* 5 (3): 229–249.

Castañeda, Jorge G. 1995. "Ferocious Differences." *Atlantic Monthly* 276 (July): 68–69, 71–76.

Castells, Manuel. 1997. *The Power of Identity.* Vol. 1 of *The Information Age: Economy, Society and Culture.* London: Blackwell.

———. 1998. *End of Millennium.* Vol. 3 of *The Information Age: Economy, Society and Culture.* London: Blackwell.

———. 2000. *The Information Age: Economy, Society and Culture* (3 vols.), 2nd ed. Oxford and Malden, MA: Blackwell.

Catalano, Shannan, Erica Smith, Howard Snyder, and Michael Rand. 2009. "Female Victims of Violence." Bureau of Justice Statistics, Selected Findings, September, NCJ 228356. Accessed June 2, 2010 (http://bjs.ojp.usdoj.gov/content/pub/pdf/fvv.pdf).

Catalyst. 2007. *2007 Catalyst Census of Women Board Directors, Corporate Officers, and Top Earners.* New York: Catalyst.

Catalyst 2011a. "2011 Catalyst Census: *Fortune* 500 Women Board Directors." Catalyst, The Prout Group, The Executive Leadership Council, the Hispanic, Association on Corporate Responsibility, and Leadership Education for Asian Pacifics, Inc. Accessed May 26, 2012 (http:// www.catalyst.org/file/533/2011_fortune_500_census_wbd.pdf).

Catalyst 2012a. "Women CEOs of the Fortune 1000." Catalyst, The Prout Group, The Executive Leadership Council, the Hispanic, Association on Corporate Responsibility, and Leadership Education for Asian Pacifics, Inc. Accessed May 26, 2012 (http://catalyst.org/publication/271/women-ceos-of-the-fortune-1000).

Cavalli-Sforza, L. Luca, Paolo Menozzi, and Alberto Piazza. 1994. *The History and Geography of Human Genes.* Princeton, NJ: Princeton University Press.

CBS News. 1979. Transcript of *Sixty Minutes* segment "I Was Only Following Orders." March 31, pp. 2–8.

Center for American Women and Politics. 2011a. "Women in Elective Office 2011." CAWP Fact Sheet, Eagleton Institute of Politics, Rutgers University, New Brunswick, NJ. Accessed June 14, 2011 (http://www.cawp.rutgers.edu/fast_facts/levels_of_office/documents/elective.pdf).

———. 2011b. "Historical Information about Women in Congress." Eagleton Institute of Politics, Rutgers University, New Brunswick, NJ. Accessed June 14, 2011 (http://www.cawp.rutgers.edu/fast_facts/levels_of_office/Congress-HistoricalInfo.php).

Centers for Disease Control and Prevention. 2008. "Youth Risk Behavior Surveillance—United States, 2007." Surveillance Summaries, June 6. *Morbidity and Mortality Weekly Report* 57 (SS-4). Accessed June 1, 2010 (http://www.cdc.gov/mmwr/PDF/ss/ss5704.pdf).

———. 2010. "Youth Risk Behavior Surveillance—United States, 2009." Surveillance Summaries, June 4. MMWR 59 (SS-5). Accessed June 15, 2011 (http://www.cdc.gov/mmwr/pdf/ss/ss5905.pdf).

Centers for Medicare and Medicaid Services. 2010a. "National Health Expenditure Web Tables." U.S. Department of Health and Human Services. Accessed May 20, 2010 (https://www.cms.gov/NationalHealthExpendData/downloads/tables.pdf).

———. 2010b. "National Health Expenditure Projections 2009–2019." U.S. Department of Health and Human Services. Accessed May 20, 2010 (https://www.cms.gov/NationalHealthExpendData/downloads/proj2009.pdf).

Centers for Medicare and Medicaid Services. 2012a. "National Health Expenditure Tables." U.S. Department of Health and Human Services. Accessed May 28, 2012 (http://www.cms.gov/Research-

Statistics-Data-and-Systems/Statistics-Trends-and-Reports/NationalHealthExpendData/Downloads/tables.pdf).
———. 2012b. "National Health Expenditure Projections 2010–2020." U.S. Department of Health and Human Services. Accessed May 28, 2012 (https://www.cms.gov/Research-Statistics-Data-and-Systems/Statistics-Trends-and-Reports/NationalHealthExpendData/downloads/proj2010.pdf).
Césaire, Aimé. 1972 *Discourse on Colonialism.* New York: Monthly Review Press.
Cevallos, Diego. 2009. "Indigenous Woman Fights for Rights." *Inter Press Service,* April 1. Accessed June 15, 2009 (www.ips.org/mdg3/mexico-indigenous-woman-on-the-offensive/#more-21).
Chambers, Samuel. 2007. " 'An Incalculable Effect': Subversions of Heteronormativity." *Political Studies* 55 (3): 656–679.
Chambliss, William. 1973. "The Saints and the Roughnecks." *Society* 11 (November/December): 24–31.
Chandra, Anjani, William D. Mosher, Casey Copen, and Catlainn Sionean. 2011. "Sexual Behavior, Sexual Attraction, and Sexual Identity in the United States: Data from the 2006–2008 National Survey of Family Growth." National Center for Health Statistics. *National Health Statistics Reports* 36, March 3. Accessed August 9, 2011 (www.cdc.gov/nchs/data/nhsr/nhsr036.pdf).
Charter, David, and Jill Sherman. 1996. "Schools Must Teach New Code of Values." *London Times,* January 15, p. 1.
Chee, Kyong Hee, Nathan W. Pino, and William L. Smith. 2005. "Gender Differences in the Academic Ethic and Academic Achievement." College Student Journal 39 (3): 604–618.
Chen, Shaohua, and Martin Ravallion. 2008. "The Developing World Is Poorer Than We Thought, but No Less Successful in the Fight Against Poverty." Policy Research Working Paper 4703, World Bank Development Research Group, August 2008. Accessed June 13, 2009 (www-wds.worldbank.org/external/default/WDSContent-Server/IW3P/IB/2008/08/26/000158349_20080826113239/Rendered/PDF/WPS4703.pdf).
———. 2009. "The Impact of the Global Financial Crisis on the World's Poorest." April 30. Accessed June 13, 2009 (www.voxeu.org/index.php?q=node/3520).
Cheng, Shu-Ju Ada. 2003. "Rethinking the Globalization of Domestic Service." *Gender and Society* 17 (2): 166–186.
Cherlin, Andrew. 2004. "The Deinstitutionalization of American Marriage." *Journal of Marriage and Family* 66: 848–861.
———. 2006. "On Single Mothers 'Doing' Family." *Journal of Marriage and Family* 68 (November): 800–803.
———. 2008a. "Can the Left Learn the Lessons of Welfare Reform?" *Contemporary Sociology* 37 (March): 101–104.
———. 2008b. *Public and Private Families: An Introduction,* 5th ed. New York: McGraw-Hill.
———. 2009. *The Marriage-Go-Round: The State of Marriage and the Family in America Today.* New York: Knopf.
Chesney-Lind, Meda. 1989. "Girls' Crime and Women's Place: Toward a Feminist Model of Female Delinquency." *Crime and Delinquency* 35: 5–29.
Chesney-Lind, Meda, and Lisa Pasko. 2004. *The Female Offender: Girls, Women, and Crime,* 2nd ed. Thousand Oaks, CA: Sage.
Chu, Henry. 2011. "Britain Celebrates the Royal Wedding." *Los Angeles Times,* April 29. Accessed May 30, 2011 (http://articles.latimes.com/2011/apr/29/world/la-fg-royal-wedding-20110430).
Chun, Helen, Maria I. Tavarez, Grace E. Dann, and Michael P. Anastario. 2011. "Interviewer Gender and Self-Reported Sexual Behavior and Mental Health among Male Military Personnel." *International Journal of Public Health* 56 (2): 225:229.
Christian, Joseph. 2009. "Coffee Culture: A Symbol of Middle-Class Lifestyle." *China Daily,* November 3. Accessed April 1, 2010 (http://www.chinadaily.com.cn/cndy/2009-11/03/content_8903174.htm).
Cigar, Norman. 1995. *Genocide in Bosnia: The Policy of "Ethnic Cleansing."* College Station: Texas A&M University Press.
Circle. 2011. "The Youth Vote in 2010: Final Estimates Based on Census Data." The Center for Information & Research on Civic Learning & Engagement, April 15. Medford, MA: Tufts University. Accessed June 8, 2011 (http://www.civicyouth.org/wp-content/uploads/2011/04/The-CPS-youth-vote-2010-FS-FINAL1.pdf).
Clammer, John. 2009. "Sociology and Beyond: Towards a Deep Sociology." *Asian Journal of Social Science* 37 (3): 332–346.
Clark, Burton. 1960. "The 'Cooling-Out' Function in Higher Education." *American Journal of Sociology* 65: 569–576.
———. 1980. "The 'Cooling-Out' Function Revisited." *New Directions for Community Colleges* 32: 15–31.
Clark, Burton, and Martin Trow. 1966. "The Organizational Context." pp. 17–70 in *The Study of College Peer Groups,* ed. Theodore M. Newcomb and Everett K. Wilson. Chicago: Aldine.
Clarke, Adele E., Janet K. Shim, Laura Maro, Jennifer Ruth Fusket, and Jennifer R. Fishman. 2003. "Bio Medicalization: Technoscientific Transformations of Health, Illness, and U.S. Biomedicine." *American Sociological Review* 68 (April): 161–194.
Clarke, Edward H. 1874. *Sex in Education; or, A Fair Chance for Girls.* Boston: James R. Osgood.
Clemons, Steve. 2011. "GOP an Oligarchy or Democracy? It Matters."*The Atlantic,* July 6. Accessed July 22, 2011 (www.theatlantic.com/national/archive/2011/07/gop-an-oligarchy-or-democracy-it-matters/241506/).
Clinard, Marshall B., and Robert F. Miller. 1998. *Sociology of Deviant Behavior,* 10th ed. Fort Worth, TX: Harcourt Brace. CNN. 2006. "Skinny Models Banned from Catwalk." September 13. Accessed June 7, 2008 (http://www.cnn.com/2006/WORLD/europe/09/13/spain.models/index.html).
———. 2008. "Exit Polls." CNN Election Center 2008. Accessed May 27, 2009 (http://www.cnn.com/ELECTION/2008/results/polls/#val=USP00p3).
Cognard-Black, Andrew J. 2004. "Will They Stay, or Will They Go? Sex-Atypical Work Among Token Men Who Teach?" *Sociological Quarterly* 45: 113–139.
Cohn, D'Vera. 2011. "Multi-Race and the 2010 Census." Pew Research Center April 6. Accessed June 18, 2011 (http://pewresearch.org/pubs/1953/multi-race-2010-census-obama).
Cohn, D'Vera, Jeffrey S. Passel, Wendy Wang and Gretchen Livingston. 2012. "Barely Half of U.S. Adults Are Married—A Record Low." A Social & Demographic Trends Report, Pew Research Center, December 14. Accessed May 2, 2012 (http://www.pewsocialtrends.org/files/2011/12/Marriage-Decline.pdf).
Colby, David C. 1986. "The Voting Rights Act and Black Registration in Mississippi." *Publius* 16 (Fall): 123–137.
Cole, Elizabeth S. 1985. "Adoption, History, Policy, and Program." pp. 638–666 in *A Handbook of Child Welfare,* ed. John Laird and Ann Hartman. New York: Free Press.
Coleman, James William. 2006. *The Criminal Elite: Understanding White-Collar Crime,* 6th ed. New York: Worth.
Collins, Gail. 2003. *America's Women.* New York: HarperCollins.
Collins, Patricia Hill. 2000. *Black Feminist Thought,* 2nd ed. New York: Routledge.
Commission for the Status of Women. 2009. "The Fifty-Third Session of the Commission on Status of Women." Division for the Advancement of Women, Department of Economic and Social Affairs. March 2–13, Washington, DC. Accessed June 6, 2009 (http://www.un.org/womenwatch/daw/csw/53sess.htm).
Commission on Civil Rights. 1976. *A Guide to Federal Laws and Regulations Prohibiting Sex Discrimination.* Washington, DC: U.S. Government Printing Office.
Commoner, Barry. 1971. *The Closing Circle.* New York: Knopf.
———. 1990. *Making Peace with the Planet.* New York: Pantheon Books. Connell, R. W. 2002. *Gender.* Cambridge, UK: Polity Press.
———. 2005. *Masculinities,* 2nd ed. Berkeley: University of California Press.
Connolly, Ceci. 2008. "As Latin Nations Treat Gays Better, Asylum Is Elusive." *Washington Post,* August 12. Accessed May 28, 2010 (http://www.washingtonpost.com/wp-dyn/content/article/2008/08/11/AR2008081102038.html).
Conrad, Peter. 2007. *The Medicalization of Society: On the Transformation of Human Conditions into Treatable Disorders.* Baltimore: Johns Hopkins University Press.

Cooley, Charles. H. 1902. *Human Nature and the Social Order.* New York: Scribner.
Coontz, Stephanie. 1992. *The Way We Never Were: American Families and the Nostalgia Trap.* New York: Basic Books.
———. 2005. *Marriage, a History: From Obedience to Intimacy or How Love Conquered Marriage.* New York: Viking.
———. 2006. "A Pop Quiz on Marriage." *New York Times,* February 19, p. 12.
———. 2008. "The Future of Marriage." *Cato Unbound,* January 14. Accessed August 2, 2010 (http://www.cato-unbound.org/2008/01/14/stephanie-coontz/the-future-of-marriage).
———. 2011. *A Strange Stirring: The Feminine Mystique and American Women at the Dawn of the 1960s.* New York: Basic Books.
Cooper, Bruce S., and John Sureau. 2007. "The Politics of Homeschooling: New Developments, New Challenges." *Educational Policy* 21 (January and March): 110–131.
Cooper, K., S. Day, A. Green, and H. Ward. 2007. "Maids, Migrants and Occupational Health in the London Sex Industry. *Anthropology and Medicine* 14 (April): 41–53.
Cooperstone, Josie. 2011. "Japan Relief Fundraiser Press Release." Amaretto Breedable, April 18. Accessed May 25, 2011 (http://amarettobreedables.com/blogs/5/28/japan-relief-fundraiser-press).
Corak, Miles. 2006. "Do Poor Children Become Poor Adults? Lessons from a Cross Country Comparison of Generational Earnings Mobility." Institute for the Study of Labor (IZA) Discussion Paper No. 1993, March. Accessed June 24, 2008 (http://papers.ssrn.com/sol3/papers.cfm?abstract_id=889034).
———. 2010. "Chasing the Same Dream, Climbing Different Ladders: Economic Mobility in the United States and Canada." Economic Mobility Project: An Initiative of the Pew Charitable Trusts. Accessed April 26, 2010 (http://www.economicmobility.org/assets/pdfs/PEW_EMP_US-CANADA.pdf).
Corbett, Christianne, Catherine Hill, and Andresse St. Rose. 2008. *Where the Girls Are: The Facts About Gender Equity in Education.* Washington, DC: AAUW. Accessed May 29, 2009 (http://www.aauw.org/research/upload/whereGirlsAre.pdf).
Correll, Shelley J., Stephen Benard, and In Paik. 2007. "Getting a Job: Is There a Motherhood Penalty?" *AJS* 112 (5): 1297–1338.
Coser, Rose Laub. 1984. "American Medicine's Ambiguous Progress." *Contemporary Sociology* 13 (January): 9–13.
Côté, James E. 2000. *Arrested Adulthood: The Changing Nature of Identity and Maturity in the Late World.* New York: New York University.
Cox, Oliver C. 1948. *Caste, Class, and Race: A Study in Social Dynamics.* Detroit: Wayne State University Press.
Crabtree, Catherine. 2009. "Rethinking Sexual Identity." *Existential Analysis* 20 (2): 248–261.
Croucher, Sheila L. 2004. *Globalization and Belonging: The Politics of Identity in a Changing World.* Lanham, MD: Rowman & Littlefield.
Crouse, Kelly. 1999. "Sociology of the Titanic." *Teaching Sociology Listserv,* May 24.
CTIA. 2011. "Background on CTIA's Semi-Annual Wireless Industry Survey." CTIA–the Wireless Association. Accessed March 24, 2012 (http://files.ctia.org/pdf/CTIA_Survey_MY_2011_Graphics.pdf).
Cullen, Lisa Takevchi. 2007. "Till Work Do Us Part." *Time,* October 8, pp. 63–64.
Cumming, Elaine, and William E. Henry. 1961. *Growing Old: The Process of Disengagement.* New York: Basic Books.
Currie, Elliot. 1985. *Confronting Crime: An American Challenge.* New York: Pantheon Books.
———. 1998. *Crime and Punishment in America.* New York: Metropolitan Books.
Curtiss, Susan. 1977. *Genie: A Psycholinguistic Study of a Modern Day "Wild Child."* New York: Academic Press.

D

Dahl, Robert A. 1961. *Who Governs?* New Haven, CT: Yale University Press.
Daisey, Mike. 2002. *21 Dog Years: Doing Time @ Amazon.com.* New York: Free Press.
Dalla, Rochelle L., and Wendy C. Gamble. 2001. "Teenage Mothering and the Navajo Reservation: An Examination of Intergovernmental Perceptions and Beliefs." *American Indian Culture and Research Journal* 25 (1): 1–19.
Dao, James. 1995. "New York's Highest Court Rules Unmarried Couples Can Adopt." *New York Times,* November 3, pp. A1, B2.
Darwin, Charles. 1859. *On the Origin of Species.* London: John Murray. David, Gary. 2004. "Scholarship on Arab Americans Distorted Past 9/11." *Al Jadid* (Winter/Spring): 26–27.
———. 2008. "Arab Americans." pp. 84–87 in *Encyclopedia of Race, Ethnicity, and Society,* vol. 1, ed. Richard T. Schaefer. Thousand Oaks, CA: Sage.
Davidov, Eldad, Peter Schmidt, and Shalom H. Schwartz. 2008. "Bringing Values Back In." *Public Opinion Quarterly* 72 (3):420–445.
Davies, James, Rodrigo Lluberas, and Anthony Shorrocks. 2011. "Global Wealth Databook 2011." Credit Suisse Research Institute, October. Accessed May 18, 2012 (https://infocus.credit-suisse. com/data/_product_documents/_shop/324292/2011_global_wealth_report_databook.pdf).
Davis, Darren W. and Brian D. Silver. 2003. "Stereotype Threat and Race of Interviewer Effects in a Survey on Political Knowledge." *American Journal of Political Science* 47(1): 33-45.
Davis, Gerald. 2003. *America's Corporate Banks Are Separated by Just Four Handshakes.* Accessed August 2, 2010 (http://www.ns.umich.edu/index.html?Releases/2002/Dec02/chr121002).
———. 2004. "American Cronyism: How Executive Networks Inflated the Corporate Bubble." *Contexts* (Summer): 34–40.
Davis, James A., Tom W. Smith, and Peter V. Marsden. 2007. *General Social Surveys, 1972–2006: Cumulative Codebook.* Chicago: National Opinion Research Center.
Davis, Joseph E. 2006. "How Medicalization Lost Its Way." *Society* 43 (6): 51–56.
Davis, Kingsley. 1940. "Extreme Social Isolation of a Child." *American Journal of Sociology* 45 (January): 554–565.
———. 1947. "A Final Note on a Case of Extreme Isolation." *American Journal of Sociology* 52 (March): 432–437.
Davis, Kingsley, and Wilbert E. Moore. 1945. "Some Principles of Stratification." *American Sociological Review* 10 (April): 242–249.
Dawson, Lorne. 2009. "Church-Sect-Cult: Constructing Typologies of Religious Groups." pp. 525–544 in *The Oxford Handbook of the Sociology of Religion,* ed. Peter B. Clarke. New York: Oxford University Press.
Death Penalty Information Center. 2012. "Facts about the Death Penalty." Washington, DC, April 20. Accessed April 24, 2012 (http:// www.deathpenaltyinfo.org/documents/FactSheet.pdf).
DeCarlo, Scott. 2012. "America's Highest Paid CEOs." *Forbes* April 4. Accessed May 16, 2012 (http://www.forbes.com/sites/scottdecarlo/2012/04/04/americas-highest-paid-ceos/).
Deflem, Mathieu. 2005. " 'Wild Beasts Without Nationality': The Uncertain Origins of Interpol, 1898–1910." pp. 275–285 in *Handbook of Transnational Crime and Justice,* ed. Philip Rerchel. Thousand Oaks, CA: Sage.
Deflem, Mathieu. 2008. *Sociology of Law: Visions of a Scholarly Tradition.* Cambridge: Cambridge University Press.
DeMott, Benjamin. 1990. *The Imperial Middle: Why Americans Can't Think Straight About Class.* New York: Morrow.
———. 2009b. "Income, Poverty, and Health Insurance Coverage in the United States: 2008." *Current Population Reports* pp. 60–233. Washington, DC: U.S. Government Printing Office.
DeNavas-Walt, Carmen, Bernadette D. Proctor, and Jessica C. Smith. 2011. "Income, Poverty, and Health Insurance Coverage in the United States: 2010." *Current Population Reports* pp. 60–239. Washington, DC: U.S. Government Printing Office. Accessed March 14, 2012 (http://www.census.gov/prod/2011pubs/pp.60-239.pdf).
Denzin, Norman K. 2009. *The Research Act: A Theoretical Introduction to Sociological Methods.* Piscataway, NJ: Transaction Publishers. Department of Defense. 2012. "Military Personnel Statistics."

Statistical Information Analysis Division, Washington, DC. Accessed May 24, 2012 (http://siadapp.dmdc.osd.mil/personnel/MILITARY/miltop.htm).

Department of Health and Human Services. 2007. "HIV/AIDS Surveillance Report." Cases of HIV Infection and AIDS in the United States and Dependent Areas, vol. 19. Centers for Disease Control and Prevention, Atlanta. Accessed June 25, 2009 (www.cdc.gov/hiv/topics/surveillance/resources/reports/2007report/pdf/2007SurveillanceReport.pdf).

Department of Homeland Security. 2006. *The Federal Response to Hurricane Katrina: Lessons Learned.* Washington, DC: U.S. Government Printing Office.

Deutscher, Eckhard. 2010. *Development Co-operation Report 2010.* An Organisation for Economic Co-operation and Development report, April 23. Paris: OECD Publishing. Accessed April 29, 2010 (http://www.oecd.org/dac/dcr).

Devitt, James. 1999. *Framing Gender on the Campaign Trail: Women's Executive Leadership and the Press.* New York: Women's Leadership Conference.

Diamond, Jared. 2008. "What's Your Consumption Factor?" *New York Times,* January 2. Accessed May 21, 2010 (http://www.nytimes.com/2008/01/02/opinion/02diamond.html).

Dickens, Charles. 1843. *A Christmas Carol.* London: Chapman and Hall. Accessed July 7, 2008 (www.gutenberg.org/dirs/4/46/46-h/46-h.htm).

Doctors Without Borders. 2010. "What Is Doctors Without Borders?" Accessed April 29, 2010 (http://www.doctorswithoutborders.org/aboutus/factsheets/What-is-MSF.pdf).

Domhoff, G. William. 1978. *Who Really Rules? New Haven and Community Power Reexamined.* New Brunswick, NJ: Transaction.

———. 2006. *Who Rules America?* 5th ed. New York: McGraw-Hill.

———. 2009. "The Power Elite and Their Challengers: The Role of Nonprofits in American Social Conflict." *American Behavioral Scientist* 52 (7): 955–973.

Doress, Irwin, and Jack Nusan Porter. 1977. *Kids in Cults: Why They Join, Why They Stay, Why They Leave.* Brookline, MA: Reconciliation Associates.

Drescher, Jack. 2010. "Queer Diagnoses: Parallels and Contrasts in the History of Homosexuality, Gender Variance, and the Diagnostic and Statistical Manual." *Archives of Sexual Behavior* 39 (2):427–460.

Drescher, Jack. 2011. "The Removal of Homosexuality from the DSM: Its Impact on Today's Marriage Equality Debate." *Journal of Gay & Lesbian Mental Health* 16 (2): 124–135.

Dressler, William W., Kathryn S. Oths, and Clarence C. Gravlee. 2005. "Race and Ethnicity in Public Health Research: Models to Explain Health Disparities." pp. 231–252 in *Annual Review of Anthropology 2005,* ed. William H. Durham. Palo Alto, CA: Annual Reviews.

Duberman, Martin Bauml, Martha Vicinus, and George Chauncy Jr., eds. 1989. *Hidden from History: Reclaiming the Gay and Lesbian Past.* New York: New American Library.

Dubner, Stephen J. 2007. "Everything You Always Wanted to Know About Street Gangs (but Didn't Know Whom to Ask)." Freakanomics blog, *New York Times,* August 6. Accessed June 10, 2008 (http://freakonomics.blogs.nytimes.com/2007/08/06/everything-you-always-wanted-to-know-about-street-gangs-but-didnt-know-whom-to-ask/).

Du Bois, W.E.B. [1903] 1994. *The Souls of Black Folk.* New York: Dover.

———. [1909] 1970. *The Negro American Family.* Cambridge, MA: MIT Press.

———. [1940] 1968. *Dusk of Dawn.* New York: Schocken Books. Dukes, Richard L., Tara M. Bisel, Karoline N. Burega, Eligio A. Lobato, and Matthew D. Owens. 2003. "Expression of Love, Sex, and Hurt in Popular Songs: A Content Analysis of All-Time Greatest Hits." *Social Science Journal,* pp. 643–650.

Duneier, Mitchell. 1994a. "On the Job, but Behind the Scenes." *Chicago Tribune,* December 26, pp. 1, 24.

———. 1994b. "Battling for Control." *Chicago Tribune,* December 28, pp. 1, 8.

———. 1999. *Sidewalk.* New York: Farrar, Straus and Giroux. Durden, T. Elizabeth, and Robert A. Hummer. 2006. "Access to Health-care Among Working-Age Hispanic Adults in the United States." *Social Science Quarterly* 87 (December): 1319–1343.

Durkheim, Émile. [1887] 1972. "Religion and Ritual." pp. 219–238 in *Émile Durkheim: Selected Writings,* ed. A. Giddens. Cambridge: Cambridge University Press.

———. [1893] 1933. *Division of Labor in Society,* trans. George Simpson. New York: Free Press.

———. [1895] 1964. *The Rules of Sociological Method,* trans. Sarah A. Solovay and John H. Mueller. New York: Free Press.

———. [1897] 1951. *Suicide,* trans. John A. Spaulding and George Simpson. New York: Free Press.

———. [1925] 1961. *Moral Education: A Study in the Theory and Application of the Sociology of Education.* Glencoe, IL: Free Press.

Dye, Jane Lawler. 2010. "Fertility of American Women: June 2008." Current Population Reports P20–563. Washington, DC: U.S. Census Bureau. Accessed June 1, 2011 (http://www.census.gov/prod/2010pubs/p20-563.pdf).

E

Ebaugh, Helen Rose Fuchs. 1988. *Becoming an Ex: The Process of Role Exit.* Chicago: University of Chicago Press.

Eckert, Penelope and Sally McConnell-Ginet. 2003. *Language and Gender.* New York: Cambridge University Press.

Economic Mobility Project. 2007. *Economic Mobility of Immigrants in the United States.* Washington, DC: Pew Charitable Trusts. *The Economist.* 2008a. "Maharishi Mahesh Yogi." (February 16): 95.

———. 2008b. "A Ravenous Dragon: A Special Report on China's Quest for Resources." (March 15): 1–22.

Edge. 2010. "On 'Creation of a Bacterial Cell Controlled by a Chemically Synthesized Genome' by Venter et al." *Edge* 318 (May 20). Accessed May 24, 2010 (http://www.edge.org/documents/archive/edge318.html#rc).

Edin, Kathryn and Maria Kefalas. 2005. *Promises I Can Keep: Why Poor Women Put Motherhood Before Marriage.* Berkeley: University of California Press.

EEOC. 2011. "Age Discrimination in Employment Act (includes concurrent charges with Title VII, ADA and EPA): FY 1997 - FY 2010." Washington, DC: U.S. Equal Employment Opportunity Commission. Accessed May 23, 2011 (http://www.eeoc.gov/eeoc/statistics/enforcement/adea.cfm).

Ehrlich, Paul R. 1968. *The Population Bomb.* New York: Ballantine Books.

Elgin, Suzette Haden. 1984. *Native Tongue.* New York: Feminist Press.

———. 1988. *A First Dictionary and Grammar of Láadan,* 2nd ed. Madison, WI: Society for the Furtherance and Study of Fantasy and Science Fiction.

Elia, John P. 2003. "Queering Relationships: Toward a Paradigmatic Shift." *Journal of Homosexuality* 45 (2–4): 61–86.

Elish, Jill. 2010. "Failed College Dreams Don't Spell Depression, Study Finds." *Florida State News,* March 19. Accessed April 19, 2010 (http://www.fsu.edu/news/2010/03/19/failed.dreams/).

Elliott, Michael. 2005. "Hopelessly Devoted: Being a Fan Is Like Having Your Own Personal Time Machine." *Time,* June 20, p. 76.

Ellison, Brandy. 2008. "Tracking." pp. 301–304 in *Encyclopedia of Race, Ethnicity, and Society,* vol. 2, ed. Richard T. Schaefer. Thousand Oaks, CA: Sage.

Ellison, Ralph. 1952. *Invisible Man.* New York: Random House. Ellul, Jacques. 1964. *The Technological Society.* New York: Knopf.

———. 1990. *The Technological Bluff.* Grand Rapids, MI: Eerdmans.

———. 1980. *The Technological System.* New York: Continuum.

Ely, Robin J. 1995. "The Power of Demography: Women's Social Construction of Gender Identity at Work." *Academy of Management Journal* 38 (3): 589–634.

Emerson, Michael O., David Hartman, Karen Cook, and Douglas Massey. 2006. "The Rise of Religious Fundamentalism." *Annual Review of Sociology* 32: 127–144.

Energy Information Administration. 2008. "Emissions of Greenhouse Gases in the United States 2007." Office of Integrated Analysis and Forecasting, U.S. Department of Energy, Washington, DC.

Accessed June 28, 2009 (www.eia.doe.gov/oiaf/1605/ggrpt/pdf/0573(2007).pdf).

Engels, Friedrich [1884] 1959. "The Origin of the Family, Private Property, and the State." pp. 392–394 in *Marx and Engels: Basic Writings on Politics and Philosophy,* ed. Lewis Feuer. Garden City, NY: Anchor Books.

Ennis, Sharon R., Merarys Ríos-Vargas, and Nora G. Albert. 2011."The Hispanic Population: 2010." 2010 Census Briefs, C2010BR-04, May. Accessed June 20, 2011 (http://www.census.gov/prod/cen2010/briefs/c2010br-04.pdf).

Escárcega, Sylvia. 2008. "Mexico." pp. 898–902 in *Encyclopedia of Race, Ethnicity, and Society,* vol. 2, ed. Richard T. Schaefer. Thousand Oaks, CA: Sage.

Escoffier, Jeffrey. 1997. "Homosexuality and the Sociological Imagination: The 1950s and 1960s." pp. 248–261 in *A Queer World: The Center for Lesbian and Gay Studies Reader,* ed. Martin Duberman. New York: New York University Press.

Etaugh, Claire. 2003. "Witches, Mothers and Others: Females in Children's Books." *Hilltopics* (Winter): 10–13.

Etcoff, Nancy, Susie Orbach, Jennifer Scott, and Heidi D'Agostino. 2004. "The Real Truth About Beauty: A Global Report—Findings of the Global Study on Women, Beauty and Well-Being." Commissioned by Dove, a Unilever Beauty Brand. Accessed June 28, 2008 (http://www.campaignforrealbeauty.com/uploadedfiles/DOVE_white_paper_final.pdf).

Etzioni, Amitai. 1965. *Political Unification.* New York: Holt, Rinehart and Winston.

———. 2007. "Are New Technologies the Enemy of Privacy?" *Knowledge, Technology & Policy* 20 (2): 115–119.

Eureka County. 2006. "EPA Hears Testimony on Proposed Radiation Rule." *Nuclear Waste Office Newsletter* 11 (Winter). Eureka County Yucca Mountain Information Office.

ExecuNet. 2009. "2009 Executive Job Market Intelligence Report—Executive Summary." Accessed May 12, 2009 (http://www.execunet.com/promo/pdf/EUN2009Survey_summary.pdf).

ExecuNet. 2011. "2011 Executive Job Market Intelligence Report."Accessed April 9, 2012 (http://www.execunet.com/promo/pdf/ExecuNet_Executive_Job_Market_Intelligence_Report_2011.pdf).

F

Faith, Nazila. 2005. "Iranian Cleric Turns Blogger in Campaign for Reform." *New York Times,* January 16, p. 4.

Fanon, Frantz. 1963. *The Wretched of the Earth.* New York: Grove.

Farley, Melissa, and Victor Malarek. 2008. "The Myth of the Victimless Crime." *New York Times,* March 12. Accessed May 20, 2009 (http://www.nytimes.com/2008/03/12/opinion/12farley.html).

Farr, Grant M. 1999. *Modern Iran.* New York: McGraw-Hill.

Fausto-Sterling, Anne. 1993. "The Five Sexes: Why Male and Female Are Not Enough." *The Sciences* (July/August): 18–23.

———. 2000. "The Five Sexes, Revisited." *The Sciences* (July/August):18–23.

Fearon, James D., and David D. Laitin. 2003. "Ethnicity, Insurgency, and Civil War." *American Political Science Review* 97 (March): 75–90.

Featherman, David L., and Robert M. Hauser. 1978. *Opportunity and Change.* New York: Aeodus.

Federal Bureau of Investigation. 2012. "Organized Crime." Accessed April 24, 2012 (http://www.fbi.gov/about-us/investigate/organizedcrime).

Felson, David, and Akis Kalaitzidis. 2005. "A Historical Overview of Transnational Crime." pp. 3–19 in *Handbook of Transnational Crime and Justice,* ed. Philip Reichel. Thousand Oaks, CA: Sage.

Ferree, Myra Marx, and David A. Merrill. 2000. "Hot Movements, Cold Cognition: Thinking About Social Movements in Gendered Frames." *Contemporary Society* 29 (May): 454–462.

Fields, Jason. 2004. "America's Families and Living Arrangements: 2003." *Current Population Reports* P20-553. Washington, DC: U.S. Government Printing Office.

Finder, Alan. 2006. "For Some, Online Persona Undermines a Résumé." *New York Times,* June 11. Accessed June 30, 2009 (www.nytimes.com/2006/06/11/us/11recruit.html).

Findlen, Barbara, ed. 1995. *Listen Up: Voices From the Next Feminist Generation.* Seattle, WA: Seal Press.

Fine, Gary C. 2008. "Robbers Cave." pp. 1,163–1,164 in *Encyclopedia of Race, Ethnicity, and Society,* vol. 3, ed. Richard T. Schaefer. Thousand Oaks, CA: Sage.

Finkel, Steven E., and James B. Rule. 1987. "Relative Deprivation and Related Psychological Theories of Civil Violence: A Critical Review." *Research in Social Movements* 9: 47–69.

Fiscella Kevin, and Kathleen Holt. 2008. "Racial Disparity in Hypertension Control: Tallying the Death Toll." *Annals of Family Medicine* 6: 497–502.

Fisher, Gordon M. 1992. "The Development and History of the Poverty Thresholds." *Social Security Bulletin* 55 (4): 3–14. Accessed April 25, 2010 (http://www.ssa.gov/history/fisheronpoverty.html).

———. 2008. "Remembering Mollie Orshansky—the Developer of the Poverty Thresholds." *Social Security Bulletin* 68 (3): 79–83. Accessed April 25, 2010 (http://www.ssa.gov/policy/docs/ssb/v68n3/v68n3p79.pdf).

Fisher, Max. 2012. "The Middle East Didn't Really Get Any Freer in 2011." *The Atlantic* January 19. Accessed May 28, 2012 (http://www.theatlantic.com/international/archive/2012/01/the-middle-east-didnt-really-get-any-freer-in-2011/251653/).

Fishman, Charles. 2006. *The Wal-Mart Effect: How the World's Most Powerful Company Really Works—and How It's Transforming the American Economy.* New York: Penguin Books.

Fitzgerald, Kathleen J., and Diane M. Rodgers. 2000. "Radical Social Movement Organization: A Theoretical Model." *Sociological Quarterly* 41 (4): 573–592.

Forbes. 2011. "The World's Billionaires." *Forbes,* March. Accessed June 12, 2011 (http://www.forbes.com/wealth/billionaires/list).

Force, W. R. 2011. "Another Two Cents on England (and Crawley): Masculinity, Culture, and Tucson." Sociology Lens, The Society Pages April 26. Accessed March 10, 2012 (http://thesocietypages.org/sociologylens/2011/04/26/another-two-cents-on-england-and-crawley-masculinity-culture-and-tucson/).

Forsythe, David P. 1990. "Human Rights in U.S. Foreign Policy: Retrospect and Prospect." *Political Science Quarterly* 105 (3): 435–454.

Forte, Maximilian. 2011. "The Human Terrain System and Anthropology: A Review of Ongoing Public Debates." *American Anthropologist* 113 (1): 149–153.

Fortune. 2011. "Global 500: World's Largest Corporations." *Fortune* July 25. Accessed May 18, 2012 (http://money.cnn.com/magazines/fortune/global500/2011/full_list/).

Foy, Paul. 2006. "Interior Rejects Goshute Nuclear Waste Stockpile." *Indian Country Today* 20 (September 18): 1.

Franklin, John Hope, and Alfred A. Moss. 2000. *From Slavery to Freedom: A History of African Americans,* 8th ed. Upper Saddle River, NJ: Prentice Hall.

Freidson, Eliot. 1970. *Profession of Medicine.* New York: Dodd, Mead.

French, Howard W. 2000. "The Pretenders." *New York Times Magazine,* December 3, pp. 86–88.

Freudenburg, William R. 2005. "Seeing Science, Courting Conclusions: Reexamining the Intersection of Science, Corporate Cash, and the Law." *Sociological Forum* 20 (March): 3–33.

Fry, Richard and D'Vera Cohn. 2010. "Women, Men and the New Economics of Marriage." A Social & Demographic Trends Report, Pew Research Center January 19. Accessed June 2, 2011 (http://pewsocialtrends.org/files/2010/11/new-economics-of-marriage.pdf).

Fry, Richard and D'Vera Cohn. 2011. "Living Together: The Economics of Cohabitation." A Social & Demographic Trends Report, Pew Research Center, June 27. Accessed May 8, 2012 (http://www.pewsocialtrends.org/files/2011/06/pew-social-trends-cohabitation-06-2011.pdf).

Friedan, Betty. 1963. *The Feminine Mystique.* New York: Dell. Friman, H. Richard. 2004. "The Great Escape? Globalization, Immigrant

Entrepreneurship and the Criminal Economy." *Review of International Political Economy* 11 (1): 98–131.
Furedi, Frank. 2006. "The End of Professional Dominance." *Society* 43 (6): 14–18.
Furman, Nelly, David Goldberg, and Natalia Lusin. 2007. "Enrollments in Languages Other Than English in United States Institutions of Higher Education, Fall 2006." Modern Language Association, November 13. Accessed May 3, 2009 (http://www.mla.org/pdf/06enrollmentsurvey_final.pdf).
Furstenberg, Frank F. 2007. "The Making of the Black Family: Race and Class in Qualitative Studies in the Twentieth Century." *Annual Review of Sociology* 33: 429–448.
Furstenberg Jr., Frank F. 2010 "On a New Schedule: Transitions to Adulthood and Family Change." *The Future of Children* 20 (1): 67–87.
Fuson, Ken. 2008. "Raid Mars Future for 3 Graduating Today from Postville." *Des Moines Register,* May 25. Accessed June 29, 2008 (http://www.desmoinesregister.com/apps/pbcs.dll/article?AID=/20080525/NEWS/805250327/1001&theme=POSTVILLE_ICE_RAID).
Fussell, Elizabeth. 2006. "Leaving New Orleans: Social Stratification, Networks, and Hurricane Evacuation." Understanding Katrina: Perspectives from the Social Sciences, Social Science Research Council, Brooklyn, NY. Accessed June 10, 2009 (http://understandingkatrina.ssrc.org/Fussell).
Fussell, Paul. 1992. *Class: A Guide Through the American Status System.* New York: Touchstone.
Fuwa, Makiko. 2004. "Macro-level Gender Inequality and the Division of Household Labor in 22 Countries." *American Sociological Review* 69 (December): 751–767.

G

Gabler, Neal. 2006. *Walt Disney: The Triumph of the American Imagination.* New York: Knopf.
Gallup. 2008a. "Abortion." Accessed March 6, 2008 (www.gallup.com).
———. 2008b. "Homosexual Relations." Accessed March 6, 2008 (www.gallup.com).
———. 2008c. "Religion." Accessed March 14, 2008 (www.gallup.com).
———. 2008d. "Environment." Accessed March 18, 2008 (www.gallup.com).
Gallup. 2011. "Environment." Washington, DC: Gallup, Inc. Accessed June 30, 2011 (http://www.gallup.com/poll/1615/environment.aspx).
———. 2011b. "Doctor-Assisted Suicide Is Moral Issue Dividing Americans Most." Washington, DC: Gallup, Inc. Accessed August 12, 2011 (http://www.gallup.com/poll/147842/Doctor-Assisted-Suicide-Moral-Issue-Dividing-Americans.aspx).
———. 2011c. "Record-High 50% of Americans Favor Legalizing Marijuana Use." *Gallup Politics* October 17. Accessed April 23, 2012 (http://www.gallup.com/poll/150149/Record-High-Americans-Favor-Legalizing-Marijuana.aspx).
Gallup. 2012. "Military and National Defense." Washington, DC: Gallup, Inc. Accessed May 24, 2012 (http://www.gallup.com/poll/1666/military-national-defense.aspx).
Gans, Herbert. 1971. "The Uses of Poverty: The Poor Pay All." *Social Policy,* July/August, pp. 20–24.
———. 2009. "Reflections on Symbolic Ethnicity: A Response to Y. Anagnostou." *Ethnicities* 9 (1): 123–130.
GAO. 2012. "Unemployment Insurance: Economic Circumstances of Individuals Who Exhausted Benefits." United States Government Accounting Office, GAO-12-408, February 17. Accessed May 22, 2012 (http://www.gao.gov/assets/590/588680.pdf).
García-Moreno, Claudia, Henrica A.F.M. Jansen, Mary Ellsberg, Lori Heise, and Charlotte Watts. 2005. *WHO Milti-Country Study on Women's Health and Domestic Violence Against Women: Initial Results on Prevalence, Health Outcomes and Women's Responses.* Geneva: World Health Organization. Accessed June 2, 2010 (http://www.who.int/gender/violence/who_multicountry_study/en/index.html).

Gardner, Gary. 2008. "Microfinance Surging." *World Watch* 21 (November/December): 30.
Gardner, Gary, Erik Assadourian, and Radhika Sarin. 2004. "The State of Consumption Today." pp. 3–21 in *State of the World 2004,* ed. Brian Halweil and Lisa Mastny. New York: Norton.
Garfinkel, Harold. 1956. "Conditions of Successful Degradation Ceremonies." *American Journal of Sociology* 61 (March): 420–424.
Garrett, Ruth Irene. 2003. Crossing Over: One Woman's Escape from Amish Life. New York: HarperOne.
Gates, Gary J. 2010. "Sexual Minorities in the 2008 General Social Survey: Coming Out and Demographic Characteristics." The Williams Institute, UCLA, October. Accessed August 9, 2011 (www3.law.ucla.edu/williamsinstitute/pdf/Sexual-Minorities-2008-GSS.pdf).
Gaviria, Marcela, and Martin Smith. 2009. "The Madoff Affair." *PBS Frontline,* May 12. Accessed May 21, 2009 (http://www.pbs.org/wgbh/pages/frontline/madoff).
Gelvin, James L. 2012. *The Arab Uprisings: What Everyone Needs to Know.* New York: Oxford University Press.
Gendell, Murray. 2008. "Older Workers: Increasing Their Labor Force Participation and Hours of Work." *Monthly Labor Review,* January, pp. 41–54.
Gentleman, Amelia. 2007. "Police Ignore Serial Killings in Delhi Slum, Exposing Unequal Justice for India's Poor." *New York Times,* January 7, p. 8.
Gerhardt, Uta. 2002. *Talcott Parsons: An Intellectual Biography.* New York: Cambridge University Press.
Gerth, H. H., and C. Wright Mills. 1958. *From Max Weber: Essays in Sociology.* New York: Galaxy.
Gettleman, Jeffrey. 2011. "Somalis Waste Away as Insurgents Block Escape from Famine." *New York Times,* August 1. Accessed August 8, 2011 (www.nytimes.com/2011/08/02/world/africa/02somalia.html).
Gheytanchi, Elham. 2009. "Iranian Women Lead the Protests." *San Francisco Chronicle,* June 29. Accessed June 30, 2009 (www.sfgate.com/cgi-bin/article.cgi?f=/c/a/2009/06/29/ED8618EMUC.DTL).
Ghitis, Frida. 2011. "Women of Arab Spring Still Fighting for Liberation." *Salt Lake Star Tribune,* June 21. Accessed August 12, 2011 (www.startribune.com/opinion/otherviews/124292204.html).
Gibson, Campbell, and Kay Jung. 2002. "Historical Census Statistics on Population Totals by Race, 1790 to 1990, and by Hispanic Origin, 1970 to 1990, for the United States, Regions, Divisions, and States." Population Division, U.S. Census Bureau, Washington, DC, September, Working Paper Series No. 56. Accessed May 17, 2010 (http://www.census.gov/population/www/documentation/twps0056/twps0056.html).
Giordano, Peggy C. 2003. "Relationships in Adolescence." pp. 257–281 in *Annual Review of Sociology, 2003,* ed. Karen S. Cook and John Hagan. Palo Alto, CA: Annual Reviews.
Giroux, Henry A. 1988. *Schooling and the Struggle for Public Life: Critical Pedagogy in the Modern Age.* Minneapolis: University of Minnesota Press.
Gitlin, Todd. 1993. *The Sixties: Years of Hope, Days of Rage.* New York: Bantam Books.
Glass Ceiling Commission. 1995. "Good for Business: Making Full Use of the Nation's Human Capital—The Environmental Scan." A Fact-Finding Report of the Federal Glass Ceiling Commission, Washington, DC. Accessed June 19, 2011 (http://www.dol.gov/oasam/programs/history/reich/reports/ceiling.pdf).
Glassner, Barry. 2010. "Still Fearful." *Chronicle of Higher Education* 56 (January 22): B11–B12.
Glaze, Lauren E. 2011. "Correctional Populations in the United States, 2010." *Bureau of Justice Statistics Bulletin*, December, NCJ 236319. Accessed April 23, 2012 (http://bjs.ojp.usdoj.gov/content/pub/pdf/cpus10.pdf).
Glenn, David. 2007. "Anthropologists in a War Zone: Scholars Debate Their Role." *Chronicle of Higher Education* 54 (September 30): A1, A10–A12.

Goering, Laurie. 2007. "The First Refugees of Global Warming." *Chicago Tribune,* May 2, pp. 1, 25.
Goffman, Erving. 1959. *The Presentation of Self in Everyday Life.* New York: Doubleday.
———. 1961. *Asylums: Essays on the Social Situation of Mental Patients and Other Inmates.* Garden City, NY: Doubleday.
———. 1963. *Stigma: Notes on Management of Spoiled Identity.* Englewood Cliffs, NJ: Prentice Hall.
———. 1979. *Gender Advertisements.* Cambridge, MA: Harvard University Press.
Goldscheider, Frances, Gayle Kaufman, and Sharon Sassler. 2010. "Navigating the 'New' Marriage Market: How Attitudes Toward Partner Characteristics Shape Union Formation." *Journal of Family Issues* 30 (6): 719–737.
Goldstein, Melvyn C., and Cynthia M. Beall. 1981. "Modernization and Aging in the Third and Fourth World: Views from the Rural Hinterland in Nepal." *Human Organization* 40 (Spring): 48–55.
Gomez, Jewelle L. 1997. "The Event of Becoming." pp. 17–23 in *A Queer World: The Center for Lesbian and Gay Studies Reader,* ed. Martin Duberman. New York: New York University Press.
González, Roberto J. 2008. "Human Terrain." *Anthropology Today* 24 (1): 21–26.
Goodwin Paula Y., William D. Mosher, and Anjani Chandra. 2010. "Marriage and Cohabitation in the United States: A Statistical Portrait Based on Cycle 6 (2002) of the National Survey of Family Growth." *Vital and Health Statistics,* 23 (28). National Center for Health Statistics, Washington, DC.
Google. 2011a. "Fertility Rate." World Bank Development Indicators, Public Data Visualization Program. Accessed May 27, 2012 (http://www.google.com/publicdata/explore?ds=wb-wdi&met_ y=sp_dyn_tfrt_in&idim=country:USA&dl=en&hl=en&q=ferti lity+rate#ctype=l&strail=false&nselm=h&met_y=sp_dyn_tfrt_ in&scale_y=lin&ind_y=false&rdim=country&idim=country: USA:AFG:CHN:IND:NER:DZA:KHM:IRN:DEU:RWA&tdim =true&hl=en&dl=en).
———. 2011b. "Life Expectancy." World Bank Development Indicators, Public Data Visualization Program. Accessed May 27, 2012 (http://www.google.com/publicdata/explore?ds=wb-wdi&met_ y=sp_dyn_le00_in&idim=country:USA&dl=en&hl=en &q=life+expectancy#ctype=l&strail=false&nselm=h&met_y=sp_ dyn_le00_in&scale_y=lin&ind_y=false&rdim=country&idim=cou ntry:USA:AFG:DZA:KHM:CHN:DEU:IND:IRN:NER:RWA&tdi m=true&hl=en&dl=en).
Gottfredson, Michael, and Travis Hirschi. 1990. *A General Theory of Crime.* Palo Alto, CA: Stanford University Press.
Gottlieb, Lori. 2006. "How Do I Love Thee?" *Atlantic Monthly,* March, pp. 58, 60, 62–68, 70.
Gould, Elise. 2008. "The Erosion of Employer-Sponsored Health Insurance: Declines Continue for the Seventh Year Running." EPI Briefing Paper No. 223, October 9. Washington, DC: Economic Policy Institute. Accessed June 26, 2009 (http://epi.3cdn.net/d1b4356d96c21c91d1_ilm6b5dua.pdf).
Gould, Larry A. 2002. "Indigenous People Policing Indigenous People: The Potential Psychological and Cultural Costs." *Social Science Journal* 39: 171–188.
Gouldner, Alvin. 1960. "The Norm of Reciprocity." *American Sociological Review* 25 (April): 161–177.
———. 1970. *The Coming Crisis of Western Sociology.* New York: Basic Books.
Government Accountability Office. 2003. *Women's Earnings: Work Patterns Partially Explain Difference Between Men's and Women's Earnings.* Washington, DC: U.S. Government Printing Office.
Gramsci, Antonio. 1929. *Selections from the Prison Notebooks,* ed. and trans. Quintin Hoare and Geoffrey Nowell Smith. London: Lawrence and Wishort.
Gray, John. 1992. *Men Are from Mars, Women Are from Venus: A Practical Guide for Improving Communication and Getting What You Want in Your Relationships.* New York: Harper Collins.
Green, Alexander R., Dana R. Carney, Daniel J. Pallin, Long H. Ngo, Kristal L. Raymond, Lisa I. Iezzoni, and Mahzarin R. Banaji. 2007. "Implicit Bias Among Physicians and Its Prediction of Thrombolysis Decisions for Black and White Patients." *Journal of General Internal Medicine* 9 (September): 1231–1238.
———. 2008. "Queens Factory Is Found to Owe Workers $5.3 Million." *New York Times,* July 23. Accessed June 20, 2009 (http://cityroom.blogs.nytimes.com/2008/07/23/a-queens-sweatshop-found-to-owe-workers-53-million/).
Greenspan, Alan. 2005. "Testimony." Hearing Before the Committee on Banking, Housing, and Urban Affairs, United States Senate One Hundred Ninth Congress, S. Hrg. 109–204. Accessed June 6, 2009 (http://frwebgate.access.gpo.gov/cgi-bin/getdoc.cgi?dbname=109_ senate_hearings&docid=f:24852.pdf).
Grieco, Elizabeth M. and Edward N. Trevelyan. 2010. "Place of Birth of the Foreign-Born Population: 2009." American Community Survey Briefs, ACSBR/09-15, October. Accessed June 26, 2011 (http://www.census.gov/prod/2010pubs/acsbr09-15.pdf).
Grieco, Elizabeth M., and Rachel C. Cassidy. 2001. "Overview of Race and Hispanic Origin." *Current Population Reports,* Ser. CENBR/01–1. Washington, DC: U.S. Government Printing Office.
Groeneveld, Elizabeth. 2009. " 'Be a Feminist or Just Dress Like One': BUST, Fashion and Feminism as Lifestyle." *Journal of Gender Studies* 18 (2): 179–190.
Gross, Jane. 2005. "Forget the Career. My Parents Need Me at Home." *New York Times,* November 24, pp. A1, A20.
Grossman, Samantha. 2012. "The Wooly Mammoth's Return? Scientists Plan to Clone Extinct Creature." *Time* NewsFeed, March 14. Accessed May 29, 2012 (http://newsfeed.time.com/2012/03/14/the-woolly-mammoths-return-scientists-plan-to-clone-extinct-creature/).
Groza, Victor, Scott Ryan, and Sara Thomas. 2008. "Institutionalization, Romanian Adoptions and Executive Functioning." *Child & Adolescent Social Work Journal* 25 (3): 185–204.
Guatemala Times. 2009. "Increase of Guatemala Remittances in 2008." *Guatemala Times,* January 9. Accessed May 17, 2010 (http://www.guatemala-times.com/news/guatemala/629-increase-of-guatemala-remittances-in-2008.html).
Guglielmo, Jennifer. 2003. "White Lies, Dark Truths." pp. 1–14 in *Are Italians White? How Race Is Made in America,* ed. Jennifer Guglielmo and Salvatore Salerno. New York: Routledge.
Gurari, Inbal, John Hetts, and Michael Strube. 2006. "Beauty in the 'I' of the Beholder: Effects of Idealized Media Portrayals on Implicit Self-Image." *Basic & Applied Social Psychology* 28 (3): 273–282.
Gutiérrez, Gustavo. 1990. "Theology and the Social Sciences." pp. 214–225 in *Liberation Theology at the Crossroads: Democracy or Revolution?* ed. Paul E. Sigmund. New York: Oxford University Press.

H

Halle, David. 1993. *Inside Culture: Art and Class in the American Home.* Chicago: University of Chicago Press.
Halperin, David M. 2009. "Thirteen Ways of Looking at a Bisexual." *Journal of Bisexuality* 9 (3/4): 451–455.
Hamilton, Mykol C., David Anderson, Michelle Broaddus, and Kate Young. 2006. "Gender Stereotyping and Underrepresentation of Female Characters in 200 Popular Children's Books: A Twentyfirst Century Update." *Sex Roles* 55 (11/12): 757–765.
Hampton, Keith N., Lauren F. Sessions, Eun Ja Her, and Lee Rainie. 2009. "Social Isolation and New Technology: How the Internet and Mobile Phones Impact Americans' Social Networks." Pew Internet and American Life Project, November. Accessed May 23, 2011 (http://www.pewinternet.org/Reports/2009/18--Social-Isolation-and-New-Technology.aspx).
Harding, Sandra. 2004. "Introduction: Standpoint Theory as a Site of Political, Philosophic, and Scientific Debate." pp. 1–16 in *The Feminist Standpoint Theory Reader: Intellectual and Political Controversies,* ed. Sandra Harding. New York: Routledge.
Harding, Sandra, ed. 2003. *The Feminist Standpoint Theory Reader: Intellectual and Political Controversies.* New York: Routledge.
Hardt, Michael, and Antonio Negri. 2009. *Commonwealth.* Cambridge, MA: Belknap Press.

Harlow, Harry F. 1971. *Learning to Love.* New York: Ballantine Books.

Harrington, Michael. 1962. *The Other America: Poverty in the United States.* Baltimore: Penguin Books.

———. 1980. "The New Class and the Left." pp. 123–138 in *The New Class,* ed. B. Bruce Briggs. New Brunswick, NJ: Transaction.

Harris Interactive. 2009. "Firefighters, Scientists and Doctors Seen as Most Prestigious Occupations." The Harris Poll #86, August 4. Accessed June 9, 2011 (http://www.harrisinteractive.com/vault/Harris-Interactive-Poll-Research-Pres-Occupations-2009-08.pdf).

Hart, Betty, and Todd R. Risley. 1995. *Meaning ful Differences in the Everyday Experience of Young American Children.* Baltimore: Paul H. Brookes.

Hart, Zachary P., Vernon D. Miller, and John R. Johnson. 2003. "Socialization, Resocialization and Communication Relationships in the Context of an Organizational Change." *Communication Studies* 54 (4): 483–495.

Hartsock, Nancy C. M. 1983. "The Feminist Standpoint: Developing the Ground for a Specifically Feminist Historical Materialism." pp. 283–310 in *Discovering Reality: Feminist Perspectives in Epistemology, Methodology, and Philosophy of Science,* ed. Sandra Harding and Merrill B. Hintikka. Dordrect: Reidel.

Haskins, Ron. 2008. "Wealth and Economic Mobility." Chap. 4 in *Getting Ahead or Losing Ground: Economic Mobility in America.* Washington, DC: Pew Charitable Trusts. Accessed August 2, 2010 (http://economicmobility.org/assets/pdfs/EMP_Wealthand EconomicMobility_ChapterIV.pdf).

Hausmann, Ricardo, Laura D. Tyson, and Saadia Zahidi. 2010. The Global Gender Gap Report 2010. Geneva: World Economic Forum. Accessed June 15, 2011 (http://www.weforum.org/issues/global-gender-gap).

Haviland, William A., Harald E. L. Prins, Dana Walrath, and Bunny McBride. 2005. *Cultural Anthropology: The Human Challenge,* 11th ed. Belmont, CA: Wadsworth.

Hayden, H. Thomas. 2004. "What Happened at Abu Ghraib." Accessed September 19, 2011 (http://www.military.com/NewContent/0,13190,Hayden_090704,00.html).

He, Wan, Manisha Sengupta, Victoria A. Velkoff, and Kimberly A. DeBarros. 2005. "65+ in the United States: 2005." *Current Population Reports* P23–209. Washington, DC: U.S. Government Printing Office.

Heatherton, Todd F., and James Sargent. 2009. "Does Watching Smoking in Movies Promote Tennage Smoking?" *Current Directions in Psychological Science* 18 (2): 63–67.

Heilman, Madeline E. 2001. "Description and Prescription: How Gender Stereotypes Prevent Women's Ascent up the Organizational Ladder." *Journal of Social Issues* 57 (4): 657–674.

Heiss, Sarah N. 2011. "Locating the Bodies of Woman and Disability in Definitions of Beauty: An Analysis of Dove's Campaign for Real Beauty." *Disability Studies Quarterly* 31 (1). Accessed May 25, 2012 (http://dsq-sds.org/article/view/1367/1497).

Henderson, Anita. 2003. "What's in a Slur?" *American Speech* 78 (1):52–74.

Henriques, Diana B., and Jack Healy. 2009. "Madoff Goes to Jail After Guilty Pleas." *New York Times,* March 12. Accessed May 21, 2009 (http://www.nytimes.com/2009/03/13/business/13madoff.html).

Herek, Gregory M. 2004. "Beyond 'Homophobia.' Thinking About Sexual Prejudice and Stigma in the Twenty-first Century." *Sexuality Research & Social Policy* 1 (2): 6–24.

———. 2007. "Confronting Sexual Stigma and Prejudice: Theory and Practice." *Journal of Social Issues* 63 (4): 905–925.

Herman, Charlie. 2010. "Amid Rising Demand, Price Of Coffee Beans Soars." NPR, November 25. Accessed May 20, 2011 (http://www.npr.org/2010/11/25/131594733/price-of-coffee-beans-on-the-rise).

Hertz, Rosanna. 2006. *Single by Chance. Mothers by Choice.* New York: Oxford University Press.

Hetherington, E. Mavis, and John Kelly. 2002. *For Better or for Worse: Divorce Reconsidered.* New York: Norton.

Hewlett, Sylvia Ann, Diana Foster, Laura Sherbin, Peggy Shiller, and Karen Sumberg. 2010. *Off-Ramps and On-Ramps Revisited*. New York: Center for Work-Life Policy.

Higgins, George E., Richard Tewksbury, and Elizabeth Mustaine. 2007. "Sports Fan Binge Drinking: An Examination Using Low Self-Control and Peer Association." *Sociological Spectrum* 27 (4):389–404.

Higgins, Michelle. 2008. "No Shoes, No Shirt, No Worries." *New York Times,* April 27. Accessed August 5, 2009 (http://travel.nytimes.com/2008/04/27/travel/27nude.html).

Hirschi, Travis. 1969. *Causes of Delinquency.* Berkeley: University of California Press.

Hirschman, Charles, and Irina Voloshin. 2007. "The Structure of Teenage Employment: Social Background and the Jobs Held by High School Seniors." *Research in Social Stratification and Mobility* 25: 189–203.

Hixson, Lindsay, Bradford B. Hepler, and Myoung Ouk Kim. 2011r. "The White Population: 2010." 2010 Census Briefs, Report C2010BR-05, September. Accessed May 27, 2012 (http://www.census.gov/prod/cen2010/briefs/c2010br-05.pdf).

Hochschild, Arlie Russell. 1989. *The Second Shift: Working Parents and the Revolution at Home.* New York: Viking Press.

———. 1990. "The Second Shift: Employed Women Are Putting in Another Day of Work at Home." *Utne Reader* 38 (March/April):66–73.

Hochschild, Arlie Russell. 1997. *The Time Bind: When Work Becomes Home and Home Becomes Work*. New York: Henry Holt and Company.

———. 2005. *The Commercialization of Intimate Life: Notes from Home and Work.* Berkeley: University of California Press.

Holden, Constance. 1980. "Identical Twins Reared Apart." *Science* 207 (March 21): 1323–1328.

———. 1987. "The Genetics of Personality." *Science* 257 (August 7): 598–601.

Holder, Kelly. 2006. "Voting and Registration in the Election of November 2004." *Current Population Reports* P20–556. Washington, DC: U.S. Government Printing Office.

Hollingshead, August B. 1975. *Elmtown's Youth and Elmtown Revisited.* New York: Wiley.

Holmes, Mary. 2006. "Love Lives at a Distance: Distance Relationships over the Lifecourse." *Sociological Research Online* 11 (3).

Homans, George C. 1979. "Nature Versus Nurture: A False Dichotomy." *Contemporary Sociology* 8 (May): 345–348.

Home School Legal Defense Association. 2005. "State Laws" and "Academic Statistics on Homeschooling." Accessed August 2, 2010 (www.hslda.org).

Homeland Security. 2010. 2009 Yearbook of Immigration Statistics. Office of Immigration Statistics, August 2010. U.S. Department of Homeland Security, Washington, DC. Accessed June 13, 2011 (http://www.dhs.gov/files/statistics/publications/yearbook.shtm).

Homeland Security. 2011. "Immigration Enforcement Actions: 2010." Office of Immigration Statistics, Annual Flow Report, March. Accessed June 26, 2011 (http://www.dhs.gov/xlibrary/assets/statistics/publications/enforcement-ar-2010.pdf).

Homeland Security. 2011. *2010 Yearbook of Immigration Statistics*.Office of Immigration Statistics. U.S. Department of Homeland Security, Washington, DC. Accessed May 18, 2012 (http://www.dhs.gov/files/statistics/publications/yearbook.shtm).

Hondagneu-Sotelo, Pierrette, ed. 2003. *Gender and U.S. Immigration: Contemporary Trends.* Berkeley: University of California Press.

Hootman, J., J. Bolen, C. Helmick, and G. Langmaid. 2006. "Prevalence of Doctor-Diagnosed Arthritis and Arthritis-Attributable Activity Limitation—United States, 2003–2005." *Morbidity and Mortality Weekly Report* 55 (40): 1089–1092.

Horowitz, Helen Lefkowitz. 1987. *Campus Life.* Chicago: University of Chicago Press.

Horrigan, John B. 2007. *A Typology of Information and Communication Technology Users.* Washington, DC: Pew Internet and American Life Project.

Hostetler, John A. 1993. *Amish Society,* 4th ed. Baltimore: Johns Hopkins University Press.

Hout, Michael, and Claude S. Fischer. 2002. "Why More Americans Have No Religious Preference: Politics and Generations." *American Sociological Review* 67 (April): 165–190.

Howard, Russell D., and Reid L. Sawyer. 2003. *Terrorism and Counterterrorism: Understanding the New Security Environment.* Guilford, CT: McGraw-Hill/Dushkin.

Howden, Lindsay M. and Julie A. Meyer. 2011. "Age and Sex Composition: 2010." 2010 Census Briefs C2010BR-03. Washington, DC: U.S. Government Printing Office. Accessed April 6, 2012 (http:// www.census.gov/prod/cen2010/briefs/c2010br-03.pdf).

Huang, Gary. 1988. "Daily Addressing Ritual: A Cross-Cultural Study." Paper presented at the annual meeting of the American Sociological Association, Atlanta.

Hughes, Everett. 1945. "Dilemmas and Contradictions of Status." *American Journal of Sociology* 50 (March): 353–359.

Human Rights Campaign. 2009. "Maps of State Laws & Policies." Accessed May 27, 2009 (http://www.hrc.org/about_us/state_laws.asp).

————. 2010. "Marriage Equality & Other Relationship Recognition Laws."

Human Rights Campaign, Washington, DC, April 2. Accessed April 14, 2010 (http://www.hrc.org/documents /Relationship_Recognition_ Laws_Map.pdf).

Human Rights Campaign. 2012. "Same-Sex Relationship Recognition Laws: State by State."

Human Rights Campaign, Washington, DC, March 23. Accessed May 8, 2012 (http://www.hrc.org/resources/entry/same-sex-relationship-recognition-laws-state-by-state).

Humes, Karen R., Nicholas A. Jones, and Roberto R. Ramirez. 2011. "Overview of Race and Hispanic Origin: 2010." 2010 Census

Briefs, C2010BR-02, March. Accessed June 18, 2011 (http://www.census.gov/prod/cen2010/briefs/c2010br-02.pdf).

Hunter, Herbert M., ed. 2000. *The Sociology of Oliver C. Cox: New Perspectives: Research in Race and Ethnic Relations,* vol. 2. Stamford, CT: JAI Press.

Hurst, Charles E., and David L. McConnell. 2010. *An Amish Paradox: Diversity and Change in the World's Largest Amish Community.* Baltimore: Johns Hopkins University Press.

Hussar, William J., and Tabitha M. Bailey. 2011. *Projections of Education Statistics to 2020.* NCES 2011-026. National Center for Education Statistics, Institute of Education Sciences, U.S. Department of Education, Washington, DC. Accessed May 16, 2012 (http:// nces.ed.gov/pubs2011/2011026.pdf).

Hvistendahl, Mara. 2010. "Has China Outgrown the One-Child Policy?" Science 329 (September 17): 1458-1461.

I

Ignatiev, Noel. 1995. *How the Irish Became White.* New York: Routledge.

Igo, Sarah E. 2007. *The Average American: Surveys, Citizens, and the Making of a Mass Public.* Cambridge, MA: Harvard University Press.

Illinois State Board of Education. 2012. "eReportcard Public Site." Assessment Division. Accessed May 15, 2012 (http://webprod.isbe.net/ereportcard/publicsite/getsearchcriteria.aspx).

Indiana University Center for Sexual Health Promotion. 2010. "Special Issue: Findings from the National Survey of Sexual Health and Behavior (NSSHB)." *Journal of Sexual Medicine* 7 (Supplement 5).

INEGI. 2009. "Mujeres y Hombres en México 2005. Anexo estadístico." Instituto Nacional de Estadística y Geografía. Accessed June 14, 2009 (www.inegi.org.mx/inegi/contenidos/espanol/bvinegi/productos/integracion/sociodemografico/mujeresyhombres/2005/anexo_2005.xls).

Inglehart, Ronald, Pippa Norris, and Christian Welzel. 2002. "Gender Equality and Democracy." *Comparative Sociology* 1 (3/4):321–346.

Innocence Project. 2012. "Facts on Post-Conviction DNA Exonerations." Accessed April 24, 2012 (http://www.innocenceproject.org/Content/Facts_on_PostConviction_DNA_Exonerations.php).

INPE. 2010. "Specific Data of PRODES/INPE Confirms the Range of the Amazon Deforestation."

Instituto Nacional de Pesquisas Espaciais, April 29. Accessed May 21, 2010 (http://www.inpe.br/ingles/news/news_dest117.php).

Institute of International Education. 2012. "*Open Doors 2011* Fast Facts." New York City: Institute of International Education, Inc. Accessed May 15, 2012 (http://www.iie.org/en/Research-and-Publications/Open-Doors/Data/Fast-Facts).

Instituto Nacional de Migración, México. 2011. "Extranjeros Alojados y Devueltos, Cuadro 3.2.1 (xls)." Boletín Estadístico 2010. Gobierno Federal, México. Accessed June 13, 2011 (http://www.inm.gob.mx/index.php/page/Boletin_Estadistico_2010).

Internal Revenue Service. 2011. "The 400 Individual Income Tax Returns Reporting the Highest Adjusted Gross Incomes Each Year, 1992–2008." Accessed June 9, 2011 (http://www.irs.gov/pub/irs-soi/08intop400.pdf).

International Centre for Prison Studies. 2012. "Entire world—Prison Population Rates per 100,000 of the National Population." In partnership with the University of Essex, London. Accessed April 24, 2012 (http://www.prisonstudies.org/info/worldbrief/wpb_stats.php?area=all&category=wb_poprate).

International Institute for Democracy and Electoral Assistance. 2009. "Voter Turnout Database." Accessed June 2, 2009 (www.idea.int/vt/view_data.cfm).

————. 2011. "Voter Turnout Database." Accessed June 8, 2011 (http://www.idea.int/vt/view_data.cfm).

International Institute for Democracy and Electoral Assistance. 2012. "Voter Turnout Database." Accessed May 23, 2012 (http://www.idea.int/vt/viewdata.cfm).

International Labour Organization. 2008. *World of Work Report 2008: Income Inequalities in the Age of Financial Globalization.* Geneva International Institute for Labour Studies. Accessed June 12, 2009 (www.ilo.org/public/english/bureau/inst/download/world08.pdf).

International Monetary Fund. 2000. *World Economic Outlook: Asset Prices and the Business Cycle.* Washington, DC: IMF.

————. 2008. "IMF Helping Countries Respond to Food Price Crisis." *IMF Survey Magazine: In the News,* June 3. Washington, DC: IMF. Accessed August 2, 2010 (http://www.imf.org/external/pubs/ft/survey/so/2008/NEW060308A.htm).

International Telecommunications Union. 2010. *Measuring the Information Society 2010.* Geneva: International Telecommunications Union.

International Telecommunications Union. 2012. "ICT Statistics Database." ITU ICT Eye. Accessed April 5, 2012 (http://www.itu.int/ITU-D/ICTEYE/Indicators/Indicators.aspx).

Internet World Stats. 2012a. "Internet Usage Statistics: The Internet Big Picture." Accessed May 28, 2012 (http://www.internetworldstats.com/stats.htm).

————. 2012b. "Internet World Users by Language: Top 10 Languages." Accessed May 28, 2012 (http://www.internetworldstats.com/stats7.htm).

Inter-Parliamentary Union. 2011. "Women in Parliament in 2011: The Year in Perspective." Geneva, Switzerland. Accessed May 24, 2012 (http://www.ipu.org/pdf/publications/wmnpersp11-e.pdf).

Inter-Parliamentary Union. 2012. "Women in National Parliaments: Situation as of 31 March 2012." Geneva, Switzerland. Accessed May 24, 2012 (http://www.ipu.org/wmn-e/classif.htm).

Ionescu, Carmiola. 2005. "Romania's Abandoned Children Are Still Suffering." *Lancet* 366 (9497): 1595–1596.

Isaacs, Julia B. 2007a. *Economic Mobility of Families Across Generations.* Washington, DC: Economic Mobility Project, Pew Charitable Trusts.

————. 2007b. *Economic Mobility of Men and Women.* Washington, DC: Economic Mobility Project.

————. 2007c. *Economic Mobility of Black and White Families.* Washington, DC: Economic Mobility Project.

————. 2008. "Economic Mobility of Black and White Families." *Economic Mobility Project,* Pew Charitable Trusts, November. Accessed June 21, 2009 (www.brookings.edu/reports/2008/~/media/Files/rc/reports/2008/02_economic_mobility_sawhill/02_economic_mobility_sawhill_ch6.pdf).

Isaacs, Julia B., Isabel V. Sawhill, and Ron Haskins. 2008. *Getting Ahead or Losing Ground: Economic Mobility in America.* Washington, DC: Pew Charitable Trust.

ITOPF. 2006. "Statistics: International Tanker Owners Pollution Federation Limited." Accessed May 2, 2007 (www.itopf.com/stats.html).

IUCN. 2011. "Table 2: Changes in Numbers of Species in the Threatened Categories (CR, EN, VU) from 1996 to 2011 for the Major Taxonomic Groups on the Red List."

IUCN Red List of Threatened Species, Version 2011.1. Cambridge, U.K.: International Union for Conservation of Nature and Natural Resources. Accessed June 30, 2011 (http://www.iucnredlist.org/documents/summarystatistics/2011_1_RL_Stats_Table_2.pdf).

J

Jackson, Jerlando, and Elizabeth O'Callaghan. 2009. "What Do We Know About Glass Ceiling Effects? A Taxonomy and Critical Review to Inform Higher Education Research." *Research in Higher Education* 50 (5): 460–482.

Jacobs, David, Zhenchao Qian, Jason T. Carmichael, and Stephanie L. Kent. 2007. "Who Survives on Death Row? An Individual and Contextual Analysis." *American Sociological Review* 72 (August):610–632.

James, Susan Donaldson. 2008. "Students Use Civil Rights Tactics to Combat Global Warming." *ABC News,* January 19. Accessed August 2, 2010 (http://abcnews.go.com/Technology/GlobalWarming/story?id=2805553&page=1).

———. 2008a & 2008b. "Wild Child Speechless After Tortured Life: Abandoned by Doctors and Mother, Abused in Foster Care, 'Genie' Regressed." *ABC News Online,* May 19. Accessed May 5,2009 (http://abcnews.go.com/Health/Story?id=4873347&page=1).

Jamison, Andrew. 2006. "Social Movements and Science: Cultural Appropriations of Cognitive Praxis." *Science as Culture* 15 (1): 45–59.

Jargowsky, Paul A., and Rebecca Yang. 2006. "The 'Underclass' Revisited: A Social Problem in Decline." *Journal of Urban Affairs* 28 (1): 55–70.

Jenkins, J. Craig. 2004. "Social Movements: Resource Mobilization Theory." pp. 14,368–14,371 in *International Encyclopedia of the Social and Behavioral Sciences,* ed. Neil J. Smelser and Paul B. Baltes. New York: Elsevier.

Jenkins, Matt. 2008. "A Really Inconvenient Truth." *Miller-McCure* 1 (March/April): 38–41.

Jenness, Valerie, David A. Smith, and Judith Stepan-Norris. 2006. "Pioneer Public Sociologist C. Wright Mills, 50 Years Later." *Contemporary Sociology* 35 (6): 7–8.

Jimenez, Maria. 2009. "Humanitarian Crisis: Migrant Deaths at the U.S.—Mexico Border." A joint report of the American Civil Liberties Union of San Diego and Imperial Counties and Mexico's National Commission of Human Rights, October 1. Accessed June 12, 2011 (http://www.aclu.org/immigrants-rights /humanitarian-crisis-migrant-deaths-us-mexico-border).

Johnson, Allan G. 1997. *The Forest and the Trees: Sociology as Life,Practice, and Promise.* Philadelphia: Temple University Press.

Johnson, Kenneth M. and Daniel T. Lichter. 2010. "Growing Diversity among America's Children and Youth: Spatial and Temporal Dimensions." Population and Development Review 36(1): 151–176.

Johnson, Tallese D. 2008. "Maternity Leave and Employment Patterns: 2001–2003." *Current Population Reports,* P70–113. Washington, DC: U.S. Census Bureau.

Johnston, David Cay. 1994. "Ruling Backs Homosexuals on Asylum." *New York Times,* June 12, pp. D1, D6.

Jones. David D. 2011. "Oligarchy in the Making: Is Our Democracy Doomed?" July 17. Accessed July 22, 2011 (www.phillyburbs.com/news/local/courier_times_news/opinion/guest/oligarchy-in-the-making-is-our-democracy-doomed/article_b1cf7f12-0b30-5ff6-81c6-547a8727eee2.html).

Jones, Madeline. 2012. "Plus Size Bodies, What Is Wrong With Them Anyway?" PLUS Model Magazine, January 8. Accessed May 27, 2012 (http://www.plus-model-mag.com/2012/01/plus-size-bodies-what-is-wrong-with-them-anyway/).

Joseph, Jay. 2004. *The Gene Illusion: Genetic Research in Psychiatry and Psychology Under the Microscope.* New York: Algora Books.

Josephson Institute of Ethics. 2011. "The Ethics of American Youth: 2010."

Josephson Institute's 2010 Report Card on the Ethics of American Youth. Accessed May 20, 2011 (http://charactercounts.org/programs/reportcard/index.html).

Jordan, Miriam. 2011. "More 'Silent Raids' Over Immigration." The *Wall Street Journal,* June 16. Accessed June 21, 2011 (http://online.wsj.com/article/SB10001424052702304186404576387843087137216.html).

Jost, Kenneth. 2008. "Women in Politics."*CQ Researcher* 18 (March 21).

Juergensmeyer, Mark. 2003. *Terror in the Mind of God: The Global Rise of Religious Violence,* 3rd ed. Berkeley: University of California Press.

K

Kaiser Family Foundation. 2005. *Sex on TV: 2005.* Santa Barbara, CA: Kaiser Family Foundation.

————. 2009. "Trends in Health Care Costs and Spending." Kaiser Family Foundation Publication #7692–02, March, Menlo Park, CA. Accessed June 26, 2009 (www.kff.org/insurance/upload/7692_02.pdf).

Kalev, Alexandria, Frank Dobbin, and Erin Kelly. 2006. "Best Practices or Best Guesses? Assessing the Efficacy of Corporate Affirmative Action and Diversity Policies." *American Sociological Review* 71:589–617.

Kalish, Richard A. 1985. *Death, Grief, and Caring Relationships,* 2nd ed. Monterey, CA: Brooks/Cole.

Kalita, S. Mitra. 2006. "On the Other End of the Line." *Washington Post National Weekly Edition,* January 9, pp. 20–21.

Kalmijn, Matthijs. 1991. "Status Homogamy in the United States." *American Journal of Sociology* 97 (2): 496–523.

————. 1998. "Intermarriage and Homogamy: Causes, Patterns, Trends." *Annual Review of Sociology* 24: 395–412.

Kamp, Marianne. 2008. *The New Woman in Uzbekistan.* Seattle: University of Washington Press.

Kanter, Rosabeth Moss. 1993. *Men and Women of the Corporation.* New York: Basic Books.

Kapstein, Ethan B. 2006. "The New Global Slave Trade." *Foreign Affairs* 85 (November/December): 103–115.

Karney, Benjamin R., and John S. Crown. 2007. "Families Under Stress: An Assessment of Data, Theory, and Research on Marriage and Divorce in the Military." Santa Monica, CA: RAND Corporation.

Kasavin, Greg. 2003. "Real Life: The Full Review." GameSpot, July 11. Accessed June 3, 2008 (http://www.gamespot.com/gamespot/features/all/gamespotting/071103minusworld/1.html).

Katz, Jason. 1999. *Tough Guise: Violence, Media, and the Crisis in Masculinity.* Video. Directed by Sut Jhally. Northampton, MA: Media Education Foundation.

Kavada, Anastasia 2005. "Exploring the Role of the Internet in the 'Movement for Alternative Globalization': The Case of the Paris 2003 European Social Forum." *Westminster Papers in Communication and Culture* 2 (1): 72–95.

Kempadoo, Kamala, and Jo Doezema, eds. 1998. *Global Sex Workers: Rights, Resistance, and Redefinition.* New York: Routledge.

Kennickell, Arthur B. 2009. "Ponds and Streams: Wealth and Income in the U.S., 1989 to 2007." Finance and Economics Discussion Series, Divisions of Research & Statistics and Monetary Affairs, Federal Reserve Board, Washington, DC. Accessed June 7, 2009 (www.federalreserve.gov/pubs/feds/2009/200913/200913pap.pdf).

Kentor, Jeffrey, and Yong Suk Jang. 2004. "Yes, There Is a (Growing) Transnational Business Community." *International Sociology* 19 (September): 355–368.

Kerbo, Harold R. 2009. *Social Stratification and Inequality: Class Conflict in Historical, Comparative, and Global Perspective,* 7th ed. New York: McGraw-Hill.

Khorasani, Noushin Ahmadi. 2009. "How Social Movements Can Change Iran." *The Mark,* June 11. Accessed June 30, 2009 (www.

themarknews.com/articles/290-how-social-movements-can-change-iran).

Kilbourne, Jean. 2010. *Killing Us Softly 4: Advertising's Image of Women.* Video. Produced and directed by Sut Jhally. Northampton, MA: Media Education Foundation.

Kilpatrick, Dean G., Heidi S. Resnick, Kenneth J. Ruggiero, Lauren M. Conoscenti, and Jenna McCauley. 2007. "Drug-Facilitated, Incapacitated, and Forcible Rape: A National Study." National Institute of Justice Grant No. 2005-Wg-BX-0006. Accessed June 1, 2010 (http://www.ncjrs.gov/pdffiles1/nij/grants/219181.pdf).

Kim, Kwang Chung. 1999. *Koreans in the Hood: Conflict with African Americans.* Baltimore: Johns Hopkins University Press. Kimmel, Michael. 2004. *The Gendered Society,* 2nd ed. New York: Oxford University Press.

Kinsella, Kevin, and David R. Phillips. 2005. "Global Aging: The Challenge of Success." *Population Bulletin* 60 (March).

Kinsey, Alfred C., Wardell B. Pomeroy, and Paul H. Gebhard. 1953. *Sexual Behavior in the Human Female.* Philadelphia: Saunders.

Kinsey, Alfred C., Wardell B. Pomeroy, and Clyde E. Martin. 1948. *Sexual Behavior in the Human Male.* Philadelphia: Saunders.

Kirby, Emily Hoban, and Kei Kawashima-Ginsberg. 2009. "The Youth Vote in 2008." Fact Sheet, Center for Information & Research on Civic Learning & Engagement, April. Accessed June 18, 2009 (www.civicyouth.org/PopUps/FactSheets/FS_youth_Voting_2008.pdf).

Kirk, Dudley. 1996. "Demographic Transition Theory." *Population Studies* 50: 361–387.

Kitchener, Richard F. 1991. "Jean Piaget: The Unknown Sociologist." *British Journal of Sociology* 42 (September): 421–442.

Klein, Stefan. 2006. *The Science of Happiness: How Our Brains Make Us Happy—And What We Can Do to Get Happier.* New York: Marlowe.

Kleinknecht, William. 1996. *The New Ethnic Mobs: The Changing Face of Organized Crime in America.* New York: Free Press.

Kliewer, Wendy, and Terri N. Sullivan. 2009. "Community Violence Exposure, Threat Appraisal, and Adjustment in Adolescents." *Journal of Clinical Child & Adolescent Psychology* 37 (4): 860–873.

Kline, Susan L. and Shuangyue Zhang. 2009. "The Role of Relational Communication Characteristics and Filial Piety in Mate Preferences: Cross-cultural Comparisons of Chinese and US College Students." *Journal of Comparative Family Studies* 40 (3): 325–353.

Klinenberg, Eric. 2002. *Heat Wave: A Social Autopsy of Disaster in Chicago.* Chicago: University of Chicago Press.

Knapp, Laura G., Janice E. Kelly-Reid, and Scott A. Grinder. 2012. *Enrollment in Postsecondary Institutions, Fall 2010; Financial Statistics, Fiscal Year 2010; and Graduation Rates, Selected Cohorts, 2002–07.* U.S. Department of Education, NCES 2012–280. Washington, DC: National Center for Education Statistics. Accessed June 5, 2011 (http://nces.ed.gov/pubs2012/2012280.pdf).

Knudson, Tom. 2006. "Promises and Poverty: Starbucks Calls Its Coffee Worker-Friendly—but in Ethiopia, a Day's Pay Is a Dollar." *Sacramento Bee,* September 23. Accessed June 12, 2009 (www.sacbee.com/502/story/393917.html).

———. 2007. "Investigative Report: Promises and Poverty." *Sacramento Bee,* September 23. Accessed August 6, 2009 (www.sacbee.com/502/story/393917.html).

Kochhar, Rakesh. 2004. *The Wealth of Hispanic Households: 1996 to 2002.* Washington, DC: Pew Hispanic Center.

Kochhar, Rakesh, Richard Fry, and Paul Taylor. 2011. "Wealth Gaps Rise to Record Highs between Whites, Blacks, and Hispanics." *Social & Demographic Trends, Pew Research Center,* July 26. Accessed August 6, 2011 (http://pewsocialtrends.org/2011/07/26/wealth-gaps-rise-to-record-highs-between-whites-blacks-hispanics/).

———. 2011. "Wealth Gaps Rise to Record Highs Between Whites, Blacks and Hispanics." *Social & Demographic Trends,* Pew Research Center, July 26. Accessed September 19, 2011 (http://pewsocialtrends.org/files/2011/07/SDT-Wealth-Report_7-26-11_FINAL.pdf).

Kochhar, Rakesh, Ana Gonzalez-Barrera, and Daniel Dockterman. 2009. "Through Boom and Bust: Minorities, Immigrants and Homeownership." Pew Hispanic Center, May 12. Accessed June 22, 2009 (http://pewhispanic.org/files/reports/109.pdf).

Kochar, Rakesh, Richard Fry, and Paul Taylor. 2011. "Wealth Gaps Rise to Record Highs Between Whites, Blacks, and Hispanics." A Social & Demographic Trends Report, Pew Research Center, July. Accessed May 27, 2012 (http://www.pewsocialtrends.org/files/2011/07/SDT-Wealth-Report_7-26-11_FINAL.pdf).

Koerner, Brendan I. 2003. "What Does a 'Thumbs Up' Mean in Iraq?" *Slate,* March 28. Accessed May 3, 2009 (http://www.slate.com/id/2080812).

Kokmen, Leyla. 2008. "Environmental Justice for All." *Utne Reader,* March/April, pp. 42–46.

Korczyk, Sophie M. 2002. *Back to Which Future? The U.S. Aging Crisis Revisited.* Washington, DC: AARP.

Kosmin, Barry A., and Ariela Keysar. 2009. *American Religious Identification Survey: ARIS 2008 Summary Report.* Hartford, CT: Trinity College. Accessed June 1, 2009 (http://b27.cc.trincoll.edu/weblogs/AmericanReligionSurvey-ARIS/reports/ARIS_Report_2008.pdf).

Kottak, Conrad. 2004. *Anthropology: The Explanation of Human Diversity.* New York: McGraw-Hill.

Kozol, Jonathan. 2005. *The Shame of the Nation: The Restoration of Apartheid Schooling in America.* New York: Crown.

Krantz-Kent, Rachel. 2009. "Measuring Time Spent in Unpaid Household Work: Results from the American Time Use Survey." *Monthly Labor Review* July: 46–59.

Kraybill, Donald. 2001. *The Riddle of Amish Culture,* rev. ed. Baltimore: Johns Hopkins University Press.

Krebs, Christopher P., Christine H. Lindquist, Tara D. Warner, Bonnie S. Fisher, and Sandra L. Martin. 2007. "The Campus Sexual Assault (CSA) Study, Final Report." National Institute of Justice Grant No. 2004-WG-BX-0010. Accessed June 1, 2010 (http://www.ncjrs.gov.pdffiles1/nij/grants/221153.pdf).

Kreider, Rose M. 2008. "Living Arrangements of Children: 2004." *Current Population Reports,* No. 114. Washington, DC: U.S. Government. Printing Office.

———. 2010. "Increase in Opposite-sex Cohabiting Couples from 2009 to 2010 in the Annual Social and Economic Supplement (ASEC) to the Current Population Survey (CPS)." Housing and Household Economic Statistics Division Working Paper. Washington, DC: U.S. Bureau of the Census. Accessed June 1, 2011 (http://www.census.gov/population/www/socdemo/Inc-Opp-sex-2009-to-2010.pdf).

Kreider, Rose M. and Renee Ellis. 2011. "Number, Timing, and Duration of Marriages and Divorces: 2009." *Current Population Reports,* P70–125. Washington, DC: U.S. Census Bureau. Accessed September 19, 2011 (http://www.census.gov/prod/2011pubs/p70-125.pdf).

Kristof, Nicholas D., and Sheryl WuDunn. 2009. *Half the Sky: Turning Oppression into Opportunity for Women Worldwide.* New York: Knopf.

Kroll, Luisa, and Allison Fass. 2006. "The World's Billionaires." *Forbes,* March 9.

Kronstadt, Jessica, and Melissa Favreault. 2008. "Families and Economic Mobility." Washington, DC: Economic Mobility Project. Accessed August 13, 2008 (www.economicmobility.org/reports_and_research/literature_reviews?id=0004).

Kruttschnitt, Candace, and Kristin Carbone-Lopez. 2006. "Moving Beyond the Stereotypes: Women's Subjective Accounts of Their Violent Crime." *Criminology* 44 (2): 321–352.

Kübler-Ross, Elisabeth. 1969. *On Death and Dying.* New York: Macmillan.

Kuhl, Patricia K. 2004. "Early Language Acquisition: Cracking the Speech Code." *Nature Reviews Neuroscience* 5: 831–843. Kuumba, M. Bahati. 2001. *Gender and Social Movements.* Lanham, MD: AltaMira Press.

Kwong, Jo. 2005. "Globalization's Effects on the Environment." *Society* 42 (January/February): 21–28.

Kyckelhahn, Tracey, Allen J. Beck, and Thomas H Cohen. 2009. "Characteristics of Suspected Human Trafficking Incidents, 2007–

08." Bureau of Justice Statistics, Special Reports, January, NCJ 224526. Accessed June 2, 2010 (http://bjs.ojp.usdoj.gov/content/pub/pdf/cshti08.pdf).

L

Lacey, Marc. 2008. "Hunger in Haiti Increasing Rapidly." *International Herald Tribune,* April 17. Accessed August 12, 2008 (http://www.iht.com/articles/2008/04/17/news/Haiti.php).

Ladner, Joyce. 1973. *The Death of White Sociology.* New York: Random Books.

Laidlaw, Ken, DaHua Wang, Claudia Coelho, and Mick Power. 2010. "Attitudes to Ageing and Expectations for Filial Piety across Chinese and British Cultures: A Pilot Exploratory Evaluation." *Aging & Mental Health* 14 (3): 283–292.

Lambert, Emily. 2009. "Nimby Wars." *Forbes* 183 (February 16): 98–101. Accessed June 29, 2009 (www.forbes.com/forbes/2009/0216/098.html).

Landale, Nancy S., and R. S. Oropesa. 2007. "Hispanic Families: Stability and Change." *Annual Review of Sociology* 33: 381–405.

Langhout, Regina D., and Cecily A. Mitchell. 2008. "Engaging Contexts: Drawing the Link Between Student and Teacher Experiences of the Hidden Curriculum." *Journal of Community & Applied Social Psychology* 18 (6): 593–614.

Lareau, Annette. 2003. *Unequal Childhoods: Class, Race, and Family Life.* Berkeley: University of California Press.

Larson, Edward J. 2006. *Summer for the Gods: The Scopes Trial and America's Continuing Debate over Science and Religion.* New York: Basic Books.

Lasker, John. 2008. "Inside Africa's PlayStation War." *Toward Freedom,* July 8. Accessed June 3, 2009 (http://towardfreedom.com/home/content/view/1352/1).

Laumann, Edward O., John H. Gagnon, Robert T. Michael, and Stuart Michaels. 1994. *The Social Organization of Sexuality: Sexual Practices in the United States.* Chicago: University of Chicago Press.

Le Bon, Gustav. 1895. *The Crowd: A Study of the Popular Mind.* New York: Macmillan.

Lee, James. 2011. "U.S. Naturalization: 2010." Homeland Security, Office of Immigration Statistics, Annual Flow Report, March. Accessed June 26, 2011 (http://www.dhs.gov/xlibrary/assets/statistics/publications/natz_fr_2010.pdf).

Lefevre, Romana. 2011. *Rude Hand Gestures of the World: A Guide to Offending without Words.* San Francisco: Chronicle Books.

Lengermann, Patricia Madoo, and Jill Niebrugge-Brantley. 1998. *The Women Founders: Sociology and Social Theory, 1830–1930.* Boston: McGraw-Hill.

Leonard, Annie. 2010. *The Story of Stuff: How Our Obsession with Stuff Is Trashing the Planet, Our Communities, and Our Health—and a Vision for Change.* New York: Free Press.

Leonhardt, David. 2007. "Middle-Class Squeeze Comes with Nuances." *New York Times,* April 25, pp. C1, C12.

Levanon, Gad, Vivian Chen and Ben Chang. 2012. "Feeling the Pain: Wage Growth in the United States during and after the Great Recession." Executive Action Series, The Conference Board, New York, April.

Levine, Kenneth J., and Cynthia A. Hoffner. 2006. "Adolescents' Conceptions of Work: What Is Learned from Different Sources During Anticipatory Socialization?" *Journal of Adolescent Research* 21 (6): 647–669.

Levitt, Steven D., and Stephen J. Dubner. 2005. *Freakonomics: A Rogue Economist Explores the Hidden Side of Everything.* New York: Morrow.

Lewin, Tamar. 2008. "College May Become Unaffordable for Most in U.S." *New York Times,* December 3. Accessed May 19, 2010 (http://www.nytimes.com/2008/12/03/education/03college.html).

Leys, Tony. 2008. "New Faces Endure Same Struggle." *Des Moines Register,* May 18, pp. 1, 11.

Lezhnev, Sasha. 2011. "New U.N. Report: U.S. Conflict Minerals Law Having Impact in Congo." *Enough,* June 16. Accessed August 8, 2011 (www.enoughproject.org/blogs/new-un-report-us-conflict-minerals-law-having-impact-congo).

Lim, Dawn. 2011. "Real-Life *Inception*: Army Looks to 'Counteract Nightmares' with Digital Dreams." *Wired: Danger Room* Octorber 21. Accessed April 9, 2012 (http://www.wired.com/dangerroom/2011/10/real-life-inception/).

Liang, Bin, and Hong Lu. 2010. "Internet Development, Censorship, and Cyber Crimes in China." *Journal of Contemporary Criminal Justice* 26 (1): 103–120.

Linden, BK. 2011. "Q1 2011 Linden Dollar Economy Metrics Up, Users and Usage Unchanged." Second Life Blog: Featured News. San Francisco: Linden Research, Inc. Accessed May 25, 2011 (http://community.secondlife.com/t5/Featured-News /Q1-2011-Linden-Dollar-Economy-Metrics-Up-Users-and-Usage/ba-p/856693).

Ling, Peter. 2006. "Social Capital, Resource Mobilization and Origins of the Civil Rights Movement." *Journal of Historical Sociology* 19 (2): 202–214.

Lino, Mark. 2008a. "Damages Cut Against Exxon in *Valdez* Case." *New York Times,* June 26. Accessed April 27, 2009 (http://www.nytimes.com/2008/06/26/washington/26punitive.html).

———. 2008b. "From One Footnote, a Debate over the Tangles of Law, Science and Money." *New York Times,* June 26. Accessed April 27, 2009 (http://www.nytimes.com/2008/11/25/washington/25bar.html).

Lino, Mark, and Andrea Carlson. 2009. *Expenditures on Children by Families, 2008.* Center for Nutrition Policy and Promotion, Miscellaneous Publication No. 1528-2008. U.S. Department of Agriculture, Washington, DC. Accessed April 13, 2010 (http://www.cnpp.usda.gov/Publications/CRC/crc2008.pdf).

Lino, Mark. 2011. *Expenditures on Children by Families, 2010.* Center for Nutrition Policy and Promotion, Miscellaneous Publication No. 1528-2010. U.S. Department of Agriculture, Washington, DC. Accessed May 8, 2012 (http://www.cnpp.usda.gov/Publications/CRC/crc2010.pdf).

Lipset, Seymour Martin. 1959. "Some Social Requisites of Democracy: Economic Development and Political Legitimacy." *American Political Science Review* 53: 69–105

List, Justin M. 2009. "Justice and the Reversal of the Healthcare Worker 'Brain-Drain.' " *American Journal of Bioethics* 9 (3): 10–12.

Lofquist, Daphne, Terry Lugaila, Martin O'Connell, and Sarah Feliz.2012. "Households and Families: 2010." 2010 Census Brief, C2010BR-14, April. Washington, DC: U.S. Census Bureau. Accessed May 8, 2012 (http://www.census.gov/prod/cen2010/briefs/c2010br-14.pdf).

Logue, Susan. 2009. "Poll: More Newlyweds Met Online." *Voice of America News,* March 27. Accessed May 26, 2009 (http://www.voanews.com/english/archive/2009-03/2009-03-27-voa17.cfm).

Lopata, Helena Znaniecki. 1971. *Occupation: Housewife.* New York:Oxford University Press.

Lopez, Mark Hugo, and Paul Taylor. 2009. "Dissecting the 2008 Electorate: Most Diverse in U.S. History." Pew Research Center, Washington, DC, April 30. Accessed June 18, 2009 (http://pewresearch.org/assets/pdf/dissecting-2008-electorate.pdf).

Lorber, Judith. 1994. *Paradoxes of Gender.* New Haven, CT: Yale University Press.

Lotz, Amanda D. 2007. "Theorising the Intermezzo: The Contributions of Postfeminism and Third Wave Feminism." pp. 71–85 in *Third Wave Feminism: A Critical Exploration,* expanded 2nd ed., ed. Stacy Gillis, Gillian Howie, and Rebecca Munford. New York: Palgrave Macmillan.

Louie, Miriam Ching Yoon. 2001. *Sweatshop Warriors: Immigrant Women Workers Take on the Global Factory.* Cambridge, MA: South End Press.

Lovgren, Stefan. 2006. "Can Cell-Phone Recycling Help African Gorillas?" *National Geographic News,* January 20. Accessed June 3, 2009 (http://news.nationalgeographic.com/news/2006/01/0120_060120_cellphones.html).

Lucal, Betsy. 2010. "Better Informed, Still Skeptical: Response to Machalek and Martin." *Teaching Sociology* 38 (1): 46–49.

Lukács, Georg. 1923. *History and Class Consciousness.* London: Merlin.

Lumpe, Lora. 2003. "Taking Aim at the Global Gun Trade." *Amnesty Now* (Winter): 10–13.

Lundquist, Jennifer Hickes. 2006. "Choosing Single Motherhood." *Contexts* 5 (Fall): 64–67.
Lyall, Sarah. 2002. "For Europeans, Love, Yes; Marriage, Maybe." *New York Times,* March 24, pp. 1–8.
Lymas, Mark. 2008. *Six Degrees: Our Future on a Hotter Planet.* Washington, DC: National Geographic.
Lynn, Barry C. 2003. "Trading with a Low-Wage Tiger." *The American Prospect* 14 (February): 10–12.
Lytton, Hugh, and David M. Romney. 1991. "Parents' Differential Socialization of Boys and Girls: A Meta-analysis." *Psychological Bulletin* 109 (2): 267–296.

M

MacEachern, Scott. 2003. "The Concept of Race in Anthropology." pp. 10–35 in *Race and Ethnicity: An Anthropological Focus on the United States and the World,* ed. R. Scupin. Upper Saddle River, NJ: Prentice Hall.
MacFarquhar, Neil. 2008. "Resolute or Fearful, Many Muslims Turn to Home Schooling." *New York Times,* March 26, p. A1.
Machalek, Richard, and Michael W. Martin. 2010. "Evolution, Biology, and Society: A Conversation for the 21st-Century Classroom." *Teaching Sociology* 38 (1): 35–45.
Maher, Timothy M. 2008. "Police Chiefs' Views on Police Sexual Misconduct." *Police Practice & Research* 9 (3): 239–250.
Mahy, Mary, Jean-Michel Tassie, Peter D. Ghys, John Stover, Michel Beusenberg, Priscilla Akwara, and Yves Souteyrand. 2010. "Estimation of Antiretroviral Therapy Coverage: Methodology and Trends." *Current Opinion in HIV and AIDS* 5 (1): 97–102.
Malacrida, Claudia. 2005. "Discipline and Dehumanization in a Total Institution: Institutional Survivors' Descriptions of Time-Out Rooms." *Disability & Society* 20 (5): 523–537.
Malcolm X, with Alex Haley. 1964. *The Autobiography of Malcolm X.* New York: Grove.
Malthus, Thomas R. 1878. An Essay on the Principle of Population: Or, A View of Its Past and Present Effects on Human Happiness, with an Inquiry into Our Prospects Respecting the Future Removal or Mitigation of the Evils which it Occasions. 8th edition. London: Reeves and Turner.
Mandel, Stephen. 2008. *Debt Relief as if Justice Mattered.* London: New Economics Foundation.
Mangan, Katherine. 2006. "Survey Finds Widespread Cheating in M.B.A. Programs." *Chronicle of Higher Education,* September 19. Accessed June 6 (http://chronicle.com/daily/2006/09/2006091902n.htm).
Mangum, Garth L., Stephen L. Mangum, and Andrew M. Sum. 2003. *The Persistence of Poverty in the United States.* Baltimore: Johns Hopkins University Press.
Mann, Horace. [1848] 1957. "Report No. 12 of the Massachusetts School Board." pp. 79–97 in *The Republic and the School: Horace Mann on the Education of Free Men,* ed. L. A. Cremin. New York: Teachers College.
Mann Yee Kan, Oriel Sullivan, and Jonathan Gershuny. 2011. "Gender Convergence in Domestic Work: Discerning the Effects of Interactional and Institutional Barriers from Large-scale Data." Sociology 45 (2): 234–251.
Manning, Jennifer E. 2011. "Membership of the 112th Congress: A Profile." A Congressional Research Service Report for Congress, Washington, DC, March 1. June 8, 2011 (www.senate.gov/reference/resources/pdf/R41647.pdf).
Mapel, Tim. 2007. " The Adjustment Process of Ex-Buddhist Monks to Life After the Monastery." *Journal of Religion & Health* 46 (1):19–34.
Marijuana Policy Project. 2008. "State-by-State Medical Marijuana Laws: 2008." Washington, DC: Marijuana Policy Project. Accessed May 19, 2009 (http://www.mpp.org/assets/pdfs/download-materials/SBSR_NOV2008.pdf).
———. 2011. "The Sixteen States and One Federal District with Effective Medical Marijuana Laws." Washington, DC: Marijuana Policy Project. Accessed May 26, 2011 (http://www.mpp.org/assets/pdfs/17EffectiveLawsPlusMaryland.pdf).

Marshall, T. H. 1950. *Citizenship and Social Class and Other Essays.* Cambridge: Cambridge University Press.
Martin, Daniel C. 2011. "Refugees and Asylees: 2010." Homeland Security, Office of Immigration Statistics, Annual Flow Report, March. Accessed June 26, 2011 (http://www.dhs.gov/xlibrary/assets/statistics/publications/ois_rfa_fr_2010.pdf).
Martineau, Harriet. [1837] 1962. *Society in America.* Edited, abridged, with an introductory essay by Seymour Martin Lipset. Garden City, NY: Doubleday.
———. [1838] 1989. *How to Observe Morals and Manners.* Philadelphia: Leal and Blanchard. Sesquentennial edition, ed. M. R. Hill. New York: Transaction.
Martinez, Gladys, Casey Copen, and Joyce C. Abma. "Teenagers in the United States: Sexual Activity, Contraceptive Use, and Childbearing, 2006–2010." National Survey of Family Growth, National Center for Health Statistics. *Vital and Health Statistics* 23 (31). Accessed May 26, 2012 (http://www.cdc.gov/nchs/data/series/sr_23/sr23_031.pdf).
Marx, Karl. [1845] 2000. "German Ideology." pp. 175–208 in *Karl Marx: Selected Writings,* 2nd ed., ed. David McLellan. New York: Oxford University Press.
———. [1867] 2000. "Capital." pp. 452–546 in *Karl Marx: Selected Writings,* 2nd ed., ed. David McLellan. New York: Oxford University Press.
Marx, Karl, and Friedrich Engels. [1847] 1955. *Selected Work in Two Volumes.* Moscow: Foreign Languages Publishing House.
———. [1848] 1998. *The Communist Manifesto: A Modern Edition.* New York: Verso.
Massey, Douglas S. 2007. *Categorically Unequal: The American Stratification System.* New York: Sage.
Mather, Mark and Diana Lavery. 2010. "In U.S., Proportion Married at Lowest Recorded Levels." Population Reference Bureau September. Accessed June 1, 2011 (http://www.prb.org/Articles/2010/usmarriagedecline.aspx).
Mathews, T. J., and Marian F. MacDorman. 2010. "Infant Mortality Statistics from the 2006 Period Linked Birth/Infant Death Data Set." *National Vital Statistics Reports* 58 (17). Hyattsville, MD: National Center for Health Statistics. Accessed May 20, 2010 (http://www.cdc.gov/nchs/data/nvsr/nvsr58/nvsr58_17.pdf).
Mathews, T. J. and Marian F. MacDorman. 2011. "Infant Mortality Statistics From the 2007 Period Linked Birth/Infant Death Data Set." *National Vital Statistics Report* 59 (6). Hyattsville, MD: National Center for Health Statistics. Accessed May 28, 2012 (http://www.cdc.gov/nchs/data/nvsr/nvsr59/nvsr59_06.pdf).
Mayeux, Lara, Marlene J. Sandstrom, and Antonius H. N. Cillessen.2008. "Is Being Popular a Risky Proposition?" *Journal of Research on Adolescence* 18 (1): 49–74.
Mayo, Elton. 1933. *The Human Problems of an Industrial Civilization.* London: Macmillan.
McAdam, Doug. 1988. *Freedom Summer.* New York: Oxford University Press.
McCabe, Donald L., Kenneth D. Butterfield, and Linda Klebe Treviño. 2006. "Academic Dishonesty in Graduate Business Programs: Prevalence, Causes, and Proposed Action." *Academy of Management Learning & Education* 5 (3): 294–305.
McCabe, Janice. 2005. "What's in a Label? The Relationship Between Feminist Self-Identification and 'Feminist' Attitudes Among U.S. Women and Men." *Gender & Society* 19 (4): 480–505.
McCabe, Janice, Emily Fairchild, Liz Grauerholz, Bernice A. Pescosolido and Daniel Tope. 2011. "Gender in Twentieth-Century Children's Books: Patterns of Disparity in Titles and Central Characters." Gender & Society 25 (2): 197–226.
McCoy, Adrian. 2011. "Reliving History: Virtual World Lets IUP Students Participate in Critical Civil Rights Battles." Pittsburg Post-Gazette, February 9. Accessed May 25, 2011 (http://www.post-gazette.com/pg/11040/1123965-51.stm).
McConnell-Ginet, Sally. 2011. *Gender, Sexuality, and Meaning: Linguistic Practice and Politics.* New York: Oxford University Press.

McDonald, Michael. 2009. "Election of a Century?" United States Elections Project. Accessed June 2, 2009 (http://elections.gmu.edu/Election_of_a_Century.html).

McDowell, David J., and Ross D. Parke. 2009. "Parental Correlates of Children's Peer Relations: An Empirical Test of a Tripartite Model." *Developmental Psychology* 45 (1): 224–235.

McGue, Matt, and Thomas J. Bouchard Jr. 1998. "Genetic and Environmental Influence on Human Behavioral Differences." pp. 1–24 in *Annual Review of Neurosciences*. Palo Alto, CA: Annual Reviews.

McGurty, Eileen. 2007. *Transforming Environmentalism: Warren County, PCBs, and the Origins of Environmental Justice*. Piscataway, NJ: Rutgers University Press.

McIntosh, Peggy. 1988. "White Privilege and Male Privilege: A Personal Account of Coming to See Correspondence Through Work and Women's Studies." Working Paper No. 189, Wellesley College Center for Research on Women, Wellesley, MA.

McKibben, Bill. 2003. *Enough: Staying Human in an Engineered Age*. New York: Henry Holt.

McKown, Clark, and Rhona S. Weinstein. 2008. "Teacher Expectations, Classroom Context, and the Achievement Gap." *Journal of School Psychology* 46 (3): 235–261.

McLaughlin, Emma, and Nicola Kraus. 2002. *The Nanny Diaries: A Novel*. New York: St. Martin's Press.

McLellan, David, ed. 2000. *Karl Marx, Selected Writings*, rev. ed. New York: Oxford University Press.

Mead, George H. 1934. *Mind, Self and Society*, ed. Charles W. Morris. Chicago: University of Chicago Press.

———. 1964a. *On Social Psychology*, ed. Anselm Strauss. Chicago: University of Chicago Press.

———. 1964b. "The Genesis of the Self and Social Control." pp. 267–293 in *Selected Writings: George Herbert Mead*, ed. Andrew J. Reck. Indianapolis: Bobbs-Merrill.

Mead, Margaret. [1935] 2001. *Sex and Temperament in Three Primitive Societies*. New York: Perennial, HarperCollins.

Meara Ellen R., Seth Richards, and David M. Cutler. 2008. "The Gap Gets Bigger: Changes in Mortality and Life Expectancy, by Education, 1981–2000." *Health Affairs* 27 (2): 350–360.

Mehl, Matthias R., Simine Vazire, Nairán Ramírez-Esparza, Richard B. Slatcher, and James W. Pennebacker. 2007. "Are Women Really More Talkative than Men?" *Science* 317 (July 6): 82.

Meier, Robert F., and Gilbert Geis. 1997. *Victimless Crime? Prostitution, Drugs, Homosexuality, Abortion*. Los Angeles: Roxbury Books.

Melby, Todd. 2007. "Exploring Why We Have Sex." *Contemporary Sexuality* 41 (October): 1, 4–6.

———. 2009. "Creating the DSM-V." *Contemporary Sexuality* 43 (3): 1, 4–6.

Mendez, Jennifer Bickman. 1998. "Of Mops and Maids: Contradictions and Continuities in Bureaucratized Domestic Work." *Social Problems* 45 (February): 114–135.

Merton, Robert. 1948. "The Bearing of Empirical Research upon the Development of Social Theory." *American Sociological Review* 13 (October): 505–515.

———. 1968. *Social Theory and Social Structure*. New York: Free Press.

Merton, Robert K., and Alice S. Kitt. 1950. "Contributions to the Theory of Reference Group Behavior." pp. 40–105 in *Continuities in Social Research: Studies in the Scope and Methods of the American Soldier*, ed. Robert K. Merton and Paul L. Lazarsfeld. New York: Free Press.

Meston, Cindy M., and David M. Buss. 2007. "Why Humans Have Sex." *Archives of Sexual Behavior* 36: 477–507.

———. 2009. *Why Women Have Sex: Understanding Sexual Motivations—From Adventure to Revenge (and Everything in Between)*. New York: Henry Holt.

Michels, Robert. [1915] 1949. *Political Parties*. Glencoe, IL: Free Press. Milgram, Stanley. 1963. "Behavioral Study of Obedience." *Journal of Abnormal and Social Psychology* 67 (October): 371–378.

———. 1975. *Obedience to Authority: An Experimental View*. New York: Harper & Row.

Milillo, Diana. 2008. "Sexuality Sells: A Content Analysis of Lesbian and Heterosexual Women's Bodies in Magazine Advertisements." *Journal of Lesbian Studies* 12 (4): 381–392.

Miller, David L., and JoAnne DeRoven Darlington. 2002. "Fearing for the Safety of Others: Disasters and the Small World Problem." Paper presented at the annual meeting of the Midwest Sociological Society, Milwaukee, WI.

Millett, Kate. 1970. *Sexual Politics*. Garden City, NY: Doubleday.

Mills, C. Wright. [1956] 2000. *The Power Elite*. New edition with afterword by Alan Wolfe. New York: Oxford University Press.

———. [1959] 2009. *The Sociological Imagination*. New York: Oxford University Press.

Milner Jr., Murray. 2006. *Freaks, Geeks, and Cool Kids: American Teenagers, Schools, and the Culture of Consumption*. New York: Routledge.

Miniño, Arialdi M., Sherry L. Murphy, Jiquan Xu, and Kenneth D. Kochanek 2011. "Deaths: Final Data for 2008." *National Vital Statistics Reports* 59 (10). Hyattsville, MD: National Center for Health Statistics. Accessed March 10, 2012.

Minnesota Center for Twin and Family Research. 2012. "Research at the MCTFR." Minneapolis: University of Minnesota. Accessed April 4, 2012 (http://mctfr.psych.umn.edu/).

Minority Rights Group International. 2007. "World Directory of Minorities and Indigenous Peoples–Mexico: Overview." Geneva: United Nations High Commissioner for Refugees. Accessed June 14, 2009 (www.unhcr.org/refworld/docid/4954ce409a.html).

Mirapaul, Matthew. 2001. "How the Net Is Documenting a Watershed Moment." *New York Times,* October 15, p. E2.

Mishel, Lawrence, Jared Bernstein, and Heide Shierholz. 2009. *The State of Working America 2008/2009*. Ithaca, NY: ILR Press. Mizruchi, Mark S. 1996. "What Do Interlocks Do? An Analysis, Critique, and Assessment of Research on Interlocking Directorates." pp. 271–298 in *Annual Review of Sociology,* ed. John Hagan and Karen Cook. Palo Alto, CA: Annual Reviews.

Moen, Phyllis, and Patricia Roehling. 2005. *The Career Mystique: Cracks in the American Dream*. Lanham, MD: Rowman & Littlefield.

Mohai, Paul, and Robin Saha. 2007. "Racial Inequality in the Distribution of Hazardous Waste: A National-Level Reassessment." *Social Problems* 54 (3): 343–370.

Monaghan, Peter. 2012. "'Our Storehouse of Knowledge About Social Movements…Is Going to Be Left Bare.'" *The Chronicle of Higher Education* February 19. Accessed March 14, 2012 (http://chronicle.com/article/5-Minutes-With-a-Sociologist/130849/).

Montagu, Ashley, 1997. *Man's Most Dangerous Myth: The Fallacy of Race,* 6th ed., abridged student ed. Walnut Creek, CA: AltaMira Press.

Moore, David W. 2002. "Americans' View of Influence of Religion Settling Back to Pre–September 11 Levels." *Gallup Poll Tuesday Briefing,* December 31.

Moore, Molly. 2006. "Romance, but Not Marriage." *Washington Post National Weekly Edition,* November 27, p. 18.

Moore, Robert B. 1976. *Racism in the English Language: A Lesson Plan and Study Essay*. New York: The Racism and Sexism Resource Center for Educators.

Moore, Wilbert E. 1968. "Occupational Socialization." pp. 861–883 in *Handbook of Socialization Theory and Research,* ed. David A. Goslin. Chicago: Rand McNally.

Monger, Randall and James Yankay. 2011. "U.S. Legal Permanent Residents: 2010." Homeland Security, Office of Immigration Statistics, Annual Flow Report, March. Accessed June 26, 2011 (http://www.dhs.gov/xlibrary/assets/statistics/publications/lpr_fr_2010.pdf).

Morales, Lymari. 2010. "Green Behaviors Common in U.S., but Not Increasing." Washington, DC: Gallup, Inc., April 9. Accessed May 21, 2010 (http://www.gallup.com/poll/127292/Green-Behaviors-Common-Not-Increasing.aspx).

Morgan, Sue. 2009. "Theorising Feminist History: A Thirty-Year Retrospective." *Women's History Review* 18 (3): 381–407.

Morse, Arthur D. 1967. *While Six Million Died: A Chronicle of American Apathy*. New York: Ace.

Morselli, Carlo, Pierre Tremblay, and Bill McCarthy. 2006. "Mentors and Criminal Achievement." *Criminology* 44 (1): 17–43.

Mortimer, Jeylan T., and Michael J. Shanahan, eds. 2006. *Handbook of the Life Course.* New York: Springer Science and Business Media.

Mosher, William D., Anjani Chandra, and Jo Jones. 2005. "Sexual Behavior and Selected Health Measures: Men and Women 15–44 Years of Age, United States, 2002." *Advance Data from Vital and Health Statistics* 362. Hyattsville, MD: National Center for Health Statistics.

Moss, Michael, and Ford Fessenden. 2002. "New Tools for Domestic Spying, and Qualms." *New York Times,* December 10, pp. A1, A18.

Moyer, Michael. 2010. "Internet Ideology War." *Scientific American* 302 (4): 14–16.

Ms. 2006. "The *Ms.* Poll: Support High for Being a Feminist." *Ms.* 16 (3): 44.

Muhumued, Malkhadir M. 2011. "Malnourished Somali Baby Thriving as Rare Success." *Associated Press,* August 6. Accessed August 8, 2011 (www.boston.com/news/world/africa/articles/2011/08/06/doctor_malnourished_somali_baby_doing_well/).

Munford, Rebecca. 2007. " 'Wake Up and Smell the Lipgloss': Gender, Generation, and the (A)Politics of Girl Power." pp. 266–279 in *Third Wave Feminism: A Critical Exploration,* expanded 2nd ed., Stacy Gillis, Gillian Howie, and Rebecca Munford. New York: Palgrave Macmillan.

Murdock, George P. 1945. "The Common Denominator of Cultures." pp. 123–142 in *The Science of Man in the World Crisis,* ed. Ralph Linton. New York: Columbia University Press.

———. 1949. *Social Structure.* New York: Macmillan.

———. 1957. "World Ethnographic Sample." *American Anthropologist* 59 (August): 664–687.

Myrskylä, Mikko, Hans-Peter Kohler and Francesco C. Billari. 2009. "Advances in Development Reverse Fertility Declines." Nature 460 (August 6): 741–743.

N

Nanda, Serena. 1997. "The Hijras of India." pp. 82–86 in *A Queer World: The Center for Lesbian and Gay Studies Reader,* ed. Martin Duberman. New York: New York University Press.

Naples, Nancy. 2003. *Feminism and Method: Ethnography, Discourse Analysis, and Activist Research.* New York: Routledge.

NAEP. 2011. "Main NAEP." NAEP Data Explorer, National Center for Education Statistics, Institute of Education Sciences, U.S. Department of Education. Accessed June 3, 2011 (http://nces.ed.gov/nationsreportcard/naepdata/).

El Nasser, Haya and Paul Overberg. 2011. "Fewer Couples Embrace Marriage; More Live Together." *USA Today,* May 26. Accessed June 1, 2011 (http://www.usatoday.com/news/nation/census/2011-05-26-census-unmarried-couples_n.htm).

National Cancer Institute. 2008. *The Role of the Media in Promoting and Reducing Tobacco Use.* Tobacco Control Monograph No. 19. National Institutes of Health, National Cancer Institute, NIH Pub. No. 07-6242. Bethesda, MD: U.S. Department of Health and Human Services.

National Center for Health Statistics. 2010. Health, United States, 2010: With Special Feature on Death and Dying. Hyattsville, MD. Acccessed June 20, 2011 (http://www.cdc.gov/nchs/data/hus/hus10.pdf).

———. 2011. Health, United States, 2010: With Special Feature on Death and Dying. Hyattsville, MD. Acccessed May 23, 2011 (http://www.cdc.gov/nchs/data/hus/hus10.pdf).

———. 2011. Health, United States, 2010: With Special Feature on Death and Dying. Hyattsville, MD. Accessed June 30, 2011 (http://www.cdc.gov/nchs/data/hus/hus10.pdf).

National Center for Health Statistics. 2012. *Health, United States, 2011: With Special Feature on Socioeconomic Status and Health.* Hyattsville, MD. Accessed May 26, 2012 (http://www.cdc.gov/nchs/data/hus/hus11.pdf).

National Counterterrorism Center. 2011. "Worldwide Incidents Tracking System." Report generated for incidents between January 1, 2010, and December 31, 2010. June 8, 2011 https://wits.nctc.gov/FederalDiscoverWITS/index.do?t=Reports&Rcv=Incident&Nf=p_IncidentDate|GTEQ+20100101||p_IncidentDate|LTEQ+20101231&N=0).

National Geogrphic. 2012. "Gulf Spill Pictures: Ten New Studies Show Impact on Coast. *National Geographic* April. Accessed May 28, 2012 (http://news.nationalgeographic.com/news/energy/2012/04/pictures/120420-gulf-oil-spill-impact-studies/).

National Institute of Justice. 2007. "Transnational Organized Crime." U.S. Department of Justice. Accessed May 20, 2009 (http://www.ojp.usdoj.gov/nij/topics/crime/transnational-organized-crime/welcome.htm).

NCAA. 2011. "NCAA Sports Sponsorship and Participation Rates Report: 1981–82—2010–2011." Indianapolis, IN: The National Collegiate Athletic Association. Accessed May 16,2012 (http://www.ncaapublications.com/productdownloads/PR2012.pdf).

NEA. 2010. "Rankings & Estimates: Rankings of the States 2010 and Estimates of School Statistics 2011." NEA Research, National Education Association, December. Accessed June 4, 2011 (http://www.nea.org/assets/docs/HE/NEA_Rankings_and_Estimates010711.pdf).

Neiwert, David A. 2005. *Strawberry Days: How Internment Destroyed the Japanese Community.* New York: Palgrave Macmillan.

Neumark, David. 2008. "Reassessing the Age Discrimination in Employment Act." Washington, DC: AARP Public Policy Institute. Accessed June 27, 2009 (http://www.aarp.org/research/work /agediscrim/2008_09_adea.html).

Newman, William M. 1973. *American Pluralism: A Study of Minority Groups and Social Theory.* New York: Harper & Row.

Newport, Frank. 2010. "Americans' Global Warming Concerns Continue to Drop." Washington, DC: Gallup, Inc. March 11. Accessed May 21, 2010 (http://www.gallup.com/poll/126560 /Americans-Global-Warming-Concerns-Continue-Drop.aspx).

Newport, Frank. 2011. "For First Time, Majority of Americans Favor Legal Gay Marriage." Gallup Politics, May 20. Accessed May 25, 2012 (http://www.gallup.com/poll/147662/first-time-majority-americans-favor-legal-gay-marriage.aspx).

Newton, Michael. 2002. *Savage Girls and Wild Boys: A History of Feral Children.* London: Faber and Faber.

New York Times. 2006. "Questions Couples Should Ask (or Wish They Had) Before Marrying." *New York Times,* December 17. Accessed August 6, 2009 (www.nytimes.com/2006/12/17/fashion /weddings/17FIELDBOX.html).

NFHS. 2011. "2010–11 High School Athletics Participation Survey." National Federation of State High School Associations, Indianapolis, IN. Accessed May 16, 2012 (http://www.nfhs.org/content.aspx?id=3282).

NHPCO. 2012. "NHPCO Facts and Figures: Hospice Care in America." 2011 Edition. Alexandria, VA: National Hospice and Palliative Care Organization. Accessed April 6, 2012 (http://www.nhpco.org/files/public/Statistics_Research/2011_Facts_Figures.pdf). Nicolas, Guerda, Angela M. DeSilva, Kathleen S. Grey, and Diana Gonzalez-Eastep. 2006. "Using a Multicultural Lens to Understand Illnesses Among Haitians Living in America." *Professional Psychology: Research & Practice* 37 (6): 702–707.

Nielsen, Joyce McCarl, Glenda Walden, and Charlotte A. Kunkel. 2000. "Gendered Heteronormativity: Empirical Illustrations in Everyday Life." *Sociological Quarterly* 41 (2): 283–296.

Nielsen. 2012a. "State of the Media: The Cross-Platform Report—Quarter 3, 2011." Accessed April 5, 2012 (http://www.nielsen.com/us/en/insights/reports-downloads/2012/cross-platform-report-q3-2011.html).

———. 2012b. "State of the Media: U.S. Digital Consumer Report—Q3-Q4 2011." Accessed April 5, 2012 (http://www.nielsen.com/content/dam/corporate/us/en/reports-downloads/2012-Reports/Digital-Consumer-Report-Q4-2012.pdf).

Nobles, Melissa. 2000. "History Counts: A Comparative Analysis of Racial/Color Categorization in U.S. and Brazilian Censuses." *American Journal of Public Health* 90: 1738–1745.

Nofziger, Stacey, and Hye-Ryeon Lee. 2006. "Differential Associations and Daily Smoking of Adolescents: The Importance of Same-Sex Models." *Youth & Society* 37 (4): 453–478.

Nolan, Patrick, and Gerhard Lenski. 2006. *Human Societies: An Introduction to Macrosociology,* 10th ed. Boulder, CO: Paradigm.

Norris, Pippa, and Ronald Inglehart. 2004. *Sacred and Secular: Religion and Politics Worldwide.* Cambridge: Cambridge University Press.

North Carolina Department of Environment and Natural Resources. 2008. "Warren County PCB Landfill Fact Sheet." Accessed April 9, 2008 (www.wastenotnc.org/WarrenCo_Fact_Sheet.htm).

Norton, Michael I. and Samuel R. Sommers. 2011. "Whites See Racism as a Zero-Sum Game That They Are Now Losing." *Perspectives on Psychological Science* 6(3): 215–218.

Norwegian Ministry of Children and Equality. 2009. "Women in Norwegian Politics." Norway, the Official Site in the United States. Accessed June 18, 2009 (www.norway.org/policy/gender/politics/politics.htm).

Notestein, Frank. 1945. "Population: The Long View." pp. 36–57 in Food for the World, edited by Theodore W. Schultz. Chicago: University of Chicago Press.

Noueihed, Lin and Alex Warren. 2012. *The Battle for the Arab Spring: Revolution, Counter-Revolution and the Making of a New Era.* New Haven: Yale University Press.

O

Oakes, Jeannie. 2008. "Keeping Track: Structuring Equality and Inequality in an Era of Accountability." *Teachers College Record* 110 (3): 700–712.

OASDI. 2011. "The 2011 Annual Report of the Board of Trustees of the Federal Old-Age and Survivors Insurance and Federal Disability Insurance Trust Funds." Social Security Administration, 66–327, May 13. Washington, DC: U.S. Government Printing Office. Accessed June 29, 2011 (http://www.ssa.gov/oact/TR/2011/).

Obach, Brian K. 2004. *Labor and the Environmental Movement: The Quest for Common Ground.* Cambridge, MA: MIT Press.

Oberschall, Anthony. 1973. *Social Conflict and Social Movements.* Englewood Cliffs, NJ: Prentice Hall.

O'Connell, Martin, and Daphne Lofquist. 2009. "Counting Same-Sex Couples: Official Estimates and Unofficial Guesses." Annual meeting of the Population Association of America, Detroit, April 30–May 2, 2009. Accessed May 27, 2009 (http://www.census.gov/population/www/socdemo/files/counting-paper.pdf).

O'Connell, Martin and Sarah Feliz. 2011. "Same-sex Couple House-hold Statistics from the 2010 Census." Social, Economic and Housing Statistics Division, U.S. Bureau of the Census, SEHSD Working Paper Number 2011-26, September 27. Accessed May 2, 2012 (www.census.gov/hhes/samesex/files/ss-report.doc).

O'Connor, Anne-Marie. 2004. "Time of Blogs and Bombs." *Los Angeles Times,* December 27, pp. E1, E14–E15.

OECD. 2011. "Society at a Glance 2011-OECD Social Indicators." Paris: Organisation for Economic Co-operation and Development. Accessed June 9, 2011 (http://www.oecd.org/els/social/indicators/SAG).

———. 2010. "Development Aid Rose in 2009 and Most Donors Will Meet 2010 Aid Targets." Organization for Economic Co-operation and Development, April 14. Accessed April 28, 2010. (http://www.oecd.org/document/11/0,3343,en_2649_34487_44981579_1_1_1_1,00.html).

Office of Immigration Statistics. 2007. "2006 Yearbook of Immigration Statistics." Washington, DC: U.S. Department of Homeland Security.

Ogburn, William F. 1922. *Social Change with Respect to Culture and Original Nature.* New York: Huebsch (reprinted 1966, New York: Dell).

Ogburn, William F., and Clark Tibbits. 1934. "The Family and Its Functions." pp. 661–708 in *Recent Social Trends in the United States,* ed. Research Committee on Social Trends. New York: McGraw-Hill.

O'Harrow Jr., Robert. 2005. "Mining Personal Data." *Washington Post National Weekly Edition* (February 6), pp. 8–10.

Okrent, Arika. 2009. *In the Land of Invented Languages: Esperanto Rock Stars, Klingon Poets, Loglan Lovers, and the Mad Dreamers Who Tried to Build a Perfect Language.* New York: Spiegel and Grau.

———. 2010. "The New Klingon Without So Much as a Dictionary, Avatar Fans Are Learning How to Speak Na'vi." *Slate,* March 24. Accessed March 31, 2010 (http://www.slate.com/id/2248683/).

Okun, Arthur. 1975. *Equality and Efficiency: The Big Tradeoff.* Washington, DC: The Brookings Institution.

Oliver, Melvin L., and Thomas M. Shapiro. 1995. *Black Wealth / White Wealth: New Perspectives on Racial Inequality.* New York: Routledge.

OLPC. 2010. "One Laptop per Child: Vision." One Laptop per Child, Cambridge, MA. Accessed May 23, 2010 (http://laptop.org/en/vision/index.shtml).

Omi, Michael, and Howard Winant. 1994. *Racial Formation in the United States: From the 1960s to the 1990s,* 2nd ed. New York: Routledge.

Onishi, Norimitso. 2003. "Divorce in South Korea: Striking a New Attitude." *New York Times,* September 21, p. 19.

Orshansky, Mollie. 1965. "Counting the Poor: Another Look at the Poverty Profile." *Social Security Bulletin* 28 (1): 3–29.

Ortman, Jennifer M., and Christine E. Guarneri. 2008. "United States Population Projections: 2000 to 2050." 2009 National Population Projections, U.S. Census Bureau. Accessed May 17, 2010 (http://www.census.gov/population/www/projections/analytical-document09.pdf).

Osberg, Lars, and Timothy Smeeding. 2006. " 'Fair' Inequality? Attitudes Toward Pay Differentials: The United States in Comparative Perspective." *American Sociological Review* 71 (June): 450–473.

P

Padian, Kevin. 2007. "The Case of Creation." *Nature* 448 (July 19): 253–254.

Pager, Devah. 2003. "The Mark of a Criminal Record." *American Journal of Sociology* 108 (March): 937–975.

Pager, Devah, and Hana Shepherd. 2008. "The Sociology of Discrimination: Racial Discrimination in Employment, Housing, Credit, and Consumer Markets." *Annual Review of Sociology* 34: 181–209.

Pager, Devah, Bruce Western, and Bart Bonikowski. 2009. "Discrimination in a Low Wage Labor Market: A Field Experiment." American Sociological Review 74: 777–799.

Pager, Devah, Bruce Western, and Naomi Sugie. 2009. "Sequencing Disadvantage: Barriers to Employment Facing Young Black and White Men with Criminal Records." *Annals of the American Academy of Political and Social Sciences* 623: 195–213.

Panagopoulos, Costas. 2009. "Polls and Elections: Preelection Poll Accuracy in the 2008 General Elections." *Presidential Studies Quarterly* 39 (4): 896–907.

Painter, Nell Irvin. 2010. *The History of White People.* New York: Norton.

Palm, Cheryl, Stephen A. Vosti, Pedro A. Sanchez, and Polly J. Ericksen, eds. 2005. *Slash-and-Burn Agriculture: The Search for Alternatives.* New York: Columbia University Press.

Park, Kristin. 2005. "Choosing Childlessness: Weber's Typology of Action and Motives of the Voluntarily Childless." *Sociological Inquiry,* August, pp. 372–402.

Park, Robert E. 1922. *The Immigrant Press and Its Control.* New York: Harper.

Parker, Alison. 2004. "Inalienable Rights: Can Human-Rights Law Help to End U.S. Mistreatment of Noncitizens?" *American Prospect,* October, pp. A11–A13.

Parker, Richard. 2009. "Sexuality, Culture and Society: Shifting Paradigms in Sexuality Research." *Culture, Health & Sexuality* 11 (3):251–266.

Parsons, Talcott. 1951. *The Social System.* New York: Free Press.

———. 1966. *Societies: Evolutionary and Comparative Perspectives.* Englewood Cliffs, NJ: Prentice Hall.

———. 1975. "The Sick Role and the Role of the Physician Reconsidered." *Milbank Medical Fund Quarterly Health and Society* 53 (Summer): 257–278.

Parsons, Talcott, and Robert Bales. 1955. *Family: Socialization, and Interaction Process.* Glencoe, IL: Free Press.

Pascoe, C. J. 2007. *Dude You're a Fag: Masculinity and Sexuality in High School.* Berkeley: University of California Press.

Passel, Jeffrey S., D'Vera Cohn, and Mark Hugo Lopez. 2011. "Hispanics Account for More than Half of Nation's Growth in Past Decade." Pew Hispanic Center, A Pew Research Center Project, March 24. Accessed June 20, 2011 (http://pewhispanic.org/reports/report.php?ReportID=140).

Patten, Eileen and Kim Parker. 2012. "A Gender Reversal On Career Aspirations: Young Women Now Top Young Men in Valuing a High-Paying Career." A Social & Demographic Trends Report, Pew Research Center, April 19. Accessed May 2, 2012 (http://www.pewsocialtrends.org/2012/04/19/a-gender-reversal-on-career-aspirations/).

Patterson, Thomas E. 2003. *We the People,* 5th ed. New York: McGraw-Hill.

Pattillo, Mary. 2005. "Black Middle-Class Neighborhoods." *Annual Review of Sociology* 31: 305–329.

Paxton, Pamela, Sheri Kunovich, and Melanie M. Hughes. 2007. "Gender in Politics." pp. 263–285 in *Annual Review of Sociology* 2007. Palo Alto, CA: Annual Reviews.

Pear, Robert. 2008. "Gap in Life Expectancy Widens for the Nation." *New York Times,* March 23. Accessed June 26, 2009 (www.nytimes.com/2008/03/23/us/23health.html).

Pearson, Allison. 2011. "Citizen Kate." Newsweek April 3. Accessed May 30, 2011 (http://www.newsweek.com/2011/04/03/citizen-kate.html).

Peattie, Lisa, and Martin Rein. 1983. *Women's Claims: A Study in the Political Economy.* New York: Oxford University Press.

Peel, Lilly. 2008. "Matchmaker, Matchmaker Make Me a Match . . .If the Algorithms Agree." *Times Online,* October 6. Accessed May 26, 2009 (http://business.timesonline.co.uk/tol/business/industry_sectors/technology/article4887501.ece).

Perrow, Charles. 1986. *Complex Organizations,* 3rd ed. New York: Random House.

Perry, Barbara. 2010. " 'No Biggie': The Denial of Oppression on Campus." Education, Citizenship and Social Justice 5 (3): 265–279.

Pershing, Jana L. 2003. "Why Women Don't Report Sexual Harassment: A Case Study of an Elite Military Institution." *Gender Issues* 21 (4): 3–30.

Peterson, Karen S. 2003. "Unmarried with Children: For Better or Worse." *USA Today,* August 18, pp. 1A, 8A.

Petrovic, Drazen. 1994. "Ethnic Cleansing—an Attempt at Methodology." *EJIL* 5: 1–19.

Pew Charitable Trusts. 2012. "A Year or More: The High Cost of Long-Term Unemployment—Addendum." Pew Fiscal Analysis Initiative, May 2. Accessed May 22, 2012 (http://www.pewtrusts.org/uploadedFiles/wwwpewtrustsorg/Reports/Fiscal_Analysis/Addendum_Long-Term_Unemployment_May2012.pdf).

Pew Hispanic Center. 2011a. "Statistical Portrait of Hispanics in the United States, 2009." A Pew Research Center Project, February 17. Accessed June 21, 2011 (http://pewhispanic.org/factsheets/factsheet.php?FactsheetID=70).

Pew Hispanic Center. 2007. "Changing Faiths: Latinos and the Transformation of American Religion." Washington, DC: The Pew Forum on Religion & Public Life, Pew Research Center. Accessed June 21, 2011 (http://pewhispanic.org/reports/report.php?ReportID=75).

Pew Hispanic Center. 2011b. "Unauthorized Immigrant Population: National and State Trends, 2010." Pew Research Center, February 1. Accessed June 21, 2011 (http://pewhispanic.org/reports/report.php?ReportID=133).

Pew Research Center. 2006. "More Americans Discussing—and Planning—End-of-Life Treatment." Pew Research Center for the People & the Press, Washington, DC, January 5. Accessed June 18, 2009 (http://people-press.org/reports/pdf/266.pdf).

———. 2007. "Optimism About Black Progress Declines: Blacks See Growing Values Gap Between Poor and Middle Class." Washington, DC: Pew Research Center. Accessed July 1, 2008 (http://pewsocialtrends.org/assets/pdf/Race.pdf).

Pew Research Center. 2008a. "U.S. Religious Landscape Survey." Pew Forum on Religion in Public Life. Washington, DC: Pew Research Center. Accessed June 14, 2008 (http://religions.pewforum.org/pdf/report-religious-landscape-study-full.pdf).

———. 2008b. "Election-Year Economic Ratings Lowest Since '92: An Even More Partisan Agenda for 2008." Pew Research Center for the People & the Press. Washington, DC: Pew Research Center. Accessed July 4, 2008 (http://people-press.org/reports/display.php3?ReportID=388).

———. 2009a. "Independents Take Center Stage in Obama Era." Pew Research Center for the People & the Press, May 21. Accessed June 2, 2009 (http://people-press.org/report/?pageid=1516).

———. 2009c. "Majority Continues to Support Civil Unions: Most Still Oppose Same-Sex Marriage." Pew Research Center for the People & the Press, Washington, DC, October 9. Accessed April 14, 2010 (http://people-press.org/reports/pdf/553.pdf).

———. 2009d. "The Stronger Sex—Spiritually Speaking." Pew Forum on Religion & Public Life, February 26. Accessed April 19, 2010 (http://pewforum.org/docs/?DocID=403).

———. 2009e. "End of Communism Cheered but Now with More Reservations: Two Decades After the Wall's Fall." Pew Global Attitudes Project, November 2. Accessed April 23, 2010 (http://pewglobal.org/reports/pdf/267.pdf).

———. 2010. "Public's Priorities for 2010: Economy, Jobs, Terrorism." Pew Research Center for the People & the Press, January 25. Accessed May 21, 2010 (http://people-press.org/reports/pdf/584.pdf).

———. 2010a. "Millennials: A Portrait of Generation Next." Pew Research Publications, February. Accessed April 8, 2010 (http://pewsocialtrends.org/assets/pdf/millennials-confident-connected-open-to-change.pdf).

———. 2010b. "Broad Public Support for Legalizing Medical Marijuana." Pew Research Center for the People & the Press, Washington, DC, April 1. Accessed April 9, 2010 (http://pewresearch.org/pubs/1548/broad-public-support-for-legalizing-medical-marijuana).

———. 2010c. "Trust in Government Database: 1958–2010." Accessed April 23, 2010 (http://people-press.org/trust-database.xls).

———. 2010e. "The Decline of Marriage and Rise of New Families." Social & Demographic Trends Project, Pew Research Center. Accessed May 31, 2011 (http://pewsocialtrends.org/2010/11/18/the-decline-of-marriage-and-rise-of-new-families/).

———. 2010f. "Gender Equality Universally Embraced, but Inequalities Acknowledged." Global Attitudes Project, July 1. Accessed June 15, 2011 (http://pewglobal.org/files/pdf/Pew-Global-Attitudes-2010-Gender-Report.pdf).

———. 2011a. "Opinion of the United States: Do You Have a Favorable or Unfavorable View of the U.S.?" Key Indicators Database. Pew Global Attitudes Project. Accessed May 23, 2011 (http://pewglobal.org/database/?indicator=1&survey=12).

———. 2011c. "Economy Dominates Public's Agenda, Dims Hopes for the Future." The Pew Research Center for the People & the Press, January 20. Accessed June 30, 2011 (http://people-press.org/files/legacy-pdf/696.pdf).

———. 2011d. "The American-Western European Values Gap: American Exceptionalism Subsides." Pew Global Attitudes Project November 17. Accessed March 25, 2012 (http://www.pewglobal.org/files/2011/11/Pew-Global-Attitudes-Values-Report-FINAL-November-17-2011-10AM-EST1.pdf).

———. 2011e. "Global Digital Communication: Texting, Social Networking Popular Worldwide." Global Attitudes Project December 20. Accessed April 9, 2012 (http://www.pewglobal.org/files/2011/12/Pew-Global-Attitudes-Technology-Report-FINAL-December-20-20111.pdf).

———. 2011f. "Obama Leadership Image Takes a Hit, GOP Ratings Decline." A For the People & the Press Report, August 25." Accessed May 24, 2012 (http://www.people-press.org/files/legacy-pdf/8-25-11%20Political%20Release.pdf).

Pew Research Center. 2012a. "More Support for Gun Rights, Gay Marriage than in 2008, 2004." The Pew Research Center for the People & the Press, April 25. Accessed May 8, 2012 (http://www.people-press.org/files/legacy-pdf/4-25-12%20Social%20Issues.pdf).

———. 2012b. "Young, Underemployed and Optimistic: Coming of Age, Slowly, in a Tough Economy." A Social & Demographic Trends Report, February 9. Accessed May 22, 2012 (http://www.pewsocialtrends.org/files/2012/02/young-underemployed-and-optimistic.pdf).

———. 2012c. "More Support for Gun Rights, Gay Marriage than in 2008, 2004." A For The People & The Press Report, April 25. Accessed May 25, 2012 (http://www.people-press.org/files/legacy-pdf/4-25-12%20Social%20Issues.pdf).

———. 2012d. "Public Priorities: Deficit Rising, Terrorism Slipping." A For The People & The Press Report, January 23. Accessed May 28, 2012 (http://www.people-press.org/files/legacy-pdf/1-23-12%20Priorities%20Release.pdf).

Pfeifer, Mark. 2008. "Vietnamese Americans." pp. 1,365–1,368 in *Encyclopedia of Race, Ethnicity, and Society,* vol. 3, ed. Richard T. Schaefer. Thousand Oaks, CA: Sage.

Phillips, Katherine A., Katie A. Liljenquist, and Margaret A. Neale. 2009. "Is the Pain Worth the Gain? The Advantages and Liabilities of Agreeing with Socially Distinct Newcomers." *Personality and Social Psychology Bulletin* 35 (3): 336–350.

Piaget, Jean. 1954. *The Construction of Reality in the Child,* trans. Margaret Cook. New York: Basic Books.

Piketty, Thomas and Emmanuel Saez. 2012. "Tables and Figures Updated to 2010 in Excel Format, March 2012 for 'Income Inequality in the United States, 1913–1998,' *The Quarterly Journal of Economics,* February, 2003." Accessed May 17, 2012 (http://elsa.berkeley.edu/~saez/TabFig2010.xls).

Pinderhughes, Dianne. 1987. *Race and Ethnicity in Chicago Politics: A Reexamination of Pluralist Theory.* Urbana: University of Illinois Press.

Pinkerton, James P. 2003. "Education: A Grand Compromise." *Atlantic Monthly* 291 (January/February): 115–116.

Pinnow, Ellen, Pellavi Sharma, Ameeta Parekh, Natalie Gevorkian, and Kathleen Uhl. 2009. "Increasing Participation of Women in Early Phase Clinical Trials Approved by the FDA." *Women's Health Issues* 19 (2): 89–92.

Planty, M., W. Hussar, T. Snyder, G. Kena, A. Kewal-Ramani, J. Kemp, K. Bianco, and R. Dinkes. 2009. *The Condition of Education 2009.* NCES 2009-081. Washington, DC: National Center for Education Statistics, Institute of Education Sciences, U.S. Department of Education. Accessed May 29, 2009 (http://nces.ed.gov/pubs2009/2009081.pdf).

Planty, M., W. Hussar, T. Snyder, S. Provasnik, G. Kena, R. Dinkes, A. Kewal-Ramani, and J. Kemp. 2008. *The Condition of Education 2008.* NCES 2008-031. Washington, DC: National Center for Education Statistics, Institute of Education Sciences, U.S. Department of Education. Accessed June 14, 2008 (http://nces.ed.gov/pubs2008/2008031.pdf).

Plaut, Victoria C., Flannery G. Garnett, Laura E. Buffardi, and Jeffrey Sanchez-Burks. 2011. " 'What About Me?' Perceptions of Exclusion and Whites' Reactions to Multiculturalism." *Journal of Personality and Social Psychology* 101(2): 337–353.

Pollini, Jacques. 2009. "Agroforestry and the Search for Alternatives to Slash-and-Burn Cultivation: From Technological Optimism to a Political Economy of Deforestation." *Agriculture, Ecosystems & Environment* 133 (1/2): 48–60.

Pollster.com. 2012. "National Party Identification (Registered and Likely Voters Only)." Accessed May 24, 2012 (http://www.pollster.com/polls/us/party-id.php).

Popenoe, David, and Barbara Dafoe Whitehead. 1999. *Should We Live Together? What Young Adults Need to Know About Cohabitation Before Marriage.* Rutgers, NJ: National Marriage Project.

Population Reference Bureau. 2009. *2009 World Population Data Sheet.* Washington, DC. Accessed May 20, 2010 (http://www.prb.org/Publications/Datasheets.aspx).

Population Reference Bureau. 2011. *2011 Word Population Data Sheet.* Washington, DC: Population Reference Bureau. Accessed April 5, 2012 (http://www.prb.org/pdf11/2011population-data-sheet_eng.pdf).

Porter, Roy. 1998. *The Greatest Benefit to Mankind: A Medical History of Humanity.* New York: HarperCollins.

———. 2004. *Blood and Guts: A Short History of Medicine.* New York: Norton.

Postman, Neil. 1988. "Questioning the Media." Video. The January Series, January 12. Grand Rapids, MI: Calvin College.

———. 1993. *Technopoly: The Surrender of Culture to Technology.* New York: Vintage Books.

———. 1999. *Building a Bridge to the 18th Century: How the Past Can Improve Our Future.* New York: Knopf.

Potts, John. 2009. *A History of Charisma.* New York: Palgrave Macmillan.

Preves, Sharon S. 2000. "Negotiating the Constraints of Gender Binarism: Intersexuals' Challenge to Gender Categorization." *Current Sociology* 48 (3): 27–50.

ProCon.org. 2009. "Medical Marijuana: Votes and Polls, National." Accessed May 19, 2009 (http://medicalmarijuana.procon.org/viewadditionalresource.asp?resourceID=000151).

Progressive Student Labor Movement. 2008. "A Brief History of the Living Wage Debate at Harvard." Accessed July 7 (http://www.hcs.harvard.edu/~pslm/livingwage/timeline.html).

Project on Student Debt. 2011. "Student Debt and the Class of 2010." The Institute for College Access and Success, November. Accessed May 22, 2012 (http://projectonstudentdebt.org/files/pub/classof2010.pdf).

Prohaska, Ariane, and Jeannine Gailey. 2010. "Achieving Masculinity Through Sexual Predation: The Case of Hogging." *Journal of Gender Studies* 19 (1): 13–25.

Preston, Julia. 2011. "Latinos and Democrats Press Obama to Curb Deportations." *New York Times,* April 20. Accessed June 21, 2011 (http://www.nytimes.com/2011/04/21/us/politics/21immigration.html).

Provasnik, S., and Planty, M. 2008. *Community Colleges: Special Supplement to the Condition of Education 2008.* NCES 2008-033. Washington, DC: National Center for Education Statistics, Institute of Education Sciences, U.S. Department of Education. Accessed May 31, 2009 (http://nces.ed.gov/pubs2008/2008033.pdf).

Prus, Steven G. 2007. "Age, SES, and Health: A Population-Level Analysis of Health Irregularities over the Lifecourse." *Sociology of Health and Illness* 29 (March): 275–296.

Pryor, John H., Sylvia Hurtado, Victor B. Saenz, José Luis Santos, and William S. Korn. 2007. *The American Freshman: Forty-Year Trends.* Los Angeles: Higher Education Research Institute, UCLA.

Pryor, John H., Linda DeAngelo, Laura Palucki Blake, Sylvia Hurtado, and Serge Tran. 2011. *The American Freshman: National Norms Fall 2011.* Los Angeles: Higher Education Research Institute, UCLA. Accessed March 25, 2012 (http://heri.ucla.edu/PDFs/pubs/TFS/Norms/Monographs/TheAmericanFreshman2011.pdf).

Q

Quinney, Richard. 1970. *The Social Reality of Crime.* Boston: Little, Brown.

———. 1974. *Criminal Justice in America.* Boston: Little, Brown.

———. 1979. *Criminology,* 2nd ed. Boston: Little, Brown.

———. 1980. *Class, State and Crime,* 2nd ed. New York: Longman.

Quirk, Patrick W. 2009. "Iran's Twitter Revolution." *The Epoch Times,* June 24. Accessed July 1, 2009 (www.theepochtimes.com/n2/content/view/18593).

Quisumbing, Agnes, Ruth Meinzen-Dick, and Lucy Bassett. 2008. "Helping Women Respond to the Global Food Price Crisis." IFPRI Policy Brief 7, October. Accessed June 18, 2009 (www.ifpri.org/pubs/bp/bp007.pdf).

QuotaProject. 2012. "Global Database of Quotas for Women." International IDEA, Stockholm University and Inter-Parliamentary Union. Accessed May 24, 2012 (http://www.quotaproject.org/system.cfm).

R

Radovich, Sasha. 2006. *The Global Alliance for Workers and Communities: Lessons Learned About Partnership Goverance and Accountability from a Milti-stakeholder Initiative.* London: AccountAbility. Accessed May 28, 2010 (http://info.worldbank.org/etools/docs/library/238370/The%2520Global%2520Alliance%2520for%2520 Workers%2520and%2520Communities.pdf).

Raghavan, Sudarsan. 2011. "Inspired by Tunisia and Egypt, Yemenis Join in Anti-government Protests." Washington Post January 27. Accessed May 28, 2012 (http://www.washingtonpost.com/wp-dyn/content/article/2011/01/27/AR2011012702081.html).

Rainie, Lee. 2001. *The Commons of the Tragedy.* Washington, DC: Pew Internet and American Life Project.

Rand, Robert. 2006. *Tamerlane's Children: Dispatches from Contemporary Uzbekistan.* Oxford: Oneworld Publications.

Ratner, Carl. 2004. "A Cultural Critique of Psychological Explanations of Terrorism." *Cross-Cultural Psychology Bulletin* 38 (1/2): 18–24.

Ravitz, Jessica. 2009. "Neda: Latest Iconic Image to Inspire." *CNN*, June 24. Accessed June 30, 2009 (www.cnn.com/2009/WORLD/meast/06/24/neda.iconic.images/).

Ray, Julie, and Rajesh Srinivasan. 2010a. "Afghans More Skeptical of U.S. Leadership, Troops in 2009." Washington, DC: Gallup, Inc. Accessed March 28, 2010 (http://www.gallup.com/poll/125537/Afghans-Skeptical-Leadership-Troops-2009.aspx).

———. 2010b. "Taliban Increasingly Unpopular in Pakistan." Washington, DC: Gallup, Inc. Accessed March 28, 2010 (http://www.gallup.com/poll/126602/Taliban-Increasingly-Unpopular-Pakistan.aspx).

Rayner, Gordon. 2011. "Royal Wedding: Kate Middleton Will Be 'Oldest Bride.'" The Telegraph November 16. Accessed May 31, 2011 (http://www.telegraph.co.uk/news/uknews/theroyalfamily/8136788/Royal-wedding-Kate-Middleton-will-be-oldest-bride.html)

Reddy, Gayatri. 2005. *With Respect to Sex: Negotiating Hijra Identity in South India.* Chicago: University of Chicago Press.

Reel, Justine J., Sonya SooHoo, Julia Franklin Summerhays, and Diane Gill. 2008. "Age Before Beauty: An Exploration of Body Image in African-American and Caucasian Adult Women." *Journal of Gender Studies* 17 (4): 321–330.

Reid, Luc. 2006. *Talk the Talk: The Slang of 65 American Subcultures.* Cincinnati: Writer's Digest Books.

Reinharz, Shulamit. 1992. *Feminist Methods in Social Research.* New York: Oxford University Press.

Rein, Shaun. 2012. "Why Starbucks Succeeds in China." *USA Today* February 10. Accessed March 24, 2012 (http://www.usatoday.com/money/industries/food/story/2012-02-12/cnbc-starbucks-secrets-of-china-success/53040820/1).

Reitman, Meredith. 2006. "Uncovering the White Place: Whitewashing at Work." *Social & Cultural Geography* 7 (2): 267–282.

Reitzes, Donald C., and Elizabeth J. Mutran. 2004. "The Transition to Retirement: Stages and Factors that Influence Retirement Adjustment." *International Journal of Aging & Human Development* 59 (1): 63–84.

Relerford, Patrice, Chao Xiong, Michael Rand, and Curt Brown. 2008. "42 Students Questioned, 13 Disciplined." *Minneapolis Star-Tribune,* January 10. Accessed June 30, 2009 (www.startribune.com/local/west/13663951.html).

Religious Tolerance. 2008. "Female Genital Mutilation (FGM): Informational Materials." Accessed March 1, 2008 (www.religioustolerance.org).

Renegar, Valerie R., and Stacey K. Sowards. 2009. "Contradiction as Agency: Self-Determination, Transcendence, and Counterimagination in Third Wave Feminism." *Hypatia* 24 (2): 1–20.

Reynolds, John R., and Chardie L. Baird. 2010. "Is There a Downside to Shooting for the Stars? Unrealized Educational Expectations and Symptoms of Depression." *American Sociological Review* 75 (1): 151–172.

Ribando, Clare M. 2008. *CRS Report for Congress: Trafficking in Persons.* Washington, DC: Congressional Research Service. Richtel, Matt. 2006. "The Long-Distance Journey of a Fast-Food Order." *New York Times,* April 11. Accessed May 13, 2009 (http://www.nytimes.com/2006/04/11/technology/11fast.html).

Rideout, Victoria, Donald F. Roberts, and Ulla G. Foehr. 2005. *Generation M: Media in the Lives of 8–18-Year-Olds.* Menlo Park, CA: Kaiser Family Foundation.

Rideout, Victoria J., Ulla G. Foehr, and Donald F. Roberts. 2010. *Generation M2: Media in the Lives of 8–18-Year-Olds.* Kaiser Family Foundation Study, Menlo Park, CA, January. Accessed April 30, 2010 (http://www.kff.org/entmedia/8010.cfm).

Ridgeway, Greg. 2007. "Analysis of Racial Disparities in the New York Police Department's Stop, Question, and Frisk Practices." Santa Monica, CA: RAND Corporation.

Rieker, Patricia R., and Chloe E. Bird. 2000. "Sociological Explanations of Gender Differences in Mental and Physical Health."
pp. 98–113 in *Handbook of Medical Sociology,* ed. Chloe Bird, Peter Conrad, and Allan Fremont. New York: Prentice Hall.

Risman, Barbara J. 1986. "Can Men 'Mother'? Life as a Single Father." *Family Relations* 35: (1): 95–102.

Risman, Barbara J., and Danette Johnson-Sumerford. 1998. " 'Doing It Fairly: A Study of Postgender Marriages." *Journal of Marriage and Family* 60 (1): 23–40.

Ritzer, George. 2008. *The McDonaldization of Society 5.* Thousand Oaks, CA: Sage.

Roberson, Debi, Ian Davies, and Jules Davidoff. 2000. "Color Categories Are Not Universal: Replications and New Evidence from Stone Age Culture." *Journal of Experimental Psychology* 129 (3): 369–398.

Roberts, J. Timmons, Peter E. Grines, and Jodie L. Manale. 2003. "Social Roots of Global Environmental Change: A World-Systems Analysis of Carbon Dioxide Emissions." *Journal of World-Systems Research* 9 (Summer): 277–315.

Robison, Jennifer. 2002. "Should Mothers Work?" Gallup, Inc., August 27. Accessed June 17, 2009 (www.gallup.com/poll/6676/Should-Mothers-Work.aspx).

Rodriguez, Richard. 2002. *Brown: The Last Discovery of America.* New York: Penguin Books.

Rodwan, John, Jr. 2011. "Bottled Water 2010: The Recovery Begins." Bottled Water Reporter 51 (April/May): 10–17. Accessed June 30, 2011 (http://www.bottledwater.org/content/455/bottled-water-reporter).

Roediger, David R. 2005. *Working Toward Whiteness: How America's Immigrants Became White.* New York: Basic Books.

Rootes, Christopher. 2007. "Acting Locally: The Character, Contexts and Significance of Local Environmental Mobilisations." *Environmental Politics* 16 (5): 722–741.

Roscigno, Vincent J. 2010. "Ageism in the American Workplace." *Contexts* 9 (1):16–21.

Roscoe, Will. 1997. "Gender Diversity in Native North America: Notes Toward a Unified Analysis." pp. 65–81 in *A Queer World: The Center for Lesbian and Gay Studies Reader,* ed. Martin Duberman. New York: New York University Press.

Rose, Arnold. 1951. *The Roots of Prejudice.* Paris: UNESCO.

Rosen, William. 2010. *The Most Powerful Idea in the World: A Story of Steam, Industry, and Invention.* New York: Random House.

Rosenfeld, Michael J. 2008. "Racial, Educational and Religious Endogamy in the United States: A Comparative Historical Perspective." *Social Forces* 87 (1): 1–33.

Rosenthal, Robert, and Lenore Jacobson. 1968. *Pygmalion in the Classroom.* New York: Holt.

Rosenwald, Michael S. 2010. "Second Life's Virtual Money Can Become Real-Life Cash." *Washington Post,* March 8. Accessed

April 8, 2010 (http://www.washingtonpost.com/wp-dyn/content/article/2010/03/07/AR2010030703524.html).

Rosin, Hanna. 2007. *God's Harvard: A Christian College on a Mission to Save America.* New York: Harcourt.

Rossi, Alice S. 1968. "Transition to Parenthood." *Journal of Marriage and the Family* 30 (February): 26–39.

———. 1984. "Gender and Parenthood." *American Sociological Review* 49 (February): 1–19.

Rossides, Daniel W. 1997. *Social Stratification: The Interplay of Class, Race, and Gender,* 2nd ed. Upper Saddle River, NJ:Prentice Hall.

Rothenberg, Stuart. 2011. "Are We Headed for Four Wave Elections in a Row?" The Rothenberg Political Report February 3. Accessed June 7, 2011 (http://rothenbergpoliticalreport.com/news/article/are-we-headed-for-four-wave-elections-in-a-row).

Rothstein, Richard. 2009. "Equalizing Opportunity: Dramatic Differences in Children's Home Life and Health Mean that Schools Can't Do It Alone." *American Educator* 33 (2): 4–7, 45–46. Accessed April 26, 2010 (http://archive.aft.org/pubs-reports/american_educator/issues/summer2009/equalizingopportunity.pdf).

Rowland, Christopher, ed. 2007. *The Cambridge Companion to Liberation Theology,* 2nd ed. New York: Cambridge University Press.

Rubie-Davies, Christine M. 2010. "Teacher Expectations and Perceptions of Student Attributes: Is There a Relationship?" *British Journal of Educational Psychology* 80 (1): 121–135.

Rubin, Alissa J. 2003. "Pat-Down on the Way to Prayer." *Los Angeles Times,* November 25, pp. A1, A5.

Rutter, Michael. 2010. "Gene Environment Interplay." *Depression and Anxiety* 27: 1–4.

Rutter, Michael, Terrie E. Moffitt, and Avshalom Caspi. 2006. "Gene-Environment Interplay and Psychopathology: Multiple Varieties but Real Effects." *Journal of Child Psychology and Psychiatry* 47 (3/4): 226–261.

Rymer, Russ. 1993. *Genie: An Abused Child's Flight from Science.* New York: HarperCollins.

S

Saad, Lydia. 2004. "Divorce Doesn't Last." *Gallup Poll Tuesday Briefing,* March 30 (www.gallup.com).

Sachs, Jeffrey D. 2005a. *The End of Poverty: Economic Possibilities for Our Time.* New York: Penguin Books.

———. 2005b. "Can Extreme Poverty Be Eliminated?" *Scientific American* 293 (September): 56–65.

Sacks, Peter. 2007. *Tearing Down the Gates: Confronting the Class Divide in American Education.* Berkeley: University of California Press.

Saez, Emmanuel. 2012. Strking it Richer: The Evolution of Top Incomes in the United States (Updated with 2009 and 2010 estimates)." Center for Equitable Growth, March 2. Accessed May 22, 2012 (http://elsa.berkeley.edu/~saez/saez-USstopincomes-2010.pdf).

Samuelson, Paul A., and William D. Nordhaus. 2005. *Economics,*18th ed. New York: McGraw-Hill.

Sanday, Peggy Reeves. 2002. *Women at the Center: Life in a Modern Matriarchy.* Ithaca, NY: Cornell University Press.

———. 2008. Homepage. Accessed March 15 (www.sas.upenn.edu/~psanday).

Sandler, Ronald, and Phaedra C. Pezzullo, eds. 2007. *Environmental Justice and Environmentalism: The Social Justice Challenge to the Environmental Movement.* Cambridge: MIT Press.

Sanyal, Paromita. 2009. "From Credit to Collective Action: The Role of Microfinance in Promoting Women's Social Capital and Normative Influence." *American Sociological Review* 74 (4):529–550.

Sarachild, Kathie. 1978. "Consciousness-Raising: A Radical Weapon." pp. 144–150 in *Feminist Revolution.* New York: Random House. Accessed June 30, 2009 (http://scriptorium.lib.duke.edu/wlm/fem/sarachild.html).

Sargent, John, and Linda Matthews. 2009. "China Versus Mexico in the Global EPZ Industry: Maquiladoras, FDI Quality, and Plant Mortality." *World Development* 37 (6): 1,069–1,082.

Sassen, Saskia. 2005. "New Global Classes: Implications for Politics." pp. 143–170 in *The New Egalitarianism,* ed. Anthony Giddens and Patrick Diamond. Cambridge, U.K.: Polity Press.

Sawhill, Isabel V. 2006. "Teenage Sex, Pregnancy, and Nonmarital Births." *Gender Issues* 23 (4): 48–59.

Scarce, Rik. 1994. "(No) Trial (but) Tribulations: When Courts and Ethnography Conflict." *Journal of Contemporary Ethnography* 23 (July): 123–149.

———. 1995. "Scholarly Ethics and Courtroom Antics: Where Researchers Stand in the Eyes of the Law." *American Sociologist* 26 (Spring): 87–112.

———. 2005. "A Law to Protect Scholars." *Chronicle of Higher Education,* August 12, p. 324.

———. 2005. *Contempt of Court: A Scholar's Battle for Free Speech from Behind Bars.* Lanham, MD: AltaMira Press.

Scelfo, Julie. 2008. "Baby, You're Home." *New York Times,* November 12. Accessed June 29, 2009 (www.nytimes.com/2008/11/13/garden/13birth.html).

Schachtman, Tom. 2006. *Rumspringa: To Be or Not to Be Amish.* New York: North Point Press.

Schaefer, Richard T. 1998a. "Differential Racial Mortality and the 1995 Chicago Heat Wave." Paper presented at the annual meeting of the American Sociological Association, August, San Francisco.

———. 1998b. *Alumni Survey.* Chicago: Department of Sociology, De Paul University.

———. 2009. *Sociology: A Brief Introduction,* 8th ed. New York: McGraw-Hill.

Schaefer, Richard T., and William W. Zellner. 2007. *Extraordinary Groups,* 8th ed. New York: Worth.

Schaffer, Scott. 2004. *Resisting Ethics.* New York: Palgrave Macmillan. Scharnberg, Kirsten. 2007. "Black Market for Midwives Defie s Bans." *Chicago Tribune,* November 25, pp. 1, 10.

Schelly, David, and Paul B. Stretesky. 2009. "An Analysis of the 'Path of Least Resistance' Argument in Three Environmental Justice Success Cases." *Society & Natural Resources* 22 (4): 369–380.

Scherbov, Sergei, Wolfgang Lutz, and Warren C. Sanderson. 2011. "The Uncertain Timing of Reaching 7 Billion and Peak Population." International Institute for Applied Systems Analysis, Interim Report IR-11-002, February 21. Accessed June 29, 2011 (http://www.iiasa.ac.at/Admin/PUB/Documents/IR-11-002.pdf).

Schmeeckle, Maria. 2007. "Gender Dynamics in Stepfamilies: Adult Stepchildren's Views." *Journal of Marriage and Family* 69 (February): 174–189.

Schmeeckle, Maria, Roseann Giarrusso, Du Feng, and Vern L. Bengtson. 2006. "What Makes Someone Family? Adult Children's Perceptions of Current and Former Stepparents." *Journal of Marriage and Family* 68 (August): 595–610.

Schmidt, Peter. 2008. "A University Examines Underlying Problems After Racist Incidents." *Chronicle of Higher Education* 54 (March 14): A18–A21.

Schnaiberg, Allan. 1994. *Environment and Society: The Enduring Conflict.* New York: St. Martin's Press.

Schur, Edwin M. 1965. *Crimes Without Victims: Deviant Behavior and Public Policy.* Englewood Cliffs, NJ: Prentice Hall.

———. 1985. " 'Crimes Without Victims: A 20-Year Reassessment." Paper presented at the annual meeting of the Society for the Study of Social Problems.

Schurman, Rachel. 2004. "Fighting 'Frankenfoods': Industry Opportunity Structures and the Efficacy of the Anti-biotech Movement in Western Europe." *Social Problems* 51 (2): 243–268.

Schwartz, Shalom H., and Anat Bardi. 2001. "Value Hierarchies Across Cultures: Taking a Similarities Perspective." *Journal of Cross-Cultural Perspective* 32 (May): 268–290.

Scott, Greg. 2005. "Public Symposium: HIV/AIDS, Injection Drug Use and Men Who Have Sex with Men." pp. 38–39 in *Scholarship with a Mission,* ed. Susanna Pagliaro. Chicago: De Paul University. Second Life. "2009 End of Year Second Life Economy Wrap-Up (Including Q4 Economy in Detail)." Blogpost, January 19. San Francisco: Linden Research. Accessed April 8, 2010 (https://blogs.secondlife.com/community/features/blog/2010/01/19/2009-end-of-year-second-life-economy-wrap-up-including-q4-economy-in-detail).

———. 2011. "The Second Life Economy in Q3 2011." Linden Research, Inc., October 14. Accessed April 9, 2012 (http://community.secondlife.com/t5/Featured-News/The-Second-Life-Economy-in-Q3-2011/ba-p/1166705).

Sedivy, Julie. 2012. "Is Your Language Making You Broke and Fat? How Language Can Shape Thinking and Behavior (and How It Can't)." *Discover Magazine* February 27. Accessed March 24, 2012 (http://blogs.discovermagazine.com/crux/2012/02/27/is-your-language-making-you-broke-and-fat-how-language-can-shape-thinking-and-behavior-and-how-it-cant/).

Shah, Anup. 2010. "Poverty Facts and Stats." *Global Issues,* March 22. April 28, 2010 (http://www.globalissues.org/article/26/poverty-facts-and-stats).

Shaheen, Jack. 2006. *Reel Bad Arabs: How Hollywood Vilifies a People.* Video. Directed by Sut Jhally. 50 minutes. Northampton, MA: Media Education Foundation.

———. 2009. *Reel Bad Arabs: How Hollywood Vilifies a People,* 2nd ed. New York: Olive Branch Press.

Shapiro, Samantha M. 2009. "Can the Muppets Make Friends in Ramallah?" *New York Times,* October 4. Accessed April 6, 2010 (http://www.nytimes.com/2009/10/04/magazine/04sesame-t.html).

Sharp, Gwen. 2011. "Two News Stories about Gabrielle Giffords . . . and Husband." *Sociological Images* Jan 9. Accessed March 10, 2012 (http://thesocietypages.org/socimages/2011/01/09/two-news-stories-about-gabrielle-giffords-shooting-and-husband/).

Shaw, Clifford R., and Henry D. McKay. 1969. *Juvenile Delinquency and Urban Areas.* Chicago: University of Chicago Press.

Shenk, David. 2010. *The Genius in All of Us: Why Everything You've Been Told About Genetics, Talent, and IQ Is Wrong.* New York: Doubleday.

Shenker, Jack, Angelique Chrisafis, Lauren Williams, Tom Finn, Giles Tremlett, and Martin Chulov. 2011. "Young Arabs Who Can't Wait to Throw Off Shackles of Tradition." The Guardian February 14. Accessed May 28, 2012 (http://www.guardian.co.uk/world/2011/feb/14/young-arabs-throw-off-shackles-tradition).

Sherkat, Darren E. 2004. "Religious Intermarriage in the United States: Trends, Patterns, and Predictors." *Social Science Research* 33 (4): 606–625.

Sheskin, Ira M., and Arnold Dashefsky. 2007. "Jewish Population of the United States, 2006." In *American Jewish Year Book 2006,* ed. David Singer and Lawrence Grossman. New York: American Jewish Committee.

Shi, Yu. 2008. "Chinese Immigrant Women Workers: Everyday Forms of Resistance and 'Coagulate Politics.' " *Communication and Critical/Cultural Studies* 5 (4): 363–382.

Shields, Stephanie A. 2008. "Gender: An Intersectionality Perspective." *Sex Roles* 59 (5/6): 301–311.

Al-Shihri, Abdullah. 2011. "Saudi Woman Held by Police–for Driving." *The Independent,* May 22. Accessed June 12, 2011 (http:// www.independent.co.uk/news/world/middle-east/saudi-woman-held-by-police-ndash-for-driving-2287650.html).

Shipler, David K. 2004. *The Working Poor: Invisible in America.* New York: Knopf.

Shirky, Clay. 2008. *Here Comes Everybody: The Power of Organizing Without Organizations.* New York: Penguin Books.

Shostak, Arthur B. 2002. "Clinical Sociology and the Art of Peace Promotion: Earning a World Without War." pp. 325–345 in *Using Sociology: An Introduction from the Applied and Clinical Perspectives,* ed. Roger A. Straus. Lanham, MD: Rowman & Littlefield.

Showden, Carisa R. 2009. "What's Political About the New Feminisms?" *Frontiers: A Journal of Women Studies* 30 (2): 166–198.

Shupe, Anson D., and David G. Bromley. 1980. "Walking a Tightrope." *Qualitative Sociology* 2: 8–21.

Silver, Ira. 1996. "Role Transitions, Objects, and Identity." *Symbolic Interaction* 10 (1): 1–20.

Simmons, Robin. 2009. "Entry to Employment: Discourses of Inclusion and Employability in Work-Based Learning for Young People." *Journal of Education & Work* 22 (2): 137–151.

Simmons, Tavia, and Martin O'Connell. 2003. "Married-Couple and Unmarried-Partner Households: 2000." *Census 2000 Special Reports,* CENBR-5. Washington, DC: U.S. Government Printing Office.

Singel, Ryan. 2008. "FBI Tried to Cover Patriot Act Abuses with Flawed, Retroactive Subpoenas, Audit Finds." *Wired,* March 13. Accessed June 30, 2009 (www.wired.com/threatlevel/2008/03/fbi-tried-to-co).

Sisson, Carmen K. 2007. "The Virtual War Family." *Christian Science Monitor,* May 29.

Skerrett, Delaney Michael. 2010. "Can the Sapir–Whorf Hypothesis Save the Planet? Lessons from Cross-cultural Psychology for Critical Language Policy." *Current Issues in Language Planning* 11 (4):331–340.

Smiley, Tavis and Cornel West. 2012. "America's New Working Poor." Salon, May 1. Accessed May 22, 2012 (http://www.salon.com/2012/05/01/working_in_poverty/).

Smith, Adam. [1776] 2003. *The Wealth of Nations.* New York: Bantam Classics.

Smith, Craig. 2006a. "Romania's Orphans Face Widespread Abuse, Group Says." *New York Times,* May 10, p. A3.

———. 2006b. "Warm and Fuzzy TV, Brought to You by Hamas." *New York Times,* January 18. Accessed April 5, 2010 (http://www.nytimes.com/2006/01/18/international/middleeast/18hamas.html).

Smith, Denise. 2003. "The Older Population in the United States: March 2002." U.S. Census Bureau, *Current Population Reports,* P20–546. Washington, DC. Accessed June 18, 2009 (www.census.gov/prod/2003pubs/p20–546.pdf).

Smith, Dorothy E. 1987. *The Everyday World as Problematic: A Feminist Sociology.* Boston: Northeastern University Press.

Smith, James H. 2011. "Tantalus in the Digital Age: Coltan Ore, Temporal Dispossession, and 'Movement' in the Eastern Democratic Republic of the Congo." American Ethnologist 38: 17–35.

Smith, Stacy L., and Marc Choueiti. 2011. "Black Characters in Popular Film: Is the Key to Diversifying Cinematic Content Held in the Hand of the Black Director?" Annenberg School for Communication & Journalism, University of Southern California. Accessed June 20, 2011(http://annenberg.usc.edu/Faculty/Communication%20 and%20Journalism/~/media/BlackCharacters_KeyFindings.ashx).

Smith, Tom W. 2003. *Coming of Age in 21st Century America: Public Attitudes Toward the Importance and Timing of Transition to Adulthood.* Chicago: National Opinion Research Center.

———. 2004. "Coming of Age in Twenty-first Century America: Public Attitudes Towards the Importance and Timing of Transitions to Adulthood." *Ageing International* 29 (2): 136–148.

———. 2006. "American Sexual Behavior: Trends, Socio-Demographic Differences, and Risk Behavior." National Opinion Research Center, University of Chicago, GSS Topical Report No. 25. Updated March, 2006. Accessed May 12, 2010 (http://www.norc.org/NR/rdonlyres/2663F09F-2E74-436E-AC81-6FFBF288E183/0/AmericanSexualBehavior2006.pdf).

Smith, Tom W. "Public Attitudes toward Homosexuality." NORC/University of Chicago, September. Accessed May 26, 2012 (http://www.norc.org/PDFs/2011%20GSS%20Reports/GSS_Public%20Attitudes%20Toward%20Homosexuality_Sept2011.pdf).

Snyder, T.D., and S.A. Dillow, 2011. Digest of Education Statistics 2010. NCES 2011-015. Washington, DC: National Center for Education Statistics, Institute of Education Sciences, U.S. Department of Education. Accessed May 2, 2011 (http://nces.ed.gov/pubs2011/2011015.pdf).

Social Security Administration. 2008. "Fast Facts & Figures About Social Security, 2008." SSA Publication No. 13–11785. Social Security Administration, Office of Research, Evaluation, and Statistics, Washington, DC. Accessed June 18, 2009 (www.ssa.gov/policy/docs/chartbooks/fast_facts/2008/fast_facts08.pdf).

Soderstrom, Melanie. 2007. "Beyond Babytalk: Re-Evaluating the Nature and Content of Speech Input to Preverbal Infants."*Developmental Review* 27: 501–532.

Solidarity Center. 2009. *2009 Annual Report.* Solidarity Center, AFLCIO, Washington, DC. Accessed May 28, 2010 (http://www.solidaritycenter.org/files/pubs_annual_report_2009.pdf).

Solove, Daniel J. 2008. "Do Social Networks Bring the End of Privacy?" *Scientific American* 299 (September): 100–106. Accessed June 30, 2009 (www.scientificamerican.com/article .cfm?id=do-social-networks-bring). Sommers: See Norton & Sommers above.

Sorokin, Pitirim A. [1927] 1959. *Social and Cultural Mobility.* New York: Free Press.

Spalter-Roth, Roberta, and Nicole Van Vooren. 2008a. "What Are They Doing with a Bachelor's Degree in Sociology?" American Sociological Association Department of Research and Development. Washington, DC: Association. Accessed March 25, 2010 (http://www.asanet.org/images/research/docs/pdf/What%20Are%20They%20Doing%20with%20BA%20in%20Soc.pdf).

———. 2008b. "Pathways to Job Satisfaction." American Sociological Association Department of Research and Development. Washington, DC: Association. Accessed March 25, 2010 (http://www.asanet.org/images/research/docs/pdf/Pathways%20to%20Job%20Satisfaction.pdf).

———. 2009. "Idealists vs. Careerists: Graduate School Choices of Sociology Majors." American Sociological Association Department of Research and Development. Washington DC: ASA. Accessed March 25, 2010 (http://www.asanet.org/images/research/docs/pdf/Idealist%20vs%20Careerisst.pdf).

Spalter-Roth, Roberta, and Nicole Van Vooren. 2010. "Mixed Success: Four Years of Experiences of 2005 Sociology Graduates." American Sociological Association Department of Research and Development. Washington, DC: American Sociological Association. Accessed May 5, 2011 (http://www.asanet.org/research/BBMixedSuccessBrief.pdf).

Spencer, Malia. 2011. "Pittsburgh Filmmaker Works in Virtual World." *Pittsburgh Business Times*, February 18. Accessed May 25, 2011 (http://www.bizjournals.com/pittsburgh/print-edition/2011/02/18/filmmaker-works-in-virtual-world.html).

Sprague, Joey. 2005. *Feminist Methodologies for Critical Research: Bridging Differences.* Lanham, MD: AltaMira Press.

Squire, Peverill. 1988. "Why the 1936 Literary Digest Poll Failed." *Public Opinion Quarterly* 52: 125–133.

Stack, Carol. 1974. *All Our Kin: Strategies for Survival in a Black Community.* New York: Harper & Row.

Stafford, Laura. 2010. "Geographic Distance and Communication during Courtship." Communication Research 37 (2): 275-297.

Standish, Peter, and Steven Bell. 2008. *Culture and Customs of Mexico.* Santa Barbara, CA: Greenwood Press.

Stark, Rodney, and William Sims Bainbridge. 1979. "Of Churches, Sects, and Cults: Preliminary Concepts for a Theory of Religious Movements." Journal for the Scientific Study of Religion 18 (June):117–131.

———. 1985. *The Future of Religion.* Berkeley: University of California Press.

Starr, Paul. 1982. *The Social Transformation of American Medicine.* New York: Basic Books.

State of Arizona. 2010. "Senate Bill 1070: Support Our Law Enforcement and Safe Neighborhoods Act." Forty-ninth Legislature, Second Regular Session. Accessed May 16, 2010 (http://www.azleg.gov/legtext/49leg/2r/bills/sb1070s.pdf).

Stavenhagen, Rodolfo. 1994. "The Indian Resurgence in Mexico." *Cultural Survival Quarterly* (Summer/Fall): 77–80.

Steele, Jonathan. 2005. "Annan Attacks Britain and U.S. over Erosion of Human Rights." *Guardian Weekly,* March 16, p. 1.

Steidle, Brian. 2007. *The Devil Came on Horseback: Bearing Witness to the Genocide in Darfur.* New York: PublicAffairs.

Stein, Arlene. 2010. "The Incredible Shrinking Lesbian World and Other Queer Conundra." *Sexualities* 13 (1): 21–32.

Stelter, Brian, and Brad Stone. 2009. "Web Pries Lid of Iranian Censorship." *New York Times,* June 22. Accessed July 1, 2009 (www.nytimes.com/2009/06/23/world/middleeast/23censor.html).

Stenning, Derrick J. 1958. "Household Viability Among the Pastoral Fulani." pp. 92–119 in *The Developmental Cycle in Domestic Groups,* ed. John R. Goody. Cambridge: Cambridge University Press.

Steward, Samuel M. 1990. *Bad Boys and Tough Tattoos: A Social History of the Tattoo with Gangs, Sailors, and Street-Corner Punks.* Binghamton, NY: Harrington Park Press.

Stewart, Quincy Thomas. 2006. "Reinvigorating Relative Deprivation: A New Measure for a Classic Concept." *Social Science Research* 35 (3): 779–802.

Stewart, Susan D. 2007. *Brave New Stepfamilies: Diverse Paths Toward Stepfamily Living.* Thousand Oaks, CA: Sage.

Stitt, Carmen, and Dale Kunkel. 2008. "Food Advertising During Children's Television Programming on Broadcast and Cable Channels." *Health Communication* 23: 573–584.

Stone, Charley, Carl Van Horn, and Cliff Zukin. 2012. "Chasing the American Dream: Recent College Graduates and the Great Recession." WorkTrends: Americans' Attitudes about Work, Employers, and Government, John J. Heldrich Center for Workforce Development, Rutgers University, May 2012. Accessed May 22, 2012 (http://www.heldrich.rutgers.edu/sites/default/files/content/Chasing_American_Dream_Report.pdf).

Stratton, Terry D., and Jennifer L. McGivern-Snofsky. 2008. "Toward a Sociological Understanding of Complementary and Alternative Medicine Use." *Journal of Alternative and Complementary Medicine* 14 (6): 777–783.

Strauss, Gary. 2002. " 'Good Old Boys' Network Still Rules Corporate Boards." *USA Today,* November 1, pp. B1, B2.

Streib, Jessi. 2011. "Class Reproduction by Four Year Olds." Qualitative Sociology 34 (2): 337–352.

Stretesky, Paul B. 2006. "Corporate Self-Policing and the Environment." *Criminology* 44 (3): 671.

Stevenson, Mark. 2011. "Money Sent Home By Mexican Migrants Holds Steady." *Chron,* February 1. Accessed June 13, 2011 (http:// www.chron.com/disp/story.mpl/business/7408082.html).

Strier, Roni. 2010. "Women, Poverty, and the Microenterprise: Context and Discourse." Gender, Work & Organization 17 (2): 195–218.

Strom, Stephanie. 2011. "Off Media Radar, Famine Garners Few Donations." *New York Times,* August 1. Accessed August 8, 2011 (www.nytimes.com/2011/08/02/world/africa/02donate.html).

Stryker, Susan. 2007. "Transgender Feminism: Queering the Woman Question." pp. 59–70 in *Third Wave Feminism: A Critical Exploration,* expanded 2nd ed., Stacy Gillis, Gillian Howie, and Rebecca Munford. New York: Palgrave Macmillan.

Sudan Tribune. 2008. "Darfur's Poorest Squeezed by Ration Cuts." June 22. Accessed August 12, 2008 (http://www.sudantribune.com/spip.php?article27608).

Suitor, J. Jill, Staci A. Minyard, and Rebecca S. Carter. 2001. " 'Did You See What I Saw?' Gender Differences in Perceptions of Avenues to Prestige Among Adolescents." *Sociological Inquiry* 71 (Fall): 437–454.

Sullivan, Kevin. 2006. "In War-Torn Congo, Going Wireless to Reach Home." *Washington Post,* July 9. Accessed May 6, 2009 (http://www.washingtonpost.com/wp-dyn/content/article/2006/07/08/AR2006070801063.html).

Sumner, William G. 1906. *Folkways.* New York: Ginn.

Sun, Yongmin, and Yuanzhang Li. 2008. "Stable Postdivorce Family Structures During Late Adolescence and Socioeconomic Consequences in Adulthood." *Journal of Marriage & Family* 70 (1):129–143.

Sutherland, Edwin H. 1940. "White-Collar Criminality." *American Sociological Review* 5 (February): 1–11.

———. 1949. *White Collar Crime.* New York: Dryden.

———. 1983. *White Collar Crime: The Uncut Version.* New Haven, CT: Yale University Press.

Sutherland, Edwin H., Donald R. Cressey, and David F. Luckenbill. 1992. *Principles of Criminology,* 11th ed. New York: Rowman & Littlefield.

Sutton, Philip W. 2007. *The Environment: A Sociological Introduction.* Malden, MA: Polity Press.

Suzuki, Toru. 2009. "Fertility Decline and Governmental Interventions in Eastern Asian Advanced Countries." The Japanese Journal of Population 7 (1): 47–56.

Swami, Viren and Joanna-Marie Smith. 2012. "How *Not* to Feel Good Naked? The Effects of Television Programs That Use 'Real Women' on Female Viewers' Body Image and Mood." *Journal of Social and Clinical Psychology* 31 (2): 151–168.

Swatos Jr., William H. 2011. "Encyclopedia of Religion and Society." Hartford Institute for Religion Research, Hartford Seminary, Hartford, Connecticut. Accessed June 6, 2011 (http://hirr.hartsem.edu/ency/).

Swatos Jr., William H., ed. 1998. *Encyclopedia of Religion and Society.* Lanham, MD: AltaMira Press.

Swidler, Ann. 1986. "Culture in Action: Symbols and Strategies." *American Sociological Review* 51 (April): 273–286.

Szasz, Thomas S. 1971. "The Same Slave: An Historical Note on the Use of Medical Diagnosis as Justificatory Rhetoric." *American Journal of Psychotherapy* 25 (April): 228–239.

T

Tafur, Maritza Montiel, Terry K. Crowe, and Eliseo Torres. 2009. "A Review of Curanderismo and Healing Practices Among Mexicans and Mexican Americans." *Occupational Therapy International* 16 (1): 82–88.

Taha, T. A. 2007. "Arabic as 'A Critical-Need' Foreign Language in Post–9/11 Era: A Study of Students' Attitudes and Motivation." *Journal of Instructional Psychology* 34 (3): 150–160.

Takahashi, Dean. 2012. "Zynga Accounted for $445M, or 12 percent of Facebook's Revenue, in 2011." VentureBeat February 1. Accessed April 9, 2012 (http://venturebeat.com/2012/02/01/zynga-accounted-for-12-percent-of-facebooks-revenue-in-2011/).

Tate, Shirley Anne. 2009. *Black Beauty: Aesthetics, Stylization, Politics.* Burlington, VT: Ashgate.

Taylor, Dorceta E. 2000. "The Rise of the Environmental Justice Paradigm."*American Behavioral Scientist* 43 (January): 508–580.

Taylor, Frederick Winslow. 1911. *The Principles of Scientific Management.* New York: Harper & Brothers Publishers.

Taylor, Jonathan B., and Joseph P. Kalt. 2005. *American Indians on Reservations: A Data Book of Socioeconomic Change Between the 1990 and 2000 Censuses.* Cambridge, MA: Harvard Project on American Indian Development.

Taylor, Paul, and Richard Morin. 2008. "Americans Say They Like Diverse Communities; Election, Census Trends Suggest Otherwise." Pew Research Center Report, December 2. Accessed May 17, 2010 (http://pewsocialtrends.org/assets/pdf/diverse-political-communities.pdf).

Taylor, Paul, Rich Morin, Kim Parker, D'Vera Cohn, and Wendy Wang. 2009. *Growing Old in America: Expectations vs. Reality.* Pew Research Center Social & Demographic Trends Project, January. Accessed April 5, 2010 (http://pewsocialtrends.org/assets/pdf/Getting-Old-in-America.pdf).

Taylor, Paul. 2011. "Is College Worth It? College Presidents, Public Assess Value, Quality and Mission of Higher Education." A Pew Research Center Social & Demographic Trends Report, May 16. Accessed May 22, 2012 (http://www.pewsocialtrends.org/files/2011/05/higher-ed-report.pdf).

Taylor, Verta. 1999. "Gender and Social Movements: Gender Processes in Women's Self-Help Movements." *Gender and Society* 13: 8–33.

———. 2004. "Social Movements and Gender." pp. 14,348–14,352 in *International Encyclopedia of the Social and Behavioral Sciences,* ed. Neil J. Smelser and Paul B. Baltes. New York: Elsevier.

Tejada-Vera, Betzaida, and Paul D. Sutton. 2009. "Births, Marriages, Divorces, and Deaths: Provisional Data for 2008." *National Vital Statistics Reports* 57 (19). Hyattsville, MD: National Center for Health Statistics. Accessed April 11, 2010 (http://www.cdc.gov/nchs/data/nvsr/nvsr57/nvsr57_19.pdf).

———. 2010. "Births, Marriages, Divorces, and Deaths: Provisional Data for July 2009." *National Vital Statistics Reports* 58 (15). Hyattsville, MD: National Center for Health Statistics. Accessed April 14, 2010 (http://www.cdc.gov/nchs/data/nvsr/nvsr58/nvsr58_15.pdf).

———. 2010. "Births, Marriages, Divorces, and Deaths: Provisional Data for 2009." *National Vital Statistics Reports* 58 (25). Hyattsville, MD: National Center for Health Statistics. Accessed May 28, 2011 (http://www.cdc.gov/nchs/data/nvsr/nvsr58/nvsr58_25.pdf).

Tentler, Leslie Woodcock. 2004. *Catholics and Contraception: An American History.* Ithaca, NY: Cornell University.

Terkel, Studs. 2003. *Hope Dies Last: Keeping the Faith in Difficult Times.* New York: New Press.

Terry, Sara. 2000. "Whose Family? The Revolt of the Child-Free." *Christian Science Monitor,* August 29, pp. 1, 4.

Tertilt, Michèle. 2005. "Polygyny, Fertility, and Savings." *Journal of Political Economy* 113 (6): 1341–1370.

Thernsrom, Melanie. 2005. "The New Arranged Marriage." *New York Times,* February 13. Accessed April 14, 2010 (http://www.nytimes.com/2005/02/13/magazine/13MATCHMAKING.html).

Thomas, Adam, and Isabel Sawhill. 2002. "For Richer and Poorer: Marriages as an Antipoverty Strategy." *Journal of Policy Analysis and Management* 21 (4): 587–599.

Thomas, Gordon, and Max Morgan Witts. 1974. *Voyage of the Damned.* Greenwich, CT: Fawcett Crest.

Thomas, William I., and Dorothy Swain Thomas. 1928. *The Child in America: Behavior Problems and Programs.* New York: Knopf.

Thompson, Warren S. 1929. "Population." *American Journal of Sociology* 34 (6): 959-975.

———. 1948. *Plenty of People: The World's Population Pressures, Problems and Policies and How They Concern Us, Revised Edition.* New York: Ronald Press.

Thomson, Elizabeth, and Eva Bernhardt. 2010. "Education, Values, and Cohabitation in Sweden." *Marriage & Family Review* 46 (1/2): 1–21.

Thornberg, Robert. 2008. " 'It's Not Fair!'—Voicing Pupils' Criticisms of School Rules." *Children & Society* 22 (6): 418–428.

Tierney, John. 2003. "Iraqi Family Ties Complicate American Efforts for Change." *New York Times,* September 28, pp. A1, A22.

Tilly, Charles. 1993. *Popular Contention in Great Britain 1758–1834.* Cambridge, MA: Harvard University Press.

———. 2004. *Social Movements, 1768–2004.* Boulder, CO: Paradigm.

Tolbert, Kathryn. 2000. "In Japan, Traveling Alone Begins at Age 6." *Washington Post National Weekly Edition* 17, May 15, p. 17.

Tonkinson, Robert. 1978. *The Mardudjara Aborigines.* New York: Holt. Tönnies, Ferdinand. [1887] 1988. *Community and Society.* New Brunswick, NJ: Transaction.

Toossi, Mitra. 2007. "Labor Force Projections to 2016: More Workers in Their Golden Years." *Monthly Labor Review,* November, pp. 33–52.

Torres, Lourdes. 2008. "Puerto Rican Americans" and "Puerto Rico." pp. 1,082–1,089, vol. 3, in *Encyclopedia of Race, Ethnicity, and Society,* ed. Richard T. Schaefer. Thousand Oaks, CA: Sage.

Traugott, Michael W. 2005. "The Accuracy of the National Preelection Polls in the 2004 Presidential Election." *Public Opinion Quarterly* 69 (5): 642–654.

Truman, Jennifer L. 2011. "Criminal Victimization, 2010: National Crime Victimization Survey." *Bureau of Justice Statistics Bulletin* September, NCJ 235508. Accessed April 24, 2012 (http://bjs.ojp.usdoj.gov/content/pub/pdf/cv10.pdf).

Tully, Shawn. 2012. "The 2011 Fortune 500: The Big Boys Rack Up Record-Setting Profits." CNNMoney, May 7. Accessed May 22, 2012 (http://www.dailyfinance.com/2012/05/07/the-2011-fortune-500-the-big-boys-rack-up-record-setting-profit/).

Ture, Kwame, and Charles Hamilton. 1992. *Black Power: The Politics of Liberation,* rev. ed. New York: Vintage Books.

Turkle, Sherry. 2011. *Alone Together: Why We Expect More from Technology and Less from Each Other*. New York: Basic Books.

Twitchell, James B. 2000. "The Stone Age." pp. 44–48 in *Do Americans Shop Too Much?* ed. Juliet Schor. Boston: Beacon Press.

U

UN News Service. 2010. "Darfur: Security Council Warned of 'Significant Challenges' to Peace Process." UN News Centre, May 20. Accessed May 28, 2010 (http://www.un.org/apps/news/story.asp? NewsID=34761&Cr=&Crl=).

UNAIDS. 2010. *Global Report: UNAIDS report on the Global AIDS Epidemic*. Geneva: Joint United Nations Programme on HIV/AIDS. Accessed May 28, 2012 (http://www.unaids.org/globalreport/documents/20101123_GlobalReport_full_en.pdf).

UNCTAD. 2009. "Mainstreaming Gender in Trade Policy." United Nations Conference on Trade and Development, March 10–11, Geneva. Accessed June 18, 2009 (www.unctad.org/Templates/WebFlyer.asp?intItemID=4760&lang=1.)

———. 2009a. *International Migration Report 2006: A Global Assessment*. Department of Economic and Social Affairs, Population Division. Accessed June 21, 2009 (www.un.org/esa/population/publications/2006_MigrationRep/report.htm).

———. 2009b. *World Marriage Data 2008*. UN Department of Economic and Social Affairs, Population Division, POP/DB/Marr/Rev2008. Accessed April 11, 2010 (http://www.un.org/esa/population/publications/WMD2008/Main.html).

———. 2010. *Special Rapporteur on Contemporary Forms of Slavery*. Office of the High Commissioner for Human Rights, Geneva. Accessed April 24, 2010 (http://www2.ohchr.org/english/issues/slavery/rapporteur/index.htm).

UNESCO. 2010. *Atlas of the World's Languages in Danger*. 3rd Edition. Paris: UNESCO Publishing.

United Nations. 1999. "The World at Six Billion." Population Division, Department of Economic and Social Affairs, United Nations Secretariat, October. Accessed June 28, 2011 (http://www.un.org/esa/population/publications/sixbillion/sixbillion.htm).

———. 2010. *The Millennium Development Goals* Report: 2010. New York: United Nations. Accessed June 12, 2011 (http://www.un.org/millenniumgoals/reports.shtml).

———. 2011. *The Millennium Development Goals* Report 2011. New York: United Nations. Accessed August 8, 2011 (www.un.org/millenniumgoals/reports.shtml).

———. 2011a. "Net Number of Migrants (Both Sexes Combined) by Major Area, Region and Country, 1950–2100 (Thousands)." World Population Prospects: The 2010 Revision. Department of Economic and Social Affairs, Population Division. Accessed June 27, 2011 (http://esa.un.org/unpd/wpp/Excel-Data/migration.htm).

———. 2011b. "Net Migration Rate by Major Area, Region and Country, 1950-2100 (Per 1,000 Population)." World Population Prospects: The 2010 Revision. Department of Economic and Social Affairs, Population Division. Accessed June 27, 2011 (http://esa.un.org/unpd/wpp/Excel-Data/migration.htm).

———. 2011c. "Average Annual Rate of Population Change by Major Area, Region and Country, 1950-2100 (Percentage)." World Population Prospects: The 2010 Revision. Department of Economic and Social Affairs, Population Division. Accessed June 27, 2011 (http://esa.un.org/unpd/wpp/Excel-Data/population.htm).

———. 2011d. "Total Population (Both Sexes Combined) by Major Area, Region and Country, Annually for 1950-2100 (Thousands)." World Population Prospects: The 2010 Revision. Department of Economic and Social Affairs, Population Division. Accessed June 28, 2011 (http://esa.un.org/unpd/wpp/Excel-Data/population.htm).

———. 2011e. "World Population to Reach 10 Billion by 2100 if Fertility in All Countries Converges to Replacement Level." World Population Prospects: The 2010 Revision. Department of Economic and Social Affairs, Population Division. Accessed June 30, 2011 (http://esa.un.org/unpd/wpp/Other-Information/Press_Release_WPP2010.pdf).

———. 2011f. "Population by Age Groups," World Population Prospect, the 2010 Revision." World Population Prospects: The 2010 Revision. Department of Economic and Social Affairs, Population Division. Accessed June 30, 2011 (http://esa.un.org/unpd/wpp/Excel-Data/population.htm).

———. 2011g. "World Contraceptive Use 2010." Department of Economic and Social Affairs, Population Division. Accessed May 26, 2012 (http://www.un.org/esa/population/publications/wcu2010/WCP_2010/Data.html).

United Nations Development Programme. 2000. *Poverty Report 2000: Overcoming Human Poverty*. Washington, DC: UNDP.

———. 2008. *Human Development Indices: A Statistical Update 2008*. New York: UNDP. Accessed June 7, 2009 (http://hdr.undp.org/en/media/HDI_2008_EN_Complete.pdf).

———. 2011. *Sustainability and Equity: A Better Future for All*. Human Development Report 2011. New York: The United Nations Development Programme. Accessed May 17, 2012 (http://hdr.undp.org/en/media/HDR_2011_EN_Complete.pdf).

United Nations Framework Convention on Climate Change. 2010a. "Status of Ratification of the Kyoto Protocol." Accessed June 8, 2010 (http://unfccc.int/playground/items/5524.php).

———. 2010b. "Bonn Climate Change Talks—June 2010." Accessed June 8, 2010 (http://unfccc.int/2860.php).

United Nations Population Division. 2005. *World Fertility Report 2003*. New York: UNPD.

United States Coast Guard. 2011. "Report of Investigation into the Circumstances Surrounding the Explosion, Fire, Sinking and Loss of Eleven Crew Members Aboard the Mobile Offshore Drilling Unit Deepwater Horizon in the Gulf of Mexico April 20–22, 2010." MISLE Activity Number: 3721503. Accessed June 30, 2011 (http://www.uscg.mil/history/docs/USCGDeepwaterHorizon 3721503.pdf).

UNODC. 2010. *The Globalization of Crime: A Transnational Organized Crime Threat Assessment*. Vienna: United Nations Office on Drugs and Crime. Accessed April 24, 2012 (http://www.unodc.org/documents/data-and-analysis/tocta/TOCTA_Report_2010_low_res.pdf).

Urbina, Ian. 2004. "Disco Rice, and Other Trash Talk." *New York Times*, July 31, p. A11.

U.S. Census Bureau. 1975. *Historical Statistics of the United States, Colonial Times to 1970*. Washington, DC: U.S. Government Printing Office.

———. 1994. *Statistical Abstract of the United States: 1994* (114th ed.). Washington, DC: U.S. Government Printing Office. Accessed April 13, 2010 (http://www2.census.gov/prod2/statcomp/documents/1994-01.pdf).

———. 1998. "Interracial Tables." Washington, DC: U.S. Census Bureau. Accessed April 12, 2010 (http://www.census.gov/population/www/socdemo/interrace.html).

———. 2004. "Current Population Survey (CPS)—Definitions and Explanations." Washington, DC: U.S. Census Bureau. Accessed June 8, 2008 (http://www.census.gov/population/www/cps/cpsdef.html).

———. 2007. "Marriage and Divorce: 2004 SIPP Report." Washington, DC: U.S. Census Bureau. Accessed April 13, 2010 (http://www.census.gov/population/www/socdemo/marr-div.html).

———. 2008b. "PPL Table 1B: Child Care Arrangements of Preschoolers Under 5 Years Old Living with Mother, by Employment Status of Mother and Selected Characteristics: Spring 2005 (Percentages)." *Who's Minding the Kids? Child Care Arrangements: Spring 2005*. Accessed May 6, 2009 (http://www.census.gov/population/www/socdemo/child/ppl-2005.html).

———. 2008c. *Statistical Abstract of the United States: 2009* (128th ed.). Washington, DC: Author.

———. 2008d. "Table PINC-03. Educational Attainment—People 25 Years Old and Over, by Total Money Earnings in 2007, Work Experience in 2007, Age, Race, Hispanic Origin, and Sex." Annual Social and Economic Supplement. Washington, DC: U.S. Census Bureau. Accessed May 29, 2009 (http://www.census.gov/hhes/www/macro/032008/perinc/new03_000.htm).

———. 2008e. "Historical Income Tables—Households." Accessed June 6, 2009 (www.census.gov/hhes/www/income/histinc/inchhtoc.html).

———. 2008g. "2008 National Population Projections: Tables and Charts." Accessed June 18, 2009 (www.census.gov/population/www/projections/tablesandcharts.html).

———. 2008h. "2007 American Community Survey 1-Year Estimates." American FactFinder. Accessed June 19, 2009 (http://factfinder.census.gov/home/saff/main.html).

———. 2009a. "Families and Living Arrangements." Washington, DC: U.S. Census Bureau. May 23, 2009 (http://www.census.gov/population/www/socdemo/hh-fam.html).

———. 2009b. "Educational Attainment." Washington, DC: U.S. Census Bureau. Accessed May 28, 2009 (http://www.census.gov/population/www/socdemo/educ-attn.html).

———. 2009c. "Tables of Alternative Poverty Estimates: 2007." Accessed June 8, 2009 (http://www.census.gov/hhes/www/povmeas/tables.html).

———. 2009d. "Person Income Table of Contents." Annual Social and Economic Supplement. Current Population Survey. Washington, DC: U.S. Census Bureau. Accessed March 28, 2010 (http://www.census.gov/hhes/www/cpstables/032009/perinc/toc.htm).

———. 2009f. *Statistical Abstract of the United States: 2010* (129th ed.). Washington, DC: U.S. Government Printing Office. Accessed April 5, 2010 (http://www.census.gov/compendia/statab/).

———. 2009i. "Historical Income Tables—Households." Accessed April 25, 2010 (http://www.census.gov/hhes/www/income/histinc/inchhtoc.html).

———. 2010a. "Families and Living Arrangements." Washington, DC: U.S. Census Bureau. Accessed April 11, 2010 (http://www.census.gov/population/www/socdemo/hh-fam.html).

———. 2010b. "Observations from the Interagency Technical Working Group on Developing a Supplemental Poverty Measure." Accessed April 25, 2010 (http://www.census.gov/hhes/www/poverty/SPM_TWGObservations.pdf).

———. 2010c. "The Questions on the Form." Accessed May 16, 2010 (http://2010.census.gov/2010census/pdf/2010_Questionnaire_Info.pdf).

———. 2010f. *Statistical Abstract of the United States: 2011* (130th ed.). Washington, DC: U.S. Government Printing Office. Accessed May 23, 2011 (http://www.census.gov/compendia/statab/).

———. 2010g. "Table PINC-03. Educational Attainment—People 25 Years Old and Over, by Total Money Earnings in 2009, Work Experience in 2009, Age, Race, Hispanic Origin, and Sex." Annual Social and Economic Supplement. Washington, DC: U.S. Census Bureau. Accessed June 3, 2011 (http://www.census.gov/hhes/www/cpstables/032010/perinc/new03_000.htm).

———. 2010h. "Historical Income Tables–Households." Accessed June 9, 2011 (http://www.census.go=v/hhes/www/income/data/historical/household/index.html).

———. 2010i. "2009 Poverty Table of Contents." Accessed June 9, 2011 (http://www.census.gov/hhes/www/cpstables/032010/pov/toc.htm).

———. 2010k. "Fertility of American Women: 2010." Washington, DC: U.S. Census Bureau. Accessed May 8, 2012 (http://www.census.gov/hhes/fertility/data/cps/2010.html).

———. 2010m. "Voting and Registration in the Election of November 2010—Detailed Tables." Accessed May 24, 2012 (http://www.census.gov/hhes/www/socdemo/voting/publications/p20/2010/tables.html).

———. 2011a. "Families and Living Arrangements." Washington, DC: U.S. Census Bureau. Accessed May 31, 2011 (http://www.census.gov/population/www/socdemo/hh-fam.html).

———. 2011d. "Profile of General Population and Housing Characteristics: 2010." American Fact Finder, 2010 Demographic Profile Data, Table DP-1. Accessed June 20, 2011 (http://factfinder2. census.gov/faces/tableservices/jsf/pages/productview.xhtml?pid=DEC_10_DP_DPDP1&prodType=table).

———. 2011f. "Table PINC-03. Educational Attainment—People 25 Years Old and Over, by Total Money Earnings in 2010, Work Experience in 2010, Age, Race, Hispanic Origin, and Sex." Annual Social and Economic Supplement. Washington, DC: U.S. Census Bureau. Accessed March 14, 2012 (http://www.census.gov/hhes/www/cpstables/032011/perinc/new03_000.htm).

———. 2011g. "Who's Minding the Kids? Child Care Arrangements: Spring 2010—Detailed Tables." Accessed April 5, 2012 (http://www.census.gov/hhes/childcare/data/sipp/2010/tables.html).

———. 2011h. *Statistical Abstract of the United States: 2012 (131st Edition)*. Washington, DC: U.S. Government Printing Office. Accessed April 5, 2012 (http://www.census.gov/compendia/statab/).

———. 2011i. "2010 Poverty Table of Contents." Current Population Survey 2011 Annual Social and Economic Supplement. Accessed April 6, 2012 (http://www.census.gov/hhes/www/cpstables/032011/pov/toc.htm).

———. 2011j. "Families and Living Arrangements: Households." Washington, DC: U.S. Census Bureau. Accessed May 3, 2012 (http://www.census.gov/hhes/families/data/households.html).

———. 2011k. "Families and Living Arrangements: Families." Washington, DC: U.S. Census Bureau. Accessed May 4, 2012 (http://www.census.gov/hhes/families/data/families.html).

———. 2011l. "Families and Living Arrangements: Marital Status." Washington, DC: U.S. Census Bureau. Accessed May 7, 2012 (http://www.census.gov/hhes/families/data/marital.html).

———. 2011m. "America's Families and Living Arrangements: 2011." Washington, DC: U.S. Census Bureau. Accessed May 8, 2012 (http://www.census.gov/population/www/socdemo/hh-fam/cps2011.html).

———. 2011n. "Families and Living Arrangements: Living Arrangements of Adults." Washington, DC: U.S. Census Bureau. Accessed May 8, 2012 (http://www.census.gov/hhes/families/data/adults.html).

———. 2011o. "Families and Living Arrangements: Living Arrangements of Children." Washington, DC: U.S. Census Bureau. Accessed May 8, 2012 (http://www.census.gov/hhes/families/data/children.html).

———. 2011p. "Historical Income Tables—Households." Accessed May 17, 2012 (http://www.census.gov/hhes/www/income/data/historical/household/).

———. 2011q. "Selected Population Profile in the United States—2010 American Community Survey 1-Year Estimates." American Fact-Finder. Accessed May 26, 2012 (http://factfinder2.census.gov/faces/nav/jsf/pages/searchresults.xhtml).

U.S. Census Bureau. 2012a. "Current Population Survey (CPS)—Definitions." Washington, DC: U.S. Census Bureau. Accessed May 2, 2012 (http://www.census.gov/cps/about/cpsdef.html).

———. 2012b. "Educational Attainment: CPS Historical Time Series Tables." Washington, DC: U.S. Census Bureau. Accessed May 15, 2012 (http://www.census.gov/hhes/socdemo/education/data/cps/historical/index.html).

———. 2012c. "Historical Poverty Tables—People." Accessed May 17, 2012 (http://www.census.gov/hhes/www/poverty/data/historical/people.html).

———. 2012d. "World Vital Events per Time Unit: 2012." World Vital Events, International Data Base. Accessed May 27, 2012 (http://www.census.gov/population/international/data/idb/worldvitalevents.php).

U.S. Commission on Civil Rights. 2009. "Racial Categorization in the 2010 Census: A Briefing Before the United States Commission on Civil Rights Held in Washington, DC, April 7, 2006." Briefing Report. Accessed May 16, 2010 (http://www.usccr.gov/pubs/RC2010Web_Version.pdf).

U.S. Customs and Border Protection. 2011. "U.S. Border Patrol Fiscal Year Apprehension Statistics: Nationwide by Sector and Border Area—FY 1999 through FY 2010." June 7. Department of Homeland Security, Washington, DC. Accessed June 12, 2011 (http:// www.cbp.gov/xp/cgov/border_security/border_patrol/usbp_statistics/).

U.S. Department of Agriculture. 2007. "International Macroeconomic Data Set." Economic Research Service. Accessed August 6, 2009 (www.ers.usda.gov/data/macroeconomics).

U.S. Department of Health and Human Services. 2011. "The AFCARS Report." Administration for Children and Families, Administration on Children, Youth and Families, Children's

Bureau. Accessed May 8, 2012 (http://www.acf.hhs.gov/programs/cb/stats_research/afcars/tar/report18.htm).

U.S. Department of Justice. 1999. "Ten-Year Program to Compensate Japanese Americans Interned During World War II Closes Its Doors." Press release No. 059, February 19. Accessed June 3, 2010 (http://www.justice.gov/opa/pr/1999/February/059cr.htm).

U.S. Department of Justice. 2011a. "Offenses Known to Law Enforcement." *Crime in the United States, 2010*. Washington, DC: United States Department of Justice, Federal Bureau of Investigation. April 23, 2012 (http://www.fbi.gov/about-us/cjis/ucr/crime-in-the.u.s/2010/crime-in-the.u.s.-2010).

———. 2011b. "2010 Crime Clock Statistics." *Crime in the United States, 2010*. Washington, DC: United States Department of Justice, Federal Bureau of Investigation. Accessed April 23, 2012 (http://www.fbi.gov/about-us/cjis/ucr/crime-in-the-u.s/2010/crime-in-the.u.s.-2010/offenses-known-to-law-enforcement/crime-clock).

———. 2011c. "Hate Crime Statistics 2010." *Crime in the United States, 2010*. Washington, DC: United States Department of Justice, Federal Bureau of Investigation. Accessed May 26, 2012 (http://www.fbi.gov/about-us/cjis/ucr/hate-crime/2010).

U.S. Department of State. 2009. *FY 2009 Annual Report on Intercountry Adoptions*. U.S. Department of State, Washington, DC, November. Accessed April 13, 2010 (http://www.adoption.state.gov/pdf/fy2009_annual_report.pdf).

U.S. Department of State. 2011. "FY 2011 Annual Report on Intercountry Adoptions." United States Department of State, Washington, DC, November. Accessed May 8, 2012 (http://adoption.state.gov/content/pdf/fy2011_annual_report.pdf).

U.S. Surgeon General. 1999. "Overview of Cultural Diversity and Mental Health Services." In Chap. 2, *Surgeon General's Report on Mental Health*. Washington, DC: U.S. Government Printing Office.

Utne, Leif. 2003. "We Are All Zapatistas." *Utne Reader,* November/December, pp. 36–37.

V

van den Bergh, Linda, Eddie Denessen, Lisette Hornstra, Marinus Voeten, and Rob W. Holland. 2010. "The Implicit Prejudiced Attitudes of Teachers: Relations to Teacher Expectations and the Ethnic Achievement Gap." *American Educational Research Journal,* January. doi: 10.3102/0002831209353594.

Van Dijk, Jan., John van Kesteren, and Paul Smit. 2007. *Criminal Victimisation in International Perspective, Key Findings from the 2004–2005 ICVS and EU ICS*. The Hague: Boom Legal Publishers. Accessed May 20, 2009 (http://rechten.uvt.nl/icvs/pdffiles/ICVS2004_05.pdf).

Vanderstraeten, Raf. 2007. "Professions in Organizations, Professional Work in Education." *British Journal of Sociology of Education* 28 (5): 621–635.

Vasagar, Jeeran. 2005. " 'At Last Rwanda Is Known for Something Positive.' " *Guardian Weekly,* July 22, p. 18.

Veblen, Thorstein. [1899] 1964. *Theory of the Leisure Class*. New York: Macmillan.

———. 1919. *The Vested Interests and the State of the Industrial Arts*. New York: Huebsch.

Veenhoven, Ruut. 2012. Average Happiness in 149 Nations 2000-2009." World Database of Happiness, Rank Report Average Happiness. Accessed March 10, 2012 (http://worlddatabaseofhappiness.eur.nl/hap_nat/findingreports/RankReport_AverageHappiness.php).

Venkatesh, Sudhir. 2006. *Off the Books: The Underground Economy of the Urban Poor*. Cambridge, MA: Harvard University Press.

———. 2008. *Gang Leader for a Day: A Rogue Sociologist Takes to the Street*. New York: Penguin Books.

Venter, Craig. 2000. "Remarks at the Human Genome Announcement, at the Whitehouse." Accessed June 30, 2008 (http://www.celera.com/celera/pr_1056647999).

Villarreal, Andrés. 2004. "The Social Ecology of Rural Violence: Land Scarcity, the Organization of Agricultural Production, and the Presence of the State." *American Journal of Sociology* 110 (September): 313–348.

Virtcom. 2009. "Board Diversification Strategy: Realizing Competitive Advantage and Shareholder Value." A Whitepaper by Virtcom Consulting, prepared for CalPERS. Accessed June 22, 2009 (www.calpers-governance.org/docs-sof/marketinitiatives/initiatives/board-diversity-white-paper.pdf).

Vogt, W. Paul, Dianne C. Gardner, and Lynne M. Haeffele. 2012. *When to Use What Research Design*. New York: The Guilford Press.

Vowell, Paul R., and Jieming Chen. 2004. "Predicting Academic Misconduct: A Comparative Test of Four Sociological Explanations." *Sociological Inquiry* 74 (2): 226–249.

W

Wang, Wendy. 2012. "The Rise of Intermarriage: Rates, Characteristics Vary by Race and Gender." A Social & Demographic Trends Report, Pew Research Center, February 16. Accessed May 8, 2012 (http://www.pewsocialtrends.org/files/2012/02/SDT-Intermarriage-II.pdf).

Wais, Erin. 2005. "Trained Incapacity: Thorstein Veblen and Kenneth Burke." *KB Journal* 2 (1). Accessed May 13, 2009 (http://www.kbjournal.org/node/103).

Waites, Matthew. 2009. "Critique of 'Sexual Orientation' and 'Gender Identity' in Human Rights Discourse: Global Queer Politics Beyond the Yogyakarta Principles." *Contemporary Politics* 15 (1):137–156.

Waldman, Amy. 2004a. "India Takes Economic Spotlight, and Critics Are Unkind." *New York Times,* March 7, p. 3.

———. 2004b. "Low-Tech or High, Jobs Are Scarce in India's Boon." *New York Times,* May 6, p. A3.

———. 2004c. "What India's Upset Vote Reveals: The High Tech Is Skin Deep." *New York Times,* May 15, p. A5.

Walker, Iain, and Heather J. Smith, eds. 2002. *Relative Deprivation: Specification, Development, and Integration*. New York: Cambridge University Press.

Walker, Rebecca. 1992. "Becoming the Third Wave." *Ms.,* January, pp. 39–41.

———. 1995. *To Be Real: Telling the Truth and Changing the Face of Feminism*. Berkeley: University of California Press.

Wallerstein, Immanuel. 1974. *The Modern World System*. New York: Academic Press.

———. 1979a. *Capitalist World Economy*. Cambridge, U.K.: Cambridge University Press.

———. 1979b. *The End of the World as We Know It: Social Science for the Twenty-first Century*. Minneapolis: University of Minnesota Press.

———. 2000. *The Essential Wallerstein*. New York: New Press.

———. 2004. *World-Systems Analysis: An Introduction*. Durham, NC: Duke University Press.

———. 2010. "Structural Crises." *New Left Review* 62 (March/April): 133–142.

Wallerstein, Judith S., Julia M. Lewis, and Sandra Blakeslee. 2000. *The Unexpected Legacy of Divorce: A 25-Year Landmark Study*. New York: Basic Books.

Wallis, Claudia. 2008. "How to Make Great Teachers." *Time,* February 25, pp. 28–34.

Walpole, Marybeth. 2007. "Economically and Educationally Challenged Students in Higher Education: Access to Outcomes." *ASHE Higher Education Report* 33 (3).

Warner, R. Stephen. 2005. *A Church of Our Own: Disestablishment and Diversity in American Religion*. New Brunswick, NJ: Rutgers University Press.

———. 2007. "The Role of Religion in the Process of Segmented Assimilation." *Annals of the American Academy of Political and Social Science* 612 (1): 100–115.

Warren, Patricia, Donald Tomaskovic-Devey, William Smith, Matthew Zingraff, and Marcinda Mason. 2006. "Driving While Black: Bias Processes and Racial Disparity in Police Stops." *Criminology* 44 (3):709–738.

Wartella, Ellen, Aletha C. Huston, Victoria Rideout, and Michael Robb. 2009. "Studying Media Effects on Children: Improving Methods and Measures." *American Behavioral Scientist* 52 (8):1,111–1,114.

Washington, Harriet A. 2006. *Medical Apartheid: The Dark History of Medical Experimentation on Black Americans from Colonial Times to the Present.* New York: Doubleday.

Waters, Mary C. 2009. "Social Science and Ethnic Options." *Ethnicities* 9 (1): 130–135.

Watts, Duncan J. 2004. "The 'New' Science of Networks." pp. 243–270 in *Annual Review of Sociology 2004,* ed. Karen S. Cook and John Hagan. Palo Alto, CA: Annual Reviews.

Weber, Max. [1913–1922] 1947. *The Theory of Social and Economic Organization,* trans. A. Henderson and T. Parsons. New York: Free Press.

———. [1904] 1949. *Methodology of the Social Sciences,* trans. Edward A. Shils and Henry A. Finch. Glencoe, IL: Free Press.

———. [1904] 2009. *The Protestant Ethic and the Spirit of Capitalism,* trans. Talcott Parsons. New York: Scribner.

———. [1916] 1958a. "Class, Status, Party." pp. 180–195 in *From Max Weber: Essays in Sociology,* ed. H. H. Gerth and C. Wright Mills. New York: Oxford University Press.

———. [1916] 1958b. *The Religion of India: The Sociology of Hinduism and Buddhism.* New York: Free Press.

———. [1921] 1958c. "Bureaucracy." pp. 196–244 in *From Max Weber: Essays in Sociology,* ed. H. H. Gerth and C. Wright Mills. New York: Oxford University Press.

Wechsler, Henry, J. E. Lee, M. Kuo, M. Seibring, T. F. Nelson, and H. Lee. 2002. "Trends in College Binge Drinking During a Period of Increased Prevention Efforts: Findings from Four Harvard School of Public Health College Alcohol Surveys: 1993–2001." *Journal of American College Health* 50 (5): 203–217.

———. 2007. "Earnings by Gender: Evidence from Census 2000." *Monthly Labor Review,* July/August, pp. 26–34.

Wechsler, Henry, and Toben F. Nelson. 2008. "What We Have Learned from the Harvard School of Public Health College Alcohol Study: Focusing Attention on College Student Alcohol Consumption and the Environmental Conditions that Promote It." *Journal of Studies on Alcohol and Drugs* 69 (4): 481–490.

Weinstein, Henry. 2002. "Airport Screener Curb Is Regretful." *Los Angeles Times,* November 16, pp. B1, B14.

Weiss, Michael J. 2000. *The Clustered World: How We Live, What We Buy, and What It All Means About Who We Are.* Boston: Little, Brown.

Wells-Barnett, Ida B. [1928] 1970. *Crusade for Justice: The Autobiography of Ida B. Wells,* ed. Alfreda M. Duster. Chicago: University of Chicago Press.

Werner, Carrie A. 2011. "The Older Population: 2010." 2010 Census Briefs C2010BR-09. Washington, DC: U.S. Government Printing Office. Accessed April 6, 2012 (http://www.census.gov/prod/cen2010/briefs/c2010br-09.pdf).

Wessel, David. 2011. "Big U.S. Firms Shift Hiring Abroad." *The Wall Street Journal,* April 19. Accessed August 4, 2011 (http://online.wsj.com/article/SB10001424052748704821704576270783611823972.html).

West, Candace, and Don H. Zimmerman. 1987. "Doing Gender." *Gender and Society* 1 (June): 125–151.

Wethington, Elaine. 2000. "Expecting Stress: Americans and the 'Midlife Crisis.' " *Motivation & Emotion* 24 (2): 85–103. Whorton, James C. 2002. *Nature Cures: The History of Alternative Medicine in America.* New York: Oxford University Press.

Whyte, William Foote. [1943] 1981. *Street Corner Society: Social Structure of an Italian Slum,* 3rd ed. Chicago: University of Chicago Press.

Wickman, Peter M. 1991. "Deviance." pp. 85–87 in *Encyclopedic Dictionary of Sociology,* 4th ed., ed. Dushkin Publishing Group. Guilford, CT: Dushkin.

Wierzbicka, Anna. 2008. "Why There Are No 'Colour Universals' in Language and Thought." *Journal of the Royal Anthropological Institute* 14 (2): 407–425.

Wilford, John Noble. 1997. "New Clues Show Where People Made the Great Leap to Agriculture." *New York Times,* November 18, pp. B9, B12.

Williams, Alicia, John Fries, Jean Koppen, and Robert Prisuta. 2010. *Connecting and Giving: A Report on How Midlife and Older Americans Spend Their Time, Make Connections and Build Communities.* Washington, DC: AARP.

Williams, David R., and Chiquita Collins. 2004. "Reparations." *American Behavioral Scientist* 47 (March): 977–1,000.

Williams, Kristine N., and Carol A. B. Warren. 2009. "Communication in Assisted Living." *Journal of Aging Studies* 23 (1): 24–36.

Williams, Mike. 2008. "Rising Cost of Food Devastates Haiti." *Atlanta Journal Constitution,* June 17. Accessed August 12 (http://www.ajc.com/news/content/news/stories/2008/06/16/haiti_food_crisis.html).

Williams, Richard Allen. 2007. "Cultural Diversity, Health Care Disparities, and Cultural Competency in American Medicine." *Journal of the American Academy of Orthopaedic Surgeons* 15: S52–S58.

Williams Jr., Robin M. 1970. *American Society,* 3rd ed. New York: Knopf.

Wills, Jeremiah B., and Barbara J. Risman. 2006. "The Visibility of Feminist Thought in Family Studies." *Journal of Marriage and Family* 68 (August): 690–700.

Wilper, Andrew P., Steffie Woolhandler, Karen E. Lasser, Danny McCormick, David H. Bor, and David U. Himmelstein. 2009. "Health Insurance and Mortality in U.S. Adults." *American Journal of Public Health* 99 (12): 2,289–2,295.

Wilson, Carl. 2007. *Let's Talk About Love: A Journey to the End of Taste.* New York: Continuum.

Wilson, Robin. 2007. "The New Gender Divide." *Chronicle of Higher Education* 53 (January 26): A36–A39.

Wilson, William Julius. 1980. *The Declining Significance of Race: Blacks and Changing American Institutions,* 2nd ed. Chicago: University of Chicago Press.

———. 1987. *The Truly Disadvantaged: The Inner City, the Underclass and Public Policy.* Chicago: University of Chicago Press.

———. 1996. *When Work Disappears: The World of the New Urban Poor.* New York: Knopf.

———. 1999. *The Bridge over the Racial Divide: Rising Inequality and Coalition Politics.* Berkeley: University of California Press.

———. 2008. "The Political and Economic Forces Shaping Concentrated Poverty." *Political Science Quarterly* 123 (4): 555–571.

———. 2009. *More than Just Race: Being Black and Poor in the Inner City.* New York: Norton.

Wirth, Louis. 1931. "Clinical Sociology." *American Journal of Sociology* 37 (July): 49–60.

Withrow, Brian L. 2006. *Racial Profiling: From Rhetoric to Reason.* Upper Saddle River, NJ: Prentice Hall.

Witte, Griff. 2005. "The Vanishing Middle Class." *Washington Post National Weekly Edition,* September 27, pp. 6–9.

Wolf, Naomi. 1992. *The Beauty Myth: How Images of Beauty Are Used Against Women.* New York: Anchor.

Word, David L., Charles D. Coleman, Robert Nunziator, and Robert Kominski. 2007. "Demographic Aspects of Surnames from Census 2000." Accessed January 2, 2008 (www.census.gov/genealogy/www/surnames.pdf).

Worford, Justin C. 2011b. "Legacy Admit Rate at 30 Percent." *The Harvard Crimson,* May 11. Accessed June 4, 2011 (http://www.thecrimson. com/article/2011/5/11/admissions-fitzsimmons-legacy-legacies/).

World Bank. 2003. *World Development Report 2003: Sustainable Development in a Dynamic World.* Washington, DC: World Bank.

———. 2006. "India, Inclusive Growth and Service Delivery: Building on India's Success." Development Policy Review, Report No. 34580-IN. Accessed June 13, 2009 (http://siteresources.worldbank.org/SOUTHASIAEXT/Resources/DPR_FullReport.pdf).

———. 2009a. "Gross National Income per Capita 2007, Atlas Method and PPP." *World Development Indicators 2009.* Accessed June 11,

2009 (http://siteresources.worldbank.org/DATASTATISTICS/Resources/GNIPC.pdf).

———. 2009b. "Gross Domestic Product 2007." *World Development Indicators 2009*. Accessed June 12, 2009 (http://siteresources.worldbank.org/DATASTATISTICS/Resources/GDP.pdf).

———. 2010a. "Health Expenditure, Public (% of Total Health Expenditure): 2007." *World Development Indicators*. Accessed April 25, 2010 (http://data.worldbank.org/indicator/SH.XPD.PUBL).

———. 2010g. *The MDGs After the Crisis: Global Monitoring Report 2010*. Washington, DC: World Bank.

World Bank. 2012a. *World Development Report 2012: Gender Equality and Development*. Washington, DC: The World Bank. Accessed June May 17, 2012 (wwwr.worldbank.org/wdr/).

———. 2012b. "GNI per Capita, Atlas Method (Current US$): 2010." *World Development Indicators*. Accessed May 17, 2012 (http://data.worldbank.org/indicator/NY.GNP.PCAP.CD).

———. 2012c. "GDP (current US$): 2010." *World Development Indicators*. Accessed May 18, 2012 (http://data.worldbank.org/indicator/ NY.GDP.MKTP.CD).

———. 2012d. "Income Share Held by Highest 20%." *World Development Indicators*. Accessed May 18, 2012 (http://data.worldbank.org/indicator/SI.DST.05TH.20).

———. 2012e. "Income Share Held by Lowest 20%." *World Development Indicators*. Accessed May 18, 2012 (http://data.worldbank.org/indicator/SI.DST.FRST.20).

———. 2012f. "Income share held by highest 10%." *World Development Indicators*. Accessed May 18, 2012 (http://data.worldbank.org/indicator/SI.DST.10TH.10).

———. 2012g. "Share of Women Employed in the Nonagricultural Sector (% of Total Nonagricultural Employment)." *World Development Indicators*. Accessed May 18, 2012 (http://data.worldbank.org/indicator/SL.EMP.INSV.FE.ZS).

———. 2012h. "Mortality rate, infant (per 1,000 live births)." *World Development Indicators*. Accessed May 18, 2012 (http://data.worldbank.org/indicator/SP.DYN.IMRT.IN).

———. 2012i. "Birth Rate, Crude (per 1,000 People)." *World Development Indicators*, Databank. May 27, 2012 (http://data.worldbank.org/indicator/SP.DYN.CBRT.IN).

———. 2012j. "Fertility Rate, Total (Births per Woman)." *World Development Indicators*, Databank. May 27, 2012 (http://data.worldbank.org/indicator/SP.DYN.TFRT.IN).

———. 2012k. "Death Rate, Crude (per 1,000 People)." *World Development Indicators*, Databank. May 27, 2012 (http://data.worldbank.org/indicator/SP.DYN.CDRT.IN).

———. 2012l. "Life Expectancy at Birth, Total (Years)." *World Development Indicators*, Databank. May 27, 2012 (http://data.worldbank.org/indicator/SP.DYN.LE00.IN).

World Health Organization. 1948. "Preamble to the Constitution of the World Health Organization." Adopted by the International Health Conference, New York, June 19–July 22, 1946; entered into force on April 7, 1948. Accessed June 30, 2011 (http://whqlibdoc.who.int/hist/official_records/constitution.pdf).

———. 2005. *WHO Global Atlas of Traditional, Complementary, and Alternative Medicine*. Geneva: WHO Press.

———. 2008a. "Traditional Medicine." Fact Sheet No. 134, December. Accessed May 21, 2010 (http://www.who.int/mediacentre/factsheets/fs134/en/print.html).

———. 2008b. "Air Quality and Health." Fact Sheet No. 313, August. Accessed May 21, 2010 (http://www.who.int/mediacentre/factsheets/fs313/en/print.html).

———. 2010. *World Health Statistics 2010*. Geneva: WHO Press. Accessed May 20, 2010 (http://www.who.int/whosis/whostat/en/). World Health Organization. 2012 *World Health Statistics, 2012*. Geneva: WHO Press. Accessed May 28, 2012 (http://www.who.int/gho/publications/world_health_statistics/en/index.html).

World Values Survey. 2009. "Online Data Analysis." Accessed May 17, 2010 (http://www/wvsevsdb.com/wvs/WVSAnalize.jsp).

Wyatt, Edward. 2012. "Use of 'Conflict Minerals' Gets More Scrutiny From U.S." The New York Times March 19. Accessed May 18, 2012 (http://www.nytimes.com/2012/03/20/business/use-of-conflict-minerals-gets-more-scrutiny.html).

Y

Yinger, J. Milton. 1970. *The Scientific Study of Religion*. New York: Macmillan.

Yogyakartaprinciples.org. 2007. *The Yogyakarta Principles: Principles on the Application of International Human Rights Law in Relation to Sexual Orientation and Gender Identity*. Accessed May 11, 2010 (http://www.yogyakartaprinciples.org/principles_en.pdf).

Z

Zarembo, Alan. 2004. "A Theater of Inquiry and Evil." *Los Angeles Times,* July 15, pp. A1, A24, A25.

Zellner, William M., and Richard T. Schaefer. 2006. *Extraordinary Groups,* 8th ed. New York: Worth.

Zetter, Kim. 2009. "FBI Use of Patriot Act Authority Increased Dramatically in 2008." *Wired,* May 19. Accessed June 30, 2009 (www.wired.com/threatlevel/2009/05/fbi-use-of-patriot-act-authority-increased-dramatically-in-2008).

Zickuhr, Kathryn and Aaron Smith. 2012. "Digital Differences." Pew Research Center's Internet & American Life Project, April 13. Accessed May 17, 2012 (http://pewinternet.org/~/media//Files/Reports/2012/PIP_Digital_differences_041312.pdf).

Zimbardo, Philip G. 2007. *The Lucifer Effect: Understanding How Good People Turn Evil*. New York: Random House.

Zimmerman, Amber Lynn, M. Joan McDermott, and Christina M. Gould. 2009. "The Local Is Global: Third Wave Feminism, Peace, and Social Justice." *Contemporary Justice Review* 12 (1): 77–90.

Zola, Irving K. 1972. "Medicine as an Institution of Social Control." *Sociological Review* 20 (November): 487–504.

———. 1983. *Socio-Medical Inquiries*. Philadelphia: Temple University Press.

Zweigenhaft, Richard L., and G. William Domhoff. 2006. *Diversity in the Power Elite: How It Happened, Why It Matters,* 2nd ed. New York: Rowman & Littlefield.

Créditos

Páginas iniciais:

p. vii topo: © AP Photo/Don Ryan; p. vii parte inferior: © Daniel Berehulak/Getty; p. vii topo: © Jacob Wackerhauser/iStockphoto; p. vii parte inferior: © Pamela Moore/iStockphoto; p. ix topo: © AP Photo/Elizabeth Dalziel; p. ix parte inferior: © David Lewis/iStockphoto; p. x topo à esquerda: © Nevada Wier/ Getty; p. x topo à direita: © Thomas S. England/Photo Researchers; p. x parte inferior: © Corbis RF; p. xi: © The McGraw-Hill Companies, Inc./John Flourney, photographer; p. xii topo: © Justin Sullivan/Getty; p. xii parte inferior: © Ingram Publishing RF; p. xii topo: © Pavel Filatov/Alamy RF; p. xii parte inferior: © Goodshoot/Alamy RF; p. xiv topo: © Dr. Parvinder Sethi; p. xiv parte inferior: © Thomas Northcut/Digital Vision/Getty RF; p. xv topo: © The McGraw-Hill Companies, Inc./Barry Barker, photographer; p. xv parte inferior: © Michael Steele/Getty; p. xvi: © David McNew/Getty; p. xvi © Brand X Pictures/Jupiter RF

Capítulo 1

Abertura: © Chip Somodevilla/Getty; p. 2 terra: © BLOOMimage/Getty RF; p. 4 (esquerda): © Doug Pensinger/Getty; p. 4 (meio): © Ingram Publishing RF; p. 4 (direita): © Mike Coppola/FilmMagic/Getty; p. 5 pipoca: © iStockphoto; p. 5 (parte inferior): © PhotoDisc/Getty RF; p. 7: © Doug Pensinger/Getty; p. 9: © Library of Congress Prints and Photographs Division [LC-DIG-fsa-8b29516]; p. 10: © Mark Downey/Masterfile; p. 12: © Ingram Publishing RF; p. 13: © Mike Coppola/FilmMagic/Getty; p. 14 Durkheim: © Bettmann/Corbis; p. 14 Durkheim quadro: © iStockphoto; p. 14 Marx: © Library of Congress Prints and Photographs Division [LC-USZ62-16530]; p. 14 Marx quadro: © iStockphoto; p. 14 Weber: © Hulton Archive/ Getty; p. 14 Weber quadro: © Lou Oates/iStockphoto; p. 15 (topo): © Con Tanasiuk/Design Pics RF; p. 15 pipoca: © iStockphoto; p. 15 (parte inferior): © Mike Segar/Reuters/Corbis; p. 16 Adams: © Hulton Archive/Getty; p. 16 Adams quadro: © Andrea Gingerich/iStockphoto; p. 18: © iStockphoto; p. 19: © Stockbyte/PunchStock RF; p. 20 (esquerda): © Medioimages/PictureQuest/Jupiter Images RF; p. 20 (direita): © Comstock Images/Alamy RF; p. 21: © Doug Menuez/Getty RF

Capítulo 2

Abertura: © Ocean/Corbis RF; p. 26 (esquerda): © Georgina Palmer/iStockphoto; p. 26 (meio): © Sally and Richard Greenhill/Alamy; p. 26 (direita): © Frank Trapper/Corbis; p. 26 (parte inferior): © PhotoDisc/ Getty RF; p. 27: © Mike Kemp/Getty RF; p. 28 (topo): © Jose Luis Pelaez Inc/Blend Images RF; p. 28 lâmpada: © iStockphoto; p. 29: © Stefano Maccari/123rf.com; p. 30 (topo): © U.S. Census Bureau, Public Information Office; p. 31: © Jerry Koch/iStockphoto; p. 32: © Hill Street Studios/Getty RF; p. 33 terra: © BLOOMimage/Getty RF; p. 33 (parte inferior): © Bettmann/Corbis; p. 34: © Georgina Palmer/ iStockphoto; p. 35: © Sally and Richard Greenhill/Alamy; p. 37 (topo): © The McGraw-Hill Companies, Inc./Jill Braaten, photographer; p. 37 (parte inferior): Women in the Relay Assembly Test Room, ca. 1930. Western Electric Hawthorne Studies Collection. Baker Library Historical Collections, Harvard Business School; p. 38: © Penny Gentieu/Jupiter Images RF; p. 39 (topo): © Scott Barbour/ Getty; p. 39 (parte inferior): © Craig Blankenhorn/AMC/Courtesy Everett Collection; p. 40 (topo): © Grafissimo/iStockphoto; p. 40 (parte inferior): © Frank Trapper/Corbis; p. 41 (topo): © Columbia Pictures/ Courtesy Everett Collection; p. 41 (parte inferior): © Siqui Sanchez/The Image Bank/Getty; p. 42 pipoca: © iStockphoto; p. 43: © Dennis Wise/PhotoDisc/Getty RF

Capítulo 3

Abertura: © Wu Kaixiang/Xinhua Press/Corbis; p. 48 (esquerda): © Business Wire; p. 48 (meio): © Peter Menzel/menzelphoto.com; p. 48 (direita): © Underwood & Underwood/Corbis; p. 48 (parte inferior): © The Granger Collection, New York; p. 49 (topo): © The McGraw-Hill Companies, Inc./Jill Braaten, photographer; p. 49 (parte inferior): © Wicked Artwork and logo© ®2011 Wicked LLC. Todos os direitos reservados; p. 50 (esquerda, meio, direita): © Peter Menzel/menzelphoto.com; p. 51 terra: © BLOOMimage/Getty RF; p. 52: © Business Wire; p. 53: © Jon Witt; p. 54 (topo): © Warner Bros/Courtesy Everett Collection; p. 54 (parte inferior): © Little Blue Wolf Productions/Corbis RF; p. 56 (topo): © TM & Copyright © 20th Century Fox. Todos os direitos reservados/Courtesy Everett Collection; p. 56 (parte inferior): © Jean-Christopohe Verhaegen/AFP/Getty; p. 57: © Jupiter Images/BananaStock/Alamy RF; p. 58 (topo à esquerda): © dbimages/ Alamy; p. 58 (topo à direita): © Mustafa Deliorkanli/iStockphoto; p. 58 (parte inferior): © Ballyscanion/PhotoDisc/Getty RF; p. 59 pipoca: © iStockphoto; p. 60 vestido: © Igor Terekhov/iStockphoto; p. 60 jeans: © iStockphoto; p. 61 (topo): © KarimSahib/AFP/Getty; p. 61 pipoca: © iStockphoto; p. 62: © Rob Crandall/The Image Works; p. 63: © Underwood & Underwood/Corbis; p. 64: © Marvy! Advertising Photography; p. 65: © Frans Lemmens/The Image Bank/Getty; p. 66: © moodboard/Corbis RF; p. 67: © Digital Vision/Getty RF

Capítulo 4

Abertura: © Frances M. Roberts/Ambient Images, Inc./SuperStock; p. 72 (topo à esquerda); © Nevada Wier/Getty p. 72 (meio): © Thomas S. England/Photo Researchers; p. 72 (direita): © Corbis RF; p. 72 (parte inferior): © Ariel Skelley/Blend RF; p. 73 (topo): © PhotoDisc/Getty RF; p. 73 (parte inferior): © Mary Evans Picture Library/ Image Works; p. 74 (topo): © Nina Leen/Time & Life Pictures/Getty; p. 74 (parte inferior): © Glow Images RF; p. 75: © Ingram Publishing RF; p. 76: © Somos/Veer/Getty RF; p. 77: © AP Photo/Francois Mori; p. 78: © Corbis RF; p. 79: © Brand X Pictures/PunchStock RF; p. 80: © Mark Wilson/Getty; p. 81 (topo): © Bill Pugliano/Getty; p. 81 (parte inferior): © blue jean images/Getty RF; p. 82: © Jose Luis Pelaez Inc./ Blend Images RF; p. 83: © Michael Yarish/Fox Television/Courtesy Everett Collection; p. 84 (topo): © Datacraft Co Ltd/Getty RF; p. 84 (parte inferior): © Creatas/PictureQuest RF; p. 85: © Purestock/SuperStock RF; p. 86 telefone: © Tatiana Popova/iStockphoto; p. 86 (parte inferior): © Drew Myers/Corbis RF; p. 87 (topo): © Glow Images RF; p. 87 (parte inferior): © Nevada Wier/Getty; p. 88 (topo): © William Thomas Cain/Getty; p. 88 (parte inferior): © Thomas S. England/Photo Researchers; p. 90: © Justin Sullivan/Getty; p. 91 (topo): © Paula Bronstein/Getty; p. 91 pipoca: © iStockphoto; p. 92 terra: © BLOOMimage/Getty RF; p. 92 (topo): © iStockphoto; p. 92 (parte inferior): © Darren Greenwood/ Design Pics RF; p. 93: © Kelly Redinger/Design Pics RF; p. 94 pipoca: © iStockphoto; p. 94 (parte inferior): © Harold Eisenberger/LOOK/Getty; p. 95 (topo à esquerda): © Corbis RF; p. 95 (topo à direita): © Lisa F. Young/iStockphoto; p. 95 (parte inferior): © Ronnie Kaufman/Blend Images RF; p. 97: © PhotoDisc/Getty RF

Capítulo 5

Abertura: © B2M Productions/Getty; p. 102 (esquerda): © Jim Arbogast/Getty RF; p. 102 (meio): © Corbis RF; p. 102 (direita): © Reza Estakhrian/ Reportage/Getty; p. 103: © AP Photo/John Rooney; p. 104 (topo): © Amos Morgan/PhotoDisc/Getty RF; p. 104 (parte inferior esquerda): © Jim Arbogast/Getty RF; p. 104 (parte inferior direita): © Jim West/The Image Works; p. 106: © ImageDJ/Alamy RF; p. 107: © Photo by Kevork Djansezian/Getty; p. 108 (topo): © Courtesy of Central College, photographer Dan Vander Beek; p. 108 (parte inferior): © Keith Srakocic/AP Images; p. 109: © Corbis RF; p. 110: © Reza Estakhrian/Reportage/ Getty; p. 111: © Stockbyte/Getty RF; p. 112 terra: © BLOOMimage/ Getty RF; p. 113 (padrão azul): © iStockphoto; p. 113 (parte inferior): © Pixtal/AGE Fotostock RF; p. 114: © Bob Pearson/epa/Corbis; p. 115 (topo): © Image Source/Getty RF; p. 115 (parte inferior): © Mark Evans/iStockphoto; p. 116 (topo): © AP Photo/Yves Logghe; p. 116 varal: © iStockphoto; p. 116 (parte inferior esquerda): © Custom Medical

Stock Photo; p. 116 (parte inferior meio): © Adam Crowley/Getty RF; p. 116 (parte inferior direita): © Muntz/Taxi/Getty; p. 117: © Rtimages/Alamy RF; p. 119 pipoca: © iStockphoto; p. 121: © PhotoDisc/Getty RF; p. 122: © Frederick M. Brown/Getty; p. 124: © Dennis Wise/Getty RF; p. 125: © Veer/Getty RF

Capítulo 6

Abertura: © Comstock/Jupiter Images RF; p. 130 (topo à esquerda): © Leonard McLane/Digital Vision/Getty RF; p. 130 (topo meio): © Ingram Publishing RF; p. 130 (topo à direita): © Masterfile RF; p. 130 (parte inferior): © Scott Garfield/© American Movie Classics/ Courtesy Everett Collection; p. 131 (topo): © Dave Robertson/Masterfile; p. 131 (parte inferior): © Moviestore Collection/Rex USA; p. 132: © Do filme OBEDIANCE © 1968 by Alexandra Milgram, © renewed 1993 by Alexandra Milgram, distributed by Penn State Media Sales; p. 133 tampas: © Luis Carlos/iStockphoto; p. 133 tampas: © Dimitry Bomshtein/iStockphoto; p. 134 (topo): © MirkaMoshu/ iStockphoto; p. 134 (parte inferior): © Dave Moyer; p. 135 (topo): © Leonard McLane/Digital Vision/Getty RF; p. 135 (parte inferior) © Jose Luis Roca/AFP/Getty; p. 136 (topo): © AP Photo/Alberto Pellaschiar; p. 136 dados: © Comstock Images/Alamy RF; p. 136 (parte inferior): © Masterfile RF; p. 137: © Floortje/iStockphoto; p. 138 handprint: © Tamas-Dernovics/iStockphoto; p. 138 (parte inferior): © Ingram Publishing RF; p. 139 pipoca: © iStockphoto; p. 140: © HBO/ Courtesy Everett Collection; p. 141 terra: © BLOOMimage/Getty RF; p. 141 (parte inferior): © Trista Weibell/iStockphoto; p. 142 pipoca: © iStockphoto; p. 143: © Justin Lubin/NBC/Courtesy Everett Collection; p. 144: © 2009 Jupiter Images RF; p. 145: © Bear Dancer Studios/ Mark Dierker; p. 146: © BananaStock/PunchStock RF; p. 148 pipoca: © iStockphoto; p. 148 (parte inferior): © Amos Morgan/ Getty RF; p. 149: © BananaStock/Jupiter Images RF

Capítulo 7

Abertura: © AFP/Getty; p. 154 (topo à esquerda): © Brand X Pictures/ Jupiter Images RF; p. 154 (topo meio): © TM and © Fox Searchlight. Todos os direitos reservados/ Courtesy Everett Collection; p. 154 (topo à direita): © Justin Sullivan/ Getty; p. 154 (meio): © David Noble Photography/Alamy; p. 154 (parte inferior): © Jeremy Edwards/iStockphoto; p. 155: © ABC-TV/Eric McCandles/The Kobal Collection; p. 156: © 2009 Jupiter Images RF; p. 157: © S. Greg Panosian/iStockphoto; p. 158 (topo): © TLC/Joe Pugliese/ Courtesy Everett Collection; p. 158 (parte inferior): © Brand X Pictures/Jupiter Images; p. 159: © Comstock/PunchStock RF; p. 160: © Mistikas/iStockphoto; p. 161 (esquerda): © Erica Simone Leeds; p. 161 (direita): © Don Tremain/Getty RF; p. 161 terra: © BLOOMimage/Getty RF; p. 162: © Burke/Triolo Productions/ Getty RF; p. 163 pipoca: © iStockphoto; p. 164: © TM and © Fox Searchlight. Todos os direitos reservados/ Courtesy Everett Collection; p. 165: © Splash News/Corbis; p. 166: © Corbis RF; p. 167: © Universal/Courtesy Everett Collection; p. 168: © Flying Colours LTD/Getty RF; p. 170: © Justin Sullivan/Getty; p. 171: © Angela Wyant/Stone/Getty; p. 172 casamento: © bitter/ iStockphoto; p. 172 quadro: © sxasher/iStockphoto; p. 172 (esquerda): © AP Photo/Evan Agostini; p. 172 (direita): © Joe Stevens/Retna Ltd./ Getty RF; p. 173 (topo): © Jennifer Trenchard/iStockphoto; p. 173 (parte inferior): © CMCD/Getty RF; p. 174: © Digital Vision/Getty

Capítulo 8

Abertura: © Gavriel Jecan/The Image Bank/Getty; p. 180 (esquerda): © Challenge Roddie/Corbis Outline; p. 180 (meio): © Goodshoot/ Alamy RF; p. 180 (direita): © Pierre-Philippe Marcou/AFP/Getty; p. 180 (parte inferior): © Borut Trdina/iStockphoto; p. 181 terra: © BLOOMimage/Getty RF; p. 181: © Forest Woodward/iStockphoto; p. 182: © iStockphoto; p. 183: © Mandel Ngan/AFP/Getty; p. 185: © PhotoDisc/Getty RF; p. 186 (topo): © Squared Studios/Getty RF; p. 186 (parte inferior): © PhotoDisc/Getty RF; p. 187 pipoca: © iStockphoto; p. 187 (parte inferior): © Mike Kemp/ Getty RF; p. 189: © Robert Hunt/iStockphoto; p. 190: © Challenge Roddie/ Corbis Outline; p. 191: © Michael Ciranni/iStockphoto; p. 192: © Chris Ryan/OJO Images/Getty RF; p. 193: © PhotoDisc/Getty RF; p. 194: © Goodshoot/Alamy RF; p. 195 terra: © BLOOMimage/ Getty RF; p. 195 (parte inferior): © DAJ/Getty RF; p. 196: © Jeff Greenberg/ The Image Works; p. 198 (topo): © Robert Davis; p. 198 (parte inferior): © Pierre-Philippe Marcou/AFP/Getty; p. 199 terra: © BLOOMimage/ Getty RF; p. 200: © George Doyle/Stockbyte/Getty RF; p. 201: © Pavel Filatov/Alamy RF; p. 203 pipoca: © iStockphoto; p. 204 (topo): © M. Freeman/ PhotoLink/Stockbyte/Getty RF; p. 204 (parte inferior): © Syracuse Newspapers/ The Image Works; p. 205: © Exactostock/ SuperStock RF

Capítulo 9

Abertura: © Brendan Smialowski/AFP/Getty; p. 210 (esquerda): © Liu Jin/AFP/ Getty; p. 210 (meio): © Peter Macdiarmid/Getty; p. 210 (direita): © Tony Savino/Corbis; p. 210 (parte inferior): © AP Photo/Don Ryan; p. 212: © Tony Savino/Corbis; p. 214 (topo): © Rene Mansi/iStockphoto; p. 214 (parte inferior): © AP Photo/ Paul Sakuma; p. 215: © Elliot & Fry/Hulton Archive/Getty; p. 216: © Comstock/Getty RF; p. 217 (topo): © J.D. Poole/Getty; p. 217 (parte inferior): © Rob Wilkinson/Alamy; p. 218: © Liu Jin/AFP/ Getty; p. 219: © Amanda Rhode/iStockphoto; p. 220: © Peter Macdiarmid/Getty; p. 221 (esquerda): © Ashraf Shazly/AFP/Getty; p. 221 (direita): © National Archives and Records Administration; p. 222 (esquerda): © AP Photo/Chris O'Meara; p. 222 (direita): © AP Photo/ Steven Senne; p. 223 terra: © BLOOMimage/Getty RF; p. 223 (topo): © Ugur Evirgen/iStockphoto; p. 224 pipoca: © iStockphoto; p. 225: © Ben and Kristen Bryant/iStockphoto; p. 227 (topo): © Brand X Pictures/Punchstock RF; p. 227 (parte inferior): © AP Photo/Nati Harnik; p. 228 (topo): © Ryan McVay/Getty RF; p. 228 terra: © BLOOMimage/Getty RF; p. 228 (esquerda): © Library of Congress, Prints and Photography Division [LC-USZ62-53202]; p. 229: © Blank Archives/Getty; p. 230: © Valerie Loiseleux/iStockphoto; p. 231 (topo): © Capital Pictures/Courtesy Everett Collection; p. 231 (parte inferior): © Tariq Mahmood/ AFP/Getty; p. 232 terra: © BLOOMimage/Getty RF; p. 233: © Amos Morgan/Getty RF

Capítulo 10

Abertura: © Janine Wiedel Photography/Photoshelter; p. 238 (esquerda): © Dr. Parvinder Sethi; p. 238 (meio): © Dave Moyer; p. 238 (direita): © Robyn Beck/AFP/Getty; p. 238 (parte inferior): © Bettmann/ Corbis; p. 239 (topo): © Per-Anders Petterson/Getty; p. 239 (parte inferior): © Dr. Parvinder Sethi; p. 240 (topo): © Jean Baptiste Lacroix/ WireImage/Getty; p. 240 (parte inferior): © Everett Collection/Rex USA; p. 241: © Sean Gallup/Getty Images; p. 242 pipoca: © iStockphoto; p. 243: © AP Photo/George Nikitin; p. 244: © Dave Moyer; p. 245: © 2010 CBS Photo Archive via Getty; p. 246: © AP Photo/Paul Sakuma; p. 247: © Lew Robertson/Corbis RF; p. 248 (topo): © Michael Krinke/iStockphoto; p. 248 (parte inferior): © Mike Clarke/iStockphoto; p. 249: © BananaStock/ Punchstock RF; p. 250 (esquerda): © Tana Lee Alves/WireImage/ Getty; p. 250 (direita): © Ivan Bajic/ iStockphoto; p. 251: © Brand X Pictures/PunchStock RF; p. 252 terra: © BLOOMimage/Getty RF; p. 252 (parte inferior): © Jason R. Warren/iStockphoto; p. 253: © Robyn Beck/AFP/Getty; p. 254: © Dr. Parvinder; p. 255 (topo à esquerda): © James Pauls/iStockphoto; p. 255 (topo à direita): © Edwardo Jose Bernardino/iStockphoto; p. 255 (parte inferior esquerda): © Stockphoto4u/iStockphoto; p. 255 (parte inferior meio): © Ivar Teunissen/iStockphoto; p. 255 (parte inferior direita): © David Buffington/Getty RF; p. 256: © Bfoto/Getty; p. 257: © Gary S. Chapman/Photographer's Choice/Getty RF; p. 258: © iStockphoto/ Alex Potemkin; p. 259: © FPG/Hulton Archive/ Getty; p. 260 (topo): © Digital Vision RF; p. 260 (parte inferior): © Dennis Wise/Getty RF

Capítulo 11

Abertura: © 2011 Gallo Images/Getty; p. 266 (topo à esquerda): © Digital Vision/ Getty RF; p. 266 (topo meio): © The McGraw-Hill Companies, Inc./ Barry Barker, photographer; p. 266 (topo direita): © Marco Di Lauro/Getty; p. 266 (parte inferior): © Dr. Parvinder Sethi; p. 267 (esquerda): © Photofusion Picture Library/Alamy; p. 267 (direita): © Caroline Schiff/Digital Vision/Getty RF; p. 268 terra: © BLOOMimage/Getty RF; p. 268 balança: © Rafael Laguillo/iStockphoto; p. 268 (parte inferior): © Digital Vision/Getty RF; p. 269: © Library of Congress; p. 270: © Warner Brothers/Courtesy Everett Collection; p. 271: © Picturenet/Blend Images/Getty RF; p. 272 terra: © BLOOMimage/Getty RF; p. 273 (topo): © Siqui Sanchez/The Image Bank/Getty; p. 273 (parte inferior): © Tom Stoddard Archive/Getty; p. 275 (topo): © AP Photo/Suzanne Plunkett; p. 275 (parte inferior): © The McGraw-Hill Companies, Inc./ Barry Barker, photographer; p. 276 (topo): Copyright © SASI Group (University of Sheffield) & Mark Newman (University of Michigan); p. 277 (moedas): © Image Club RF; p. 277 pipoca: © iStockphoto; p. 278: © Randolph Jay Braun/iStockphoto; p. 279 (topo): © Glow Images RF; p. 279 (parte inferior): © Pixtal/age fotostock RF; p. 283: © Marco Di Lauro/Getty; p. 284: © Paula Bronstein/Getty RF; p. 286: © Amos Morgan/PhotoDisc/Getty RF

Capítulo 12

Abertura: © STR/Reuters/Corbis; p. 292 (esquerda): © Art Montes De Oca/ Taxi/Getty; p. 292 (meio): © Thomas Northcut/Digital Vision/ Getty RF; p. 292 (direita): © 20th Century Fox/Rex USA; p. 292 (parte inferior): © 1998 Image Ideas, Inc. RF; p. 293 (topo): © Michael Steele/Getty; p. 293 (parte inferior): © Olivier Blondeau/iStockphoto; p. 294: © Art Montes De Oca/Taxi/Getty; p. 295 (topo): © Dove/PA Wire URN:8069588 via AP Images; p. 295 terra: © BLOOMimage/ Getty RF; p. 295 (parte inferior): © Christine Balderas/iStockphoto; p. 296 lâmpada: © iStockphoto; p. 299 (topo): Fonte: New York Times; p. 299 (parte inferior): © Brand X Pictures/PunchStock RF; p. 300 (topo): © AP Photo/Gerald Herbert; p. 300 (parte inferior): © Scott J Ferrell/Getty; p. 301: © George Marks/Getty; p. 302 balança: © Comstock/Alamy RF; p. 302 noivo e noivo: © PhotoDisc/Getty RF; p. 302 noiva e noivo: © Image Club RF; p. 303 (topo): © AP Photo/Hermann J. Knippertz; p. 303 (parte inferior): © 20th Century Fox/Rex USA; p. 305: © Hulton Archive/Getty; p. 306: © 2010 Jason LaVeris/FilmMagic/Getty; p. 307: © NYC Department of Health and Mental Hygiene/AP; p. 308 (topo): © Thomas Northcut/Digital Vision/Getty RF; p. 308 (parte inferior): © Jason Lugo/iStockphoto; p. 309: © Corbis RF; p. 310 (topo): © Comstock Images/Getty RF; p. 310 (parte inferior): © iStockphoto/Anton Seleznev; p. 311 pipoca: © iStockphoto; p. 311 (parte inferior): © Tetra Images/Getty RF; p. 312 (topo): © Elisabetta Villa/Getty; p. 312 terra: © BLOOMimage/Getty RF; p. 312 (esquerda): © Jack Jelly/iStockphoto; p. 312 (direita): © Anna Bryukhanova/ iStockphoto; p. 313: © Exactostock/Superstock RF

Capítulo 13

Abertura: © John Moore/Getty; p. 318 (esquerda): © AP Photo/Bob Child; p. 318 (meio): © William Campbell/Sygma/Corbis; p. 318 (direita): © David McNew/Getty; p. 318 (parte inferior): © Image Source, todos os direitos reservados RF; p. 319: © Jeff Greenberg/Alamy; p. 320: © Patrick Kelley/USGS; p. 321 (topo): © Steve Granitz/WireImage/Getty; p. 321 (parte inferior): © Stephen Chernin/Getty; p. 322 (topo): © Ryan McVay/Getty RF; p. 322 (parte inferior): © AP Photo/Bob Child; p. 323: © Bruce Roberts/Photo Researchers; p. 324 (topo): © Duncan Walker/iStockphoto; p. 324 (parte inferior): © William Campbell/Sygma/ Corbis; p. 325 (topo): © Skip Odonnell/iStockphoto; p. 325 (parte inferior): © Bettmann/Corbis; p. 326 (topo): © Don Farrall/Getty RF; p. 326 (parte inferior): © Tom Carter/PhotoEdit; p. 328 (topo): © Francis Miller/ Time Life Pictures/Getty; p. 328 (parte inferior): © Jim West/The Image Works; p. 330: © AP Photo/Gene Herrick; p. 331 pipoca: © iStockphoto; p. 331 (parte inferior): © Nicole Rivelli/© NBC/Courtesy Everett Collection; p. 332 (topo): © Bill Rankin (Yale University), www.radicalcartography.net. Versão em cores reimpressa com permissão de Eric Fisher; p. 332 (parte inferior): © Daniel Berehulak/Getty; p. 333: © David McNew/Getty; p. 334 (parte inferior): © Ken Usami/Getty RF; p. 334 (topo à esquerda & direita): © Copyright 1997 IMS Communications Ltd/Capstone Design. Todos os direitos reservados.; p. 334 (parte inferior direita): © liquidlibrary/PictureQuest RF; p. 335 (topo): © Jaroslaw Wojcik/ iStockphoto; p. 335 (parte inferior): © Walt Disney Co./Courtesy Everett Collection; p. 340: © PhotoDisc/Getty RF; p. 341: © Ingram Publishing RF; p. 343 & 344 terra: © BLOOMimage/Getty RF; p. 344: © Steve Dibblee/iStockphoto; p. 345: © Comstock/PictureQuest RF

Capítulo 14

Abertura: © Paul Buck/epa/Corbis; p. 350 (esquerda): © Anthony Saint James/ Getty RF; p. 350 (meio): © China Photos/Getty; p. 350 (direita): © Brand X Pictures/Jupiter RF; p. 350 (parte inferior): © Digital Vision/ Getty RF; p. 356: © WireImage/Getty; p. 357 (topo): © AP Photo/ Alberto Pellaschiar; p. 357 (parte inferior): © LWA/Dann Tardif/Blend Images RF; p. 359 (topo): © Blend Images/Getty RF; p. 359 pipoca: © iStockphoto; p. 360 terra: © BLOOMimage/Getty RF; p. 360 (parte inferior): © The McGraw-Hill Companies, Inc./Christopoher Kerrigan, photographer; p. 361 terra: © BLOOMimage/Getty RF; p. 362 (topo): © Jean-Marc Giboux/Getty; p. 362 (parte inferior): © RubberBall Productions RF; p. 364 (topo): © Fancy Photography/Veer RF; p. 364 (parte inferior): © Photo by Victor Keppler/George Eastman House/ Getty; p. 366 (topo): © Comstock Images/Alamy RF; p. 366 (parte inferior): © Jules Frazier/Getty; p. 367: © Showtime Networks Inc./Courtesy Everett Collection; p. 368 (topo): © Chip Somodevilla/Getty; p. 368: © Anthony Saint James/Getty RF; p. 369 (topo): © Duncan Walker/ iStockphoto; p. 369 (parte inferior): © Paul Miles/Axiom Photographic Agency/Getty; p. 370 (topo): © Digital Vision Ltd/ Getty RF; p. 370 (parte inferior): © Digital Vision/PunchStock RF; p. 372 (topo): © Bruce Dale/National Geographic/Getty; p. 372 (parte inferior): © iStockphoto; p. 373: © China Photos/Getty; p. 374 terra: © BLOOMimage/Getty RF; p. 374 panda, peixe e sapo: © Eric Isselée/iStockphoto; p. 375 (topo): © Brand X Images/Jupiter RF; p. 375 (parte inferior): © Corbis RF; p. 376 (topo): © Mark Trost/iStockphoto; p. 376 (meio & parte inferior): © Stockbyte/PunchStock RF

Capítulo 15

Abertura: © Mandel Ngan/AFP/Getty; p. 382 (meio): © Alex Wong/Getty; p. 382 (direita): © 20th Century Fox Film Corp. Todos os direitos reservados/Courtesy Everett Collection; p. 382 (parte inferior): © Daniel Berehulak/Getty; p. 383: © Lara Seregni/iStockphoto; p. 385 pipoca: © iStockphoto; p. 386 (esquerda): © AP Photo/Alex Brandon; p. 386 (direita): © AP Photo/Bristol Herald Courier, David Crigger; p. 387 (topo): © Ryan McVay/Getty RF; p. 387 (parte inferior): © McGraw-Hill Companies, Inc.,/Lars Niki, photographer; p. 389: © Elmer Martinez/AFP/Getty; p. 390: © PhotoDisc/PunchStock RF; p. 391 bezerro e cabra: © Eric Isselee/iStockphoto; p. 391 leitão: © Image Source/PunchStock RF; p. 391 filhote de gato: © Blackbeck/iStockphoto; p. 391 rato: © Butinova Elena/iStockphoto; p. 391 (parte inferior): © Getty; p. 392: © Clint Hild/iStockphoto; p. 393: Library of Congress, Prints and Photographs Division [LC-USZ62-29808]; p. 395 (topo): © Bettmann/Corbis; p. 395 (parte inferior): © Popperfoto/Getty; p. 396: © Mario Tama/Getty; p. 397 (topo): © Alex Wong/Getty; p. 397 (parte inferior): © Digital Vision/PunchStock RF; p. 399: © AP Photo/Paul Schemm; p. 400 (topo): © Bettmann/Corbis; p. 400 (topo): © 20th Century Fox Film Corp. Todos os direitos reservados/Courtesy Everett Collection; p. 400 (parte inferior): © moodboard/PunchStock RF; p. 402: © Digital Vision/Getty RF

A

Aaronson, D., 257
Abercrombie, N., 13, 243
Aberle, D. E., 114
Abma, J. C., 306
Adair-Toteff, C., 215
Adams, J., 205
Adams, S., 361
Addams, J., *16*, 42, 181
Adler, Patricia A., 25, 35, 83, 84, 181, 190
Adler, Peter A., 25, 35, 83, 84, 181, 190
Administration for Children and Families, 183
Ahmed, K. C., 276
Akther, R., 279
Al-Shihri, 277
Al-Shihri, A., 277
Albert, N., 339
Alimahomed, S., 302
Allegretto, S. A., 251, 252
Allen, J., 343
Allen, J. L., 199
Allport, G. W., 330
Alzheimer's Association, 365
Amato, P. R., 173
American Bar Association, 147
American Jewish Committee, 341
American National Election Studies, 399
American Society of Plastic Surgeons, 136
American Sociological Association (ASA), 18-19, 398
Amnesty International, 282, 286, 383
Anagnostou, Y., 342
Anderson, D., 296
Anderson, J. W., 276
Anderson, K., 183
Anderson, R. J., 356
Anderson, T. H., 64
Andrees, B., 239
Angier, N., 319
Annan, K., 285, 298
Anti-Defamation League (ADL), 341
Arab American Institute, 339
Archibold, R. C., 142
Arora, N. K., 361
Assadourian, E., 371
Atchley, R., 92-93
Aud, S., 186, 297, 336, 340
Auritt, E. S., 186
Avise, J. C., 392

B

Baby Name Wizard, 38, 39
Badoo, 153
Baer, H., 368, 371
Bagilhole, B., 296
Bahr, P. R., 192
Bailey, T. M., 191
Bainbridge, W. S., 112, 199
Baird, C. L., 188
Balch, R. W., 394
Baldwin, J. A., 246, 401
Bales, R., 307
Balfour, G., 148
Banerjee, N., 205

Banks, D., 239
Banks, P., 105
Barna Group, 196
Barnes, P. M., 367, 368, 369
Barr, D., 362
Barrett, D. B., 200, 201
Barrionuevo, A., 370
Barta, P., 282
Bassett, L., 312
Basso, K. H., 55
Baudrillard, J., 124
Baumert, K., 374
Baumgardner, J., 301
BBC, 8
Beagan, B., 361
Beall, C. M., 92
Bearman, P., 110
Becker, H., 146
Beeghley, L., 240
Beiser, P., 239
Belkin, L., 310
Bell, D., 123, 140, 203
Bell, S., 280
Belser, P., 239
Benagiano, G., 307
Benard, S., 310
Bendick, M., Jr., 96
Benhorin, S., 81
Bennett, D., 140
Bennett, V. S., 282
Benschop, Y., 111
Berenson, A., 140
Bergen, R. K., 148
Berger, P., 96, 102, 193
Berland, G. K., 361
Berlin, B., 56
Bernburg, J. G., 146
Bernhardt, E., 168
Bernstein, J., 257
Bhrolcháin, M., 29
Bianchi, S. M., 160
Billari, F. C., 355
Bin Laden, Osama, 3, 20, 60, 117
Bird, C. E., 365
Bisi, S., 148
Black, D., 59
Black, T., 282
Blaine, T., 237
Blakeslee, S., 173
Blau, P. M., 256
Blauner, R., 329
Bligh, M. C., 215
Bloemraad, I., 342
Bloom, B., 317, 367
Bloom, D. E., 355
Blossfeld, H.-P., 162
Blumer, H., 393
Boaz, R. F., 94
Bogan, J., 282
Bohn, R. E., 85
Bolt, G., 332
Bongaarts, J., 354, 355
Bonikowski, B., 37
Bonilla-Sliva, E., 324
Boorstin, D., 42
Booth, A., 173
Bouchard, T. J., Jr., 75
Bouis, H. E., 391
Bourdieu, P., 6, 9, 16, 29-30, 242, 245-246, 249, 398, 401
Boushey, H., 213
Bowles, S., 27, 82-83, 186

BP Exploration & Production, Inc., 349
Brand, J. E., 188
Brandon, E., 213
Brannigan, A., 37
Brauman, R., 286
Bray, H., 397
Brewer, R. M., 147
Brickell, C., 304
Bromley, D. G., 36
Brooks, A., 301
Brooks, K. D., 303
Brooks, M., 131
Brown, D., 187
Brown, G., 187
Brown, M., 213
Brown, R. M., 203
Brownfield, D., 105
Bruce, S., 269
Buckle, C., 357
Bucks, B. K., 252
Buffardi, L. E., 342
Buffett, W., 219
Bullard, R., 371
Bullough, V. L., 305
Bulle, W. F., 60
Burawoy, M., 27, 398
Bureau of Economic Analysis, 272
Bureau of Labor Statistics, 8, 87, 156, 165, 205, 214, 282, 296, 308, 309-310, 383
Bureau of the Census. *Ver* U.S. Census Bureau
Burgoon, J. K., 57
Burkitt, L., 52
Buss, D. M., 34
Butler, D. A., 259
Butler, R. N., 95-96
Butterfield, K. D., 144
Buttersafe, R. C., 118

C

Cai, Y., 355
Calderón, F., 142
Call, V. R., 10
Callaway, E., 158
Camp, R. A., 142
Cañas, J., 282
Caplan, R. L., 358
Caplow, T., 229
Carbone-Lopez, K., 148
Carey, A. R., 111
Carmichael, M., 374
Carr, M., 165
Carr, N., 86
Carter, R. S., 190
Carter, S. B., 383
Carty, V., 396
Caspi, A., 51
Cassidy, R. C., 336
Castañeda, J. G., 280
Castells, M., 113
Catalano, S., 312
Catalyst, 309, 313, 325, 336
Cavalli-Sforza, L., 319
CBS News, 132
Center for American Women and Politics, 311
Centers for Disease Control and Prevention, 305, 312
Centers for Medicare and Medicaid Services, 366, 368

Césaire, A., 269
Cevallos, D., 280, 282
Chambers, S., 303, 304
Chambliss, W., 145
Chandra, A., 305, 306
Chang, B., 213
Charon, J. M., 140
Chauncy, G., Jr., 302
Chee, K. H., 298
Chen, J., 144
Chen, S., 277
Chen, V., 213
Cheng, S.-J.A., 43
Cherlin, A. J., 156, 161, 166-168, 173
Chesney-Lind, M., 148
Choueiti, M., 331
Christian, J., 52
Chu, H., 153
Chun, H., 34
Cigar, N., 331
Cillessen, A. H. N., 84
Circle, 226-227
Clammer, J., 396
Clark, B., 190, 192
Clarke, A. E., 391
Clarke, E., 298
Clemons, S., 119
Clinard, M. B., 144
CNN, 170
Cognard-Black, A. J., 310
Cohn, D., 153, 155, 168-170, 282, 320
Colby, D. C., 381
Cole, E., 165
Coleman, J. W., 139
Collins, C., 334
Collins, G., 298
Collins, P. H., 302
Commoner, B., 369, 375-376
Comte, A., 13, 50, 384, 401
Connell, R. W., 297
Connolly, C., 286
Conrad, P., 358, 360
Cooley, C. H., 17, 76, 77, 79, 81, 108
Coontz, S., 156, 158, 160, 172, 173, 303
Cooper, B. S., 192
Cooper, D., 96
Cooper, K., 43
Cooperstone, J., 113
Copen, C., 305, 306
Corak, M., 257, 278, 279
Corbett, C., 188
Cordero, S., 317
Coronado, R., 282
Correll, S. J., 310
Coser, R. L., 366
Costello, C., 3
Côté, J. E., 89
Coulter, I., 368
Cox, O. C., 329
Cressey, D. R., 145
Cross, S., 296
Crossing, P. F., 200, 201
Croucher, S. L., 343
Crouse, K., 259
Crowe, T. K., 364
Crown, J. S., 10
CTIA, 53
Culang, A., 118
Cumming, E., 93
Currie, E., 141-142

Curtiss, S., 73
Cutler, D. M., 362

D

Dahl, R. A., 225-226
Daisey, M., 118-119
Dalai Lama, 286
Dalla, R. L., 164
Dao, J., 165
Darlington, J. D., 87
Darwin, C., 384
Dashefsky, A., 341
David, G., 339
Davidoff, J., 56
Davidov, E., 58
Davies, I., 56
Davies, J. B., 274, 275, 276
Dávila-Poblete, S., 282
Davis, D. W., 34
Davis, G., 225-226
Davis, J. A., 248, 249
Davis, J. E., 358
Davis, K., 27, 73, 186
Dawson, L., 196
de Beauvior, S., 300
de Bont, A., 361
Death Penalty Information Center, 147, 148
DeCarlo, S., 243
Deflem, M., 134, 141
Democracy and Electoral Assistance, 223, 226-227
DeNavas-Walt, C., 30, 96, 163, 250, 251, 252, 253, 254, 255, 309, 332-335, 340, 362, 363, 365, 367
Denzin, N. K., 32
Deutscher, E., 278
Devitt, J., 229
Diamond, J., 371
Dickens, C., 401
Dillow, S. A., 18, 28, 184, 187, 188, 280, 383
Dobbin, F., 213
Doctors Without Borders, 286
Dodds, R. C., 163
Doezema, J., 285
Domhoff, W. G., 224-226
Doress, I., 197
Drescher, J., 303
Dressler, W. W., 363
Du Bois, W. E. B., 15, 16, 17, 42, 129, 180, 181, 334, 335
Duberman, M. B., 302
Dubner, S. J., 39, 129
Dukes, R. L., 40
Duncan, O. D., 256
Duneier, M., 114-115
Durden, T. E., 364 17, 27, 39, 42, 121, 142-143, 182, 193-194, 196, 201, 238, 268, 376, 384
Dye, J. L., 169-170

E

Ebaugh, H. R. F., 106-107
Eckert, P., 56
Economic Mobility Project, 258
Economist, The, 373
Eddy, M. B., 199
Edge, 392
Edin, K., 166

EEOC, 96
Ehrlich, P. R., 376
El Nasser, H., 153, 169-170
Elgin, S. H., 57
Elia, J. P., 303
Eliot, G., 166
Elish, J., 188
Elliott, M., 194
Ellis, R., 172
Ellison, B., 186
Ellison, R., 332-333
Ellul, J., 393
Emerson, M. O., 195
Energy Information Administration, 375
Engels, F., 116, 160, 243
Ennis, S. R., 339, 340
Escárcega, S., 281
Escoffier, J., 302
Etaugh, C., 296
Etcoff, N., 295
Etzioni, A., 233, 390
Eureka County, 372
ExecuNet, 111

F

Faith, N., 113
Fanon, F., 270
Farley, M., 140
Farr, G. M., 159
Fausto-Sterling, A., 292, 293
Favreault, M., 163
Fearon, J. D., 232
Featherman, D. L., 256
Federal Bureau of Investigation (FBI), 140
Feliz, S., 155, 170
Felson, D., 141
Ferree, M. M., 396
Fessenden, F., 133
Fields, J., 169-170
Finder, A., 390
Findlen, B., 301
Fine, G. C., 330
Finkel, S. E., 394
Fiscella, K., 364
Fischer, C. S., 200
Fisher, G. M., 253
Fisher, M., 383
Fishman, C., 279
Fitzgerald, K. J., 395
Floyd, K., 57
Flynt, L., 225
Foehr, U. G., 85
Forte, M., 36
Fortune, 272, 280
Foster, D., 310
Fox, M. A., 336
Foy, P., 372
Franklin, J. H., 335
Freidson, E., 358
French, H. W., 79
Freud, S., 79
Freudenburg, W. R., 41
Friedan, B., 300, 309, 313, 395
Friman, H. R., 141
Frommer, P., 56
Fry, R., 155, 168-169, 258, 340
Furedi, F., 386
Furman, A., 113
Furman, N., 55
Furstenberg, F. F., 163

Furstenberg, S. K., Jr., 89
Fuson, K., 317
Fussell, E., 259
Fussell, P., 247
Fuwa, M., 312, 313

G

Gabler, N., 53
Gailey, J., 304
Gallup Organization, 135, 196, 230, 373, 392
Gambari, I., 286
Gamble, W. C., 164
Gans, H., 246, 342
GAO, 213
Garcia-Moreno, C., 311
Gardner, D. C., 32
Gardner, G., 371
Garfinkel, H., 91
Garnett, F. G., 342
Garrett, R. I., 120
Gates, B., 280
Gates, G., 306
Gaviria, M., 139
Gebhardt, P. H., 303
Geis, G., 140
Gelvin, J. L., 382
Gendell, M., 95
Gerhardt, U., 385
Gershuny, J., 310
Gettleman, J., 265
Gheytanchi, E., 396
Ghitis, F., 396
Gibson, C., 334
Gilman, C. P., 307
Gilmer, R. W., 282
Gintis, H., 27, 82-83, 186
Giordano, P. C., 83
Giroux, H. A., 186
Gitlin, T., 64
Glasgow, E., 384
Glass Ceiling Commission, 325
Glassner, B., 10
Glaze, L. E., 133
Glenn, D., 36
Goering, L., 373
Goffman, E., 15, 17, 39, 78-79, 90, 136
Goldberg, D., 55
Gomez, J. L., 304
Gonzalez, R. J., 36
Goodwin, P. Y., 168-169
Google, 58, 351, 352
Gottfredson, M., 135
Gottlieb, L., 162
Gould, C. M., 301
Gould, E., 362
Gould, L. A., 106
Gouldner, A., 42, 386
Government Accountability Office, 310
Gramsci, A., 62
Gravlee, C. C., 363
Gray, J., 297
Green, A., 363
Greenhouse, S., 338
Greenspan, A., 251
Gregory, A., 138
Grieco, E. M., 336, 352, 354
Grinder, S. A., 192
Grines, P. E., 375

Groeneveld, E., 301
Gross, J., 91
Grossman, S., 391
Groza, V., 74
Guarneri, C. E., 334
Guatemala Times, 343
Guerrero, L. K., 57
Guglielmo, J., 320
Gurari, I., 295
Gutiérrez, G., 203

H

Haeffele, L. M., 32
Halle, D., 247
Halperin, D. M., 303
Hamilton, C., 335
Hamilton, M. C., 296
Hampton, R., 85
Harding, S., 43, 302
Hardt, M., 270
Harlow, H. F., 74
Harrington, M., 123
Harris Interactive, 247
Hart, B., 260
Hart, Z. P., 90
Hartsock, N. C. M., 302
Haskins, R., 242, 257
Haughwout, A., 213
Hauser, R. M., 256
Hausmann, R., 313
Haviland, W. A., 154
Hayden, H. T., 132
He, W., 92
Healy, J., 139
Heatherton, T. F., 39
Heilman, M. E., 258
Heiss, S. N., 296
Heitzeg, N. A., 147
Helú, C. S., 280
Henderson, A., 57
Henriques, D. B., 139, 140
Henry, W. E., 93
Her, E. J., 85
Herman, C., 53
Hertz, R., 169-170
Herzog, T., 374
Hetts, J., 295
Hewlett, S. A., 310
Hicks, L., 229
Higgins, G. E., 144
Higgins, M., 59
Hill, C., 188
Hill, S., 13, 243
Hirschi, T., 135
Hirschman, C., 87
Hochschild, A. R., 43, 108, 120, 310
Hoffner, C, A, 89
Holden, C., 75
Holder, K., 226-227
Hollingshead, A. B., 190
Holmes, M., 166
Holt, H., 364
Home School Legal Defense Association, 192
Homeland Security. Ver U.S. Department of Homeland Security
Hondagneu-Sotelo, P., 343
Hootman, J., 365
Horowitz, H. L., 190
Horrigan, J. B., 387
Hostetler, J. A., 393

Hout, M., 200
Howard, J., 169-170
Howard, R. D., 231
Howden, L. M., 92
Huang, G., 104
Hughes, E., 104
Hughes, M. M., 229
Hull, K. E., 305
Human Development Index, 268
Human Rights Campaign, 165, 170
Humes, K. R., 321, 322, 334, 336, 339
Hummer, R. A., 364
Hunter, H. M., 329
Hurst, C. E., 393
Hurston, Z. N., 35
Hussar, W. J., 191
Hvistendahl, M., 355
Hye-Ryeon, L., 144

I

Ignatiev, N., 320
Illinois State Board of Education, 185
Indiana University Center for Sexual Health Promotion, 306
INGEI, 281
Inglehart, R., 307
Innocence Project, 147, 148
INPE, 370
Institute of International Education, 183
Instituto Nacional de Migración, México, 279
Inter-Parliamentary Union, 227-229, 282
Internal Revenue Service, 251
International Centre for Prison Studies, 141
International Labour Organization (ILO), 277
International Monetary Fund (IMF), 265, 270
International Telecommunications Union, 86, 212
Internet World Stats, 388, 389
Ionescu, C., 74
Isaacs, J. B., 242, 257, 258, 259, 279, 335
ITOPF, 374
IUCN, 374

J

Jackson, C. W., 96
Jackson, J., 325
Jacobs, D., 148
Jacobson, L., 185
James, S. D., 73, 381
Jamison, A., 396
Jang, Y. S., 225-226
Jargowsky, P. A., 255
Jarvis, D. C., 363
Jenkins, J., 394
Jenkins, M., 375
Jenness, V., 225
Jeune, O. L., 265
Johnson, A. G., 7, 399
Johnson, J. M., 35
Johnson, J. R., 90
Johnson, K. M., 339

Johnson, T. M., 200, 201
Johnson-Sumerford, D., 298
Johnston, D. C., 286
Jones, D. D., 119
Jones, M., 357
Jordan, M., 345
Joseph, J., 75
Josephson Institute of Ethics, 59
Jost, K., 229
Juergensmeyer, M., 64-66, 110, 231
Jung, K., 334

K

Kafka, F., 118
Kaiser Family Foundation, 367
Kalaitzidis, A., 141
Kalev, A., 213
Kalish, R., 96-97
Kalita, S. M., 64
Kalmijn, M., 161
Kalt, J. P., 336
Kamp, M., 161
Kanter, R. M., 246
Kapstein, E. B., 285
Karney, B. R., 10
Katz, J., 296
Kavada, A., 397
Kawashima-Ginsberg, K., 311
Kay, P., 56
Kaye, J., 165
Kefalas, M., 166
Kelly, E., 213
Kelly, J., 173
Kempadoo, K., 285
Kennickell, A. B., 252
Kentor, J., 225-226
Kerbo, H. R., 274
Kewal-Ramani, A., 336
Keysar, A., 196
Khorasani, N. A., 396
Kilbourne, J., 39, 294, 295
Kilpatrick, D. G., 312
Kim, K. C., 338
Kimmel, M., 293-294, 297
Kinsey, A. C., 303, 305, *305*
Kirby, E. H., 311
Kirk, D., 354
Kitchener, R. F., 80
Kitt, A. S., 110
Klein, S., 12
Kleinknecht, W., 141
Kless, S. J., 84
Kliewar, W., 81
Kline, S. L., 104
Klinenberg, E., 95
Knapp, L. G., 192
Knudson, T., 272
Kochhar, R., 258, 340
Koerner, B. I., 57
Kohler, H.-P., 355
Kohles, J. C., 215
Kokmen, L., 371
Korteweg, A., 342
Kosmin, B. A., 196
Kottak, C., 154
Kozol, J., 114, 184, 185, 189
Krantz-Kent, R., 310
Kraus, N., 237
Kraybill, D., 121
Krebs, C. P., 312
Kreider, R. M., 168-169, 172
Kristof, N. D., 291, 297, 307, 312

Krohn, M. D., 146
Kronstadt, J., 163
Kruttschnitt, C., 148
Kübler-Ross, E., 96
Kuhl, P., 71
Kunkel, C. A., 294
Kunkel, D., 40
Kunovich, S., 229
Kwong, J., 376
Kyckelhahn, T., 239

L

Lacey, M., 265
Ladner, J., 42
Laidlaw, K., 104
Laitin, D. D., 232
Lambert, E., 387
Landale, N. S., 164
Langhout, R. D., 185
Lareau, A., 163, 184, 362
Larson, E. J., 195
Laumann, E. O., 305
Lavery, D., 167-168
Lawrence, M., 105
Le Bon, G., 62
Leary, T., 253
Lee, D., 213
Lee, Debra, 116
Lee, H., 65-66
Lefevre, R., 57
LeGuin, U. K., 326-327
Lengermann, P. M., 16
Lenski, G., 121
Leonard, A., 375
Leonhardt, D., 252
Levanon, G., 213
Levine, K. J., 89
Levitt, S. D., 39, 129
Lewin, T., 252
Lewis, J. M., 173
Lewis, M., 41
Leys, T., 317, 343
Lezhnev, S., 274
Li, Y., 29, 173
Liang, B., 390
Lichter, D. T., 339
Lictenberg, G. C., 394
Liljenquist, K. A., 325
Lim, D., 113
Linden, B. K., 112
Ling, P., 394
Lino, M., 170
Lipset, S. M., 269
Liptak, A., 41
List, J. M., 359
Livingston, G., 153
Lluberas, R., 276
Lofquist, D., 170
Logue, S., 162
Lopata, H. Z., 43
Lopez, M. H., 226-227, 311
Lorber, J., 294, 297
Lotz, A. D., 301
Louie, M. C. Y., 338
Lu, H., 390
Lucal, B., 50
Luckenbill, D. F., 145
Luckmann, T., 102
Lugaila, T., 170
Lukács, G., 62
Lumpe, L., 141
Lundquist, J. H., 169-170

Lusin, N., 55
Lutz, W., 355
Lyall, S., 168-169
Lymas, M., 375
Lytton, H., 298

M

Mabutas, M., 213
MacDorman, M. F., 363
MacEachern, S., 39
MacFarquhar, N., 192
Machalek, R., 51
Maher, T. M., 106
Mahy, M., 360
Mai, M., 291
Malacrida, C., 90
Malarek, V., 140
Malcolm X, 105, 196
Malthus, T., 353
Manale, J. L., 375
Mann, H., 180
Mann, Y. K., 310
Manning, J. E., 229, 335
Mapel, T., 90
Marijuana Policy Project, 134
Marsden, P. V., 248, 249
Marshall, T. H., 222
Martin, C. E., 303
Martin, D. C., 353
Martin, M. W., 51
Martin, T., 146
Martineau, H., 307
Martinez, G. M., 306
Marx, K., 13, 14, 17, 62, 116, 123, 160, 201, 203, 204-205, 217-218, 224, 238, 242-244, 363, 386, 394, 395
Massey, D., 252
Mather, M., 167-168
Mathews, T. J., 363
Matthews, L., 282
Mayeux, L., 84
Mayo, E., 37, 120
Mazumder, B., 257
McAdam, D., 381
McCabe, D. L., 144
McCabe, J., 296
McCain, J., 226-227, 286
McCarthy, B., 145
McConnell, D. L., 393
McConnell-Ginet, S., 56
McCoy, A., 113
McDermott, M. J., 301
McDonald, M., 226-227
McDowell, D. J., 81
McEachern, K., 381
McGivern-Snofsky, J. L., 367
McGue, M., 75
McGurty, E., 371
McIntosh, P., 325-327
McKay, H. D., 145
McKibben, B., 392
McKown, C., 185
McLaughlin, E., 237
McLaughlin, M., 109
McLean, E. A., 111
McLellan, D., 394
McMahon, S. D., 81
Mead, G. H., 17, 76-78, 79, 81, 82, 102, 182
Mead, M., 297
Meara, E. R., 362

Mehl, M. R., 10
Meier, A., 305
Meier, D., 187
Meier, R. F., 140
Meigs, C., 298
Meinzen-Dick, R., 312
Melby, T., 34, 303
Mendez, J. B., 118
Menozzi, P., 319
Merton, R., 17, 32, 109, 117, 143-144
Merton, R. K., 110
Meston, C. M., 34
Meyer, J. A., 92
Michels, R., 119, 221, 395
Milgram, S., 131-132
Milillo, D., 295
Milkie, M. A., 160
Miller, D. L., 87
Miller, R. F., 144
Miller, V. D., 90
Millett, K., 300
Millman, J., 282
Mills, C. W., 4, 5, 9, 224-225
Milner, M., Jr., 190
Miniño, A. M., 11
Minnesota Center for Twin and Family Research, 75
Minority Rights Group International, 280
Minyard, S. A., 190
Mirapaul, M., 87
Mishel, L., 257
Mitchell, C. A., 185
Mizruchi, M. S., 225-226
Moen, P., 310
Moffitt, T. E., 51
Mohai, P., 371
Monaghan, P., 41
Monger, R., 353
Montagu, A., 320
Moody, J., 110, 111
Moore, D., 201
Moore, M., 168-169, 276
Moore, R. B., 57
Moore, W. E., 27, 87, 186
Morales, L., 376
Morgan, S., 395
Mori, M., 307
Morin, R., 332
Morse, A. D., 344
Morselli, C., 145
Mortimer, J. T., 91
Mosher, W. D., 305
Moss, A. A., 335
Moss, M., 133
Moyer, M., 390
Muhumed, M., 265
Munford, R., 301
Murdock, G. P., 50, 156, 157
Mustaine, E., 144
Mutran, E. J., 92
Myrskylä, M., 354, 355, 356

N

NAEP, 184
Nahin, R. L., 367
Nanda, S., 297
Naples, N., 43
National Cancer Institute, 39

National Center for Health Statistics, 91, 305, 335, 363, 364, 365, 383
National Counterterrorism Center, 231, 232
National Education Association, 189
National Geographic, 374
National Institute of Justice, 140, 141
Neale, M. A., 325
Negri, A., 270
Neiwert, D. A., 338
Nelson, T. F., 133, 134
Neumark, D., 96
New York Times, 160, 299
Newman, W. M., 331-333
Newport, F., 375
NFHS, 188
NHPCO, 97
Nicolas, G., 357
Niebrugge-Brantley, J., 16
Nielsen, 84, 85
Nielsen, J. M., 293, 294
Nofziger, S., 144
Nolan, P., 121
Norris, P., 307
North Carolina Department of Environment and Natural Resources, 371
Norton, M. I., 342
Norwegian Ministry of Children and Equality, 313
Notestein, F., 354
Noueihed, L., 382

O

Oakes, J., 186
OASDI, 355
Obach, B. K., 396
Oberschall, A., 394
O'Callaghan, E., 325
O'Connell, M., 155, 168-170
O'Connor, A., 113
Office of Immigration Statistics, 344
Ogburn, W. F., 53, 54, 158, 385, 392
O'Harrow, R., Jr., 390
Okrent, A., 55, 56
Okun, A., 223
Oliver, M. L., 258
Omi, M., 320
One Laptop per Child (OLPC), 389
Onishi, N., 172
Onyett, J., 396
Orapesa, R. S., 164
Organization for Economic Cooperation and Development (OECD), 181, 252, 312, 313
Orshansky, M., 253
Ortman, J. M., 334
Ortyl, T., 305
Osberg, L., 251
Oths, K. S., 363
Overberg, P., 153, 169-170
Ozuekren, A. S., 332

P

Padian, K., 195
Pager, D., 37, 325
Paik, I., 310
Painter, N. I., 325-326

Palm, C., 370
Panagopoulos, C., 33
Park, K., 170
Park, R., 86
Parke, R. D., 81
Parker, A., 285
Parker, K., 155
Parker, R., 304
Parsons, T., 17, 307, 357, 384-385
Pascoe, C. J., 296, 304
Pasko, L., 148
Passel, J. S., 153, 282
Patten, E., 155
Patterson, T. E., 230
Pattillo, M., 81
Paxton, P., 229
Pear, R., 362
Pearson, A., 153
Peattie, L., 298
Peel, L., 162
Perrow, C., 120
Perry, B., 323
Pershing, J. L., 106, 374
Petrovic, D., 331
Pew Charitable Trusts, 213
Pew Hispanic Center, 340, 341
Pew Research Center, 58, 97, 112, 123, 134, 153, 155, 170-171, 197, 202, 205, 213, 218, 225, 301, 313, 329, 371, 376
Pezzullo, P. C., 371
Pfeifer, M., 337
Phillips, D., 332
Phillips, K. A., 325
Piaget, J., 79-80
Piazza, A., 319
Piketty, T., 251
Pinderhughes, D., 225-226
Pinkerton, J. P., 186
Pinnow, E., 365
Pino, N. W., 298
Planty, M. W., 189, 192
Plaut, V. C., 342
Pollini, J., 370
Pollster.com, 226-227
Pomeroy, W. B., 303
Popenoe, D., 169-170
Population Reference Bureau, 91, 92
Porter, J. N., 197
Postman, N., 392, 393
Potts, J., 215
Preston, J., 345
Preves, S. S., 292
Proctor, B. D., 30, 96, 163, 250
Progressive Student Labor Movement, 381
Prohaska, A., 304
Project on Student Debt, 213
Provasnik, S., 192
Prus, S. G., 363
Pryor, J. H., 58, 200, 301

Q

Quina, K., 303
Quinney, R., 146, 147
Quirk, P. W., 397
Quisumbing, A., 312
Quota Project, 229

R

Radovich, S., 273

Raghavan, S., 382
Rainie, L., 85, 87
Rand, M. R., 311
Rand, R., 161
Ratner, C., 394
Ravallion, M., 277
Ravitz, J., 396
Ray, J., 33
Rayner, G., 153
Reddy, G., 297
Reel, J. J., 295
Reid, L., 64
Rein, M., 298
Rein, S., 52
Reinharz, S., 42
Reitman, M., 57
Reitzes, D. C., 92
Releford, P., 390
Religious Tolerance, 285
Renegar, V. R., 301
Reynolds, J. R., 188
Ribando, C. M., 285
Richards, A., 301
Richards, S., 362
Richtel, M., 124
Rico, M. N., 282
Rideout, D. F., 84, 85
Ridgeway, G., 325-326
Rieker, P. R., 365
Rios-Vargas, M., 339
Risley, T. R., 260
Risman, B. J., 160, 298
Ritzer, G., 118
Rivera, C., 146
Rivers, C., 298
Roberson, D., 56
Roberts, J. T., 375
Roberts, V., 93
Roberts, V. J., 85
Robinson, J. P., 160
Robison, J., 296
Rodgers, D. M., 395
Rodriguez, R., 57
Rodwan, J., Jr., 370
Roediger, D. R., 320
Roehling, P., 310
Romero, G., 131
Romero, J. H., 96
Romney, D. M., 298
Rootes, C., 396
Roscigno, V. J., 96
Roscoe, W., 297
Rose, A., 330
Rosen, W., 54
Rosenfeld, M. J., 162
Rosenthal, R., 185
Rosenwald, M. S., 112
Rosin, H., 179
Rossi, A. S., 164
Rossides, D. W., 240
Rothstein, R., 246
Rowland, C., 203
Rowling, J. K., 75
Roy, A., 398
Rubie-Davies, C. M., 185
Rubin, A. J., 61
Rule, J. B., 394
Rutter, M., 51
Ryan, S., 74
Rymer, R., 73

S

Saad, L., 172
Sachs, J. D., 266
Sacks, P., 186
Saez, E., 213, 251
Saha, R., 371
Sanchez-Burks, J., 342
Sanday, P. R., 297
Sanderson, W. C., 355
Sandler, R., 371
Sandstrom, M. J., 84
Sapir, E., 55-56
Sarachild, K., 395
Sargent, J., 39, 282
Sarin, R., 371
Sassen, S., 343
Sawhill, I., 162
Sawhill, I. V., 166, 242
Sawyer, R. L., 231
Scarce, R., 41
Scelfo, J., 386
Schachtman, T., 81
Schaefer, R. T., 81, 95, 199, 205
Schaffer, S., 399
Scharnberg, K., 358
Schelly, D., 387
Scherbov, S., 355
Schmeeckle, M., 167-168
Schmidt, P., 58, 323
Schnaiberg, A., 371
Schur, E. M., 140
Schurman, R., 391
Schwartz, P., 162
Schwartz, S. H., 58
Scott, G., 19, 20
Second Life, 112
Sedivy, J., 56
Sessions, L., 85
Shah, A., 277
Shaheen, J., 270
Shanahan, M. J., 91
Shapiro, S. M., 85
Shapiro, T. M., 258
Sharp, G., 10
Shaw, C. R., 145
Shenk, D., 51
Shenker, J., 382
Shepherd, H., 325
Sherbin, L., 310
Sherkat, D. E., 162
Sheskin, I. M., 341
Shi, Y., 338
Shields, S. A., 302
Shierholz, H., 257
Shiller, P., 310
Shipler, D. K., 256, 338
Shirky, C., 113, 388, 397
Shorrocks, A., 276
Short, J. E., 85
Shostak, A. B., 233
Showden, C. R., 301
Shupe, A. D., 36
Silver, B. D., 34
Silver, I., 107
Simmons, R., 87
Simmons, T., 168-169
Singel, R., 390
Sionean, C., 305
Sisson, C. K., 113
Skerrett, D. M., 56
Smeeding, T., 251
Smiley, T., 213

Smit, P., 141
Smith, Aaron, 260
Smith, Adam, 216-217
Smith, C. S., 74, 85
Smith, D., 96
Smith, D. A., 225
Smith, D. E., 302
Smith, H. J., 394
Smith, J. C., 30, 96, 163, 250
Smith, J.-M., 296
Smith, M., 139
Smith, S. L., 331
Smith, T., 89
Smith, T. W., 248, 249, 305
Smith, W. L., 298
Snyder, T. D., 18, 28, 184, 187, 188, 280, 383
Social Security Administration, 96
Soderstrom, M., 71
Solidarity Center, 273
Solove, D. J., 390
Sommers, S. R., 342
Sorenson, A. M., 105
Sorokin, P. A., 242
Southeast Asia, 60
Sowards, S. K., 301
Spalter-Roth, R., 19
Spencer, M., 113
Sprague, J., 43
Srinivasan, R., 33
St. Rose, A., 188
Stack, C., 163
Stafford, L., 166
Standish, P., 280
Stark, R., 199
Starr, P., 358, 366
State of Arizona, 325-326
Stavenhagen, R., 281
Steele, J., 285
Steidle, B., 285, 331
Stein, A., 304
Steinem, G., 143
Stelter, B., 397
Stenning, D. J., 92
Stepan-Norris, J., 225
Stevenson, M., 281, 282
Stewart, Q. T., 394
Stewart, S. K., 166
Stitt, C., 40
Stone, B., 397
Stone, C., 213
Stovel, K., 110, 111
Stratton, T. D., 367
Strauss, G., 225-226
Strauss-Kahn, D., 265
Streib, J., 246
Stretesky, P. B., 372, 387
Strom, S., 265
Strube, M., 295
Strudthoff, D., 317
Stryker, S., 303
Sugie, N., 37
Suitor, J. J., 83, 84, 190
Sullivan, K., 86
Sullivan, O., 310
Sullivan, T. N., 81
Sumberg, K., 310
Sumner, W. G., 64-65, 109
Sun, Y., 29, 173
Sureau, J., 192
Sutcliffe, B., 266
Sutherland, E. H., 139, 145
Sutton, P. W., 369

Suzuki, T., 355
Swami, V., 296
Swatos, W. H., Jr., 200, 201
Swidler, A., 48
Szasz, T., 359

T

Tafur, M. M., 364
Taha, T. A., 55
Takahashi, D., 112
Tate, S. A., 295
Taylor, D., 372
Taylor, F. W., 120
Taylor, J. B., 336
Taylor, P., 91, 95, 213, 226-227, 258, 311, 332, 340
Teachman, J. D., 10
Tentler, L. W., 385
Terkel, S., 399
Terry, S., 170
Tertilt, M., 157, 158
Tewksbury, R., 144
Thomas, A., 162
Thomas, D. S., 15
Thomas, F., 337
Thomas, G., 344
Thomas, S., 74
Thomas, W. I., 15
Thompson, K. M., 105
Thompson, M., 212
Thompson, W. S., 354
Thomson, E., 168-169
Thornberg, R., 185
Tibbits, C., 158
Tierney, J., 65-66
Tilly, C., 396
Tolbert, K., 81
Tonkinson, R., 92
Tönnies, F., 120, 121
Torres, E., 364
Torres, L., 341
Traugott, M. W., 33
Tremblay, P., 145
Trevelyan, E. N., 352, 354
Treviño, L. K., 144
Trow, M., 190
Truman, J., 138, 139, 311
Tully, S., 213
Ture, K., 335
Turkle, S., 85
Turner, B. S., 13, 243
Twain, M., 147
Twitchell, J. B., 124
Tyson, L. D., 313

U

UN News Service, 286
UNAIDS, 360, 361, 362
UNCTAD, 312
UNESCO, 54
UNICEF, 374
United Nations, 161, 239, 278, 307, 342, 352, 353, 354, 356
United Nations Development Programme, 277, 279, 280, 281
United Nations Framework Convention on Climate Change, 375, 376
United States Coast Guard, 349
UNODC, 141

Urbina, I., 63
U.S. Census Bureau, 31, 87, 88, 92, 96, 117, 123, 155, 157, 160, 161, 162, 165, 166, 168-170, 173, 181, 182, 227-228, 250, 254, 255, 258, 296, 307, 309, 319, 321, 322, 325, 336, 337, 339, 342, 350, 365, 383
U.S. Commission on Civil Rights, 308, 322
U.S. Customs and Border Protection, 281
U.S. Department of Agriculture, 219
U.S. Department of Defense, 230
U.S. Department of Homeland Security, 259, 282, 344, 352, 353
U.S. Department of Human Services, 165
U.S. Department of Justice, 137, 138, 239, 304, 324, 325, 338
U.S. Department of State, 165, 284
U.S. Surgeon General, 357
Utne, L., 281

V

van den Bergh, L., 185
van der Klaauw, W., 213
Van Dijk, J., 141
Van Horn, C., 213
Van Kesteren, J., 141
Van Vooren, N., 19
Vanderstraeten, R., 189
Vaughn, B., 371
Veblen, T., 386
Veenhoven, R., 12
Venkatesh, S., 129, 149, 220
Venter, C., 319
Vicinus, M., 302
Villarreal, A., 148
Virtcom Consulting, 325
Vogt, W. P., 32
Voloshin, I., 87
Vowell, P. R., 144

W

Wais, E., 116
Waites, M., 303
Walden, G., 294
Waldman, A., 212
Walker, I., 394
Walker, R., 301
Wallerstein, I., 270-271, 274, 280, 388
Wallerstein, J. S., 173
Wallis, C., 190
Walpole, M., 27
Wang, W., 153, 162
Warner, R. S., 88, 202
Warren, A., 382
Warren, C. A. B., 90
Warren, P., 146
Wartella, E., 85
Washington, H. A., 364
Waters, M. C., 342
Watts, D. J., 110
Weber, M., 14, 42, 65-66, 115-116, 117, 118, 119, 187, 189, 198, 201, 202-203, 214, 214-215,

215, 242, 244-245, 259, 381, 393
Wechsler, H., 133, 134
Weinberg, D. H., 310
Weinstein, H., 326-327
Weinstein, R. S., 185
Welles, O., 342
Wells-Barnett, I. B., 15, 16, 17, 307
Welzel, C., 307
Werner, C. A., 92
Wesner, G. J., 265
Wessel, D., 211
West, C., 213, 294, 338
Western, B., 37
Wethington, E., 91
Whitehead, B. D., 169-170
Whorf, B., 55-56
Whorton, J. C., 366
Whyte, W. F., 35-36
Wickman, P. M., 135

Wierzbicka, A., 56
Wilde, O., 217
Wilford, J. N., 122
Williams, A., 95
Williams, D. R., 334
Williams, K. N., 90
Williams, M., 265
Williams, R., 57, 364
Wills, J. B., 160
Wilper, A. P., 363
Wilson, R., 246, 247
Wilson, W. J., 110, 140, 163, 255, 330
Winant, H., 320
Wirth, L., 20
Withrow, B. L., 325-326
Witts, M. M., 344
Wolf, N., 136, 295
Word, D. L., 39
Worland, J. C., 186

World Bank, 141, 256, 267, 268, 272, 274, 275, 277, 279, 280, 351, 352, 359, 360, 383
World Economic Forum, 312
World Health Organization (WHO), 356, 358, 366, 368, 373, 374
World Values Survey, 195
WuDunn, S., 291, 297, 307, 312
Wuerker, M., 390
Wyatt, E., 274

X

Xie, Y., 188

Y

Yang, R., 255
Yankay, J., 353

Yinger, J. M., 198
Yurdakal, G., 342

Z

Zahidi, S., 313
Zamenhof, L., 55
Zarembo, A., 230
Zellner, W. M., 81
Zellner, W. W., 199, 205
Zetter, K., 390
Zhang, S., 104
Zickuhr, K., 260
Zimbardo, P., 230
Zimbardo, P. G., 132, 145
Zimmerman, A. L., 301
Zimmerman, D. H., 294
Zola, I. K., 358
Zukin, C., 213
Zweigenhaft, R. L., 225-226
Zwerman, W., 37

Nota: o *f* em itálico que acompanha os números de página refere-se a figuras.

A

A árvore da vida, 203
A divisão do trabalho na sociedade (Durkheim), 121
A elite do poder (Mills), 224
A ética protestante e o espírito do capitalismo (Weber), 202
A lista de Schindler, 49
A lula e a baleia, 163
A mística feminina (Friedan), 300, 309, 395
A noite dos mortos vivos, 131
A princesa e o sapo, 335
A rede social, 119
A riqueza das nações (Smith), 216-217
A separação, 277
A vida, acima de tudo, 359
A vida dos outros, 119
AARP (American Association of Retired Persons), 96
abordagem à socialização com base na trajetória de vida, 88-91, 89*f*, 405-413
abordagem ao desvio com base na reação social, 146, 405-413
abordagem aos movimentos sociais com base na mobilização de recursos, 394-395, 405-413
abordagem às organizações com base nas relações humanas, 120, 405-413
abordagem com base na gestão científica às organizações, 120, 405-413
abordagem dramatúrgica, 15, 17, 78-79, 405-413
aborto, 301
Abu Ghraib, 132, 142, 230
ação afirmativa, 183, 327-328, 405-413
Acordo Norte-Americano de Livre Comércio (NAFTA), 282
Adan, Edna, 291
Addams, Jane, 16, 42, 181
ADL (Anti-Defamation League), 341
adoção, 158, 165, 405-413
afeto, 159
África
　fome nos países da África oriental, 265
　tecnologia e, 86
África do Sul, 222, 332
afro-americanos, 129, 332-335. *Ver também* desigualdade social.
　Obama, Barack; raça/etnia
　casamento inter-racial, 162
　classe social e, 258
　construção social da realidade e, 103
　coreano-americanos e, 338
　Du Bois, sobre, 15
　família, 163
　identidade racial e, 319
　perfis raciais e, 325-326
　política e, 226-228, 229*f*
　regra de uma gota, 319, 320
agência, 7, 81, 405-413

agência livre, 7
Agha-Soltan, Neda, 396
aids, 19, 359-360, 361*f*, 382
Ajami, 61
ajuda internacional, 278*f*
Aladdin, 270
álcool, 133-134, 133*f*
Alemanha, 355
Alemanha nazista
　autoridade e, 215
　conformidade e, 132
　genocídio e, 330, 341, 344
　imigração e, 344
　religião e, 202
　sistema político, 221
Ali, Muhammad (Bangladesh), 372-373
Ali, Muhammad (boxeador), 103
alianças entre homossexuais, 190
alienação, 14, 116, 405-413
alimentos geneticamente modificados (GM), 391
Al-Qaeda, 117. *Ver também* atentados terroristas de 11 de setembro de 2001
Alvin e os esquilos, 164
AMA (American Medical Association), 361, 366, 386
amalgamação, 331, 405-413
American Idol, 166, 245
American Psychiatric Association, 303, 360
American Sociological Association (ASA), 40, 41, 51, 132
amish, 80-81, 121, 198, 393
amostragem aleatória, 30, 405-413
amostras, 30, 405-413
análise de conteúdo, 39, 405-413
análise de dados, 30
análise de sistemas-mundo, 270-271, 270*f*, 280, 405-413
análise secundária, 37-40, 405-413
animais de estimação, 159
Anistia Internacional, 232
Aniston, Jennifer, 332
Annan, Kofi, 285, 298
Annenberg School for Communication and Journalism, 331
anomia, 13, 143, 405-413
anorexia nervosa, 357
anos de 1960, 64
Antes de partir, 94, 96
Anthony, Susan B., 299
Anti-Defamation League (ADL), 341
antissemitismo, 341, 405-413
aparência, 136, 294-295, 295*f*
apartheid, 332, 405-413
Apne Aap Women Worldwide, 291
aposentadoria, 92-93
Aprendendo a viver, 142
aquecimento global. *Ver* mudança climática
árabe-americanos, 133, 192, 285, 325-326, 339*f*
árabes, 270
Arábia Saudita, 57, 196
Ártico, toxinas no, 369
ASA (American Sociological Association), 18-19, 40, 41, 51
asiático-americanos, 222, 336-338, 336*f*
assimilação, 331-332, 342, 405-413

associação diferencial, 144, 405-413
Association for Applied Clinical Sociology, 20
atentados terroristas de 11 setembro de 2001
　autoridade e, 215
　Bin Laden e, 3, 20, 60, 117
　burocracia e, 116-117
　contracultura e, 64
　controle social e, 133
　criminalidade transnacional e, 141
　direitos humanos e, 285
　discriminação institucional e, 326-327
　elaboração de perfis raciais e, 146, 325-326
　imigração e, 231
　linguagem e, 55
　mídia e, 86-87
　privacidade e, 390
　religião e, 201
　valores e, 59
ativismo. *Ver* movimentos sociais
Atração perigosa, 139
Austrália, 57, 331
"autoestima de fim de semana", 296
autoridade, 117, 159-160, 214-216, 405-413
autoridade
　carismática, 214, 215-216, 394, 405-413
　racional-jurídica, 214, 215, 405-413
　tradicional, 214, 215, 405-413
Avatar, 56, 372
avatares, 112, 113, 405-413
avosidade, 164-165

B

Babel, 270
Baby Mama, 164, 167-168
"Baby Mama", 166
Baía de Guantánamo, 285
Banco Mundial, 271
Bangladesh, 279, 372-373
Barrino, Fantasia, 166
batida da imigração em Postville, 317, 330, 343
Batman: o cavaleiro das trevas ressurge, 142
Bear Stearns, 210
Beatie, Thomas, 303
bebedeiras, 133-134, 133*f*
Beckham, Victoria, 356
Bell, Daniel, 123, 140, 203
Bell vs. Maryland, 341
Ben Ali, Zine El Abidine, 382
berdache, 297
Berry, Halle, 321
Big Brother, 110
Big Love, 158
Bin Laden, Osama, 3, 20, 60, 117
biotecnologia, 390-392
bioterrorismo, 362
bissexualidade, 303, 405-413
Black Power, 335, 405-413
Blossfeld, H. P., 162
Bouazizi, Mohamed, 382
Bourdieu, Pierre, 249
　sobre classe social, 242
　sobre correlação, 29-30
　sobre cultura, 245-246

sobre sociologia, 6, 9
sobre sociologia pessoal, 398
sobre transformação social, 16
Brown vs. Board of Education, 181
budismo, 196, 200-201, 201*f*
Buffett, Warren, 219
Bully, 91
Bureau of Indian Affairs (BIA), 335
burguesia, 243, 405-413
Burn, Harry T., 299
burocracia, 115-119, 115*f*
　autoridade e, 117
　características de, 115-118, 115*f*
　controle social e, 130
　cultura organizacional e, 119-120
　definida, 405-413
　economia informal e, 219
　educação e, 189
　tecnologia e, 393
burocratização, 118-119, 189, 395, 405-413
Bush, George W.
　batidas da imigração e, 344
　"Coalizão dos dispostos", 110
　confiança pública no governo e, 225*f*
　Congresso e, 221
　Gore e, 226-227
　índices de aprovação, 215
　Kerry e, 226-227
　origem afluente de, 245
　serviços de saúde e, 366-367
　TARP e, 219

C

Calvin, John, 202
Calvin e Haroldo, 184
Campanha pela Beleza Verdadeira, 296
Campanha por salário digno *Living Wage*, 381
canções, 13, 39, 40
capital cultural, 245-249, 405-413
capitalismo, 216-217
　classe social e, 242-243
　definido, 405-413
　desigualdade social e, 186
　ideologia dominante e, 62, 243
　Marx sobre, 14, 242-243
　questões ambientais e, 371
　raça/etnia e, 329
　transformação social e, 382
Capitalismo: uma história de amor, 224
Caramelo, 61
Carmichael, Stokely, 395
carreiras em sociologia, 18-20, 19*f*
carreiras nos serviços sociais, 19
casamenteiros, 156, 162
casamento, 154. *Ver também* família
　adoção e, 165
　como rito de passagem, 89
　divórcio, 165, 170-173, 172*f*, 173*f*
　entre pessoas do mesmo sexo, 61, 170*f*-171*f*
　escolha de parceiro, 156, 160-163, 160*f*, 162*f*
　incidência de, 160-161, 161*f*
　inter-racial, 162*f*
　tipos de, 156-158

Casamento à indiana, 163
castas, 239-240, 405-413
Castro, Fidel, 341
Censo dos Estados Unidos (2010), 30, 38, 39, 155, 158, 169-170, 321, 322, 336, 337
censura, 389-390
cerimônias de degradação, 91, 405-413
chances na vida, 258, 259-260
    definidas, 259, 405-413
    Just like family (Blaine), 237
    The nanny diaries (McLaughlin & Kraus), 237
Children underground, 91
China, 52, 104, 218, 221, 270, 279, 355, 390
choque cultural, 64-65, 405-413
Cidade de Deus, 61
ciência, 9, 405-413
ciência natural, 9, 405-413
ciência social, 9-10, 405-413
Ciudad Juárez, 142
Class: A Guide through the American Status System (Fussell), 247
classe, 243-244, 405-413. *Ver também* classe social
    alta, 240
    dominante, 14
    média, 240-241, 252
    média alta, 240
    trabalhadora, 14, 241, 243
classe social, 236-260. *Ver também* desigualdade social; educação e classe social; mobilidade social; pobreza
    capital cultural e, 245-249
    chances na vida e, 237, 259-260
    desvio e, 147
    educação e, 26-32, 31*f*, 82, 182*f*, 186, 244, 257-258
    envelhecimento e, 96
    filmes sobre, 242
    Marx sobre, 14, 242-244
    parentalidade e, 163
    participação de eleitores e, 226-227
    prestígio e, 248-249, 248*f*
    religião e, 202*f*
    renda e, 249-251, 250*f*, 256-257, 257*f*
    riqueza e, 249, 251-252, 251*f*, 257*f*
    saúde/doença e, 362-363
    sistemas de estratificação, 238-242
    sociedades pós-industriais e, 122-123
    status socioeconômico, 249
    Weber sobre, 242, 244-245, 259
Clinton, Bill, 366, 371
Clinton, Hillary, 286, 311
clonagem, 391, 391*f*, 392
Clube da luta, 311
coabitação, 167-170, 169-170*f*, 405-413
"coalizão dos dispostos", 110
Coalizão dos Movimentos de Mulheres para Defender Reivindicações Eleitorais (Irã), 396
coalizões, 110, 405-413

Código de Ética (American Sociological Association), 40, 41, 132
código de ética, 40, 405-413
coerção sexual, 306, 312
coevolução gene-cultura, 50-51
colapso do comunismo, 382
colar, 58-59
Colbert, Stephen, 397
coleta de dados, 30
colonialismo, 269-271, 270*f*, 394, 405-413
Comissão das Nações Unidas sobre o *Status* da Mulher, 249
Como enlouquecer seu chefe, 119
companheirismo, 159
competição, 216-217, 243
Comte, Auguste, 13, 201, 384, 401
comunicação não verbal, 57, 405-413
conclusões, 31-32
confiabilidade, 30, 31, 405-413
confidencialidade, 40-41
conflito de papéis, 105-106, 405-413
conformidade, 130-131, 143-144, 405-413
Congo, 274
Congresso
    Bush e, 221
    eleições para o congresso em 2012, 222
    questões ambientais e, 371*f*
consciência de classe, 243, 405-413
consenso, 385
construção social
    da realidade, 102-103
    de gênero, 292-299
    de raça, 319-321
consumo, 371
contraculturas, 64, 405-413
controle de natalidade, 306-307, 385, 393
controle social, 130-135
    definido, 130, 405-413
    educação e, 130, 182-183
    formal, 133
    informal, 132-134
    religião e, 204-205
    teoria do controle e, 135
Conversas ao pé da lareira, 215
Cooley, Charles Horton, 17, 76, 77, 79, 81, 108
Coração louco, 94
coreano-americanos, 201-202, 338
Coreia do Norte, 221
Coreia do Sul, 172
corporações
    desigualdade global e, 271-274, 272*f*
    desindustrialização e, 211-212
    elite do poder, 225-226
    multinacionais, 63-64, 211, 219, 271-274, 271*f*, 272*f*
    poder de, 214
    remuneração de diretores executivos, 243
correlação, 29-30, 405-413
costumes, 59, 63, 405-413
Crawford, C., 39, 295
credencialismo, 187, 405-413
crédito educativo, 191

crença no caldeirão, 331
crenças religiosas, 194-195, 405-413
Crescente Vermelho, 232
crescimento da população mundial, 354*f*
crianças. *Ver também* parentalidade; socialização
    classe social e, 259
    cuidado de, 87*f*, 88, 160, 183
    divórcio e, 173
    escravidão e, 239
    ferais, 73*f*
    isolamento e, 73-74, 73*f*
    propaganda e, 39-40, 40*f*
crime, 129, 137-149, 137*f*, 138*f*, 141*f*, 147*f*, 219, 405-413. *Ver também* desvio
    empresarial, 139
    de ódio, 324-325, 324*f*, 341, 405-413
    do colarinho branco, 139-140, 405-413
    indexado, 137, 405-413
    organizado, 140-141, 405-413
    sem vítimas, 140, 405-413
criminalidade
    internacional, 141-142, 141*f*
    transnacional, 141, 405-413
crise da meia-idade, 91, 405-413
Cristianismo, 193, 199-200, 200*f*
    crenças, 194
    denominações, 197
    escravidão e, 204
    experiência de renascimento, 196
    fundamentalismo, 195
crueldades cotidianas, 291, 297
Cruz, Eufrosina, 282
Cruz Vermelha, 95, 232
Cubano-americanos, 88-89, 341
cuidado de crianças, 87*f*, 88, 160, 183
cuidados paliativos, 97, 405-413
Cullen, L., 166
cultos (novos movimentos religiosos), 198-199
cultura, 46-69
    Bourdieu sobre, 245-246
    classe social e, 245-246
    contraculturas, 64
    criatividade e, 49
    definida, 405-413
    desigualdade social e, 50, 62
    direitos humanos e, 285
    educação e, 181-182
    envelhecimento e, 104
    família e, 154
    felicidade e, 12
    feminismo e, 301
    filmes sobre, 59, 61
    gênero e, 297
    ideologia dominante e, 62
    imaterial, 53, 54, 405-413
    inovação, 51-52
    interação social e, 102
    linguagem e, 54-57, 71
    material, 53-54, 405-413
    movimento Black Power e, 335
    normas e, 59-61, 60*f*, 61*f*
    organizacional, 119-120
    sanções e, 61-62
    saúde/doença e, 356-357
    socialização e, 81

    sociedade e, 48-49
    status atribuído, 104
    subculturas, 63-64, 64*f*, 190-191
    tecnologia e, 53-54
    transformação social e, 385
    universais culturais, 49-51
    valores e, 57-59, 58*f*
    variações em, 62-66
curandeirismo, 364, 405-413
curas, negociando, 361
currículo oculto, 185, 405-413

D

Dançando com as estrelas, 245
Darfur, 265, 285-286, 331
Darwin, Charles, 384
debate entre natureza e criação, 50, 75
Declaração Universal dos Direitos Humanos, 239, 283, 285
defasagem cultural, 54, 385, 405-413
deficiência, 105
definição de problema, 26-27
definição funcionalista
    de família, 158-159, 405-413
    de religião, 193-194
definição substantiva
    de família, 155, 405-413
    de religião, 193-194
definições operacionais, 27, 405-413
democracia, 221-223, 382, 405-413
democracia representativa, 221, 405-413
demografia, 350
denominações, 197, 405-413
Departamento da Agricultura dos Estados Unidos, 253
desapego, 36
descendência
    bilateral, 155-156, 405-413
    matrilinear, 156, 405-413
    patrilinear, 156, 405-413
descoberta, 52, 405-413
descriminalização, 140
desemprego, 5, 8*f*, 9, 210, 211, 213
desenhos de pesquisa, 38*f*
    análise secundária, 37-40
    definidos, 32, 405-413
    experimentos, 36-37
    observação, 35-36
    surveys, 32-35, 33*f*
desenvolvimento moral, 79
desigualdade. *Ver* desigualdade social
desigualdade global, 265-286
    ajuda internacional e, 278*f*
    colonialismo e, 269-271
    corporações e, 271-274, 271*f*, 272*f*
    direitos humanos e, 283-286
    estudo de caso sobre o México, 280-282
    filmes sobre, 277
    mobilidade social e, 278-279, 278*f*
    modernização e, 268-269, 272
    mulheres e, 276-277, 279, 312*f*, 313
    pobreza, 277*f*, 278*f*

questões ambientais e, 371-372, 376
renda e, 266, 267f, 268, 274f
saúde e, 274-276, 274f, 275f
tecnologia e, 272, 388-389
teoria da dependência, 271, 273
desigualdade social. *Ver também* classe social; desigualdade global; gênero; raça/etnia
burocracia e, 119
capitalismo e, 186
como componente da sociologia, 9
conflito de papéis e, 105-106
construção social da realidade e, 103
criminalidade e, 141
cultura e, 50, 62
definida, 238, 405-413
desemprego e, 8f
desenvolvimento da sociologia, 13
desvio e, 146-149, 147f
economia e, 210
educação e, 82, 114, 183-188, 184f, 189, 191, 246
emprego e, 309f, 310f, 311f
envelhecimento e, 95-96, 104
estratificação, 238-241
família e, 159, 160
formação racial e, 320
fosso digital, 259-260, 388-389
gênero e, 307-313, 312f
gravidez e, 166
homossexuais, 170
ideologia dominante e, 62
instituições sociais e, 114
Marx sobre, 14
México, 280
modelo da transformação social com base no equilíbrio e, 385
ordem social, 329-330
participação de eleitores e, 226-227
questões ambientais e, 371-372
religião e, 204
socialismo e, 217-218
sociologia pública e, 399
status atribuído, 104
status dominante e, 105
tensão entre papéis e, 106
desindustrialização, 211-212, 271, 405-413
deslocamento de objetivos, 117, 405-413
Desperate housewives, 155
desvio, 129, 135-151
associação diferencial e, 144
criminalidade, 129, 137-149, 137f, 141f, 147f, 219
definições de, 135, 405-413
desigualdade social e, 146-149, 147f
estigma e, 136-137
filmes sobre, 142
ordem social e, 142-143
teoria da anomia, 143
teoria da desorganização social, 145
teoria da rotulagem, 145-146
teoria da transmissão cultural, 144-145

teoria do, com base na tensão, 143
teoria do, de Merton 143-144
devoção filial, 104
Dia de treinamento, 91
Dia Nacional de Desconectar-se, 86
Diamante de sangue, 277
Dickens, Charles, 401
diferenças. *Ver* desigualdade social
diferenciação, 385
difusão, 52-53, 405-413
difusão cultural, 52-53
dinâmica populacional, 350-356
crescimento da população mundial, 354f
demografia e, 350
Ensaio sobre o princípio da população (Malthus), 353
migração e, 352-353, 353f
mortes e, 351-352
nascimentos e, 350-351
população dos Estados Unidos nascida no exterior, 354f
relógio da população mundial, 350f
direitos dos homossexuais, 170-171f
direitos humanos, 239, 283-286
definidos, 283-285, 405-413
homossexuais e, 286, 305
tráfico de seres humanos, 283-285, 284f
transformação social e, 285-286
Dirigir sendo preto (*Driving While Black*, DWB), 146
discriminação, 308. *Ver também* desigualdade social
definida, 405-413
emprego feminino e, 309f, 310f, 311f
institucional, 308, 326-329
percepções de, 329f
raça/etnia e, 324-325, 325f, 325-329
velhismo e, 95-96
Disney, Walt, 53
disponibilidade de médicos, 365f
Distrito 9, 331
ditadura, 221, 405-413
diversidade na força de trabalho, 213-214, 214f
divisão do trabalho, 116-117, 121, 122
divórcio, 165, 170-173, 172f, 173f
Domhoff, William G., 224f, 225-226
Dona de casa por acaso, 164
Dove, 295, 296
downsizing, 211-212, 405-413
Doze é demais, 164
Dr. Fantástico, 231
drapetomania, 359
Drive, 139
Du Bois, W. E. B., 15, 16, 17, 42, 129, 180, 181, 334, 335
Dude You're a Fag (Pascoe), 304
Durkheim, Émile, 14, 16, 238, 376
análise secundária e, 39
definições de problema e, 27
neutralidade de valor e, 42
perspectiva funcionalista e, 17
sobre anomia, 13
sobre desigualdade global, 268

sobre desvio, 142-143
sobre integração social, 10-12, 182
sobre religião, 193-194, 196, 201
sobre solidariedade mecânica vs. orgânica, 121
sobre transformação social, 384

E

E.R., 367
ecclesiae, 196-197, 405-413
Ecologia humana, 369-370, 405-413
economia
como instituição social, 113, 114
definida, 210, 405-413
do México, 280
imigração e, 342
informal, 219-220
mudanças na, 210-213
não ter filhos e, 170
parentalidade e, 165
Economias mistas, 218-219, 405-413
educação, 180-192
até onde de, 181f
bilíngue, 182, 339-340
burocratização e, 189
coabitação e, 168-169
como instituição social, 113-114
como rito de passagem, 89
controle social e, 130, 181-183
cultura e, 181-182, 183
definida, 180, 405-413
desigualdade social e, 82, 114, 183-188, 184f, 189, 191-192, 246
educação em casa, 192
expansão histórica da, 180-181
faculdades comunitárias, 191-192
filmes sobre, 187
financiamento escolar, 183-185
gênero e, 188
indígenas norte-americanos, 336
ordem social e, 82, 181-183
parentalidade e, 165
profissão de professor, 189, 189f, 247
raça/etnia e, 191f, 339-340
religião e, 179, 194-195
Revolução Industrial e, 122
socialização e, 82-83
subculturas estudantis, 189-190
tecnologia e, 393
Educação, 91
educação e classe social
capitalismo e, 186
mobilidade social, 257-258, 258f
pobreza, 255
renda, 26-32, 31f, 182f, 258f
socialização e, 82
Weber sobre, 187, 244
efeito da expectativa do professor, 185, 405-413
efeito Hawthorne, 36-37, 39, 405-413
Egito, 382
elaboração de perfis raciais, 146, 325-326, 405-413
eleições parlamentares de 2012, 222

elite do poder, 223-226, 224f, 405-413
Elizabeth II, Rainha, 220
Elle, 295-296
emissão de gases do efeito estufa, 374f
emprego. *Ver também* emprego feminino
burocracia e, 115-119, 115f, 219
categorias profissionais, 117f
classe média e, 252
classificações profissionais, 248f
controle social e, 130
credencialismo, 187
cultura organizacional, 119-120
desemprego, 5, 8f, 9, 210, 211, 213
envelhecimento e, 95f
estigma e, 137
gangues e, 129
mobilidade social e, 256
prestígio e, 248-249, 248f
raça/etnia e, 37f, 213-214, 214f, 335
redes sociais e, 111
socialização e, 87
tecnologia e, 392
trabalho em rede virtual e, 112
emprego feminino, 308-311
discriminação, 309f, 310f, 311f
família e, 163, 165-166
nas profissões dos Estados Unidos, 308f
Segunda Guerra Mundial e, 213
segunda jornada e, 310
tendências em, 307f
Encontro de amor, 241
Encurralados, 91
endogamia, 161-162, 405-413
endogrupos, 108-109, 405-413
Engels, Friedrich, 116, 160, 243
Enron, 225
Enron: os mais espertos da sala, 139
Ensaio sobre o princípio da população (Malthus), 353
Ensina-me a viver, 94
ensino como profissão, 189f, 247
entrevistas, 34, 405-413
envelhecimento, 91-97
aposentadoria e, 92-93
cultura e, 104
demografia, 91-92, 92f
desigualdade social e, 95-96, 104
divórcio e, 172
emprego e, 95f
filmes e, 94
morte e, 96-97
saúde/doença e, 365
teoria da atividade, 95
teoria do desligamento, 93-94
velhismo, 95-96, 405-413
epidemiologia social, 361-365, 405-413
escambo, 219
escola. *Ver* educação
Escola para meninas, 291
escolha de parceiro, 153, 156, 160-163, 160f, 162f
escolhas, 124
escravidão
afro-americanos e, 334
criminalidade transnacional e, 141

Índice • 457

definida, 405-413
estratificação e, 239
ideologia dominante e, 329
religião e, 204
Escrita comum (Lodwick), 55
espécies ameaçadas, 374-375, 374f
Esperanto, 55
esportes, e burocracia, 118
esquemas Ponzi, 139
Estado. *Ver* governo; política
estereótipos, 320, 330, 405-413
estigma, 136-137, 405-413
estima, 248, 405-413
estratificação, 238-242, 405-413
estrutura social, 100-127. *Ver também* tecnologia
definida, 103, 405-413
escolha de parceiro e, 161
filmes sobre, 119
Gemeinschaft/Gesellschaft, 120
grupos, 107-110, 108f
instituições sociais, 113-115
interação social, 102-103
panorama do *status*, 103-105, 104f
papéis sociais, 105-107
perspectiva global sobre, 120-124
solidariedade mecânica vs. orgânica, 121
tecnologia e, 121-123
vida pós-moderna, 123-124
estudo em casa, 192
estudo sobre tabagismo, 364f
estudos com gêmeos, 71, 74-75
estudos com primatas, 74
estupro, 148, 291, 311, 312
etapa da sociedade industrial
inicial, 355
tardia, 355
etapa
do brinquedo, 77
do jogo, 77-78
operacional concreta, 80
operacional formal, 80
pré-operacional, 80
preparatória, 77
sensório-motora, 79
ética, 40-43
branca, 342
protestante, 202-203, 405-413
Etiópia
fome na, 265
menina estuprada na, 291
etnia simbólica, 342, 405-413
etnocentrismo, 64-66, 323
definido, 405-413
heteronormatividade e, 303-304
modernização e, 269
questões ambientais e, 370-371
etnografia, 35-36, 405-413
Eu (*self* atuante), 76, 82, 405-413
evolução, 195, 384
execuções, 147f
ex-Iugoslávia, 331
exogamia, 161, 162, 405-413
exogrupos, 108-110, 405-413
expectativa de vida, 91, 335f, 351, 352f, 359, 363
experiência de "renascimento", 196
experiência religiosa, 196, 405-413
experimento de Milgram, 131-132
experimentos, 36-37, 405-413
expulsão, 331, 405-413

F

Faça a coisa certa, 331, 338
Facebook, 30, 85, 90, 112, 119, 390, 395, 397
Faculdade de Comunicação e Jornalismo Annenberg da USC, 331
faculdades comunitárias, 191-192
fala de bebê, 71
falsa consciência, 243, 395, 405-413
familismo, 164, 405-413
família, 154-176
adoção, 158, 165
autoridade, 159-160
classe social e, 163
coabitação, 167-170, 169-170f
como instituição social, 113, 114
controle social e, 130
definição funcionalista de, 158-159
definição substantiva de, 155
divórcio, 165, 170-173, 172f, 173f
em que ambos trabalham, 165-166
escolha de parceiros, 156, 160-163, 160f, 162f
estudo em casa e, 192
extensa, 156
famílias adotivas, 166-168
filmes sobre, 163, 164
gênero e, 159-160
homossexuais e, 170-171f
igualitária, 160, 405-413
mista, 154, 167-168
monoparental, 156, 163, 166, 168-169f
nuclear, 156, 405-413
parentalidade e, 158, 164-165
parentesco e, 155-156
raça/etnia e, 163-164
Revolução Industrial e, 122, 156
sem filhos, 169-170
socialização e, 80-82, 158, 167-168
solteiros, 169-170
tipos de, 156-158, 157f
felicidade, 12
feminismo, 299-302
definido, 405-413
"de mulherzinha", 301
família e, 159
história do, 159, 299-302
pesquisa e, 42-43
primeira onda do, 159, 299
segunda onda do, 300-301
sobre ideologia dominante, 62
sobre linguagem, 56-57
sobre neutralidade de valor, 42
sobre prostituição, 140
status socioeconômico e, 249
terceira onda do, 301-302
Wells-Barnett, 15
fertilidade, 350, 385
feudalismo, 240
Fey, Tina, 167-168
Filhos da esperança, 5
Filipinas, 279
filmes
análise de conteúdo de, 39
guerra e, 231
imaginação sociológica e, 5
linguagem e, 56
raça/etnia, 331
sobre classe social, 241, 242
sobre crime, 139, 148
sobre cultura, 59, 61
sobre desigualdade global, 270, 277
sobre desvio, 142
sobre educação, 187
sobre envelhecimento, 94, 96
sobre estrutura social, 119
sobre família, 163, 164
sobre gênero/sexualidade, 311
sobre pesquisa, 42
sobre questões ambientais, 372
sobre religião, 203
sobre saúde/doença, 359
sobre socialização, 91
sobre transformação social, 385
financiamento de pesquisa, 41
Fish Tank, 5
Flickr, 390
florestas tropicais, 369, 370, 375
Foi apenas um sonho, 59
fome, em países da África Oriental, 265
Food, Inc., 372
força, 214, 405-413
Forja de heróis, 231
formação racial, 320, 405-413
fosso digital, 259-260, 388-389, 405-413
fosso global, 266-268
Fox, Michael J., 105
Franklin, Benjamin, 180, 181, 191
fraternidades, 133
Freaky friday, 164
Freedom Riders, 385
Freedom Summer, 381
Freeman, Morgan, 96
Freud, Sigmund, 79
Friedan, Betty, 300, 309, 313, 395
Frommer, Paul, 56
fuga de cérebros, 358-359, 405-413
fundamentalismo, 195, 405-413
Fundo Monetário Internacional, 271
Furacão Katrina, 19, 259, 265

G

gangues, 129
Gap, 273
Garota, interrompida, 142
Garota fantástica, 59
Garota infernal, 311
gastos militares, 230f
Gemeinschaft, 120, 121, 405-413
General Motors, 219
gênero, 292-299. *Ver também* desigualdade social; feminismo
autoridade familiar e, 159-160, 308
comportamento sexual e, 306-307
cultura e, 297
definido, 405-413
desigualdade global e, 279
desigualdade social e, 307-313, 312f
desvio e, 148-149
educação e, 188
envelhecimento e, 96
escravidão e, 239
estatística de criminalidade e, 138
expectativa de vida e, 335f
filmes sobre, 311
geração sanduíche e, 91
grupos de pares e, 84
índices de tabagismo por, 364f
linguagem e, 56-57
mídia e, 39, 40f, 295-296
mobilidade social e, 258-259, 279
movimentos sociais e, 395-396
normas e, 60
pessoas transgênero, 303, 304
pobreza e, 254
política e, 227-229, 227-228f
prática da sociologia e, 18f
propaganda e, 39, 40f
redes de contatos sociais e, 110-111
reimaginando, 297-299
religião e, 205
saúde/doença e, 364-365
sexo e, 292-293, 297-299
status socioeconômico, 249
surveys e, 33-34
tsunami no Oceano Índico e, 8, 82
valores nos relacionamentos e, 305f
genocídio, 330-331, 341, 405-413
geração-sanduíche, 91, 405-413
gerontologia, 93, 405-413
Gesellschaft, 120, 121, 405-413
gestão de impressões, 79, 405-413
Ghandi, 385
GI Bill, 191
Giffords, Gabrielle, 10
Ginsberg, Ruth Bader, 311
Glee, 83, 113, 304
globalização
castas e, 240
classe média e, 252
colonialismo e, 271
corporações multinacionais e, 271-274, 271f, 272f
criminalidade transnacional e, 141
cultura e, 51, 53
definida, 405-413
difusão cultural e, 52-53
direitos humanos e, 283
imaginação sociológica e, 20
imigração e, 342-343
índices de favorabilidade aos Estados Unidos, 123f
movimentos sociais e, 397
questões ambientais e, 376
sociedades pós-industriais e, 124
Goffman, Erving, 15, 17, 39, 78-79, 90, 136
Goldman Sachs, 210
Good Hair, 59
Google, 58
Gore, Al, 226-227
governo. *Ver também* política
como instituição social, 113, 114
confiança pública no, 225f
controle social e, 130
novos movimentos sociais e, 396
serviços de saúde, 366-367

socialização e, 87-88
tipos de, 220-223
governo Obama, 133, 219, 345
Grã-Bretanha, 220, 332-333
gráfico do "bolo de renda", 250-251, 250f
Gramsci, Antonio, 62
Gran Torino, 94
Grand Central Station, 47
Grande Recessão, 210, 212-213, 219, 251
Gray Panthers, 104
Great Dalmuti, jogo de cartas, 101
Grey's Anatomy, 367
grupo
    de controle, 36, 405-413
    de *status*, 244, 405-413
    experimental, 36, 405-413
grupos, 107-110, 108f, 405-413
    de conscientização, 395
    de referência, 110, 405-413
    étnicos, 318, 319f, 405-413
    minoritários, 318, 405-413. *Ver também* raça/etnia
    primários, 108f, 405-413
    raciais, 318, 405-413
    secundários, 108f, 405-413
grupos de pares
    conformidade e, 133-134
    controle social e, 130
    educação e, 181
    socialização e, 83-84, 83f
guerra, 230f, 231f, 232f, 405-413
guerra à pobreza, 253
Guerra ao terror, 231
Guerra do Afeganistão, 33, 36, 41
Guerra do Golfo, 110, 230
Guerra do Iraque
    Abu Ghraib, 132, 142, 230
    Bush e, 110
    etnocentrismo e, 65-66
    filmes sobre, 231
    mulheres na, 230
    normas e, 61
    pesquisa com observação e, 36, 41
    trabalho em rede virtual e, 113
Guerra do Vietnã, 64, 103, 142, 230, 336, 337
Guerra Fria, 55, 230, 231
Guerra Mundial Z, 131
guerras civis, 232
Gupta, Ruchira, 291
Gutiérrez, Gustavo, 203

H

Hacia una teología de la liberación (Gutiérrez), 203
Haiti, terremoto no, 265
hajj, 196
Half the sky (Kristof e WuDunn), 291
Hamas, 85
hambúrguer como milagre, 5-6
Hammergren, John, 243
Hanks, Tom, 6
Harry Potter e a pedra filosofal, 5
Heaven's Gate, 198
hermafroditas, 293
heteronormatividade, 303-304, 405-413
heterossexualidade, 303, 405-413

HGP (Projeto Genoma Humano), 319
hierarquia de autoridade, 117
hijras, 297
hinduísmo, 193, 200f, 201
hipertensão, 364
hipótese, 27-30, 31, 405-413
    de contato, 330, 405-413
    de Sapir-Whorf, 55-56, 123, 405-413
hispânicos (latinos), 339-341, 340f
    cerimônia da *quinceañera* e, 88-89
    classe social e, 258
    etnia e, 321
    família e, 164
    nomes de bebês e, 38f, 39
histórias, 123
Histórias cruzadas, 242
Hitler, Adolf, 215
HIV/aids, 19, 359-360, 361f
Holocausto, 330, 341
homens, 296-297, 298, 303-304. *Ver também* gênero
Homens são de marte, mulheres são de Vênus (Gray), 297
homicídios relacionados a drogas, 142, 280
homogamia, 162, 405-413
homossexuais
    atitudes em relação a, 170-171f, 302f, 360
    direitos humanos e, 286, 305
    família e, 61, 170f-171f
    normas e, 61
    subculturas estudantis e, 190
homossexualidade, 302f, 303, 405-413. *Ver também* homossexuais
House, 367
Hughes, Langston, 49
Hull House, 16
Human Rights Watch, 285
Human Terrain System, 36, 41
Hungria, 56
Hussein, Saddam, 110

I

identidades múltiplas, 321
ideologia dominante, 62, 243, 405-413
Idiocracia, 5
idosos. *Ver* envelhecimento
Igreja da Ciência Cristã, 199
Igreja Fundamentalista de Jesus Cristo dos Santos dos Últimos Dias, 157-158
imagens, 123-124
imaginação sociológica, 4-6, 20-21, 405-413
imigração, 342-345, 343f, 344f
    asiático-americanos, 336, 337, 338
    assimilação e, 331-332
    batida de Postville, 317, 330, 343
    coreano-americanos e, 338
    definida, 352
    desigualdade global e, 282
    educação e, 213
    elaboração de perfis raciais e, 325-326
    emprego e, 213-214

escravidão e, 239
família e, 163
fuga de cérebros e, 358-359
hispânicos e, 341, 345
idade e, 92
Lei de, do Arizona (2010), 325-326, 344, 345
religião e, 201
terrorismo e, 231
imperialismo cultural, 53, 269
impessoalidade, 117
Improv Everywhere, 47, 60
incapacidade treinada, 116, 405-413
incidência, 362, 405-413
inclusão, 385
Índia
    castas, 239-240
    gênero, 297
    justiça diferencial, 148
    mobilidade social, 279
    offshoring nos Estados Unidos e, 63-64, 211-212
    religião, 201
    violência contra a mulher, 291
índice de crescimento, 353
Índice de Desenvolvimento Humano (IDH) da ONU, 356
Índice de Desenvolvimento Humano, 268f
índices de fertilidade totais, 351, 351f
índices de morbidade, 362, 405-413
índices de mortalidade, 362, 405-413
índices de mortalidade infantil, 351, 360f, 363f, 405-413
Índice Global de Desigualdade de Gênero, 312-313
indígenas dos Estados Unidos, 335-336
    família e, 159, 164
    formação racial e, 320
    gênero e, 287
    genocídio e, 330-331
    linguagem, 55, 57
    política e, 227-229
    questões ambientais e, 372
Indomável sonhadora, 385
informações sobre saúde, na internet, 361
inovação, 51-52, 55, 183, 405-413
inovação cultural, 51-52, 183
Inside Job, 148, 224
instituições, 8
    sociais, 113-115
    totais, 90, 405-413
integração social, 10-12, 27, 182, 201-202
interação com pessoas parecidas, 85
interação social, 102-103, 405-413
interesses específicos, 386, 405-413
International Women Count Network, 249
internet. *Ver também* mídia; *sites* de redes sociais; tecnologia; trabalho em rede virtual
    atentados terroristas de 11 de setembro de 2001 e, 86-87
    classe social e, 259-260
    envelhecimento e, 95

escolha de parceiros e, 162
morte de Bin Laden e, 3
movimentos sociais e, 112-113
saúde, informação sobre, 361
superficialidade e, 86
tecnologia e, 54
uso global, 388-389
Interpol (Organização Internacional de Polícia Criminal), 141
interpretação, 77, 405-413
interseccionalidade, 302
invenção, 52, 405-413
Irã, 382-383, 395, 396, 397
Iraque, 132
Irlanda do Norte, 64
irmandades, 133
Islã, 193, 199-200, 322
    crenças, 194
    ecclesiae, 196
    etnia e, 322
    etnocentrismo e, 65-66
    fundamentalismo, 195
    língua árabe e, 339
    normas culturais muçulmanas, 61
    rituais, 196
    seitas, 198
isolamento, 73-74, 73f
Israel, 64, 75, 201, 222

J

Japão, 79, 81, 270, 351
jargão, 63, 405-413
Jay-Z, 40
Jefferson, Thomas, 180, 181, 191
Jeffs, Warren, 158
Jersey shore, 245
Joana D'Arc, 215
jogo, 336
jogo de cartas
    chinês, 101
    Dai Hin Min, 101
    Reis e Servos, 101
    Tiên Lên, *101*
    Zheng Shangyou, 101
jogo de simulação pela internet *Spent*, 260
jogos, vida *vs.*, 101
Johnson, Lyndon B., 230, 253
Jolie, Angelina, 165
Jonestown: The Life and Death of People's Temple, 203
Juárez, Benito, 280
judaísmo, 200-201, 201f
judeus americanos, 341
julgamento dos macacos de Scopes, 195
Juno, 164
Just Like Family (Blaine), 237
justiça
    ambiental, 371-372, 405-413
    diferencial, 147-148, 147f, 405-413

K

Kagan, Elena, 311
Katrina, furacão, 19, 259, 265
Kaye, Judith, 165
Kerry, John, 226-227
Khorasani, Noushin Ahmadi, 396

King, Martin Luther, Jr., 215, 267, *327-328*, 335, 394, 395
Kinsey, 42
Kinyarwanda, 277
Kitzmiller vs. Dover Area School District, 195
Knowles, Beyoncé, *40*
Ku Klux Klan, 323, 324, 335

L

laissez-faire, 216, 217, 219, 405-413
Laranja mecânica, 142
Latinos. *Ver* Hispânicos
Lauren, Ralph, 332
Le serment de tobrouk, 385
Leave it to beaver, 155, 302
Lee, Spike, 338
Lehman Brothers, 210, 225
Lei "Apoie a Aplicação da Nossa Lei" e "Bairros Seguros", 325-326, 344
Lei da Segurança na Aviação e nos Transportes, 326-327
Lei das Liberdades Civis, 338
Lei de Conciliação de Responsabilidade Pessoal e Oportunidade de Trabalho, 256
Lei de Conciliação da Saúde e da Educação, 367
Lei de Discriminação da Gravidez, 166
Lei de Estatísticas sobre Crimes de Ódio, 324-325
Lei de Exclusão de Chineses, 337
lei de ferro da oligarquia, 119, 221, 405-413
Lei de Imigração do Arizona (2010), 325-326, 344, 345
Lei de Imigração e Nacionalidade, 357
Lei de Poderes de Guerra, 230
Lei de Privacidade nas Comunicações Eletrônicas, 390
Lei de Proteção às Vítimas do Tráfico, 284-285
Lei de Proteção do Paciente e da Assistência à Saúde Acessível, 367
Lei de Recuperação e Reinvestimento dos Estados Unidos, 219
Lei de Reforma e Controle da Imigração, 344
Lei Dodd-Frank, 274
Lei dos Direitos Civis, 327-328
Lei Hill-Burton, 366
Lei Indígena de Regulamentação do Jogo, 336
Lei Patriótica dos Estados Unidos, 59, 133, 231, 390
leis, 134-135, 134*f*. *Ver também* criminalidade
  autoridade e, 214
  casamento entre pessoas do mesmo sexo e, 170*f*
  definidas, 405-413
  divórcio e, 173
  família e, 155
  normas e, 59
Leis Jim Crow, 334
líder expressivo, 307, 405-413
líder instrumental, 307, 405-413
liderança, 394
limpeza étnica, 283, 331

linchamento, 335
linguagem
  cultura e, 54-57, 71
  definida, 54, 405-413
  fala de bebê, 71
  filmes e, 57
  hipótese de Sapir-Whorf, 55-56
  inventada, 55
  movimentos sociais e, 394
  raça/etnia e, 57
  subculturas e, 63-64
Listen up: voices from the next feminist generation (Findlen), 301
Living in emergency, 359
livros infantis, 296
local de trabalho. *Ver* emprego
Lodwick, Francis, 55
lógica causal, 28-29, 29*f*, 405-413
Lopez, Jennifer, 241
lowering rules, 47
lucro, 216
luditas, 392, 405-413
Lukács, Georg, 62
Luther, Martin, 198, 202

M

machismo, 164, 405-413
maconha, 134-135, 134*f*
macrossociologia, 14, 15, 405-413
Madoff, Bernie, 139-140
Mal de Alzheimer, 365
Malcolm X, 105, 196, 215, 335
Malthus, Thomas, 353
mamute lanoso, 391
Mandela, Nelson, 332
Manifesto comunista (Marx e Engels), 116, 217-218
Manual diagnóstico e estatístico de transtornos mentais (DSM), 303
Mann, Horace, 180, 181, 191
maquiladoras, 282
Maria cheia de graça, 277
Marte precisa de mães, 164
Martineau, Harriet, 13, 15
Marx, Karl, *14*
  perspectiva do conflito e, 17
  sobre alienação, 14, 116
  sobre classe social, 14, 242-244
  sobre consciência de classe, 243, 301
  sobre desigualdade global, 268
  sobre estrutura de poder, 224
  sobre ideologia dominante, 224
  sobre religião, 201, 203, 204-205
  sobre socialismo, 217-218
  sobre transformação social, 386, 394, 395
masculinidades múltiplas, 297, 405-413
MASH, 231
matriarcado, 159, 405-413
McDonaldização, 118, 119, 405-413
Mead, George Herbert, 17, 76-78, 79, 81, 82, 102, 182
Médecins sans Frontières (Médicos sem Fronteiras), 232, 286
média, 34, 405-413
mediana, 34, 405-413
Medicaid, 119, 366, 368
medicalização da sociedade, 358, 365
Medicare, 119, 355, 366, 368*f*

medicina. *Ver* saúde/doença
medicina alternativa/complementar, 367-368, 369*f*
medicina holística, 367-368, 405-413
Médicos sem fronteiras (*Médecins sans Frontières*), 232, 286
meios de produção, 14, 243
melhoria adaptativa, 385
mensagens de texto, 63, 382
mercado, 216-17
Merriam-Webster Collegiate-Dictionary, 55
Merrill Lynch, 210
Merton, Robert, 143-144
método científico, 26-32, 405-413
mexicano-americanos, 164, 225-226, 340-341
México, 280-282
  homicídios relacionados a drogas no, 142, 280
  imigração e, 282, 345
  justiça diferencial, 148
  terras de fronteira México-Estados Unidos, 281*f*, 282, 345, 405-413
microssociologia, 14, 15, 405-413
Middleton, Catherine, 153
mídia
  classe social e, 245
  crianças e, 39-40, 40*f*
  desigualdade global e, 270
  em sociedades pós-modernas, 123
  envelhecimento e, 95
  modelos e, 136, 296
  pesquisa e, 40
  raça/etnia e, 331, 335
  sexualidade e, 302
  socialização e, 82, 84*f*, 85-87, 86*f*
migração, 352-353, 353*f*
Millennium: os homens que não amavam as mulheres, 139
Mills, C. Wright, 4, 5, 9, 224-225, 224*f*
Mim (*self* socializado), 76, 77, 405-413
minérios do conflito, 274
Minhas mães e meu pai, 311
Minnesota Twin Family Study, 75
minoria-modelo (ideal), 336, 405-413
minorias. *Ver* raça/etnia
Mirren, Helen, 332
mito da beleza, 136, 295-296, 295*f*
mobilidade
  horizontal, 242, 405-413
  intergeracional, 242, 256, 278*f*, 279, 405-413
  intrageracional, 242, 256, 405-413
  profissional, 256
  vertical, 242, 405-413
mobilidade social, 241-242, 256
  cultural capital e, 246, 256
  definida, 405-413
  desigualdade global e, 278-279, 278*f*
  família e, 160
  gênero e, 257, 278-279
  raça/etnia e, 258
  riqueza e, 257, 257*f*
  sistemas de classe e, 240
moda, 34, 35, 405-413

modelo de equilíbrio da transformação social, 384-386, 405-413
modelo pluralista das relações de poder, 225-226, 405-413
modelos, 136
modelos de elite das relações de poder, 223-226, 224*f*, 405-413
Modern family, 155
modernização, 268-269, 272, 405-413
monarquia, 220, 405-413
Moneyball, 41
monogamia, 156, 405-413
monogamia em série, 156-157, 405-413
monopólios, 217, 405-413
Morgan Stanley, 210
Mórmons, 157
Morrison, Toni, 49
morte
  morrer e, 96-97
  população e, 351-352
  taxa bruta de mortalidade, 351
Mott, Lucretia, 299
Movimento dos Direitos Civis, *327-328*, 334-335
  como partido, 245
  Freedom Summer, 381
  liderança, 394
  mulheres no, 395
  mundo virtual de, 112-113
movimento *Occupy Wall Street*, 210, 214, 216, 223, 251, 382
Movimento pela Autoestima, 296
movimentos das mulheres, 299-302
movimentos sociais, 393-397. *Ver também* feminismo; movimento dos direitos civis; transformação social
  comunicação e, 397
  definidos, 405-413
  gênero e, 395-396
  globalização dos, 397
  internet e, 112-113, 113*f*, 385
  novos, 396
  questões ambientais e, 371, 396
Mubarak, Hosni, 382
muçulmanos. *Ver* Islã
mudança climática, 374-376, 374*f*, 376*f*
Muench, Elisa, 179
mulheres. *Ver também* emprego feminino; feminismo; gênero
  aparência, 136
  desigualdade global, 276-277, 279, 312*f*, 313
  educação, 187-188, 187*f*
  guerra e, 230
  imigração e, 343
  México, 281-282
  no movimento dos direitos civis, 395
  nos movimentos sociais, 395, 396
  papéis de gênero, 295-296, 295*f*, 297-299
  pobreza e, 254
  política e, 227-229, 227-228*f*, 310-311, 311*f*
  renda, 309-310, 309*f*
  segunda jornada, 310
  status socioeconômico e, 249

460 • Índice

violência contra as, 291, 297, 311-312
multitarefas, 85
mutilação genital feminina, 285

N

NAACP (National Association for the Advancement of Colored People), 16, 335
namoro, 161-163
Nascidos em bordéis, 119
nascimentos, 350-351
nascimentos múltiplos, 75
National Association for the Advancement of Colored People (NAACP), 16, 335
National Crime Victimization Survey, 139, 311
National Institutes of Health (NIH), 368
National Opinion Research Center (NORC), 30
National Organization for Women (NOW), 300
negociando curas, 361
Negroponte, Nicholas, 389
neocolonialismo, 270, 271, 405-413
neutralidade de valor, 42, 65-66, 405-413
Nicholson, Jack, 96
NIH (National Institutes of Health), 368
Nike, 273
NIMBY (no meu quintal, não!), 371, 386-387
nipo-americanos, 338
Nixon, Richard M., 230
NMRs (novos movimentos religiosos) (cultos), 198-199
No Child Left Behind, 393
No end in sight, 231
No impact man, 372
no meu quintal, não! (NIMBY), 371, 386-387
No pants subway ride, 47, 59, 60, 62
No vale das sombras, 231
nomes de bebês, 38-39, 38f
normas, 59-61, 60f, 61f, 182, 405-413. Ver também leis
 formais, 59, 405-413
 informais, 59-60, 405-413
Nova Guiné, língua, 56
novos movimentos religiosos (NMRs) (cultos), 198-199, 413
novos movimentos sociais, 396-397, 405-413
NOW (National Organization for Women), 300
Nurse Jackie, 367

O

O apóstolo, 203
O aprendiz, 245
O artista, 224
O capital (Marx), 386
O desinformante, 148
O dia antes do fim, 148
O escafandro e a borboleta, 359
O homem invisível (Ellison), 332-333
O mensageiro, 224, 231
O muro, 187
O náufrago, 6
O preço do desafio, 187
O primeiro mentiroso, 59
O segundo sexo (de Beauvoir), 300
O show de Truman, 119
O'Connor, Sandra Day, 311
Obama, Barack, *183, 320*
 "batidas silenciosas" e, 344
 Censo e, 320
 confiança pública no governo e, 225f
 cubano-americanos e, 341
 Darfur e, 286
 eleição de, 210, 318, 335
 eleitores jovens e, 226-227
 identidades múltiplas e, 321
 índices de aprovação de, 33f, 215
 Lei de Conciliação da Saúde e da Educação, 367
 Lei de Proteção do Paciente e da Assistência à Saúde Acessível, 367
 McCain e, 226-227
 morte de Bin Laden e, 3
 socialismo e, 219
Obama, Michelle, 15
obediência, 130-131, 405-413
Oberlin College, 188
objetivos na vida, 58f
Obrigado por fumar, 42
observação, 35-36, 405-413
observação participante, 35-36
oferta e procura, 216-217
offshoring, 211-212
 classe trabalhadora, 241
 corporações multinacionais e, 271-272
 definido, 405-413
 maquiladoras, 282
 mulheres e, 279
 subculturas e, 63-64
 teoria da dependência sobre, 272-273
oficinas ilegais, 273, 337, 396
oligarquia, 119, 220-221, 405-413
OLPC (One Laptop per Child), 389
OMS (Organização Mundial da Saúde), 356, 368
On death and dying (Kübler-Ross), 96
Onde os fracos não têm vez, 139
One Laptop per Child (OLPC), 389
ordem social
 desenvolvimento da sociologia e, 13
 desigualdade social e, 329-330
 doença e, 357-358
 educação e, 82, 181-183
 morte e, 96
Organização das Nações Unidas, 141, 239, 283, 285
Organização Mundial da Saúde (OMS), 356, 368
organizações não governamentais (ONGs), 232-233
Orgulho e preconceito, 242
orientação sexual, 302-304, 306f. Ver também homossexuais
 definida, 405-413
 práticas sexuais e, 304-307
 valores em relacionamentos e, 305f

Os Simpsons, 155
Os Sopranos, 140
outro generalizado, 78, 102, 405-413
outros significativos, 77, 83, 97, 405-413

P

Pacificação, 106
países centrais, 270, 271
países da África Oriental, fome em, 265
países em desenvolvimento. Ver desigualdade global
países periféricos, 270
Palin, Sarah, 311
panelinhas, 190
Papai sabe tudo, 155, 302
papéis de gênero, 81-82
 atitudes em relação a, 302f
 definidos, 405-413
 sexualidade e, 303, 304
 socialização e, 81-82, 293-297, 293f
papéis sociais, 105-107, 405-413
papel de doente, 357, 405-413
Paquistão
 Escola para meninas, 291
 morte de Bin Laden e, 3
 uso da internet no, 112f
parceria doméstica, 170-171, 405-413
Parentalidade, Ver também família
 classe social e, 163
 como rito de passagem, 89
 família e, 158, 164-165
 papéis de gênero e, 296
Parentesco, 155-156, 405-413
Parenthood, 155, 164
Parks, Rosa, 330
Parsons, Talcott, 384-386
participação de eleitores, 226-227, 226-228f
partidos, 244, 405-413
patriarcado, 159, 205, 405-413
Patrick Henry College, 179
paz, 232-233, 405-413
Pell Grants, 191
Pelosi, Nancy, 300, 311
Pentagon papers, 230
PerfectMatch.com, 162
Persépolis, 61
perspectiva
 do conflito, 16, 17f, 405-413
 funcionalista, 16-17, 17f, 405-413
 interacionista, 16, 17f, 405-413
pesquisa, 6, 25-45
 como carreira, 19
 ética em, 40-43
 Gallup, 32
 Harris, 32
 passos em, 26-32
 qualitativa, 34-35, 43, 405-413
 quantitativa, 34, 405-413
 senso comum vs., 10
 Social Geral, 30
Pesquisa Nacional de Crescimento Familiar (NSFG), 305-306
pesquisas, 32-35, 33f
pessoas solteiras, 169-170
pessoas transgênero, 303, 304, 405-413

Philbin, Regis, 122
Philosophical Language (Wilkins), 55
Piaget, Jean, 79-80
Piestewa, Lori, 230
pirâmide populacional
 do Afeganistão, 355f
 global, 356f
plágio, 58-59
plano de saúde, 362-363, 363f, 386
Platt, Marc, 49
playspent.org, 260
Plessy vs. Ferguson, 180, 334
pluralismo, 332-333, 405-413
pobreza
 absoluta, 253, 405-413
 definições, 252-254
 demografia, 254-256, 255f
 desigualdade global e, 277-278, 277f, 278f
 desvio e, 137
 envelhecimento e, 96
 índices de, 252f, 255f
 participação de eleitores e, 226-227
 Projeto Milênio e, 276f, 277-278
 raça/etnia e, 255, 334f
 relativa, 253, 405-413
 sistemas de classe e, 240, 241
poder, 214, 215. Ver também desigualdade social
 definido, 405-413
 desvio e, 146
 envelhecimento e, 96
 guerra e, 230
 Marx sobre, 224
 modelo pluralista de, 225-226
 modelos de elite de, 223-226, 224f
 questões ambientais e, 370-371
 saúde/doença e, 358-360
 transformação social e, 386-387
 Weber sobre, 14, 214, 215, 244-245
Poehler, Amy, 167-168
poliandria, 157, 405-413
poligamia, 157-158, 405-413
poliginia, 157, 158, 405-413
política, 220-229
 atitudes de eficácia, 399f
 coalizões e, 110
 confiança pública no governo, 225f
 de *fiesta*, 229
 de filho único, 355
 definida, 405-413
 gênero e, 227-229, 227-228f, 310-311, 311f
 participação de eleitores, 226-227, 226-228f
 raça/etnia e, 227-229, 229f, 335
 sistemas políticos, 220-223
 transformação social e, 382-383
Política sexual (Millett), 300
poluição
 atmosférica, 373
 da água, 373-374
população dos Estados Unidos nascida no exterior, 354f
população global, pirâmide, 356f
popularidade, 83f
pornografia, 140
Portman, Natalie, 332
porto-riquenhos, 225-226, 321, 341

povo fulani, 91-92
povo kota, 88
povo navajo, 106, 164
práticas de luto, 97
Preciosa, 187
preconceito, 323-324, 405-413
prestígio, 248-249, 248f, 405-413
prevalência, 362, 405-413
princípio da correspondência, 186, 405-413
prisão, 90, 141, 141f
privação relativa, 394, 405-413
privacidade, 389-390
privilégio. *Ver* desigualdade social
privilégio branco, 325-327. *Ver também* raça/etnia
problemas privados, 5, 405-413
Procurando Nemo, 164
profano, 193, 405-413
profecias autorrealizáveis, 185
profissão de parteira, 358, 386
profissões. *Ver* emprego
Programa Alimentar Mundial das Nações Unidas, 286
Programa de Ajuda a Ativos com Problemas (TARP), 219
Programa Parceiros em Desenvolvimento da ONU, 279
proibição, 134
"Projeto de correção do orçamento", 209
Projeto Genoma Humano (HGP), 319
Projeto Head Start, 183
Projeto Milênio, 276f, 277-278
proletariado, 243, 405-413
prostituição, 140
proteção, 158
protestos da Primavera Árabe, 113, 382, 393, 396
Protocolo de Quioto, 375, 376
pseudo-hermafroditas, 293
publicidade, 39-40, 40f. *Ver também* mídia

Q

Qaddafi, Muammar, 382
49 Up, 42
Quatro leões, 203
4 meses, 3 semanas e 2 dias, 61
Quem quer ser milionário?, 277
Quênia, fome e, 265
questionários, 34, 405-413
questões ambientais, 349
    análise de sistemas hídricos e, 370-371, 376
    ecologia humana, 369-370
    filmes sobre, 372
    importância das, 372
    justiça ambiental, 371-372
    movimentos sociais e, 371, 396
    mudança climática, 374-376, 374f, 376f
    poder e, 370-371
    poluição atmosférica, 373
    poluição da água e, 373-374
    recursos e, 370-371
    resposta global, 376
questões públicas, 5, 405-413
QUIEGO, 282
quinceañera, 89

R

raça/etnia, 316-345. *Ver também* desigualdade social; imigração
    casamento inter-racial, 162f
    coabitação e, 168-169
    como *status* dominante, 105
    controle social e, 133
    crimes de ódio, 324-325, 324f
    demografia, 319f, 332f, 334f
    desvio e, 146-148
    direitos humanos e, 283
    discriminação e, 324-325, 325f, 325-329
    educação e, 191f, 335-336
    elaboração de perfis raciais, 146, 325-326
    emprego e, 37f, 213-214, 214f, 335
    envelhecimento e, 96
    estatísticas sobre criminalidade e, 138
    expectativa de vida e, 91, 335f
    família e, 163-164
    feminismo e, 302
    filmes sobre, 331
    grupos étnicos brancos, 342
    hipótese de contato, 330
    identidades múltiplas, 321
    importância da, 317-318
    linguagem e, 57
    México, 280-281
    mídia e, 331, 335
    mobilidade social e, 258
    neutralidade de valor e, 42
    normas e, 60
    padrões de relações intergrupais, 330-333
    panorama, 318-321, 319f, 322f
    panorama da etnia, 321-323
    panorama dos afro-americanos, 332-335
    panorama dos árabe-americanos, 339f
    panorama dos asiático-americanos, 336-338, 336f
    panorama dos hispânicos, 339-341, 340f
    panorama dos indígenas dos Estados Unidos, 335-336
    panorama dos judeus americanos, 341
    participação de eleitores, 226-227
    pobreza e, 255, 334f
    política e, 227-229, 229f, 335
    preconceito e, 323-324
    privilégio branco e, 325-327
    questões ambientais e, 371-372
    renda e, 325f, 335
    saúde/doença e, 363-364
    segregação, 323, 332f
    socialização e, 81
    surveys e, 33-34
    teoria da exploração, 329-330
racismo, 271-274, 271f, 272f, 323-334, 405-413. *Ver também* desigualdade social
racismo que não vê cor, 324, 405-413
Reagan, Ronald, 338
Real women have curves, 331
recursos
    culturais, 246-247
    materiais, 246
    questões ambientais e, 370-371
    saúde/doença e, 358-360
    transformação social e, 386-387
    sociais, 246-247
recursos organizacionais, Weber sobre, 14
Rede Pan-Cordilheira de Mulheres pela Paz e o Desenvolvimento, 279
redes, 124
redes de contatos sociais, 110-111, 111f, 112f, 113, 124, 405-413
redes sociais eletrônicas. *Ver sites de redes sociais*
Reebok, 273
regra de uma gota, 319, 320
regulamentações, 117
relações entre indivíduos e sociedade, 3, 4, 6-7
relativismo cultural, 65-66, 405-413
relativismo moral, 65-66
Relatórios Kinsey, 305
religião, 192-205
    árabe-americanos, 339f
    classe social e, 202f
    controle de natalidade e, 385
    controle social e, 204-205
    crenças, 194-195
    definição funcionalista de, 193-194
    definição substantiva de, 193-194
    definida, 405-413
    desigualdade social e, 204
    educação e, 179, 182, 194-195
    ensino em casa e, 192
    experiência religiosa, 196
    filmes sobre, 203
    gênero e, 205
    hispânicos, 341
    incidência de, 195f
    instituição social e, 113, 114
    integração social e, 201-202
    organização comunitária, 196-199
    religiões mundiais, 199-201, 199f, 200f
    rituais, 195-196
    socialização, 87-88
    teologia da libertação, 203-204
    tradições dos Estados Unidos, 197f
    transformação social e, 202-204
religiões mundiais, 199-201, 199f, 200f
remessas, 281f, 282, 343, 405-413
renda, 250-251, 250f, 257
    definida, 249, 405-413
    desigualdade global e, 266, 267f, 268, 274f
    educação e, 26-32, 31f, 182f, 258f
    idade e, 96
    mobilidade social e, 257
    mulheres, 309-310, 309f
    nacional bruta (RNB), 278, 280
    raça/etnia e, 325f, 335
reprodução, 158, 301
ressocialização, 90, 405-413
revisão bibliográfica, 27, 28f
Revolução Industrial, 238
    desigualdade global e, 266
    educação e, 180
    estrutura social e, 120, 121, 122
    família e, 122, 156
    fosso global e, 266
    ordem social e, 13
    questões ambientais e, 375
    resistência à, 392
    sociedades industriais e, 210, 211, 355
    tecnologia e, 54
riqueza, 251-252, 251f
    definida, 249, 405-413
    desigualdade global e, 274-276, 274f, 275f
    mobilidade social e, 257, 257f
ritos de passagem, 88-89, 97, 405-413
rituais, 195-196
rituais religiosos, 195-196, 405-413
RNB (renda nacional bruta), 278, 280, 405-413
Romênia, 73-74
rompendo barreiras, 47
Roosevelt, Franklin D., 30, 215
rumspringa, 80
Rússia, 56, 140, 141

S

sagrado, 193, 405-413
saída do papel, 106-107, 405-413
Saleh, Ali Abdullah, 382
sanções, 61-62, 130, 131, 143, 405-413
Sanger, Margaret, 393
saúde/doença, 356-361
    classe social e, 362-363
    cultura e, 356-357
    definidas, 405-413
    envelhecimento e, 365
    filmes sobre, 359
    gênero e, 364-365
    HIV/aids e, 19, 359-360, 361f
    ordem social e, 357-358
    panorama da epidemiologia social, 361-365
    poder e, 358-360
    raça/etnia e, 363-364
    recursos e, 358-360
    serviços de saúde nos Estados Unidos, 360-369, 363f, 365f, 366f
    sociedade e, 356-357
Save Darfur Coalition, 285-286
Scarce, Rik, 41
SCLC (Southern Christian Leadership Conference), 335
Second Life (SL), 112-113
secularização, 199, 405-413
Securities and Exchange Commission (SEC), 139-140
segregação, 332, 332f, 405-413
Segunda Guerra Mundial, 65-66, 202, 213, 231, 338
segunda jornada, 310, 405-413
Seguridade Social, 38, 96, 119, 253
seitas, 197-198, 405-413
seitas estabelecidas, 198, 405-413
self
    definido, 405-413
    interação social e, 102-103
    relações entre indivíduo e sociedade, 3, 4, 6-7
    socialização e, 75-80
self-espelho, 76, 405-413
sem filhos, 169-170
sem teto, 137
Semenya, Caster, 293

Senhores do crime, 148
separação por desempenho, 186, 405-413
serviços de namoro, 162
serviços de saúde, 366-369
   desigualdades, 358-359
   gastos dos Estados Unidos com, 366f
   medicina complementar/alternativa, 367-369, 369f
   medicina holística, 367-368
   papel do governo nos, 366-367
   visão histórica, 366
sexismo, 308, 405-413. *Ver também* gênero; mulheres
sexo *vs.* gênero, 292-293, 297-299, 405-413
sexualidade, 302-307
   controle de natalidade, 306-307
   definida, 405-413
   família e, 158-159
   feminismo e, 302
   filmes sobre, 311
   identidade e, 302-304
   motivações para, 34, 34f
   práticas sexuais, 304-307
   redes de contatos sociais e, 111, 111f
sherpas, 91
Sicko, 359
símbolos, 77, 405-413
Simplesmente complicado, 163
síndrome cultural, 357, 405-413
sino-americanos, 225-226, 337-338
sistema de estamentos, 240, 405-413
sistemas abertos de estratificação, 241, 405-413
sistemas de classe, 240-241, 405-413
sistemas econômicos, 216-220
   definidos, 405-413
   economia informal, 219-220
   economias mistas, 218-219
   panorama do capitalismo, 216-217
   socialismo, 217-218
   Walmart e, 217
sistemas fechados de estratificação, 241, 405-413
sistemas políticos, 220-223, 405-413
Sister Wives, 158
sites de redes sociais, 382
   Facebook, 30, 85, 90, 112, 119, 390, 395, 397
   Flickr, 390
   porcentagem de uso, 84f, 112f
   Second Life, 112
   trabalho em rede virtual, 85, 112-113
   Twitter, 85, 390, 395, 397
   YouTube, 397
SNCC (Student Nonviolent Coordinating Committee), 395
socialismo, 217-218, 405-413
socialização, 70-99
   abordagem da trajetória de vida, 88-91, 89f
   antecipatória, 89-90, 164
   controle social e, 135
   definida, 72, 405-413
   educação e, 82-83

Estado e, 87-88
família e, 80-82, 158, 164, 167-168
filmes sobre, 91
grupos de pares e, 83-84, 83f
grupos primários e, 108
hereditariedade e, 74-75
isolamento, 73-74, 73f
local de trabalho e, 87
mídia e, 84f, 85-87, 86f, 90
papéis de gênero e, 81-82, 293-297, 293f
parentalidade e, 164
religião e, 87-88
self e, 75-80
sexualidade e, 304
Sociedade dos poetas mortos, 187
sociedades
   agrárias, 122, 405-413
   caçadoras-coletoras, 122, 405-413
   como componentes da sociologia, 7-8
   cultura e, 48-49
   definidas, 49, 405-413
   hortícolas, 122, 405-413
   industriais, 122, 123, 210-211, 354-355, 405-413
   industriais iniciais, 355
   industriais tardias, 355
   instituições totais como, 90-91
   interação social e, 102, 103
   medicalização das, 358, 365
   pós-industriais, 122-123, 355-356, 405-413
   pós-modernas, 123-124, 405-413
   pré-industriais, 122, 354-355
   relações entre indivíduos e sociedade, 3, 4, 6-7
   saúde/doença e, 356-357
Society in America (Martineau), 13
sociobiologia, 50-51, 405-413
sociologia
   acadêmica, 18-19
   aplicada, 19-20, 405-413
   ciência e, 9, 26
   clínica, 20, 405-413
   componentes da, 6-9
   definida, 4, 405-413
   desenvolvimento da, 13-16
   perspectivas, 16-18, 17f
   pessoal, 18, 398, 405-413
   prática da, 18-20, 18f, 19f, 397-401, 398f, 399f
   pública, 398-399, 405-413
   senso comum e, 10
   teoria na, 10-12
solidariedade mecânica, 121, 405-413
solidariedade orgânica, 121, 405-413
Somália, fome e, 265
Somalilândia, 291
sonho americano, 242, 260, 279, 300
Sotomayor, Sonja, 311
Southern Christian Leadership Conference (SCLC), 335
SSE (*status* socioeconômico), 249, 405-413
Stanton, Elizabeth Cady, 299
Starbucks, 52, 272, 273

status, 103-105, 104f. *Ver também status* atribuído
   adquirido, 104, 105, 405-413
   classe social e, 244
   definições, 104, 105, 238, 405-413
   dominante, 104-105, 405-413
   educação e, 186
   família e, 159
   socioeconômico (SSE), 249, 405-413
status atribuído, 104
   castas e, 240
   conflito de papéis, 105-106
   definido, 405-413
   escravidão e, 239
   estratificação e, 238, 239, 240
   Gemeinschaft e, 120
   sistemas de classe e, 239-240
Street corner society (Whyte), 35
Student Nonviolent Coordinating Committee (SNCC), 395
subclasse, 241, 254-255, 405-413
subculturas, 63-64, 64f, 190-191, 405-413
sucessão étnica, 140-141
Sudão do Sul 265
Sudeste Asiático, 60
Suécia, 196, 351
Suíça, 332-333
Suicídio (Durkheim), 12
suicídio e, 10-12, 11f, 39, 336
superficialidade e internet e, 86
Super-heróis, 54
Supersize me, 42
Suprema Corte dos Estados Unidos, 41
surveys, 32-35, 33f, 405-413
surveys com vítimas, 138-139, 405-413
Survivor, 110
Sutherle, Edwin, 139, 144, 145, 146
Syriana, 270, 385

T

tabu do incesto, 154, 162, 405-413
taxa bruta de mortalidade, 351
taxa bruta de natalidade, 351
taxa de fertilidade de reposição, 351
Tea Party, 119
tecnologia, 53-54, 53f. *Ver também* mídia; trabalho em rede virtual
   biotecnologia e, 390-392
   capitalismo e, 243
   classe média e, 252
   classe trabalhadora e, 241
   controle social e, 133
   crime e, 141
   definida, 405-413
   desigualdade global e, 272, 388-389
   desindustrialização e, 211
   Dia Nacional de Desconectar-se, 86
   economia e, 210-211
   educação e, 393
   emprego e, 392
   estrutura social e, 121-124
   fosso digital, 259, 388-389
   movimentos sociais e, 396
   papéis de gênero e, 295
   privacidade e, 389-390

questionamentos sobre, 392f
reprodutiva, 158
resistência à, 392-393
socialização e, 84f, 85-87, 86f
tipos de adoção de, 387f
transformação social e, 385, 387-393
uso global, 388f, 389f
televisão. *Ver* mídia
tensão entre papéis, 106, 405-413
teologia da libertação, 203-204, 405-413
teorema de Thomas, 15, 304
teoria, 10-12, 405-413
teoria clássica das organizações, 120, 405-413
teoria cognitiva do desenvolvimento, 79-80, 405-413
teoria da dependência, 271, 272-273, 405-413
teoria da exploração, 329-330, 405-413
teoria da rotulagem, 145-146, 359-360, 405-413
teoria do controle, 135, 405-413
teoria do desligamento sobre o envelhecimento, 93-94, 405-413
teoria do desvio com base em transmissão cultural, 144-145, 405-413
teoria do desvio com base na anomia, 143
teoria do desvio com base na desorganização social, 145, 405-413
teoria do desvio com base na tensão, 143, 405-413
teoria do envelhecimento com base na atividade, 95, 405-413
teoria do ponto de vista, 302
teoria evolucionista da transformação social, 384, 405-413
Terras de fronteira, Estados Unidos-México, 281f, 282, 345, 405-413
terremotos, 113, 265
Terri, 187
territórios palestinos, 85
terrorismo, 231. *Ver também* atentados terroristas de 11 de setembro de 2001
   definido, 405-413
   endogrupos, 109-110
   natureza global do, 231f, 232f
teto de vidro, 309, 325, 335, 405-413
The Daily Show, 397
The death of white sociology (Ladner), 42
The devil came on horseback, 285
The greatest movie ever sold, 59
The interrupters, 331
The Nanny Diaries (McLaughlin e Kraus), 237
The Other America (Harrington), 123
The walking dead, 131
The wire, 140
The working poor: invisible in America (Shipler), 256
Timor Leste, 283
tipo ideal, 116, 405-413

tiroteio contra Giffords, Arizona (2010), 10
tiroteio de Virginia Tech (2007), 133
tiroteios na Oikos University (2012), 133
Titanic, 259
Título IX, 181, 188
To be real: telling the truth and changing the face of feminismo (Walker), 301
To kill a mockingbird (Lee), 65-66
Toda forma de amor, 311
Todd, Charlie, 47
Todos os homens do presidente, 224
Tönnies, Ferdine, 120, 121
totalitarismo, 221, 405-413
toxinas no Ártico, 369
trabalhadores de saneamento, 63
trabalho de figuração, 79, 405-413
trabalho em rede, 111. *Ver também* redes de contatos sociais; *sites* de redes sociais
trabalho em rede virtual, 85, 112-113, 387, 392-393. *Ver também sites* de redes sociais
tradições, 59, 405-413
tráfico de seres humanos, 283-285, 284f
Trainspotting, 142
Transamerica, 311
transformação social, 380-401
   construção social da realidade e, 103
   controle social e, 130
   definida, 405-413
   desenvolvimento da sociologia e, 15-16
   desigualdade global e, 279
   direitos humanos e, 283, 285-286
   discriminação racial e, 327-328
   educação e, 187
   feminismo e, 43

filmes sobre, 385
global, 382-383
interesses específicos e, 386-387
Marx sobre, 386
modelo de equilíbrio, 384-386
neutralidade de valor e, 42
panorama dos Estados Unidos, 383f
poder e, 386-387
questões ambientais e, 396
recursos e, 386-387
religião e, 202-204
tecnologia e, 385, 387-393
teoria evolucionista, 384
violência contra a mulher e, 291
transição demográfica, 353-356
transnacionais, 343
transtornos de identidade de gênero, 304
Trouble the water, 242
tsunami no Oceano Índico (2004), 8, 82, 265
Tudo está iluminado, 203
TurnItIn.com, 58
Twitter, 85, 390, 395, 397

U

UCRs (*Uniform Crime Reports*), 137
Um conto de Natal (Dickens), 401
Um estranho no ninho, 5
Um lugar no fim do mundo, 163
Um sonho possível, 164
Uma história de amor, 163
Uma prova de amor, 359
Uma verdade inconveniente, 372
Uma vida melhor, 331
UNAMID, 286
Undercover Boss, 245
União Soviética, 218, 221
universais culturais, 49-51, 405-413
Up, 94
urbanização, 13, 240

uso de drogas, 19-20, 134-135, 134f
Uzbequistão, 161

V

validade, 30-31, 405-413
valores
   controle social e, 134
   cultura e, 57-59, 58f
   definidos, 405-413
   desvio e, 142
   educação e, 192
   ideologia dominante e, 62
   modelo de transformação social com base no equilíbrio e, 385
variáveis, 27-28, 29, 405-413
variável de controle, 31-32, 405-413
variável dependente, 28, 31-32, 405-413
variável independente, 28, 31-32, 405-413
vazamento da Deepwater (2010), 41, 349, 374
vazamento de petróleo do *Exxon Valdez* (1989), 41, 374
vazamento de petróleo do Prestige, 374
Veblen, Thorstein, 386
velhismo, 96
vestuário, 59, 60f, 245, 247, 294
vida, jogos vs., 101
Vietnã, 331
vietnamita-americanos, 336-337
Vila Sésamo, 85
violência, tiroteio contra Giffords, 10
violência contra a mulher, 291, 297, 311-312
voto feminino, 299

W

Walker, Scott, 209
Wall Street, 148

WALL-E, 372
Walmart, 217, 273
Water, 242
Weaver, Sigourney, 167-168
Weber, Max, 14, 381
   autoridade e, 214-215
   sobre burocracia, 115-116, 117, 118, 119, 189, 393
   sobre chances na vida, 259
   sobre classe social, 242, 244-245, 259
   sobre educação, 187
   sobre neutralidade de valor, 42, 65-66
   sobre poder, 14, 214, 215, 244-245
   sobre religião, 198, 201, 202-203
Wells-Barnett, Ida B., 15, 16, 17, 307
Wilkins, John, 55
Willard, Emma Hart, 181
William, Príncipe, 153
Wisconsin, "Projeto de correção do orçamento", 209
Woods, Tiger, 321, *321*

X

xanith, 297

Y

Yahoo, 3, 30
youthhood, 89
YouTube, 397

Z

Zamenhof, Ludwik, 55
Zebene, Woineshet, 291, 297, 311
Zeitgeist: Moving Forward, 42
Zimbábue, 285